本書爲

2017年國家社會科學基金重點項目
“出土戰國文獻匯釋今譯暨數據庫建設”（17AYY014）

和

教育部
“古文字與中華文明傳承發展工程”

的研究成果之一

本書的出版獲2020年度國家出版基金資助

出土戰國文獻匯釋今譯叢書（第一批）

主　編　張玉金

《睡虎地秦墓竹簡匯釋今譯》	張玉金　等　著
《嶽麓書院藏秦簡（貳）匯釋今譯》	張玉金　李明茹　著
《放馬灘秦簡〈日書〉匯釋今譯》	張玉金　黃　瑩　著
《新蔡葛陵楚簡匯釋今譯》	張玉金　溫鑫妮　著
《龍崗秦簡匯釋今譯》	吳辛丑　張　晨　著
《周家臺秦墓簡牘等三種匯釋今譯》	吳辛丑　林　慧　著

《睡虎地秦墓竹簡匯釋今譯》
撰寫人員名單

修改定稿：張玉金

初　　稿：（按姓氏音序排列）

池　灝　洪智嘉　梁潔靜　潘鐸方

王麗娜　許曉晴　左香瓊

摹本製作：張玉金　金　斌　潘鐸方

国家出版基金项目
NATIONAL PUBLICATION FOUNDATION

語言服務書系·出土戰國文獻匯釋今譯叢書

睡虎地秦墓竹簡
匯釋今譯

張玉金 等 著

暨南大學出版社
JINAN UNIVERSITY PRESS
中國·廣州

圖書在版編目（CIP）數據

睡虎地秦墓竹簡匯釋今譯／張玉金等著. 一廣州：暨南大學出版社，2023. 12
（語言服務書系. 出土戰國文獻匯釋今譯叢書）
ISBN 978－7－5668－3307－5

Ⅰ. ①睡… Ⅱ. ①張… Ⅲ. ①雲夢竹簡—竹簡文—彙編—中國—秦代 ②竹簡文—注釋 ③竹簡文—譯文 Ⅳ. ①K877. 5

中國版本圖書館CIP數據核字（2022）第017405號

睡虎地秦墓竹簡匯釋今譯
SHUIHUDI QINMU ZHUJIAN HUISHI JINYI
著 者：張玉金 等

出 版 人：陽 翼
項目統籌：杜小陸
策劃編輯：杜小陸 黃志波
責任編輯：黃志波 劉宇韜 潘江曼 康 蕊 梁念慈 張 釗 朱良紅 亢東昌
責任校對：蘇 潔 王燕麗 林玉翠 孫劭賢 陳皓琳 黃亦秋 馮月盈 林 瓊
責任印製：周一丹 鄭玉婷

出版發行：暨南大學出版社（511443）
電 話：總編室（8620）37332601
營銷部（8620）37332680 37332681 37332682 37332683
傳 真：（8620）37332660（辦公室） 37332684（營銷部）
網 址：http：//www. jnupress. com
排 版：廣州良弓廣告有限公司
印 刷：深圳市新聯美術印刷有限公司
開 本：787mm×1092mm 1/16
印 張：71. 375
字 數：1600千
版 次：2023年12月第1版
印 次：2023年12月第1次
定 價：398. 00圓

總　序

出土戰國（包括秦代，下同）文獻共有9種，即戰國金文、戰國簡牘文字（包括郭店楚簡、上博楚簡、信陽楚簡、望山楚簡、九店楚簡、包山楚簡、葛陵楚簡、清華竹簡、五里牌楚簡、仰天湖楚簡、楊家灣楚簡、夕陽坡楚簡、曹家崗楚簡、香港中大竹簡、曾侯乙墓竹簡、睡虎地秦簡、放馬灘秦簡、周家臺秦簡、龍崗秦簡、里耶秦簡、嶽麓秦簡、北大秦簡、睡虎地秦牘、青川秦牘、嶽山秦牘）、戰國帛書、戰國玉石文字、戰國漆木文字、戰國貨幣文字、戰國封泥文字、戰國璽印文字、戰國陶文。

對於出土戰國文獻的整理研究，目前已經取得了許多研究成果：

一、戰國金文整理研究的成果

如中國社會科學院考古研究所編《殷周金文集成》（1984—1994），劉雨、盧岩編著《近出殷周金文集錄》（2002），鍾柏生等編《新收殷周青銅器銘文暨器影彙編》（2006），劉雨、嚴志斌編著《近出殷周金文集錄二編》（2010），吳鎮烽編著《商周青銅器銘文暨圖像集成》（2012）、《商周青銅器銘文暨圖像集成續編》（2016）和《商周青銅器銘文暨圖像集成三編》（2020），等等。

二、戰國簡牘文字和帛書整理研究的成果

楚簡方面的成果如河南省文物研究所編《信陽楚墓》（1986），湖北省荆沙鐵路考古隊編《包山楚簡》（1991），湖北省文物考古研究所、北京大學中文系編《望山楚簡》（1995），商承祚編著《戰國楚竹簡彙編》（1995），荆門市博物館編《郭店楚墓竹簡》（1998），湖北省文物考古研究所、北京大學中文系編《九店楚簡》（2000），陳松長編著《香港中文大學文物館藏簡牘》（2001），馬承源主編《上海博物館藏戰國楚竹書》（2001—2012），河南省文物考古研究所編著《新蔡葛陵楚墓》（2003），李學勤主編《清華大學藏戰國竹簡》（2010—2020），張顯成主編《楚簡帛逐字索引》（2013），陳偉等《楚地出土戰國簡冊（十四種）》（2016），

等等。

楚帛書方面的成果如饒宗頤、曾憲通編著《楚帛書》(1985),李零《長沙子彈庫戰國楚帛書研究》(1985)和《楚帛書研究(十一種)》(2013),饒宗頤、曾憲通《楚地出土文獻三種研究》(1993),陳茂仁《楚帛書研究》(2010),等等。

曾簡方面的成果如湖北省博物館編《曾侯乙墓》(1989),蕭聖中《曾侯乙墓竹簡釋文補正暨車馬制度研究》(2011),蔣艷《曾侯乙墓簡文注釋》(2011),等等。

秦簡牘方面的成果如睡虎地秦墓竹簡整理小組編《睡虎地秦墓竹簡》(1990),湖北省荆州市周梁玉橋遺址博物館編《關沮秦漢墓簡牘》(2001),中國文物研究所、湖北省文物考古研究所編《龍崗秦簡》(2001),甘肅省文物考古研究所編《天水放馬灘秦簡》(2009),朱漢民、陳松長主編《嶽麓書院藏秦簡》(2010—2020),湖南省文物考古研究所編著《里耶秦簡》(2010—2018),王輝、王偉編著《秦出土文獻編年訂補》(2014),張顯成主編《秦簡逐字索引》(增訂本)(2014),陳偉主編《秦簡牘合集》(2014—2015),等等。

三、戰國玉石文字和漆木文字整理研究的成果

如趙超《石刻古文字》(2006),吳鎮烽編著《商周青銅器銘文暨圖像集成》(2012)中的有關部分,等等。

四、戰國貨幣文字整理研究的成果

如汪慶正主編《中國歷代貨幣大系·先秦貨幣》(1988),黄錫全《先秦貨幣研究》(2001),馬飛海主編《中國歷代貨幣大系·秦漢三國兩晉南北朝貨幣》(2002),等等。

五、戰國封泥文字和璽印文字整理研究的成果

如孫慰祖主編《古封泥集成》(1994),莊新興編《戰國鉨印分域編》(2001),傅嘉儀編著《秦封泥匯考》(2007),陳光田《戰國璽印分域研究》(2009),吳振武《〈古璽文編〉校訂》(2011),王偉《秦璽印封泥職官地理研究》(2014),等等。

六、戰國陶文整理研究的成果

如高明編著《古陶文彙編》（1990），王恩田編著《陶文圖録》（2006），袁仲一、劉鈺編著《秦陶文新編》（2009），等等。

由上述看來，前人和時賢在出土戰國文獻整理研究方面已經取得了許多成果。不過，以往的研究存在以下兩個問題：一是大都是按材料的不同分類分頭進行的，還沒有看到對於出土戰國文獻的綜合整理研究成果；二是不同的學者在釋文方面寬嚴不一，對於同一個古文字有不同的釋文，對於同一個詞語有不同的解釋，對於同一句句義也有不同的理解。這給漢語史研究者以及相關學科的學者帶來極大的不便。

漢語史學者以及相關領域的研究者急需展示出土戰國文獻的綜合整理研究成果，這個成果要能夠囊括目前已經整理發表的全部出土戰國文獻資料；釋文方面要寬嚴一致；對於同一個古文字要有同樣的釋文，對於同一個詞語要有一致的解釋；對詞語要有簡明的訓釋，對句義要有準確的翻譯；對於古文字學者們的異説要有簡明的介紹。“出土戰國文獻匯釋今譯叢書”的出版，正是因應了學術界的這個需求。

本叢書的總體框架是：

一是摹本：對於所選取的出土戰國文獻，在原始資料的基礎上做出摹本，以方便讀者閱讀。

二是釋文：採各家之長，寫出釋文。用現代標點對釋文加以斷句。若有異説，簡明列出。

三是匯釋：對其中的疑難字詞加以注釋。若有異説，簡明列出。

四是今譯：把出土戰國文獻譯成現代漢語，供讀者參考。若有不能翻譯的，則存疑。

本叢書在學術思想、學術觀點、研究方法等方面均有創新。

在學術思想上，本叢書認爲出土戰國文獻整理研究不但是古典文獻學、古文字學的重要研究内容，而且對於其他以出土戰國文獻爲材料進行研究的學科而言都具有基礎性意義。因爲研究對象具有獨特性——用古文字書寫，所以不僅要用文獻注釋學的理論方法進行研究，還要用古文字學的理論方法進行考察；不僅要有文獻整理能力，還要具備古文字的考釋能力以及音韻學、訓詁學、詞彙學、語法學、歷史學、文化學等方面的理論知識，這是學術思想方面的特色和創新。

在學術觀點上，本叢書認爲許多學者對出土戰國文獻的研究，在文字考釋、詞語訓詁、語句通釋等方面往往有分歧，因此要有對不同説法的統一檢驗標準。本叢書認爲，對於異説的檢驗要遵循四個標準，即形、義、音、法。所謂形，即看一種考釋是否符合古文字的字形，在字形上是否説得通；所謂義，即看一種考釋是否經得起詞彙學理論知識的檢驗，是否符合上下文的文義；所謂音，即是否經得起音韻學理論知識的檢驗；所謂法，即是否經得起語法學理論知識的檢驗。如果從這四個方面來檢驗，都説得通，就應該是比較好的考釋，就可以採信。對於古文字考釋的異説從形、義、音、法四個方面進行檢驗，這是學術觀點方面的創新。

在研究方法上，本叢書不僅運用古文獻注釋方法（標點、注釋、今譯，特别是匯釋以往的各種異説），還運用古文字考釋法（形體分析法、假借破讀法、辭例推勘法、歷史比較法、文獻比較法）以及訓詁方法（以形索義法、因聲求義法、比較互證法）、古漢語詞彙學研究方法、古漢語語法學研究方法，這是研究方法方面的特色。

本叢書的出版，不僅對於古文字學、戰國文字學研究有價值，對於漢語史學以及需利用古文字材料的各門學科有學術價值，對於相關學科的教學和普及也有應用價值。

張玉金

2022 年 2 月 28 日

目錄 contents

凡　例

一、釋文

釋文採用嚴式隸定，以陳偉主編的《秦簡牘合集：釋文注釋修訂本（壹）》和《秦簡牘合集：釋文注釋修訂本（貳）》（武漢大學出版社，2016）爲底本，對照圖版，結合學界最新成果進行校改。

二、簡號標注通則

文獻的種類與題名代號數字_墓葬號碼_篇序數字_竹簡編號。如睡虎地秦簡《秦律十八種》簡1標注爲：Q1_11_3_1。Q1表示睡虎地秦簡，11表示11號墓竹簡，3表示秦律十八種，1表示簡1。如簡文有分欄，則在簡號後以羅馬數字Ⅰ、Ⅱ、Ⅲ等表示。原綴合竹簡需要析分者，析分後在原編號後加壹、貳、叁等表示。

三、匯釋

（1）把採用的說法放在前面並標明出處，或先說明自己的觀點，後列其他異說。

（2）將採用的說法放在最前面，後寫人名和出處。例如：㚔：通“辨”，指對美與惡、善與不善等的分辨（裘錫圭，2004B：14）。

（3）未採用的其他異說列在採用的說法後面，先寫人名和出處。例如：季旭昇（1998：131）：“卞”其實就是從“㚔”字分化出來的，兩種釋讀皆無不可。丁原植（1998：1）讀爲“辯”，解釋爲治理。整理者釋爲“卞”，讀爲“辯”，指巧言善辯。劉信芳（1999A：1）讀爲“便”，解釋爲利。

（4）出處若是專著則標注頁碼，如丁原植（1998：1）；若是學術文集裏的論文、期刊論文或學位論文則不標頁碼，如陳松長（2009B）、杜小鈺（2012）。

（5）匯釋的序號用①、②、③……表示。

四、今譯

（1）在今譯中標明簡號。原簡序號在【今譯】部分與【釋文】序號一致。
（2）有少量闕文的句子斟酌翻譯，殘簡儘量翻譯，完全殘缺的簡不譯。

五、參考文獻

（1）在全書的末尾列參考文獻，格式如下：

期刊：人名　年份　《論文名》，《期刊名》期數。如：高恒　1977　《秦律中“隸臣妾”問題的探討》，《文物》第 7 期。

專著：人名　年份　《著作名》，出版社。如：方勇　2012　《秦簡牘文字編》，福建人民出版社。

學位論文：人名　年份　《論文名》，院校碩士/博士學位論文。如：李豐娟　2011　《秦簡字詞集釋》，西南大學博士學位論文。

（2）參考文獻按作者姓氏首字母排列。

（3）如果該作者一年發表了多篇論著，則按時間先後排列，並在年份後附 A、B、C……如：

陳松長　2009A　《嶽麓書院藏秦簡中的行書律令初論》，《中國史研究》第 3 期。

陳松長　2009B　《嶽麓書院所藏秦簡綜述》，《文物》第 3 期。

（4）“參考文獻”中各文獻有簡稱，書中引述時徑用簡稱。

六、標點符號說明

（1）□：竹簡中無法補出的殘缺字，釋文中一律以□標出，一個□表示一個字。

例如：毋□□□□□□Q1_11_3_4毒魚鱉。田律Q1_11_3_4

（2）☑：簡帛中殘缺過甚、不能定其字數者，釋文中一律以☑標出。

例如：☑石六斗大半斗。倉律Q1_11_3_41

（3）（　）：（　）內爲本字、今字和通用字，（　）前一字爲通假字、古字、異體字等。

例如：將上不仁邑里者而縱之，可（何）論？當毄（繫）作如其所縱，以須其得；有爵，作官府。法律答問Q1_11_6_63

（4）〈　〉：〈　〉前爲訛字，〈　〉內爲改正後的正確字。

例如：賈市居死〈列〉者及官府之吏。金布律Q1_11_3_68

（5）〔　〕：〔　〕表示其中的文字是據上下文義或其他竹簡補入的。

例如：更隸妾四人當工〔一〕人。工人程Q1_11_3_109

（6）＝：簡帛中有重文或合文符號＝。重文或合文在釋文時直接寫出，如“子＝孫＝”【釋文】寫成子子孫孫，並在【匯釋】中加以說明。

（7）○：原簡已削去的字，用“○”表示。

概　述

睡虎地秦墓竹簡，又稱睡虎地秦簡，是指1975年12月在湖北省雲夢縣睡虎地秦墓中出土的大量竹簡，這些竹簡長23.1～27.8釐米，寬0.5～0.8釐米，內文寫於戰國晚期及秦始皇時期。

睡虎地秦墓竹簡共1 154枚，另有殘片80枚，分類整理爲十部分內容，包括：《葉書》《語書》《秦律十八種》《效律》《秦律雜抄》《法律答問》《封診式》《爲吏之道》和《日書》甲種、《日書》乙種。其中《語書》《效律》《封診式》《日書》爲原書標題，其他均爲後人整理擬定。

《葉書》：共53簡，位於墓主頭下，簡長23.2釐米，寬0.6釐米。簡文分上、下兩欄書寫，逐年記載秦昭襄王元年（前306年）至秦王政三十年（前217年）秦滅六國之戰等大事及墓主的生平經歷等。其性質屬於秦國公室紀年加入墓主私事的個人年表。

《語書》：共14簡，位於墓主腹下部，簡長27.8釐米，寬0.6釐米。標題寫在最後一支簡的背面。正文爲秦南郡郡守騰於秦王政二十年（前227年）四月初二發給本郡各縣、道的一篇文告。其內容反映了當時政治、軍事鬬爭的激烈和複雜。

《秦律十八種》：共201簡，位於墓主身體右側，簡長27.5釐米，寬0.6釐米。包括《田律》《廄苑律》《倉律》《金布律》《關市》《工律》《工人程》《均工》《傜律》《司空》《軍爵律》《置吏律》《效》《傳食律》《行書》《內史雜》《尉雜》《屬邦》18種，律名或其簡稱寫於每條律文尾端，內容涉及農業、倉庫、貨幣、貿易、傜役、置吏、軍爵、手工業等方面。每種律文均爲摘錄，非全文。《田律》是農田水利、山林保護方面的法律。《廄苑律》是畜牧飼養牛馬、禁苑林囿的法律。《倉律》是國家糧食倉儲、保管、發放的法律。《金布律》是貨幣流通、市場交易的法律。《關市》是管理關和市的法律。《工律》是公家手工業生產管理的法律。《工人程》是手工業生產定額的法律。《均工》是手工業生產管理的法律。《傜律》是傜役徵發的法律。《司空》是規定司空職務的法律。《軍爵律》是軍功爵的法律。《置吏律》是設置任用官吏的法律。《效》是核驗官府物資財產及度量衡管理的法律。《傳食律》是驛站傳飯食供給的法律。《行書》是公文傳遞的法律。《內史雜》是內吏爲掌治京城及畿輔地區官員的法律。《尉雜》是廷尉職責的法律。《屬邦》是管理所屬少數民族及邦國職務的法律。

《效律》：共60簡，位於墓主腹部，簡長27釐米，寬0.6釐米。標題寫在第一支簡的背面。律中對核驗縣和都官物資賬目作了詳細規定，對兵器、鎧甲、皮革等軍備物資的管理尤爲嚴格，也對度量衡的制式、誤差作了明確規定。

《秦律雜抄》：共42簡，位於墓主腹部，簡長27.5釐米，寬0.6釐米。內容是墓主人生前抄錄的11種律文，包括《除吏律》《遊士律》《除弟子律》《中勞律》《藏律》《公車司馬獵律》《牛羊課》《傅律》《屯表律》《捕盜律》《戍律》。律文涉及軍事，其中對軍官任免、軍隊訓練、戰場紀律、後勤供應、戰後賞罰都有所規定。

《法律答問》：共210簡，位於墓主頸部右側，簡長25.5釐米，寬0.6釐米。以問答形式對秦律的條文、術語及律文的意圖作解釋，相當於現時的法律解釋。主要是解釋秦律的主體部分（即刑法），也有關於訴訟程式的說明，是研究秦訴訟制度的珍貴資料。

《封診式》：共98簡，位於墓主頭部右側，簡長25.4釐米，寬0.5釐米。標題寫在最後一支簡的背面。簡文分25節，每節第一簡簡首寫有小標題，包括《治獄》《訊獄》《有鞫》《封守》《覆》《盜自告》《□捕》《盜馬》《爭牛》《群盜》《奪首》《告臣》《黥妾》《遷子》《告子》《癘》《賊死》《經死》《穴盜》《出子》《毒言》《奸》《亡自出》等，還有兩個小標題字跡模糊無法辨認。《封診式》是關於審判原則及對案件的調查、勘驗、審訊、查封等方面的規定和案例。

《秦律十八種》《效律》《秦律雜抄》《法律答問》《封診式》五部分記載了秦代施行的二十幾個單行法規的條款原文，共記載法條六百條。記載的秦律的形式主要有：

律：自秦始皇、商鞅時更“法”爲“律”。

令（制、詔）：制是皇帝對某事的批定，這種“制”作爲法律形式出現時稱爲“令”。

式：最早出現於秦國，主要指法律文書。程式，如調查、勘驗、審訊法律文書的具體程式，還包括一些諸如現代執法人員的行政管理制度。

《爲吏之道》：共51簡，位於墓主腹下，簡長27.5釐米，寬0.6釐米。內容主要是關於處世做官的規矩，供官吏學習。簡的第五欄有韻文八首，是當時舂米時歌唱的一種曲調。第五欄末尾附有兩條魏國法律，內容爲嚴格限制入贅與商業活動。

《日書》甲種：共166簡，位於墓主頭部右側，簡長25釐米，寬0.5釐米，兩面書字。《日書》乙種：共259簡，位於墓主足部，簡長23釐米，寬0.6釐米，最後一簡背後有“日書”標題。《日書》甲種載有秦、楚紀月對照。《日書》是以選擇時日吉凶爲主要內容的書籍，有選擇出行、裁衣、建房時日及預測諸事吉凶等，涉及社會政治的內容較少，通篇充滿了鬼神觀，充分表現了楚人重鬼神而輕政治的社會現象。

睡虎地秦墓竹簡的內容主要是秦朝的法律制度、行政文書、醫學著作以及關於吉凶時日的占書，爲研究秦代語言文字，中國書法，秦帝國的政治、法律、經濟、文化、醫學等方面的發展歷程提供了翔實的資料，具有十分重要的學術價值。

一、葉　書

《葉書》記載了從秦昭襄王元年到秦始皇三十年間秦國發生的大事以及墓主“喜”的家族大事，最先被整理者稱爲“大事記”，1978 年後改稱“編年記”。李零（2008A）根據江陵漢簡稱爲“葉書”，讀爲“牒書”。陳偉（2014）則認爲“葉書”應讀爲“世書”，即記錄世系之書。《葉書》所載，能夠印證、訂正乃至補充傳世文獻對秦史的記載。

【釋文】

昭王元年①。Q1_11_1_1 壹
二年，攻皮氏②。Q1_11_1_2 壹
三年③。Q1_11_1_3 壹
四年，攻封陵④。Q1_11_1_4 壹
五年，歸蒲反⑤。Q1_11_1_5 壹
六年，攻新城⑥。Q1_11_1_6 壹
七年，新城陷⑦。Q1_11_1_7 壹
八年，新城歸⑧。Q1_11_1_8 壹
九年，攻析⑨。Q1_11_1_9 壹
十年⑩。Q1_11_1_10 壹

【匯釋】

①昭王：**秦昭王。**整理者：《韓非子》《史記・六國年表》作昭王，與簡文同；《史記・秦本紀》作昭襄王。昭王元年爲公元前 306 年。傅振倫（1978）：按昭王即昭襄王，名則，一名稷，生十九年爲王。馬非百（1981）：惠文王子，武王弟。武王死，無子。時昭襄王質於燕。燕人送歸，得立。夏利亞（2019：28）：《史記・六國年表》載該年“秦擊皮氏，未拔而解”。與簡文相差一年。

關於此葉書始於昭王的原因，上海小組（1976）認爲這是因爲喜出生於昭王時代。馬非百（1981）認爲也許是因爲此年是下文秦王政十六年所記載的“公終”的“公”的生年。陳偉（2016C：12）則認爲始自昭王是當時此類文獻的通行做法。

②皮氏：**魏地，今山西河津。**陳偉（2016C：13）：《漢書・地理志》河東郡有皮氏縣，治所在今山西河津。整理者：魏地，今山西河津西。《史記・六國年表》：“秦擊皮氏，未拔而解。”事在秦昭王元年。楊寬（2001：597，599）：皮氏在今山

西河津西一里，即黄河之龍門所在。不僅形勢險要，且爲河西通往河東之橋頭堡。秦惠王五年魏納秦河西地，九年秦渡河取汾陰、皮氏。不久，皮氏歸魏，此時秦又欲攻取。所謂“有皮氏，國之大利也”，因而魏盡力堅守，秦攻之不能拔。傅振倫（1978）：此事見《史記·樗里子甘茂列傳》，昭王元年，秦將樗里子帶兵伐魏蒲邑，蒲守請胡衍見樗里子，說以利害，秦遂解圍而去，還擊皮氏，未拔而解。夏利亞（2019：29）：《戰國策·魏策二》載是年“秦、楚攻魏，圍皮氏”。《史記·六國年表》載秦昭王元年“秦擊皮氏，未拔而解”。而秦昭王二年不載此事。

今按：關於簡文所記時間與其他文獻所記時間不一的原因，**有四說：一、各國曆法正朔不統一**。傅振倫（1978）：三代正朔雖不同，民間則慣用夏正。至於其他侯、伯之國，則三正並用，因地而異，並沒有統一的正朔。所以，記同時發生之事，其時間各國不同。黄盛璋（1977）：《甘茂傳》《樗里子甘茂列傳》《六國年表·魏表》皆早一年，《魏世家》早兩年。《六國年表·魏表》與《魏世家》差一年，可能是《六國年表·魏表》按《秦記》曆法安排。**二、該役始於昭王元年，結束於昭王二年**。馬雍（1981）：樗里子出兵伐蒲當在昭王元年，等到回師攻皮氏的時候已到該年十月以後，秦曆以十月爲歲首，所以按秦國紀年，攻皮氏已經是屬昭王二年了。這次戰役跨了兩個年度，所以《樗里子甘茂列傳》記在昭王元年者，乃就其初出兵而言；《編年記》記於昭王二年者，乃就其攻皮氏而言。記年雖異，但都是正確的。馬非百（1981）：攻皮氏者乃樗里疾與甘茂二人，而其時間則當開始於昭王元年，至昭王二年才告結束。此列二年，蓋指戰事結束而言。韓連琪（1981）：或秦攻皮氏始於昭王元年，至昭王二年始解去。故《六國年表》書擊皮氏於昭王元年，《編年記》則列攻皮氏於昭王二年。**三、該役起於武王四年底，而結束於昭王二年初**。楊寬（2001：597，599）：秦伐魏皮氏，《魏世家》與《竹書紀年》均記在魏襄王十二年，即秦武王四年，而《六國年表》記在魏襄王十三年，即秦昭王元年，則遲一年。《編年記》則又遲一年。蓋皮氏之役起於武王四年底，而結束於昭王二年初。**四、《六國年表》有誤**。鄭良樹（1982）：《六國年表》係“秦擊皮氏”，應該根據睡虎地秦簡移在魏哀王（應爲襄王）十四年之下，方才符合史實。方詩銘、王修齡（2005：161）：魏襄王十二年當爲秦昭王元年。1975 年，湖北雲夢睡虎地十一號秦墓所出秦簡《大事記》繫“攻皮氏”於昭王二年。意此役或延續兩年，次年魏“城皮氏”，即此，非如《六國年表·魏哀王（當作襄王）十三年（表當秦昭王元年）》所記“秦擊皮氏，未拔而解”，僅在一年之內。

③三年：傅振倫（1978）：秦昭王二年、三年，發生一些大事，這些事因與喜先世無關，故牒記不載。夏利亞（2019：29）：傅振倫說證據不足。

④封陵：**有二說：一、魏地，今山西永濟南封陵渡**。鄭良樹（1982）：《六國年表·魏哀王（當作襄王）十六年》云：“秦拔我蒲坂、晉陽、封陵。”蓋秦於是年拔魏三城邑，本《記》僅書其一而已。《魏世家·索隱》引《竹書紀年》“封陵”作“封谷”；封，指其地之名；谷、陵，指其地之形；封谷，即封陵也。韓連琪（1981）：其《正義》曰“封陵在古蒲阪縣西南河曲之中”，即今山西永濟南封陵

渡。**二、魏地，今山西芮城西南風陵渡**。整理者：《水經注》作風陵。

⑤蒲反：**魏地，今山西永濟西**。整理者：古書或作蒲阪、蒲坂。后曉榮（2013：77）：1986年山西芮城縣大禹渡鄉出土戰國魏“十八年蒲反令”戈。蒲反故址在今山西永濟西。馬非百（1981）引《秦本紀》“（昭王）五年，魏王來朝應亭，復與魏蒲阪”。又云《六國年表》及《魏世家》均作“與秦會臨晉”。臨晉，魏邑，今陝西大荔縣治。

歸蒲反：**將蒲反歸還原主**。

⑥新城：**楚地，今河南襄城，襄城在今河南伊川西南**。整理者：《秦本紀》記昭王六年伐楚，“七年，拔新城”。《正義》引《括地志》認爲新城即襄城。楊寬（2001：657）：新城即襄城，在今河南伊川西南，楚嘗於此設新城郡。鄭良樹（1982）：今本《記》出土，知秦於本年攻楚取重丘、攻韓取穰外，又嘗出兵攻新城。后曉榮（2013：152－153）：新城郡，原爲韓地，後爲楚所得，楚懷王以新城爲主郡，因新城地名而得名。楚新城郡轄境包括今河南伊川一帶，治所在伊川西南。

⑦新城陷：**新城被攻陷**。馬非百（1981）：當是七年拔新城之役，又爲楚人所攻陷，故下文又言“新城歸”。歸就是收復的意思。韓連琪（1981）：蓋秦攻新城雖始於昭王六年，拔新城則在新城七年耳。

⑧歸：**收復回來**。又一說爲歸還。

關於“新城歸”，**有二說：一、新城被秦收復回來**。馬非百（1981）：此處“歸”字與上“五年，歸蒲反”之“歸”字意思不同。“歸蒲反”是將蒲反歸還原主。“新城歸”，則是承上文“新城陷”之役，是表示又將失地收復回來。《秦本紀》：“使將軍芈戎攻楚，取新市。”疑新市乃新城之訛。七年，新城陷，今又取之，故曰新城歸。與此正合。傅振倫（1978）：是年新城才歸入秦國版圖。今按：從馬非百說，新城歸的意思是新城被收復回來。**二、歸還新城於楚**。韓連琪（1981）：按史失書秦昭王八年秦歸楚新城事。高敏（1981A：115）：昭王八年確曾歸還韓（當作楚）之新城，《史記》實漏載此事。楊寬（2001：667）：此一戰事當連續兩年。據《編年記》，是年歸還新城於楚，當在戰事結束以後。《秦本紀》又謂秦使將軍芈戎攻楚取新市，則爲另一戰役。

⑨析：**楚地，在今河南西峡境**。《秦本紀》和《六國年表》僅記此年伐楚（整理者）。黄盛璋（1977）：應在舊淅川縣南析水合丹水口處附近。馬非百（1981）：《楚世家》：“頃襄王横元年（秦昭王九年），秦要懷王不可得地，楚立王以應秦，秦昭王怒，發兵出武關攻楚，大敗楚軍，斬首五萬，取析十五城而去。”《六國年表·楚表》：“楚頃襄王元年，秦取我十六城。”

⑩十年：夏利亞（2019：30）：《六國年表》載該年“楚懷王亡之趙，趙弗內”。

【今譯】

秦昭王元年（公元前306年）。Q1_11_1_1壹

秦昭王二年，（秦軍）攻打魏地皮氏。Q1_11_1_2壹

秦昭王三年。Q1_11_1_3 壹
秦昭王四年，（秦軍）攻打魏地封陵。Q1_11_1_4 壹
秦昭王五年，（秦國）歸還魏地蒲反。Q1_11_1_5 壹
秦昭王六年，（秦軍）攻打楚地新城。Q1_11_1_6 壹
秦昭王七年，新城復被（楚軍）攻陷。Q1_11_1_7 壹
秦昭王八年，新城被收復回來。Q1_11_1_8 壹
秦昭王九年，（秦軍）攻打楚地析。Q1_11_1_9 壹
秦昭王十年。Q1_11_1_10 壹

【釋文】

十一年。Q1_11_1_11 壹
十二年。Q1_11_1_12 壹
十三年，攻伊闌〈闕〉①。Q1_11_1_13 壹
十四年，伊闌〈闕〉②。Q1_11_1_14 壹
十五年，攻魏（魏）③。Q1_11_1_15 壹
十六年，攻宛④。Q1_11_1_16 壹
十七年，攻垣、枳⑤。Q1_11_1_17 壹
十八年，攻蒲反⑥。Q1_11_1_18 壹
十九年。Q1_11_1_19 壹
廿年，攻安邑⑦。Q1_11_1_20 壹

【匯釋】

①伊闌：整理者認爲是“伊闕”之誤。王輝、王偉（2014：139）釋爲“伊闕〈闕〉”。陳偉（2016C：9）從整理者釋爲“伊闌”，但刪去原校改“〈闕〉”，下文同。**地名，韓地。有二説：一、伊闕，今河南洛陽龍門。**整理者：伊闕，山名，即今河南洛陽龍門。《秦本紀》和《白起王翦列傳》載此年秦攻韓新城（今河南伊川西南襄城），十四年敗韓、魏軍於伊闕。新城、伊闕相近。韓連琪（1981）認爲，伊闕爲韓地，又名新城，蓋即以韓氏復於伊闕“城新城”故。楊寬（2001：706－707）：《秦本記》言昭王十三年白起攻新城，十四年攻韓、魏於伊闕，《白起王翦列傳》略同。伊闕在洛陽南十九里，新城則在洛陽南七十里。蓋新城爲韓新建之城，用以防守與保衛伊闕之要害者，故此新城，既名新城，亦可統稱爲伊闕。白起於昭王十三年所攻者爲新城，《編年記》統稱爲伊闕，白起於十四年又大破韓、魏於伊闕。是役相戰兩年，白起先攻克韓之新城，繼而韓得魏助，退守伊闕，白起又破之。**二、伊闇，伊水之門。**梁文偉（1981）、趙平安（1997）認爲，伊闌即伊闇，意爲伊水之門，是伊闕的别稱。夏利亞（2019：31）：趙説甚輾轉，建議仍以整理者所訓爲准。

②“伊闕”前後缺動詞，**有三説：一、後缺“陷”字**。黄盛璋（1977）、高敏（1981A：115）、鄭良樹（1982）、楊寬（2001：706）均認爲“伊闕”後脱一“陷”字。夏利亞（2019：31）：高敏説可取。**二、前缺“拔”字**。傅振倫（1978）在其前補“拔”字。**三、前缺“攻”字**。韓連琪（1981）認爲因十三年已書“攻伊闕”，故此年略去“攻”字。

今按：《秦本紀》《白起王翦列傳》記此年秦攻韓新城，《六國年表》《秦本紀》《魏世家》《韓世家》《楚世家》《白起王翦列傳》《穰侯列傳》均記十四年白起攻韓魏於伊闕、斬首二十四萬之事。蓋攻伊闕之役始於十三年終於十四年。原簡脱文情況存疑。

③魏：**同“魏”**。整理者徑作“魏”。陳偉（2016C：15）據圖版改釋，今從陳偉説。

關於“魏”的意義，**有三説：一、魏國**。整理者：《秦本紀》載此年秦“攻魏，取垣，復予之”。鄭良樹（1982）：本《記》所載者，蓋即指白起取垣而言。蓋秦本年取垣，本年即歸之；十七年復拔之，旋即以之易蒲坂、皮氏；十八年又再拔之也。梁玉繩（1981：153）：《白起王翦列傳》説“明年，白起爲大良造。取魏，拔之，取城小大六十一”。該年白起未嘗以垣予魏地。夏利亞（2019：31）：梁説有理。**二、地名，今河北大名東南**。后曉榮（2013：90）：從睡虎地秦簡《編年記》所載地名看，都爲戰國各國縣邑名，故此“魏”也爲地名。魏，本爲春秋時晉邑，魏國最早的封地。《魏世家》：“十九年反，重耳立爲晉文公，而令魏武子襲魏氏之後封，列爲大夫，治於魏。”“拔之”二字説明此“魏”爲城而非國名，二者記載相合。此地在戰國時即爲魏重要之地，今河北大名東南。楊寬（2001：724－725）：考魏武侯別都所在之魏，在今河北大名西南，非秦所能攻及。此乃西周時分封之魏國所在，此時沿用作爲地名，地在晉陽、封陵之東，蓋秦於昭王四年攻取晉陽之後，進一步向東拓展。**三、地名，今山西芮城北**。韓連琪（1981）：《漢書·地理志》魏縣，注引應劭曰：“魏武侯別都。”在今山西芮城北。

今按：《白起王翦列傳》“明年”指攻伊闕的次年。又按，《爲吏之道》有“魏戶律”，又有“魏奔命律”，均指魏國的法律，可證“魏”爲魏國之“魏”的異體字無誤。

④宛：**地名。有二説：一、韓地，今河南南陽**。整理者：《六國年表》和《韓世家》均載此年秦攻取韓的宛，《韓世家》正義：“宛，鄧州縣也，時屬韓也。”宛原屬楚，昭王六年齊、韓、魏戰勝楚軍，“取宛、葉以北”，見《戰國策》。顧觀光《七國地理考》卷三認爲此時宛“蓋一地而韓、楚兩屬也”。**二、楚地，宛之主要部分**。楊寬（2001：724）：《秦本紀》稱昭王十五年攻楚取宛，《穰侯列傳》亦謂取楚之宛、葉，而《韓世家》《六國年表》之韓表皆記“秦拔我宛”在次年。據睡虎地秦簡《編年記》，“攻宛”確在次年。《秦本紀》《穰侯列傳》蓋誤上一年。《資治通鑑》從《韓世家》《六國年表》記“秦伐韓拔宛”在次年，而《周季編略》既記“秦伐楚取宛、葉”在此年，又記“秦伐韓取宛”在次年。前此九年，齊、魏、韓

共攻楚方城，殺楚將唐昧，韓、魏嘗取得宛、葉以北地。顧觀光謂“蓋一地而韓、楚兩屬也”，但宛之主要部分，其時尚當屬楚，是時爲秦所攻取，非同時共攻兩國。

今按：關於秦攻宛的時間，傳世文獻記載有誤。夏利亞（2019：31）：當取十六年爲是。韓連琪（1981）：《秦本紀》《穰侯列傳》記秦攻宛在上年，據《編年記》，足證其爲誤差一年。鄭良樹（1982）：呂氏《大事記》《編略》並繫之於十五年，《戰國紀年》繫之於今年，此當從本《記》爲是。

⑤垣：**魏地，今山西垣曲東南**。枳：**魏地，今河南濟源南**。整理者：枳，古書多作軹。《秦本紀》《六國年表》及《白起王翦列傳》載秦攻垣、軹在昭王十六年或十八年。韓連琪（1981）：蓋垣、軹等城均於秦昭王十五、十六年爲秦所攻取，至十七年，又並攻取之也。馬非百（1981）：垣已於昭王十五年攻取後，復以予魏，今又攻取之。馬非百（1981）：垣，魏邑，故城在今山西省垣曲縣西北二十里。鄭良樹（1982）：《秦本紀・昭王十七年》云：“秦以垣爲蒲反、皮氏。”《秦本紀・索隱》曰：“爲，當爲‘易’，蓋字訛也。”若從《秦本紀・索隱》之說，則本年攻垣、軹之前，秦嘗以垣易蒲阪、皮氏；既予之，旋又攻之也。夏利亞（2019：32）：《秦本紀》《六國年表》的說法都與簡文異，當從簡文之說。

⑥蒲反：**地名，魏地**。整理者：《六國年表》衹記秦攻魏，取六十一城。黄盛璋（1977）：此年《魏世家》與《六國年表・魏表》僅記“秦拔我城六十一”，應包括蒲反。韓連琪（1981）據《秦本紀・索隱》，認爲垣即蒲反，秦昭王十七年以垣爲蒲反，故《編年記》謂之蒲反，《秦本紀》則謂之垣。蒲反與垣實爲一地。蓋其時蒲反又歸於魏，故昭王十八年復有秦攻蒲反（垣）事。馬非百（1981）：蒲反原屬魏邑，昭王四年取之，五年復以予魏，今又攻之者，當是秦以垣易蒲阪、皮氏，魏不同意的緣故。鄭良樹（1982）：秦昭王四年，秦拔蒲反；此年，歸之。本年，秦又攻之。史皆不書此事，當據補。楊寬（2001：730）：據《秦本紀》，前二年“秦攻垣，復予之”，秦簡《編年記》又言十八年攻蒲反，可知《秦本紀》“秦以垣爲蒲阪、皮氏”，當爲“秦攻垣及蒲阪、皮氏”之誤。夏利亞（2019：32）：史書未言八年攻蒲反之事，當據此補。

⑦安邑：**魏地，今山西夏縣西北**。整理者：秦於此年攻安邑，史籍未載。《秦本紀》和《六國年表》都記昭王二十一年獻安邑。韓連琪（1981）：秦攻安邑蓋始於昭王二十年，至昭王二十一年魏獻安邑於秦。馬非百（1981）：此獨列在昭王二十年者，此言“攻”；紀、表言“納”，言“獻”。先一年攻，此年納、獻，並不矛盾。又案魏安邑，即今山西夏縣及運城縣地。又河内轄地甚廣，自秦連年攻拔垣、軹等六十一城及新垣、曲陽後，河内之西半部已大體爲秦所有。至是則魏盡以西河内入之於秦。后曉榮（2013：85）：夏縣禹王古城是戰國魏都安邑，秦漢河東郡治，城址東西 2 900 米，南北 4 700 米。夏利亞（2019：32）：《秦本紀》《六國年表》與本簡所記相差一年。

【今譯】

秦昭王十一年。Q1_11_1_11 壹

秦昭王十二年。Q1_11_1_12 壹

秦昭王十三年，（秦軍）攻打韓地伊闕。Q1_11_1_13 壹

秦昭王十四年，韓地伊闕被攻陷。Q1_11_1_14 壹

秦昭王十五年，（秦軍）攻打魏國。Q1_11_1_15 壹

秦昭王十六年，（秦軍）攻打韓地宛。Q1_11_1_16 壹

秦昭王十七年，（秦軍）攻打魏地垣及枳。Q1_11_1_17 壹

秦昭王十八年，（秦軍）攻打魏地蒲反。Q1_11_1_18 壹

秦昭王十九年。Q1_11_1_19 壹

秦昭王二十年，（秦軍）攻打魏地安邑。Q1_11_1_20 壹

【釋文】

廿一年，攻夏山①。Q1_11_1_21 壹

廿二年。Q1_11_1_22 壹

廿三年。Q1_11_1_23 壹

廿四年，攻林②。Q1_11_1_24 壹

廿五年，攻茲氏③。Q1_11_1_25 壹

廿六年，攻離石④。Q1_11_1_26 壹

廿七年，攻鄧⑤。Q1_11_1_27 壹

廿八年，攻□⑥。Q1_11_1_28 壹

廿九年，攻安陸⑦。Q1_11_1_29 壹

卅年，攻□山⑧。Q1_11_1_30 壹

【匯釋】

①夏山：**韓地**。關於夏山的位置，**有六說：一、今河南禹州夏臺**。夏利亞（2013）：夏山正是今禹州的夏臺。夏利亞（2019：33）：夏山當爲今河南禹州的夏臺。**二、位置不詳**。整理者：韓地，位置不詳。傅振倫（1978）：《韓世家》及《六國年表》都說是年秦敗韓兵於夏山。夏山所在不詳。張政烺（1990：20）：夏山，韓地，今何地不詳。**三、疑在陽翟**。黃盛璋（1977）說。**四、今河南鞏義西南四十里**。后曉榮（2013：54）說。**五、在今夏縣附近**。韓連琪（1981）說。**六、河南偃師西**。馬非百（1981）：《讀史方輿紀要》河南府偃師縣河陽倉條下云：夏臺在縣西，或曰即夏山。

②林：**魏地**。**有二說：一、即北林、棐林，在中牟縣東北，大梁之西北**。楊寬（2001：817－818）：當時中原稱林者，有南、北兩地，皆因有森林而得名。是時秦所攻之林，當爲北林，但其地點當在中牟縣東北，大梁之西北，並臨近黃河。秦兵出函谷關及崤塞，經周、韓之地，越魏長城，攻拔安城，以此爲進攻大梁之據點。

由此向東南進軍，爲進攻大梁方便之路綫。而大梁西北之林，爲駐屯大軍以便進攻之基地，因必首先攻克之。黄盛璋（1977）：林的位置舊說不一。林鄉故城在新鄭東北七十里，棐林在新鄭北四十里，棐林在新鄭北，所以又稱北林亭，兩地相去不遠。這一帶上古似爲一片森林，後來在北就叫作北林，在南就是林鄉。林又名林中，應是在北面的北林，而不是南面的林鄉。馬非百（1981）：林者，疑即《魏世家》中“從林鄉軍以至於今”之林。《魏世家·索隱》劉氏云：“林，地名。蓋春秋時鄭地之棐林，在大梁之西北。”韓連琪（1981）：林之所在，當以《魏世家·索隱》引劉氏所說“在大梁之西北”者爲可信，與林鄉之在今新鄭東者亦非一地。**二、古又稱林中、林鄉，今河南尉氏西。**整理者：魏地，古書又稱林中、林鄉，今河南尉氏西。據《五帝本紀》，此年“秦取魏安城，至大梁，燕、趙救之，秦軍去”。攻林當爲這一戰役的一部分。譚其驤（1982：35－36）從整理者，以爲此林與林中、林鄉爲一地。據譚其驤（1982：35－36），林在新鄭東。

③茲氏：**趙地，今山西汾陽南。**整理者：《史記》記此年秦拔趙二城，茲氏應爲其一。韓連琪（1981）：兩城當即藺、祁，秦攻茲氏不見於史。高敏（1981A：113）：可見茲氏屬於此年秦“拔趙二城”中之一城，既可印證《史記》所載是年秦曾攻趙，亦可補茲氏之缺。楊寬（2001：823－824）：《西周策》第六章蘇厲謂周君曰：“敗韓、魏，殺犀武；攻趙，取藺、離石、祁者，皆白起。”據《編年記》，可知拔趙二城，必爲祁與茲氏無疑。

④離石：**趙地，今山西離石。**整理者：《周本紀》記此年蘇厲對周君說：“秦破韓、魏，扑師武，北取趙藺、離石者，皆白起也。”《六國年表》和《趙世家》都說此年秦拔趙石城，《資治通鑑·周紀四》胡注指出石城就是離石。馬非百（1981）：可見此次所取者，除離石外，還有藺和祁。鄭良樹（1982）：《西周策》高誘注：“藺、石，本屬西河；祁，本屬太原也。”高誘把“離石”省稱作“石”，胡三省《通鑑注》大概就是根據高誘注而來的。夏利亞（2019：34）：石城就是離石，石城當是離石之簡稱。

⑤鄧：**楚地。有三説：一、今湖北襄樊（注：2010年改名爲襄陽市）西北。**石泉（1980）、譚其驤（1982：45－46）說。**二、今湖北襄樊（注：2010年改名爲襄陽市）北二里鄧城。**黄盛璋（1977）說。**三、今河南鄧縣（注：1988年改名爲鄧州市）。**整理者：楚地，今河南鄧縣，參看吳卓信《漢書地理志補注》卷十四。《秦本紀》和《白起王翦列傳》記秦取鄧在昭王二十八年。馬非百（1981）：此鄧乃楚地，即今河南鄧縣。漢水之北，也包括鄧縣在內。《紀》《表》《世家》皆不言攻楚何地，此言攻鄧。可補史書之缺。

今按：關於秦攻鄧的時間，傳世文獻記載有誤。鄭良樹（1982）：《秦本紀》曰：“二十八年，大良造白起攻楚，取鄢、鄧。”梁玉繩《史記志疑》云：“此二十八年楚爲秦所取者，鄢、鄧、西陵三城。”《秦本紀》《白起王翦列傳》一則誤繫攻鄧於昭王二十八年，二則誤將攻鄧與攻鄢置於同一年。高敏（1981A：121）：秦伐楚取鄢、鄧等五城的這次大戰役，實開始於昭王二十七年。《史記》漏載始攻，故推遲一年。夏利亞（2019：34）：史書所記攻鄧皆在昭王二十八年，與簡文所記相差一年。

⑥攻□：□，**即“鄢”，楚地**。關於□的釋文，**有三說：一、□疑爲“鄢”。**鄢：**楚地，今湖北宜城南**（整理者）。**二、釋爲“鄢”**。傅振倫（1978）、馬非百（1981）、韓連琪（1981）說。**三、釋爲“析”**。陳偉（2016C：17）：看圖版，此字左部應从木，右部似从斤，疑是“析”。今按：從圖版看，“攻”下一字的右半確爲“邑”，陳偉所說有誤。

⑦安陸：**楚地。有二說：一、在今湖北雲夢、安陸一帶**。整理者：《史記》載此年秦攻楚，拔郢，東至竟陵，置南郡。鄭良樹（1982）：安陸即今湖北安陸。黄盛璋（1977）：“攻安陸”是記載所無。據此，安陸應爲楚國重鎮，但記載僅推到漢，《戰國策·楚策一》記楚王遊於雲夢，封壇爲安陵君事，安陵當是安陸之訛。秦墓區附近正有一範園頗大的古城，城址地面上有漢代陶片，此城頗有可能是秦安陸城。但自魏晉南北朝以來即稱此城爲雲夢城。晉、魏、唐、宋之安陸縣城，確在今安陸之北，與此雲夢古城無關。夏利亞（2019：35）：黄說爲當，攻安陸史書無載。**二、在今湖北鍾祥**。傅振倫（1978）：安陸，今湖北鍾祥，是由南陽、鄧南下攻郢必經之地，所以攻安陸必在拔郢之前。今按：昭王二十七年至二十九年間，秦往東南方依次攻取楚國的鄧、鄢、安陸和郢。

⑧攻□山：關於□的釋文，**有三說：一、釋爲“萛”，認爲萛山即冥山**。方勇（2013A）釋“攻”下一字爲“萛”，認爲萛山即冥山，亦即冥阸、黽阸。冥阸，楚地，爲韓楚邊界的隘口，即今河南信陽東南、湖北應山北的平靖關。《編年記》沒記載張若取巫郡等戰事，或是因爲記載者“喜”曾任安陸御史、安陸令史、鄢令史等職務，所以他記載時選取了和自身經歷關係密切的事情。**二、當爲“巫”**。馬非百（1981）：疑此處“攻□山”，當即“攻巫山”之缺。夏利亞（2019：35）從之。傅振倫（1978）：《秦本紀》《楚世家》《六國年表》均載是年張若攻楚取巫郡及江南爲黔中郡。**三、上从艸，下半不清**。整理者說。

【今譯】

秦昭王二十一年，（秦軍）攻打韓地夏山。Q1_11_1_21 壹

秦昭王二十二年。Q1_11_1_22 壹

秦昭王二十三年。Q1_11_1_23 壹

秦昭王二十四年，（秦軍）攻打魏地林。Q1_11_1_24 壹

秦昭王二十五年，（秦軍）攻打趙地兹氏。Q1_11_1_25 壹

秦昭王二十六年，（秦軍）攻打趙地離石。Q1_11_1_26 壹

秦昭王二十七年，（秦軍）攻打楚地鄧。Q1_11_1_27 壹

秦昭王二十八年，（秦軍）攻打楚地鄢。Q1_11_1_28 壹

秦昭王二十九年，（秦軍）攻打楚地安陸。Q1_11_1_29 壹

秦昭王三十年，（秦軍）攻打楚地冥山。Q1_11_1_30 壹

【釋文】

卅一年，□①。Q1_11_1_31 壹

卅二年，攻啟封②。Q1_11_1_32 壹

卅三年，攻蔡、中陽③。Q1_11_1_33 壹

卅四年，攻華陽④。Q1_11_1_34 壹

卅五年。Q1_11_1_35 壹

卅六年。Q1_11_1_36 壹

卅七年，□寇剛⑤。Q1_11_1_37 壹

卅八年，閼輿⑥。Q1_11_1_38 壹

卅九年，攻懷⑦。Q1_11_1_39 壹

卌年。Q1_11_1_40 壹

【匯釋】

①□：**所缺之字不能確補。**傅振倫（1978）：《秦本紀》說是年“白起伐魏，取兩城。楚人反我江南”。《楚世家》說：“襄王乃收東地兵，得十餘萬，復西取秦所拔我江旁十五邑以爲郡，距（拒）秦。”

②啟封：**魏地，即開封，今河南開封西。**整理者：古書作開封，係避漢文帝諱而改。陳直（1977）：《金石索·金索三》一百九十五有啟（誤作“后”）封證，與本簡正合。在其他文獻中無不作開封者。黄盛璋（1977）：“啟封”即《韓世家》所记“使暴鳶救魏，爲秦所敗，鳶走開封”之“開封”。韓連琪（1981）：《秦本紀》：“三十二年，相穰侯攻魏，至大梁，破暴鳶，斬首四萬，鳶走。魏入三縣請和。”《六國年表》載此年“暴鳶救魏，爲秦所敗，鳶走開封”，《穰侯列傳》誤穰侯攻魏爲昭王三十年事。馬非百（1981）：因開封爲魏小邑，與大梁相去不遠。秦圍大梁，暴鳶走開封，故追攻之。

③蔡：**魏地，即上蔡，今河南上蔡西南。**中陽：**魏地，今河南中牟西、河南鄭州東。**

據整理者及黄盛璋（1977），《秦本紀》《魏世家》《六國年表·魏表》都記此年秦拔魏四城。黄盛璋（1977）：《魏世家》《六國年表·魏表》都記此年秦拔四城，但《秦本紀》《穰侯列傳》僅記取魏卷、蔡陽、長社，尚缺一城。

關於《史記》和《葉書》裏的記載，關於蔡、中陽、蔡陽和蔡中陽的地名問題有幾類說法：**一、蔡陽是蔡、中陽的訛誤。**但對蔡的具體位置，各家仍有分歧。整理者：疑《秦本紀》“蔡陽”係“蔡、中陽”之誤。韓連琪（1981）：疑蔡陽，當即蔡、中陽之奪誤，或陽爲中陽之簡稱。蔡即爲魏地，絕非在今河南上蔡古蔡國之蔡，應即《魏世家·索隱》引《竹書紀年》魏武侯（當作魏惠王）元年“趙侯種、韓懿侯伐我，取蔡”之蔡，《續漢書·郡國志》載河內郡山陽有蔡城，即其地。在今河南獲嘉西北。中陽，亦魏地，在今河南鄭州東南。裘錫圭（1992A：56）：疑“蔡陽”原當作“蔡、中陽”，是正確的。但是整理小組認爲蔡即上蔡，卻有商榷餘

地。這個蔡最可能是祭國故地。“蔡”从祭聲，二字古代可通。祭在鄭州東北，與中陽非常接近，所以《編年記》把攻蔡和中陽當作一件事記下來，而沒有提到卷和長社。楊寬（2001：882－883）：《秦本紀》與《穰侯列傳》之“蔡陽”，當是“蔡、中陽”之誤。四城當即卷、蔡、中陽、長社。卷在今河南原陽西，中陽在今河南鄭州東，長社在今河南長葛東北，蔡在今河南上蔡西南，皆在韓、魏接境之邊緣，蓋秦兵據韓地以攻取魏西邊之城邑。**二、《葉書》“中”爲衍文，“蔡中陽”實爲蔡陽**。鄭良樹（1982）：“中”若非衍文，則蔡陽又名蔡中陽乎？據《六國年表》及《魏世家》，秦於本年拔四城，本《記》僅載其一。**三、秦拔魏四城，《秦本紀》與《穰侯列傳》漏記中陽**。黃盛璋（1977）：尚缺一城，當即中陽。據《水經注》，中陽在中牟之西，與卷（舊原武西北七里）、長社（今長葛境）皆近。蔡，《秦本紀》《穰侯列傳》都作蔡陽。蔡陽古城即上蔡。過去總以爲蔡陽與上蔡爲兩地，《編年記》確定蔡即蔡陽，並非兩地。馬非百（1981）：所謂“四城”，當合此處“中陽”言之。中陽有四，分爲燕中陽、趙中陽、秦中陽、魏中陽。此處中陽，則爲魏地。

④華陽：**韓地，今河南新鄭北**。整理者：或以爲在河南密縣東南三十里。馬非百（1981）：攻華陽事，各書記載不盡一致。但以華陽爲這次戰爭的主要陣地，則各書及此處完全一致。《韓世家正義》司馬彪曰：“華陽，山名，在密縣。”即今河南密縣（注：1994年改名爲新密市）東南三十里。鄭良樹（1982）：秦攻魏華陽，當如《六國年表》《韓世家》及《白起王翦列傳》所言，繫於昭王三十四年。

⑤□寇剛：關於這三字的釋文，**有五說：一、□寇剛。□：所缺之字不能確補。寇：強取。剛：齊地，今山東寧陽東北**。夏利亞（2019：37）：□字形模糊，究爲何字，不妄置喙。傅振倫（1978）：剛壽，在今山東東平西南，今牒記無壽字，可能剛壽簡稱剛。但《史記正義》引《括地志》卻以爲是兩個地方。**二、耤寇剛**。馬非百（1981）釋爲“耤寇剛”，此言“耤寇剛”，當與伐剛、壽有關。作者對其他戰役，或曰攻，或曰某軍，獨對於這次戰役大書特書曰“耤寇剛”，說明他對“越人之國而攻”的戰役是持反對態度的。又此役所記年代與《齊世家》及《六國年表》相合。唯《秦本紀》《穰侯列傳》《范雎蔡澤列傳》皆作昭王三十六年，較此提早了一年。**三、擊寇剛**。梁文偉（1981）：或“寇”又別名“壽”，寇剛上脫一字，似當補爲“擊”。**四、取壽剛**。鄭良樹（1982）：疑“剛”上缺文當是“取壽”二字。今本《記》出土，知秦取壽、剛當在昭王三十七年。**五、攻寇剛**。整理者：《尚書·舜典》鄭注：“強取爲寇。”據《戰國策》和《史記》，此年秦與楚聯合，攻取齊的剛、壽。**六、對“寇”或“寇剛”的釋文存疑**。楊寬（2001：906）：梁玉繩謂《六國年表》“楚”字衍，《秦記》《田敬仲完世家》《穰侯列傳》《范雎蔡澤列傳》無“楚”字。《編年記》所記秦攻伐別國之事皆稱“攻”，唯此用貶詞作“寇”，或者以爲此乃作者對穰侯越韓、魏而攻剛、壽，表示指斥。但《編年記》中未見有反對穰侯之意圖。原文此三字並不清楚，第一字不能識，第二、三兩字，右側殘缺。因而所識之“寇”字，恐不確。馬雍（1981）：能否釋作“寇剛”二字，

頗值得懷疑。

⑥閼輿：**趙地，今山西和順**。楊寬（2001：915－916）：閼與之"與"，《編年記》作"輿"，同音通假。據《正義》引《括地志》，閼與有三處。當從《水經注》，定閼與在今山西和順爲是。整理者：《秦本紀》載此年趙奢敗秦軍於閼輿。陳直（1977）：本簡僅云閼與，不云攻閼與，確爲攻而不拔。韓連琪（1981）：前當脱"攻"字。

關於秦攻趙閼與的時間，文獻記載不一。楊寬（2001：915－916）：趙破秦於閼與，《趙世家》《六國年表》《廉頗藺相如列傳》均列於趙惠王二十九年，即秦昭王三十七年，唯《秦本紀》在昭王三十八年。考秦簡《編年記》亦在昭王三十八年，當以《秦本紀》爲是。傅振倫（1978）：《趙世家》繫此事於昭王三十七年，並云"秦、韓相攻，而圍閼與。趙使趙奢將，擊秦，大破秦軍閼與下，賜號爲馬服君"。馬非百（1981）：閼與戰爭大概進行了兩次。昭王三十七年趙奢大敗秦軍，昭王三十八年胡傷攻趙不能取。此所記是第二次，但秦仍沒有取得勝利。夏利亞（2019：38）：昭王三十七年、三十八年皆有攻閼與事。

⑦懷：**魏地，今河南武陟西南**（整理者）。馬非百（1981）：《方輿紀要》："在今河南省武陟縣西南十一里。"鄭良樹（1982）：《六國年表·魏表》本年出"秦拔我懷城"五字，所云與本《記》合。夏利亞（2019：38）：懷即懷邑，一作懷城，在今河南武陟西南。

《秦本紀》記載秦攻懷的時間有誤。楊寬（2001：1008）：《秦本紀》載"（昭王）四十一年夏，攻魏，取邢丘、懷"，誤以爲秦攻取魏懷與攻取邢丘在同年。夏利亞（2019：38）：《秦本紀》年代誤。

【今譯】

秦昭王三十一年，……Q1_11_1_31 壹

秦昭王三十二年，（秦軍）攻打魏地開封。Q1_11_1_32 壹

秦昭王三十三年，（秦軍）攻打魏地蔡、中陽。Q1_11_1_33 壹

秦昭王三十四年，（秦軍）攻打韓地華陽。Q1_11_1_34 壹

秦昭王三十五年。Q1_11_1_35 壹

秦昭王三十六年。Q1_11_1_36 壹

秦昭王三十七年，……強取齊地剛。Q1_11_1_37 壹

秦昭王三十八年，（秦軍敗於）趙地閼輿。Q1_11_1_38 壹

秦昭王三十九年，（秦軍）攻打魏地懷。Q1_11_1_39 壹

秦昭王四十年。Q1_11_1_40 壹

【釋文】

卌一〔年，攻邢〕丘①。Q1_11_1_41 壹

卌二年，攻少曲②。Q1_11_1_42 壹

〔卌三年。〕[③] Q1_11_1_43 壹
卌四年，攻大（太）行[④]。·□攻[⑤]。Q1_11_1_44 壹
卌五年，攻大壄（野）王[⑥]。十二月甲午雞鳴時[⑦]，喜產[⑧]。Q1_11_1_45 壹
卌六年，攻□亭[⑨]。Q1_11_1_46 壹
卌七年，攻長平[⑩]。十一月，敢產[⑪]。Q1_11_1_47 壹
〔卌八年，攻〕武安[⑫]。Q1_11_1_48 壹
〔卌九年〕，□□□[⑬]。Q1_11_1_49 壹
〔五十年〕，攻邯單（鄲）[⑭]。Q1_11_1_50 壹

【匯釋】

①邢丘：**魏地，今河南溫縣東古平皋城**。整理者：此年秦取邢丘，與《秦本紀》相合。梁玉繩《史記志疑》卷四主張《秦本紀》"邢丘當依《魏世家》作郪丘，此與《范雎蔡澤列傳》作邢丘，同誤"，則是錯誤的。黃盛璋（1977）：《六國年表》作"廩丘"，今《編年記》亦作邢丘，從而斷定廩丘、郪丘皆誤，邢丘是正確的。又考：今溫縣東古平皋城。韓連琪（1981）：蓋邢丘雖前已入秦，後又歸魏，至昭王四十一年復攻取之。馬非百（1981）：懷已於昭王三十九年入秦，《秦本紀》又言"取懷"者，據考證，此兩年事並入一年。又按邢丘與懷隔河南對成皋。成皋以東爲滎陽，以西爲鞏縣。這三地在當時尤爲重要。因爲北邊渡河可由邢丘以達上黨，由邢丘和懷北行，至太行山的少曲，尤爲綰轂南北的沖要。范雎說秦昭王："舉兵而攻滎陽，則成皋之路不通。北斬太行之道，則上黨之兵不下。一舉而攻滎陽，則其國斷而爲三。"三十九年攻懷，四十一年攻邢丘，四十二年攻少曲，四十四年攻太行，四十五年攻野王，便是范雎對此計劃的實踐。夏利亞（2019：38－39）：文獻記錄驗之簡文可知，"廩丘""邢丘"本一地。

②少曲：**韓地，今河南濟源東北少水彎曲處**（整理者）。傅振倫（1978）：牒記所言少曲，在太行山西南，與高平相近。馬非百（1981）：《范雎蔡澤列傳》："范雎相秦二年，秦昭王之四十二年，東伐韓少曲、高平，拔之。"《方輿紀要》："《括地志》：'高平故城，在河陽縣西北四十里。……少曲，當與高平相近。'"

③依據陳偉（2016C：10）補。

④大行："大"後作"太"，即太行。太行：**指韓國境内的太行，今河南、山西交界處的太行山區**（整理者）。鄭良樹（1982）：《六國年表》《秦本紀》《韓世家》皆載此事。楊寬（2001：958）：秦簡《編年記》稱是年攻太行，《韓世家》稱秦擊我於太行，皆指太行道而言。夏利亞（2019：39）：《六國年表》載此年"秦擊我（韓）太行"。與簡文合。

⑤□攻：**□有四說：一、不能確補**。韓連琪（1981）：文缺，不詳所指，或即與秦攻南陽有關。**二、可補"復"字**。梁文偉（1981）說。**三、似爲"用"字**。陳偉（2016C：20）："攻"上一字似爲"用"。**四、疑是"道"字，屬上句**。傅振倫（1978）：《白起王翦列傳》說"四十四年，白起攻南陽太行道，絕之"。可知牒

記所記的“大行□”，疑是“太行道”。夏利亞（2019：39）：疑傅氏之說不足取。

⑥大壄王：**有二說：一、指太行、野王兩地。**“大”，後來寫作“太”；壄，同“野”。整理者：一說，“大”下原脫“行”字，應爲“太行、野王”。馬非百（1981）：韓無大野王。疑當作“攻太行、野王”，寫者脱一“行”字。上黨道絕，韓國被截爲兩段，上黨郡就成爲孤島。**二、即野王，韓地，今河南沁陽**（整理者）。傅振倫（1978）：《秦本紀》：“五大夫賁攻韓，取十城。”《白起王翦列傳》：“四十五年，伐韓之野王（今河南沁陽），野王降秦，上黨（韓之上黨在今山西王屋山東北一帶）道絕。”韓連琪（1981）：大壄王，即野王，韓地，在太行山東南，今河南沁陽。后曉榮（2013：36）：秦昭王四十五年，秦伐韓之野王，野王降秦，韓上黨郡與韓本土道絕，上黨郡守降趙。之後韓上黨郡一直在韓、趙、秦之間反復。韓桓惠王二十六年（按：即秦莊襄王三年），韓上黨郡最終爲秦所得。

⑦甲午：**昭王四十五年十二月丙子朔，甲午爲十九日**（陳偉，2016C：20）。

雞鳴時：**丑時。**整理者：見《尚書大傳》。傅振倫（1978）：杜預注《左傳・昭公五年》“卜楚邱十時”，分一日爲夜半、雞鳴、平旦、日出、食時、隅中、日中、日昳、餔時、日入、黄昏、人定十二時。

⑧喜：**人名**（整理者）。傅振倫（1978）：姓不可考，可能是此墓主人。韓連琪（1981）：《編年記》於喜事記載獨詳，當即出土《編年記》墓之主人。楊劍虹（1992）：喜母作爲隨軍家屬在軍中生下喜。

產：**誕生**（整理者）。馬非百（1981）：猶言誕生。這是說喜是這一年十二月甲午日丑時誕生的。

⑨□亭：**□字有三説：一、當是“馮”字。**馮亭：**人名，上黨郡守。**馬非百（1981）：秦攻野王，上黨道絕，韓王大恐，欲效上黨之地於秦。上黨守馮亭卻以上黨郡及所屬十七城降趙，秦王因而派兵攻打馮亭。歷史上用人名作爲戰役名稱者並不稀罕。蘇厲說燕王，曾以“趙莊之戰”“龍賈之戰”“岸門之戰”“封陵之戰”“高商之戰”並稱。那麼，這裏把“攻上黨”稱爲“攻馮亭”就不是創舉了。**二、當是“鄢”字。鄢亭是人名。**整理者：一說，字應爲“鄢”，鄢亭係人名，即《史記》所載韓上黨守馮亭。**三、右从邑，左半不清。**整理者說。鄭良樹（1982）：《白起王翦列傳》曰：“四十六年，秦攻韓緱氏、藺，拔之。”

⑩長平：**趙地，今山西高平西**（整理者）。傅振倫（1978）：《白起王翦列傳》記長平戰役較詳。馬非百（1981）：《秦本紀》《六國年表》《韓世家》《趙世家》《白起王翦列傳》《廉頗藺相如列傳》《范雎蔡澤列傳》均有記載。戰爭爆發是因爲上黨守馮亭以上黨降趙、趙派廉頗軍長平以拒秦。戰爭結果是趙軍大敗，全軍士卒四十餘萬人皆被坑殺。韓連琪（1981）：《編年記》於秦昭王四十七年書“攻長平”，蓋指秦始攻長平之年。楊寬（2001：873）：長平之戰首尾三年，《編年記》與《秦本紀》《六國年表》《白起王翦列傳》相同，記長平之戰於秦昭王四十七年，蓋是年爲秦全力攻破長平也。夏利亞（2019：40）：長平之戰當在秦昭王四十六年已經拉開帷幕。

⑪敢：**人名，當是喜之弟**（傅振倫，1978）。

⑫武安：**趙地，今河北武安西南**（整理者）。傅振倫（1978）：是年九月，秦復發兵，使五大夫王陵攻趙邯鄲。攻邯鄲必先攻武安，牒記所説“攻武安”之事，即此。韓連琪（1981）：《白起王翦列傳》書攻拔皮牢，不書武安；《編年記》書“攻武安”，不書皮牢，皆史之簡筆，均不足以證《編年記》或《秦本紀》之武安或皮牢爲衍文。鄭良樹（1982）：竊謂《秦本紀》載秦本年攻武安、皮牢，蓋太史公别有依據，不得因《白起王翦列傳》及白起先封於武安而疑其非；本《記》繫本年攻武安，即其明證。夏利亞（2019：40）：《秦本紀》記載與簡文合。

⑬□□□：關於這三字，**有二説：一、攻邯鄲**。傅振倫（1978）引《白起王翦列傳》所記認爲三缺字疑是“攻邯鄲”。夏利亞（2019：40）：傅説甚有理。**二、不能確補**（整理者）。

⑭邯單：**即邯鄲。趙都，今河南邯鄲**。傅振倫（1978）：此指秦增兵再攻邯鄲之事。整理者：史籍秦昭王四十九年、五十年都有攻邯鄲事，原簡年次不清，排在這裏依出土位置試定。韓連琪（1981）：《編年記》與《六國年表》書秦攻邯鄲於秦昭王五十年，蓋亦秦圍邯鄲，至是年而解，故統記之耳。馬非百（1981）：邯鄲戰爭是長平戰後的一次最大的戰爭，差不多山東六國都參與了。開始於昭王四十八年，到昭王五十年始告結束。

今按：《秦本紀》：“四十八年十月，韓獻垣雍。秦軍分爲三軍。武安君歸。王齕將伐趙武安、皮牢，拔之。司馬梗北定太原，盡有韓上黨。正月，兵罷，復守上黨。其十月，五大夫陵攻趙邯鄲。四十九年正月，益發卒佐陵。陵戰不善，免，王齕代將。其十月，將軍張唐攻魏，爲蔡尉捐弗守，還斬之。五十年十月，武安君白起有罪，爲士伍，遷陰密。張唐攻鄭，拔之。十二月，益發卒軍汾城旁。武安君白起有罪，死。齕攻邯鄲，不拔，去，還奔汾，軍二月餘。”此役又見各《世家》趙孝成王八年、魏安釐王二十年、燕孝王元年、楚考烈王六年事，可與《葉書》這幾年事對照而讀。邯鄲之戰，秦軍敗績，秦將鄭安平降趙。

【今譯】

秦昭王四十一年，（秦軍）攻打魏地邢丘。Q1_11_1_41 壹

秦昭王四十二年，（秦軍）攻打韓地少曲。Q1_11_1_42 壹

秦昭王四十三年。Q1_11_1_43 壹

秦昭王四十四年，（秦軍）攻打韓國境内的太行。·……攻打。Q1_11_1_44 壹

秦昭王四十五年，（秦軍）攻打韓地太行、野王。十二月甲午日（十九日）雞鳴時（丑時），喜這個人誕生了。Q1_11_1_45 壹

秦昭王四十六年，（秦軍）攻打上黨郡守馮亭。Q1_11_1_46 壹

秦昭王四十七年，（秦軍）攻打趙地長平。十一月，敢這個人誕生了。Q1_11_1_47 壹

秦昭王四十八年，（秦軍）攻打趙地武安。Q1_11_1_48 壹

秦昭王四十九年，（秦軍）（攻打趙地邯鄲）。Q1_11_1_49 壹

秦昭王五十年，（秦軍）攻打趙地邯鄲。Q1_11_1_50 壹

【釋文】

五十一年，攻陽城①。Q1_11_1_51 壹

〔五十二〕年，王稽、張祿死②。Q1_11_1_52 壹

〔五十〕三年，吏誰從軍③。Q1_11_1_53 壹

五十四年。Q1_11_1_1 貳

五十五年。Q1_11_1_2 貳

五十六年，後九月④，昭死⑤。正月，遬（速）產⑥。Q1_11_1_3 貳

孝文王元年，立即死⑦。Q1_11_1_4 貳

莊王元年⑧。Q1_11_1_5 貳

莊王二年。Q1_11_1_6 貳

莊王三年，莊王死⑨。Q1_11_1_7 貳

【匯釋】

①陽城：**有二說：一、韓地，今河南登封東**（整理者）。或說在河南登封東北。傅振倫（1978）：《秦本紀》說是年“將軍摎攻韓，取陽城、負黍”。一在河南登封東北，一在西南。**二、今河南登封南**。馬非百（1981）：陽城，今河南登封南。負黍，今河南登封西南。韓連琪（1981）：《集解》引徐廣曰“負黍在陽城”。《編年記》與《六國年表》但書“攻陽城”與“秦擊我陽城”者，蓋以負黍屬陽城，故從略耳。

②王稽：**人名，秦河東守**。張祿：**人名，秦相，即范睢**。整理者：王稽是秦相范睢入秦時的引見人，因“與諸侯通，坐法誅”。王稽和張祿兩人事跡均見《范睢蔡澤列傳》。范睢死於此年，不見於史藉。黃盛璋（1977）：范睢死必與王稽犯法誅有關。《編年記》反映了秦推行法治比較堅決。馬非百（1981）：張祿乃范睢逃亡時所改名字。他任秦相後，先後保舉鄭安平代白起爲將攻邯鄲及王稽爲河東守。秦法“任人而所任不善者，以其罪罪之”，邯鄲之戰鄭安平降趙時，秦昭王沒有治范睢罪。兩年後王稽“與諸侯通”被棄市，范睢自請免相。以上皆見《范睢蔡澤列傳》《六國年表》及《集解》。各書皆未言范睢免相後死於何時、因何而死。楊寬（2001：1027）：范睢“願請藥賜死，而恩以相葬臣”。昭王又弗殺而善遇之。是年王稽因定罪而棄市，范睢因而亦死。栗勁（1984）：《史記》及《戰國策·秦策》所記“恐於歷史事實不符”，王稽、張祿同時被處死說，更爲可信。夏利亞（2019：41）：栗氏分析中肯。由此，編者所補“五十二”三字是正確的，這說明范睢之死在昭王五十二年，與王稽之死有連帶關係。

③誰：**通“推”，即推擇**。整理者：《釋名·釋言語》：“誰，推也。有推擇，言不能一也。”《秦始皇本紀》：“軍歸斗食以下，什推二人從軍。”與此相似。楊劍虹（1984）：“吏誰從軍”所記當是喜父的經歷，喜父可能是小吏。黃盛璋（1977）、熊克（1979）均言“吏推從軍”制度形成於昭王五十三年。韓連琪（1981）：誰，察問推擇之意。馬非百（1981）：猶言調查適合兵役之人的姓名，舉行登記，以便徵

發。就是舉行大規模的兵役年齡調查登記的意思。高敏（1989A）：確證秦有吏從軍的制度。知“吏誰從軍”應作“吏推從軍”。而且是以吏爲兵士，而非以兵士爲吏；此制始於秦昭王時，而非秦王政始有之。楊寬（2001：1031）：“吏推從軍”乃秦於此年新公佈之從軍制度，用以增強軍隊之實力。

④後九月：**閏九月**。整理者：秦以十月爲歲首，閏月置於歲末，稱後九月，見《漢書·高帝紀》注。王輝（2012A）：《秦本紀》：“五十六年秋，昭襄王卒，子孝文王立。”“秋”即“後九月”。秦以十月爲歲首，“後九月”（閏月）是歲末，不到一月，孝文王“十月己亥即位”，已是第二年。不到一月之內，新老二王皆卒，而事在兩年之內，故有必要記明年份。

⑤昭：**秦昭王省稱**（整理者）。馬非百（1981）：昭襄王生十九年而立，享國五十六年。見《秦本紀》《秦始皇本紀附秦記》及《魏世家》。今按：《秦本紀》：“五十六年秋，昭襄王卒，子孝文王立。”

⑥遬：**同“速”，人名，喜之二弟**。韓連琪（1981）：遬，當亦喜之弟，時喜年十二歲。馬非百（1981）：當是喜的二弟。雲夢縣城關西南角大墳頭一號西漢墓中發現陰刻一“遬”字的白玉方印，可能一號墓就是這個遬的葬地。大墳頭和喜墓所在的睡虎地都在雲夢城關西邊，兩墓相距僅四百米。喜死於秦始皇三十年，年四十六歲。遬的死當在西漢初，與《湖北雲夢西漢墓發掘簡報》推斷正合。

⑦孝文王：**爲昭王之子**。整理者：《秦本紀》：“（孝文王元年）孝文王除喪，十月己亥即位，三日辛丑卒，子莊襄王立。”馬非百（1981）引《秦本紀》“孝文王生五十三年而立。享國一年”。今按：《秦本紀》記此年“赦罪人，修先王功臣，褒厚親戚，弛苑囿”。

立：**立爲君**。即：**就**。立即死：**立爲君之後就死了**。

關於孝文王死亡之時，**有二說：一、昭王死於昭王五十六年歲末閏九月，孝文王死於孝文王元年，即位衹有三日**。黄盛璋（1977）：過去有人認爲：孝文王享國一年（梁玉繩），或二年（閻若璩），現在證明此時秦已以十月爲歲首，孝文即位衹有三日，所以簡文説“立即死”。楊寬（2001：1038）：“立”當讀爲“位”，即指“即位”，即位三日而死，故云“即死”，非謂秦孝文王繼昭王而立之後即死，指逾年行改元即位之禮後即死。**二、昭王死於昭王五十七年之九月，以昭王五十七年爲孝文王元年**。鄭良樹（1982）引梁玉繩《史記志疑》“所謂‘子孝文王立’者，正嗣子之位也。昭襄卒於庚戌秋，喪葬之事皆畢，斯數月中，不言既殯正繼體之禮，秦省之而不行也。所謂‘孝文王元年’者，正改元之位也。所謂‘孝文王除喪，十月己亥即位’者，正踐祚之位也。是年歲在辛亥，三年之喪廢，故孝文之期年便除，而因以知昭王之卒，必在秋九月”，認爲梁氏是據《六國年表》説《秦本紀》，稱“後九月”即次年的九月，昭王薨薨於五十七年之九月，而史家以昭王五十七年爲孝文王元年。今按：昭王五十六年歲末閏九月，昭王死。十月歲首，孝文王除喪改元，即位三日而死。

⑧莊王：**孝文王之子**。整理者：《史記》作莊襄王。今按：《秦本紀》記此年

“大赦罪人，修先王功臣，施德厚骨肉而布惠於民”。

⑨莊王死：**秦莊王死亡**。馬非百（1981）引《秦本紀》“莊襄王生三十二年而立，享國三年”。韓連琪（1981）：《秦本紀》：莊王四年，五月丙午，莊襄王卒。張文虎曰：“莊襄王無四年，《六國年表》書在三年。此四年二字，涉上文四月而衍。”按之《秦始皇本紀》及《編年記》，足證《秦本紀》之“四年”爲衍文。夏利亞（2019：43）：簡文所記與史載合。

【今譯】

秦昭王五十一年，（秦軍）攻打韓地陽城。Q1_11_1_51 壹

秦昭王五十二年，秦河東守王稽、秦相張祿死亡。Q1_11_1_52 壹

秦昭王五十三年，小吏被推擇編入軍隊。Q1_11_1_53 壹

秦昭王五十四年。Q1_11_1_1 貳

秦昭王五十五年。Q1_11_1_2 貳

秦昭王五十六年，閏九月，秦昭王死亡。正月，速這個人誕生了。Q1_11_1_3 貳

秦孝文王元年，（秦孝文王）立爲君之後就死了。Q1_11_1_4 貳

秦莊王元年。Q1_11_1_5 貳

秦莊王二年。Q1_11_1_6 貳

秦莊王三年，秦莊王死亡。Q1_11_1_7 貳

【釋文】

今元年①，喜傅②。Q1_11_1_8 貳

二年。Q1_11_1_9 貳

三年，卷軍③。八月，喜揄史④。Q1_11_1_10 貳

〔四年〕，□軍⑤。十一月，喜除安陸□史⑥。Q1_11_1_11 貳

五年。Q1_11_1_12 貳

六年，四月，爲安陸令史⑦。Q1_11_1_13 貳

七年，正月甲寅⑧，鄢令史⑨。Q1_11_1_14 貳

八年。Q1_11_1_15 貳

九年。Q1_11_1_16 貳

〔十年。〕Q1_11_1_17 貳

【匯釋】

①今：**即今王、今上，指當時在位的帝王，此處指秦王政**（整理者）。傅振倫（1978）：今，今上。《史記》作於漢武帝時，以漢武帝爲《今上本紀》。馬非百（1981）：今即今上，指秦王政，與《史記自序》稱“漢武帝本紀”爲“今上本紀”性質相同。

②傅：**有二説：一、動詞，傅籍，登記在名籍上**。整理者：傅籍，男子成年時

履行登記手續，《漢書·高帝紀》注："傅，著也。言著名籍，給公家徭役也。"據簡文，本年喜十七周歲。漢制傅籍在二十或二十三歲。**二、法律規定開始服兵役、勞役的年齡。**于豪亮（2015：41）：秦代規定十七歲至六十歲爲服兵役年齡。所謂的"傅"，是法律規定開始服兵役、勞役的年齡。

關於秦时傅籍的標準，**有二說：一、達到了法定的年齡。具體的年齡有三說：第一是十七歲。**整理者：據簡文，本年喜十七周歲。韓連琪（1981）：喜傅，即謂喜於秦王政元年已及始傅，即開始爲政府服徭役之年。按喜生於秦昭王四十五年，至秦王政元年爲十七歲。可證民年十七歲爲秦始傅之年。由此可知《白起王翦列傳》"發年十五以上悉詣長平"爲臨時調發，非一代之通制。傅振倫（1978）、張金光（1983A）、陳明光（1987）從之。**第二是實歲十六歲、虛歲十七歲。**黄盛璋（1977）：傅是傅（附）"著名籍，給公家徭役"。首先是有服兵役的義務，其次是要納賦税。秦服兵役最早可以到十五歲。馬非百（1981）：秦制不同於漢景帝時"二十始傅"，更不同於漢昭帝時"二十三而傅"，而實實在在是如《大事記》所記載的，是十六歲而傅。陳直（1977）：喜生於昭王四十五年，至秦王政元年，僅十六周歲。**第三是十五歲。**高敏（1981A：18，24）說。趙超（2005：123）從之。**二、身高達到了法定的標準。具體有二說：第一是身高是唯一標準。**栗勁（1984）：喜之所以傅於秦王政元年，絕不是達到了法定的年齡，而是身高達到了法定的標準，即身高達到了六尺五寸。馬怡（1995）從之。**第二是身高是傅籍的主要標準。**高恒（1980B）說。曹旅寧（2010）從之。

③卷：**魏地，今河南原陽西。**卷軍：**在魏地卷的戰役。**整理者："卷軍"意指在卷的戰役，與《商君書·徠民》的"周軍""華軍"同例。《秦始皇本紀》攻卷在秦王政二年。傅振倫（1978）：此役延續至秦王政三年，故此云"三年，卷軍"。馬非百（1981）：卷，早已於昭王三十三年入秦，當是得而復失，故再攻之。

關於喜是否參與"卷軍"，**有二說：一、喜從軍參加魏地卷的戰役。**黄盛璋（1977）：《史記》提早一年，應以《編年記》爲準。"卷軍"當是喜從軍參加魏地卷的戰役。夏利亞（2019：47）：黄氏所言甚是。**二、記國家大事，喜未與其事。**陳偉（2016C：22）：卷軍，記國家大事。喜當年揄史，應未與其事。今按：從陳偉說。

④揄：關於此字的釋文與意義，**有四說：一、釋爲"揄"，提拔，進用。**整理者：本意爲引、出，這裏的"揄史"當爲進用爲史之意。**二、釋爲"揄"，地名，即榆關，在今河南中牟南。**楊寬（2001：1068－1069）：是年墓主喜至卷服軍役。八月爲揄史。以下文比勘，知揄當爲地名。黄盛璋（1977）釋揄爲榆關，地名，甚爲確當。卷在今河南原陽西，原爲魏邑。榆關在大梁西南，在今河南中牟南，兩地相近。**三、釋爲"榆"，地名，即榆關。**黄盛璋（1977）："喜榆史"，"榆"从手从木，不甚清晰。"榆"也可解爲地名，楚有榆關，在上蔡附近。上蔡一帶正是楚、韓交界。榆當即榆關，屬楚地。夏利亞（2019：48）：釋爲"榆"，地名，即榆關，楚地，較爲可信。**四、釋爲"榆"，地名，即榆次，在今山西榆次西北。**傅振倫

(1978)：榆，原爲趙邑，今山西榆次一帶。韓連琪（1981）：榆，即榆次，今山西榆次西北，原爲趙地，莊襄王三年爲秦所攻取。馬非百（1981）：榆，疑即榆次，趙邑。故城在今山西榆次西北。

史：**從事文書事務的小吏**。整理者：《說文·敘》引漢《尉律》："學僮十七已上，始試，諷籀書九千字，乃得爲史。"本年喜十九周歲。黃留珠（1982A）：喜出身當爲"史子"，係經過"學室"培訓，被進用爲"史"的。陳偉（2016C：23）：里耶秦簡 8-269 記"十一年九月隃爲史"，"隃爲史"與此處"揄史"義近，可見整理者意見正確。

⑤□軍：**□字有三說：一、不能確補**。韓連琪（1981）：□軍，不詳。或與秦攻魏拔暘、有詭有關。馬非百（1981）：疑此處"□軍"必與攻韓或攻魏有關。**二、應是"韓"字**。黃盛璋（1977）：所缺應是"韓"（或韓國地名）字。夏利亞（2019：48）：從上文"卷軍"的說法看，該處"軍"前也當爲地名，黃說可取。**三、疑是"暘"字**。鄭良樹（1982）："軍"上奪文，疑是"暘"字。

⑥喜除安陸□史：除：**任命**。安陸：**地名**。"史"上所缺之字不能確補。關於這些字，**有如下十種考釋：一、喜除安陸御史**。整理者："陸"下一字疑爲"御"。**二、喜爲安陸御史**。傅振倫（1978）說。**三、"□史"可能是"丞史"**。黃盛璋（1977）"史"前非"御"，"□史"相當於《漢官》的官掾史，即某掾下辦事官員，如"丞史"等，所以比令的史又低一級。夏利亞（2019：48）：黃氏觀點可取。**四、"□史"可能是"獄史"或"尉史"**。楊劍虹（1992）認爲非"御"，而是獄史或尉史。**五、喜除安陸令史**。栗勁（1984）說。**六、喜假安陸令史**。劉向明（2004A）說。**七、"安陸□史"疑爲"安陸掾史"**。夏利亞（2011）說。**八、喜除安陸邸史**。陳偉（2016C：23）："史"上一字似是"邸"，指官署或客舍。里耶秦簡 8-904+8-1343："城旦瑣以三月乙酉有遝。今隸妾益行書守府，因止令益治邸代處。謁令倉、司空薄（簿）瑣以三月乙酉不治邸。敢言之。"可參看。**九、喜當爲安陸縣之馭吏**。陳直（1977）說。**十、喜任安陸侍史**。謝巍（1983）說。

今按：秦王政四年書"喜除安陸□史"，五年僅書"五年"二字，六年又書"爲安陸令史"，知"□史"非"令史"，否則沒有特書"爲安陸令史"之必要。"□史"或爲"佐史"。據楊劍虹（2013：53），斗食吏還可以分爲斗食令史和斗食佐史，佐史才是最起碼的小吏。可參看《秦律雜抄》簡 10～11"吏自佐、史以上負從馬、守書私卒，令市取錢焉，皆䙴"。

⑦令史：**縣令的屬吏，職掌文書等事**。整理者：《項羽本紀》集解引《漢儀注》："令吏曰令史，丞吏曰丞史。"于豪亮（1980A）：令史是一般的辦事人員。韓連琪（1981）：令史，掾屬。栗勁（1984）：令史既受縣令領導，也接受縣丞的指揮，演變成縣機關的屬吏。

⑧甲寅：**是年正月癸卯朔，甲寅爲十二日**（楊寬，2001：1082）。

⑨鄢：**楚的別都**。馬非百（1981）：秦取鄢後，仍置南郡，郡治可能就在這裏。今按：楚地，昭王二十八年入秦，詳見《葉書》簡 28 壹。

【今譯】

秦王政元年，喜被登記在名籍上。Q1_11_1_8 貳

秦王政二年。Q1_11_1_9 貳

秦王政三年，（發生）在魏地卷的戰役。八月，喜被提拔爲史。Q1_11_1_10 貳

秦王政四年，（發生）在某地的戰役。十一月，喜被任命爲安陸……史。Q1_11_1_11 貳

秦王政五年。Q1_11_1_12 貳

秦王政六年，四月，（喜）擔任安陸令史。Q1_11_1_13 貳

秦王政七年，正月甲寅日（十二日），（喜擔任）鄢令史。Q1_11_1_14 貳

秦王政八年。Q1_11_1_15 貳

秦王政九年。Q1_11_1_16 貳

秦王政十年。Q1_11_1_17 貳

【釋文】

十一年，十一月，獲產①。Q1_11_1_18 貳

十二年，四月癸丑②，喜治獄鄢③。Q1_11_1_19 貳

十三年，從軍④。Q1_11_1_20 貳

十四年。Q1_11_1_21 貳

十五年，從平陽軍⑤。Q1_11_1_22 貳

十六年，七月丁巳⑥，公終⑦。自占年⑧。Q1_11_1_23 貳

十七年，攻韓（韓）⑨。Q1_11_1_24 貳

十八年，攻趙⑩。正月，恢生⑪。Q1_11_1_25 貳

十九年，□□□□南郡備敬（警）⑫。Q1_11_1_26 貳

廿年，七月甲寅，嫗終⑬。韓（韓）王居□山⑭。Q1_11_1_27 貳

【匯釋】

①獲：**人名，當爲喜之子**。韓連琪（1981）：時喜年二十七歲。馬非百（1981）：獲及秦王政十八年出生的恢、秦王政二十年出生的臨、秦王政二十七年出生的穿耳，都應當是喜的子女。楊寬（2001：1106）：當爲墓主喜之子或侄。

②癸丑：**本年四月壬寅朔，癸丑爲十二日**（陳偉，2016C：24）。

③治獄：**審理法律案件**。整理者：參看《封診式·治獄》。據《項羽本紀》和《曹相國世家》，秦有獄掾官名，治獄鄢有可能是任鄢地獄掾。黄盛璋（1977）：“治獄”職，秦代大概還未立專名。居延漢簡縣令史皆在掾下，喜的“治獄”等於秦之獄掾，其秩大概是百石。傅振倫（1978）：墓主人可能是以治獄爲職名喜其人。韓連琪（1981）：喜係以鄢令史治獄於鄢。《項羽本紀》：“陳嬰者，故東陽令史。”正義引《楚漢春秋》作“東陽獄史陳嬰”。則秦之令史亦兼治獄職，故亦稱爲獄史。馬非百（1981）：此言“喜治獄鄢”，可能就是以鄢令史調任“治獄吏”“獄掾”或

“獄吏”或“作獄官文學”，猶言主管獄訟事宜。

④從軍：**參加軍隊，猶言服兵役。**馬非百（1981）：今又從軍，即斗食佐史從軍之實例。韓連琪（1981）：指喜從軍。時喜年二十九歲。按秦固有掾吏、斗食、佐史從軍之制，故喜得以鄢令史治獄於鄢而從軍。夏利亞（2019：51）：喜該年從軍當爲平陽之役。

⑤平陽：**趙地，今河北臨漳西。**整理者：《史記》載秦攻平陽在秦王政十三、十四年。韓連琪（1981）：《編年記》於是年書“從平陽軍”，當爲喜於是年從軍至鄴，曾參與攻平陽之役，最後至番吾而爲李牧所敗。楊寬（2001：1120）：是年秦分軍兩路攻趙，一路至太原攻取狼孟；另一路爲主力軍至鄴，在今河北磁縣南之鄴鎮。平陽即在鄴東，睡虎地秦簡《編年記》云“從平陽軍”，蓋分屯於平陽。夏利亞（2019：51）：平陽之役在秦王政十三、十四年。

⑥丁巳：**是年七月丁未朔，丁巳爲十一日。**楊寬（2001：1122）：是年七月十一日墓主之父去世。

⑦公終：**喜的父親死了。**整理者：公，《廣雅·釋親》：“父也。”這裏當指喜的父親。終，死。傅振倫（1978）：《列子·黃帝篇》以父爲公，可見公指喜的父親。高敏（1981A：13）：喜母死曰“嫗終”，則喜父死曰“公終”，就更不足爲怪了。且“公終”與“嫗終”相去甚近，也與其夫妻的年齡相稱。因此，這裏的“公終”是說喜父之死。今按：“公終”在秦王政十六年，“嫗終”在秦王政二十年。

⑧自占年：**有三種解釋：一、自行到官府驗視、核對年齡。**臧知非（2014：112，116）認爲：謂“自占年”爲“自行申報年齡”不確，既與事實矛盾，也缺少訓詁依據。“自占年”之“占”並非“申報”，而是“驗視、核對”的意思。“自占年”就是“自行到官府驗視、核對年齡”。秦王政十六年“初令男子書年”，同年喜“自占年”，“自占年”是“初令男子書年”的制度實踐，“書年”並非簡單地登記年齡，而是用“占”的方式核對年齡真僞，“書年”是人口普查的統稱，“占年”是“書年”的實踐方式。今按：暫從是說。參看《秦律雜抄》簡32“占瘩不審”注。**二、自行申報年齡。**整理者：即《秦始皇本紀》本年所記“初令男子書年”，命境内男子普遍申報年齡。韓連琪（1981）：自占年，即由人民自報歲數列入政府之戶籍，作爲政府向人民徵收算賦、口錢及徭役之根據，而並科以隱匿之罪。楊寬（2001：1122）：“占”爲親自實報之意。“自占年”即親自實報年齡登記戶籍。此與“傅籍”不同。“傅籍”衹登記到服役年齡之男子，“令男子書年”，即“自占年”，乃不論是否已到服役年齡，必須一律登記。高恒（2008：117－121）：即強制農民階級向官府自報年齡以務徵發服役。陳偉（2016C：24）：可參看嶽麓書院藏秦簡0552“爽初書年十三，盡廿六年年廿三歲”。**三、自占著名籍，不限於年齡，包括罷癃。**黃盛璋（1977）：“自占年”，即占著名籍。“自占年”實際上等於進行一次全國人口情況調查、統計。傅律中正有“占瘩不審”，說明自占包括罷癃，所以《編年記》“自占年”，自報實情不能簡單限於年齡一項。次年秦即滅韓國，這是秦統一六國的開始，繼此以後，秦始皇用十年時間終於完成統一六國的大業，說明“自占年”是秦始皇爲進行

統一戰爭而採取的必要準備和措施，具有重大的意義，絕不能認爲衹是“書年”而已。

⑨攻韓：**攻打韩國**。整理者：韓被滅於此年。馬非百（1981）：《秦始皇本紀》：“十六年九月，發卒受地韓南陽假守騰。……十七年，内史騰攻韓，得韓王安，盡納其地。以其地爲郡，命曰潁川。”《韓世家》及《六國年表》均同。這裏有兩點應該説明。第一，十一號墓所出土的《南郡守騰文書》的騰，可能就是這裏的假守騰和内史騰。第二，滅韓前李斯與韓非間展開了歷史上一幕有名的“下韓”與“存韓”的你死我活的尖鋭鬬爭。

⑩攻趙：**攻打趙國**。整理者：趙被滅於此年。馬非百（1981）：李斯下韓以後，第二步就是攻趙。韓連琪（1981）：按《秦始皇本紀》《白起王翦列傳》《楚世家》《六國年表》均以秦攻趙在秦王政十八年，虜趙王遷及趙王〈亡〉，均在秦王政十九年。楊寬（2001：1128）：唯《趙世家》謂李牧誅與王遷降同在趙王遷七年，即秦王政十八年。《李牧傳》謂李牧被斬在趙王遷七年，後三月王翦破趙而虜遷。《戰國策·趙策四》亦謂王翦破趙在“斬李牧”之後三月。《戰國策·秦策五》則謂李牧死後“五月，趙亡”。蓋李牧死於趙王遷七年，而王翦破趙已在趙王遷八年，《趙世家》連言之而誤混在一年。

⑪恢：**人名，墓主喜之子**。楊寬（2001：1128）：恢當爲墓主喜之子。馬非百（1981）：恢，當是喜的次子。陳直（1977）：簡文皆云某産，唯十八年獨云恢生，因何自變文例，殊未解也。

⑫□□□□：**有三説：一、所缺四字不能確補**（整理者）。**二、所缺爲三字，當作“安陸□”或“□安陸”**。馬雍（1981）以爲“年”至“南郡”之間是三字，疑記喜於此年回到安陸任某職之詞，當作“安陸□”或“□安陸”。楊劍虹（2013：315）認同此觀點。**三、當爲書寫有誤，被削去，又未補書**。劉信芳（1991A）：“十九年”三字下，有四字至五字的間距爲空白，再接“南郡備敬”四字。空白當爲原簡書寫有誤，被削去，又未補書所致。“南郡備敬”四字與“十九年”三字風格差異甚明顯，非一時所書。

南郡備敬：**“敬”通“警”，“備敬”即“警備”。有四説：一、警備楚國軍事反攻**。整理者：《秦始皇本紀》載：“荆王獻青陽以西，已而畔約，擊我南郡，故發兵誅，得其王，遂定其荆地。”可知這一時期楚國有進攻秦南郡之事。傅振倫（1978）：楚地多事，故南郡警備起來。韓連琪（1981）：秦昭王二十九年秦取郢爲南郡，郢即鄢郢，南郡郡治亦當在鄢郢，今湖北宜城。自秦取郢爲南郡後，楚貴族即不時發動叛亂，陰謀推翻秦在南郡之統治。故有“備警”之置。馬非百（1981）、楊寬（2001：1240）、楊劍虹（2013：323）所説相近。**二、戒備反對秦國移風易俗的楚人**。詹越（1978）：南郡屬楚，楚人篤信巫鬼，祭祀鬼神之風盛行，騰要嚴禁南郡人民奉行原有的風俗習慣，必然引起當地各階層人民的强烈反對。南郡守騰在秦王政十九年下令“南郡備警”，秦王政二十年發佈《文書》，他要戒備、鎮壓的就是這些人。丁毅華（1999：53）、工藤元男（2010）所説相近。**三、備其北境韓故**

國之警。黃盛璋（1977）：“南郡備警”與楚無關，而與秦王政二十年“韓王居□山”、秦王政二十一年“新鄭反”有關。“備警”應是備其北境韓故國之警。夏利亞（2019：53）：黃氏之說甚當，南郡所備當爲其北方之警。**四、恭迎秦王政到南郡巡視**。晁福林（1980）：“南郡備敬”裏的“敬”當用如本字，“敬”乃是恭敬迎接的意思。“南郡備敬”就是準備迎接秦王政到南郡巡視。但是，這次巡視並未成行。今按：據觀點二，本簡或與《語書》密切相關，可對照閱讀。

⑬嫗終：**有二說：一、釋爲“嫗終”，即喜的母親去世**。“甲寅”下二字模糊不清，整理者，夏利亞（2013），王輝、王偉（2014：141），陳偉（2016C：12）釋作“嫗終”。整理者：《說文》：“母也。”韓連琪（1981）：下文□字右文作冬，釋“嫗終”較爲是。魏德勝（2003：33）：嫗，睡虎地秦簡是目前所見到的先秦唯一用例。楊寬（2001：1139－1140）：是年七月甲寅朔，墓主之母是日去世，故記載“嫗終”。**二、釋爲“臨產”，認爲“臨”是喜的第三子**。傅振倫（1978）、馬非百（1981）、鄭良樹（1982）說。

⑭韓王：**即韓王安**。整理者：韓王安居某山和次年的死，均不見於史籍。馬非百（1981）：韓王即秦王政十七年內史騰攻韓、得韓王安之韓王。據《南郡守騰文書》頒發於秦王政二十年四月，可能韓王安也是隨同南郡守騰一起來到南郡的。鄭良樹（1982）：秦於秦王政十七年滅韓，虜韓王安。事在《秦始皇本紀》及《韓世家》。

□山：**□有三說：一、郢地附近**。馬雍（1981）：即郢地或其附近地名。傅振倫（1978）：可能在郢附近。楊寬（2001：1139－1140）：“□山”當即在郢。夏利亞（2019：54）：傅振倫、馬雍二先生說甚有理。**二、不能確補**。整理者：“居”下一字右半从攴。韓連琪（1981）：□山，文缺，不詳。地當在郢。黃盛璋（1979）：此地應在新鄭附近，不應在郢。**三、可能是西山**。馬非百（1978）：鄢郢宜城一帶有一座山叫西山，韓王安和昌平君所居之□山，或者就在西山。

陳偉（2016C：25）：本篇例先記國家大事，再記家事。本條適相反。

【今譯】

秦王政十一年，十一月，獲（喜之子）誕生了。Q1_11_1_18 貳

秦王政十二年，四月癸丑日（十二日），喜在鄢地審理法律案件。Q1_11_1_19 貳

秦王政十三年，（喜）參加軍隊。Q1_11_1_20 貳

秦王政十四年。Q1_11_1_21 貳

秦王政十五年，（喜）參加攻打趙地平陽的戰役。Q1_11_1_22 貳

秦王政十六年，七月丁巳日（十一日），（喜的）父親死了。（喜）自行到官府驗視、核對年齡。Q1_11_1_23 貳

秦王政十七年，（秦軍）攻打韓國。Q1_11_1_24 貳

秦王政十八年，（秦軍）攻打趙國。正月，恢（喜的次子）出生了。Q1_11_1_25 貳

秦王政十九年，……南郡警備起來。Q1_11_1_26 貳

秦王政二十年，七月甲寅日，（喜的）母親去世。韓王居住在……山。Q1_11_1_27 貳

【釋文】

廿一年，韓王死。昌平君居其處[①]，有死□屬[②]。Q1_11_1_28 貳
廿二年，攻㚢（魏）粱（梁）[③]。Q1_11_1_29 貳
廿三年，興，攻荆，□□守陽□死。四月，昌文君死[④]。Q1_11_1_30 貳
〔廿四年〕，□□□王□□[⑤]。Q1_11_1_31 貳
廿五年。Q1_11_1_32 貳
廿六年。Q1_11_1_33 貳
廿七年，八月己亥廷食時[⑥]，産穿耳[⑦]。Q1_11_1_34 貳
〔廿八年〕，今過安陸[⑧]。Q1_11_1_35 貳
廿九年。Q1_11_1_36 貳
卅年[⑨]。Q1_11_1_37 貳

【匯釋】

①昌平君：**楚公子，曾任秦相國。**整理者：昌平君參與攻嫪毐，見《秦始皇本紀·索隱》。《秦始皇本紀》記此年“新鄭反，昌平君徙於郢”。秦王政二十三年，楚將項燕立昌平君爲王，反秦於淮南，被秦軍擊滅。

關於昌平君的身份，各家莫衷一是，**有四説：一、楚公子，曾任秦相。**除上文提到的《索隱》及整理者外，田鳳嶺、陳雍（1986），陳雍（1989），李開元（2010B）認爲“十七年丞相啟狀”戈中的丞相啟即史失其名的昌平君。李開元（2010A；2013）認爲昌平君之父母分别爲秦國和楚國的王族，昌平君曾平定嫪毐之亂，輔佐秦王政親政；秦滅楚時被遷至郢陳，隨即反秦，被楚將項燕擁立爲最後一代楚王。**二、不是秦相國。**如黄盛璋（1979）、韓連琪（1981）、何浩（1984）、胡正明（1988）、田餘慶（1989）、楊寬（2001：1141－1142）。**三、昌平君爲兩個人。**推翻“昌平君”爲同一人的主流看法，如高敏（1981A：126；2008）認爲《史記》四次出現的昌平君爲兩人，一爲秦公子，一爲楚封君。爲相於秦、徙於郢並於秦王政二十一年死去的爲一人，後來項燕立以爲荆王的爲另一人。**四、項燕所立爲楚王的不是昌平君，而是昌文君。**認爲《史記》所記有訛誤，如黄盛璋（1979）認爲項燕所立爲昌文君，而誤作昌平君。

今按：就史書記載而言，昌平君祗在《秦始皇本紀》中出現四次，分别爲秦王政九年“令相國昌平君、昌文君發卒攻毐”，秦王政二十一年“昌平君徙於郢”，秦王政二十三年“荆將項燕立昌平君爲荆王，反秦於淮南”，秦王政二十四年“王翦、蒙武攻荆，破荆軍，昌平君死，項燕遂自殺”。《索隱》云：“昌平君，楚之公子，立以爲相，後徙於郢，項燕立爲荆王，史失其名。”

關于郢的位置，**有三説：一、郢陳，今河南淮陽。**上海小組（1976）：“昌平君徙於郢”是遷徙到郢陳，而不是南郡的郢。黄盛璋（1979）、馬雍（1981）、田餘慶

（1989）所說亦同。李開元（2015：114）從純地理角度，亦推出該“郢”是位於今河南淮陽的郢陳。**二、鄢郢**。馬非百（1978）、韓連琪（1981）說。**三、南郢，今湖北江陵東北的郢城**。何浩（1984）說。

②有死□屬：**有死……跟隨。釋文有四說：一、不能確補**。王輝、王偉（2014：141）釋文與整理者同。**二、□當爲“士”或“甲”**。李開元（2010A）補爲“有死士屬”，即“有敢死之士跟隨”。楊寬（2001：1142）：“死”下缺字，疑是“士”或“甲”字，“屬”當讀爲“矚”。“死士”謂敢死之甲士。“有死士矚”，即謂有甲士監視。**三、釋爲“有死□屈”**。傅振倫（1978）、鄭良樹（1982）釋爲“有死□屈”。馬非百（1981）釋爲“有死。□屈”。**四、釋爲“有死爲屬”**。陳偉（2016C：26）：“死”下一字似是“爲”。

關於“屬”的訓釋，**有三說：一、跟隨**。李開元（2010A）等說。**二、訓爲連續**。韓連琪（1981）：屬，連續也。謂昌平君繼韓王安又死於其處也。**三、讀爲“矚”，訓爲監視**。楊寬（2001：1142）說。

③嚮粱：**地名，魏梁，魏都大梁**。整理者：梁即大梁，魏都，今河南開封。魏亡於此年。韓連琪（1981）：《秦始皇本紀》：“（秦王政）二十二年，王賁攻魏，引河溝灌大梁。大梁城壞，其王請降，盡取其地。”《魏世家》《六國年表》同。

④此簡的釋文和標點，**有四說：一、廿三年，興，攻荆，□□守陽□死。四月，昌文君死**。整理者：夏利亞（2011），王輝、王偉（2014：141），陳偉（2016C：12）說。**二、廿三年，興（兵）攻荆□□□陽□死。四月，□文君死**。傅振倫（1978）說。**三、廿三年，興攻荆，□□□陽□死。四月，□文君死**。馬非百（1981）、韓連琪（1981）說。**四、廿三年，興攻荆□□□陽□死。四月，□文君死**。鄭良樹（1982）說。今按：從整理者爲是。

興：**指軍興，徵發軍隊**（整理者）。荆：**即楚**。整理者：《呂氏春秋·音初》注：“荆，楚也，秦莊王諱楚，避之曰荆。”傅振倫（1978）：《秦始皇本紀》說是年“秦王復召王翦，強起之，使將擊荆，取陳以南至平輿（今河南汝南東南），虜荆王。……荆將項燕立昌平君爲荆王，反秦於淮南”。馬非百（1981）：此云“興攻荆”，蓋指王翦等攻楚殺楚將項燕而言。馬雍（1981）：當指王翦、蒙武殲滅項燕、昌平君之戰。鄭良樹（1982）：此該當從《六國年表》《楚世家》及《蒙恬列傳》，繫殺項燕在本年、虜荆王在明年也。田餘慶（1989）：這就是王翦復起，秦大徵發，以甲士六十萬委王翦東征之事。

□□守陽□死：所缺三字不能確補。應該是說某郡守陽某死了。傅振倫（1978）：按秦有涇陽君、華陽君、昌文君。陽□疑作陽君。此說不可從。

昌文君：**封君名。其說有二：一、昌文君與昌平君是兩個人**。整理者：據《秦始皇本紀》曾與昌平君同時爲秦臣，參與攻嫪毐。傅振倫（1978）、馬非百（1981）從之。馬非百（1981）：所謂“相國昌平君、昌文君”，也是說相國昌平君和另一封君叫作昌文君的人，並不是說昌文君也是相國。田餘慶（1989）：昌文君當是隨昌平君反秦，死於抵抗王翦之役，地點當在父城東至郢陳一帶。**二、昌文君是“昌平**

君"之誤。鄭良樹（1982）：竊疑爲此當是"昌平君"之誤。**三、昌平君乃昌文君之訛**。黄盛璋（1979）：項燕所立應是昌文君，《秦始皇本紀》之昌平君乃昌文君之訛。

⑤□□□王□□：**有二説：一、所缺五字不能確補**。韓連琪（1981），王輝、王偉（2014：141），陳偉（2016C：12）從整理者釋作"□□□王□□"。**二、疑即"攻楚，楚王負芻得"**。馬非百（1981）説。傅振倫（1978）、鄭良樹（1982）也將最後一字釋爲"得"。

王：**楚王負芻**。整理者：《史記》載此年秦虜楚王負芻，楚亡。傅振倫（1978）：《秦始皇本紀》説是年"王翦、蒙武攻荆，破荆軍，昌平君死，項燕遂自殺"。《楚世家》説"（負芻）五年（秦王政二十四年），秦將王翦、蒙武遂破楚國，虜楚王負芻，滅楚名爲郡云"。韓連琪（1981）：原簡缺文太多，當係指秦滅楚、虜荆王及昌平君死事。《楚世家》《蒙恬列傳》《白起王翦列傳》《六國年表》均以秦破楚、虜荆王、滅楚在秦王政二十四年。

⑥己亥：**秦始皇二十七年八月癸酉朔，己亥爲二十七日**（陳偉，2016C：27）。

廷食時：**有三説：一、"廷食"是時間名詞，表一日内一個時段**。李天虹（2012）：關沮周家臺秦簡《日書》二十八宿占盤所記二十八時段，蚤食、食時、晏食之後爲"廷食"，可知睡虎地秦簡整理者看法有誤。**二、廷：適值**。廷食時：**正當辰時**。整理者：《後漢書·郭太傳》注引《倉頡》："直也。"此處意爲適值。據《日書》乙種即辰時，廷食時，正當辰時。**三、釋爲"□食時"。或以爲即"早食時"，或以爲可有"日食時""蚤食時""晏食時"三種解釋**。傅振倫（1978）、馬非百（1981）、鄭良樹（1982）均未釋□字。傅振倫（1978）認爲"□食時"即早食時，該時刻屢見於居延漢簡中。杜預注《左傳·昭公五年》"卜楚邱十時"，分一日爲夜半、雞鳴、平旦、日出、食時、隅中、日中、日昳、餔時、日入、黄昏、人定十二時。馬非百（1981）認爲"□食時"可能有"日食時""蚤食時""晏食時"這三種解釋。

⑦穿耳：**人名，喜的四子或女兒。有三説：一、喜的四子或女兒**。馬非百（1981）：當是喜的四子或女兒。**二、喜的女兒**。整理者：當爲女孩名。韓連琪（1981）：當爲喜之女。**三、喜的四子**。傅振倫（1978）：是年喜四十三歲，穿耳可能是他的四子。馬雍（1981）：穿耳不會是女孩子的名字。孫瑞（1998A）：可能他是男孩。

⑧今過安陸：**當今皇上秦始皇出巡經過安陸**。今：**即今上，指秦始皇**。整理者：《秦始皇本紀》載此年秦始皇第二次出巡，東行郡縣，過彭城，南到湘山，"自南郡由武關歸"，歸途正好經過安陸。傅振倫（1978）：今，即今上，指秦始皇。今過安陸，當係由南郡北上趨武關路經於此。馬非百（1981）：秦始皇自二十六年兼併六國以後，曾先後進行五次大巡狩，這是其中的第二次。安陸是南郡的屬縣，是由衡山到南郡的必經之地。秦始皇曾路過安陸，也是在這裏才第一次看見的。邢義田（1982）：他在編年中最後的一件記事竟然是"廿八，今過安陸"。將個人的生命與

帝國的命運交織成篇，似乎反映了他對有幸參與帝國創建的驕傲。

⑨卅年：**秦始皇三十年**。傅振倫（1978）、馬非百（1981）、韓連琪（1981）、鄭良樹（1982）均認爲喜死於此年。韓連琪（1981）：時喜年四十六歲。經醫學部鑒定出土《編年記》墓之墓主人骨，當爲四十餘歲之男子。喜當即於是年死葬，故《編年記》亦止於秦始皇三十年。

【今譯】

秦王政二十一年，韓王死亡。昌平君住在韓王的居所，有死……跟隨。Q1_11_1_28 貳

秦王政二十二年，（秦軍）攻打魏都大梁。Q1_11_1_29 貳

秦王政二十三年，（秦國）徵發軍隊，攻打楚國，……守陽……死（某郡守陽某死了）。四月，昌文君也死了。Q1_11_1_30 貳

秦王政二十四年，……王……（秦國攻打楚國，楚王負芻被俘）。Q1_11_1_31 貳

秦王政二十五年。Q1_11_1_32 貳

秦王政二十六年。Q1_11_1_33 貳

秦始皇二十七年，八月己亥日（二十七日）“廷食”時，穿耳（喜的四子或女兒）誕生了。Q1_11_1_34 貳

秦始皇二十八年，當今皇上秦始皇出巡經過安陸。Q1_11_1_35 貳

秦始皇二十九年。Q1_11_1_36 貳

秦始皇三十年。Q1_11_1_37 貳

二、語　書

《語書》共14簡，標題在最後一支簡的背面。這篇文書是墓主人喜爲執行他的上級南郡守騰的命令抄留在身邊而於死後入葬的，是南郡守騰頒發給本郡道的一篇訓誡文告。此篇分爲兩部分，首先敘述了《語書》發佈的原因和目的、南郡的政治狀況，然後講述了良吏、惡吏的區别以及懲治惡吏的方法，是一篇首尾完整、結構嚴謹的法律文書。

關於語書，吴福助（1994：66）認爲是曉諭官吏或民衆的文告。

【釋文】

廿年四月丙戌朔丁亥①，南郡守騰謂縣、道嗇夫②：古者，民各有鄉俗③，其所利及好惡不同，或不便於民④，害於邦⑤。是以聖Q1_11_2_1王作爲灋（法）度⑥，以矯端民心⑦，去其邪避（僻）⑧，除其惡俗⑨。灋（法）律未足，民多詐巧，故後有閒令下者⑩。凡灋（法）律令者，以教道（導）Q1_11_2_2民，去其淫避（僻）⑪，除其惡俗，而使之之於爲善殹（也）⑫。今灋（法）律令已具矣⑬，而吏民莫用⑭，鄉俗淫失（泆）之民不止⑮，是即灋（廢）主之Q1_11_2_3明灋（法）殹（也）⑯，而長邪避（僻）淫失（泆）之民⑰，甚害於邦，不便於民。故騰爲是而脩灋（法）律令、田令及爲閒私方而下之⑱，令吏明布，Q1_11_2_4令吏民皆明智（知）之，毋巨（歫）於辠（罪）⑲。Q1_11_2_5上

【匯釋】

①廿年：**秦王政二十年，即公元前227年**。朔：**初一**。整理者：丙戌朔，即丙戌爲初一，則丁亥爲初二。曆朔與汪曰楨《歷代長術輯要》所推相合。張政烺、日知（1990A：33）：秦王政二十年四月丙戌朔，丁亥在其次日。

②南郡：**秦昭王二十九年，即公元前278年，在原楚都郢一帶設置的郡**（整理者）。

守：**郡守，郡的長官**。《漢書·百官公卿表序》言："郡守，秦官，掌治其郡。"秦廢分封制設郡縣，郡置守、丞、尉各一人。守治民，丞爲佐。嚴耕望（2007：606）：秦漢郡守擁有六項基本而極其重要的權力：第一，對於本府官吏有絕對控制權。第二，對於屬縣行政有絕對控制權。第三，對於郡境吏民有向中央察舉之特權。第四，對於刑獄有近乎絕對之決斷權。第五，對於地方財政有近乎絕對之支配權。第六，對於地方軍隊有相當之支配權。武鳳徵（2016）：從《語書》中南郡守騰下

發各級文件的通告內容來看，“郡守”是郡的最高行政長官，其主要職責是推行國家法律、考核縣級官員、接納百姓訴訟，同時擁有監察下屬各級官員的權力。夏利亞（2019：60）：秦廢封建設郡縣，郡置守、丞、尉各一人，守治民，丞爲佐。

騰：**人名。有三説：一、南郡守騰即內史騰。**田昌五（1976）：南郡守騰，可能就是秦始皇時率軍滅韓的內史騰，是先爲內史而後出守南郡的。《秦始皇本紀》：“（秦王政）十六年九月，發卒受地韓南陽，假守騰。”即以內史騰的身份暫時代理南陽郡守，爲滅韓作準備。秦王政十九年，南郡備警，內史騰大概在此前後被派往南郡。夏利亞（2019：60）：騰當爲秦人，原本就是秦的內史，後被委以南陽郡假守一職，並非韓地叛國之人。田氏説法爲是。**二、韓的南陽郡假守“騰”、秦的內史“騰”與南郡守“騰”是一個人。**高敏（1981A：35）：韓的南陽郡假守“騰”、秦的內史“騰”與南郡守“騰”可能是一個人。騰是韓人，曾任南陽郡假守，叛國獻地降秦，入秦後升遷爲內史，率兵伐滅韓國。其任南郡守當在滅韓立大功之後。劉海年（1984）從之。**三、內史騰即南陽假守騰，亦即與王翦攻燕之辛騰。**馬非百（1982：911）：內史騰即南陽假守騰，亦即與王翦攻燕之辛騰。《通志》：秦有將軍辛騰，蓋即此人也。內史者掌管京師。騰因受地南陽爲假守有功，得任內史，而內史蒙恬、內史肆、內史保皆以內史將兵，故治將軍辛騰，亦即內史騰也。上述之南郡守騰，與此亦是一人。

謂：**告語**（整理者）。即通告。陳偉（2016C：29）：“謂”是下行文書用語。

道：**少數民族聚居區所設置的縣。**整理者：少數民族聚居的縣。《漢舊儀》：“內郡爲縣，三邊爲道。”高敏（1981A：35）：道是專門統治少數民族的地方行政機構。裘錫圭（2000：433）：秦漢時代把少數民族聚居的地方叫作道。夏利亞（2019：62）：道早在秦已置，裘説精確。今按：《漢語大字典》：古代行政區劃名。秦漢時代在少數民族聚居區所設置的縣稱道。

嗇夫：**官名。有七説：一、縣及縣以下地方行政機構及都官的負責人。**整理者：古代官名。據簡文，縣及縣以下地方行政機構及都官的負責人都可以稱嗇夫。按都官是朝廷諸官直屬機構，漢代九卿所屬機構令、長秩六百石，和縣令同級。**二、縣及縣以下地方行政機構的主要負責人。**栗勁（1984）：衹有縣及縣以下地方行政機構的主要負責人，即該機關的第一把手，才可以稱嗇夫；都官的主要負責人稱都官長。高敏（1979B）：秦時有主管各個不同部門的專門的官吏，都謂之“嗇夫”。不論縣、鄉和亭都設有“嗇夫”一官。**三、縣長吏，是縣令的別名。**鄭實（1978）：嗇夫是縣長吏的稱呼，即所謂“縣嗇夫”或“大嗇夫”，是當時縣令的別名。縣令有時被尊稱爲大令，縣嗇夫叫大嗇夫是很自然的。**四、先指鄉嗇夫一類下級基層治民官吏，後指地位較高的治民官吏或其他官吏。**裘錫圭（1981A）：“嗇”是“穡”的初文，嗇夫的本意爲收貨莊稼的人。嗇夫作爲官名，首先應該應用於鄉嗇夫一類下級基層治民官吏。地位較高的治民官吏或其他官吏也稱嗇夫的現象，衹有在鄉嗇夫一類名稱使用了相當長的一段時間後才可能出現。所以在秦律的時代，鄉嗇夫這一官名肯定已經存在。**五、先稱呼管理農田的官員，後用於鄉嗇夫一類下級基層治**

民官吏。夏利亞（2019：62）：嗇夫源於收穫莊稼的人。**六、不作爲某一官職的專門稱謂**。高恒（1980A）：嗇夫衹是對某些中下級官署中主管官吏的稱謂。**七、役作之屬**。太田幸男（1974）說。

③鄉俗：**地方風俗**。整理者：《漢書・地理志》："凡民函五常之性，而其剛柔緩急，音聲不同，繫水土之風氣，故謂之風；好惡取捨，動靜亡常，隨君上之情慾，故謂之俗。"池田知久（2004）："鄉俗"應當與"縣俗"乃至"里俗"相同或類似。

④或：**有的，指某些地方風俗**（整理者）。

不便：**不利**（整理者）。

⑤邦：**國**（整理者）。

⑥聖王：**有三說：一、英明的君主**（湯余惠，1993：180）。**二、能遵用法家最高理想人物"聖人"思想的君主**。吳福助（1994：46）：聖王，語出《商君書》《韓非子》，意同"聖君"，謂能遵用法家最高理想人物"聖人"思想的君主。此處指採用商鞅變法制定秦律的秦孝公。夏利亞（2019：62）：聖人是對君主的稱呼，吳氏此言有理。**三、"審於法禁""必於賞罰"的霸王**。邢義田（1988）：《語書》所說聖主法度指法律令，要求吏民遵守的也是法律，可見所謂"聖王"實際上接近法家所說的"審於法禁""必於賞罰"的霸王。

作爲：**制定**（湯余惠，1993：180）。

灋："法"的異體字。陳偉（2016C：30）：睡虎地秦簡此字，整理者皆徑釋爲"法"。

⑦矯端：**矯正**。整理者：爲避秦王嬴政諱，用"端"字代替"正"字，如正月改爲端月。《秦楚之際月表・索隱》："秦諱正，故云端月也。"下文自端、公端同例。

⑧邪避：**邪惡的行爲**（整理者）。

⑨惡俗：**壞的習俗，不良的習俗**（整理者）。熊鐵基（1979A）：惡俗是指南方某些地區"信巫鬼，重淫祀"的鄉俗。劉海年（1984）：惡俗是被法律禁止的、危害統治階級利益的那部分風俗。在古書中，鄉俗或者叫風俗，常常是就制度而言的。

⑩閒令：**有七說：一、補充法律的詔令**。整理者：閒，空隙。閒令，補充法律的詔令。睡虎地秦簡研究班（1981）：閒令，補充法律的詔令，有近於現代的單行條例。吳福助（1994）從之。李豐娟（2011）：閒令應爲補充法律不完善的令。張建國（1998）：閒令是指加在相對簡略的"律"條文空隙的令，起到補充法的作用。王貴元（2001）：閒令即補充法律不足（空隙）的命令。夏利亞（2019：66）：此令相對於律而言，起到的是補充法的作用。**二、干擾法令，阻撓、擾亂法令**。整理者：讀爲"干"，訓爲亂、干擾。陳偉武（1998）：閒本指間隙，引申爲阻隔、離析，又引申爲阻撓、擾亂，簡文所謂"閒令下者"即阻撓、擾亂法律傳達的人。**三、鉆法令的空子**。張世超、張玉春（1985A）：閒即"伺某之隙"義。"故後有閒令下者"，意思是"因此，後來有人在法令下來時，便窺伺其隙"。即準備鉆法令的空子。

四、見到空隙下的命令。張政烺、日知（1990A：5）：閒是空隙。閒令是地方官見空隙下的命令。**五、追加了“令”**。池田知久（2004）：“閒”訓“加”。僅靠“法律”來實現“矯端民心”之目的是不夠的，所以，“法律”之下又追加了“令”。**六、針對“奸”的令**。陳偉（2007）：“閒”也許讀爲“奸”，指針對“奸”的令；或讀爲“簡”，指簡冊。**七、斷斷續續地頒佈令**。衣撫生（2016）：“閒”字應解釋爲“閒或，斷斷續續”，句意爲“所以後來會根據實際需要，斷斷續續地頒佈令作爲法律的補充”。今按：“閒”字異說眾多，取“補充法律的詔令”之意符合語境。

閒令下者：**有三說：一、指的是民**。整理者說，陳偉武（1998）從之。他認爲，閒令下者，即指阻撓、擾亂法令傳達的人。**二、指的是地方官**。張政烺、日知（1990A：5）說。**三、指的是令本身**。吳福助（1994）說。王貴元（2001）從之。

⑪淫避：**邪惡不正的行爲**。整理者：淫惡的行爲。夏利亞（2011）：邪惡不正，此指邪惡不正的行爲。

⑫使之之於：前一個“之”：**代詞，指民**。後一個“之”：**動詞，達到**。

殹：**秦方言句末語氣詞，義同於“也”**。《說文》：“擊中聲也。”段玉裁注：“此字本義未見……秦人借爲語詞。”劉冰清（2017）：“殹”常見於秦簡中，置於句末，爲語氣助詞，表判斷義。“殹”有古今之別，且具有相對性，古爲“殹”，今爲“也”。夏利亞（2019：67）：讀爲“也”。李學勤（1981B）：秦簡用“殹”而不用“也”，與其他秦始皇時銘文相同。從睡虎地四號墓的兩件木牘可知，“也”字的寫法在秦文字中早就存在，衹是在秦二世時才被吸收到標準的秦篆中來。個別器物上的二世詔仍有用“殹”的，馬王堆帛書“也”有用“殹”之例。大西克也（2001）：相對於東方諸國的“也”來講，“殹”曾經是秦的方言形式。在秦統一各國的過程中，“殹”滲透到了舊六國的地域。秦當時在行政上使用隸書，並強制在公文類上使用“殹”字。秦二世元年時期，“殹”被改定爲以“也”來表記，來自舊六國地域的“也”字取得了標準語的地位。張玉金（2011）：出土戰國文獻中的“殹”和“也”不是一個詞的兩種不同書寫形式，而是兩個詞：“也”屬通語，“殹”是秦國方言詞。

⑬具：**具備**（整理者）。

⑭莫用：**沒有誰加以採用**。整理者：不遵行。

⑮淫失：**放縱恣肆**。整理者：也見於《秦始皇本紀》會稽刻石：“防隔內外，禁止淫泆，男女絜誠。”《左傳・隱公三年》正義：“淫謂嗜欲過度，泆謂放恣無藝。”熊鐵基（1979A）：在古代，凡是過分、過度或者邪亂，都可以用“淫泆”這個詞。

淫失之民：**有二說：一般是指不從事農戰的商賈、手工業者和說客，而且包括“出則無衣，入則無食”、敢於犯上作亂“爲盜賊”的農民和奴隸**。詹越（1978）說。**二、主要是楚國統治下的沒落貴族和一些遊手好閒、不事生產的人**。劉海年（1984）：這種人與舊傳統有千絲萬縷的聯繫，對秦推行的重本抑末、提倡耕戰的政策格格不入，平時姦淫盜竊，影響社會治安和生產，如遇戰爭就很難不同楚國貴族相呼應。從鞏固秦在南郡的統治來說，對這些人進行打擊是有必要的。

⑯灋：**通“廢”，廢棄，不執行**。金文常以“法”爲“廢”字。

明灋：**有二說：一、大法**（整理者）。**二、明確的法令**。《漢語大詞典》說。夏利亞（2019：67）：《漢語大詞典》之說爲上。

⑰長：**助長**（整理者）。

⑱爲是：**爲此**（整理者）。

脩：**有二說：一、通“修”，重申**。黄盛璋（1982B）：“修”字先秦經籍多訓爲“治”，但修並不是一般的治，而是對舊事、舊物的治。上引《語書》說騰“修法律令、田令”，正是重申舊令，令吏明佈，而絕不是創修或修訂。夏利亞（2019：67）：黄氏之言甚是。**二、通“修”，訓爲“備”**。整理者：通“修”，《國語・周語》注：“備也。”

田令：**關於農田的法令**（整理者）。劉海年（1984）：關於農田所有權和農田管理的法令。夏利亞（2019：67）：以整理小組之說爲上。

閒私：**奸私行爲**。整理者：即爲奸私，《日書》乙種稱“盜”爲“爲閒者”。張世超、張玉春（1985B）：“閒私”典籍作“奸私”，乃泛指犯律令之事，非專指犯淫。

方：法規。整理者：《後漢書・桓譚傳》注：“猶法也。”

爲閒私方：**有二說：一、懲辦有“奸私”行爲者的法令**。整理者：爲閒私方當爲懲辦有“奸私”行爲者的法令。**二、自作申明法令的補充件**。整理者：方的本義是書寫文書的木板。閒私方猶閒令，是騰所自作申明法令的補充件。

⑲巨：**至**（整理者）。《玉篇》：“歫，至也。”

辠：**後改爲“罪”，犯罪**。整理者徑作“罪”，原作“辠”。《說文》：“秦以辠似皇字，改爲罪。”但睡虎地秦簡和會稽石刻都仍寫作“辠”。舒之梅（1981）：這批竹簡的“罪”一律寫作“辠”，說明很可能成於秦始皇稱帝之前。夏利亞（2011）：辠、罪爲古今字關係，辠爲罪之本字。陳偉（2016B）：就現有資料而言，可見秦王政二十六年七月至秦始皇三十年五月，一直採用“辠”字，並可與抄寫年代更早的睡虎地秦簡相銜接。而在秦始皇三十四年六月以後，直到秦二世元年，多條資料均採用“罪”字，並可與漢代簡牘用字相銜接。由於兩種寫法前後分别，不存在交叉、混用的情形，可以相信秦代用“罪”字取代“辠”字，發生在秦始皇三十年五月至三十四年六月之間。

毋巨於辠：**不要犯罪**（整理者）。

【今譯】

秦王政二十年（前 227 年）四月初二日，南郡郡守騰通告各縣、各道的負責人：過去，百姓各有不同的地方風俗，他們所認爲有好處的和喜好、厭惡的都不一樣，有的對百姓不利，對國家有害。因此，英明的Q1_11_2_1君王制定了法律，用以矯正百姓的思想，去除他们的邪惡行爲，清除他們的不良習俗。由於法律不夠完備，百姓中多有詭詐取巧的現象，所以後來才有補充法律的詔令下達。所有的法律條令，都是用來教導Q1_11_2_2百姓、去除他们的邪惡不正行爲、清除他们的不良習俗、使他們能夠達到行善的境地的。現如今法律條令已經具備了，可是官吏、百姓沒有誰加以採用，地方風俗放縱恣肆的百姓不收斂，這就是不執行君主的Q1_11_2_3大法、助長邪僻放縱恣肆的百姓，對國家非常有害，對百姓也不利。所以騰重申法令、有關農田的法令和奸私行爲方面的法規而把它向下傳達，命令官吏公佈於眾，Q1_11_2_4讓官吏、百姓都清楚了解，不要犯罪。Q1_11_2_5 上

【釋文】

今灋（法）律令已布聞①，吏〔民〕犯灋（法）爲閒私者不止②，私好、鄉俗之心不變③。自從令、丞以Q1_11_2_5下下④，智（知）而弗舉論⑤，是即明避主之明灋（法）殹（也）⑥，而養匿邪避（僻）之民⑦。如此，則爲人臣亦不忠矣。若弗智（知），是即不勝任、不Q1_11_2_6智殹（也）。智（知）而弗敢論，是即不廉殹（也）⑧。此皆大辠（罪）殹（也），而令、丞弗明智（知），甚不便⑨。今且令人案行之⑩，舉劾不從令者⑪，致以律⑫，Q1_11_2_7論及令、丞。有（又）且課縣官獨多犯令而令、丞弗得者⑬，以令、丞聞⑭。以次傳⑮，別書江陵布⑯，以郵行⑰。Q1_11_2_8

【匯釋】

①布聞：**公佈、讓人知曉。有兩種斷句：一、“聞”屬上讀。**張政烺、日知（1990A：35）說。陳偉（2007）：“布聞”當連讀。第一，《語書》多次敘述吏民弊習的時候，都是直接指陳，而不說是“聞”。第二，“布聞”是古人習語，如《漢書·師丹傳》云：“及君奏封事，傳於道路，布聞朝市。”以“布聞”連讀符合古人的語言習慣。夏利亞（2019：67）：陳氏之說甚合理。**二、“聞”屬下讀。**整理者：布聞：公佈，聽說。

②犯灋爲閒私：**有二說：一、觸犯法律做奸私之事。**整理者譯爲“犯法有奸私行爲的”。**二、吏民不喜國法，習慣地方之補充法令。**張政烺、日知（1990A：35）說。

③私好、鄉俗之心：**有兩種斷句：一、私好、鄉俗之心。**私好：**私自的愛好**（整理者）。鄉俗之心：**沿襲舊有習俗之心。**吉林大學辦學分隊（1976）：私好，私欲，私利。譯爲“私欲、惡俗仍舊不改”。**二、私好鄉俗之心。**夏利亞（2011）：斷句爲“私好鄉俗之心”，即私下（暗暗）愛好鄉俗。這個鄉俗指的是上文所言的不便於民、害於邦之鄉俗。也正是因爲這些鄉俗是被禁止了的，所以要私下愛好。夏利亞（2019：70）：私好鄉俗即私下（暗暗）愛好鄉俗。

④令、丞：**縣令、縣丞（縣令的副官）。**武鳳徵（2016）：丞，佐也。以“丞”爲名的職官，一般是輔佐類職官。縣丞是縣令的副官，也是其下級官吏的最高長官，輔佐縣令掌管縣治。從簡文內容分析，令、丞負有檢舉、監督的職責。令、丞一起

接受下級的匯報，當下級官員有過失時一起承擔相應的懲罰。

⑤智：**通“知”，知道。**

舉：**檢舉揭發。**

論：**處罰。**

⑥避：**違，違背。**

明避：**公然違背。**

⑦養匿：**縱容包庇**（整理者）。早稻田大學秦簡研究會（1990）：《大戴禮·曾子事父母》：“兄之行，若不中道則養之。”盧辯注：“養，猶隱也。”

⑧廉：**正直**。整理者：《國語·晉語》注：“直也。”不⑨廉：**不正直**。

不便：**不應該**（整理者）。

⑩且：**將**（整理者）。

案行：**巡行視察**。整理者：《管子·度地》：“與三老、里有司、伍長行里，因父母案行。閱具備水之器，以冬無事之時。”

之：**它**。夏利亞（2019：71）：指上文所說的各種情況，包括不勝任、不智、不廉等。

⑪舉劾：**檢舉彈劾**（整理者）。整理者：檢舉。吳福助（1994）：檢舉法辦。夏利亞（2011）：檢舉審判，檢舉定罪。

⑫致以律：**依法論處**。致：整理者讀爲抵。《高祖本紀·索隱》引韋昭云：“抵，當也，謂使各當其罪。”

⑬課：**考核**（整理者）。《說文》：“課，試也。”

縣官：**縣中官吏**。整理者：《墨子·雜守》：“先舉縣官室居、官府不急者。”

獨：**有二說：一、單**。吳福助（1994：51）：獨，特。夏利亞（2011）：獨應爲副詞，表示範圍，指從多數中舉出一個，相當於“特”。在這裏表示強調，可譯爲“特別是”。**二、哪**。整理者：《呂氏春秋·必己》注：“猶孰也。”

犯令：**觸犯法令**。整理者：《法律答問》：“令曰勿爲，而爲之，是謂犯令。”

獨多犯令：**有二說：一、特別是那些犯令情況較多（的官吏）**。夏利亞（2019：72）說。**二、哪一縣官吏犯令的情況較多**。整理者說。

得：**察覺**。整理者：《呂氏春秋·君守》：“此則奸邪之情得。”注：“得，猶知也。”

弗得：**沒有察覺。**

⑭聞：**有二說：一、上聞，指上報到郡守處加以處理**（整理者）。“以令、丞聞”是要將令、丞上報處理。**二、讀爲“問”，意思是責問、追究**。陳偉（2007）：當讀爲“問”，爲責問、追究之義，“以令、丞問”即向令、丞問責、追究的意思。

⑮以次傳：**依次傳送，指本文書在郡中各縣、道依次傳送**（整理者）。吳福助（1994：94）：是指本文書在郡中所屬各縣、道，就其距離遠近及交通情況依次傳送。可見秦時郵驛的行程有一定的次序。

⑯別書：**有二說：一、另錄一份**（整理者）。朱湘蓉（2006）：另行抄寫原文

書。**二、另再抄錄的文書**。李均明（1997B）：別，另外，分別。依照正本另再抄錄的文書稱別書。

江陵：**地名，楚舊都郢，今湖北江陵**。整理者：這一句是說本文書另錄一份，在江陵公佈。睡虎地秦簡研究班（1981）：當時南郡郡治在宜城。故本文書另錄一份，在江陵公佈。黄盛璋（1986）：古代所謂五里一郵，十里一亭，當時南郡治所與江陵並不在一處，至少相距有五里一郵之遙，但也必相去較近，所以另錄一份，交郵驛送到江陵直接公佈，江陵應是秦南郡治所最近的縣，所以能這麽辦。

⑰郵：**傳遞文書的驛站**。整理者：《漢書·薛宣傳》注："郵，行書之舍，亦如今之驛及行道館舍也。"

以郵行：**有兩種斷句：一、"布"屬上讀**。以郵行：**由這種驛站遞送**（整理者）。吳福助（1994：94）：由傳遞文書的驛站遞送。夏利亞（2019：73）：吳說具體恰切。**二、"布"屬下讀**。熊鐵基（1979B）："布以郵行"連讀，即按郵傳制度來宣布。

【今譯】

如今法令已經公佈、讓人知曉，可是官吏和百姓觸犯法律做奸私之事的還不收手，私自的愛好和（沿襲）舊有習俗之心仍沒有改變。從縣令、縣丞以Q1_11_2_5下下的官員明明知道卻不加檢舉處罰，這就是公然違背君主的大法，而縱容包庇邪僻的百姓。如果確是這樣的情況，那麽作爲人臣就是不忠。如果不知道情況，這就是不稱職、不Q1_11_2_6明智。如果知道卻不敢處罰，這就是不正直。這些都是大罪，可是縣令、縣丞還不清楚了解，是非常不應該的。現在將要派人就此巡行視察，檢舉彈劾那些不服從法令的人，對他們依法論處，Q1_11_2_7對縣令、縣丞也要處罰。還要考核縣官吏中多次觸犯法令而縣令、縣丞卻沒有察覺論處的，要把這樣的縣令、縣丞上報到郡守處加以處理。本文書在各縣、道依次傳送，另外抄送一份在江陵公佈，由傳遞文書的驛站遞送。Q1_11_2_8

【釋文】

凡良吏明灋（法）律令，事無不能殹（也）；有（又）廉絜（潔）敦殼（愨）而好佐上①，以一曹事不足獨治殹（也）②，故有公心③；有（又）能自Q1_11_2_9端殹（也）④，而惡與人辨治⑤，是以不爭書⑥。·惡吏不明灋（法）律令，不智（知）事⑦，不廉絜（潔），毋（無）以佐上，緰（偷）隨（惰）疾事⑧，易Q1_11_2_10口舌⑨，不羞辱，輕惡言而易病人⑩，毋（無）公端之心，而有冒柢（抵）之治⑪，是以善斥事⑫，喜爭書。Q1_11_2_11上

【匯釋】

①敦殼：**忠厚誠實、厚道**。《荀子·王霸》："商賈敦愨無詐，則商旅安，貨財通，而國求給矣。"整理者：敦愨，忠厚誠實。

佐上：**輔佐長上，指能爲封建政權效力**（整理者）。

②曹：**古時郡、縣下屬分科辦事的吏，也指其衙署。**整理者：《漢書·薛宣傳》："坐曹治事。"嚴耕望（2007）：曹，秦漢郡縣官司分職，多以曹爲名，有右曹、諸曹之分。"右曹"即主薄、督郵、五官掾、功曹諸總攬内外衆務之職吏。"諸曹"如戶曹、金曹、倉曹、集曹等皆是。陳偉（2016C：34）：里耶秦簡多見官曹的記載，如尉曹、旁曹、吏曹、爵曹等。一曹事：**一處衙署的事務**。

獨：**有二說：一、獨自；單。**尹偉琴、戴世君（2007）："不足獨治"應指一曹的事務具有整體性、綜合性，因而每一個官吏不能夠單純滿足於完成一己的部分，有時還要予以他人支持和幫助。不難看出，這與後文"公心"的意義最相吻合。戴世君（2008C）："獨治"指一人治理，不利用他人的力量，即《墨子·尚同下》中"天子以其知力爲未足獨治天下，是以選擇其次，立爲三公"的"獨治"。**二、尚且。**李豐娟（2011）："獨"應爲副詞，疑作"尚且、仍然、依然、還"解，"以一曹事不足獨治殹"，翻譯爲"他們知道以一曹的能力，這些事務尚且不能處理"。

獨治：**有二說：一、一人治理。**戴世君（2008C）說。**二、獨斷專行。**不足獨治，整理者：不可獨斷專行。

③公心：**有四說：一、公正之心。公指公正**（整理者）。**二、共同治理，共治。公指共同。**夏利亞（2011）："公"訓爲共、共同。《禮記·禮運》："大道之行，天下爲公。"鄭玄注："公，猶共也。"此處公心與獨治相對，獨治爲一人治理，則公心爲共同治理，與下文"辨治"呼應。**三、集體觀念、團隊精神。公指集體。**戴世君（2012）："公心"，應猶今日之集體觀念、團隊精神，而非"公正"意識。**四、符合公家意志、職業倫理的觀念。公指公家。**中國政法大學中國法制史基礎史料研究會（2013A）：公，指公家、官府，公心即符合公家意志、職業倫理的觀念。

④自端：**有二說：一、能夠自我糾正。**整理者：糾正自己。**二、自己能夠正確處理。**夏利亞（2011）："自端"是針對"一曹事"的，意思是良吏能夠對一曹的事務做到自正，即自己能夠正確處理，而不需要通過跟別人辯論解決。吳福助（1994：47）：端，端正。

⑤辨治：**有七說：一、分開處理。辨訓爲"分"。**整理者：辨，讀爲"別"。辨治：分治，與上文獨治意近。朱湘蓉（2008）："辨"本就可指"分""別"，而非整理者所說的通假。"辨治"就是分別而治，亦即各自爲政。戴世君（2008C）：良吏的"惡與人辨治"其反面就是"能與衆共治"。**二、官吏各按權責範圍處理事務。**尹偉琴、戴世君（2007）："辨治"即後文惡吏"偷惰疾事""善斥事"的"冒抵之治"。**三、爭功績。辨訓爲"爭辯"。**整理者：辨，爭辯。吉林大學辨學分隊（1976）：簡文原作"辧"，同辨，評判之意。治，功績。辨治，不願同別人爭功績。吳福助（1994）："辨"隸定爲"辧"。**四、爭治功。辨訓爲"分辨、比較"。**張世超、張玉春（1985B）：辨即分辨、比較。辨治，應指與人爭治功。**五、"辨治"即"辨辭"，意思是爭辯。**陳偉（2007）："辨治"與下文的"冒抵之治"相當或相近，"治"當讀爲"辭"，"辨治"即"辨辭"，就是爭辯的意思。高橋庸一郎（2004：

147)：《周禮·天官》“聽其治訟”，孫詒讓正義：“凡咨辨陳訴請求必有辭，故治亦曰辭。”郭沫若認爲治、辭具有相同的含義。**六、通過爭辯來解決問題。“辨”通“辯”**。夏利亞（2019：76）：“辨”讀爲“辯”，辨治的意思是通過爭辯來解決問題。李豐娟（2011）：“辨”通“辯”，是爭論、辯論之義，“辨治”即“爭論、辯論地處理事務”。**七、喜歡搬弄是非、口出惡言，從而侮辱、冒犯別人。“辨”通“辯”**。衣撫生（2016）：良吏“惡與人辨治”，與惡吏“易口舌”“輕惡言而易病人”相對應。“辨”與言語有關，通“辯”，意思是爭辯，尤其指盛氣凌人的爭辯。

⑥爭書：**有六說：一、就文書進行爭辯。“書”即文書**。張世超、張玉春（1985B）：此文“書”皆作文書解，則此“爭”爲爭議，即對文書持異議。劉桓（1998）：“爭書”，當指爭辯文書之是非。簡文的“斥事”“爭書”意義相對，蓋謂惡吏善於推脫不做事，而喜歡與人爭辯文書（亦含有譖毀別人之意）。**二、在辦事中爭競。“書”即處理事務**。整理者：書，疑讀爲“署”，處理事務，即在辦事中爭競。**三、以私意爭辯、歪曲和廢棄《秦律》**。田昌五（1976）說。**四、在公事上舞文弄墨，裝腔作勢鬧意氣**。睡虎地秦簡研究班（1981）：不爭書，不在公事上舞文弄墨，裝腔作勢鬧意氣。下文“因恙瞋目扼捾”以下四句，即是爭書的情況。吳福助（1994）從之。**五、從大處說是爭刑書道理之是非，從小處說是爭一字一點一畫之有無**。張政烺（1990：40）：“爭書”，從大處說是爭刑書道理之是非，從小處說是爭一字一點一畫之有無，後世不敢爭大處，祇在小處爭辯找好處。**六、爭著記載、銘記功勛**。陳玉璟（1985）說。吉林大學辦學分隊（1976）：書，在此專指記功勞。

關於“書”的意義，**還有三說：一、記錄官吏工作成績的文書**。尹偉琴、戴世君（2007）：“書”是指秦漢考察官吏一年工作情況的“文書期會”制度的“文書”，是對官吏工作成績的文書記錄。**二、指秦的法律、法令，或具體指“刑書”**。李豐娟（2011）說。**三、記，記功勞**。吉林大學辦學分隊（1976）：書，《廣雅·釋詁》：“記也。”在此專指記功勞。陳玉璟（1985）：《語書》所用三“書”字，均爲“書功”“書勛”的省略。“書”爲記載、銘書功勛義。

⑦智：**通曉**。整理者：讀爲“知”。夏利亞（2011）：從字形上說，智省去日爲知，智又爲𣉻的省寫，𣉻，《說文》：“𣉻，識詞也。从白从亏从知。”從字音上論，智、知的上古音皆屬端紐支部，聲韻皆同，可通。從形體上言，知爲智的一部分，形體相關聯。

⑧緰：**通“偷”，苟且**。上古音中，緰在定紐侯部，偷在透紐侯部，韻部相同，聲母相近，在字音上可通。

隨：**通“惰”，懶惰**（整理者）。隨、惰皆在定紐歌部，聲韻皆同，可通。

疾：**憎惡**（整理者）。《字彙》：“疾，惡也。”

疾事：**有三說：一、憎惡做事**。夏利亞（2011）：疾，憎惡。疾事爲憎惡做事。**二、遇事推脫**（整理者）。**三、重要的事情**。吉林大學辦學分隊（1976）：疾，《廣雅·釋詁》：“急也。”疾事，在此意爲重要的事情。

⑨口舌：**有二說：一、爭辯，搬弄是非**。整理者：爭辯。《蘇秦列傳》：“今子

釋本而事口舌。”此處指搬弄是非。**二、口頭辯説，言無定説**。高橋庸一郎（2004：154）説。

⑩病人：**侮辱別人**（整理者）。

⑪冒柢：**有三説：一、冒犯**（整理者）。冒抵之治：**有冒犯的行爲**。陳偉（2016C：35）：整理者所釋爲是。冒抵，古書或作抵冒，《漢書·禮樂志》：“習俗薄惡，民人抵冒。”顏師古注：“抵，忤也。冒，犯也。”**二、排斥**。尹偉琴、戴世君（2007）：“抵”指簡單排斥、推拒可以由己辦理或提供説明的事務的行爲。黄文傑（2008A：158）：“抵”應釋爲“牴”，讀爲“抵”。**三、觸犯**。夏利亞（2019：78）：即抵冒，有触犯之意。

治：**有二説：一、治理，刑律**。夏利亞（2019：78）：“冒抵之治”意爲民人抵冒其治理，即民多觸犯刑律。**二、讀爲“辭”，辯解**。陳偉（2007）讀爲“辭”。朱熹集注云：“辭，辯也。”辭有辯解義。“冒抵之治”即爲“冒抵之辭”。

⑫斥事：**有五説：一、推脱事務**。劉桓（1998）：“斥”有排斥推脱之意。尹偉琴、戴世君（2007）：“訴”，應爲本字而非“爭訟”，“斥事”即能推拒不做的事務就推拒不做，與前文“疾事”意義一樣。**二、狀告、爭訟**。整理者：讀“斥”爲“訴”，爭訟。魏德勝（2003：72）：“訴事”是狀告、爭訟的意思，並不是一般的陳訴事情。**三、誇大自己的功績**。吉林大學辦學分隊（1976）：簡文原作“庐”，今作“斥”。善斥事，意即善於誇大自己的功績。**四、遇事迎合。“庐”即“逆”**。陳振裕、劉信芳（1993：57）：“庐”即“逆”，“善庐（逆）事”即遇事善於迎合。**五、指言其事**。李豐娟（2011）：“斥”應爲“指責、責罵”之意。“斥事”即“指言其事”之意。

【今譯】

凡是好的官吏都能夠通曉法令，事務沒有不能辦理的；又廉潔、誠實而喜歡輔佐長上，因爲一處衙署的事務是不能獨自處理的，所以有公正之心；又能夠自我Q1_11_2_9糾正，不喜歡與別人分開處理事務，因此不就文書進行爭辯。·不好的官吏則不清楚法令，不通曉事務，不廉潔，沒有甚麽用來輔佐長上的，苟且懶惰，憎惡做事，容易Q1_11_2_10做口舌之爭，不知羞耻，輕率地口出惡言而輕易地侮辱別人，沒有公正之心，卻有冒犯的治理行爲，因此善於推脱事務，喜歡就文書進行爭辯。Q1_11_2_11上

【釋文】

爭書，因恙（佯）瞋目扼Q1_11_2_11下揞（腕）以視（示）力①，訏詢疾言以視（示）治②，誈訃醜言麃斫以視（示）險③，阬閬強肮（伉）以視（示）強④，而上猶智之殹（也）⑤。故如此者不Q1_11_2_12可不爲罰⑥。發書⑦，移書曹⑧，曹莫受⑨，以告府⑩，府令曹畫之⑪。其畫最多者，當居曹奏令、丞⑫，令、丞以爲不直⑬，志Q1_11_2_13千里使有籍書之⑭，以爲惡吏。Q1_11_2_14正語書Q1_11_2_14反

【匯釋】

①因恙：**斷句和訓釋有五說：一、“因恙”屬下讀。“恙”讀爲“佯”。**整理者：就假裝瞪起眼睛。因，則。恙，讀爲佯，假裝。扼揞，即扼腕，握住手腕。**二、“因恙”屬上讀。佯，僞詐、假裝。**吉林大學辦學分隊（1976）：斷句爲“爭書因恙，瞋目扼揞以視力”。因，依靠、憑藉。佯，僞詐、假裝。爭書因恙，意爲憑藉假象爭功勞。**三、“因恙”屬上讀。“恙”讀爲“讓”，責讓。**張政烺、日知（1990A）亦以“恙”屬上讀，認爲古無“佯”字，經典皆用“陽”字，義爲表面假裝。解釋說“恙”當讀爲“讓”，《說文》：“相責讓也。”“爭書因讓”，從指責書的缺漏中獲得好處。**四、“因恙”屬上讀。“恙”訓爲疾病。**中國政法大學中國法制史基礎史料研究會（2013A）：或可讀作“爭書因恙”，恙，疾病，或指下文的各種不良行爲。**五、“恙”讀爲“陽”。**夏利亞（2019：79）：“恙”當讀爲“陽”，義爲假裝。

瞋目扼揞：**瞪起眼睛，握住手腕。**整理者：《商君書·君臣》：“瞋目扼腕而語勇者得。”

視：**通“示”，顯示。**整理者：《漢書·高帝紀》顏師古注：“《漢書》多以‘視’爲‘示’，古通用字。”

②訏詢：**有六說：一、訏詢：讀爲“嘩喧”，大聲說話。**陳偉（2007）：“訏”可能讀爲“嘩”，“詢”可能讀爲“喧”。古書多作“喧嘩”，指大聲說話，與“疾言”義近。**二、大聲詢問。**劉桓（1998）：“詢”指詢問，“訏”義爲大，“訏詢”當指大聲詢問。**三、詭詐。**整理者：訏，《說文》：“詭僞也。”詢，讀爲“諼”，《說文》：“詐也。”訏詢即詭詐。**四、詢訏：喜歡、高興的樣子。**吉林大學辦學分隊（1976）說。**五、均爲象聲詞。**張世超、張玉春（1985B）：《說文》：“訏……一曰訏謩。”“訏謩”即典籍中的“吁嗟”。詢，讀爲“訇”，《說文》：“訇，騃譶也。”訏、詢（訇）均爲象聲詞，與下“疾言”相應。疾乃激揚之義。**六、“詢”讀爲“恂”，有恐懼、畏怯之義。**洪燕梅（2006：162）：“訏詢疾言”是指官吏與同儕競爭時，訛言謊語，面目猙獰，以使他人畏懼。

訏詢疾言：**是形容說話的，意思是大聲說話、言語急迫。**

治：**善於治理。**陳偉（2007）：應讀爲“辭”。

③誣訊：**有四說：一、說一些兩可的話。**張世超、張玉春（1985B）：“誣”讀爲“倁”，“訊”讀爲“誖”，“誣訊”謂相反之說，亦即兩可之辭。**二、忿戾，乖戾。**整理者：疑讀爲“駤”，《淮南子·脩務訓》注：“忿戾，惡理不通達。”《說文》作“墊”，云“讀若摯”，與“訊”古音同部。“訊”疑讀爲“誖”，乖戾。**三、“誣”讀爲“嘽”，有寬緩義。**吉林大學辦學分隊（1976）：誣“讀”爲“嘽”，寬緩義。誣、嘽，从言从口義近可通，从至从單音近可互轉。寬容壞話、麻木不仁，顯示自己能克制。夏利亞（2019：79）：從邏輯上講，吉林大學辦學分隊（1976）說爲長。**四、“誣”爲“誣”之俗字，有欺騙、朦騙之義。**洪燕梅（2006：

164）說。

醜言：**說一些難聽的話。**

“醜”還有兩種解釋：一、慚愧。整理者說。**二、眾。**張世超、張玉春（1985B）：醜，《爾雅·釋詁》“眾也”，《廣雅·釋詁三》“類也”。

麃斫：**有二說：一、攻擊他人。**張世超、張玉春（1985B）：麃，讀爲“摽”，《說文》：“摽，擊也。”斫，擊也。**二、輕佻無知、愚頑無知的樣子。**整理者：“麃”應讀爲傈、嫖，輕佻。斫，無知。《方言》：“揚越之郊，凡人相侮以爲無知，或謂之斫。”注：卻斫，頑直之貌，今關西語亦皆然。吉林大學辦學分隊（1976）：卻，簡文原作“麃”。卻斫，愚頑無知的樣子。

險：**有三說：一、通“檢”，約束自己。**整理者：讀爲“檢”，檢點約束。吉林大學辦學分隊（1976）：在此有約束、克制之意。**二、讀爲“譣”，有驗。**張世超、張玉春（1985B）：險，讀爲“譣”，《說文》：“問也。”典籍通作“驗”。此云集兩相反之辭，紛繁而論，以示有驗。**三、疾、迅猛。**李豐娟（2011）：從文例看，力、治、險、強應是詞性相同的詞，“險”釋爲“疾、迅猛”。

誈訙醜言麃斫以視險：**說違背事理的話，裝作慚愧和無知，顯示能約束自己**（整理者）。

④阬閬：**自高自大。**整理者：高大的樣子。吉林大學辦學分隊（1976）：阬閬，空蕩、渺茫。全句意爲：目空一切，自高自大，顯示自己有能力。洪燕梅（2006：170）：簡文“肮”乃形容人剛毅不屈之貌。

強肮：**倔強，蠻橫倔強。**強：**強幹。**

⑤智之：**認爲有才能**（整理者）。

⑥故：**因此。**整理者：用法如“夫”字，句首提示詞。

⑦發書：**打開本文書看。**整理者：啟視文書。與《屈原賈生列傳》“發書占之”同例。這裏發書指收閱文書。

⑧移書：**發送文書。**整理者：致送文書，戰國末至秦漢時習語，如《韓非子·存韓》：“二國事畢，則韓可以移書定也。”吉林大學辦學分隊（1976）：書，文書，在此專指《課吏》，即《語書》的後六簡。

⑨莫受：**有二說：一、沒有誰受命。**整理者：莫，不。受，受命。黃盛璋（1979）：“受”指事，非指書。**二、沒有領到。**吉林大學辦學分隊（1976）將簡文釋作：沒有領到的要向令、丞申報。

⑩府：**有四說：一、縣府、道府。**戴世君（2008E）：簡文中“曹莫受”宜理解爲郡守指示縣、道屬各曹不要容忍、認可或者要抵制、反對德才俱差的“惡吏”，“以告府”是說“曹”要將本部門“惡吏”的行爲表現報告給縣府、道府，“以告府”中“告”的實施者是“曹”而非縣、道，“告”的接受者“府”則是縣府、道府而非郡府。“府令曹畫之”相應是縣府、道府讓各曹對“惡吏”進行處理。**二、官府，這裏指郡官。**整理者說。**三、政府，專指令、丞。**吉林大學辦學分隊

(1976) 説。**四、官府，縣府**。黄盛璋 (1979)："發書，移書曹，曹莫受，以告府"，是説書曹受書後不要私自受理，要向府報告。"府" 指官府，非指幕府，後者開設僅限郡一級，故稱爲"開府"，秦律中常見"官府"，由下文令、丞知所指爲縣。陳長琦 (2004)："府令曹畫之" 的 "府"，似應爲縣府，而 "曹" 亦應爲縣曹。

⑪畫：記録。**有三説：一、書寫、記録，計算**。尹偉琴、戴世君 (2007)：此"畫" 或讀本字音，並與上文 "書" 有相同的 "書寫、記録" 意義。"府令曹畫之"，即郡府命令相關部門記録惡吏的計較個人工作成績的不良行爲，"畫最多者"，即計較工作成績的不良行爲被記録得最多者。黄盛璋 (1979)："畫" 指記録與計算。夏利亞 (2019：82)："畫" 當讀如本字，意爲記録、計算。**二、讀爲"過"，責**。整理者：讀爲 "過"，《呂氏春秋・適威》注："過，責。" **三、讀爲"劃"，指標上記號**。整理者説。早稻田大學秦簡研究會 (1991)：《管子・君臣上》："……而臣主之道畢矣。是故，主畫之，相守之。" 尹知章注："畫，謂分別其所授事。君既畫其事，相則守而行之也。" 這裏是對惡吏打某種記號。

⑫當居曹：**此處的 "居" 有二説：一、在、處**。整理者：應即古書中的當曹，指惡吏所在的衙署。吳福助 (1994：58)：秦簡 "居" 字用法，除 "居作" 之意外，另有居住與處、位之意。當居曹之 "居"，應是 "處、位" 之意。夏利亞 (2019：82)：吳説是。**二、被拘居住於官府**。黄盛璋 (1979)："居" 指被拘居住於官府，"曹" 指辦事處。

⑬不直：**不公正，是指秦漢時吏常有的罪名** (整理者)。《法律答問》中有對 "不直" 的解釋："論獄可謂 '不直'？可謂 "縱囚"？辠當重而端輕之，當輕而端重之，是謂 '不直'。"

關於 "志"，**有兩種斷句：一、"志" 屬下讀**。陳偉 (2016C：33) 説。**二、"志" 屬上讀**。黄盛璋 (1979)："不直"，爲法律上一種罪名或過失。"志" 屬上讀，"以爲不直志" 就是 "用不直來記録其罪名"。

⑭志：**有三説：一、記録**。整理者：記。**二、讀爲 "至"**。吉林大學辨學分隊 (1976) 説。**三、解釋爲 "嚮"**。秦簡講讀會 (1980) 説。

千里：**指郡的轄境**。

籍：**冊籍，檔案**。整理者：薄籍、薄冊。吉林大學辨學分隊 (1976)：在此意爲檔案。無論到哪裏都有案可稽，注明他是惡吏。

志千里使有籍書之：整理者：由郡官記録在薄籍上向全郡通報。黄盛璋 (1979)：語釋簡文作：要有冊籍書寫，作爲惡吏，使千里都知道。張金光 (2003) 解釋爲：發通報，載入工作檔案以爲惡吏。

⑮語書：**有三説：一、教誡文書，訓誡文書**。整理者：簡背標題，意爲教誡的文書。李均明 (2009)："語書"，訓誡文書…… "語書" 二字當爲歸捲入檔或作爲宣教教材時所用稱謂，其初或無此標題。該文由兩部分構成，"廿年四月丙戌朔丁亥……別書江陵布，以郵行" 爲正件，是南郡守騰的下行文書，常傳達至基層。而

“凡良吏明灋律令，事無不能殹……志千里使有籍書之，以爲惡吏”爲附件，專門闡述良吏與惡吏的區別，強化正件的教誡作用。整理者指出：後段的六支簡簡首組痕比前八支簡位置略低，似乎原來是分開編的。後段與前段呼應，可能是前段的附件。**二、曉諭官民的文告**。睡虎地秦簡研究班（1981）：《語書》當是曉諭官吏或民眾的文告之意，或釋爲“教誡的文告”。楊劍虹（1992）：《語書》是曉諭官民的文告。**三、訓語抄錄，訓語摘錄**。張金光（2003）：“書”作爲動詞有“抄”意，“語書”可釋爲“訓語抄錄”或“訓語摘錄”，其具體用途是關於爲吏方面的訓語書錄，可稱之爲訓吏明德語錄教本之類。

季勛（1976）將前八簡命名爲“南郡守騰文書”，後六簡命名爲“語書”，並認爲“後者是前者的附件”。吉林大學辨學分隊（1976）認爲，“從竹簡的顏色、字體特點、勾識符號，以及具體內容”來看，後六簡與前八簡明顯有別，不能混爲一篇，應將後六簡命名爲“課吏”。陳偉（2016C：28）：一至八簡是南郡守騰下發給各縣道的文書，九至十四簡是有關“良吏”“惡吏”的說明。池田知久（2004）：在思想方面，《語書》顯然是受到了當時在秦國之墨家思想家所提倡的尚同理論的強烈影響。余英時（2005）：《語書》十足地體現了秦代以法爲教的精神。

【今譯】

就文書進行爭辯的時候，就假裝瞪起眼睛、握住Q1_11_2_11下手腕，來顯示自己的力量；大聲說話、言語急迫，來顯示自己善於治理；說一些兩可的、難聽的話，來攻擊他人，以顯示能約束自己；自高自大，蠻横倔強，來顯示自己強幹，而上司還認爲他們有才能。因此，對這樣的人不Q1_11_2_12能不予以懲罰。各縣、道打開本文書看，應發送文書給所屬各曹，如果所屬各曹沒有誰受命，要將本部門惡吏的行爲表現報告給縣府、道府，縣府、道府命令各曹記錄惡吏工作上的不良行爲。工作上的不良行爲被記錄得最多的，所在的曹向縣令、縣丞申報，縣令、縣丞就用“不直”來記錄其罪名，要用冊籍記錄下來，Q1_11_2_13使郡的轄境都知道，注明他是惡吏。Q1_11_2_14 正語書Q1_11_2_14 反

三、秦律十八種

《秦律十八種》竹簡出土時被編爲戊、丁兩組，共201簡。原書無題，由於每條律文的末尾都記有律名或律名的簡稱，共十八種律名，整理者將其命名爲“秦律十八種”。《秦律十八種》是睡虎地秦簡律令文獻的主體。

（一）田律

【釋文】

雨爲湗〈澍〉①，及誘（秀）粟②，輒以書言湗〈澍〉稼、誘（秀）粟及豤（墾）田暘毋（無）稼者頃數③。稼已生後而雨，亦輒言雨少多④，所Q1_11_3_1利頃數⑤。早〈旱〉及暴風雨、水潦、蚤（螽）蚰、群它物傷稼者⑥，亦輒言其頃數。近縣令輕足行其書⑦，遠Q1_11_3_2縣令郵行之⑧，盡八〔月〕□□之⑨。田律⑩Q1_11_3_3

【匯釋】

①湗：**有二說：一、“澍”字之誤，及時的雨**（整理者；方勇，2012：325）。陳偉（2016C：40）：澍，及時雨。《說文》：“澍，時雨，所以樹生萬物。”桂馥《說文解字義證》引《尸子》：“神農氏治天下，欲雨則雨。五日爲行雨，旬爲穀雨，旬五日爲時雨。”夏利亞（2019：84）：張政烺、日知對葑田的理解有誤，以整理小組說法爲長。**二、深泥**。張政烺、日知（1990B：5）：湗是深泥，水涸苗生名葑田。夏利亞（2011）：“雨爲湗”與“及誘粟”是並列關係，張氏釋文省略“及”，與原文不一致。

②及：**連詞，表並列關係，相當於“和”**（張再興，2012：208）。

誘：**有四說：一、通“秀”，抽穗結實**。整理者：《爾雅·釋草》：“不榮而實者謂之秀。”秀粟，禾稼抽穗結實。**二、通“秀”，開花**。陳偉（2016C：40）認爲秀指開花。《論語·子罕》：“苗而不秀者有矣夫！秀而不實者有矣夫！”《四書章句集注》：“穀之始生曰苗，吐華曰秀，成穀曰實。”**三、讀如字，使發芽**。秦簡講讀會（1978）：誘，釋文讀“秀”，但本譯文仍作“誘”（使發芽）。**四、讀作“莠”，狗尾草**。張政烺、日知（1990B：5）：讀作“莠”，莠侵粟，兩者相混。

③輒：**表前後的動作在時間上是緊接的關係，“馬上”“立即”“就”**（魏德勝，2000：191）。夏利亞（2019：85）：立即，就。

言：**上報**（整理者）。

豤：**通“墾”，墾種。**

暘：**荒蕪、不生穀物的田地**（張再興，2012：1230）。整理者：未種禾稼的田地。《說文》：“暘，不生也。”俞樾《兒笘錄》認爲“暘”與“埸”通，《說文》“埸”字“一曰田不耕”。按：“暘”的本義是田荒蕪不生穀物。此處意爲不生穀物的田地。

毋：**通“無”，沒有。**

頃：**土地面積單位。**整理者：《玉篇》：“田百畝爲頃。”《新唐書·突厥傳》引杜佑云：“周制步百爲畝，畝百給一夫。商鞅佐秦，以爲地利不盡，更以二百四十步爲畝，百畝給一夫。”唐贊功（1981）：律文所要呈報的田畝頃數，是縣內所有耕地，包括民田在內，並非單指國有土地。陳偉（2016C：41）：由嶽麓書院藏秦簡（貳）簡63（1714）證得當時以百畝爲一頃，二百四十平方步爲一畝。夏利亞（2019：85）：量詞。土地面積單位之一，百畝爲頃。

④少多：**即多少，指雨水數量**（整理者）。魏德勝（2000：37）：是以兩個相反的形容詞合成的名詞，表示一種類義。少多表數量。亦見於《繇律》簡121“無貴賤，以田少多出人，以垣繕之”。

⑤利：**動詞，給予益處，受益。**

⑥早：**“旱”字之誤，乾旱。**

蚤：**有二說：一、同“螽”，蝗蟲。**整理者：音“中”，蝗蟲。**二、害蟲。**夏利亞（2019：85）：螽，理解爲害蟲爲當。

蚰：**後作“昆”，蟲類總稱，這裏指其他害蟲**（整理者）。

群它物：**這裏指其他造成禾稼損失的災害。**整理者：即等物。

⑦近縣：**有三說：一、距離郡治相對較近的縣。**徐世虹（2014B）：下文“遠縣”即距離郡治相對較遠的縣。**二、距離秦都咸陽相對較近的縣。**陳偉（2011B）：這裏說縣而不說郡，大概是秦國設郡以前的舊律。所謂遠近應該是相對於秦都咸陽而言。**三、距離近的縣。**整理者說。

令：**命令。**

輕足：**走得快的人。**整理者：見《淮南子·齊俗訓》等篇。

行：**傳送、遞送。**行其書：**遞送文書**（整理者）。

⑧郵：**名詞，傳遞文書的驛站**（張再興，2012：1169）。

⑨盡八月：**截至八月底。**《小爾雅·廣言》：“盡，止也。”《助字辨略》卷三：“《律曆志》：‘詔與丞相、御史、大將軍、右將軍史各一人雜候上林清臺，課諸曆疏密，凡十一家。以元鳳三年十一月朔旦冬至，盡五年十二月，各有第。’此‘盡’字，猶云‘訖’也。”（陳偉，2016C：41）整理者：到八月底。

⑩田律：**有三說：一、主要是關於農田生產的律名。**整理者：律名。漢代有田

律，《周禮·士師》注："野有田律。"簡文的田律，主要是關於農田生產的律文。"田律"條文共計六條，"田律"之名均抄寫於各條文之後。高敏（1981A）：律文說明，土地是由封建國家直接控制的，有專門管理封建國有土地的官吏。**二、關於農田生產、牲畜管理或漁獵方面的律文。**張伯元（2003）認爲，"田律"是關於農田生產、牲畜管理方面的律文，而不是純粹指田律。曹旅寧（2002：25）：從律文看，秦田律應包括漁獵與農業生產兩部分。陳偉（2016C：42）：青川木牘自名《爲田律》，應包含在秦《田律》中。因睡虎地秦律是摘抄本，故未收錄。張家山 M247 出土西漢《二年律令》有《田律》，涉及田畝規制、芻稾和戶賦徵收、農時、漁獵、農田水利的維護等，與秦律多有相似的內容。**三、與農業、林業、畜牧業或漁獵相關的法律。**李均明（2009：170）："田律"是關於墾田、繳納芻稾、保護山林等農業、林業、畜牧業的法律。高恒（1981B）：《田律》六條律文的主要內容包括農田管理的規定，禁止濫伐山林、禁捕幼獸的規定；維護鄉野社會秩序的規定；收繳田稅的規定。徐富昌（1993：68－69）：由律文可知秦代對山林、水流的管制，以及山林、水流所出產的鳥獸魚鱉等物，都受到法令明文的保護。

【今譯】

及時的雨降下，以及禾稼抽穗結實，要立即用文書上報及時的雨澆灌的莊稼、抽穗的禾稼以及不生穀物的田地的面積。禾稼已經長出之後降雨，也要立即報告雨量的多少Q1_11_3_1和受益的田地的面積。發生了乾旱和暴風雨、水澇、蟲害以及其他造成禾稼損失的災害時，也應立即報告受災土地的面積。距離郡治相對較近的縣命令走得快的人遞送文書，距離郡治相對較遠Q1_11_3_2的縣命令傳遞文書的驛站來遞送，截至八月底……它。田律Q1_11_3_3

【釋文】

春二月[1]，毋敢伐材木山林及雍（壅）隄水不〈泉〉[2]。夏月[3]，毋敢夜草爲灰[4]，取生荔麛𪊟（卵）鷇[5]，毋□□□□□□Q1_11_3_4毒魚鼈（鱉）[6]，置穽罔（網），到七月而縱之[7]。唯不幸死而伐綰（棺）享（椁）者[8]，是不用時。邑之新（近）早〈皂〉及它禁苑者[9]，麛Q1_11_3_5時毋敢將犬以之田[10]。百姓犬入禁苑中而不追獸及捕獸者[11]，勿敢殺；其追獸及捕獸者，殺Q1_11_3_6之。河禁所殺犬[12]，皆完入公[13]；其它禁苑殺者，食其肉而入皮。田律Q1_11_3_7

【匯釋】

①春二月：**其中"二"有可能是"三"字之誤，意爲春天這三個月。**李學勤（1994：121）："二"有可能是"三"字之誤。《逸周書·大聚》："春三月，山林不登斧，以成草木之長。"工藤元男（1992）：田律起頭之"二月"當爲"三月"，即"春三個月"之意，就是說春天這三個月以內原則上禁止狩獵及採集植物，到"夏月"就可以。張金光（1990）：律文反映了處於殘餘狀態的村落、里聚、山林、池

澤等公共牧場、漁獵之地以及公共水利設施的使用情況。與《呂氏春秋》中《十二紀》《上農》以及《逸周書·大聚》諸篇有關此類內容的精神是一致的。

今按：此處“二”當爲“三”字之誤。睡虎地秦簡中有這樣的用例。《日書》甲種簡131：“凡春三月己丑不可東，夏三月戊辰不可南，秋三月己未不可西，冬三月戊戌不可北。百中大凶，二百里外必死。歲忌。”上例中的“春三月”，意爲春天這三個月。李學勤之說可從。

②雍隄水：**阻斷水流**（整理者）。雍：**通“壅”，堵塞，阻斷**。隄：**動詞，築堤**。

不：**有二說：一、“泉”字之誤，屬上讀**。李學勤（1994：121－122）：簡文“不”字是“泉”字的誤寫，改屬上讀。對照張家山漢簡“禁諸民吏徒隸，春夏毋敢伐材木山林，及進〈壅〉隄水泉，燔草爲灰，取產䴢（麛）卵𣪠（鷇）；毋殺其繩重者，毋毒魚”推測得之。**二、同“非”，屬下讀**。整理者屬下讀，注釋說：在此用法與“非”字同。夏利亞（2019：85）從之。

今按：“不”若屬下讀，這句話的意思則爲不到夏月，就不可以燒草爲灰作爲肥料，不可以摘取未成熟的荔草、捕獲幼獸和需捕食的幼鳥，不可以毒殺魚鱉，不可以放置陷阱和捕鳥獸的網。按此理解則到夏天可以做上述行爲，然而這是不合自然規律的，與下文“到七月而縱之”也有矛盾。故此處“不”應爲“泉”字的誤寫，改屬上讀。李學勤之說可從。

③夏月：**夏季裏的月份**。李學勤（1994：122）推測“夏”字下脫“三”字。今按：睡虎地秦簡中雖有“夏三月”之用例，如《日書》甲種簡97 Ⅰ：“夏三月，啻爲室寅，剽午，殺未，四灋壬癸。”但李學勤之說仍需要更多證據。

④夜：**有六說：一、應是“燔”的同義詞“爇”，燃燒**。趙久湘、張顯成（2011）：“夜”的本字，應是“燔”的同義詞“爇”，意思是“燒”。爇草爲灰，即燒草成灰，用作肥料。**二、應爲“燔”或其同義字之誤，燒**。李學勤（1994：121）對照張家山漢簡《二年律令·田律》，認爲“夜”字應爲“燔”或其同義字之誤。夏利亞（2019：86）：李氏之言甚是。**三、讀爲“炙”，燒**。秋非（1989）：讀爲“炙”，燒也。“夜”與“炙”古音相近。**四、讀爲“畬”，燒**。陳偉武（1998）：讀爲畬，解釋爲燒。“不夏月，毋敢夜草爲灰”，是說除了夏季之月，不敢畬草爲灰。**五、讀爲“液”，漬液**。劉桓（1998）：讀爲液，漬液之意。“夜草”當爲“液草”，釋爲以水殄草的施肥方法。**六、讀爲“擇”，取**。整理者：疑讀爲擇。夜草爲灰，即取草爲灰，作爲肥料。

⑤荔：**有五說：一、荔草**。朱湘蓉（2004）：“生荔”指未成熟的荔草或鮮荔草，大致成熟於夏季。**二、讀爲“甲”，即植物發芽時所戴的種皮**。整理者：疑讀爲甲，《釋名·釋天》：“甲，孚甲也，萬物解孚甲而生也。”**三、讀作“芽”**。張世超、張玉春（1985B）說。**四、馬蘭**。張政烺、日知（1990B：6）：荔即馬蘭。《月令》仲冬“荔挺出”，夏以前取之太早會減產，故禁。**五、衍文**。李學勤（1994：121）對照張家山漢簡，認爲“荔”字是衍文。

今按：朱湘蓉（2004）認爲，先秦兩漢文獻中的“生＋植物名”多表示新鮮的或未成熟的植物。“生甲”一詞在先秦文獻中未見，後世文獻中雖有用例，但都用爲動詞，指長出種皮。整理者的解釋在所查典籍中並未得見，且從詞義發展的角度看不合情理。因此，在沒有找到新的證據前，將簡文中的“生荔”就視爲“生荔”當比“生甲”說更爲可靠。朱湘蓉之說當爲是。

麛：**幼鹿，這裏泛指幼獸**（整理者）。陳偉（2016C：43）：《禮記·曲禮下》：“國君春田不圍澤，大夫不掩群，士不取麛卵。”孔穎達疏：“麛乃是鹿子之稱，而凡獸子亦得通名也。”

鷇：**有二說：一、須哺食的幼鳥**。整理者：參看《呂氏春秋·孟春紀》及《禮記·月令》。**二、殼**。劉桓（1998）：“鷇鷇”應連爲一詞，鷇亦爲殼意。卵指鳥卵，“卵”與“卵鷇”一也。

⑥□□□□□□□：對照張家山漢簡《二年律令·田律》，“毋”字下缺文可能也是“殺其繩重者，毋”（陳偉，2016C：43）。

⑦穽：**捕捉鳥獸的陷阱**。罔：**同“網”**。

縱：**開禁**。整理者：《逸周書·大聚》：“春三月，山林不登斧，以成草木之長；夏三月，川澤不入網罟，以成魚鱉之長。”與簡文“到七月而縱之”相合。陳偉（2016C：43）：龍崗秦簡103有類似律文，可參看。

⑧不幸死：**有二說：一、指“因公而死”或身份爲一般平民的死，有別於因罪而死**（徐世虹，2014A）。整理者認爲“不幸死”是秦漢時習語，《漢書·高帝紀》可證：“漢王下令，軍士不幸死者，吏爲衣衾棺斂，轉送其家。”**二、死亡**。夏利亞（2019：86）說。

綰：**通“棺”**。

享：**通“椁”**。

⑨𣂺：**通“近”**。

早：**“皂”字之誤，原指牛馬圈，此處指蓄養牛馬的苑囿**（整理者）。龍仕平、張顯成（2010）釋爲“早”。

禁苑：**王室蓄養禽獸的苑囿，禁止百姓入內**（整理者）。陳偉（2016C：44）：禁苑外界地佈局可參看龍崗秦簡27、28。夏利亞（2019：87）：牛馬的食槽，亦泛指牲口欄棚。

⑩麛時：**有二說：一、幼獸繁殖時**（整理者）。**二、禁捕之時。讀爲“弭”，禁止**。陳偉（2016C：44）：似讀爲“弭”。“麛時”指上述禁捕之時。《左傳·襄公二十五年》：“自今以往，兵其少弭矣。”杜預注：“弭，止也。”

今按：“麛”在簡文中泛指幼獸。麛時當爲幼獸繁殖時。下文中提到追獸及捕獸，將“麛時”理解爲幼獸繁殖時，上下文義貫通。整理者之說當爲是。

將：**帶領**（整理者）。

之田：**去打獵**（整理者）。之：**動詞，往，去**。

⑪百姓：**有二說：一、平民百姓，又稱黔首**。整理者：即民。《孟子·滕文公

上》"則百姓親睦"，注"皆所以教民相親睦之道"。傅榮珂（1992：14）：律文中的"百姓"乃秦統一前之稱，秦王政二十六年統一天下後則改稱"黔首"。陳偉（2016C：44）：龍崗秦簡77、78、79、80、81、82A、83有相同律文，衹是"百姓"改爲"黔首"。夏利亞（2019：87）：此處百姓當泛泛而論，指的是所有的臣民。**二、既可稱呼擁有奴隸的人，也可稱呼有牛有馬和比較富有的人，還可稱呼當兵服役的一般平民。**高敏（1981A：334）說。

⑫河：**有二說：一、黃河。**河禁，疑指靠近關中的黃河津關禁區。中國文物研究所、湖北省文物考古研究所（2001：102）："河禁"明與"它禁苑"對舉，似應理解爲與"禁苑"類似的禁區。**二、讀爲"呵"，呵責。**整理者：呵禁所，指設置警戒的地域。

⑬完入公：**完整地上繳官府**（整理者）。

【今譯】

春天這三個月，不可以到山林中砍伐木材、築堤阻斷水流和泉水。夏季裏的月份，不可以燒草爲灰作爲肥料，不可以摘取未成熟的荔草，捕獲幼獸、鳥卵和須哺食的幼鳥，不可以……Q1_11_3_4毒殺魚鱉，不可以放置捕捉鳥獸的陷阱和網，到七月才可以開禁。衹有不幸死亡而需要砍伐树木製作棺椁的，這才可以不受季節限制。城邑靠近畜養牛馬的苑囿和其他王室蓄養禽獸的苑囿，幼獸Q1_11_3_5繁殖的時候不可以帶領猎犬去打獵。百姓的狗進入王室蓄養禽獸的苑囿但是沒有追捕禽獸的，不可以殺死；如果追捕禽獸，就殺死Q1_11_3_6它。黃河津關禁區所殺死的狗，都要完整地上繳官府；其他王室蓄養禽獸的苑囿殺死的狗，可以吃掉狗肉，但要上繳狗皮。田律Q1_11_3_7

【釋文】

入頃芻稾[①]，以其受田之數[②]，無豤（墾）不豤（墾）[③]，頃入芻三石、稾二石[④]。芻自黃䵚及蘼束以上皆受之[⑤]。入芻稾，相Q1_11_3_8輸度[⑥]，可殹（也）。田律Q1_11_3_9

【匯釋】

①芻：**草。**夏利亞（2019：88）：飼草。

稾：**禾稈。**整理者：簡文及古書常以"芻稾"爲一詞。《淮南子·氾論訓》："秦之時，……入芻稾，頭會箕賦，輸於少府。"注："入芻稾之稅，以供國用。"參看《秦始皇本紀·二世元年》。夏利亞（2019：88）：穀類的莖杆。

②受田：**即授田。受，後作"授"。**國家直接向農民授田，給予使用權，農民所受之田不能據爲私有。授田的對象主要是平民，有的國家還授給外來者，以招徠人民增強實力（蕭伯贊，2006：47－48）。高敏（1981A）："授田"就是封建國家把屬於國家所有的土地，以份地形式強行分配給農民。斯維至（1983）：簡文證明，

秦自商鞅變法以後仍舊保留授田制度，即由國家授予公社農民土地（份地）。張金光（2004：39－41）：雲夢龍崗秦簡有“行田”一詞，與睡虎地秦簡“受田”同可證明秦尚維持標準的普遍國家授田制。黃今言（1979）：國家通過“授田”的形式，把土地授給一家一戶的國家佃農耕種，說明秦代的封建土地國有制佔了主導地位。

③無豤不豤：**無論耕種與否**。無：**連詞，無論**。豤：**通“墾”，翻耕**。唐贊功（1981）：當是“爰自在其田”的證明。各家得以長期佔有土地，實際上是把所受之田變爲私有。

④石：**重量單位，一百二十斤**。秦一斤約今半斤。整理者：陝西省博物館（1964）介紹，高奴銅石權（今稱“高奴禾石銅權”）重30.75克，折合秦制一斤重即256.25克。巫鴻（1979）對十枚石權實測結果，折合平均值達到264克/斤以上。丘光明、邱隆、楊平（2001：169－171）：高奴禾石銅權是經歷了三個時代，經多次校驗過的標準器，量值當更接近於官定標準值。但秦統一以後沿用舊制，秦權出土數量較多，經綜合考證，得一斤合253克，與此權量值接近。陳偉（2016C：45）：嶽麓書院藏秦簡（貳）簡108（0834）：“芻新（薪）積廿八尺一石。稾卅一尺一石。”分別列出芻、稾重一石對應的體積，以便測算、計量。

⑤穌：**有三說：一、杷取禾葉，葉**。整理者：應即“穌”字，《說文》：“杷取禾若也。”黃穌，指乾葉。**二、乾草束**。張政烺、日知（1990B：8）：黃穌指乾葉，穌指乾草束。**三、即黍**。王子今（2007）：穌，應即黍。黃穌就是黃黍。釋穌爲“亂草”，不如釋爲“雜草”進是。

䕢：有二說：**一、疑讀爲“曆”，指亂草**。整理者：疑讀爲曆，《大戴禮記·子張問入官》注：“亂也。”此處疑指亂草。**二、讀爲“薖”，一種喂牛用的水草**。王念孫《廣雅疏證》認爲薖就是蒹。

束：**量詞，用於計量捆起來的東西**（徐世虹，2014B）。吉仕梅（1996）：表示捆在一起的東西的單位，相當於“把”。“束”又表示滿十的東西的單位。《儀禮·聘禮》鄭玄注：“凡物十曰束。”陳偉（2016C：45）：簡文的“束”可能與嶽麓書院藏秦簡（貳）多次出現的“束”相同，用作計量單位，如簡20（0890）：“枲輿田五十步，大枲高八尺，六步一束，租一斤六兩五朱（銖）三分朱（銖）一。”

⑥輸度：**有四說：一、芻、稾可互相折算**。輸，交出、獻納；度，改、遷，即芻、稾間的改納；相輸度指芻、稾相互折納（楊振紅，2012）。整理者：一說，相輸度指芻、稾可互相折算。**二、芻稾合成錢繳納**。陳偉（2016C：45－46）由張家山漢簡《二年律令》簡240～241認爲，相輸度似是芻稾合成錢繳納。**三、糧草的輸送和度量**。整理者：輸，運輸，古時主要指糧草的輸送。度，度量。**四、輸送**。陳偉武（2007）：度同渡，有送詣之義，輸度義近連言，即指輸送。

【今譯】

繳納每頃田地的芻草和禾稈，要根據所授田地的數量而定，無論耕種與否，每頃上繳芻草三石、禾稈二石。從乾葉到可捆成一束以上的亂草，作爲飼草都可以收。

繳納芻草和禾稈時，芻草、禾稈互相Q1_11_3_8折算，是可以的。田律Q1_11_3_9

【釋文】

禾、芻稾徹（撤）木、薦[1]，輒上石數縣廷[2]。勿用[3]，復以薦蓋[4]。田律Q1_11_3_10

【匯釋】

①徹：**有二說：一、除去，撤去，後作“撤”。**原簡作𢿝，釋爲“徹”，後來寫作“撤”。“撤”是“徹”的後起俗字，現以之爲“徹”的規範簡體字。整理者作“徹”，通“撤”。注云：撤木、薦，是在糧草已經從倉中全部移空的時候。**二、貫通，即穿透、毀壞。**徐世虹（2014B）認爲“禾、芻稾撤木、薦”，是說堆積的禾、芻稾貫通（即穿透、毀壞）了木板、草席。從律文的銜接看，此處規範對象是禾、芻稾而不是木、薦。撤，此或可讀如本字，貫通之意。今按：“徹”的本義是發射，引申爲除去。整理者之說當爲是。

木：**貯存糧草的倉所用的木材。**薦：**草墊，墊在糧草下面的草墊**（整理者）。

②縣廷：**縣衙。**整理者：參看《後漢書·郭太傳》注引《風俗通義》。

③勿用：**（木板和草墊）不要移作他用**（整理者）。

④薦蓋：**墊蓋，均爲動詞**（整理者）。

【今譯】

穀物、芻草和禾稈（被從倉中全部移空時）撤下木板、草墊，應立即將糧草的重量向縣廷報告。（木板和草墊）不要移作他用，要再用來墊蓋（糧草）。田律Q1_11_3_10

【釋文】

乘馬服牛稟[1]，過二月弗稟、弗致者[2]，皆止，勿稟、致。稟大田而毋（無）恒籍者[3]，以其致到日稟之[4]，勿深致[5]。田律Q1_11_3_11

【匯釋】

①乘馬：**有二說：一、駕車的馬。**整理者：《周易·繫辭下》：“服牛乘馬，引重致遠。”張再興（2012：595）：乘馬指天子和諸侯所乘坐的車的馬。**二、亦指乘騎之馬。**陳偉（2016C：46）說。

服牛：**駕車的牛**（整理者）。

稟：**廩給，這裏指牛馬的飼料**（整理者）。

②過二月：**有二說：一、過了二月份。**二月表示月份，過爲超過，過二月指過了二月份。戴世君（2008E）：過二月的立法原意或指“過二月份”。根據張家山漢簡《二年律令·金布律》簡421～423，漢律規定“稟”官府提供馬牛芻、稾飼料的

時間期限是先年冬十一月到此年三月，三月份是截止時間。同是官府供給馬牛飼料，秦律這裹的“二月”表示月份的可能性更大些，且是下限月份。夏利亞（2019：89）：縱觀秦律，言某月皆指具體的月份。**二、過期兩個月**。整理者說。

稟：**動詞，領取**。整理者：簡文作爲動詞有領取、發放兩義，這裏的意思是領取。

致：**有二說：一、發放（牛馬的飼料）**。整理者語譯爲“發送”。**二、送達領取的文書**。陳偉（2016C：47）：這裏的“致”應是下文“致”的動詞用法，指送達領取的文書。

③大田：**秦國主管農業的官員**。于豪亮（1980A）：秦國主管農業的官員最初稱大田，後如《漢書·百官公卿表》記載，改稱治粟內史。整理者：官名，主管農事。《晏子春秋·內篇問下第四》：“異日，君過於康莊，聞寧戚歌，止車而聽之，則賢人之風也，舉以爲大田。”整理者：官名，主管農事。

稟大田：向主管農事的官員領取。

恒籍：**有二說：一、固定的名籍**。陳偉（2016C：47）：籍指名籍、名冊。今按：固定的名籍。籍，名詞，古代登記戶口、檔案等的檔案簿書。《說文》：“籍，簿書也。”**二、固定賬目**。整理者說。

④致：**有二說：一、憑券，領取飼料的憑券**。整理者：《禮記·曲禮》：“獻田宅者操書致。”朱駿聲《說文通訓定聲》：“按猶券也。”這裏指領取飼料的憑券。安忠義（2012）將漢簡中的致歸納爲兩類，第一類爲券書，即作爲支付或記賬憑證的文書，由支付方保留以備將來查證或質證。第二類是出入門關用的一種文書。今按：通“質”，書券、契據。**二、通知書**。徐世虹（2014B）認爲此處“致”爲通知書，指跟沒有固定登記在冊的馬牛一起被送到目的地的通知書。

稟：**動詞，發放**。

⑤深：**有三說：一、讀爲“甚”，超過**（整理者）。**二、讀爲“甚”，增加**。李學勤（1981B）說。**三、讀爲“探”，探求、追溯**。陳偉（2016C：47）認爲“深”疑讀爲“探”，有探求、追溯義。

致：**有三說：一、發放**（整理者）。**二、猶“券”，指領取飼料的憑券**。整理者說。**三、讀爲“質”，契約**。夏利亞（2019：89）說。

【今譯】

駕車的馬牛的飼料，過了二月份沒有領取、沒有發放的，都要停止，不要再領取、發放。從主管農事的大田那裏領取（書券）而沒有固定名籍的（人），要按照他的書券憑據到達的日期發放，不要多發放。田律Q1_11_3_11

【釋文】

百姓居田舍者毋敢醢（酤）酉（酒）[①]，田嗇夫、部佐謹禁御〔之〕[②]，有不從令者有辠（罪）[③]。田律Q1_11_3_12

【匯釋】

①百姓：**農民**。高敏（1981A：33）："居田舍"的百姓，很可能是耕種國家授田於民的國有土地的農民。

田舍：**有三説：一、農舍，農村中的屋舍**。整理者：農村中的屋舍。**二、田間的小茅棚**。劉興林（2009）：田舍是田間的小茅棚，供身份較低的庸耕者或看護莊稼者居住。居田舍事關農事，在農官田嗇夫職管範圍内。**三、城邑之外民居**。劉欣寧（2012）分析居延漢簡資料時指出，"田舍"一詞應指城邑之外民居，與"邑中舍"對稱。

百姓居田舍者：夏利亞（2019：91）：本句爲定語後置句，即"居田舍者百姓"。

醢酉：**"醢"同"酤"，"酉"後作"酒"。有三説：一、酤酒即賣酒**。整理者：賣酒。《韓非子·外儲説右上》有宋人酤酒的故事。《漢書·景帝紀》："夏旱，禁酤酒。"注："酤，謂賣酒也。"蔡萬進（1996：120）：簡文是禁止農村中的人以剩餘糧食釀酒、酤賣取利，同時也限制農民飲酒。今按：酤，即酤酒，賣酒。酤作動詞有買酒與賣酒兩義。《説文》："酤，一曰買酒也。"表買酒義的"酤"後來又具有了賣酒義。在這裏指賣酒。《晏子春秋·問上九》："有酤酒者，爲器甚潔，置表甚長。"**二、酤酒即買酒**。劉興林（2009）：酤指買酒。**三、釋"醢"爲"醢"，酒器**。陳松長（2009B）説。

②田嗇夫：**有七説：一、總管全縣田地等事的官員**。裘錫圭（1981A）：田嗇夫總管全縣田地等事。嗇夫作爲官名，首先應該應用於鄉嗇夫一類下級基層治民官吏。地位較高的治民官吏或其他官吏也稱嗇夫的現象，衹有在鄉嗇夫一類名稱使用了相當長的一段時間後才有可能出現。所以在秦律的時代，鄉嗇夫這一官名肯定已經存在。今按：官名，總管全縣授田、農業生産和牧業生産等事。**二、鄉嗇夫**。楊劍虹（1996）認爲，"田""野""鄉"三字意義相通。田嗇夫即鄉嗇夫。卜憲群（2006）：據張家山漢簡《二年律令·秩律》，田嗇夫與鄉嗇夫秩次都是二百石。根據《廄苑律》的邏輯，田嗇夫似應由鄉爲單位來考核。縣中的嗇夫一般衹設到縣，其分支機構也衹設到鄉，不設到里，但由於田嗇夫工作的特殊性，也可能每鄉都設。**三、同"稷官"，封鄉之長**。張金光（2004：574－575）：田嗇夫即雲夢龍崗秦簡的"稷官"，二者是一職異名，是秦對封鄉之長的法定稱謂。**四、"田"這種官署的長官**。王彥輝（2012）根據里耶秦簡有官署"田"，有官職"田佐"，有"田課志"，推測"田"官署的長官應即田嗇夫。**五、地方管理農事的小官**。整理者説。**六、專門管理封建國有土地耕作事宜的官吏**。高敏（1981A：173）説。**七、管理全縣授田和農業生産、牧業生産的機構的行政長官，在縣一級政權中具有舉足輕重的地位**。栗勁（1985：411）：田官實際上是管理全縣授田和農業生産的機構，其行政長官稱嗇夫。夏利亞（2019：91）：栗説爲長。

部佐：**有五説：一、田嗇夫設於鄉的田佐，是分管各鄉田地等事的**。裘錫圭（1981A）：部佐大概也是田嗇夫設於鄉的田佐，跟鄉佐恐怕不是一回事，是分管各鄉田地等事的。栗勁（1985：411）：當爲田嗇夫派駐在鄉以下的佐吏，同田嗇夫一樣都有辦理授田的職責，還有收租的職責。王彥輝（2012）：里耶秦簡中的“田佐”即田嗇夫的副手，亦即睡虎地秦簡中的“部佐”。夏利亞（2019：92）：部佐爲田嗇夫的助手，分管各鄉田地等事。裘氏說法有理。**二、鄉佐一類官員。**整理者：此處部佐應即鄉佐一類。**三、鄉所設田官的屬吏。**卜憲群（2006）：秦代縣中設田嗇夫，鄉設田官，“佐”是他們的屬吏，也稱“部佐”，里中設有田典。**四、同管理國有土地有關的官吏。**高敏（1981A：173）說。**五、地方小吏，管理農業生產、農民生活等。**魏德勝（2003：174）說。

御：**制止，阻止。**整理者：《左傳·襄公四年》注：“止也。”

③不從令：**不遵從法令，違反法令。**

關於“令”，**有二說：一、法令。**整理者：違反法令，秦漢法律習語。如《墨子·備城門》：“不從令者斬。”**二、對律加以補充的“令”。**張建國（1998）認爲“不從令”前文字屬於令文。該簡列於田律之下，可能衹是表示其部門法的屬性。《秦律十八種》“不從令”“犯令”和“不如令”中的令不宜泛指“法令”，而是對律加以補充的“令”。

陳松長（2009B）：嶽麓書院藏秦簡0993：“田律曰：黔首居田舍者，毋敢醯酒，有不從令者遷之。田嗇夫、士吏、吏部弗得，貲二甲。”簡文稱“黔首”，睡虎地秦簡稱“百姓”，或許可以說明嶽麓書院藏秦簡中律文摘抄的時間在睡虎地秦簡之後。徐世虹（2014A）：比較二律，其中“百姓”與“黔首”的稱謂反映了律文的歷史變化，“有罪”與“遷之”罪刑表述的不同又反映了律文流布間的差異。

【今譯】

百姓居住在農村中的屋舍的不可以賣酒，田嗇夫及其屬吏要嚴厲制止這種行爲，不遵從法令的人有罪。田律Q1_11_3_12

（二）廄苑律

【釋文】

以四月、七月、十月、正月膚田牛①。卒歲②，以正月大課之③，最④，賜田嗇夫壺酉（酒）束脯⑤，爲旱〈皂〉者除一更⑥，賜牛長日三旬⑦；殿者⑧，Q1_11_3_13 誶田嗇夫⑨，罰冗皁〈皂〉者二月⑩。其以牛田⑪，牛減絜⑫，治（笞）主者寸十⑬。有（又）里課之⑭，最者，賜田典日旬⑮；殿，治（笞）卅。廄苑律⑯Q1_11_3_14

【匯釋】

①膚：**評比。**整理者：即“臚”字，《爾雅·釋言》：“敘也。”在這裏的意思是評比。夏利亞（2019：93）：當如整理小組所言爲評比之意。

田牛：**耕牛**（整理者）。

②卒歲：**終歲，年終之時**。陳偉（2016C：49）：《詩經·豳風·七月》："無衣無褐，何以卒歲？"鄭玄箋："卒，終也。"據簡文，季度評比在四、七、十月進行；正月屬"大課"，即對前一年的業績進行大評比。簡19、20的"卒歲"也當指正月大課。整理者：滿一年。

③課：**按規定的程式評議考核**。夏利亞（2019：93）：《玉篇·言部》："課，議也。"

大課：**舉行綜合考核**。張政烺、日知（1990B：10）：綜合考核。整理者語譯爲大考核。陳偉（2016C：49）：對前一年的業績進行大評比。

④最：**古代考核政績或軍功時劃分的等級，以上等爲最，與"殿"相對**。整理者：成績優秀。古代考核成績的優劣稱爲"殿最"，《漢書·宣帝紀》："殿，後也，課居後也。最，凡要之首也，課居先也。"《文選·答賓戲》注引《漢書音義》："上功曰最，下功曰殿。"張金光（2008）："最……治（笞）主者寸十"是鄉課內容。

⑤束：**量詞，指物十個**。夏利亞（2019：93）說。

脯：**乾肉**（整理者）。王鍈（1982）："壺酒"與"束脯"前省去數詞"一"，把量詞直接加在名詞之前，爲先秦所罕見。

⑥旱：**"皂"字之誤**。爲旱者：**泛指養馬、牛的人**。陳偉（2016C：50）：《漢書·食貨志》："自天子公侯卿大夫士對至於皂隸抱關擊柝者。"顏注："皂，養馬者也。"劉雲輝（1987）：相當於《周禮·夏官·校人》中的"圉人"。魏德勝（2005）：皂，上古本泛指地位低下的奴僕，《左傳》《國語》等文獻中有"皂隸"。睡虎地秦簡中專指飼養牛馬的人。張再興（2012：90）：蓄養牛馬的人。整理者：飼牛的人員。

除：**動詞。清除、去掉。這裏指免除。**

更：**按期更替的徭役。其時間有二說：一、"一更"的時間爲一個月**。高敏（1987A）：或認爲"一更"的時間爲一個月。整理者：古時成年男子有爲封建政權服役的義務，一月一換，稱爲更。楊劍虹（1996）："除一更"是免除鄉民徭役，每月一更。于琨奇（1999）：所謂"除一更"，即是免除一年中一月之"卒更"徭役。彭浩（2010）認爲各縣、侯國的每更之卒的服役時間是一個月。**二、"一更"的時間爲一年**。彭浩（2010）：或認爲"一更"的時間爲一年。劉華祝（2009）：對受獎、受罰者的服役時間分別是三旬、一更和二月，考核成績排名靠後的，要罰飼養牛馬者"二月"，故考核成績爲上等，所獎給飼養牛馬者的"一更"不應是一個月，而"一更"的期限衹能理解爲一年。今按：一更的時間當爲一月。

一更：**指一次更役**。高敏（1987A）："除一更"指免除一更徭役，證明當時確稱徭役爲"更"。

⑦牛長：**飼牛人員中的負責人**（整理者）。俞偉超（1985：31）：秦至漢初常把某一種人物的領頭者稱爲"某長"。牛者的小頭目稱作"牛長"。刑徒的小頭目稱作

“徒長”，例如《漢書·黥布傳》：“驪山之徒數十萬人，布皆與其徒長、豪傑交通。”魏德勝（2005）：牛長是負責耕牛飼養的小官吏，由此可見秦對耕牛的重視。

日：**日數**。三旬：**三十天**。

日三旬：**（賜給飼牛人員中的負責人）三十天的勞績**。日三旬指勞績，勞績是功勞、功績，勞動成果。整理者：古時勞績常以日計算，有功時即“賜勞”若干日，有過時則“罰勞”若干日，如居延漢簡甲編簡1542：“功令第卌五：士吏、候長、烽燧長常以令秋試射，以六爲程，過六，賜勞矢十五日。”此處賜日三旬和簡文下面罰二月等，都指勞績而言。于琨奇（1999）：賜“日三旬”“日旬”，並非讓受獎者休息三旬或一旬，而應是賜給他們相當於三旬或一旬的代役費，這同於武帝賜“外徭”若幹人給卜式。這些都是“徭”，故時間的單位都以“旬”“月”計。

⑧殿：**考核成績差**（張再興，2012：909）。

⑨誶：**責讓、責罵**。《說文》：“誶，讓也。”《漢書·賈誼傳》：“母取箕帚，立而誶語。”顏師古注：“服虔曰：‘誶猶罵也。’張晏曰：‘誶，責讓也。’”整理者：申斥。劉海年（1981）：是對犯貲罪以下的官吏的一種懲治。因爲它是一種刑罰，一旦被誶，便是受了刑事處分，便算有了“前科”，如果再犯罪就必然會受到加重處罰。朱紹侯（1988：82）認爲，誶是一種嚴厲的訓斥，有批評教訓的意思，與“貲”的對象性質相同，是根據違法程度不同採取的兩種不同的形式。徐富昌（1993：348）：“誶”大都是官吏在行政上的處罰。

⑩早：**“皂”字之誤**。冗早者：**即冗皂者。有四說：一、長期爲皂的人。冗：長期**。楊振紅（2008）：“冗”指不更代，長期居官府供役的意思，與唐代的長期供役或供職稱作“長上”相當。高敏（1981A：173）：“皂者”顯然是指飼養牲口的僕役。**二、牛長及爲皂者**。冗：**散**。整理者：散。冗皂者，應包括上文爲皂者及牛長。夏利亞（2019：94）：飼牛者們。**三、眾位飼牛者**。冗：**諸、眾**。張再興（2012：971）解釋爲諸、眾，與《效律》簡2“官嗇夫、冗吏皆共賞不備之貨而入贏”中的“冗”意義相同。冗皂者即是眾位飼牛者。**四、職事不定的皂吏**。魏德勝（2000：46）：職事不定的皂吏。廣瀨薰雄（2005A）：冗與更是相對的用語，意味著沒有固定的服役義務。

今按：“冗”指長期居官府服役，與更相對。更爲按期更替的徭役，冗則爲長期居官府服役。《工人程》簡109：“冗隸妾二人當工一人，更隸妾四人當工〔一〕人……”由此可見，在工作效率相同的情況下，冗隸妾的工作時間較更隸妾長。因此，“冗”爲長期居官府服役，楊振紅之說當爲是。

罰冗早者二月：**有二說：一、罰長期飼牛者兩個月的勞績**。二月與上文賜日三旬都是就勞績而言。劉海年（1981）認爲是“貲徭”。**二、罰長期飼牛者爲政府無償服務兩個月**。于琨奇（1999）說。

⑪其：**有二說：一、表假設，如果**（整理者）。吉仕梅（2003A）：“其”用在假設分句的前一分句，表假設。“其”前可能有主語，也可能沒有。簡文共有58例。**二、用法是分開上下文**。徐世虹（2014B）認爲，“其”在此處的用法是分開上

下文。"其"之前是一般性規定，屬於飼養的範疇，"其"之後則是針對牛在耕作情況下的專項檢查以及承擔責任的方式。

以牛田：**有二說：一、用牛耕田**。整理者：見《戰國策·趙策一》："秦以牛田，水通糧。"參看徐復《秦會要訂補》附錄"秦用牛耕說"。**二、田里之人皆有權使用耕牛**。張金光（1990）：這些耕牛屬於田（鄉）、里集體的。田里之人皆有權使用耕牛，即以牛田。

⑫絜：**牛的腰圍**。整理者：《文選·過秦論》注引《莊子·人間世》司馬注："匝也。"《管子·幼官》注："圍度也。"居延漢簡甲編簡2274："牛一，黑特，左斬，齒□歲，絜七尺三寸。"與此同例。

⑬治：**通"笞"，笞打，動詞**。整理者：《漢書·曹參傳》注："治，即笞耳。"笞，用竹木板責打背部。漢景帝時定箠令，始改爲笞臀，見《漢書·刑法志》。

寸十：**（牛的腰圍減瘦一寸）責打十下**（整理者）。

⑭里：**秦鄉村基層政權單位**（整理者）。張金光（2008）："又里課之"是關於耕牛養用之里課。今按：里指古代一級居民組織單位。時地不同，戶數多寡不一。

⑮田典：**有四說：一、田嗇夫的下屬**。高敏（1981A：141）：田典無疑也是管理封建國有土地的官吏的一種。裘錫圭（1981A）：鄉嗇夫下面有鄉佐、里典，田嗇夫下面有部佐、田典，這是平行的兩個系統。**二、與里典同爲里的負責者**。陳偉（2016C：52）：田典與里典同爲里的負責者，漢初因之，如張家山漢簡《二年律令》簡201："盜鑄錢及佐者，棄市。同居不告，贖耐。正典、田典、伍人不告，罰金四兩。"**三、里典之误**。整理者：疑爲里典之误。秦里設里正，見《韓非子·外儲說右下》。簡文作"里典"，當係避秦王政諱而改。**四、管理田地的小官吏**。魏德勝（2003：62）引雲夢龍崗秦簡"租者且出，以律告典、田典，典、田典令黔首皆知之"證明典、田典並存。

⑯廄苑律：**管理飼養牲畜的廄圈和苑囿的法律**。整理者：簡文也稱《廄律》，見下《內史雜》。漢九章律有《廄律》。孔慶明（1992：35）認爲《廄苑律》主要是爲國家廄苑主管官吏設定的經濟管理規則。中國文物研究所、湖北省文物考古研究所（2001：5）：龍崗秦簡中有很多關於禁苑的律文，有的在內容上分別與睡虎地秦簡中的《田律》《廄苑律》等律篇相關。曹旅寧（2003）認爲《廄苑律》涉及按籍檢驗官馬牛的數目、官牛的考課、鐵犁等工具的假借等內容。

廄：**馬舍，牲口棚**。

【今譯】

在四月、七月、十月和正月評比耕牛。年終之時，在正月舉行綜合考核。考核成績爲上等的，賞賜給田嗇夫一壺酒和十條乾肉，免除飼養牛馬的人一更徭役，賜給飼牛人員的負責人三十天的勞績；考核成績排名靠後的，Q1_11_3_13責罵田嗇夫，罰長期飼牛者兩個月的勞績。如果用牛耕田，牛的腰圍變瘦了，每減少一寸笞打主事者十下。又在里舉行考核，成績優秀的，賞賜給田典十天的勞績；成績排名靠後

的，笞打三十下。廄苑律Q1_11_3_14

【釋文】

叚（假）鐵器[①]，銷敝不勝而毀者[②]，爲用書[③]，受勿責[④]。廄苑Q1_11_3_15

【匯釋】

①叚：**後作“假”，借用**。

鐵器：**鐵質器具**（張再興，2012：779），**這裏應指官有的鐵犁一類的農具**（整理者）。整理者：《孟子·滕文公上》：“以鐵耕乎？”注：“以鐵爲犁用之耕否邪？”

②銷敝：**破舊**（整理者）。

不勝：**不堪**。陳偉（2016C：52）：《管子·入國》：“子有幼弱不勝養爲累者。”尹知章注：“勝，堪也。謂不堪自養，故爲累。”

③用書：**有三說：一、一種報銷損耗的文書**（整理者）。**二、關於物品的使用、損耗情況的文書**（陳治國，2007A）。**三、有關出借鐵器使用情況的記錄**。徐世虹（2014B）：據《金布律》簡86～88所見規定推測，這裏的“用書”是有關出借鐵器使用情況的記錄，它或隨報廢鐵器一同交付給相關機構。

④受勿責：**意爲（官府）接受報廢的出借鐵器，不需要令借者賠償**。徐世虹（2014B）：這裏衹需記錄報廢情況而無須賠償的原因，當是因公使用中的正常損耗。整理者：責，勒令賠償。張政烺、日知（1990B：11）讀作“爲用書，受，勿責”。

【今譯】

借用鐵質農具，因破舊不堪使用而損毀的，寫出關於物品的使用損耗情況的文書（上報），（官府）接受報廢的出借鐵器，不需要令借者賠償。廄苑Q1_11_3_15

【釋文】

將牧公馬牛[①]，馬〔牛〕死者[②]，亟謁死所縣[③]，縣亟診而入之[④]，其入之[⑤]，其弗亟而令敗者[⑥]，令以其未敗直（值）賞（償）之。其小隸臣Q1_11_3_16疾死者[⑦]，告其□□之[⑧]；其非疾死者，以其診書告官論之[⑨]。其大廄、中廄、宮廄馬牛殹（也）[⑩]，以其筋、革、角及其賈Q1_11_3_17錢效[⑪]，其人詣其官[⑫]。其乘服公馬牛亡馬者而死縣[⑬]，縣診而雜買（賣）其肉[⑭]，即入其筋、革、角，及索（索）入其賈錢[⑮]。錢Q1_11_3_18少律者[⑯]，令其人備之而告官，官告馬牛縣出之[⑰]。今課縣、都官公服牛各一課[⑱]，卒歲，十牛以上而三分一死；不〔盈〕Q1_11_3_19十牛以下，及受服牛者卒歲死牛三以上，吏主者、徒食牛者及令、丞皆有辠（罪）[⑲]。內史課縣[⑳]，大（太）倉課都官及受服者[㉑]。□□[㉒]Q1_11_3_20

【匯釋】

①將牧：**有二說：一、放牧**。陳偉（2013B）：“將”有守護義。這裏所說“將

牧公馬牛”者，很可能就是“小隸臣”，並不存在一位率領放牧者。魏德勝（2000：28－29）：“將”與“牧”語義類相似，“將”多用於人，“牧”多用於牲畜。所以一般把前一詞解釋爲“率領”，後一詞解釋爲“放牧”。《秦律十八種》簡84還有“牧將”一詞，與“將牧”順序不同而語義相同。夏利亞（2019：97）：“將牧”和“牧將”其實是一個詞，“將”相當於領，意思是管領、帶領，管領的對象是公馬、公牛，無論“將牧”還是“牧將”，“將”之意可以不譯出，可徑譯爲“放牧”。**二、率領放牧。**整理者：從下文可知這種放牧歷經若干縣，有遊牧性質。張金光（1990）：在鄉田嗇夫統一管理下由“冗皂者”牧養田牛，也必然是有公共牧場作爲放牧之地的。

今按：“將”本義是持取，引申指扶助。這裏並不存在一位率領放牧者，將牧公馬牛者即是下文提到的“小隸臣”。陳偉之說當爲是。

②牛：**“牛”字重文號原脱**（整理者）。

③亟：**立即，趕快。**整理者：急。

謁：**呈報**（整理者）。《說文·言部》：“謁，白也。”

④診：**檢驗。**整理者：《漢書·董賢傳》：“驗也。”

⑤其入之，其弗亟而令敗者：**有三說：一、“入之其”不是衍文，兩個“其”皆有實指。**徐世虹（2014B）：可讀作“其入之，其弗亟而令敗者”。兩個“其”皆有實指，“其入之”的“其”是更端之詞，提起另一層意思；“其弗亟而令敗者”的“其”指官府。該句意爲：死馬牛入官，縣未儘快處理而導致馬牛腐敗。**二、“入之其”不是衍文，其中“其”係假設連詞。**陳偉（2013B）：“入之其”恐怕並非衍文，其中的“其”係假設連詞。簡文是說縣入死馬牛如果不及時處理而導致腐敗。**三、“入之其”三字係衍文。**整理者說。

今按：“其”用作假設連詞一般是句間連詞，且用於假設複句前一分句之首，表示假設關係，可譯爲“如果”“假如”。此處“入之其”的“其”並非假設複句前一分句之首，不是假設連詞。

⑥敗：**腐敗**（整理者）。夏利亞（2019：97）：腐爛變質。

⑦小隸臣：**有五說：一、充任牧童的隸臣。**整理者：隸臣，刑徒名，見《漢書·刑法志》注：“男子爲隸臣，女子爲隸妾。”身高不滿秦尺六尺五寸爲小，見《倉律》。此處的小隸臣應爲充任牧童的隸臣。整理者：小隸臣指牧牛馬的未成年的隸臣。**二、替封建國家從事苦役的小奴隸。**高敏（1987A）說。**三、未成年的官府奴隸。**黄展嶽（1980A）：隸臣妾是官府奴隸，未成年的叫“小隸臣妾”“小妾”。吳樹平（1981）：該擔負放牧官有馬牛勞役的“小隸臣”是未成年的官奴隸。施偉青（2003）：“小隸臣”是官奴婢，不能任意殺害。**四、被連坐而被判處的刑徒。**王占通、栗勁（1984）說。**五、一是指官府奴隸中的未成年者；一是指刑徒“隸臣妾”中的未成年者。**李力（1993）說。徐世虹（2014B）：小隸臣是當時國家勞動力的組成部分，勞動強度與隸妾相當或較低。自里耶秦簡可知小隸臣被役使於出稟。

其小隸臣疾死者：**有三說：一、“其小隸臣”屬下讀，死者應爲“公馬牛”。**徐世虹（2014B）：死者應爲“公馬牛”而非“小隸臣”。句讀從整理者。“將牧公馬牛……令以其未敗直賞之”是一般規定，致馬牛死的是一般主體。其下的“小隸臣……論之”是特殊規定，專門規定了小隸臣放牧致馬牛病死的特殊情況。**二、“其小隸臣”屬下讀，死者爲小隸臣。**整理者語譯爲：如小隸臣病死。**三、“其小隸臣”屬上讀，“疾死者”應是公馬牛。**陳偉（2013B）：這段話在講公馬牛之死，“疾死者”應是公馬牛。“其小隸臣”屬上讀，是指如果責任人（應即“小隸臣”）按要求“亟謁死所縣”之後，就衹需要對死而未敗的情形負責。至於“其弗亟而令敗”的責任，則需要由該縣官方承擔。

⑧□□：**有四說：一、官入。**徐世虹（2014B）：從前述的一般規定推測，此二字或爲“官入”。**二、官論。**李力（2007：331）補作“官論”。**三、死所。**秦簡講讀會（1978）推測所缺爲“死所”二字。**四、縣出。**陳偉（2013B）補作“縣出”。

⑨診書：**官吏對死、傷者調查、檢驗的文書**（陳治國，2007A）。

論：**論罪**（張再興，2012：356）。

⑩大廄、中廄、宮廄：**均爲秦朝廷廄名。**整理者：《漢書・百官公卿表》有大廄令，是太僕屬官。中廄見《李斯列傳》。據《漢舊儀》載，漢代大廄爲天子六廄之一，中廄爲皇后車馬所在。吳曉懿（2010）：大廄、宮廄是御用之廄，中廄因中宮而得名，屬於皇后體系的廄官名。徐世虹（2014B）：出土於陝西西安未央區六村堡相家巷的秦封泥中有“秦廄丞印”“中廄”及“中廄丞印”“宮廄丞印”，76DG64號坑出土的銅洗口緣背面還有“大廄四斗三升”銘文。可與本條律文對讀。

⑪筋、革、角：**筋骨、皮革、牛角。**于豪亮（1985：137）：在古代，獸類的皮毛筋骨，是製作用具的重要原料，不僅公家飼養的牛馬死後，皮革筋骨要入官，就是野外獵獲的野獸，也要繳納皮革筋骨。

賈：**有二說：一、讀如字，交易款項**（陳偉，2013B）。**二、讀爲“價”，價錢。**整理者讀爲“價”，語譯作“所賣價錢”。

效：**上繳。**整理者：《漢書・元后傳》注：“獻也。”夏利亞（2019：98）：貢獻，進獻。

⑫詣：**有二說：一、送交**（整理者）。**二、進獻。**夏利亞（2011）：因屬下對上的動作，故“詣”訓“進獻”爲上。

⑬乘服：**駕馭。**夏利亞（2019：98）說。

亡馬者：**有二說：一、“馬”後疑有脫誤**（整理者）。李力（2007：331）：當脫落“牛”字。**二、應是“亡馮”，指未虐待馬。**陳偉（2013B）：“亡馬者”之“馬”與前面“馬牛”之“馬”並不完全相同，其左旁筆跡模糊，依稀有其他筆畫，很可能是“馮”字。馮有陵暴義。亡馮，指未虐待馬。

⑭雜：**有二說：一、共同。**《玉篇・隹部》：“雜，同也。”陳偉（2016C：54）認爲雜在此處義爲共同。《倉律》簡21：“縣嗇夫若丞及倉、鄉相雜以印之。”整理者注釋：“雜，《漢書・雋不疑傳》注：‘共也。’”張春龍（2007）認爲，雜賣似是由兩人以上共賣，以保證交易可靠。里耶秦簡售買物品多用“雜”字，如簡13－

300、764 記“倉是、佐狗雜出祠先農餘徹羊頭一、足四賣于城旦赫所，取錢四”。**二、全部**。整理者：《國語·越語》注：“猶俱也。”語譯爲全部。夏利亞（2019：98）：全，都。

⑮索：**同“索”，盡**（整理者）。

賈：**讀爲“價”**（整理者）。

⑯律：**度**。夏利亞（2019：98）說。

少律：**少於法律規定的數目**。整理者語譯爲“少於數目規定”。徐世虹（2014B）：意指未達到數目的標準。此處的“律”，指法律中有關出賣相關物品的通則性規定。

⑰出：**銷賬**（整理者）。

⑱都官：**有十説：一、直屬朝廷的機構**。整理者：古書又稱中都官。《漢書·宣帝紀》注：“都官令丞，京師諸署之令丞。”“中都官，凡京師諸官府也。”**二、不在京師的中央一級機關**。于豪亮（1980A）：據漢代史料，中央一級機關在京師的稱“中都官”，不在京師的就衹稱“都官”。**三、中都官或直屬於内史與郡之官**。裘錫圭（1981A）說。**四、中央官署，部分都官或都官的分支機構設在其他郡縣特别是京師附近的縣**。王輝（1993）：秦王政二十六年後，不再分封諸子爲王，所以此後直至秦亡，不再有采地，衹有中央集權的郡、縣制。**五、朝廷下派到郡、縣地方的督察官，設有專門官府**。孔慶明（1992：134）：都官衹負責監督地方的司法執法工作，而不接受獄訟案件。**六、中央列卿所屬諸官署**。高恒（1994：46－47）：都官並非一個專門的官名，是中央列卿所屬諸官署。都官及其附屬機構即“離官”，許多設在地方。**七、在縣的直屬朝廷的機構**。栗勁（1984）：在睡虎地秦簡中，都官共出現十四次，其中十次與縣並列。在縣的直屬朝廷的機構稱“都官”，衹有在京的都官才可以稱中都官。曹旅寧（2002：124－125）：都官是中央派出的縣級經營性或事務性機構——主要是手工業官吏機構。**八、大廄、中廄、宫廄**。高恒（2008：54－55）：《廄苑》中的“大廄、中廄、宫廄”當即都官。都官設有令或長一人，丞若干人。都官和縣所屬機構的主管官吏，可稱“某嗇夫”，又統稱作“官嗇夫”。**九、主管分佈於縣内但又直屬封建王族所有的一些經濟部門的官吏**。高敏（1981A：205－206）：都官與縣官並提，是主管分佈於縣内但又直屬封建王族所有的一些經濟部門的官吏，直屬“太倉”管轄，它所主管的財物也直接輸送至“大内”，而縣則直屬“内史”管轄。**十、與縣同級的行使地方政府職權的特殊機構**。劉森（1991）：都官是與縣同級的行使地方政府職權的特殊機構。它設於采邑或食邑，不一定全設在有王室私產及有王室宫殿的地方。秦設置“都官”的時間，大約在遷都咸陽之時或此後不久。

工藤元男（2010：68－69）：都官性質可以概括如下：第一，都官是戰國中期秦推動中央集權時，爲拉攏宗室貴戚所據封邑而施行的制度。第二，都官是爲管理因軍功褒奬制產生的封邑而施行的制度。

今課縣、都官公服牛各一課：**有二説：一、“一課”中的課是名詞或量詞**。徐世虹（2014B）：前“課”爲動詞，意爲核驗或考核；後“課”爲名詞（或量詞），指核驗的標準或規則。此句亦可讀作“各課縣、都官公服牛一課”，“一課”在此指“一項核驗標準”。吉仕梅（1998）：“一課”中的“課”，重複謂語動詞“課”以表動作的量，它是動詞“課”的臨時借用，與甲骨文、金文中重複前一名詞以表事物單位的形式實質是一致的。**二、“一課”中的課是動詞。**魏德勝（2000：128）：數詞與動詞結合表示動量。

⑲徒：**有三説：一、指服徭役者，也指徭徒。**陳偉（2016C：55）：秦簡中的“徒”比較複雜。服徭役者稱“徒”。里耶秦簡 8－1517 正面稱“疏書吏、徒上事尉府者牘北（背）”，背面記三人，“令佐溫”爲吏，“更戍士五城父陽翟執”與“更戍士五城父西中痤”爲徒，尤可爲證。另，里耶秦簡習見作徒簿，所記則包括隸臣妾、城旦舂、鬼薪白粲等刑徒。這裏徒與吏並稱，應是徭徒。**二、指服徭役的人。**整理者：《荀子·王霸》注：“人徒謂胥徒，給徭役者也。”**三、指服役的刑徒。**陳玉璟（1985）：徒就是“刑徒”或“服役的刑徒”。《論衡·四諱》：“夫徒，善人也，被刑謂之徒。”

食：**飼養**（整理者）。夏利亞（2019：99）：飼養，餵養動物，後作“飼”。

⑳内史：**有六説：一、“掌穀貨”的治粟内史。**整理者：一説，此處應指治粟内史，《漢書·百官公卿表》：“治粟内史，秦官，掌穀貨。”漢景帝時改名爲大農令，武帝時改名爲大司農。栗勁（1985：407）：内史應是指“掌穀貨”的治粟内史，而不是指“掌治京師”的内史。高敏（1981A：206）：由縣主管的屬於封建國家所有的廄苑、公器、糧食等，直接由内史管轄，由“内史”行使“治粟内史”之職。**二、類似於漢代的尚書。**吳榮曾（1981A）：秦代内史和漢代的尚書很相像，和國君關係親近，故而掌握極大的權力。張金光（1992）：簡牘所見内史其職當爲總理全秦錢穀財政並掌史職文書檔案簿籍之中樞機要官。**三、掌治京師之官。**整理者：《漢書·百官公卿表》：“周官，秦因之，掌治京師。”**四、主管全國儲糧和上計的官員。**蔡萬進（1996：42，52）：“内史課縣”説明由縣主管屬於封建國家所有的糧食、廄苑等，直接由内史管理。内史主管全國儲糧和上計。**五、主管全國的財政經濟的官員。**彭邦炯（1987）：戰國時代秦國内史主管全國的財政經濟，下屬平列的大内、少内和少府。内史主管範圍因原包括穀貨——這是古代封建政府財政經濟的主要内容，故後來將專“掌穀貨”之官稱作“治粟内史”，而内史之執掌在統一六國後，衹剩下管理畿内之事了。工藤元男（1995）：秦簡所見内史超越關中地區的範圍，通過其下配置的太倉和大内，管理縣和都官的糧食和財貨。在秦始皇統一中國後，太倉和大内從内史中分出，以此爲基礎構成治粟内史，掌管秦帝國的全國財政。被分離出太倉和大内的内史重新改組爲掌治京師之官。這種設置被前漢沿襲。趙志強（2016）：《廄苑律》顯示内史還負責檢查考核全國縣一級政府的用牛情況，如果牛的死亡數量超過規定的限額，相關工作人員就要受到懲處。**六、中央級政府掌管財物的行政機構。**高恒（1994：3）：掌握全國禾、芻、稾的數額；對各官署的財物進行調配、監督；監督各都官執行統一的法律和度量衡制度；負責監督、培訓

工匠。

㉑大倉：**即太倉。有三說：一、朝廷收儲糧食的機構**（整理者）。**二、內史內部的業務機構。**栗勁（1985：407）：是內史內部的業務機構。考課的分工標明太倉對內史的隸屬關係。高恒（1994：6）：內史屬官，掌管全國糧食的官署。趙志強（2016）：太倉是治粟內史的屬官。**三、京師儲存糧食的倉庫。**魏德勝（2005）：古代京師儲存糧食的倉庫。劉慶柱、李毓芳（2001）：相家巷封泥有"泰倉""大倉丞印"。

㉒本條律名殘，根據內容應屬廄苑律（整理者）。林清源（2002）："者"字之下的空白處衹有 0.7 ~ 0.8 公分，依據該簡字體大小推估，最多僅能容納一個字。"廄苑律"是否可以簡省爲一個字，目前還不能證實。懷疑此簡並非該章末簡，在簡 20 之後，可能還有若干簡，章題就寫在該章末簡上。李力（2007：331）：與其他完整的簡比較，若該簡末端留出第三道編繩的位置，則其上衹能容納一個字。暫且存疑待考。

【今譯】

放牧官家的馬牛，馬牛死亡的，應立即呈報給馬牛死亡時所在的縣，縣立即檢驗而後將已死的馬牛上繳，已死的馬牛上繳縣，縣未儘快處理而導致已死的馬牛腐敗的，要讓縣按馬牛未腐敗時的價格賠償。如果小隸臣放牧致使Q1_11_3_16馬牛病死的，應報告其……假如不是因病死亡的，將其檢驗文書報告主管官府論罪。如果是大廄、中廄、宮廄的馬牛，將其筋骨、皮革、牛角及其交易款項Q1_11_3_17上繳，由放牧官家馬牛的人送交官府。駕馭官家的馬牛而馬牛在某縣死亡的，縣檢驗後由多人共同賣掉它們的肉，而後上繳筋骨、皮革、牛角，並將交易款項全部上繳。交易款項Q1_11_3_18少於法律規定的數目，讓駕用車馬的人補足賠償並向官府報告，由主管官府通知賣馬牛所在的縣銷賬。現在每年對各縣、各都官的官家駕車的馬牛進行一次考核，到年終時，十頭以上卻有三分之一死亡；不足Q1_11_3_19十頭牛的，以及領用牛的一年間死了三頭以上的，主管的官吏、飼養牛的徭徒以及縣令、縣丞都有罪。內史考核各縣，太倉考核各都官以及領用牛的人。□□Q1_11_3_20

（三）倉律

【釋文】

入禾倉①，萬石一積而比黎之爲戶②。縣嗇夫若丞及倉、鄉相雜以印之③，而遺倉嗇夫及離邑倉佐主Q1_11_3_21稟者各一戶以氣（餼）④，自封印，皆輒出，餘之索而更爲發戶⑤。嗇夫免，效者發⑥，見雜封者⑦，以隄（題）效之⑧，而復Q1_11_3_22雜封之，勿度縣⑨，唯倉自封印者是度縣⑩。出禾，非入者是出之，令度之，度之當堤（題）⑪，令出之。其不備⑫，出者負之⑬；Q1_11_3_23其贏者⑭，入之。雜出禾者勿更。入禾未盈萬石而欲增積焉[15]，其前入者是增積，可毀（也）；其它人是增積，積Q1_11_3_24者必先度故積，當堤（題），乃入焉。後節（即）不備[16]，後入者獨負之；而書入禾增積者之名事邑里于廥籍[17]。萬Q1_11_3_25石之積及未盈萬石而被（柀）出者[18]，毋敢增積。櫟陽二萬石一積[19]，咸陽十萬一積[20]，其出入禾、增積如律令。長吏相Q1_11_3_26雜以入禾倉及發[21]，見屡之粟積[22]，義積之[23]，勿令敗。倉[24]Q1_11_3_27

【匯釋】

①入：**有二說：一、納入的意思**。整理者：即入禾於倉，把穀物納入糧倉。**二、繳納（田租）的意思**。黄今言（1979）："入禾""入禾稼"是指國家佃農向政府繳納的田租。秦代田租徵收的實物有兩項：穀粟與芻稾，二者相比，穀粟是主要的，芻稾是附屬於田租的。張金光（2004：189）：在秦漢財政上，凡租課賦稅之徵收，皆稱"入"。秦簡中凡稱"入禾"者，皆就入租禾而言。

禾：**指未脱殼的穀粒（原糧）**（黄展嶽，1980B）。

入禾倉：**即入禾於倉，把穀物納入糧倉**。整理者說。

②積：**有二說：一、堆、垛**。陳偉（2016C：57）：簡文有"萬石一積""二萬石一積""十萬一積"，容量不同皆爲"一積"，可見積不是儲藏穀物的單位。當如《說文》云"積，聚也"，與"堆"同義。**二、貯藏穀物的單位**。整理者：堆，在此爲貯藏穀物的單位。

今按："積"此處意爲堆、垛，指纍疊在一起的東西。《李斯列傳》："刑者相半於道，而死人日成積於市。"陳偉之說可從。

比黎：**有三說：一、排列**（整理者）。徐世虹（2015）：從文義看，釋作"排列"比較通順。冨谷至（2013：331－332）：比黎，原文爲荆，同時還有並列的意思。**二、籬笆**。整理者：或作芘莉、芘籬、藜芘。《集韻》："莉，草名，一曰芘莉，織荆障。"荆笆或籬笆。**三、讀爲"仳離"，讓（倉房之間）保持距離**。陳偉（2013B）："比黎"似當讀作"仳離"。仳从比得聲。黎、離通假。仳離之，是說讓倉房之間保持距離。這可能是出於通風、防火等方面的考慮。"爲戶"屬下讀，作"爲戶，縣嗇夫若丞及倉、鄉相雜以印之"。後文講到的"封""發"都是針對戶而言，顯然戶在這裏是主題詞。

今按：從"萬石一積而比黎之爲戶"來看，"比黎"應爲動詞，"之"爲代詞，作賓語，指前面的"萬石一積"。所以比黎解釋爲排列更合理，上下文義也更通順。

③縣嗇夫：**有七說：一、有别於縣令、縣丞的另外一種職官名稱**。崔殿堯（2010）：縣嗇夫是郡下派到縣的官員，與縣令相比地位略低，有一定的監察職能。李斯（2009）：縣嗇夫並不等同於縣令，也非正式官職，衹是對縣主管的一種泛稱。**二、縣令的别名；縣令或縣長**。裘錫圭（1979A）說。整理者認爲縣嗇夫即縣令或縣長。鄭實（1978）："縣嗇夫"或"大嗇夫"是當時縣令的别稱。秦律中有多處"大嗇夫、丞""縣嗇夫、丞"或"縣嗇夫若丞"的排列，和"令、丞"相連對應，

也說明大嗇夫或縣嗇夫即縣令。高恒（1980A）：縣令、縣長可稱作“縣嗇夫”。秦時的“嗇夫”，不是某一官職的專門名稱，而是對某一些主管官吏的泛稱，包括地方行政長官（縣令、縣長和鄉嗇夫）和縣、都官所屬的某些機構的主管官吏，又可統稱爲“官嗇夫”。陳抗生（1980）：秦代縣令稱“縣嗇夫”或“大嗇夫”，其他均爲“官嗇夫”，而以各自的職事冠以“××嗇夫”。鄒水傑（2006）：如果嗇夫前面是一個縣名，就表示縣的最高長官，即縣令長；如果前面是一個鄉，或一個部門如倉等，就表示這個鄉或倉的最高長官。在睡虎地秦簡中，縣嗇夫和官嗇夫就是這兩種情況的集體稱謂。而大嗇夫，一般表示在治所裏的嗇夫，是與排除鄉亭的離官嗇夫相區别的，其所指也就較爲不明確。**三、縣、道的令、丞。**于豪亮（1980A）：縣、道嗇夫就是縣、道的令、丞。**四、被秦國吸收的故國縣嗇夫。**工藤元男（1996）：《語書》中的縣嗇夫，是在南郡設置後吸收的故國的縣嗇夫。它是從原來的大夫階層中分解出來的，故而是地方性很强的勢力。後來，這種舊縣逐漸被納入令丞體制，中央向當地派遣令丞，與他們實行一種共同統治。**五、郡長官爲辦理軍政要務而派遣至所屬縣的官員。**蘇衛國（2006）：縣嗇夫是郡長官爲辦理軍政要務而派遣至所屬縣的官員，每名下派吏員可能各有所部，也可能各有專司；縣嗇夫對所辦之事有充分的指揮權，同時亦負有連帶的責任；在任期間，於所駐縣之令丞有督導監察之責。**六、縣嗇夫是否等於大嗇夫還有待商榷。**裘錫圭（1981A）：在秦律中，可以找到大嗇夫專指縣令、長的例子，但是能夠確鑿地斷定爲其他官吏的大嗇夫，或是包括縣令、長以外，令、長在内的大嗇夫，似乎還找不出來。大嗇夫的範圍究竟等於縣嗇夫，還是大於縣嗇夫，還值得研究。**七、全縣各類嗇夫的總頭。**高敏（1981A：171，179）：縣嗇夫設於秦朝的縣級機構，又稱“大嗇夫”，地位僅次於縣令。

若：**連詞，或者**（張再興，2012：644）。整理者：或。

倉：**倉主管人員。**整理者説。夏利亞（2019：101）：《廣韻・唐韻》：“倉，官名。”

鄉：**有二説：一、地方基層行政單位。**整理者：《漢書・百官公卿表》：“大率十里一亭……十亭一鄉。”**二、鄉嗇夫的省稱。**徐富昌（1993：411）：“倉、鄉”是倉嗇夫和鄉嗇夫的省稱。

今按：鄉是基層行政區劃名，後指縣以下的農村基層行政單位。《説文》：“鄉，國離邑，民所封鄉也。”

雜：**共同。**《玉篇・隹部》：“雜，同也。”整理者：《漢書・雋不疑傳》注：“共也。”陳偉（2016C：58）：《漢書・楚元王傳》：“昭帝初，爲宗正丞，雜治劉澤詔獄。”顔注：“雜謂以他官共治之也。”《漢書・杜周傳附子延年傳》：“廷尉王平與少府徐仁雜治反事。”顔注：“交雜同共治之也。”大庭脩（1991：38）：與所咨問事項有關的官吏參加的討論稱爲“雜議”。“雜”字是在兩個以上不同的主管官吏共同處理事務的場合使用的文字，像“大鴻臚、丞相長史、御史丞、廷尉正雜治巨鹿詔獄”（《漢書・廣川惠王劉越傳》）那樣共同對事件進行調查稱爲“雜治”；共同的工程稱爲“雜作”（《漢書·溝洫志》）；共同的選舉稱爲“雜舉”（《漢書·成帝紀》）等。

相雜：**一起**。張再興（2012：804）說。

印：**加蓋璽印封緘**（整理者）。

④遺：**給**（整理者）。張再興（2012：1025）：動詞，給予。

倉嗇夫：**專門管理糧倉的官吏。有二說：一、設於縣中，主管一縣倉事**。卜憲群（2006）：根據睡虎地秦簡，縣中屬於倉系統的職官有倉嗇夫、倉佐、倉史、稟人。倉嗇夫設於縣中，主管一縣倉事。由於鄉中也設有倉，故他的屬官也被派往鄉中。根據里耶秦簡，倉系統的官職還有“倉主”，應當是由《倉律》《效律》中的主稟者、主廥者轉化而來，是倉嗇夫設在鄉中的屬吏。陳偉（2016C：59）：據里耶秦簡記載，秦遷陵縣設有“倉”這一官署，有嗇夫、守、佐等吏員。高敏（1981A：172）：專門管理糧倉的官吏，受“縣嗇夫”的直接管轄，其下還設有佐、史及稟人等。**二、設在離邑（鄉）中**。蔡萬進（1996：25）：設在離邑（鄉）的“離邑倉”因爲是都倉嗇夫的離官，地位比都倉低一等，而衹能設倉嗇夫和離邑倉佐。

離：**附屬**。

離邑：**屬邑，指鄉**。整理者：《說文》：“鄉，國離邑。”張金光（2004：569）：離邑是“倉、鄉”之鄉所在地。“都鄉”之外的鄉，習慣上被稱爲“離鄉”。卜憲群（2006）：離邑倉是縣設於鄉中的倉。今按：參看《金布律》簡71～75“離官”條注。

氣：**後作“餼”，發放糧穀**。

而遺倉嗇夫及離邑倉佐主稟者各一戶以氣：**有二說：一、“倉佐主稟者”意即主稟之倉佐**。整理者語譯爲給倉嗇夫和鄉主管稟給的倉佐各一門，以便發放糧食。**二、“倉佐主稟者”意即倉佐和主稟者**。秦簡講讀會（1978）句讀爲“而遺倉嗇夫及離邑倉佐、主稟者各一戶以氣”。太田幸男（2007：334，337）語譯爲分別向倉嗇夫、倉佐、主稟者給予一座倉庫的管理責任。徐世虹（2015）：“離邑倉佐主稟者”應該包括“離邑倉佐”與“主稟者”兩種人。該句可讀爲“而遺倉嗇夫及離邑倉佐、主稟者各一戶以氣”。

今按：離邑倉佐主稟者應爲鄉中主管稟給的倉佐。“氣”意爲發放糧穀。該句可譯爲：而後給倉嗇夫和鄉中主管稟給的倉佐各一戶來發放糧穀。

⑤封：**封緘**。

索：**空**（整理者）。

皆輒出，餘之索而更爲發戶：**有四說：一、斷句作“皆輒出，餘之索而更爲發戶”**（陳偉，2016C：56）。**二、斷句作“皆輒出餘（予）之，索而更爲發戶”**。整理者：一說，此處餘讀爲予。**三、斷句作“皆輒出，餘之，索，而更爲發戶”**。張政烺、日知（1990B：14）說。**四、斷句作“皆輒出、餘之，索而更爲發戶”**。陳偉（2013B）：出、餘分別指發出禾與尚存禾。“皆輒出、餘之”是說自行支出與餘留。

楊振紅（2006）：龍崗秦簡140“租笄索不平一尺以上，貲一甲”與租穀的測量、收納有關。睡虎地秦簡《倉律》《效律》的“索”也當與此相關。

⑥效者：**有三說：一、專職核驗人員**。整理者：《荀子・議兵》注：“驗也。”效者，整理者語譯爲對倉進行核驗的人。夏利亞（2019：102）：對倉進行檢驗的人。**二、新任倉官吏員**。黄今言（1988：88）認爲，效者指新任倉官吏員。**三、存疑**。徐世虹（2015）：此處的“效者”是指新任倉官吏員，還是指專職核驗人員，尚難定論。

⑦見：**義同“視”，驗看**（整理者）。

⑧隄：**題識，這裏指倉上記載貯糧數量的題記**（整理者）。李孝林（1984）：“隄”包括倉庫存糧數量及有關人員的簽名，如“某廥禾若干石，倉嗇夫某，佐某，史某”。蔡萬進（1996：41）：“隄”包括倉內儲藏糧食的名稱和數量。

⑨度：**測量，計算**。夏利亞（2019：102）說。

縣：**稱量**。整理者：《漢書・刑法志》注引服虔云：“稱也。”

度縣：**稱量**。張再興（2012：509）：動詞，稱量。

⑩是：**有三說：一、代詞。用來複指提前的賓語**。裘錫圭（1982A）：應是起複指作用的代詞。“是”字在這裏用來複指提前的賓語。“非入者是出之”“其前入者是增積”“其它人是增積”等句裏的“是”字，也是起複指作用的，衹不過“唯倉自封印者是度縣”句的“是”字所複指的，對於“是”字後面的動詞來說是受事者；而另幾句中“是”字所複指的，對於“是”字後面的動詞來說是主事者。王引之《經傳釋詞》認爲這種用於複指的“是”字“猶‘寔’也”，可以參考。夏利亞（2019：102）：用在賓語和它的動詞之間，起賓語提前的作用，以達到強調的目的。**二、助詞。用法同“之”**。整理者：在此用法同“之”字，參看裴學海《古書虛字集釋》卷九。是度，即度之。下文“非入者是出之”，即非入者之出之。石峰（2000）：“是”屬結構助詞。**三、副詞。用法同“寔”**。梁冬青（2002）：“是”作副詞，用法同“寔”，充當狀語。

今按：在“唯倉自封印者是度縣”句中，“唯”是語氣副詞，“是”是指示代詞，作動詞“度縣”的賓語，複指前面的賓語“倉自封印者”，屬於賓語前置。這種用法同“唯命是聽”“唯你是問”。裘錫圭之說當爲是。

⑪當：**對等，相當於**。夏利亞（2019：102）說。

當題：**稱量結果與題識符合**（整理者）。

⑫不備：**不足數**（整理者）。

⑬負：**賠償**（整理者）。

⑭羸：**多餘**（整理者）。

⑮增積：**繼續貯入**（整理者）。

⑯節：**如果**（整理者）。**假設連詞**。

⑰名事邑里：**姓名、身份、籍貫**。整理者：《封診式》作“名事里”，意爲姓名、身份、籍貫，與《漢書・宣帝紀》“名縣爵里”意近。朱紹侯（1990：199）：秦代的公文中均記有當事人的姓名、身份、籍貫，稱“名事邑里”或“名事里”。

夏利亞（2019：103）：據文義當點開句讀爲“名、事、邑、里”。

于：整理者作“於”。魏德勝（2003：241）改訂，下同。

廥：**有二說：一、糧倉與芻稾倉。**徐世虹（2015）：《說文・广部》：“廥，芻稾之倉。”在睡虎地秦簡中，廥並非專指，糧倉與芻稾倉都稱爲廥。**二、糧倉。**整理者：廥，《廣雅・釋宮》：“倉也。”

廥籍：**有二說：一、登記糧食、芻稾的籍書。**唐琬晴（2008）：凡登記糧食、芻稾的籍書，統一叫作“廥籍”。登記芻稾的廥籍見《倉律》簡28“入禾稼、芻稾，輒爲廥籍”。**二、糧倉的簿籍。**蔡萬進（1993）：內容包括：參與糧食入倉、出倉和增積人員的“名事邑里”；糧食入倉、出倉之石數；倉庫糧食損失、貪污、被盜數目及處理情況。李孝林（1984）：庫存糧食明細賬。夏利亞（2019：103）：關於倉庫管理的簿籍。

⑱被：**有二說：一、分、散。**詳見段玉裁《說文解字注》（整理者）。夏利亞（2019：104）：整理小組所言爲長。**二、讀爲“頗”。**單育辰（2007）：“柀”在典籍中未見使用，應該讀爲“頗”，即“或多或少的支出”。下同。

今按：被，通“柀”，一部分。吉仕梅（2004：165，181）：柀是由“離析”“破裂”的動詞義引申而來，可譯爲“一部分”。

⑲櫟陽：**地名，今陝西臨潼東北。**整理者：秦獻公二年（前383年）至秦孝公十二年（前350年）在此建都。

⑳咸陽：**地名，秦都，今陝西咸陽東北**（整理者）。盧鷹（1989）：櫟陽倉和咸陽倉即是秦的太倉。

㉑長吏：**縣丞、縣尉。**整理者：《漢書・百官公卿表》：“縣令、長，皆秦官……皆有丞、尉……是爲長吏。”夏利亞（2019：104）：指州縣長官的輔佐。

㉒屋：**有四說：一、釋爲“屋”，讀爲“剝”，散亂。**湯志彪（2012）：後文“亂”爲散亂意。**二、釋爲“屋”，用爲“錄”，登記。**方勇（2011A）：釋爲“屋”，爲“彔”之異體字，用爲“錄”，表示登記簿籍以便存查之義。《墨子・號令》：“數錄其署，同邑者勿令共所守。”《漢書・董仲舒傳》：“量材而授官，錄德以定位。”顔師古注：“錄，謂存視也。”此句譯作“被登記簿籍的糧食，應該妥善堆積，不要使其腐敗”。**三、釋爲“屋”，讀爲“蝝”，小蟲。**整理者釋爲“屋”，注釋：疑讀爲蝝，《漢書・貨殖傳》注：“小蟲也。”王輝（2000：141）疑讀爲“蝝”。**四、釋爲“屋”。**張守中（1994：136）說。

今按：“屋”若解釋爲小蟲，則衹需將小蟲趕走，不需要重新堆積。故將“屋”理解爲散亂更爲妥當。湯志彪之說可從。

㉓義：**有二說：一、宜**（整理者）。夏利亞（2019：105）：應該、應當。**二、讀爲“移”。**秋非（1989）：與後文“歲異積之”義相近。

㉔倉：**關於糧草倉（的法律）**（整理者）。

【今譯】

把穀物納入糧倉，以一萬石爲一堆，把它们排列起來並設置倉門。由縣嗇夫或者縣丞以及倉、鄉的主管官員一起加蓋璽印封緘，而後給倉嗇夫和鄉中主管Q1_11_3_21稟給的倉佐各一戶來發放糧穀，他們獨自封印，都可以立即出倉，到倉中沒有糧食時才再給他們開啟另一戶。嗇夫被免職，對倉進行核驗的人打開糧倉，驗看共同的封緘，要根據記載貯糧數量等的題識來檢查，而後再Q1_11_3_22共同封緘，不需要稱量，衹稱量由倉主管人員獨自封印的倉。穀物出倉，如果不是由入倉人員來出倉，要命令其他人加以稱量，稱量後符合題識，才可以命令出倉。穀物數量不足的，由出倉的官員來賠償；Q1_11_3_23穀物有多餘的，將其納入糧倉。對共同出倉的人員不要更換。穀物入倉不足一萬石而需要繼續貯入的，由原來的入倉人員繼續貯入，是可以的；其他人繼續貯入，繼續貯入Q1_11_3_24的人必須先稱量原來的穀物，稱量結果與題識符合，才可以入倉。此後如果穀物數量不足，由後來的入倉人員獨自賠償；並將入倉、繼續貯入的人的姓名、身份、籍貫記錄在倉的簿籍上。一萬Q1_11_3_25石的穀物堆和雖未滿一萬石但有一部分出倉的，不要繼續貯入。櫟陽以二萬石爲一堆，咸陽以十萬石爲一堆，他们要按照法律規定出入穀物和繼續貯入。長吏一起Q1_11_3_26把穀物放入糧倉以及開倉，如果見到散亂的糧食堆，應該重新堆積，不要讓穀物敗壞。倉Q1_11_3_27

【釋文】

入禾稼、芻稾[①]，輒爲廥籍[②]，上內史。·芻稾各萬石一積[③]，咸陽二萬一積，其出入、增積及效如禾[④]。倉Q1_11_3_28

【匯釋】

①入禾稼、芻稾：**有二說：一、芻稾與田租不同時繳納。**陳偉（2016C：61）：據張家山漢簡《二年律令》簡255“十月戶出芻一石”，芻稾與田租不一定同時繳納。**二、芻稾與田租同時並徵。**黃今言（1979）：“穀粟”和“芻稾”二者相比，徵收穀粟是主要的，芻稾衹是附屬於田租的東西，二者又往往是同時並徵的。

今按：參看《倉律》簡21～27“入禾稼”條注。

②廥籍：**登記糧食、芻稾的籍書。**李巍巍（2008）：倉庫物資儲備的賬簿，既有出倉的記載，也有入倉的記載，是倉庫保管的重要手段和法律憑證。廥籍由各倉儲機構編寫，不僅要登記儲備物資的種類和數量，還要記載物資出入庫的人員及見證人、物資增減的情況等。康大鵬（1994）：廥籍是都倉專用的賬簿，由內史審核。今按：參看《倉律》簡21～27“廥籍”條注。

③關於圓點，**有二說：一、墨點以下是另一條律文**（陳偉，2016C：61）。**二、墨點以下不屬於律文。**佐佐木研太（2004）：圓點表示以下文字不屬於律文，是關於“芻稾”如何使用方法的補充。

④如禾：**與上條關於穀物的規定相同**（整理者）。徐世虹（2015）：如字表示以

法律已規定的處理方式處理此事項。

【今譯】

收納穀物、芻草、禾稈，要立即編寫倉庫的賬簿，上報給內史。・芻草、禾稈各自以一萬石爲一堆，咸陽以二萬石爲一堆，它們的出倉、入倉、繼續貯入和核驗都與上條關於穀物的規定相同。倉Q1_11_3_28

【釋文】

禾、芻稾積索（索）出日①，上贏不備縣廷②。出之未索（索）而已備者，言縣廷③，廷令長吏雜封其廥，與出之④，輒上數Q1_11_3_29廷；其少，欲一縣之⑤，可殹（也）。廥才（在）都邑⑥，〔當〕□□□□□□□□□者與雜出之。倉Q1_11_3_30

【匯釋】

①索：**形容詞，空、盡。**

②上贏不備縣廷：**向縣廷上報多餘和不足的數量。**徐世虹（2015）：贏與不備指多餘和不足兩種情況，當讀作"上贏、不備縣廷"。

③言：**報告**（整理者）。

④與：**參與。**

與出之：**參與出倉**（整理者）。

⑤一：**皆**。整理者：見楊樹達《詞詮》卷七。

縣：**通"懸"，稱量**。整理者：一縣之，皆加稱量。

⑥都邑：**縣治所在地，亦即都鄉治所在地**（張金光，1997）。蔡萬進（1996：21）：廥在都邑，即倉設在縣治所。整理者：《左傳・莊公二十八年》："凡邑，有宗廟先君之主曰都，無曰邑。"

【今譯】

一堆穀物、芻草、禾稈都出盡的時候，要向縣廷上報多餘和不足的數量。出倉未盡而數量已經足夠的，要報告縣廷，縣廷命令主管官員共同封緘該倉，並參與出倉，要立即向縣廷上報所出數量Q1_11_3_29；如果數量不足，想要全部稱量，是可以的。倉設在縣治所在地，應當……的人參與共同出倉。倉Q1_11_3_30

【釋文】

□□□□□不備①，令其故吏與新吏雜先索（索）出之。其故吏弗欲，勿強。其毋（無）故吏者，令有秩之吏、令Q1_11_3_31史主②，與倉□雜出之③，索（索）而論不備。雜者勿更④，更之而不備，令令、丞與賞（償）不備⑤。倉Q1_11_3_32

【匯釋】

①不備：**數量不足**。陳偉（2016C：62）："不備"二字右半，係整理者誤綴，亦見於殘簡（自左往右第二列第六片）。本次整理在早期照片中找到未左右裂開的圖像，可與其下部分緊密綴合。

②秩：**俸禄**（整理者）。

有秩：**有俸禄。有六說：一、表示一種禄秩等級**。鄒水傑（2017）：從張家山漢簡《二年律令·秩律》可以得知，有秩表示一種禄秩等級，禄秩區間在二百五十石至一百二十石。有秩不是職官稱謂，與佐史、斗食及三百石等表示禄秩等級的名詞性質相同。**二、官階**。朱大昀（1983）：秦簡凡是泛指"有秩"或"有秩之吏"，所觸及的衹是官階，並不管他擔任何種官職。而"嗇夫"則是泛指各類機構的基層主管。"鄉嗇夫"實際上也是"有秩"逐漸成爲某種官稱的專稱或簡稱的趨向的一種表現。**三、秩禄在百石以上的低級官吏**。整理者：見《范睢蔡澤列傳》"自有秩以上至諸大吏"，有秩指秩禄在百石以上的低級官吏。王國維《流沙墜簡》考釋："漢制計秩自百石始，百石以下謂之斗食，至百石則稱有秩矣。"**四、剛進入有秩禄之列的低級官吏**。高敏（1981A：261，264）：秦昭王時期，"有秩"仍是泛稱，指剛進入有秩禄之列的低級官吏。"有秩"變成固定的官名，大約在秦末漢初。**五、指有秩的官吏中最低的一級**。裘錫圭（1981A）：衹能說有秩嗇夫與一般嗇夫有别，而不能簡單地說"有秩不是嗇夫"。"有秩"一詞最初當然不是專指有秩嗇夫的。夏利亞（2019：106）：裘錫圭所說甚是。**六、鄉嗇夫**。鄭實（1978）：有秩是鄉嗇夫，大嗇夫是高於有秩嗇夫的。

令史：**有三說：一、屬於"斗食佐史之秩"**。高恒（1994：17－18）："令史"列在"有秩之吏"後，說明"令史"屬於"斗食佐史之秩"。一縣之中當有令史若干人，從事各項具體工作。**二、縣令和丞、尉的屬吏**。劉向明（2004A）：秦朝縣令史不僅是縣令的屬吏，也是丞、尉的屬吏。其職掌涉及行政、司法、經濟、監督和軍事等縣級"長吏"所管轄的事務。令史與史有直接隸屬關係，並可稱爲佐，與獄史是同官異稱。**三、縣令的屬吏**。杜小鈺（2012）：令史爲縣令的屬吏，主掌文書等事。令史也有監察的職能。

"令史"職掌眾多事務，湯志彪（2017）：根據里耶秦簡，令史除了職掌文書、司法審判、從軍征戰、代縣廷監督倉嗇夫管理倉庫參與"上計"事務外，還有校讎、解釋文書，監督官府買賣，監督物品的出貸和授予，巡守"廟"及堤壖，舉報官吏違法行爲和管理戶籍等職責。

③倉□：**□有三說：一、"田"字**。陳偉（2016C：62）："倉"後一字，合觀常規圖版與紅外影像殘筆，似是"田"字。**二、"卿（鄉）"字**。張世超、張玉春（1985B）補作"卿（鄉）"。**三、"佐"字**。宮長爲（1986）補作"佐"。

④雜者勿更：整理者在"雜者勿更"後加分號。今從徐世虹（2015）改爲逗號。

⑤賞：**後作"償"，賠賞**。

與賞：**參與賠償**。整理者：這是因爲更換會同出倉人員必須通過令、丞，所以令、丞也要承擔責任。

【今譯】

……數量不足，命令這裏原任官吏與新任官吏共同先將倉儲之物出盡。如果原任官吏不同意，不要強迫。如果沒有原任官吏的，命令有俸祿的官吏、令Q1_11_3_31史的主管官員，和倉……共同出倉，出盡後再處理數量不足的問題。共同出倉的人不要更換，如果更換共同出倉的人導致數量不足，命令縣令、縣丞參與賠償不足的數量。倉Q1_11_3_32

【釋文】

程禾、黍□□□□以書言年①，別其數，以稟人②。倉Q1_11_3_33

【匯釋】

①程：**動詞，稱量**。徐世虹（2015）：程，用作度量衡的總名（對某物計量規定的標準）。“程”字在簡牘中的常見用法有二：一是用作名詞，意爲“規格”“標準”；二是用作動詞，表“稱量”“計量”。

禾：**此處爲狹義，即穀子**（整理者）。

程禾：**國營耕地的直接受益**。張金光（2004：4）：“程禾”“計禾”和“稻後禾孰（熟）”三條律文皆是就國營耕地的直接受益而言。又，若爲租課，則於收租入倉時即有定數，非必待一一程計然後知，更不必以文書上報年景，同時也無法據租課知年。

年：**有二説：一、屬下讀，指年產**（整理者）。夏利亞（2019：107）：禾、黍的收成或產量。**二、疑屬下讀，指分年**。陳偉（2016C：63）：疑“年”字屬下讀，作“年別其數”，指分年計數。簡35有“歲異積之”，嶽麓書院藏秦簡《爲吏治官及黔首》簡79（0925）有“毋朵不年別”，可比看。

今按：年在此處應指年成，即一年中莊稼的收成，作動詞“言”的賓語。若“年”字屬下讀，則動詞“言”缺少賓語。故整理者之説可從。

②稟人：**發放給人**（整理者）。徐世虹（2015）：據《倉律》下文，此處的“人”包括宦者。

【今譯】

稱量穀子、黍子……用文書報告收成，分開它們各自的數量，以便發放給人。倉Q1_11_3_33

【釋文】

計禾，別黄、白、青①。𥝩（秫）勿以稟人②。倉Q1_11_3_34

【匯釋】

①計：**有二說：一、記賬**。夏利亞（2011）：從簡28“入禾稼、芻稾，輒爲廥籍”看，計疑爲記賬。**二、算賬**。整理者說。

黃、白、青：**古時對穀子種類的區別**。整理者：《政和證類本草》卷二十五引《名醫別錄》有黃、白、青粱米，陶弘景注：“凡云粱米，皆是粟類，惟其牙頭色異爲分別爾。”程瑤田《九穀考》：“案禾，粟之有稾者也。其實粟也，其米粱也。”夏利亞（2019：107）：此處的黃、白、青當限定在穀子的範圍內，即僅指米粱。

②䄻：**同“秫”。這裏指黏的穀子**。整理者：《說文》：“稷之粘者。”古時用來做酒和煮糖。稷，過去多認爲是高粱，近人有的認爲是穀子。從簡文看，後一說似更可信。陳偉（2016C：63）：可參考鄒樹文《詩經黍稷辨》、李根蟠《稷粟同物，確鑿無疑》。

【今譯】

計穀子的賬，要區分黃、白、青這三種不同的種類。黏的稻穀不要發放給人。倉Q1_11_3_34

【釋文】

稻後禾孰（熟）[①]，計稻後年[②]。已穫上數[③]，別粲、穤（糯）秙（黏）稻[④]。別粲、穤（糯）之襄（釀）[⑤]，歲異積之，勿增積，以給客，到十月牒書數[⑥]，Q1_11_3_35上內〔史〕[⑦]。倉Q1_11_3_36

【匯釋】

①後禾孰：**在穀子之後成熟**。後：**介词，在……之後**。孰：**後作“熟”，成熟**。

②後年：**次年**。整理者：這兩句的意思是如果稻子在穀子之後成熟，就把稻記在下一年的賬簿上，因爲秦以十月爲歲首，晚稻的收穫可能已到歲末。

③穫：整理者作“獲”，魏德勝（2003：214）改釋爲“穫”。

④粲：**名詞，讀作“秈”，不黏稻**。整理者：疑讀爲秈，《一切經音義》四引《聲類》：“秈，不粘稻也。”夏利亞（2019：108）：讀“秈”爲是。

穤：**同“糯”，稻的一種，其米黏性大**。“糯”的異體字還有“稬”“粫”“糯”。洪燕梅（2006：125）：“稬”字的異體。

秙：**同“黏”**。整理者：《說文》：“粘也。”

⑤襄：**有二說：一、讀作“釀”，動詞，做酒。此處活用作名詞，意爲“用以做酒的”**。整理者：《一切經音義》九引《三蒼》：“米麴所作曰釀。”**二、讀爲“穰”**。整理者：一說，襄讀爲穰，《廣雅·釋草》：“稻穰謂之稈。”秈稻的稈可用以鋪墊，穤稻的稈衹可製繩。

⑥牒：**有二說：一、薄小的簡牘**（整理者），名詞作狀語。李均明（1997B：79）：以小簡書寫文書皆稱“牒書”，其特徵並非限定使用範圍，用於與人事有關的

公文，亦普遍用於其他方面。**二、做賬簿的簡。**太田幸男（2007：345）說。

⑦上內：《睡虎地秦墓竹簡（一）》（綫裝本）圖版第 11 頁簡 36 可見寫有“上內”二字的殘片（陳偉，2016C：64）。林清源（2002）：在出版較早的普及本中，簡 36 是一枚完整的竹簡，有“上內”“倉”等字。在較晚出版的精裝本中，此簡已殘斷，僅見“倉”字。在整理過程中，此簡或殘斷，或存在照片誤置之類的問題。

【今譯】

如果稻子在穀子之後成熟，就把稻子記在下一年的賬簿上。已經收穫上報了數量的，要將不黏的秈稻、黏的糯稻區別開來。要區分用以釀酒的秈稻和糯稻，每年分開貯存，不要繼續貯入，用來供給賓客，到十月用牒寫明數量，Q1_11_3_35上報內史。倉Q1_11_3_36

【釋文】

縣上食者籍及它費大（太）倉①，與計偕②。都官以計時讎食者籍③。倉Q1_11_3_37

【匯釋】

①食：**有二說：一、由公家供給食糧，稟給食糧。**徐世虹（2015）將食解釋爲“當食者”，即應由公家供給食糧的對象。**二、口糧。**整理者說。

食者籍：夏利亞（2019：108）：領取口糧人員的名籍。高敏（1981A：197）：“食者籍”即稟給糧食的名冊。

②計：**名詞，計簿，賬簿。**

偕：**動詞，同時進行。**

與計偕：**有三說：一、與地方每年上呈計簿同時上報。**整理者：《漢書・武帝紀》注：“計者，上計簿使也，郡國每歲遣詣京師上之。偕者，俱也。”即與地方每年上呈計簿同時上報。**二、縣使計吏攜帶領取口糧的人員名籍及與其費用（相關的計簿）。**工藤元男（1995）：倉律中的“與計偕”應是一種行政用語，指縣使計吏攜帶領取口糧的人員名籍及與其費用（相關的計簿），上交太倉。**三、“計偕”指上計簿時所偕之物和人。**陳直（1979：29）：計偕有兩種性質，一爲上計簿時所偕之物，如地方產品、地圖之類；二爲上計簿時所偕之人，如《儒林傳》序，“二千石謹察可者，常與計偕”。

高恒（1994：36）：秦簡中的法律條文，多頒行於普遍設郡以前，因此在上計問題上，未反映出郡縣的隸屬關係。康大鵬（1994）：與“廥籍”由內史審核不同，“食者籍”由太倉審核。兩個機構沒有隸屬關係。

③都官：**直屬朝廷的機構**（張再興，2012：290）。今按：參看《廄苑律》簡 16～20“都官”條注。

計：**有三說：一、名詞，計簿，賬簿。二、動詞，記賬。**張再興（2012：290）

說。**三、計吏**。工藤元男（1995）說。

時：**按時**。

讎：**校對**（整理者）。

工藤元男（1995）：以計時讎，是一種特定的行政用語，計訓作計吏，與《金布律》的“以書時謁”（簡87）的讀法互相呼應。有關時讎的含義還難以確定。

【今譯】

各縣向太倉上報由公家供給食糧人員的名冊和其他費用，與每年上呈的賬簿同時上報。直屬朝廷的機構根據賬簿按時校對由公家供給食糧人員的名冊。倉Q1_11_3_37

【釋文】

種：稻、麻畝用二斗大半斗①，禾、麥畝一斗，黍、荅畝大半斗②，叔（菽）畝半斗③。利田疇④，其有不盡此數者，可殹（也）。其有本者⑤，Q1_11_3_38稱議種之⑥。倉Q1_11_3_39

【匯釋】

①大半斗：**三分之二斗**。整理者：秦一斗約合今二升。陳偉（2016C：65）：商鞅方升實測容量是202.15立方釐米，秦一斗合2 021.5立方釐米，比今二升多21.5立方釐米。

②荅：**小豆**（整理者）。

③叔：**通“菽”，大豆**（整理者）。

④利：**有二說：一、利於（莊稼生長）**。整理者：《漢書·高帝紀》注：“謂便好也。”**二、饒**。湯志彪、孫德軍（2011）：《戰國策·秦策一》“西有巴、蜀、漢中之利”，高誘注：“利，饒也。”

疇：**有二說：一、美田**。整理者：《後漢書·安帝紀》注引《漢書音義》：“美田曰疇。”**二、種麻的田**。整理者：一說，是種麻的田，見《天官書》集解。夏利亞（2019：109）：一說不足取。

利田疇：**有二說：一、良田**。整理者說。**二、效率高的土地**。太田幸男（2007：347）：效率高的土地，也就是播種少而收穫多的土地。

⑤本：**有三說：一、原先的，原先種植的其他作物**。整理者：《周禮·大司徒》注：“猶舊也。”有本，疑指田中已有作物。湯志彪、孫德軍（2011）：“本”不能訓作“根”，“根株”理解爲“茬”。本，本來的、原先的。徐世虹（2015）：律文中的“本”可取“本來”“原先”之意，指前述規定中的稻、麻、禾、麥、黍、荅、叔（菽）以外的作物。這些作物原先已然種植，因此可不受律文限定而“稱議種之”。**二、根部，已經收穫的作物殘存在土中的根部**。方勇（2009C）：“本”字用的就是它的原本意義，或者更準確地說，其義表示的就是已經收穫的作物殘存在

土中的根部，也就相當於後來的“茬”義。**三、指自備良種。**蔡萬進（1996：73）說。

今按：本，應理解爲原來的、固有的。田中原先已種植其他作物，才需要“稱議種之”。若是衹有植物的“根”“根株”，“稱議種之”則不合理。

⑥稱議：**酌情。**整理者：《墨子・備城門》：“其上稱議衰殺之。”岑仲勉《墨子城守各篇簡注》釋爲“酌度其合宜而逐漸減小”。湯志彪、孫德軍（2011）：如果田疇原先已種植了某種作物，則根據所剩土地的大小及土地的肥薄等具體情況“稱議種之”。方勇（2009C）：稱議是根據地力的好壞來決定所用種子的多少。

【今譯】

種籽：稻、麻每畝用二又三分之二斗，穀子、麥子每畝用一斗，黍子、小豆每畝用三分之二斗，大豆每畝用半斗。如果是利於莊稼生長的良田，有達不到這個數量的，是可以的。如果田地中有原先種植的其他作物，Q1_11_3_38則可以酌情種植。倉Q1_11_3_39

【釋文】

縣遺麥以爲種用者①，殽禾以臧（藏）之②。倉Q1_11_3_40

【匯釋】

①遺：**留**（整理者）。蔡萬進（1996：73）：簡文表明政府供給農業生產所需糧種。張金光（2004：4－5）：以上兩條簡文是關於從國營土地收益中按一定標準扣除國營耕地種子，以及政府專設種子倉儲的立法，並非備荒年貸貧民種食的規定。

②殽禾：**有二說：一、與穀子拌和。**陳偉（2016C：66）：周家臺秦簡354：“取戶旁腏黍，裹臧（藏）。到種禾時，燔冶，以殽種種，令禾毋閬（稂）。”彼此或有類似之處。**二、效仿穀子。**“殽”讀爲“效”。整理者：《禮記・禮運》注：“法也。”即效仿。

今按：殽，錯雜、混雜。《漢書・食貨志》：“鑄作錢布皆用銅，殽以連錫。”陳偉之說可從。

臧：**通“藏”，儲藏。**

【今譯】

縣里留下麥子以作爲種子使用的，與穀子拌和來儲藏。倉Q1_11_3_40

【釋文】

□石六斗大半斗①，舂之爲糲（糲）米一石；糲（糲）米〔一〕石爲鑿（糳）米九斗；〔九斗〕爲毀（毇）米八斗②。稻禾一石③。有米委賜④，稟禾稼公，盡九月⑤，Q1_11_3_41其人弗取之，勿鼠（予）。倉Q1_11_3_42

【匯釋】

①☐：**簡首缺文有六説：一、補“粟一”**。整理者：據《説文》補“粟一”二字。**二、補“禾黍一”**。鄒大海（2003）據《倉律》“稻禾一石爲粟廿斗”、《説文》“秳，百二十斤也。稻一秳爲粟二十升，禾黍一秳爲粟十六升大半升”和張家山漢簡《算數書·程禾》，補爲“禾黍一”。**三、補“黍粟一”**。徐世虹（2015）：此處或可補爲“黍粟一”。**四、補“黍穀一”**。黄展嶽（1980B）：《説文》：“糲，粟重一秳爲十六斗大半斗，舂爲米一斛曰糲。”《倉律》第一句是説“黍穀一秳相當於十六斗又三分之二斗”。**五、補“禾黍一石，爲粟一”**。張世超（2001）：“稻禾”當指帶梗之穀類。據文義補作“禾黍一石，爲粟一石六斗大半斗”。**六、“☐石六斗大半斗”復原後是“禾黍一石爲粟十六斗泰（大）半斗”**。彭浩（2006B）對照張家山漢簡《算數書·程禾》簡88“禾黍一石爲粟十六斗大半斗”，認爲“禾黍一石”後脱抄“爲粟十”三字。復原後的簡文是“禾黍一石爲粟十六斗泰（大）半斗”，與《算數書·程禾》相同，也與《倉律》簡43“稻禾一石爲粟廿斗……”的文例相同。

王貴元（2004）：“禾黍”“稻禾”等皆指帶秸稈的莊稼。“粟”據《算數書·程禾》，指莊稼帶皮的子實。

石：**有三説：一、容量單位，十斗，與“斛”義同**（整理者）。王忠全（1988）：由《倉律》可見，秦漢時期把“石”作爲“斛”使用的習慣是從秦代人開始的。《倉律》所記之“石”，其標準含義是“斛”而不是“石”。張世超（2001）：簡文於粟稱“一石六斗大半斗”，於糲米稱“一石”，這是目前見到的最早的作爲容量單位的“石”。秦簡中單獨提到的“一石”是指一石穀物，指全禾即是衡石，指糲米即是容量石，二者是等值的。**二、體積**。鄒大海（2009）據《倉律》簡21～27、49～52，認爲簡文的“石”是指體積而非重量。**三、重量單位，義同《説文》的“秳”**。彭浩（2012B）：“禾黍一石爲粟十六斗大半斗”是説重一石（秦制120斤，下同）的帶秸稈的黍，可得帶殼的籽實（黍）十六斗大半斗。“石”用作重量單位，義同《説文》的“秳”。“十六斗大半斗”的“斗”是容量單位，爲避免與重量單位“石”混淆，簡文沒有採用“一石六斗大半斗”的表述。這段簡文是禾黍由重量石轉換成容量斗的規定。黄展嶽（1980B）：根據近人的研究，戰國秦漢的量制都有大小石之分，又都是5∶3之比。秦簡所指皆爲“大石”。簡文的“石”指衡制，《説文》作“秳”。

②關於脱重文號，**有二説：一、“九斗”字下原脱重文號**。整理者：《説文》：“糲，粟重一秳爲十六斗大半斗，舂爲米一斛曰糲。”“糳，糲米一斛舂爲九斗曰糳。”“毇，米一斛舂爲八斗也。”與簡文重合。**二、“鑿（糳）米”二字脱重文號**。彭浩（2006B）：對照《算數書·程禾》，簡文“鑿（糳）米”二字脱重文號。復原後的簡文是：“糯（糲）米一石爲鑿（糳）米九斗；鑿（糳）米九斗爲毀（毇）米八斗。”

裘錫圭（1980）據簡文認爲，段玉裁把《説文》“糳”字注解裏的“九斗”改爲“八斗”，把“毇”字注解裏的“八斗”改爲“九斗”是錯誤的。

糲：同“糲”，粗米。鑿：同“糳”，精米（粗米經過舂後形成的）。毀：同“毇”，最精的米。

③稻禾一石：其下應接下條“爲粟廿斗”等文，本條下面“有米委賜”以下則是另一條律文，原簡誤抄。譯文將“稻禾一石”移到下條。

④委：付。委賜：賞賜（整理者）。

⑤盡九月：到九月底。整理者：秦以九月爲歲末。

【今譯】

（穀子一）石六又三分之二斗，把它舂成粗米（糲米）一石；粗米一石舂成精米（糳米）九斗；精米九斗舂成最精的米（毇米）八斗。有米賞賜，或從官府領取穀物，截至九月底，Q1_11_3_41此人還沒有領取，則不再發給。倉Q1_11_3_42

【釋文】

爲粟廿斗[①]，舂爲米十斗[②]；十斗，粲毀（毇）〈毀（毇）粲〉米六斗大半斗[③]。麥十斗，爲䴸三斗[④]。叔（菽）、荅、麻十五斗爲一石[⑤]。·稟毀（毇）粺者[⑥]，以十斗爲石。倉Q1_11_3_43

【匯釋】

①“爲粟廿斗”應承上條“稻禾一石”之後。整理者：句首應承上條，見上條匯釋。全句應爲“稻禾一石爲粟廿斗”。句中石爲重量單位，即秦製120斤，與上下文石爲容量單位有別。

粟：指未脫殼的稻粒（整理者）。

②斗：於“斗”字下補“曰穀”（陳抗生，1980）。

③此處斷句和釋文，有五說：一、十斗，粲毀（毇）〈毀（毇）粲〉米六斗大半斗。陳偉（2016C：68）：張家山漢簡《算數書·程禾》簡89：“程曰：稻禾一石爲粟廿斗，舂之爲米十斗，爲毀（毇）粲米六斗泰（大）半斗。”簡文似當讀作：“十斗，毀（毇）粲米六斗大半斗。”“粲毀（毇）”是“毀（毇）粲”誤倒。二、十斗粲，毀（毇）米六斗大半斗。整理者注釋：《說文》：“粲，稻重一秙爲粟二十斗，爲米十斗曰毇，爲米六斗大半斗曰粲。”應依簡文校正。三、舂爲米十斗毀（毇）；米十斗爲粲米六斗大半斗。彭浩（2006B）說。四、舂爲毀（毇）米十斗，十斗毀（毇）爲粲米六斗大半斗。鄒大海（2009）說。五、於“毀（毇）”字前補“爲”。陳抗生（1980）說。

關於“毇”“粲”的意義，有三說：一、《說文》解釋有誤，應是：稻重一秙爲粟二十斗，爲米十斗曰粲，爲米六斗大半斗曰毇。裘錫圭（1980）：《說文》“粲”字注解裏“毇”“粲”二字的位置應互易。二、《說文》解釋不誤，應是：稻重一秙爲粟二十斗，爲米十斗曰毇，爲米六斗大半斗曰粲。鄒大海（2003）：《說文》“粲”字所記不誤，而是簡文“粲”“毇”誤倒所致。又，睡虎地秦簡和張家山漢簡《算數書·程禾》以及《說文》，表明粲和毇是由稻舂出的兩種米，糲、糳、毇、粺是由粟（禾黍）舂出的米（其中粺和糳原是同種精度的米）。**三、“毇粲”指由稻舂成的精細而白的米。**彭浩（2012B）根據嶽麓書院藏秦簡《數》簡0756“以稻米求毇粲米，三母倍實；以毇米求稻米，倍母三實”，認爲簡文的“稻米”即《倉律》“稻禾一石爲粟廿斗，舂爲米十斗”的“米”，並由此證得，稻米與毇粲、毇的換算率相同，皆是3∶2。後一句的“毇”與前一句的“毇粲”是同一糧食之名，所以後句的“毇”字下脱“粲”字。“毇粲”指精細而白的米。由“稻粟”舂成的米衹有兩個等級，即“米”（或稱“稻米”）和“毇粲米”，兩者之比是10∶6，與“黍粟”舂成的米分爲糲、毇不同。

④䴬：**帶有麥核的麥屑。**整理者：《說文》：“䴬，麥核屑也，十斤爲三斗。”應依簡文校正。䴬是在麥麸中還雜有麪，漢代據其粗細有小䴬、大䴬的名稱，見《九章算術·粟米》，參看段玉裁《說文解字注》。裘錫圭（1980）：《說文》“䴬”字注解裏的“斤”字應改爲“斗”。

⑤叔、荅、麻十五斗爲一石：**即叔（菽）、荅、麻十五斗折合糲米一石。**陳偉（2016C：68）：據嶽麓書院藏秦簡《數》簡96（0987）“米一升爲叔（菽）、荅、麥一升半升”，可知“叔（菽）、荅、麻十五斗爲一石”的“一石”是指糲米一石（容量），即叔（菽）、荅、麻十五斗折合糲米一石。

⑥粺：**有二說：一、加工最精的米。**整理者：粺，《說文》：“毇也。”毇粺，加工最精的米。《鹽鐵論·國病》“匹庶粺飯肉食”，認爲是一種奢侈的行爲。張世超（2001）：睡虎地秦簡《傳食律》規定，供應傳食的是粺米和毇米，享用傳食的人是有爵位者，即官吏及其隨從。這條法律規定是對上層人物的格外優待。**二、“粺”當爲“糳”。**彭浩（2006B）據張家山漢簡《算數書·程禾》改“粺”爲“糳”。鄒大海（2009）：粺是與糳同一精度的米，保留“粺”字不失爲一種謹慎的處理方式。

關於圓點，**有二說：一、圓點後是表示解釋或補充説明的句子。**高大倫（1989）：相同文例也見於睡虎地秦簡《秦律十八種》簡137～138“·凡不能自衣者，公衣之”。**二、圓點後附加的文字是新公佈的法律，是對前面律條的補充。**佐佐木研太（2004）說。

【今譯】

稻禾重一石，出稻穀二十斗，舂成米十斗；十斗（米），舂成精細而白的米（毇粲）六又三分之二斗。十斗麥子，出三斗帶有麥核的麥屑（䴬）。大豆、小豆和麻十五斗爲一石。·領取加工最精的米（毇粺）的，以十斗爲一石。倉Q1_11_3_43

【釋文】

宦者、都官吏、都官人有事上爲將①，令縣貣（貸）之，輒移其稟縣②，稟縣

以減其稟。已稟者，移居縣責之[③]。倉Q1_11_3_44

【匯釋】

①宦者：**有二說：一、皇帝的侍臣**。徐世虹（2015）引閻步克（2003）認爲，本條中的宦者指"宦及智於王者"或"宦皇帝者"。"宦皇帝者"是皇帝的侍臣，並非指宦官。**二、閹人**。整理者：閹人，見於《秦始皇本紀》。《文選・宦者傳論》五臣注："周以爲閹人，今謂之宦者，官比郎中。"夏利亞（2019：110）從之。

有事上：**爲朝廷辦事**（整理者）。

將：**督送**（整理者）。徐世虹（2015）："爲將"之意尚存疑問，待考。

②移：**即移書，致送文書**（整理者）。

稟縣：**指原發放稟給的縣**（整理者）。

③居縣：**指現在到的縣**（整理者）。

【今譯】

皇帝的侍臣、都官（直屬朝廷的機構的官吏）、都官的一般人員爲朝廷辦事而進行督送，命令所到的縣墊發口糧後，應立即致送文書到原發放糧食的縣，原發放糧食的縣據此扣發他們應發放的糧食。已經在原發放糧食的縣領取過糧食的，發送文書給所到的縣責讓賠償。倉Q1_11_3_44

【釋文】

有事軍及下縣者[①]，齎食[②]，毋以傳貣（貸）縣[③]。倉Q1_11_3_45

【匯釋】

①下縣：**指郡的屬縣**。整理者：見《項羽本紀》。夏利亞（2019：111）：指一郡之中非郡守行政機構所在的屬縣。

②齎食：**有三說：一、攜帶口糧**（整理者）。齎，攜帶。《秦始皇本紀》："乃令入海者齎捕巨魚具。"**二、由公家派發口糧**。徐世虹（2015）：齎食，由公家派發口糧，而非出差者自行攜帶。**三、按資付費取食**。戴世君（2008D）："齎"通"資"。"齎食"即按資付費取食。張家山漢簡《二年律令・傳食律》："使非有事，及當釋駕新成也，毋得以傳食焉，而以平賈（價）責錢。"律中"以平賈（價）責錢"可以理解爲"食"之"資"。

③傳：**有二說：一、符傳，通行憑證**（整理者）。**二、通關憑證或驛傳**。朱湘蓉（2012：182）：秦簡中的文書傳遞多用行或傳，傳主要指通關憑證或驛傳。

【今譯】

到軍隊裏以及郡的屬縣從事公務的人，要攜帶公家派發的口糧，不可以憑藉通行憑證讓所到的縣墊發口糧。倉Q1_11_3_45

【釋文】

月食者已致稟而公使有傳食[①]，及告歸盡月不來者[②]，止其後朔食[③]，而以其來日致其食[④]；有秩吏不止[⑤]。倉Q1_11_3_46

【匯釋】

①月食者：**有二說：一、按月領取口糧的人**（整理者）。**二、被按月發給口糧和月俸的人**。安作璋、熊鐵基（1985：448）：按月發口糧和月俸。高敏（1981A：216）：秦代稟給對象幾乎包括所有官府奴隸、各類工匠、工隸臣、各種刑徒、現役軍人和大小官吏。閻步克（2000）：《傳食律》有"上造以下到官佐、史毋爵者，及卜史、司御、寺、府"，他們是官府職役承擔者，大抵沒有爵位，都由官府按月提供稟食。這種月食是與秩祿兩存並用的。

高恒（1994：43）：這條簡文是關於扣除月食者俸祿的規定。陳偉（2016C：70）：里耶秦簡中習見以月爲單位稟食的文書。如簡8－1345＋8－2245："稻一石一斗八升。卅一年五月乙卯，倉是、史感、稟人援出稟遷陵丞昌。·四月、五月食。"簡8－1239＋8－1334："徑廥粟米三石七斗少半升。·卅一年十二月甲申，倉妃、史感、稟人窯出稟冗作大女韱十月、十一月、十二月食。"

傳食：**由沿途驛站供給膳食**（整理者）。熊鐵基（1979A）：當是指公差行旅之人在路途中的飲食供應。陳偉（2016C：70）：里耶秦簡中數見爲出差者給食的文書。如簡5－1："元年七月庚子朔丁未，倉守陽敢言之：獄佐辨、平、士吏賀具獄，縣官食盡甲寅，謁告過所縣鄉以次續食。雨留不能投宿齎。來復傳。"

②告歸：**休假**（張再興，2012：415）。整理者：《後漢書·樊準傳》注："謂休假歸也。"夏利亞（2019：111）：請假回家。

盡月：**月底**（張再興，2012：50）。

③後朔：**有二說：下個月初一日**（整理者）。朔：**初一**。整理者：推測月食者在每月初一日領取口糧。所以後朔食應指次月口糧。張再興（2012：619）：下月初一。**二、後月**。朔：**義同"月"**。于豪亮（1985：135）："朔"字本義爲月朔之朔，即每月的初一，因而引申爲"月"字之義，故"月"字與"朔"字常以義同而相轉注。"止其後朔食"即"止其後月食"。

④致：**委，給予**。夏利亞（2019：111）說。

⑤有秩吏不止：**有俸祿的官吏不停發口糧**。陳偉（2016C：70）：因公出差的有秩吏，即使領取過口糧，也還可以享受"傳食"。

【今譯】

按月領取口糧的人，已經發過口糧而因公出差的，由沿途驛站供給膳食，以及休假而到月底仍未歸來的官吏，應停止發放他下個月的口糧，而從他歸來之日起給他發放糧食；有俸祿的官吏不停發口糧。倉Q1_11_3_46

【釋文】

駕傳馬①，一食禾②，其顧來有（又）一食禾③，皆八馬共④。其數駕⑤，毋過日一食。駕縣馬勞⑥，有（又）益壺〈壹〉禾之⑦。倉律Q1_11_3_47

【匯釋】

①傳馬：**驛傳所用的馬**。朱湘蓉（2012：97，179，182）：秦簡中的文書傳遞多用行或傳，傳主要指通關憑證或驛傳。在秦漢時期用傳馬急送文書是一種極其昂貴的方式，在行馬政之後的武帝時代，傳馬也衹能重點補充邊郡和中央直轄地。整理者：驛傳駕車用的馬。駕傳馬，意思是使這種馬在規定路綫上奔走一趟。熊鐵基（1979A）：傳馬當即驛馬。《漢書·昭帝紀》"傳馬"注引張晏曰："驛馬也。"又叫"乘馬"，《法律答問》："以乘馬駕私車而乘之，毋論。"陳偉（2016C：71）：乘馬、傳馬二事。所駕之馬爲乘馬。陳偉（2011B：372）認爲，簡文中的"傳""置"或與"駕""乘"連言，或與"馬""車"連言，都是指某種交通工具。傳馬，驛站所用的馬。

②一食禾：**有二說：一、餵飼一次糧食**。禾：**未脫粒的糧食**。陳偉主編（2016C：71）：張家山漢簡《二年律令》簡425"傳馬、使馬、都廄馬日匹叔（菽）一斗半斗"，傳馬的飼料在芻稾之外，還有糧食。整理者：餵飼一次糧食。熊鐵基（1979A）："禾"即精飼料，《傳食律》中另有"芻、稾各半石"的飼料供應規定。**二、餵飼一次禾稈**。禾：**指禾稈**。魏德勝（2003：233）："禾"指禾稈，不是糧食。《儀禮·聘禮》："積唯芻禾，介皆有餼。"鄭玄注："禾以秣馬。"

③顧來：**返回**（整理者）。

④共：**動詞，這裏指共同餵飼**。

⑤其數駕：**有二說：一、連續多日駕車出行**。張再興（2012：933）：馬駕車一天爲一駕。魏德勝（2003：233）：指連續多日駕車出行。《荀子·勸學》："駑馬十駕，功在不捨。"劉臺拱補注："一日所行爲一駕，十駕，十日之程也。"**二、連駕數次**。整理者語譯作"連駕數次"。陳偉（2016C：71）：簡文接著說"毋過日一食"，整理者語譯當是。

⑥縣：**通"遠"，路遠**。縣，上古音爲匣紐元部；遠，上古音爲匣紐元部，縣和遠上古音相近，古音通假。張再興（2012：509）：形容詞，遠。整理者：《淮南子·主術訓》注："遠也。"

⑦壺：**有二說：一、"壹"的誤字**。整理者說。**二、因外形相似而借用爲"壹"字**。郭子直（1986）：結合詛楚文三石（巫咸、大沈、亞駝）以及詔版幾處的"壺"，都解釋爲"壹"的錯字就難以講通。"壺""壹"兩字，在音、義上並無聯繫，衹取外形相似從而借用，此後未見通行。

【今譯】

每次駕馭驛傳所用的馬，就餵飼一次糧食，傳馬返回再餵飼一次糧食，都要八匹馬共同餵飼。如果連續多日駕車出行，每天餵飼不要超過一次。如果駕車路遠馬匹勞累，再增加餵飼一次糧食。倉律Q1_11_3_47

【釋文】

妾未使而衣食公[①]，百姓有欲叚（假）者[②]，叚（假）之，令就衣食焉，吏輒柀事之[②]。倉律Q1_11_3_48

【匯釋】

①妾：**有二説：一、可能是隸妾**。整理者：居延漢簡中未成年男女多標明使或未使。未使的最高年齡是六歲，如“子未使女解事年六”“子未使女足年六”；使的最低年齡是七歲，如“子使男望年七”。楊劍虹（1983）：妾是暫時還沒有勞作任務的隸妾，不能認爲是不生產的剩餘奴隸。陳偉（2016C：71）：《倉律》簡52“小妾……未能作者，月禾一石”，《金布律》簡95“隸臣妾之老及小不能自衣者，如舂衣”，據此可以判斷，“妾未使”指未成年的隸妾。**二、官奴婢**。陳玉璟（1982）：“妾”屬官奴婢。施偉青（1984）：“妾未使”當釋爲沒有被役使的官奴隸。這種“妾”，實際上是閑置的官奴隸，在她們沒有被官府驅使的時候，可以“假之”“百姓”。栗勁（1984）從之。夏利亞（2019：113）：施氏説法甚當，此處的妾當爲閑置的官奴隸。

未使：**有二説：一、沒有被役使**。施偉青（1984）：沒有被役使。楊劍虹（1983）：暫時還沒有勞作任務。夏利亞（2019：113）：未使，當爲沒有被役使。**二、未成年，沒到年齡**。整理者：使，役使，七歲以上兒童可以受使做一定的工作。未使，其不滿年齡七歲。陳偉（2016C：71）：未成年。

②百姓：**屬於富有的剝削階級成員**。高敏（1981A：332）：這裏的百姓，既像奴隸主，也像地主。

③柀：**有四説：一、讀爲“罷”，停止**。整理者：“柀”讀爲“罷”，柀事即停止役使。夏利亞（2019：114）：柀事即停止役使。**二、讀爲“辟”，止**。陳偉（2013A）：“柀”除了讀爲“罷”之外，也有可能讀爲“辟”。《禮記·郊特牲》：“祭有祈焉，有報焉，有由辟焉。”鄭玄注：“辟讀爲弭，謂弭災兵、遠罪疾也。”《急就篇》卷一“高辟兵”顔師古注：“辟兵，言能弭止兵戎也。”簡文“柀”讀爲“辟”，訓爲“止”，亦通。**三、讀爲“頗”，或多或少**。單育辰（2007）：“柀”應讀作“頗”。“吏輒柀事之”應理解爲“官吏則或多或少地役使他”。**四、讀如字，一部分**。吉仕梅（2004：165，181）：“柀”是由“離析”“破裂”的動詞義引申而來，可譯爲“一部分”。表範圍的副詞“柀”是睡虎地秦簡中新産生的副詞。

事：**有二説：一、指發放衣食**（陳偉，2013A）。**二、役使**。整理者：《傅靳蒯成列傳·索隱》引劉氏云：“役使也。”本條的意思大概是説，百姓可以向官府借用女奴，女奴長大後，官府祇在一定情況下加以役使。

【今譯】

隸妾沒有被役使而從官府領取衣服糧食，百姓有想要借用的，可以借給他們，命令隸妾到借用的人那裏領取衣食，官吏應立即停止發放衣服糧食。倉律Q1_11_3_48

【釋文】

隸臣妾其從事公①，隸臣月禾二石②，隸妾一石半③；其不從事，勿稟④。小城旦、隸臣作者⑤，月禾一石半石⑥；未能作者，月禾一石。小Q1_11_3_49妾、舂作者⑦，月禾一石二斗半斗；未能作者，月禾一石。嬰兒之毋（無）母者各半石⑧；雖有母而與其母冗居公者⑨，亦稟之禾，Q1_11_3_50月半石。隸臣田者，以二月月稟二石半石，到九月盡而止其半石。舂⑩，月一石半石。隸臣、城旦高不盈六尺五寸，隸妾、舂高不盈Q1_11_3_51六尺二寸⑪，皆爲小；高五尺二寸⑫，皆作之。倉Q1_11_3_52

【匯釋】

①隸臣妾：**有五說：一、官奴隸。**林甘泉（1976）認爲是官奴隸，是秦朝殘餘奴隸制的反映。高敏（1981A：56，67，68）：隸臣妾是秦代官府奴隸的總稱。秦的奴隸在社會地位上既不同於奴隸社會的奴隸，也不同於秦的刑徒，本質上是一種賤民身份。蘇誠鑑（1982）：隸臣妾不是刑徒，而是官奴隸，其身份是終身的，但非世襲，可按規定贖免。吳榮曾（1981A）：秦律中的刑徒名稱有城旦、隸臣、鬼薪，而官奴隸也稱爲隸臣、隸妾，兩者有時是不易分清的。律文中的“隸臣”當爲官奴無疑。**二、刑徒。**林劍鳴（1980A）：隸臣妾並不是官奴隸，也不相當於奴婢，是一種被刑較輕的刑徒。錢大群（1983）：隸臣妾是因犯罪而被判爲奴隸的，同時還有三年期限的徒刑。作爲刑徒並有終身奴隸身份的“隸臣妾”，是重於“候”和“司寇”的一個刑罰等級。又錢大群（1985）：要恢復庶民身份衹有按規定贖免。籾山明（1983）：隸臣妾是身份刑，或者名譽刑，即因犯罪而把身份從一般庶人下降一級，或者說排除在一般庶人的秩序之外。隸臣妾是這種刑罰所產生的刑徒身份。黄展嶽（1980A）：刑徒是本人犯罪被判處服勞役的犯人。因勞作、服役期限不同分爲城旦舂、鬼薪白粲、司寇等。堀毅（1988：175）：隸臣妾是刑徒，從“斬右趾城旦舂”以下到“耐爲候”，都處在一個完整的刑罰體系之下。隸臣妾是完城旦舂減一等的刑。李學勤（2003）：里耶秦簡中的“徒隸”就是隸臣妾、城旦舂和鬼薪白粲，從漢代觀念看都是刑徒。徐世虹（1999）：秦朝的徒刑是無期的，但並不是絕對的終身刑，到一定時期會有赦免，就成爲實際上的不定期刑。隸臣妾是國家的刑徒，而非奴隸。**三、既是刑徒又是官奴隸。**吳樹平（1981）：“隸臣”“隸妾”和“小隸臣”“小隸妾”是指成年或未成年的犯有輕罪的刑徒，也就是奴隸。就刑徒的經濟地位而言，是不折不扣的奴隸，不妨把這種奴隸定名爲刑徒奴隸。陳連慶（1988）：秦漢是奴隸社會，刑徒就是奴隸。高恒（1977）：隸臣妾是官奴婢，也是一種刑徒名稱。秦時的刑徒是沒有服刑期限的終身服刑。其來源是本人犯罪、因親屬犯罪籍

沒的人或投降的敵人。隸臣妾可以用作賞賜、借用、出賣。又高恒（1983）：因犯罪定爲隸臣妾的，分爲“耐隸臣”“黥顔頯爲隸妾”等。曹旅寧（2002：84）：隸臣妾指失去人身自由、被逐出社會、被剝奪公民權的賤民，可用官私奴婢這一名詞替代。刑徒也應是一種官奴婢。李力（1984）：隸臣妾是刑徒名稱，也是官奴隸名稱。因本人犯罪而成爲“隸臣妾”者是刑徒，由於其他原因而成爲“隸臣妾”者則是官奴隸。又李力（1985）推測其刑期是四歲。曹旅寧（2008）：里耶秦簡的記載證明，徒隸既是刑徒，也是終身服勞役的官奴隸。徐鴻修（1984）：秦代凡是罪等在耐以上而又被罰作“隸臣妾”“城旦舂”的人，都是罪犯奴隸。于豪亮（1981B）：在秦代，一旦成爲罪犯，同時也就成爲官奴隸，終身服勞役。罪犯、罪犯的家屬、俘虜都是官奴隸。司寇、鬼薪白粲、城旦舂衹表示按罪行輕重而判處服勞役的勞動強度的大小，絕沒有工種的含義。栗勁（1985：460）：隸臣妾就其基本屬性來說是刑徒，但仍然保留某些官奴婢的殘餘屬性，集中表現爲終身服刑和子孫接替。這就具有身份刑的性質。孫仲奎（1988）：“隸臣妾”的身份以定爲終身服役的罪犯奴隸爲宜。**四、包括刑徒“隸臣妾”和官奴隸“隸臣妾”**。施偉青（1984）：“隸臣妾”包含刑徒“隸臣妾”與官奴隸“隸臣妾”。刑徒“隸臣妾”必須服事繁重的勞役，有一定的刑期，刑滿後可免爲自由民，官奴隸“隸臣妾”服事各種雜役和供驅使，必須世代爲奴，這是兩者的不同點。但是兩者都擁有私有經濟，不能被任意屠殺，這是他們的共同點。楊劍虹（1983）：隸臣妾是有刑期的。隸臣妾應該區分爲刑徒中的隸臣妾和國有奴隸。衹要把刑徒之一的隸臣妾區别出來，國家隸臣妾的奴隸身份是顯而易見的。劉海年（1985A）：秦的隸臣妾既包括官奴隸，也包括一部分刑徒。作爲官奴隸的隸臣妾，其奴隸身份是終身的，衹有經贖免才能成爲庶民。又劉海年（1986A）：據《漢書·刑法志》“隸臣妾滿二歲爲司寇，司寇一歲及作如司寇二歲，皆免爲庶人”，作爲刑徒的隸臣妾的刑期爲二歲至三歲。陳玉璟（1982）：《秦律》“隸臣妾”的身份包括兩種不同性質的人：刑徒和奴隸。秦統一以後，宮私奴隸統稱爲“人奴”“臣奴”，“隸臣妾”便成爲刑徒專名的一種。“漢承秦制”，“隸臣妾”在西漢爲一歲至二歲刑。**五、既不是刑徒也不是官奴隸**。張傳漢（1985）：隸臣妾的身份高於刑徒和官奴隸。高敏（1981A：92－94，98）：隸臣妾與刑徒在來源、服刑方式與類别等方面都有不同。隸臣妾是終身服刑，刑徒則是有刑期的。李學勤（1994：127）：竹簡秦漢律中的隸臣妾，其性質居於《周禮》所述隸、奚之類與文獻中漢制二歲刑的隸臣妾之間，這是《周禮》應早於秦漢律的又一證據。

其：**如果**（整理者）。吉仕梅（2004：209）：“其”用在假設分句的前一分句，表假設。“其”前可能有主語，也可能沒有。

從事公：**爲官府服役**（整理者）。于豪亮（1985：144）：偏重於指體力勞動。張傳漢（1985）：秦律明確規定，隸臣妾衹有“從事公”，才發給口糧，這正是隸臣妾在經濟地位上不同於刑徒和官奴隸的具體表現。

②隸臣月禾二石：**隸臣每月發給糧食二石**。黄展嶽（1980B）：隸臣稟原糧二石，舂爲糲米，按每月三十天計，每天食黍米四升，合 0.7 公斤。陳偉（2016C：

75)：里耶秦簡 8－2247“粟米三石七斗少半斗”“以稟隸臣周十月、六月廿六日食”，相當於月禾二石。

③隸妾一石半：**隸妾每月發給糧食一石半**。陳偉（2016C：75)：里耶秦簡 8－762、8－763、8－766 等簡記“粟米一石二斗半斗”，分别出稟大隸妾援、弁、始等人，少於“隸妾一石半”，而與“小妾、舂作者，月禾一石二斗半斗”相當。

④其不從事，勿稟：**如果不服役，則不要發給糧食**。林劍鳴（1980A)：法律允許隸臣妾自己謀生，推斷其佔有生産資料和一定的私有財産。

⑤城旦：**有二説：一、男性刑徒名**。整理者：刑徒名，男爲城旦，女爲舂，參看《漢舊儀》：“城旦者，治城也；女爲舂，舂者，治米也，皆作五歲。完，四歲。”《漢書·惠帝紀》注引應劭云：“城旦者，旦起行治城；舂者，婦人不豫外徭，但舂作米，皆四歲刑也。”馬怡（1995)：城旦舂是秦人中的賤民，身份是男女刑徒。徐世虹（1999)：城旦是最重的徒刑，一般多附加肉刑，如黥城旦、劓黥城旦、髡爲城旦等。不加肉刑的爲“完城旦”。韓樹峰（2007)：城旦舂與鬼薪白粲、隸臣妾都不是獨立刑，要與肉刑、耐刑搭配。魏德勝（2003：149)：城旦，刑徒名。**二、刑罰名，也是一種刑徒名**。夏利亞（2019：114)：具體何義，要看語境。

關於刑期，**有七説：一、六年刑期**。吳榮曾（1977)：秦律中的城旦舂，似爲六年刑。高敏（1981A：97)：《法律答問》簡 109、112、118 當講到犯人再次犯有誣告罪而加重刑罰時，都是在原判的基礎上，加上“又繫城旦六歲”，從側面反映出秦的“城旦”刑徒的刑期應爲六歲。**二、五歲至六歲刑期**。劉海年（1981)：城旦舂的刑期可能是五歲至六歲。**三、秦和漢初的刑城旦係五歲刑，完城旦爲四歲刑**。黄展嶽（1980A）説。**四、没有固定的刑期**。黄展嶽（2009)：城旦舂、鬼薪白粲勞技表現良好，或用金贖，可遞次減刑，免爲庶人，逢大赦，或免老，也可免除刑徒身份。他們可能没有固定的刑期，也没有刑滿釋放的規定。**五、終身服役**。高恒（1983)：城旦舂是終身服役的刑徒，按施加的不同身體刑分爲“斬左趾、黥以爲城旦”“斬左趾爲城旦”“黥劓爲城旦”“黥城旦”“完城旦”等。**六、苦役是有期限的，罪隸的身份是終身的**。錢大群（1983)：城旦徒刑的苦役是有期限的，但罪隸的身份是終身的。鬼薪、城旦等的終身罪隸身份無贖取的規定。**七、完城旦、舂的刑期是三十多年**。堀毅（1988：169)：以“貲盾相當於五千錢”爲基數推算，完城旦、舂的贖錢額是八萬錢，每天服役得八錢，其刑期是三十多年。

小城旦、隸臣：**有五説：一、小城旦、小隸臣，未成年的刑徒**。栗勁（1984)：“小城旦、隸臣”當爲“小城旦、小隸臣”的略語。陳玉璟（1982)：“小隸臣”與“小城旦”是未成年的刑徒。“小城旦”與“城旦”不是父子關係；“小隸臣”也不是繼承“隸臣”父系血統的奴隸。**二、小城旦或隸臣**。整理者説。**三、城旦和隸臣妾之子**。張金光（1985)：小城旦唯一的可能就是來源於城旦子。《倉律》言小隸臣妾每年定期傅爲大隸臣妾，估計小城旦也與此相同。**四、包括被籍没的人和隸臣妾的子女**。黄展嶽（1980A)：小隸臣妾，除了因父母犯罪被籍没以外，有一部分應是隸臣妾的子女。《陳涉世家》“人奴産子生”，《集解》引服虔曰：“家人之産奴也。”

《索隱》引顏師古云："猶今言家產奴也。"說明"奴產子"確是奴隸，與出土秦律正合。**五、"小城旦、隸臣作者"係"小隸臣城旦作者"之誤書，意爲小隸臣做築城工作**。張昌倬（1985）說。

作：**有三說：一、勞作**。整理者：如《漢書·司馬相如傳》："發巴蜀廣漢卒，作者數萬人，治道二歲。"**二、未夠一定身高之人的勞役**。堀毅（1988：171）：與把成年的勞役叫"從事"相反，法律上把未夠一定身高的人的勞役叫"作"，在供給糧食等時候有差別。**三、工作**。張昌倬（1985）說。

⑥月禾一石半石：**每月發給糧食一石半**。陳偉（2016C：76）：里耶秦簡 8－212＋8－426＋8－1632、8－216＋8－351 均記出粟米"以食舂、小城旦"，"日四升六分升一"。少於小城旦"作者月禾一石半石"，而與"月禾一石二斗半斗"相當。

⑦小妾：**有二說：一、小隸妾**。整理者說。**二、不同於小隸妾，小妾是國家財產**。栗勁（1984）說。

小妾、舂作者：**有二說：一、小妾、小舂勞作的**。栗勁（1984）：作爲國家財產的小妾同作爲國家罪犯接替者的小隸妾，是本質上不同的兩種社會身份。"小妾、舂"是"小妾、小舂"的略語。**二、"小妾舂作者"連讀，意爲小隸妾做舂米工作**。張昌倬（1985）說。

⑧嬰兒：**包括籍沒者和奴產子**。高敏（1981A：59）：簡文的"嬰兒"與"小隸臣妾"除了來自籍沒者外，也一定包括"奴產子"在內。陳偉（2016C：76）：里耶秦簡 8－1540"粟米五斗"，"出稟隸妾嬰兒揄"。

⑨冗：**零散**。整理者說。

居：**有四說：一、居作，罰服勞役**。整理者：居即居作，罰服勞役，《周禮·掌戮》注引鄭眾對"完"的解釋說："謂但居作三年，不虧體者也。"**二、一種抵償勞役**。張銘新（1981）："居"大致適用於這樣兩種情況：一種是"有罪以貲贖……其弗能入……以令日居之"，即犯罪之後欲納財取贖而又無力按時如數繳納的，可以用服"居"的勞役來折抵，謂之"居贖"（《司空律》）。另一種是"有責於公……其弗能入及賞，以令日居之"（《司空律》），即欠負官府債務又無力償還的，需服"居"的勞役抵償。"居"不是刑種，衹是一種抵償勞役，它與"居作"是完全不同的概念，不能混爲一談。**三、有償勞役**。張金光（1988A）：居者不是刑徒。居是有償勞役，與刑徒的無償勞役不同。**四、被拘居住於官府**。黃盛璋（1979：1－21）說。

冗居：**有四說：一、服雜役**。張銘新（1981）：指奴隸的未成年子女償付"禾月半石"的口糧的價值，而"冗居公"，即給官府服雜役。**二、冗作和居作，指規定徭役之外的勞役**。孫言誠（1985）：冗作是指規定徭役之外的勞役。役非定規爲冗作。冗居公，指爲公家冗作和居作。**三、不服勞役而在官署**。廣瀨薰雄（2005B）："冗"意味著沒有固定的服役義務。"居"是服勞役之意。"冗居"就是不服甚麼勞役而在官署的意思。又廣瀨薰雄（2005A）："冗作"可能與"冗居"的意思大致相同。**四、暫時沒有勞役**。高敏（1981A：56）：暫時沒有勞役的叫"冗隸妾”或“冗居公者”。

⑩舂：**應是“隸妾舂作者”之省文**（張昌倬，1985）。

⑪六尺五寸、六尺二寸：**注意有以下六點：一、前者約今1.5米，後者約今1.4米**。整理者：秦一尺約今0.23米，六尺五寸約今1.5米。下文六尺二寸約今1.4米，五尺二寸約今1.2米。**二、“隸臣妾”的傅籍標準是法定身高制，隸臣是六尺五寸，隸妾是六尺二寸**、陳明光（1987）：秦制用以區分成年與否的標準，是身高制與年齡制並行使用的。至於傅籍的標準，秦制對不同的對象使用不同的標準，具體而言，“隸臣妾”的傅籍標準是法定身高制，即隸臣以六尺五寸、隸妾以六尺二寸爲傅籍的法定身高；公民傅籍標準採用法定年齡制，法定年齡爲十七歲。高恒（1980B）：小隸臣傅爲大隸臣妾的身高，男“六尺五寸”，女“六尺二寸”。結合《封診式·封守》爰書“小男子某”的身體高度，秦民傅籍的法定身高很可能是“六尺五寸”。唐賈公彥說，周秦間“七尺，謂年二十；六尺，謂年十五”。按如此比例折算，身高“六尺五寸”，應爲十七八歲的成童。**三、前231年前以身高六尺五寸爲服役的標準**。栗勁（1985：389）：據《秦始皇本紀》記載：“十六年（前231年）初令男子書年。”此後秦才登記男子的年齡。此前以身高六尺五寸爲服役的標準。**四、六尺五寸云云衹與隸臣妾、城旦舂的口糧相聯**。張全民（1998）：六尺五寸云云衹與隸臣妾、城旦舂的口糧相聯，而與責任年齡無關。秦政府爲了推遲給他們增加口糧的時間，儘可能多地剝奪其勞動成果，就故意提高身高的標準，使他們晚些成年。**五、庶民男子身高在六尺五寸尚爲“小”**。張金光（1983A）：《封診式·封守》云：“子小男子某，高六尺五寸。”可見，庶民男子身高在六尺五寸尚爲“小”。由《法律答問·甲盜牛》知，庶民男子其身高在六尺七寸則已入成人行列。可見，庶民男子成年的最低尺寸標準是六尺六寸，至遲不得超過六尺七寸。**六、秦人男性平民的成年標準或許高於隸臣**。馬怡（1995）：對照《封診式》簡10“子小男子某，高六尺五寸”，這似乎標明，秦人男性平民的成年標準或許高於隸臣。

⑫五尺二寸：**有以下四點：一、約今1.2米**（整理者）。**二、凡高過五尺二寸的小隸臣妾，應服城旦舂的勞役**。張昌倬（1985）：“隸臣、城旦”及下句的“隸妾、舂”應作“隸臣城旦”“隸妾舂”。在隸臣和隸妾後面加上“城旦”和“舂”，是因爲“高五尺二寸，皆作之”，凡高過五尺二寸的小隸臣妾，全可服城旦舂的勞役。**三、身高六尺以下的小隸臣、妾中的大部分可能是因親屬犯罪被收的人**。高恒（1977）：《法律答問》云：“隸臣將城旦，亡之，完爲城旦，收其外妻、子。子小未可別，令從母爲收。”秦簡中未見律文直接說明被收的人稱爲隸臣、妾，但在《倉律》《金布律》《工人程》中有小隸臣妾。秦律規定，身高六尺以下的兒童犯法，不負法律責任。推測身高六尺以下的小隸臣、妾中的大部分可能是因親屬犯罪被收的人。**四、身高不滿六尺的隸臣妾、城旦舂是否因家長犯罪受株連而定，這尚需研究**。劉海年（1983B）：這些身高不滿六尺，甚至衹有五尺二寸左右的隸臣妾、城旦舂，如果是以其犯罪行爲判決而定，顯然與秦律規定的犯罪責任年齡有矛盾；要說是因家長犯罪受株連而定，史料中也缺乏論據，其來源尚需研究。

【今譯】

隸臣、隸妾如果爲官府服役，隸臣每月發給糧食二石，隸妾每月發給糧食一石半；如果不服役，則不要發給糧食。小城旦、小隸臣勞作的，每月發給糧食一石半；不能勞作的，每月發給糧食一石。小隸Q1_11_3_49妾、小舂勞作的，每月發給糧食一石二斗半；不能勞作的，每月發給糧食一石。嬰兒沒有母親的（包括籍沒者和奴產者）每月發給糧食半石；雖然有母親但是跟他的母親在官府服雜役的，也發給他糧食，Q1_11_3_50每月半石。隸臣從事農業勞作的，從二月開始每月發給糧食二石半，到九月底停止發給其中的半石（衹發二石）。舂，每月發給糧食一石半。隸臣、城旦的身高不足六尺五寸（约今 1.5 米），隸妾、舂的身高不足Q1_11_3_51六尺二寸（约今 1.4 米），都算是“小”；身高五尺二寸（約今 1.2 米）以上，都要讓他们勞作。倉Q1_11_3_52

【釋文】

小隸臣妾以八月傅爲大隸臣妾[①]，以十月益食。倉Q1_11_3_53

【匯釋】

①傅：**登名於籍冊以備役**。朱湘蓉（2012：78，86）：一般男子成年後，都要登名於籍冊以備兵役和勞役，這反映了秦對人口的嚴密控制。堀毅（1988：216）：應理解爲在一般情況下普通人也可適用這一規定。張金光（2004：825）：刑徒不但有籍，而且同於庶民，亦有案比傅籍之制。陳偉（2016C：78－79）：本簡所言隸臣妾的“傅”及名籍，或由倉掌管，與名籍不屬於同一管理系統。

大：**成年**。整理者：《管子·海王》和居延漢簡均稱成年男女爲大男、大女。張金光（1983A）：大隸臣妾的標準見《倉律》簡 51～52。

【今譯】

小隸臣、小隸妾（成年），在八月登名於籍冊，成爲大隸臣、大隸妾，從十月開始增加口糧。倉Q1_11_3_53

【釋文】

更隸妾節（即）有急事[①]，總冗[②]，以律稟食；不急勿總。倉Q1_11_3_54

【匯釋】

①更：**輪番更代**。整理者說。

更隸妾：**輪番服役的隸妾**。整理者：更隸妾，當爲以部分時間爲官府服役的隸妾。高敏（1981A：56）認爲此處“更隸妾”是輪番服役的隸妾。依據《廄苑律》“皂者除一更”的規定、《法律答問》“宮隸有刑”是謂“宮更人”及《漢書·食貨志》所說秦時有服役者“月爲更卒”和不服役者叫“不更”等規定得出。蘇誠鑑

(1982)：“更隸妾”是輪值更代在官府服役的“隸妾”，非全部時間爲官府役使，並非監居。王占通、栗勁（1984）：隸臣妾雖然是終身服刑，但每年僅用一定時間“從事公”，“更隸妾”很可能用每年四分之一的時間“從事公”。廣瀨薰雄（2005B）：“冗”是與“更”相對的用語，意味著沒有固定的服役義務。最明顯的例子是《秦律十八種·工人程》的“冗隸妾”“更隸妾”。宮宅潔（2016：32）：“更”因輪流而意爲“倒班（制）”，與此相對的“冗”則是不能納入此種輪流範疇的勤務方式。楊振紅（2008：87）：指輪番更代去官府服役的隸妾。楊廣成、李軍（2011）：“更隸妾”是“隸妾”的一種，本質上屬於官府所有，不存在人身自由。其特殊身份在於其可以由官府借給百姓役使，勞動力歸官府和百姓共同持有。徐世虹（2015）：更隸妾是輪流到官府從事一定時間的短期勞動，其勞動價值與“冗隸妾”相比較低。參看《工人程》簡109。

節：**通“即”，連詞，如果。**

②總冗：**有五說：一、把每一個更隸妾的冗作期集中起來使用。**總：**聚合、集中。**冗：**勞役、冗作。**孫言誠（1985）：譬如原來一年服役一月，現在有急事就連服幾月，頂若干年的服役期。正因爲役期集中，時間長了，所以才“以律稟食”。夏利亞（2019：116）：把零散的聚集到一起。**二、在一定時間內匯集到官府居作。**楊振紅（2008）說。**三、調發正在從事家庭生產的更隸妾。**張傳漢（1985）：“冗”指在家從事生產。官府如有緊急差役，可以調發正在從事家庭生產的更隸妾。**四、集合。**整理者：把零散的聚集到一起，即集合。**五、將零散的更隸妾聚集到一起，或指調集冗隸妾以加強力量。**徐世虹（2015）認爲，“更隸妾節有急事”似有兩種情況：一是更隸妾在未輪值服役期間遇到緊急差役，則“總冗”是指將零散的更隸妾聚集到一起；二是更隸妾在輪值服役期間遇到緊急差役，則“總冗”指調集冗隸妾以加強力量。

【今譯】

輪番服役的隸妾如果有緊急差役，則其冗作期集中起來使用，按照法律規定發放口糧；沒有緊急差役則不需要集中。倉Q1_11_3_54

【釋文】

城旦之垣及它事而勞與垣等者①，旦半夕參②；其守署及爲它事者③，參食之④。其病者，稱議食之，令吏主。城旦Q1_11_3_55舂、舂司寇、白粲操土攻（功）⑤，參食之⑥；不操土攻（功），以律食之⑦。倉Q1_11_3_56

【匯釋】

①垣：**用爲動詞，築墻**（整理者）。垣的本義是墻，名詞。

它事：**用爲動詞，意思是爲它事。**

②旦半夕參：**早飯半斗、晚飯三分之一斗。**整理者：半，量制單位，《項羽本

紀》集解引徐廣云："五升器也。"參，量制單位，見《墨子·備穴》等篇及《急就篇》，三分之一斗。古時兩餐，旦半夕參即早飯半斗、晚飯三分之一斗。黄展嶽(1980B)：城旦、隸臣築墻和進行其他強度相當的勞作，其口糧的稟給是"旦半夕參"，與勞動強度最大的"隸臣田者""月稟二石半石"正合；城旦、隸臣"守署及爲它事"的口糧稟給是"參食"，也正好與"隸臣其從事公，月禾二石"相符合。由此證明，按日、按餐稟給刑徒和隸臣妾的口糧也是指原糧。李學勤（1981A）：睡虎地秦簡糧食制同於《墨子·雜守》："斗食，食五升。參食，食參升小半。四食，食二升半。五食，食二升。六食，食一升大半。日再食。"

③署：**有二說：一、署所。**徐世虹（2015）：守署可理解爲"在被派遣地從事固定的勞役"。即"守署"者依舊在原派遣地點工作，而服築墻勞役者須離開原處所前往工作地點。相比於築墻，"守署"屬相對輕鬆的工作，因此規定早晚供給三分之一斗口糧。**二、崗位。**整理者：《秦始皇本紀》集解引如淳云："律說'論決爲髡鉗，輸邊築長城，晝日伺寇虜，夜暮筑長城'。城旦，四歲刑。"本條垣即築城，守署即伺寇虜。

④參食：**有二說：一、早晚兩餐各三分之一斗。**整理者：《墨子·雜守》："參食，食參升小半。"**二、每日三餐。**張家山二四七號漢墓竹簡整理小組（2001：165）說。

于振波（2007）：睡虎地秦簡原注不誤。陳偉（2013B）：《二年律令》是說，車大夫一餐用半斗稗米（精米），從者一餐用三分之一斗糲米（糙米）。二者既有優劣之分，又有多少之別。睡虎地秦簡整理小組的注釋正確可靠，張家山漢簡整理小組斷讀未確，遂費其解。

⑤舂司寇：**有四說：一、可能也是由舂減刑的一種刑徒。**整理者：據下文《司空律》簡146，城旦可減刑爲城旦司寇，此處舂司寇可能也是由舂減刑的一種刑徒。城旦司寇、舂司寇均不見於古籍。**二、城旦舂的監管者。**徐世虹（2015）認爲此處不應作減刑理解。這裏的"司寇"未必是徒刑等級意義上的刑徒及其所服勞役，"城旦司寇"衹是指城旦舂的監管者而已，舂司寇的理解同此。**三、與"城旦司寇"相應的女刑徒。**劉海年（1981）：秦的"舂司寇"就是與"城旦司寇"相應的女刑徒，類似漢代的"作如司寇"。**四、參加舂米勞役的女司寇。**曹旅寧（2002：275–276）："舂司寇"是女司寇參加舂米勞役。監領城旦服刑役的司寇稱"城旦司寇"。

白粲：**有三說：一、女性刑徒名。**整理者：男爲鬼薪，女爲白粲，參看《漢舊儀》："鬼薪者，男當爲祠祀鬼神伐山之薪蒸也；女爲白粲者，以爲祠祀擇米也，皆作三歲。"《漢書·惠帝紀》注引應劭云："取薪給宗廟爲鬼薪，坐擇米使正白爲白粲，皆三歲刑也。"堀毅（1988：174）：在通常情況下，鬼薪白粲適用於上造以上爵級的犯罪者，公士以下者相當於城旦的重罪也可適用。高恒（2008：87）：爲祠祀鬼神擇米的女刑徒。**二、刑罰名。**《漢語大詞典》說。**三、刑罰名，也是一種刑徒名。**夏利亞（2019：117）：具體何義，要看語境。

關於白粲的刑期，**有三說：一、可能是四歲。**劉海年（1981）：秦代鬼薪白粲的刑期可能是四歲。**二、可能是五歲。**李力（1985）推測秦代鬼薪白粲的刑期是五歲。**三、可能是終身。**高恒（1983）：鬼薪白粲是終身服役的刑徒，也以不同的身體刑分爲數等，如“耐爲鬼薪”“鬼薪鋈足”等。

⑥參食之：**讓他們吃三分之一斗的口糧。**于振波（2007）：如果把“參食”理解爲每餐三分之一斗，每日兩餐，則每月廩食爲2石。舂、隸妾等女性刑徒的正常廩食標準每月1.5石。這裏的女性刑徒所從事的是重體力勞役，故每月比正常廩食標準多0.5石。

⑦不操土攻，以律食之：張建國（1998）：這說明不是律的規定。

【今譯】

城旦從事築墻和其他勞作而勞動強度與築墻相當的，早飯半斗、晚飯三分之一斗；在被派遣地從事固定劳役和進行其他勞作的，（早晚兩餐都）讓他們吃三分之一斗的口糧。生病的人，酌情給他們口糧吃，命令官吏來主管。城旦Q1_11_3_55舂、舂司寇、白粲從事土木工作的，也讓他們吃三分之一斗的口糧；不從事土木工作的，按法律規定給他們口糧吃。倉Q1_11_3_56

【釋文】

日食城旦①，盡月而以其餘益爲後九月稟所②。城旦爲安事而益其食③，以犯令律論吏主者④。減舂城旦Q1_11_3_57月不盈之稟⑤。倉Q1_11_3_58

【匯釋】

①日食城旦：**按天發給城旦口糧**（整理者）。于豪亮（1982B）：隸臣妾衹要爲官府服役就按月發給口糧，而城旦的口糧按日發給。蔡萬進（1996：79）：秦國刑徒口糧的發放是按日進行的，因此秦律中有“日食城旦”之語。徐世虹（2015）：“日食城旦”爲敘述句，指每天給城旦提供伙食。

②盡月：**到月底。**夏利亞（2019：117）說。

稟所：**領取口糧的地方。**夏利亞（2019：117）說。

盡月而以其餘益爲後九月稟所：**有三種今譯：一、將城旦按月統計後結餘的糧食，補助到實際發放口糧之處，用作後九月的口糧。**徐世虹（2015）：此句當讀作“盡月而以其餘，益爲後九月稟所”。益，補助、補益。稟所指城旦當下服役並配給口糧之地。**二、月底統計盈餘、不足，到後九月統一處理。**陳偉（2016C：81）：簡文似是說月底統計盈餘、不足，到後九月統一處理。益，當指益食造成的超出常額的部分。**三、到月底以所餘糧食移作閏月的口糧。**整理者：盡月，到月底。這一句的意思是到月底以所餘糧食移作閏月的口糧，實質是對刑徒口糧的一種剋扣。

③安：**徐緩。**安事：**輕的徭役**（整理者）。張建國（1998）：“其守署及爲它事者，參食之”應當就是所謂的“安食”。超過標準可能就屬於“益其食”。

④犯令：**觸犯法令。**整理者：見《法律答問》“何如爲犯令、廢令”條。主者

一詞見《漢書・王陵傳》。徐世虹（2015）：就本條而言，“犯令律”即指懲治不遵守法律行爲的律條。

令：**有三説：一、一種特殊的法律形式，令文。**張建國（1998）認爲，“犯令”之“令”是一種特殊的法律形式，此條所謂“犯令”是指未按照《倉律》簡55“城旦之垣及它事而勞與垣等者，旦半夕參；其守署及爲它事者，參食之”的令文規定去做。**二、單行指令。**滋賀秀三（2003：40）指出，“犯令”“廢令”之令是單行指令，與它們實質對應的是唐律的違制條。**三、律本身。**廣瀨薰雄（2014）認爲“令”指該律本身，因爲違反某條律等於違反制定該律的令，因而違反律叫“不從令”“犯令”。

⑤舂城旦：**有二説：一、指舂、城旦。**整理者説。**二、“城旦舂”之筆誤。**李力（2007：356）：“舂城旦”還見於《倉律》簡92～93、147，可能是“城旦舂”之筆誤。

月不盈：**當指舂或城旦服刑從事勞役的時間不到月底**（整理者）。

張建國（1998）：以上兩條律文（《倉律》簡55～56、57～58）全部是對“律”作出補充規定的令，大致可稱作《倉律》這類規範中的令。

【今譯】

按天發給城旦口糧，到月底就將剩餘的粮食運到發放口糧之處，補作後九月的口糧。城旦從事較輕的傜役卻增加了糧食，要按照觸犯法令的律文對主管官吏論處。扣除舂、城旦Q1_11_3_57一個月中未服勞役天數的應發口糧。倉Q1_11_3_58

【釋文】

免隸臣妾、隸臣妾垣及爲它事與垣等者①，食男子旦半夕參，女子參。倉Q1_11_3_59

【匯釋】

①免：**疑即達到免老年齡。**整理者：《漢舊儀》：“秦制二十爵，男子賜爵一級以上，有罪以減，年五十六免。無爵爲士伍，年六十乃免老。”隸臣妾也有免老的規定。

免隸臣妾：**有六説：一、年老而免去重役的隸臣妾。**黄展嶽（1980A）：年老而免去重役的隸臣妾。張金光（1985）：“免隸臣妾”並不是刑滿釋放的隸臣妾，而是因其年老，應免重役。秦律又明言他時還要做築城垣一類的活，此正證明其雖名“免隸臣妾”，但並不是免除隸臣妾身份，此反證明隸臣妾爲終身身份。整理者解釋爲免老。夏利亞（2019：118）：達到免老年齡的隸臣妾。**二、達到“免老”年齡仍幹重勞役的隸臣、妾。**高恒（1977）：“免隸臣妾”當爲達到“免老”年齡的隸臣、妾。由於他們並不因年老而幹重勞役，所以《倉律》仍有他們幹重勞役時領口糧的規定。**三、其他刑徒降爲隸臣妾。**高恒（1977）：或者“免隸臣妾”是指其他刑徒，城旦舂、鬼薪白粲等降爲隸臣妾而言。**四、服刑期滿後免重役的隸臣妾。**陶亮（2007）：免隸臣妾衹是服滿了一定期限特定等級勞役之後的隸臣妾，這個期限是四年。其後，隸臣妾衹是從事其他較輕的勞役而已，有時出於緊急情況還會跟服役期間的隸臣妾一起從事“垣”等工作。“其老當免老”（《倉律》簡61）與“免隸臣妾”（《倉律》簡59）並不相同。**五、刑滿釋放恢復自由的刑徒。**楊劍虹（1983）：“免隸臣妾”是指刑滿釋放恢復自由的刑徒，他們還要繼續服勞役。**六、免服勞役而尚未贖身的隸臣妾。**魏德勝（2000：33）：秦時達到傅籍年齡服役，以及“隸臣”“隸妾”服役的，到了一定年齡就免服勞役，稱爲“免老”“免隸臣妾”。而“免隸臣妾”要解除“隸臣妾”的名分，仍需要人來贖。李力（2007）：隸臣妾達到免老年齡尚未贖身頂替者，可能會有兩種境遇，要麼被贖身成爲庶人，要麼無人贖身頂替繼續在官府勞作，身份可能是官奴隸。

【今譯】

達到免老年齡的隸臣妾、隸臣妾從事築墻和其他勞作而（勞動強度）與築墻相當的，供給男子早飯半斗、晚飯三分之一斗，女子早飯、晚飯各三分之一斗。倉Q1_11_3_59

【釋文】

食飢囚[1]，日少半斗[2]。倉Q1_11_3_60

【匯釋】

①食：**讀爲“飼”，提供食物。**秋非（1989）：同篇“駕傳馬，一食禾”，《廄苑律》“吏主者、徒食牛者及令、丞皆有辠”，《屬邦》“受者以律續食衣之”等，並同。

飢：**飢餓。**整理者：本條所述是以飢餓作爲懲罰囚犯的手段。孫曉春、陳維禮（1985）：飢囚，是呈飢貌的囚犯，實爲對囚犯的貶稱。

②少半斗：**三分之一斗**（整理者）。于振波（2007）：“日少半斗”即每天廩食三分之一斗，每日兩餐，每餐六分之一斗，相當於《墨子·雜守》所說的“六食”。曹旅寧（2002：108）：根據《倉律》所載“米率”即“粟一石六斗大半斗，舂之爲米一石”折算，對在押的囚犯實行飢餓懲罰，每日衹有幾兩口糧。

【今譯】

給受飢餓懲罰的囚犯提供食物，每天三分之一斗。倉Q1_11_3_60

【釋文】

隸臣欲以人丁粼者二人贖[1]，許之。其老當免老、小高五尺以下及隸妾欲以丁粼者一人贖[2]，許之。贖Q1_11_3_61者皆以男子，以其贖爲隸臣。女子操敀紅及服

者③，不得贖。邊縣者，復數其縣④。倉Q1_11_3_62

【匯釋】

①人丁粼者：**有二說：一、斷爲"人、丁粼者"**。丁粼：**丁年，丁壯之年**。整理者：粼，疑讀爲齡。丁齡即丁年，《文選·答蘇武書》注："丁年，謂丁壯之年也。"徐世虹（2015）："丁粼者"是"人"的修飾語，強調"人"意在限制贖的實質內容，即不得以"錢"贖和丁粼外的其他人贖，必須是丁壯之人贖，以此確保官方在勞動力上獲得高於原狀的滿足。**二、斷爲"人丁、粼者"，指同伍中其餘人家的丁壯男子**。方勇（2009B）："人丁"應爲一詞，"粼者"爲一詞，簡文下文"丁粼者一人贖"省略了"人"字。"人丁"表示強壯的成年男子。在睡虎地秦簡中表示男子強壯就直接寫爲"丁壯"一詞，而不是"丁粼"或"丁年"。粼，讀爲"鄰"。人丁粼者指同伍中其餘人家的丁壯男子。夏利亞（2019：119）：方氏之說甚有理。

贖：**贖替**。方勇（2009B）：據《秦律雜抄·傅律》簡32～33，用同伍中的成年男子來贖替同伍中的奴隸之身，應該是秦政府爲了加強對奴隸或百姓的日常行爲及其戶籍制度的管理的有效手段。高敏（1981A：64）："隸臣妾"以其親鄰頂替自己的奴隸身份，是一種以人贖人、以多贖少、以男贖女和以強贖弱的辦法。王占通（1991）：隸臣妾的"贖替"是在判刑並投入執行之後，用優於罪犯的勞動力代替，或用爵秩替免，其基礎是爲國家服勞役的數量。因此，隸臣妾的贖免不屬於刑法中的贖刑。

②免老：**因年老而免去重役**。整理者認爲同《秦律十八種》簡59"免隸臣妾"。陶亮（2007）："其老當免老"的隸臣即達到免老年齡的隸臣。

小：**小隸臣**。

小高五尺以下：**小隸臣身高在五尺以下**。徐世虹（2015）：據《倉律》簡51～52，五尺以下"小"是不必勞作的。

③攵：**讀爲"文"，即文綉**（整理者）。

紅：**女紅**（整理者）。夏利亞（2019：119）：讀爲"工"。常指女子所做的織布、縫紉、刺綉等工作。

服：**衣服**（整理者）。

④數：**有二說：一、戶籍**。整理者：數即名數，《漢書·高帝紀》注："名數，謂戶籍也。"陳偉（2016C：83）：一般情況下，遷邊縣者不能返回內地，如《封診式·遷子》有"遷蜀邊縣，令終身毋得去署所"。**二、人數**。高敏（1981A：66）：數指人數。"邊縣者，復數其縣"是說有技巧的女奴隸如果來自邊縣，寧可減少邊縣的服役人數，也不能免除這些人的勞役。

【今譯】

隸臣想要用兩個處於丁壯之年的人來贖替，可以准許他。因年老而免去重役的隸臣、身高在五尺以下的小隸臣以及隸妾，想要用一個處於丁壯之年的人來贖替，也可以准許他。來贖替Q1_11_3_61的人都要用男性，要以贖替的人作爲隸臣。從事文綉女紅以及製衣的女子，不許贖替。原戶籍在邊縣的，被贖後將戶籍遷回原縣。倉Q1_11_3_62

【釋文】

畜雞。離倉用犬者①，畜犬期足②。豬、雞之息子不用者③，買（賣）之，別計其錢。倉Q1_11_3_63

【匯釋】

①離倉：**有三説：一、附屬的倉。**黄文傑（2008B）："離"有附著之意。《漢書·揚雄傳》："哀帝時丁、傅、董賢用事，諸附離之者或起家至二千石。"顏師古注："離，著也。"簡文"離倉"應指屬倉，就是附屬的倉。方勇（2009A）："離"讀爲"麗"時，才有附屬之義。**二、離邑倉。**陳偉（2016C：83）：離倉，恐即"離邑倉"。參見《倉律》簡21注釋。二字疑屬下讀，"畜雞。離倉用犬者，畜犬期足"。**三、離開糧倉。**整理者説。

②期足：**以足夠爲度。**整理者：馬王堆漢墓帛書《五十二病方》："煮秫米期足。"

③豬：整理者作"猪"。魏德勝（2003：241）改釋。

息：**子。**

息子：**小豬、小雞**（整理者）。徐世虹（2015）：結合里耶秦簡8－1516與本條，可知秦代還將出售畜產孳息所獲收入作爲官吏考課的内容。

【今譯】

蓄養雞。附屬的倉使用狗的，養狗的數量以足夠爲度。豬、雞所生的小豬、小雞不用的，要賣掉它們，另外登記出售所得的錢數。倉Q1_11_3_63

（四）金布律

【釋文】

官府受錢者①，千錢一畚②，以丞、令印印③。不盈千者，亦封印之。錢善不善④，雜實之⑤。出錢，獻封丞、令Q1_11_3_64，乃發用之。百姓市用錢，美惡雜之，勿敢異⑥。金布⑦Q1_11_3_65

【匯釋】

①錢：**指半兩錢**。整理者：《平準書》："銅錢識曰半兩，重如其文。"張世超（1988）認爲，秦有無口賦要綜合各方面材料來論定。本條簡文"是對官府對於錢幣收藏、保管、發行的規定。這些錢幣有著不同的來源，包括賦、稅、官府手工產品售出所得，罰金及其他各方面的收入"。柿沼陽平（2010）：接受納稅的錢或基於交易所得的錢。陳偉（2012A）通過對比張家山漢簡《二年律令·金布律》簡429指出睡虎地秦律衹涉及"市"受錢，而嶽麓書院藏秦簡和張家山漢簡《二年律令》涉及更多的受錢類別。

②畚：**畚箕，收的錢用畚箕計量**。整理者：一種用蒲草之類編製的容器。吳樹平（1981）：國家搜刮來的錢幣，以一千錢裝爲一畚箕。"頭會箕賦"，"賦"與"箕"連言，說明賦是納錢，而不是出穀。熊鐵基、王瑞明（1981）：畚即畚箕，收的錢用畚箕裝計，這是作爲人頭稅的口賦。柿沼陽平（2010）：官府所受錢被裝入缿中，以每一千枚劃爲一"畚"。張世超（1988）：所謂"頭會箕賦"，是按上級派下的人頭數目徵集傜戍，以畚箕爲計量，搜刮錢財。夏利亞（2019：120）：用草繩或竹篾編織的盛物器具。

③丞、令印：**丞和令專用的印章**。高恒（1994：37）：當即官吏專用印章。

④錢善不善：**錢質好的和不好的**。夏利亞（2019：120）說。

⑤雜實之：**裝在一起**（整理者）。

⑥百姓：**泛稱，無法確定其身份**。高敏（1981A：334）說。

市：**交易**。雜：**混雜使用**。異：**區分**。陳偉（2016C：84）：張家山漢簡《二年律令·錢律》簡197～198："錢徑十分寸八以上，雖缺鑠，文章頗可智（知），而非殊折及鉛錢也，皆爲行錢。金不青赤者，爲行金。敢擇不取行錢、金者，罰金四兩。"

⑦金布：**關於貨幣、財物方面（的法律）**。整理者：漢代有金布律，或稱金布令，《漢書·蕭望之傳》注："金布者，令篇名也，其上有府庫金錢布帛之事，因以名篇。"《晉書·刑法志》："金布律有毀傷亡失縣官財物……金布律有罰贖入責以呈黃金爲價……"徐世虹（2016）：據《漢書·高帝紀》注"金布者，令篇名，若今言倉庫令也"，則《金布律》中有關府庫的內容或存留於後世的《廄庫律》中。

【今譯】

官府收取錢幣，每一千錢裝爲一畚箕，用丞和令專用的印章蓋印。不足一千錢的，也要對其封緘蓋印。不管錢的質量好不好，都裝在一起。支出錢的時候，要將印封上呈丞、令檢驗，Q1_11_3_64才能啟封使用它。百姓在交易時使用錢幣，質量好的與質量壞的混雜使用，不准加以區分。金布Q1_11_3_65

【釋文】

布袤八尺①，福（幅）廣二尺五寸②。布惡，其廣袤不如式者③，不行。金布Q1_11_3_66

【匯釋】

①布：**布帛，用作貨幣**。整理者：古時以布帛爲一種貨幣，《漢書·食貨志》："凡貨，金錢布帛之用，夏、殷以前其詳靡記云。太公爲周立九府圜法……布帛廣二尺二寸爲幅，長四丈爲匹。"趙德馨、周秀鸞（1980）：布幣的實體不是通常所說的某種金屬鑄幣，而是布匹。布幣是春秋戰國時期的主要貨幣。

袤：**長**（整理者）。

②福：**有二說：一、通"幅"，布的寬度**（整理者）。**二、布帛的邊**。夏利亞（2019：121）說。

③式：**標準**（整理者）。**這裏指布的尺幅標準**。邢義田（1998）：凡是當作標準、規範的都可稱作式。秦對布的品質和長寬有一定的規定，稱之爲式；不如式即不准使用。南玉泉（2012）：這條規則是國家規定的布的尺幅標準。

【今譯】

布的長度爲八尺，寬度爲二尺五寸。布的質量不好，它的寬度和長度又不符合標準的，不准流通。金布Q1_11_3_66

【釋文】

錢十一當一布[①]。其出入錢以當金、布[②]，以律。金布Q1_11_3_67

【匯釋】

①當：**折合**。整理者：簡文中很多錢數是十一的倍數，如五十五錢、一百一十錢，就是從布折算的結果。于豪亮（1985：141）：律文規定一匹布折合十一錢。

②金：**黃金**（整理者）。栗勁（1985：440）：簡文義爲帶出國境的錢必須折算成黃金和布。陳偉（2016C：85）：簡文的"出入錢"主要是指秦國的各種工商交易、國庫收付和執法的"貲"。徐世虹（2016）：秦代十一錢折合爲長八尺、寬二尺五寸的一布，二十四錢則折合爲金一銖。

【今譯】

十一個銅錢折合爲一布。支出錢與收入錢應折算爲黃金或布，要按照法律規定（折算）。金布Q1_11_3_67

【釋文】

賈市居死〈列〉者及官府之吏[①]，毋敢擇行錢、布[②]；擇行錢、布者，列伍長弗告[③]，吏循之不謹[④]，皆有辠（罪）。金布Q1_11_3_68

【匯釋】

①賈市：**在市場上買賣**。徐世虹（2016）：《說文·貝部》："賈，市也。"賈

市，在市場交易、買賣。列，集市貿易場所。

死：**有二說：一、釋爲“死”，是“列”的誤字。**張世超、張玉春（1985B）：釋爲“死”，是“列”之誤字。黄文傑（2008A：185）：據圖版照片，應釋“死”，乃“列”字之訛。可與下文“列伍長”之“列”字相比較。**二、釋爲“列”，市肆。**整理者釋爲“列”，注釋爲“市肆”。《漢書・食貨志》：“小者坐列販賣。”注：“列者，若今市中賣物行也。”賈市居列者即市肆中的商賈。

②擇行錢、布：**對銅錢和布兩種貨幣有所選擇**（整理者）。魏德勝（1997）：選擇錢、布質量好的。

行：**流通。**

行錢：**有三說：一、流通中的錢。**徐世虹（2016）：“行錢、布”即“行錢”與“行布”，亦即流通中的錢、布，均爲秦官方貨幣。李均明（2003A）認爲，“行”指通行，即可用以買賣支付的貨幣。夏利亞（2019：122）從之。**二、專有名詞，指可流通的貨幣。**林益德（2006）指出，“行錢”爲專有名詞，指可流通的貨幣，以與因形制不符而不能流通的錢幣相對應。柿沼陽平（2010）也認爲，張家山漢簡《二年律令・錢律》簡198“行錢”之“行”乃是“流通”之意。**三、質次的銅錢。**吴榮曾（2003）認爲，當時所謂的行錢，實際上是指質次的銅錢。

③列伍長：**商賈伍人之長。**整理者：據簡文，商賈有什伍的編制，列伍長即商賈伍人之長。羅開玉（1981A）：秦將不同身份的人編入不同的“伍”，《金布律》簡68說明商賈單獨編“伍”，便於管理，這大概就是後來的“市籍”。徐世虹（2016）：由張家山漢簡《二年律令・□市律》簡260可知，秦漢對商賈的規範比較嚴格，不僅將其編“伍”，還設置“列伍長”“列長”嚴加監督管理。

④循：**巡查**（整理者）。

【今譯】

在市場上買賣、居於集市場所的商賈以及官府的官吏，不准對流通中的銅錢和布兩種貨幣有所選擇；有選擇銅錢和布的，而商賈伍人之長不告發，官吏巡查不嚴，都有罪。金布Q1_11_3_68

【釋文】

有買及買（賣）殹（也），各嬰其賈（價）①；小物不能各一錢者，勿嬰。金布Q1_11_3_69

【匯釋】

①嬰：**繫。**嬰其賈：**在貨物上繫籤標明價格。**整理者：《周禮・典婦功》等條有“比其小大而賈之，物書而楬之”“以其賈楬而藏之”，都是用木籤標出價格。徐世虹（2016）：若本條之“嬰”爲“楬”，則此物即爲標籤。本條或可視爲要求對買入或賣出的官物標注價格的規定，其同時涉及官物的交易與管理。

【今譯】

買入或賣出（貨物）時，各自在貨物上繫上標明其價格的籤；小件物品單價不足一個銅錢的，不用繫上（標明其價格的籤）。金布Q1_11_3_69

【釋文】

官相輸者①，以書告其出計之年，受者以入計之②。八月、九月中其有輸，計其輸所遠近③，不能逮其輸所之計④，Q1_11_3_70□□□□□□□□〔移〕計其後年，計毋相繆⑤。工獻輸官者，皆深以其年計之⑥。金布律Q1_11_3_71

【匯釋】

①相輸：**互相運送物品**（整理者）。徐世虹（2016）：官相輸，即官府之間轉運財物。相關記錄可參看里耶秦簡8－151。

②書：**文書**。出計：**出賬**。計之：**把它計入賬目**。陳偉（2016C：86）：里耶秦簡多見官相付受出計、入計的文書。如簡8－63："廿六年三月壬午朔卯，左公田丁敢言之：佐州里煩故爲公田吏，徙屬。事荅不備，分負各十五石少半斗，直錢三百一十四。煩冗佐署遷陵。今上責校券二，謁告遷陵令官計者定以錢三百一十四，受旬陽左公田錢計，問可（何）計付署、計年，爲報。敢言之。"

③輸所：**物品要送到的處所**。夏利亞（2019：122）說。

④逮：**動詞，及**（張再興，2012：1212）。整理者：及。

⑤繆：**差錯**（整理者）。朱湘蓉（2012：79）：動詞，錯誤。

⑥深：**有二說：一、讀爲"審"，定，固定**。整理者：讀爲"審"，《呂氏春秋·順民》注："定也。"工匠上繳產品，與一般轉輸不同，必須固定按生產的年份記賬，以便對其年度產量等進行考核。**二、疑讀爲"探"，追溯**。陳偉（2016C：87）說。

【今譯】

官府之間互相運送物品的，（運出一方）用文書告訴對方出賬的年份，接收一方按收到的時間計入賬目。八月、九月中若運送物品，估計運送物品處所的距離，不能趕上運入處所的結賬，Q1_11_3_70……改移計入其下一年的賬目，雙方賬目不要互有差錯。工匠向政府上繳、運送物品的，都要固定按生產的年份記賬。金布律Q1_11_3_71

【釋文】

都官有秩吏及離官嗇夫①，養各一人②，其佐史與共養③；十人，車牛一兩（輛）④，見牛者一人⑤。都官之佐、史冗者⑥，十人，養一人；Q1_11_3_72十五人，車牛一兩（輛），見牛者一人；不盈十人者，各與其官長共養、車牛⑦。都官佐、史不盈十五人者，七人以上鼠（予）車牛Q1_11_3_73僕⑧，不盈七人者，三人以上鼠

（予）養一人；小官毋（無）嗇夫者，以此鼠（予）僕、車牛。𧵕生者[⑨]，食其毋〈母〉日粟一斗，旬五日而止之，别Q1_11_3_74䊚以叚（假）之[⑩]。金布律Q1_11_3_75

【匯釋】

①離官：**有四説：一、都官的附屬機構，與都官對稱**（整理者）。高恒（1980A）：離，通“麗”。意思是附著、依附。此處“離官”即都官的附屬機構。離官的主管官吏稱離官嗇夫。**二、分支機構。**裘錫圭（1981A）：都官設於縣的分支機構和縣屬各官設於鄉的分支機構都可稱離官。朱大昀（1983）：“離”是“散”“支”的意思。“離官”指散於縣邑的各都官支屬機構。“離官嗇夫”並非一種專職官名。**三、離宫别館。**錢劍夫（1980）：秦漢“官”“宫”兩字每互用，“學宫”亦作“學官”。“離官嗇夫”實即“離宫嗇夫”，史載秦的離宫别館甚多，自亦應置嗇夫經管。高敏（1981A：174）：疑應作“離宫嗇夫”。**四、離鄉之官。**史黨社（2002）：應爲“離鄉之官”。《墨子·號令》云：“城小人眾，葆離鄉老弱國中及它大城。”“離鄉”即國所屬周圍之鄉。

官嗇夫：**有七説：一、一個總的稱呼，指輔佐各國國君或長吏的官吏。**鄭實（1978）：秦代嗇夫分成人嗇夫和吏嗇夫兩大類。人嗇夫即鄉嗇夫和縣嗇夫等地方基層官吏。另一類即吏嗇夫。戰國時期，輔佐各國國君或長吏的官吏，統稱爲吏嗇夫，在秦簡中叫作“官嗇夫”。官嗇夫和吏嗇夫一樣，是一個總的稱呼。**二、一種泛稱，指縣、都官所屬的某些機構的主管官吏。**高恒（1980A）：秦時的嗇夫，不是專門某一官職的名稱，而是對某些主管官吏的泛稱，是對某些中下級官署中的主管官吏的稱謂，並不存在一個單獨的嗇夫系統。可以稱作嗇夫的官吏，一是地方行政長官（縣令、長和鄉嗇夫）；二是縣、都官所屬的某些機構的主管官吏。這些主管官吏又可統稱爲官嗇夫。**三、各類專職嗇夫的統稱。**高敏（1981A：174）説。**四、一般嗇夫中較尊者，而又次於縣嗇夫。**錢劍夫（1980）説。**五、一“官”之長。**裘錫圭（1981A）説。**六、縣級以下一級官署的嗇夫。**朱大昀（1983）：官嗇夫是各該官府之嗇夫之意，指縣級以下的一級官署的嗇夫，既不包括縣嗇夫（大嗇夫），也不包括很小的皂嗇夫之類。**七、鄉或鄉部的官長。**鄒水傑（2017）：鄉官嗇夫的稱謂明確了鄉或鄉部的官長爲官嗇夫。鄉屬於縣下諸官，鄉嗇夫是官嗇夫的一種。里耶秦簡 8－1600＋9－297、12－1178；嶽麓書院藏秦簡（四）1940、1990、2057、2106、2111 可參看。李迎春（2015）認爲，鄉嗇夫與官嗇夫的職責雖有差别，但實質並無不同。

②養：**做飯的人，伙夫。**整理者：《公羊傳·宣公十二年》注：“炊烹者曰養。”陳偉（2016C：88）：里耶秦簡 8－697 記“一人吏養”，簡 8－130＋8－190＋8－193：“吏僕養者皆屬倉。”

③共：**動詞，共用。**

④兩：**後作“輛”，量詞。**

⑤見牛者：**有二説：一、看牛的人**（整理者）。**二、似指現成（專職）的牛者。**

陳偉（2016C：88）說。

⑥佐、史：**有二說：一、佐、史之間加頓號。**陳偉（2016C：87）說。**二、佐、史應連稱。**魏德勝（2003：238）說。

冗：**有二說：一、長期任職。**楊振紅（2008）：佐、史冗者即長期任職的。**二、眾多。**整理者：《正字通》："猶多也。"

⑦官長：**機構中的主管官員。**整理者：《後漢書・禮儀志》："公卿官長以次行雩禮求雨。"

⑧車牛："車"字大半以及"牛"字已殘斷，整理者（1977，圖版14）有此殘片，整理者（1990，圖版21）無之，陳偉（2016C：88）整理時找到該殘片。

僕：**名詞，駕車的人**（張再興，2012：1024）。整理者：《齊世家》集解引賈逵云："御也。"即趕車的人。

⑨豤：**疑讀爲"艱"，難。**整理者：上句末"牛"字疑脫重文號，本句應讀爲"牛艱生者"。

⑩紨：**疑讀爲"奉"，餵養。**整理者：《漢書・刑法志》注："養也。"本條最後一簡，即"紨"字以下，與前一簡是否銜接未能完全確定。

【今譯】

都官中有秩祿的官吏及其附屬機構的嗇夫，每人配給伙夫一名，他們的佐史與他們共用伙夫；每十人配給牛車一輛，看牛的人一名。都官的佐史長期任職的，每十人配給伙夫一名；Q1_11_3_72每十五人配給牛車一輛，看牛的人一名；不足十人的，各自與其機構的主管官員共用伙夫和牛車。都官的佐史不足十五人的，七人以上配給牛車Q1_11_3_73駕車的人，不足七人的，三人以上配給伙夫一名；小機構沒有嗇夫的，按照這個標準配給駕車的人和牛車。難產的牛，每天餵養母牛一斗粟，過十五天就停止，分別Q1_11_3_74餵養以備借出。金布律Q1_11_3_75

【釋文】

有責（債）於公及貲、贖者居它縣[①]，輒移居縣責之[②]。公有責（債）百姓未賞（償）[③]，亦移其縣，縣賞（償）。金布律Q1_11_3_76

【匯釋】

①貲：**有二說：一、罰錢財或罰戍邊服傜役。**朱紹侯、孫英民（1982）：貲的對象是一般的違章和過失，懲治的手段是罰錢財或戍邊服傜役，但受貲罰者沒有喪失一個公民應有的權利，而且因受貲欠債並不影響其做官。劉海年（1981）：貲作爲刑種，包括貲財、貲傜和貲戍。貲罰規定罰金數目的多少和傜戍時間的長短。徐世虹（1999）：貲刑用來處罰較輕微的犯罪和一般官吏的過失行爲。贖刑是法律規定的可用財產或勞役替代原判處的刑罰。藤田高夫（2001）：貲罪雖然用甲、盾來表示，實際上卻繳納相當數額的錢，或者以勞役來代替。高恒（1983）：貲傜、貲

居邊、貲戍和“居貲、贖、債”者是有服役期限的刑徒。**二、罰繳錢財，經濟處罰**。整理者：有罪而被罰令繳納財物。吕名中（1982）：貲主要是一種罰繳財物的制度，由於所罰實物可按法定價格折納現金，故也可稱爲罰金制。貲所懲處的有經濟和政治等方面的過失和一般違法行爲。張銘新（1982）：秦律的貲罰是一個單純的刑種，不但用於懲罰某些刑事犯罪，而且用於懲罰某些違反民事法規、行政法規，乃至軍事法規的行爲，適用範圍是十分廣泛的。經濟制裁衹適用於某些輕微的刑事犯罪。栗勁（1985：288－292）：秦律中的贖刑不同於貲刑的地方，就在於貲刑是依法判處的繳納相應財物的刑罰，而贖刑則是允許以繳納法定的財物代替業經依法判處的刑罰。陳抗生（1980）：貲不是刑，而是罰，是對官吏和百姓的一種經濟制裁手段。宋艷萍（2004）：據里耶秦簡記載，此時的貲還是經濟處罰的意思，但處罰財物的形式已發生了變化，從秦初的貲甲、盾變成了貲錢。

贖：**有三説：一、犯了罪後用金錢贖，體現爲代替刑**。整理者：繳納財物去贖死刑或肉刑等罪。貲、贖兩者含義不同。貲、贖、債在簡文中常連稱。劉海年（1981）：衹有依法宣判爲贖刑的，或具有一定身份的人犯了罪才可以用金錢贖。贖刑則與本刑（如死刑、肉刑、耐刑等）相聯繫，然後是“以財易之”。無力繳納者，則强令以勞役相抵。高敏（1981A：257）：罰款應是貲贖的一種。這種罰款的“貲罪”，實質上也是贖刑的一種。**二、一種特殊的財産刑，既可以體現爲代替刑，也可以體現爲獨立刑**。張建國（2002）：在秦、漢初的資料裏具體規定罪刑的條文中至少有一些不能用换刑來解釋的情况。贖是一種特殊的財産刑。漢初法律中的贖，是一種混合型的適用，既可以與刑名後所附實刑的名稱相關，也可與其無關，因此既可以體現爲代替刑，也可以體現爲獨立刑。**三、一種罪名**。陳偉（2016C：89）：貲是一種罪名。《法律答問》簡124：“捕貲辠，即端以劍及兵刃刺殺之，可論？殺之，完爲城旦；傷之，耐爲隸臣。”有關貲甲盾的錢數，可參考《秦律十八種》簡97注引于振波文。有關贖刑納金的規定可參考張家山漢簡《二年律令》簡118～119。

②移：**發文書**。居縣：**所居住的縣**。責：**討債**。陳偉（2016C：89）：里耶秦簡9－1至9－8、9－10至9～12記載陽陵縣發文書到洞庭郡遷陵縣，向原在陽陵欠有貲錢、現在洞庭戍守者追討之事；簡9－9記載陽陵縣向原在陽陵欠有贖錢、現在洞庭戍守者追討之事，可參看。

③百姓：**應屬於富有的剥削階級成員**。夏利亞（2019：125）説。

【今譯】

欠官府債務和被判處貲（被罰令繳納財物）、贖（繳納財物去贖罪）的人居住在其他的縣，立即發文書到其所居住的縣追償。官府欠百姓債務未償還，同樣發文書到百姓所居住的縣，由該縣償還。金布律Q1_11_3_76

【釋文】

百姓叚（假）公器及有責（債）未賞（償）①，其日𨁈以收責之②，而弗收責，其人死亡③；及隸臣妾有亡公器、畜生者，以Q1_11_3_77其日月減其衣食④，毋過三分取一，其所亡眾，計之，終歲衣食不𨁈以稍賞（償）⑤，令居之⑥，其弗令居之，其人Q1_11_3_78〔死〕亡，令其官嗇夫及吏主者代賞（償）之⑦。金布Q1_11_3_79

【匯釋】

①百姓：**此處的百姓身份爲貧苦的農民**。高敏（1981A：333）説。

叚：**後作“假”，借用**。

②日：**日子**。陳偉（2016C：90）：疑指按工期價值或債額計算的居官之日。參看《司空》簡133。整理者語譯爲“時間”。

𨁈：**有二説：一、疑即“足”字，足夠**。與簡文“負”字或作“餕”同例。陳偉（2016C：90）：里耶秦簡8－644：“敬問之：支令徒守器而亡之，徒當獨負。·日足以責，吏弗責，負者死亡，吏代負償。徒守者往戍可（何）？敬訊而負之，可不可？其律令云何？謁報。”其中“日足”即睡虎地秦簡的“日𨁈”，整理者釋是。曾憲通（1992）：秦簡的𨁈、餕或作𨀶、𩛆，不但與籀文的𩟪、𩟬、𩞺等結體相同，而且與秦國早期某些金石文字如秦公簋、镈“嬰”字的寫法也是一脈相承的，當是秦系文字特殊寫法的孑遺。**二、通“足”**。方勇（2012：54）：“𨁈”通“足”。黃德寬（2007：1051）：从夎、足聲。朱湘蓉（2012：249）：“𨁈”字未見於字典辭書中，其義不詳，但在睡虎地秦簡中義爲足。

收責：**收回**。整理者：詞見《漢書·昭帝紀》。于豪亮（1985：141）：“收”“責”兩個字都是動詞。《説文·貝部》：“責，求也。”《義證》云：“求也者，謂求負家償物也。”徐世虹（2016）：“責”字所具有的債的含義，不能因表面字義的“索取”而被忽略。

③死亡：**有二説：一、死亡，爲一詞**。整理者：見《周禮·大宗伯》：“以喪禮哀死亡。”夏利亞（2019：125）：“死亡”兩字若同時出現，則指死亡，即喪失生命。**二、死亡、逃亡**。整理者：一説，亡意爲逃亡。

④以其日月減其衣食：**從丟失器物或牲畜之日起按月減少他的衣食**。整理者：以，此處用法與“自”字同。以其日，意爲從丟失器物或牲畜的時候起。月減，按月扣除。陳偉（2016C：90）：其日，似與上文“其日”同。

⑤稍：**有二説：一、逐漸**（整理者）。裘錫圭（1993）：在古漢語中，“稍”用作狀語多當逐漸講。訓“稍”爲“盡”雖有根據，但用例極罕見。整理者把“以其日月減其衣食”句譯爲“應從丟失之日起按月扣除隸臣妾的衣食”。這一句的意思是按日按月扣除衣食，有些隸臣妾的口糧大概是按日發的，需要按日扣除。不管採取哪一種解釋，這種辦法所具有的逐漸償清欠項的性質是不會改變的。徐世虹（2016）：睡虎地秦簡中的“稍”多爲逐漸義。**二、盡**。整理者：一説，此處作“盡”字解。《廣雅·釋詁一》：“盡也。”

⑥令居之：**勒令居作，即以勞役抵償**（整理者）。施偉青（1984）：簡文中的“隸臣妾”平時衹是負責管理公器、畜生，其身份異於刑徒，是官奴隸。如是刑徒，本應服事勞役，是無須勒令的。徐世虹（2016）：《秦律十八種·司空律》對“居”的抵償數額作出了具體規定，如簡133：“有辠以貲贖及有責於公，以其令日問之，其弗能入賞，以令日居之，日居八錢；公食者，日居六錢。”

⑦最後一句承上文兩處“其人死亡”而言（整理者）。

【今譯】

百姓借用官府器物以及負債未償還，按器物價值或債額計算的居官之日足夠收回，卻沒有收回，該人死亡；以及隸臣妾有遺失官府器物、牲畜的，從Q1_11_3_77丟失器物或牲畜之日起按月減少他的衣食，但不要超過其衣食的三分之一，如果所丟失的數額多，計算起來，到年底他的衣食還不夠逐漸償還完，就勒令以勞役抵償；如果不勒令以勞役抵償，該人Q1_11_3_78死亡，就勒令該官府的嗇夫以及主管官吏代爲償還。金布Q1_11_3_79

【釋文】

縣、都官坐效、計以負賞（償）者[①]，已論，嗇夫即以其直（值）錢分負其官長及冗吏[②]，而人與參辨券[③]，以效少內[④]，少內以Q1_11_3_80收責之。其入贏者，亦官與辨券，入之[⑤]。其責（債）毋敢隃（逾）歲，隃（逾）歲而弗入及不如令者，皆以律論之。金布Q1_11_3_81

【匯釋】

①都官：**直屬朝廷的機構**。陳治國、張立瑩（2010）認爲，律文中的“都官”並不是中央機關，而是隸屬內史，並被派駐在各縣的一種經營機構。

坐：**動詞，承擔罪責**（張再興，2012：657），**由於……而有罪**。整理者：承擔罪責，《一切經音義》引《倉頡篇》：“罪也。”朱湘蓉（2012）：“坐”屬於訴訟審判類詞語。

效：**審核，點驗物資**。

計：**記賬**。徐世虹（2016）：效、計是秦漢時期檢驗、審核官府財物、賬目的重要制度。孫曉春、陳維禮（1985：70）：計，計簿。

坐效、計：**由於點驗物資或記賬時的過失而有罪**（整理者）。

負：**有三說：一、賠償**（陳偉，2016C：91）。朱湘蓉（2012）：秦簡中的負償是同義連用的複音詞，表示賠償。負償的“賠償”義基於單音詞“負”的賠償義。張再興（2012：904）：動詞，賠償。**二、擔負、承擔**。夏利亞（2019：127）說。**三、虧損、不足**。孫曉春、陳維禮（1985：70）說。

②嗇夫：**可能兼指縣、都官之長**（裘錫圭，1981A）。整理者：此處指論處該縣或都官所犯罪行的機構的負責人。今按：參看《金布律》簡72～75“嗇夫”條注。

分負：**分擔賠償責任，分攤負擔**（整理者）。陳偉（2016C：91）：里耶秦簡8－785："☐不備，直錢四百九十。少內段、佐卻分負各二百卌五。"徐世虹（2016）：秦代法律規定，若官吏在履行職務中給官府造成損害，應由相關責任人共同分擔賠償責任。"分負"就是法律規定的賠償方式之一。夏利亞（2019：127）：分攤、承擔。

官長：**可能是指縣、都官屬下的官嗇夫**（裘錫圭，1981A）。張再興（2012：291）：指主管官吏。

冗吏：**有三說：一、群吏**（整理者）。**二、散官，非常設的、沒有固定執掌的官**。孫言誠（1985）：《周禮・夏官》："外内朝冗食者。"賈疏："外内朝上直諸吏謂之冗吏。亦曰散吏。"《漢書・申屠嘉傳》："故冗官居其中。"顏注："如今之散官。"**三、指長期爲吏的人**（楊振紅，2008）。

③辨：**有二說：一、分**（整理者）。**二、讀作"別"**（楊寬，1981）。

參辨券：**有三說：一、分成三份的木券**。整理者：參辨券，可以分成三份的木券，推測當由嗇夫、少内和賠償的人各執一份，作爲繳納賠款的憑證。于豪亮（1985：134）："人與參辨券"是將券分爲三份，這相當於近代的三聯單，負責賠款的人拿到一份，到少内去繳納賠款。"參"讀爲"三"，意思是三分之一。胡平生（1998）認爲，此處參辨券是財物債務交割的憑據。在龍崗秦簡《禁苑律》中也說到這種參辨券，大概用作出入禁苑的憑證。孫瑞（2009：102）：這裹的券即是國家發放給官吏賠償、上繳財錢的檢驗證明文書。徐世虹（2016）：參辨券的用途之一是財產關係變更的憑據。陳偉（2016C：91）：在里耶秦簡的"祠先農"簡中有三辨券，邊有刻齒表示數字。**二、別券**。楊寬（1981）："辨券"即是"別券"。**三、大概是官吏會同之物的券**。籾山明（1998）：參辨券，大概是官吏會同之物的券。"辨"，即剖分。在金錢、物品授受時，給予者與收受者之間要立券。

④少内：有三說：**一、朝廷管理錢財的機構**。整理者：《漢書・丙吉傳》有"少内嗇夫"，注："少内，掖庭主府臧（藏）之官也。"漢末鄭玄注《周禮・職内》也說："若今之泉所入謂之少内。"另有縣少内，參見《法律答問》簡32及注、《封診式》簡39及注。《十鐘山房印舉》卷二有"少内"半通印。陳偉（2016C：92）：里耶秦簡多見少内出入錢的記錄。簡8－60＋8－656＋8－665＋8－748是少内配處理貲錢的文書，可參看。于豪亮（1980A）：指中央政府的少内。楊寬（1981）：戰國時代秦國的少内，即是少府。**二、中央與地方管理錢財的機構**。彭邦炯（1987）：中央與地方的少内都是直接與金錢的收付有關，包括政府收支與王室使用款項須經過少内。少内直屬内史。羅開玉（1981B）：秦國"少内"是設立在各縣政府、京師各官署内掌管現金的機構，還負責保管有關機構徵收的當地百姓的賦稅、市稅。行政上，它受所在官署的管轄，業務上受其監督而不受其管轄，直接受中央有關機構（可能是大内）統轄。裘錫圭（1981A）：少内是主管財政的，兼指縣與都官的少内。**三、縣少内，縣的管理錢財的機構**。栗勁（1984）：此處的少内就是《法律答問》和《封診式》中的縣少内。楊洪（2008）：文獻和簡文均不能證明"少内"是朝廷

機構。張再興（2012：512，622）：官名，主管財政。縣少內是收儲錢財的機構。陳治國、張立瑩（2010）：秦漢少內的主要職責之一是收藏與保管金錢，主管的應是政府的財政。秦時的少內衹在縣中設置，不見於中央，不是國家的金庫。夏利亞（2019：128）：栗說是。

⑤以上文字屬於“令”文（張建國，1998）。

【今譯】

縣、都官由於點驗物資或記賬時的過失承擔罪責而應賠償的，已經論處之後，嗇夫就要將應賠償的錢數分攤給他的官長和群吏，每個人（嗇夫、少內和賠償的人）发給被分成三份的木券中的一份，以便向少內（朝廷管理錢財的機構）繳納，少內憑藉木券Q1_11_3_80收取賠償金。如果要上繳盈餘，也由官府給予剖分的木券，憑此上繳。所欠的債務不可以超過當年，超過當年沒有上繳以及不依從法令的，都要按照法律來論處。金布Q1_11_3_81

【釋文】

官嗇夫免，復爲嗇夫①，而坐其故官以貲賞（償）及有它責（債）②，貧窶毋（無）以賞（償）者③，稍減其秩、月食以賞（償）之④，弗得Q1_11_3_82居⑤；其免殹（也），令以律居之。官嗇夫免，效其官而有不備者⑥，令與其稗官分⑦，如其事⑧。吏坐官以負賞（償）⑨，未而Q1_11_3_83死⑩，及有辠（罪）以收⑪，抉出其分⑫。其已分而死，及恒作官府以負責（債）⑬，牧將公畜生而殺、亡之，未賞（償）及居之未Q1_11_3_84備而死，皆出之，毋責妻、同居⑭。金布Q1_11_3_85

【匯釋】

①官嗇夫免，復爲嗇夫：**機構中的嗇夫被免職，又重新擔任嗇夫**。高恒（1994：36）：簡文說明，被免職的官嗇夫，以後還可以復爲嗇夫。

②貲賞：**罰款賠償**。徐世虹（2016）：當讀作“貲、賞”，貲與償是兩種處罰手段。貲是一種輕微的財產刑，賞是法律所規定的賠償責任。“以貲賞”之“以”，可看作連詞而非介詞。整理者語譯爲繳納錢財賠償。

③貧窶：**窮困**（整理者）。

④稍：**逐漸**（整理者）。

秩：**俸祿**（整理者）。月食：**按月發的口糧**。裘錫圭（1981A）：看來秦的嗇夫很可能就分有秩和月食兩嗇。無秩的嗇夫所受的月食，應該相當於漢代的斗食之俸。安作璋、熊鐵基（1985：448）：按月發放的秩俸，又叫月食。徐富昌（1993：455－456）：秩和月食並提，口糧和秩應是一起發放。閻步克（2000）：漢簡中廩食與俸祿之分，正與秦簡“月食”和“秩”之兩分相合，謂其承於秦制，當無疑問。

⑤居：**居作**（整理者）。于豪亮（1985：140）：是指在官府服勞役，以抵償欠官府的債務。

⑥官：**官吏所管理的物資**。整理者：《孔子家語·禮運》注："官，職分也。"

⑦稗官：**有三說：一、屬下的小官**。整理者：屬下的小官，《漢書·藝文志》注："稗官，小官。"曹旅寧（2006）：根據張家山漢簡《二年律令·秩律》，稗官爲秩級在一百六十石的小官的通稱，其中可能有人具有爲天子採訪閭巷風俗的法定職責。**二、官嗇夫之冗吏**。趙岩、張世超（2010）：據《效律》簡 51～53、《秦律十八種》簡 164～166，與官嗇夫有連帶賠償責任的"稗官"就是指官嗇夫之冗吏，包括地位在令史之下的佐、史、士吏等職官。**三、基層機構中由嗇夫擔當主管者的部門**。郭洪伯（2011）："官"指的是行政組織而非官員或職位個體。參看張家山漢簡《二年律令·秩律》。

分：**分攤**。

⑧如其事：**按照個人所應負的責任**（整理者）。

⑨吏：**簡文爲""，是"事"與"吏"之合文**。張守中（1994：225）認爲此字是"事"與"吏"之合文，"＝"爲合文符號，《法律答問》簡 59 另見"事"與"吏"的合文。

⑩未：**指尚未分攤**（整理者）。應該是否定副詞"未"後省略了謂語動詞。

⑪收：**有二說：一、沒收**。陳偉（2016C：93）：《法律答問》簡 170："'夫由辠，妻先告，不收。'妻媵臣妾、衣器當收不當？不當收。"可參看。**二、抓捕，拘押**。整理者：《說文》："捕也。"

⑫抉出：**單獨免去所應分擔的一份**。整理者：抉，《說文》："挑也。"出，《呂氏春秋·達鬱》注："罷。"

⑬恒作：**有二說：一、在官府服役**。陳偉（2016C：93）："作官府"見於睡虎地秦簡《法律答問》簡 63，張家山漢簡《二年律令》簡 93、157，指在官府服役。**二、爲官府經營手工業**。整理者說。

⑭同居：**有三說：一、兄弟及兄弟之子**。整理者：《法律答問》："可謂'同居'？戶爲'同居'。"《漢書·惠帝紀》注："同居，謂父母、妻子之外，若兄弟及兄弟之子等，見與同居業者。"吳小強（2000：55）：同胞兄弟姐妹。張金光（1988C）：父母及妻子等最近層直系親屬不可謂"同居"，兄弟及兄弟之子等旁系間，若現同居共財業者則可稱爲"同居"。**二、一戶的家庭成員**。邢義田（2008）認爲"同居"一爲同戶籍，二爲一戶中同母之人。冨谷至（2006B：156）認爲是戶籍上登記的家族。韓樹峰（2011B：183－184）認爲以戶籍來決定是否爲同居，範圍包括父母子女。劉欣寧（2012）認爲秦律以同一戶籍爲同居設定明確的範圍。彭年（1990）認爲"同居"的意思是同居業，需要滿足同籍、同財兩個條件，但不包括奴婢。陳偉（2016C：93）：參看《法律答問》簡 22、201 注釋。夏利亞（2019：130）：凡是同戶的都可以稱爲同居，包括父母、妻子及兄弟或兄弟之子，無子之人收養的養子，甚至包括作爲財產的奴隸。**三、有廣義和狹義之分**。張世超（1989A）：廣義的包括未成年的子女。一般情況下，實即夫、妻、子而已。奴隸也屬於其主人的同居範圍。狹義的"同居"就衹包括其未成年子女及其他同室而居的

非男丁人員。同居的判斷大致有兩個要點：一是共同居住生活，二是具有共同的財產關係。

【今譯】

機構中的嗇夫被免職，又重新擔任嗇夫，由於原任時有罪而被判處罰款賠償，以及有其他債務，而窮困沒有甚麽用來償還的，應逐漸減少他的俸祿和按月發的口糧來償還，不可讓他Q1_11_3_82以勞役抵償。如果已經免職，勒令他依法以勞役抵償。機構中的嗇夫被免職，查驗他所管理的物資發現數額不夠，勒令他和他所屬的部門人員分攤，按照個人所應負的責任（分攤）。官吏因官職有罪而負債需賠償，尚未分攤就Q1_11_3_83死亡，以及有罪而財物被沒收，可單獨免去所應分擔的一份。已經分攤賠償責任後死亡，以及長期在官府服役而負債，或者放牧公家的牲畜而將其殺死、丟失，還沒有償還以及以勞役抵償未Q1_11_3_84完成而死去的，都要免除賠償，不要向他的妻子、同居者追繳。金布Q1_11_3_85

【釋文】

縣、都官以七月糞公器不可繕者[①]，有久識者靡蚩之[②]。其金及鐵器入以爲銅[③]。都官輸大內[④]，〔大〕內受買（賣）Q1_11_3_86之，盡七月而觱（畢）。都官遠大內者輸縣[⑤]，縣受買（賣）之。糞其有物不可以須時[⑥]，求先買（賣），以書時謁其狀內Q1_11_3_87史[⑦]。凡糞其不可買（賣）而可以爲薪及蓋蘙〈蘙〉者[⑧]，用之；毋（無）用，乃燔之。金布Q1_11_3_88

【匯釋】

①糞：**丟棄，處理**。整理者：《說文》："棄除也。"意同現在所說的"處理"。張再興（2012：1040）：動詞，棄除。朱湘蓉（2012：78）：動詞，丟棄。

繕：**修繕**（整理者）。

②久：**標識，名詞**。魏德勝（2003：234）："久"有"標記"義，不必改讀。《法律答問》簡146"久"字同。魏德勝（2000：29）："久識"，同義名詞連用。整理者：讀爲記，記識，指官有器物上的標誌題識。徐世虹（2016）："久"如魏德勝所言，由本義動詞而引申爲名詞。

靡蚩：**磨除**。整理者：靡即磨。蚩，讀爲徹。磨徹，意爲磨壞、磨除。

③金：**銅**（整理者）。

銅：**有二說：一、金屬原料**。整理者：意當爲上繳回爐作爲金屬原料。徐世虹（2016）："銅"此意爲"金屬原料"，此句意爲銅器、鐵器回收後作爲金屬原料。張世超（1989B）："銅"之古義則爲"合金"或金屬之總稱。熔不同金屬爲一體，或統稱各種金屬爲"銅"。《漢書・律曆志上》："凡律度量衡用銅者，名自名也。所以同天下，齊風俗也。"夏利亞（2019：131）：在這裏是包括銅在內的金屬總名。**二、青銅**。秦簡講讀會（1978）：不能認爲是從鐵器中抽出銅來，恐怕是將鐵器上的青銅部分分離出來。

④大內：**有五説：一、負責國家財政收入與支出的機構，即國庫**。陳治國、張立瑩（2010）：秦大內負責國家的財政收入與支出，並且是當時的國庫。少內是縣一級的財政機構，收藏的金錢要上繳作爲國庫的大內，但在行政管理和任免上，要服從縣的長官的領導。整理者：《孝景本紀》集解引韋照云："京師府藏。"**二、主要職務是掌管國家物資的機構**。高恒（1994：5－6）：其主要職務是掌管國家物資，還包括都官及其所屬機構日常所用的器物。**三、各種物資的保管發放處理機構**。彭邦炯（1987）：大內是各種物資的保管發放處理機構，是內史的下屬機構。**四、主管王室私產的機構**。高敏（1981A：208）："大內"是對"少內"而言，是主管王室私產的機構。**五、金、鐵、銅等金屬的收藏機構**。于豪亮（1980A）：從簡文看，秦大內似乎是金、鐵、銅等金屬的收藏機構，並不是國庫，與漢代的大內或都不相同。夏利亞（2019：131）：從簡文看，于氏說法爲當。

陳偉（2016C：94）："大"字下脱重文符。整理者釋文未寫出後一個"大"字，語譯則徑作"大內"。劉慶柱、李毓芳（2001）：西安相家巷出土封泥有"大內丞印"，大內丞是大內的屬官。

⑤都官遠大內者輸縣：**都官遠離大內的則（把處理的器物）運送到縣裏**。栗勁（1985：408）：據本簡和簡92"已稟衣，有餘褐十以上，輸大內，與計偕"可知，朝廷的大內與地方管理物資的機構有垂直的行政關係和縱向的經濟關係。

⑥須：**等待**（整理者）。

⑦時謁：**及時報請**（整理者）。

徐世虹（2016）：簡文在"史"字後有一比勾示符位置偏左的標記，呈鈎或圓點狀。

⑧蕒：**有二説：一、"蘙"的訛字，遮障**。陳偉（2016C：93）認爲其爲"蘙"字之誤。洪燕梅（2006：144）：是否可以確定"蕒"是"蘙"的訛字，有待更多字例佐證。**二、通"翳"，遮障**。整理者：蘙，通"翳"，《廣雅・釋詁二》："障也。"蓋翳即用以覆蓋遮障的東西。

【今譯】

各縣、都官在七月份處理不能修繕的官府器物，有標識的要將其磨除。其中的銅和鐵器要上繳作爲金屬原料。都官要（把處理的器物）運送到大內，大內收取並變賣Q1_11_3_86它，到七月底結束。都官遠離大內的則（把處理的器物）運送到縣裏，縣收取並變賣它。處理時如果有物品不能等待時間，要求先變賣，要用文書把其狀況及時報請內Q1_11_3_87史。凡是處理那些不可以變賣但是可以作爲薪柴和覆蓋遮障物的器物，就使用它；如果是沒用的，就燒掉它。金布Q1_11_3_88

【釋文】

傳車、大車輪[①]，葆繕參邪[②]，可毆（也）。韋革、紅器相補繕[③]。取不可葆繕者，乃糞之。金布Q1_11_3_89

【匯釋】

①傳車：**驛傳用的車**。整理者：《漢書·高帝紀》注："傳者，若今之驛，古者以車，謂之傳車。"李均明（1997A）：驛傳用的車，因其用途而得名。朱湘蓉（2012：100）：驛傳的專用車輛。陳治國（2007A）：傳車是爲郵和傳配備的專用車輛。陳偉（2016C：95）：整理者說是，傳車即傳置用車。

大車：**牛車**。整理者：用牛牽引的載重的車。《周易·大有》："大車以載。"正義："大車，謂牛車也。"

②葆繕：**維修**（整理者）。整理者斷讀作"傳車、大車輪葆繕，參邪可殹"，似是。

參邪：**有二說：一、互相替換**。陳偉（2016C：95）：或讀作"參互"，指車輛之間的輪子在葆繕時可以替換，與下文"相補繕"同理。**二、不齊正**。整理者：參邪，不齊正。夏利亞（2019：132）：葆繕參邪，即維修歪斜不齊正的地方。

③韋革：**生熟皮革**（整理者）。

紅：**指織物**（整理者）。夏利亞（2019：132）：紅器，織物。

【今譯】

驛傳用的車、牛車的輪子在維修時互相替換，是可以的。生熟皮革、織物壞了可以互相修補。拿來那些不能維修的，才可以把它丟棄。金布Q1_11_3_89

【釋文】

受（授）衣者[①]，夏衣以四月盡六月稟之，冬衣以九月盡十一月稟之，過時者勿稟。後計冬衣來年。囚有寒者爲褐衣[②]。Q1_11_3_90爲幏布一[③]，用枲三斤[④]。爲褐以稟衣：大褐一，用枲十八斤，直（值）六十錢[⑤]；中褐一，用枲十四斤，直（值）卌六錢；小褐一，用Q1_11_3_91枲十一斤，直（值）卅六錢。已稟衣，有餘褐十以上，輸大內，與計偕。都官有用□□□□其官，隸臣妾、舂城Q1_11_3_92旦毋用[⑥]。在咸陽者致其衣大內[⑦]，在它縣者致衣從事之縣。縣、大內皆聽其官致[⑧]，以律稟衣。金布Q1_11_3_93

【匯釋】

①受：**後作"授"，發放**。整理者：《詩經·豳風·七月》："九月授衣。"傳："九月霜始降，婦功成，可以授冬衣矣。"與簡文相合。徐世虹（2016）：張家山漢簡《二年律令·金布律》簡419～420規定"夏以四月盡六月，冬以九月盡十一月稟之"，與本條律文規定一致，可見其制至漢初的延續。

②褐衣：**粗麻衣服**。整理者：用枲即粗麻編製的衣服，《孟子·滕文公上》注："褐，枲衣也。"是古時貧賤者穿的衣服。朱湘蓉（2012：98）：粗布衣服。

③幏布：**頭巾**。整理者：古時成年男子有冠，覆蓋頭巾是一種刑辱，《尚書·大傳》："下刑墨幏。"注："幏，巾也，使不得冠飾以恥之也。"

④枲：**名詞，粗麻**。整理者：粗麻，古時用以織褐編履。

⑤大褐一，用枲十八斤，直六十錢：**大粗麻衣服一件，用粗麻十八斤，值六十錢**。整理者：據此，製褐每用枲三斤，價值十錢，下面中褐、小褐比例與此相同。

⑥舂城旦：**有二說：一、三個字連讀**。整理者說。**二、讀爲“舂、城旦”**。夏利亞（2019：132）：舂、城旦爲兩種不同的刑徒，中間當點開。

⑦致：**有二說：一、通“質”，用作動詞，憑券領取**。朱湘蓉（2012：217）：通“質”，書券、契據。《禮記·曲禮上》：“獻田宅者操書致。”王引之《經義述聞·禮記上·書致》：“是質與致古字通。”張再興（2012：808）：讀作“質”，書券、契據。**二、意爲“券”**。整理者：意爲券，此處“致其衣大內”意爲憑券向大內領衣。

⑧聽：**有二說：一、聽從，按照**。整理者：此處“聽其官致”意爲按照該機構的券。張再興（2012：787）：動詞，順，按照。**二、順**。夏利亞（2019：132）說。

【今譯】

發放衣物的，夏天的衣服從四月始到六月底發放，冬天的衣服從九月始到十一月底發放，過期不再發放。將冬天的衣服記在下一年的賬上。囚犯有寒冷（沒有衣服）的可以製粗麻衣服。Q1_11_3_90製作頭巾一條，用粗麻三斤。製作粗麻衣服用來發放：大粗麻衣服一件，用粗麻十八斤，值六十錢；中粗麻衣服一件，用粗麻十四斤，值四十六錢；小粗麻衣服一件，用Q1_11_3_91粗麻十一斤，值三十六錢。發放完衣物後，有剩餘的粗麻衣服十件以上，要運送到大內，與每年的賬目同時上交。都官有用……其官，隸臣妾、舂城Q1_11_3_92旦不可以用。在咸陽服役的從大內憑券領取衣物，在其他縣服役的從服役的縣憑券領取衣物。縣、大內都按照其所在官府發放的書券，依法發放衣物。金布Q1_11_3_93

【釋文】

稟衣者，隸臣、府隸之毋（無）妻者及城旦[①]，冬人百一十錢[②]，夏五十五錢；其小者冬七十七錢[③]，夏卌四錢。舂冬人五十Q1_11_3_94五錢，夏卌四錢；其小者冬卌四錢，夏卅三錢[④]。隸臣妾之老及小不能自衣者，如舂衣。·亡、不仁其主及官Q1_11_3_95者[⑤]，衣如隸臣妾。金布Q1_11_3_96

【匯釋】

①府隸：**在官府服役的隸**（整理者）。高敏（1981A：68）：“隸臣、府隸”中必存在有妻者，奴隸可以有其家室。徐世虹（2016）：據《司空律》簡142“隸臣有妻，妻更及有外妻，責衣”，此句當讀作隸臣之無妻者與府隸之無妻者。

②錢：**疑指每人應繳的衣價**。整理者：推測領衣者如無力繳納，就必須用更多的勞役抵債。彭浩（2007A）：如果徒隸無錢購買衣物，就要按錢數折合成勞役的天數，以增加刑期的方式來償還，其折合標準及方法如《秦律十八種》簡94～96。于

洪濤（2012）：錢是政府發放衣服的價值額而不是現金數。閻步克（2000）：文中所記錢數，就是秦國官府向隸臣妾、城旦舂發放冬夏衣錢的標準。張傳漢（1985）：由《司空律》簡141～142可知，城旦舂均由官府發給衣服，衹有無妻室的隸臣、年老和幼弱的隸臣妾，“不能自衣者”，才由官府發給衣服。

③其小者：**有二説：一、應包含了小隸臣、小府隸與小城旦**。徐世虹（2016）説。**二、應指小隸臣、小城旦**。李力（2007：359）説。

④舂、其小者：**有二説：一、舂應該僅指與城旦並列的舂**。其小者：**指小舂**。徐世虹（2016）説。**二、舂包括隸臣妾和城旦舂**。其小者：**指小隸臣妾**。張昌倬（1985）：根據隸臣、城旦的稟衣規定來看，這條律文中的“舂”無疑包括隸臣妾和城旦舂，兩個“其小者”應是指小隸臣妾。

⑤不仁：**不忠實對待**。仁：**動詞**。整理者：此處即所謂犯上。不仁其主疑指私人奴婢（簡文稱臣妾或人奴妾）而言。佐佐木研太（2004）：圓點表示以下文字類似於備忘録，對表示衣料供給規則的金布律起補充作用。

【今譯】

領取衣物的，沒有妻子的隸臣、府隸以及城旦，冬天每人上繳一百一十錢，夏天五十五錢；小隸臣、小府隸和小城旦冬天七十七錢，夏天四十四錢。舂這種人冬天每人上繳五十Q1_11_3_94五錢，夏天四十四錢；小舂冬天四十四錢，夏天三十三錢。年老和年幼的隸臣妾不能自己製作衣服的，按照舂的標準發給衣服。·逃亡的人、不忠實對待他的主人以及官長Q1_11_3_95的人，按照隸臣妾的標準發給衣服。金布Q1_11_3_96

（五）關市

【釋文】

爲作務及官府市[①]，受錢必輒入其錢缿中[②]，令市者見其入[③]，不從令者貲一甲[④]。關市[⑤]Q1_11_3_97

【匯釋】

①作務：**有二説：一、從事手工業**。整理者説。**二、勞動。尤指手工業勞動**。于豪亮（1985：140）説。夏利亞（2019：134）：于氏之訓爲長。

爲作務及官府市：**有五説：一、從事手工業生産和官府所經營的商業**。吳榮曾（1981A）：市是市貿，即官府所經營的商業，作務則是指手工業生産。黄今言（2003）：爲作務指從事作業技工之流，官府市指官營商業。高敏（1981A：230）：官府市就是官辦的店鋪。**二、從事手工業和爲官府出售産品**（整理者）。**三、官府**

經營手工業者和買賣者。楊振紅（2007）認爲，此簡與張家山漢簡《二年律令·金布律》簡429的“官爲作務、市”所說爲一事，將“爲作務及官府市”語譯爲“官府經營手工業者和買賣者”。**四、作務市和官府市**。陳偉（2012A）“爲作務”係動賓詞組，構成一個與“官”或“官府”類似、因而可以並列的概念；“市”即交易，是“爲作務”與“官府”（或曰“官”）兩者的共同謂語，是說爲作務市和官府市。**五、文字抄寫有誤**。陳松長（2010A）：嶽麓書院藏秦簡《金布律》簡1411作“官府爲作務市”，睡虎地秦簡有誤抄之嫌。

②缿：**陶製錢罐**。整理者：陶製容錢器，類似後來的撲滿。《說文》：“缿，受錢器也……古以瓦，今以竹。”《漢書·趙廣漢傳》注：“缿，若今盛錢臧（藏）瓶，爲小孔，可入而不可出。”夏利亞（2019：134）：古代的儲錢器，小口，可入而不可取出。

③以上文字屬於“令”文（張建國，1998）。

④貲：**罰繳**。貲爲形聲字，从貝、此聲。本義指罰繳財物。《說文》：“貲，小罰以財自贖也。”此處貲用本義。栗勁（1985：288－289）：秦律中的貲刑主要有三類：一是貲物，主要是貲盾和貲甲。二是貲金，主要是貲布和貲錢。對秦人，主要是貲盾和貲甲；對邦客，主要是貲布和貲錢。三是貲勞役，主要是貲戍和貲傜。對於官吏，主要是貲盾和貲甲；對於勞動人民，主要是貲戍和貲傜。夏利亞（2019：135）：貲的範圍，常在二甲一盾、一甲一盾，戍二歲或一歲之間。

貲一甲：**罰繳一副鎧甲**。整理者：《韓非子·外儲說右下》“訾之人二甲”注：“訾……罰之也。”古時常罰令犯罪者繳納武器或製造兵器用的金屬，見《周禮·職金》《國語·齊語》《管子·小匡》等篇。當時這一類懲罰有繳納絡組、盾、甲等若干等級。林劍鳴（1981：290）：秦律常有“貲一甲”“貲一盾”的規定，表明民間可自製甲、盾，製皮革當爲家庭手工業不可少的部分。

今按：眾學者關於貲一甲的具體理解大致可以分爲四類：

一是繳納與實物價值相當的現金。劉海年（1981）：法律規定的“甲”和“盾”等，是作爲不同等級的貲罰的標準，可能是要求犯罪人按規定的甲、盾繳納一定數量的錢。傅榮珂（1992：213）：秦統一六國後軍需減少，其貲罰之刑“盾、甲”或可能以同值之錢繳納。任仲爀（2008）：按里耶秦簡用現金表示贖錢、貲餘錢、貲錢的金額，貲甲盾實際是繳納一定的錢數，貲一盾很可能是繳納672錢，與當時的勞役價額一日八錢關係密切。于振波（2010）：嶽麓書院藏秦簡0957、0970標明有貲甲盾的錢數：“貲一甲，直（值）錢千三百卌四，直（值）金二兩一垂（錘）。一盾直（值）金二垂（錘）。贖耐（耏），馬甲四，錢七千六百八十。”“馬甲一，金三兩一垂（錘），直（值）錢千□百廿。金一朱（銖），直（值）錢廿四。贖死（死），馬甲十二，錢一萬三千卌。”其中一垂等於八銖，金一銖等於24錢。“貲一盾”相當於384錢（金16銖）。贖用馬甲是以往所不知的。

二是繳納實物。整理者認爲繳納實物，即罰繳一副鎧甲。石子政（1984）認爲，在統一戰爭的形勢下，秦統治者採用軍事裝備甲、盾、絡組成爲繳納物，以擴大戰略物資的來源和刺激這些物質的生產。即使有按法折錢繳納的做法，也是個別的通融措施。

三是繳納製作甲盾的原材料。臧知非（2006）：最合理的辦法是要當事人繳納製作甲盾所需的皮革等原材料，就像管仲在齊國推行的制度那樣。

四是按標準繳納實物或繳納製造實物的原材料或按實物的法定價格繳納現金。呂名中（1982）：由於盾、甲、絡組精粗不一，價格不同，秦政府很可能對質量規格有標準要求，按標準繳納實物或繳納製造實物的原材料，或按實物的法定價格繳納現金。這可從罰繳布而實際按值折錢繳納推知，如《法律答問》簡90。

⑤關市：**本是官名，這裏指關於關市職務的法律。**整理者：官名，見《韓非子·外儲說左上》，管理關市的稅收等事務。《資治通鑒·周紀四》胡注認爲“關市”即《周禮》中的“司關”“司市”，“戰國之時合爲一官”。此處關市律係關於關市職務的法律。

關於本簡的名稱，**有二說：一、實際應是《金布律》。**陳松長（2010A）據嶽麓書院藏秦簡《金布律》推斷：睡虎地秦簡《關市律》實際是《金布律》。簡後署爲“關市”，很可能是抄寫者所根據的底本有誤，或者是抄寫者本身誤抄所致。**二、同屬《關市》《金布》二律而各有側重。**陳偉（2012A）：在秦律中，“入錢缿中”律可能同時出現於《關市》《金布》二律而各有側重。陳偉（2016C：98）：嶽麓書院藏秦簡1399、1403、1411記云：《金布律》曰：“官府爲作務市受錢，及受齎、租、質、它稍入錢，皆官爲缿，謹爲缿空，嬃（務）毋令錢能出，以令若丞印封缿而入，與入錢者參辨券之，輒入錢缿中，令入錢者見其入。月壹輸缿錢及上券中辨其縣廷；月未盡而缿盈者，輒輸之。不如律，貲一甲。”

【今譯】

從事手工業生產和官府所經營的商業，收錢後必須立即把錢投入陶製錢罐中，勒令買東西的人看見錢投入其中，不遵守法令的人罰繳一副鎧甲。關市Q1_11_3_97

（六）工律

【釋文】

爲器，同物者[①]，其小大、短長、廣亦〈夾〉必等[②]。工律[③]Q1_11_3_98

【匯釋】

①物：**類型。**整理者：《漢書·五行志》注：“類也。”

同物：**同一種類型。**

爲器，同物者：**有二種標點法：一是“爲器同物者”**（陳偉，2016C：98）。

二是"爲器，同物者"。徐世虹（2016）：整理小組將此句譯爲"製作同一種的器物"，但語句略顯滯礙，可將句讀改爲"爲器，同物者"。

②亦：**即"夾"，通"狹"。**廣亦：**寬度。**魏德勝（2000：37）："亦"是"夾"的誤字，讀"狹"。黃文傑（1998）辨秦至漢初簡帛形近字，認爲這一時期的簡帛文字還存在著大量形近混同的字，亦與"夾"即爲一組。徐世虹（2016）：秦漢文獻中常有"夾""狹"通用之例，此處釋"亦"爲"夾"，"夾"同"狹"，廣狹與前文的小大、短長並列，都是對製作官府器物的標準要求。

③工律：**關於官營手工業的法律**（整理者）。陳偉（2012B：160）：出土文獻中的《工律》之名，又見里耶秦簡8－463："今《工律》曰度繕其□者佐工爲它□。"

【今譯】

製作器物，同一種類型的，它們的大小、長度、寬度必須相同。工律Q1_11_3_98

【釋文】

爲計，不同程者毋同其出①。工律Q1_11_3_99

【匯釋】

①程：**規格**（整理者）。張再興（2012：979）：名詞，規格、限定、標準。今按：更多關於"程"的討論和解釋參看《工人程》簡108"人程"條注。

同其出：**在賬目上列爲同一項目出賬**（整理者）。

【今譯】

記賬時，不同規格的器物不要在賬目上列爲同一項目出賬。工律Q1_11_3_99

【釋文】

縣及工室聽官爲正衡石羸（纍）、斗用（桶）、升①，毋過歲壺〈壹〉②。有工者勿爲正。叚（假）試即正③。工律Q1_11_3_100

【匯釋】

①工室：**有四説：一、管理官營手工業的機構，分爲朝廷、郡、縣所有三級。**整理者：《封泥彙編》有漢封泥"右工室丞""左工室印"。《漢書·百官公卿表》有考工室，屬於少府。吳榮曾（1995：39）：管理手工業的機構成爲官僚機構的組成部分之一，所謂的"工室"，就是這類機構的名稱。羅開玉（1986）：秦的工室分爲朝廷、郡、縣所有三級。郡縣所屬工室受朝廷和郡縣的雙重管理。朝廷的管理主要是經濟和業務方面的，郡縣則在行政上對工室負責。**二、直屬中央的兵器生產機構。**陸德富（2006）認爲，秦國中央和地方均設有工室主造兵器。工室應該是直屬中央的兵器生產機構。**三、兵器和衡器的生產機構。**趙孝龍、胡香蓮（2010）：工

室爲少府屬官，在地方上有直屬機構，執掌官營手工業。但工室不衹是兵器的生產機構，還有鑄造衡器的可能。**四、衹是製造器物的作坊。**陳治國、張衛星（2007）：工室在性質上衹是製造器物的作坊，而不是政府的行政管理機構。政府的許多官署都可以設置工室，彼此無統屬、管理關係，也無材料證明工室對民間手工業作坊有管理的權限。在行政上，郡縣工室的管理由郡守或縣令任免；在經濟業務上，工室受內史管轄。

聽：**接受。**

衡石：**以石爲單位的衡器。**整理者：見《秦始皇本紀》。

羸：**通"纍"，衡器中的權。**整理者：漢銅權銘文常自名爲纍。

用：**通"桶"，容量單位，十斗，或說六斗。**陳偉（2016C：100）：睡虎地秦簡《效律》簡3~4有對量器"桶"精度的規定："甬不正，二升以上，貲一甲；不盈二升到一升，貲一盾。"在其他律文中，未見"桶"作爲度量單位的用例。里耶秦簡（壹）保存的大量倉庫出入糧食的記錄中，衹用石、斗、升計量，並不使用"桶"。西漢初年的《二年律令》和《算數書》中也不見"桶"用作容量單位。這些現象說明，在秦統一中國前後，"桶"已被"石"取代，逐漸退出國家法定的容量單位。嶽麓書院藏秦簡《數》簡111（C140101+1733）所見的"桶"，應當是在此之前的遺留。整理者：見《呂氏春秋·仲春紀》及《商君列傳》，秦漢時以十斗爲桶，一說六斗爲桶，詳見段玉裁《說文解字注》。

斗用：**即斗桶。**

升：**容量單位。**丘光明（1992：140）：商鞅銅方升實測內口長12.477 4釐米、寬6.974 2釐米、深2.323釐米，容積202.1453 8立方釐米。以秦漢每尺長23.1釐米爲標準，折合爲長5.4寸、寬3寸、深1寸，容積爲16.2立方寸，與方升自銘"爰積十六尊（寸）五分尊（寸）壹爲升"相符。

②壺：**爲"壹"之誤字。**

③有工者勿爲正：**其語意有二說：一、有關部門即使有工匠，工匠也無權校正前述衡量器具。**戴世君（2008B）說。叚（假）試即正，是說前述工匠當被有關官府借用時便可以校正衡量器具。徐世虹（2016）：戴世君先生對本條立法意圖的分析較爲合理。"縣及工室……毋過歲壺〈壹〉"，確立的是公家對衡器校正權的唯一性；"有工者勿爲正。叚（假）試即正"，是對工匠校正權的限制及有條件行使的規定。夏利亞（2019：136）：戴氏之言甚有理。**二、本身有校正工匠的，則不必代爲校正。**整理者說。

叚：**後作"假"，借。**

試：**用**（整理者）。

【今譯】

縣和工室（管理官營手工業的機構）接受官府給他們校正衡器中的權、斗桶和升，不要超過每年校正一次。有關部門即使有工匠，工匠也無權校正前述衡量器具。借用這些衡器，便要加以校正。工律Q1_11_3_100

【釋文】

邦中之繇（徭）及公事官（館）舍[①]，其叚（假）公[②]，叚（假）而有死亡者，亦令其徒、舍人任其叚（假）[③]，如從興戍然。工律Q1_11_3_101

【匯釋】

①邦中之繇：**都邑中的徭役**。邦中：**即國中，指都邑**。繇：**通“徭”，徭役**。《高祖本紀》：“高祖常繇咸陽。”張金光（1983A）：“邦中之徭”和簡123的“上之所興”是中央一級工程。

公事官舍：**有二說：一、因官府的事務居住在館舍**。整理者：公事，官府的事物。見《論語·雍也》。館，動詞，居宿。館舍即居宿於官舍。**二、爲公家修築館舍**。孫曉春、陳維禮（1985）：事，訓爲治、營。“公事館舍”，就是爲公家修築館舍，是郡縣臨時攤派的徭役，屬“邑中之紅”。

②叚公：**有二說：一、向官府借用器物**。整理者語譯爲借用官有器物。徐世虹（2016）：“假”作“服事”解，似無文例。張家山漢簡《二年律令·盜律》簡77：“諸有叚（假）於縣道官，事已，叚（假）當歸。弗歸，盈二十日，以私自叚（假）律論。”其中的“諸有叚（假）於縣道官”句法同“假公”，意思即爲“向縣道官借公物”。**二、服事於公**。孫曉春、陳維禮（1985）：即假於公，服事於公。

③徒：**指服徭役的人衆**（整理者）。

舍人：**有二說：一、有官府事務者的隨從**。整理者：此處指有官府事務者的隨從。《漢書·高帝紀》注：“親近左右之通稱也，後遂以爲私屬官號。”**二、與借官府器物者共同居住於館舍之人**。張政烺、日知（1990B：46）說。

任：**負責**（整理者）。

【今譯】

從事都邑中的徭役和因官府的事務居住在館舍，如果向官府借用器物，借用後有死亡的，也要勒令服徭役的人衆和有官府事務者的隨從承擔借用償還責任，就如同參加屯戍一樣。工律Q1_11_3_101

【釋文】

公甲兵各以其官名刻久之[①]，其不可刻久者，以丹若䰍書之[②]。其叚（假）百姓甲兵[③]，必書其久，受之以久。入叚（假）而Q1_11_3_102而毋（無）久及非其官之久也[④]，皆沒入公，以《齎（資）律》責之[⑤]。工Q1_11_3_103

【匯釋】

①甲兵：**武器**（整理者）。夏利亞（2019：136）：鎧甲和兵械，此處指兵器。

刻久：**刻上標記**（整理者）。袁慶述（1989）把本簡和簡178的“刻久”點斷作“刻、久”。

久：**有二說：一、本是燒烙、灼灸之義，引申出標記、記號之義**。袁慶述（1989）：除簡104“以髼久之”以外，其餘的“久”均爲燒烙、灼灸之義，引申出標記、記號之義。魏德勝（2000：29）：“久”始是“燒灼”義，後引申有“做記號”的意思。再引申指“標記”，名詞。魏德勝（2003：233）：“久”是“烙”義，從“久”的本義“灸”引申而來。**二、做標記的意思**。王三峽（2006）：秦時爲公家器物做標記有三種方式：刻、久、丹。本簡後四處單用的“久”就是標記的意思，包括上述三種方式的標記。“久刻職物”所“刻”“久”以及“丹若漆書之”的衹是所屬“官名”即官府機構名稱而已，查驗的也衹是是否有“久”或爲“其官之久”，並無久刻編號次第之說。從出土實物來看，秦及戰國的兵器刻辭也無久刻編號次第之例。

②髼：**黑漆**。整理者：即“髹”“髤”字，《說文》：“桼（漆）也。”此處係名詞，參看王筠《說文句讀》。古書常以“髼”字與“漆”字混用，以致讀“髼”爲“漆”。丹爲紅色，髼爲黑色。

③百姓：**一般當兵的農民**。夏利亞（2019：137）說。

④第二個“而”係衍文（整理者）。

⑤齎：**通“資”，資財**（整理者）。

《齎律》：**有六說：一、當爲關於財務的法律**（整理者）。**二、當爲財物往來的法律**。栗勁（1985：418－419）：聯繫律文，齎還有索取和賠償財務的意思。《齎律》當爲財物往來的法律。**三、有關物資管理的法律**。吳樹平（1988：71）：《齎律》即有關物資管理的法律。**四、記錄府庫内各類公物價值的法律**。彭浩（2006A）：《齎律》大多與《效律》有關，主要内容應是記錄府庫内各類公物（或稱“公器”）的價值，也可稱作法定價值。**五、關於規定攜帶、保管、償還、給付財物應如數齊全的一篇秦律**。王惠（2009）：《齎律》是關於規定攜帶、保管、償還、給付財物應如數齊全的一篇秦律，並設有主管的職官。在漢律中，平價制的出現代替了由《齎律》規定數額的制度。**六、與器物價值有關的一類法律條文的泛稱**。朱紅林（2010）：齎律本身並不是一項專門的法律，而是指與器物價值有關的一類法律條文的泛稱，與之相關的規定，諸如賠償公物及發放、調配官有物資等的法律規定，都包括在内。

【今譯】

官府的武器各自要把官府的名稱刻寫標記在上面，不能刻寫標記的，用紅漆或者黑漆書寫在上面。如果把武器借給百姓，一定要書寫上標記，並按標記來收回。上繳借用的武器而Q1_11_3_102上面沒有標記以及不是該官府的標記，都要沒收繳入

官府，並根據《齎律》來責令賠償。工Q1_11_3_103

【釋文】

公器官□久，久之。不可久者[①]，以鬃久〈書〉之[②]。其或叚（假）公器，歸之，久必乃受之[③]。敝而糞者，靡蚩其久。官輒告叚（假）Q1_11_3_104器者曰：器敝久恐靡者，遝其未靡[④]，謁更其久。其久靡不可智（知）者，令齎賞（償）[⑤]。叚（假）器者，其事已及免，官輒Q1_11_3_105收其叚（假），弗亟收者有辠（罪）。·其叚（假）者死亡、有辠（罪）毋（無）責也，吏代賞（償）。毋擅叚（假）公器，者（諸）擅叚（假）公器者有辠（罪），毀傷公Q1_11_3_106器〔及□者〕令賞（償）[⑥]。Q1_11_3_107

【匯釋】

①久：刻記（整理者）。

②久：**有二說：一、應是"書"字之誤**（裘錫圭，1993）。**二、可不作"書"之誤理解**。徐世虹（2016）：《工律》簡102中"刻久"之"久"與"書"對舉，可見是與"書"不同的兩種行爲，即前者是銘刻，後者是書寫。這裏也可如此理解，即"不能銘刻標記的，用書寫標記"，因此"久"可不作"書"之誤理解。

③必：**信賴，講信用**。夏利亞（2019：137）說。

久必：**標記符合**。整理者：《漢書·韓信傳》注："必，謂必信之。""久必"意爲標記符合。徐世虹（2016）："久必乃受之"的含義與簡102的"受之以久"相通。

④遝：**動詞，趁著**。整理者：《方言》："及也。"

⑤令齎賞：**有二說：一、按照《齎律》賠償**。徐世虹（2016）：以簡103的"以《齎律》責之"推測，此句中的"齎"也有可能是指《齎律》。**二、令以錢財賠償**。整理者說。

⑥及□者：**有三說：一、缺一個字。二、缺字可能多於一個字**（整理者）。**三、缺字是"亡之"**。張世超、張玉春（1985B）：此處應補"亡之"。

佐佐木研太（2004）：圓點後的文字是附加的，是因爲關心公器貸與方面官吏所要負起的責任。

本簡規定公器的標記和借用，《均工》主要規定手工業勞動者的培訓、培訓期間的工作定額和手工業勞動者的調度等內容，兩簡從內容和規範物件來看明顯不同，整理小組認爲簡114可能綴於簡107之末的說法可再商（徐世虹，2016）。夏利亞（2011）：簡114上部殘斷，本簡下部殘斷。兩簡若相連接，長度恰合一簡長度，然本簡是關於公器標記方面的規定，與《均工》的內容相差甚遠，疑不爲一簡。整理者：本條律名殘失，從內容看應屬《工律》，但下《均工》中僅存律名的殘簡也有可能綴於此條之末。

【今譯】

官府器物由官府……標記，對其刻記標識。不能刻上標記的，用黑漆在上面書寫標記。如果有借用官府器物的，歸還它的時候，標記符合才能收回它。器物破舊要進行處理的，要磨去上面的標記。官府應立即告知借用Q1_11_3_104器物的人說：器物破舊而擔心標記磨掉的，趁它還沒有被磨掉，報請官府更換上面的標記。上面的標記已磨掉而無法辨識的，責令借者按照《齎律》賠償。借用器物的人，他的事務已經完成以及被免除，官府應立即Q1_11_3_105收回所借器物，不儘快收回的有罪。·借用官府器物的人死亡或犯罪而無法索回器物，由官吏代爲償還。不要擅自借出官府器物，凡是擅自借出官府器物的人都有罪，毀壞官府Q1_11_3_106器物和……的責令賠償。Q1_11_3_107

（七）工人程

【釋文】

隸臣、下吏、城旦與工從事者[①]，冬作爲矢程[②]，賦之三日而當夏二日[③]。工人程[④]Q1_11_3_108

【匯釋】

①下吏：**有三說：一、名詞，指被下吏的人。**整理者：秦漢時把原有一定地位的人交給官吏審處，稱爲“下吏”，如《劉敬叔孫通列傳》：“於是二世命御史案諸生言反者下吏。”此處係名詞，指被下吏的人。古書中或稱下級的吏爲“下吏”，與簡文不合。**二、對犯有罪行的官吏所處的輕於鬼薪白粲而近於隸臣、司寇和侯的一種徒刑。**栗勁（1985：277）說。**三、已被判決且執行刑罰的刑徒。**徐世虹（2016）說。

②冬作：**冬季勞作**（整理者）。

矢程：**有二說：一、寬鬆的標準。**徐世虹（2016）：“矢”通“弛”，解釋爲寬鬆。此句句讀從整理者的意見，讀作“冬作爲矢程”，意思是“冬季勞動適用寬鬆的標準”。**二、放寬生產的規定標準。**整理者：《爾雅·釋詁》：“弛也。”矢程，放寬生產的規定標準。

③賦：**有二說：一、指分配工作定額。**陳偉（2016C：103）：《漢書·趙充國傳》：“賦人二十晦。”顏師古注：“賦，謂班與之也。”這裏似指分配工作定額。簡111“歲賦紅”，《秦律雜抄》簡22“賦歲紅”，“賦”字含義與此相同。**二、取，收取產品。**整理者：《左傳·僖公二十七年》注：“猶取也。”賦之，指令之勞作而收取產品。

吳榮曾（1981A）：簡文義爲冬天每勞作一天半，衹抵夏季一天，《九章算術》

的土功工程部分也提到有冬程、春程、夏程、秋程之分。

④工人程：**有二說：一、人程即員程，每人生產定額的法律規定。**“程”字本義爲度量衡、法度、期限和規格；又可用作動詞，意爲稱、衡量和估算。“人程”即員程，《漢書·尹翁歸傳》：“責以員程不得取代，不中程輒笞督。”注：“員，數也，計其人及日數爲功程。”楊樹達《漢書窺管》卷八：“員程謂定數之程課，如每日斫莝若干石之類。”《爲吏之道》也有“員程”。工人程，關於官營手工業生產定額的法律規定。**二、“工人”可連讀，不必轉爲“員程”。**栗勁（1985：417）說。《工人程》應是官營手工業從業人員的勞動定額的法律規定。

對“程”的法律地位，學者的認識並不相同。**有二說：一、“程”是依附於工律之下的一種具體規定。**徐世虹（2005）認爲“工人程”並不是一種律名，而是依附於工律之下的一種具體規定。**二、“程”是工律中的定量性法規。**閆曉君（2012：34，39，43，44）指出，由於“程”是律令中具有定量性的條款與內容而不屬於獨立的法律形式，因而工人程僅是工律中的定量性法規。“工人程”究竟是律篇名“工人程律”的簡稱，與其他律篇共爲無上下位關係的法源，還是隸屬於上一位階的法源，尚有待新資料的出現作進一步判斷。

【今譯】

隸臣、下吏、城旦和工匠從事勞作的，在冬季勞動，要爲他們放寬標準，分配他们工作定額，冬季三天相當於夏季兩天。工人程Q1_11_3_108

【釋文】

冗隸妾二人當工一人①，更隸妾四人當工〔一〕人②，小隸臣妾可使者五人當工一人③。工人程Q1_11_3_109

【匯釋】

①冗隸妾：**有五說：一、疑爲做零散雜活的隸妾**（整理者）。**二、暫時沒有勞役或衹服零星勞役者。**高敏（1981A：56）：暫時沒有勞役或衹服零星勞役者叫“冗隸妾”或“冗居公者”。**三、長期服役者。**楊振紅（2008）：冗隸妾爲長期服役者，更隸妾是分番短期服役者。冗隸妾由於長期服役，技術熟練，對環境也更爲了解，因此工作效率一般來說高於輪更供役的更隸妾。安忠義（2010：79）：爲公家冗作的隸妾，服役期比更隸妾長。**四、有固定工種的奴隸。**秋非（1989）：冗之言永也。冗隸妾似爲有固定工種的奴隸，與更隸妾之無固定工種相別。**五、沒有固定服役義務者。**廣瀨薰雄（2005B）：“冗”是與“更”相對的用語，意味著沒有固定的服役義務。

②更隸妾：見《倉律》簡54“更”條注。整理者：“一”字原脫。

關於冗隸妾和更隸妾的區別有以下一些說法：楊振紅（2008）：冗隸妾爲長期服役者，更隸妾是分番短期服役者。秋非（1989）：冗隸妾似爲有固定工種的奴隸，與更隸妾之無固定工種相別。張傳漢（1985）：冗隸妾要有二分之一的時間在官府從事勞役，故“二人當工一人”；更隸妾要有四分之一的時間從事勞役，故“四人當工一人”。曹旅寧（2007A）：“更”“冗”表示技藝、技能的差異。

③可使：**有二說：一、據居延漢簡，指七歲以上的兒童**（整理者）。**二、一類小隸臣妾**。徐世虹（2016）：《倉律》簡48有“妾未使”之語，可知秦律將小隸臣妾分爲“可使”與“未使”。

【今譯】

冗隸妾兩人相當於工匠一人，更隸妾四人相當於工匠一人，小隸臣妾可役使的五人相當於工匠一人。工人程Q1_11_3_109

【釋文】

隸妾及女子用箴（針）爲緡繡它物[①]，女子一人當男子一人[②]。工人程Q1_11_3_110

【匯釋】

①女子：**一般身份爲自由人的婦女**（整理者）。

箴：**同“針”，縫衣用的工具**。整理者：即“針”字，見《荀子·賦》等。

緡繡：**即文綉，專指刺綉**。整理者：《呂氏春秋·仲秋季》：“文綉有常。”《禮記·月令》作“文綉有恒”，注：“文謂畫也，祭服之制畫衣而綉裳。”但從簡文說用針看，文綉應專指刺綉。

②女子：**泛指性別意義上的“女性”**。徐世虹（2016）：此處“女子”並不是身份稱謂，而是泛指性別意義上的“女性”，涵蓋了前述“隸妾及女子”兩個並列項，是指所有從事文綉工作的女性。

【今譯】

隸妾和一般婦女用針製作刺綉等其他物品，女性一人相當於男性一人。工人程Q1_11_3_110

（八）均工

【釋文】

新工初工事，一歲半紅（功）[①]，其後歲賦紅（功）與故等[②]。工師善教之[③]，故工一歲而成[④]，新工二歲而成。能先期成學Q1_11_3_111者謁上，上且有以賞之。盈期不成學者，籍書而上內史[⑤]。均工[⑥]Q1_11_3_112

【匯釋】

①紅：**通“功”。**

半紅：**即半功，生產定額的一半**（整理者）。

②故：**有二說：一、名詞，故工。**整理者：這裏指故工，即做過工有一定基礎的工人。**二、形容詞，有經驗的。**張再興（2012：648）說。

③工師：**有二說：一、管理官營手工業的官吏名，管理“工”的主要官吏。**吳榮曾（1981A）：管理官營手工業的官吏之名爲工師，戰國時各國皆如此。高恒（1994：9）：工師爲“工官之長”。秦簡所見工師，當爲邦司空屬官。魏德勝（2003：180）：管理“工”的主要官吏。夏利亞（2019：140）：工師爲官名，爲工官之長。在管教百工、主持及監督生產方面負主要責任。**二、手工業工匠中的師傅，是專門的技術人才。**整理者：手工業工匠中的師傅，當時有一定職位。《呂氏春秋·季春紀》：“命工師令百工審武庫之量，金鐵、皮革、筋角齒羽、箭桿、脂膠、丹漆，無或不良。”楊劍虹（1989）：戰國時期，工師不再是職官，而是專門的技術人才。工師的政治地位下降了，但他們精通技藝，在製造產品時，他們要嚴格把關，而且要傳授技藝。于豪亮（1980A）：工師不僅要負責製造器物，還有教好學生的任務。

④成：**成爲熟練工**（陳偉，2016C：104）。

⑤籍書：**有二說：一、登記在簿書上。**徐世虹（2016）：《語書》簡 14“志千里使有籍書之”，整理小組譯爲“由郡官記錄在籍簿上向全郡通報”，此義同，即“登記在簿書上”。**二、記名。**整理者語譯爲記名。

內史：**有二說：一、秦手工業官吏工師的上級。**吳榮曾（1981A）：秦手工業官吏工師的上級乃是內史。官營手工業的收入應是歸國君個人的。**二、對官府器物的管理負有最高責任的官員。**工藤元男（1995）：據《金布律》簡 86～88，內史之於官府器物的管理負有最高責任。從官府器物的製作現場到出入管理乃至廢物的處理，也都由內史實行一以貫之的行政管理。今按：關於內史的討論詳見《廄苑律》簡 16～20“內史”條注。

⑥均工：**關於調度手工業勞動者的法律規定。**整理者：《周禮·內宰》注：“猶調度也。”均工，關於調度手工業勞動者的法律規定。徐世虹（2016）：《均工》作爲法律規定僅見於睡虎地秦簡，自此迄今，尚未發現其他名爲“均工”的法律條文或律篇。至於“均工”是獨立的律篇名，還是僅爲實施《工律》的細則性規定，目前未詳。

【今譯】

新的工匠剛開始工作，第一年要求完成生產定額的一半，此後每年分配的生產定額應與過去做過工的工匠相等。工師要善加教導，過去做過工的工匠一年就學成，新的工匠兩年學成。能夠在規定期限之前提前學成Q1_11_3_111的，要向上級報告，上級將有所獎賞。規定期限已到還沒有學成的，應登記在簿書上並上報內史。均工Q1_11_3_112

【釋文】
隸臣有巧可以爲工者①，勿以爲人僕、養②。均Q1_11_3_113

【匯釋】
①巧：**名詞，技藝**（整理者）。夏利亞（2019：140）：當釋爲技巧、技能。
②僕：**名詞，駕車的人。**
養：**名詞，做飯的人。**

【今譯】
隸臣有技藝可以成爲工匠的，不要讓他給他人充當駕車的人和做飯的人。均Q1_11_3_113

【釋文】
▨均工①Q1_11_3_114

【匯釋】
①本條律文殘失，參看上《工律》“公器官□久”條注（整理者）。

【今譯】
……均工Q1_11_3_114

（九）䌛律

【釋文】
御中發徵①，乏弗行②，貲二甲。失期三日到五日，誶③；六日到旬，貲一盾；過旬，貲一甲④。其得殹（也）⑤，及詣⑥。水雨，除興⑦。Q1_11_3_115興徒以爲邑中之紅（功）者⑧，令結（嫴）堵卒歲⑨。未卒堵壞，司空將紅（功）及君子主堵者有辠（罪）⑩，令其徒復垣之，Q1_11_3_116勿計爲䌛（傜）⑪。·縣葆禁苑、公馬牛苑⑫，興徒以斬（塹）垣離（籬）散及補繕之⑬，輒以效苑吏，苑吏循之⑭。未卒歲或壞Q1_11_3_117陕（决），令縣復興徒爲之，而勿計爲䌛（傜）。卒歲而或陕（决）壞，過三堵以上，縣葆者補繕之；三堵以下，及雖Q1_11_3_118未盈卒歲而或盗陕（决）道出入⑮，令苑輒自補繕之。縣所葆禁苑之傅山、遠山⑯，其土惡不能雨⑰，夏有Q1_11_3_119壞者，勿稍補繕，至秋毋（無）雨時而以䌛（傜）爲之。其近田恐獸及馬牛出食稼者，縣嗇夫材（裁）興有田其旁Q1_11_3_120者⑱，無貴賤，以田少多出人，以垣繕之，不得爲䌛（傜）。縣毋敢擅壞更公舍官府及廷⑲，其有欲壞更殹

(也)，必灋Q1_11_3_121之[20]。欲以城旦舂益爲公舍官府及補繕之，爲之，勿灋。縣爲恒事及灋有爲殹(也)[21]，吏程攻(功)[22]，羸Q1_11_3_122員及減員自二日以上[23]，爲不察[24]。上之所興，其程攻(功)而不當者，如縣然。度攻(功)必令司空與匠度之[25]，毋獨令Q1_11_3_123匠。其不審，以律論度者，而以其實爲繇(徭)徒計[26]。繇(徭)律[27]Q1_11_3_124

【匯釋】

①御中發徵：**有三說：一、朝廷徵發徭役**(朱紹侯、孫英民，1982)。孫曉春、陳維禮(1985)：秦時徭役分爲兩種：一爲朝廷統一徵發的徭役，即“御中之徵”；一爲郡縣攤派的臨時徭役，即“邑中之紅”。彭浩(2010)：“御中發徵”指中央政府的治事之官或機構徵調徭役。**二、地方官吏爲朝廷徵用徭役**。整理者：向朝廷進獻。《獨斷》：“所進曰御。”徐世虹(2016)：“御中發徵”是朝廷的行爲，但具體組織實施者是地方官吏。夏利亞(2019：140)：御中，向朝廷進獻。御，進獻。**三、直接爲朝廷服務的徭役**。高恒(1980B)：主要是爲朝廷“轉輸菽粟、芻藁”等物資和替秦王室修築宫殿、陵寢。按《徭律》規定，朝廷設置在各地的“禁苑”，也應由所在縣負責徵發徭徒維修。陳偉(2016C：106)：張家山漢簡《二年律令》簡269：“發徵及有傳送，若諸有期會而失期，乏事，罰金二兩。”可參看。

②乏：**有二說：一、廢，廢棄**。整理者：廢。《急就篇》顔注：“律有乏興之法，謂官有所興發而輒稽留，乏其事也。”徐世虹(2016)：簡文規定的對象，主要是爲朝廷徵發徭役而進行組織工作的官吏。從本條來看，“乏弗行”是指地方官吏對朝廷的徵發不作爲或不積極作爲或作爲不夠，故以“廢”釋“乏”亦可。陳偉(2016C：106)：《法律答問》簡164：“可謂‘逋事’及‘乏繇’？律所謂者，當繇，吏、典已令之，即亡弗會，爲‘逋事’；已閱及敦車食若行到繇所乃亡，皆爲‘乏繇’。”可參看。**二、闕乏**。王偉(2005)：秦漢史籍所見“乏興”之事，事類不一、處刑不一，很難爲“乏興”下一個簡單明瞭的定義，但“乏興”之事多與軍事活動有關，並多致重刑。整理者用《急就篇》顔注對“乏興”的解釋來證簡115，不能證明“乏弗行”的“乏”是“廢”的意思。因爲整理者引文少“闕”字。《四部叢刊》本《急就篇》顔注“闕乏其事也”，“乏興”之“乏”釋作“闕乏”。

今按：《法律答問》簡164與嶽麓書院藏秦簡1241具體反映了基層官吏在徭役中的組織責任，可參看。

③誶：**對違法者進行申斥責駡。有三說：一、一種刑罰名**。劉海年(1981)：這是秦統治階級對犯貲罪以下官員的一種懲治，相當於現代某些國家法律中的“訓誡”。它是一種刑罰，一旦被誶，便是受了刑事處分，算有了“前科”。劉玉堂(2005)：誶刑就是對罪犯進行申斥責駡的刑罰，類似今天的“訓誡”。秦的誶刑較貲刑爲輕，且誶刑的等級至少在罰一盾(貲刑中較低的刑罰檔次)以下。秦國的誶刑適用範圍涉及司法瀆職、徭役徵發、糧食儲備、倉廩管理以及物資盤點等方面。**二、一種行政處分**。朱紹侯、孫英民(2003)：針對違反制度，有嚴重過失的犯錯

誤人員，採取的手段是“貲”“誶”，這是一種行政處分。**三、一種處罰，不屬於刑罰。**夏利亞（2011）：誶在秦簡中出現凡 18 次，多與貲相伴出現，是一種輕於貲刑的處罰，不屬於刑罰之列。艾永明（2012）：對於情節和責任比較輕微的行爲，秦律規定適用“誶”的處罰。徐世虹（2016）：誶常與貲一起使用，是低於貲的一種懲治方式，一般衹適用於官吏，針對的多是因職務過失或犯罪的官吏。

④過旬，貲一甲：**超過十天，罰一甲。**高敏（1981A：46）：這種對服役者失期的懲處規定，同《陳涉世家》所說秦末的“失期，法皆斬”“亡亦死”的規定顯然存在差别，表明《秦律》不是秦始皇時期撰寫的秦律。張金光（1983A）：這類傜役的時限當爲一個月，就是一年一度的“月爲更卒”之役，即《廄苑律》中“除一更”的“更”。陳偉（2016C：106）：本條是對興傜的規定，與發屯不同。

⑤得：**有二説：一、足，指徵發人數已足。**整理者：《禮記・王制》注：“猶足也。”**二、捕獲或察覺。**王偉（2005）：也可釋爲捕獲或察覺。

⑥及：**形容詞，通“急”，急速。**整理者：疑讀爲“急”，《孫子・作戰》“急於丘役”，臨沂銀雀山漢墓竹簡“急”字作“及”。

詣：**送到服勞役的處所。**整理者：《秦始皇本紀》：“天下徒送詣七十餘萬人。”

⑦除興：**免除本次徵發**（整理者）。

其得毆，及詣。水雨，除興：王偉（2005）：本簡讀作：“……其得毆及詣水雨。除。興。”詣水雨，與睡虎地秦簡《日書》甲種簡 79、乙種簡 107 的“詣風雨”句式相同，指遇到“風雨”“水雨”之類的惡劣天氣。除，免罪。“其……除”是秦漢法律中表示特殊情況下對違法者予以免罪的典型句式。參看張家山漢簡《二年律令・亡律》簡 167、《二年律令・雜律》簡 182。“興”，是這條律文所屬律篇的篇名，衹是書寫者省去篇名中的“律”字。這種省略在《秦律十八種》中習見。

⑧徒：**有二説：一、被徵發服傜役的農民。**籾山明（2007）：徒指被徵發服傜役的農民。律文的後段“欲令城旦舂益爲公舍官府及補繕之”，即指刑徒的勞動。陳偉（2016C：107）：嶽麓書院藏秦簡 1241～1242：“繇（傜）律曰：歲興繇（傜）徒，人爲三尺券一，書其厚焉。節（即）發繇（傜），鄉嗇夫必身與，典以券行之。田時先行富有賢人，以閑時行貧者，皆月券書其行月及所爲日數，而署其都發及縣請。”可見籾山氏説是。**二、刑徒。**高敏（1981A）説。

邑中之紅：**徵發徒衆做城邑的工程**（整理者）。

⑨結：**音“孤”，保，擔保**（整理者）。高恒（1996）：秦簡中所見“嫴”字，即非關“罪人保嫴”事。睡虎地秦簡《傜律》的“嫴”有擔保之意，如現代的“保修期”。裘錫圭（1979B）：《説文》：“嫴，保任也。”此詞在古書裏很少見，在秦律中則是常用詞。

堵：**墻面一方丈爲一堵。**整理者：《孔子家語・相魯》注：“高丈長丈曰堵。”魏德勝（2000：120）：用於墻垣的面積量詞，等於一平方丈。今按：“堵”的本義是指古代墻壁的面積單位。《説文》：“堵，垣也，五版爲一堵。”古用版築法築墻，五版爲一堵，版的長度就是堵的長度。五層版的高度就是堵的高度。引申爲墻壁。

夏利亞（2019：141）：堵，牆壁。

⑩司空：**官名，本掌管工程，後主管刑徒。**整理者：官名，掌管工程，因當時工程多用刑徒，後逐漸成爲主管刑徒的官名，《漢書·百官公卿表》注引如淳云："律，司空主水及罪人。賈誼曰：'輸之司空，編之徒官。'"本條司空、君子係縣司空、署君子省稱，參看《秦律雜抄》"戍者城及補城"條。劉海年（1986A）：秦的刑徒應是分散管理、集中使用，即平時分散在各縣從事勞役，如興建大型工程則由各縣輸送集中。于豪亮（1980A）：除罪犯外，司空還管轄被判"貲"而服勞役者，並負責管理這兩種人的衣食。徐富昌（1993：420）：司空的執掌工程與百工，其所役使的大部分是刑徒。裘锡圭（2000：460）：司空本來是掌管水利、建築、道路等工程的官。古代工程多用刑徒，因此司空又成爲管理刑徒的主要官員。李學勤（2003）據里耶秦簡追債文書，認爲"司空是管理刑徒一類事務的官員，也負責居貲贖債"。夏利亞（2011）：司空的職責應該就是"操土攻"及與其有關的事物。陳偉（2016C：107）：據里耶秦簡，司空爲遷陵縣諸官署之一，有嗇夫、佐、史等官吏，掌管城旦舂、鬼薪白粲及隸臣繫城旦、隸妾繫舂、隸臣妾居貲等刑徒。

今按：有關"司空律"的解釋，參看簡125"司空"條注。

君子：**官員、官吏。**整理者：當時守城，分段防守，成爲署，據簡文署的負責人稱署君子。魏德勝（2005）："君子"指官員。"君子主堵者"，就是負責城墻建設的官員。"署君子"是某個崗位的官員，"君子無害者"是沒有過失的官員。建築城墻、宿衛、守城、留守，睡虎地秦簡中負責這些工作的有時沒有固定官職，按照需要臨時指派，秦律明確他們的職責時，用較籠統的君子來指稱。夏利亞（2019：142）：君子泛指官吏，魏氏此說不誤。

⑪勿計爲繇：**不計算在應服的勞役期限之內。**高敏（1981A：97）："復垣之"的時間不計算在他們應服的勞役期限之內。由此可見，刑徒服勞役的期限是固定的，否則無所謂"勿計爲徭"。

⑫葆：**有二說：一、葆繕、維修**（整理者）。陳偉（2016C：108）："縣葆禁苑、公馬牛苑"，由縣承保禁苑、公馬牛苑。下文"縣葆者補繕之"，是說由縣負責維護、修繕禁苑、公馬牛苑。所興之"徒"來自"禁苑"所在縣。**二、擔保、保證。**李均明（1994）："葆"通"保"，擔保、保證、承保。

佐佐木研太（2004）：圓點下面的內容是縣在徵發徭役之際所作的具體規定，與其前記載的內容層次有別。這就是圓點存在的理由。

⑬斬：**有二說：一、名词，壕溝，一種防衛設施。**陳偉武（1998）：斬讀爲塹，不必理解爲動詞，"塹垣籬散"是個名詞性詞組，指苑囿的諸種防衛設施。試比較同律前文："興徒以爲邑中之紅者，令結堵卒歲。""塹垣籬散及補繕之"正是"邑中之紅"，"塹垣籬散"前省了動詞"爲"，"爲"即修建之意。"塹垣籬散"與"補繕之"均是述賓結構，故用連詞"及"表並列。**二、動詞，挖掘起保護作用的壕溝。**整理者說。夏利亞（2019：143）：整理小組的翻譯到位，切合法律本質。陳氏之說爲籠統言之，故爲我們所不取。

散：**有三說：一、讀爲“柵”**。劉釗（1996）讀爲“柵”。籬即欄，籬柵即柵欄。龍崗秦簡的“散離”又見於睡虎地秦簡，作“離散”，這與“柵欄”又作“欄柵”情況相同。陳偉武（1998）：“籬散”即是“籬柵”，同義連文。夏利亞（2011）：散與柵，上古音均屬心紐元部，聲韻皆同，於音可通。**二、疑讀爲“藩”**（整理者）。**三、讀如字，分散**。李豐娟（2011）：以“籬散”爲一詞，有“分離，分散”之義。

⑭苑吏循之：**苑吏加以巡視**。徐世虹（2016）：龍崗秦簡39：“禁苑嗇夫、吏數循行，垣有壞決獸道出及見獸出在外，亟告縣。”可與此對讀。

⑮或盜决道出入：**有人私加破壞而由之出入**（整理者）。

⑯傅：**近，靠近**。整理者：《考工記・廬人》注：“近也。”

⑰不能：**不耐**。整理者：參看錢大昕《廿二史考異》卷八“嚴注傳”條。

⑱獸及馬牛：**有二說：一、野獸和馬牛**。夏利亞（2019：144）說。**二、動物及馬牛**。整理者說。

材：**動詞，通“裁”，酌量**。整理者：古書或作“財”“裁”等，酌量。

⑲縣毋敢擅壞更公舍官府及廷：**縣不得擅自破壞、改建政府的房舍和衙署**。徐世虹（2016）：類似規定可見張家山漢簡《二年律令・徭律》簡410：“縣道官敢擅壞更官府寺舍者，罰金四兩，以其費負之。”

⑳讞：**申請**。整理者：即“讞”字，《後漢書・申屠蟠傳》注：“請也。”

㉑恒事：**指經常性工程**（整理者）。張金光（1983A）：“恒事”包括“御中發徵”“上之所興”“邦中之徭”；“縣葆禁苑、公馬牛苑”；“邑中之功”；縣的“公舍官府及廷”的擴建與修繕。

㉒攻：**名詞，通“功”，工程量**（張再興，2012：577）。

程攻：**核算工程量**。徐世虹（2016）：程功可理解爲“按標準核算工程量”。工程量的核算包括人數與天數。整理者：估計工程量。

㉓員：**數**。整理者：參看《工人程》簡108“人程”條注。

㉔不察：**不明**（整理者）。

㉕匠：**匠人，土木工程的設計者**。整理者：即匠人，營建宮室城郭溝洫的技工，見《考工記》。吳榮曾（1981A）：《周禮・考工記》說“匠人營國”“匠人爲溝洫”，指的是土木工程的設計者。

㉖繇徒計：**有二說：一、計算所需服徭役徒眾的數量**（整理者）。徐世虹（2016）：“徭徒計”統計的應是實際所用的徭徒人數與工作量，其在本條中是相對於“程功”“度功”而言。**二、服徭之徒的統計簿籍**。張金光（2004：226）：徭徒，從事非軍事性的各種役作者，服月更之役。“以其實爲徭徒計”，就是說要按實際工役日數爲徭徒記徭役賬。徭役賬是秦戶籍附冊的一項重要內容，每個人的徭役完成情況都要載入這類冊籍。

㉗繇律：**關於徭役的法律**（整理者）。徐世虹（2016）：傳世文獻未見《徭律》

之篇，出土文獻則首見於睡虎地秦簡，此後又見於張家山漢簡《二年律令》與嶽麓書院藏秦簡。

【今譯】

朝廷徵發徭役，如果廢棄不加實行，應罰二甲。遲到三天到五天，應對違法者進行申斥責罵；六天到十天，罰一盾；超過十天，罰一甲。徵發人數已足，應急速送到服勞役的處所，遇到降雨，則免除本次徵發。Q1_11_3_115徵發徒眾讓他們從事城邑工程的，要對所築的城墻擔保一年。不到一年城墻就壞了，掌管工程的司空和負責築造墻的官員有罪，勒令他們的徒眾重新築造墻，Q1_11_3_116不得算入應服勞役的期限。·縣修繕禁苑和政府的馬牛苑囿，要徵發徒眾爲苑囿修建壕溝、墻垣、柵欄並對苑囿進行修補，完成後立即上交苑吏，苑吏加以巡視。沒有滿一年就有缺Q1_11_3_117壞，勒令縣重新徵發徒眾來修建，不要算入應服勞役的期限。滿一年墻有缺壞的，超過三堵（三方丈）的，負責修繕的縣官修補它；三堵以下的，以及雖然Q1_11_3_118沒有滿一年但有人私加破壞而由之出入，勒令苑吏立即自己修補它。縣所修繕的禁苑無論離山近還是遠，如果因爲土質不好不耐雨，夏季有Q1_11_3_119損壞的，不需要隨時修補，等到秋季不下雨的時候再徵發徭役修築。苑囿靠近田地擔憂野獸和馬牛出來吃莊稼的，縣的嗇夫酌量徵發在苑囿旁有土地Q1_11_3_120的人，無論貴賤，按照田地多少出人，來築墻修繕苑囿，不得算入徭役。縣不得擅自破壞、改建政府的房舍和衙署，如果有想要拆建的，一定要申請。Q1_11_3_121如果想要使用城旦舂擴建政府的房舍和衙署並加以修補的，是可以做的，不需要申請。縣從事經常性的工程以及經過申請批准的工程，由官吏按標準核算工程量，如果實際施工天數超過Q1_11_3_122或不足預算兩天以上，就是不明。縣以上所徵發的，官吏按標準核算工程量而不當的，和縣一樣。估算工程量，一定要勒令司空（負責工程的官員）和工匠共同估算，不要衹勒令Q1_11_3_123工匠估算。如果估算不當，按法律論處估算的人，而按實際情況統計所需服徭役的徒眾人數及其工作量。徭律Q1_11_3_124

（十）司空

【釋文】

縣、都官用貞（楨）、栽爲傰（棚）牏[①]，及載縣（懸）鐘虡（虡）用輻（膈）[②]，皆不勝任而折；及大車轅不勝任，折軲〈軸〉上[③]，皆爲用而出之[④]。司空[⑤]Q1_11_3_125

【匯釋】

①貞：**通“楨”，夯築土墻用的立木**（整理者）。

栽：**築墻用的長版**（整理者）。張再興（2012：1211）：名詞，築墻用的長版。《說文》：“栽，築墻長版也。”

媊揄：**編聯起來的木板**（整理者）。

②虡：**有二說：一、懸掛鐘、磬架子兩旁的柱子**。夏利亞（2011）說。**二、鐘架**。整理者認爲是“虡”的誤字，指鐘架。李家浩（1989）：“虡”可以讀爲“虡”。

輻：**鐘架上的橫木**。整理者：《禮書·索隱》：“縣鐘格。”

③軲：**“軸”字之誤。有二說：一、車軸**。整理者：一說，此字應釋爲軸。李學勤（1981A）：孫詒讓認爲軲“字形又與‘軸’相近”，是很有啟發的。馬王堆三號墓遣冊有“胄”字，所从之“由”形與“古”同。看來這一時期从古、从由的字頗易混淆。陳偉（2012B：377）：里耶秦簡 8-1680：“木織榎四，少一。木織軸四。木小匱三，有□一□□。”校釋：“軸”，原釋文作“軲”。戰國秦漢文字“由”“古”二字每相混同，需視文義而釋。**二、胡**。整理者：見《墨子·經說下》及《墨子·雜守》兩篇；也見於馬王堆漢墓帛書《天文氣象雜占》。孫詒讓《墨子閒詁》認爲“軲”即《周禮·大行人》注引鄭眾所說的“胡”。

④爲用：**即爲用書，應爲一種報銷損耗的文書**（整理者）。

出：**罷，注銷**（整理者）。

⑤司空：**關於司空職務的法律**（整理者）。大庭脩（1991：52）：《司空律》的條文中多有關於服役者以及被拘役者服役的規定。李均明（2009：187）認爲，《司空律》是關於官府常用物資設施及刑徒勞作管理的規定。李學勤（2003）據里耶秦簡追債文書，認爲“司空是管理刑徒一類事務的官員，也負責居貲贖債”。今按：關於司空這一官職的解釋，參看簡 116“司空”條注。

【今譯】

縣、都官用夯築土墻用的立木和築墻用的長版編成築墻用的模板，以及懸掛鐘的立柱上用的橫木，因不能承受負荷而折斷；以及大車的車轅不能承受負荷，從上面使車軸折斷，都要寫成報銷損耗的文書上報而注銷它。司空Q1_11_3_125

【釋文】

官府叚（假）公車牛者□□□〔叚（假）〕人所[①]。或私用公車牛[②]，及叚（假）人食（飼）牛不善[③]，牛訾（胔）[④]；不攻閒車[⑤]，車空失[⑥]，大車軲〈軸〉紋（盭）[⑦]；及不芥（介）車[⑧]，車Q1_11_3_126蕃（藩）蓋強折列（裂）[⑨]，其主車牛者及吏、官長皆有辠（罪）。司空Q1_11_3_127

【匯釋】

①叚人：**借用者，應指按規定領用牛車的官吏和官長**（整理者）。

②或私用公車牛：**有私用官府牛車的**。徐世虹（2016）認爲“或私用公車牛”後的逗號可改爲分號，因爲“私用公車牛”屬於假公濟私，後三種違法失職行爲則發生在官方勞作中，屬於餵養、修繕、使用不當，性質不同。

③食：**通“飼”，飼養**。

④呰：**通“胔”，瘦**。整理者：胔，《漢書・婁敬傳》注：“讀曰瘠，瘠瘦也。”牛胔，牛瘦瘠。

⑤攻閒：**有四說：一、修繕、維護**。整理者：攻，《小爾雅・廣詁》：“治也。”閒，《爾雅・釋詁》：“代也。”攻閒，意爲修繕。戴世君（2008B）：據《司空律》簡130“攻閒”與定量用“膠”的聯繫，認爲“攻閒”當指用膠黏合大車開裂的木製部件的維護性行爲。夏利亞（2019：147）：戴氏所言有理。**二、讀“攻閒”爲“釭鐧”，安裝釭、鐧**。陳偉（2010）：本句當讀作“不釭鐧車”，“釭”“鐧”都是動詞用法，即安裝釭、鐧。**三、使空隙堅固、縫隙精緻**。李豐娟（2011）：攻，堅。閒，縫隙。使空隙堅固、縫隙精緻。**四、檢閱、檢查**。陳送文（2013）：“閒”當讀爲“簡”。“簡”有“閱”義，即檢閱、檢視、檢查的意思。

⑥空失：**有二說：一、疑讀爲“控跌”，意爲傾覆**（整理者）。**二、操縱、控制**。徐世虹（2016）認爲，“空”可通“控”，意爲操縱、控制。

⑦軲：**車軸**。整理者釋“軲”，李學勤（1981B）釋“軸”。陳偉（2016C：110）認爲“軲”爲“軸”之誤字。

紋：**扭曲**（整理者）。

⑧芥：**覆蓋**（整理者）。

⑨蕃：**車帷**。整理者：車的障蔽，《周禮・巾車》注：“今時小車藩，漆席以爲之。”夏利亞（2019：147）：車上起遮掩作用的帷障。

蓋：**車傘**（整理者）。

夏利亞（2011）：車藩和蓋之間當用頓號點開。

【今譯】

官府借用官府牛車……借用者的地方。有私用官府牛車的，以及借用者餵養牛餵得不好，牛瘦了；不修繕車子，車子傾覆了，大車車軸扭曲；以及不覆蓋車，車Q1_11_3_126帷和車傘折斷撕裂，主管車牛的人以及官吏和官長都有罪。司空Q1_11_3_127

【釋文】

官長及吏以公車牛稟其月食及公牛乘馬之稟，可殹（也）。官〔有〕金錢者自爲買脂、膠[①]，毋（無）金錢者乃月爲言脂、膠，期Q1_11_3_128踐（足）[②]。爲鐵攻[③]，以攻公大車[④]。司空Q1_11_3_129

【匯釋】

①官：**有二説：一、官吏。**戴世君（2008B）認爲此處“官”指第一句的“官長及吏”。整句意爲：私用官車的官吏要自出維護車輛的脂、膠，有錢的官吏自行購買，無錢的官吏向官府借取並加以登記。夏利亞（2019：148）：戴氏此説不足取。**二、官府。**張再興（2012：288）説。夏利亞（2011）認爲將“官”代指前文“官長及吏”似有增字之嫌。

脂：**車輛潤滑用的油脂**（整理者）。

膠：**粘貼車輛木製部分用的膠。**整理者：古時製車多用膠粘貼。

②踐：**通“足”，足夠。**

期踐：**即期足，以足夠用爲度**（整理者）。戴世君（2008B）認爲，“期踐”應與“爲鐵攻”連讀。

③攻：**有二説：一、讀爲“工”。**整理者：“鐵攻”讀爲“鐵工”，當指鐵工作坊。**二、讀爲“釭”。**陳偉（2010）讀“攻”爲“釭”。

④攻：**有二説：一、“攻閒”義，修繕。**戴世君（2008B）：“攻”是“攻閒”義。“以攻公大車”是指用膠粘貼維護車的木製部件，使其牢固。夏利亞（2019：148）：此處攻當爲維護。**二、讀爲“釭”，將釭裝（在公大車之上）。**陳偉（2010）：以上兩個“攻”字都應讀爲“釭”，“爲鐵釭”即製作鐵釭，“以釭公大車”的“釭”是動詞用法，即將釭裝在官府大車之上。

【今譯】

官長和官吏用官府牛車領取自己每月的口糧和官府駕車牛馬的飼料，是可以的。有錢的官長和官吏要自己購買潤滑車輛用的油脂和粘貼車輛木製部件用的膠，沒有錢的才可以每月上報領取脂、膠，以Q1_11_3_128足夠用爲度。設立鐵工作坊，來修繕官府大車。司空Q1_11_3_129

【釋文】

一脂、攻閒大車一兩（輛）[①]，用膠一兩、脂二錘[②]。攻閒其扁解[③]，以數分膠以之[④]。爲車不勞[⑤]，稱議脂之。司空Q1_11_3_130

【匯釋】

①脂：**動詞，加油潤滑**（整理者）。

兩：**後作“輛”，量詞。**整理者作“輛”。魏德勝（2003：214）改釋。

一脂、攻閒大車一兩：陳偉（2010）讀作“一脂攻（釭）閒（鐗）大車一兩（輛）”，意思是説“一次給一輛大車的釭、鐗塗脂”。

②錘：**量詞，八銖，即三分之一兩。**整理者：重量單位，相當於八銖，即三分之一兩，見《説文》及《淮南子·説山訓》注。今按：《説文·金部》：“錘，八銖也。”《淮南子·説山訓》：“有千金之璧而無錙錘之礛諸。”高誘注：“八銖曰錘。”

③扁：**有二說：一、通“辨”，分，分離之處**。整理者：當讀爲辨，意思是分。扁解，指車輛上用膠粘貼的地方開裂。《鹽鐵論・大論》：“膠車倏（倏）逢雨，請與諸生解。”朱湘蓉（2012：218）：“扁”“辨”確可通。“扁”的借義應當爲“分離之處”。此處指用膠黏合的車構件的分離之處。夏利亞（2019：149）：整理小組之釋謹慎可取。**二、通“偏”，傾斜**。陳偉（2010）：疑當讀作“釭鐧其偏、解”，是說當釭、鐧出現傾斜、脫落等情形。

④第一個“以”：**介詞，按照**（張再興，2012：4）。

第二個“以”：**動詞，使用**（張再興，2012：4）。整理者：此處意爲用。

⑤爲：**連詞，如果**。整理者：見楊樹達《詞詮》卷八。

勞：**有三說：一、讀如字，疾，快**。陳偉武（1998）：“勞”字固有“疾”義。《說文》：“勞，勮也。”《廣雅・釋詁一》：“勮，疾也。”《爾雅・釋詁》：“勞，勤也。”人勤快謂之勞，車勤快亦謂之勞，故簡文“車不勞”指車跑不快。**二、通“佻”，疾**。整理者：讀爲“佻”，《方言》十二：“疾也。”**三、疲勞、疲憊**。徐世虹（2016）認爲，“勞”即“疲勞”，“不勞”即“不疲憊”，這裏表示車輛運行狀態良好，因此維護時所使用的油脂便可酌情定量。

【今譯】

加一次油脂、修繕一輛大車，用膠（粘貼車輛木製部分用的膠）一兩、脂（車輛潤滑用的油脂）三分之二兩。修繕車輛構件的分離之處，按照開裂的數量分膠使用。如果車輛運行不快，則酌量加油潤滑。司空Q1_11_3_130

【釋文】

令縣及都官取柳及木楘（柔）可用書者[①]，方之以書[②]；毋（無）方者乃用版[③]。其縣山之多茾者[④]，以茾纏書；毋（無）茾者以蒲、藺以枲Q1_11_3_131 萷（綴）之[⑤]。各以其𥞥〈穫〉時多積之。司空[⑥]Q1_11_3_132

【匯釋】

①書：**書寫**（整理者）。

②方：**動詞，製成書寫用的木方**。整理者：《酷吏列傳》集解引《漢書音譯》：“觚，方。”王國維《流沙墜簡》考釋認爲“並則爲方，析則爲觚，本是一物”。

③方：**名詞，書寫用的木方**。

版：**有二說：一、書寫用的木版，其形扁平，與方不同**（整理者）。**二、經過粗加工的木版**。陳偉（2016C：112）：《周禮・天官・宮伯》：“宮伯掌王宮之士庶子，凡在版者。”孫詒讓正義：“《論衡・量知》云：‘斷木爲槧，析之爲板，力加刮削，乃成奏牘。’然則版即牘之未甚刮削者也。”依此，簡文是說優先用充分處理的木牘，來不及時才用衹經過粗加工的“版”。

④茾：**疑讀爲“菅”，一種柔韌可製繩索的草**（整理者）。方勇（2012：18）：

通“菅”。夏利亞（2019：149）：“茾”當如整理小組所言讀爲“菅”。

⑤蒲：**蒲草，可用來編席**。今按：蒲草，香蒲，其莖葉可供編織用。

藺：**類似莞而較細的草，可用來編席**（整理者）。

第二個“以”：**連詞，與，表示並列**。張再興（2012：13）認爲，第二個“以”爲連詞，表示並列。夏利亞（2019：149）：以，與。

絔：**通“絜”，緘束**（整理者）。洪燕梅（2006：142）：《玉篇·糸部》：“絜，緘也。”緘封文書之義，用作動詞。

⑥《睡虎地秦墓竹簡》（綫裝本，1977）簡133係殘簡，與上端斷開，有“司空”二字。《睡虎地秦墓竹簡》（精裝本，1990）將此段拼入簡146下端，是爲律名。因此，《睡虎地秦墓竹簡》（綫裝本，1977）比《睡虎地秦墓竹簡》（精裝本，1990）多出一簡，以下各簡編號也不一致（陳偉，2016C：112）。

【今譯】

勒令縣和都官取用柳木以及其他質地柔軟可以用來書寫的木材，把它製成書寫用的木方來書寫；沒有方的才可以用木版。縣裏的山上盛產菅草的，用菅草纏束文書；沒有菅草的用蒲草、藺草或用麻Q1_11_3_131來緘封文書。各自在其收穫時多儲存這些材料。司空Q1_11_3_132

【釋文】

有辠（罪）以貲贖及有責（債）於公[1]，以其令日問之[2]，其弗能入及賞（償），以令日居之，日居八錢；公食者[3]，日居六錢[4]。居官府公食者，男子參，Q1_11_3_133女子駟（四）[5]。公士以下居贖刑辠（罪）、死辠（罪）者[6]，居于城旦舂[7]，毋赤其衣[8]，勿枸櫝欙杕[9]。鬼薪白粲，群下吏毋耐者[10]，人奴妾居贖貲Q1_11_3_134責（債）于城旦[11]，皆赤其衣，枸櫝欙杕，將司之[12]；其或亡之，有辠（罪）。葆（保）子以上居贖刑以上到贖死[13]，居于官府[14]，皆勿將司。所弗問Q1_11_3_135而久毄（繫）之[15]，大嗇夫、丞及官嗇夫有辠（罪）[16]。居貲贖責（債）欲代者[17]，耆弱相當[18]，許之。作務及賈而負責（債）者[19]，不得代。一室二人以上居Q1_11_3_136貲贖責（債）而莫見其室者[20]，出其一人，令相爲兼居之[21]。居貲贖責（債）者，或欲籍（藉）人與並居之[22]，許之，毋除繇（傜）戍[23]。·凡Q1_11_3_137〔不〕能自衣者，公衣之，令居其衣如律然[24]。其日未備而柀入錢者[25]，許之。以日當刑而不能自衣食者，亦衣食而Q1_11_3_138令居之[26]。官作居貲贖責（債）而遠其計所官者[27]，盡八月各以其作日及衣數告其計所官，毋過九月而觱（畢）到Q1_11_3_139其官；官相紤（近）者，盡九月而告其計所官，計之其作年。百姓有貲贖責（債）而有一臣若一妾[28]，有一馬若一牛，而欲居者，許。司[29]Q1_11_3_140

【匯釋】

①有辠以貲贖：**有二說：一、有罪而被判處貲罰、贖刑**。張金光（1988A）：

“有辠以貲贖”的“以”不能釋作“用”，應釋作“犯罪而被判爲貲或贖”。劉海年（1981）：此處“有辠以貲贖及有責於公”，應理解爲有罪被判處貲罰和贖刑因而欠公家債務的人。在秦律中，貲罰與贖是兩種不同的刑罰。貲罰直接規定罰金數目的多少和徭戍時間的長短；而不管所贖的是哪一種刑，都與本刑（如死刑、肉刑、耐刑等）相聯繫，然後“以財易之”。並不是所有的犯罪都可以用金錢贖免，衹有依法宣判爲贖刑的，或具有一定身份的人犯了罪才可以用金錢贖。栗勁（1985：292）：贖刑是以繳納財物代替業經判處的刑罰。徐世虹（2016）：學者的不同見解，源於對“貲”所具有的“財產”“貲刑”義項的選擇。此作“貲刑”理解，實際上涉及三種人，即有罪被判處貲刑、有罪被判處贖刑以及欠公債的人。**二、有罪而以金錢或財貨贖罪**。高敏（1981A：256）：“貲贖”即以金錢或財物贖罪。贖罪的範圍包括從最輕的肉刑到死罪。朱紹侯、孫英民（1982）：“有辠以貲贖”是“贖刑”的另外一種說法，即以財貨去抵罪，也稱“貲贖”。這種辦法適用於被判爲“贖刑”的罪犯和欠官府債務的人。呂名中（1983）：“貲贖”所懲處的是刑事犯罪行爲，是“有辠當贖者”（《法律答問》）。被懲處的人本身犯有應處以遷刑或耐、黥、宮等肉刑乃至死刑的罪，而被准許以贖免者，是“贖刑”。

②令日：**判決所規定的日期**（整理者）。徐世虹（2016）：判決下達日期與實際支付日期應非同日，因此所謂“以令日問之”，就是到了判決所規定的日期再次詢問被處罰者，如果無力支付，即從應當支付之日起開始以勞役抵償。戴世君（2008E）：“令日”包含“一年”的履行期間，從《金布律》簡77～79、81償債的規定可以推知。秦對貲、贖罰的罪犯繳納罰物、贖金及欠官府債務者償債有時間要求。

問：**有二說：一、訊問**（整理者），**審訊。二、通“聞”，告知**。陳偉（2016C：113）：似當讀爲“聞”。即將“令日”告知當事人。

③公食：**由官府給予飯食**（整理者）。

④日居六錢：**每服勞役一天抵償六錢**。劉海年（1981）：由公家供給飯食的，每天六錢。以每日勞役抵六錢計，需要連續服二十七年的勞役才能“減死”。這對於廣大勞動人民來說是殘酷的剝削。于琨奇（1999）據《倉律》簡49“隸臣妾其從事公，隸臣月禾二石，隸妾一石半，其不從事，勿稟”和本簡所記“日居”錢數，推知秦時禾價爲每石三十錢，與《司空律》簡143所記價相合。

⑤駟：**通“四”，四分之一斗**。整理者：早晚兩餐各四分之一斗，《墨子·雜守》：“四食，食二升半。”李學勤（1981A）：所用糧食量制同於《墨子·雜守》：“斗食，終歲三十六石。參食，終歲二十四石。四食，終歲十八石。五食，終歲十四石四斗。六食，終歲十二石。斗食，食五升。參食，食參升小半。四食，食二升半。五食，食二升。六食，食一升大半。日再食。”

⑥公士：**秦二十等爵中最低的一級**。整理者：《漢舊儀》：“公士，一爵，賜一級爲公士，謂爲國君列士也。”朱紹侯（1990：36－37）：公士以下這種提法說明公士以下還有爵稱，推測就是《商君書·境內》所說的校、徒、操三級。杜小鈺

(2012) 認爲，公士依據其爵位也享受一定特權。陳偉 (2016C：114)：對照張家山漢簡《二年律令》簡 310～316，公士以下的無爵級者有公卒、士伍、庶人。在睡虎地秦簡中，多見“公士”“士五（伍)”。《秦律雜抄》簡 5：“有爲故秦人出，削籍，上造以上爲鬼薪，公士以下刑爲城旦。”雖犯有相同的罪，但“公士以下”所受處罰卻更重。

今按：秦國商鞅變法設置二十等爵，以賞軍功，從低到高依次是：一級公士，二上造，三簪裊，四不更，五大夫，六官大夫，七公大夫，八公乘，九五大夫，十左庶長，十一右庶長，十二左更，十三中更，十四右更，十五少上造，十六大上造，十七駟車庶長，十八大庶長，十九關内侯，二十徹侯。

居贖刑辠、死辠者：**以勞役來抵償贖刑罪、贖死罪的**。劉海年 (1981)：簡文說明，秦的贖刑從贖耐起，有贖遷、贖黥、贖宫……一直到贖死，又分成不同的等級。冨谷至 (2001)：對肉刑、死刑的贖刑是以勞役來代替，這正是“居贖刑罪死罪”。死刑、肉刑之外的處罰在秦律中有財産刑（罰金刑）的，被稱爲“貲”“貲罪”，沒有的稱爲“刑罪”。“居貲”是刑罰的一種形態。朱紅林 (2008：44)：“刑罪”與“死罪”是指兩種不同的刑罰，“刑”特指損傷肢體的肉刑。“贖刑”與“贖死”是指兩種不同的刑罰，贖刑輕於贖死。睡虎地秦律中所見的“贖罪”包括“贖死”“贖刑”“贖耐”“贖遷”及贖勞役刑。陳偉 (2016C：114)：各種贖刑的判罰可參考張家山漢簡《二年律令・具律》簡 118～119：“贖死，金二斤八兩。贖城旦舂、鬼薪白粲，金一斤八兩。贖斬、府（腐)，金一斤四兩。贖劓、黥，金一斤。贖耐，金十二兩。贖（署）遷，金八兩。”“居贖刑罪、死罪者”按“日居八錢”或“日居六錢”償還贖罪金。

今按：贖刑雖有法律規定，但對於廣大勞動人民來說衹是一紙空文。由此處簡文以及《秦律雜抄》簡 5“公士以下刑爲城旦”可以看到，統治階級常常處於法律約束範圍之外，而廣大勞動人民則遭受著殘酷的剝削。

⑦居：**動詞，居作，服勞役**（張再興，2012：406)。

居于城旦舂：**服城旦、舂的勞役**（整理者)。

⑧毋赤其衣：**不需要穿紅色囚衣**。整理者：秦刑徒服赭衣，參看徐復《秦會要訂補》卷二十二。

今按：《秦會要訂補》卷二十二：“始皇遣蒙恬築長城，徒士犯罪，止依鮮卑山，後遂繁息。今皆髡頭衣赭，亡徒之明效也。”參看簡 147：“城旦舂衣赤衣，冒赤㡌，枸櫝欙杕之。”

⑨枸櫝欙杕：**動詞，戴上木枷、黑色繩索、足脛鐵鉗等刑具**。整理者：均爲刑具。枸櫝應爲木械，如枷或桎梏之類。欙，讀爲“縲”，繫在囚徒頸上的黑繩索。杕，讀爲“釱”，套在囚徒足脛的鐵鉗。劉海年 (1981)：“杕”表明刑具的用料發生了變化，最初可能以鐵爲之，改變爲以木爲之，或者鐵木交互使用。于豪亮 (2015：10)：城旦舂刑徒，穿紅色囚衣，戴紅色囚帽，上刑具。律文對於自由人和奴隸的待遇截然不同，於此可見。

⑩耐：**刑罰的一種，即剃去鬚鬢**。整理者：古書或作耏。《漢書・高帝紀》注引應劭云："輕罪不至於髡，完其耏鬢，故曰耏。"《禮記・禮運》正義："古者犯罪以髡其鬚，謂之耐罪。"劉海年（1981）：耐刑是一種恥辱刑，僅剃去鬢毛和鬍鬚，完其髮，所以又稱完刑。耐與完是一種刑罰的兩種稱呼。耐輕於髡。冨谷至（2006：13）：耐是一種伴有勞動的輕刑（與肉刑相比）的總稱。夏利亞（2019：151）：耏，剃除頰鬚，古代的一種輕刑。

關於耐刑是主刑還是附加刑，**有二說：一、既可以作爲主刑，也可以作爲附加刑**。劉海年（1981）：耐既可以作爲主刑單獨使用，也可以作爲附加刑同其他刑罰結合使用。在不作爲附加刑使用時，並不引起受刑人身份地位的變化；一旦作爲附加刑和徒刑結合使用，如耐爲隸臣、耐爲候、完爲城旦等，被刑人就成爲刑徒，衹有在被強制服一定期限的勞役之後，才能恢復其原來的身份。栗勁（1985：249）認爲，在盜竊、鬭毆、傷害、軍政等方面的犯罪行爲上，耐作爲主刑單獨加以使用。秦律也把耐刑作爲鬼薪、隸臣、司寇、候的附加刑而廣泛地加以使用。文霞（2007）：耐刑是一種恥辱刑，應該可以單獨使用。張家山漢簡《二年律令》中，單獨的"耐"罪有11見，"贖耐"有15見。在秦律和漢初的刑罰體系中，"耐"和"隸臣妾"屬於兩個不同的刑種，可以複合使用，也可以單獨使用。**二、衹能用作附加刑**。徐富昌（1993：272，275）：耐刑在秦代其實是作爲肉刑的象徵刑罰使用，並不作爲主刑單獨使用，而是將之和其他的徒刑結合，成爲徒刑的附加刑，如"耐爲隸臣""耐爲候""耐以爲鬼薪而鋈足""當耐爲鬼薪""耐爲司寇""當耐爲司寇"。韓樹峰（2003）：耐刑不能單獨使用，在簡牘中所見的單獨使用的耐刑，可能是"耐爲隸臣妾"或"耐爲鬼薪白粲"的簡稱。

⑪人奴妾：**私家奴婢**（整理者）。高恒（1981A）：睡虎地秦簡中私人奴婢稱"臣妾""人臣妾""人奴妾"。奴隸可以買賣。奴隸的主人可以由臣妾代服勞役，以贖罪或抵償所欠官府債務。秦時奴隸的生命、安全有了一定的保障，即奴隸的主人不能隨意殺、刑、髡奴隸。進入封建社會後私人蓄奴之風仍很盛行，這些奴隸主要有三種：一是原奴隸主擁有的沒有完全解放的私人奴隸；二是因功受賞賜的奴隸；三是封建社會新產生的奴隸。施偉青（2004：172－173）：奴隸犯罪後被處以一定的肉刑後交還主人，不必如自由人那樣被判處爲刑徒，在官府服苦役，說明秦漢時期注意尊重和保護主人對其奴隸的所有權，體現了奴隸是主人的財產的屬性。

⑫將司：**監管**（整理者）。

⑬葆：**通"保"，擔保、保證**。李均明（1994）根據居延漢簡有關"葆"的資料，認爲睡虎地秦簡的"葆"通"保"，意爲擔保、保證、承保。

葆子：**有二說：一、疑即任子，官吏得任爲郎官的子弟**。整理者：秦律對葆子有所優待，見《法律答問》"葆子"各條。黃盛璋（1979）："葆子"當即"任子"，等於後代的蔭子，爲高級官吏的子弟，有功或官高得保任其子孫。高敏（1982：277）："葆子"即"任子"，是官吏得任子弟爲郎官的制度，在商鞅變法後秦國已實行。黃留珠（1985：10）："葆子"是世官制的遺存。裘錫圭（1979A）：居延漢簡中位於人名籍貫上的“葆”字是一種身份，是爲他人所“葆”的一種人。在法律上是良民身份，與庸一樣，而與僮奴有别。**二、即葆小，是葆質的孩子**。高恒（2003：99－106）：葆質屬於押頭，是特殊階層。葆，即保，守護。葆子以上是被國家保護的人。張政烺（1980）：據《墨子·備城門》等篇，凡守城將吏及勇士必須以父母、兄弟、妻子作抵押，以防其投降。當時使用的兩個詞是葆和質。葆即保，是守護；質是抵押。這類葆質既然是職業的，估計數量不少，在社會上形成一種特殊階層，秦律的“葆子以上”大概就是從這裏產生的。

⑭居：**有二說：一、動詞，居作，服勞役**（整理者）。**二、居室**。曹旅寧（2002：40）：此處的“居”指“居室”，似是一種特殊的拘留場所，是對“葆子”的優待。

居于官府：**在官府中服勞役**。

⑮所：**若**（整理者），**如果**。

⑯大嗇夫：**有二說：一、縣令**。鄭實（1978）：“大嗇夫”“縣嗇夫”常和“丞”排列在一起，和“令、丞”相連對應，説明大嗇夫或縣嗇夫即縣令。**二、“官嗇夫”的上級**。高敏（1981A：174－175）：“大嗇夫”與“官嗇夫”是兩個不同的官名。“大嗇夫”是“官嗇夫”的上級，如《效律》規定：“官嗇夫坐效以貲，大嗇夫及丞除。”這是有關“久繫”罪的懲處規定（張全民，1998）。

⑰居貲贖責：**以勞役抵償貲贖債務**（整理者）。黄展嶽（1980A）稱爲“役贖”，即以勞役的形式去償還貲贖的款項或贖免所犯的過錯。又，黄展嶽（2009）：因公務失職、觸犯法律、損毀公物、借公物不還等被罰貲甲、盾，甲、盾則按法定的價格折合成現金抵償。如無現金，則以勞役抵償。

關於“居貲贖責”中的“居”，**有二説：一、認爲居是一種代償勞役，不是“居作”**。張銘新（1981）：犯罪之後欲納財取贖而又無力按時繳納的，可以用服“居”的勞役來折抵，謂之“居贖”。此外，欠官府債務無力償還，需服“居”的勞役抵償。“居”不是刑種，衹是一種代償勞役，沒有特定的期限，與“居作”是完全不同的概念。高敏（1987A）：以服勞役抵償罰款，叫“居貲”；以服勞役抵償贖金，叫“居贖”；以服勞役抵償債務，叫“居债”。孫英民（1982）：以“居”的勞役形式來償還債務的，秦律稱爲“居貲”，“居”者本人不是罪犯，在某些場合與罪犯一同勞作。以“居”抵罪的，秦律稱爲“居贖”，所贖本刑都很清楚。**二、認爲是“居作”**。劉海年（1985A）：所謂“居”，即居作，也就是罰服勞役。按法律規定，秦的居作有居邊、居於官府和居城旦舂等。秦律的居作、居邊和居貲、贖債事實上是有期刑。高恒（1983）：“居債”者或因爲是強制其服勞役抵債，按刑徒待遇，由“司空”管理。“居貲、贖、債”刑徒的刑期長短，根據他應繳納財物的數額，折合計算。“居貲贖責”中的“貲”爲經濟懲罰，“贖”爲“贖刑”。張金光（1988A）：“贖”“貲”與“債”在性質上是不同的，前二者屬於罪罰類，“贖”爲“贖刑”，“貲”爲經濟懲罰，而“債”衹是經濟上的借貸關係。朱紹侯、孫英民（1982）：貲是一種行政處分。“居貲”的“貲”沒有罰的含義，同“有罪以貲贖”

的“貲”一樣，均是指財貨。徐鴻修（1984）：受貲罰的人一般不受拘禁，不編入罪犯名籍。所謂貲罪，其實不過是未觸及刑律罪，它相當於《魯語》的“薄罪”和《周禮》的“邪惡”“過失”罪。

⑱耆：**有二說：一、老，年老**。整理者：老。耆弱，意指年齡。黃文傑（1996）：“耆”字雖有“強”義，但“耆”字的“強”義是強橫之意，似非強壯、強健之意。“耆弱相當”中的“耆”字還以訓“老”爲妥。“耆”指年老，“弱”指年少。“耆弱相當”指老弱相當，含年齡相當之意。**二、強，強壯、強健**。整理者：《爾雅·釋詁一》：“強也。”裘錫圭（1982A）：“耆”字有“強”義。律文“耆弱相當”，意即強弱相當。

⑲作務及賈：**私營手工業者和商賈**（高敏，1981A：230）。即從事私營手工業和做買賣。

⑳見：**義同“視”，照管**（整理者）。

㉑相爲兼居之：**輪流服役**（整理者）。

㉒籍：**通“籍”，借助**（整理者）。

並：**一起**。整理者作“并”。魏德勝（2006）改訂。

㉓毋除繇戍：**不要免除他的徭戍義務**。胡大貴（1991）：當指不能抵償被借者的“月爲更卒”義務。

㉔令居其衣如律然：**勒令他們依照法律用勞役抵償衣價**。徐世虹（2016）：“居其衣”採用前述“居公食”的方式折抵衣價數額。佐佐木研太（2004）：圓點後的文字“凡〔不〕能自衣者，公衣之，令居其衣如律然”與上文相異，是對下文“以日當刑而不能自衣食者，亦衣食而令居之”的補充。由此判斷，圓點下的內容放錯了位置。

㉕日未備：**服城旦勞役日數未滿**（劉海年，1981）。

柀：**有二說：一、一部分**。整理者：一部分繳錢。戴世君（2010B）：“部分”也是秦律中“柀”的常用義。夏利亞（2019：153）：以整理小組說法爲長。**二、讀爲“頗”**。柀，單育辰（2007）讀爲“頗”。今按：參看簡48、162“柀”條注。

㉖亦：佐佐木研太（2004）認爲是衍文。

㉗官作：**在官府勞作**。整理者語譯爲在另一官府勞作。徐世虹（2016）：官作，此泛指在官府勞作。

官作居貲贖責：**在官府管理下進行勞作的居貲贖債者**（徐世虹，2016）。

計所官：**原記賬的政府機構**。整理者語譯爲“原記賬官府”。徐世虹（2016）：居貲贖債者自其管理機構到另一距離較遠的機構服勞役，即爲“遠其計所官”。“計所官”指服役者原來的統計、管理機構。陳偉（2016C：117）：“官作居貲贖責”者初始登記的政府機構，很可能是司空。高敏（1998：178）：主持記賬事務的機構。

㉘百姓：**屬於富有的剝削階級成員**。

㉙這段簡文在《睡虎地秦墓竹簡》（綫裝本，1977）中的編號爲138～145，列

於《睡虎地秦墓竹簡》（精裝本，1990）簡 144（即綫裝本簡 137）之後。

【今譯】

有罪而被判處貲罰、贖刑以及欠公家債務的，在判決所規定的日期訊問被處罰者，如果不能繳納與償還，即從判決規定的日期起以勞役償還，每服勞役一天抵償八錢；由官府給予飯食的，每服勞役一天抵償六錢。在官府中服勞役並由官府給予飯食的，男子每餐三分之一斗，Q1_11_3_133女子每餐四分之一斗。爵位爲公士以下以勞役來抵償贖刑罪、贖死罪的，應服城旦、舂的勞役，不需要穿紅色囚衣，不需要戴上木枷、黑色繩索、足脛鐵鉗等刑具。鬼薪、白粲，众下吏沒受耐刑（剃去鬢毛和鬍鬚）的，私家奴婢在城旦中以勞役來抵償贖刑、貲罰、Q1_11_3_134債務的，都要穿紅色囚衣，需要戴上木枷、黑色繩索、足脛鐵鉗等刑具，要監管他們；如果有人逃跑，（監管的人）有罪。葆子以上以勞役來抵償贖刑以上直到贖死的，在官府中服勞役，都不需要加以監管。如果不經訊問Q1_11_3_135而長期拘禁他们，大嗇夫、縣丞和官嗇夫都有罪。以勞役來抵償貲罰、贖刑、債務而希望由他人替代的，如果年齡老弱相當，可以准許。從事私營手工業和做買賣而負債的，不可以由他人替代。家裏有兩人以上以勞役Q1_11_3_136抵償貲罰、贖刑、債務而無人照管家裏的，可以放出一人，勒令他們輪流服勞役。以勞役來抵償貲罰、贖刑、債務的，如果有人希望借助別人和他一起服勞役的，可以准許，但不要免除他的徭戍義務。·凡是Q1_11_3_137不能自己提供衣服的人，由官府給他提供衣服，勒令他依照法律規定用勞役抵償衣價。勞役日數未滿而能部分繳納償金的，可以准許。以勞役日數抵償刑罰而不能自己提供衣食的，也要由官府提供衣食並Q1_11_3_138勒令他們用勞役抵償。在官府勞作以勞役來抵償貲罰、贖刑、債務而遠離初始記賬的政府機構的，到八月底各自將他們勞作的日數以及提供衣服的數量報告原記賬的政府機構，不要超過九月份就要全部送到Q1_11_3_139官府；官府距離近的，到九月底就要報告原記賬的政府機構，把它記到他服勞役的年份裏。百姓有貲罰、贖刑、債務而有一個男奴隸或者女奴隸，有一匹馬或者一頭牛，而希望以勞役償還的，是准許的。司Q1_11_3_140

【釋文】

隸臣妾、城旦舂之司寇居貲贖責（債）、毄（繫）城旦舂者[①]，勿責衣食；其與城旦舂作者，衣食之如城旦舂。隸臣有妻妻更Q1_11_3_141及有外妻者[②]，責衣。人奴妾毄（繫）城旦舂，貣（貸）衣食公，日未備而死者[③]，出其衣食。司空[④] Q1_11_3_142

【匯釋】

①司寇：**有二說：一、一種刑徒名，主要勞役有偵捕疑犯、監管刑徒、傳遞文書、運送物資四類。**整理者：《漢舊儀》：“司寇，男備守，女爲作如司寇，皆作二歲。”張新超（2018）：秦代到西漢文帝刑罰改革前，所有徒刑都是無期刑，司寇也

不例外。作爲刑徒，司寇不得擔任官府小吏，沒有拜爵以及接受由此帶來的賞賜的權利，沒有繼承爵位的權利，沒有稟鬻米、受王杖、免爲睆老的權利。司寇雖然居住在里中，但屬於里中的邊緣人物。司寇刑的主要勞役有偵捕疑犯、監管刑徒、傳遞文書、運送物資四類。“司寇”之名就來源於前兩項勞役。劉海年（1981）：據簡145～146，司寇備守的是刑徒和敵人，刑期可能是二歲。就刑法的等級來說，司寇輕於隸臣妾。高恒（1983）：司寇是終身服役的刑徒，所服勞役是監督、帶領服城旦春勞役的刑徒，有“城旦司寇”“舂司寇”。錢大群（1983）：既然“城旦六歲”可以成立，又說“免城旦勞三歲以上者，以爲城旦司寇”，說明司寇之刑不短於三年。李力（1985）：司寇的刑期是二歲至三歲。栗勁（1985：275）：司寇輕於隸臣而重於候，是比較輕的徒刑。秦簡中有“舂司寇”，是女司寇參加舂米勞役。秦律中沒有關於刑徒的刑期的具體規定。堀毅（1988：175）：司寇的身份應是刑徒，但不一定經常處於拘禁狀態，在相當程度上近似自由人。曹旅寧（2008）：據張家山漢簡《二年律令·戶律》相關條文，刑徒中最輕一級的“司寇”與隸臣妾、城旦春、鬼薪白粲不同，其子可以立戶，可以佔有田宅，又可以居住在民里中。《二年律令·傅律》規定“司寇、隱官子，皆爲士五（伍）”。可見司寇的身份對其後代並無影響。黃展嶽（2009）：據張家山漢簡《二年律令》，司寇是因犯輕罪被判處勞役，其社會地位在無爵庶人中屬於最下層。孫聞博（2015）：秦身份刑曾從“候”“司寇”計起，稍晚更省去“候”，直接計自司寇。秦及漢初，司寇屬國家編戶，籍附縣鄉，可單獨立戶；徒隸不入戶籍，不居民里，簿籍另立。司寇免老、傅籍、名田、名宅大體例比無爵者。司寇課役不同於百姓，在尉、獄等機構從役，配偶身份較低。它既與被視作財產、可以買賣的奴婢不同，又有別於一般編戶。**二、既是刑徒名，又是刑罰名。**夏利亞（2019：154）：“司”通“伺”，偵候，暗中探察。司寇以其從事的事得名，亦即以其所從事的事命名受此種處罰的刑徒。

城旦舂之司寇：**有二說：一、由城旦舂減刑來的司寇。**整理者：據簡文應爲城旦舂減刑爲司寇者，簡中有時分稱城旦司寇、舂司寇。**二、由城旦擔任的司寇。**徐世虹（2016）：律文規定，城旦司寇是在司寇人員不足的情況下，由符合條件的城旦擔任。但由城旦轉變爲城旦司寇未必是“減刑”所致。

居貲贖責、毄城旦舂者：**有二說：一、以勞役抵償貲罰、贖刑、債務或者被拘繫服城旦舂勞役的人。**陳偉（2016C：118）：簡133～134記居貲贖債公食者日責二錢。簡143記繫城旦舂公食有當責者。里耶秦簡作徒簿中，隸臣繫城旦、隸妾繫舂與隸臣居貲、隸妾居貲分別記列（如簡8－145）。因改讀，簡文是指隸臣妾與城旦舂之司寇中居貲贖責（債）或者繫城旦舂的人。張金光（1985）：凡言“繫”，皆非本刑，而是臨時拘繫於城旦或他處勞作。**二、非城旦舂刑徒服城旦舂勞役以抵償贖刑、罰金、債務。**徐世虹（2004）：“繫”是拘繫之義，並不是附加刑。簡文是指非城旦舂刑徒服城旦舂勞役抵償贖刑、罰金、債務，也可用於對隸臣妾及收人逃亡或犯罪後的附加刑。繫城旦舂的待遇也不同於城旦舂刑徒。這個勞役刑的期限並不固定，要視具體情況而定。

關於斷句，**有二說：一、隸臣妾、城旦舂之司寇居貲贖責、毄城旦舂者**。陳偉（2016C：117）說。**二、隸臣妾、城旦舂之司寇、居貲贖責毄城旦舂者**。整理者說。語譯爲“隸臣妾、城旦舂之司寇，或以勞役抵償貲贖債務而被拘繫服城旦舂勞役的人”。徐世虹（2016）：居貲贖債者的服役内容包含了繫城旦舂，故“居貲贖責毄城旦舂”可以連讀。

②妻更：**有二說：一、妻子是更人**。陸德富（2008）：“妻更”的“更”指的是更人，即隸臣的妻子也是受過刑的官奴隸，並不一定就是“更隸妾”，後者是特指輪班從事勞作的隸妾。**二、其妻爲更隸妾**。整理者說。

有外妻：**指其妻身份自由**（整理者）。

關於斷句，**有二説：一、“有妻”後加逗號**。整理者説。**二、“有妻”後不加逗號**。陳偉（2016C：118）：簡文兩個“有”字，構成兩種情形：“有妻妻更”與“有外妻”，故改讀。秦律允許“隸臣妾”有家室，並佔有生産資料和一定私有財産（林劍鳴，1980A）。

③人奴妾：**私家奴隸**。高敏、劉漢東（1984）：“隸臣妾”是官府的奴隸；而“人奴妾”或“臣妾”是私家奴隸。“人奴妾”被拘繫服城旦舂勞役時，“貸衣食公”，是要其主人償還的。林劍鳴（1980A）：“隸臣妾”是刑徒，“臣妾”是奴隸。如果指的是同一種人，就無須分別規定，更不應在同一條律文中出現兩種名稱，他們應當是有區別的。今按：參看《司空》簡 133 ~ 140“人奴妾”條注。

④這段簡文在《睡虎地秦墓竹簡》（綫裝本，1977）中的編號爲 134 ~ 135，列於殘簡 133 之後。

【今譯】

隸臣妾、城旦舂之司寇（監管城旦舂的刑徒）中以勞役抵償貲罰、贖刑、債務或者被拘繫服城旦舂勞役的人，不收取衣食費用；其中與城旦舂一起勞作的，按城旦舂的標準給他們提供衣食。隸臣有妻子，而妻子是受過刑的官奴隸Q1_11_3_141或者有身份自由的妻子的，須收取衣食費用。私家奴隸被拘繫服城旦舂勞役的，從官府借貸衣食，服勞役日數未滿而死亡的，注銷其衣食費用。司空Q1_11_3_142

【釋文】

毄（繫）城旦舂[①]，公食當責者，石卅錢[②]。司空Q1_11_3_143

【匯釋】

①毄城旦舂：**被拘繫服城旦舂勞役**。整理者語譯爲拘繫服城旦舂勞役。徐世虹（2016）：居貲贖債者的服役内容包含了繫城旦舂。他們的身份既不等同於刑徒，也有別於自由民，不宜以刑徒或自由民界定。此外，他們的口糧也並非一概自負，一般情況下可“勿責衣食”。張金光（1985）：“毄城旦舂”並非城旦舂，而是指居貲贖責、毄城旦舂者，這部分人並非刑徒，口糧是自負的。這部分人是自由民身份

（或臣妾代替自由民）。

②石卅錢：**每石收取三十錢**。黃展嶽（1980B）：這是秦粟（原糧）的價格，與《漢書・食貨志》記漢粟價格相同，顯然是秦漢政府強制推行的官方價格。

【今譯】

被拘繫服城旦舂勞役，由官府提供飯食並應收取費用的，每石收取三十錢。司空Q1_11_3_143

【釋文】

居貲贖責（債）者歸田農[①]，種（種）時、治苗時各二旬。司空Q1_11_3_144

【匯釋】

①居貲贖責：**以勞役抵償貲罰、贖刑、債務**。唐贊功（1981）：犯罪被判罰金贖罪，出不起錢，欠官府債務而用勞役抵債。

田農：**農作，種田勞動**。整理者：《貨殖列傳》："田農，掘（拙）類，而秦揚以蓋一州。"唐贊功（1981）："歸田農"是在官府服勞役期間，要回家種田勞動。從這條律文所看到的，一是犯罪，二是家貧欠債，三是從事勞役，四是擁有小塊土地。這恰恰是當時自耕農所處政治地位和經濟地位的生動寫照。

【今譯】

以勞役抵償貲罰、贖刑、債務的人，在官府服役期間回家種田勞動，播種的時節和管理禾苗的時節各二十天。司空Q1_11_3_144

【釋文】

毋令居貲贖責（債）將城旦舂。城旦司寇不足以將，令隸臣妾將[①]。居貲贖責（債）當與城旦舂作者，及城旦傅堅、Q1_11_3_145城旦舂當將司者[②]，廿人，城旦司寇一人將。司寇不踐，免城旦勞三歲以上者[③]，以爲城旦司寇[④]。司空Q1_11_3_146

【匯釋】

①城旦司寇、隸臣妾：**都是刑徒**。王占通、栗勁（1984）：隸臣妾是在城旦司寇不足的情況下才能監管城旦舂，並不能據此推斷隸臣妾、司寇不是刑徒而是奴隸。黃展嶽（1980A）：《法律答問》簡116"隸臣將城旦"表明，隸臣妾可以監管刑徒，刑徒不能監管隸臣妾。在與刑徒一起築城期間，隸臣妾與城旦司寇地位相當。築城刑徒每二十人一組，由城旦司寇一人監率。

②傅堅：**有三說：一、夯築，這裏指專做夯築一類勞役的城旦**。整理者："傅"疑讀爲"搏"，拍擊。堅，《九章算術》注："堅謂築土。"城旦傅堅可能是專做夯築一類勞役的城旦。**二、城旦刑徒的一種**。劉海年（1981）認爲，城旦傅堅應是城

旦刑徒的一種。陳偉（2016C：120）：《法律答問》簡 128："大夫甲堅鬼薪，鬼薪亡，問甲可論？當從事官府，須亡者得。"或與相同。**三、塗抹墻壁。**夏利亞（2019：154）：傳之意爲塗，即塗抹墻壁類工作。

③勞：**有二說：一、勞作。**整理者說。**二、勞績。**朱紅林（2008：79）：居延漢簡中常有"居××歲"表示勞績的記載，我們懷疑這裏的"勞三歲以上"也屬於勞績制度的範疇。

勞三歲以上：**有二說：一、已勞作三年以上。**整理者語譯爲可以把已勞作三年以上的城旦減刑爲城旦司寇。堀毅（1988：172）：《漢志》："罪人獄已決，完爲城旦舂，滿三歲爲鬼薪白粲。"這是將秦代早已確立的原則結合當時的具體情況所作出的新規定。**二、積功勞三年以上。**朱紅林（2008：79）："勞三歲以上"的免城旦才能減刑爲城旦司寇，恐怕有勞績制度中積功勞而升遷的意思。

關於刑徒的刑期問題，**有三說：一、刑徒是有刑期的。**高敏（1981A：79）：簡文反映城旦的刑期比司寇多三歲，說明刑徒是有刑期的。劉海年（1981）：按《漢舊儀》的說法，秦的司寇爲二歲刑，"免城旦勞三歲以上爲城旦司寇"，已服的三歲以上刑與司寇的二歲刑相加，大體合成城旦的總刑期五歲至六歲。李力（1985）："城旦勞三歲以上"側面反映了刑徒是有刑期的。司寇可能是二歲刑、三歲刑。**二、看不出城旦與城旦司寇是有期刑。**栗勁、霍存服（1984）："免城旦勞三歲"不是刑種，完全是出於監管刑徒的需要，而且三歲也絕不是城旦刑的全部刑期。城旦三年轉爲城旦司寇，僅僅意味著這樣的城旦有資格監領其他刑徒，既不意味城旦司寇是有期刑，更不意味城旦本刑是有期刑。**三、司寇是無期刑。**張新超（2018）：秦代到西漢文帝刑罰改革前，所有徒刑都是無期刑，司寇也不例外。

④陳偉（2016C：120）：這段簡文在《睡虎地秦墓竹簡》（綫裝本，1977）中的編號 146～147，列於《睡虎地秦墓竹簡》（精裝本，1990）簡 140（即綫裝本簡 145）之後。以下簡序綫裝本與精裝本相同。

⑤"司空"二字與上端斷開，整理者單列爲一簡（編號 133），整理者（1990）將此段拼入簡 146（即綫裝本簡 147）下端，是爲律名。精裝本與綫裝本有關竹簡編號對照如下：

精裝本	133～140	141～142	143	144	145～146	146 下段
綫裝本	138～145	134～135	136	137	146～147	133

【今譯】

不要勒令以勞役抵償貲罰、贖刑、債務的人監管城旦舂。如果城旦司寇的人數不夠來監管的，可以勒令隸臣妾來監管。以勞役抵償貲罰、贖刑、債務而應當與城旦舂一起勞作的，以及城旦從事夯築一類勞役的、Q1_11_3_145城旦舂中應當被監管的，每二十人，由一名城旦司寇來監管。司寇人數不夠，可以免除已勞作三年以上的城旦，勒令這樣的城旦做城旦司寇。司空Q1_11_3_146

【釋文】

城旦舂衣赤衣[①]，冒赤幏（氈）[②]，枸櫝欙杕之[③]。仗城旦勿將司[④]；其名將司者，將司之。舂城旦出繇（徭）者，毋敢之市及留舍闠外[⑤]；當行市Q1_11_3_147中者，回，勿行。城旦舂毀折瓦器、鐵器、木器，爲大車折輮（輮）[⑥]，輒治（笞）之。直（值）一錢，治（笞）十；直（值）廿錢以上，孰（熟）治（笞）之[⑦]，出其器。弗輒Q1_11_3_148治（笞），吏主者負其半。司空Q1_11_3_149

【匯釋】

①前一個"衣"：**動詞，穿**。

②冒：**頭上覆蓋**（整理者）。徐世虹（2007）：冒赤幏是城旦舂與鬼薪白粲刑徒在囚服上的唯一區別，這意味著城旦舂刑徒已具備了"髡鉗"的標誌，或曰唯有城旦舂刑徒才需要"髡鉗"。

幏：**通"氈"，氈帽**。黄德寬（2007：2686）："幏"，从巾、亶聲。《玉篇》："幏，衣不束也。"秦簡"幏"讀爲"氈"。《釋名·釋牀帳》："氈，旃也。毛相著旃旃然。""冒赤氈"，戴紅色的氈帽。

③枸：整理者（1990）誤爲"拘"。整理者（1977：62；1978：89）不誤。

枸櫝欙杕：**動詞語，戴上木枷、黑色繩索、足脛鐵鉗等刑具**。

④仗：**有三説：一、年老**。整理者：疑讀爲杖。老人持杖，故古時稱老人爲杖者。《論語·鄉黨》："杖者出。"孔注："杖者，老人也。"此處仗城旦因年老，故不必將司。**二、斷足**。張世超、張玉春（1985B）：此仗城旦應指斷足城旦舂。**三、伎**。徐世虹（2016）：目前可見仗城旦情況有三點：一是"仗城旦勿將司"；二是"仗城旦"與"城旦"分列；三是其勞作內容有"約車"，又有"治傳舍"。關於"仗城旦"的含義，諸家有伎城旦、年老城旦、斷足城旦之説。尚待更多的資料驗證各説。里耶秦簡可見"仗城旦"，如簡8－801、8－1143＋8－1631等；又見"丈城旦"，如簡8－686＋8－973，可參看。

⑤留舍：**有二説：一、留宿**。徐世虹（2016）：秦漢簡牘中"舍"多爲"居止、止宿"義，"留舍"當一併翻譯，解釋爲"留宿"。**二、停留休息**。整理者説。

闠：**市的外門**（整理者）。

⑥輮：**車輪的外周**。整理者：當時大車由司空役使刑徒製造。

⑦孰治：**重打**（整理者）。孰：**表示程度深**。

【今譯】

城旦舂穿紅色囚服，頭戴紅色氈帽，給他戴上木枷、黑色繩索、足脛鐵鉗等刑具。年老的城旦不必監管；其中指名需要監管的，對他進行監管。舂城旦外出服徭役的，不可以到市場以及在市場外門的外面留宿；應當經過市場Q1_11_3_147中間的，要繞行，不可以通過。城旦舂毀壞陶器、鐵器、木器，製造大車時折斷了車輪的外周，就立即笞打他。（所損毀的器物）每值一錢就笞打十下；值二十錢以上，就要重打他，注銷他損壞的器物。如果不立即Q1_11_3_148笞打，主管的官吏應賠償其價值的一半。司空Q1_11_3_149

【釋文】

司寇勿以爲僕、養、守官府及除有爲毆（也）[①]。有上令除之，必復請之。司空Q1_11_3_150

【匯釋】

①僕：**駕車的人。**

養：**做飯的人。**

除：**任用。**整理者：司寇用以“備守”，故不得充當其他職役。

【今譯】

司寇，不可以任用他爲駕車的人、做飯的人、看守官府的人以及任用他做其他工作。有上級官吏下令任用他們，一定要向上級官吏重新請示。司空Q1_11_3_150

【釋文】

百姓有母及同牲（生）爲隸妾[①]，非適（謫）辠（罪）毆（也）而欲爲冗邊五歲[②]，毋賞（償）興日[③]，以免一人爲庶人[④]，許之。·或Q1_11_3_151贖䙴（遷）[⑤]，欲入〔錢〕者，日八錢[⑥]。司空[⑦]Q1_11_3_152

【匯釋】

①同牲：**有二説：一、即“同生”，親姐妹。**整理者：牲，讀爲生。同牲，即同生，意思是同產，《墨子·號令》：“諸有罪自死罪以上皆逮父母、妻子、同產。”此處指親姐妹。**二、即“同生”，兄弟姐妹。**張再興（2012：1204）說。

②適：**有二說：一、通“謫”，流放。**整理者：《漢書·陳勝項籍列傳》注：“適，讀曰讁（謫），謂罪罰而行也。”意即流放。栗勁（1985：285）：“謫”是因爲政治上的某種需要而把其他罪名的犯人發配到邊遠的地區去，其原來的罪名本身並不包含必須到邊遠地區去的含義。與受遷刑的人“終身毋得去遷所”不同，受謫刑的人在完成某種政治、軍事、勞務任務之後，是可以返回原籍的。因此，《法律答問》未涉及家屬是否前往。徐世虹（1999）：“遷”可以作爲獨立處罰的刑種，也可以與其他處罰並行使用，其含義即爲發配到邊遠之地；而“謫”除作爲對已判處有罪之人的一種刑罰處理外，還有因政治和形勢的需要而被“謫”者，如本簡所載。**二、通“謫”，謫戍，戍守邊境。**夏利亞（2011）：從本句後面的“冗邊”看，顯然以無冗邊之罪去冗邊來作爲免母及同生爲庶人的條件。此處當爲謫戍之意，即戍守邊境。廖伯源（2005）：貲戍、謫戍，俱強制爲之，恐其逃亡，皆遣吏押送。而其不同點也是較爲明顯的。貲戍，有罪罰戍邊。有刑期，戍邊有期限。謫戍，以

身份賤而戍邊。不以罪，爲應急，僅於邊患緊急，戍卒不足時往戍，及邊境無事，則可解甲歸鄉。臧知非（1984）：“謫戍制”是徵發有特殊身份的人的戍邊制度，不同於以刑徒爲兵。

冗邊：**有三説：一、動詞，戍守邊境**。夏利亞（2011）：此處表示的是動詞意義，戍守邊境。高敏（1981A：65）：“冗邊”就是“戍邊”。“冗邊”贖是以五年爲期。**二、名詞，一種戍防邊境的人**。整理者：據簡文應爲一種戍防邊境的人。**三、到邊地去服勞役（冗作）**。孫言誠（1985）：到邊地去服勞役（冗作）。《司空律》規定冗邊不能抵充戍，説明冗邊的人所做的工作和戍邊的人一樣，不同的衹是戍邊是正常的、人人要服的勞役，而冗邊卻是爲贖罪或贖身而到邊地去服的額外勞役。魏德勝（2000：46）：臨時去邊地服役而無一定差事。

③毋賞興日：**不抵作服軍戍的時間**（整理者）。

④庶人：**獲免的奴婢及有罪者**。整理者：錢大昕《廿二史考異》卷十“光武帝紀下”：“凡律言庶人者，對奴婢及有罪者而言。”呂利（2010）：秦漢法律中的庶人多由其他身份轉化而來：奴婢、隸臣及其他刑徒、收人經贖免；經赦免的罪犯；獲免的奴婢；女子“失刑”得雪者。此外，作爲一種階等身份，庶人可以因出生而形成（張家山漢簡《二年律令》簡189“奴與庶人奸，有子，子爲庶人”），無須特地取得程序。庶人可以立戶授田。庶人中的成年男子因傅籍而取得士伍以上的身份。曹旅寧（2007B）：庶人並非完全的自由人，而是秦漢社會中具有特殊身份的人群或階層。據《法律答問》簡125～126可知，群盜可被赦免爲庶人，但不能恢復自由身份，而衹是充任刑徒的頭目，如果手下有刑徒逃亡，便要以故罪即群盜罪加以懲罰。

⑤䙴：**流放遷居邊境**。整理者：《漢書・高帝紀》注引如淳云：“秦法，有罪遷，徙之於蜀漢。”劉海年（1981）：秦的遷刑，有的是遷全家，還有些甚至被遷者保留了爵位。秦簡的法律條文中，規定判處遷刑的，不一定是很重的罪。遷刑較徒刑城旦輕。栗勁（1985：284－286）：遷刑比較多地適用於犯罪的各級官吏，也適用於一般人民。各種刑徒被赦免後也“遷”往新領土。遷刑有實邊的性質，無所謂刑的消滅和解除，但可以改判和糾正。徐世虹（1999）：處以遷刑的包括兩部分人：一是被直接判處遷刑的犯罪者；二是赦宥後的犯人。

⑥佐佐木研太（2004）：圓點後的文字是因爲作者對贖罪問題有興趣而補入的律文。

⑦林清源（2002）：簡152是由數簡拼湊而成，中間短缺兩公分以上，屬於所謂“遙綴”。整理者的綴合意見還要接受更多的檢驗。

【今譯】

百姓有母親以及親姐妹爲隸妾，（本人）不是犯流放的罪而想要戍守邊境五年，不抵作服軍戍的時間，而用來贖免隸妾一人爲庶人，是准許的。・有Q1_11_3_151贖遷罪的，希望繳納錢財的，每天繳納八錢。司空Q1_11_3_152

（十一）軍爵律

【釋文】

從軍當以勞論及賜[1]，未拜而死[2]，有辠（罪）灋耐署（遷）其後[3]，及灋耐署（遷）者，皆不得受其爵及賜[4]。其已拜，Q1_11_3_153賜未受而死，及灋耐署（遷）者，鼠（予）賜。軍爵律[5]Q1_11_3_154

【匯釋】

①勞：**勞績，功勞**。整理者：參《秦律十八種》簡13注。論：**論功授爵**。賜：**賞賜財物**。高敏（1979B）："勞"的內容除斬首外，還包括從軍時間的長短。"賜"的內容有兩樣：一是爵，二是田宅財物。秦時賜爵的步驟與做法確可分爲三個階段，即擺出功勞、評功議賞和拜爵賜田宅財物，簡稱爲"勞""論""賜"。朱紹侯（2008：54）：這裏說明了頒行軍功爵的三道手續，即勞、論、賜。"勞"指從軍後建立的功勞。"賜"就是評議之後，國家根據功勞與罪過的大小而頒賜不同的爵位、土地和財物，或給予一定的處罰。

以勞論及賜：**按戰場上的功績授爵、賞賜**。徐世虹（2016）說。

②拜：**拜爵**（整理者）。夏利亞（2019：157）：授官，封爵。

③灋：**有二說：一、法，依法**。整理者：《漢書・王溫舒傳》注："謂行法也。"**二、讀爲廢，罷免永不敘用**。整理者：一說。

耐：**有二說：一、耐刑**（整理者）。**二、訓爲"能"**。朱紹侯（1979）："耐"就是《商君書・境內》"勞爵能"的"能"。"耐""能"古通用互訓。"耐遷其後"就是把死者罪名轉給他的後人。

後：**繼承人**。陳偉（2016C：124）：簡文"後"指按照血緣、婚姻關係確定的繼承戶主、爵位、財產的次序，可參閱張家山漢簡《二年律令・置後律》。整理者：即後子，《荀子・正論》注："後子，嗣子。"羅開玉（1983）：後子，不一定全是嫡嗣的長子，但確實是戶主爵位的繼承人，是不再分家出去的那個兒子或繼子。張建國（1997）：根據張家山漢簡《奏讞書》案例二十一，"後"是繼承人之意，不限於嗣子，至少包括死者最親近的親屬。

有辠灋耐署其後：可讀爲"有辠，灋耐署其後"，指在受爵者未拜而死時，他的繼承人因有罪而依法被判處耐、遷。張家山漢簡《二年律令・爵律》簡392可與此對讀。

④皆不得受其爵及賜：**都不得接受爵位和賞賜**。陳偉（2016C：124）：張家山漢簡《二年律令》簡392"當拜爵及賜，未拜而有罪耐者，勿拜賜"。可參看。

⑤軍爵律：**關於軍人在戰場上因功賜賞、因罪奪爵的法律**。朱紹侯（2008：2）

認爲軍爵律就是關於軍人在戰場上因功賜賞、因罪奪爵的法律。整理者：關於軍功爵的法律規定，“軍爵”一詞見於《商君書・境內》。李均明（2009：168）綜合本篇軍爵律和張家山漢簡《二年律令・軍爵律》，認爲軍爵律是關於授爵位的規定及對違反相關規定的懲罰。

【今譯】

從軍應按照戰場上的功績論功授爵、賞賜財物，如果尚未拜爵而本人已死，因有罪應依法判處他的繼承人耐刑、遷刑，以及本人依法被判處耐刑、遷刑的，都不得接受爵位和賞賜。本人已經拜爵，Q1_11_3_153但是沒有得到賞賜而死亡，以及依法被判處耐刑、遷刑的，仍給予賞賜。軍爵律Q1_11_3_154

【釋文】

欲歸爵二級以免親父母爲隸臣妾者一人，及隸臣斬首爲公士①，謁歸公士而免故妻隸妾一Q1_11_3_155人者②，許之，免以爲庶人③。工隸臣斬首及人爲斬首以免者④，皆令爲工⑤。其不完者⑥，以爲隱官工⑦。軍爵Q1_11_3_156

【匯釋】

①斬首：**陣前斬獲敵首**。整理者：《韓非子・定法》：“商君之法曰：斬一首者，爵一級；欲爲官者，爲五十石之官。”《墨子・號令》：“其不欲爲吏，而欲以受賜爵祿，若贖出親戚，所知罪人者，以令許之。”可參考。徐富昌（1993：572）：隸臣可以上戰場，如果立功或斬獲敵首，可以自贖和贖人。張傳漢（1985）：隸臣可以從軍，還可因陣前斬敵首而授爵，而刑徒、官奴婢是要“免”去其原來的身份才能當士兵的。臧知非（1984）：此項規定是就官奴隸而言，一般情況下，奴隸是不能從軍的。

②故：**代詞，本，自己的**（張再興，2012：649）。整理者：《荀子・性惡》注：“猶本也。”故妻隸妾，自己之妻現爲隸妾者。

③籾山明（1983）：簡文可見爵制和隸臣妾身份密切相關，隸臣妾是一種爵外身份。

④工隸臣：**做工匠活的隸臣**。整理者：見秦高奴權和兵器銘文。

⑤令爲工：**使爲工匠，其身份爲自由人**（整理者）。

⑥不完：**有二說：一、（因肉刑而）形體殘缺**（整理者）。韓樹峰（2003）：“不完者”專指受過刖、劓、黥等肉刑的人。這些人因肢體受損，形貌無法復原，與正常人的區別顯而易見，所以即使他們被贖免爲庶人或冤案得以昭雪，也衹能做隱官工。與“不完”相對，“完”當然包括“耐”“髡”等刑。**二、功不圓滿**。吳榮曾（1981A）：“其不完者”是說功不圓滿。工隸臣雖有斬首之功，但其功尚不完盈，就衹能在隱官之內做隱官工。

⑦隱官工：**在不易被人看見的處所工作的工匠**。整理者：參看《法律答問》簡125。《秦始皇本紀》及《蒙恬列傳》有“隱官”，正義釋爲宮刑，恐與此無關。

關於隱官的解釋，**有四説：一、專門處所或機構。**整理者認爲隱官爲不易被人看見的處所。馬非百（1978）：據《法律答問》簡125～126，“隱官”乃是一個收容受過刑而立功被赦免的罪人的機關。處在隱官的罪人是要從事勞動的。吴榮曾（1981A）：所謂隱官者，是指監司城旦之類刑徒役作之機構。馬怡（2007）：隱官指隱蔽的官府機構，隱官工是在隱官裏勞作的免罪刑徒，多因受過肉刑而形體殘缺。黄展嶽（2009）：隱官工還包括原是庶人、樂人，蒙冤受刑而致殘，平反後也安置入隱官工作。**二、某種身份的稱呼。**劉向明（2006）：“隱官”是秦漢社會對具有特殊身份人員的官定稱呼。他們均受過肉刑處罰，因特殊原因被官府確認爲可憐憫者，並給予一定的補償或照顧。但他們既不屬於黔首（百姓）或庶人，也不是官私奴婢，而應該是處在兩者之間的身份特殊的低賤者。徐世虹（2016）：“隱官”一詞相繼在睡虎地秦簡、張家山漢簡《二年律令》《奏讞書》以及里耶秦簡中出現。里耶秦簡中的徵傜之令“司寇、隱官”並提，可知秦時“隱官”一詞已經由專門處所或機構發展成某種身份的稱呼。**三、一種徒刑，同时也是一種刑徒名。**夏利亞（2019：158）：來自受過肉刑肢體不完整的刑徒，因立功或別人立功來赦免原來所判的徒刑，但仍然要從事勞動。**四、“隱官”乃“隱宮”之訛，意爲“哀痛的墓室”。**嚴賓（1990）：“隱官”當是“隱宮”之訛，意爲“哀痛的墓室”，指秦始皇驪山墓。周曉瑜（1998A）：“隱官”當是“隱宮”，“官”是“宮”的借字。兩條秦簡律文中的“隱官”都當作“隱宮”。馬非百（1978）、陳直（1979：24）提出《秦始皇本紀》《蒙恬列傳》中的“隱宮”乃“隱官”之訛。吴曾榮（1981A）指出，《史記》中之“隱宮徒刑”，疑即“隱官徒刑”之訛也。

【今譯】

想要歸還爵兩級來贖免身份爲隸臣妾的親父母一人，以及隸臣因陣前斬獲敵首而爲公士，請求歸還公士來贖免自己的身份是隸妾的妻子一Q1_11_3_155人的，是准許的，都贖免讓他們做庶人。做工匠活的隸臣陣前斬獲敵首以及別人爲他斬獲敵首而來贖免他的，都勒令他們成爲工匠。因受肉刑而形體殘缺的，都讓他们成爲隱官工（在不易被人看見的處所工作的工匠）。軍爵Q1_11_3_156

（十二）置吏律

【釋文】

縣、都官、十二郡免除吏及佐、群官屬[①]，以十二月朔日免除[②]，盡三月而止之。其有死亡及故有夬（缺）者[③]，爲補Q1_11_3_157之，毋須時。置吏律[④]Q1_11_3_158

【匯釋】

①十二郡：**十二個郡。**

關於設立十二郡的時間，**有五說：一、應在秦王政五年（前242年）以前。**整理者：秦所設郡數逐步增加，據《史記》，秦衹有十二個郡的時期，至少應在秦王政五年以前。**二、秦王政元年（前246年）。**林劍鳴（1979）：秦國建郡始於公元前328年（秦惠文王十年），以後隨著領地擴大，逐步增郡，至有十二個郡時，已到秦王政元年。**三、秦莊襄王元年（前249年）。**栗勁（1985：248）：據楊寬《戰國史》附錄一之（六）"秦國設置的郡"表中記載：秦莊襄王元年秦建立第十二個郡三川郡，秦王政二年（前245年）秦建立第十三個郡太原郡。因此，《置吏律》很可能是在公元前249年到公元前245年這四年間制定或修改的行政法規。**四、秦昭王三十五年（前272年）。**晏昌貴（2012）：秦十二郡形成於秦昭王三十五年，下一個郡的設置則要晚到秦莊襄王元年，因此，睡虎地秦簡《置吏律》當制定於秦昭王三十五年之後，秦莊襄王元年之前。黃盛璋（1982A：2）：從十二郡設立的時間，可證《秦律》年代應在秦昭王晚期。**五、商鞅變法時期之後。**高敏（1981A：44）：商鞅制定《秦律》時，衹有縣而無郡，衹有縣令、丞而無"太守""郡守"，可見這些律文都非寫成於商鞅變法時期。高恒（1994：11）：秦簡中的律文，凡是中央與地方發生關係的規定，都是縣直接與中央聯繫，不見必須經過郡一級的有關規定。這條律文頒行於普遍實行郡轄縣的制度之前。

免除：**任免**（整理者）。

吏及佐：**縣、都官、郡府廷的掾史**（高恒，1994：32）。

群官屬：**各官府的屬員**（整理者）。

②以：**介詞，從、由**（張再興，2012：4）。整理者：這裏的用法和"從""自"同。劉海年（1986B）：十二月到次年三月任命管理，應與農業生產有關。夏利亞（2019：159）：表示行動或變化的起點，相當於從、自、由。

③夬：**通"缺"，出缺。**

故有夬：**因故出缺**（整理者）。徐世虹（2016）：從律文看，"死亡"與"故有缺"是分別列舉的兩種情況，二者並不相容。因此，這裏的"故"可理解爲除死亡之外的各類難以列舉的不測和意外等情形。

④置吏律：**關於任用官吏的法律**（整理者）。高恒（1994：30）：《置吏律》是任免行政、財物部門官吏的法規。徐世虹（2016）：《置吏律》之名初見於睡虎地秦簡，又見於嶽麓書院藏秦簡與張家山漢簡《二年律令》。

【今譯】

縣、都官、十二郡任免官吏和佐以及各官府的屬員，從十二月初一起任免，到次年三月底就要停止任免。其中有死亡以及因其他不測和意外情形出缺的，可進行補缺，Q1_11_3_157不需要等到規定的時間。置吏律Q1_11_3_158

【釋文】

除吏，尉已除之[①]，乃令視事[②]，及遣之；所不當除而敢先見事[③]，及相聽以遣之[④]，以律論之。嗇夫之送Q1_11_3_159見它官者[⑤]，不得除其故官佐、吏以之新官[⑥]。置吏律Q1_11_3_160

【匯釋】

①尉：**縣尉，管理縣中軍務的官**。整理者：見《漢書·百官公卿表》。高恒（1994：31）：當指縣尉、郡尉。陳偉（2016C：157）：尉可"除吏"，除掌管軍事外，還有人事任免權力。楊振紅（2013B）：此處"尉"的最低限度是縣尉。秦漢時由"尉"負責吏的任免。

除吏，尉已除之：**斷句有二説：一、讀作"除吏、尉，已除之"**。整理者說。**二、讀作"除吏，尉已除之"**。鄒水傑（2008：78－79）：從這則材料看，尉有置吏權。《秦律雜抄·除吏律》簡2也表明"尉"有除吏的職權。戴世君（2012）：張家山漢簡《二年律令·置吏律》簡215："受（授）爵及除人關於尉。"漢律沿襲秦律，從這裏也可以看到"尉"有"除人"權。楊振紅（2013B）："尉"不可能與"吏"並列爲"除"的對象，而是由"尉"來"除"吏，即由尉負責吏的任免工作。

②視事：**到任行使職權**。整理者：《漢書·王尊傳》："今太守視事已一月矣。"張金光（1984）：吏、尉在被除任之後，即須視事試用，稱職之後才正式派遣爲本官。

③見事：**應與"視事"同義**（整理者）。朱湘蓉（2012：118）：視事，管理政事。

④聽：**動詞，謀劃**。整理者：《廣雅·釋詁四》："謀也。"

相聽：**互相謀劃**（整理者）。

⑤送：**疑爲"徙"字之誤**。徙，調任（整理者）。夏利亞（2019：159）：徙，調職，調任。

⑥之：**動詞，到**。

【今譯】

任用吏，由尉任命吏之後，才能讓他行使職權，以及派他前往就任；如果不應任用而敢讓他先行使職權的，以及互相謀劃而派他前往就任的，要根據法律對其進行論處。嗇夫調任Q1_11_3_159管理其他官府的，不可以任命他原來的官佐、吏去到新官府。置吏律Q1_11_3_160

【釋文】

官嗇夫節（即）不存[①]，令君子毋（無）害者若令史守官[②]，毋令官佐、史守。置吏律Q1_11_3_161

【匯釋】

①節：**通“即”，連詞，如果。**

②君子：**有二説：一、官員、官吏。**魏德勝（2003：171）：應當是官員之義。睡虎地秦簡中負責建築城墻、宿衛、守城、留守等工作的有時没有固定的官職，按需要臨時指派，所以在秦律中明確他們的職責時，就用一個比較籠統的詞“君子”來指稱。夏利亞（2019：160）：君子泛指官吏。**二、疑指有爵的人。**整理者：《左傳·襄公十三年》注：“在位者。”

毋害：**辦事没有疵病。有二説：一、秦漢文書習語。**整理者：秦漢文書習語，例如《墨子·號令》：“舉吏貞廉、忠信、無害，可任事也。”《蕭相國世家》：“以文無害爲沛主吏掾。”**二、選拔、評價文吏的常用語。**徐世虹（2016）：依據文獻記載及諸家之説，可知“無害”或“文無害”是秦漢時期選拔、評價文吏的常用語，其評價標準具有複合性，包括精通法律、長於文書、通曉掌故、熟悉政事、執法公平、品德無瑕、能力出衆等各個方面。

守：**有四説：一、代理**（陳偉，2016C：156）。**二、一種試用職務。**高敏（1981A：194）：“守”是一種試用職務，不是“留守”“居守”之意。**三、一時權宜、臨時攝代之官。**張金光（1984）：秦的“守假”與漢不同，並不含試用之意，而衹是一時權宜、臨時攝代之官。**四、官職名。**陳偉（2003B）：秦代郡縣二級官職中均有守、尉之名。陳松長（2004）：里耶秦簡多次出現的“守丞”應該就是輔佐郡守或縣令的官吏，不是試用或代理之丞。秦簡的“守”字，除“郡守”是固定的官名外，其他如“司空守”等的“守”字均應是一種表示掌管、主管的泛稱。

【今譯】

官府的嗇夫如果不在，讓辦事没有疵病的官員或者令史代理官職，不要讓官佐、史代理。置吏律Q1_11_3_161

（十三）效

【釋文】

實官佐、史被免、徙[①]，官嗇夫必與去者效代者[②]。節（即）官嗇夫免而效，不備[③]，代者〔與〕居吏坐之[④]。故吏弗效，新吏Q1_11_3_162居之未盈歲[⑤]，去者與居吏坐之，新吏弗坐；其盈歲，雖弗效，新吏與居吏坐之，去者弗坐，它如律。效[⑥]Q1_11_3_163

【匯釋】

①實：**有二説：一、穀物。**整理者：《國語·晉語》注：“穀也。”**二、穀物財**

物。陳偉（2013B）：包括“穀”而不僅僅等於“穀”。《左傳·文公十八年》“聚斂積實”，杜預注：“實，財也。”《淮南子·精神訓》“名實不入”，高誘注：“實，幣帛貨財之實。”《國語·晉語八》：“吾有卿之名，而無其實。”韋昭注：“實，財也。”今按：“實”還包括財物、財富，以及物品、物產、物資等。

實官：**有二說：一、貯藏穀物的公家府庫**。夏利亞（2011）：此處“官”指公家的府庫。實官爲貯藏穀物的公家府庫。徐富昌（1993：412）：據《法律答問》簡149、《內史雜》簡194～195等，秦律中有時也稱“倉”爲“實官”，“實官佐”即倉佐。**二、設於各縣的糧食管理機構**。蔡萬進（1996：51）：實官是設於各縣的糧食管理機構，接受朝廷的管理監督。在鄉往往還設有“離官屬於鄉者”，參與管理糧食。整理者語譯爲貯藏穀物的官府。

實官佐、史：**貯藏穀物官府中的佐、吏**。整理者說。夏利亞（2019：161）：貯藏穀物的公家府庫的佐、吏。

柀：**有五說：一、名詞，一部分**。戴世君（2010B）：這是秦簡中“柀”的常用義。《秦律十八種》簡138、《法律答問》簡26“柀”同。**二、分別**。整理者說。**三、通“罷”，罷去**。秋非（1989）：爲“罷”之借字，“柀免”即“罷免”。**四、頗**。單育辰（2007）：“柀”應該理解爲“頗”更恰當。簡文的意思就是：官吏或多或少被免職或調離。**五、通“被”，遭受**。夏利亞（2011）：疑該處“柀”當讀爲“被”，意即遭受。上古音中，“柀”在幫紐歌部，“被”在並紐歌部，聲近韻同，可通。本句可譯爲：官吏免職或調任。遭受之意可不譯出。

②效代者：**核點物資向新任官員交代**（整理者）。

③不備：**不足數，數量不夠**。夏利亞（2011）：備，齊備。《廣韻·至韻》：“備，具也。”

④居：**原任**。整理者：《漢書·燕刺王旦傳》注：“處也。”

居吏：**留於原任的吏**。

⑤新吏：**繼任之吏**（施偉青，1993），**新任官員**。

居：**動詞，任職**。

⑥效：**有二說：一、本是效驗、檢驗之義。此處爲律名，關於核驗官府物資財產的法律**。整理者說。夏利亞（2011）：從律文看，主要是核對數量、質量等。內容涉及糧食的出倉、入倉、稱量的具體程序，關於糧食管理的相關處罰；主管糧食的官吏離職時對其所管糧倉的核驗程序；官府器物的核驗等。高恒（1993）：“效”字顯然是從當時流行的名辯學中借來的。《墨子·小取》：“效者，爲之法也。所效者，所以爲之法也。故中效則是也，不中效則非也。”**二、考核官吏的制度與做法**。高敏（1981A：213）認爲，《效》和《效律》是秦時考核官吏的制度與做法。陳偉（2016C：128）：與此共存的還有更爲詳細的《效律》抄本，可參看。

【今譯】

貯藏穀物的公家府庫中的佐、史部分被罷免或被調離，負責貯藏穀物的公家府庫的嗇夫一定要和離開的官員一起核點物資並向新任官員交代。如果官府的嗇夫被罷免後核驗，發現數量不夠，新任官員和留任官吏一起承擔罪責。原任官員不進行核驗，新任官員Q1_11_3_162任職未滿一年，離開的官吏與留任官吏共同承擔罪責，新任官吏不擔責；如果任職已滿一年，雖然未進行核驗，新任官員與留任官吏也共同承擔責任，離開的官吏不擔責，其餘都依法處理。效Q1_11_3_163

【釋文】

倉屚（漏）死（朽）禾粟[①]，及積禾粟而敗之，其不可食者不盈百石以下[②]，誶官嗇夫；百石以上到千石，貲官嗇夫Q1_11_3_164一甲；過千石以上，貲官嗇夫二甲；令官嗇夫、冗吏共賞（償）敗禾粟[③]。禾粟雖敗而尚可食殹（也），程之[④]，以其秏（耗）石〔數論〕Q1_11_3_165負之。效Q1_11_3_166

【匯釋】

①屚：**後作“漏”，漏雨。**《說文》：“屚，屋穿水入。”段玉裁注：“今字作漏，漏行而屚廢矣。”

死：**後作“朽”，讓腐爛。**

禾粟：**糧食。**彭浩（2006B）：“禾”代指粟類。在《倉律》有關主要糧食作物每畝播種量的規定中，列有稻、麻、禾、麥、荅、菽，並未見“粟”。本條律文中的“粟”字用作糧食的總稱。此類法律是作爲一種普遍的規定，既適用於北方所產之糧，也適用於南方所產之糧，並非專指某類糧食。

②百：**一百。**整理者釋爲“萬”。魏德勝（2003：241）改釋。

③冗吏：**群吏**（整理者），**眾官吏。**

④程：**估量**（整理者）。張再興（2012：979）：動詞，估算。夏利亞（2019：161）：估量，估計。

【今譯】

糧倉漏雨讓糧食腐爛，以及堆積糧食而致使糧食腐敗，其中不可食用的糧食不滿一百石，斥責官府的嗇夫；（不可食用的糧食）有一百石以上到一千石，罰官府的嗇夫Q1_11_3_164一甲；超過一千石，罰官府的嗇夫二甲；命令官府的嗇夫和眾官吏共同賠償腐壞的糧食。糧食雖然腐敗但還可以食用，對糧食進行估算，根據所損耗的重量論處Q1_11_3_165賠償。效Q1_11_3_166

【釋文】

〔度〕禾、芻稾而不備十分一以下[①]，令復其故數；過十分以上，先索以稾人[②]，而以律論其不備。效Q1_11_3_167

【匯釋】

①度：**稱量**。簡首缺文，陳偉（2016C：129）據上下文義補入。

十分一：**十分之一**（整理者）。

②先索以稟人：**有二説：一、先全部發給領用的人**（整理者）。**二、先向管理倉庫的稟人索賠**。孫曉春、陳維禮（1985）：索，當釋爲求。在簡文中解作索賠。稟，是廩的省文，稟人是管理倉庫的官吏。簡文義爲：如果穀物、芻稾的損耗超過十分之一，先向管理倉庫的稟人索賠，然後再根據法律論罪。

【今譯】

稱量穀物、芻草、禾稈，所缺的數量不足十分之一的，要命令補足原數；超過十分之一的，先全部發給領用的人，再依法論處穀物、芻稾數量不足的問題。效Q1_11_3_167

【釋文】

入禾[①]，萬〔石一積而〕比黎之爲戶，籍之曰："其廥禾若干石，倉嗇夫某、佐某、史某、稟人某。"[②]是縣入之，縣Q1_11_3_168嗇夫若丞及倉、鄉相雜以封印之，而遺倉嗇夫及離邑倉佐主稟者各一戶，以氣（餼）人。其出禾，有（又）Q1_11_3_169書其出者，如入禾然。效Q1_11_3_170

【匯釋】

①入禾：**入禾於倉**。夏利亞（2019：162）説。

②倉嗇夫：**有二説：一、專門管理糧倉的官吏**。高敏（1981A：172）：受"縣嗇夫"的直接管轄。**二、地方糧倉的負責人**。魏德勝（2005）説。今按：參看《倉律》簡21～27"倉嗇夫"條注。

稟人：**即"廩人"，管理穀物的收藏出納**。整理者：《周禮·廩人》："掌九穀之數，以待國之匪（分）頒賙賜稍食。"孫詒讓正義認爲其職務是"總計一年穀入之數爲簿書"。《儀禮·少牢饋食禮》注："廩人，掌米入之藏者。"陳偉（2016C：129）：里耶秦簡多見稟食記録，多是倉官、佐、稟人或倉官、史、稟人三人同時出稟。而稟人似由隸臣妾擔任（如簡8－1259、8－2249）。

【今譯】

把穀物納入糧倉，以一萬石爲一堆，把它們排列起來並設置倉門，在簿籍上登記："該倉有禾若干石，倉嗇夫的名字、佐的名字、史的名字和廩人（管理穀物收藏出納的人）的名字。"該縣把穀物納入糧倉，由縣Q1_11_3_168嗇夫或丞和倉、鄉主管官吏一同封緘蓋印，而後給倉嗇夫和屬邑管食物稟給的官員各一戶，以便發放糧食。穀物出倉，也要Q1_11_3_169登記出倉的人名，和入倉一樣。效Q1_11_3_170

【釋文】

嗇夫免而效，效者見其封及隄（題），以效之，勿度縣[①]，唯倉所自封印是度縣。終歲而爲出凡曰[②]：“某廥出禾若干Q1_11_3_171石，其餘禾若干石。”[③]倉嗇夫及佐、史，其有免去者，新倉嗇夫，新佐、史主廥者，必以廥籍度之，其有所疑，Q1_11_3_172謁縣嗇夫，縣〔嗇〕夫令令人復度及與雜出之[④]。禾羸，入之，而以律論不備者。效Q1_11_3_173

【匯釋】

①度縣：**稱量**（整理者）。

②凡：**名詞，總數**。整理者：凡數。《墨子·雜守》：“先舉縣官室居、官府不急者，材之大小、長短及凡數。”意即總數。

③餘：**剩餘，剩下**。整理者作“余”，夏利亞（2011）改釋。

④嗇：**字下省略重文號**。高大倫（1989）：簡文“嗇”下省略重文號。整理者：簡文“嗇”字原不重，“令”字重，係誤標了重文號。

【今譯】

嗇夫免職而進行核驗，核驗的人要檢查糧倉上的封緘和標識，可據此對糧食進行核驗，不要稱量，衹稱量糧倉獨自封緘蓋印的。到年底統計糧食出倉的總數：“某倉出倉穀物若干Q1_11_3_171石，剩下的穀物若干石。”倉嗇夫以及佐、史，如果有被罷免離職的，新任倉嗇夫，新任主管糧倉的佐和史，一定要根據糧倉的簿籍加以稱量，如果有疑問，Q1_11_3_172要上報縣嗇夫，縣嗇夫讓人重新稱量並與倉的主管官吏共同出倉。穀物數量有多餘，應納入官府，而依法論處糧食數量不足的。效Q1_11_3_173

【釋文】

禾、芻稾積廥，有羸、不備而匿弗謁，及者（諸）移羸以賞（償）不備，群它物當負賞（償）而僞出之以彼賞（償）[①]，皆與Q1_11_3_174盜同灋（法）[②]。大嗇夫、丞智（知）而弗辠（罪），以平辠（罪）人律論之[③]，有（又）與主廥者共賞（償）不備。至計而上廥籍內史[④]。入禾，Q1_11_3_175發扇（漏）倉，必令長吏相雜以見之。芻稾如禾。效Q1_11_3_176

【匯釋】

①彼：**有三說：一、通“避”，躲避**。陳劍（單育辰，2007引）：此條“彼”字有可能讀爲“避”。“皮”聲字與“辟”聲字相通，例見《古字通假會典》“被與避”條（又見“避與被”條）、“彼與避”條（又見“辟與彼”條）。張家山漢簡《二年律令·效律》簡14有“以避負償”的說法。**二、讀如字，用作指示代詞**。單育辰（2007）：讀作“彼”，用作指示代詞。“彼”指代“僞出之”，“之”用於補足

語氣，無實際意義。全句意思是“其他各種物品中，應該賠償的卻作假注銷，而用作假注銷來補償（空缺）”。夏利亞（2019：163）：結合文義，單氏之說爲長。**三、通“貱”，補。**整理者：讀爲“貱”。《說文》：“移予也。”貱償，補墊。

②與盜同灋：**同盜竊罪一樣論處。**夏利亞（2011）：“與盜同法”理解爲“同盜竊罪論處”爲當。因爲並非所有的“與盜同法”都是因別人偷盜，自己受了株連，被判“與盜竊犯同罪”。整理者：與盜竊犯同罪，法律習語，參看《法律答問》。

③平：**相等**（整理者）。

④計：**向上呈報賬簿**（高敏，1998：178）。

【今譯】

穀物、芻稾的堆和倉庫，有數量超出、不足而隱匿不報，以及各種移多餘來補不足，其他各種物品應該賠償而作假注銷來躲避賠償，都Q1_11_3_174同盜竊罪一樣論處。大嗇夫、丞知情而不加以懲處，以和罪犯相等的法律論處，又要與主管糧倉的官吏共同賠償不足之數。到向上呈報賬簿时，把糧倉賬簿上呈內史。把穀物裝入糧倉，Q1_11_3_175打開漏倉，必須命令長吏一同查驗它。芻稾的處理辦法與穀物相同。效Q1_11_3_176

【釋文】

效公器贏、不備，以《齎律》論及賞（償），毋齎者乃直（值）之[①]。效Q1_11_3_177

【匯釋】

①毋齎者：**應指《齎律》沒有規定錢數**（整理者）。彭浩（2006A）：“齎”指《齎律》規定的物品價值。

直：**通“值”，估價**（整理者）。

【今譯】

核驗官府器物發現超出或者不足，應依照《齎律》論處以及賠償，《齎律》中沒有規定錢數的才對它進行估價。效Q1_11_3_177

【釋文】

公器不久刻者，官嗇夫貲一盾[①]。效Q1_11_3_178

【匯釋】

①官嗇夫：**負責某一方面事物嗇夫的總稱**（夏利亞，2011）。整理者語譯爲官府的嗇夫。

【今譯】

官府器物不加標記的，應對官府的嗇夫罰一盾。效Q1_11_3_178

（十四）傳食律

【釋文】

御史、卒人使者[①]，食粺米半斗[②]，醬駟（四）分升一[③]，采（菜）羹[④]，給之韭蔥[⑤]。其有爵者，自官士大夫以上[⑥]，爵食之。使者Q1_11_3_179之從者，食糲（糲）米半斗；僕，少半斗。傳食律[⑦]Q1_11_3_180

【匯釋】

①御史：**有二說：一、御史大夫**。陳偉（2016C：131）：張家山漢簡《二年律令・傳食律》簡232～233："丞相、御史及諸二千石官使人，若遣吏、新爲官及屬尉、佐以上徵若遷徙者，及軍吏、縣道有尤急言變事，皆得爲傳食。車大夫醬米半斗，參食，從者糲（糲）米，皆給草具。車大夫醬四分升一，鹽及從者各廿二分升一。"秦律"御史"亦應指御史大夫。**二、監郡的御史**。整理者：此處疑爲監郡的御史，《漢書・高帝紀》："秦時御史監郡，若今刺史。"今按：御史還有執掌法令的職能。關於御史的討論參看《尉雜》簡199注①。

卒人：**有三說：一、包括郡守在內的二千石官**。陳偉（2016C：132）：在張家山漢簡《二年律令・傳食律》中對應於"二千石官"。又里耶秦簡8－61＋8－293＋8－2012："巴叚（假）守丞敢告洞庭守主：卒人可令縣論……"秦律"卒人"似當包括郡守在內的二千石官。**二、某些官的部屬**。整理者：《論衡・謝短》："兩郡移書曰'敢告卒人'，兩縣不言。"但從漢簡看，此語不限於兩郡間的文書，參看王國維《流沙墜簡》考釋。朱湘蓉（2012：108）：官員的部屬。**三、同"卒史"，作爲郡守等二千石左右級別官員的屬吏**。李迎春（2015）認爲，"卒人"與"卒史"在早期很可能是同職異稱，在戰國時期主要作爲郡守等二千石左右級別官員的屬吏，以協理長官處理文書等事務爲職。

御史、卒人使者：**有二說：一、御史的使者與卒人的使者**。陳偉（2016C：132）："御史"下有鉤識符號，並參看張家山漢簡《二年律令・傳食律》，在"御史"下著頓號，兼指御史的使者與卒人的使者（漢律作"使人"）。**二、御史的卒人出差**。整理者說。今按：查看原圖版，"御史"下確有鉤識符號。陳偉之說可從。

②粺米：**加工最精的米**。參看《倉律》簡41～43"粟一石六斗大半斗"等條。黃展嶽（1980B）：秦律對有爵者和官吏及其隨從皆供給加工糧，依爵位、官職高低分別提供糲米、粺米。張世超（2001）：當時的"公食者"，自二等爵以下，所食皆爲糲米，唯量有差等。

③醬：**食品，用豆合面做的**。整理者：《急就篇》顔注："以豆合面而爲之也。"

④采羹：**加鹽、菜的肉湯**（整理者）。夏利亞（2019：164）：用蔬菜煮的肉湯。

⑤葱：**大葱**。魏德勝（2003：59）：《説文》："葱，菜也。"《禮記·內則》："膾春用葱，秋用芥。"

⑥官士大夫：**有二説：一、秦爵第五級大夫和第六級官大夫**。整理者：《漢舊儀》："大夫，五爵，賜爵五級爲大夫，大夫主一車，屬三十六人。官大夫，六爵，次爵六級爲官大夫，官大夫領車馬。"又："令曰：秦時爵大夫以上，令與亢禮。"**二、可能是官大夫**。高敏（1981A：166）説。今按：秦二十等爵：一級公士，二上造，三簪裊，四不更，五大夫，六官大夫，七公大夫，八公乘，九五大夫，十左庶長，十一右庶長，十二左更，十三中更，十四右更，十五少上造，十六大上造，十七駟車庶長，十八大庶長，十九關內侯，二十徹侯。

⑦傳食律：**關於驛傳供給飯食的法律規定**（整理者）。林劍鳴、吴永琪（2002：327）：關於驛傳伙食供給的單行法律，按照過往驛傳人員的職級、爵位規定不同的伙食標準。

【今譯】

御史的使者和卒人的使者，供給伙食每餐粺米半斗，醬四分之一升，提供加鹽、菜的肉湯，並供給他們韭和葱。如果是有爵位的人，從大夫、官大夫以上，按照爵位來供給伙食。使者Q1_11_3_179的隨從人員，供給伙食每餐糲米半斗；駕車的僕人，每餐糲米三分之一斗。傳食律Q1_11_3_180

【釋文】

不更以下到謀人[①]，粺米一斗，醬半升，采（菜）羹、芻稾各半石。·宦奄如不更[②]。傳食律Q1_11_3_181

【匯釋】

①不更：**秦爵第四級**。整理者：《漢舊儀》："不更，四爵，賜爵四級爲不更，不更主一車四馬。"

謀人：**有二説：一、當爲秦爵第三級簪裊的别稱**（整理者）。朱湘蓉（2012：135）：本指謀士，在秦朝則成爲秦爵第三級簪裊的别稱。**二、指謀士之類**。張政烺（1990：934）、于豪亮（2015：381）、夏利亞（2011）説。

②奄：**即"閹"**（整理者），**宦官**。

佐佐木研太（2004）：圓點表示以下的內容已不是律文本身。因爲它已不作爲律來用。

【今譯】

爵位爲不更到謀人的，每餐可食用粺米一斗，醬半升，此外有加鹽、菜的肉湯

和芻草、禾稈各半石。·宦官和不更一樣。傳食律Q1_11_3_181

【釋文】

上造以下到官佐、史毋（無）爵者①，及卜、史、司御、寺、府②，糲（糲）米一斗，有采（菜）羹，鹽廿二分升二。傳食律Q1_11_3_182

【匯釋】

①上造：**秦爵第二級**。整理者：《漢舊儀》："上造，二爵，賜爵二級爲上造，上造，乘兵車也。"高敏（1981A：166－167）：《傳食律》依爵位供給傳食的分級，反映出上造、不更、官士大夫是三大等級的分水嶺。《封診式·黥妾》中所講到的擁有"家吏"的五大夫，可能也是一個大等級的標誌，與秦末以第七級爵公大夫爲起點區分高、低兩大等爵的做法不盡相同。

②卜：**名詞，卜人**（張再興，2012：1043）。整理者：卜人。

史：**筮人**。整理者：《左傳·襄公二十五年》疏："筮人也。"

司御：**管理車輛的人**。整理者：見《漢書·夏侯嬰傳》。

寺：**讀爲"侍"**（整理者），**侍臣**。夏利亞（2019：165）：寺，近侍的內臣，通常指宦官。

府：**掌管府藏的人**。整理者：見《周禮·天官》。

【今譯】

爵位爲上造以下到官府中沒有爵位的佐、史，以及卜人、筮人、管理車輛的人、侍臣和掌管府藏的人，（提供飯食）每餐糲米一斗，有加鹽、菜的肉湯，並提供二十二分之二升的鹽。傳食律Q1_11_3_182

（十五）行書

【釋文】

行命書及書署急者①，輒行之；不急者，日觱（畢），勿敢留。留者以律論之②。行書③Q1_11_3_183

【匯釋】

①命書：**王室指令文書**。李均明（2009：23）：戰國時期，命書是王室指令文書的專用稱謂。秦統一六國後將"命書"改爲"制書"與"詔書"兩種。張再興（2012：868）：皇帝的命令。夏利亞（2019：166）：詔書，詔令。即制書，秦始皇統一後改命爲制。

②本簡講述傳送王室指令文書和寫著“急”字文書的規定。陳偉（2016C：134）：嶽麓書院藏秦簡0792、1250：“行書律曰：傳行書，署急輒行，不輒行，貲二甲。不急者日觱（畢）。留三日，貲一盾；四日上，貲一甲，二千石官書留弗行五日，貲一盾；五日到十日，貲一甲；過十日到廿日，貲二甲。後有盈十日，輒駕（加）一甲。”陳松長（2009A）：嶽麓書院藏秦簡0792、1250對“不輒行”和“不急者”的處置措施有更明確的規定，由此可見嶽麓書院藏秦簡摘錄的行書律條文細密很多，間接說明秦始皇統一六國後，在秦代法律的制定方面經歷了一個細密的修訂過程。

③行書：**律名，關於傳送文書的法律規定**（整理者）。

【今譯】

傳送王室指令文書和寫著“急”字的文書，要立即傳送它；不急的，當日傳送完畢，不可積壓逗留。積壓逗留的要依法論處。行書Q1_11_3_183

【釋文】

行傳書、受書①，必書其起及到日月夙莫（暮）②，以輒相報殹（也）。書有亡者，亟告官。隸臣妾老弱及不可誠仁者勿Q1_11_3_184令③。書廷辟有曰報④，宜到不來者⑤，追之⑥。行書Q1_11_3_185

【匯釋】

①傳：**有三說：一、驛傳**。陳治國（2007A）：傳書，指通過“傳”傳遞的文書。**二、出入關的證件**。易桂花、劉俊男（2009）：文書的一種。“傳”即“符傳”，指出入關的證件。**三、通關憑證或驛傳**。朱湘蓉（2012）：秦簡中的文書傳遞多用行或傳，傳主要指通關憑證或驛傳。

②莫：**後作“暮”，夕**。夙莫：**朝夕**。

③不可誠仁：**不足信賴**（整理者）。張傳漢（1985）：隸臣妾如身受監禁，不可能充任此役。李學勤（2003）：里耶秦簡記有“隸臣尚行”“隸臣冉以來”“隸臣以來”，可印證本簡規定。

不可誠仁者勿令：**關於斷句有二說：一、“不可誠仁者”與“勿令”不點斷**。陳偉（2016C：134）說。**二、“不可誠仁者”與“勿令”點斷**。夏利亞（2011）說。

④廷辟：**有三說：一、由縣廷發出的審理、調查犯罪的文書**。彭浩（2002）：張家山漢簡《二年律令》簡276“諸獄辟書五百里以上，及郡縣官相付受財物當校計者書，皆以郵行”。辟書是審理、調查犯罪的文書。此外，疑難案件的奏讞文書、申請再審的乞鞫文書等也須由縣廷呈報郡守，其中有些文書還要呈送中央政府的相關部門。上述文書都應歸入“諸獄辟書”中。**二、疑指郡縣衙署關於徵召的文書**。整理者說。**三、“廷”爲“迋”字之誤，發出**。辟：**標明、署明**。孫曉春、陳維禮（1985）：“書廷”兩字應該連讀，“廷”爲“迋”字之誤，二者形近易混。《說文》：

“迋，往也。”書往，即發出的文書。辟，明也，這裏“辟”是標明、署明的意思。譯文應爲：發出的文書標明需要回文的，如回文應到而未到，要加以追查。

今按：此處“書廷辟”應理解爲審理、調查犯罪的文書，疑難案件的奏讞文書與申請再審的乞鞫文書等。此條律文規定了兩種情況，一是傳遞王室命令的命書，二是傳遞審理、調查犯罪的文書。若將“辟”理解爲標明、署明，則與後面的“有”語義重複。

報：**有三説：一、復，回文**。孫曉春、陳維禮（1985）説。夏利亞（2019：167）：“報”意爲回復。速到的應該是書信，而不是人。**二、回復文書**。朱湘蓉（2012）説。**三、疑讀爲“赴”，速至**。整理者説。

今按：此處“報”應讀爲 bào，意爲復信、回文。漢司馬遷《報任安書》：“闕然久不報，幸勿爲過。”報也可通“赴”，讀爲 fù，意爲急速或往、去。但從上下文來看，此處報應爲回文。上文有“以輒相報殹”，報即理解爲回復，此句譯爲：以及時回復。“書廷辟有曰報”是關於傳遞審理、調查犯罪的文書的規定。從張家山漢簡《二年律令》看，此類文書都是“以郵行”。“以郵行”是通過驛站傳遞，已經是一種較快的方式，“報”不應再理解爲急速、速至。再者，嶽麓書院藏秦簡 1271 有：“傳書受及行之，必書其起及到日月夙暮，以相報。宜到不來者，追之。”宜到不來者的主語爲上文的報，報應理解爲回文、回復。

⑤宜到不來者：**有二説：一、（回復）已應來到而沒有到達**（夏利亞，2011）。**二、該人已應來到而沒有到達**。整理者説。

今按：上文“報”意爲回文、復信，則此處“宜到不來者”的主語應爲回復，夏利亞之説可從。

⑥追之：**對此加以追查**。陳偉（2016C：134）：嶽麓書院藏秦簡 1271：“行書律曰：傳書受及行之，必書其起及到日月夙暮，以相報。宜到不來者，追之。書有亡者，亟告其縣。”可參看。

書廷辟有曰報，宜到不來者，追之：夏利亞（2019：167）：這句可譯爲：廷理治的獄訟文書寫明須回復的，（回復）已應來到而沒有到達，應加追究。書廷辟，廷理治的獄訟文書。

【今譯】

傳送通過通關憑證傳遞的文書、收到文書，一定要登記發文和收文的日月朝夕，以便立即回復。如果文書有丟失的，要立即上報官府。隸臣妾老弱的以及不值得信賴的人不要Q1_11_3_184派遣。由縣廷發出的審理、調查犯罪的文書有需要回文的，如果（回文）應來到而未到的，要對此加以追查。行書Q1_11_3_185

（十六）内史雜

【釋文】

縣各告都官在其縣者①，寫其官之用律②。内史雜③Q1_11_3_186

【匯釋】

①縣：**這裏指内史所轄各縣。**整理者：據《漢書·地理志》，漢三輔均屬“故秦内史”。張再興（2012：412，509）：縣，名詞，地方行政區劃名。

告：**動詞，告知。**

都官在其縣者：**有四説：一、設在該縣的都官。**高恒（2008：48）：按此規定，縣廷有責任通知設在該縣境内的都官，抄録與都官有關的法律。《内史雜》作如此規定，正是爲了貫徹統一的法制。從行政系統上説，都官隸屬中央有關部門，中央政令應由其上級下達。但是爲了統一法制，對於設置在地方上的都官及其離官，由縣統一下達一般均應遵守和執行的法令。王輝（1998）：此“縣”明爲内史所轄縣。有的都官設在京師附近的縣，但它有自己的特殊任務，有應遵守的法律。這些都官把自己有關的法律抄給所在縣，是爲了便於得到縣之協助。**二、設在各縣直屬朝廷的機構。**劉海年（1986B）説。**三、可以理解爲中央或内史設在縣的範圍内的都官，也可以理解爲都官設在縣的範圍内的分支機構。**裘錫圭（1981A）説。**四、編入縣中的都邑。**工藤元男（2010：60）認爲，據此規定可知，當時存在編入縣中的都邑。這是都衹有一個都邑的情況，即所謂“小都”。

②寫：**抄寫。**整理者：都官各有所遵行的法律，所以所在的縣要去抄寫。

③内史雜：**關於掌治京師的内史職務的各種法律規定**（整理者）。徐富昌（1993：90－92）：除與掌管財物有關的律文外，還與用人和一般規定有關。栗勁（1985：350）：内史雜是《内史律》以外與内史職務有關的行政法規。

【今譯】

各縣應分别通知設在該縣的都官，抄寫該官所應該遵行的法律。内史雜Q1_11_3_186

【釋文】

都官歲上出器求補者數，上會九月内史①。〔内史〕雜②Q1_11_3_187

【匯釋】

①會：**有二説：一、賬。**上會：報賬（整理者）。**二、會和、集中。**陳偉

(2016C：135)：會指會和、集中。里耶秦簡8－563、8－1379："上真見兵會九月朔日守府"，"上人奴笞者，會七月廷"。可參看。

②雜："雜"字的殘片與上文可能不屬於同一枚簡。林清源（2002）指出，"雜"字在一殘片上，下緣大致平齊，"雜"字下隱約可見編繩痕。如屬章題，應如其他簡一樣，書寫在第二道編繩下緣，不太可能在竹簡的末端，故此殘片與上文很可能不屬於同一枚簡。今按：對照圖版發現，該條律文的長度與上一條律文的長度相當，就算律名和簡文最後一個字空開一些距離，"雜"字也應寫在和上一條律文即簡186中的"雜"字相當的位置。而此處的"雜"字在一殘片上，且下端平齊，可以看出是簡的末端。律名也可出現在簡的末端，律文寫完剛好到竹簡末尾，則律名出現在竹簡末端，例如《效》簡163。但此處一條律文書寫完衹是到了竹簡的中部，律名不可能出現在末端。所以這個"雜"字的殘片與上文可能不屬於同一枚簡。林清源之說可從。

【今譯】

都官每年上交已經報廢注銷要求補充的器物的數量，九月份報賬給內史。內史雜Q1_11_3_187

【釋文】

有事請殹（也），必以書，毋口請，毋羈（羈）請[①]。內史雜Q1_11_3_188

【匯釋】

①羈：**有二說：一、通"羈"。牽制、拖延**。陳偉武（1998）："羈"通"羈"。羈本指馬絡頭，引申可指牽制、拖延，如《呂氏春秋·決勝》："幸也者，審於戰期而有以羈誘之也。"高誘注："羈，牽也。"因此，律文"毋羈請"如字讀即可，譯爲"不要拖延請示"。張守中（1994：122）：通"羈"，羈託。**二、通"寄"，請託**。整理者說。方勇（2012：234）：通"寄"。

今按：從上下文看，此處"羈"通"羈"，理解爲拖延更爲妥當。這裏的"請"是下對上的請示行爲，針對的是官府的事務。官府事務更多的是講求效率，處理事情不要拖延，有效率比是否本人申請更爲重要，所以此處"羈"通"羈"，理解爲拖延更好。毋羈請即不要拖延請示。

【今譯】

有事情請示，一定要書面請示，不要口頭請示，也不要拖延請示。內史雜Q1_11_3_188

【釋文】

官嗇夫免，□□□□□□□其官亟置嗇夫[①]。過二月弗置嗇夫，令、丞爲不從

令[2]。內史雜Q1_11_3_189

【匯釋】

①官嗇夫：**縣下屬機構的主管官員**（整理者）。以上文字屬於“令”文（張建國，1998）。

②令、丞：**縣令、縣丞**。整理者：從簡文推測，此處令、丞應指縣令、縣丞。

【今譯】

官府的嗇夫被免職……所在官府應立即任命嗇夫。超過兩個月還沒有任命嗇夫，縣令、縣丞就是不遵守法令。內史雜Q1_11_3_189

【釋文】

除佐必當壯以上[1]，毋除士五（伍）新傅[2]。苑嗇夫[3]不存，縣爲置守[4]，如廄律[5]。內史雜Q1_11_3_190

【匯釋】

①壯：**壯年**。黄今言（1979）：當指壯年士伍。**有三說：一、古時一般指三十歲**（整理者）。張再興（2012：1103）：壯年，古時一般指三十歲。高恒（1994：32）：一說爲三十歲。《禮記・曲禮》：“三十曰壯。”**二、二十歲**。劉向明（2005）：秦漢時期，二十歲應是百姓承擔國家義務，同時又享有一定權利的關鍵性年齡。《國語・晉語》“其壯也”注“其壯謂未二十時”。**三、十七歲**。林劍鳴（2003：107，168）：據《尉律》“學僮十七以上始試諷籒書九千字乃得爲吏”，認爲當時爲壯年的年齡是十七歲。

②士五：**有七說：一、相當於庶民**。劉海年（1978）：包括傅籍之後至六十歲老免的男壯丁、無爵或曾有罪而被奪爵者、非刑徒和奴隸，屬於庶民。高敏（1981A：330）認可劉海年的觀點。夏利亞（2019：169）：劉氏觀點爲長。**二、居住在里伍或什伍中的沒有官職、沒有爵位、在戶籍上有名的成年男子**。朱紹侯（2008：415）：用現代的話來說，就是達到服役年齡的男性公民。**三、無爵者，沒有爵的成年男子**。整理者：《漢舊儀》：“無爵爲士伍。”鄭有國（1991）：指無爵的“耕戰之士”。**四、地方上的“伍”與軍中的“什伍”中無爵適齡男性的單稱**。羅開玉（1981A）：可能源於商鞅時期的“什伍”制。**五、以“什伍”組織形式相約束，具有“士民”特徵的秦代男性百姓**。陳抗生（1980）說。**六、因犯罪而被奪爵者，屬於統治階級的底層**。周厚強（1991）說。《衡山列傳》《漢書・景帝紀》等記載及如淳、顏師古之注，認定有“士伍”身份之人是曾有爵位，後因罪而遭奪爵之人。**七、有爵被奪爲刑徒**。沈家本（1990）說。朱湘蓉（2012：125）：秦簡中“士伍”均作“士五”，可見處於複音詞形成開端期的秦簡複音新詞存在詞形不定的情況。

傅：**傅籍，登記在戶籍上**。張再興（2012：943）：傅，動詞，服役。

關於傅籍的標準，**有二說：一、男子年十五岁以上**。朱紹侯（2008：415）：按秦制男子年十五岁以上傅籍，從此開始給公家服徭役、兵役。**二、立戶**。羅開玉（1983）：秦的傅籍標準是立戶。所謂傅籍標準，即百姓開始對政府承擔徭、使、戍、賦，開始按戶參加里、伍連坐的界限。

士五新傅：**新傅籍的士伍**。張金光（2004：825）："士伍新傅"即新傅籍的士伍，或新傅士伍籍者。黃今言（1979）：新傅是指剛合條件參加服役的少年。

③苑嗇夫：**有二説：一、禁苑的主管官吏**。高恒（1980A）：秦簡中的"禁苑"，即都官的離官，其主管官吏爲苑嗇夫，又可稱爲離官嗇夫。栗勁（1985：412）：據《内史雜》規定，禁苑嗇夫和憲盜均由内史直接任命，應是直屬朝廷的機構，具有都官的性質，但它僅僅是一個直屬朝廷的獨立單位，並不管理其他禁苑，因此不同於都官。禁苑的行政首腦稱嗇夫，相當於縣一級的官吏機構。錢劍夫（1980）：當爲管理苑囿者，疑與漢代上林苑虎圈嗇夫同類。因在四郊，故不存時縣爲置守。**二、縣所"葆"的"禁苑，公馬牛苑"的主管官員**。裘錫圭（1981A）：這裏所說的苑嗇夫顯然不是衹屬於縣的，大概是《徭律》簡115～124所說的縣所"葆"的"禁苑，公馬牛苑"的主管官員，應該屬於都官。

今按：綜上所述，可知苑嗇夫是主管苑囿的官吏。其不隸屬於縣，而隸屬於都官，具有都官的性質，但衹是一個直屬朝廷的獨立單位，並不管理其他禁苑，不同於都官。

④縣爲置守：**由縣安排代理其職務的人員**。整理者說。高敏（1981A：330）：守，試用職務。夏利亞（2019：170）：守，衹能理解爲代理官員，整理小組說法爲長。

⑤廄律：**關於管理飼養牲畜的規定，爲《廄苑律》之簡寫**。整理者：即《廄苑律》。大庭脩（1991：50）：這究竟是《廄苑律》的略稱，或是另有一種《廄律》，進而或者可能又有《苑律》，尚不能預先判斷，不過《廄律》並非蕭何所獨創，這一點值得注意。

【今譯】

任命佐必須在壯年以上，不要任用新傅籍的達到服役年齡的成年男子。（如果）苑嗇夫不在，由縣安排代理其職務的人員，安排要依照《廄律》。内史雜Q1_11_3_190

【釋文】

令敫史毋從事官府①。非史子殹（也），毋敢學學室②，犯令者有辠（罪）。内史雜Q1_11_3_191

【匯釋】

①此簡文字的斷句，依據的是陳偉（2016C：137）。魏德勝（2003：238）則在

“令”下加冒號。“敖史……學室”爲“令”的内容，改用句號。

敖：**有三説：一、“赦”字之誤或另一寫法，赦免。**整理者：字不識，疑爲“赦”字之誤。從事官府，在官府服務，參看《法律答問》簡127。方勇（2012：94）：“赦”字之誤。夏利亞（2019：170）：非“赦”字之誤，而是“赦”字的另一種寫法。**二、讀爲“逐”字，放逐、流放。**方勇（2009A）：“敖”似可讀爲“逐”，“逐”有表示放逐、流放之義。此字从先得聲。“令敖（逐）史毋從事官府”，其義應爲：命令已經被放逐的史不能再在官府服役。**三、讀爲“黷”，輕慢、褻瀆。**方勇（2009A）：或讀爲“黷”，从先聲。“黷”有表示輕慢、褻瀆之義。“敖史”就是指不盡職、怠忽職守的史官。

從事官府：**在官府服務。**夏利亞（2019：170）說。

②學室：**有二説：一、一種學校。**整理者：據簡文是一種學校。古時以文書爲職務的史每每世代相傳，要從小受讀寫文字的教育。張建國（1998）：“非史子也，毋敢學學室”是“令”的具體内容，此簡可稱作《内史雜令》。徐富昌（1993：359）：律文反映秦代仍有世官制的遺存。史的主要職務是在官府從事文書、檔案、書記服務。李學勤（2002）：此律與張家山漢簡《二年律令·史律》簡474的規定相同。彭浩、陳偉、工藤元男（2007：296）：張家山漢簡《二年律令·史律》律文的規定與《二年律令·傅律》簡365“疇官各從其父疇，有學師者學之”有關。**二、一種培養“史”的專門學校。**黄留珠（1982A）：“史”是世襲的，“學室”實際上是一種培養“史”的專門學校。“史”是從事文字工作官員的統稱，“父子疇官，世世相傳”，“史子”從小要受讀寫文字的教育，所以要設立“學室”以培養“史”。

【今譯】

命令犯過罪但已被赦免的史不得再在官府服務。不是史的兒子，不得在學室學習。觸犯這一法令的人有罪。内史雜Q1_11_3_191

【釋文】

下吏能書者[①]，毋敢從史之事。内史雜Q1_11_3_192

【匯釋】

①下吏：**一種罪犯。**整理者：見《工人程》簡108注。參看下條，可知這裏的下吏仍指一種罪犯。楊洪（2008）：一種罪犯。夏利亞（2019：170）：此處仍指罪犯。

【今譯】

即使是能夠書寫的下吏，也不得從事史的職務。内史雜Q1_11_3_192

【釋文】

侯（候）、司寇及群下吏毋敢爲官府佐、吏及禁苑憲盜[①]。內史雜Q1_11_3_193

【匯釋】

①侯：**有二說：一、"侯"通"候"。本義爲伺望，此處爲一種被用以伺望敵情的刑徒**（整理者）。堀毅（1988：160）："候"似乎屬於法定勞役刑的下限。**二、衹是一種刑徒**。魏德勝（2003：153－154）：候是比司寇刑罰還輕的刑徒。夏利亞（2019：171）：最初的命名都是根據其工作性質，後來因爲需要也從事其他的勞作。

關於"候"的刑期，**有二說：一、一歲**。劉海年（1981）："候"在備守中與司寇的分工不同，因之勞役的輕重也有所分別。從秦法律規定"當耐爲候以……罪誣告人耐爲司寇"來看，"候"應當略輕於司寇，刑期可能是一歲。魏德勝（2003：153－154）：刑期当是一年。**二、終身**。高恒（1983）：候是終身服役的刑徒，從事偵察敵情的工作。夏利亞（2019：171）：秦的刑徒是無刑期的。

"佐、吏"之"吏"字：整理者釋爲"史"，黃文傑（2008A：158）改釋。簡160"不得除其故官佐、吏以之新官"有"佐""吏"連用之例。

憲盜：**一種捕"盜"的官職名**。整理者：《法律答問》作"害盜"，"憲"字，《說文》云"害省聲"，故與"害"字通假。張再興（2012：356）：官名，捕盜。栗勁（1985：320）：憲盜設於禁苑，害盜設於基層政權。

【今譯】

候（被用以伺望敵情的刑徒）、司寇以及眾下吏都不得擔任官府的佐、吏以及禁苑的捕盜官。內史雜Q1_11_3_193

【釋文】

有實官縣料者[①]，各有衡石贏（纍）、斗甬（桶），期踐[②]，計其官，毋叚（假）百姓。不用者，正之如用者。內史雜Q1_11_3_194

【匯釋】

①有實官：**貯藏穀物的官府**（整理者）。

縣料：**稱量**（整理者）。料，《說文》："量也。"張再興（2012：1108）：縣料，稱量、衡量。朱湘蓉（2012：125）："縣料"一詞具有明顯的時代特色，也見於張家山漢簡《效律》簡351："效案官及縣料而不備者，負之。"

②期踐：**有二說：一、以足用爲度**。整理者說。**二、即"期足"，期限滿了**。戴世君（2008B）："期足"或應與"計其官"連讀，"期"爲期限之意，"期足計其官"是說，滿了期限，要將權、斗桶交給有關官府加以檢測、校正。夏利亞（2019：171）：戴氏觀點不甚精審。

【今譯】

貯藏穀物的官府需要稱量的，要各自備有衡石的權、斗桶。以足用爲度，要將權和斗桶交給有關官府加以檢測、校正，不要借給百姓。量器不使用的，也要像需要使用的器具那樣對它加以校正。內史雜Q1_11_3_194

【釋文】

有實官高其垣墻。它垣屬焉者[①]，獨高其置芻廥及倉茅蓋者[②]。令人勿紤（近）舍。非其官人殹（也），毋敢舍焉[③]。Q1_11_3_195善宿衛，閉門輒靡其旁火[④]，慎守唯敬（儆）[⑤]。有不從令而亡、有敗、失火，官吏有重辠（罪），大嗇夫、丞任之。〔內〕[⑥]Q1_11_3_196

【匯釋】

①屬：**連接**（整理者）。張再興（2012：1043）：動詞，連接。

②廥：**側重收藏芻稾的倉庫**。倉：**側重收藏糧食的倉庫**。朱湘蓉（2012：285）：倉、廥統言無別，但各有側重。這裏芻廥與倉別言之，可見廥側重於收藏芻稾。

③前一個“舍”：**官人宿舍**。後一個“舍”：**止息或停留**。陳偉（2013B）改讀，認爲前一個“舍”是名詞，指官人宿舍。後一個“舍”是動詞，指止息或停留。

④靡：**熄滅**（整理者）。

⑤以上文字屬於令文（張建國，1998）。

⑥內：**有二説：一、字是“內”，是“內史雜”的簡稱**。整理者將此字與正文空開，即與其他簡的“內史雜”章題並列。**二、字不易確定是“內”，不一定是“內史雜”的簡稱**。林清源（2002）：竹簡此字下半段已殘缺，不易確定是“內”。縱令此字確爲“內”字，但無法證明必爲“內史雜”的簡稱。在《秦律十八種》中未見“內史雜”簡稱爲“內”之例。且“內”的位置已近竹簡末端，其上又緊接著律文，其間並無預留題空，不符合此類章題的書寫格式。故簡196極有可能不是該章最後一簡，竹簡末尾其實並無所謂的章題。

【今譯】

貯藏穀物的官府想要加高其垣墻。其他的墻跟它相連接的，可以單獨加高其收藏芻稾的倉庫和用茅草覆蓋的糧倉，讓人不要靠近官人宿舍。如果不是本官府的官員，不得在那裏止息或停留。Q1_11_3_195夜間應好好地加以守衛，關門時要立即熄滅廥倉旁邊的火，謹慎守護加以警戒。有不遵守命令而遺失、損壞或者失火的，負責的官吏有重罪，大嗇夫和丞也要承擔罪責。內Q1_11_3_196

【釋文】

毋敢以火入臧（藏）府、書府中①。事已，收臧（藏）②，官嗇夫及吏夜更行官③。毋火④，乃閉門戶。令令史循其廷府。節（即）新爲Q1_11_3_197吏舍，毋依臧（藏）府、書府⑤。內史雜Q1_11_3_198

【匯釋】

①臧府：**收藏器物的府庫**。書府：**收藏文書的府庫**（整理者）。朱湘蓉（2012：286）：藏府是收藏實藏的倉庫，書府是收藏書籍的倉庫。

②事：**有二說：一、釋爲"事"，用火**。陳偉（2013B）：睡虎地法律簡中，"事"一概寫成"吏"形，需要根據文義判讀。此處仍當釋爲"事"。"事已，收藏"，大概是說用過火之後，要妥爲收撿保存。**二、釋爲"吏"，官吏**。整理者說。

今按：整理者將"事"釋爲"吏"，且連讀爲"吏已收藏"，語譯爲：吏將物品收好後。如此則上下文義不通，故從陳偉（2013B）說。

③後一個"官"：**官府**。陳偉（2013B）：後一個"官"屬下讀。今按：後一個"官"屬上讀。

④毋：**沒有**。龍仕平、張顯成（2010）讀作"無"。

⑤依：**靠近**（整理者）。

【今譯】

不得把火帶進收藏器物的府庫和收藏文書的府庫中。用過火之後，要妥爲收撿保存，官府的嗇夫和吏晚上輪流值夜巡視官府。查驗沒有火，才可以關閉門戶。命令令史巡查署衙的倉庫。如果要新建Q1_11_3_197官吏的房舍，不要靠近收藏器物的府庫和收藏文書的府庫。內史雜Q1_11_3_198

（十七）尉雜

【釋文】

歲讎辟律于御史①。尉雜②Q1_11_3_199

【匯釋】

①讎：**核對**。辟律：**刑律**（整理者）。

御史：**有三說：一、官名，秦王之執法近臣，執掌法令**。杜小鈺（2012）：御史爲秦王之執法近臣，執掌法令。里耶秦簡8－173："御史問直絡裙程書。"**二、御史大夫之屬官，職責爲治律令**（趙孝龍，2010）。**三、掌糾察，治大獄，還保管和監督法律實施**（劉海年，1982）。又劉海年（1985C）：秦在各郡設監御史，《漢書·百官公卿表》:"監御史，秦官，掌監郡。"這是由朝廷派到各郡的監察官。

整理者:《張蒼列傳》:"蒼……好書律曆，秦時爲御史，主柱下方書。"《商君書·定分》說法令都藏有副本，以防止刪改。本條應指廷尉到御史處核對法律條文。陳偉(2016C:140):里耶秦簡6~4、8~173有讎律令的記載。

②尉:**有三說:一、廷尉，是司法的官。**整理者:《漢書·百官公卿表》:"廷尉，秦官，掌刑辟。"**二、縣尉。**于振波(2005A):張家山漢簡《二年律令》簡215有"受(授)爵及除人關於尉"。簡文的"尉"指縣尉。縣、道屬吏的任用，尉是有決定權的，里耶秦簡J1⑧157就是一例。**三、包括廷尉、郡尉和縣尉。**王惠(2009):簡文"尉"包括廷尉、郡尉和縣尉，還可能包括見於秦封泥的邦尉、大尉、中尉等武職官員。

尉雜:**有二說:一、關於廷尉職務的各種法律規定(整理者)，是《尉雜律》的簡稱。**劉海年(1982B):《尉雜》應是《尉雜律》的簡稱。漢有《尉律》，見於《漢書·昭帝紀》注和《說文解字序》。杜小鈺(2012):《尉雜律》反映了廷尉依法治律的職能。**二、《尉律》以外有關廷尉的行政法規。**栗勁(1985:349):《尉雜律》是《尉律》以外有關廷尉的行政法規。

【今譯】

每年都要到御史處核對刑律。尉雜Q1_11_3_199

【釋文】

□其官之吏□□□□□□□□□□□□灋(法)律程籍，勿敢行，行者有辠(罪)。尉雜[①]Q1_11_3_200

【匯釋】

①本條缺字過多，不能釋譯(整理者)。

【今譯】

……官府的官吏……法律估算登記，不可以傳送，傳送的有罪。尉雜Q1_11_3_200

(十八)屬邦

【釋文】

道官相輸隸臣妾、收人[①]，必署其已稟年日月，受衣未受，有妻毋(無)有[②]。受者以律續食衣之[③]。屬邦[④]▨Q1_11_3_201

【匯釋】

①道官相：**有二説：一、道是少數民族集居的縣**（整理者）。官：**官府**。相：**相互，交互**。相輸：**相互輸送**（陳偉，2016C：141）。**二、官相是“道”一級官吏名稱**。高敏（1981A：191－192）：“官相”應爲“道”一級官吏名稱。“道官相”是主管輸送奴隸的。

收人：**有四説：一、被收捕的人**（整理者）。**二、因家人犯罪而被沒收的人**。于豪亮（1981A）説。**三、指未決犯**。王占通、栗勁（1984）：簡文的隸臣妾爲已決犯，“收人”指未決犯。**四、依法被籍沒之人**。張金光（1985）：“收人”顯爲在法律上已經定性之人，當即“收孥”，即依法被籍沒之人。陳偉（2016C：141）：據張家山漢簡《二年律令》簡435“諸收人，皆入以爲隸臣妾”，“收人”的法律地位如同隸臣妾。

②秦律把無妻室作爲登記的内容之一，公開承認“隸臣妾”可以有家室（高敏，1981A：68－69）。

③受者：**有二説：一、領受者**。整理者語譯爲如係領受者，應依法繼續給予衣食。**二、“道官相輸”時的接收方**。陳偉（2016C：141）：《封診式·遷子》：“今鋈丙足，令吏徒將傳及恒書一封詣。令史可受代吏徒，以縣次傳詣成都，成都上恒書太守處，以律食。”里耶秦簡8－1517：“疏書吏、徒上事尉府者牘北（背），食皆盡三月，遷陵田能自食。謁告過所縣，以縣鄉次續食如律。”可參看。

④屬邦：**有三説：一、管理少數民族的機構**。整理者：見秦兵器銘文。漢代因避漢高祖劉邦諱，改稱屬國，典屬國，見《漢書·百官公卿表》。孫言誠（1987）據秦兵器“屬邦”銘文認爲，屬邦有軍隊，而且有製造武器的生產機構。漢初改稱屬邦爲屬國。高恒（1994：14）：律文説明道的某些事務由朝廷的“典屬邦”處理。劉瑞（1999）：秦的“屬邦”衹設在中央，而且衹有一個。因其管理的各個民族在歸附的早晚、文化發展的高下、與秦本土的遠近上都有著明確的區別，所以秦律用比較具體的詞如“臣邦”“外臣邦”等來表達不同的内容。劉慶柱、李毓芳（2001）：相家巷遺址出土封泥有“屬邦之印”。該遺址流散秦封泥有“屬邦工室”“屬邦工丞”。**二、官名，主管少數民族事務**。吳永章（1983）：屬邦之官，始置於秦，主管少數民族事務。**三、應是“典屬邦”管轄下的少數民族内屬國**。陳力（1997）：據《漢書·百官公卿表》“典屬國，秦官，掌蠻夷降者”，典屬國是中央機構，屬國是典屬國管轄的地方組織。屬邦應是典屬邦管轄下的少數民族内屬國，並不同於典屬邦。

本條爲關於屬邦職務的法律（整理者）。

【今譯】

各少數民族集居的縣的官府相互輸送隸臣妾、被收捕的人，一定要寫明他們已經領取口糧的年月日數，領取過衣服沒有，有妻室沒有。接收方要依法繼續給他們提供衣食。屬邦……Q1_11_3_201

四、效　律

《效律》共60簡，標題在第一枚簡的背面。它規定核驗縣和都官物資賬目的一系列制度，對於一些重要的軍事物品的規定十分詳盡，尤其是關於度量衡器，律文明確規定了誤差的限度，這對推行統一度量政策、鞏固國家的經濟發展有重要的作用。

【釋文】

效[①]。Q1_11_4_1 反

爲都官及縣效律[②]：其有羸、不備，物直（值）之，以其賈（價）多者辠（罪）之，勿羸（累）[③]。Q1_11_4_1 正

【匯釋】

①效：**效驗、驗證**。這是關於核驗官府物資財產的法律，並且是一篇首尾完整的律文。“效”字寫於簡背，本簡得名正源於此。該簡文詳細規定了核驗縣和都官物資財產的一系列法律，處罰對象基本都是主管的官嗇夫。其中對兵器、鎧甲、皮革、度量衡誤差限度等的規定尤爲詳細，顯然是貫徹統一度量衡政策的法律保證。《秦律十八種》另有《效》文，當是從本簡摘錄而來。

②都官：**有五說：一、眾官、諸官**。陳直（1979：44）：“都官猶眾官也。”**二、主管分佈於縣內但又直屬於封建王族所有的經濟部門的官吏**。高敏（1981A）說。**三、中央一級機關**。于豪亮（1985：23）說。**四、秦國家宗室貴戚的舊邑及軍功褒賞制下封邑的管理制度**。工藤元男（1998）：都官是秦國家宗室貴戚的舊邑及軍功褒賞制下封邑的管理制度，可能是一種類似漢代中央集權過程中對諸侯王、列侯的抑制政策。**五、官名，以管理經濟事務爲主，兼顧其他執掌**。曹旅寧（2002：124）說。

③累：**纍計**（整理者）。

【今譯】

效。Q1_11_4_1 反

爲都官和縣制定驗證物資財產的法律：如果有數量超出或數量不足的情形，每種物品都應該對它進行估價，按照其中價值最高的對其論罪，不要把各種物品的價值纍計在一起（論罪）。Q1_11_4_1 正

【釋文】

官嗇夫、冗吏皆共賞（償）不備之貨而入贏[①]。Q1_11_4_2

【匯釋】

①官嗇夫：**有三說：一、官府的嗇夫**（整理者）。**二、對某一些主管官吏的泛稱。**高恒（1980A）：秦時的“嗇夫”不是專門某一官職的名稱，而是對某一些主管官吏的泛稱，包括地方行政長官（縣令、縣長和縣嗇夫）和縣、都官所屬的某些機構的主管官吏，又可統稱爲“官嗇夫”。**三、各種負責某一方面事務的嗇夫的總稱。**夏利亞（2011）：整理小組說法誤，秦律把倉嗇夫、庫嗇夫、田嗇夫等各種負責某一方面事務的嗇夫總稱爲官嗇夫。

吏：**官吏**。整理者作“長”，魏德勝（2003：241）改釋。黃文傑（2008A：158）：釋文“長”是印刷錯誤，譯文正確。

貨：**財貨**（整理者）。金錢珠玉布帛的總稱。《說文》：“貨，財也。”

【今譯】

官府的嗇夫和眾官吏應該共同賠償數量不足的財貨而上繳多餘的財貨。Q1_11_4_2

【釋文】

衡石不正[①]，十六兩以上，貲官嗇夫一甲[②]；不盈十六兩到八兩，貲一盾。甬（桶）不正[③]，二Q1_11_4_3升以上，貲一甲；不盈二升到一升，貲一盾。Q1_11_4_4

【匯釋】

①衡石：**衡制單位石**（整理者）。王忠全（1988）：簡文說明，秦漢時代的標準度量衡制度根本未把“石”作爲容量的單位解釋。

不正：**不準確**（整理者）。本條及下條中均包括衡制和量制。

②貲：**有二說：一、罰金**（整理者）。**二、罰交財物。**夏利亞（2011）：《說文》：“貲，小罰，以財自贖也。”在秦法中，貲主要以甲、盾爲對象，是一種罰交財物的制度。

一甲：**一副铠甲。**

③甬：**古量器名。**《說文》：“桶，木方，受六升。”段玉裁注：“疑當做方斛，受六斗。”

【今譯】

量重量的衡器不準確，誤差在十六兩以上，罰該官府的嗇夫一甲；誤差不滿十六兩到八兩以上，罰一盾。量器桶不準確，誤差在二Q1_11_4_3升以上，罰一甲；不滿二升到一升以上，罰一盾。Q1_11_4_4

【釋文】

斗不正[①]，半升以上，貲一甲；不盈半升到少半升，貲一盾。半石不正，八兩以Q1_11_4_5上；鈞不正[②]，四兩以上；斤不正，三朱（銖）以上[③]；半斗不正，少半升以上；參不正[④]，六Q1_11_4_6分升一以上；升不正，廿分升一以上；黄金衡羸（累）不正[⑤]，半朱（銖）〔以〕上[⑥]，貲各一盾。Q1_11_4_7

【匯釋】

①斗：**量詞，十升**。舊時容量單位。十升爲一斗，十斗爲一石。

②鈞：**衡制單位，三十斤**（整理者）。古代重量單位，三十斤爲鈞。《説文·金部》："鈞，三十斤也。"

③朱：**通"銖"，衡制單位，二十四分之一兩**（整理者）。丘光明、丘隆、楊平（2001：190－191）：目前收集到的秦代銅權，近乎半數超出秦律的允差範圍，大多在2%以下，最大誤差在5%以内。《效律》對權衡器的誤差範圍要求達到0.8%，與秦量相比，精確度要求過高（秦量誤差範圍爲2%～5%），而當時實際使用和製造都難以達到。當時稱量器具都十分簡陋，秦權在校正過程中出現誤差也是難免的。

④參：**三分之一斗**。古時兩餐，"旦半夕參"即早飯半斗、晚飯三分之一斗。

⑤羸：**通"纍"，砝碼**。黄金衡羸：**稱量黄金用的天平砝碼**（整理者）。

⑥"以"字原脱，整理者補。

簡文中有關衡制和量制的規定可列表如下：

重量單位（衡制）	誤差	處罰對象	處罰方式	處罰數量
石（120斤，1 920兩）	16兩以上	官嗇夫	貲	一甲
	8兩以上			一盾
半石（60斤，960兩）	8兩以上			一盾
鈞（30斤，480兩）	4兩以上			一盾
斤（16兩）	3銖（1/8兩）以上			一盾
黄金衡羸	1/2銖（1/48兩）以上			一盾

重量單位（量制）	誤差	處罰對象	處罰方式	處罰數量
桶（10斗，100升）	2升以上	官嗇夫	貲	一甲
	1升以上			一盾
斗（10升）	1/2升以上			一甲
	1/3升以上			一盾

（續上表）

重量單位（量制）	誤差	處罰對象	處罰方式	處罰數量
半斗（5升）	1/2升以上	官嗇夫	貲	一盾
參（3又1/3升）	1/6升以上			一盾
升	1/20升以上			一盾

【今譯】

斗（十升）不準確，誤差在半升以上，罰一甲；誤差不滿半升到三分之一升以上，罰一盾。半石（五斗）不準確，誤差在八兩以Q1_11_4_5上；鈞（三十斤）不準確，誤差在四兩以上；斤（十六兩）不準確，誤差在三銖以上；半斗（五升）不準確，誤差在二分之一升以上；參（三分之一斗）不準確，誤差在六Q1_11_4_6分之一升以上；升不準確，誤差在二十分之一升以上；稱黃金所用的天平砝碼不準確，誤差在半銖（四十八分之一兩）以上，處罰都是一盾。Q1_11_4_7

【釋文】

數而贏、不備①，直（值）百一十錢以到二百廿錢，誶官嗇夫②；過二百廿錢以到千一百Q1_11_4_8錢，貲嗇夫一盾③；過千一百錢以到二千二百錢，貲官嗇夫一甲；過二千二百錢Q1_11_4_9以上，貲官嗇夫二甲。Q1_11_4_10

【匯釋】

①數：**有二說：一、清點物品的數目**（整理者）。**二、點數、計算，是針對計算方面的誤差。**陳偉（2016C：146）：《莊子・天道》"禮法之數"，成玄英疏："數者，計算。"疑"數"指點數、計算，是針對計算方面的誤差。簡12～16針對實物方面的欠缺，故"十分一以到不盈五分一"的部分處罰更重。

②誶：**申斥**（整理者），**訓誡。**《漢語大字典》：責讓，責罵。《玉篇・言部》："誶，罵也。"劉海年（1981）：誶是秦統治階級對犯貲罪以下官吏的一種懲治。它相當於現代某些國家刑法中規定的"訓誡"，這種刑罰乍看起來不見得比某些行政處分重，但因爲它是一種刑罰，一旦被誶，便是受了刑事處分，算有了"前科"。

③嗇夫：**"官嗇夫"的省稱**（高敏，1981A：178）。

【今譯】

清點物品數目而有數量超出或數量不足的情形，價值在一百一十錢以上到二百二十錢之間，申斥該官府的嗇夫；超過二百二十錢到一千一百Q1_11_4_8錢之間，罰（該官府的）嗇夫一盾；超過一千一百錢到二千二百錢之間，罰該官府的嗇夫一甲；超過二千二百錢Q1_11_4_9以上，罰該官府的嗇夫二甲。Q1_11_4_10

【釋文】

縣料而不備者①，欽（咸）書其縣料殹（也）之數②。Q1_11_4_11

【匯釋】

①縣：**稱量輕重**。縣料：**稱量**。

②欽：**通"咸"，一律**。整理者：長沙馬王堆漢墓帛書《周易》咸卦均寫作"欽"。上古音中，欽在溪紐侵部，咸在匣紐侵部，聲母都是喉牙音，韻部相同，於音可通。咸書，一律記明（整理者）。

【今譯】

稱量物資而數量不足的，一律要記明稱量物資的數量。Q1_11_4_11

【釋文】

縣料而不備其見（現）數五分一以上，直（值）其賈（價），其貲、誶如數者然[①]。十分一以到不盈Q1_11_4_12五分一，直（值）過二百廿錢以到千一百錢，誶官嗇夫；過千一百錢以到二千二百錢，Q1_11_4_13貲官嗇夫一盾；過二千二百錢以上，貲官嗇夫一甲。百分一以到不盈十分一，Q1_11_4_14直（值）過千一百錢以到二千二百錢，誶官嗇夫；過二千二百錢以上，貲官嗇夫Q1_11_4_15一盾。Q1_11_4_16

【匯釋】

①這一句的意思是說如何貲、誶應和關於"數"的規定相同，也就是按上文"數而贏、不備"一條的原則行事（整理者）。

"數而贏、不備"簡和"縣料而不備"簡可制表對比如下：

<table>
<tr><th>名稱</th><th>數量或價值</th><th>處罰形式</th><th>處罰對象</th></tr>
<tr><td rowspan="4">數而贏、不備</td><td>110 錢至 220 錢</td><td>誶</td><td>官嗇夫</td></tr>
<tr><td>220 錢至 1 100 錢</td><td>貲一盾</td><td>官嗇夫</td></tr>
<tr><td>1 100 錢至 2 200 錢</td><td>貲一甲</td><td>官嗇夫</td></tr>
<tr><td>2 200 錢以上</td><td>貲二甲</td><td>官嗇夫</td></tr>
</table>

<table>
<tr><th>名稱</th><th colspan="2">數量或價值</th><th>處罰形式</th><th>處罰對象</th></tr>
<tr><td rowspan="6">縣料而不備</td><td colspan="2">現數 1/5 以上</td><td colspan="2">貲、誶如數者</td></tr>
<tr><td rowspan="3">1/10 至 1/5</td><td>220 錢至 1 100 錢</td><td>誶</td><td>官嗇夫</td></tr>
<tr><td>1 100 錢至 2 200 錢</td><td>貲一盾</td><td>官嗇夫</td></tr>
<tr><td>2 200 錢以上</td><td>貲一甲</td><td>官嗇夫</td></tr>
<tr><td rowspan="2">1/100 至 1/10</td><td>1 100 錢至 2 200 錢</td><td>誶</td><td>官嗇夫</td></tr>
<tr><td>2 200 錢以上</td><td>貲一盾</td><td>官嗇夫</td></tr>
</table>

【今譯】

稱量物資而不足現應有數量的五分之一以上，估算它的價值，其罰金、申斥的處理跟清點物品的規定一樣。不足數在十分之一以上而不滿Q1_11_4_12五分之一，價值超過二百二十錢到一千一百錢之間，申斥該官府的嗇夫；超過一千一百錢到二千二百錢之間，Q1_11_4_13罰該官府的嗇夫一盾；超過二千二百錢以上，罰該官府的嗇夫一甲。不足數在百分之一以上而不滿十分之一，Q1_11_4_14價值超過一千一百錢到二千二百錢，申斥該官府的嗇夫；超過二千二百錢以上，罰該官府的嗇夫Q1_11_4_15一盾。Q1_11_4_16

【釋文】

同官而各有主殹（也）[①]，各坐其所主。官嗇夫免，縣令令人效其官，官嗇夫坐效以Q1_11_4_17貲，大嗇夫及丞除[②]。縣令免，新嗇夫自效殹（也）[③]，故嗇夫及丞皆不得除[①]。Q1_11_4_18

【匯釋】

①各有主：**各有所掌管的方面**（整理者）。

②大嗇夫：**有四說：一、縣令。**整理者：此處大嗇夫及下文新嗇夫、故嗇夫，均就縣令而言。鄭實（1978）："縣嗇夫"或"大嗇夫"是當時縣令的別稱。秦律中很多條都是以"大嗇夫、丞""縣嗇夫、丞"或"縣嗇夫若丞"這樣的形式排列在一起，和"令、丞"相連對應。這也說明大嗇夫或縣嗇夫即縣令。陳抗生（1980）：秦代縣令稱"縣嗇夫"或"大嗇夫"，其他均爲"官嗇夫"，而以各自的職事冠以"××嗇夫"。徐富昌（1993：406）：在睡虎地秦簡中，"大嗇夫"和"丞"，"令"和"丞"，往往並舉，且都是"大嗇夫"前"丞"後，或"令"前"丞"後，可見大嗇夫絕不是丞。裘錫圭（1981A）：在秦律中，可以找到大嗇夫專指縣令、長的例子，但是能夠確鑿地斷定爲其他官吏的大嗇夫，或是包括縣令、長以外令、長在內的大嗇夫，似乎還找不出來。"大嗇夫"的範圍究竟是等於"縣嗇夫"還是大於"縣嗇夫"，還值得深究。夏利亞（2019：179）："大嗇夫"或"縣嗇夫"即縣令。**二、縣嗇夫，是管理各縣各級各類嗇夫的官吏。**錢劍夫（1980）："大嗇夫"是縣嗇夫的別稱，因爲它在所有嗇夫中最大。高敏（1981A：171）："縣嗇夫"設於秦朝的縣級機構中，又稱"大嗇夫"，地位僅次於縣令。"大嗇夫"可能是"縣嗇夫"的另一種稱呼，是管理全縣各級各類嗇夫的官吏。即大嗇夫是官嗇夫的上級。高氏認爲：大嗇夫之所以能免於罪，是因爲他在奉縣令之命去核查的過程中發現了該官嗇夫的罪行。大嗇夫既有權檢查官嗇夫的工作，更說明它是官嗇夫的上級。高敏（1981A：174－175）：簡文說明大嗇夫是官嗇夫的上級。"大嗇夫"可能是"縣嗇夫"的另一稱呼，是管理各縣各級各類嗇夫的官吏。工藤元男（1996）：《語書》中的縣嗇夫，是在南郡設置後吸收了故國的縣嗇夫。它是從原來的大夫階層中分解出來的，故而是地方性很強的勢力。後來，這種舊縣逐漸被納入令丞體制，

中央向當地派遣令丞，與他們實行一種共同統治。**三、表示在治所裏的嗇夫。**鄒水傑（2006）：如果嗇夫前面是一個縣名，就表示縣的最高長官，即縣令長；如果前面是一個鄉，或一個部門如倉等，就表示這個鄉或倉的最高長官。而大嗇夫一般是表示在治所裏的嗇夫，是與派出鄉亭的離官嗇夫相區別的，其所指也就較爲不明確些。**四、包括"丞"在內。**朱大昀（1983）："大嗇夫"包括"丞"在內。

除：**免罪**（整理者）。

③新嗇夫：**有三說：一、該官署新任負責人。**高恒（1980A）說。**二、新上任的縣嗇夫一級的嗇夫。**錢劍夫（1980）說。**三、新任的大嗇夫。**工藤元男（1996）說。

【今譯】

在同一官府任職而各有所掌管的方面，應分別承擔所主管方面的罪責。官府的嗇夫被免職，如果縣令已派人核驗該官府的物資，則該官府嗇夫因Q1_11_4_17核驗中問題被罰時，大嗇夫和縣丞免罪。縣令免職，新任嗇夫自行核驗，原任嗇夫和縣丞都不能免罪。Q1_11_4_18

【釋文】

實官佐、史柀免、徙[①]，官嗇夫必與去者效代者。節（即）官嗇夫免而效不備，代者與Q1_11_4_19居吏坐之。故吏弗效，新吏居之未盈歲，去者與居吏坐之，新吏弗坐；其Q1_11_4_20盈歲，雖弗效，新吏與居吏坐之，去者弗坐。它如律。Q1_11_4_21

倉屚（漏）死（朽）禾粟，及積禾粟而敗之，其不可飤（食）者，不盈百石以下，誶官嗇夫；Q1_11_4_22百石以到千石，貲官嗇夫一甲；過千石以上，貲官嗇夫二甲；令官嗇夫、冗Q1_11_4_23吏共賞（償）敗禾粟。禾粟雖敗而尚可飤（食）殹（也），程之，以其秏（耗）石數論𧸘（負）之。Q1_11_4_24

度禾、芻稾而不備，十分一以下，令復其故數；過十分以上，先𡩜（索）以稾人，而Q1_11_4_25以律論其不備。Q1_11_4_26

入禾，萬石一積而比黎之爲戶，及籍之曰："某廥禾若干石，倉嗇夫某、佐某、史Q1_11_4_27某、稟人某。"是縣入之，縣嗇夫若丞及倉、鄉相雜以封印之，而遺倉嗇夫及離Q1_11_4_28邑倉佐主稟者各一戶，以氣（餼）人。其出禾，有（又）書其出者，如入禾然。

嗇夫免而效，效者Q1_11_4_29見其封及隄（題）以效之，勿度縣，唯倉所自封印是度縣。終歲而爲出凡曰："某廥Q1_11_4_30出禾若干石，其餘禾若干石。"Q1_11_4_31倉嗇夫及佐、史，其有免去者，新倉嗇夫、新佐、史主廥者，必以廥籍度之。其有Q1_11_4_32所疑，謁縣嗇夫，縣嗇夫令人復度及與雜出之。禾贏，入之；而以律論不備者。

禾、芻稾Q1_11_4_33積廥，有贏不備，而匿弗謁，及者（諸）移贏以賞（償）不備，群它物當負賞（償）而僞出之以Q1_11_4_34彼賞（償），皆與盜同灋（法）。

大嗇夫、丞智（知）而弗辠（罪），以平辠（罪）人律論之，有（又）與主廥者共Q1_11_4_35賞（償）不備。Q1_11_4_36

入禾及發屚（漏）倉，必令長吏相雜以見之。芻稾如禾。Q1_11_4_37

櫟陽二萬石一積，咸陽十萬石一積。Q1_11_4_38

效公器贏、不備，以齎律論及賞（償），〔毋齎〕者乃直（值）之。Q1_11_4_39

公器不久刻者，官嗇夫貲一盾。Q1_11_4_40

【匯釋】

①簡19～40大致與《秦律十八種》中的《效》重複。整理者：自此（指“實官佐、史柀免、徙”）至“公器不久刻者”條，大體與《秦律十八種》中的《效》重複，這裏不再注譯，請參看。

【釋文】

甲旅札贏其籍及不備者①，入其贏旅衣札②，而責其不備旅衣札。Q1_11_4_41

官府臧（藏）皮革，數煬（煬）風之③。有蠹突者④，貲官嗇夫一甲。Q1_11_4_42

器職（識）耳不當籍者⑤，大者貲官嗇夫一盾，小者除。Q1_11_4_43

馬牛誤職（識）耳⑥，及物之不能相易者⑦，貲官嗇夫一盾。Q1_11_4_44

殳、戟、弩，髼汧相易殹（也）⑧，勿以爲贏、不備，以職（識）耳不當之律論之⑨。Q1_11_4_45

工稟髼它縣，到官試之，飲水⑩，水減二百斗以上，貲工及吏將者各二甲；不盈Q1_11_4_46二百斗以下到百斗，貲各一甲；不盈百斗以下到十斗，貲各一盾；不盈十斗以下Q1_11_4_47及稟髼縣中而負者，負之如故⑪。Q1_11_4_48

【匯釋】

①甲旅札：**鎧甲甲葉**。整理者：古時的甲，穿在上身的稱爲上旅，穿在下身的稱爲下旅，甲葉稱爲札。趙平安（1997）讀作“甲、旅札”，認爲簡文的旅是鎧甲的意思，札是鎧甲上用皮革或金屬製成的葉片。

②旅衣札：**有二說：一、釋爲“旅衣札”，指甲衣和甲葉**。“旅”下有重文符，整理者看作“旅衣”合文，釋爲“旅衣札”。夏利亞（2011）：《法律答問》簡200“旅”字右下从雙“人”，與本簡“旅”右下从“衣”不同，整理者釋“旅衣”合文是。**二、釋爲“旅、旅札”，指鎧甲和鎧甲上的葉片**。趙平安（1997）：兩點是重文號，釋作“旅、旅札”，與上文的“甲、旅札”相對應，是指鎧甲和鎧甲上的葉片。夏利亞（2019：180）：趙氏之論不可取，以整理小組爲長。

③煬：**有四說：一、釋爲“煬”，通“煬”，暴曬**（整理者）。黃文傑（2008A：128－129）：睡虎地秦簡的昜及从“昜”之字下部的“勿”皆與“煬”同，與“穆”字形不同。**二、訓“煬”爲乾燥**。夏利亞（2011）：暴曬會使皮革加速老化。

“煬”當釋爲乾燥，“煬”當與“風”合譯，理解爲“通風使乾燥”。官府收藏皮革，應常通風使之保持乾燥。**三、釋爲“穆”，通“暴（曝）”，暴曬。**吳振武（1994）釋作“穆”，疑“穆風”讀作“暴（曝）風”，意爲暴曬風吹。**四、釋作“楊”，通“煬”。**肖永明（2009）說。

風：**風吹**（整理者）。

④突：**穿，破。**蠹突：**被蟲嚙穿**（整理者）。

⑤耳：**有二說：一、通“佴”，次第。**整理者：疑讀爲“佴”，《廣雅·釋詁三》：“次也。”職佴當即標記次第。**二、讀如字，特殊部位。**王三峽（2006）：“器職（識）耳”之“耳”，當讀如字。“職耳”是指在特殊部位施加標記。在器物不可替換的部位加上標記。夏利亞（2019：180）：職耳，讀爲“職佴”，標記次第。

⑥馬牛誤職耳：**馬牛錯標了編號。**久也是加標記的意思。王三峽（2006）：漢簡的“左斬”，即左耳殘缺。整理者：古馬常用烙印之類加以標記，如居延漢簡甲編簡2071：“牛一，黑牡，左斬，齒三歲，久在右。”

⑦物之不能相易者：**器物上不可替換的特殊部位。**王三峽（2006）說。

⑧殳：**用竹束成的長棒形武器**（整理者）。《漢語大詞典》：古代兵器。杖屬。以竹或木製成，八棱，頂端裝有圓筒形金屬，無刃。亦有裝金屬刺球，頂端帶矛的，多用作儀仗。夏利亞（2019：181）：古代的殳分爲有刃、無刃兩種，殳頭爲三棱矛狀。

汧：**有六說：一、疑即“彤”字，紅色塗料。**整理者：疑即“彤”字，《說文》“丹”字古文的一種寫法也作“彤”。古書常見“彤漆”“丹漆”，均指紅黑兩種塗料。塗黑色和塗紅色的調換了。**二、釋爲“汧”，指漆器製造過程中的陰乾工序。**后德俊（1993）：汧工則是指將剛髹了漆的器物放入蔭室中負責漆膜乾燥的工匠。在同樣的質量條件下，無論是髹黑色還是紅色漆，所費漆量相差不多，不存在“贏”或“不備”的問題。“髼”隸定爲“髹”。將髹工與汧工的工序搞亂了而使產品出現品質問題。**三、釋爲“洀”，通“雕”，雕畫。**何琳儀（1995）釋爲“洀”，“漆洀”應讀爲“漆雕”，謂“漆飾雕畫”。**四、釋爲“洀”，即“盤”，有盤旋、盤繞之義。**陳振裕、李天虹（1996）釋爲“洀”，即“盤”，有盤旋、盤繞之義，與琢磨的動作相通。“洀（盤）工”是漆器製作過程中琢磨漆面的工匠。**五、釋爲“彡丹”。**魏德勝（2003：241）說。**六、一字二形，釋爲“汧”或“洀”。**黃文傑（1996）：此字乃一字二形，與“工”並提的，以釋爲“洀”爲是；與“髼”並舉的，以釋爲“汧”爲是。簡文“髼汧相易殹”應是把髹漆的次第搞錯了。如果錯了，不要把這作爲用漆多或少的問題去處理，而應按以搞錯次第的法律論處之。

⑨陳偉（2016C：151）：“職耳不當之律”指《效律》簡43的條文。

⑩水：**有二說：一、喝水的水。**彭浩（2001）：“飲水”是檢驗生漆質、量的一種方法，即往盛漆的容器中注水，直至容器中生漆留下的最高痕跡，注入的水量即生漆在儲運過程中失去的水量，依此可判斷生漆質的變化和量的減少。大川俊隆、田村誠（2007）：接收漆官員大概是根據到“極”（漆中水的含量達到飽和）狀態

爲止加水的量來判斷管理是否得當。整理者：當與測驗漆的品質有關。夏利亞（2019：183）："飲水"是往漆裏面加水，直至容器中生漆的水分蒸發後留下的最高痕跡。然後倒出水來，用斗量，生漆的水分減少得越多，則處罰越重，當爲測試生漆品質和數量的一種方法。**二、漆。**曹旅寧（2001B）：簡文的"水"大概就是漆。律文是對漆的數量損耗的罰則。

⑪負：**虧欠**（整理者）。

負之如故：**補賠使足原數。**

【今譯】

甲的旅（穿在上身的甲和穿在下身的甲）、札（甲葉）數量超過或不足簿籍登記數量的，應該上繳多餘的甲衣和甲葉，而責令補賠不足的甲衣和甲葉。Q1_11_4_41

官府收藏皮革，應該經常暴曬風吹。有被蟲嚙穿的，罰該官府的嗇夫一甲。Q1_11_4_42

器物標記編號與簿籍不符的，如果是大的器物，罰該官府的嗇夫一盾，小的器物則可以免罪。Q1_11_4_43

馬牛錯標了編號，以及器物上不可替換的特殊部位（錯標了編號），罰該官府的嗇夫一盾。Q1_11_4_44

殳、戟和弩，黑色漆和紅色漆相互調換了，不要認爲是數量超過或不足的問題，這種情況應該按照標錯編號的法律論處。Q1_11_4_45

工匠到別的縣領漆，運抵官府要對漆加以測試，飲水，水減少在二百斗以上，罰工匠及率領他們的吏各二甲；不超過Q1_11_4_46二百斗而在一百斗以上，各罰一甲；不超過一百斗而在十斗以上，各罰一盾；沒有超過十斗Q1_11_4_47以及從該縣裏領漆就虧欠的，應該補賠使足原數。Q1_11_4_48

【釋文】

上節（即）發委輸①，百姓或之縣就（僦）及移輸者②，以律論之。Q1_11_4_49

計用律不審而贏、不備③，以效贏、不備之律貲之④，而勿令賞（償）⑤。Q1_11_4_50

官嗇夫貲二甲，令、丞貲一甲；官嗇夫貲一甲，令、丞貲一盾。其吏主者坐以貲、誶Q1_11_4_51如官嗇夫⑥。其它冗吏、令史掾計者⑦，及都倉、庫、田、亭嗇夫坐其離官Q1_11_4_52屬于鄉者⑧，如令、丞。Q1_11_4_53尉計及尉官吏節（即）有劾⑨，其令、丞坐之，如它官然。Q1_11_4_54

司馬令史掾苑計⑩，計有劾，司馬令史坐之，如令史坐官計劾然。Q1_11_4_55

計校相繆（謬）殹（也）⑪，自二百廿錢以下，誶官嗇夫；過二百廿錢以到二千二百錢，貲一盾；Q1_11_4_56過二千二百錢以上，貲一甲。人戶、馬牛一，貲一盾；自二以上，貲一甲。Q1_11_4_57

計脫實及出實多於律程，及不當出而出之⑫，直（值）其賈（價），不盈廿二錢，除；廿Q1_11_4_58二錢以到六百六十錢，貲官嗇夫一盾；過六百六十錢以上，貲官嗇夫一甲，而復Q1_11_4_59責其出殹（也）。人戶、馬牛一以上爲大誤[13]。誤自重殹（也）[14]，減辠（罪）一等。Q1_11_4_60

【匯釋】

①委輸：**以車運送**。發委輸：**徵發運輸的勞役**（整理者）。

②百姓：**不是貧苦農民**。高敏（1981A）：這種“百姓”既有力雇車、雇人，恐不可能是貧苦農民。

就：**租賃**。《平準書・索隱》引服虔云：“雇載云僦。”

移：**轉移**。《廣雅・釋詁》：“轉也。”

移輸：**把當由本人運送的物品轉交給別人**。

③計用律不審而贏、不備：**會計時不合法律規定而有數量超出或不足的情況**。整理者：會計不合法律規定而有出入。何四維（1985：100）：“不審”爲缺乏重視而導致錯誤或不真實的結果，將“計用律不審”譯作“會計時忽視法律規定”。夏利亞（2011）：不審，訓爲不真實。用律不審即不按照法律條文的本貌去對待。

整理者：簡51、52、53是關於會計的規定，應與上條連讀。

④貲：**罰金**。整理者說。

⑤賞：**通“償”，賠償，以金錢來賠償**。夏利亞（2011）：在秦法中，貲主要以甲、盾爲對象，是一種罰交財物的制度。上文“贏、不備之律”的處罰規定都是以物抵物，或依法論處。故此處的“償”疑當理解爲以金錢來賠償。

⑥吏主者：**有二說：一、主管該事的官吏**。整理者說。**二、各種事務的直接管理人**。夏利亞（2011）：吏主者爲各種事務的直接管理人。其處罰如官嗇夫，說明其職務與官嗇夫相當。

⑦令史：**縣令的屬官，執掌文書記錄等工作**。武鳳徵（2016）說。

掾：**有五說：一、一種屬吏**。整理者：掾，一種屬吏。令史的掾。下面司馬令史掾係司馬令史的掾。**二、官名用字**。掾計：**官名**。高敏（1981A：197）：“掾計”是官名。以“計”命名的官吏，有的叫“尉計”，有的叫“苑計”，隨所主管部門之不同而不同，總稱謂之“官計”。**三、動詞，參與**。陳長琦（2004）：“令吏”與“掾”不應該連讀。《效律》中“令史掾計者”的“掾”與“司馬令史掾苑計”的“掾”，二者用意相同，都是動詞，參與，而不是作爲吏稱的名詞。故“令史掾計者”應釋作“令史參與編制計簿者”，而“司馬令史掾苑計”則應是司馬令史參與苑計。**四、檢查**。籾山明（2009：2）：“掾”可能是“檢查”的意思。“司馬令史掾苑計，計有劾，司馬令史坐之”是規定檢查過苑囿之會計的司馬令史也負有責任。**五、輔助**。武鳳徵（2016）：令史是縣令的屬官，執掌文書記錄等工作。掾，輔助也，官吏屬員的通稱。簡文中的令史掾主要負責官吏會計事務。

計：**有三說：一、會計**。武鳳徵（2016）說。**二、記簿或賬簿**。周群（2008）說。**三、官名用字**。高敏（1981A：197）：“掾計”是官名。

⑧都：**有四説：一、總**。整理者：都田，見西漢封泥。都亭，見《漢書·趙廣漢傳》。高恒（1980A）："亭"是指市場管理機構，而不是一級行政機構。縣"都亭"，即是管轄各"離官"的總亭。"都亭"即縣一級管理市場商業的官署。秦時各縣置有管理市場的"都亭"，其主管官吏稱"都亭嗇夫"，並在各鄉置分支機構，稱之爲"離官"。**二、主管、總管**。蔡萬進（1996：28）："都"之義可能與都官之"都"有别，而與見於《漢書·百官公卿表》的都水、都船等官名的"都"字相同，是主管、總管的意思。或指縣治所内的倉、庫、田、亭，由都倉、庫、田、亭嗇夫主管。**三、統治或管轄"鄉"的行政機構**。栗勁（1984）："都"與"鄉"對應，正説明都對鄉有統治或管轄關係。倉（官）嗇夫、庫（官）嗇夫、田（官）嗇夫、亭（官）嗇夫，這些縣一級行政機構，均設於縣所在的都，所以都不作"總"字解，與西漢封泥的"都田"並無關係。上述機構的分支機構，即所謂"離官"，則分别設於鄉。**四、首，重要**。陳直（1979：138）：西漢初中期，各縣最重都鄉、都亭制度，都鄉爲各鄉之首，都亭則爲各亭之首。裘錫圭（1981A）：都亭嗇夫是掌管全縣亭的。都亭是一縣之中最重要的一個亭。秦代的亭嗇夫也是既管商業又管手工業的。

都倉、庫、田、亭嗇夫：**都倉嗇夫、都庫嗇夫、都田嗇夫、都亭嗇夫的簡稱**。徐富昌（1993：413）説。高敏（1981A：177）：簡文明言都倉、庫、田、亭均有嗇夫，可見秦時亭一級也有嗇夫，衹是史書缺載。又高敏（1985）：凡國都所在地、郡縣及封國治所所在地的亭，都可稱爲"都亭"。

離官：**縣在鄉的分支機構**。徐富昌（1993：423）説。高恒（1980A）：秦時各縣置有管理市場的"都亭"，其主管官吏稱爲"都亭嗇夫"，並在各鄉置分支機構，稱爲"離官"。

⑨尉：**縣尉，掌管縣中的軍務和治安**。武鳳徵（2016）：《玉篇》："尉，武官之稱也。"以"尉"命名的職官多是武職。睡虎地秦簡中的"尉"都是"縣尉"，作爲縣令的屬官，縣尉掌管縣中的軍務和治安。

有劾：**犯了罪**。

⑩司馬令史：**有二説：一、縣司馬的屬吏，輔佐縣司馬處理文書事務**。武鳳徵（2016）：令史是掌管文官的屬吏，司馬令史應是縣司馬的屬吏，輔佐縣司馬處理文書事務，與《秦律雜抄》中的縣司馬是兩個不同的職官。于豪亮（1985：21）：司馬令史是司馬屬下的令史。**二、縣司馬，掌管軍馬**。整理者：疑即《秦律雜抄》"驀馬五尺八寸以上"條的縣司馬，掌管軍馬。

司馬令史掾：**有三説：一、司馬令史的掾屬**。高敏（1998：177）："司馬令史掾苑計"，即司馬令史的掾屬之擔任囿園記賬事務者。**二、司馬下面管理令史的官吏**。于豪亮（1985：21）：司馬令史是司馬屬下的令史，司馬令史掾是司馬下面管理令史的官吏。**三、司馬令史參與**。夏利亞（2019：186）：掾，當爲動詞，參與。

苑：**牧養軍馬的苑囿**（整理者）。

⑪計校相繆：**有二說：一、會計經過核對發現誤差**。整理者說。**二、賬簿與錢物驗校不相符**。孫曉春、陳維禮（1985）：計，賬簿。校，驗校。賬目與錢物不相符。

⑫脫實：**有二說：一、疑指不足實有數**。脫，失（整理者）。**二、故意少記數目**。山珊（2015）："出實多於律程"和"不當出而出之"都是對官有物資造成了實際的損失，而"計脫實"和這兩種行爲的處罰規定寫在一條律文中，二者必然有一定的相似之處，計脫實是會計時故意少記數目。計脫實以侵吞官資爲目的，賬目數量減少是爲掩蓋實際物資減少這一事實而做的手腳。

出實：**有三說：一、疑指超出實有數**（整理者）。**二、分發物資**。何四維（1985）："出實多於律程，及不當出而出之"譯爲"分發物資時超過法律規定的標準，以及分發不應分發的物資"，將"出實"理解爲分發物資。**三、"出"的含義爲出賬**。徐世虹（2003：143）：本簡"出實多於律程"中的"出"，與下句"不當出而出之"中的"出"含義相同，意爲出賬。

⑬大誤：**重大錯誤**（整理者）。《法律答問》："可如爲'大誤'？人戶、馬牛及者貨材直過六百六十錢爲'大誤'，其它爲小。"可知，人一戶及馬牛一以上都爲超過六百六十錢的失誤範圍，屬於大誤。

⑭自重：**自己查出錯誤**。整理者："重"疑讀爲"踵"，蹤跡。"誤自重"意爲會計自己查出錯誤。夏利亞（2011）：因爲會計失誤，受牽連治罪的還有官嗇夫，即主管的嗇夫。故疑此處說的自踵指的是會計或主管的嗇夫。

【今譯】

朝廷如果徵發運輸的勞役，百姓有到縣裏租賃車輛或轉交給別人運送的，應依法論處他。Q1_11_4_49

會計時不合法律規定而有數量超出或不足的情況，按照核驗實物時有超出或不足數的法律處以罰金，但不需要讓他賠償。Q1_11_4_50

官府的嗇夫罰二甲，那麼縣令、縣丞應罰一甲；官府的嗇夫罰一甲，那麼縣令、縣丞應罰一盾。主管該事的官吏承擔罪責而被罰金或申斥，Q1_11_4_51應該與該官府嗇夫一樣。其他的眾官吏、令史掾參與會計的，以及都倉、庫、田、亭嗇夫承擔Q1_11_4_52下面屬於鄉的分支機構的罪責，都和縣令、縣丞同例。Q1_11_4_53縣尉的會計以及縣尉官府中的吏如犯了罪，該縣令、縣丞應承擔罪責，和其他官府一樣。Q1_11_4_54

司馬令史掾管理苑囿的會計，如果會計犯了罪，司馬令史應承擔罪責，和令史承擔官府會計的罪責一樣。Q1_11_4_55

會計經過核對發現誤差，錯算的數目在二百二十錢以下，申斥該官府的嗇夫；超過二百二十錢到二千二百錢，罰一盾；Q1_11_4_56超過二千二百錢以上，罰一甲。錯算人口一戶或馬牛一頭，罰一盾；錯算人口兩戶或馬牛兩頭以上，罰一甲。Q1_11_4_57

會計賬目不足實有數以及超出實有數都比法律規定的限度多，以及不應當銷賬而銷了賬，估算其價值，不超過二十二錢，可免罪；超過二十Q1_11_4_58二錢到六百六十錢，罰該官府的嗇夫一盾；超過六百六十錢，罰該官府的嗇夫一甲，並且還要Q1_11_4_59責令他賠償所銷賬的東西。錯算人口一戶、馬牛一頭以上是重大錯誤。自己查出錯誤，可減罪一等。Q1_11_4_60

五、秦律雜抄

《秦律雜抄》是從秦律中摘錄的部分法律條文，對於研究各國的軍事戰爭乃至秦的簿籍制度、兵役制度、軍功制度、官吏制度、貨幣制度、刑罰制度等都具有重要的價值，是研究秦國法制史的重要史料。

【釋文】

任灋（廢）官者爲吏[①]，貲二甲[②]。·有興[③]，除守嗇夫、叚（假）佐居守者[④]，上造以上不從令[⑤]，貲二Q1_11_5_1甲。·除士吏、發弩嗇夫不如律[⑥]，及發弩射不中，尉貲二甲[⑦]。·發弩嗇夫射不中，Q1_11_5_2貲二甲，免[⑧]，嗇夫任之[⑨]。·駕騶除四歲[⑩]，不能駕御，貲教者一盾[⑪]；免，賞（償）四歲繇（徭）戍[⑫]。Q1_11_5_3除吏律[⑬]

【匯釋】

①任：**任用**。整理者：《漢書·汲鄭列傳》注引蘇林云："保舉。"

灋：**同"法"，通"廢"，廢棄，撤職永不敘用**。李學勤（2013：867）：該字在出土和傳世典籍中多假借爲"廢"。又說，郭沫若等集校："金文以'法'爲'廢'字，此兩'法'字均當讀爲'廢'。"邊田鋼（2015）認爲，"灋""廢"二字在表"廢棄"義上存在歷時替換關係，"灋"字表"廢棄"義用法一直延續到戰國中晚期，而秦地的替換進程相對滯後於楚、中山兩地，"廢"字代替"灋"字表"廢棄"義的完成時間不晚於漢代末年。戰國末期睡虎地秦簡《秦律雜抄》簡1有"灋官"用例，秦朝里耶秦簡第8－455號牘中則替換爲"廢官"。

灋官者：**被廢除的官員**。整理者：已受撤職永不敘用處分的人。劉海年（1981：200）：廢作爲刑罰之一，衹適用於封建官吏、擔任一定公職的人和王族成員等有官爵的人。指廢除、取消其職務或身份，一般都同其他刑罰結合使用，多是貲罰的同時，廢掉擔任的公職。按秦律，凡是被廢掉的官吏，不許再起用。

②貲：**罰，一種刑罰**。字从貝、此聲，本義爲罰繳財物。《說文》："小罰以財自贖也。"栗勁（1985：288）：在秦律中，貲刑的適用範圍比較廣泛，既適用於官吏的輕微的失職行爲，也適用於百姓的一般違反禮儀制度和違反一般社會秩序管理的行爲，還適用於百姓的輕微違法犯罪行爲。

甲：**鎧甲**。與盾牌同爲軍事裝備。

關於貲罰，**有三說：一、共分七等**。據劉海年（1981）：秦律貲刑罰包括貲甲、貲盾和貲戍、貲徭。在睡虎地秦簡中見到的數目共分七等，由高至低排列分別是：二甲一盾、二甲、一甲、二盾、一盾、絡組五十給（絡組是甲上的帶子）、絡組二十給。從考古發掘實物來看，秦時的鎧甲和盾牌或是銅的，或是皮革的，製作相當精緻，非專門手工工匠和工人是很難製作的。法律規定的貲“甲”和“盾”等，是作爲不同等級貲罰的標準，可能是要求犯罪人按規定的甲、盾繳納一定數量的錢。**二、是貲實物還是罰金有爭議**。李超（2010）：認爲“甲、盾”爲實物的有林劍鳴、熊鐵基、張銘新、栗勁、臧知非等先生，認爲代指金錢的有高敏、吕明中、張衛星、曹旅寧、［日］堀毅、［韓］任仲爀等先生。也有中間觀點認爲前期是貲實物，至睡虎地和里耶秦簡的時候則變爲罰金。**三、有古老的淵源**。曹旅寧（2001D）認爲，以“甲”“盾”“絡組”作爲經濟懲罰額的等級標準，並非戰國時期的權宜之計，而是有著古老淵源的。

③興：**軍興**（整理者）。夏利亞（2019：190）：徵發軍隊。

④除：**任命官職**。

守、假：**有五説：一、意均爲代理**（整理者）。**二、試用職務**。高敏（1981A：194）：“守”與“假”都是試用職務。陳玉璟（1985）：“守”爲“試用”義。**三、一時權宜、臨時攝代之官**。張金光（1984）：秦的“守假”與漢不同，並不含試用之意，而衹是一時權宜、臨時攝代之官。此等“守”“假”之官並非試用，而衹是因原官暫離職，故須除任臨時權官，待原官回任後，“守官”亦即撤銷。《除吏律》可證。陳治國、農茜（2007）：臨時代理。**四、非正式任命管理**。陳玉璟（1985）：秦漢任命官吏時有“守官”和“假官”的制度。所謂“守”與“假”都是非正式任命管理。但它們不能一律解釋爲“代理”。夏利亞（2019：191）：陳玉璟説法爲長。**五、“守”爲官職名**。陳偉（2003B）：秦代郡縣二級官職中均有守、尉之名。李昭君（2004）：郡、縣、鄉皆有守，似乎構成一規整之組織系列。

嗇夫：**官職名**。鄭實（1978）：睡虎地秦簡中提到了各種各樣的官嗇夫，計有：田嗇夫、倉嗇夫、庫嗇夫、司空嗇夫、苑嗇夫、廄嗇夫、皂嗇夫、發弩嗇夫，以及“都倉、庫、田、亭嗇夫”等，還有主持“采山”的嗇夫、管“髼園”的嗇夫、管理度量衡的嗇夫。于豪亮（1980A）：縣嗇夫就是縣的令、丞。高恒（1994：14）：睡虎地秦簡中，縣令、縣長又稱縣嗇夫，或大嗇夫、嗇夫。

叚：**後作“假”，代理**。整理者：假，代理。陳玉璟（1985）：“假”爲代理義。

叚佐：**即假佐，一種低級官吏**。整理者：在漢代，假佐成爲一種低級官吏名稱，見《漢書·王尊傳》《續漢書·百官志》《急就篇》及居延漢簡。于豪亮（1980A）：假佐是低級官吏，《秦律雜抄》的假佐是縣級機構的假佐。

居守：**留守**。整理者：秦制，有戰事時地方官吏須服軍役。

⑤上造：**爵位名，秦二十等爵的第二級**。秦國商鞅定下二十等軍功爵，由低至高依次爲：一級公士，二上造，三簪裊，四不更，五大夫，六官大夫，七公大夫，八公乘，九五大夫，十左庶長，十一右庶長，十二左更，十三中更，十四右更，十五少上造，十六大上造，十七駟車庶長，十八大庶長，十九關内侯，二十徹侯。

⑥士吏：**有二說：一、一種軍官**。整理者：見居延漢簡，其地位在尉之下、候長之上。《漢書·匈奴傳》注引漢律："近塞郡皆置尉，百里一人，士史、尉史各二人，巡行徼塞也。"士史應即士吏。此外，《管子·五行》也有士吏一詞，含義與此不同。于豪亮（1980A）：士吏的級別比僕射、屯長高，但比尉、候低。邢義田（2003A）：由張家山漢簡《二年律令》"延士吏亦得聽告"可知，士吏不僅是武吏，也是文吏，兼掌理訟聽告。又睡虎地秦簡《秦律雜抄》簡39"同居毋並行，縣嗇夫、尉及士吏行戍不以律，貲二甲"。這裏的尉和士吏應都是縣嗇夫之下屬，可知士吏一職源於秦。陳偉（2016C：156）：里耶秦簡5－1記"獄佐辨、平、士吏賀"，縣官食將盡，請求沿途續食。對照《倉律》簡46"有秩吏不止"，可知"士吏賀"屬斗食。居延漢簡的"士吏"是邊境地區的軍隊編制，且時代較晚，與睡虎地秦簡"士吏"不同。夏利亞（2019：191）：整理小组所言爲長。**二、塞上主兵官**。勞榦（1959：392）說。**三、候官屬吏**。中國簡牘集成（2001：228）說。

發弩：**專司射弩的兵種**。整理者：見戰國至西漢璽印、封泥。陳偉（2016C：157）：據里耶秦簡，洞庭郡、遷陵縣均有發弩官署（見簡8－159、8－985等）。

發弩嗇夫：**這種射手（專司射弩的兵種）的官長**（整理者）。裘锡圭（2000：494）：發弩嗇夫也是縣屬官嗇夫，統率專門發弩的士卒。

⑦尉：**有二說：一、縣尉**（整理者），**負責一縣的治安**。于豪亮（1980A）：秦律中的尉是縣尉，見於《秦律雜抄》。縣尉負責一縣的治安。高恒（1994：15）：秦縣尉又稱都尉，爲縣令、縣長以下的武官，主管一縣軍務。尉下面還有士吏、發弩嗇夫等下級軍官。陳偉（2016C：157）：尉可"除吏"，除掌管軍事外，還有人事任免權。**二、中都官及郡、縣典武事者皆有尉**。錢劍夫（1980）：秦代中都官及郡、縣典武事者皆有尉，發弩嗇夫當爲尉的屬官。

⑧免：**免職**。高恒（1994：36）：免與廢，雖然都是罷黜官職，但免輕於廢。廢官，應削出官籍，永遠不得再任官吏。而免職則不然。如《金布律》有一條官吏如何償還債務的規定云"官嗇夫免，復爲嗇夫"，就說明被免職的官嗇夫以後還可以復爲嗇夫。

⑨嗇夫：**有二說：一、指縣嗇夫，即縣令、縣長**（整理者）。高恒（1994：14）：睡虎地秦簡中，縣令、縣長又稱縣嗇夫或大嗇夫、嗇夫。**二、指縣的令、丞**。于豪亮（1980A）：縣嗇夫就是縣的令、丞。

⑩駕騶：**即廄御，爲官長駕車的人**。整理者：當時車戰還佔一定地位，所以對駕騶有嚴格的要求。

⑪盾：**盾牌**。

⑫繇：**通"傜"，傜戍**（整理者），于豪亮（1982B）認爲是戍邊在法律中的用語。從這條律文來看，"駕騶除四歲，不能駕御"，除了免職以外，還要"賞四歲繇戍"。可見秦代規定每個適齡男子每年都有一定期限的戍邊任務，在執行過程中，當然不會每人每年都去一次，大約是積纍至若干年去一次。于豪亮、李均明（1981）：這條律文表明，秦代的傜戍的期限是以年爲單位計算的，看來戍邊最短也

是一年。這條律文把戍邊稱爲徭戍，這是因爲戍邊者不僅要防守邊疆，還要從事徭役。胡大貴（1991）：爲官長駕車就不僅是免除戍邊，還應當免除各項徭役義務，"償四歲徭戍"就是補服四年内應服的各項徭役。徐世虹（1999）：這是依法追回其不當得利之四年徭戍的免除。"徭戍"不是僅指戍邊，而應是包括各項徭役義務在内的徵調制度。

⑬除吏律：**有二說：一、關於任用官吏的法律**。整理者：與《秦律十八種》中《置吏律》相似，但兩者沒有共同的律文。本書小標題多連寫在律文之末，與《秦律十八種》律文和標題間留有一定空位不同。**二、有關任免軍事官吏的法規**。高恒（1994：30）：《置吏律》當是一篇任免行政、財務部門官吏的法規，《除吏律》是有關任免軍事官吏的法規。對於不同部門的官吏，各有專門的任免規定，這又進一步說明，當時的官吏任免制度很完備。劉海年（1985C）：以上所錄的都是軍事刑法，適用的對象是軍隊的官兵，衹能由所在系統的軍事領導人執行。

栗勁（1985：348）：在《秦律雜抄》中，《除吏律》簡文共五條。此外，尚有疑似的律文一條。

【今譯】

任用曾被撤職永不敘用的人爲吏，應罰二甲。·國家徵發軍隊時，任命留守的代理嗇夫和代理佐，爵爲上造以上的人如不服從命令，應罰二Q1_11_5_1甲。·任用士吏、發弩嗇夫不合法律規定，以及發弩手射不中目標，應罰縣尉二甲。·發弩嗇夫射不中目標，Q1_11_5_2應罰二甲，免職，由縣嗇夫另行保舉。·爲官長駕車的人已任用四年，仍不能駕車，罰負責教學的人一盾；駕騶本人應免職，補服四年内應服的徭戍。Q1_11_5_3除吏律

【釋文】

·爲（僞）聽命書①，灋（廢）弗行②，耐爲侯（候）③；不辟（避）席立④，貲二甲，灋（廢）⑤。

【匯釋】

①爲：**有二說：一、通"僞"，假裝**。整理者說。**二、連詞，如果**。陳偉（2016C：158）引王引之《經傳釋詞》卷二"爲"字條"家夫人曰：爲，猶如也。假設之詞也"等語，認爲簡文"爲"或亦表假設。

今按：據張再興（2012：141，145，150），"爲"在睡虎地秦簡中共出現451次，讀作"僞"的用例有三次，本簡"爲聽命書"即其中一例；義爲"如果"的用例僅有一次，見《秦律十八種》簡130"爲車不勞，稱議脂之"。

聽：**順從，服從**。夏利亞（2019：193）說。

命書：**制書**（整理者）。

②灋：**通"廢"，廢棄，廢置**（整理者）。

灋弗行：**廢置不加執行**（整理者）。

③耐：**施耐刑，剃除鬢毛鬍鬚的耻辱刑**。劉海年（1981）認爲，耐刑爲秦律中剃除鬢毛鬍鬚的耻辱刑，可單獨用來懲罰罪犯，也可以作爲附加刑和徒刑結合使用。

候：**有二説：一、通“候”，是秦律中最輕的徒刑，刑期一年**。整理者：《説文》：“候，伺望也。”據劉海年（1981），秦徒刑由重到輕依次是城旦舂、鬼薪白粲、隸臣妾、司寇、候，刑期分别爲五到六年、四年、三年、兩年、一年。**二、終身服役的徒刑**。高恒（1983）：城旦舂、鬼薪白粲、隸臣妾、司寇、候是終身服役的徒刑。這類刑徒又各按附加身體刑的不同分爲若干等級。

耐爲候：**施耐刑判爲候這種徒刑**。候刑爲主刑，耐刑爲附加刑。

④辟：**後作“避”**。辟席：**下席**。整理者：《吕氏春秋·直諫》注：“下席也。”古時坐於席上，下席站立是表示恭敬。

⑤大庭脩（1991）：這是獨立的一條律文，從内容上説是否可看作《游士律》，特别是最後一個“灋”字，極難判斷是否如整理小組所説的，意味著“廢”。

【今譯】

·假裝聽到朝廷命書，卻廢置不加執行，應施耐刑判爲候這種徒刑；聽命書時不恭敬地下席站立，應罰二甲，並撤職永不敘用。

【釋文】

游士在[①]，亡符[②]，居縣貲Q1_11_5_4一甲[③]；卒歲[④]，責之[⑤]。·有爲故秦人出[⑥]，削籍[⑦]，上造以上爲鬼薪[⑧]，公士以下刑爲城旦[⑨]。·游士律[⑩]Q1_11_5_5

【匯釋】

①游士：**即遊士。有三説：一、專門從事遊説的人**。整理者：《商君書·農戰》：“夫民之不可用也，見言談遊士事君之可以尊身也。”《算地》：“故事詩書談説之士，則民遊而輕其君。”都主張對遊士加以嚴厲限制。周群、陳長琦（2007）從之。**二、外來的、没有固定户籍的人**。裘錫圭（1993）：戰國時代遊士的情況頗爲複雜，不全是遊説者，或可解釋爲“外來的、没有固定户籍的人”。**三、没有固定住址的遊食之人**。高敏（1981A：224）説。

在：**居留**（整理者）。

②符：**一種憑證**。整理者：《説文》：“信也，漢制以竹長六寸，分而相合。”史黨社（2002）：龍崗秦簡簡文中“符傳”屢見，符長亦“六寸”。陳偉（2016C：158）：龍崗秦簡14有“六寸符皆傳”。夏利亞（2019：193）：一種遊士居留的憑證。

③居縣貲一甲：**有二説：一、所在的縣罰遊士一甲**。周群、陳長琦（2007）解釋爲“所在的縣罰遊士一甲”。其後“卒歲，責之”也是縣對遊士實施的懲罰。夏利亞（2011）：前文是對亡符不到一年遊士的處罰，後文是對亡符滿一年遊士的處

罰。**二、所在的縣罰一甲**。整理者說。

④卒歲：**有二說：一、受處罰者繳納罰物的履行期滿一年**。戴世君（2008E）：應指官府規定的受處罰者繳納罰物的一年的履行期間，而非“居留滿一年”之意。**二、居留滿一年**。整理者說。夏利亞（2019：194）：以整理小組所訓爲長。

⑤責：**有三說：一、追究、責罰**。周群、陳長琦（2007）：“誅”爲“誅殺”“誅除”之意，懲罰程度最爲深重；“責”有“責罰”“追究”之義，並非指某一種具體的懲罰，其懲罰程度低於誅殺。兩者並列對舉，則明爲對懲罰的泛指。陳君（2005）訓作“督責”。夏利亞（2019：194）：周、陳兩氏說法爲長。**二、誅責，一種懲罰**。整理者說。**三、收繳**。戴世君（2008E）：“責”義爲“索取、求取”，可意譯爲“收繳”。秦漢刑罰體系中並不存在“責（誅責）”的刑名。陳偉（2016C：159）：本簡前文說對無符的遊士貲一甲，此處“責”與之對應，指“收繳”所罰的一甲。秦律竹簡中這種“責”“貲”的規定也見於《金布律》簡76。

⑥故秦人：**秦國本有的居民**。整理者：即《商君書·徠民》的“故秦民”，指秦國本有的居民，與原屬六國的“新民”對稱。黄盛璋（1977）：《游士律》的制定必在戰國遊士盛行之時，其下限亦在秦統一前。秦始皇十年曾下逐客令，後雖除此令，但秦遊士自此不見記載，抄寫此律，或在此前。周群、陳長琦（2007）：從“故秦人”的法律用語，推斷該條《游士律》應當制定頒布於秦國完成統一前。

出：**出境**（整理者）。今按：指東出函谷關。函谷關，秦要塞，位於今河南省靈寶市。《戰國策·秦策一》：“蘇秦始將連横說秦惠王曰：大王之國，西有巴、蜀、漢中之利，北有胡、貉、代、馬之用，南有巫山、黔中之限，東有崤、函之固。”賈誼《過秦論》：“秦孝公據崤函之固。”崤，崤山。函，函谷關。

⑦削籍：**從原戶籍中除名**。整理者：即自簿籍上除名，使該人脱離秦政府的控制。《商君書·境内》：“四境之内，丈夫女子皆有名於上，生者著，死者削。”高敏（1981A：224）：凡屬秦國之逃亡出國境的，要削去其戶籍上的名字，即不再承認其爲秦國人；如果外逃不成，原有上造爵以上的判爲鬼薪刑徒，有公士爵以下的則要判爲城旦刑徒。栗勁（1985：288）：“削籍”是秦宣布不予以法律的保護，是“逐”的一種表現形式。周群、陳長琦（2007）：就秦漢文獻以及睡虎地秦簡所反映的情況來看，秦不但有普通的民戶籍，還有高爵者籍和刑徒籍。本條簡文可能有兩種解釋。即要麽從戶籍上除名，以脱離秦政府的控制；要麽從一種戶籍上除名，轉到另一種戶籍上，但照樣在秦政府的控制之下。“有爲故秦人出”，乃是承接前文“游士在，亡符”而來，針對的乃是無符的遊士。其後之“削籍，上造以上爲鬼薪，公士以下刑爲城旦”乃是對這種原爲秦人的無符遊士出境的懲罰。夏利亞（2019：194）：周、陳之說爲長。

今按：“有爲故秦人出，削籍”，整理者譯爲“有幫助秦人出境，或除去名籍的”。周群、陳長琦（2007）譯爲：“遊士原爲秦人（而無符）出境的，應從原戶籍中除名。”夏利亞（2019：195）：當譯爲：有幫助秦人非法出境，則削去（遊士）名籍的。

⑧鬼薪：**秦徒刑的一種，指祠祀鬼神時負責取薪的勞役。**《漢舊儀》："鬼薪者，男當爲祠祀鬼神伐山之蒸薪也；女爲白粲者，以爲祠祀擇米也。"《史記集解》引應劭語："取薪給宗廟爲鬼薪也。"據劉海年（1981），秦徒刑由重到輕依次是城旦舂、鬼薪白粲、隸臣妾、司寇、候。韓樹峰（2007）：鬼薪刑是"耐鬼薪"刑的省略。

今按：秦律規定各種刑罰既可以單獨使用，也可以兩種或三種結合使用。由此，秦律中鬼薪也分爲多種類型，如"爲鬼薪""耐爲鬼薪""耐以爲鬼薪而鋈足""刑以爲鬼薪"等。這些刑罰性質不同，不可混爲一談。

⑨刑：**有二説：一、施肉刑，判處刑罰**（整理者）。**二、指"黥"刑。**高恒（1983）："刑"，或即指"黥"刑。簡文中的"刑爲鬼薪""刑爲隸臣"，當也如此。冨谷至（2001）：睡虎地秦簡中"刑"和"刑罰"的詞語頻繁出現，但在秦律中使用的意思不是指一般對犯罪者科以處罰，而是指毁損身體刑（肉刑）的嚴格限定的語義。與作爲附加刑科以斬趾、劓相比，可以認爲正刑是黥城旦。由此可見，刑城旦、刑鬼薪具體地説是黥城旦、黥鬼薪。

今按：考睡虎地秦簡，徒刑"城旦"根據附加刑的不同，有"完城旦""完爲城旦""黥爲城旦""黥以爲城旦""黥劓以爲城旦""斬左止爲城旦""斬以爲城旦""刑爲城旦"等多種分類，不足證"刑城旦"即爲"黥城旦"。

城旦：**秦律中最重的徒刑，指築城的勞役。**《漢舊儀》："凡有罪，男髡鉗爲城旦，治城也；女爲舂，舂者，治米也。"劉海年（1981）：秦的城旦按附加的不同刑罰分爲"斬左止，黥以爲城旦""黥劓爲城旦""黥爲城旦""刑爲城旦""完爲城旦"五種。

今按：徒刑，參看《秦律雜抄》簡4"候"及"耐爲候"詞條。

上造以上爲鬼薪，公士以下刑爲城旦：冨谷至（2001）：對於秦代有爵者的刑罰減免的實態……有爵者（擁有上造以上爵級）減免肉刑，判以不加肉刑的勞役刑，而像耐刑、貲刑這樣的輕刑是被摒除在以爵減免刑的對象之外的。

今按：對於"有爲故秦人出"的罪犯，上造以上罰爲鬼薪，公士以下刑爲城旦，這體現了秦律對不同爵位等級的犯罪者的區别對待。

⑩游士律：**有二説：一、關於限制遊士的法律規定。**栗勁（1985：352）説。王輝、陳昭容、王偉（2016：120）：秦人重耕戰，對專事遊説者加以種種限制。**二、講的是别國遊士來居住而無符（護照）的要受罰。**楊寬（1998：233）説。

【今譯】

遊士居留，但無憑證，所在的縣應罰Q1_11_5_4（遊士）一甲；若履行期滿一年，應對之進行責罰。·有原爲秦國人（而無憑證）出境的，應從原户籍中除名，爵位在上造以上的犯罪者應判爲鬼薪這種徒刑，爵位在公士以下的犯罪者應施肉刑判爲城旦這種徒刑。·遊士律Q1_11_5_5

【釋文】

當除弟子籍不得①，置任不審，皆耐爲侯（候）。使其弟子贏律②，及治（笞）之，貲一甲；決革③，二甲。Q1_11_5_6除弟子律④

【匯釋】

①當：**有二說：一、通“倘”，如果**。整理者說。張玉金（2016：165）：“當”是端母、陽部，應讀爲“倘”。**二、讀如字，假設連詞**。藍鷹、洪波（2001：252）認爲假設連詞“當”是源自副詞“當”。“當”作副詞，有表不定、未然的意思，很容易引申爲在未然情況下出現某些結果。這種說法可供參考。

除弟子籍：**將弟子自簿籍上除名**。整理者：除籍，自簿籍上除名，如《蒙恬列傳》：“除其宦籍。”古時弟子有名籍，《淮南子・道應訓》：“公孫龍曰：‘與之弟子籍。’”高敏（1982：277）：“弟子籍”的作用是“置任”弟子和役“使其弟子”。高敏（1998：163）：官府確有關於官吏弟子的專籍，而且此籍同委任他們爲官吏有密切關係。

弟子：**學生**。夏利亞（2019：195）說。

不得：**不合宜**。整理者：《禮記・大學》注：“得，謂得事之宜也。”

當除弟子籍不得：**有二說：一、如有不適當地將弟子除名**。整理者說。**二、應該除去弟子籍卻沒有除去**。徐富昌（1993：365）理解爲：弟子學吏完成，就應該除去弟子籍（卻沒有除去）。今按：“除弟子籍不得”與“置任不審”結構相近，整理者的譯文更爲妥當。

②贏律：**有二說：一、即過律，超出法律規定**。整理者：《傅靳蒯成列傳》有“坐事國人過律”。今按：蒯成侯周緤，曾爲劉邦參乘，整理者誤作“荆成”。**二、違反規定**。夏利亞（2011：250）說。

③決：**打破**。整理者及王輝、王偉（2014：236）作“决”，魏德勝（2003：241）改寫。

革：**人體的皮膚**（夏利亞，2019：196）。

決革：**破傷皮膚**（整理者）。

④除弟子律：**關於任用弟子的法律**。整理者：按秦以吏爲師，本條是關於吏的弟子的規定。高敏（1987C）：關於任用官吏子弟爲官的法律。栗勁（1985：348）：《除弟子律》，僅兩條簡文。漢的《任子令》，很可能就是秦《除弟子律》的繼承和發展。

【今譯】

如果將弟子自簿籍上除名不適當，或任用保舉弟子不妥當，都應施耐刑判爲候這種徒刑。役使弟子超出法律規定，以及加以笞打，應罰一甲；假如打破皮膚，則應（罰）二甲。Q1_11_5_6除弟子律

【釋文】

·故大夫斬首者[①]，䙴（遷）[②]。·分甲以爲二甲蒐者[③]，耐[④]。·縣毋敢包卒爲弟子[⑤]，尉Q1_11_5_7貲二甲，免；令，二甲。·輕車、赿張、引強、中卒所載傅〈傳〉到軍[⑥]，縣勿奪。奪中卒傳，令、尉Q1_11_5_8貲各二甲。

【匯釋】

①大夫：**合文**。故大夫：**本爵爲大夫**。整理者：《漢書·高帝紀》："故大夫以上賜爵各一級。"

斬首：**在陣前斬首**。整理者：《商君書·境內》："其戰，百將、屯長不得斬首。"朱師轍《商君書解詁定本》："百將、屯長責在指揮，故不得斬首。"與簡文可相參考。

②䙴：**通"遷"，流放**（整理者）。

③甲：**一支軍隊**。整理者：《戰國策·秦策》："秦下甲而攻趙。"注："兵也。"夏利亞（2019：197）：甲士、士兵。

蒐：**以檢閱軍隊力量爲目的的一種田獵活動**（整理者）。楊寬（1999：693）：大蒐禮原爲借用田獵來進行的軍事檢閱和軍事演習。曹旅寧（2002：30，32）：據本簡和《公車司馬獵律》，"蒐"指大蒐禮。大蒐具有軍事檢閱、軍事演習和軍事部署的性質，《左傳》中即多有反映，《周禮·夏官·大司馬》記載這種活動最爲詳細。

④耐：**有二說：一、作爲主刑單獨使用**。王森（1986）：作爲主刑單獨使用。作爲主刑，耐刑適用於軍政、盜竊、鬬毆、傷害等方面的犯罪。衹是去掉受刑人的鬚，以示侮辱，並不剥奪受刑人一定時期內自由生活的權利。**二、各種耐刑的總稱**。徐世虹（2007）：本簡與《秦律雜抄》簡38、《法律答問》簡79的"耐"是以耐涵蓋自耐爲司寇至耐爲鬼薪白粲的各等刑名，是各種耐刑的總稱。

今按：參看《秦律雜抄》簡4"爲聽命書"條注。

⑤包：**藏，藏入**。整理者：《漢書·外戚傳》注引晉灼云："藏也。"夏利亞（2019：197）：隱藏。

卒：**有二至四級爵的軍士**。整理者：《商君書·境內》："軍爵自一級已下至小夫，命曰校、徒、操、公士；爵自二級已上至不更，命曰卒。"

包卒爲弟子：**把卒藏入弟子（的名籍中）**。高敏（1982：278）："包"可能是官吏把"卒"列入其弟子名籍，是爲了役使其弟子；"卒"願意藏入官吏的弟子名籍中，則可能是因爲弟子可以免除兵役，可以被"置任"爲官吏。張金光（1984）：學室弟子可以免除傜役，"包卒弟子"則減少了國家的兵源。

⑥輕車：**用以衝擊敵陣的最爲輕便的戰車，這裏是兵種名稱**。整理者：《周禮·車僕》注："所用馳敵致師之車也。"

赿張：**有二說：一、用腳踏張硬弓的士兵**。魏德勝（2003：237）：赿張應解爲"踏張硬弓"，是動詞，而不應解釋爲"踏張的硬弓"。因爲是動詞義，才可能轉爲名詞義“用腳踏張硬弓的士兵”。**二、用腳踏張的硬弩。**整理者：《說文》：“漢令曰：趚張百人。”古書也寫作“蹶張”，《漢書·申屠嘉傳》注：“弩，以手張者曰擘張，以足蹋者曰蹶張。”

引強：**用手拉開強弓的士兵。**整理者：開張強弓，《絳侯世家》：“常爲材官引強。”

中卒：**中軍之卒，兵種名。**整理者：見《商君書·境內》：“國尉分地，以中卒隨之。”朱師轍《商君書解詁定本》：“中卒，中軍之卒，《左傳》所謂‘中權後勁’，此謂中軍勁卒。”四者均係兵種名稱。中卒所載傳，指中卒所傳送到軍的物資。

傳：**“傳”字之誤，傳送運輸。**

【今譯】

·本爵爲大夫而在陣前斬首的，應加以流放。把一支軍隊分開、充作兩支以進行大蒐禮的，應處以耐刑。·縣不准把卒藏入弟子（的名籍中），否則罰縣尉Q1_11_5_7二甲，免職；罰縣令二甲。·輕車、趚張、引強、中卒這四個兵種用傳車運送到軍的物資，縣不得奪取。奪取中卒傳送的物資，對縣令、縣尉Q1_11_5_8應各罰二甲。

【釋文】

·驀馬五尺八寸以上①，不勝任，奔摯（縶）不如令②，縣司馬貲二甲③，令、丞各一甲。先Q1_11_5_9賦驀馬，馬備，乃粼從軍者④，到軍課之，馬殿⑤，令、丞二甲；司馬貲二甲，灋（廢）。

【匯釋】

①驀馬：**有二說：一、供乘騎的軍馬。**整理者：合文，下同。供乘騎的軍馬。《說文》：“驀，上馬也。”意即騎馬。《廣韻》：“驀，騎驀。”《文選·吳都賦》：“驀六駮”，意即騎上六駮。于豪亮、李均明（1981）：這是騎兵用的馬。**二、體高在五尺八寸以上的一般的騎乘馬匹。**戴世君（2008E）：“驀馬”應僅指體高在五尺八寸以上的一般的騎乘馬匹。從《說文》《廣韻》對“驀”的解釋及《文選·吳都賦》的用例來看，“驀”僅有騎乘義，而“驀馬”之“馬”也並無跡象顯示是軍馬。夏利亞（2019：198）：戴說甚是。

②摯：**通“縶”，將馬羈絆起來**（整理者）。

③縣司馬：**主管縣內軍馬的官吏。**高敏（1981A：205）說。高恒（1994：16）：縣司馬下屬有司馬令史、司馬令史掾等小吏，主要職責是負責馬政。于豪亮（1980A）：縣司馬的級別不僅在縣令之下，而且在縣丞之下，說明縣司馬的級別比縣尉低。夏利亞（2019：198）：縣司馬，掌管車馬。

④粼：**通“遴”，選擇。有二說：一、從“驀馬”中挑選軍用馬匹。**戴世君

(2008E)："乃𤕓從軍者"的意思是從"驀馬"中挑選軍用馬匹，而不是"在從軍人員中選用騎士"。"賦驀馬，馬備，乃𤕓從軍者"是說秦政府先徵取體高五尺八寸以上的乘騎馬匹，待馬數徵齊後，再在其中挑選要求更高的軍馬。與《荀子·哀公》"馬服而求良焉"有相通之處。夏利亞（2019：198）：戴說甚是。**二、在從軍者中選取騎士**。整理者說。

今按：從本律文看，應先徵取體高五尺八寸以上的一般乘騎馬匹（即驀馬），再從中遴選更優質的軍馬。

⑤馬殿：**馬被評爲下等**。整理者說。白壽彝（2004：929）：考核成績太差，即"馬殿"。

【今譯】

·一般的騎乘馬匹體高在五尺八寸以上，如果不堪使用，在奔馳和羈縶時不聽指令，罰縣司馬二甲，罰縣令、縣丞各一甲。先Q1_11_5_9徵收一般騎乘馬匹，馬數已齊備，就在其中遴選能夠從軍的馬匹。到軍隊服役後對其進行考核，如馬被評爲下等，罰縣令、縣丞各二甲；罰司馬二甲，革職永不敘用。

【釋文】

吏自佐、史Q1_11_5_10以上負從馬、守書私卒[①]，令市取錢焉[②]，皆䙴（遷）。

【匯釋】

①負從馬：**馱運行李的馬**。整理者：《匈奴列傳》："私負從馬凡十四萬匹。"王念孫《讀書雜志》三之六："負從馬者，負衣裝以從之馬也。"張金光（2004：252）認爲是吏所備之副馬類，可爲軍中備急之需，亦可供載衣裝私物之用。"負從馬"來源有二：有官爲配給者與私自備者。律所禁者，是指以官爲備者"市取錢焉"；若爲私備，則特稱爲"私負從馬"。

今按：居延漢簡 1598 有"延壽迺太初三年父以負馬田敦煌"（陳直，1986：724）。

守書私卒：**有二說：一、準備做文書事務的私從卒史**。張金光（1984）：亦即學徒吏。**二、看守文書的隨從士卒**。整理者說。

②市：**交易**。整理者：《項羽本紀·索隱》引張晏云："貿易也。"

【今譯】

自佐、史Q1_11_5_10以上的官吏有馱運行李隨從的馬和看守文書的私從卒史，用來貿易牟取錢財的，均加以流放。

【釋文】

不當稟軍中而稟者[①]，皆貲二甲，灋（廢）；Q1_11_5_11非吏殹（也），戍二歲；

徒食、敦（屯）長、僕射弗告②，貲戍一歲③；令、尉、士吏弗得，貲一甲。·軍人買（賣）稟稟Q1_11_5_12所及過縣④，貲戍二歲；同車食、敦（屯）長、僕射弗告⑤，戍一歲⑥；縣司空、司空佐史、士吏將者弗得⑦，Q1_11_5_13貲一甲，邦司空一盾⑧。·軍人稟所、所過縣百姓買其稟⑨，貲二甲，入粟公；吏部弗得⑩，及Q1_11_5_14令、丞貲各一甲。·稟卒兵⑪，不完善（繕）⑫，丞、庫嗇夫、吏貲二甲⑬，灋（廢）。

【匯釋】

①稟：**領糧**。从㐭、从禾，㐭亦聲。會倉廩儲存禾穀之意，引申爲領糧。

軍：**現役野戰兵**。張金光（1983A）：若攻城野戰，在國家稱“軍興”，服役者則稱爲“從軍者”。簡文“軍”指現役野戰兵。與“戍”不同，軍無定期，隨戰事而定。徐富昌（1993：598）：律文說明軍人是向軍中領糧的。

②徒：**眾**。徒食：**一起領食軍糧的軍人**（整理者）。

敦：**通“屯”**。敦長：**隊長**。整理者：《陳涉世家》：“發閭左適戍漁陽九百人，屯大澤鄉，陳勝、吳廣皆次當行，爲屯長。”《漢書·陳勝傳》注：“人所聚曰屯，爲其長帥也。”夏利亞（2019：198）：屯長，秦漢時軍伍之長。

僕射：**一種軍官。有二說：一、地位在“屯長”之下**。整理者：據簡文次序，其地位在屯長之下。《孫子·作戰》曹操注：“陳車之法，五車爲隊，僕射一人；十車爲官，卒長一人。”可參考。**二、地位應在“屯長”之上**。于豪亮（1980A）：僕射是比屯長高一級的軍官。秦律的僕射大約是十人或五十人之長。周群、陳長琦（2007）結合《秦律雜抄》簡34認爲，兩條簡文共有三處出現屯長和僕射，分別爲：徒食、敦長、僕射；同車食、敦長、僕射；署君子、敦長、僕射。此三處的排列均是由低到高，僕射地位應在屯長之上。據《商君書·境內》，屯長是軍隊中最下級的軍吏。夏利亞（2019：199）：周、陳之說甚有理。

③貲戍一歲：**罰戍邊一年**。于豪亮、李均明（1981）：秦代徭戍的期限是以年爲單位計算的，看來戍邊最短也是一年。于琨奇（1999）：簡文所記“戍”的時間單位都是“歲”。這說明秦的每年一月之“卒更”徭役與以歲爲單位的“戍”——兵役絕不相同，秦並沒有“戍邊三日”之規定。呂名中（1982）：從律文看，秦罰徭戍有三十天、一年、兩年若干個不同的役期。被罰者如不能應役，也很可能是納錢抵役。

④稟稟：**前一個“稟”是指所領的糧，後一個“稟”是指領糧**。原圖版“稟”字下有重文符號。“軍人買稟稟所及過縣”，整理者譯作“軍人在領糧地方和路經的縣出賣軍糧”。

過縣：**指行軍路過的縣**（整理者）。

⑤同車食：**指同屬一車一起領食軍糧的軍人**。整理者：古時每輛戰車除車上戰士外，還有附屬的徒兵。

⑥陳偉武（1996）：簡文屬於戰勤供應管理方面的軍律。陳偉（2016C：163）：里耶秦簡的“罰戍”（如簡8－429）與本簡的“同車食、敦長、僕射弗告，戍一

歲”相同，有别於“貲戍”。

⑦縣司空：**有二説：一、縣掌管土木工程的官員。**高恒（1994：7－8）：司空掌管土木工程。秦於中央和縣，均設有司空，即“邦司空”“縣司空”。縣司空主管官吏又稱司空嗇夫，其屬吏有佐、史、士吏。當時司空所用勞力主要是刑徒。司空進行土木工程所使用的另一部分勞力是戍卒。屯戍雖也是一種“力役”，但不同於傜役。屯戍是兵役制度，徵發應役者屯邊爲服兵役，由縣尉負責徵發。被徵入伍後，按軍隊編制。然而，秦律有關規定説明，平時徵發的戍卒，也是司空調遷從事土木工程。**二、管理縣工、徒的司空嗇夫。**高敏（1981A：203）：其職掌似乎與主管軍人稟食有關。管理縣工、徒的“司空嗇夫”，可能就是“縣司空”。陳偉（2016C：164）：參閲《秦律十八種》簡116“司空”注。

⑧邦司空：**有三説：一、中央的司空，朝廷的司空（掌管土木工程）。**整理者：本條軍人出賣軍糧而懲罰司空，可能是指派遣軍人從事築城之類工程時的情況。于豪亮（1980A）：邦司空，在古籍中稱爲國司空。從簡文看，邦司空和縣司空都要從軍作戰。又據《商君書·境内》“其攻城圍邑也，國司空訾其城之廣厚之數，國尉分地，以徒校分積尺而攻之”，説明邦、縣司空是以攻城技術參加作戰。劉瑞（1999）：從考古發現看秦中央的司空甚多，如秦封泥中就有宫司空、左司空、右司空、采司空等，表明秦中央有司空這一職官是毫無疑問的。**二、可能屬於中央主管士兵稟食的官吏。**高敏（1981A：217）説。**三、屬邦（歸順的邦國）司空或臣邦的司空。**栗勁（1985：345）：秦稱歸順的邦國爲“屬邦”，稱其君主爲“臣邦君”。屬邦當與郡同級，邦司空當爲屬邦司空。陳力（1997）：邦司空大約是臣邦的司空。對縣司空罰一甲而對邦司空衹罰一盾，是對少數民族的優待。夏利亞（2019：200）：栗氏所言甚是。

⑨所、所：**前一個“所”是指地方，後一個“所”是助詞。**此句整理者譯爲“軍人領糧地方和所路經的縣的百姓買了軍糧”。

⑩吏部：**有二説：一、疑爲“部吏”誤倒，部吏即鄉部、亭部之吏。**整理者：如《漢書·王莽傳》：“盜賊始發，其原甚微，非部吏伍人所能禽也。”《後漢書·王符傳》：“鄉亭部吏亦有任決斷者。”張金光（1997）：此“吏部”之“部”即爲鄉部。史黨社（2002）：龍崗秦簡185有“鄉部稗官”。《墨子·號令》：“分里以爲四部，部一長，以苛往來。”“其正（里正）及父老有守此巷中者部吏，皆得救之。”此爲里部之部吏。夏利亞（2019：200）：整理小組言“吏部”爲“部吏”誤倒之説甚可信。這裏指的是一種官職，疑指主管該事的吏。**二、吏主。**陳偉（2016C：164）：“吏部”亦見於嶽麓書院藏秦簡0993。“部”有統轄義。“吏部”似猶“吏主”。

⑪兵：**兵器**（整理者）。徐富昌（1993：578）：“稟卒兵”反映士卒的兵器都是國家統一發給的。

⑫善：**後作“繕”，修繕。**《説文》：“繕，補也。”本義爲修繕、修補、修整。不完善，即“不完繕”，這裏指武庫所存兵器沒有修繕，質量不佳。陳偉（2016B）：表明縣庫對收藏兵器負有保養的責任。

⑬庫嗇夫：**縣管轄武庫的主管官吏**。整理者：庫，指收藏兵器的武庫，居延漢簡有“酒泉庫嗇夫”。高恒（1994：20）：縣管轄的庫，又稱都庫，其主管官吏成爲庫嗇夫。陳偉（2016C：164）：里耶秦簡屢見庫的記載（如簡 8－493、簡 8－1510）。是遷陵縣中掌管兵器、車馬器等物品的部門。

【今譯】

不應從軍中領糧而領取的，皆要罰二甲，撤職永不敘用；Q1_11_5_11若不是官吏，則應戍邊兩年。一起領取軍糧的軍人、屯長和僕射若不報告，應罰戍邊一年；縣令、縣尉、士吏沒有察覺，應罰一甲。·如軍人在領糧的地方Q1_11_5_12和路經的縣出賣領取的軍糧，應罰戍邊兩年；同一車一起吃軍糧的軍人、屯長和僕射不報告，應戍邊一年；縣司空、司空佐史、士吏監率的沒有察覺，Q1_11_5_13罰一甲，邦司空罰一盾。·如軍人領糧的地方和所路經的縣的百姓買了領取的軍糧，罰二甲，糧食要上交公家；如管事的吏沒有察覺，（該吏）和Q1_11_5_14縣令、縣丞各罰一甲。·發給士卒兵器，如果不加修繕，縣丞、庫嗇夫和吏均罰二甲，撤職永不敘用。

【釋文】

·敢深益其勞歲數Q1_11_5_15者①，貲一甲，棄勞。·中勞律②

【匯釋】

①深：**讀爲“甚”**。深益：**增加**（整理者）。

勞：**勞績**。整理者：《酷吏列傳》：“禹以刀筆吏積勞，稍遷爲御史。”黃留珠（1982A）：所謂“勞”，即“勞績”。《左傳》有“加勞”“不賞私勞”的記載，足見春秋時“勞”已成爲人事考察的重要標準之一。夏利亞（2019：200）：勞，功勞，功績。

②中勞律：**有五說：一、關於從軍勞績的法律**。整理者：中勞，常見於漢簡，如居延漢簡甲編簡 114 有“中勞二歲”，簡 2359 有“中勞三歲六月五日”。**二、關於呈報勞績的法規**。栗勁（1985：351）：從簡文上看，衹能說是呈報勞績的法規。**三、關於獲得勞績的法律**。于振波（1995）：“中勞律”即關於獲得勞績的法律。**四、關於符合勞績的法律**。蔣非非（1997）：“中功”或“中勞”的“中”字爲相符、相當、達到之意，這種用法在戰國秦漢間使用得相當普遍。**五、關於滿（超過）勞績的法律**。黃留珠（1997B）：“中勞律”的“中”字表示滿、超過之意。“中勞律”則應是關於滿（超過）勞績的法律。單言的“勞”，表示達到或接近的意思。

【今譯】

·敢擅自增加勞績年數Q1_11_5_15的官吏士卒，罰一甲，取消其勞績。·中勞律

【釋文】

·臧（藏）皮革橐（蠹）突[①]，貲嗇夫一甲[②]，令、丞一盾。·臧（藏）律[③] Q1_11_5_16

【匯釋】

①臧：**通“藏”，貯藏**（整理者）。

橐：**蟲子**。整理者讀爲“蠹”。《說文》：“蠹，木中蟲。”

突：**咬壞**。从穴，从犬，會犬從穴中突然竄出之意，引申爲穿破。這裏指被蟲咬壞。

②嗇夫：**府庫的嗇夫，府庫的主管官吏**。整理者：此處指收藏皮革的府庫的嗇夫，即《效律》“官府藏皮革”條的官嗇夫。

今按：《效律》簡42：“官府臧皮革，數穆風之。有蠹突者，貲官嗇夫一甲。”

③藏律：**關於府藏的法律**（整理者）。

【今譯】

·如果貯藏的皮革被蟲子咬壞，罰掌管該府庫的嗇夫一甲，罰縣令、縣丞各一盾。·藏律Q1_11_5_16

【釋文】

省殿[①]，貲工師一甲[②]，丞及曹長一盾[③]，徒絡組廿給[④]。省三歲比殿[⑤]，貲工師二甲，丞、曹Q1_11_5_17長一甲，徒絡組五十給。[⑥]

【匯釋】

①省：**考查**。

省殿：**考查時被評爲下等**。整理者：考查，這裏指對官營手工業產品質量的檢查，常見於漢代銅器、漆器銘文。殿，殿後，考核成績差。省殿，指手工業產品在考查時被評爲下等。

②工師：**有二說：一、屬邦司空屬官，手工作坊的主管官吏**。高恒（1994：9）：睡虎地秦簡中所見到的手工作坊，就其所屬系統而言，分爲兩類。一類屬縣管轄，主管官吏稱爲“嗇夫”。另一類手工業作坊則屬邦司空管理，其主管官吏稱“工師”。屬邦司空的“工官”，設有工師、丞。其下分置若干曹。各曹設曹長，即工頭。工長下有工或徒。工即工匠，徒即刑徒。**二、中央和地方的工官之長**。吳榮曾（1981A）：無論是中央還是地方，工官之長皆稱工師，其副手皆稱丞。今按：本條簡文中的工師指邦司空屬官。

③丞：**屬邦司空的工官**。整理者：這裏應指工官的負責官員，如漢代鐘官令有“火丞”“錢丞”。

曹長：**屬邦司空工師、丞下的工頭**。整理者：據簡文應爲工匠中的班長。

④徒：**有二說：一、刑徒。**徐富昌（1993：422）：當是傜役的徒卒，也可能是刑徒。**二、一般工人。**整理者：眾，此處指一般工人。夏利亞（2019：201）從之。

絡組：**穿聯甲札的絲帶。**整理者：絡，《廣雅·釋器》："綆也。"組，薄闊的絲。絡組即穿聯甲札的絲帶。張衛星、馬宇（2004：343）：這與秦兵馬俑坑發現的秦俑鎧甲的串穿所表現出的材質應該是一致的。今按：參閱《秦律雜抄》簡1"貲""甲"條。

給：**有三說：一、量词，根，條。**王鍈（1982）：實應爲"根"或"條"的意思。高敏（1998：87）："徒絡組廿給"及"徒絡組五十給"可能是以"徒"編織絲帶並規定其完成數量。**二、讀爲"緝"，綆。**整理者：疑讀爲緝，《釋名·釋衣服》："緝，則今人謂之綆也。"**三、讀如本字，繩索。**吉仕梅（1996）："給"當讀如本字。《說文·糸部》："給，相足也。从糸、合聲。"從字形看，"給"的本義應與繩索有關，"相足"應爲其引申義。

⑤比殿：**連續評爲下等**（整理者）。

⑥栗勁（1985：417）：本條律文與《工律》有關。

【今譯】

（手工業產品）在考查時被評爲下等，罰工師一甲，罰工丞及曹長各一盾，罰徒二十根穿聯甲札的絲帶。連續三年在考查時被評爲下等，罰工師二甲，罰工丞及曹長Q1_11_5_17各一甲，罰徒五十根穿聯甲札的絲帶。

【釋文】

非歲紅（功）及毋（無）命書[①]，敢爲它器，工師及丞貲各二甲。縣工新Q1_11_5_18獻[②]，殿，貲嗇夫一甲[③]，縣嗇夫、丞、吏、曹長各一盾。城旦爲工殿者，治（笞）人百。大車殿[④]，Q1_11_5_19貲司空嗇夫一盾[⑤]，徒治（笞）五十。[⑥]

【匯釋】

①命書：**政府下達的生產指令**（高恒，1994：10）。

②縣工：**郡縣的工官，縣屬手工業作坊。**整理者：《漢書·地理志》載漢代懷、河南、陽翟等地均設有工官，即官營手工業機構。高恒（1994：9，21）：此"縣工"，即縣屬"工官"，主管官吏稱爲"嗇夫"。工官，即手工業作坊，主管官吏稱作嗇夫，下置曹長若干。縣令、縣丞要對工官生產的產品負責。今按：參閱《秦律雜抄》簡17"工師"條。

③貲嗇夫一甲：**罰該工官的嗇夫一甲。**整理者說。

④大車：**爲司空所製造。**整理者：司空製造大車，參看《秦律十八種》簡147"城旦舂衣赤衣"條。

⑤司空嗇夫：**有三說：一、司空的主管官員，應即邦司空或縣司空**（整理者）。**二、縣司空主管官吏。**高恒（1994：7）：縣司空主管官吏又稱作司空嗇夫，其屬吏

有佐、史、士吏。當時司空所用勞力主要是刑徒。**三、主刑徒的小官。**錢劍夫（1980）說。陳偉（2016C：166）：參看《秦律十八種》簡116“司空”條。

⑥栗勁（1985：417）：本條律文與《工律》有關。

【今譯】

非本年應生產的產品，以及沒有朝廷下達的生產指令，而敢擅自製作其他器物的，罰工師和工丞各二甲。縣工新近Q1_11_5_18獻上的產品，如被評爲下等，罰嗇夫一甲，罰縣嗇夫、丞、吏和曹長各一盾。城旦做工而被評爲下等的，笞打每人一百下。所造大車如被評爲下等，Q1_11_5_19罰司空嗇夫一盾，笞打各徒五十下。

【釋文】

·䰍園殿，貲嗇夫一甲[1]，令、丞及佐各一盾，徒絡組各Q1_11_5_20廿給。䰍園三歲比殿，貲嗇夫二甲而灋（廢），令、丞各一甲。[2]

【匯釋】

①䰍：**同“漆”，“漆”本作“桼”。漆樹。**《說文·桼部》：“䰍，桼也。”又云，“桼，木汁，可以䰍物”。

䰍園：**有二說：一、漆園，古代設立的專門種植漆樹的園子。**《老子列傳》：“莊子者，蒙人也，名周。周嘗爲蒙漆園吏，與梁惠王、齊宣王同時。”整理者：漆園屬於縣，故此處令、丞應爲縣令、縣丞，參看《效律》簡46“工稟䰍它縣”條。**二、生產漆器的場所。**

嗇夫：**此處的嗇夫爲漆園嗇夫，即主管該漆園的嗇夫。**夏利亞（2019：202）說。

②栗勁（1985：417）：本條律文與《工律》有關。

【今譯】

·種植漆樹的園子在考查時被評爲下等，罰漆園嗇夫一甲，罰縣令、縣丞及佐各一盾，罰徒Q1_11_5_20各二十根穿聯甲札的絲帶。漆園連續三年被評爲下等，罰漆園嗇夫二甲並撤職永不敘用，罰縣令、縣丞各一甲。

【釋文】

采山重殿[1]，貲嗇夫一甲[2]，Q1_11_5_21佐一盾；三歲比殿，貲嗇夫二甲而灋（廢）。殿而不負費[3]，勿貲。賦歲紅（功），未取省而亡Q1_11_5_22之，及弗備，貲其曹長一盾。大（太）官、右府、左府、右采鐵、左采鐵課殿[4]，貲嗇夫一盾。[5] Q1_11_5_23

【匯釋】

①采山：**採礦**。整理者：《文選·吳都賦》："採山鑄錢。"

重殿：**再次評爲下等**（整理者）。

②嗇夫：**這裏的嗇夫應是主管採山的採山嗇夫**。參見《秦律雜抄》簡1注④。

③殿而不負費：**被評爲下等但無虧欠**。本簡先言"重殿，貲……"，復言"三歲比殿，貲……"，後言"殿而不負費，勿貲"，可知若第一次被評爲下等，若無拖欠產量任務，是不需要被貲罰的；衹有在第二乃至第三次被評爲下等時才會被貲罰。

④大官：**少府的屬官，主管膳食的機構**。整理者：見《漢書·百官公卿表》，屬少府，注："太官主膳食。"漢印及封泥都寫作"大官"，與簡文同，參看陳直《漢書新證》卷一。

右府、左府：**疑也是少府的屬官**（整理者）。夏利亞（2019：202）：整理小組說不誤。

右采鐵、左采鐵：**主管采鐵的機構，分爲左右兩署**。整理者：應即《太史公自序》所說"秦主鐵官"。丁冕圃《璽印集英》有"右冶鐵官"秦印。西漢封泥有"臨菑采鐵"，是郡國的鐵官，參看《漢書新證》卷一。

裘錫圭（1981A）：太官、采鐵等應該是都官，這條簡文的嗇夫也有可能是都官之長。高恒（1994：46）：都官當也是泛稱，而不可能是指某一具體官署。

⑤栗勁（1985：417）：本條律文與《工律》有關。

【今譯】

採礦連續兩年被評爲下等，罰採山嗇夫一甲，Q1_11_5_21罰佐一盾；採礦連續三年被評爲下等，罰採山嗇夫二甲，同時撤職永不敘用。被評爲下等但無虧欠的，不加責罰。收取每年規定的產品，尚未驗收檢查就丟失了，Q1_11_5_22以及數量不夠的，罰其曹長一盾。太官、右府、左府、右采鐵、左采鐵在考核中被評爲下等，罰採山嗇夫一盾。Q1_11_5_23

【釋文】

工擇榦①，榦可用而久以爲不可用②，貲二甲。·工久榦曰不可用③，負久者④，久者謁用之⑤，而Q1_11_5_24貲工曰不可者二甲⑥。

【匯釋】

①榦：**築夯土墻所用的立木**。整理者：《說文》："築墻耑木也。"即築夯土墻所用的立木。李鳳蘭（2010：169）：本指古代築墻時，竪在夾板兩邊起固定作用的木柱。

②久：**有二說：一、標記**。張雪明（1983）：從"久"字的本義直接引申出的義項有"標記、刻記"。**二、久者**。王三峽（2006）說。

③工久榦：**有二說：一、工匠在立木上作標記**。"久"字不誤。王三峽

(2006)：久，作記號。**二、工匠選擇築夯土墻所用的立木**。裘錫圭（1993）認爲是“擇”之誤，這一句似也應說“工擇榦”。

④負：**有三說：一、賠償**。裘錫圭（1993）：秦簡律文中的“負”字一般當賠償講。**二、虧欠**（整理者）。**三、使賠補**。王三峽（2006）說。

久：**有二說：一、作出標記**。裘錫圭（1993）：久者當是事先在榦上作出可用或不可用的標記（即所謂“久”）的人。**二、支柱，裝設夯墻用的模板**。整理者：此處指裝設夯墻用的模板，與上面兩個“久”字讀爲“記”不同。《考工記·廬人》：“灸諸墻以眡其橈之均也。”《說文》引作“久”。《考工記》注：“猶柱也。”意即支拄，所以夯墻時用木榦支拄模板也叫作“久”。張雪明（1983）：古人久療疾病，用艾或針，從這一具體形象，久字引申出了“支柱”義。

⑤久者：**對工匠所作標記進行核驗的人**。工匠和久者是一種互相制約的關係。夏利亞（2019：202）說。

⑥而：**此處用法與“乃”字同**（整理者）。

裘錫圭（1993）：律文的內容似乎可以這樣理解：如果工人發現久者加上不可用標記的榦實際上可用，久者應罰二甲。工人認爲久者加上可用標記的榦不可用（久者也有可能以不加標記表示榦可用。如果是這樣，“加上可用標記”就應改爲“未加不可用標記”），應讓久者賠榦。但是如果久者能向上級證明原榦確實可用，認爲不可用的工人就應罰二甲。

今按：整理者及張雪明（1983）認爲，作榦是否可用之標記的人爲“工”，設夯墻支拄的人爲“久者”。裘錫圭（1993）則認爲，“工”負責“擇榦”，“久者”是在榦上作出可用或不可用的標記的人。今從裘錫圭（1993）說。

【今譯】

工匠選擇築夯土墻所用的立木，（如果工人發現）立木本可使用，卻標記爲不可使用，應罰（久者）二甲。·（久者加上可用標記的立木）工匠在立木上標記說不可使用，應讓久者賠償，但是如果久者能向上級證明原立木確實可用，Q1_11_5_24 說不可用的工人就應罰二甲。

【釋文】

·射虎車二乘爲曹①。虎未越泛蘚②，從之③，虎環（還），貲一甲。Q1_11_5_25 虎失（佚）④，不得，車貲一甲。虎欲犯，徒出射之⑤，弗得，貲一甲。·豹旞（遂）⑥，不得，貲一盾。·公車司馬Q1_11_5_26獵律⑦

【匯釋】

①射虎車：**一種有防御設備，專用於獵射猛獸的車**。整理者：《三國志·張昭傳》：“乃作射虎車，爲方目，間不置蓋，一人爲御，自於中射之。”

曹：**一對**。整理者：《小爾雅·廣言》：“偶也。”李學勤（2013：417）：曹本義是對偶。《楚辭·招魂》："分曹並進，遒相迫些。"王逸注："曹，偶也。"夏利亞（2019：204）：對，雙，組。

②越：**跑開**。整理者：《小爾雅·廣言》："越，遠也。"陳偉武（1998）："越"與"泛"近義連文，意即"翻越""跨越"。

泛蘚：**有六說：一、連綿詞，蹣跚**。整理者：一說，泛蘚爲連綿詞，與蹁躚、盤跚、跰蹮等同。裘錫圭（1982B）："泛蘚"疑爲一雙音詞，猶言"跰蹮""邊鮮"，與"蹣跚""蹁躚"，以至於"盤旋""盤桓"，皆爲音近義通之詞。"虎未越泛蘚"，疑是虎未遠越而蹣跚旋行之意。魏德勝（2003）、曹旅寧（2007）從此說。**二、棄掉生肉**。整理者：泛，疑讀爲覂，《廣雅·釋詁一》："棄也。"蘚，疑讀爲鮮，《淮南子·泰族訓》注："生肉。"此句意思可能是說老虎還沒有棄掉作爲誘餌的生肉而且跑開。**三、生肉**。齊衝（2006）：以"泛蘚"爲單純詞，卻取"生肉"義。**四、跨越柵欄**。陳偉武（1998）："越"與"泛"近義連文，意即"翻越""跨越"。蘚讀爲柵，指苑圍的籬藩、柵欄；"虎未越泛蘚"謂老虎未跨越柵欄。"越泛"連讀更合理。**五、山體盤曲、山脈較短的小山**。陳治國、于孟洲（2006）："泛蘚"讀作"汎鮮"，指山體盤曲、山脈較短的小山。在"獵律"律文中指狩獵所在區域的地形地勢。**六、指蔓延、覆蓋於禁苑外圍廣大堧地之某種植物**。洪燕梅（2006：140）："泛蘚"緊接於動詞"越"之後，應屬名詞詞組。"泛"讀爲"覆"，有遮蓋之義。"蘚"若直接訓解而不經假借，即指植物之類。"泛蘚"構詞，疑指蔓延、覆蓋於禁苑外圍廣大堧地之某種植物。

③從：**追逐**（整理者）。

④矢：**通"逸"，逃走**（整理者）。

⑤徒：**徒步**。整理者：《說文》："步行也。"

⑥旞：**通"遂"，逃走**。遂，整理者：《說文》："亡也。"即逃掉。

⑦公車司馬：**朝廷的一種衛隊**。整理者：《漢書·百官公卿表》屬衛尉，注："《漢官儀》云公車司馬掌殿司馬門，夜徼宮中，天下上事及四方貢獻闕下凡所徵召皆總領之，令秩六百石。"

公車司馬獵律：**有二說：一、一個固定詞語，指公車司馬衛隊參加田獵的法律規定**。栗勁（1985：381）：《公車司馬獵律》規定的是射虎車隊的編成，獵虎規則與罰則，是公車司馬衛隊參加田獵的法律規定。李均明（2009：191）：是關於狩獵的規定，僅見一條款。曹旅寧（2011）：同一條律文分抄在兩支簡上的條目不在少數，律名分抄於兩枚簡也不足爲怪。處於簡26尾的"公車司馬"是其上律文的律名，處在簡27首的"獵律"之下並無相關聯的律文，兩簡應連讀。該律是關於公車司馬狩獵的紀律與義務，目的在於護衛天子，獲取獵物，而非對各種狩獵活動的限制性規範。**二、"公車司馬"和"獵律"不能連讀爲一個詞**。林清源（2002）：從章題書寫格式看，"公車司馬"和"獵律"不能連讀爲一個詞，簡26、27之間應該還有若干脫簡。它們雖極可能屬於同一章，但也不能完全排除分屬兩章的可能。

【今譯】

·兩輛射虎車爲一對。如果老虎未遠越而蹣跚旋行，就進行追逐，使虎逃回，應罰一甲。Q1_11_5_25如果老虎逃走，沒有抓到，每車罰一甲。如果老虎想要進犯，徒步出車射虎，沒有獵獲，應罰一甲。·豹子逃走，沒有獵獲，應罰一盾。·公車司馬Q1_11_5_26獵律

【釋文】

·傷乘輿馬①，夬（決）革一寸②，貲一盾；二寸，貲二盾③；過二寸，貲一甲。·課駃騠④，卒歲Q1_11_5_27六匹以下到一匹，貲一盾。·志馬舍乘車馬後⑤，毋（勿）敢炊飭⑥，犯令，貲一盾。已馳馬不去車，Q1_11_5_28貲一盾。⑦

【匯釋】

①乘輿馬：**帝王駕車的馬**。整理者：《漢書·昭帝紀》注："乘輿馬，謂天子所自乘以駕車輿者。"

②夬：**通"決"**（整理者），**劃傷**。夬革：**劃傷皮革**。秦仙梅（2005）：古代趕車是用竹策尖部刺馬（而非鞭子），若技術不熟練，把駕車馬的皮膚劃傷一寸，要罰一盾，二寸罰二盾，二寸以上，則要罰一甲。

③貲二盾：**罰兩盾**。堀毅（1988：262－266）："貲二盾"的適用僅見於一例。這唯一案例還不是刑法規定。可以暫且承認它爲原則上的刑名，但不排除商鞅之後被修改的可能性。多於一錢和少於二十二錢的刑罪等級是"貲二盾"。高敏（1991）：這條法律根本與盜律無關，不能將其普遍化。陳偉（2016C：169）：這條律文是對管理"乘輿馬"者過失的處罰規定，屬於行政管理法，不同於刑法。今按：另見《秦律雜抄》簡1注②"貲""甲"條。

④課：**考核**。

駃騠：**良馬，好馬**。整理者：《淮南子·齊俗訓》注："北翟之良馬也。"《李斯列傳》有"而駿良駃騠不實外廄"，證明秦朝廷當時已使用這種好馬。此處"課駃騠"應指對馴教駃騠的考核。

⑤志：**疑讀爲"特"，未經閹割的雄獸**。整理者：《周禮·夏官·校人》："頒馬攻特。"注："夏通淫之後，攻其特，爲其蹄齧不可乘用。鄭司農云：攻特，謂騬之。"據此，特馬是未經閹割不適於駕車的雄馬。朱湘蓉（2008）從之。

乘車馬：**乘輿馬，駕車的馬**。

⑥炊：**有二說：一、疑讀爲"箠"**。炊飭：**即"箠飭"，對馬鞭打**。整理者：不准鞭打特馬，是怕特馬對別的馬匹造成傷害。張世超、張玉春（1985B）："毋"字不破讀。張建國（1998）："志馬舍乘車馬後，毋敢炊飭"屬於"令"文。**二、讀爲"捶"，"飭"讀作"笞"**。捶笞：**鞭打**。朱湘蓉（2008）："飭"讀作"笞"，指鞭打。"捶""笞"經常連用，如《韓詩外傳》卷五："捶笞暴國，一齊天下。"夏利亞（2019：207）：朱氏所言不誤。

⑦栗勁（1985：351）：以上三條律文屬《駿馬律》，是馴養駿馬的行政法規。

【今譯】

·傷害了帝王駕車的馬，把馬皮劃傷一寸，罰一盾；兩寸，罰兩盾；超過兩寸，罰一甲。·考核馴教駃騠，滿一年Q1_11_5_27所訓教的馬匹數衹有一到六匹，應罰一盾。·未經閹割不適於駕車的雄馬應養於駕車的馬的後面，不准鞭打，如違反這一法令，應罰一盾。已經駕車奔馳過的馬，如不及時卸套，Q1_11_5_28應罰一盾。

【釋文】

·膚吏乘馬篤、胔（觜）①，及不會膚期，貲各一盾②。馬勞課殿③，貲廄嗇夫一甲④，Q1_11_5_29令、丞、佐、史各一盾。馬勞課殿，貲早〈皂〉嗇夫一盾⑤。Q1_11_5_30

【匯釋】

①膚：**即“臚”字，評比**。整理者：參看《廄苑律》“以四月、七月、十月、正月膚田牛”條。

篤：**遲緩**。整理者：《說文》：“篤：馬行頓遲也。”

胔：**通“觜”，瘠瘦**。《漢書·婁敬傳》：“今臣往，徒見羸觜老弱，此必欲見短，伏奇兵以爭利。”顏師古注：“觜讀曰瘠。瘠，瘦也。”

②整理者：此處所評比的是吏的乘馬，律文懲罰的對象應即使用該馬的吏。

③馬勞：**有二說：一、馬疲勞**。整理者：一說，勞意爲疲勞，參看《秦律十八種》簡47注。**二、指馬服役的勞績**。今按：簡47：“駕縣馬勞，有（又）益壺〈壹〉禾之。”又按，本簡“篤”“胔”均是形容馬的形態與狀態，“勞”作“疲勞”解或許更合適。

④廄嗇夫：**整個養馬機構的負責人**（整理者）。

⑤早嗇夫：**即皂嗇夫，“早”爲“皂”之誤。有三說：一、廄中飼養人員的負責人**（整理者）。劉雲輝（1987）：皂嗇夫相當於《周禮·夏官·校人》中的“趣馬”。**二、是縣屬官嗇夫**。裘錫圭（2000）說。鄒水傑、李斯、陳克標（2014：127）：這個廄嗇夫、皂嗇夫肯定不是設於鄉中之吏，而是縣吏無疑；廄嗇夫、皂嗇夫也不是田嗇夫的下屬之吏，而是單獨隸屬於縣令、丞，有佐、史等屬吏的縣屬專門機構。**三、早嗇夫**。張世超、張玉春（1985B）說。

【今譯】

·評比吏的乘馬，如馬行遲緩、馬體瘠瘦，以及評比時不來參加，均罰一盾。馬疲勞而被評爲下等，應罰廄嗇夫一甲，Q1_11_5_29罰縣令、縣丞、佐、史各一盾。馬疲勞而被評爲下等，罰皂嗇夫一盾。Q1_11_5_30

【釋文】

牛大牝十，其六毋（無）子，貲嗇夫、佐各一盾①。·羊牝十，其四毋（無）子，貲嗇夫、佐各一盾。·牛羊課②Q1_11_5_31

【匯釋】

①嗇夫：**有二說：一、指畜養牛羊機構的負責人**（整理者）。**二、田嗇夫。**栗勁（1985：411）：沒有資料說明秦縣設有管理牛羊的機構，這個嗇夫很有可能還是田嗇夫。

②牛羊課：**關於考核牛羊的畜養的法律**（整理者）。高敏（1981A：173）：牛羊課是關於飼養牛羊的法律補充條文。栗勁（1985：418）：《牛羊課》很可能就是《廄苑律》的一部分。徐世虹（1999：65）：課是關於檢驗、考核督課工作人員的專門法規。

【今譯】

十頭成熟母牛，如果其中六頭不生小牛，應罰嗇夫、佐各一盾。·十頭成熟母羊，如果其中四頭不生小羊，應罰嗇夫、佐各一盾。·牛羊課Q1_11_5_31

【釋文】

匿敖童①，及占㾙（癃）不審②，典、老贖耐③。·百姓不當老④，至老時不用請⑤，敢爲酢（詐）僞者，貲Q1_11_5_32二甲；典、老弗告，貲各一甲；伍人⑥，戶一盾，皆䙴（遷）之⑦。·傅律⑧Q1_11_5_33

【匯釋】

①敖童：**秦男子十七歲傅籍，傅籍後即有賦稅徭役之義務，敖童爲年齡已達服役標準但尚未傅籍的男子。**各家說法羅列如下：**一、成童。**整理者：見《新書·春秋》："敖童不謳歌。"古時男子十五歲以上未冠者，稱爲成童。據《編年記》，秦當時十七歲傅籍，年齡還屬於成童的範圍，參看《法律答問》"何謂匿戶"條。語譯徑作"隱匿成童"。栗勁（1985：211）：達到服徭役的年齡必須向政府申報的"成童"。**二、㪟童。**整理者：敖，即"㪟"，健壯。㪟童，疑是傅籍前之男子，即唐戶令之中男，無丁則選以充軍者。**三、遊童。**馬非百（1978）："敖"同傲、遨，有遊蕩之意；"童"指未成年之人，即指未達服徭役年齡者。熊鐵基（1990：11）：童，當即"五尺以下"的"小"；敖者，遊也。遊童，也就是未成年者。匿敖童就是隱匿真實的年齡，假稱爲"童"或"小"。今按：取年齡說爲是，傅籍年齡爲十七歲。**四、身高已到傅籍年齡標準的兒童。**高恒（1980B）：身高已到傅籍年齡的兒童。蔡鏡浩（1988A）："敖"於此訓爲長、大。秦代沿用先秦慣例，傅籍以身高爲標準。簡文"敖童"應爲秦代法律的專門術語，指身高已達到服役標準的青少年。魏德勝（1997）：敖是"高"的意思。敖童則指身高已達成年標準而尚未傅籍的。夏利亞

(2019：210)：敖童則指身高達到傅籍年齡標準但實際年齡未到，但依秦法當傅籍的人。**五、大童、壯童。**張金光（1983A）：“敖”應訓“豪”，有大、壯之意。“敖童”是成童階段中的大、壯年齡段。黃盛璋（1977）：“敖”有壯、大意，“敖男”意爲壯男。**六、傲童。**黃今言（1988：260）：“敖”同“傲”。“童”指未成年之人。**七、供嬉樂的奴隸。**高敏（1981A：61）：供嬉樂的奴隸。**八、“童”中豪強有力者。**黃留珠（1997A）把陝西戶縣出土秦封宗邑瓦書中“大田佐敖童曰未”與睡虎地秦簡之“敖童”結合考察，認爲“童”字應解如《說文》所云：“男有罪曰奴，奴曰童。”“敖”讀爲“豪”。“豪童”指“童”中豪強有力者。他們須載入名籍，爲國家出賦役。“匿敖童”即“匿戶”，可充當“佐”一類的官府“少吏”，但需要標明其“敖童”的特殊身份。

②占：**有二說：一、驗視，核實。**傳統觀點認爲，“占”爲申報義。臧知非(2014：115)：申報是申報人的自我行爲，如果把“占痒不審”理解爲“申報廢疾不確實”，就等於說典、老申報自己爲廢疾不確實，顯然與律文不通。“占痒不審”之“占”不是“申報”，而是驗視、核實的意思。**二、申報。**整理者、黃盛璋(1977)、韓連琪(1981)、高敏(1987)、楊寬(2001：1122)、陳偉(2016C：172)等皆持此說。其中，黃盛璋(1977)：傅律中正有“占痒不審”，說明自占包括罷癃，所以《編年記》“自占年”，自報實情不能簡單限於年齡一項。今按：“占”取“驗視、核實”義。可參看《葉書》簡23貳“自占年”條。

痒：**同“癃”，廢疾。**整理者：癃即罷癃，意爲廢疾，參看《說文》“癃”字段注。高恒（1980B）：根據漢律，達到傅籍年齡，但身高不夠“六尺二寸”的也稱罷癃的規定來看，《傅律》中的罷癃，當也包括已達到傅籍年齡，但身高不夠的情況。按秦律的規定，罷癃並不一律免除勞役，如《法律答問》簡133：“罷痒守官府，亡而得，得比公痒不得？得比焉。”栗勁（1985：211）：即須要免除徭役的殘疾。于豪亮、李均明（1981）：似乎殘疾人可以免服兵役，但仍然要服徭役。陳偉(2016C：172)：罷癃分“可事”與“不可事”兩類。夏利亞（2019：210）：漢初的罷癃，包括天生、後天殘疾，侏儒，戰爭致殘者以及多年重病者，秦時情況當與漢初相似。

③典、老：**即里典（正）、伍老，相當於後世的保甲長**（整理者）。高恒(1994：25)：里中主事者有正、伍老。秦簡中稱“典”“老”。典，即里典。老，即伍老。睡虎地秦簡中寫里正爲里典，係因避秦始皇的諱。里典、伍老之職，多由里中富者所把持。里典、伍老有責任掌握、了解一里之內各戶口數，以及生老病死等情況，並且有責任檢舉隱瞞戶口、逃避傅籍的違法行爲。楊劍虹（2013：78）：里要配合鄉進行工作，如里民要申報年齡和健康狀況，里正和里老要進行核實。陳偉(2016C：172)：秦代里典的任用要經過縣令、尉的批准。

贖耐：**贖刑名，繳納錢物以贖免受耐刑。贖刑：以繳納錢物來替換由某種原因而應該受到的刑罰。**張家山漢簡《二年律令·具律》簡118～119：“贖死，金二斤八兩。贖城旦舂、鬼薪白粲，金一斤八兩。贖斬、府（腐），金一斤四兩。贖劓、黥，金一斤。贖耐，金十二兩。贖署（遷），金八兩。”劉海年（1981）：秦的贖刑，從贖耐起，有贖遷、贖黥、贖宮……一直到贖死，又分成不同等級。不過，從秦律看，不是所有的犯罪都可以用金錢贖免的，衹有依法宣判爲贖刑的，或具有一定身份的人犯了罪才可以用金錢贖。栗勁（1985：292）：秦律中的贖刑不同於貲刑的地方，在於貲刑是依法判處的繳納相應財物的刑罰，而贖刑則是允許以繳納法定的財物代替業經依法判處的刑罰。角谷常子（2001）：贖刑，毋庸贅言即以繳納錢物來替換由某種原因而應該受到的刑罰。睡虎地秦簡中可以看到贖死、贖刑、贖黥、贖耐、贖遷、贖鬼薪鋈足、贖宮等。

④老：**即免老，因年老而免服兵役和徭役**。整理者：秦制無爵男子年六十免老，不再服封建政府規定的兵役和徭役。于豪亮、李均明（1981）：秦律中有“免老”這樣一個詞。《法律答問》：“免老告人以爲不孝，謁殺，當三環之不？不當環，亟執勿失。”“免老”亦見於《漢舊儀》：“秦制二十爵，男子賜爵一級以上，有罪以減，年五十六免。無爵爲士伍，年六十乃免老。”秦代規定，有爵的人五十六歲免除服兵役的義務，無爵的人則須到六十歲才能免除。王輝、陳昭容、王偉（2016：120）：免老不服勞役、從軍，杜絕免老的欺詐行爲，才能保證勞役、從軍人數的充足。陳偉（2016C：172）：西漢時期的免老年齡與爵位相關，無爵男子是六十六歲免老，如張家山漢簡《二年律令・傅律》簡356：“大夫以上年五十八，不更六十二，簪裹六十三，上造六十四，公士六十五，公卒以下六十六，皆爲免老。”秦代“無爵男子年六十免老”有待證明。另，“免隸臣妾”並非“免老”，參見《秦律十八種・倉律》“免隸臣妾”條注。

⑤用：**介詞，因爲**。整理者：此處用法同“以”字。張玉金（2016：59）：“用”介引原因，可譯爲“因爲”。介詞“用”在西周時代已經產生了，此時已經有工具介詞、材料介詞、因事介詞等用法。到了戰國時代，介詞“用”還發展出依據介詞、時間介詞等用法。不過，到了戰國時代，由於介詞“以”已被廣泛使用了，具有同樣意義和用法的“用”就不常用了。

請：**通“情”，實情**（戴世君，2012）。

⑥伍人：**同伍（五家）的人**。整理者：《漢書・尹賞傳》注：“五家爲伍，伍人者，各其同伍之人也。”《商君列傳》：“令民爲什伍，而相收司連坐。”伍人亦即四鄰，見《法律答問》“可謂四鄰”條。羅開玉（1981A）：在地方上，“伍人”以“戶”爲基本計算單位，指包括家屬在內的整個“四鄰”，包括“士伍”、女性及男性中的老、小。夏利亞（2019：212）：古代軍隊或戶籍編在同伍的人，也稱四鄰。

⑦戶一盾，皆署之：**每戶罰一盾，均加以流放**。整理者：本條所規定應流放的對象，從上下文義考察，疑應指犯罪的百姓及其同伍而言。羅開玉（1983）：簡文說明秦傅籍一產生時，便是以戶爲基本單位，並與里、伍連坐制息息相關。秦的傅籍標準衹可能是成親立戶，當時稱“爲戶”。徐富昌（1993：525－526）：睡虎地秦簡中的徭、使、賦及里、伍連坐等是以“戶”爲單位在進行，而這也是“戶籍制度”的主要內容。以成親作爲立戶傅籍的標準，仍然是有問題的。

⑧傅律：**有二說：一、關於傅籍的法律**（整理者）。高敏（1998：159）：《傅律》確是關於登記戶口以備服役的法律，而且登記時是由戶主自報和經典、老審查的，如有不實，自報者和審查者都要受到懲處。**二、登記成童的行政法規。**栗勁（1985：350）：《傅律》，簡文僅兩條。從簡文內容上看，《傅律》當爲登記成童的行政法規。

【今譯】

隱匿年齡已達服役標準但尚未傅籍的男子，以及核實廢疾情況時不確實，應令里典、伍老繳納錢物以贖免耐刑。·百姓不應免老，或已應免老而不以實情（申報），敢弄虛作假的，應罰Q1_11_5_32二甲；里典、伍老不加告發，各罰一甲；同伍的人，每戶罰一盾，並均加以流放。·傅律Q1_11_5_33

【釋文】

徒卒不上宿①，署君子、敦（屯）長、僕射不告②，貲各一盾。宿者已上守除③，擅下，人貲二甲。④Q1_11_5_34

【匯釋】

①徒卒：**爵位自二級以上到不更的士卒。**整理者：《商君書·境內》："爵自二級以上至不更，命曰卒。"夏利亞（2019：212）：步卒，泛指兵卒。

宿：**值宿警衛。**整理者：《周禮·脩廬氏》注："謂宿衛也。"《唐律疏議》卷七有"宿衛上番不到"條，可參看。

②署君子：**防守崗位的負責人。**君子：官員。整理者：參看下面"戍者城及補城"條及《秦律十八種·徭律》注，但本條所說是宿衛的崗位，和該兩條講守城不同。魏德勝（2005）："君子"就是官員的意思，"君子主堵者"就是負責城墻建設的官員，"署君子"是某個崗位的官員，"君子無害者"是沒有過失的官員。建築城墻、宿衛、守城、留守，睡虎地秦簡中負責這些工作的有時沒有固定的官職，是按照需要臨時指派的，所以在秦律中明確他們的職責時，就用一個較籠統的詞"君子"來指稱。

③除：**殿階。**整理者：《說文》："殿，陛也。"《獨斷》："陛，階也，所由升堂也。天子必有近臣執兵，陳於陛側，以戒不虞。"夏利亞（2019：213）：宮殿的臺階。

④關於本條律文，**有二說：一、本條是關於宮殿宿衛的規定。**整理者：未記律名。**二、軍隊從事邊防的法律。**栗勁（1985：351）：此條律文屬《屯表律》。從律文的內容上看，當是軍隊從事邊防的法律。

【今譯】

徒卒不上崗值宿警衛，如署君子、屯長、僕射不報告，應各罰一盾。宿衛的徒卒已上崗守衛殿階，如擅自下崗，每人應罰二甲。Q1_11_5_34

【釋文】

宂（冗）募歸①，辭曰日已備，致未來②，不如辭，貲日四月居邊③。·軍新論攻城④，城陷，尚有棲Q1_11_5_35未到戰所⑤，告曰戰圍以折亡，叚（假）者，耐⑥；敦（屯）長、什伍智（知）弗告⑦，貲一甲；伍二甲⑧。·敦（屯）表律⑨Q1_11_5_36

【匯釋】

①宂：**會意字，从宀，从人，像人在屋中，後作“冗”**（李學勤，2013：659）。

宂募：**即“冗募”。有五說：一、衆募，指募集的軍士。**整理者：《漢書·趙充國傳》稱爲“應募”。王笑（2014）：“冗募”應該有“應募的軍士”和“官職”兩種意義，這裏是指應募的軍士。**二、“冗”通“由”，從。**秋非（1989）：“冗”或借爲“由”，“從”也。里耶秦簡 8－132 有“冗募群戍卒百卌三人”。**三、斷作“冗、募”，指冗邊的人和應募而從軍戍的人。**孫言誠（1985）斷作“冗、募”，認爲分指兩種人：冗指冗邊者，就是爲贖罪或贖身而到邊地去服額外的勞役（冗作）；募是應募而從軍戍的。沈剛（2015）：同意孫先生的觀點。冗、募是兩種人，兩種人放到一起說，是因爲冗邊的目的是要在邊境服役一定的時間才能爲親屬贖身，募的具體情形雖然不清楚，但從字面理解，應該是國家招募的士卒，這兩者的共同點就是都與國家形成了契約關係。**四、戍卒。**陳偉（2012：70）：冗募者爲“戍卒”，則通過本簡可知。**五、爲贖罪或贖身而到邊地去戍守者。**陳偉（2016C：174）：秦漢時期的戍卒來源於按制度徵發的內地丁壯，與自願應募的募兵制有別。簡文的“募”有徵召之意。冗募，即爲贖罪或贖身而到邊地去戍守者，其服役期限長，如《司空律》簡 151：“百姓有母及同牲爲隸妾，非適罪殹而欲爲冗邊五歲，毋賞興日，以免一人爲庶人，許之。”與按制度徵發的戍卒有固定服役期限不同。

②致：**有二說：一、證明的文券。**整理者：據簡文，應募到邊境服役的軍士期滿回鄉，照例邊境有關方面應送來證明的文券。孫瑞（1998A）：這裏的致是國家發來募集軍士服役期滿的證明，用作鄉邑檢驗軍士是否合法歸鄉的依據。**二、文書。**裘錫圭（1981B）根據漢簡所見，將“致”分成三類：致物於人所用的文書、領東西所用的文書、出入門關用的文書。李均明（2009：61）：“致”是一種將己方的意圖告知他方，他方可作爲辦事依據的文書形式。

③四月：原簡爲合文。

貲日四月居邊：**有二說：一、逃役一日貲戍邊四個月。**蔣非非（1995）說。**二、罰居邊服役四個月。**整理者說。劉海年（1985A）：直接標明了刑期。

④論：**有二說：一、行賞論罰。**徐富昌（1993：503）：從本條律文看，在論功之外，亦有“論罪”之意。**二、論賞。**整理者說。

⑤尚：**通“倘”，如果。**魏德勝（2000：221）：倘，表假設關係。在睡虎地秦簡中有三種表現形式：尚、黨、當。共五例。張玉金（2016：165）：在出土先秦文獻中，“倘”組單音假設連詞有“黨”“當”“尚”，而“將”也可以歸入這一組。

棲：**有二說：一、讀如字，停留、逗留。**陳偉武（1998）：“棲”不必讀破。棲本指鳥類歇息，引申泛指居住、停留。如《國語・越語上》：“越王勾踐棲於會稽之上。”韋昭注：“山處曰棲。”《敦表律》“棲”字釋爲“停留、逗留”。尹偉琴、戴世君（2007）：讀爲“棲”字，居留，停留。**二、讀爲“遲”，遲到**（整理者）。今按：從陳偉武說。

⑥耐：**有二說：一、處以耐刑，是獨立刑。**張中秋（1987）：“耐”在此是獨立刑。**二、是省稱，是附加刑和徒刑結合使用。**韓樹峰（2003）：此處之“耐”可能爲“耐隸臣妾”或“耐鬼薪白粲”的省稱。劉海年（1981）認爲，耐刑爲秦律中剃除鬢毛鬍鬚的恥辱刑，可單獨用來懲罰罪犯，也可以作爲附加刑和徒刑結合使用。今按：參看《秦律雜抄》簡 7 注④“耐”條。

⑦什伍：**有二說：一、同什伍的人。**整理者：秦軍中有什伍的編制，五人爲伍，十人爲什，《商君書・境內》：“其戰也，五人束簿爲伍。……五人一屯長，百人一將。”此處“什伍”，從下文另有“伍”看，應指同什的人而言。**二、家鄉的什伍組織。**尹偉琴、戴世君（2007）：“什伍”指弄虛作假者家鄉的什伍組織。

智：**通“知”，知道，知情。**

⑧伍二甲：**同伍的人應罰二甲。**魏德勝（2003：241）指出，整理者釋文於“伍”字前衍“稟”字。陳偉（2016C：175）：整理者於“貲一甲”後置分號，現改用逗號。孫英民（1986）：此律文是什伍連坐制在軍隊中的推廣。

⑨敦：**通“屯”，屯防。**表：**疑指烽表。**敦表律：**關於邊防的法律**（整理者）。

【今譯】

募集的軍士歸來，聲稱服役期限已滿，但是其證明文券未到，與本人所說不符，每逃役一日罰居邊服役四個月。・軍中就最近攻城的表現行賞論罰，如果城被攻陷，還在外逗留Q1_11_5_35沒有到達戰場的，或報告說在圍城作戰中死亡而弄虛作假的，應處耐刑；屯長、同什伍的人知情不報，應罰一甲；同伍的人，應罰二甲。・屯表律Q1_11_5_36

【釋文】

戰死事不出①，論其後②。有（又）後察不死，奪後爵③，除伍人④；不死者歸，以爲隸臣⑤。Q1_11_5_37

【匯釋】

①死事：**死於戰事。**整理者：《吴子・勵士》：“有死事之家，歲使使者勞賜其父母，著不忘於心。”

出：**有二說：一、當讀爲“屈”**（整理者），**屈服。**于豪亮（1980A）：“死事不出”的“出”字讀爲“屈”。《左傳・襄公三十年》：“或叫於宋大廟曰譆譆：出出。”《釋文》：“出出，鄭注《周禮》作詘詘。”《文選・長楊賦》注：“詘，古屈字。”故“死事不出”即“死事不屈”。**二、讀如字，出現。**周群、陳長琦（2007）釋作“出現”。後文“有後察不死”，說的正是與“不出”相反的情況。

②論其後：**應將爵位授予其子。**整理者：將因軍功應得的爵授予其子，參看《秦律十八種·軍爵律》“從軍當以勞論及賜”條。

③奪後爵：**奪回其子的爵位。**栗勁（1985：295）：這裏的奪爵，實際上是對錯授爵的糾正。傅榮珂（1992：224）：“奪爵”和“廢”屬身份刑，即剝奪國家所賜爵位及官吏應享權利之刑罰。

④除：**有二說：一、懲辦。**整理者：《考工記·玉人》：“以除慝。除慝，誅惡逆也。”據此，除有懲辦的意義。**二、免。**周群、陳長琦（2007）：《考工記》注“除”，是“誅除”之意，整理者引申爲“懲辦”，似有放大其義之嫌。本條簡文後半部分談到“不死者歸”的處理，正可以說明不死者存在不歸的可能。所以“除伍人”應理解爲“免爲伍人”，是針對不死者後人而言的。睡虎地秦簡中多見“除”釋爲“免”者。

伍人：**同伍的人。**羅開玉（1981A）：軍中的“伍人”指同“伍”的兵士。簡文的“伍人”指該“伍”的其他四人，因軍人不可能代家屬出征，故“伍人”並不包括家屬。夏利亞（2019：216）：伍人爲四鄰之人，也即戶籍編在同伍的人。

⑤不死者歸，以爲隸臣：**未死的士卒歸來，應讓他作隸臣。**于豪亮（1980A）：《戰國策·魏策四》：“‘憲’之上篇曰：……國雖大赦，降城亡子不得與焉。”和秦律的精神大體相同。

吳樹平（1988：68）：簡文很可能是《軍爵律》的規定。

【今譯】

寧死不屈，死於戰事，應將爵位授予其子。如後來又發現該人未死，應奪回其子的爵位，並懲辦其同伍的人；如那個未死的士卒歸來，應讓他做隸臣。Q1_11_5_37

【釋文】

寇降①，以爲隸臣②。

【匯釋】

①寇：**敵兵，仇敵。**整理者：《汲鄭列傳》載漢武帝時匈奴渾邪王率眾來降，汲黯提議：“臣愚以爲陛下得胡人，皆以爲奴婢，以賜從軍死事者家；所鹵獲，因予之，以謝天下之苦，塞百姓之心。”可以參考。

②王占通、栗勁（1984）：這一法律規定僅僅是針對“降寇”制定的，並不能適用於俘虜。因爲衹有“寇”才可能全是男性，故衹規定判處爲隸臣。而在戰爭中掠來的俘虜，必然會男女老幼雜而有之，那就會有隸妾、小隸臣妾，而不僅僅衹有隸臣。

【今譯】

敵寇投降，應讓他做隸臣。

【釋文】

·捕盜律曰[①]：捕人相移以受爵者，耐[②]。·求盜勿令送逆爲它[③]，令送逆爲它Q1_11_5_38事者，貲二甲。

【匯釋】

①捕盜律：**關於抓捕盜賊的法律**。整理者：據《晉書·刑法志》及《唐六典》注，李悝、商鞅所制定的法律中都有"捕法"，此處《捕盜律》可能與之有關。籾山明（1995）：有關"補"的條項應屬《捕盜律（捕律）》，有關"執"的條項應屬《囚律》。

②耐：**有二說：一、處以耐刑，是獨立刑**。張中秋（1987）："耐"在此是獨立刑。**二、"耐隸臣"的省稱**。韓樹峰（2003）："耐"是"耐隸臣"的省稱。據《秦律雜抄》簡37："戰死事不出，論其後。有後察不死，奪後爵，除伍人；不死者歸，以爲隸臣。"轉移軍功幫助其子騙取爵位者被判爲隸臣。本簡"補人相移"幫助他人騙取爵位者，判爲"耐隸臣"更爲恰當。整理者：參看《法律答問》"有秩吏捕闌亡者"條。

③求盜：**亭中專司捕"盜"的人員**。整理者：《漢書·高帝紀》注引應劭云："求盜者，亭卒。舊時亭有兩卒，一爲亭父，掌開閉埽除；一爲求盜，掌逐捕盜賊。"

送逆：**送迎**。整理者：當時接待往來官員是亭長的職責。

【今譯】

·《捕盜律》說：捕獲盜賊轉交他人而使他人藉此得到爵位的，應處以耐刑。·專司捕"盜"的人員，不准命令他去送迎或做其他事務，命令他去送迎或做其他Q1_11_5_38事務的，應罰二甲。

【釋文】

·戍律曰[①]：同居毋並行[②]，縣嗇夫、尉及士吏行戍不以律[③]，貲二甲[④]。Q1_11_5_39

【匯釋】

①戍律：**有二說：一、關於行戍的法律**（整理者）。**二、百姓參加邊防的行政法規**。栗勁（1985：351）：從律文上看，《戍律》當是百姓參加邊防的行政法規。夏利亞（2019：217）：關於防守邊疆的法律。

②同居：**有三說：一、同居的人，同籍的兄弟及兄弟之子**。整理者：見《秦律

十八種・金布律》“官嗇夫免”條注。《法律答問》：“可謂‘同居’？戶爲‘同居’。”《漢書・惠帝紀》顔師古注：“同居，謂父母妻子之外，若兄弟及兄弟之子等見與同居業者，若今言同籍及同財也。”**二、包括其未成年子女及其他同室而居的非丁男人員**。張世超（1989A）：據秦簡來看，“同居”的含義與顔師古注所云並不相同。首先，父子同居是在兒子未成年的前提下存在的現象。兒子成年要與父母分居，兄弟長成要各立門戶。秦時“戶”的概念比後代要小，一戶內的成員有嚴格規定。一般的情況，實即夫、妻、子而已。有時候，“同居”是狹義的。這時的“同居”，就衹包括其未成年子女及其他同室而居的非丁男人員了。**三、戶籍上登記的家族**。冨谷至（2006：156）：所謂緣坐對象的同居，可以解釋爲戶籍上登記的家族。今按：詳見《秦律十八種》簡85“同居”條。

張金光（1983A）：《秦律十八種・傜律》是月更之役，戍律是指時間較長的戍役，故強調“同居毋並行”。

竝：**即“並”，副詞，同時**。魏德勝（2006）：用作副詞，意思是一起，同時。

同居毋竝行：**有三說：一、同居者不要同時征服邊戍**。整理者說。夏利亞（2019：218）：秦時，同一戶人家不能同時出兩個人邊戍，地方官吏如不嚴格執行，要受處罰。**二、同居者不要在特定空間上一起行走**。尹偉琴、戴世君（2007）：睡虎地四號秦墓出土兩件木牘，記載秦王政二十四年在淮陽作戰的安陸籍的黑夫與驚兄弟倆寫信給母親請求寄錢、衣的事。據此，同居者同時征戍似乎並未限制。《墨子・城守篇》有“並行”一語：“女子到大軍，令行者男子行左，女子行右，無並行。皆就其守，不從令者斬。”簡文“竝行”應與《墨子・城守篇》中的“並行”同義，是在特定空間上對特定人員的活動作出間隔。**三、同居的適齡男子不能全部服兵役或勞役**。于豪亮、李均明（1981）：木牘甲“黑夫、驚敢再拜問中，母匄恙也”，木牘乙“黑夫、驚敢大心問衷，母得匄恙也”，“中”就是“衷”，應當是黑夫和驚的弟兄。弟兄三人就有兩人從軍。所謂的“毋竝行”，其實際意義是同居的適齡男子不能全部服兵役或勞役，必須留一個在家中。

③縣嗇夫：**即縣令**。詳見《秦律雜抄》簡1“嗇夫”條。孫言誠（1988）：戍卒徵發和更卒一樣，亦由縣級政府負責。和更卒不同的是，“行戍”不僅縣尉管，縣令（嗇夫）亦須參與其事。各縣所派帶領（將）戍卒的官吏，一般是縣尉。

④羅開玉（1983）：法律規定不能同時徵發一戶中的兩人服戍役，違者受罰。這顯然是爲了保證一個家庭中，還能有人去承擔傜、使、戍役等，說明戍役是以戶爲基本徵發單位的。

【今譯】

・《戍律》有說：同居的人不能同時征服邊戍，縣嗇夫（縣令）、縣尉及士吏如不依法徵發邊戍，應罰二甲。Q1_11_5_39

【釋文】

戍者城及補城[1]，令姑（嫴）堵一歲[2]，所城有壞者，縣司空署君子將者[3]，貲各一甲；縣司空Q1_11_5_40佐主將者，貲一盾。令戍者勉補繕城，署勿令爲它事；已補，乃令增塞埤塞[4]。縣Q1_11_5_41尉時循視其攻（功）及所爲[5]，敢令爲它事，使者貲二甲。[6]Q1_11_5_42

【匯釋】

①戍者城及補城：**戍邊的人進行築城和修城**。第一個“城”是動詞，築城。整理者：本條參看《秦律十八種·徭律》。

②姑：**通“嫴”，保證，擔保**。整理者：《說文》：“嫴，保任也。”桂馥《說文解字義證》：“《一切經音義》六引《說文》：保，當也；任，保也。言可保信也，通作辜。”

堵：**墻壁，城墻**。《說文》：“堵，垣也。五版爲一堵。”

③署君子：**一署（段）的長官**。張政烺（1990：998）：守城官吏。戰國秦置。秦守城分段，每段稱署。署君子即爲一署長官。

④埤：**加厚**。整理者：《爾雅·釋詁》：“厚也。”塞，《禮記·月令》：“完要塞。”注：“邊城要害處也。”

埤塞：**要害處加厚**。

⑤循：**古同“巡”**。循視：**即巡視**。

⑥張金光（1983A）：從戍者築域保險一歲的規定，可知其期限應該就是一年。“戍律曰”條與“戍者城”條所說的戍役，就是董仲舒所說“歲更”的“一歲屯戍”。

【今譯】

戍邊的人進行築城和修城，都要讓他們對城垣擔保一年，所築的城垣如有毀壞的，率領服邊戍者的縣司空和署君子各罰一甲；應罰主管率領的縣司空Q1_11_5_40佐一盾。要命令服邊戍者全力修城，所屬署不得命令他們做其他事務；城已修好，就命他們加高要塞、加厚要塞。縣Q1_11_5_41尉應經常巡視工程和他們的所作所爲，如有敢命他們做其他事務的，應罰役使他們的人二甲。Q1_11_5_42

六、法律答問

《法律答問》部分較爲特殊：它篇幅最大，共有簡計二百一十枚，超過全部簡數的五分之二；全篇都是刑法的內容，可完全歸入《法經》六篇；採用特有的問答形式入律，或引《刑律》原文並對其進行解釋説明，或以案例判罰直接作爲《刑律》補充。

【釋文】

“害盜別徼而盜[①]，駕（加）辠（罪）之。”[②] ·可（何）謂“駕（加）辠（罪）”？ ·五人盜[③]，臧（贓）一錢以上[④]，斬左止[⑤]，有（又）黥以爲城旦[⑥]；不盈五人，盜過六百六十錢[⑦]，Q1_11_6_1黥劓（劓）以爲城旦[⑧]；不盈六百六十到二百廿錢，黥爲城旦；不盈二百廿以下到一錢，䙴（遷）之[⑨]。求盜比此[⑩]。Q1_11_6_2

【匯釋】

①害盜：**一種捕“盜”的官職名**。整理者：《秦律十八種·內史雜》作“憲盜”。張信通（2017）：秦國的亭是最主要的軍事職能之一，亭部吏是落實亭軍事職能的具體吏員。亭的負責人稱亭長（校長），亦稱亭嗇夫。亭長的屬吏主要有求盜、亭父、別盜、害盜、亭丞、亭候、亭掾等。

別：**有二説：一、分別**。整理者：一説，別意爲分別。夏利亞（2011）：從簡文看，整理小组的譯法容易讓人有這樣的誤會：害盜不能背著遊徼，而是要讓遊徼知道；如果不背著遊徼，則可以不加罪。這顯然邏輯不通。又，睡虎地秦簡中另含有“別”的句子有十個，作“分別”講的有四例，作“分開”“分離”講的有五例，另一例作“另外”講，沒有讀爲“背”且理解爲“背著”的。故本句子之別也不當理解爲“背著”，當以整理小組之“一説”爲是。**二、背著**。整理者讀爲“背”。董志翹、楊琳（2014：404）：通“背”。

徼：**有二説：一、巡邏**。整理者：一説，別意爲分別，徼意爲巡邏。陳偉（2016C：181）認爲別徼疑指本人巡邏區域以外的地方。**二、“遊徼”的省稱，負責捕盜的小官**。整理者：《平準書》集解引如淳云：“亦卒求盜之屬也。”即遊徼的省稱。《漢書·百官公卿表》中鄉有遊徼，“徼循禁賊盜”，是負責捕盜的小官。任惠華（2015：23）：遊徼是鄉一級負責治安、緝捕盜賊的官員。《後漢書·百官志》：“鄉有三老、有秩，嗇夫，遊徼。”他們的分工是三老掌教化，嗇夫職聽訟收稅賦，遊徼徼巡盜賊。這説明遊徼在秦代鄉級負責偵查治安事務。

②整理者：以上引號內應爲秦律本文，以下爲對律文有關問題的解釋，本篇其他各條均與此同例。

③·：**小圓點號**。這裏有兩個小圓點號，第一個是引用的律文原文。接著前一個圓點號後的內容提出疑問，即“甚麽叫‘駕皋’”，第二個圓點號後的簡文內容便對“駕皋”進行了細緻的闡釋和說明。小圓點號有用於分章、用於分節、用於句讀、用於段末的類題之首、解釋說明、表示強調六種作用。

五人盜：**五個人合夥盜竊**。于豪亮（2015：31）：秦律規定，五人或者五人以上爲盜，稱爲群盜。《封診式·群盜》中爲盜者是丁、戊、己、庚、辛五人，亦五人盜爲群盜之證。沈曉敏（2015：57）：秦律視五人合夥犯罪爲集團犯罪，加重處罰。

④臧：**通“贓”，贓物**。董志翹、楊琳（2014：404）：指貪污受賄或盜取之財，後寫作“臟”。

⑤斬左止：**砍去左足**。整理者：見《漢書·刑法志》，注：“止，足也。”即截去左足。徐世虹（1999：280）：睡虎地秦簡中見到兩例關於斬左止的材料，這說明，斬左止是比較重的刑罰，針對那些群盜和赦免後的群盜犯罪，一般的犯罪不用此刑。大多數學者認爲，秦當時大興土木，戰爭也需要大量人員，因此不可能對罪犯廣泛實施這種刑罰，從而保證土木工程和戰爭對人員的需求，這種看法是有道理的。趙久湘（2015）認爲：左腳雖然沒有了，但性命還在，還能支撐著去幹活，祇是幹起來比較艱難，這也是對罪犯的一種懲罰。

⑤有：**通“又”，副詞**。

黥：**施黥刑，在面額上刺刻塗墨**。整理者：音晴，刑名。劉海年（1981B）：在秦簡律文中，一般是與城旦這種徒刑結合使用的。秦的城旦按附加的刑罰不同分爲“斬左止，有黥以爲城旦”“黥爲城旦”“刑爲城旦”“完爲城旦”。城旦舂是最重的徒刑。栗勁（1985：248）：黥刑作爲主刑獨立施行的情況很個別。大多數情況下，黥刑作爲城旦的附加刑使用。在個別情況下，也作爲隸妾的附加刑而加以使用，如《法律答問》簡174。趙久湘（2011）：“黥城旦”有時又用來指罪名，見《法律答問》簡183。夏利亞（2019：221）：栗說有可商榷處。黥刑可以作爲主刑也可以作爲附加刑使用，附加刑的情況多，但不僅是城旦、隸妾的附加刑，也更經常附加於舂。

⑥城旦：**刑徒名，從事築城工事或製作器物等勞役**。趙久湘（2011）：男爲城旦，女爲舂，《漢書·惠帝紀》注引應劭云：“城旦者，旦起行治城；舂者，婦人不豫外徭，但舂作米，皆四歲刑也。”《漢典》：“秦漢時強制男性罪犯服勞役的一種刑罰。勞動範圍廣泛，包括築城工事或製作器物等，是秦漢勞役刑中最重的一級。”

⑦盜過六百六十錢：**盜竊超過六百六十錢**。整理者：簡文錢數多爲十一的倍數，是由於從“布”折算。于豪亮（2015：30）：律文規定一疋布折合十一個錢。

⑧劓：**同“劓”，肉刑名，割鼻**。整理者：《說文·刀部》：“刖鼻也。从刀、臬聲。《易》曰：‘天且劓。’劓，臬或从鼻。”栗勁（1985：247）：指割掉鼻子的酷

刑。一般地說，秦是把劓刑作爲城旦的附加刑而加以使用的，但有時也作爲主刑獨立地加以使用。夏利亞（2019：222）：劓刑常與黥刑合併施行，而作爲城旦附加刑的例子僅一個。

⑨䙴：**同“遷”，流放到邊遠地區**。楊越（2014）：遷刑，流放之刑，罪犯被流放到邊遠地區的刑罰。懲罰罪犯的同時又具有徙民、恩赦的性質。

陳偉（2016C：182）：“不盈五人”盜的處罪規定，可參考張家山漢簡《二年律令》簡 55～56：“盜臧（贓）直（值）過六百六十錢，黥爲城旦舂。六百六十到二百廿錢，完爲城旦舂。不盈二百廿到百一十錢，耐爲隸臣妾。不盈百一十到廿二錢，罰金四兩。不盈廿二錢到一錢，罰金一兩。”

⑩求盜：**置於亭中專司緝拿追捕“盜”“賊”與逃犯的吏卒**。李偉民（1998：1449）：亭無權審判，求盜捕得賊盜須交官府。追捕中拒捕反殺求盜，捕得後以賊殺人論處。夏利亞（2019：222）：亭長手下掌逐捕盜賊的人員。

比：**比照**。整理者：秦漢法律習語，意思是同例可以比附。求盜比此，即求盜犯罪和本條同例處理。陳新宇（2015：13）：法律對補盜的“害盜”這種特殊犯罪主體，考慮其身爲公職人員知法犯法，比一般盜竊罪危害性更大，所以加重處罰。而對同樣司職補盜的“求盜”，亦同樣採取這樣加重處罰的方式。這是針對職能相似的主體，在量刑上採取相同的處罰。

【今譯】

“害盜因爲分別巡邏而偷盜，應該對他加罪處罰。”·甚麽叫“加罪”？·五個人合夥盜竊，贓物在一錢以上，砍去左足，又施黥刑判爲城旦；不滿五個人，盜竊超過六百六十錢，Q1_11_6_1應施黥刑和劓刑判爲城旦；不滿六百六十錢而在二百二十錢以上，應當施黥刑判爲城旦；不滿二百二十錢以下而在一錢以上，要把他流放到邊遠地區。求盜犯罪比照本條。Q1_11_6_2

【釋文】

求盜盜，當刑爲城旦①，問：辠（罪）當駕（加）如害盜不當②？當。Q1_11_6_3

【匯釋】

①刑爲城旦：**施肉刑判爲城旦**。整理者：判爲城旦並附加肉刑，與完城旦對稱。此句意爲依照一般盜竊的情況應刑爲城旦。朱紅林（2008：139）：“刑爲城旦”的“刑”，應包括斬左右趾、黥、劓三種。

②問：**其後當加冒號**。魏德勝（2003：238）：《法律答問》以“問”字開頭的一類句子，應在“問”字後加冒號。夏利亞（2019：222）：魏說是。

駕：**通“加”，加罪**。陳公柔（2005：148）認爲“當”字後用逗號。

【今譯】

求盜盜竊，應當施肉刑判爲城旦，問是否應像害盜那樣加罪呢？應當加罪。Q1_11_6_3

【釋文】

甲謀遣乙盜①，一日，乙且往盜②，未到，得，皆贖黥③。Q1_11_6_4

【匯釋】

①謀遣：**設計陰謀並遣使別人實施犯罪的行爲**（肖常綸、應新龍，1984）。朱紅林（2005：56）：對於“謀遣人盜”，秦律中是按照“與盜同法”的原則處理的。“與同法”指的是適用的法律相同，“與同罪”則指的是適用的處罰相同。這個案例既是“與同法”，又是“與同罪”。

②且：**將**。往盜：**前往行盜竊**（整理者）。

③贖黥：**判處黥刑而允許其以財物贖罪**。整理者：下文贖耐、贖宮等類推。夏利亞（2019：223）：疑整理小組“允許以錢贖罪”之說當改爲“允許以財物贖罪”。徐鴻修（2002：255）：法律有明文規定，秦國屬下的少數民族君長，即屬於此種特權人物之列。據秦律，享有贖刑特權的人還有具有上造以上爵位的人，“内公孫無爵者”（雖無爵位但屬國君宗室的後裔者），以及“葆子”等。而那些不享有法律特權的普通士伍，如果犯有應施耐刑以上人身刑的罪行，一般是不能贖免的。孫艷（2006）：秦朝時期的贖刑，有贖耐、贖遷、贖鬼薪鋈足、贖黥、贖隸臣妾、贖宮、贖死。贖刑分成不同的等級，從輕刑到重刑乃至死刑都可以贖。秦的贖刑是在明確判處犯罪嫌疑人有罪的情況下施行的。秦時規定即使罪犯沒有造成犯罪事實，但如果存在犯罪動機也會被判處贖刑。贖刑並不是對所有的人都適用，大體可以分爲兩種：一種是對一切人都適用的贖刑，另一種是僅適用於少數特權人物的贖刑。輕刑如耐刑、遷刑、黥刑適用於所有百姓，比較重的罪行如宫刑和死刑，不對一般的平民百姓適用，衹適用於少數貴族和特權階層。在贖刑的適用罪名上，秦規定官吏如果犯了失職罪和瀆職罪可以允許贖免，盜竊及破壞公私財物罪也可以取贖。在取贖方式上，秦朝時期有金贖、貲贖和役贖。

【今譯】

甲設計陰謀並遣使乙去偷盜，一天，乙將去行盜，還沒有走到，就被拿獲，甲乙都應該判處黥刑而允許其以錢贖罪。Q1_11_6_4

【釋文】

人臣甲謀遣人妾乙盜主牛①，買（賣），把錢偕邦亡②，出徼③，得，論各可（何）殹（也）④？當城旦黥之⑤，各畀主⑥。Q1_11_6_5

【匯釋】

①人臣：**私家的奴**（整理者）。人妾：**私家的婢**（整理者）。

②把：**帶著**。魏德勝（2003：60）：《説文》："握也。"引申爲握著。

邦亡：**逃出秦國國境**（整理者）。

③徼：**邊塞**。整理者：《漢書・鄧通傳》："盜出徼外鑄錢。"注："徼，猶塞也。"夏利亞（2019：223）：邊境、邊界。

④論：**論處、定罪**（整理者）。

殹：**語氣詞，用於句末，表示判斷的語氣。是秦國方言詞，義同"也"**。張玉金（2001）："殹"有用作句末語氣詞和句中語氣詞兩種用法。句末語氣詞"殹"可用於判斷句和陳述句之末（包括單句、複句、分句之末），表示判斷、確認、肯定的語氣；用於疑問句、祈使句末的"殹"也是如此。句中語氣詞"殹"可用於主語、狀語、定語之後，也可用於轉折短語之中，都表示停頓語氣。張振林（1982）認爲，後世从也的字，來源於"它"。用"它"描寫語氣聲音作句末語氣詞，形變爲"也"，是戰國以後的事。其作爲語氣詞字未定型，故又有作"施"作"殹"的。字寫作"也"的有楚簡，寫作"施"的有中山王器，寫作"殹"的有秦器。李學勤（1981B）、馮春田（1993）、大西克也（1998）等，均認爲"殹"是秦國方言詞。相對於東方諸國"也"來講，"殹"曾經是秦的方言形式。在秦統一各國的過程中，"殹"滲透到了舊六國的地域。秦當時在行政上使用隸書，並強制在公文類上使用"殹"字。秦二世皇帝元年時期，將"殹"改定爲以"也"來表記，來自舊六國地域的"也"字取得了標準語的地位。董志翹、楊琳（2014：404）認爲殹是語助詞，相當於"也"。

⑤城旦黥：**按照城旦刺墨的方式施以黥刑**。整理者：據簡文應指與城旦相同的黥刑。古時黥刑刺墨的位置和形式不同，城旦黥是按照城旦刺墨的方式施黥。夏利亞（2019：223）：按城旦刺墨的位置施黥。

⑥畀：**音"必"，交予**（整理者）。

陳偉（2016C：184）：本案例是以"邦亡"論罪。盜竊罪輕，邦亡罪重，以重罪論決。張家山漢簡《二年律令・具律》簡99："一人有數〼罪殹（也），以其重罪罪之。"

【今譯】

男奴甲設計陰謀並遣使婢女乙偷主人的牛，把牛賣掉後，他們帶著賣牛的錢一同逃往秦國邊境，在出邊塞時，被拿獲，各應如何論處？應該按照城旦刺墨的方式施以黥刑，然後分別交還給主人。Q1_11_6_5

【釋文】

甲盜牛①，盜牛時高六尺②，毄（繫）一歲③，復丈④，高六尺七寸⑤，問甲可（何）論？當完城旦⑥。Q1_11_6_6

【匯釋】

①甲盜牛：**甲偷盜牛**。整理者：《鹽鐵論·刑德》："商君刑棄灰於道而秦民治，故盜馬者死，盜牛者加，所以重本而絕輕疾之資也。"可參考。

②六尺：**約合今 1.38 米，秦法定身高是六尺五寸**。整理者：秦六尺約合今 1.38 米。

關於成年的標準，**有二說：一、年齡是成年的標準**。高恒（2008：117－121）：睡虎地秦簡和其他有關史料說明，秦傅籍或規定有具體的年齡，但實際上不是直接按所規定的年齡傅籍。爲了徵調勞力和防止秦民隱瞞年齡逃避服役，秦政權採取了一種以身高爲標準，確定是否達到傅籍年齡的辦法。也就是說，達到規定的身高，即認爲達到了法定的傅籍年齡，而不問實際年齡是否達到。法定的傅籍年齡僅在下述情況下起作用，即已經達到傅籍的年齡，但身體還未達到法定高度時，就根據實際年齡和身高定爲"疲癃"。秦民傅籍的法定身高很可能是六尺五寸。秦規定的傅籍年齡可能是十七歲左右。夏利亞（2019：224）：高恒說爲長。劉海年（1981B）：此例的行爲人盜牛時高六尺，拖一年以後才判處，衹能解釋爲等待行爲人達到法定責任年齡。**二、身高是成年的標準**。肖常綸、應新龍（1984）：按秦代確定行爲人的刑事責任能力，不以年齡爲標准，而取身長爲標准。男子身高爲六尺五寸，約合今一公尺五十；女子身高爲六尺二寸，約合今一公尺四十。男女未及此身高者，"皆爲小"。魏德勝（2003：238）：身高是成年的標準，而量刑是根據成年與否，因而在秦律條文中常提及身高。

③毄：**同"繫"，拘禁，囚禁**（董志翹、楊琳，2014：404）。

④丈：**丈量**。

⑤六尺七寸：**約合 1.54 米**（整理者）。

⑥完：**施加完刑（保持身體的完整）**。趙久湘（2011）：完，《說文·宀部》："全也。从宀、元聲。"又，全，《說文·入部》："仝，完也。从入、从工。全，篆文仝从玉。純玉曰全。"可見，"完"與"全"在《說文》中互訓，是一對同義詞。"完"在古代法律中也被作爲一種輕刑，意爲"保持身體的完整"。

關於"完"的解釋，**主要有四種觀點：一是完刑即爲耐刑，保留頭髮而去鬚鬢**。段玉裁《說文解字注》：耐亦曰完。謂之完者，言完其髮也。劉海年（1981B）：耐與完是一種刑罰的兩種稱呼。程樹德（1963B）：按完者，完其髮也，謂去其鬚而完其髮，故謂之完。**二是完刑即爲髡刑，剃光頭髮和鬚鬢的毛髮刑**。持此說者，以蔡樞衡（2005：81）、楊廣偉（1986）以及堀毅（1988：162－163）爲主。蔡樞衡（2005：81）：完是寬、髡二字的別體。完之就是髡之，完爲城旦就是髡爲城旦。髡是剃光頭髮和鬚髮的毛髮刑。楊廣偉（1986）：髡刑是剃去頭髮，完刑即髡刑。完是寬的別字。"寬"和"髡"是雙聲字，"髡"變爲"寬"，"寬"借爲"髡"。"完"又是"髡"的別體字。堀毅（1988：163）："完"與"丸"同韻，作剃光頭解，"完"與"丸"通用。認爲完刑就是完全剃去受刑者的頭髮，使其頭成爲丸的形狀。完刑又經常被作爲城旦的附加刑，就能夠使服城旦刑的人在外貌上與附加刑的其他罪犯相區別，便於監視和管理。整理者：《漢書·惠帝紀》注："不加肉刑，髡剃也。"**三是完刑即爲保全完好的身體，既保留頭髮又保留鬚鬢。**王森（1986）認爲"完"就是保全完好的身體。栗勁（1980：250－255）：完刑的源頭在宮刑，髡刑是剃光頭髮和鬍鬚，髡刑朝寬的方向發展，保留頭髮的完好，衹剃去鬚鬢，就是耐刑。沿著從寬的方向，耐刑進一步發展，鬚鬢也被保留下來，就是所謂的"完"了。髡、耐、完的區別是：不保留頭髮、鬚鬢是"髡"，保留頭髮去掉鬚鬢是"耐"，既保留頭髮又保留鬚鬢才是"完"。趙久湘（2011：184）："完"的意思是"保持身體完好"。**四是完在不同歷史時期有不同意義。**張中秋（1987）：耐是剃去鬚鬢的刑罰。完的含義秦漢時不同，秦時是指保持膚髮形體的完整。漢時，完的內容有了變化。"髡"與"完"相通，都是剃光頭髮和鬚鬢。張全民（2001）：諸說都不能很好地解決傳世典籍與出土文獻中的諸多問題，因而皆無法令人信服。簡單地、籠統地說完刑是髡刑或耐刑，都是不準確的，因爲完刑在不同歷史時期有不同的含義：從先秦一直到漢初，完刑就是指髡刑；而到了漢文帝改制以後，完刑的內涵發生了變化，它又成了耐刑的同義語。

【今譯】

甲偷牛，偷牛時甲身高六尺（約合今 1.38 米），被囚禁一年以後，再次度量，身高六尺七寸（約合今 1.54 米），問甲應該如何論處？應施加完刑（保持身體的完整）判爲城旦。Q1_11_6_6

【釋文】

或盜采人桑葉①，臧（贓）不盈一錢，可（何）論？貲繇（徭）三旬②。Q1_11_6_7

【匯釋】

①盜：**此處爲副詞，偷**。盜采：**偷採**（整理者）。

②貲：**罰**。繇：**同"徭"，徭役**。貲繇：**罰服徭役**（董志翹、楊琳，2014：406）。

【今譯】

有人偷採別人的桑葉，贓值不到一錢，如何論處？應該罰服徭役三十天。Q1_11_6_7

【釋文】

司寇盜百一十錢①，先自告②，可（何）論？當耐爲隸臣③，或曰貲二甲④。Q1_11_6_8

【匯釋】

①司寇：**刑徒名，掌司察寇盗**。趙久湘（2011）：《漢舊儀》："司寇，男備守，女爲作如司寇，皆作二歲。"據《漢舊儀》，司寇即司察寇盜之義，即強制男犯到邊遠地區服勞役，同時守備、防禦外寇的進攻；女爲作如司寇，就是擔負與司寇相類似的勞役。夏利亞（2019：226）：從本簡看，隸臣之刑重於司寇，當有一定服役期限。

②自告：**自首**。萬榮（2013）：非逃亡者犯罪未發自首。鄒瑜、顧明（1991：548）：中國古代刑法中規定的自首制度，即犯罪人在犯罪未被發覺前主動向官府投案。秦、漢時稱"自告"，魏以後通稱自首。

③耐：**有三說：一、古代的一種輕刑，僅剃去鬢鬚，保留頭髮**。張晉藩（1999：155）認爲耐刑是比髡刑輕一等的懲罰，髡刑是剃去頭髮，而耐刑保留頭髮，僅剃去鬢鬚。趙久湘（2011）：同耏。耏，《說文·而部》："罪不至髡也。从而、从彡。耐，或从寸。"段玉裁注："彡，拭畫之意。此字从彡、而彡。彡謂拂拭其而去之，會意字也，而亦聲。耐，此爲罪名法度之類，故或从寸也。"徐鍇繫傳："但剃其頰毛而已。"耏是古代的一種輕刑，意爲剃除頰鬢。**二、不僅僅是剃去鬍鬚，而應當與髡刑一樣是一種勞役刑，不是一個獨立適用的刑罰**。連宏（2012）：耐刑不僅僅是剃去鬍鬚的毛髮刑，而應當與髡刑一樣是一種勞役刑。耐刑並非一個獨立適用的刑罰，它既可以如同髡刑一樣作爲勞役刑的附加刑，同時史籍中單獨出現的"耐"，其輕重亦相當於耐爲隸臣妾。**三、"耐"刑在實際適用中則可能導致肉刑的效果**。丁義娟（2012）：規定刑中"耐刑"在實際適用中則可能導致肉刑的效果。就一個庶人來說，多次犯較輕的"耐刑"，最後也會導致服肉刑。在身份刑体系中，身份越低，耐刑導致肉刑的速度越快（指適用次數越少），從"完城旦舂"開始，"耐"刑直接導致"黥"的結果。而對並"黥"以上的肉刑刑徒來說，輕刑"耐"則直接導致劓、斬趾、腐等重刑。對奴婢而言，犯"耐"刑也就直接意味著將受肉刑的處罰。因此，對於完城旦舂及奴婢來說，規定刑中的"耐"就是肉刑。對黥爲城旦舂以上的刑徒而言，"耐"就是斷鼻、斷足、腐刑。

隸臣：**男性刑徒名，被強制到官府服各種雜役的一種徒刑**。趙久湘（2011）：見《漢書·刑法志》注："男子爲隸臣，女子爲隸妾。"隸臣、隸妾往往並稱隸臣妾，都是被強制到官府服各種雜役的一種徒刑。秦時隸臣妾爲終身徒刑，且其子女亦爲隸臣妾，但他們可以通過其他方式獲得贖免。

④或曰：**一說**。

貲二甲：**罰繳兩副鎧甲**。趙久湘（2011）：古時常罰犯罪者繳納武器或製造兵器用的金屬，見《周禮·職金》《國語·齊語》《管子·小匡》等篇。據睡虎地秦簡，當時這一類的懲罰有繳納絡組、盾、甲等若干等級。

【今譯】

司寇盜竊一百一十錢，犯罪未發就先自首，如何論處？應施耐刑判爲隸臣，一

說應罰兩副鎧甲。Q1_11_6_8

【釋文】

甲盜，臧（贓）直（值）千錢，乙智（知）其盜，受分臧（贓）不盈一錢，問乙可（何）論？同論[①]。Q1_11_6_9

【匯釋】

①同論：**應指與甲同樣論罪**（整理者）。

【今譯】

甲盜竊，贓值一千錢，乙知道甲盜竊，接受分贓不滿一錢，問乙應如何論處？與甲同樣論處。Q1_11_6_9

【釋文】

甲盜不盈一錢，行乙室[①]，乙弗覺，問乙論可（何）殹（也）？毋論。其見智（知）之而弗捕[②]，當貲一盾[③]。Q1_11_6_10

【匯釋】

①行：**前往**。整理者：《詩經·秦風·無衣》傳："往也。"

室：**家**（整理者）。

②見智：**"智"通"知"，知情**。整理者："見知"也見於《秦始皇本紀》："吏見知不舉者，與同罪。"

③當貲一盾：**應該罰繳一個盾**。陳偉（2016C：187）：對乙的論罪依據是"見知之而弗捕"，並非"盜不盈一錢"，對前者的處罰顯然要重於後者。簡9所記乙被"同論"的依據是"知其盜，受分贓不盈一錢"，即兩罪合併處罰。堀毅（1988：249）據《法律答問》簡9認爲，"盜不盈一錢"的處刑是"貲一盾"。

【今譯】

甲盜竊不滿一錢，前往乙家，乙沒有察覺，問乙應如何論處？不應論罪。如果知情而不加抓捕，應該罰繳一個盾。Q1_11_6_10

【釋文】

甲盜錢以買絲，寄乙[①]，乙受，弗智（知）盜，乙論可（何）殹（也）？毋論[②]。Q1_11_6_11

【匯釋】

①寄：**存放**。夏利亞（2011）：常含暫且之意。

②夏利亞（2011）：秦律在此貫徹的是不知者不爲罪的原則。

【今譯】

甲盜竊錢財用來買絲，把絲存放在乙那裏，乙收受了絲，但是不知道甲盜竊的事，乙應如何論處？不應該論罪。Q1_11_6_11

【釋文】

甲乙雅不相智（知）[①]，甲往盜丙，毚（纔）到，乙亦往盜丙，與甲言，即各盜，其臧（贓）直（值）各四百，已去而偕得。其前謀[②]，當并臧（贓）以論；不謀，各坐臧（贓）。Q1_11_6_12

【匯釋】

①雅：**素，平素**。整理者：《張耳陳餘列傳・集解》引韋昭云："素也。"

②前謀：**預謀**。劉海年（1985D）：是共同犯罪的標誌。

【今譯】

甲乙平素並不相識，甲去丙處盜竊，甲剛到，乙也去丙處盜竊，與甲交談，於是他們各自偷盜，其贓物的价值各四百錢，在離開丙處後被同時拿獲。如有預謀，應該將兩人贓值數合併一起論處；假设沒有預謀，就按照各自盜竊的贓值數論罪。Q1_11_6_12

【釋文】

工盜以出，臧（贓）不盈一錢，其曹人當治（笞）不當[①]？不當治（笞）。Q1_11_6_13

【匯釋】

①曹人：**同班的工匠**（整理者）。

治：**通"笞"，笞打**。趙久湘（2011）：笞，用竹木板責打背部。漢景帝時定箠令，始改爲笞臀，《漢書・刑法志》："笞者，箠長五尺，其本大一寸，其竹也，末薄半寸，皆平其節。當笞者笞臀，毋得更人，畢一罪乃更人。"可見，漢代對笞刑刑具的規格都作了明確要求，規定了用竹板時要把竹節處削平，打的部位是臀部，並且中途不得換人打，直到打完一個罪才能換人。董志翹、楊琳（2014：406）：用荆條或竹板敲打臀、腿或背。

【今譯】

工匠盜竊並把東西拿出來，贓值不滿一錢，其同班工匠是否應該笞打？不應該笞打。Q1_11_6_13

【釋文】

夫盜千錢，妻所匿三百，可（何）以論妻？妻智（知）夫盜而匿之，當以三百論爲盜；不智（知），爲收[①]。Q1_11_6_14

【匯釋】

①收：**有二說：一、收孥。**趙久湘（2011）：《說文・攴部》："收，捕也。"收，即收孥，《商君列傳》有"舉以爲收孥"，司馬貞《索隱》釋爲"糾舉而收錄其妻子，沒爲官奴婢"。《鹽鐵論・周秦》也說"秦有收孥之法"。又作"收帑"，《漢書・文帝紀》"盡除收帑相坐律令"注引應劭曰："秦法，一人有罪，並坐其家室，今除此律。"栗勁（1984）：收，即"收藏"，不類罪名。"收"當爲"收孥"的收，即適用連坐法。黃文傑（2008B）：認可栗說，並補充理由：第一，依照《法律答問》的文例，句末"爲"後多是接罪名或刑罰，表示"以……論處"。"爲收"也屬於這種情況，"收"應解釋爲"收孥"，屬一種刑罰，釋爲"收藏"則不合文例。第二，根據秦法，丈夫有罪，妻子可能被沒收爲官奴婢。夏利亞（2011）：據張家山漢簡《二年律令・盜律》簡55："盜臧（贓）直（值）過六百六十錢，黥爲城旦舂。六百六十到二百廿錢，完爲城旦舂。不盈二百廿到百一十錢，耐爲隸臣妾。"若知情的妻以盜三百錢論處，則當完爲城旦舂。若不知情，則爲收。知情的處罰肯定重於不知情的。從這裏可以看出，城旦舂之處罰要重於收孥，則城旦也爲奴隸是無疑的。**二、收，收藏。**整理者說。

【今譯】

丈夫盜竊一千錢，在其妻子處藏匿了三百錢，應該如何論處他的妻子？妻子如果知道丈夫盜竊而藏錢，應該按照盜竊三百錢論處；如果不知道，應該收孥。Q1_11_6_14

【釋文】

夫盜三百錢，告妻，妻與共飲食之，可（何）以論妻？非前謀殹（也），當爲收[①]；其前謀，同辠（罪）。夫盜二百錢，妻所匿百一十，可（何）以論妻？妻智（知）夫Q1_11_6_15盜，以百一十爲盜；弗智（知），爲守臧（贓）[②]。Q1_11_6_16

【匯釋】

①收：**有二說：一、收孥。**戴世君（2008）："收"爲沒收犯罪者家屬及財產的"收孥"連坐處罰，不是收贓的犯罪行爲。黃文傑（2008B）：收孥。**二、收藏。**整理者說。

②守：**看守，守贓。**戴世君（2008）："守贓"，處罰輕於"收（收孥）"。張家山漢簡《二年律令・盜律》簡55又載："不到二百廿到百一十錢，耐爲隸臣妾。"據此，簡中盜竊二百錢的丈夫其所受的刑罰是"耐爲隸臣"。"耐爲隸臣"的刑等比

“城旦”低，丈夫所受刑罰既比“城旦”低，那麽不知情而“匿百一十”錢的妻子的“守贓”處罰自然輕於“收（收孥）”。整理者：本條妻所藏錢數比例比較大，以守贓論處，可能比一般的收贓處理更重。

【今譯】

丈夫盜竊三百錢，告訴了妻子，妻子和他一起用這些偷來的錢飲食，應該如何論處他的妻子？如果沒有預謀，應該收孥；如果有預謀，與其丈夫同罪。丈夫盜竊二百錢，在妻子那裏藏匿了一百一十錢，應該如何論處他的妻子？妻子如果知道丈夫Q1_11_6_15盜竊，應按盜錢一百一十論處；如果不知道，判爲守贓。Q1_11_6_16

【釋文】

削（宵）盜[①]，臧（贓）直（值）百一十，其妻、子智（知），與食肉，當同辠（罪）。Q1_11_6_17

【匯釋】

①削：**有二説：一、通“宵”，夜間**。整理者：“削”字左上中間一筆上端略歧，但與下簡比較，應是一直筆。宵，《説文》：“夜也。”夏利亞（2019：229）：該字當隸定爲“削”。**二、釋爲“前”**。整理者：一説，首字應釋爲“前”，但與簡文其他“前”字寫法不同。

【今譯】

夜間盜竊，贓值一百一十錢，他的老婆和孩子知情，和他一起用偷來的錢買肉吃，他的老婆和孩子應該與丈夫同樣論罪。Q1_11_6_17

【釋文】

削（宵）盜，臧（贓）直（值）百五十，告甲，甲與其妻、子智（知），共食肉，甲妻、子與甲同辠（罪）。Q1_11_6_18

【今譯】

夜間盜竊，贓值一百五十錢，（盜犯將此事）告訴了甲，甲和甲的妻子、孩子知情後，與盜犯一起用贓錢買肉吃，甲的妻子、孩子和甲都應該與盜犯同樣論罪。Q1_11_6_18

【釋文】

“父盜子，不爲盜。”·今叚（假）父盜叚（假）子[①]，可（何）論？當爲盜。Q1_11_6_19

【匯釋】

①今：**連詞，如果**。董志翹、楊琳（2014：406）：假設連詞，相當於“若”。整理者：若。

叚父：**義父**（整理者）。

叚子：**義子**（整理者）。

【今譯】

“父親盜竊兒子的東西，不算作盜竊。”·如果義父盜竊義子的東西，應該如何論處？應該判爲盜竊。Q1_11_6_19

【釋文】

律曰“與盜同灋（法）”，有（又）曰“與同辠（罪）”①，此二物其同居、典、伍當坐之②。云“與同辠（罪）”，云“反其辠（罪）”者③，弗當坐。·人奴妾盜其主之父 Q1_11_6_20 母，爲盜主④，且不爲⑤？同居者爲盜主，不同居不爲盜主。Q1_11_6_21

【匯釋】

①與同辠：**同樣論罪**（魏德勝，2003：156）。整理者：秦律習語，《秦始皇本紀》：“有敢偶語詩書者棄市，以古非今者族，吏見知不舉者與同罪。”夏利亞（2011）：同罪，暗含以同樣的罪名論罪之意。

②物：**類**。整理者：《漢書·五行志》注“類也”。

典：**即田典，秦漢時管理農田的低級官吏**（董志翹、楊琳，2014：406）。

伍：**有二說：一、即“伍人”，同伍的人（四鄰）**。整理者：伍人，《漢書·尹賞傳》注：“五家爲伍，伍人者，各其同伍之人也。”《商君列傳》：“令民爲什伍，而相收司連坐。”伍人即四鄰，見《法律答問》“可謂四鄰”條。夏利亞（2011）：《法律答問》“可謂四鄰”條爲：“可謂四鄰？四鄰即伍人謂殹。”睡虎地秦簡往往以“老”指伍老，未見用“伍”指伍老的。今查張家山漢簡《二年律令》簡 201 有：“盜鑄錢及佐者，棄市。同居不告，贖耐。正典、田典、伍人不告，罰金四兩。或頗告，皆相除。”簡中涉及典和伍人，故整理小組釋“伍”爲“伍人”當不誤。董志翹、楊琳（2014：406）：古代民戶編制單位。五家編爲一伍。**二、指四鄰之長“伍老”**。戴世君（2008）：本簡中整理小組對“伍”的解釋擴大了法律適用對象的範圍。“伍”僅指四鄰之長“伍老”，非如注釋所言指人數較多的“伍人（四鄰）”，《法律答問》簡 183 的內容對本簡的規定具有例證作用：“甲誣乙通一錢黥城旦辠，問甲同居、典、老當論不當？不當。”律中甲誣人通錢，犯誣告罪正有“反其辠”的情況，而不連坐處罰者里典之下對應的人衹是“老”，“老”即“伍老”。

坐：**連坐**。董志翹、楊琳（2014：406）：指一人犯法，其家屬親友鄰里等連帶處罰。

③反其辠：**指誣告反坐，即把被誣告的罪名所應得的刑罰加在誣告人身上。**整理者：近出居延漢簡“建武三年候粟君所責寇恩事”：“以辭所出入罪反罪。”夏利亞（2011）：反坐是我國古代封建社會對誣告罪的刑罰，即把被誣告的罪名所應得的刑罰加在誣告人身上。《後漢書·黨錮傳·李膺》：“膺表欲按其罪，元群（羊元群）行賂宦豎，膺反坐輸作左校。”

④盜主：**指盜竊主人財物罪。**秦律規定盜竊主人財物罪處以黥爲城旦之刑。

⑤且：**連詞，還是。**董志翹、楊琳（2014：406）：連詞，表選擇，相當於“還是”。整理者：此處用法同“抑”字，參看楊樹達《詞詮》卷六。夏利亞（2011）：楊樹達《詞詮》卷六訓“抑”曰：“選擇連詞，字或作意。”清王引之《經傳釋詞》卷八：“且，猶抑也。”《禮記·曾子問》：“葬引至於堩，日有食之，則有變乎？且不乎？”《戰國策·齊策四》：“王以天下爲尊秦乎？且尊齊乎？”

【今譯】

律文說“與盜同法”，又說“與同罪”，這兩類犯罪，罪犯的同居、里典和同伍的人都應連坐。律文說“與同罪”，但又說“反其罪”的，（犯罪者的同居、里典和同伍的人）不應連坐。·私家奴婢盜竊主人父Q1_11_6_20母的東西，算作盜主，還是不算作盜主？主人的父母若與主人同居，就算作盜主；不同居，就不算作盜主。Q1_11_6_21

【釋文】

“盜及者（諸）它辠（罪），同居所當坐①。”可（何）謂“同居”？·戶爲“同居”，坐隸，隸不坐戶謂殹（也）②。Q1_11_6_22

【匯釋】

①同居所：**同居的人。**整理者：即下文所言“同居”，詳見《金布律》簡85注。

②坐隸，隸不坐戶：**有二說：一、奴隸犯罪，主人應連坐；主人犯罪，奴隸則不連坐。**整理者：古時奴隸犯罪，其主人要承擔責任，《漢書·遊俠傳》所載“原巨先（涉）犯法”一事可供參考。一說，此句意爲主人犯罪，奴隸應連坐。栗勁（1985：208－209）：奴隸犯罪，主人連坐；主人犯罪，奴隸則不連坐。奴隸雖然與主人“同戶”，卻是主人的私有財產，而與主人不共有財產。彭年（1990B）：該句意思爲“奴隸犯法而坐罪（坐隸），不連坐戶主（隸不坐戶）”。夏利亞（2011）：查《漢書·遊俠傳》所載，整理小組所指疑當爲“原巨先（涉）奴犯法”一事，原文爲“原巨先奴犯法不得，使肉袒自縛，箭貫耳，詣廷門謝罪”。疑本處之“坐隸”爲泛泛而談，具體的處罰方式當依隸所犯罪行的不同而有所不同，不可能所有罪行的承責方式都如上述《漢書》所言。秦律中類似“坐隸”的句子有很多，如《法律答問》簡20：“律曰‘與盜同法’，有曰‘與同辠’，此二物其同居、典、伍

當坐之。”坐之，含有因之（犯罪而）被連坐之意。簡 201：“‘室人’者，一室，盡當坐辠人之謂殹。”坐罪人，意思是“因罪人而連坐”。由上，很容易知道本簡之“坐隸”，意思是因隸犯罪而遭連坐。坐戶，是因戶犯罪而被連坐。而隸不坐戶，則是奴隸不因主人犯罪而被連坐。奴隸本來衹是主人的財産，是作爲財産來處理的。一説不當。**二、主人犯罪，奴隸應連坐**。整理者：一説，此句意爲主人犯罪，奴隸應連坐。

隸：**是某種依附身份，與“隸臣妾”不同**。陳偉（2016C：191）：秦漢簡牘中單稱之爲“隸”，應如賈麗英（2009）所説，是某種依附身份，與隸臣妾不同。里耶秦簡 8－1546：“南里小女子苗，卅五年徙爲陽里戶人大女嬰隸。”可參看。

【今譯】

“盜竊和其他類似犯罪，同居應連坐。”甚麼叫“同居”？·同戶就是“同居”，説的是，奴隸犯罪，主人應連坐；主人犯罪，奴隸則不連坐。Q1_11_6_22

【釋文】

“盜盜人，買（賣）所盜，以買它物，皆畀其主。”今盜盜甲衣，買（賣），以買布衣而得，當以衣及布畀不當①？當以布及其它所買 Q1_11_6_23 畀甲，衣不當。Q1_11_6_24

【匯釋】

①衣：**字係衍文**（整理者）。

【今譯】

“盜竊犯盜竊了别人，將所盜竊的東西賣了，用來買其他物品，均應退還給原來的主人。”如盜竊犯偷了甲的衣服，把衣服賣掉，用來買了布和衣服，然後被拿獲，是否應把衣服和布還給甲？應把布和其他所買的東西Q1_11_6_23還給甲，衣服不應該（還給甲）。Q1_11_6_24

【釋文】

“公祠未闠〈闋〉①，盜其具②，當貲以下耐爲隸臣③。”今或益〈盜〉一腎，益〈盜〉一腎臧（贓）不盈一錢④，可（何）論？祠固用心腎及它支（肢）物⑤，皆各爲一具，一具之臧（贓）不Q1_11_6_25盈一錢，盜之當耐⑥。或直（值）廿錢，而被盜之⑦，不盡一具，及盜不直（置）者⑧，以律論⑨。Q1_11_6_26

【匯釋】

①公祠：**有三説：一、王室祭祀**。整理者：秦奉祀天地、名山大川、鬼神都稱爲祀，詳見《封禪書》。公祠，即下條王室祠，可能由於律本文是秦稱王前制定的，

故稱公祠；下面解釋則作於稱王時期，故改稱王室祠。**二、經秦王（或國家）確定的神位。**彭浩（2006A）：據《法律答問》簡161，"王室祠"是經秦王（或國家）確定的神位。睡虎地秦簡中的"公祠"很可能是指"王室祠"中"爲民所立，與眾共之"的"五祀"及"社"。**三、縣一級官家祭祀。**楊華（2010）：據里耶秦簡8－455號牘文"王室曰縣官，公室曰縣官"，"公室祠"和"王室祠"實際上就是"縣官祠"。簡文所規定的，正是縣一級官家祭祀時，其祭器受到盜擾時的懲罰措施。

闖：**有二說：一、"闋"字之誤，撤除祭品。**朱湘蓉（2006）：音曉。爲"闋"字之誤，撤除祭品。《說文・門部》："闖，門大開皃。"顯然與簡文不合。闋，《說文・門部》："事已，閉門也。"視闖爲闋，單從此例看合理。但下文中還用到了闖。《法律答問》簡27："可謂'祠未闖'？置豆俎鬼前未徹乃爲'未闖'。未置及不直者不爲'具'，必已置乃爲'具'。"這段簡文已經明確地揭示了'闖'的含義，《漢語大字典》收錄此例，義項正爲"撤除祭品"。夏利亞（2019：232）：朱氏之說有理。**二、"闋"字之誤。闋，結束。**整理者說。

②具：**供品，祭祀用的供物。**整理者：《禮記・祭統》注："謂所共（供）眾物。"即祭祀用的供物。一份供物稱爲一具。

③當貲以下耐爲隸臣：**即使是應該判處貲罰以下的罪，也要施耐刑判爲隸臣。**堀毅（1988：234）：這類盜竊案判刑時比一般盜竊罪加三等。整理者：《唐律疏議》卷十九有"盜大祀神御物"條，可參看。

④益：**"盜"字之誤，盜取。**

臧：**通"贓"，贓值。**整理者：本句"益""腎"二字下有重文號，實應重讀"益一腎"三字。下"毋敢履錦履"條"履錦履"三字重讀，也衹在兩個"履"字下加重文號。

⑤心腎：**牲畜的心和腎，祭品。**彭浩（2006A）："公祠"所用"心""腎"或即"五祀"所用"脾、肺、心、肝、腎"的省稱，與《禮記・月令》"五祀"是一致的。

⑥耐：**即耐爲隸臣**（整理者）。夏利亞（2019：232）：即耐爲隸臣的承上省稱。

⑦柀：**有二說：一、一部分。**董志翹、楊琳（2014：407）：柀盜，盜取其中一部分。**二、通"頗"，或多或少。**單育辰（2007）：柀，讀爲頗，用在動詞之前作程度副詞，表示一定程度或數量。典籍中與出土文獻中"頗"的用法較爲靈活，既可以表示"略、稍、少"的意思，也可以表示"多、甚"的意思。柀盜，當理解爲"或多或少地盜取"。

⑧直：**指在祭祀時陳放**（整理者）。

⑨以律論：**指按一般盜律的法律論處**（整理者）。夏利亞（2011）：盜竊公祠之罪被另列一條，並署"以律論"。可以看出，盜竊公祠罪被視爲盜竊罪中比較嚴重的，所以要另列律文，更可看出秦代對祭祀的重視。

【今譯】

“公室祭祀尚未撤除祭品，就將供品盜去，即使是應該判處貲罰以下的罪，也要施耐刑判爲隸臣。”如果有人盜取了一個腎，盜取一腎贓值不滿一錢，應如何論處？祭祀時本來要用到牲畜的心、腎和其他肢體，都各自作爲一份供品，一份供品的贓值雖不Q1_11_6_25滿一錢，盜竊了它也應該施以耐刑。有的供品值二十錢，但衹盜竊了一部分，沒有盜完一整份，以及盜竊了不作爲供品陳放的東西，這兩種情況按一般法律論處。Q1_11_6_26

【釋文】

可（何）謂“祠未闐〈闋〉”？置豆俎鬼前未徹乃爲“未置”[①]。未置及不直（置）者不爲“具”，必已置乃爲“具”。Q1_11_6_27

【匯釋】

①豆：**祭器，用來盛肉或菹醢等物**。夏利亞（2011）：豆爲食器，《說文·豆部》：“豆，古食肉器也。”也用作祭器，這裏用爲後者。整理者：盛肉或菹醢等物的食器。

俎：**盛放牲體的用器**（整理者）。

鬼：**鬼神**。整理者：《禮記·表記》疏：“謂鬼神。”

【今譯】

甚麼叫“祠未闋”？將豆（祭器）俎（盛放牲體的用器）陳放在鬼神位前沒有撤下，就是“未闋”。還沒有陳放以及不准備陳放的東西不算作“具”（祭祀用的供物），一定要已經陳放了的才算“具”。Q1_11_6_27

【釋文】

可（何）謂“盜埱厓”[①]？王室祠，貍（薶）其具[②]，是謂“厓”。Q1_11_6_28

【匯釋】

①埱：**挖掘**。整理者：音觸，《說文》：“氣出土也。”歷代注釋者沒有適當的解釋。簡文此字除此處外又見於《封診式·穴盜》，兩者都是挖掘的意思。魏德勝（2003）：《說文》“氣出土也”，與“挖掘”義還難以切合。疑“氣”當作“乞”，爲形近而誤。因“乞”罕見，故傳抄時誤爲“氣”。“乞”即“挖”，《廣韻·黠韻》：“乞，手乞成穴也。”“乞出土”，也就是挖掘的意思了。

“埱”之所以有挖掘義，**有三說：一、“埱”字本義表示以“弋”掘地，有挖掘義**。方勇、侯娜（2009）：裘錫圭《釋“弋”》：“甲骨文‘叔’字或於‘弋’下加‘土’，以‘弋’掘地之意更爲明顯。”簡文中“埱”字以及《說文》中的“埱”字篆體也許就是甲骨文中“弋”下加“土”的“叔”字的承襲者。“埱”字本義表示以“弋”掘地，當然就有了“挖掘”的意思。“盜埱厓”是指盜挖葬在地下的王室祭祀用品的犯罪行爲。“其所以埱者類旁鑿”是指洞是用挖掘類工具從旁鑿出來的。**二、“埱”的挖掘之意爲其引申義。**夏利亞（2011）：我們認爲，氣出土固然可以理解爲土氣從地面蒸發或從土裏出來，但若說因爲挖掘導致地氣從土裏出來也無不可。故我們疑埱的挖掘之意爲其引申義。**三、“埱”通“俶”，有挖掘義。**陳玉璟（1985）的觀點爲：“埱”通“俶”，而“俶”有“作”義，“作”又有“刻挖”義。“刻挖”義近“挖掘”。“作”“刻挖”“挖掘”都是作動詞用的。所以“埱”釋爲“挖掘”在詞義學上便有著落了。

厓：**瘞埋的祭品，疑讀爲“圭”。**整理者：疑讀爲“圭”，《廣雅・釋詁三》：“潔也。”《詩經・鹿鳴之什・天保》：“吉蠲爲饎，是用孝享。”《儀禮・士虞禮》注引作“吉圭爲饎”，意思是把祭祀的酒食準備精潔，故本條瘞埋的祭品稱爲圭。

②貍：**通“薶”，瘞埋。**整理者：《說文》：“瘞也。”即“埋”字。《爾雅・釋天》：“祭地曰瘞埋。”《封禪書》載秦雍四畤和陳寶祠，“春夏用騂，秋冬用駵，畤駒四匹，木禺龍欒車一駟，木禺車馬一駟，各如其帝色。黃犢、羔各四，珪幣各有數，皆生瘞埋，無俎豆之具。”

【今譯】

甚麼叫“盜掘祭祀的厓”？王室祭祀，埋其祭品，這叫作“厓”。Q1_11_6_28

【釋文】

士五（伍）甲盜一羊，羊頸有索，索直（值）一錢，問可（何）論？甲意所盜羊殹（也）①，而索係羊，甲即牽羊去，議不爲過羊②。Q1_11_6_29

【匯釋】

①意：**擬**（整理者）。

②係：**拴**。整理者作“繫”。

議：**議處，議罪。**整理者：《周易・中孚》象傳：“君子以議獄緩死。”堀毅（1988：233）：牽羊繩未被當作法律上的被盜財物。

【今譯】

士伍甲盜竊一隻羊，羊頸上有繩索，繩索值一錢，問應如何論處？甲所要偷的是羊，繩索是拴羊的，甲就把羊牽走了，不應以超過盜羊議罪。Q1_11_6_29

【釋文】

“抉籥（鑰）①，贖黥。”可（何）謂“抉籥（鑰）”？抉籥（鑰）者已抉啟之乃爲抉②，且未啟亦爲抉？抉之弗能啟即去，一日而得，論皆可（何）殹（也）？抉之且欲有盜，弗Q1_11_6_30能啟即去，若未啟而得，當贖黥。抉之非欲盜殹（也），

已啟乃爲抉，未啟當貲二甲。[3]Q1_11_6_31

【匯釋】

①抉：**撬，撬開**。籥：**通“鑰”，門鍵**。董志翹、楊琳（2014：408）：門下上貫橫閂、下插入地的直木或直鐵棍。夏利亞（2019：235）：鑰爲上穿橫閂、下插地上的門的直閂。

②啟：**開，撬開**。

③陳公柔（2005：162）：從簡文可以看出，對盜案的審理，須區別其作案動機、目的及結果。

【今譯】

“抉鑰，贖黥。”甚麼叫“抉鑰”？撬門鍵的人已經把它撬開了才算撬，還是沒有撬開也算撬？撬門鍵但是沒能撬開就走了，當天就被拿獲，以上各種情形應該如何論處？撬門鍵將要進行盜竊，沒有Q1_11_6_30能撬開就走，或者沒撬開就被拿獲，都應該判處贖黥（判處黥刑而允許以錢贖罪）。撬門鍵不是想要盜竊，已撬開才算作撬，沒有撬開應罰繳二甲。Q1_11_6_31

【釋文】

“府中公金錢私貣（貸）用之[1]，與盜同灋（法）。”·可（何）謂“府中”？·唯縣少內爲“府中”[2]，其它不爲。[3]Q1_11_6_32

【匯釋】

①貣：**借用**。整理者：音特，《說文》：“從人求物也。”《繫傳》：“借也。”私貣用之：**私自借用**。

②縣少內：**縣中收儲錢財的機構**。整理者：《封泥彙編》所收西漢封泥有“少內”半通印，可能即縣少內的官印。

③陳偉（2016C：195）：從整理者的編排來看，此簡與盜律相關。實際上，律文中的“私貣用之”是一種與盜律並不相同的犯罪行爲，“與盜同法”指比照盜竊論罪。類似規定見於《秦律十八種·倉律》簡32～35、《效》簡174～175。吳樹平（1988：62－63）：條文與《法經·囚法》中假借同類、處治貪賊不廉之罪屬《雜律》。

【今譯】

府中的公家金錢，私自借用它，與盜竊同樣論罪。·甚麼叫府中？·衹有縣少內算作“府中”，其他不算。Q1_11_6_32

【釋文】

士五（伍）甲盜，以得時直（值）臧（贓），臧（贓）直（值）過六百六十，吏弗直（值），其獄鞫乃直（值）臧（贓）[①]，臧（贓）直（值）百一十，以論耐[②]，問甲及吏可（何）論？甲當黥爲城旦；吏爲失刑辠（罪）[③]，Q1_11_6_33或端爲[④]，爲不直[⑤]。Q1_11_6_34

【匯釋】

①鞫：**審訊問罪**。整理者：《尚書·呂刑》正義："漢世問罪謂之鞫。"

②耐：**指耐爲隸臣**（整理者）。

③失刑：**有三説：一、用刑不當**（整理者）。夏利亞（2011）：《漢語大詞典》之説不精確，或可言當某刑而未處該刑爲失刑，也即用刑不當。**二、當刑而未處刑。**《漢語大詞典》：謂當刑而未處刑。《國語·晉語三》："失刑亂政，不威。"韋昭注："有罪不殺爲失刑。"**三、指官吏非故意縱或者枉。**陳偉（2016C：196）：張家山漢簡《二年律令》簡112："劾人不審，爲失。"簡文"失刑"指官吏非故意縱或者枉。

④端：**故意**。整理者：《墨子·號令》："其端失火以爲亂事者，車裂。"畢沅注："言因事端以害人，若今律故犯。"

⑤不直：**不公正，秦漢時吏常有的罪名**。夏利亞（2011）：《淮南衡山列傳》："王使人上書告內史，內史治，言王不直。"陳偉（2016C：196）：本篇簡36："吏智而端重若輕之，論可毆？爲不直。"簡93："辠當重而端輕之，當輕而端重之，是謂'不直'。"張家山漢簡《二年律令》簡112："其輕罪也而故以重罪劾之，爲不直。"則僅涉及"端重"一種情形。

【今譯】

士伍甲盜竊，如果在捕獲時估其贓物價值，贓物價值超過六百六十錢，但是吏當時沒有估價，到審訊問罪時才估其贓物價值，贓值一百一十錢，因而應判處耐刑，問甲和吏應如何論處？甲應施黥刑判爲城旦；吏判爲用刑不當罪，Q1_11_6_33如果是故意這樣做的，判爲不公正罪。Q1_11_6_34

【釋文】

士五（伍）甲盜，以得時直（值）臧（贓），臧（贓）直（值）百一十，吏弗直（值），獄鞫乃直（值）臧（贓），臧（贓）直（值）過六百六十，黥甲爲城旦，問甲及吏可（何）論？甲當耐爲隸臣，吏爲失刑Q1_11_6_35辠（罪）。甲有辠（罪）[①]，吏智（知）而端重若輕之，論可（何）毆（也）？爲不直。Q1_11_6_36

【匯釋】

①甲有辠：**有二説：一、此句以下應爲另一條**。整理者："辠"字下原空三字。**二、"辠"後所言似爲總結上簡及本簡官吏的行爲**。夏利亞（2011）：從簡文內容來看，"辠"後所言似爲總結上簡及本簡官吏的這些行爲，上簡爲該重判的從輕判，本簡爲該輕判的從重判，所以，本簡問"端重若輕之，論可毆"。

【今譯】

士伍甲盜竊，如在捕獲時估其贓物價值，贓物價值是一百一十錢，但吏當時沒有估價，到審訊問罪時才估其贓物價值，贓物價值超過六百六十錢，因而應對甲施黥刑判爲城旦，問甲和吏應如何論處？甲應施黥刑判爲隸臣；吏以失刑Q1_11_6_35論罪。甲有罪，吏知道他的罪而故意從重或從輕判處他，應如何論處？以不公正論處。Q1_11_6_36

【釋文】

或以赦前盜千錢，赦後盡用之而得，論可（何）殹（也）？毋論。Q1_11_6_37

【今譯】

有人在赦令頒布前盜竊一千錢，赦令頒布後將錢全部花完而被拿獲，應該如何論處？不予論處。Q1_11_6_37

【釋文】

告人盜百一十，問盜百，告者可（何）論？當貲二甲。盜百，即端盜駕（加）十錢[①]，問告者可（何）論？當貲一盾。貲一盾應律[②]，雖然，廷行事以不Q1_11_6_38審論[③]，貲二甲[④]。Q1_11_6_39

【匯釋】

①盜：**副詞，偷偷地，私下。**

駕：**通“加”**。盜駕：**私加**。夏利亞（2011）：自此句以下，是對上面所述的進一步說明，看來秦吏判案多以成例爲準。

盜百，即端盜駕十錢：陳公柔（2005：150）斷句作“盜百，即端盜。駕十錢”。

②應律：**與法律符合**（整理者）。夏利亞（2011）：應，符合。《莊子·馬蹄》：“曲者中鉤，直者應繩。”

③廷行事：**法廷成例，慣例**。整理者：《漢書·翟方進傳》：“時慶有章劾，自道：行事以贖論。”注引劉敞云：“漢時人言‘行事’‘成事’，皆已行、已成事也。”王念孫《讀書雜志》四之十二《行事》：“行事者，言已行之事。舊例成法也。漢世人作文言‘行事’‘成事’者，皆意同。”漢律常稱爲“故事”。于豪亮（1985）：行事意爲判例，廷行事意爲法廷的判例。堀毅（1988：250）：控告者私加十錢，則應處“貲二甲”。“盜一百一十錢”應受的法刑要比“貲二甲”重一等，即“耐隸臣”；而控告不實（部分誣告）則要比原罪輕一等。魏德勝（2003：155）：廷行事，就是慣例，也簡稱“行事”。一方面，法律沒有明確規定的，要按慣例來辦；另一方面，法律雖有規定，具體實施措施卻是按慣例，出現了慣例大於法律的情況。從睡虎地秦簡看，按慣例做出的刑罰總是比法律規定的更重。所以，廷行事的實質就是加重刑罰。秦以法著稱，從睡虎地秦簡來看，卻是有法不依，隨意加重

刑罰，這可能也是導致百姓不堪重壓，揭竿而起的原因之一。夏利亞（2011）：魏德勝所說按慣例做出的刑罰總是比法律規定要重的情況符合秦簡所言事實。然“隨意加刑罰”之說過於武斷，僅從本簡來看，告人盜百一十，該人實際盜竊爲百，的確所告多出一十，睡虎地秦簡有“告不審”的處罰手段，以告不審論罪並無錯誤。而貲二甲應該就是對“告不審”的處罰。沈曉敏（2015：50）：廷行事是指判案成例。在《法律答問》中有十餘條是直接以“廷行事”作爲依據的，反映出執法者依據“廷行事”這種已決案例審理案件在當時已成爲一種制度。

④堀毅（1988：250）：本來應屬“囚律”的規定。

【今譯】

控告他人盜竊一百一十錢，審問結果是盜竊一百錢，控告的人應該如何論處？應該罰二甲。盜竊一百錢，（控告的人）故意私加了十錢，問控告的人應該如何論處？應該罰一盾。罰一盾符合法律，雖然如此，但法廷成例以控告不實Q1_11_6_38論處，罰二甲。Q1_11_6_39

【釋文】

告人盗千錢，問盗六百七十，告者可（何）論？毋論[①]。Q1_11_6_40

【匯釋】

①盜竊六百七十錢與盜竊一千錢處罰相同。整理者：據簡文，盜竊六百七十錢已超過六百六十錢界限，與盜竊一千錢處罰相同，故控告者無須論罪。《法律答問》“可如爲‘大誤’”條也以六百六十錢爲界限，可參看。上條私加十錢應當論罪，則是由於盜竊一百錢和一百一十錢處罰不同。

【今譯】

控告他人盜竊一千錢，審問結果是盜竊六百七十錢，控告的人應該如何論處？不予論處。Q1_11_6_40

【釋文】

誣人盗千錢，問盗六百七十，誣者可（何）論？毋論。Q1_11_6_41

【今譯】

誣告他人盜竊一千錢，審問結果是盜竊六百七十錢，誣告的人應該如何論處？不予論處。Q1_11_6_41

【釋文】

甲告乙盗直（值）百一十[①]，問乙盗卅，甲誣駕（加）乙五十，其卅不審，問

甲當論不當？廷行事貲二甲。Q1_11_6_42

【匯釋】

①甲告乙盜直：**其後的字有二說：一、百一十。**陳偉（2016C：198）：百一十，整理者作二字缺釋。紅外影像大致可辨認。整理者語譯簡文作“審問結果是盜竊三十錢，甲誣加乙五十錢，又有三十錢不實”，適爲百一十錢。**二、八十。**夏利亞（2011）：前文的“□□”當爲“八十”。

【今譯】

甲控告乙盜竊值一百一十錢的東西，審問結果是乙盜竊三十錢，甲誣加乙五十錢，其中還有三十錢不實，問甲應否論處？按照法廷成例應該罰二甲。Q1_11_6_42

【釋文】

甲告乙盜牛若賊傷人[①]，今乙不盜牛、不傷人，問甲可（何）論？端爲，爲誣人；不端，爲告不審[②]。Q1_11_6_43

【匯釋】

①賊：**有二說：一、殺。**整理者：《左傳・昭公四年》：“殺人不忌爲賊。”《荀子・修身》：“害良曰賊，……竊貨曰盜。”《晉書・刑法志》：“無變斬擊謂之賊，……取非其物謂之盜。”《周禮・朝士》疏：“盜賊並言者，盜謂盜取人物，賊謂殺人曰賊。”李悝、商鞅以至漢律，都以“盜”“賊”作爲不同的篇名。簡文中，賊又常與鬭對稱，參看下“求盜追捕罪人”條。**二、傷。**夏利亞（2011）從下文看，此處之“賊傷”，即指下文之“傷”，不涉殺之意。賊傷，當爲秦律罪名之一，意謂故意傷人。

②告不審：**所告與事實不符**（高敏，1981A：314）。魏德勝（2003：158）：不審，所告不實。《國語・吳語》：“王乃命於國曰：‘國人欲告者來告，告孤不審，將爲戮不利，及五日必審之，過五日，道將不行。’”《李斯列傳》：“欲案丞相，恐其不審，乃使人案驗三川守與盜通狀。”整理者：控告不實。夏利亞（2019：238）：控告不真實。審，真實。

【今譯】

甲控告乙盜竊牛或殺傷人，現在（經過審訊後知道）乙沒有盜竊牛、沒有傷人，問甲應該如何論處？如果是故意這樣做，判爲誣告他人；假设不是故意，判爲控告不實。Q1_11_6_43

【釋文】

甲告乙盜牛，今乙賊傷人，非盜牛殹（也），問甲當論不當？不當論，亦不當

購[1]；或曰爲告不審。Q1_11_6_44

【匯釋】

①購：**獎賞，現金獎賞**。整理者：《墨子·號令》作“構”，孫詒讓《閒詁》引蘇時學云：“構與購同，賞也。”居延漢簡甲編簡 1933 有：“願設購賞，有能捕斬嚴就君蘭等渠率一人，購錢十萬，黨與五萬。”《爾雅·釋獸》郭璞注引晉律：“捕虎一，購錢三千，其狗半之。”陳抗生（1980）：購是秦律令明確規定了的一種現金獎賞辦法。賞金既有由國家支付的（公購），也有由私人支付的（主購）。劉海年（1985C）：不管告發人的主觀動機是否有意誣告人，如果被告人偷盜的錢數超過了“大誤”，或者所犯的罪行屬於法律規定的重罪，即使未告準確，對告發者也不予追究。

【今譯】

甲控告乙盜竊牛，現在（經過審訊後知道）乙是殺傷人，不是盜牛，問甲應不應論處？不應該論處，也不應當獎賞；一說應該判爲控告不實。Q1_11_6_44

【釋文】

甲盜羊，乙智（知），即端告曰甲盜牛，問乙爲誣人，且爲告不審？當爲告盜駕（加）臧（贓）[1]。Q1_11_6_45

【匯釋】

①告盜駕臧：**控告盜竊罪而增加贓數**。整理者：和“誣人”“告不審”等一樣應受懲處，但處分不同。

【今譯】

甲盜竊羊，乙是知道的，但是故意控告說甲盜竊牛，問乙應判爲誣告人，還是判爲控告不實？應該判爲控告盜竊而增加贓數。Q1_11_6_45

【釋文】

甲盜羊，乙智（知）盜羊，而不智（知）其羊數，即告吏曰盜三羊，問乙可（何）論？爲告盜駕（加）臧（贓）。Q1_11_6_46

【今譯】

甲盜竊羊，乙知道是盜竊羊，卻不知道所盜竊羊的數量，就向吏控告說甲盜竊了三隻羊，問乙應該如何論處？判爲控告盜竊而增加贓數。Q1_11_6_46

【釋文】

甲告乙盜牛，今乙盜羊，不盜牛，問可（何）論？爲告不審。■貲盾不直[1]，可（何）論？貲盾[2]。Q1_11_6_47

【匯釋】

①■：**有二說：一、表示自此以下爲另一條。**整理者：此句上面原有黑綫，表示自此以下爲另一條。下面類似情況同例。這一條懲罰的對象是判貲盾罪的官吏。**二、隔開一個人所問的兩個問題。**夏利亞（2011）：《法律答問》中有時會出現一個人問兩個問題的情況，這時在同片簡上以■隔開書寫。

②整理者：此處未寫明所罰數目，推測應爲反坐，即罰犯人一盾不公，就罰官吏本人一盾。

【今譯】

甲控告乙盜竊牛，現在（經過審訊後知道）乙是盜竊羊，沒有盜竊牛，問甲應該如何論處？要判爲控告不實。■（官吏）判罰盾不公正，應該如何論處？應該罰一盾。Q1_11_6_47

【釋文】

當貲盾[1]，沒錢五千而失之[2]，可（何）論？當誶。■告人曰邦亡，未出徼闌亡[3]，告不審，論可（何）殹（也）？爲告黥城旦不審[4]。Q1_11_6_48

【匯釋】

①當貲盾：**應該罰一盾。**堀毅（1988：169）：指“貲一盾”，相當於五千錢。

②沒：**沒收。**整理者：沒錢五千這種懲罰在簡文其他地方沒有出現過。栗勁（1985：291）：“沒”屬財產刑。在判決的同時就由國家採取強制措施，甚至在此之前已由國家預先爲這些措施做了準備。

失：**即失刑，指判處不當。**整理者：本條是說本應貲盾，卻判處沒錢五千，所懲罰的對象也是執法的官吏。

③闌亡：**有三說：一、逃亡滿一年。**彭浩（2012A）：“將陽”是未在規定時間、地點集合（前往服役地點），逃亡不足一年的違法行爲。“將陽亡”的時間是“不盈卒歲”，“闌亡”則對應“盈卒歲”。陳偉（2016C：200）：“闌亡”是逃亡卒歲的罪名。**二、沒有符傳逃亡。**整理者：《漢書・汲黯傳》注：“無符傳出入爲闌。”夏利亞（2011）：龍崗秦簡4：“詐僞、假人符傳及讓人符傳者，皆與闌入門同罪。”簡12：“有不當入而闌入，即以它詐僞入□。”《漢書・成帝紀》：“闌入尚方掖門。”顏師古注引應劭曰：“無符籍妄入宮曰闌。”《漢語大詞典》用例爲漢代，當用秦簡例。**三、“闌”讀爲“間”。**秋非（1989）說。

④**邦亡應處以黥城旦的刑罰**（整理者）。

【今譯】

應該罰一盾，但是沒收五千錢，判處不當，如何論處？應該加以申斥。■控告他人說逃出國境，實際上沒有逃出邊界滿一年，所控告不實，應該如何論處？判爲控告應判“黥城旦”（先在面額上刺刻塗墨，再去服城旦的勞役）的罪而不實。Q1_11_6_48

【釋文】

誣人盜直（值）廿，未斷[①]，有（又）有它盜，直（值）百，乃後覺，當并臧（贓）以論[②]，且行真辠（罪）、有（又）以誣人論[③]？當貲二甲一盾[④]。Q1_11_6_49

【匯釋】

①斷：**有二說：一、判決、判罪**。整理者：《漢書・司馬遷傳》注：“決也。”即判決。**二、評斷、判斷**。夏利亞（2011）：查《漢書・司馬遷傳》原文爲：“孔子之時，上無明君，下不得任用，故作《春秋》，垂空文以斷禮義。”顏師古曰：“斷，決也，決之於禮義也。”此處之決有評斷、判斷之意。判決之意疑不合此例句意，故不取。建議例可換爲《國語・晉語》：“及斷獄之日。”韋昭注：“斷，決也。”漢桓寬《鹽鐵論・周秦》：“吏不以多斷爲良，醫不以多刺爲工。”

②并臧以論：**將兩項贓值合併論處**。整理者：指將誣告他人盜竊的贓值二十錢和本人盜竊的贓值一百錢合在一起論罪。

③真：**實際**。整理者：《淮南子・俶真訓》注：“實也。”

真辠：**實際的罪**。整理者：即本人實際盜竊的一百錢。

④堀毅（1988：253）：當時並不存在所謂“貲二甲一盾”之類的法定刑，該案例是一起牽扯到誣陷罪的特殊情況。呂名中（1982）：這是犯了雙重罪才採取的罰額。

【今譯】

誣告他人盜竊價值二十錢的東西，尚未判罪，本人又有別的盜竊罪，贓值一百錢，然後被察覺，應該將兩項贓值合併論處，還是判處實際盜竊的罪，再按誣告他人論處？應該罰二甲一盾。Q1_11_6_49

【釋文】

上造甲盜一羊，獄未斷，誣人曰盜一豬[①]，論可（何）殹（也）？當完城旦。Q1_11_6_50

【匯釋】

①豬：整理者作“猪”，魏德勝（2003：241）改釋爲“豬”。夏利亞（2011）：建議隸定爲豬，以合原簡字形。

【今譯】

上造（秦爵第二級）甲盜竊了一隻羊，這個案子尚未判決，又誣告他人說盜竊了一頭豬，應該如何論處？應該判爲不加肉刑、以完整的身軀去服城旦的勞役。Q1_11_6_50

【釋文】

“譽適（敵）以恐眾心者[①]，翏（戮）[②]。”“翏（戮）”者可（何）如？生翏（戮），翏（戮）之已乃斬之之謂殹（也）[③]。Q1_11_6_51

【匯釋】

①適：**通“敵”，敵人**。譽適：**讚揚敵人**。整理者：《墨子·號令》：“譽敵，少以爲眾，亂以爲治，敵以攻拙以爲巧者，斷。”

恐：**使恐懼**。

眾心：**軍心、士氣**。夏利亞（2011）：《晉世家》：“秦伯不用蹇叔，反其眾心，此可擊。”本條指戰爭中的情況。

②翏：**有二說：一、通“戮”，既斬殺又侮辱**。劉海年（1981B）：是秦朝規定的死刑之一。《說文》：“戮，殺也。”又，辱也。《周禮·秋官·司寇》：“戮，猶辱也，既斬殺又辱之。”**二、通“戮”，羞辱**。夏利亞（2011）：《國語·晉語七》：“公謂羊舌赤曰：‘寡人屬諸侯，魏絳戮寡人之弟，爲我勿失去。’”韋昭注：“戮，辱也。”古書也寫作“僇”或“剹”。

③斬：**斬首**。趙久湘（2011）：《釋名》：“斫頭曰斬，斬腰曰腰斬。”《商君書·境內》：“其戰，百將、屯長不得斬首。”朱師轍《商君書解詁定本》：“百將、屯長責在指揮，故不得斬首。”

【今譯】

“讚揚敵人而動搖軍心的人，應該戮。”所謂“戮”是怎麼做的呢？說的是活著讓他受到恥辱，羞辱他之後再斬首。Q1_11_6_51

【釋文】

“廣（擴）眾心[①]，聲聞左右者[②]，賞。”將軍材以錢若金賞[③]，毋（無）恒數。Q1_11_6_52

【匯釋】

①廣：**通“擴”，發揚**。廣眾心：**發揚士氣**。整理者：與臨沂銀雀山漢簡《孫臏兵法·威王問》中的“廣志”意同。

②左右：**有二說：一、指將軍本人**。整理者：此處爲將軍身邊的人，實際上是指將軍本人。**二、將軍身邊的人**。夏利亞（2011）：將軍身邊的人知道了，將軍自

然會耳聞，故疑左右未必指將軍本人。左右，身邊。《詩經·文王之什·文王》："文王陟降，在帝左右。"

③材：**有二說：一、酌量**（整理者）。**二、通"裁"，裁斷，裁度**。夏利亞（2011）根據下文，當讀爲"裁"，裁斷，裁度。

【今譯】

"能振作士氣使將軍知道他的名聲的人，應該給予賞賜。"由將軍酌量賞給錢或黃金，沒有固定數目。Q1_11_6_52

【釋文】

"有投書[①]，勿發[②]，見輒燔之[③]；能捕者購臣妾二人[④]，毄（繫）投書者鞫審讞之[⑤]。"所謂者，見書而投者不得[⑥]，燔書，勿發；投者得，Q1_11_6_53書不燔，鞫審讞之之謂殹（也）。Q1_11_6_54

【匯釋】

①投書：**有二說：一、投匿名書信**。整理者：《三國志·國淵傳》："時有投書誹謗者，（魏）太祖疾之，欲必知其主。淵請留其本書而不宣露。"《晉書·刑法志》："改投書棄市之科。"《後漢書·梁松傳》則稱爲"飛書"。《唐律疏議》卷二十四："諸投匿名書告人罪者，流二千里。得書者，皆即焚之；若將送官司者，徒一年。官司受而爲理者，加二等。被告者不坐。輒上聞者，徒三年。"《唐律疏議》有詳細說明，可參看。夏利亞（2011）：《漢書·趙廣漢傳》："又教吏爲缿筩，及得投書，削其主名，而託以爲豪桀大姓子弟所言。"《三國志·魏志·國淵傳》："時有投書誹謗者，太祖疾之。"夏利亞（2019：241）：以整理小組說法爲長。**二、投交書信，也指所投交的書信**。《漢語大詞典》說。

②發：**有二說：一、擴散，傳揚**。栗勁（1984）：匿名信既不具名，又加以密封，不拆視無從知曉是否匿名。如果"勿發"作"不得拆視"解，又"見輒燔之"，則本條律文的其他規定就失去了實際意義。既無法捕得投書者，又無從賞出"臣妾二人"。《說文》："發，射發也。"段注："引申爲凡作起之偁。"偁，《說文》："揚也。"故發當作宣揚、發散、擴散等講。"勿發"當作"不得擴散"解，也比較符合簡文原意。"勿發"也可見如《三國志·國淵傳》作"不宣露"解，也比較符合簡文原意。……毋發，不是禁止官吏拆視匿名信的行爲，而是禁止官吏擴散或宣露匿名信內容的行爲。夏利亞（2011）：栗說甚有道理，然"偁"之說無從緣起。此"偁"爲"稱"的古字，意謂稱呼。**二、拆開，拆視**。整理者：把書信拆開觀看。

③燔：**焚燒**（整理者）。

④臣妾：**有二說：一、隸臣、隸妾**。高恒（1977）："臣、妾"即隸臣、隸妾，屬官府所有，用來作爲賞賜的物品。**二、與隸臣妾不同**。籾山明（2009）認爲，臣

妾與隸臣妾不同。

⑤𤅊：**定罪。**整理者：《說文》："議罪也。"古書也寫作"讞"或"獻"。夏利亞（2019：241）：審判定罪。

⑥所謂：**指律文的意義。**整理者：見《商君書·定分》。夏利亞（2011）：《商君書·定分》言："郡縣諸侯一受寶來之法令，學問其所謂。"

所謂者，見書而投者不得：夏利亞（2011）：本句原簡文"見書"後有分隔號∟，疑當以此斷句爲"所謂者，見書，而投者不得"。義亦通。

【今譯】

"有投匿名信的，不得擴散，看後應該立即把它燒掉；能把投匿名信的人捕獲的，獎勵男女奴隸二人，將投匿名信的人囚禁，並審訊定罪。"律文的意思，是說看到匿名信而沒有拿獲投匿名信的人，應該將信燒掉，不得擴散；投匿名信的人已經被拿獲，Q1_11_6_53匿名信不要燒掉，要將投匿名信的人審訊定罪。Q1_11_6_54

【釋文】

"撟（矯）丞令"可（何）殹（也）①？爲有秩僞寫其印爲大嗇夫②。Q1_11_6_55

【匯釋】

①撟：**有三說：一、釋爲"撟"，假託。**王貴元（2011）："僑"字誤釋，當爲"撟"。"撟"指假託，先秦典籍常見。《周禮·秋官·士師》："五曰撟邦令。"鄭玄注："稱詐以爲有者。""撟丞令"與"撟邦令"同，是用本字"撟"。而"撟"字早期典籍未見用爲"矯"者。**二、假傳。**魏德勝（2003：236）：假傳命令。**三、釋爲"僑"，讀爲"矯"，令。**整理者：《史記·陳涉世家》："因相與矯陳王令。"夏利亞（2011）：整理小組下文大嗇夫注曰指令、丞，輒與前之"丞令"呼應。另，有秩也爲低於令、丞等長吏的"裁有秩"。故，從前後文義來看，此處之丞令疑指丞和令，爲官名。當斷句爲："矯丞、令"何也？此處引《史記·陳涉世家》例中之"令"顯然非指官名的令，建議不用該例。又，疑王氏所言誤，整理小組釋僑正確。

②爲：**連詞，如果。**夏利亞（2011）：表示假設關係，相當於"如""若"。《國語·晉語八》："爲此行也，荆敗我，諸侯必叛之。"王引之《經傳釋詞》卷二："爲，猶如也。言如此行也，而荆敗我，則諸侯必叛之也。"整理者：爲，如。

有秩：**百石以上的低級官吏**（整理者）。裘錫圭（2000：446）：這裏所說的有秩，顯然不是泛指有秩祿的官吏，而是指地位低於令、丞等長吏的"裁有秩"者。《法律答問》所說的地位低於令、丞的有秩，就縣邑來說，主要應該是指有秩的鄉嗇夫和官嗇夫而言的。陳偉（2016C：203）：歷年發現的秦封泥中有秦官印，分吏員印（通官印）和官署印（半通印）兩種。漢制，吏員印是兩百石以上官員佩戴、使用的，百石以下吏員共同使用官署印，應是秦制的傳承。前者多爲正方形，大如方寸；後者多爲長條形，是前者的一半大小。簡文中的“有秩”是少吏，用官署印（半通印），也稱小官印。“大嗇夫”則用通官印。因此，簡文的“僞寫其印”應指仿製“大嗇夫”印的形制和印文。

僞寫：**假造**。整理者：《唐律疏議》卷二十二有“諸僞寫官文書印者”，注：“寫，謂仿效而作。”

大嗇夫：**有三說：一、指令、丞**（整理者）。工藤元男（2010：331）：大嗇夫指的是縣令、丞。將大嗇夫釋爲縣嗇夫的別名應該沒有問題。**二、縣令**。門巋（1993：366）：秦律稱縣令爲縣嗇夫或大嗇夫。李盛平（1989：552）：秦漢時分爲兩種：一種爲“縣嗇夫”（亦稱“大嗇夫”）和“鄉嗇夫”，是一區的行政長官，職權範圍包括民政、軍事、司法以及各種經濟管理，掌印有秩；另一種是“官嗇夫”，即在甚麽部門就爲甚麽官嗇夫，如秦律中有倉嗇夫、皂嗇夫、漆園嗇夫、亭嗇夫、苑嗇夫、庫嗇夫等，均爲專職小吏，地位較低。《效律》：“官嗇夫免，縣令令人效其官，官嗇夫坐效以貲，大嗇夫及丞除。縣令免，新嗇夫自效殹，故嗇夫及丞皆不得除。”此處的“大嗇夫”“新嗇夫”“故嗇夫”皆指縣令。**三、縣嗇夫**。高敏（1979B）：“大嗇夫”不同於“官嗇夫”，不可混爲一談。大嗇夫及丞有權另外除授官嗇夫，可見“大嗇夫”是“官嗇夫”的上級。“大嗇夫”可能是“縣嗇夫”的另一稱呼。縣嗇夫（即大嗇夫）的職權範圍，除了管轄各級各類專職嗇夫外，還有管理戍邊事宜、傳達和執行法令以及防火、防“盜”等警戒任務。

【今譯】

“矯丞令”是甚麽意思？假如有俸祿的低級官吏僞造官印、冒充大嗇夫（就是“矯丞令”）。Q1_11_6_55

【釋文】

盜封嗇夫可（何）論[①]？廷行事以僞寫印。Q1_11_6_56

【匯釋】

①嗇夫：**官職名，某一地區或部門的主事者，頭目**。門巋（1993：366）：嗇夫，秦漢時常見的官職名稱。起源較早，春秋時期已有此名。嗇爲穡的初文。嗇夫本義爲收穫莊稼的人。作爲一種官職，應始於鄉嗇夫一類接近農夫的下層官吏。戰國時有些國家縣邑之長或稱嗇夫。秦代嗇夫名目衆多，秦律稱縣令爲縣嗇夫或大嗇夫。除了這種嗇夫，還有不少官嗇夫，作爲縣一級屬官有田嗇夫，掌管全縣的耕地和農事；有司空嗇夫，負責全縣的土木工程和刑徒；有亭嗇夫，主管全縣有關亭的事務，又有倉嗇夫、庫嗇夫、發弩嗇夫等。秦漢嗇夫都是某一地區或部門的主事者。其下常設有輔佐之吏，如鄉嗇夫下有鄉佐。除了大嗇夫以外，一般嗇夫的品秩都比較低下，大體分爲有秩和斗食兩等。有秩剛達到最低秩祿，即百石；斗食則每日供給一斗二升。嗇夫實指一種頭目之意。

盜封嗇夫：**疑指假冒嗇夫等封印**。整理者：古時文書或作爲通行憑證的符傳，上面都有封泥，在泥上加蓋璽印。王魏總（2014：578）：古代使用竹木簡牘書寫文書，在遞送時用繩束縛簡牘，官方文書還有專用的封泥印匣，將繩結納入印匣，然後用黏土和泥填入印匣，包住繩結，最後在泥上面加蓋印章作爲封緘。這種帶有印章的泥塊被稱作“封泥”。夏利亞（2019：243）：整理小组之言甚有理。

【今譯】

假冒嗇夫封印應該如何論處？依照法廷成例要按僞造官印（論罪）。Q1_11_6_56

【釋文】

“發僞書，弗智（知），貲二甲。”今咸陽發僞傳[1]，弗智（知），即復封傳它縣，它縣亦傳其縣次，到關而得，今當獨咸陽坐以貲，且它Q1_11_6_57縣當盡貲？咸陽及它縣發弗智（知）者當皆貲。Q1_11_6_58

【匯釋】

①今：**連詞，如果**。

傳：**通行憑證**。整理者：《漢書·文帝紀》注引張晏云：“傳，信也，若今過所也。”《古今注》：“凡傳皆以木爲之，長五寸，書符信於上，又以一板封之，皆封以御史印章，所以爲信也，如今之過所也。”

【今譯】

“拆開僞造的文書，未能察覺，應該罰二甲。”如果咸陽打開看了僞造的通行憑證，沒有察覺，就重加封印傳給其他的縣，其他縣也傳給其次的縣，一直到關口才被拿獲，那麽應該是衹有咸陽承擔罪責而受罰，還是其他Q1_11_6_57縣都應該受罰？咸陽和其他打開看而沒有能察覺的縣全都應當受罰。Q1_11_6_58

【釋文】

廷行事吏爲詛僞[1]，貲盾以上，行其論，有（又）灋（廢）之[2]。Q1_11_6_59

【匯釋】

①詛：**讀爲“詐”，作假**。整理者：《急就篇》：“誅罰詐僞劾罪人。”《爾雅·釋詁下》：“詐，僞也。”

廷行事吏爲詛僞：陳公柔（2005：151）：於“廷行事”後著逗號。

②灋：**撤職永不敘用**。趙久湘（2011）：一義爲廢置，一義爲撤職永不敘用。此句中義爲後者。

【今譯】

依照法廷成例，官吏弄虛作假，（其罪）在罰盾以上的，依照判決執行，又要對他撤職永不敘用。Q1_11_6_59

【釋文】

廷行事有辠（罪）當䙴（遷）[①]，已斷已令[②]，未行而死若亡，其所包當詣䙴（遷）所[③]。Q1_11_6_60

【匯釋】

①廷行事有辠當䙴：陳公柔（2005：151）：於“廷行事”後著逗號。

②已斷已令：**已經判決**。整理者：即《漢書·刑法志》的“已論命”，注引晉灼云：“命者，名也，成其罪也。”意思是已經判決。

③包：**緣坐，指罪人被流放時其家屬應隨往流放的地點**。整理者：“包”疑讀爲“保”，《漢書·元帝紀》：“除光祿大夫以下至郎中保父母同產之令。”注引應劭云：“舊時相保，一人有過，皆當坐之。”冨谷至（2006：147）：簡文的“包”是用於表示緣坐的術語。夏利亞（2011）：包、保皆屬於上古音幫、幽部，聲韻皆同，於音可通。

【今譯】

依照法廷成例，有罪應該流放，已經判決定了罪名，尚未執行就死去或者逃亡，其所應連坐隨往的人仍應前往流放地點。Q1_11_6_60

【釋文】

嗇夫不以官爲事[①]，以奸爲事，論可（何）殹（也）？當䙴（遷）。䙴（遷）者妻當包不當？[②]不當包。Q1_11_6_61

【匯釋】

①官：**有二說：一、指所擔當的職務**（整理者）。**二、職責**。夏利亞（2011）：疑此處官當譯爲職責。《說文·史部》：“事，職也。”《國語·魯語上》：“卿大夫佐之，受事焉。”韋昭注：“事，職事也。”

②妻當包：**流放者的妻子應連坐隨往流放地點**。整理者：本條妻不隨往，可能是由於罪人原來是嗇夫的身份，與下條泛指一般人不同。

【今譯】

嗇夫不履行官員職責，而專幹壞事，應該如何論處？應該流放。被流放者的妻子應否連坐隨往流放地點？不應該連坐隨往。Q1_11_6_61

【釋文】

當䙴（遷），其妻先自告[①]，當包。Q1_11_6_62

【匯釋】

①自告：**自首**。邹瑜、顧明（1991：548）：廣義的自首還包括首露（首服），悔過還主，捕首和自覺舉。籾山明（1985）："自告"的主體未必僅限於罪犯，這一規定也許涉及當時的緣坐範圍。

【今譯】

應當流放的人，即使其妻事先自首，仍應連坐隨往流放地點。Q1_11_6_62

【釋文】

將上不仁邑里者而縱之[①]，可（何）論？當𣪠（繫）作如其所縱，以須其得；有爵[②]，作官府[③]。Q1_11_6_63

【匯釋】

①將上：**向上級押送**（整理者）。

縱：**放走**（整理者）。

②有爵，作官府：**如果是有爵的人，可以在官府服役**。堀毅（1988：171）：這是對有爵者科以輕微勞役"作"的實例。郭志坤（2013：193）：睡虎地秦簡也揭示出這樣的問題，在秦代，凡是獲有上造以上爵位的人，皆可用爵贖罪。

作：**服役，役使**。《儀禮·燕禮》："小臣作下大夫，二人媵爵。"鄭玄注："作，使也。"

【今譯】

向上級押送在鄉里作惡的人而將其放走，應該如何論處？應當像他所放走的罪犯那樣拘禁勞作，來等待罪犯被捕獲；如果是有爵的人，可以在官府服役。Q1_11_6_63

【釋文】

"盜徙封[①]，贖耐[②]。"可（何）如爲"封"？"封"即田千佰[③]。頃半（畔）"封"殹（也）[④]，且非是？而盜徙之，贖耐，可（何）重也？是，不重[⑤]。Q1_11_6_64

【匯釋】

①封：**地界，田界，是四尺見方的土堆起的**。整理者：《周禮·封人》注："畿上有封，若今時界矣。"唐贊功（1981）：封就是田界，對於田界，封建國家是予以

承認和保護的。于豪亮（1982A）：“封”的形制即青川郝家坪秦墓出土木牘所記“封高四尺，大稱其高”。張晉藩（1999B：57）：是指田間道路上所樹立的界標。四川青川縣秦墓木牘記載之秦《田律》：“封高四尺，大稱其高。”說明秦時的封是四尺見方的土堆起的。于豪亮（2015：63）：青川秦墓出土的木牘對封的形制規定得很清楚，使我們對封有了新的認識。律文說：“捋（埒）高尺，下厚二尺。”田界除了以封作爲標誌外，封與封之間還以矮墻相連，這樣，各戶所占有的土地界限就很明確了。

盜徙封：**罪名，私自遷移田界的標誌**（張晉藩，1999B：57）。

②贖耐：**判處可以用錢贖罪的耐刑**。黃展嶽（1980A）：“盜徙封，贖耐”應理解爲這是國家保護官營土地，對挪動田界、擴占土地的人的一種懲罰而不應說成國家保護私人地主的土地所有制。

③千佰：**有二說：一、即阡陌，起田界的作用**。整理者：《漢書・食貨志》作“仟伯”，注：“仟伯，田間之道也，南北曰仟，東西曰伯。”古時阡陌起田界的作用。《秦本紀》載孝公十二年“爲田，開阡陌”。《漢書・食貨志》載董仲舒云：“（秦）用商鞅之法，改帝王之制，除井田，民得賣買，富者田連仟伯，貧者亡立錐之地。”袁林（1983）：阡陌是固定田界。夏利亞（2011）：千、阡皆在上古音清紐真部，百、佰皆在上古音明紐鐸部，聲韻皆同，可通。劉書芬（2015：124－125）：大概這是“千佰”作爲田地疆畔最早的可靠文字記載。古代文獻中“阡陌”與“仟佰”同，《漢書・地理志》有“制轅田，開仟佰”，《漢書・食貨志》有“有仟佰之得”，以“仟佰”代稱農畝。《秦本紀》：“爲田，開阡陌。”司馬貞《索隱》引《風俗通》：“南北曰阡，東西曰陌，河東以東西爲阡，南北爲陌。”《陳涉世家》：“俛仰阡陌之中。”《索隱》云：“仟佰謂千人、百人之長也，音千百。”以“阡陌”表數。同時，古代千人之長曰“仟”，百人之長曰“佰”。“千”“仟”“阡”三者在表數時音同義通，故“仟”“阡”都可作爲數詞“千”的大寫形式。**二、阡陌是道路，不是田界**。張金光（1983B）：青川縣秦墓木牘所言之阡陌衹作爲道路用，並未賦予任何法律上的田界封疆性質。張建國（1995）：據青川郝家坪秦墓出土木牘《爲田律》，簡文的“封”是長約四尺的立方體土台，不是阡陌。此句應讀作“‘封’即田千佰頃半‘封’殹”，意思是：封就是田地裏阡陌之畔，頃之畔作爲田界界標的封。“盜徙封”的罪名是侵犯了國家道路或者說是一種帶有妨礙交通性質的犯罪行爲。封不是田和田之間的界限，而是一頃地和其周圍的阡道陌道之間的界限，移動封，首先蠶食的是阡陌。盜徙封罪的設立與維護土地所有權的問題無關。

④頃半：**有二說：一、田界，地界**。李解民（1981）：簡文指出“封即田千佰”，又肯定“頃畔封殹”。“千佰”“頃畔”皆爲地界，其義甚明。整理者：《說文》：“田界也。”段注：“一夫百畝，則畔爲百畝之界也。”夏利亞（2011）斷句作“頃半（畔），封殹（也）”。張金光（1983B）：“頃畔”被法律賦予了封疆的意義，反映耕者對份地已經取得了較長期的穩定的使用權與佔有權。袁林（1983）：由“封”“埒”構成的頃畔是非固定田界。**二、指頃與頃之間的分界，不是田界**。魏天

安（1989）：阡陌由封相連，表示不同所有者的地界；頃畔如作地界解，則指頃與頃之間的分界，不是所有權意義上的分界。

⑤是，不重：**是"封"，（這樣判處）並不算重。**白壽彝（2004：673）：法律規定偷偷改變田界的就應處以"贖耐"之刑。這樣的處罰是爲了防止有人侵犯土地，是爲了保護私有土地，當然也就被認爲"不重"矣。王占通（1991）："徙封"或者是侵犯國家土地所有權，或是侵犯他人土地佔有、使用權，都屬嚴重犯罪。有人提問"贖耐是否太重了"，說明"盜徙封"之罪除"贖耐"之外尚有其他刑罰，這就是徒刑。角谷常子（2001）：田地是被登錄在土地籍賬上的，僅靠"徙封"是不能將土地據爲己有的。問答中提出判"贖耐"太重，或許"文字有誤"是不應該判"贖黥"，而要判比它輕一檔的"贖耐"吧。

【今譯】

"私自遷移田界的標誌，應判處可以用錢贖罪的耐刑。"甚麼叫"封"？"封"就是田地的阡陌。百畝田的田界也是封呢，還是不是（封）？如私加移動它，便判處可以用錢贖罪的耐刑，是否太重？是"封"，（這樣判處）並不算重。Q1_11_6_64

【釋文】

"內（納）奸[①]，贖耐。"今內（納）人[②]，人未蝕奸而得[③]，可（何）論？除。Q1_11_6_65

【匯釋】

①內奸：**即"納奸"。有三說：一、指容使壞人進入**（整理者）。王占通（1991）：納奸就是容留壞人。秦實行"什伍連坐"制度，"不告奸者腰斬，告奸者與斬敵首同賞，匿奸者與降敵同罰"。據此可斷，律文規定的"納奸"絕不會是僅處"贖耐"。**二、引入外來的奸人，引入奸人的行爲。"內"就是引入。**栗勁（1984）：原譯文不符合秦律重罪未遂犯的原則。"內"不必作"納"。《說文》："內，入也。"段注："今人所謂入之處爲內，乃以其引申之義爲本義也，互易之故。"《周禮·職內》注："職內，主入也。"可見"內"就是引入，"內奸"就是引入奸人的行爲，依律當處"贖耐"的刑罰。至於所引入的"外奸"當處何種刑罰，必另有條文。"內人"即"內奸"之人，下一"人"字當爲"內人"之略稱，也係"內奸"之人。正是這個"內奸"之人在"未蝕奸"之前就捕獲了他自己所引入的奸人，才提出對這個"內奸"又捕得所"內"的奸人的人，應否給與"贖耐"的處罰的問題。在秦律中，"內奸、贖耐"，捕奸受賞。正因爲這兩種行爲是由一個人實施的，才回答以"除"，將功抵罪，免除刑事處分。譯文既未弄清問的是如何處罰"內奸"之人的行爲，還是如何處罰被引入的"外奸"的行爲；也未弄清是免除了"內奸"之人的刑罰，還是免除了被引入的"外奸"的刑罰。栗勁（1985：338）："內"不當改讀。《說文》："內，入也。""內奸"即引入外來的奸人。引入

奸人的人，在奸人未得逞時將其捕得，因尚未發生危害社會的後果，可以免於刑事處罰。夏利亞（2019：247）：栗氏之說甚是。**三、是性關係方面的犯罪；幫助通姦**。李學勤（1985B）：何四維《秦律遺文》懷疑“内奸”是性關係方面的犯罪，也是很有可能的。角谷常子（2001）：“内奸”爲幫助通姦，結合張家山漢簡《奏讞書》案例二十一引律“姦者，耐爲隸臣妾”，幫助者應判贖耐。

②内人：**有二說：一、容留壞人。二、“内奸”之人**。栗勁（1984）：即“内奸”之人，下一“人”字當爲“内人”之略稱呼，也係“内奸”之人。

③未蝕：**有二說：一、未遂**。陳偉（2016C：208）：嶽麓書院藏秦簡（叁）簡164記魏供述：“有母、妻、子在魏。即買大刀，欲復以盜殺人，得錢材（財）以爲用，亡之魏。未蝕而得。辠（罪）。”注釋：未蝕，未遂。本簡證明“未蝕”不限於奸罪使用，但“蝕”讀爲何字尚待考。**二、未受納**。整理者：疑讀爲食，《漢書·谷永傳》注：“猶受納也。”

【今譯】

“容留壞人，應判處可以用錢贖罪的耐刑。”如果容留壞人，壞人未能實施犯罪，就被捕獲了，（容留壞人的人）應該如何論處？免予處罰。Q1_11_6_65

【釋文】

求盜追捕辠（罪）人，辠（罪）人挌（格）殺求盜①，問殺人者爲賊殺人②，且斲（鬭）殺③？斲（鬭）殺人，廷行事爲賊④。Q1_11_6_66

【匯釋】

①挌殺：**擊殺**。挌：**擊**。整理者：《說文》：“擊也。”古書也寫作“格”“敋”。格殺，見《後漢書·董宣傳》。李偉民（2002：2595）：格殺，古代刑罰之一。指擊殺。《周禮·秋官·朝士》：“欲犯法者，其時格殺之無罪。”《酷吏列傳》：“信亡藏上林中，宣使郿令格殺之。”夏利亞（2019：247）：格殺意謂擊殺。

②賊殺：**故意殺人**。李偉民（2002：2650）：中國古代法律指故意殺人罪。《周禮·夏官·大司馬》：“賊殺其親則正之。”注：“正之者，執而治其罪。”《晉書·刑法志》：“無變斬擊謂之賊。”無變，指蓄謀殺害。夏利亞（2010）：故意殺人。夏利亞（2019：248）：秦律罪名之一，義爲故意殺人。

③斲殺：**在鬭毆中殺人**。整理者：其罪應比賊殺人輕。

④爲賊：**爲賊殺人的省稱**。

【今譯】

求盜追捕罪犯，罪犯擊殺了求盜，問殺人者應當判爲“賊殺”（故意殺人）人之罪，還是判爲“鬭殺”（在鬭毆中殺人）人之罪？是“鬭殺”人罪，但按法廷成例判爲賊殺人罪。Q1_11_6_66

【釋文】

甲謀遣乙盜殺人，受分十錢，問乙高未盈六尺[1]，甲可（何）論？當磔[2]。Q1_11_6_67

【匯釋】

①乙高未盈六尺：**乙的身高不滿六尺。**劉海年（1983B）：應是強調懲罰的是唆使少年兒童犯罪的教唆犯。六尺很可能就是秦律規定的刑事犯罪責任年齡界限。徐世虹（1999：94）：《商君書・境内》“丈夫女子皆有名於上，生者著，死者削”，說明秦政府完全有能力掌握秦民的年齡。睡虎地秦簡所書以身高作爲各種行爲能力的標準，當與秦國對“新秦人”的確切年齡掌握不清楚有關。

②磔：**車裂。**整理者：《荀子・宥坐》注：“謂車裂也。”劉海年（1981）：磔是一種碎裂肢體的刑罰。又劉海年（1986A）：段玉裁還認爲張裂肢體後並“令其乾枯不收”，這顯然也有示衆之義。栗勁（1985：238－239）：《漢書・景帝紀》師古注曰：“磔，謂其張尸也。”其實就是用車裂開犯人的尸體。“張其尸”是“車裂”的結果，“車裂”是“張其尸”的手段。在《史記》中所記載的“車裂以徇”，實際上就是執行磔刑。李土生（2009：384）：“磔”又指古代的一種酷刑，以車分裂人體。《說文・桀部》：“磔，辜也。”段玉裁注：“凡言磔者，開也，張也，刳其胸腹而張之，令其乾枯不收。”“磔裂”指分割、割裂。漢代揚雄《長楊賦》：“分嫠單于，磔裂屬國。”呂延濟注：“磔裂，破也。”元代劉壎《隱居通議・文章三》：“南渡前，經義簡實典古，有補世教，豈若近世浮虛磔裂者所爲，宜爲先儒之所深取也。”“磔裂”又特指車裂人體的酷刑。夏利亞（2019：248）：一種以車分裂人體的酷刑。

【今譯】

甲主謀遣使乙去盜竊殺人，得到分給的十錢，問乙身高不滿六尺，甲應如何論處？應該車裂。Q1_11_6_67

【釋文】

甲殺人，不覺，今甲病死已葬，人乃後告甲，甲殺人審，問甲當論及收不當[1]？告不聽[2]。Q1_11_6_68

【匯釋】

①收：**收孥，沒收其家屬。**整理者：收，即收孥，《商君列傳》有“舉以爲收孥”，索隱釋爲：“糾舉而收錄其妻子，沒爲官奴婢。”《鹽鐵論・周秦》也說：“秦有收孥之法。”華東政法學院《簡明法制史詞典》編寫組（1988：86）：即收孥，亦作“收帑”。秦漢時一人犯法，拘執本人及妻、子，沒爲官奴婢。《孝文本紀》：“今犯法已論，而使毋罪之父母妻子同產坐之。及爲收帑，朕甚不取。”《集解》引應劭注：“帑，子也。秦法一人有罪，並坐其家室。”《商君列傳》：“事末利及怠而貧者，

舉以爲收孥。”夏利亞（2019：248）：秦法的一種，一人犯法，妻子連坐，沒爲官奴婢，謂之收孥。

②告不聽：**對控告不予受理**。整理者：對控告不予受理。本條應與下“家人之論”條參看。劉海年（1985C）：被告人死亡，對所犯罪行不再追究，也不連坐家屬。柴發邦（1989：393）：犯一般殺人罪，犯人已死，事始發，對其控告不予受理。秦律規定，被告人死亡的不予追訴。

【今譯】

甲殺人，未被發現，現在甲因病死亡，已經埋葬，事後才有人對甲進行控告，甲殺人是事實，問應否對甲論罪並沒收其家屬？對控告不予受理。Q1_11_6_68

【釋文】

“擅殺子，黥爲城旦舂。其子新生而有怪物其身及不全而殺之[①]，勿辠（罪）。”今生子，子身全毆（也），毋（無）怪物，直以多子故[②]，不欲其生，即弗Q1_11_6_69舉而殺之[③]，可（何）論？爲殺子。Q1_11_6_70

【匯釋】

①有怪物其身及不全：**在其身上長有異物以及肢體不全**。整理者：指嬰兒有先天畸形。

其子新生而有怪物其身及不全而殺之：陳公柔（2005：152）：斷作“其子新生而有怪物，其身及不全，而殺之”。

②直：**僅**（整理者）。夏利亞（2011）：楊樹達《詞詮》卷五：“直，表態副詞，爲‘但’‘僅’之義，與今語‘不過’同。”《孟子·梁惠王上》“直不百步耳，是亦走也”，楊伯峻注：“直，衹是，不過。”

③舉：**養育**。《孟嘗君列傳》：“其母竊舉生之。”《索隱》：“案：舉謂浴而乳之，生謂長養之也。”

【今譯】

“擅自殺死孩子，應該在面額上刺刻涂墨再令其服城旦舂徒刑。如果小兒剛生下來在其身上長有異物以及肢體不全，而把他殺了，則不予治罪。”如剛生下來小兒，孩子身體完好，沒長異物，衹是由於孩子太多的緣故，不願他活下來，就不Q1_11_6_69加養育而把他殺死，應如何論處？應判爲殺子之罪。Q1_11_6_70

【釋文】

士五（伍）甲毋（無）子，其弟子以爲後[①]，與同居，而擅殺之，當棄市[②]。Q1_11_6_71

【匯釋】

①弟子：**應指其弟之子**（整理者）。夏利亞（2019：249）：即其侄。

②棄市：**秦刑罰名，在市場中當眾處死**。整理者：在市場中當眾處死，《釋名·釋喪制》："市死曰棄市。市，眾所聚，言與眾人共棄之也。"陳公柔（2005：169）：對所犯類似家罪，但與家主無血緣關係，而其罪行又足以危害社會治安者，從嚴治罪。簡 73 所記屬同類事例。趙久湘（2011）：死刑的一種，殺於市。彭文芳（2015：55－56）：《釋名·釋喪制》："市死曰棄市。市，眾所聚，言與眾人共棄之也。"《禮記·王制》："刑人於市，與眾棄之。"孔穎達疏："'刑人於市，與眾棄之'者，亦謂殷之法，謂貴賤皆刑於市，周則有爵者刑於甸師氏也。"則殷代即有棄市。《周禮·秋官司寇·掌戮》："凡殺人者，踣諸市，肆之三日。"死刑於市行之，後將屍體暴於市三日。周之棄市與殷"貴賤皆刑於市"不同，僅限於無爵者，王公貴族則於"甸師氏"刑之。《周禮·秋官司寇·小司寇》："凡王之同族有罪，不即市。"後世仍有等級存在。《唐六典·尚書刑部》："凡決大辟罪皆於市。……五品已上犯非惡逆已上，聽自盡於家。七品已上及皇族、若婦人犯非斬者，皆絞於隱處。"雖名曰棄市，但並非其間各個時期的死刑皆棄於市，衹是存古稱而已。棄市的地點可以變通。《隋書·刑法志》載北齊律："一曰死，重者轘之，其次梟首，並陳屍三日；無市者，列於鄉亭顯處。"《歷代刑法考·行刑之制考》："後世之市，既與古制不同，殺人於市，已與古制不能盡合。今時惟京師尚於市，各直省情形不同，有在教場者，有在城外空地者。所謂殺人於市，亦虛有其文而已。"

關於"棄市"的具體做法，**有二說：一、絞刑**。張建國（1996）、曹旅寧（2000）、李均明（2003A：123）釋爲絞刑。張建國（1996）：秦漢的"棄市"是將犯人絞殺於市。曹旅寧（2000）：天水放馬灘一號秦墓出土的《墓主記》記載"丹"被棄市後又復活，證明秦代棄市非斬首之刑，比較合情理的解釋就是絞刑，因此丹雖被縊但未氣絕。《左傳·宣公八年》："晉人獲秦諜，殺諸絳市，六日而蘇。"此處"殺"若爲斬刑，斷無復活的可能；但若爲絞刑，還是存在僥倖不死的可能性。李均明（2003A）：先秦已有絞刑，秦漢時期改稱爲"棄市"。**二、斬刑**。沈家本（1985：139）："棄市，此秦法也。秦法棄市爲何等？刑書無明文，以漢法推之，當亦斬刑。"劉海年（1981）：秦漢的"棄市"是"殺以刀刃"，刑之於市。

【今譯】

士伍甲沒有孩子，把他弟弟的孩子當作後嗣，跟他在一起居住，而擅自將他殺死，應當在市場中當眾處死。Q1_11_6_71

【釋文】

"擅殺、刑、髡其後子[①]，潚之。"·可（何）謂"後子"？·官其男爲爵後[②]，及臣邦君長所置爲後大（太）子[③]，皆爲"後子"。Q1_11_6_72

【匯釋】

①髡：**有三說：一、古代的一種刑罰名，剃去頭髮，不去鬢鬚。**趙久湘（2011）：古代不論男女皆蓄長髮（衹是髮型可能有所不同），剃去頭髮是一種刑罰。因爲在古人看來，人的毛髮體膚是父母、天地所賜，爲人的形狀必須完整，因此去掉眉、鬢、鬚、髮是很大的不幸和耻辱。彭文芳（2015：189－190）：《說文·髟部》："髡，剔髮也。从髟、兀聲，或从元。"《說文·髟部》："鬀，鬄髮也。从髟、弟聲。大人曰髡，小兒曰鬀，盡及身毛曰鬄。"《廣韻·魂韻》："髡，苦昆切。去發。"《急就篇》"鬼薪白粲鉗釱髡"，顔師古注："鬄髮曰髡。"髡刑屬於耻辱刑，故一般作爲主刑的附加刑使用。除了作附加刑，髡刑也有單獨使用的情況，《通典·兵二·法制附》："後漢魏武《軍令》：……違令者，髡翦以徇。"髡亦用於婦女。**二、髡刑，斷長髮爲短髮。**劉海年（1981）：在法律中髡與刑、殺並提，説明秦時存在髡刑是無疑的。古代髡刑是斷長髮爲短髮，其長度一般是三寸左右。**三、動詞，不能釋爲刑名。**楊廣偉（1986）：簡文的"髡"和"刑""殺"一樣，不能釋爲刑名，都應作動詞解釋，如《禮記·禮運》正義云："古者犯罪，以髡其鬚。"

關於髡刑的性質，**有二說：一、是家用"私刑"。**王森（1986）：秦簡提到的擅殺、刑、髡是指犯罪者迫害子孫的方式和手段，是一種非法行爲，並不是具有法律意義的刑罰，是家用"私刑"。對此，除特殊情況外，國家是採取默許態度的。秦簡中有法定的髡刑，受刑是剃髮而不去鬢鬚。栗勁（1985：253）：簡文把殺、刑、髡並列，使髡具有國家法定刑罰的性質，但又不是國家的法定刑罰，而是實行於家庭中的"私刑"。這種私刑實施於有爵者或少數民族君長的法定繼承人身上，是要追究刑事責任的，可見國家對此是採取取締和禁止的態度的。家長對子女、奴婢實施這種私刑，國家是採取支持和保證的態度的。從國家的這種行爲上來看，也就意味著秦是有法定的髡刑的。張全民（2001）：在秦律的刑罰體系中，由輕至重依次爲：貲、耐、完、肉刑、死刑，"完"是輕於肉刑而重於"耐"的刑罰。《法律答問》在述及家長的私刑時說"擅殺、刑、髡"，相同的字樣共出現過三次。"殺""刑""髡"應該是由重至輕的刑罰排列。將其與秦律的刑罰相對照，可以很清楚地看出"完"即是"髡"。韓樹峰（2003）："完"在秦代不包括作爲私刑的"髡"，而專指國家的法定刑罰。**二、秦有此法定之刑。**徐世虹（1999：156－157）：《法律答問》的兩則材料都是以私人身份而行刑的，非國家執行的法定刑罰。《風俗通義·佚文第十六》："秦始皇遣蒙恬築長城，徒士犯罪亡依鮮卑山，後遂繁息，令皆髡頭衣赭，亡徒之明效也。"説明秦有此法定之刑。何本方（2003：222）：秦代有"髡鉗爲城旦舂"，即將犯人頭髮剃去，並用鐵圈鎖住頸項強制勞役的刑罰。另有輕於髡罪的刑罰，稱爲"耐"，或稱"完"，指僅剃去犯人鬢毛和胡鬚，而保存頭髮的刑罰。漢代"髡鉗城旦舂"爲五歲刑，"完城旦舂"爲四歲刑，其二歲、三歲、四歲刑統稱耐刑。

後子：**有二說：一、官方認可的爵位繼承人或臣邦君長立爲後嗣的太子**（夏利亞，2011）。**二、嫡嗣，長子。**整理者：《荀子·正論》注："嗣子。"楊樹達《積微居金文餘說》卷一認爲後子即作爲嫡嗣的長子。

②官：**動詞，應指曾經官府認可。**整理者：參《法律答問》“女子甲爲人妻”條。

③臣邦君長：**指臣屬於秦的少數民族的領袖，或作“臣邦君公”。**整理者：《後漢書·南蠻西南夷列傳》載秦惠王併巴中，“以巴氏爲蠻夷君長”。吳永章（1983）：簡文中的臣邦君長、君公，相當於文獻材料中的蠻夷邑君侯王。秦在民族地區雖設置郡、縣，委派守令，但“蠻夷邑君侯王”並未廢除，可謂實行與漢區不同的郡、縣守令與臣邦君長並存的雙軌制。清人錢大昕說，秦“其初雖有郡名，仍令其君長治之”（《潛研堂文集·三十六郡考》），是符合歷史實際的。

【今譯】

“擅自殺死、刑傷或髡剃其後子的，應給他定罪。” ·甚麼叫“後子”？ ·經官方認可他兒子作爲爵位的繼承人，以及臣屬於秦的少數民族領袖所立作爲後嗣的太子，都是“後子”。Q1_11_6_72

【釋文】

人奴擅殺子，城旦黥之，畀主。Q1_11_6_73

【今譯】

私家奴婢擅自殺子，應對其施以與城旦相同的黥刑，然後交還給主人。Q1_11_6_73

【釋文】

人奴妾治（笞）子，子以胋死①，黥顏頯②，畀主。■相與鬬，交傷③，皆論不殹（也）？交論。Q1_11_6_74

【匯釋】

①胋：**有五說：一、用作“嫴”，保辜**（李力，2009）。陳偉（2016C：212）：張家山漢簡《二年律令》簡24：“鬬傷人，而以傷辜二旬中死，爲殺人。”整理小組注釋：“《急就篇》‘疻痏保辜謕呼號’注：‘保辜者，各隨其狀輕重，令毆者以日數保之，限內至死，則坐重辜也。’”又簡39“以毆笞辜死”、簡48“以辜死”，《奏讞書》簡49“以辜死”。可見李力說是。**二、通“枯”，病。**整理者：讀爲枯，《淮南子·原道訓》注：“猶病也。”**三、通“痼”，久病。**陳振裕、劉信芳（1993）：讀爲“痼”，久病。**四、本當作“辜”，指鞭笞之裂傷。**朱湘蓉（2006）：據《二年律令》簡39、48及《奏讞書》簡49，該字本字應當是“辜”，指鞭笞之裂傷。夏利亞（2019：250）：朱說甚有理。**五、同“股”，通“梏”，拘禁。**董志翹、楊琳（2014：411）：同“股”，疑通“梏”，戴上手銬，泛指械器，拘禁。

②顏：**面額中央**。《說文·頁部》："顏，眉之間也。"劉海年（1986A）：顏也是指額部，是黥刺的傳統部位。

頯：**音逵，顴骨，顴部**。《說文·頁部》："頯，權也。"段玉裁注："權者，今之顴字。"劉海年（1986A）：頯是兩顴。黥刺兩顴則比較特殊，且黥刺面積比額部大得多，是黥刑中較重的一種。陳偉（2016C：212）：張家山漢簡《二年律令》簡30："奴婢敺（毆）庶人以上，黥頯，畀主。"簡122："人奴婢有刑城旦舂以下至遷、耐罪，黥顏頯畀主。"簡135："奴婢自訟不審，斬奴左止（趾），黥婢顏頯，畀其主。"黥顏頯似是針對女性奴婢的刑罰。

③交：**都，俱**。整理者：《孟子·梁惠王上》："上下交征利，而國危矣。"注曰："交，俱也。"夏利亞（2019：250）：俱，皆。

【今譯】

私家奴婢笞打自己的孩子，孩子在保辜期內死亡，應該在額上和顴部刺刻涂墨，然後交還主人。■互相鬬毆，雙方都受了傷，是否都要論處？都應該論處。Q1_11_6_74

【釋文】

臣強與主奸①，可（何）論？比毆主。■鬬折脊項骨，可（何）論？比折支（肢）②。Q1_11_6_75

【匯釋】

①強與主奸：**即強姦主人**。趙久湘（2011）：這種犯罪要比照毆打主人的犯罪論處。

②比：**比照，按照**。武樹臣（1994：328）："比"即"比附""類推"，是在無法律明文規定的情況下比照類似條文以處罰的審判制度。如："臣強與主奸，比毆主"；"鬬折脊項骨，比折肢"，"毆高大父母，比毆大父母"。律文本無"臣強與主奸""鬬折脊項骨""毆高大父母"的治罪條文，故比照"毆主""折肢""毆大父母"的條文科處刑罰，這實際上形成了判例。但由於有了"比××"的條文，上述判例就隱而不現了，這是無形的判例。陳公柔（2005：180）：此簡和簡78、簡85屬決事比，指可以比附的同類可供參考的案例。孫聞博（2008）：按毆主論處，當爲死刑。

【今譯】

男奴強姦主人，應該如何論處？與毆打主人同樣論處。■鬬毆折斷了頸脊骨，應該如何論處？與折斷四肢同樣論處。Q1_11_6_75

【釋文】

“臣妾牧殺主[①]。”·可（何）謂牧？·欲賊殺主[②]，未殺而得，爲牧。Q1_11_6_76

【匯釋】

①牧：**有二説：一、臣妾蓄意殺主未遂而被抓獲。**陳偉（2016C：213）：《晉書·刑法志》引張斐《律表》：“二人對議謂之謀。”簡文對“牧”的解釋，未涉及是否有預謀，故不當解作“謀”。劉海年（1985D）：牧殺是欲劫殺主人未殺而被拿獲。**二、通“謀”，預謀。**整理者：讀爲謀。夏利亞（2011）：上古音中，牧、謀皆爲明紐之部，聲韻皆同，於音可通。

②賊殺：**殺害**（整理者）。夏利亞（2019：250）：秦律罪名之一，意謂故意殺人。

【今譯】

“奴婢‘牧’殺主人。”·甚麼叫牧？·企圖殺害主人，還沒有殺就被捕獲，叫作牧。Q1_11_6_76

【釋文】

或自殺，其室人弗言吏[①]，即葬貍（薶）之[②]，問死者有妻、子當收[③]，弗言而葬，當貲一甲[④]。Q1_11_6_77

【匯釋】

①室人：**家人。**陳玉璟（1985）：“家屬”或“家中的人”。高恒（1993）：是自殺者親屬，有責任向官府報告自殺者的情況。不報告而受罰，是因本人違法，而不是連坐。夏利亞（2019：250）：泛指家中的人。

②葬貍：**即葬薶，埋葬。**鄧章應（2014：36）：“葬貍”或作“葬埋”“葬薶”，“埋”“貍”皆从里聲，“貍”加義符作“薶”。上古音中，“埋”“貍”“薶”同屬明母之部。埋，古代特指簡陋不依禮制而落葬。《釋名·釋葬制》：“葬不如禮曰埋。”畢沅《疏證》：“葬不如禮，則與埋馬埋狗無以別。”“埋”與“葬”連用後，泛指“葬埋”，亦可倒言之“埋葬”，二者同義連用。

③問：**有二説：一、“答問”之“問”。**李學勤（1985B）：何四維《秦律遺文》以“問”爲“答問”之“問”，以“收”爲“收捕”，這一解釋更合《法律答問》的體例。**二、訊問。**整理者語譯爲“訊問”。

收：**有三説：一、收捕。**李學勤（1985B）：以“收”爲“收捕”，這一解釋更合《法律答問》的體例。**二、收尸。**整理者：收，此處指收尸。**三、通“糾”，追究。**秋非（1989）：“收”是“糾”（實爲“究”）之借字，追究之意。

④彭浩（1993）：當時成年人死亡後必須報官，注銷戶口。簡文或與戶律相關。

【今譯】

有人自殺，其家人沒有向官吏報告，就把死者埋葬了，問：死者有妻子、孩子，應當收捕？沒有報告即行埋葬，應該罰一甲。Q1_11_6_77

【釋文】

“毆大父母[①]，黥爲城旦舂。”今毆高大父母[②]，可（何）論？比大父母。Q1_11_6_78

【匯釋】

①大父母：**祖父母**。整理者：“大父”見《留侯世家》，“大母”見《漢書·文三王傳》。閻愛民（2005：183）：父之父與父之母，《儀禮·喪服》稱“祖父母”，子夏傳曰：“何以期也？至尊也”；《爾雅·釋親》稱爲“王父母”，秦漢人一般稱爲“大父母”。這種“大父母”之稱，不但見於人們的面稱，也見於政府的詔令。

②高大父母：**指曾祖父母**（整理者）。

【今譯】

“毆打祖父母，應在其面額上刺刻塗墨、服城旦舂徒刑。”如毆打曾祖父母，應如何論處？與毆打祖父母同樣論處。Q1_11_6_78

【釋文】

妻悍，夫毆治（笞）之，夬（決）其耳[①]，若折支（肢）指、胅膿（體）[②]，問夫可（何）論？當耐[③]。Q1_11_6_79

【匯釋】

①夬：**通“決”，撕裂**（整理者）。

②胅：**脫臼**。整理者：《說文》：“骨差也。”段注：“謂骨節差忒不相值，故胅出也。”意即脫臼。

③耐：**處以耐刑**。王森（1986）：在此作主刑用，也見於《法律答問》簡的。陳偉（2016C：214）：張家山漢簡《二年律令》簡 32：“妻悍而夫毆笞之，非以兵刃也，雖傷之，毋罪。”可參看。

【今譯】

妻子凶悍，丈夫加以責打，撕裂了她的耳朵，或打斷了四肢手指、造成脫臼，問其夫應如何論處？應處以耐刑（剃除頰鬚）。Q1_11_6_79

【釋文】

律曰：“鬭夬（決）人耳，耐。”今夬（決）耳故不穿，所夬（決）非珥所入

毆（也）[①]，可（何）論？律所謂，非必珥所入乃爲夬（決），夬（決）裂男若女耳，皆當耐[②]。Q1_11_6_80

【匯釋】

①珥：**用珠玉做的耳飾**，也叫瑱、瑞。陳濤（2011：75）：《說文》："瑱也。从玉、耳，耳亦聲。"（瑱：垂在冠冕兩側用來塞耳的耳飾。）本義是用珠玉做的耳飾。《韓非子·外儲說右上》："靖郭君之相齊也，王後死，未知所置，乃獻玉珥以知之。"《列子·周穆王》："正蛾眉，設笄珥。"整理者：《漢書·東方朔傳》注："珠玉飾耳者也。"《一切經音義》八引《倉頡篇》："珠在耳也。"魏德勝（2003：61）：《說文》："瑱也。"《韓非子·外儲說右上》："明之以靖郭氏之獻十珥也，與犀首、甘茂之道穴聞也。"

所夬非珥所入毆：**有二說：一、所撕不是掛珥的部位**。整理者說。**二、撕裂的部位不是耳孔**。所夬，撕裂的部位。珥所入，耳孔。夏利亞（2019：250）說。

②非必珥所入乃爲夬：**有二說：一、並沒有說衹有掛珥的部位才算撕裂**。整理者說。**二、並沒有說衹有（撕裂）耳孔才算撕裂**。夏利亞（2019：250）說。

當耐：**有二說：一、應該處以耐刑**。整理者說。**二、"當耐爲隸臣妾"的省略**。韓樹峰（2007）：應是"當耐爲隸臣妾"的略語。

徐富昌（1993：518）：本條及以下相關簡文的"鬭"皆指人民間彼此的私鬭，爲法律所禁止。

【今譯】

律文說："鬭毆撕裂他人耳朵，應當處以耐刑（剃除頰鬚）。"如果撕裂的耳朵本來沒有穿過戴珥的孔，所撕裂的不是掛珥的部位，應當如何論處？律文的意思是，並不是衹有掛珥的部位才算撕裂，撕裂男子或婦女的耳朵，都應該處以耐刑。Q1_11_6_80

【釋文】

或與人鬭，縛而盡拔其須麋（眉），論可（何）毆（也）？當完城旦。Q1_11_6_81

【今譯】

有人與他人鬭毆，將他人捆綁起來，拔光了胡鬚眉毛，應當如何論處？應該先處完刑（不加肉刑、保持身體的完整性），再去服城旦的勞役。Q1_11_6_81

【釋文】

拔人髮，大可（何）如爲"提"[①]？智（知）以上爲"提"[②]。Q1_11_6_82

【匯釋】

①大：**有二說：一、指範圍大小**。陳偉（2016C：214－215）：《唐律疏義・鬪訟一》："傷及拔髮方寸以上，杖八十。"**二、多少**。整理者說。

提：**把頭髮拔脫**。整理者：《禮記・少儀》注："猶絕也。"意思是把頭髮拔脫。推測秦律有關於"提"髮應如何懲處的規定，所以本條就"提"專門作出說明。

②智：**通"知"，似指他人可察覺**（陳偉，2016C：215）。整理者翻譯爲有所感覺。

【今譯】

拔掉他人頭髮，範圍多大可稱爲"提"？被拔頭髮的人可以察覺稱爲"提"。Q1_11_6_82

【釋文】

或鬭，嚙斷人鼻若耳若指若脣（唇）[①]，論各可（何）毆（也）？議皆當耐[②]。Q1_11_6_83

【匯釋】

①嚙：**原簡字形爲"齧"，讀爲"嚙"，意爲咬**（夏利亞，2011）。

②議：**議處**。堀毅（1988：314）：與當時法廷用語裏的"比"性質略有不同，當時確實不存在針對"嚙斷人鼻耳"的條文規定，因而用"議"。陳偉（2016C：215）：張家山漢簡《二年律令》簡27～28："其非用此物而□人，折枳（肢）、齒、指、胅體，斷決（決）鼻、耳者，耐。"可參考。

【今譯】

有人鬭毆，咬斷他人鼻子，或者耳朵，或者手指，或者嘴唇，各應如何論處？都應以耐刑議處。

【釋文】

士五（伍）甲鬭，拔劍伐[①]，斬人髮結[②]，可（何）論？當完爲城旦。Q1_11_6_84

【匯釋】

①伐：**有二說：一、砍**。整理者：《說文》小徐本："亦斫也。"**二、擊刺、殺**。夏利亞（2011）：一般來說，用劍的時候，搭配的動詞是擊、刺，即用劍刺，而不用砍。故，疑此處伐當解爲擊刺、殺，《尚書・牧誓》："夫子勗哉，不愆於四伐五伐六伐七伐。"孔傳："伐爲擊刺。"

②結：**通"髻"，髮髻**。整理者：《漢書・陸賈傳》："尉佗魋結箕踞見賈。"

注："結讀曰髻。"《說文》："結，締也。"段玉裁注："古無髻字，即用此。"

【今譯】

士伍甲鬬毆，拔出劍來砍，砍斷他人的髮髻，應當如何論處？應該先處完刑，再去服城旦的勞役。Q1_11_6_84

【釋文】

鈹、戟、矛有室者[①]，拔以鬬，未有傷毆（也），論比劍。Q1_11_6_85

【匯釋】

①鈹：**長柄的劍形兵器**。整理者：古書或說是兩刃刀，《說文》："劍如刀裝者。"《漢書·高惠高后文功臣表》注："長鈹，長刃兵也，爲刀而劍形，《史記》作長鈹，鈹亦刀耳。"或說是大矛，《方言》："錟謂之鈹。"注："今江東呼大矛爲鈹。"實際是指同一種器物，即長柄的劍形兵器。劉占成（1982）認爲：銅鈹屬於長兵類，主要用於較遠距離的對敵刺殺，在實戰中與短兵配合使用。

室：**鞘，刀劍的鞘**。整理者：在考古工作中曾發現戰國時期有鞘的戈戟類兵器。

【今譯】

鈹（兩刃刀）、戟、矛有鞘的，拔出來相鬬，沒有傷人，應與拔劍相鬬同樣論處。Q1_11_6_85

【釋文】

鬬以箴（針）、鉥、錐[①]，若箴（針）、鉥、錐傷人，各可（何）論？鬬，當貲二甲；賊，當黥爲城旦[②]。Q1_11_6_86

【匯釋】

①箴：**縫衣用的工具，後作"針"或"鍼"**。董志翹、楊琳（2014：412）：《說文·竹部》："箴，綴衣箴也。"段玉裁注："綴衣，聯綴之也，謂籤之使不散；若用以縫，則从金之鍼也。"《荀子·賦》："簪以爲父，管以爲母，既以縫表，又以連裏，夫是之謂箴理。"

鉥：**長針**。董志翹、楊琳（2014：412）：《說文·金部》："鉥，綦鍼也。"《管子·輕重乙》："一女必有一刀、一錐、一箴、一鉥，然後成爲女。"尹知章注："鉥，長針也。"《管子·海王篇》："一女必有一針一鉥。"

②陳偉（2016C：216）：張家山漢簡《二年律令》簡27："鬬而以釼（刃）及金鐵銳、錘、榫（錐）傷人，皆完爲城旦舂。"可參看。

【今譯】

用針、鉥（長針）、錐相鬭，或用針、鉥、錐傷人，各應如何論處？用以相鬭，應當罰二甲；傷害人，應當在其面額上刺刻塗墨，再使其服城旦的勞役。Q1_11_6_86

【釋文】

或與人鬭，夬（決）人脣（唇），論可（何）殹（也）？比疻痏[①]。Q1_11_6_87

【匯釋】

①疻痏：**毆傷**。整理者：《急就篇》注："毆人皮膚腫起曰疻，毆傷曰痏。"《法學辭典》編輯委員會（1984：780－781）：秦漢律指被毆傷皮膚青黑無創瘢。《漢書・薛宣傳》："傳曰：'遇人不以義而見疻者，與痏人之罪鈞'，惡不直也。"應劭引漢律注："以杖手毆擊人，剝其皮膚，腫起青黑而無瘡瘢者，律謂疻痏。"嚴格言之，疻與痏不同，依顔師古注《急就篇》：毆人皮膚腫起爲"疻"，毆傷爲"痏"。痏較疻爲重。段氏注《說文》及李善注《文選》嵇康詩"怛若創痏"，均謂痏瘢也。以創瘢之有無爲疻、痏之區別。但如疻痏渾言，以應劭引漢律注爲是。

【今譯】

有人與他人鬭毆，撕破他人嘴唇，應當如何論處？與打人造成青腫或破傷同樣論處。Q1_11_6_87

【釋文】

或鬭，齧人頯若顔[①]，其大方一寸，深半寸，可（何）論？比疻痏。Q1_11_6_88

【匯釋】

①齧：**咬傷**。整理者寫爲"嚙"，夏利亞（2011）根據原簡字形改爲"齧"。

【今譯】

有人鬭毆，咬傷他人顴部或顔面，傷口的大小是方一寸，深半寸，應如何論處？與打人造成青腫或破傷同樣論處。Q1_11_6_88

【釋文】

鬭，爲人毆殹（也），毋（無）疻痏，毆者顧折齒[①]，可（何）論？各以其律論之。Q1_11_6_89

【匯釋】

①顧：**卻，反而**。整理者：《絳侯世家・索隱》引許慎云："反也。"即反而。

【今譯】

鬭毆，被人毆打，沒有青腫破傷，打人的人反而折斷了牙齒，應如何論處？應各自依有關法律論處。Q1_11_6_89

【釋文】

“邦客與主人鬭[①]，以兵刃、投（殳）梃、拳指傷人[②]，𢷎以布[③]。”可（何）謂“𢷎”？𢷎布入公，如貲布，入齎（資）錢如律[④]。Q1_11_6_90

【匯釋】

①邦客：**秦國以外的人**（整理者）。

主人：**秦國人**（整理者）。

②投：**通“殳”，杖，棍棒**。董志翹、楊琳（2014：412）：《文選·張衡〈西京賦〉》：“但觀罝羅之所羂結，竿殳之所揘畢。”薛綜注：“殳，杖也。八棱，長丈二而無刃。或以木爲之，或以竹爲之。”

梃：**棍棒**。整理者：《廣雅·釋器》：“梃，杖也。”《孟子·梁惠王上》：“殺人以梃與刃，有以異乎？”

拳：**拳頭**。魏德勝（2002：60）：《說文》：“手也。”

③𢷎：**即“揗”，撫慰**。整理者：應指“揗”，《說文》：“撫也。”這裏有撫慰的意思。劉海年（1985C）：按秦律，以器械傷人者，一般處耐刑、完城旦刑或貲二甲。外國人犯這種罪衹“𢷎以布”，處理顯然更慎重。

𢷎以布：**用作爲貨幣的布來撫慰**。

④齎：**通“資”，錢**。整理者：律文規定繳布，實際則折錢繳納。

【今譯】

“秦國以外的人和秦人相鬭，秦國以外的人用兵刃、棍棒、拳頭傷了人，應當𢷎以布（用作爲貨幣的布來撫慰）。”甚麼叫“𢷎”？將作爲撫慰的布繳官，和罰布一樣，依法繳錢。Q1_11_6_90

【釋文】

“以梃賊傷人。”·可（何）謂“梃”？木可以伐者爲“梃”[①]。Q1_11_6_91

【匯釋】

①伐：**打，打人**。《說文》：“擊也，从人持戈。一曰敗也。”

賊傷：**秦律罪名之一，故意傷人**。

【今譯】

“用梃故意傷人。”·甚麼叫梃？可以用來打人的木棍稱爲梃。Q1_11_6_91

【釋文】

小畜生入人室，室人以投（殳）梃伐殺之[①]，所殺直（值）二百五十錢，可（何）論？當貲二甲。Q1_11_6_92

【匯釋】

①室人：**屋內主人**。高恒（1993）：他受罰也是因本人違法，而不是連坐的問題。

【今譯】

小牲畜進入他人家中，屋子主人用棍棒將其打死，所打死的小牲畜值二百五十錢，應當如何論處？應當罰二甲。Q1_11_6_92

【釋文】

論獄可（何）謂“不直”[①]？可（何）謂“縱囚”[②]？辠（罪）當重而端輕之，當輕而端重之，是謂“不直”。當論而端弗論，及傷其獄[③]，端令不致[④]，論出之，是謂“縱囚”。Q1_11_6_93

【匯釋】

①不直：**不公正，故意減輕或加重罪行**。夏利亞（2011）：《秦始皇本紀》載秦始皇三十四年“適（謫）治獄吏不直者，築長城及南越地”。由簡文觀之，不直之罪指的是故意減輕或加重罪行，即《語書》所言的“毋（無）公端之心，而有冒柢（抵）之治”的惡吏行爲。

②縱囚：**放走罪犯**。整理者：《漢書·景武昭宣元成功臣表》注引晉灼云：“律說出罪爲故縱，入罪爲故不直。”與本條的解說不同。

③傷：**有二說：一、減輕**。整理者：《說文》：“輕也。”**二、輕率**。董志翹、楊琳（2014：412）說。

④致：**讀爲“至”，達到**。不致：**達不到判罪標準**（整理者）。

【今譯】

判案怎樣稱爲“不直”（不公正）？怎樣稱爲“縱囚”（放走罪犯）？應該重判的罪而故意輕判，應該輕判的罪而故意重判，這就叫“不直”。應當論罪而故意不論罪，以及減輕案情，故意使犯人達不到判罪標準，於是審判把他放走，這就叫“縱囚”。Q1_11_6_93

【釋文】

贖辠（罪）不直[①]，史不與嗇夫和[②]，問史可（何）論？當貲一盾[③]。Q1_11_6_94

【匯釋】

①贖辠：**（判處）贖罪**。整理者：應指贖耐、贖黥一類可繳納錢財贖免的罪。官吏判這種罪不公正，可以貪污舞弊。夏利亞（2019：256）：用錢物贖免罪行。

②史：**有二說：一、從事文書事務的小吏**。整理者說。《說文·敘》引漢《尉律》："學僮十七以上，始試，諷籀書九千字，乃得爲吏。"**二、縣司法機構的令史**。劉海年（1982B）：這裏說的史就是指縣司法機構的令史，而嗇夫則是指有權處理案件的縣令、丞。

和：**指合謀**。

③整理者：本條史未與嗇夫合謀，故判罪較輕。

【今譯】

（判處犯人）贖罪不公正，史沒有和嗇夫合謀，問史應如何論處？應當罰一盾。Q1_11_6_94

【釋文】

"辭者辭廷[①]。"·今郡守爲廷不爲？爲殹（也）[②]。■"辭者不先辭官長、嗇夫。"■可（何）謂"官長"？可（何）謂"嗇夫"？命都官曰"長"[③]，縣曰"嗇夫"。Q1_11_6_95

【匯釋】

①辭：**有二說：一、訴訟**（董志翹、楊琳，2014：413）。整理者：《說文》："訟也。"**二、供辭**。籾山明（1985）：供辭稱"辭"。

辭者辭廷：**訴訟者向廷訴訟**。夏利亞（2019：256）說。

②今郡守爲廷不爲？爲殹：**現在郡守算不算廷？算（廷）**。劉海年（1985C）：郡守的郡廷就是處理訴訟案件的地方。《封診式·遷子》中有關於派人押送犯人到成都，然後到蜀郡太守處辦理押解公文手續的記載，也表明秦郡守確實兼管刑獄。高恒（1994：12）：實行郡縣制後，特別要說明"郡守"也是具有審判權的官廷。

③命：**稱**。整理者：《廣雅·釋詁三》："名也。"董志翹、楊琳（2014：413）：同"名"，稱。

【今譯】

"訴訟的人向廷訴訟。"·現在郡守算不算廷？算（廷）。■"訴訟的人不先向官長、嗇夫訴訟。"■甚麼叫"官長"？甚麼叫"嗇夫"？稱都官的主管官員爲"長"，縣的主管官員爲"嗇夫"。Q1_11_6_95

【釋文】

"伍人相告，且以辟辠（罪）[①]，不審，以所辟辠（罪）辠（罪）之。"有（又）曰："不能定辠（罪）人，而告它人，爲告不審。"今甲曰伍人乙賊殺人，即

執乙，問不Q1_11_6_96殺人，甲言不審，當以告不審論，且以所辟？以所辟論當殹(也)。Q1_11_6_97

【匯釋】

①辟：**有二說：一、後作“避”，回避**。整理者：一說，辟應讀爲避。富谷至(2006：144－145)：“辟”與“避”通，作“回避”解，什伍組織內的告不審，適用於本來爲什伍連坐刑設置的告發者因此想回避的刑罰，即“所辟罪”。夏利亞(2011)：本簡“以辟罪”前有“且”字，其意爲“將”，說明伍人相告是爲避免連坐。故，該辟字以“一說”爲當。**二、讀如字，罪**。整理者：《商君列傳》：“令民爲什伍，而相收司連坐。”《索隱》：“收司，謂相糾發也。”辟，《爾雅・釋詁》：“罪也。”

【今譯】

“同伍的人相互控告，想要回避刑罰，不確實，應以所想要回避的罪名論處控告者。”律文又說：“不能確定罪人，而對他人進行控告，判爲所告不實。”如甲控告說同伍的乙殺害了人，就將乙拘捕，經審訊乙並沒有Q1_11_6_96殺人，甲所說的不實，應當以告不實論處，還是以所想要回避的罪名（論處）？以所想要回避的罪名論處是正確的。Q1_11_6_97

【釋文】

賊入甲室，賊傷甲，甲號寇①，其四鄰、典、老皆出不存，不聞號寇，問當論不當？審不存，不當論；典老雖不存，當論。Q1_11_6_98

【匯釋】

①賊：**強盜**（魏德勝，2003：236）。

號：**呼喊**。整理者：《爾雅・釋言》：“謼（呼）也。”即呼喊。

【今譯】

強盜進入甲的家裏，將甲殺傷，甲呼喊有賊，他同伍的人、里典、伍老都外出不在家，沒有聽到（甲）呼喊有賊，問應否論處？同伍的人確實不在家，不應當論處；里典、伍老即使不在家，仍應當論罪。Q1_11_6_98

【釋文】

可（何）謂“四鄰”？“四鄰”即伍人謂殹（也）①。Q1_11_6_99

【匯釋】

①整理者：《急就篇》：“變鬬殺傷捕伍鄰。”以“伍鄰”爲一個名詞。彭浩

(1993)：簡文與什伍相關，屬戶律的內容。王愛清（2006）：大夫和更高爵的民戶不與爵更低或無爵民戶同編在一個伍，說明他們不是比地爲鄰的，唯一的可能就是居住在里中不同的區域內。這說明當時存在按等級身份劃分居住區域的原則。

【今譯】

甚麼叫“四鄰”？四鄰就是同伍的人。Q1_11_6_99

【釋文】

可（何）謂“州告”[①]？“州告”者，告辠（罪）人，其所告且不審[②]，有（又）以它事告之。勿聽，而論其不審。Q1_11_6_100

【匯釋】

①州：**讀爲“周”，循環重複**（整理者）。

州告：**即周告，是一種罪名**。夏利亞（2019：257）：即第一次告發別人的時候，證明所告罪名與事實不符，然後又以別的事告發同一個人，這種情況就稱爲周告。

②且：**尚且**。夏利亞（2011）：表遞進關係，相當於尚且。《項羽本紀》：“臣死且不避，卮酒安足辭！”整理者：且：尚且。

【今譯】

甚麼叫“州告”？所謂“州告”，就是控告罪人，他所控告的尚且不實，又以其他事控告。不應受理，而以所控告不實論罪。Q1_11_6_100

【釋文】

盜賊殺傷人衝術[①]，偕旁人不援，百步中比壄（野）[②]，當貲二甲。Q1_11_6_101

【匯釋】

①盜：**盜賊**。整理者釋爲“有”，陳偉（2016C：220）據紅外影像改釋爲“盜”。

衝術：**大道**。整理者：見《墨子·備城門》，意爲大道。《墨子·備城門》：“爲衝術。”《墨子·號令》：“以行衝術及里中。”

②壄：**同“野”，郊外**。比壄：**與發生在郊外同樣論處**（整理者）。

【今譯】

盜賊在大道上殺傷人，在旁邊的人不加以援救，距離在百步以內，應與在郊外同樣論處，應罰二甲。Q1_11_6_101

【釋文】

免老告人以爲不孝①，謁殺，當三環之不②？不當環，亟執勿失。Q1_11_6_102

【匯釋】

①免老：**六十歲以上的老人**。整理者：《漢舊儀》："秦制二十爵，男子賜爵一級以上，有罪以減，年五十六免。無爵爲士伍，年六十乃免老。"陳偉（2016C：220）：免老年齡或因爵位不同而有差別，參看張家山漢簡《二年律令》簡356。

②謁殺：**要求判以死刑**。

三環：**有七說：一、即"三宥"。"環"讀爲"原"，寬宥從輕，寬恕**。整理者：古時判死刑有"三宥"的程式，見《周禮·司賜》。《三國志·張魯傳》有"犯法者，三原然後乃行刑"，可參考。劉華祝（2009）從之。李豐娟（2011：23）：讀作"原"，"三環"即"三原"，"三原"即"三宥"。"宥"有寬恕、赦免之義。**二、三審。"環"意爲審理**。黃展嶽（1980）：三環源於三宥，意思爲三審。**三、三次令告訴者返還慎思所告。"環"意爲返還，卻，拒絕受理**。夏利亞（2011）：環讀爲還，卻也，意爲退卻，拒絕。**三，在此表示多次，三環的意思是多次拒絕**。其往往用在可能出現猶豫不決情況的告訴或謁請中，屬於一種官方行爲。錢大群（1988：72）："三環"不是《周禮》《禮記》中的"三宥"。環，訓爲卻。"三環"是起訴階段中司法機關對某些告訴拒絕受理的制度。"三環"即"三還"，也即"三卻"——三種拒絕受理的情況，即"非公室告""家罪""州告"。又錢大群（2003：112－113）：起訴階段中司法機關對某些告訴所作的一種令告訴者三次返還的制度。"三環"就是"三次令告訴者返還慎思所告"。秦律中的"三環"都不是指對"非公室告"及"家罪"等告發的拒絕受理制度。"三環"答問是因受理機關對免老告子不孝，請求處死兒子的告發在性質認定上猶豫，因而提出"當三環之不"的請示。《二年律令》簡36："年七十以上告子不孝，必三環之。三環之各不同日而尚告，乃聽之。"整理者注釋：意爲還，《說文》"復也"，年齡在七十歲以上的人告其子不孝，必須反復告三次，司法部門才予受理。徐世虹（2004）："三環之"並不是對原告的限制，而是爲防止某種情況出現（例如"告不審"）而對司法機關所作的要求，必須反復調查了解實情。每文（2004）："三環"和"勿聽"是兩種不同的拒絕受理制度，"勿聽"是徹底的，"三環"是不徹底，留有餘地的。**四、三次勸阻原告。"環"意爲勸阻**。朱紅林（2005：41－46）："三環"應理解爲三次勸阻原告，是對老人的自訴限制。**五、反復告三次。"環"意爲重複，反復**。陳治國（2007B）："環"應理解爲"還"，即"重複"之意。**六、環書即同刑訊有關的爰書。"環"讀作"爰"，訓爲"訊"**。王煥林（2007：141－142）："環"讀作"爰"，訓爲"訊"。李力（2009：162）："環"訓爲"訊"無文字學、文獻學上的根據。"訊"在秦漢傳世文獻和出土文獻中都經常出現，沒有必要以"訊"來釋"爰"。**七、是對司法機關所作的要求**。劉洋（2007）："三環"不是"年齡在70歲以上的人告其子不孝，必須經反復告三次"，而是受訴訟的司法機關必須反復調查案情，然後作出是否受理的決定。

【今譯】

六十歲以上的老人控告（其子）不孝，要求判以死刑，應否經過三次原宥的手續？不應經過原宥的手續，要立即拘捕，不要令他逃走。Q1_11_6_102

【釋文】

“公室告”〔何〕殹（也）？“非公室告”可（何）殹（也）[①]？賊殺傷、盜它人爲“公室”；子盜父母，父母擅殺、刑、髡子及奴妾，不爲“公室告”。Q1_11_6_103

【匯釋】

①公室告：**指官府按規定可受理的告訴；**非公室告：**指官府按規定不可受理的告訴。**

陳偉（2016C：222）：里耶秦簡8－455：“王室曰縣官。公室曰縣官。”其中的“縣官”或指縣級政府，或指各級政府。簡文“公室告”似指官府按規定可受理的告訴。“非公室告”指官府按規定不可受理的告訴，即法律規定不予接受的告訴。韓雪梅（2010：127－128）：秦代的訴訟形式已有明確的劃分，一類是官吏代表官府對罪犯提起訴訟，相當於今天的公訴；一類是當事人直接對罪犯起訴，相當於今天的自訴。秦朝的自訴案件有“公室告”和“非公室告”之分，其中“公室告”案件官府可以受理，而“非公室告”案件則不予受理。“公室告”是指起訴家庭以外犯有殺人、傷害、盜竊的人的案件，這一類案件危害了國家和公共利益，是對整個統治秩序的侵犯，因此必須向官府告發，官府必須受理。“非公室告”指的是子女盜竊父母的錢財或者主人擅自殺死、傷害或處罰子女、奴婢的案件，這類案件僅限於有血緣關係的父母與子女之間的殺人、傷害、盜竊等行爲和主人對奴婢的侵犯行爲。如果這類案件告發到官府，官府不予受理；如果堅持告發，則要判處告發人有罪。于振波（2005A）：“公室告”包括非家庭成員之間的侵害行爲，以及家庭成員中的晚輩對長輩的“不孝”罪和夫妻之間的侵害行爲，這類行爲任何人都可以向官府檢舉告發。“非公室告”包括子女盜竊父母的財物以及父母擅自對子女和奴婢施以殺、刑、髡等刑罰的行爲，這類侵害行爲如果由家庭內部成員（包括奴婢）向官府告發，官府將不予受理，但不禁止家庭以外的人檢舉告發。需要指出的是，雖然父母因子女盜竊家中財物而告發他們官府不予受理，但父母可以以“不孝”的罪名對子女提出控告，因此“非公室告”實際上主要是禁止子女對父母、奴婢對主人提出的控告。陳公柔（2005：169）：公室告、公罪，指家庭成員以外的人，遭盜殺傷、賊殺傷，犯罪行爲足以或構成危害社會的公罪，鼓勵告發。非公室告指家罪。劉海年（1985C）：公室告指侵犯自己子女、奴婢以外的人的生命、人身和財產的犯罪行爲。張銘新（1983）：“非公室告”僅指“子告父母，臣妾告主”，它衹是在程式上對某些人的訴訟權利的限制而不是對犯罪行爲本身的否定。對“非公室告”的告訴者加以懲罰，衹表明秦律從維護等級關係出發，禁止以卑告尊，並不絕對排除子女、臣妾以外的“它人”對這些犯罪行爲加以舉發。否則，規定“擅殺、刑、髡”罪豈不毫無意義？金燁（1994）：控告與家罪在兩規定中混合存在的原因是，非公室告不得不說明有不控告之理由的家罪；家罪亦不得不在說明不控告程式之必要時添附非公室告之內容。因此，將雙方所有理由（家罪）與程式（不控告）相互有機性地予以連結之結果，就呈現爲此種形態。高恒（1981A）：是有關訴訟程式的規定。

【今譯】

甚麽叫“公室告”？甚麽叫“非公室告”？殺傷或盜竊他人，是“公室告”；孩子盜竊父母，父母擅自殺死、刑傷、髡剃孩子及奴婢，不是“公室告”。Q1_11_6_103

【釋文】

“子告父母，臣妾告主，非公室告，勿聽[1]。”·可（何）謂“非公室告”？·主擅殺、刑、髡其子、臣妾，是謂“非公室告”，勿聽。而行告，告者辠（罪）。辠（罪）已行[2]，它人有（又）Q1_11_6_104襲其告告之[3]，亦不當聽。Q1_11_6_105

【匯釋】

①子告父母，臣妾告主，非公室告：**孩子控告父母，奴婢控告主人，屬於“非公室告”**。整理者：封建法律禁止子告父母、奴婢告主。《唐律疏議》卷二十三：“諸告祖父母、父母者，絞。”注：“謂非緣坐之罪及謀判以上而故告者。”卷二十四：“諸部曲奴婢告主，非謀反逆叛者，皆絞。”疏議均有詳細說明，可參看。劉海年（1985C）：本條對“非公室告”的解釋與上條略有不同。前一條主擅殺、刑、髡其子要有“子盜父母”的前提條件，本條則沒有。有兩種可能：第一，兩條解答的時間不同，統治者對於主擅殺、刑、髡其子的態度前後有所變化，第二，當時立法的措辭不嚴謹或者在抄錄時有重要脱漏，因之後一條未能確切反映法律的原意。陳偉（2016C：222）：張家山漢簡《二年律令》簡133：“子告父母，婦告威公，奴婢告主、主父母妻子，勿聽而棄告者市。”可參看。

②而行告，告者辠。辠已行：陳偉（2016C：222）：據圖版，釋文如此。整理者釋文作“而行告，告者罪。告〔者〕罪已行”，注釋：“者”字下原脱重文符，據文義補。

③襲：**接續**（整理者）。陳偉（2016C：222）：襲其告告之，整理者釋文作“襲其告之”，今據紅外影像（“告”字下有重文符）改釋。

【今譯】

“孩子控告父母，奴婢控告主人，屬於‘非公室告’，不予受理。”·甚麽叫“非公室告”？·家主擅自殺死、刑傷、髡剃其子或奴婢，這叫“非公室告”，不予受理。如果仍行控告，控告的人有罪。控告者已經被治罪，別人又Q1_11_6_104接續其子的控告來控告他，也不應當受理。Q1_11_6_105

【釋文】

“家人之論[①]，父時家辠（罪）殹（也）[②]，父死而誧（甫）告之，勿聽[③]。”可（何）謂“家辠（罪）”？“家辠（罪）”者，父殺傷人及奴妾，父死而告之，勿治[④]。Q1_11_6_106

【匯釋】

①家人：**家屬，一家之人**。整理者：《易經·家人》疏釋爲“一家之人”。《詩經·周南·桃夭》：“桃之夭夭，其葉蓁蓁。之子於歸，宜其家人。”

②家辠：**有三說：一、罪名，父親殺傷奴婢及與父親同居的兒子殺傷父親的奴婢、畜產的行爲**。張晉藩（1999：167）：對於這種行爲，父親死後不再追究兒子的責任。家罪反映了封建法律的等級特權。《唐律疏議·鬬訟》：“諸奴婢有罪，其主不請官司而殺者，杖一百。無罪而殺者，徒一年。”**二、包括子傷害父之奴婢、牲畜，及盜竊父之財產，即子侵犯父之財產；父傷害子本人及其奴婢**。張世超（1989A）說。**三、父殺傷他人，子應連坐的罪責，以及與父同居時，子殺傷、盜竊父的奴婢、牲畜應承擔的罪責**。高恒（1993）說。

陶安（2010）將以上兩句連讀，從其措辭與結構推測是法律條文。

③誧：**開始**。整理者：《周禮·春官·小宗伯》：“卜葬兆，甫竁。”注：“始也。”夏利亞（2011）：《玉篇·用部》：“甫，始也。”段玉裁《說文解字注·用部》：“甫，以男子始冠之偁，引申爲始也。”

父時家辠殹，父死而誧告之，勿聽：高恒（1993）釋作：“父在世，子犯了‘家罪’，父死後有人對其子提出控告，官府不予受理，不治罪。”

④治：**處理**。整理者：《漢書·河間獻王德傳》注：“理也。”秦法，一人犯罪，家屬應連及。本條是說，罪犯本人死後才有人控告，官府就不再論處罪犯的家屬。栗勁（1985：316）：“家罪”的概念里包括了“父殺傷人及奴妾”，即殺傷他人及他人奴妾，這本來不屬於“家罪”，而屬於“公罪”，因此，也衹有在“父死而告之”的特定條件下，才可以“勿治”。這是因爲秦律有一條對已死的人不追究其生前刑事責任的原則。吳樹平（1988：61）：律文有關刑事控告，屬《囚律》。張世超（1989A）：這段話有個前提未說出來，即“父子同居”。“父殺傷”之“人”應指其子，“奴妾”指自己或其子之奴妾。于振波（2005A）：“家人之論”的“論”就是“對家人而言”或“對家庭成員而言”。“家罪”應理解爲“非公室告”，父所殺傷的“人及奴妾”可能也僅限於家庭內部。“一人犯罪家屬應連及”的原則衹適用於“公室告”。夏利亞（2019：260）：勿治，不受理。

【今譯】

“對家屬的論處，如果是父親在世時的家罪，父親死後才有人控告，不予受理。”甚麽叫“家罪”？所謂的“家罪”，即父親殺傷了人以及奴婢，在父死後才有人控告，不予處理。Q1_11_6_106

【釋文】

葆子以上[①]，未獄而死若已葬，而捕（甫）告之[②]，亦不當聽治，勿收[③]，皆如家辠（罪）。Q1_11_6_107

【匯釋】

①葆子：**有五說：一、指任子，即官吏得任子弟爲郎官的制度。**高敏（1982）說。整理者：“葆，通保。葆子疑即任子。《漢書・哀帝紀》：‘除任子令’注：‘應劭曰：任子令者，《漢儀注》：吏二千石以上，視事滿三年，得任同産若子一人爲郎。……師古曰：任者，保也。’秦律對葆子有優待，見秦律‘葆子’各條。”**二、指人質。**張政烺（1980）認爲葆子如《墨子・備城門》所見，指人質一類。**三、指庸保。**裘錫圭（1979A）說。**四、指擔保、保證。**李均明（1994）說。**五、葆子是世官制的遺存，這種遺存是受到當時法律保護的。**黄留珠（1988：16）說。張晉藩（1999：13）：封建時代初期實行的官職世襲制度。在群雄紛起的戰國時代，新興的地主階級廢除世卿世禄是它的一大歷史使命，但出於其階級本質，同樣也要求保證自身永久利益的世襲制度。於是，從第一個封建王朝秦建立起，就産生了另一種形式的世官制，即葆子制度。按照秦律規定：“葆子以上，居贖刑以上到贖死，居於官府，皆勿將司。”“葆子以上，未獄而死若已葬，而甫告之，亦不當聽治，勿收，皆如家罪。”“葆子獄未斷而誣告人，其罪當刑鬼薪。勿刑，行其耐，又系城旦六歲。”這裏所規定的雖僅是葆子犯罪後的特權優待，但它本身所表明的就是一種法律特權，而它所享有的政治特權，就是世卿世禄的翻版。

②捕：**通“甫”，才。**整理者釋爲“誧”。方勇（2012：345）改釋爲“捕”。

③收：**有二說：一、收孥。**栗勁（1984）：秦律對已死亡的犯罪，不追究本人的刑事責任，也不適用連坐法，即“不收孥”。黄文傑（2008A：520）從之。**二、拘捕。**整理者說。

【今譯】

葆子以上，有罪未經審判而死或者已經埋葬，才有人控告，也不應當受理，不收孥，都和家罪同例。Q1_11_6_107

【釋文】

可（何）謂“家辠（罪）”？・父子同居，殺傷父臣妾、畜産及盜之，父已死，或告，勿聽，是胃（謂）“家辠（罪）”。有收當耐未斷[①]，以當刑隸臣辠（罪）誣告人，是謂“當刑隸臣”。Q1_11_6_108〔·“葆子有辠（罪）未斷而誣告人[②]，其辠（罪）當刑城旦[③]，耐以爲鬼薪的鋈足[④]。”耤葆子之謂殹（也）。[⑤]〕

【匯釋】

①整理者：本條自“有收當耐未斷”以下與下條“葆子有罪未斷”以下互錯，錯簡加方框標出，移正後的文字以補文處理。

收：**此處指被收捕的葆子**。夏利亞（2019：261）說。

②有辠：陳偉（2016C：224）：“有辠”二字，整理者釋文及注文引述缺釋，今據紅外影像釋出。

③刑：**附加肉刑**。韓樹峰（2003）：秦漢律令中所提到的“刑”，專指刖、劓、黥等殘傷肉體的刑罰，並不包括剃去頭髮、鬢鬚的“髡”“耐”等刑。堀毅（1988：163）：刑名上的“刑”字是代表“黥”以上刑罰的。冨谷至（2006：210）：睡虎地秦簡中，“刑”與“刑罪”是指對身體造成毀損的刑罰（肉刑）。張全民（2001）：葆子本應處“刑爲隸臣”“刑鬼薪”之刑，因受優待而被免除肉刑、服六年的城旦刑，不説“完爲繫城旦六歲”，而説“勿刑，行其耐，有（又）轂（繫）城旦六歲”，説明“耐”即使爲城旦舂的附加刑，也應與“完”有所區別。

④鬼薪：**秦漢勞役刑。男爲鬼薪，女爲白粲**。張晉藩（1999：135）：在秦漢勞役刑體系中，僅次於城旦舂。漢代爲三歲刑，秦代是否有刑期的問題，學術界尚有爭論。《漢舊儀》：“鬼薪者，男當爲祠祀鬼神伐山之薪蒸也，女爲白粲者以爲祠祀擇米也。”鬼薪白粲均因爲祭祀活動服役而得名，但在實際執行中並不限於此。據睡虎地秦簡所載，秦之鬼薪白粲也有修築城墻或在官府服役的。凡被處以鬼薪白粲的刑徒也要穿囚衣，戴刑具，受人監領。秦的鬼薪有不同的附加刑，還有耐爲鬼薪、刑爲鬼薪、鬼薪鋈足等，漢代在惠帝年間對貴族官僚犯罪實行赦降，曾規定以耐爲鬼薪白粲代替肉刑。

鋈足：**有二説：一、以金屬器械施加於受刑人的小腿或足部**。整理者：一説，鋈足應爲在足部施加器械，與釱足、踏足類似。劉海年（1981：178－179）：《平準書》“釱左趾”集解引韋昭曰：“釱，以鐵爲之，著左趾以代刖也。”張斐《漢晉律序》：“狀如跟衣，著〔左〕足下，重六斤，以代臏，至魏武改以代刖也。”秦律中的“鋈足”應是釱刑的一種。按照法律規定，在某些情況下對於某種人它可以取代刖刑。栗勁（1985：261）：“鋈足”可以理解爲在足的外表附加一種刑具，使受刑者感到痛苦和不方便，用來代替斬左趾這種刖刑。在本質上來説，“鋈足”也屬於笞刑一類的刑罰。張政烺（1980）：後世的腳鐐就是秦律的“鋈足”。魏德勝（2003：138－139）同意整理者“一説”，鋈是“釱”的異體。黄文傑（2008B）：“鋈”是“鐐”的假借字。“鐐”是套在腳腕上的刑具，古代用“釱”表示。“鋈足”即“釱足”，也就是“鐐足”。堀毅（1988：158）：鋈足相當於後世的釱左右趾，是對本應受肉刑的人適用的代用刑。彭文芳（2015：178）、夏利亞（2011）認同整理者“一説”。《説文·金部》：“鋈，白金也。”**二、通“夭”，刖足**。整理者：

鋈，讀爲夭，《廣雅·釋詁一》："折也。"鋈足，意爲刖足。

⑤耤：**有三說：一、通"借"，假借，寬貸**。張政烺（1980）謂"耤"爲借，即假借，有寬貸之意，葆子是國家保護的人，故行優待。張兆凱（1996）：葆子以上是作爲人質來到葆宮的，如果按法律進行嚴懲，勢必會影響將士們的情緒，這對國家安全是非常不利的。所以在處理葆子案件時，法律上多給予寬待，從輕發落。**二、通"藉"，借助，憑藉**。栗勁（1984）：簡文原意是葆子有罪依律當處以刑城旦，卻從輕處以"鬼薪鋈足"的刑罰，問這是爲甚麼？回答說："耤葆子之謂也。"耤不必借爲藉，《説文》："帝耤千畝也。古者使民如借，故謂之藉。"藉，借助，憑藉，憑藉葆子的法律特權。夏利亞（2019：261）：栗氏之說甚當。**三、通"斮"，砍斷**。整理者：古時斷足之刑稱爲斮，如《楚辭·怨世》："羌兩足以畢斮。"

陶安（2010）：簡108的簡文是在簡106～107和簡109～110已經完成之後才寫成的。其內容可以彌補或修訂前後簡文不足或錯誤之處：後半部分應該插在簡109"可（何）謂'當刑爲隸臣'"之後，彌補此處原有的脫文；前半部分應該與簡106關於家罪的定義替換，修訂原文不夠準確之處。換言之，從內容上來看，簡108似乎是對簡106～107和簡109～110的校補，《法律答問》或許曾經被編者或其他人校訂過，對簡106～110正文復原爲簡106、107、109、110。

【今譯】

甚麼叫"家罪"？·父子居住在一起，子殺傷及盜竊父親的奴婢、牲畜，父親死以後，有人控告，不予受理，這叫"家罪"。Q1_11_6_108·"葆子犯罪尚未判決而誣告他人，其罪當判爲城旦並附加肉刑，卻判爲先施耐刑（剃除頰鬚），再令其去服鬼薪的徒刑，並且以金屬器械施加於其小腿或足部。"意思是憑藉葆子的法律特權（從輕處罰）。

【釋文】

"葆子獄未斷而誣告人，其辠（罪）當刑爲隸臣，勿刑，行其耐，有（又）毄（繫）城旦六歲[①]。"·可（何）謂"當刑爲隸臣"？·"葆子有辠（罪）未斷而Q1_11_6_109誣告人，其辠（罪）當刑城旦，耐以爲鬼薪而鋈足。"耤葆子之謂殹（也）[②]。Q1_11_6_110〔有收當耐未斷[③]，以當刑隸臣辠（罪）誣告人，是謂"當刑隸臣"。〕

【匯釋】

①毄城旦六歲：**拘繫服城旦勞役六年**。高恒（2008：92－93）：凡待決犯又犯誣告罪的，不變更原罪應判處的刑罰，另加"繫城旦六歲"。所謂"又繫城旦六歲"，即拘繫起來服城旦勞役（修築城垣）六年。……城旦舂、鬼薪、白粲等刑徒，既是刑徒，也是終身服勞役的官奴隸。這就是當時的刑罰制度。黃展嶽（1980A）：

律文是指舊罪未斷又犯新罪的案例，非常例。“繫城旦六歲”應指“完城旦六歲”。葆子本應判刑爲鬼薪或刑爲隸臣的罪，因受優待不施加肉刑，改判爲耐刑，但在拘繫服城旦勞役上給予延長兩年。高敏（1981A：97）：睡虎地秦簡中有三條“法律答問”提到“又繫城旦六歲”，從而得出“城旦刑徒的刑期爲六歲的印象”。劉海年（1981）：據晉張斐《漢晉律序注》“徒加不過六，囚加不過五，纍作不過十一”，“又繫城旦六歲”顯然是對刑徒可以加的最長的刑期，證明秦的徒刑是有期的。又劉海年（1985A）：“又繫城旦六歲”的結果是，耐爲隸臣（三歲刑），纍作九歲；耐爲鬼薪（四歲刑），纍作十歲。由於城旦刑的本刑是五歲，纍作最高可達十一歲。秦的徒刑如是無期的，法律規定中就不會出現有期加刑。錢大群（1983）：“繫城旦六歲”是單純的城旦役的勞役六年，並不同時給予奴隸身份。李力（1985）：如果鬼薪、隸臣是無刑期的，那麼，將罪人判處隸臣或鬼薪徒刑，而又加上六歲城旦，即無期徒刑再加上六歲城旦，這樣的判決有甚麼意義呢？簡文中的“葆子獄未斷”，又犯誣告罪，被加重處罰。張金光（1985）：“繫城旦”是“拘繫於城旦刑徒之列”的意思，非“完城旦”之謂。“又繫城旦舂六歲”非其原判本罪，是在維持原判的情況下，暫轉拘繫於城旦之列服役六年，然後去服原判刑役，並不是城旦爲六歲的意思。王敏典（1992）：“又繫城旦六歲”即在原判徒刑的基礎上，再加城旦六歲，而不是改判爲繫城旦六歲。就是說，以隸臣的身份繫城旦六歲後，仍是隸臣，而不是刑滿釋放爲庶民。彭浩（1993）：本簡和簡 111 ~ 112 是對葆子連續犯罪從輕處罰的規定，與具律關係密切。徐世虹（2004）：繫城旦舂後綴的年數也不是城旦舂固有刑期的有力證據。韓樹峰（2011B：66）：繫城旦舂並非一種純粹的附加刑，它也獨立適用於初次犯罪的吏民身上。耐隸臣妾犯耐罪或耐以下的罪行，直接判爲城旦舂，懲罰過於嚴厲；不加判罰，又不足以懲戒。爲了使判罰輕重適度，所以才對耐隸臣妾附加繫城旦舂這樣的刑罰，而且是分層次附加，即耐隸臣妾犯耐罪以下，繫城旦舂三歲；在此期間逃亡，繫城旦舂六歲；再逃亡或犯耐罪，才完爲城旦舂。懷效鋒（2015：53）：秦律有纍犯從重，二罪從重原則。秦朝注重區分纍犯與初犯的界限，凡纍犯者從重處罰。《法律答問》說：如一犯了“當耐爲隸臣”罪的人，現今又犯了“以司寇誣人”罪，其處罰要加重，即除去仍“耐爲隸臣”外，還要“繫城旦六歲”，即拘禁爲城旦六年。同時，如一人同時犯有二罪，其處罰原則是二罪從重者判罰，而不是二罪俱罰。張政烺（1980）：又繫城旦六歲，用意在久繫，並不等於城旦刑。

②整理者：自此句以下與上條“有收當耐未斷”以下互錯，錯簡加方框標出，移正後的文字以補文處理。“葆”字上原空兩字。

③收：**指被收捕的葆子。**

【今譯】

“葆子案件尚未判決而誣告他人，其罪當先加肉刑，再令其服隸臣的徒刑，但不要施加肉刑，應當加以耐刑（剃除頰鬚），並拘留服城旦勞役六年。”·甚麼叫

“當刑爲隸臣”（先加肉刑、再令其服隸臣的徒刑）？Q1_11_6_110被收捕應當處耐刑而尚未判決，以“當刑隸臣”的罪名誣告他人，這叫“當刑爲隸臣”。

【釋文】

“葆子獄未斷而誣〔告人，其辠（罪）〕當刑鬼薪，勿刑，行其耐，有（又）毄（繫）城旦六歲。”可（何）謂“當刑爲鬼薪”？·當耐爲鬼薪未斷，以當刑隸臣及Q1_11_6_111完城旦誣告人，是謂“當刑鬼薪”①。Q1_11_6_112

【匯釋】

①韓樹峰（2005）：據本簡認爲，鬼薪在秦代有“告人”的權利，推測“城旦舂”也享有告人的權利。

【今譯】

“葆子案件尚未判決而誣告他人，其罪應先加肉刑，再令其服鬼薪的徒刑，但不施加肉刑，而處以耐刑（剃除頰鬚），並拘系服城旦勞役六年。”甚麼叫“當刑爲鬼薪”？·應先處耐刑，再令其服鬼薪的徒刑而尚未判決，以“當刑隸臣”（先加肉刑，再令其服隸臣的徒刑）和Q1_11_6_111“完城旦”（以完整的身軀去服城旦的徒刑）的罪名誣告他人，這叫“當刑鬼薪”。Q1_11_6_112

【釋文】

可（何）謂“贖鬼薪鋈足”？可（何）謂“贖宮”①？·臣邦真戎君長②，爵當上造以上，有辠（罪）當贖者，其爲群盜③，令“贖鬼薪鋈足”；其有府（腐）辠（罪）④，Q1_11_6_113〔贖〕宮。其它辠（罪）比群盜者亦如此⑤。Q1_11_6_114

【匯釋】

①宮：**肉刑名，閹割**（整理者）。堀毅（1988：160）：它是否同已經提到的其他肉刑一樣，經常與勞役刑並科，這一點還存在疑問。夏利亞（2019：262）：肉刑名。古代五刑之一，又稱腐刑，閹割。

②真：**指純屬少數民族血統**（整理者）。羅新（2009）：《法律答問》强調衹有“真臣邦君公”才能享受減罪、減刑的優待，並且認定衹有那些父母血統都與華夏無關的臣邦“君公”才可以算作“真”。高敏（1981A：343）：臣邦真戎君長是“臣邦真戎”的首領。

③群盜：**合夥行盜**。整理者（1990：120）：《晉書·刑法志》：“三人謂之群，取非其物謂之盜。”秦代常用爲對農民起義的侮辱性名稱，見《黥布列傳》及《叔孫通列傳》等。

④府：**通“腐”，處宮刑**。整理者：《漢書·景帝紀》注：“宮刑也。”

⑤整理者：秦對少數民族有優待的規定，如《後漢書·南蠻傳》：“及秦惠王併

巴中，以巴氏爲蠻夷君長，世尚秦女；其民爵比不更，有罪得以爵除。”可參考。

【今譯】

甚麼叫“贖鬼薪鋈足”（判處鬼薪鋈足刑而允許以錢贖罪）？甚麼叫“贖宮”（判處宮刑而允許以錢贖罪）？·臣邦真戎的首領，爵位相當於上造以上，有罪應贖免的，如爲群盜，令其“贖鬼薪鋈足”；如有應處宮刑的罪，Q1_11_6_113判爲“贖宮”。其他與群盜同樣的罪也照此處理。Q1_11_6_114

【釋文】

以乞鞫及爲人乞鞫者[①]，獄已斷乃聽，且未斷猶聽殹（也）？獄斷乃聽之。失鋈足[②]，論可（何）殹（也）？如失刑辠（罪）。Q1_11_6_115

【匯釋】

①以：**通“已”，已經**（整理者）。

乞鞫：**要求重審**。鄭天挺、譚其驤（2010：179）：秦漢訴訟程序，亦作乞鞫。秦漢時法律規定，案件審理結束後可請求重審。整理者：要求重加審判。《夏侯嬰列傳》集解引鄧展云：“律有故乞鞫。”《索隱》：“案晉令云：獄結竟，呼囚鞫語罪狀，囚若稱枉，欲乞鞫者，許之也。”據《晉書·刑法志》，漢代罪人判爲二歲刑以上，准許“以家人乞鞫”，至魏廢除。又《南史·蔡廓傳》：“自今但令家人與囚相見，無乞鞫之訴，便足以明伏罪。”乞鞫也見於居延漢簡。龍仕平、張顯成（2010）：乞，應隸定爲“气”。

張琮軍（2013：154－156）：乞鞫前提：“自以罪不當”，即已經被判刑的罪犯自認爲判決不當。這是古今通在的引發上訴制度的主觀心理狀態。它是行爲人提起乞鞫的前提條件。乞鞫主體：有資格向上級審判機關提出乞鞫的行爲人。根據法律的規定有以下兩類：一爲被判處刑罰的罪犯，其可以“自乞”，但被判死刑者除外；二爲罪犯的親屬，包括其父、母、兄、姊、弟、夫、妻、子等人。同時，排除了未滿10歲兒童的乞鞫權。從以上《具律》的規定可以解讀到，被告人若被判死罪，其乞鞫權被剝奪，該權利可以由其親屬代替行使。有關乞鞫期限：根據《具律》的規定，被告人或其親屬必須在判決結果作出一年之内提出乞鞫請求，超過此期限，則不得提出乞鞫請求。乞鞫期限的設定，一則在於督促行爲人及時行使乞鞫權利，時間長會導致相關證據的流失或者難以確認，妨礙準確認定案情；再則乞鞫拖沓時間過長，會造成案件的過度積壓，增加司法審判機關的壓力，耗費司法成本。對乞鞫“不審”的處罰：如果是被告人請求復審的訴訟理由不成立，則對其“駕（加）罪一等”；如果是親屬提出復審的理由不成立，則會被“黥爲城旦舂”。乞鞫的管轄：漢律對乞鞫的管轄主體以及處理程序也作出明確的規定。乞鞫者應當各到其居住地所在的縣、道提交上訴狀：縣道之令、長、丞應謹慎受理，將乞鞫的内容記錄下來，並將獄案上呈其所轄的二千石官，二千石官將案件交給都吏負責再審。都吏對案件進行復審之後，廷尉和郡以文書的形式將審判結果送到附近的郡；御史、丞相復審的案件，其結果應當以文書的形式送達廷尉。

②整理者：自此句以下爲另一條。

【今譯】

已要求重審及爲他人要求重審的，案件已經判決了才受理，還是沒有判決仍可受理？是案件已經判決了才受理。判處鋈足不當，應當如何論處？按失刑罪論處。Q1_11_6_115

【釋文】

“隸臣將城旦，亡之，完爲城旦，收其外妻、子[①]。子小未可別[②]，令從母爲收。”·可（何）謂“從母爲收”？人固買（賣），子小不可別，弗買（賣）子母謂殹（也）[③]。Q1_11_6_116

【匯釋】

①收：**收孥**（整理者），**收其在外之妻子兒女。**李均明（2003A）：罪犯爲隸臣時，妻子尚在外未被收，這是由於隸臣是低於城旦的徒刑，未達到該連坐爲“收人”的底限，而一旦當事人在犯罪判爲完城旦時，即收其在外之妻子、兒女，知城旦罪亦是罪犯連坐家屬的起點，與漢律同。

外妻、子：**指隸臣之原未被收、其身份仍爲自由人的妻、子**（整理者）。

妻、子：**有二說：一、妻和子。**整理者說。**二、妻子。**魏德勝（2000：52）：“妻子”爲一詞，“外妻、子”似乎連讀爲“外妻子”爲好。

②別：**分離**（整理者）。夏利亞（2011）：《玉篇·另部》：“別，離也。”

③子母：**孩子的母親。**整理者：見《漢書·淮南衡山济北王傳》等。《漢書·淮南衡山济北王傳》：“遣其子、子母從居。”師古曰：“子母者，所生子之姬妾。”高恒（1977）：被收者可以由官府賣掉，說明被收者是一種官奴婢。從其他有關規定中，可以看出這種人就是隸臣、妾的一種，也稱作隸臣、妾，例如小隸臣、妾就是。王占通、栗勁（1984）：隸臣犯了罪，其家屬被“收”爲臣妾，即官奴婢，可以作爲國家財産加以處置，衹不過“子小不可別”，不能單獨賣掉母親，要將母子一塊賣掉。張全民（1998）：這是株連不受責任年齡限制的例子。因而，秦的非自由人中就有小隸臣與小城旦舂。其中不足五尺二寸的“未能作”兒童，甚至還有“嬰兒”，多爲本人犯有嚴重罪行或遭株連而失去自由。這是對“六尺爲責任年齡的標準”結論的補充說明。施偉青（2004：38）：年齡幼小至不能與母親分離的兒童，也要因爲父親的犯罪而被收爲“小隸臣妾”。這種“隸妾”“小隸臣妾”可以被官府出賣。

【今譯】

“隸臣監領城旦，城旦逃亡，應當令隸臣以完整的身軀去服城旦的勞役，並沒收其爲自由民的妻子、孩子。如果孩子年小不能分離，可命‘從母爲收’。”·甚麼叫“從母爲收（讓小孩子跟隨母親一起被收爲官奴婢）”？意思是人肯定要賣，但是孩子年小不能分離，不要單賣孩子的母親。Q1_11_6_116

【釋文】

當耐司寇而以耐隸臣誣人，可（何）論？當耐爲隸臣。■當耐爲侯（候）〼辠（罪）誣人[①]，可（何）論？當耐爲司寇[②]。Q1_11_6_117

【匯釋】

①“侯”字下當有脫文（整理者）。夏利亞（2011）：根據“候”字原簡字形，當隸定爲“矦”。

②堀毅（1988：159）：在秦律的罪名中，肉刑加司寇的用例一次也沒有出現，可以推定，並科肉刑的衹限於隸臣、妾以上的刑罰。

【今譯】

應判處“耐爲司寇”（先處耐刑，再去服司寇的徒刑）的人，以“耐爲隸臣”（先處耐刑，再去服隸臣的徒刑）的罪名誣陷他人，如何論處？誣陷者應當判處“耐爲隸臣”。■應判處“耐爲候”（先處耐刑，再去服候的徒刑）的人，以……的罪名誣陷他人，如何論處？誣陷者應判處“耐爲司寇”。

【釋文】

當耐爲隸臣，以司寇誣人，可（何）論？當耐爲隸臣，有（又）毄（繫）城旦六歲[①]。Q1_11_6_118

【匯釋】

①當耐爲隸臣：**先處耐刑，再去服隸臣的徒刑**。有毄城旦六歲：**又拘繫服城旦勞役六年**。高恒（1977）：“當耐爲隸臣”是給予某罪犯原犯罪行爲的處分，即確定爲官奴婢的身份。“又繫城旦六歲”是對這個“當耐爲隸臣”者又犯“誣人”罪所施加的徒刑。黄展嶽（1980A）：除維持原判“耐爲隸臣”外，又判拘繫服城旦勞役六歲，比常例四年延長二年，以示懲戒。劉海年（1985C）：此例及下面數例，都是先犯有罪，然後又誣告他人，量刑一般是採取“反坐”的原則，即以告發他人的罪反坐誣告者自身。從秦律的規定看，這一原則既適用於誣告，也適用於“告不審”。李力（1985）：按誣告反坐原則，應維持原判“耐爲隸臣”，再判爲“司寇”，但在維持原判的基礎上，“又繫城旦六歲”，加重處罰。邢義田（2007）：增加的繫城旦部分是以六年爲期，證明在加重處罰的情形下，城旦舂可以有期限的形式出現。這

就不能說秦刑都是無期刑。

陳偉（2016C：229）：《二年律令》簡90："有罪當耐，其法不名耐者，庶人以上耐爲司寇，司寇耐爲隸臣妾。隸臣妾及收人有耐罪，𣪠（繫）城旦舂六歲。"可參看。

【今譯】

應判處"耐爲隸臣"（先處耐刑，再去服隸臣的徒刑）的人，以應服司寇徒刑的罪名誣陷他人，如何論處？誣陷者應"耐爲隸臣"，又拘繫服城旦勞役六年。Q1_11_6_118

【釋文】

完城旦，以黥城旦誣人。可（何）論？當黥[①]。■甲賊傷人，吏論以爲鬬傷人[②]，吏當論不當？當誶。Q1_11_6_119

【匯釋】

①黥：**有二說：一、是"黥爲城旦"的略語。**栗勁（1984）：本條的"黥"是"黥爲城旦"的略語。否則，完城旦且以黥爲城旦的罪名誣告他人，僅僅處以黥刑而不再服城旦刑，豈不是誣告反而減輕刑罰了嗎？夏利亞（2019：264）：栗說甚是。**二、處以黥刑。**整理者說。

②甲賊傷人，吏論以爲鬬傷人：**有二說：一、甲故意傷人，吏以打鬬傷人論處。**夏利亞（2019：264）：賊傷人爲故意傷人，鬬傷人爲打鬬傷人。它們之間有故意和非故意、有心和無心的不同。**二、甲殺傷他人，吏以鬬殺傷人論處。**整理者說。

■：陳偉（2016C：230）：整理者脫錄。

【今譯】

應當判處"完城旦"（以完整的身軀去服城旦的勞役）的人，以應"黥城旦"（先在面額上刺刻塗墨，再去服城旦的勞役）的罪名誣陷他人，如何論處？誣陷者應"黥爲城旦"。■甲故意傷人，吏以打鬬傷人論處，吏應否論罪？應當申斥。Q1_11_6_119

【釋文】

當黥城旦而以完城旦誣人，可（何）論？當黥劓（劓）[①]。Q1_11_6_120

【匯釋】

①黥劓：**有二說：一、是"黥劓爲城旦"的略語**（栗勁，1984）。韓樹峰（2005）：此人先犯黥城旦罪後犯完城旦罪，完城旦輕於黥城旦，不能將其吸收，所以，在黥城旦的基礎上又處以劓刑，成爲黥劓城旦。這是加刑的另一種表現形式。

夏利亞（2019：265）：栗說甚是。**二、處以黥劓**。整理者說。

【今譯】

應當判處“黥城旦”（先在面額上刺刻塗墨，再去服城旦的勞役）的人，以“完城旦”（以完整的身軀去服城旦的勞役）的罪名誣陷他人，如何論處？誣賴者應“黥劓爲城旦”（先在面額上刺刻塗墨、割去鼻子，再去服城旦的勞役）。Q1_11_6_120

【釋文】

“癘者有辠（罪）[①]，定殺[②]。”“定殺”可（何）如？生定殺水中之謂殹（也）。或曰生貍（埋），生貍（埋）之異事殹（也）[③]。Q1_11_6_121

【匯釋】

①癘：**患麻風病**。整理者：《說文·疒部》：“癘，惡疾也。”

②定：**有三說：一、通“渟”，淹**。整理者：定，疑讀爲渟，《文選·長笛賦》注引《埤蒼》：“水止也。”定殺，據簡文義爲淹死。劉海年（1981）：《答問》：“生定殺水中之謂殹（也）。”就是拋入水中活活淹死。張晉藩（1999：69）：秦時適用於特定犯人的刑罰，即將犯有重罪的麻風病人投入水中淹死。秦律中還有癘者犯罪“遷癘所處之”的規定，即遷到麻風病隔離區關押。定殺當指罪重者。**二、通“擿”，繩端繫石使之下墜**。方勇、侯娜（2009）：“定”讀爲“擿”，意爲繩端繫石使之下墜。**三、止**。夏利亞（2011）：疑“定”不必讀爲“渟”，定也有“止”意。針對的是麻風病人，指的是活著投入水中淹死。

魏德勝（2003：136）：“定殺”一刑，其他文獻未見。

③貍：**埋**。整理者作“埋”，陳偉（2016C：230）根據前文體例改釋。

異事：**不同的事**。栗勁（1985：241）：此句話意思是說活埋和律文規定的“定殺”是兩種事，不合律文本意。《秦始皇本紀》記秦始皇“坑”了四百六十個儒生，當是“生埋”的另一種說法。

【今譯】

“麻風病人犯罪，應該‘定殺’。”“定殺”是怎樣的？說的是將活著的人投入水中淹死。有的人認爲是活埋，活埋與律意不合。Q1_11_6_121

【釋文】

甲有完城旦辠（罪），未斷，今甲癘，問甲可（何）以論？當署（遷）癘所處之[①]；或曰當署（遷）署（遷）所定殺[②]。Q1_11_6_122

【匯釋】

①癘所：**麻風病人隔離區**。整理者：下文又稱癘遷所，隔離麻風病人的地方。

②栗勁（1985：240）：犯了完城旦罪，雖然未斷，但不夠死罪，因而遷到麻風病隔離區淹死的說法是值得懷疑的。《法律答問》簡 123 對此類人也是“遷癘遷所”，而不是淹死。

【今譯】

甲犯有應處“完城旦”（以完整的身軀去服城旦的勞役）的罪，尚未判決，現甲患了麻風病，問甲應如何論處？應遷往麻風病人隔離區居住；有的認爲應遷往遷移地淹死。Q1_11_6_122

【釋文】

城旦、鬼薪癘，可（何）論？當䙴（遷）癘䙴（遷）所。Q1_11_6_123

【今譯】

城旦（指服一種勞役刑的男性犯人，這種犯人要早起干築城的苦活）、鬼薪（是一種男犯刑徒，所要服的勞役就是爲宗廟打柴，用以燒火做飯，供祭祀鬼神之用）患麻風病，如何論處？應遷往麻風病人隔離區。Q1_11_6_123

【釋文】

捕貲辠（罪），即端以劍及兵刃刺殺之[①]，可（何）論？殺之，完爲城旦；傷之，耐爲隸臣[②]。Q1_11_6_124

【匯釋】

①即：**有二說：一、連詞，如果**。魏德勝（2000：219）：用在假設複句的第一分句，相當於現代漢語的“如果”。**二、副詞，就、便。整理者釋爲“便”**。吉仕梅（2003B）：屬副詞，表兩事相接，譯爲“就、便”。

②劉海年（1985C）：犯罪人的罪行輕（如貲罪），捕獲時如故意將其殺死或殺傷，緝捕的官吏和治安人員要按情節輕重受一定的懲罰。對官吏捕人所能採取的暴力措施作了一定限制。

【今譯】

捉拿應判處“貲罪”（處以罰錢之罪）的犯人，如果故意用劍以及兵刃把他刺殺了，如何論處？殺死犯人的，應“完爲城旦”（以完整的身軀去服城旦的勞役）；殺傷犯人的，應“耐爲隸臣”（先處耐刑，再去服隸臣的徒刑）。Q1_11_6_124

【釋文】

“將司人而亡[①]，能自捕及親所智（知）爲捕[②]，除毋（無）辠（罪）；已刑者處隱官。”·可（何）[③]辠（罪）得“處隱官”[④]？·群盜赦爲庶人，將盜戒（械）囚刑Q1_11_6_125辠（罪）以上[⑤]，亡，以故辠（罪）論，斬左止爲城旦，後自捕所亡，是謂“處隱官”。·它辠（罪）比群盜者皆如此[⑥]。Q1_11_6_126

【匯釋】

①亡：**有二說：一、逃跑、逃亡。**夏利亞（2011）：查簡文，所將爲犯人，且下文爲“自捕”，說明犯人是自己逃亡的。故，亡當如下文解爲逃跑、逃亡。《說文·亡部》：“亡，逃也。”段玉裁注：“亡之本義爲逃。”《廣雅·釋詁三》：“亡，避也。”**二、失去。**整理者說。

②親所智：**有二說：一、指親近者和熟識者。**陳偉（2016C：231）：《儀禮·既夕禮》：“所知，則賵而不奠。”**二、親屬朋友。**整理者說。

③整理者：原簡該字下空一字的距離。

④處隱官：**在不易被人看見的官府服役。**朱紅林（2005：115）：隱官或是由親屬放棄爵位贖免，或是捕獲從自己手裏逃跑的刑徒換來庶人身份，或官吏失職降爲隱官，可知隱官當爲庶人即自由人。由於失職降爲庶人或者因遭刑而身體殘缺，需要給予照顧。所以爲他們提供一個隱蔽的場所做工。從簡文看，隱官同司寇一樣，常常監管刑徒。而一旦沒管好，自己就會變成刑徒。張家山漢簡《二年律令》簡158：“司寇、隱官坐亡罪隸臣以上，輸作所官。”魏德勝（2006）：這裏所包括的都是政府的官員，就像《周禮·秋官·司寇》所說：“墨者使守門，劓者使守關，宮者使守內，刖者使守囿，髡者使守積。”受到肉刑後就不能擔任一般的官職了，若事後證明是冤案，會被派往當時認爲合適的地方工作。

關於“隱官”和“隱宮”，**有二說：一、“隱宮”都是簡文“隱官”之誤。**馬非百（1982：847）《秦集史·法律志》在引述秦簡“隱官”律文後說：“按，據此，則《秦始皇本紀》及《蒙恬列傳》兩言‘隱宮’，皆爲‘隱官’之訛。”袁仲一（1990：5）表示同意此說法：“論者曾指出《史記》中的兩處‘隱宮’都是‘隱官’之誤（《秦集史·法律志》）。此說可信。”陳直（2006：23）：隱宮當爲隱官相沿之誤字。**二、簡文“隱官”當是“隱宮”。**周曉瑜（1998A）認爲：“隱官”當是“隱宮”，“官”是“宮”的借字。

⑤盜戒：**施加刑械，足上著木械。**整理者：《漢書·惠帝紀》注：“盜者逃也，恐其逃亡，故著械也。”于豪亮（1985：135）：足上著木械。張晉藩（1999：56）：古代獄具的泛稱。有罪犯當用械具束縛，以防止逃亡者，都稱爲盜械。盜，即逃的意思，盜械，恐其逃亡而施加刑械。秦漢有專用名詞並有專注。《漢書·惠帝紀》：“爵五大夫，吏六百石以上及宦皇帝而知名者，有罪，當盜械者，皆頌系。”注引如淳曰：“盜者，逃也，恐其逃亡，故著械也。”師古曰：“盜械者，凡以罪著械，皆得稱焉，不必逃亡也。”對於囚徒私自解脫盜械，或爲他人脫械，或他人爲囚徒脫

解盗械者，歷代法律都予以嚴厲制裁。如秦律規定：脱盗械而逃亡者，斬左趾爲城旦。

⑥它辠比群盗者皆如此：**其他與群盗同樣的罪照此處理。**劉海年（1985B）：群盗是很嚴重的犯罪，仍有被赦免爲庶人的，許多比群盗輕的罪被判處徒刑釋放後有相當一部分不會不是庶民。彭浩（1993）：群盗赦免後爲庶人，但須充任類似司寇的工作監領其他刑徒，如刑徒逃亡，則以故罪論群盗，斬左趾爲城旦，可見赦免後的群盗並未獲得完全的自由。曹旅寧（2007B）：據簡文可知，群盗可赦免爲庶人，但不能恢復自由身份，而衹是充任刑徒的頭目，如果手下有刑徒逃亡，便要以故罪即群盗罪加以懲罰。表明“庶人”並非完全的自由人，而是秦漢社會中具有特殊身份的人群或階層。

【今譯】

“監領人犯而令其逃亡，能自己捕獲以及親近、熟識的人代爲捕獲，可以免罪；已受肉刑的，判處隱官刑（在不易被人看見的官府服役）。”·甚麽罪可“處隱官”？·群盗已被赦免爲庶人，帶領戴著刑械的被判處肉刑Q1_11_6_125以上罪的囚徒，令其逃亡，以過去犯的罪論處，斷去左趾去做城旦，後來自己把逃亡的囚徒捕獲，這就是“處隱官”。·其他與群盗同樣的罪照此處理。Q1_11_6_126

【釋文】

大夫甲堅鬼薪①，鬼薪亡，問甲可（何）論？當從事官府，須亡者得。·今甲從事，有（又）去亡，一月得，可（何）論？當貲一盾，復從事②。從事有（又）亡，卒歲得，Q1_ 11_ 6_ 127可（何）論？當耐。Q1_11_6_128

【匯釋】

①堅：**有二説：一、通“𥕛”，鞭打。**整理者：疑讀爲𥕛，《廣韻》：“鞭也。”**二、傅堅，是專作夯築一類勞役的城旦。**陳偉（2016C：232）：《秦律十八種·司空》簡145~146：“居貲贖責當與城旦舂作者，及城旦傅堅、城旦舂當將司者，廿人，城旦司寇一人將。”或與之相同。

②復：**仍舊。**徐世虹（2004）：大夫甲被三次論罪，懲罰依罪行輕重次第增加，即從事——貲一盾，復從事——耐，表示加重懲罰是“貲一盾”而非“復從事”。

【今譯】

大夫甲鞭打鬼薪，鬼薪逃亡，問甲應如何論處？應在官府服役，等待逃亡者被捕獲。·如甲服役，又逃亡了，一月後被拿獲，應如何論處？應罰一盾，仍舊服役。如果再服役而又逃亡，滿一年後被拿獲，Q1_11_6_127如何論處？應處以耐刑。Q1_11_6_128

【釋文】

餽遺亡鬼薪于外①，一以上②，論可（何）殹（也）？毋論。Q1_11_6_129

【匯釋】

①餽：**通“饋”，送**。餽遺：**送食物給人**。整理者：《説文》：“餉也。”《禮記·檀弓》注：“遺也。”送食物給人稱爲餽遺。《漢書·食貨志》載漢武帝“時又通西南夷道，作者數萬人，千里負擔餽饟”。本條意思是命鬼薪輸送食物，鬼薪在外逃亡，由於逃亡發生在途中，所以原來管理鬼薪的人可以不承擔罪責。一説，“餽遺亡鬼薪於外一以上”是説把食物送給逃亡在外的鬼薪一次以上，但《商君書·墾令》有“無得爲罪人請於吏而餉食之”，秦律對接濟逃犯更應有嚴厲的處罰規定，似與本條“毋論”不合。漢代類似的罪的處分也很重，見《漢書·尹賞傳》及《漢書·楊僕傳》。

于：**介詞，在**。整理者作“於”，魏德勝（2003：241）改釋爲“于”，下同。

②餽遺亡鬼薪于外，一以上：**有二説：一、在運送食物時，令鬼薪逃亡在外，一人以上。二、把食物送給逃亡在外的鬼薪一次以上。**

【今譯】

在運送食物時，令鬼薪逃亡在外，一人以上，應如何論處？不予論處。Q1_11_6_129

【釋文】

“捕亡，亡人操錢，捕得取錢。”所捕耐辠（罪）以上得取。Q1_11_6_130

【今譯】

“捕拿逃亡的人，逃亡的人攜帶錢，捕拿者可以取錢據爲已有。”所捕的人在耐刑的罪以上，可以取錢據爲已有。Q1_11_6_130

【釋文】

把其叚（假）以亡①，得及自出②，當爲盜不當？自出，以亡論。其得，坐臧（贓）爲盜；盜辠（罪）輕于亡，以亡論③。Q1_11_6_131

【匯釋】

①把其叚：**攜帶所借官有物品**（整理者）。

②自出：**逃亡者事發自首**（萬榮，2013：75）。萬榮（2007）：在睡虎地秦簡和張家山漢簡《二年律令》中，“自出”都是與“亡”的行爲聯繫在一起的。丁四新（2007：651）：針對逃亡罪人的自首行爲，秦漢法律要單獨立一名目“自出”，這應該與“亡”行爲的性質有關。“亡”，是行爲人在違法或犯罪後逃脱並隱蔽起來不想

爲人所知，“亡”人向司法機關投案自首，相對於之前的“隱”或“匿”，當然就是“出”了，用“出”可以更形象地表現亡人的自首行爲。劉海年（1985C）：《法律答問》的規定和《封診式》式例的內容都說明，“自告”或“自出”，即自首，也是訴訟的提起方式，是司法機構立案的根據。與“自訴”不同的是，它不是由被害人提出的，而是由犯罪者向司法機構或基層治安機構投案的。籾山明（1985）：指未經官府緝捕而自首。和“自告”不同的是，其前提是官府已然認知了犯罪事實，但在減輕刑罰這點上則和“自告”無異。袁寶華（1992：2400）：犯罪人在犯罪行爲被發覺之前自動向官府投案。此制始於秦。……秦對“自告”或“自出”可以減刑，但仍要處罰。

③盜皋輕于亡，以亡論：**如果盜竊罪比逃亡罪輕，則仍以逃亡論罪。**陳公柔（2005：169）：亡罪有輕重，坐贓有多寡。如果盜罪輕於亡，則按亡罪論處，即兩罪並發時以重罪論處。堀毅（1988：378）：亡罪的法定刑是“耐隸臣”。盜罪則依贓物價值多寡量刑，從貲到黥城旦舂不等。秦法規定“盜罪輕於亡，以亡論”，符合“一人有罪以重者論之”的原則。

【今譯】

攜帶借用的官有物品逃亡，被捕獲以及自首，應否判爲盜竊？逃亡者事發自首，以逃亡論罪。如果是捕獲，按贓數判爲盜竊；如果盜竊罪比逃亡罪輕，則仍以逃亡論罪。Q1_11_6_131

【釋文】

隸臣妾毄（繫）城旦舂，去亡，已奔，未論而自出①，當治（笞）五十，備毄（繫）日②。Q1_11_6_132

【匯釋】

①自出：**自首。**李力（2007：421）：“自出”後的逗號應改爲句號。該段簡文中雖然沒有出現“何論”之語，但是，“自出”之前是案情的簡況，應是“問”的部分，衹不過省略了“何論”；其後爲“答”的部分。因此，其間應以句號斷開。

②備毄日：**拘繫直至滿期。**李力（2007：423）：表示拘繫城旦刑期滿。整理小組《秦律十八種·倉律》“入禾倉”條注：“不備，不足數。”《國語·楚語上》有“四封不備一同”，韋昭注：“備，滿也。”此條的“備”也爲動詞，其意即“滿”。“備毄日”表示拘繫城旦刑期滿的理解，是有力的。高敏（1981A：98）：這裏的“備毄日”反映出隸臣妾繫城旦舂者有固定的期限。張金光（1985：37）：高說不妥。“備毄日與刑徒有刑期之說是毫不相干的事情。”劉海年（1985A）：“‘備毄日’，是說要拘繫至城旦刑期滿。”邢義田（2003A）說：這裏的“備毄日”與張家山《二年律令》簡93～94“償日”的意義相近，即要服滿或抵償應服刑的日數。邢義田（2007）：“備毄日”是以日數來計算某一種應受到懲罰的期限。繫城旦舂有

期限。徐世虹（2004：86）：“此‘毄日’正是指城旦舂後綴的年數，‘備毄日’則指被繫城旦舂的隸臣妾逃亡自首，在被笞打之後仍需將原來的繫城旦舂服滿。”

【今譯】

隸臣妾被拘禁服城旦舂勞役，逃亡，已經逃走，尚未論處而自首，（應該如何論處?）應笞打五十下，仍拘繫直至滿期。Q1_11_6_132

【釋文】

罷痒（癃）守官府[①]，亡而得，得比公痒（癃）不得[②]？得比焉。Q1_11_6_133

【匯釋】

①罷痒：**廢疾。有三說：一、不滿六尺二寸的身材矮小者**。黄賢全、鄒芙都（2015：44）：按照張家山漢簡，不滿六尺二寸的身材矮小者爲“罷痒”，與嚴重創傷及天生殘疾醜陋並列，被認定爲一種影響到社會勞動的殘障；《史記集解》載如淳引漢律“高不滿六尺二寸以下爲罷癃”，正與張家山漢簡相合，可見秦漢時期，達到傅籍年齡而身高不滿 1.43 米的都被劃歸爲罷癃。何本方（2003：62）：漢代有承擔兵役義務，但因身長不滿漢尺六尺二寸者不准服兵役的人即罷癃者必須向政府繳納更賦。**二、指受過肉刑的人**。于豪亮（1985：139）：這裏的罷癃指受過肉刑的人，古代常以這種人守門，見於《周禮·掌戮》等文獻。古代多以刖足者守門，簡文的罷癃很有可能指刖者。**三、不適於從事真正壯丁役務的有疾者**。堀毅（1985：195）：“癃者”，與老、小一樣，是對不適於從事真正壯丁役務的有疾者的一般稱謂。今按：《説文·廣部》：“癃，罷病也。”段玉裁注：“病當作癃。罷者，廢置之意。凡廢置不能事事曰罷癃，《平原君傳》躄者自言‘不幸有罷癃之病’。然則凡廢置皆得謂之罷癃也。”

②公痒：**疑指因公殘廢的人**（整理者）。堀毅（1988：195）：雖然在外部特徵上與“罷痒”具有相同的性質，但是一種與官府之間有著密切關係的身份。

【今譯】

不滿六尺二寸的身材矮小者看守官府，逃亡而被捕獲，可否比照因公廢疾的人來處理？可以比照因公廢疾的人。Q1_11_6_133

【釋文】

甲告乙賊傷人，問乙賊殺人，非傷殹（也），甲當購[①]，購幾可（何）？當購二兩[②]。Q1_11_6_134

【匯釋】

①購：**獎賞**。夏利亞（2011）：《後漢書·南蠻西南夷傳序》：“乃訪募天下，有

能得犬戎之將吳將軍頭者，購黃金千鎰，邑萬家，又妻以少女。”

②二兩：**指黃金二兩**（整理者）。

【今譯】

甲控告乙殺傷人，經訊問乙是殺死了人，並非殺傷，甲應受獎，獎賞多少？應當獎賞黃金二兩。Q1_11_6_134

【釋文】

捕亡完城旦，購幾可（何）？當購二兩。Q1_11_6_135

【今譯】

捕獲逃亡的“完城旦”（應判以完整的身軀去服城旦勞役的犯人），獎賞多少？應獎賞黃金二兩。Q1_11_6_135

【釋文】

夫、妻、子五人共盜，皆當刑城旦，今中〈甲〉盡捕告之[①]，問甲當購〇幾可（何）？人購二兩。Q1_11_6_136

【匯釋】

①捕告：**逮捕告官**。整理者：《墨子・號令》：“諸吏卒民有謀殺其將長者，與謀反同罪，有能捕告，賜黃金二十斤。”“捕告”也見於《漢書・景帝紀》等。夏利亞（2019：267）：逮捕罪犯，申報上官。

【今譯】

丈夫、妻子、孩子等五人共同行盜，均應施加肉刑判爲城旦，現在甲把他們全部捕獲告官，問甲應當獎賞多少？每捕獲一人獎賞黃金二兩。Q1_11_6_136

【釋文】

夫、妻、子十人共盜，當刑城旦，亡，今甲捕得其八人，問甲當購幾可（何）？當購人二兩。Q1_11_6_137

【今譯】

丈夫、妻子、孩子等十人共同行盜，均應施加肉刑判爲城旦，均已逃亡，現在甲捕獲其中八人，問甲應獎賞多少？每捕獲一人應當獎賞黃金二兩。Q1_11_6_137

【釋文】

甲捕乙，告盜書丞印以亡[①]，問亡二日[②]，它如甲，已論耐乙，問甲當購不當？不當。Q1_11_6_138

【匯釋】

①盜書丞印：**在文書上私蓋縣丞的璽印。**整理者：縣丞掌管文書，見《續漢書·百官志》。盜書丞印，疑指在文書上私蓋縣丞的璽印。江陵鳳凰山出土漢初模仿符傳的殉葬木牘，用江陵丞名義，說明當時作爲通行憑證的符傳應加蓋縣丞官印。今按：《續漢書·百官志》："丞各一人。尉大縣二人，小縣一人。"本注曰："丞署文書。典知倉獄。"

②二日：**日期與所控告不合。**整理者：《禮記·緇衣》注："不一也。"二日，意爲日期與所控告不合。

【今譯】

甲捕獲乙，控告乙在文書上私蓋縣丞的璽印而逃亡，經訊問乙逃亡的日期不合，其他跟甲所控告一致，已判處乙受耐刑，問甲應否受獎？不應當（受獎）。Q1_11_6_138

【釋文】

有秩吏捕闌亡者[①]，以畀乙，令詣，約分購，問吏及乙論可（何）殹（也）？當貲各二甲，勿購[②]。Q1_11_6_139

【匯釋】

①有秩吏：**有官秩的官吏，指百石及百石以上的官吏。**高恒（1981）：秦有官秩的官吏之總名，通常指百石及百石以上的官吏，區別於"斗食"之少吏。《秦律十八種·金布律》："都官有秩吏及離官嗇夫，養各一人；其佐、史與共養。"龔延明（2006：290）："'秩'，指官秩。'有秩吏'即有官秩的官吏。……秦簡中的'有秩吏'是指百石及百石以上的官吏。官吏從有秩起就能夠享受一定的特權，並承擔一定義務。"王國維《觀堂集林》卷一七《敦煌漢簡》跋九："漢制計秩，自百石始，不及百石，謂之斗食。百石稱有秩矣。"夏利亞（2019：267）：指有秩祿的官吏中最低的一級。

②整理者：本條不給予獎賞，是由於有秩吏本有緝拿闌亡者的義務，卻弄虛作假，所以不得受獎，反而應該懲罰。《秦律雜抄》中"捕盜律"條與此相似，請參看。

【今譯】

有官秩的官吏捕獲逃亡出關的人，把犯人交給乙，叫乙送交官府，約定同分獎金，問吏和乙應如何論處？應各罰二甲，不予獎賞。Q1_11_6_139

【釋文】

"盜出朱（珠）玉邦關及買（賣）于客者[①]，上朱（珠）玉內史，內史材鼠

（予）購。”·可（何）以購之？其耐辠（罪）以上，購如捕它辠（罪）人；貲辠（罪），不購。Q1_11_6_140

【匯釋】

①朱：通“珠”，珠玉。

客：邦客。整理者：此句意思是指將私運或私賣珠玉的人拿獲。夏利亞（2019：268）：指邦客，即秦國以外的人。

【今譯】

“將珠玉偷運出境以及賣給邦客的，將珠玉上交內史，內史酌量給予獎賞。”·應怎樣獎賞？如被捕犯人應處耐罪（剃除頰鬚）以上，與捕獲其他罪犯同樣獎賞；如被捕犯人應處罰款，不予獎賞。Q1_11_6_140

【釋文】

或捕告人奴妾盜百一十錢，問主購之且公購？公購之之①。Q1_11_6_141

【匯釋】

①整理者：第二個“之”字係衍文，筆跡不同。

【今譯】

有人捕獲私家私婢告其盜竊一百一十錢，問應由主人給予獎賞還是由官府給予獎賞？由官府給予獎賞。Q1_11_6_141

【釋文】

可（何）如爲“犯令”“灋（廢）令”？律所謂者，令曰勿爲，而爲之，是謂“犯令”；令曰爲之，弗爲，是謂“灋（廢）令”殹（也）。廷行事皆以“犯令”論。Q1_11_6_142

【今譯】

怎樣是“犯令”“廢令”？律文所說的是，命令說不要做，卻把事做了，這就叫“犯令”；命令說要做，卻不去做，這就叫“廢令”。法廷成例均以“犯令”論處。Q1_11_6_142

【釋文】

灋（廢）令、犯令，遝免①、徙不遝？遝之。Q1_11_6_143

【匯釋】

①逮：**追究**。夏利亞（2011）：《方言》卷三："逮，及也。"此處意爲追究。

【今譯】

廢令、犯令的罪，對已經免職或調任的應否追究？應當追究。Q1_11_6_143

【釋文】

郡縣除佐，事它郡縣而不視其事者[①]，可（何）論？以小犯令論。Q1_11_6_144

【匯釋】

①事：**有二說：一、釋爲"事"，做事。二、釋爲"吏"，官名**。陳偉（2016C：237）："佐"下一字疑當釋爲"吏"，簡文讀作："郡縣除佐、吏它郡縣而不視其事者。"《秦律十八種·置吏律》簡159～160："嗇夫之送見它官者，不得除其故官佐、吏以之新官。"可參看。

郡縣除佐，事它郡縣而不視其事者：**郡縣所任用的佐，在其他郡縣做事而不到任管理職務的**（整理者）。

【今譯】

郡縣所任用的佐，在其他郡縣做事而不到任管理職務的，如何論處？按輕微的犯令論處。Q1_11_6_144

【釋文】

任人爲丞[①]，丞已免，後爲令，今初任者有辠（罪），令當免不當？不當免。Q1_11_6_145

【匯釋】

①任：**保舉**。整理者：《范雎蔡澤列傳》："秦之法，任人而所任不善者，各以其罪罪之。"

【今譯】

保舉他人爲丞，丞已經被免去，後來又做了令，如原來保舉的那個人有罪，令應否免職？不應免職。Q1_11_6_145

【釋文】

亡久書、符券、公璽、衡羸（纍）[①]，已坐以論，後自得所亡，論當除不當？不當。Q1_11_6_146

【匯釋】

①久書：**有三說：一、記錄器物之久的文籍**。久：**久識**。裘錫圭（1982：146）：秦時公家器物多有“久識”，公家假器物於百姓時“必書其久”，即必須把器物上的久識記錄下來，以備查考。記錄器物之久的文籍，應該就是上引《法律答問》中的“久書”。“久書”的性質與符券等相近，所以《法律答問》把它們放在一起來講。如果久書像注釋所説的那樣是上級指示文書的話，就不會跟符券等物並提了。夏利亞（2011）：認可裘錫圭的觀點。秦代官有器物外借，必須登記器物上的標記，還要按照標記收還。可見，記有標記（即久）的文書是很重要的器物收還證據，如果丢失，必然要受到處罰。這種文書，被稱爲久書自在情理之中。另，秦簡有命書、僞書、爰書、傳書等，久書之組合也與之相合。**二、地方政權對下級指示的文書**。久：**讀爲“記”**。整理者：久，讀爲記，《漢書・張敞傳》注：“記，書也，若今之州縣爲符教也。”記書即地方政權對下級指示的文書。**三、出入宫禁門衛標誌身份的憑證和通過關塞必須查閲的文件**。久：**入門衛木久**。王三峽（2007）：張家山漢簡有：“亡印，罰金四兩，而布告縣官，毋聽亡印。亡書，符券，入門衛木久，塞門、城門之鑰，罰金各二兩。”作者把該條與之對比後指出：久書不一定是記錄器物之久的文籍。久等於入門衛木久，意爲出入宫禁門衛、標誌身份的憑證。應當是木製的，用烙鐵烙過火印的。書，即龍崗秦簡“關。關合符，及以傳書閲入之……”中的傳書，意爲通過關塞必須查驗的文件。

符券：**有二説：一、符信契券，人們身份的物質憑證**。整理者：券，契券，《周禮・質人》注：“其券之象，書兩劄，刻其側。”駢宇騫、段書安（2006：357）：“符”，《説文》云：“信也。漢制以竹，長六寸，分而相合。”《玉篇・竹部》：“符，符節也，分爲兩也，各執其一，合之爲信。”符信是人們身份的物質憑證，在出土簡牘中，尤其是在居延漢簡中，發現了不少“符”類文書。這些“符”多數是當時出入關津的通行證。“券”，《説文》云：“券，契也。……券别之書，以刀判契其旁，故曰契券。”《荀子・君道》云：“合符節、别契券者，所以爲信也。”**二、契約合同文書**。李均明、刘軍（1999：418，422）：“符券類屬契約合同文書，通常爲多聯，即一式多份（至少兩份），同式各份之間或以契刻，或以筆畫綫條爲相合標誌，示其信用。以契刻爲合符方式者，通常稱之爲‘契券’（按應用範圍的大小，或可分爲‘符’與‘券’）。以筆畫綫條爲合符方式者，通常稱爲‘傅别’（或稱‘莂’）。”“廣義的券書包括符與傅别，《周禮・天官・小宰》孫詒讓《正義》云：‘蓋質劑、傅别、書契，同爲券書。’簡牘所見單稱‘券’者，旁有刻齒這一點同符，但長度不限於六寸，應用範圍較符廣，買賣借貸、取予授受皆用之。”《周禮・天官・小宰》云：“聽稱責以傅别。”鄭注云：“傅别，謂大手書於一劄，中字别之。”《釋名・釋書契》云：“莂，别也，大書中央，中破莂之也。”“傅别”也是剖分成兩份或者多份的一種契約式文書。

公璽：**官印**。整理者：《獨斷》：“璽者印也，印者信也，古者尊卑共之……秦以來天子獨以印稱璽，又獨以玉，群臣莫敢用也。”此處一般官印稱璽，是秦統一以前的制度。

衡贏：**即“衡纍”，衡權**。蒲堅（2001：241）：纍，衡器的權，漢銅權銘文常自名爲纍。

【今譯】

丢失了記錄器物之久的文籍、符信契券、官印、衡器的權，已因此受論處，後來自己找到了所丢失的東西，應否免除所論的罪？不應（免除）。Q1_11_6_146

【釋文】

甲徙居，徙數謁吏[①]，吏環[②]，弗爲更籍[③]，今甲有耐、貲辠（罪），問吏可（何）論？耐以上，當貲二甲。Q1_11_6_147

【匯釋】

①數：**戶籍**。徙數謁吏：**請求吏遷移戶籍**（整理者）。

②環：**拒絕**。整理者：《周禮·夏官》注：“猶卻也。”此處意爲推卻。

③更籍：**改動戶籍的内容**（施偉青，1993）。

【今譯】

甲遷居，請求吏遷移戶籍，吏加以拒絕，不爲他更改戶籍，如甲有應處耐刑、罰款的罪，問吏應如何論處？甲有耐刑（剃除頰鬚）以上的罪，吏應罰二甲。Q1_11_6_147

【釋文】

“百姓有責（債），勿敢擅強質[①]，擅強質及和受質者[②]，皆貲二甲。”廷行事強質人者論，鼠（予）者不論；和受質者，鼠（予）者□論[③]。Q1_11_6_148

【匯釋】

①質：**抵押**。整理者：古書中“質”常指以人作爲抵押。

②和：**雙方同意**。整理者：與“強”爲對立詞。

③整理者：據文義，此句意爲把抵押給予債主的也要處理。

【今譯】

“百姓間有債務，不准擅自強行索取人質，擅自強行索取人質以及雙方同意以人作爲抵押的，均應罰二甲。”法廷成例，強行索取人質的人應論罪，把人質給人的人不論罪；雙方同意以人作爲抵押的，把人質給人的人也要論罪。Q1_11_6_148

【釋文】

實官戶關不致①，容指若抉②，廷行事貲一甲。Q1_11_6_149

【匯釋】

①實官：**有二說：一、貯藏糧食的官府**（整理者）。**二、貯藏穀物的公家府庫。**夏利亞（2011）：實，《國語・晉語》注："穀也。"實官，《效律》解爲：貯藏穀物的官府。此處"實"解爲糧食，建議統一訓爲穀物。官府當明確所指，譯爲"公家的府庫"。

關：**門閂**。整理者：《說文》："以木橫持門戶也。"

致：**緊密**。整理者：《禮記・禮器》注："至密也。"

②抉：**撬開，指用以撬動門閂的東西**（整理者）。

【今譯】

貯藏糧食的公家府庫門閂不緊密，可以容下手指或用以撬動的器具，按法廷成例應罰一甲。Q1_11_6_149

【釋文】

實官戶扇不致，禾稼能出，廷行事貲一甲。Q1_11_6_150

【今譯】

貯藏糧食的公家府庫門扇不緊密，穀物能從裹面漏出，按法廷成例應罰一甲。Q1_11_6_150

【釋文】

空倉中有薦①，薦下有稼一石以上，廷行〔事〕貲一甲，令史監者一盾。Q1_11_6_151

【匯釋】

①薦：**墊在糧草下面的草墊**。整理者：撤木、薦是在糧草已經全部從倉庫中移空的時候。

【今譯】

空的糧倉裹有草墊，草墊下有糧食一石以上，按法廷成例應罰一甲，並罰負責監管的令史一盾。Q1_11_6_151

【釋文】

倉鼠穴幾可（何）而當論及誶？廷行事鼠穴三以上貲一盾，二以下誶。鼷穴三

當一鼠穴[1]。Q1_11_6_152

【匯釋】

①鼷：**一種小鼠**（整理者）。夏利亞（2011）：《玉篇·鼠部》："鼷，小鼠也。螫毒，食人及鳥獸皆不痛，今之甘口鼠也。"鼷鼠之穴很小，故三當一穴。《淮南子·人間訓》："夫爝火在縹煙之中也，一指所能息也。唐漏若鼷穴，一墣之所能塞也。"

【今譯】

糧倉裏有多少鼠洞就應論處及申斥？按法廷成例有鼠洞三個以上應罰一盾，兩個以下應申斥。鼷鼠洞三個算一個鼠洞。Q1_11_6_152

【釋文】

有稟叔（菽）、麥，當出未出，即出禾以當叔（菽）、麥，叔（菽）、麥賈（價）賤禾貴，其論可（何）殹（也）？當貲一甲。會赦未論[1]，有（又）亡，赦期已盡六月而得，當耐。Q1_11_6_153

【匯釋】

①整理者：自此句以下爲另一條。

會：**遇到**。整理者：《黃帝内經·素問·五運行大論》注："遇也。"

【今譯】

發放豆、麥，應發出的還沒有發出，就發出穀子來頂替豆、麥，豆、麥價賤而穀子價貴，應如何論處？應罰一甲。如果遇到赦令而沒有論罪，又逃亡，赦令限定日期已過六個月才被捕獲，應處以耐刑。Q1_11_6_153

【釋文】

吏有故當止食[1]，弗止，盡稟出之[2]，論可（何）殹（也）？當坐所贏出爲盜。Q1_11_6_154

【匯釋】

①止食：**停發口糧**。彭勃、徐頌陶（1995：36）：據睡虎地秦簡《倉律》，月食者即按月領取口糧的人，如出差或缺勤，都應止食。"有秩吏不止。"

②盡稟：**全部發給**。彭勃、徐頌陶（1995：36）：口糧的全數。

【今譯】

官吏出于某些原因應該停止發給口糧，卻不停止，反而全部發給，應當如何論

處？應按其多發的作爲盜竊罪處。Q1_11_6_154

【釋文】

吏從事于官府，當坐伍人不當？不當。Q1_11_6_155

【今譯】

官吏在官府服役，應否因其同伍的人有罪而連坐？不應當。Q1_11_6_155

【釋文】

大夫寡[①]，當伍及人不當[②]？不當。Q1_11_6_156

【匯釋】

①寡：**有二說：一、遺孀**。陳偉（2016C：242）：大夫寡，當是大夫死後留下的遺孀。里耶秦簡 8－123＋8－1791："今見一邑二里：大夫七戶，大夫寡二戶，大夫子三戶，不更五戶，□□四戶，上造十二戶，公士二戶，從廿六戶。"張家山漢簡《二年律令》簡 305："自五大夫以下，比地爲伍"。可參證。**二、少**。整理者說。

②伍：**合編爲伍**。整理者：《漢書·外戚傳》注："猶列也。"意即合編爲伍。推測當時因大夫係高爵，所以不與一般百姓爲伍。陳公柔（2005：167）：官吏不與庶民編爲伍。臧知非（2005）：大夫是二十級爵位中的第五級，當大夫人數少，不足五家之數，不得和爵位低的人或者沒有爵位的人合編爲伍，說明在秦時，無論爵位高低，都是五家爲伍的，區別在於大夫以上的伍人身份要相同。王愛清（2006）：伍的編制中存在著爵位等級限制。一里之中有大夫之家居住，如大夫之家不足編伍之數，也不能隨便和其他民戶混編爲同一個伍。"伍"僅是個編制單位。律文中的"伍及人"說的就是對里中居民進行伍的編制問題。"大夫"在秦的二十等爵中爲第五級，通過律文我們可得到如下啟示：其一，一里之中有大夫之家居住，而大夫之家可能不足編伍之數。其二，儘管里中大夫之家不足編伍之數，但也不能隨便和其他民戶混編爲同一個伍。顯然，伍的編制中存在著爵位等級限制。就二十等爵制來說，大部分獲爵者當分散居住在不同的里中，一里之中不可能大夫就是最高爵。睡虎地秦簡《封診式·黥妾》爰書曰："某里公士甲縛詣大女子丙，告曰：'某里五大夫乙家吏。丙，乙妾殹。乙使甲曰：丙悍，謁黥劓丙。'"顯然里中住有五大夫等更高爵位者，且有供其役使的家吏。那麼大夫以上爵位的民戶是否也要編伍呢？史料無明確記載。不過，既然爵爲大夫的民戶都不能隨便和其他民戶混編爲同一個伍，那麼我們不難推知，即便當時國家對這部分民戶存在著編伍的要求，也是不會和爵位在大夫以下者混合編伍的。于振波（2012：134）：爵位在大夫（二十等爵之第五級）以上者，即使人數少，也不編入"伍人"中，但低於大夫的不更、簪嫋、上造、公士四個爵位，卻與無爵的庶人同樣編入"伍人"。張金光（2004：825－

826)："不伍及人"即不入一般士伍兵役籍，而有另冊。

【今譯】

大夫死後留下的遺孀，應否與其他人合編爲伍？不應當。Q1_11_6_156

【釋文】

部佐匿者（諸）民田[①]，者（諸）民弗智（知），當論不當？部佐爲匿田，且可（何）爲？已租者（諸）民[②]，弗言，爲匿田[③]；未租，不論□□爲匿田。Q1_11_6_157

【匯釋】

①部佐：**有三說：一、鄉部之佐**。整理者：漢代稱鄉佐，《續漢書・百官志》："又有鄉佐，屬鄉，主民，收賦稅。"卜憲群（2009）："部佐"是鄉佐，非田嗇夫的下屬，與土地管理無關。張金光（1997）：此"部佐"之"部"爲鄉部簡稱。**二、田嗇夫設於鄉的田佐**。裘錫圭（1981A）：據秦律，倉嗇夫的屬官有設於鄉的倉佐，部佐大概也是田嗇夫設於鄉的田佐，跟鄉佐恐怕不是一回事。田嗇夫總管全縣田地等事，部佐則是分管各鄉田地等事的。**三、田系統中出部離鄉的佐吏**。鄒水傑、李斯、陳克標（2014：132）認爲："部佐"其實應該稱爲"田部佐"，即田系統中出部離鄉的佐吏，或者也可像簡12那樣稱爲"離邑田佐"。

匿者民田：**有二說：一、隱匿衆百姓的田**。張金光（2004：58）：簡文意指未把民田注冊上報，僅此並不構成"匿田"罪。**二、侵匿"民田"，佔爲己有**。陳玉璟（1980）：是地方官吏憑藉權勢侵匿"民田"佔爲己有。陳偉（2016C：241）：簡文"民田"即百姓所受之田。

②租：**有三說：一、徵收田賦**。整理者：《說文》："田賦也。"《管子・國蓄》注："在農曰租稅。"此處意爲徵收田賦。**二、租佃，租借**。高敏（1981A：144）：從土地有"已租諸民"與"未租"於民的情況來看，說明這是不同於"授田"於民的另一種剝削形式，即租佃剝削。簡文反映封建國家是土地的出租者，農民是租佃者。劉信芳、梁柱（1990）：龍崗秦簡的"假田"，應是以錢、財或其他可折價之物向國家、地方政府租借土地。租借者有相當期限、相當數額的土地使用權，是一種變相的土地買賣。**三、繳納田稅**。熊鐵基（2012）："部佐匿諸民田"的"匿"，即隱匿。"已租諸民"的"租"，指田稅，這裏作動詞用，指繳納田稅。匿田的目的是在徵收田稅時，營私舞弊，或以多報少，或以有報無。彭浩（2011）：據張家山漢簡《算數書》和嶽麓書院藏秦簡《數》中"輿田"納稅的算題認爲，"輿田"的應稅之田（簡文稱"稅田"）即田租。龍崗秦簡和《數》的"假田"也須繳納田租。祝瑞開（1980）：秦漢時期"租"衹是指"田稅"，並沒有後來的所謂"租佃"的含義。

③匿田：**有二說：一、隱匿田畝**。張光博（1991：1383）：秦律罪名。秦代根

據土地面積徵收田租，如睡虎地秦簡《田律》規定，按授田畝數，每頃繳納芻（飼草）三石、藳（禾稈）二石。所以，對匿田者要追究法律責任。李偉民（1998：2256）：隱瞞田畝以逃避田賦。**二、已經收了“租”而不呈報。**宋敏（1980）：簡文原意是以部佐已經收了“租”而不向上級官府呈報，才論爲“匿田”。並不是在以國有土地授田之外，還以國有土地租佃。張金光（1983A）：已經向農民收了租，不報，叫作“匿田”。張金光（2004：54）：據雲夢龍崗秦簡202、170，“匿田”就是“匿稅”。

【今譯】

鄉部之佐隱匿眾百姓的田，眾百姓不知道，應否論罪？鄉部之佐應判爲匿田，還是判爲別的甚麼罪？已向眾百姓徵收田稅而不上報，就是匿田；未徵收田稅，不以匿田論處。Q1_11_6_157

【釋文】

甲小未盈六尺①，有馬一匹自牧之，今馬爲人敗②，食人稼一石，問當論不當？不當論及賞（償）稼③。Q1_11_6_158

【匯釋】

①未盈：**還不滿。**堀毅（1988：189）：與嚴格意義上的“未滿”意義不同，與現代用法中的“以下”同義。

②敗：**有二說：一、本義爲毀壞，此處疑指將馬驚嚇逃走**（整理者）。張世超、張玉春（1985B）：古者御車，馬驚失列稱“敗績”。《禮記·檀弓上》“馬驚敗績，公隊”，鄭注：“驚奔失列。”“敗績”乃“敗逃”之謂，省稱“敗”，此處非駕車之馬驚稱“敗”，詞義有引申。**二、害，危害。**方勇（2009B）：“敗”應該訓爲“害”，指危害之義。如《呂氏春秋·孟夏紀》：“行春令，則蟲蝗爲敗，暴風來格，秀草不實。”其中“敗”即“害”意。簡文中“今馬爲人敗”，當是指馬的自然本性被人危害，即被驚嚇，所以才做出“食人稼一石”的出格事情來。

③不當論及賞稼：**不應論處，也不應賠償莊稼。**張全民（1998）：與盜牛案相比，一人因“高六尺”而遭拘禁，一人則因“未盈六尺”而免於處罰，這表明身高六尺是定罪量刑的依據，身高六尺是責任年齡的標準。馬受別人驚嚇，也許正是不“賞稼”的主要原因。劉海年（1983B）：“不當論處及賞稼”，可能基於兩個因素：甲是一個未成年的小孩；馬食人稼是由於別人驚嚇。前一個因素應是主要的。張亞藩（1992：153）：雖已達到身高，但還需舉行冠禮的形式，才具有獨立的民事法律行爲能力的資格。凡不具有行爲能力的人的法律行爲，需經監護人同意並得到官方登記後才視爲有效。其所發生的非法行爲，也不受法律的制裁。章穎（2007：50）：秦律是以身高爲標准來確定刑事責任年齡的。男身高六尺五寸、女身高六尺二寸爲成年。古代一般認爲男子身高六尺爲十五歲，身高六尺五寸爲十六七歲。男未足六

尺五寸、女未足六尺二寸爲未成年人。凡是未成年人犯罪，不負刑事責任或減輕刑事責任。

【今譯】

甲年齡小，身高不滿六尺，有馬一匹，自己放牧，現在馬被人驚嚇，吃了別人的一石莊稼，問應否論處？不應論處，也不應賠償莊稼。Q1_11_6_158

【釋文】

“舍公官（館）①，旞火燔其舍②，雖有公器，勿責。”·今舍公官（館），旞火燔其叚（假）乘車馬，當負不當出③？當出之。Q1_11_6_159

【匯釋】

①舍：**止息**（熊鐵基，1979A）。

公官：**即“公館”，官府的館舍**。整理者：《禮記·曾子問》：“若今縣官舍也。”

②旞：**失**。整理者：《說文》或作旞，此處讀爲“遺”。

旞火：**即“遺火”，指失火**。夏利亞（2011）：《後漢書·逸民傳·梁鴻》：“曾誤遺火延及它舍，鴻乃尋訪燒者，問所其去，悉以豕償之。”

舍：**傳舍**。熊鐵基（2012）：它是與政府郵傳有關係的傳舍，而不是指私人經營的館舍。據文獻記載，傳舍和公館是設在郵亭所在地的。

③整理者：“出”字係衍文。

【今譯】

“在官府的館舍居住，失火把房屋燒了，其中雖有官有器物，不令賠償。”·如在官府的館舍居住，失火將所借用車馬焚毀，應否賠償？應當爲其報銷。Q1_11_6_159

【釋文】

旞火延燔里門①，當貲一盾；其邑邦門②，貲一甲。Q1_11_6_160

【匯釋】

①里門：**鄉里之門**。整理者：古時城中有里門，詳見《墨子·號令》。夏利亞（2019：273）：閭里的門。古代同里的人家聚居一處，設有里門。

②邦門：**城門**。《儀禮·既夕禮》：“至於邦門。”鄭玄注：“邦門，城門也。”陳偉（2016C：243）：里耶秦簡8－461：“毋曰邦門曰都門。”可參看。

【今譯】

失火連帶燒毀里門，應罰一盾；如燒毀城門，應罰一甲。Q1_11_6_160

【釋文】

“擅興奇祠[①]，貲二甲。”可（何）如爲“奇”？王室所當祠固有矣，擅有鬼立（位）殹（也）[②]，爲“奇”，它不爲。Q1_11_6_161

【匯釋】

①興：**起造**（整理者）。

奇祠：**有二說：一、不合法的祠廟**。整理者：後世稱爲“淫祠”。**二、擅自增加的王室祭祀對象**。魏德勝（2003：165）說。夏利亞（2019：274）：魏氏說法爲長。

②立：**後作“位”，神位**。整理者：讀爲位，《周禮・小宗伯》注引鄭眾云：“古者立、位同字。”鬼位，即《管子・四時》所云“神位”。

【今譯】

“擅自起造不合法的祠廟，應罰二甲。”怎樣算作“奇”？王室所應當祭祀的本來已經有了，此外擅自設立神位，就是“奇”，其他的不算。Q1_11_6_161

【釋文】

“毋敢履錦履[①]。”“履〔錦〕履”之狀可（何）如？律所謂者，以絲雜織履[②]，履有文，乃爲“錦履”，以錦縵履不爲[③]，然而行事比焉[④]。Q1_11_6_162

【匯釋】

①履〔錦〕履：**穿錦鞋**。夏利亞（2011）：第一個詞爲動詞，穿（鞋）。第二個詞爲名詞，鞋，《說文・履部》：“履，足所依也。”

錦：陳偉（2016C：244）：“錦”字下，缺書重文符。

②以絲雜織：**用不同色彩的絲織**。陳偉（2016C：244）：指用多色絲綫織造或編織，前者稱錦，後者稱扁緒。

③縵：**有二說：一、通“鞔”，鞋幫**。整理者：讀爲鞔，《呂氏春秋・召類》注：“鞔，履也，作履之工（腔）也。”《說文》段注：“履腔，如今人言鞵幫也。”**二、如字讀，無花紋織物**。孫曉春、陳維禮（1985）：當如字讀。《說文》“縵，繒無文也”，“漢律曰賜衣者縵表白裏”。這是秦漢時期一項重要的法律規定，即沒有官爵的庶民百姓不得穿有花紋的絲織衣服。從這段簡文來看，錦履是指用雜色絲織成的有花紋的履，“以錦縵履不爲”，用無花紋的錦做的鞋，不算作錦履。陳偉（2016C：244）：縵，平紋織物，無花紋，與錦不同。

④整理者：《中華古今注》：“麻鞋，周文王以麻爲之，名爲麻鞋，至秦以絲爲

之，令宮人侍從著之，庶人不可。”可與本條參看。吳樹平（1988：63）：簡文宗旨在禁絕“逾制”，是根據《商君列傳》所記商鞅律令“明尊卑爵秩等級……臣妾衣服以家次。有功者顯榮，無功者雖富無所芬華”制定的具體條文，應出於《雜律》。

【今譯】

“不准穿錦履。”“穿錦履”的樣子是怎樣的？律文所說的是，用不同色彩的絲織鞋，鞋上有花紋，才算錦履；用錦做鞋幫，不算錦履，然而按照法廷成例同樣論處。Q1_11_6_162

【釋文】

“不會[①]，治（笞）；未盈卒歲得，以將陽有（又）行治（笞）[②]。”今士五（伍）甲不會，治（笞）五十；未卒歲而得，治（笞）當駕（加）不當？當。Q1_11_6_163

【匯釋】

①不會：**指徵發徭役時不應徵報到**（整理者）。

②將陽：**有二說：一、遊蕩**。整理者：見《尚書大傳》，係疊韻連語，在此意爲遊蕩，參看朱駿聲《說文通訓定聲》。“未盈卒歲得”以下也可能不是本條律文。彭浩（2012A）：張家山漢簡《二年律令》對逃亡“不盈卒歲”的懲處是“繫城旦舂”，估計對“將陽”和“將陽亡”的懲處與之相同。夏利亞（2019：274）：“將陽”當爲秦代的逃亡之罪。**二、逃亡未滿一年**。陳松長（2012A）：嶽麓書院藏秦簡1989：“不會，笞及除。未盈卒歲而得，以將陽癖；卒歲而得，以闌癖，又行其笞。”《法律答問》簡163脫“癖；卒歲而得，以闌癖”。“未卒歲而得，治當駕不？當”是誤抄或漏抄的結果。“將陽”指逃亡未滿一年。

以將陽有行治：陳公柔（2005：157）斷作：“以將陽有行，治。”

【今譯】

“（徵發徭役時）不應徵報到，應笞打，未滿一年被捕獲，因遊蕩罪應再笞打。”如士伍甲不應徵報到，應笞打五十；未滿一年被捕獲，應否加打？應當。Q1_11_6_163

【釋文】

可（何）謂“逋事”及“乏繇（徭）”[①]？律所謂者，當繇（徭）、吏（使），典已令之[②]，即亡弗會，爲“逋事”；已閱及敦（屯）車食若行到繇（徭）所乃亡[③]，皆爲“乏繇（徭）”。Q1_11_6_164

【匯釋】

①逋事：**逃避官府役使**。整理者：《漢書·義縱傳》："縣無逋事。"

乏繇：**有二說：一、沒有服足徭役時間**（整理者），**缺徭**。陳偉（2016C：245）：《莊子·天地》"無乏其事"，成玄英疏："乏，闕也。"乏徭，缺徭。**二、即"廢徭"，沒有服徭役**。夏利亞（2011）：沒有服徭役。"乏徭"猶言廢徭。從簡文看，逋事是已接到服役的通知後逃跑，乏徭是到了服役場所後才逃跑，但都是逃避徭役的行爲。

②吏：**有二說：一、讀爲"使"或用爲"事"，連上句**。陳偉（2016C：245）："吏"疑連上句，讀爲"使"或用爲"事"，讀作"當繇吏，典已令之"或者"當繇事，典已令之"。本篇簡165有"匿戶弗繇、使"。里耶秦簡8－197有"居吏柀繇使"。嶽麓書院藏秦簡1241："繇（徭）律曰：歲興繇（徭）徒，人爲三尺券一，書其厚焉。節（即）發繇（徭），鄉嗇夫必身與，典以券行之。"可參看。**二、鄉吏，連下句**。孫言誠（1985：133）認爲：本簡表明主管徵發徭役的是鄉吏和里典。

③閱：**檢閱**。整理者：《玉篇》："簡軍實也。"

敦：**通"屯"，皆、同**。整理者：如《韓非子·外儲說右下》"貲其里正與伍老屯二甲"，即皆二甲。屯車食，與《秦律雜抄》"不當稟軍中而稟者"條"同車食"同義。

敦車食：**即共同乘車食稟**。

【今譯】

甚麼叫"逋事"和"乏徭"？律文所說的是，在徭役、役使的時候，里典已下令徵發，隨即逃亡，不去報到，稱爲"逋事"；已經參加檢閱、共同乘車和吃口糧，或已到服徭役地點，然後逃亡，都作爲"乏徭"。Q1_11_6_164

【釋文】

可（何）謂"匿戶"及"敖童弗傅"？匿戶弗繇（徭）、使，弗令出戶賦之謂殹（也）。Q1_11_6_165

【今譯】

甚麼叫"匿戶"和"敖童弗傅"？說的就是隱藏人戶，不徵發徭役，不加役使，也不命繳納戶賦。Q1_11_6_165

【釋文】

女子甲爲人妻，去亡，得及自出，小未盈六尺，當論不當？已官[1]，當論；未官，不當論[2]。Q1_11_6_166

【匯釋】

①官：**經官府認可**。整理者：參《法律答問》簡72注。張全民（1998）：此案中爲人妻的女子雖然“小未盈六尺”，但其婚姻如經官府認可，她就被當作成年人——成年人的標準是身高六尺——看待，從而要受到懲處。這是六尺標準兼含民事的顯證。“未官，不當論”的原因可能是，既然未經官府認可，則該女子可按實際年齡減罪，且此案並不涉及新的婚姻而引起戶籍的變更。夏利亞（2011）：從簡文可以看出，秦言人不説年齡，衹言身高，身高是衡量年齡大小的尺度。本簡反映出法律保護合法婚姻的傾向。

②張晉藩（2003：120）：從這裏可以看出兩個問題：一是結婚須到官府登記，才算合法婚姻，否則，出現“背夫逃亡”的事，法律不給予保護。二是從律文分析，法律似乎規定了女子的結婚年齡換算成身高爲六尺，但實際上對不到六尺的女子結婚也給予登記，上引法條有“已官，當論”的記載，可見秦人女子的實際婚齡要低於換算之六尺。

【今譯】

女子甲爲人之妻，私自逃亡，被捕獲以及事發後自首，年小，身高不滿六尺，應否論處？婚姻曾經官府認可，應論處；未經官府認可，不應論處。Q1_11_6_166

【釋文】

女子甲去夫亡，男子乙亦闌亡，相夫妻，甲弗告請（情）[①]，居二歲[②]，生子，乃告請（情），乙即弗棄，而得，論可（何）殹（也）？當黥城旦舂[③]。Q1_11_6_167

【匯釋】

①闌亡：**無通行憑證而逃亡**。情：**實情**（整理者）。

②居二歲：**過了兩年**（整理者）。

③黥城旦舂：**男子乙黥爲城旦，女子甲黥城旦舂**（整理者）。堀毅（1988：376）：此例涉及多個罪名，以最重的“闌亡”罪名論處。夏利亞（2011）：從該簡看，告發的人當爲夫妻之外的其他人，該夫妻兩人不可能互相告發。這或許是秦時“賞告奸”的結果。陳偉（2016C：246）：張家山漢簡《二年律令》簡168：“取（娶）人妻及亡人以爲妻，及爲亡人妻，取（娶）及所取（娶）、爲謀（媒）者智（知）其請（情），皆黥以爲城旦舂。”可參看。

【今譯】

女子甲離開丈夫私自逃亡，男子乙也無通行憑證而逃亡，結爲夫妻，甲沒有把私逃的事實告訴乙，過了兩年，生了孩子，才告知實情，乙便沒有休棄甲，然後被捕獲，應如何論處？應分別黥爲城旦和城旦舂。Q1_11_6_167

【釋文】

甲取（娶）人亡妻以爲妻，不智（知）亡，有子焉，今得，問安置其子？當畀。或入公，入公異是[①]。Q1_11_6_168

【匯釋】

①異是：**與之不合，指與律意不符**（整理者）。

【今譯】

甲娶他人私逃的妻子爲妻，不知道私逃的事，跟她有了孩子，如果被捕獲，問其子應如何處置？應給還甲。有的認爲應沒收歸官。沒收歸官與律意不合。Q1_11_6_168

【釋文】

“棄妻不書[①]，貲二甲。”其棄妻亦當論不當？貲二甲。Q1_11_6_169

【匯釋】

①書：**指報告登記**（整理者）。

【今譯】

“休妻而不報告登記，罰二甲。”他所休的妻子應否也加以論處？應罰二甲。Q1_11_6_169

【釋文】

“夫有辠（罪），妻先告，不收。”妻賸（媵）臣妾、衣器當收不當[①]？不當收。Q1_11_6_170

【匯釋】

①賸：**陪嫁**（整理者）。整理者：賠嫁。夏利亞（2019：276）：賠當爲陪。

收：**收孥**。夏利亞（2019：276）：古時，一人犯法，妻子連坐，沒爲官奴婢，謂之收孥。

高敏（1981A：102）：衹要“隸臣妾”男女雙方有任何一方仍爲自由人，這樣的奴隸就有家室，也有獨立經濟。高恒（1981A）：臣妾同衣器一樣，被看作妻之財產。施偉青（1984：87）：簡文反映隸臣妾不管其爲刑徒還是爲官奴隸，他們擁有私有財產則是沒有疑義的。冨谷至（2006：151）：此簡說明，緣坐刑中沒收爲奴的“收”，可以通過告發得以免除。

【今譯】

“丈夫有罪，妻子先告發，不沒收爲官婢。”妻陪嫁的奴婢、衣物應否沒收？不應沒收。Q1_11_6_170

【釋文】

妻有辠（罪）以收，妻賸（媵）臣妾、衣器當收，且畀夫？畀夫[1]。Q1_11_6_171

【匯釋】

①夏利亞（2011）：由上二簡可以看出，陪嫁的臣妾及衣器收與不收完全取決於妻是否被收。

【今譯】

妻子有罪被收爲官婢，妻子陪嫁的奴婢、衣物是應沒收，還是還給其丈夫？還給其丈夫。Q1_11_6_171

【釋文】

同母異父相與奸，可（何）論？棄市。Q1_11_6_172

【今譯】

同母不同父的人通姦，如何論處？應當棄市。Q1_11_6_172

【釋文】

甲、乙交與女子丙奸[1]，甲、乙以其故相刺傷，丙弗智（知），丙論可（何）殹（也）？毋論。Q1_11_6_173

【匯釋】

①交：**俱**。整理者（1990：134）：見《法律答問》簡 74 注。夏利亞（2019：276）：皆，都。

【今譯】

甲、乙都和女子丙通姦，甲、乙因此互相刺傷，丙不知情，丙應如何論處？不應當論處。Q1_11_6_173

【釋文】

女子爲隸臣妻，有子焉，今隸臣死，女子北其子[1]，以爲非隸臣子殹（也）[2]，問女子論可（何）殹（也）？或黥顏頯爲隸妾，或曰完，完之當殹（也）[3]。Q1_11_6_174

【匯釋】

①北：**從家中分出**。整理者：《三國志·虞翻傳》注："古'別'字。"此處指將其子自家中分出。

②以爲非隸臣子毆：**作爲不是隸臣之子**。張國安（2011：65）：隸臣所生的子女也承繼其隸臣的身份，法律嚴禁改變其身份。秦律規定，隸臣妾有"名籍"，有家庭子女，是不完全的民事主體。他們有一定的人身權利義務，如他們有服兵役的義務，有可能立功拜爵。同時，他們也具有法定的財產權，國家給予他們一定的土地，讓他們從事農耕。高敏（1979A：107）："隸臣妾"的子女仍爲奴隸；即使是年"老當免"的"隸臣妾"，也需要有一個成年男子代替她爲奴隸才可成爲自由人。高敏（1981A：58）：奴隸的子女，仍得爲奴隸，即使其母是自由民也不例外。黃展嶽（1980A）：這一案例說明，隸臣妾是世代相傳的。隸臣之妻雖然是自由民，其子應按父系血統仍定爲隸臣身份。白壽彝（2004：532）：隸臣妾的服役是終身性質，除非立有斬首軍功不能贖免。就是"老當免"的隸臣妾，也得有成年男子頂替才能獲自由，隸臣妾的子女仍爲隸臣妾。李力（2007：424）：此處的"隸臣"應確定爲官奴隸，而奴隸的身份是可以世襲的。"其子"就是未成年的官奴隸"小隸臣"。孫聞博（2008）：不能成爲嚴格的一種身份，其長大後身份也不一定就是隸臣，但其父後來的身份變化卻是影響了自己的後代，這與奴與民爲婚在某種程度上存在著相似的地方。

本句後，整理者用逗號，李力（2007：424）改爲句號。

③完：**有四說：一、"完爲隸妾"的略語**。栗勁（1984）："完"不是一種刑名，而是表示免除刑徒的一切附加身體刑的法律術語。本項答問所謂"完"，也同樣不是獨立的刑名，而是"完爲隸妾"的略語，以區別於"黥顏頯爲隸妾"。栗勁（1985：251－252）："或曰完"爲"或曰完爲隸妾"的略語，因上文有"或黥顏頯爲隸妾"而略。"完"是保全身體髮膚的完好，已不再是一種刑罰。在秦律中僅僅是作爲城旦的附加語而使用的。"完城旦"或"完爲城旦"的實際意義就在於它否定和免除了城旦的附加肉刑，保全完好身體去從事城旦的勞役。從這個意義上講，王先謙的"完爲免"的說法也是正確的。傅榮珂（1992：124）："完"乃"完爲隸妾"之略語。李力（2007：426）：此處的"完"字爲動詞，即不加肉刑"黥顏頯"，但是仍要判處"爲臣妾"，這已在文中省略。因此，這裏說的"完"是"完爲隸妾"的省略語。楊廣偉（1986）：這條"完刑"之名，卻是針對某一位女性而言的。完刑不是耐刑，由此也可以得到證明。韓樹峰（2007）：此處的"完"顯然爲"耐"。如果理解爲毛髮完好無損之意，則與主張判黥刑的觀點相差甚遠。由於有"黥顏頯爲隸妾"的錯誤主張，才有與之相對的"完隸臣妾"的說法。在這裏，"完"與"黥"有強烈的對比意味，因此稱"完"而不稱"耐"。在正常情況下稱"耐"而不稱"完"。同樣，在特殊情況下，"完城旦舂"也有可能稱爲"耐城旦舂"。夏利亞（2019：277）：栗說爲上。**二、"完爲隸臣"的略語**。王森（1986）："或曰完"實爲"完爲隸臣"的略語。秦漢時期，"完"是一個特定的法律術語，

是僅作爲城旦舂的毫無實際意義的附加刑加以使用的。**三、施完刑**。整理者語譯作“完刑”。**四、不是一種刑罰，僅爲免除肉刑而保持身體完全**。張全民（2001）：簡文“完”與“黥顔頯”對言，意思爲僅免除肉刑而保持身體完全。與此相反受過肉刑、形體殘缺的人即爲“不完”。在此，“完”不是一種刑罰。作爲刑罰的“完”僅限於特定的刑種——城旦舂。從先秦一直到漢初，完刑就是指髡刑；到了漢文帝改制以後，又變成了耐刑的同義語。

陳公柔（2005：174）：此判處甚不易理解。“或曰完”，是指不加黥顔等刑而衹是完之而仍爲隸妾；抑是按“諸當完者，完爲城旦”說法，此亦當判處城旦、舂之刑，以示不能隨便改變身份。如理解“完之當也”爲“完爲城旦”，則判刑失重。

當：**妥當，指與律意相合**（整理者）。

完之當殹：**處完刑是妥當的**（整理者）。

【今譯】

女子爲隸臣之妻，跟他有子，現在隸臣已死，女子將其子從家中分出，作爲不是隸臣之子，問女子應如何論處？有的認爲應在面額和顴部刺刻塗墨作爲隸妾，有的認爲應處以完刑，判處完刑是妥當的。Q1_11_6_174

【釋文】

以其乘車載女子①，可（何）論？貲二甲。以乘馬駕私車而乘之②，毋論。Q1_11_6_175

【匯釋】

①乘車：**安車，一種可以坐乘的小車**。整理者：《尚書大傳》“乘車輲輪”，注：“安車也。”即一種可以坐乘的小車。《禮記·曲禮上》：“大夫七十而致事……適四方，乘安車。”在封建國家中，乘坐安車是一種特殊待遇，所以本條規定不能用這種車乘載婦女。

關於安車用幾匹馬拉，**有二說：一、用一匹馬拉**。錢玉林、黄麗麗（2009：122）：安車，一匹馬拉的可以坐乘的小車，古人立乘，此車可以安坐，故名安車。高官告老或徵召德高望重者，君主往往賜乘安車，禮尊者則用四馬。《禮記·曲禮上》：“大夫七十而致事……適四方，乘安車。”鄭玄注：“安車，坐乘，若今小車也。”《漢書·張良傳》：“今公誠能毋愛金玉璧帛，令太子爲書，卑辭安車，因使辯士固請，宜來。”《後漢書·輿服志上》：“公、列侯、中二千石、二千石夫人會朝若蠶，各乘其夫之安車。”**二、用四匹馬拉**。墨菲（2013：278）：有特殊禮遇的安車是用四匹馬拉的。在《儒林列傳》中就有相關的記載：“於是天子使使束帛加璧，安車駟馬迎申公，弟子二人乘軺傳從。”

②乘馬：**駕安車的馬**。整理者：《詩經·蕩之什·韓奕》箋：“所駕之馬爲乘馬。”

乘之：**載女子**。整理者：第二個“乘”字意思是乘載，《獨斷》：“乘，猶載也。”

【今譯】

用其安車載女子，如何論處？應罰二甲。用駕安車的馬駕私人的車而載女子，則不應該論處。Q1_11_6_175

【釋文】

“臣邦人不安其主長而欲去夏者①，勿許。”·可（何）謂“夏”②？欲去秦屬是謂“夏”。Q1_11_6_176

【匯釋】

①臣邦人：**有二說：一、不屬於秦國的外邦人和臣屬於秦的少數民族的人民**（高敏，1981A：233）。李山（2007：124）：在戶籍種類上還有特殊戶籍，如將民衆分爲“故秦民”與外來人；外來人又分“新民”（三晉之民遷到秦的）、“臣邦人”；臣邦人又分“夏子”（父爲臣邦人、母爲秦人的混血）和“真臣邦”（父母都爲臣邦人的後代）等。名稱不同則待遇不同，如“新民”就不能當兵等。特殊戶籍中官員有“宦籍”，其子弟則有“弟子籍”等。**二、來自東方六國的人民**。楊洪（2008）：對於來自東方諸國的人口，《秦律》中稱爲“臣邦人”。孫機（2015：99）：《秦律》中將原秦國的居民稱爲“故秦人”，入居秦地的原六國之民則被稱作“臣邦人”，這兩種人的法律地位不同。田人隆（1979）：臣邦人和邦客實際上就是秦兼併六國過程中被強迫遷徙到秦本土（或秦統治地區），爲軍功貴族役使的封建依附農民，被限制居住在固定地區（閭里之左）。這就是閭左稱呼的由來。

夏：**華夏**。整理者：《尚書·舜典》傳：“華夏。”

去夏：**離開華夏**。整理者：從本條和下條看，秦人也自稱爲華夏。于豪亮（2015：53）：在春秋戰國時期，夏指中原各國，這些是在種族和文化上都不同於各少數民族的國家。文化是否相同，是區別“諸夏”與夷狄的重要標誌。秦在孝公以前，“不與中國諸侯之會盟，戎翟遇之”，後來國力強大，文化水平提高，克服了落後的一面，也就被認定爲“諸夏”，秦當然也以夏自居了。韓昇（2015：7）：秦承周，以“夏”自稱，統一全國之後，“夏”也成爲統一王朝的稱謂。

②夏：**應爲“去夏”的省稱**（整理者）。

【今譯】

“不屬於秦國的外邦人和臣屬於秦的少數民族人民，對其主長不滿而想離開華夏的，不予准許。”·甚麼叫“去夏”？想離開秦的屬境，這稱爲“去夏”。Q1_11_6_176

【釋文】

“真臣邦君公有辠（罪）[①]，致耐辠（罪）以上[②]，令贖。”可（何）謂“真”？臣邦父母產子及產它邦而是謂“真”[③]。·可（何）謂“夏子”？·臣邦Q1_11_6_177父、秦母謂殹（也）[④]。Q1_11_6_178

【匯釋】

①真：**有二說：一、指純屬少數民族血統**（整理者）。**二、真子的省稱**。工藤元男（2010：90）：“真”的第一定義就是“秦之臣屬國的父母所生的孩子”。夏利亞（2019：277）：疑此處“真”是真子的省稱，當訓爲純屬少數民族血統的孩子。

②致：**讀爲“至”**（整理者），**達到**。

③臣邦：**臣屬之國，降服於秦的少數民族之國**。劉瑞（1999）：“臣邦”可能是秦本土周圍的臣屬之國，秦可以對它們進行直接的管理。陳力（1997）：臣邦也可簡稱爲邦。金文中有以下文例：“四斗大半斗。卅六年邦工帀（師），工室□。”這裏的邦不能解釋爲“外國”，同時，這裏的邦也不能理解爲一般意義上的國家。從迄今爲止的秦出土文字史料來看，秦國的工師均附於各級政府機構之下，如各郡縣、少府等機構都有其下屬的工師。因此，此銘文中的邦不可解釋爲一般意義上的國家，如果那樣解釋的話，文中的工師就無依附的對象了。因此，這裏的邦衹能被認爲是“屬邦”“臣邦”的簡稱。臣邦大約是降服於秦的少數民族之國，它的首領已經放棄了王的稱號，大約由秦中央政府賜予爵位，其民眾要交租稅、服徭役。工藤元男（2010：90）：臣邦是“臣屬（於秦）的邦（國）”，即“秦統治下的國家”。那麼“真”的第一定義就是“秦之臣屬國的父母所生的孩子”。

它邦：**其他邦國，指不臣之邦**。羅新（2009）：“臣邦”與“它邦”相對而言，顯然它邦是指不臣之邦。

臣邦父母產子及產它邦而是謂“真”：**臣屬於秦的少數民族的父母生子，以及出生在其他國的，這就叫“真”**。整理者說。

④關於沒有提及秦父、臣邦母之子的原因，**有二說：一、因爲這在當時認定爲“夏子”是不成問題的**。于豪亮（2015：53）：值得注意的是，律文規定“臣邦父、秦母”所生的孩子不能算少數民族，必須認定爲“夏子”，那麼，在父權、夫權已經達到頂點的秦國，“秦父、臣邦母”所生的兒子，必然被認定爲“夏子”了。在《法律答問》中沒有提出“秦父、臣邦母”所生兒子的問題，是因爲這在當時是不成問題的。因此，可以認爲，秦律規定少數民族與秦人通婚，其子女概爲秦人，不能認爲是少數民族。這是因爲秦的人口少，作出這樣的規定是爲了爭取人力。《商君書·徠民》指出：“今秦之地方千里者五，而穀土不能處二，田數不滿百萬，其藪澤、谿谷、名山、大川之材物貨實，又不盡爲用，此人不稱土也。”主張招徠三晉之民。秦律這條規定同《商君書·徠民》的精神是一致的。**二、在當時的現實生活中並不存在這一問題**。吳永章（1983）：《後漢書·南蠻列傳》載：“及秦惠王併巴中，以巴氏爲蠻夷君長，世尚秦女。”秦與蠻夷君長間這種婚姻關係，是以蠻夷

的男方、秦國的女方結成的。此乃“世尚秦女”之謂也。所以《法律答問》中沒有提及秦父、臣邦母之子的問題，並非在父權、夫權已經達到頂點的秦國，“必然”被認定爲夏子，這在當時是“不成問題”的原因，而是在當時的現實生活中並不存在這一問題。

【今譯】

“真臣邦君公有罪，應判處耐刑以上，可使贖罪。”甚麼叫“真”？臣屬於秦的少數民族的父母生子，以及出生在其他國的，這就叫“真”。·甚麼叫“夏子”？·說的是他的父親爲臣屬Q1_11_6_177於秦的少數民族，他的母親是秦人。Q1_11_6_178

【釋文】

“者（諸）候（侯）客來者[①]，以火炎其衡厄（軛）[②]。”炎之可（何）？當（倘）者（諸）候（侯）不治騷馬[③]，騷馬蟲皆麗衡厄（軛）鞅韅轅靷[④]，是以炎之。·可（何）謂“亡券而害”[⑤]？·亡校券右爲害[⑥]。Q1_11_6_179

【匯釋】

①者候：**即諸侯**。候：整理者釋爲“侯”，黄文傑（1992）改釋爲“候”。

②炎：**用火熏**（整理者）。

衡：**車轅前端駕馬的横木**（整理者）。

③當：**通“倘”**（整理者），**倘如**。董志翹、楊琳（2014：413）：相當於“儻”“倘若”，表示假設。

治：處治。裘錫圭（1993）：訓“正”“理”，意義與一般的“作”或“從事”有别。

騷馬：**有二說：一、即騷馬蟲，寄生馬體的害蟲**。整理者：騷，《說文》：“擾也。”**二、讀爲“搔馬”，用篘（刮馬篦）**。裘錫圭（1993）：“不治騷馬”是指不好好搔馬或搔馬不得法。夏利亞（2019：279）：裘說甚有理。

④麗：**附著**（整理者）。

鞅韅轅靷：**均指駕車馬的皮件**。整理者：靷，讀爲靭。《左傳·僖公二十八年》：“韅靭鞅靽。”注：“在背曰韅，在胸曰靭，在腹曰鞅，在後曰靽。”《說文》等書的解釋略有不同，但均指駕車馬的皮件。

鞅：**繞過頸部喉下的皮帶**。夏利亞（2019：281）說。

韅：**有三說：一、無論是服馬還是驂馬，衹要革帶環繞繫結在腹腋下，就叫“韅”**。汪少华（2005）等說。夏利亞（2019：281）：汪先生之說有理。**二、横繫於馬兩腋之革**。錢玄（1987：144）等說。**三、驂馬腹腋處的一條環形革帶**。蕭聖中（2005：104）等說。

靷：**引車前行的皮帶**。夏利亞（2019：281）：通“靭”。通過馬胸部的一條革帶，其作用在引車前行。

⑤整理者：此句以下爲另一條。

害：**危害，秦漢法律常用語**（整理者）。

⑥校券右：**作爲憑證的右券**。整理者：古時契券中剖爲左右兩半。右券起核驗憑證的作用，如《商君書·定分》："即以左券予吏之問法令者，主法令之吏謹藏其右券木柙，以室藏之，封以法令之長印。即後有物故，以券書從事。"《平原君列傳》："操右券以責。"校券右，即作爲憑證的右券。于豪亮（2015：23－24）：古代立約，寫在木板上，再用刀分爲兩片或三片，兩片相合處以刀刻劃。立約的人各執一片，作爲憑證。《周禮·質人》："掌稽市之書契。"注："書契，取予市物之券也。其券之象，書兩札，刻其側。"在債權、債務方面，則債權人執右券，債務人執左券。債權人可以以右券作爲憑證，向債務人討還債務。《禮記·曲禮上》說"獻粟者執右契"，這是因爲右契代表債權，獻粟者交出右契，表明自己放棄索還債務的權利。這條律文所謂的"校券右"，是供查考的右券，其作用相當於後代的存根，這當然是重要的，不能遺失，所以說"亡校券右爲害"。

【今譯】

"諸侯國有來客，用火熏其車上的衡軛。"爲甚麼要用火熏呢？倘如諸侯國不處治馬身上的寄生蟲，寄生蟲都附著在車的衡軛和駕車馬的皮件上，所以要用火熏。·甚麼叫"丟失契券而造成危害"？·丟失了作爲憑證的右券，會造成危害。Q1_11_6_179

【釋文】

"使者（諸）候（侯）①、外臣邦②，其邦徒及僞吏不來③，弗坐。"·可（何）謂"邦徒""僞使"？·徒、吏與偕使而弗爲私舍人④，是謂"邦徒""僞使"。Q1_11_6_180

【匯釋】

①者候：**即諸侯**。候：整理者釋爲"侯"，夏利亞（2011）改釋爲"候"。

②外臣邦：**臣服於秦的屬國**（整理者）。

③邦徒：**隨同出使的士卒**。整理者：徒，《左傳·昭公四年》注："從者。"

徒：**跟從的人**。

僞吏：**有二說：一、指隨同出使的小吏。"吏"如字讀**。陳偉（2016C：252）里耶秦簡 8－1517 記"疏書吏、徒上事尉府者牘北（背）"，其背面記："令佐溫。更戍士五城父陽翟執。更戍士五城父西中痤。"可見秦簡徒、吏並稱時，徒指兵卒，吏指低級官員。簡文隨後說："徒、吏與偕使而弗爲私舍人，是謂'邦徒''僞使'。"表明邦徒、僞使分別指隨同出使的士卒和小吏。**二、使者的幫手。"吏"讀爲"使"**。整理者：僞：疑讀爲"爲"，《詩經·生民之什·鳧鷖》箋："猶助也。"僞使，使者的幫手。"吏"，整理者讀爲"使"。

吏：整理者（1978、1980）無之，張世超、張玉春（1985B）校補。

來：**歸來**（整理者）。

栗勁（1985：379）：因“邦徒”和“僞使”中受諸侯的收買而逃叛，如對同行者適用連坐法，就會導致整個使團不敢返回本國，故法律規定“弗坐”。

④舍人：**親近屬官**。整理者：見《秦律十八種》簡 101 注。秦有舍人，見《秦始皇本紀》及《李斯列傳》等。《漢語大詞典》：舍人始於先秦，本爲國君、太子親近屬官。夏利亞（2011）：另有放馬灘秦簡之《志怪故事》（墓 2）：“葬之垣雍南門外。三面，丹而復生。丹所以得復生者，吾犀武舍人，犀武論其舍人。”嶽麓書院藏秦簡 0473：“自謂馮將軍毋擇子，與舍人來田南陽。”

【今譯】

“出使到諸侯國和臣服於秦的屬國，隨同出使的‘邦徒’（隨同出使的士卒）和‘僞使’（隨同出使的小吏）不歸來，使臣不連坐。”·甚麽叫“邦徒”“僞使”？·隨從和吏與使臣一起出使卻不是使臣自己的舍人的，這就叫“邦徒”“僞使”。Q1_11_6_180

【釋文】

邦亡來通錢過萬①，已復②，後來盜而得，可（何）以論之？以通錢。Q1_11_6_181

【匯釋】

①通錢：**有二説：一、運送盜鑄之錢**。陳偉（2016C：253）：張家山漢簡《二年律令》簡 203：“智（知）人盜鑄錢，爲買銅、炭，及爲行其新錢，若爲通之，與……”簡 206～207：“盜鑄錢及佐者，智（知）人盜鑄錢，爲買銅、炭，及爲行其新錢，若爲通之，而能頗相捕，若先自告、告其與，吏捕，頗得之，除捕者罪。”聯繫下一簡，通錢疑指運送盜鑄之錢。吳玉梅（2005）：或許是指在諸侯國與漢王朝之間大量地進行盜鑄錢的轉移。其犯罪性質與“行其新錢”即在市場上使用盜鑄錢一樣。張世超、張玉春（1986）：“通錢”是將在秦境外私鑄的秦錢偷運入境。運入之僞錢擾亂金融、市場，危害遠比盜竊大，所以“通錢”之罪重於偷盜錢物；偷運進之錢，即是贓物，所以，爲之藏匿者要坐匿贓之罪，即使錢已取走，也要追究。“通錢”實際是當時的一種走私行爲。張伯元（2013：98）：“通錢”是個法律專用術語，一種罪名；“以通錢”，也就是按通錢罪論處。《二年律令·錢律》簡 203、206 中規定：“知人盜鑄錢，爲買銅、炭，及爲行其新錢，若爲通之，與同罪。”這裏一個“通”字，是替盜鑄錢者通，其通的範圍還比較廣，購置私鑄錢的原材料，以及兑换錢幣等。鑒於此，“通錢”作行賄解，解釋不通了。通錢，針對的是盜鑄錢，所以此通錢的“錢”也稱爲贓貨一類。“通錢”則專指貨幣流通領域中的一種非法交易，串通一氣兑錢就是其中之一。**二、行賄，與“通幣”義近**。整理者：疑

指行賄。《漢書・張湯傳》有“與錢通”，注釋爲“錢財之交”，意義不同，但可參考。魏德勝（2003：77）：《漢語大詞典》無“通錢”，但有“通幣”，致送錢財。《管子・禁藏》：“能移無益之事，無補之費，通幣行禮，而黨必多，交必親矣。”《平原君虞卿列傳》：“今臣爲足下解負親之攻，開關通幣，齊交韓魏，至來年而王獨取攻於秦，此王之所以事必在韓魏之後也。”整理小組注：“通錢，疑指行賄。”與“通幣”義近。

②復：**有二說：一、寬宥，寬免**。夏利亞（2011：361）：《呂氏春秋・當賞》：“故復右主然之罪。”《後漢書・杜詩傳》：“士卒之復，比於宿衛。”李賢注：“復謂優寬也。”**二、退回境外**。陳偉（2016C：253）：復，疑指退回境外。故下文說“來盜”。

【今譯】

逃亡出境的人運送盜鑄之錢入境，數目超過萬錢，已得到寬免，後來回國，又因盜竊被捕獲，應如何論處？以偷運私鑄錢罪論處。Q1_11_6_181

【釋文】

智（知）人通錢而爲臧（藏），其主已取錢，人後告臧（藏）者，臧（藏）者論不論？不論論[①]。Q1_11_6_182

【匯釋】

①整理者：此處重文符號原應在問句第二個“論”字下，誤衍“不論”二字，本應作“……論不論？論”。

【今譯】

知道他人運送盜鑄之錢而代爲收藏，錢的主人已將錢取走，事後才有人控告藏錢的人，藏錢的應否論罪？應論罪。Q1_11_6_182

【釋文】

甲誣乙通一錢黥城旦辠（罪）[①]，問甲同居、典、老當論不當？不當。Q1_11_6_183

【匯釋】

①甲誣乙通一錢黥城旦辠：**甲誣告乙行賄一錢，行賄一錢即應判處黥城旦**（整理者）。夏利亞（2019：284）：整理小組所言是。

【今譯】

甲誣告乙運送一盜鑄之錢而有應處黥城旦的罪，問甲的同居、里典、伍老應否論罪？不應當。Q1_11_6_183

【釋文】

“客未布吏而與賈①，貲一甲。”可（何）謂“布吏”？·詣符傳于吏是謂“布吏”。Q1_11_6_184

【匯釋】

①客：**邦客**。整理者：見《法律答問》簡90注。夏利亞（2019：284）：指秦國以外的人。

布：**陳述**。整理者：《左傳·昭公十六年》注：“陳也。”

布吏：**把通行憑證送交官吏**。魏德勝（2003：168）：來自其他諸侯國的人把允許進入秦國的憑證交給有關的官吏。這個憑證可能是在經過秦的關卡時由邊防官吏發放的。這種制度是其他文獻中沒有記載的。

【今譯】

“邦客還沒有‘布吏’，就和他交易，應該罰一甲。”甚麽叫“布吏”？·把通行憑證送交官吏，這就叫“布吏”。Q1_11_6_184

【釋文】

內公孫毋（無）爵者當贖刑①，得比公士贖耐不得？得比焉。Q1_11_6_185

【匯釋】

①內公孫：**宗室子孫**。整理者：《漢書·惠帝紀》：“上造以上及內外公孫、耳孫有罪刑及當爲城旦、舂者，皆耐爲鬼薪、白粲。”注：“內外公孫，國家宗室及外戚之孫也。”據此內公孫即宗室的後裔。本條與《漢書》這段文字可互相參看。

【今譯】

沒有爵位的宗室子孫應判處贖刑（以一定數額的錢財抵贖肉刑）的，可否與公士同樣減處贖耐（判處耐刑而允許以錢贖罪）？可以同樣判處。Q1_11_6_185

【釋文】

越里中之與它里界者，垣爲“完（院）”不爲①？巷相直爲“院”②；宇相直者不爲“院”③。Q1_11_6_186

【匯釋】

①完：**圍墻**。整理者：《說文》作“寏”，云：“周垣也。”即圍墻。估計律文對越院有處罪的規定，所以本條對越過兩里的墻垣算不算越院作了解釋。陳偉（2016C：254）：張家山漢簡《二年律令》簡182：“越邑里、官市院垣，若故壞決道出入，及盜啟門戶，皆贖黥。其垣壞高不盈五尺者，除。”可參看。

②直：**對著**。整理者：《漢書·郊祀志》注："當也。"

相直：**相對**（整理者）。

③宇：**有二說：一、屋宇**（整理者）。夏利亞（2011）：房屋，《楚辭·招魂》："高堂邃宇。"王逸注："宇，屋也。"**二、宅基**。陳偉（2016C：254）：秦簡中，"宇"約指宅基。《爲吏之道》簡19Ⅴ："勿令爲戶，勿鼠田宇。"《日書》甲種《凡宇》簡23BKⅠ："宇中有谷，不吉。"《室忌》簡103Ⅰ："以用垣宇，閉貨貝。"這裏是說宇之間的垣不爲院。

【今譯】

越過里與其他里之間的界墻，該墻是不是"院"？兩巷相對，其間的墻是院；兩屋相對，其間的墻就不是"院"。Q1_11_6_186

【釋文】

可（何）謂"宮均人"[①]？·宮中主循者殹（也）[②]。Q1_11_6_187

【匯釋】

①均：**古書或作"徇"，巡查**。夏利亞（2011）：古書或寫作徇、狗，《廣雅·釋言》："徇，巡也。"王念孫疏證："徇、巡，古同聲而通用。"《尚書·泰誓中》："王乃徇師而誓。"陸德明釋文引《字詁》云："徇，巡也。"

②循：**通"巡"，巡查**（整理者）。夏利亞（2011）：循，讀爲巡，巡視，巡查。唐玄應《一切經音義》卷一："循亦巡也。巡，歷也。"清朱駿聲《說文通訓定聲·屯部》："循，假借爲巡。"

【今譯】

甚麼叫"宮均人"？·是宮中主管巡查的人。Q1_11_6_187

【釋文】

可（何）謂"宮更人"[①]？·宮隸有刑，是謂"宮更人"。Q1_11_6_188

【匯釋】

①更人：**有二說：一、夜間看守的人，打更巡夜的人**。整理者：古時分一夜爲五更，更人應即夜間看守的人。何本方（2003：640）：打更巡夜的人，亦稱"更夫"。所謂更，是古代夜間的計時單位。一更約兩小時。一夜分爲五更。更時的計算以刻漏爲之。據唐李肇《國史補》記載："惠遠以山中不知更漏，乃取銅葉製器，狀如蓮花，置盆水之上，底孔漏水，半之則沉，每晝夜十二沉爲行道之節。雖冬夏短長，雲陰雨黑，亦無差也。"更人打更，有以更鼓，有以銅鑼。每一更時沿街巡查一次，並用鑼鼓聲數報告更次。更人之業與人們的日常生活關係極大。**二、輪換**

值班之人，輪換看守的人。魏德勝（1997）：整理小組一夜爲五更的說法證據不足，在沒有確切證據證明秦以前有“一夜五更”之說時，“更人”當釋爲“輪換值班之人”。夏利亞（2011）：魏氏觀點不誤，然從簡196“何謂‘署人’‘更人’”條來看，更人是有看守之責的。故，疑更人當訓爲“輪換看守的人”。由簡文可知，宮中更人的擔當者是受過肉刑的奴隸。先秦典籍中也有此例證。如《韓非子・內儲說下》：“齊中大夫有夷射者，御飲於王，醉甚其出，倚於郎門。門者刖跪請曰：‘足下無意賜之餘瀝乎?’夷射叱曰：‘走！刑餘之人，何事乃敢乞飲長者。’刖跪走退。”

陳偉（2016C：255）：本句後原用句號，今依例改爲問號。

【今譯】

甚麼叫“宮更人”？・宮內奴隸曾受肉刑的，這叫“宮更人”。Q1_11_6_188

【釋文】

可（何）謂“宮狡士”“外狡士”①？・皆主王犬者殹（也）。Q1_11_6_189

【匯釋】

①狡：**有二說：一、一種產於匈奴地區的大犬**。整理者：《逸周書・王會》：“匈奴狡犬，狡犬者，巨身四足果。”《說文》：“匈奴地有狡犬，巨口而黑身。”**二、少壯的狗**。夏利亞（2011）：《漢語大詞典》訓狡爲少壯的狗。《說文》言：“狡，少犬也。”徐鍇繫傳：“《淮南子・俶真訓》曰：‘狡狗之死也，割之有濡’，言血脈潤也。”本條下文僅言此犬屬於王犬，並未說一定爲匈奴地區的大犬。故建議狡訓爲少壯的狗爲當，亦不排除匈奴地區的大犬。

【今譯】

甚麼叫“宮狡士”“外狡士”？・都是管理秦王的狗的人。Q1_11_6_189

【釋文】

可（何）謂“甸人”①？“甸人”守孝公、獻（獻）公冢者殹（也）②。Q1_11_6_190

【匯釋】

①甸人：**守護王公陵寢的官吏**。張政烺（1990：561）：戰國秦置。《漢語大詞典》：古官名。掌田野之事及公族死刑。《儀禮・燕禮》：“甸人執大燭於庭。”鄭玄注：“甸人，掌共薪蒸者。”《禮記・文王世子》：“公族，其有死罪，則磬於甸人；其刑罪，則纖剸，亦告於甸人。”鄭玄注：“甸人，掌郊野之官。”《左傳・成公十年》：“晉侯欲麥，使甸人獻麥。”杜預注：“甸人，主爲公田者。”《舊唐書・李密傳》：“甸人爲罄，淫刑斯逞。”嚴國慶（1999）：從本簡問答來看，“甸人”當是爲

秦國守墓的一種小官。

關於此簡中的“甸人”是否即古書中的“甸人”，**有二説：一、兩者無關**。整理者：《禮記·文王世子》有甸人，即《周禮》的甸師，但與本條的甸人無關。李學勤（1987：344）：“甸人”一詞見於《禮記·文王世子》，即《周禮》的甸師，但與本條所説的“甸人”完全是兩回事。夏利亞（2019：286）：愚以爲整理小組及李學勤説法爲長。本條甸人指的是守孝公、獻公墓的人。**二、兩者一致，“甸人”爲主掌田野農事的官長**。嚴國慶（1999）：古時天子國都郊野五百里以内之田稱爲“甸”，《説文》：“甸，天子五百里内田。”根據三《禮記》的記載，“甸人”和“甸師”分别是上古時期爲公侯、士大夫、天子主管郊野農事的官長，天子此官稱爲“甸師”，公侯、士大夫此官則稱爲“甸人”。從文獻記載看，“甸人”和“甸師”雖爲主掌田野農事的官長，但除主掌田野農事外，還直接參與了公侯、士大夫、天子的祭祀、薪蒸、喪葬和行刑等活動。因此，可以斷定，本簡問答中所説的爲秦國君主守墓的“甸人”，應即《禮記》《儀禮》中的“甸人”，《周禮》中的“甸師”。

②瀻公：公元前384至前362年在位。孝公：獻公之子，公元前361至前338年在位。整理者：《秦始皇本紀》載獻公“葬囂圉”，孝公“葬地圉”。高敏（1981A：43）：“孝公”是死後的謚號，商鞅制律在孝公生時，不可能使用謚號，可見此條確非出於商鞅之手。嚴國慶（1999）：本則問答所言秦君祇提到獻公爲止，這無疑是商鞅之後的執法官吏所作的解釋，其成文當在秦稱王之前。據《六國年表》記載，秦稱王在惠文王三十三年（前325年），他的前一個國君就是支持商鞅變法的秦孝公。而此條律文稱“甸人”而不稱“甸師”，很明顯其成文當在秦稱王之前的商鞅時代。

【今譯】

甚麽叫“甸人”？“甸人”是看守孝公、獻公陵墓的人。Q1_11_6_190

【釋文】

可（何）謂“宦者顯大夫①？”·宦及智（知）於王②，及六百石吏以上，皆爲“顯大夫”③。Q1_11_6_191

【匯釋】

①宦者：**有二説：一、做官的人**。整理者：此處意爲仕宦者，即做官的人。**二、直接奉侍皇帝（及皇族）的侍臣、從官或説是内官系統**。閻步克（2009：90－91）：宦及知於王，與張家山漢簡《二年律令》中“宦皇帝者”應是類似概念。《二年律令》中的帝國臣民分爲三大類：宦、吏、徭使有事。吏是行政人員。“宦皇帝者”包括宦官，還包括大夫、郎官、謁者，以及皇帝和太子的各種侍從，直接奉侍皇帝（及皇族），構成一個侍臣、從官或説是内官系統。

②及：**達到**。整理者：《廣雅・釋詁一》："及，至也。"閻步克（2009：384）："宦"與"知於王"是兩回事，這個意見與《漢書・惠帝紀》"吏六百石以上及宦皇帝而知名者"的提法不兼容。"宦及智於王"或"宦皇帝而知名"，就是做侍從贏得皇帝歡心，從而給予"顯大夫"待遇的意思。

③陳偉（2016C：256）：《漢書・惠帝紀》："爵五大夫、吏六百石以上，及宦皇帝而知名者，有罪當盜械者皆頌繫。"與本條可參看。楊振紅（2015：34）：簡文中"大夫"與二十等爵或五大夫爵沒有關係，而是指公卿大夫的大夫位。秦及西漢時期狹義的公卿大夫專指中央直屬各級官署六百石以上長官，即所謂外朝官，地方官、加官、博士、議郎等可以通過"位比"的方式與公卿大夫系統建立對應關係。

【今譯】

甚麽叫"宦者顯大夫"？・做官達到爲王所知，以及俸祿在六百石以上的，都是"顯大夫"。Q1_11_6_191

【釋文】

□□□□□□□□□□□□・可（何）謂"爨人"[①]？古主爨竈者殹（也）[②]。Q1_11_6_192

【匯釋】

①爨：**燒竈**（整理者）。爨人：**古時管燒竈的人。**

②爨竈：**在竈前燒火。**

【今譯】

……・甚麽叫"爨人"？是古代管燒竈的人。Q1_11_6_192

【釋文】

可（何）謂"集人"[①]？古主取薪者殹（也）。Q1_11_6_193

【匯釋】

①集：**採集**。整理者：《廣雅・釋詁一》："取也。"

【今譯】

甚麽叫"集人"？是古時主管採集薪柴的人。Q1_11_6_193

【釋文】

可（何）謂"耐卜隸""耐史隸"[①]？卜、史當耐者皆耐以爲卜、史隸。・後更其律如它[②]。Q1_11_6_194

【匯釋】

①耐卜隸、耐史隸：**受耐刑而仍做卜、史事務的奴隸**。整理者：參看《秦律十八種》簡182注釋。卜，卜人。史，筮人。

②高敏（1981A：44）：此句確證商鞅制定《秦律》之後，確實存在“更其律如它”的情況。

【今譯】

甚麽叫“耐卜隸”“耐史隸”？應處耐刑的卜、史都施加耐刑而作爲卜隸、史隸。·後來已修改律文，與其他人同樣處理。Q1_11_6_194

【釋文】

可（何）謂“人貉”①？謂“人貉”者，其子入養主之謂也②。不入養主，當收；雖不養主而入量（糧）者③，不收，畀其主。Q1_11_6_195

【匯釋】

①人貉：**來自北方少數民族的奴隸**。陳偉（2016C：257）：疑與《周禮》所載貉隸有關。孫詒讓《周禮正義》卷六十五曾指出“貉可兼狄”，貉隸即來自我國北方少數民族的奴隸。夏利亞（2011）：文中所言很明顯，人貉就是其子要去奉養主人。《周禮·夏官·職方氏》：“職方氏掌天下之圖，……九貉。”鄭玄注曰：“鄭司農云：北方曰貉、狄。”可知北方的少數民族被稱爲貉。簡文言“不入養主”，其子要被收爲官奴隸，顯然此人爲奴隸身份，其子也是如此。否則不會“不入養主”，就被收孥，而其子實際是受了其父的牽連才遭此種命運的。秦簡中的“人臣妾”指的是私人奴隸。綜上可知，這裏的“人貉”指的也是私人奴隸，是來自北方的少數民族。

②養：**奉養**。整理者：《説文》：“供養也。”

③量：**糧食**。整理者：《説文》：“穀也。”

【今譯】

甚麽叫“人貉”？所謂“人貉”，説的是其子要入室奉養主人。不去奉養主人，即應沒收歸官；雖然不奉養主人，但向主人繳納糧食的，不予沒收，交給主人。Q1_11_6_195

【釋文】

可（何）謂“署人”“更人”①？耤（藉）牢有六署②，囚道一署旞（遂）③，所道旞（遂）者命曰“署人”④，其他皆爲“更人”⑤；或曰守囚即“更人”殹（也），原者“署人”殹（也）⑥。Q1_11_6_196

【匯釋】

①署：**看守崗位**。整理者：參看《秦律十八種》簡34注釋。

署人：**站崗防衛的人**（整理者）。

②耤：**通“藉”，假設**。整理者：《陳涉世家》集解引服虔云：“假也。”古書或寫作借。夏利亞（2019：288）：藉，如果，假使。

③道：**由、從**（整理者）。

“道一署旞”中的“旞”：**有三說：一、通“遂”，通行**。整理者：旞：讀爲遂，《廣雅·釋詁一》：“行也。”**二、逃亡**。陳偉（2016C：258）：遂，逃亡。**三、讀爲“述”，巡查**。整理者：以上三句，另一種讀法是：“藉牢有六署囚道，一署遂所道，遂者命曰署人”，按照這種讀法，遂應該讀爲述，《詩經·邶風·日月》傳：“循也。”可解釋爲巡查。

道一署旞：**經由一處看守地段通行**（整理者）。

④所道旞者：**有二說：一、所經由出入的崗位。二、“旞者”即指刑滿釋放之人**。俞偉超（1985：31）：“旞”既有盡、竟之義，“旞者”即指刑滿釋放之人。《禮記·曲禮上》：“戶開亦開，戶闔亦闔。有後入者，闔而勿遂。”《漢書·陳平傳》：“吾聞先生事魏不遂。”顔注：“遂猶竟。”

⑤更人：**有二說：一、不是所經由出入的崗位。二、在刑之徒**。俞偉超（1985：31）：“更人”與此對言，應爲在刑之徒。

⑥原：**有三說：一、指故意令囚犯逃脱**。陳偉（2016C：258）：《玄應音義》卷五“原赦”注：“原，猶放免也。”《慧琳音義》卷四十四“原赦”注：“原，猶放逸也。”簡文“原”恐指故意令囚犯逃脱。**二、寬宥刑罪**。俞偉超（1985：31）：“原”皆作寬宥刑罪義。《三國志·魏志·張魯傳》：“犯法者，三原然後乃刑。”《御覽》卷624引《風俗通義》：“徒不上墓，説新遭罪原解者，不可以上墓祠祀。”《後漢書·范冉傳》：“冉首自劾退，詔書特原不理罪。”所謂“原者，署人也”，就是“寬宥刑罪的人稱爲‘署人’也”。**三、察**。整理者：《管子·戒》注：“察也。”

【今譯】

甚麽叫“署人”“更人”？假設牢獄有六處看守崗位，囚犯經由一處看守地段出入，所經由出入的崗位命名爲“署人”，其他都是“更人”；一說看守囚犯的就是“更人”，故意令囚犯逃脱的是“署人”。Q1_11_6_196

【釋文】

可（何）謂“竇署”[①]？“竇署”即去毆（也），且非是？是，其論可（何）毆（也）？即去署毆（也）[②]。Q1_11_6_197

【匯釋】

①竇：**使空**。整理者：《説文》：“空也。”

②去署：**撤離崗位**。整理者：常見於漢簡，如居延漢簡甲編簡476有“第十二燧長張寅迺十月庚戌擅去署”，簡1862有“迫有行塞者，未敢去署”。即去署也，包括按去署治罪的意思。薛英群（1991：300）：簡牘多稱“私去署”，這是因私事離署，或者未經上級許可而離署，事屬“毋狀”，在驗問、追查、舉報之列。

【今譯】

甚麼叫“竇署”？“竇署”就是擅離崗位，還是不是（擅離崗位）？如果是，應如何論處？就是擅離崗位。Q1_11_6_197

【釋文】

可（何）謂“衛（率）敖”[①]？“衛（率）敖”當里典謂殹（也）[②]。Q1_11_6_198

【匯釋】

①衛敖：**有二說：一、即“豪帥”，豪強有力的人**。衛：**通“帥”**。敖：**讀爲“豪”**。整理者：古書豪帥同義連用，如《韓長孺列傳》集解引張宴云：“豪，猶帥也。”當時以鄉里中豪強有力的人爲里正，如《公羊傳·宣公十五年》注：“一里八十戶……選其耆老有高德者，名爲父老；其有辯護伉健者爲里正，皆受倍田，得乘馬。”夏利亞（2011）：上古音中，率、帥皆在生紐微部，聲韻皆同，於音可通；敖在疑紐宵部，豪在匣紐宵部，疑、匣聲近韻同，於音可通。**二、是處罰“敖民”的主犯里正。“率”就是“責率”或“誅率”**。《中國古代史論叢》編委會（1983：126－129）：所謂“率”，就是“責率”或“誅率”。《潛夫淪·斷訟》：“春秋之義，責知誅率。”《鹽鐵論·疾貪》：“春秋譏刺不及庶人，責其率也。”其次，“率”的另一含義則是連坐。《詩經·節南山之什·雨無正》：“捨彼有罪，既伏其辜，若此無罪，淪胥以鋪（痛）。”傳，捨，除。淪，率也。疏，除猶治也。率與帥同，言有罪者既除伏其罪，並此無罪者亦相率以病也。再次，“敖”是甚麼含義呢?《詩經·邶風·柏舟》：“以敖以遊。”疏引《鹿鳴》傳云：敖，遊也。敖遊連文同義。《尚書大傳·虞傳》：“予辯下土，使民平平，使民無放。”《尚書·洪範》：“王道平平。”孔穎達正義：王者所立之道平平然辯治。這是說，治國“政教”在於使民不敖遊。剝削階級十分懂得，要使地無曠土，必須使邑無敖民，把直接生產者束縛在土地上。這就是《食貨志》所說的“理民之道，地著爲本”，也如《商君書·墾令》所說的“民無敖則業不敗”。所謂“衛敖”，就是處罰“敖民”的主犯里正。

②當里典：**有二說：一、充當里典**。整理者：《國語·晉語》注：“猶任也。”**二、把里正處當其罪**。《中國古代史論叢》編委會（1983：126－129）：“當里典”，就是把里正處當其罪。其所以要對里正處罰，這也如《商君書·墾令》所說的“官無邪則民不敖”。

【今譯】

甚麼叫“率敖”？率敖的意思就是充當里典。Q1_11_6_198

【釋文】

可（何）謂“逵卒”①？·有大繇（徭）而曹鬭相趣②，是謂“逵卒”。Q1_11_6_199

【匯釋】

①逵：**廣闊的四通八達的道路。**整理者：《爾雅·釋宮》：“九達謂之逵。”注：“四道交出，復有旁通。”《左傳·隱公十一年》注：“道方九軌也。”則把逵解釋爲一種廣闊的道路，與《爾雅》不同。

卒：**有二説：一、暴行。**整理者：《漢書·辛慶忌傳》注：“謂暴也。”**二、通“捽”，抵觸、衝突。**夏利亞（2011：371）：《漢書·辛慶忌傳》原文爲：“夫將部預設，則亡以應卒。”師古曰：“卒讀曰猝，謂暴也。”從語義看，此處強調“曹鬭相趣”，故疑該處卒讀爲捽（音韻角度），上古音中，卒在精紐物部，捽在從紐物部，聲在一系，韻母相同，可通。其意爲抵觸、衝突。《荀子·王制》：“偃然案兵無動，以觀夫暴國之相卒也。”俞樾平議：“卒當作捽。《國語·晉語》：‘戎夏交捽。’韋注曰：‘捽，交對也。’彼云交捽，義正同。”

逵卒：**疑指在大道上發生的暴行**（整理者）。

②大繇：**大規模的徭役。**整理者：《項羽本紀》：“每吳中有大傜役及喪。”

曹鬭：**分成兩群互相鬭毆**（整理者）。

趣：**讀爲“聚”**（整理者），**聚眾。**

【今譯】

甚麼叫“逵卒”？·有大傜役而聚眾打群架，稱爲“逵卒”。Q1_11_6_199

【釋文】

可（何）謂“旅人”？·寄及客，是謂“旅人”①。Q1_11_6_200

【匯釋】

①寄：**寄居的人，本國人。**客：**指秦以外的諸侯國使者或來往者。**旅人：**指寄居的人和客人。**陳偉（2016C：259）：寄，寄居。客，據《法律答問》簡140、179、184、203、204記載，可能指秦以外的諸侯國使者或來往者。這兩種人不屬於秦國居民，通稱爲“旅人”。李解民（1987）：“寄”指國內流民，“客”指外國僑民。楊禾丁（1993）：旅包括寄與客。魏德勝（2003：168）：旅人，就是外來人口。寄，寄居。可能是本國的外地人暫時來居住。客，邦客，就是由其他諸侯國來的人。從秦律可以看出，秦對外來人口有嚴格管理制度，限制人口流動，目的是穩定社會生產。但從上文《游士律》《贅堵》《屬邦》《臣邦》，以及《邦客》等內容看，當

時的相互交流是相當頻繁的，有大量涉及外來人口，以及諸侯國之間關係的內容，人口流動是大勢所趨。武漢大學簡帛研究中心（2006：328）："旅人"大概屬於一無所有，臨時或長期寄居在主人家中的依附者。有能力收留這些人的，至少不會是貧弱之家。熊鐵基（2012：343）：這些可以說明，郵傳還有一個作用，即接待過往使者、旅客，供應他們飲食。

【今譯】

甚麼叫"旅人"？·寄居的國內流民以及客居的外國僑民，這些人稱爲"旅人"。Q1_11_6_200

【釋文】

可（何）謂"室人"①？可（何）謂"同居"？"同居"②，獨戶母之謂殹（也）③。·"室人"者，一室④，盡當坐辠（罪）人之謂殹（也）⑤。Q1_11_6_201

【匯釋】

①室人：**有五說：一、一家人。**陳玉璟（1985）："室人"義爲"全家"或"一家人"。《禮記》裏的"室人"不是此意義，整理小組注釋義例不符。又把"女妐"誤爲"女姑"。夏利亞（2019：288）：陳氏之說甚是。**二、女姑女叔諸婦。**整理者：《禮記·昏義》注："謂女妐、女叔、諸婦也。"**三、似指妻子、兒女。**蔡鏡浩（1988B）：整理者引文是針對新婚婦人而言，與簡文不合。從秦律看，"室人"似指妻子、兒女。《法律答問》多次提到罪及妻、子，如簡17、116。**四、房屋內的人。**高恒（1993）："室"即房屋。"室人"即房屋內的人。同一室的人，不一定是親屬，更非"諸婦也"。**五、"室人"可有四種解釋。**李偉民（2002：2550）對"室人"有四種解釋：一是家人。《詩经·邶風·北門》："室人交遍謫我。"《列子·周穆王》："既歸，告其室人。"二是主人。《詩經·甫田之什·賓之初筵》："室人入又。"傳："室人，主人也。"三是妻妾的通稱。《孔叢子·記義》："公父文伯死，室人有從死者。"四是丈夫家中的平輩婦女。《禮記·昏義》："婦順者，順於舅姑，和於室人。"鄭玄注："室人，謂女妐、女叔、諸婦也。"孔穎達疏："女妐謂婿之姊也；女叔謂婿之妹；諸婦，謂娣姒之屬。"

②同居：**有八說：一、在一起居住的人，包括父母、妻子及兄弟或兄弟之子、隸臣妾等。**夏利亞（2011）：凡是同戶的都可以稱爲"同居"，也就是說衹要在一起居住的就可以稱爲同居。包括父母、妻子及兄弟或兄弟之子，無子之人收養來作後代的無血緣關係的弟子，甚至包括作爲財產的隸臣妾。**二、同居共財業的人，包括父母及妻子，也包括兄弟及兄弟之子等，不包括奴婢。**彭年（1990）：顏注釋"同居"之意義爲"同居業"，即"同籍同財"，認爲"同籍同財"的兄弟及兄弟之子即是同居，這是正確的。但是如果說"父母及妻子最近層皆不可謂'同居'"，把父母妻子排斥於"同居"之外則似誤解。在秦漢時期，與家長"同籍同財"者，父母

妻子比之於兄弟及兄弟之子更多、更普遍，所以更應該包含於“同居”之內。認同同居之人不僅包括“同籍同財”的兄弟及兄弟之子，還包括父母和妻子，而秦漢奴隸沒有戶籍，不屬於“同居”，而是一種與牛馬相類的“戶貨”。**三、包括父母、子女、兄弟、兄弟之子等，不包括妻子、奴婢**。韓樹峰（2011B：186）：同居可以包括父母、子女，但他們不是必然的同居者，與兄弟、兄弟之子等旁系親屬並無本質性區別。妻子、奴婢由於必須與丈夫、主人同籍，也就意味著必然與其同居，不存在異居的情況。同居、異居之分，對妻子、奴婢沒有任何意義，從這個角度考慮，他們是被排除在同居之外的。**四、居住於同一室內的純粹同一血統成員**。尹在碩（1995）：秦代同居者指的是居住於同一室內“家口”中，將臣妾等非血緣隸屬者排除在外的純粹同一血統成員。**五、同胞兄弟姐妹**。吳小強（2000：55）：《日書》甲種第56正叁：“丙申以就（僦），同居必窶。”譯同居爲“同胞兄弟姐妹”。**六、同居共財業的人，兄弟及兄弟之子等**。張金光（1988C）：父母及妻子最近層直系親屬皆不可謂“同居”，兄弟及兄弟之子等旁系間，若現同居共財業者則可稱爲“同居”。**七、同一戶的家庭成員**。魏德勝（2003：161）：所謂同居就是一戶的家庭成員。秦的徭役、賦稅多以戶爲單位，爲了加重百姓的負擔，秦不允許大家庭以一戶計算，如果兒子成年結婚生子，就要另立門戶。整理者：《法律答問》簡22云：“戶爲同居。”《商君列傳》：“民有二男以上不分異者，倍其賦。”所以秦的戶是較小的。高恒（1993）：“同居”應是同一戶籍同母的人。**八、可有廣義、狹義之兩種解釋**。張世超（1989）：秦時“同居”的含義與顔師古所云並不相同，有廣義、狹義之分。廣義的“同居”包括未成年的子女。一般情況下，實指夫、妻、子而已。狹義的“同居”衹包括其未成年子女及其他同室而居的非男丁人員。認爲：“室人”等同於“同居”。

高敏（1981A：44）：此簡與《法律答問》簡22對“同居”作出不同解釋，説明出土秦律不是撰寫於一時一人。

③獨戶母：**有三説：一、一戶中同母的人**。整理者：《唐律疏議》卷十六：“稱同居親屬者，謂同居共財者。”與簡文不同。栗勁（1985：208）：同戶之中同母所生而未分居的兄弟。**二、衹包括夫妻及其所生之子女**。張世超（1989A）：衹包括夫妻及其所生之子女。這些人爲一戶，互爲“同居”，三世同堂是不允許的。**三、擁有同一個門閂的居住房屋，“母”讀作“戊”**。冨谷至（2006：155）：“戶母”之“母”讀作“戊”，“戶母（戊）”即居延漢簡的“戶關”，或稱“戶關戊”，王國維釋作門閂。“獨戶母”即擁有同一個門閂的居住房屋，就是“同居”。

④一室：**一戶**（張世超，1989A）。

⑤盡當坐辠人：**都應隨罪人連坐**。栗勁（1985：208）：“家屬連坐”的範圍是以戶爲限，同居、同室、同戶之內，一人有罪，其餘人連坐。因爲他們共同擁有私有財産。張世超（1989A）：指同室而居之人，亦即“同居”。高恒（1993）：《封診式·出子》的“室人”僅是一證人，《法律答問》簡77、92的“室人”受罰是因爲本人違法，而不是連坐。冨谷至（2006：154）：結合《法律答問》簡22認爲

“一室盡當坐罪之人”並不是確定連坐範圍的必要條件，奴婢並不包含在內。

【今譯】
甚麽叫“室人”？甚麽叫“同居”？“同居”，說的是一戶中同母的人。·“室人”，說的是一家，都應隨罪人連坐。Q1_11_6_201

【釋文】
可（何）謂“瓊”？“瓊”者，玉檢殹（也）①。節（即）亡玉若人貿傷（易）之②，視檢智（知）小大以論及以齎（資）負之③。Q1_11_6_202

【匯釋】
①檢：**名詞，即封檢**。整理者：古時重要物品用木片加封，稱爲檢；檢上書寫物品情況，稱爲署。《釋名·釋書契》：“檢，禁也，禁閉諸物使不得開露也。”“署文書檢曰署。”《急就篇》注大致相同。今按：《漢語大詞典》：封緘。古書以竹木簡爲之，書成，穿以皮條或絲繩，於繩結處封泥，在泥上鈐印，謂之檢。《急就篇》卷三：“簡劄檢署槧牘家。”顔師古注：“檢之言禁也，削木施於物，所以閉禁之，使不得輒開露也。”
②貿傷：**更換**。整理者：貿，《一切經音義》引《三蒼》：“換易也。”貿易，更換，《漢書·李尋傳》：“高下貿易。”
③齎：**通“資”**（整理者），**錢，資財**。

【今譯】
甚麽叫“瓊”？所謂“瓊”，就是玉上面的檢，如果丟失了玉或被人替換了，看檢可以知道玉的大小，據以論處，以及決定用多少錢賠償。Q1_11_6_202

【釋文】
可（何）謂“賫玉”？“賫玉”，者（諸）侯（侯）客節（即）來使入秦，當以玉問王之謂殹（也）①。Q1_11_6_203

【匯釋】
①問：**贈送**。整理者：《禮記·曲禮上》注：“猶遺也。”

【今譯】
甚麽叫“賫玉”？所謂“賫玉”，說的是諸侯國的客人出使进入秦國，應用玉贈送給王。Q1_11_6_203

【釋文】

可（何）謂“匧面”[1]？“匧面”者，耤（藉）秦人使[2]，它邦耐吏、行旞與偕者[3]，命客吏曰“匧”，行旞曰“面”。Q1_11_6_204

【匯釋】

①匧：**音怯，即“篋”字**（整理者）。

②耤：**有二說：一、假使**（整理者）。**二、助**。栗勁（1985：379）：《說文》：“古者使民如借，故謂之籍。”引申爲助。

③耐吏：**即“能吏”，能幹的官吏**。整理者：耐，讀爲能。能吏，見《漢書·張敞傳》等。夏利亞（2011）：能吏，能幹的官吏。《漢書·張敞傳》：“望之以爲敞能吏，任治煩亂，材輕，非師傅之器。”耐、能，上古音皆爲泥紐之部，聲韻皆同，於音可通。據鄭玄注，耐、能爲古今字。

行旞：**有二說：一、行隊，行列隊伍**。整理者：旞，疑讀爲隊，《三國志·于禁傳》：“徐整行隊。”夏利亞（2011）：旞、隊上古音皆在定紐物部，聲韻皆同，於音可通。行隊，行列隊伍。《三國志·魏志·劉卲傳》：“騎到合肥，疏其行隊，多其旌鼓。”**二、比喻“嚮導”**。栗勁（1985：379）：旞，古代的一種旗幟。《說文》：“旞導車所載。”行旞，比喻爲嚮導。

【今譯】

甚麼叫“匧面”？所謂“匧面”，就是假使秦人出使，他國能幹的官吏和隊伍與秦人同行的，稱他國官吏爲“匧”、隊伍爲“面”。Q1_11_6_204

【釋文】

可（何）謂“臧（贓）人”[1]？“臧（贓）人”者，甲把其衣錢匿臧（藏）乙室[2]，即告亡，欲令乙爲盜之，而實弗盜之謂毆（也）。Q1_11_6_205

【匯釋】

①臧：**栽贓陷害**（整理者）。

②把：**將，介詞**。吉仕梅（1995）：“把”不能看作表“握持”義的動詞，而應是表處置（到）、起提賓作用的介詞。這是表處置的“把”字句。“把”字句出現的時間至遲當在秦代，而不是南北朝或更晚的時代。

【今譯】

甚麼叫“贓人”？所謂“贓人”，說的是如果甲將自己的衣物錢財藏到乙家，就報告說東西丟了，想使乙成爲盜竊，而實際乙並沒有盜竊。Q1_11_6_205

【釋文】

“貣（貸）人贏律及介人[①]。”·可（何）謂“介人”？不當貣（貸），貣（貸）之，是謂“介人”。Q1_11_6_206

【匯釋】

①貣：**通“貸”，借予錢財**（整理者）。

贏律：**違反法律**。整理者：見《秦律雜抄》“當除弟子籍不得”條注。今按：該注爲：“贏律，即過律，違反規定。”又，疑該處之“貣人贏律及介人”爲“貸人贏律及介人贏律”的略寫。

介：**通“丐”，給予**。整理者：《廣雅·釋詁三》：“予也。”

【今譯】

“貸人贏律及介人。”（貸人贏律：借人錢財違反法律）·甚麽叫“介人”？不應借取，而借得了錢的，稱爲介人。Q1_11_6_206

【釋文】

“氣（餼）人贏律及介人。”·可（何）謂“介人”？不當氣（餼）而誤氣（餼）之，是謂“介人”。Q1_11_6_207

【今譯】

“餼人贏律及介人。”（餼人贏律：發給人糧食違反法律）·甚麽叫“介人”？不應發給卻錯獲糧食的，稱爲“介人”。Q1_11_6_207

【釋文】

可（何）如爲“大痍”[①]？“大痍”者，支（肢）或未斷，及將長令二人扶出之[②]，爲“大痍”。Q1_11_6_208

【匯釋】

①大痍：**重傷**。痍：**傷，創傷**。夏利亞（2011）：《釋名·釋疾病》：“痍，侈也，侈開皮膚爲創也。”《説文·疒部》：“痍，傷也。”

②及：**達到，指受傷嚴重的程度**（整理者）。

將長：**有二説：一、特指兩種將領**。整理者：見《墨子·號令》。《商君書·境內》：“五人一屯長，百人一將。”**二、軍中將領泛稱**。龔延明（2006：529）：與將吏相對，軍中將領泛稱。《上孫家寨漢簡釋文》三五一：“將長及死不出營，營私卒、將吏皆耐爲鬼薪。”

出：**回來**。整理者：《戰國策·西周策》：“歸也。”

【今譯】

怎樣是“大痍”？“大痍”就是肢體可能還沒有斷，但需要將領叫兩個人扶回來，稱爲“大痍”。Q1_11_6_208

【釋文】

可（何）如爲“大誤”[①]？人戶、馬牛及者（諸）貨材（財）直（值）過六百六十錢爲“大誤”，其它爲小。Q1_11_6_209

【匯釋】

①大誤：**重大錯誤，法律用語。**鄭天挺、譚其驤（2010：110）：法律用語。秦律涉及財產罪從重懲罰的界限。又《效律》規定，如果統計失實人戶、馬牛一以上爲大誤，凡所犯罪行屬“大誤”從重懲處。《法律答問》：“盜過六百六十錢，黥劓以爲城旦。”夏利亞（2011）：重大錯誤。《效律》簡60有“人戶、馬牛一以上爲大誤”之說，結合此條可知大誤指的是超過六百六十錢的失誤，而人一戶及馬牛一以上都屬於這個範圍。

【今譯】

怎樣是“大誤”？錯算人戶、馬牛（一以上）以及價值超過六百六十錢的各種財貨，就是大誤，其他爲小。Q1_11_6_209

【釋文】

可（何）謂“羊驅”[①]？“羊驅”，草實可食殹（也）[②]。Q1_11_6_210

【匯釋】

①驅：**同“軀”**。整理者：字見曹植墓碑，即“軀”字。

②草實可食殹：整理者：此句也可斷讀爲“草，實可食也”。

【今譯】

甚麼叫“羊軀”？“羊軀”，就是一種可以吃的草籽。Q1_11_6_210

七、封診式

"式"是秦朝的一種法律形式，是關於國家機關在某些專門工作中的程式、原則及有關公文程式的法律文件。《封診式》[①]屬於"式"的一種，是關於司法審判工作的程式、要求以及訴訟文書程式的法律檔。其中，除了兩則關於《治獄》和《訊獄》的一般原則規定外，還有《封守》《覆》《有鞫》等有關法律文書程式的規定以及選編的典型式例。

【釋文】

治獄[②]

治獄能以書從迹（跡）其言[③]，毋治（笞）諒（掠）而得人請（情）爲上[④]；治（笞）諒（掠）爲下。有恐爲敗[⑤]。Q1_11_7_1

【匯釋】

①封：**封存、封守**。診：**勘察、檢驗**。式：**相當於後世的公式令**（陳公柔，2005：215－220）。整理者認爲，《封診式》的案例供有關官吏學習，並在處理案例時參照執行。

②治獄：**審理法律案件**。整理者：《編年記》簡19："十二年，四月癸丑，喜治獄鄢。"據《項羽本紀》和《曹相國世家》，秦有獄掾官名，"治獄鄢"有可能是指墓主人喜任鄢地的獄掾。大庭脩（1991：541）：《治獄》與《訊獄》是總論性文字。陳公柔（2005：194－195）：此節講治獄之道，即在審訊案犯時應掌握的要領，是對治獄的一般通論。

③書：**有二說：一、記錄**（整理者）。夏利亞（2019：296）：書寫，記錄。**二、爰書**。陳公柔（2005：194）：即爰書，包括原告、被告及證人等各方面口供的筆錄材料。

從迹：**追查**。整理者：見《漢書·淮南衡山济北王傳》："王使人上書告相，事下廷尉治，從跡連王。"注："從，讀爲蹤。"

④治：**通"笞"，用鞭子抽打**。《說文》："笞，擊也。""治"與"笞"均从台聲。

諒：**通"掠"，拷打**。掠，《說文》："奪取也。从手、京聲。本音亮。"又有"拷打"之義。《廣韻·藥韻》："掠，笞也；治也。"南朝宋劉義慶《世說新語·方正》："考掠初無一言。臨刑東市，顏色不異。"

治諒：**同義連用，拷打。**整理者：《淮南子·時則訓》："毋笞掠。"

請：**通"情"，實情。**《荀子·成相》："聽之經，明其請，參伍明謹施賞刑。"整理者：情，真情，《周禮·小宰》注："情，爭訟之辭。"疏："情，謂情實。"

⑤爲：**動詞，是。**

有恐爲敗：**有六說：一、恐嚇犯人（以致不得真情）就是失敗**（整理者）。武樹臣（1994：333－334）：在審訊中凡能根據被告人的口供發現破綻、綫索而進行追查，不使用刑訊逼供的辦法就能獲得犯罪實情的，是上策；用刑訊獲得真情的是下策。"有恐爲敗"是對以上見解的總結之語。**二、擔心造成敗事的後果。**張建國（1997）：根據張家山漢簡《奏獄書》簡130等例，證實"恐爲敗"原本爲秦時熟語。恐，意爲擔心。敗，敗事、敗官。"有恐爲敗"可譯成"笞打的辦法爲下，而且這種辦法又可能造成敗事的後果"。**三、因懾於刑威而胡亂掰扯，應屬於失敗。**陳公柔（2005：195）："有恐爲敗"意爲罪犯或有關被告，因懾於刑威而胡亂掰扯以求蒙混者，在審案上應屬於失敗。**四、又擔心有妨害。**尹偉琴、戴世君（2007）："有"讀作"又"。秦漢時代不存在如原注譯理解的"恐"的語言表達方式。"恐"解釋爲"擔心、恐怕"爲妥。"敗"應解釋爲"害、妨害"。**五、受到拷打和恐嚇，使其受到驚嚇。**方勇（2009B）："敗"指受到驚嚇。簡文是指犯人受到拷打和恐嚇，就會使其受到驚嚇，從而得不到案情的真相。**六、（笞掠）使犯人害怕，危害辦案。**夏利亞（2019：297）："有"，表示存在，"有恐"，指（笞掠）使犯人害怕，"爲敗"意思是危害辦案，即於辦案不利。

【今譯】

審理案件

審理案件時，能根據口供的筆錄材料追查他的言語破綻，不用拷打就察得犯人的實情，是上策；施行拷打是下策。恐嚇犯人以致不得實情就是失敗。Q1_11_7_1

【釋文】

訊獄

凡訊獄，必先盡聽其言而書之，各展其辭[①]，雖智（知）其訑[②]，勿庸輒詰[③]。其辭已盡書而Q1_11_7_2毋（無）解[④]，乃以詰者詰之。詰之有（又）盡聽書其解辭[⑤]，有（又）視其它毋（無）解者以復詰之。詰之極而數Q1_11_7_3訑[⑥]，更言不服[⑦]，其律當治（笞）諒（掠）者，乃治（笞）諒（掠）。治（笞）諒（掠）之必書曰：爰書[⑧]：以某數更言，毋（無）解辭，Q1_11_7_4治（笞）訊某[⑨]。Q1_11_7_5

【匯釋】

①訊獄：**審問案件。**

各：**各自。**陳公柔（2005：195）：指包括原告、被告及其他證人等各盡申述，其中也當含有本人回護辯解之辭。

展：**有二說：一、陳述**。整理者：《左傳·襄公三十一年》注："陳也。"**二、陳設**。夏利亞（2019：297）說。

辭：**有二說：一、辯辭**。整理者：《說文》："辭，訟也。"《禮記·表記》注："猶解說也。"《玉篇》："理獄爭訟之辭也。"**二、供詞**。夏利亞（2019：298）說。

②智：**通"知"，知道**。《墨子·耕柱》："豈能智數百歲之後哉！"

詑：**有二說：一、作"詑"，欺騙**。《說文》："沇州謂欺曰詑。"張世超、張玉春（1985B）：影本作"詑"。**二、作"訑"，欺騙**。整理者作"訑"，注釋：欺騙。古書以"訑謾"爲一詞，意爲"欺罔"。戰國屈原《楚辭》有《九章·惜往日》："或忠信而死節兮，或訑謾而不疑。"

③詰：**糾察，整治**。《周禮·大宰》："五曰刑典，以詰邦國。"《周禮·大司馬》注："猶窮治也。"

④毋：**通"無"，沒有**。

⑤有：**通"又"，復**。

⑥極：**有二說：一、頂點、終點，引申爲到達極點**。整理者：《禮記·樂記》注："窮也。"**二、窮盡**。夏利亞（2019：298）說。

⑦更言：**改變口供**（整理者）。

⑧爰書：**有四說：一、一切與刑訊有關的文書、記錄的總稱**。高敏（1987B）：《封診式》的二十三個"爰書"例證，全部是同刑訊有關的文書，因此，"爰書"可以說是一切與刑訊有關的文書、記錄的總稱。王先謙《補注》："傳爰書者，傳囚辭而著之文書。"但簡文中的爰書意義較爲廣泛，包括司法案件的供辭、記錄、報告書等。"爰書"以下係爰書的格式，以下各條類推。劉海年（2006：236）："爰書"是戰國的秦國和秦漢時司法機關通行的一種文書形式。其內容是關於訴訟案件的訴辭、口供、證詞、現場勘驗、法醫檢驗的記錄以及其他有關訴訟的情況報告。"傳爰書"是訴訟過程中的具體制度。堀毅（1988：11）："爰書"等於供述錄取書加按驗調查筆錄加鑑定書加其他的記錄。籾山明（1985：273，277）：《封診式》的爰書是記錄對事件原委的控告、供述及承辦官吏的相應措施以備上級官府監察的職務報告書。在一個案件由若干官府相繼處理的情況下，又會出現爰書引爰書的情形。爰書是在各種場合下以各種方式提出的文書，它並非衹和某種特定的政務相關。若要作一般性的定義，把顏師古的"以文書代換口辭"概括爲"報告書"大概是最妥當的措辭。陳公柔（2005：218－219）：《封診式》中的"爰書"多不列附件，將各項內容皆包含在一件文書中，看似重複，實是照錄另外一件的文書（上級、下級或犯人口供、勘驗報告等）。"爰書"也可指書面文字，其中特別指與刑獄有關的口供、訟辭、判辭等，但部分非刑獄的文書也應包括在內。夏利亞（2019：300）：不但把口頭證辭等記錄成文，而且與案件相關的書面記錄都可稱爲爰書。**二、把口辭易換成文辭的文書**。整理者：《漢書·張湯傳》注："爰，換也，以文書代替其口辭也。"俞偉超（1978）："爰書"本義是指把口辭易換成文辭的文書。裘錫圭（1982）從之。**三、爰書有六種類型**。徐富昌（1993：124－125）認爲《封診式》

的爰書可歸納爲六種類型：一是官方記錄或摘抄的訴辭，如《黥妾》《告子》《告臣》《道子》《奸》等；二是官府記錄或摘抄自首材料，如《盜自告》；三是被告人的口供記錄，如本篇《訊獄》；四是現場勘查或法醫檢驗記錄以及報告書，如《賊死》《經死》《穴盜》等；五是司法官吏對案件判決或關於案件某一項決定執行情況的報告書，如《遷子》；六是案情綜合報告書，《封診式》中大部分的案例都屬於這一類。**四、向官府申告個人私事的文書**。大庭脩（1983）：漢代把"改（易）爲口辭之書"即向官府申告個人私事的文書叫作爰書。而爰書的內容往往被引用在其他的文書中，轉移到別的地區去，"傳爰書"就應該理解爲移動爰書。

⑨徐富昌（1993：126）：從這條規定可以看出秦代的審訊程序有三個步驟：一是聽取被告口供，作出審訊記錄；二是根據所供，看是否認罪，如不認罪，再施刑訊；三是根據審訊結果，做成法律規定的法律文書，同時寫明刑求的理由。

【今譯】

審訊案件

凡是審訊案件，必須先聽完案犯的口供並加以記錄，使受訊者各自陳述自己的辯辭，雖然明知道他是在欺騙，也不要馬上整治。供辭已盡數記錄下來但Q1_11_7_2問題還沒有交代清楚，就對應當詰問的問題詰問受訊人。詰問他們，又要聽完他們辯解的話，然後記錄下來，再看看有沒有其他不清楚的問題，（如果有，就）繼續進行詰問。詰問犯人到他們詞窮，卻多次Q1_11_7_3欺騙，還改變口供拒不服罪，依法應當拷打的，就施行拷打。拷打犯人必須記錄說：爰書（記錄囚犯供辭的文書）：因爲某多次改變口供，沒有辯解之辭，Q1_11_7_4對某進行拷問。Q1_11_7_5

【釋文】

有鞫①

敢告某縣主②：男子某有鞫，辭曰："士五（伍）③，居某里④。"可定名事里⑤，所坐論云可（何），可（何）辠（罪）赦⑥，Q1_11_7_6或覆問毋（無）有⑦，遣識者以律封守⑧，當騰騰⑨，皆爲報，敢告主⑩。Q1_11_7_7

【匯釋】

①鞫：**審訊問罪**。整理者：《尚書・呂刑》正義："漢世問罪謂之鞫。"陳公柔（2005：196）：此條係用爲請求查復的公文書寫程式。按後世公文規格，因兩者同屬縣級，一般稱爲移文或諮文。

②敢告：**謹告**。陳治國（2007A）：向同級單位發書，用"敢告"。孫聞博（2011）："有鞫"和"覆"當視作他縣或與縣平行相關機構移書於嫌犯原居縣的文書範本。

主：**有二說：一、負責官吏**（整理者）。**二、縣令、縣長**。劉海年（1982B）：當時公文中下對上的尊稱，指縣令、縣長。

敢告某縣主：謹告某負責人。陳偉（2016C：267）：參看里耶秦簡，“敢告某主”用於平行文書。如簡 8－61＋8－293＋8－2012“巴叚（假）守丞敢告洞庭守主”、簡 8－63“旬陽丞滂敢告遷陵丞主”。

③五：**通“伍”。古軍隊編制，五人爲伍。**

士五：**沒有爵的成年男子。**整理者：《漢舊儀》：“無爵爲士伍。”劉海年（1978）：士伍包括傅籍之後至六十歲老免的男壯丁、無爵或曾有罪而被奪爵者、非刑徒和奴隸，屬於庶民。周厚強（1991）亦類此說。羅開玉（1981A）：可能源於商鞅時期的“什伍”制，是地方上的對“伍”與軍中的“什伍”中無爵適齡男性的單稱。陳抗生（1980）：“士五”階層是以“什伍”組織形式相約束，具有“士民”特徵的秦代男性百姓。鄭有國（1991）：指無爵的“耕戰之士”。

④整理者：引號中是文書對男子某供辭的概括，不一定是某的原話，以下各條同例。

⑤事：**職業，身份。**整理者：《說文》：“職也。”

名事里：**姓名、身份、籍貫。**整理者：居延漢簡 239·46 有“鞫繫，書到，定名縣爵里”。《秦律十八種》簡 25 作“名事邑里”，與《漢書·宣帝紀》“名縣爵里”意近。

⑥可：**通“何”，疑問代詞，甚麽。**

赦：**赦免。**劉海年（1985A）：有“釋放”之義。當時社會上有刑滿釋放的人，這些人是庶民而不是罪隸。

⑦或：**副詞，又。**《詩經·甫田之什·賓之初筵》：“既立之監，或佐之史。”陳偉（2016C：287）此句釋文爲：“或（又）覆問毋（無）有”，他認爲整理者語譯作“再”，當是讀爲“又”，但未注出。今按：“或”本就有“又”之義，整理者語譯作“再”，衹是爲了今譯上的句法通順，因此無須再多注一“又”字。

覆：**有二說：一、審查。**整理者：《爾雅·釋詁下》：“覆，審也。”《考工記·弓人》注：“猶察也。”《華嚴經音義》引《珠叢》：“重審察也。”《史記·六國年表》秦始皇三十四年有“覆獄故失”。籾山明（1985）：鄉是“識者”的派遣地。理由是《告臣》《黥妾》中的“名事里”的確定須由鄉官負責。《封守》和《亡自出》實際也由鄉官負責其職，因此里民的戶籍和財產理應在鄉的管轄之下。“覆”指官吏“搜求”隱匿的犯罪事實。**二、仔細察看。**夏利亞（2019：301）：整理小組誤。

⑧封守：**查封犯人的產業，看守犯人的家屬**（整理者）。

⑨當騰騰：**有六說：一、應當移送文書的移送文書。**整理者：後一“騰”屬下讀，即“當騰，騰皆爲報”，注釋：當，《呂氏春秋·義賞》注：“正也。”《繫傳》：“謂移寫之也。”當騰，正確地寫錄下來。陳偉（2016C：288）：里耶秦簡 8－66＋8－208“騰真書，當騰騰”，簡 8－647“酉陽已騰書沅陵”，張家山漢簡《奏獄書》案例十七簡 123“騰書雍”，顯示騰的對象是文書。陳偉同意整理者的看法，認爲“當騰騰”是說應當移送文書的移送文書。陳公柔（2005：197）：“當騰”即移書；“騰皆爲

報”即請按此移文內容協助查辦。籾山明（1985）：以“騰”即副本返答，正本作爲記錄留檔縣廷。如在本縣範圍內則無此必要，所以在《黥妾》和《告臣》的場合下用“以書言”作結。**二、讀作“當謄騰”，“謄”是抄錄的意思，“騰”是傳送的意思。**湖南省文物考古研究所、湘西土家苗族自治州文物處（2003）說。**三、兩個“騰”字都讀爲“謄”，都解釋爲抄錄。**李學勤（2003），胡平生、李天虹（2004）說。夏利亞（2019：302）：應當記錄並抄寫。**四、當傳（zhuàn）傳（chuán）。**邢義田（2006）：日本學者籾山明認爲“騰騰”是“騰馬”合文，作急送解。此說存疑。《說文》：“騰，傳也。”“當騰騰”或可讀作“當傳，傳〔之〕”。“當傳”，即當用傳，傳送，指傳送涉案人到案。戴世君（2010A）：“當騰騰”作“當傳（zhuàn）傳（chuán）”理解。它是秦過縣長途公文發文方告知接收方文書傳送方式的交代語，意思是說文書由驛傳傳送。“當騰騰”所反映的公文驛傳傳送方式，在有中轉縣參與的情形下，又稱爲“以次傳”“以縣次傳”。**五、“騰”即“朕”，意爲“該封，封”。**王煥林（2006）：“當”是應當，該。“騰”，因諱秦始皇稱“朕”，以“騰”字假代。“朕”有縫隙之義，引申爲“封緘”。“當朕，朕”意爲“該封，封”。**六、當以騰（傳）馬急送。**日本里耶秦簡講讀會（2005）說。

⑩報：答復。

敢告主：**謹告負責人**。陳偉（2016C：288）：從簡文“敢告某縣主”“敢告主”等用語看，《有鞫》是縣之間的平行文書的範本。就內容看，“男子某”在居住縣以外的另一縣犯罪，該縣致函其居住縣（“某縣”），要求提供“男子某”的相關材料並“封守”其財產等。整理者：秦漢文書習語，見江陵鳳凰山168號漢墓木牘。劉海年（1985B）認爲，這是上級司法機構致縣負責人的一封公函。此案可能是疑難案件，由上一級司法機構審理。又劉海年（1985C）：《有鞫》和《覆》是司法機構規定的關於案件報告與回復的式例。這兩個式例說明秦司法機構的上下級之間在案件的處理過程中存在報告制度。

【今譯】

審訊問罪

謹告某縣負責人：男子某被審訊，供稱：“是士伍，居住在某里。”請確定其姓名、身份、籍貫，曾犯有何罪，判過甚麼刑罰，或犯有何罪被赦免，Q1_11_7_6又查問還有沒有別的問題，要派了解情況的人依法查封看守，應當移送文書的移送文書，（將情況）全部回報，謹告負責人。Q1_11_7_7

【釋文】

封守

鄉某爰書[①]：以某縣丞某書[②]，封有鞫者某里士五（伍）甲家室、妻、子、臣妾、衣器、畜產[③]。·甲室、人：一Q1_11_7_8宇二內[④]，各有戶，內室皆瓦蓋，木大具[⑤]，門桑十木[⑥]。·妻曰某，亡，不會封。·子大女子某，未有夫[⑦]。Q1_11_7_9子小男子某，高六尺五寸[⑧]。·臣某，妾小女子某。·牡犬一[⑨]。·幾訊典某某、甲伍公士某某[⑩]："甲黨（倘）有Q1_11_7_10當封守而某等脱弗占書[⑪]，且有辠（罪）[⑫]。"某等皆言曰："甲封具此，毋（無）它當封者。"即以甲封付某Q1_11_7_11等，與里人更守之[⑬]，侍令[⑭]。Q1_11_7_12

【匯釋】

①封守：**查封犯人的產業，看守犯人的家屬。**

鄉某：**鄉的負責人。**整理者：《漢書·百官公卿表》："鄉有三老、有秩嗇夫、遊徼。"孫聞博（2011）："封守"和"亡自出"是鄉回復縣的文書。

爰書：**意義較爲廣泛，指司法案件的供辭、記錄、報告書等，包括對原告、被告、證人言辭及現場情況的筆錄等。**

②縣丞：**官名，縣長的輔佐。**整理者：《續漢志·百官志》："（縣）丞署文書，典知倉獄。"

③臣妾：**古時對奴隸的稱謂。**男曰臣，女曰妾，後亦泛指統治者所役使的民眾和藩屬。《周易·遯》："畜臣妾吉，不可大事也。"高敏（1981A：58）：指私家奴隸。"臣妾"一經沒入，無疑成了官府奴隸。蘇誠鑑（1982）："人臣妾"作爲私家奴隸，不僅終身而且世襲。裘錫圭（1992：390－391）：戰國時代奴隸的存在很普遍。士伍是無爵者，地位很低，也有一臣一妾。

畜產：**即畜牲**（整理者）。夏利亞（2019：303）：詈詞，猶畜生。

劉海年（1985B）：鄉負責人隸屬於縣丞某，某里士伍甲又是在該鄉負責人的管轄之內。否則，他們之間不可能有如此肯定的法律與義務關係。

④宇：**有二說：一、堂，廳堂**。整理者說。**二、宅基。**陳偉（2016C：289）："宇"指宅基。

一宇二內：**一廳堂二臥室。**整理者：《漢書·鼂錯傳》："家有一堂二內。"堂即廳堂，內爲臥室。

⑤具：**有二說：一、齊備。**整理者：《淮南子·原道訓》注："猶備也。"**二、通"椇"。**整理者：一說，具讀爲"椇屋"的"椇"。

木大具：**指房屋的木料齊備**（整理者）。

⑥門：整理者：此字屬上讀。

木：**有二說：一、如字讀，量詞，**吉仕梅（1996）：此處借名詞"木"的"樹木"義爲量詞，雖不見於先秦典籍，但它與其他量詞借名詞的規律是一致的。如"樹"普遍用於表"樹木"的名詞義後，就產生了用"樹"表樹木單位的量詞。量詞"木"表樹木單位，是由名詞"樹木"義引申而來的。陳偉武（2007）："木"字不誤。"桑十木"，當屬王力先生所論述的上古漢語原始的天然單位表示法，即在數詞後面再加上一個名詞，與王先生所舉殷墟卜辭中"羌十人"的結構正相同。**二、"朱"字之誤，用爲"株"。**整理者：《禮記·檀弓上》"公叔木"，注："木，當爲朱。"可作佐證。整理者：桑十朱，即桑樹十株。

⑦劉海年（1983）：將士伍甲的妻、子等封守，就是連坐的步驟之一。

⑧六尺五寸：**有三説：一、六尺五寸（約爲1.5米），是傅籍的法定身高。**整理者：秦一尺約合0.23米。六尺五寸約爲1.5米。栗勁（1985：389）：據《秦始皇本紀》記載："十六年（前231年）初令男子書年。"此後秦才登記男子的年齡。此前以身高六尺五寸爲服役的標準。高恒（1980B）：小隸臣妾（官府奴隸）傅爲大隸臣妾的身高，男"六尺五寸"，女"六尺二寸"。該爰書記録"小男子某"的身高，衹能是爲了表示某甲之子已經達到了傅籍的法定身高。唐賈公彦説，周秦間"七尺，謂年二十；六尺謂年十五"。折算下來，身高"六尺五寸"，應爲十七、十八歲的成童。**二、庶民男子成年的最低身高標準是六尺六寸。**張金光（1983A）："子小男子某，高六尺五寸。"可見，庶民男子身高在六尺五寸且尚爲"小"。結合《法律答問》"甲盜牛"條，可知庶民男子身高在六尺七寸則已入成人行列。可見，庶民男子成年的最低尺寸標準是六尺六寸，至多不得超過六尺七寸。**三、隸臣妾和公民的傅籍標準不同。**陳明光（1987）：秦制用以區分成年與否的標準，是身高與年齡制並行使用的。至於傅籍的標準，秦制對不同的對象使用不同的標準。"隸臣妾"的傅籍標準是法定身高制，隸臣爲六尺五寸，隸妾爲六尺二寸；公民傅籍標準採用法定年齡制，法定年齡爲十七歲。馬怡（1995）：秦人男性平民的成年標準或許高於隸臣。

⑨被查封家產的登記内容與户籍記録大抵相似。錢劍夫（1988）：士伍甲被查封家產的登記内容與户籍記録大抵相似。池田溫（1984：53）：通過這份爰書的書式，便知户口排列的順序，是户主、妻、子、奴婢，且不是依男女的次序，而是按年齡大小排列的。關於各個人，是以"大女子""小女子"等類别爲原刻而記入。施偉青（1992）：甲的身份既然是士伍，就係無爵者。他的耕地若無購置，就衹能有"受田"百畝。而他被查封的財產中，没有土地一項，恰恰反映出"受田"是屬國有土地，故不能把其歸入甲的私產中去。徐富昌（1993：520－521）："甲室、人……牡犬一"是户口登録的形式。李均明（1996）：文中的圓點是用於提示章節段落或條款起首。

⑩幾：察。整理者：《禮記·玉藻》注："猶察也。"

伍：**有二説：一、即伍人**（整理者）。**二、是"五家爲保"的地方組織，又是"五人爲伍"的軍事編制。**羅開玉（1981A）：秦自商鞅時代起，便以里直接轄"伍"，"伍"是"五家爲保"的地方組織，又是"五人爲伍"的軍事編制。

⑪黨：**有二説：一、通"倘"，倘使。**整理者讀"倘"。**二、讀如字，指親族或一類人。**張伯元（2011）：可指親族或一類人。《禮記·雜記下》"其黨也食之"，鄭玄注："黨，親也。"《禮記·仲尼燕居》"辨説得其黨"，鄭玄注："黨，類也。"這裏的"某甲黨"指的就是某甲及其家人。今按：此段主語爲"士伍甲"，爲保持主語的前後一致，因此理解爲"黨"通"倘"較爲恰當。

有："有"字下，整理者擬補"它"字。

脱：**有二説：一、脱漏**（整理者）。**二、倘或，倘若。**張伯元（2011）：倘或，倘若。《助詞辨略》卷五：“脫，或詞，猶倘也。”如《吴子·勵士》：“脫其不勝，取笑於諸侯，失權於天下矣。”下半段話可意譯爲：“某甲及其家人還有其他應加查封，而你們倘若不加登記，將是有罪的。”其實，這是一個假設句。“倘若”一詞所管的不是“應加查封”的東西，而是是否加以登記，所以我們將“脫”解釋爲“倘若”，不作“脫漏”解；既然其他應加查封的東西都要求登記，再說“脫漏”就多餘了。

占：**登入簿籍**（整理者）。

⑫幾訊典某某、甲伍公士某某：“甲黨有當封守而某等脫弗占書，且有辠”：張伯元（2011）讀作：“幾訊典某、某甲伍公士某：某甲黨有當封守而某等脫弗占書，且有罪。”解釋說：在所見《封診式》爰書中，避稱真人姓名時，往往用“某甲”“某丙”表示，或將身份冠前，稱“公士甲”“士伍丙”等。稱其屬地，也不直接寫出地名，用“某縣某里”表示。鑒於此，我們將“某某”二字拆開。

⑬更守：**輪番看守**（整理者）。

⑭侍：**有二說：一、等候**。整理者：讀作“待”。**二、承接**。陳公柔（2005：197）認爲，“侍令”是復命文書中的結語之辭，不能等同於待命。“侍”有承接意，相當於從世公文中之“承示”“謹復”。

【今譯】

查封犯人的產業，看守犯人的家屬

鄉某爰書：根據某縣縣丞某的文書，查封被審訊人某里士伍甲的房屋、妻子、孩子、奴婢、衣物、畜牲。甲的房屋、家人計有：堂屋一Q1_11_7_8間、臥室二間，都有門，房屋都用瓦蓋、木料齊備，門前有桑樹十株。·妻名某，已逃亡，查封時不在場。·女兒大女子某，還沒有丈夫。Q1_11_7_9兒子小男子某，身高六尺五寸。·奴某，婢小女子某。·公狗一隻。·查問里典某某，甲的四鄰公士某某：“甲倘若還有Q1_11_7_10應加查封而某等脫漏未加登記的，將是有罪的。”某等都說：“甲應查封的都在這裏，沒有其他應查封的了。”當即將甲所查封的交付某Q1_11_7_11等，要他們和同里的人輪流看守，等候命令。Q1_11_7_12

【釋文】

覆[①]

敢告某縣主：男子某辭曰：“士五（伍），居某縣某里，去亡。”可定名事里[②]，所坐論云可（何），可（何）辠（罪）赦，Q1_11_7_13或覆問毋（無）有[③]，幾籍亡[④]，亡及逋事各幾可（何）日[⑤]，遣識者當騰騰，皆爲報[⑥]，敢告主。Q1_11_7_14

【匯釋】

①覆：**以在縣廷審訊嫌犯爲前提而發出的文書**。籾山明（1995）：和《有鞫》一樣，《覆》也是以在縣廷審訊嫌犯爲前提而發出的文書，和再審訊無任何關係。

②可：**請**。整理者說。

③或：**讀爲“又”**。

④幾籍亡：**幾次在簿籍上記錄逃亡**（整理者）。

⑤逋事：**逃避官府役使**。整理者：《漢書·義縱傳》：“縣無逋事。”

⑥遣識者當騰騰，皆爲報：整理者讀作“遣識者當騰，騰皆爲報”。參《封診式》簡6注。

【今譯】

以在縣廷審訊嫌犯爲前提而發出的文書

謹告某縣負責人：男子某供稱：“（我）是士伍，住在某縣某里，逃亡。”請確定其姓名、身份、籍貫，曾犯有何罪，判過甚麼刑罰，或有過甚麼赦免，Q1_11_7_13再查問還有甚麼問題，有幾次在簿籍中記錄逃亡，逃亡和逃避官府役使各多少天，派遣了解情況的人應當移送文書，（將情況）全部回報，謹告負責人。Q1_11_7_14

【釋文】

盜自告

□□□爰書：某里公士甲自告曰：“以五月晦與同里士五（伍）丙盜某里士五（伍）丁千錢[①]，毋（無）它Q1_11_7_15坐[②]，來自告，告丙。”即令〔令〕史某往執丙[③]。Q1_11_7_16

【匯釋】

①晦：**每月的最後一日**（整理者）。

②毋它坐：**沒有其他罪行**。整理者：秦漢法律文書習語，意爲沒有其他罪行，如居延漢簡甲編簡129：“賀未有鞫繫時，毋（無）它坐，謁報，敢言之。”

③整理者：“令”字下原脫重文號。

執：**逮捕**。劉海年（1985B）：《說文》：“握持也。”秦律中的“執”是司法機構以強制手段拘傳被告人，類似現代的拘留。《告子》《出子》的“執”也作此解。

【今譯】

盜竊後自首

……爰書：某里公士甲自首說：“於五月最後一日和同住一里的士伍丙盜竊了某里士伍丁一千錢，沒有其他Q1_11_7_15罪行，前來自首，並告發丙。”當即命令史某前往將丙逮捕。Q1_11_7_16

【釋文】

□捕[①]

爰書：男子甲縛詣男子丙[②]，辭曰：“甲故士五（伍）[③]，居某里，迺四月中盜牛[④]，去亡以命[⑤]。丙坐賊人Q1_11_7_17□命。自晝甲見丙陰市庸中[⑥]，而捕以來自出[⑦]。甲毋（無）它坐。”Q1_11_7_18

【匯釋】

①整理者：第二字不清，疑爲“捕”。陳公柔（2005：199）：此爰書爲縣丞所寫。

②縛詣：**捆送**。劉海年（1985C）：《說文》：“縛，束也。”詣，送至。縛詣就是將犯罪人捆綁送到官府。告奸時，對於當場抓獲的現行犯，多採取“縛詣”方式。主人請求官府懲治奴隸，也多採取縛詣的方式，如《封診式》中的《告臣》和《黥妾》。縛詣是百姓或地方基層負責人將他們認定的犯罪人綁縛由下向上送達。

男子：**有二說：一、有“士伍”身份的人**。吳益中（1987）：“男子”不是奴隸的泛稱。《封診式·群盜》的“男子”丁、《覆》的“男子”、《有鞫》的“男子”的身份皆是“士伍”。這些材料說明，“男子”也指“士伍”身份的人。本簡的甲應是“士伍”，而不應因有“故”字就定其身份是奴隸。**二、私家奴隸**。高敏（1981A：332）：似是私家奴隸的一種別稱。以“甲故士伍”點明其原來的身份。

③辭曰：**據供稱**。陳公柔（2005：199）：簡文凡云“辭曰”，皆同於後世公文中之“據某某供稱”。

④廼：**有二說：一、是**。整理者：見楊樹達《詞詮》卷二。“廼某月”常見於居延漢簡，如居延漢簡甲編簡44有“廼七［陳偉（2016C：273）：整理者引作“十”，依《居延漢簡釋文合校》改］月”，簡1590有“廼正月”。**二、乃者，以往**。劉樂賢（2006C）：廼，同於古書的“乃者”。《廣雅·釋詁》：“乃，往也。”王念孫疏證：“乃者，《眾經音義》卷十八引《倉頡篇》云：‘乃，往也。’《說文》：‘卤，往也。’廼、卤並與乃同。《趙策》：‘蘇秦謂趙王曰：秦乃者過柱山。’《漢書·曹參傳》：‘乃者我使諫君也。‘師古注云：‘乃者猶言曩者.’是乃爲往也。”陳公柔（2005：199）：凡簡中“廼”字皆指過去的某年月日。

盜牛：**盜竊牛**。整理者：《鹽鐵論·刑德》：秦之法，“盜馬者死，盜牛者加”。

⑤去亡以命：**亡命，逃亡**。整理者：《張耳陳餘列傳》：“張耳嘗亡命遊外黃。”《索隱》引晉灼云：“命者，名也，謂脫名籍而逃。”

⑥自晝：**有二說：一、昨日白晝**。整理者：《穴盜》《出子》條有“自宵”，意爲昨日夜晚，可互證。**二、在白天，“自”是介詞**。陳偉武（1998）：“自”字並無昨天的意思，當介詞用，與時間名詞構成介賓結構。“自晝”指在白天，“自宵”指在夜裏。相對於說話人正在說話的“今”而言，“自”字所介紹的時間可以是昨天，也可以是前天或更早的某一時段。秦簡中“自”用如“以”或“於”，這種用法亦見於傳世文獻。

陰：**有三說：一、隱藏**。整理者：《大戴禮記·文王官人》注：“陰陽，猶隱顯也。”**二、讀作“蔭”**。裘錫圭（1992A：412）：讀作“蔭”，“自晝見丙陰（蔭）市庸中”，反映庸往往集中在市裏待人雇傭。**三、市名**。陳偉（2016C：273）：

"陰"疑爲市名。

庸：**雇傭**。整理者：《漢書·司馬相如傳》注："即謂賃作者。"後世多寫作"傭"。

市庸：**市場中所雇傭的人**（整理者）。

⑦而：**用法同"乃"**（整理者）。

而捕以來自出：陳公柔（2005：188）標點作"而捕以來，自出"。

【今譯】

……捕獲

爰書：男子甲捆送男子丙，供稱："甲本爲士伍，住在某里，本年四月中盜竊牛，逃亡。丙犯有殺傷人罪Q1_11_7_17而逃亡。昨日白晝甲發現丙隱藏在市庸（市場中所雇傭的人）裏面，於是將他捕獲，前來自首。甲沒有其他罪行。"Q1_11_7_18

【釋文】

□□

〔爰〕書：某里士五（伍）甲、乙縛詣男子丙、丁及新錢百一十錢、容（鎔）二合[①]，告曰："丙盜鑄此錢，丁佐鑄。Q1_11_7_19甲、乙捕索（索）[②]其室而得此錢、容（鎔），來詣之。"Q1_11_7_20

【匯釋】

①容：**同"鎔"，鑄造金屬器物的模型**。整理者：董仲舒《賢良策》："上之化下，下之從上，猶泥之在鈞，唯甄者之所爲；猶金之在鎔，唯冶者之所鑄。"《漢書·食貨志》注引應劭云："作錢模也。"錢模分兩扇，故以合爲單位。

二合：**兩扇**。陳公柔（2005：199）：知當時民間私鑄已採合範之法。

②索：**同"索"，搜索，搜查**。《說文》："索，入家搜也。"

【今譯】

…………

爰書：某里士伍甲、乙捆送男子丙、丁以及新錢一百一十個、錢模兩扇，控告說："丙私鑄這些錢，丁幫助他鑄造。Q1_11_7_19甲乙將他們捕獲並搜查其家，得到這些錢和錢模，一併送到。"Q1_11_7_20

【釋文】

盜馬[①]

爰書[②]：市南街亭求盜才（在）某里曰甲縛詣男子丙[③]，及馬一匹，騅牝右剽[④]；緹復（複）衣[⑤]，Q1_11_7_21帛裏莽緣領褎（袖），及履[⑥]，告曰："丙盜此馬、衣，今日見亭旁，而捕來詣[⑦]。"Q1_11_7_22

【匯釋】

①盜馬：**盜竊馬匹**。參《封診式》簡 17 注。

②爰書：**縣吏根據求盜的報告而轉呈其上級的文件**。陳公柔（2005：200）：爰書爲縣吏根據求盜某的報告而轉呈其上級者。此爲另外一種爰書形式，並非判處案件的卷宗。

③市南：**市場之南**（整理者）。

街亭：**城市内所設的亭**。整理者：《續漢書・百官志》注引《漢儀》："雒陽二十四街，街一亭。"于豪亮（1985：136）：城内或市鎮的亭。高恒（1980A）：《封診式》中的"亭"的職責衹是緝捕"盜賊"。

求盜：**古代亭長手下掌管逐捕盜賊的亭卒**。裴駰集解引應劭曰："求盜者，舊時亭有兩卒，其一爲亭父，掌開閉掃除；一爲求盜，掌逐捕盜賊。"

才：**通"在"**。

才某里：**有二說：一、應指居於某里**。整理者：《遷子》條"士伍咸陽在某里曰丙"，即咸陽某里人名丙，可參看。**二、指案件發生及辦案當時的地點**。陳公柔（2005：200）：凡簡文稱"在某里"者，皆指案件發生及辦案當時的地點，並非其人居於某里，或指某里之某吏（如求盜在某里，並非某里人之求盜）。簡文一般敘述某人之爵里者，皆某某里在前，其後寫爵（身份），例如"某里公士某"等。

才某里曰甲：陳公柔（2005：188）於"曰"下加冒號。

④騅：**蒼白雜毛的馬**。整理者：見《爾雅・釋畜》。

剽：**有二說：一、剽：標誌**。右剽：**在馬的右部烙上徽記**。胡平生、張德芳（2001：25－26）：《集韻・宵韻》："表，識也。或作剽。"《周禮・春官・肆師》："表粢盛。"鄭玄注："故書'表'爲'剽'。剽、表解爲徽識也。"**二、疑通"瞟"，一目病**。整理者：疑讀爲"瞟"，《廣韻》引《埤蒼》："一目病也。"居延漢簡甲編簡878有"□駮乘兩剽，齒十六……"，簡1937有"……左剽，齒五歲，高五尺九寸"。

⑤緹：**丹黃色**。整理者：《說文》："帛丹黃色。"

復：**通"複"，夾衣**。整理者作"覆"，陳偉（2016C：275）據圖版改。

復衣：**夾衣或綿衣**。整理者：《說文》："複，重衣也，……一曰褚衣。"《釋名・釋衣服》："有裏曰複，無裏曰單。"桂馥《說文解字義證》："一曰褚衣者，本書：'褚，製衣'，製當爲裝，《玉篇》《廣韻》並作裝。……顏注《急就篇》：'褚之以綿曰複。'"長沙馬王堆三號漢墓遣策列有"複衣"多種。

⑥莽：**寬大**。整理者：《小爾雅・廣詁》："大也。"

緣：**緣邊**。魏德勝（2003：66）：《說文》："衣純也。"段注："緣其邊而飾之也。"

褎：**同"袖"，衣服套在胳臂上的部分**。

帛裏莽緣領褎，及履：陳公柔（2005：188）標點作"帛裏莽緣領褎及履"。

⑦劉海年（1985C）：此案中的盜馬人，是求盜在執行職務時捕獲的，屬於官訴。《群盜》也屬官訴。

【今譯】

盜竊馬匹

爰書：市場之南街亭的求盜某里人甲捆送男子丙，以及馬一匹，係蒼白雜色的母馬，馬的右部烙有徽記；丹黃色帛面夾衣，Q1_11_7_21有帛裏，領和袖有寬大的緣邊，還有鞋子一雙，控告說："丙盜竊了這匹馬和衣物，今天在亭旁發現，於是將丙捕獲送到。"Q1_11_7_22

【釋文】

爭牛

爰書：某里公士甲、士五（伍）乙詣牛一，黑牝曼縻（縻）有角[①]，告曰："此甲、乙牛毆（也）[②]，而亡，各識，共詣來Q1_11_7_23爭之[③]。"即令令史某齒牛[④]，牛六歲矣[⑤]。Q1_11_7_24

【匯釋】

①曼：**長**。"牝"下一字，整理者疑爲"曼"，《詩經・魯頌・閟宮》傳："長也。"

縻：**通"縻"，套繩**。整理者：縻，《說文》："牛轡也。"即牛的套繩。

②此甲、乙牛毆：整理者：此句意爲甲、乙都自稱牛係自己所有，各執一詞，但簡文把兩人的話綜合在一起了。下面奪首一條同例。

③共詣來爭之：**一起帶來爭訟**。劉海年（1985C）：這是爲爭一頭牛的所有權而向司法機構提出的訴訟案件。告訴的雙方既是原告，又都是被告。

④齒：**估定牛馬的年歲，動詞**。整理者：牛馬可依所生牙齒數目確定年歲，參《盜馬》條注所引居延漢簡。

⑤陳公柔（2005：200－201）：以上兩句是縣丞所批示。"牛六歲矣"或是表示與當時甲乙所稱牛齒情況不符。從竹簡圖版看，下半空白無文字，知此爰書並未完結。

【今譯】

爭一頭牛

爰書：某里公士甲和士伍乙一起帶來牛一頭，係黑色母牛，繫有長套繩，有角，報告說："這是甲或乙的牛，丟失了，甲、乙都認爲是自己的，一起帶來Q1_11_7_23爭訟。"當即命令史某檢查牛的牙齒，牛已六歲。Q1_11_7_24

【釋文】

群盜[①]

爰書：某亭校長甲[②]、求盜才（在）某里曰乙、丙縛詣男子丁，斬首一[③]，具弩二、矢廿[④]，告曰："丁與Q1_11_7_25此首人強攻群盜人[⑤]，自晝甲將乙等徼循到某山，見丁與此首人而捕之。此弩矢丁及Q1_11_7_26首人弩矢殹（也）。首人以此弩矢□□□□□□乙，而以劍伐收其首⑥，山儉（險）不能出身山中⑦。”Q1_11_7_27丁辭曰⑧：“士五（伍），居某里。此首某里士五（伍）戊殹（也），與丁以某時與某里士五（伍）己、庚、辛，強攻群Q1_11_7_28盜某里公士某室，盜錢萬，去亡。己等已前得。丁與戊去亡，流行毋（無）所主舍⑨。自晝居某山，甲Q1_11_7_29等而捕丁戊，戊射乙，而伐殺收首。皆毋（無）它坐辠（罪）。”診首毋診身可殹（也）。Q1_11_7_30

【匯釋】

①群盜：**合夥行盜**。整理者：《晉書・刑法志》：“三人謂之群，取非其物謂之盜。”秦代常用爲對起義的農民的侮辱性名稱，見《黥布列傳》及《劉敬叔孫通列傳》等。陳偉（2016C：181）：據本條及張家山漢簡《二年律令》簡62“盜五人以上相與功盜，爲群盜”，顯示秦漢群盜認定有兩個要素：一是五人以上相與；二是“攻盜”“強攻盜”，即暴力。

②校長：**亭長**。整理者：見《續漢志・百官志》注：“主兵戎盜賊事。”《封泥彙編》有“校長”半通印封泥。于豪亮（1980A）：亭長的別稱。魏德勝（2002：183）：校長並不衹是專職守衛陵墓的，而是地方負責抓捕盜賊的小官吏。夏利亞（2019：307）：校長非獨管陵墓，應爲地方主管兵戎盜賊事務的官員。

③斬首一：**砍下的首級一個**（整理者）。

④具弩：**有三說：一、一套完整的弩**。整理者：常見於居延漢簡，如居延漢簡甲編簡56有“六石具弩一”，簡237有“四石具弩一”。**二、配置齊全的弩**。勞榦（1948）說。陳直（1986：312）等從之。夏利亞（2019：308）：附件配備齊全的弩，也即如整理者所言，爲一套完整的弩。**三、常備的弩**。永田英正（1987）說。

⑤此首人：**被斬首的人**（整理者）。

群盜人：**有二說：一、“人”指“盜”的對象**。陳偉（2016C：277）：下文作“強攻群盜某里公士某室”。**二、“人”或是衍文**。陳公柔（2005：189）：從下文可以看出“人”或是衍文。

⑥而：**用法同“乃”**（整理者）。

收：**取下**。《廣雅・釋詁一》：“取也。”

⑦儉：**通“險”，險峻，地勢不平坦**。

⑧“丁”字前，整理者補一“訊”字，而於“丁”下著逗號。

⑨主：**有二說：一、寄居，寄住在**。整理者：《孟子・萬章上》有“於衛主癰疽，於齊主侍人瘠環”。**二、固定**。陳偉（2016C：277）：《漢書・淳于長傳》“長主往來通語東宮”，顏注：“主，猶專。”此處疑係固定義，是說流動而無定所。

【今譯】

合夥行盜

爰書：某亭校長甲、求盜某里人乙、丙捆送男子丁，被斬的首級一個，完整的弩兩具、箭二十支，報告說："丁和Q1_11_7_25這個被斬首人結夥搶劫他人，昨日白晝甲率領乙等巡邏到來某山，發現丁和這個被斬首的人，即把他逮捕了。這些弩與箭是丁和Q1_11_7_26被斬首人的。被斬首人用這弩、箭……乙，於是用劍斬取他的首級，因山險峻不能把他的軀體從山中運出來。" Q1_11_7_27丁供稱："是士伍，住在某里。這個首級是某里士伍戊，和丁一起於某時跟某里士伍己、庚、辛，結夥Q1_11_7_28搶劫某里公士某家，盜錢一萬，逃亡。己等此前已被逮捕。丁和戊逃亡，四處漂流，沒有定所。昨日白晝在某山，甲Q1_11_7_29等來捕丁、戊，戊用弩射乙，於是被殺，被取了首級。丁、戊都沒有其他罪行。"可以衹檢驗首級而不檢驗軀體。Q1_11_7_30

【釋文】

奪首①

軍戲某爰書②：某里士五（伍）甲縛詣男子丙，及斬首一③，男子丁與偕。甲告曰："甲，尉某私卒④，Q1_11_7_31與戰刑（邢）丘城⑤。今日見丙戲旞（隧）⑥，直劍伐痍丁⑦，奪此首，而捕來詣。"診首，已診丁⑧，亦診Q1_11_7_32其痍狀。Q1_11_7_33

【匯釋】

①奪首：**搶奪首級**。高敏（1981A：150）：如果當時已不實行按斬首賜爵並賜予土地的制度，顯然是不會發生這種爭奪事件的。

②戲：**偏師，中軍的側翼**。整理者：《說文》："三軍之偏也。"王筠《說文句讀》："凡非元帥則曰偏，《左傳》'彘子以偏師陷'，又曰'司馬令尹之偏'是也。"

③斬首一：整理者：原簡在"一"字上誤有一點。陳偉（2016C：277）：紅外影像無此點。或是污點。

④卒：整理者釋爲"吏"，陳偉（2016C：278）據紅外影像改釋。

⑤與：**參加，參與**。整理者：秦取邢丘的戰役在秦昭王四十一年（前266年），參看《編年記》簡41注。

刑：**通"邢"**。邢丘：**魏地，今河南溫縣東**。

⑥旞：**通"遂"，道路**。整理者：疑讀爲"遂"，《蘇秦列傳·索隱》："道也。"

⑦直：**故意**。整理者：《留侯世家·索隱》引崔浩云："猶故也。"即故意。

伐：**砍**。《說文》："伐，擊也。"

痍：**創傷**。《說文》："痍，傷也。"

⑧已：**隨即**。參看楊樹達《詞詮》卷七。

診首，已診丁：陳公柔（2005：189）斷作"診首已，診丁"。

【今譯】

搶奪首級

軍戲（偏師）負責人某爰書：某里士伍甲捆送男子丙，以及首級一個，男子丁跟他同來。甲報告說："甲是尉某的私卒，Q1_11_7_31參加邢丘城的戰鬬。今天在偏師駐地道路上看見丙故意用劍砍傷丁，搶奪這個首級，於是將丙捕獲送到。"檢驗首級，隨即檢驗丁，並檢驗Q1_11_7_32丁受傷的情況。Q1_11_7_33

【釋文】

□□

□□某爰書：某里士五（伍）甲、公士鄭才（在）某里曰丙共詣斬首一[①]，各告曰[②]："甲、丙戰刑（邢）丘城，此Q1_11_7_34甲、丙得首殹（也），甲、丙相與爭，來詣之。"·診首□鬠[③]，其右角痏一所[④]，袤五寸[⑤]，深到骨，Q1_11_7_35類劍迹（跡）；其頭所不齊𦝫𦝫然[⑥]。以書讂首曰[⑦]："有失伍及菌不來者[⑧]，遣來識戲次[⑨]。"Q1_11_7_36

【匯釋】

①鄭：**秦縣名，今陝西渭南華州西北**。整理者：此句文例參《封診式》簡21注。

公士：**秦武爵名，是其中最低者，僅高於士卒**。

公士鄭才某里曰丙：**有三說：一、在"丙"後斷句。鄭縣某里人公士丙**。夏利亞（2019：309）說。**二、在"丙"後斷句。公士鄭縣某里人丙**。整理者說。**三、在"丙"前斷句**。陳公柔（2005：189）斷句作"某里士五甲，公士鄭才某里曰：丙共詣斬首一"。

②各告：**分別報告**。陳公柔（2005：202）："各告"的辭狀，乃是兩人口頭所訴，寫爰書者據情改錄成文。

③鬠：**有二說：一、通"鬌"，小髮**。整理者：讀爲"鬌"，《玉篇》："小髮。"**二、應爲"鬢"，屈髮**。整理者：一說，此字應爲鬢，所从與馬王堆帛書《五十二病方》"續"字相似。

④角：**額角**（整理者）。

一所：**一處**（整理者）。

⑤袤：**長**（整理者）。

⑥頭：**通"脰"，頸部**。整理者：通"脰"，《公羊傳·文公十六年》注："殺人者刎頭。"《釋文》："本又作脰。"《說文》："脰，項也。"

𦝫𦝫：**短小的樣子**。整理者：即古書中的戋戋、殘殘、翦翦，短小的樣子，參看朱起鳳《辭通》卷七。

⑦讂：**徵求**。整理者：《廣雅·釋詁三》："求也。"

讂首：**徵求辨認首級**（整理者）。

⑧失伍：**離開什伍**（整理者）。

菌：**有二說：一、釋"菌"，遲到**。整理者釋"菌"，讀爲"遲"。**二、釋**

“菌”，被敵方俘虜。陳偉（2016C：279）：此字應釋“菌”。疑當讀爲“鹵”，通“虜”。《吳王濞列傳》：“燒宗廟，鹵御物。”集解引如淳曰：“鹵，抄掠也。”簡文指被敵方俘虜。

⑨次：**軍隊駐地**。《左傳·莊公三年》：“凡師一宿爲舍，再宿爲信，過信爲次。”

【今譯】

…………

……某爰書：某里士伍甲、鄭縣某里人公士丙，一起送來被斬的首級一個，分别報告說：“甲、丙在邢丘城作戰，這Q1_11_7_34是甲、丙獲得的首級，甲、丙互相爭奪，把首級送到。”·檢驗首級……小髮，首級的右額角上有創傷一處，長五寸，深到骨頭裏，Q1_11_7_35像是劍的痕跡；其被割斷的頸部不整齊而短小。用文書徵求辨認首級：“如有掉隊和遲遲不來的情況，派來軍隊偏師駐地辨認。”Q1_11_7_36

【釋文】

告臣

爰書：某里士五（伍）甲縛詣男子丙①，告曰：“丙，甲臣，橋（驕）悍②，不田作，不聽甲令。謁買（賣）公，斬（漸）以爲Q1_11_7_37城旦③，受賈錢④。”·訊丙⑤，辭曰：“甲臣，誠悍，不聽甲。甲未賞（嘗）身免丙⑥。丙毋（無）病殹（也），毋（無）它坐辠（罪）。”Q1_11_7_38令令史某診丙，不病。·令少內某、佐某以市正賈（價）賈丙丞某前⑦，丙中人⑧，賈（價）若干錢⑨。·丞某Q1_11_7_39告某鄉主⑩：男子丙有鞫，辭曰：“某里士五（伍）甲臣。”其定名事里，所坐論云可（何），可（何）辠（罪）赦，或（又）覆Q1_11_7_40問毋（無）有⑪，甲賞（嘗）身免丙復臣之不殹（也）？以律封守之，到以書言⑫。Q1_11_7_41

【匯釋】

①士五：**奴隸的主人**。高敏（1981A：331－332）說。

男子丙：**屬奴隸**。吳益中（1987）：本篇的“男子丙”屬私奴。凡言“士伍”和奴隸身份的都是當事者自稱其身份，但在官府法律文書的行文中仍稱他們是“男子”。儘管當事者自稱其爲何種身份，但官府還需讓人進一步作出查證，在驗明其身份以前，在官府看來仍屬身份不明，故稱“男子”。高敏（1981A：331－332）：奴隸的主人爲“士伍”，而奴隸丙稱“男子”，表明“男子丙”好像是奴隸的别稱。類似稱謂見於《封診式·□捕》《奸》《□□》。

②橋：**通“驕”，驕橫**。橋悍：**驕橫強悍**（整理者）。

③買：**賣出**。“買”“賣”是同源字。“買”是買入，“賣”是賣出。此處應爲“賣出”義。

斬：**有二說：一、通“漸”，進**。整理者：疑讀爲“漸”，《周易·序卦》：“進也。”**二、一種肉刑**。整理者：一說，“斬”指一種肉刑。

謁買公，斬以爲城旦：**有二說：一、請求賣給官府，送去充當城旦**。整理者說。**二、請求賣給官府，斬去左趾充當城旦**。夏利亞（2019：309）說。

④賈：**有二說：一、交易**。陳偉（2016C：280）：恐當如字讀，“賈錢”即交易錢款。**二、價錢、價格**。陳偉（2016C：280）：或以爲“賈”通“價”，價錢、價格。

⑤訊丙：**審訊丙**。陳公柔（2005：203）：當指由縣丞審訊丙。因下文稱“令令史某診丙，不病”，是其人地位當在令史之上即縣丞。

⑥嘗：**通“嘗”，曾經**。

身：**親自**。整理者：《爾雅·釋言》：“親也。”

身免：**（因某種原因）親自解除其奴隸身份**。整理者：《漢書·景武昭宣元成功臣表》載，蒲侯蘇夷吾，“鴻嘉三年，坐婢自贖爲民，後略以爲婢，免”。可參考。施偉青（2003）：這說明秦時已有主人放免奴婢爲庶人的事例，且其爲秦律所認可。如果甲已放免丙爲庶人，而後又去役使他，還要把他賣給官府，那麽，甲就構成了犯罪，是要受到懲處的。陳偉（2016C：280）：《二年律令》簡162～163：“奴婢爲善而主欲免者，許之，奴命曰私屬，婢爲庶人，皆復使及筭（算）事之如奴婢。主死若有罪，以私屬爲庶人，刑者以爲隱官。所免不善，身免者得復入奴婢之。其亡，有它罪，以奴婢律論之。”可參看。

⑦少內：**有二說：一、指縣少內，管理錢財的機構**。整理者：賈丙丞某前，在縣丞某的當面監督下做成買丙的交易。**二、“少內嗇夫某”的省文**。裘錫圭（1981A）：“少內某”即“少內嗇夫某”的省文。這跟鄉、庫、倉嗇夫省稱爲鄉、庫、倉是同類的現象。

市正賈：**有二說：一、市場標準價格**。整理者說。安忠義（2005）認爲，《周禮》中“平價”的含義仍是單個交易的價格評定，而不是法定的固定價格。**二、官定的奴隸價格**。高恒（1981）：可能指官定的奴隸價格。溫樂平、程宇昌（2003）：指市平價相當於當今的國家牌價。

賈丙丞某前：**在縣丞某的當面監督下做成買丙的交易**。夏利亞（2019：309）：是“賈丙於丞某前”的省略。

⑧中人：**常人，中等的人**。整理者：例見《論語·雍也》及《漢書·文帝紀》等。此句是說丙是一個一般的奴隸。

⑨唐贊功（1981）：男奴隸丙的“罪狀”之一就是“不田作”。丙是甲從市場上買來的，被用於農業勞動。這說明士伍甲不僅擁有土地，而且剝削奴隸勞動，其身份至少應屬中小地主。裘錫圭（1992A：394）：這篇爰書衹能證明私人有時可以把奴隸賣給國家。李學勤（1985A）：《告臣》記載將男奴一人按“市正價”賣予官府充當城旦，說明奴隸是市場上有價格的商品。不過《告臣》這個例子是私人賣給官府，還不是典型的奴隸買賣。曹旅寧（2005：150－151）贊同裘錫圭說，並以《二年律令》簡161“☐主入購縣官，其主不欲取者，入奴婢，縣官購之”爲證。陳

公柔（2005：204）：《告臣》反映主人可以詣官轉賣奴隸，在官吏參與之下，公開討論身價，買賣奴隸，並有相應手續。李力（2007：467－468）：甲臣丙被官府判處“城旦”服刑，而丙是甲的私奴，屬於甲的私人財產，故官府要向甲支付相當於臣丙身價的價金。《二年律令》簡161的“購”用作“懸賞”之義，而非“買賣”之義，曹旅寧文理解有誤。

⑩丞某告某鄉主：整理者：自此句以下是向某鄉調查有關情況的文書格式，與以上爰書是兩件文書。下條與此同例。“丞某告某鄉主”下整理者用分號，徐富昌（1993：127）改用冒號，認爲以下文字是書面的函件調查。陳公柔（2005：203）：此一文書，乃在轉賣奴隸某丙之前，錄於爰書最後，以示全卷歸宗。張金光（2004：826－827）：由此看來，私家臣妾應是有籍而可稽查的。大致說來，臣妾是與主人合戶著家籍，並在籍注中特作身份注記。

⑪或：**又**。參《封診式》簡7注。

⑫到以書言：**本文書到後應以書面形式回報**（整理者）。劉海年（1985B）：這個奴隸在服完城旦刑後，其身份仍然是奴隸而不會成爲庶民。

【今譯】

控告奴隸

爰書：某里士伍甲捆送男子丙，控告說：“丙是甲的奴隸，驕橫強悍，不在田裏幹活，不聽從甲的使喚。請求賣給官府，送去充當Q1_11_7_37城旦，接受交易錢款。”·審訊丙，供稱：“（我）是甲的奴隸，確係強悍，不聽從甲。甲沒有親自解除過丙的奴隸身份。丙沒有病，沒有其他罪過。”Q1_11_7_38命令史某檢驗丙，沒有病。·命令少內某、佐某按市場標準價格在縣丞某面前將丙買下，丙係常人，身價若干錢。·縣丞某Q1_11_7_39謹告某鄉負責人：男子丙被審訊，供稱：“是某里士伍甲的奴隸。”請確定其姓名、身份、籍貫，曾犯有何罪，判過甚麼刑罰，或有過甚麼赦免，再查問Q1_11_7_40還有甚麼問題，甲是否曾經親自解除過丙的奴隸身份，然後又去奴役他？請依法加以查封看守，本文書到後用書面形式回報。Q1_11_7_41

【釋文】

黥妾[①]

爰書：某里公士甲縛詣大女子丙，告曰：“某里五大夫乙家吏[②]。丙，乙妾毆（也）。乙使甲曰：丙Q1_11_7_42悍，謁黥劓丙[②]。”·訊丙，辭曰：“乙妾毆（也），毋（無）它坐。”丞某告某鄉主：某里五大夫乙家吏甲詣乙Q1_11_7_43妾丙，曰：“乙令〔甲〕謁黥劓丙。”其問如言不然？定名事里，所坐論云可（何），或覆問毋（無）Q1_11_7_44有[③]。以書言。Q1_11_7_45

【匯釋】

①黥妾：**對婢女施加黥刑**。黥：在面額上刺刻塗墨。林劍鳴（1980A）：簡文的

“妾”是家內奴隸，主人可請求官府給予黥、劓的酷刑。

②家吏：**家中管事的私吏**。整理者：《漢書・外戚傳》：“時掖庭令張賀，本衛太子家吏。”于豪亮（1985：143）：五大夫乙請求縣廷對他的女奴隸丙處以黥劓之刑，本人並不親自到縣廷，由其家吏甲代替。《漢書・高帝紀》：“異日秦民爵公大夫以上，令與丞亢禮。”公大夫比五大夫低兩級，五大夫自然不必親自到縣廷了。

②謁黥劓丙：**請求對丙施加黥劓刑**。劓：**割掉鼻子**。劉海年（1985B）：在這一案件中，五大夫乙是原告人，雖沒親自到縣司法機構，但其意見是指使其家吏表達的。從訴訟程序上看，公士甲是其主人五大夫乙的訴訟代理人。“黥妾”一案仍屬於五大夫乙的自訴案件。

③或：**又**。參《封診式》簡7注。

【今譯】

對婢女施加黥刑

爰書：某里公士甲捆送大女子丙，控告說：“（本人是）某里五大夫乙家中管事的私吏。丙是乙的婢女。乙派甲來說：丙Q1_11_7_42強悍，請求對丙施加黥劓刑（既在面額上刺刻塗墨，又割掉鼻子，兩種肉刑並用）。”・審訊丙，供稱：“（本人）是乙的婢女，沒有其他罪過。”縣丞某謹告某鄉負責人：某里五大夫乙家中管事的私吏甲送來乙Q1_11_7_43的婢女丙，說：“乙命令甲來請求對丙施加黥劓刑。”請詢問是否和所說的一樣？確定其姓名、身份、籍貫，曾犯有何罪，判過甚麼刑罰，再察問還有Q1_11_7_44甚麼問題，用書面形式回報。Q1_11_7_45

【釋文】

䙴（遷）子①

爰書：某里士五（伍）甲告曰：“謁鋈親子同里士五（伍）丙足②，䙴（遷）蜀邊縣③，令終身毋得去䙴（遷）所④。Q1_11_7_46〔敢〕告。”告灋（廢）丘主⑤：士五（伍）咸陽才（在）某里曰丙⑥，坐父甲謁鋈其足⑦，䙴（遷）蜀邊縣，令終身毋得Q1_11_7_47去䙴（遷）所。論之⑧，䙴（遷）丙如甲告，以律包⑨。今鋈丙足，令吏徒將傳及恒書一封詣⑩，令史可受Q1_11_7_48代吏徒，以縣次傳詣成都⑪，成都上恒書大（太）守處⑫，以律食。灋（廢）丘已傳，爲報，敢告主。Q1_11_7_49

【匯釋】

①䙴子：**流放兒子**。䙴：**同“遷”，放逐，流放**。

②鋈足：**有二說：一、在足上戴上腳鐐**。整理者：一說，“鋈足”應爲在足部施加刑械，與釱足、鍇足類似。劉海年（1981：178－179）：《平準書》“釱左趾”，集解引韋昭曰：“釱，以鐵爲之，著左趾以代刖也。”張斐《漢晉律序》：“狀如跟衣，著〔左〕足下，重六斤，以代臏，至魏武改以代刖也。”秦律中的“鋈足”應是釱刑的一種。按照法律規定，在某些情況下，對於某種人，它可以取代刖刑。張

政烺（1980）：後世的腳鐐就是秦律的“鋈足”。栗勁（1985：261）：“鋈足”可以理解爲在足的外表附加上一種刑具，使受刑者感到痛苦和不方便，用來代替斬左趾這種刖刑。在本質上說，“鋈足”也屬於笞刑一類的刑罰。堀毅（1988：158）：鋈足相當於後世的鈦左右趾，是對本應受肉刑的人適用的代用刑。黃文傑（2008B）：“鋈”是“鐐”的假借字。“鐐”是套在腳腕上的刑具。古代用“鈦”表示。“鋈足”即“鈦足”，也就是“鐐足”。**二、刖足**。整理者：鋈足：意爲“刖足”。鋈：讀爲“夭”，《廣雅·釋詁一》：“折也。”

③䙴蜀邊縣：**流放到蜀邊遠縣份**。整理者：《項羽本紀》：“秦之䙴人皆居蜀。”《漢書·高帝紀》引如淳云：“秦法，有罪䙴徙之於蜀漢。”黃盛璋（1979）：“䙴蜀”始見於秦王政九年平嫪毐亂，“其舍人䙴蜀”；秦王政十年又賜令呂不韋“與其家屬徙處蜀”，爰書“䙴蜀䙴縣”，如不在昭王晚期，亦應在秦王政早期。

④䙴所：**䙴徙的所在地，流放地點**。高敏（1981A：31）：表明“䙴”確是戍邊之意；也說明䙴徙的所在地，多在蜀漢，並爲終身服役制。

⑤灋：**通“廢”**。灋丘：**秦縣名，今陝西興平東南**。整理者：廢丘是從咸陽出發前往蜀郡的第一站。自此句以下是解送犯人的文書格式，與以上爰書是兩件文書。陳公柔（2005：205）：應連上讀爲“敢告廢丘主”，即咸陽令丞行文廢丘縣主。此爰書因有“士伍咸陽在某里”等，應是廢丘縣令覆咸陽令之文。表示已按律執行，並已逐縣遞解。

⑥士五咸陽才某里曰丙：陳公柔（2005：190）斷句作“士五咸陽才某里曰：丙”。

⑦坐：**有二說：一、因爲**。整理者：語譯爲“因”。**二、犯（法）**。張世超、張玉春（1988）說。

⑧論：**有二說：一、衡量其罪**。張世超、張玉春（1988）：“論”指衡量其罪，而不是“論處”或“定罪”。後文的“䙴丙如甲告”才是“論之”得出的結論。**二、定罪**。整理者語譯作“定罪”。

論之：**有二說：一、斷入下句**。“所”字下有勾識，“論之”斷入下句（張世超、張玉春，1988）。陳公柔（2005：190）於“論之”前加逗號。**二、連上讀**。整理者：“論之”連上讀。

⑨包：**指罪人被流放時其家屬應隨往流放的地點**。整理者：“包”疑讀爲“保”，《漢書·元帝紀》：“除光祿大夫以下至郎中保父母同產之令。”注引應劭云：“舊時相保，一人有過，皆當坐之。”孫言誠（1988）：簡文表明，舉家䙴往邊地，長期定居，無疑是要著籍爲邊民的。

⑩吏徒：**有二說：一、押解犯人的吏和徒隸**（整理者）。**二、吏卒**。陳偉（2016C：283）：里耶秦簡 8－1517 正面說“疏書吏、徒上事尉府者牘北（背）”，背面記三人爲“令佐溫”“更戍士五城父陽翟執”“更戍士五城父西中痤”。可見“吏徒”即吏卒。

恒書：**有二說：一、介紹案件及判決情況的文書**。陳治國（2007A）說。

二、疑指解送文書。整理者説。夏利亞（2019：312）：整理小組所言是，秦時押解犯人時必備的一種文書，内中介紹犯人的情況、所犯罪行及相應的處罰等。

⑪成都：**秦蜀郡治，今四川成都**（整理者）。

⑫大守：**即"太守"，官職名**。大，整理者徑作"太"，注釋：太守，蜀郡太守。李學勤（1981A）：有人以爲衹有到漢代才有"太守"的稱號，現在從《封診式》簡找到"太守"，足證秦併吞六國以前已有"太守"職名。高敏（1981A：44）：商鞅制定《秦律》時，衹有縣，而無郡，衹有縣令、丞而無"太守""郡守"，可見這些律文都非寫成於商鞅變法時期。高恒（1994：12）：《語書》中稱"郡守"，不統一。

【今譯】

流放兒子

爰書：某里士伍甲控告説："請求在本人親生子、里士伍丙的足上戴上腳鐐，流放到蜀郡邊遠縣份，讓他終生不得離開流放地點。Q1_11_7_46謹告。"謹告廢丘負責人：士伍咸陽某里人丙，因其父甲請求在丙足上戴上腳鐐，流放到蜀郡邊遠縣份，讓他終生不得Q1_11_7_47離開流放地點。衡量其罪，按甲所告將丙流放，並依法命令其家屬同往。現將丙戴上腳鐐，命令吏和徒隸攜帶通行憑證及恒書一封送交，令史接受Q1_11_7_48並更換吏和徒隸，逐縣解送到成都，到成都將恒書上交太守，依法給予飲食。解到廢丘，應回報，謹告負責人。Q1_11_7_49

【釋文】

告子

爰書：某里士五（伍）甲告曰："甲親子同里士五（伍）丙不孝，謁殺，敢告。"即令令史己往執。令史己Q1_11_7_50爰書：與牢隸臣某執丙①，得某室②。丞某訊丙，辭曰："甲親子，誠不孝甲所，毋（無）它坐辠（罪）。"Q1_11_7_51

【匯釋】

①牢隸臣：**在牢獄服役的隸臣**（整理者）。吴樹平（1981）：從諸條有關"牢隸臣"的記載來看，牢隸臣是在牢獄服役，因此而得名。劉海年（1985C）：牢隸臣的工作性質類似後世封建司法機構的仵作。

關於牢隸臣的身份，**有四説：一、刑徒**。林劍鳴（1980A）："牢隸臣"的身份是刑徒。**二、官奴隸**。吴榮曾（1980：78）認爲是官奴。**三、高於刑徒和官奴隸**。張傳漢（1985）：據"告子死""賊死""經死""穴盜""出子"等條記載，牢隸臣在令史率領下，參與捕人、勘驗現場、檢驗尸體等訴訟活動，其身份高於刑徒和官奴隸。**四、類似刑徒並具有奴隸身份的人**。閆曉君（2003）：隸臣本是類似刑徒並具有奴隸身份的人，《周禮·秋官·司隸》："（司隸）帥其民而搏盜賊，役國中之辱事，爲百官積任器，凡囚執人之事。"罪隸包括牢隸臣要參與官府裏一些被人認爲是“辱事”的雜役小事，法醫檢驗即其例。

②整理者：令史己的爰書至此爲止。

【今譯】

控告兒子

爰書：某里士伍甲控告說：“甲的親生子同里士伍丙不孝，請求處以死刑，謹告。”當即命令史己前往捉拿。令史己Q1_11_7_50爰書：本人和牢隸臣某捉拿丙，在某家拿獲。縣丞某審訊丙，供稱：“（本人是）甲的親生子，確實對甲不孝，沒有其他罪過。”Q1_11_7_51

【釋文】

厲（癘）①

爰書②：某里典甲詣里人士五（伍）丙，告曰：“疑厲（癘），來詣。”·訊丙，辭曰：“以三歲時病疕③，麋（眉）突④，不可智（知）Q1_11_7_52其可（何）病，毋（無）它坐。”令醫丁診之，丁言曰：“丙毋（無）麋（眉），艮本絕⑤，鼻腔壞。刺其鼻不㠻（嚏）⑥。肘厀（膝）Q1_11_7_53□□□到□兩足下奇（踦）⑦，潰一所。其手毋胈⑧。令謼⑨，其音氣敗。厲（癘）殹（也）。Q1_11_7_54

【匯釋】

①厲：**同“癘”，毒瘡，麻風病**。《黄帝内經·素問·風論》：“癘者，有榮氣熱胕，其氣不清，故使鼻柱壞而色敗，皮膚瘍潰。風寒客於脈而不去，名曰癘風。”

②陳公柔（2005：206）：此爰書乃縣丞上報之文。

③以三歲時：**在三歲時**。朱漢民、陳松長（2013：144）：以，表示行動的時間。“以+時段名詞+時”一類短語，在嶽麓書院藏秦簡《爲獄等狀四種》中出現四次，即本案簡89“以十年時”，《識劫娺案》簡112“以十歲時”、簡116“以三歲時”，《猩盜殺安宜等案》簡161“以旬餘時”。從文義來判斷，應該分別表示“於十年前”“於三年前”“於十多天前”的意思。《封診式》簡52“以三歲時病疕”、簡92的“以卅餘歲時䙴”，也可以相應地理解爲“於三年前患上瘡瘍”“於三十多年前被流放”。

疕：**頭上的瘡瘍**。整理者：《說文》：“頭瘍也。”長沙馬王堆三號漢墓帛書《五十二病方》中的疕則泛指瘡瘍，不限於頭部。

④麋：**通“眉”，眉毛**。《荀子·非相》：“伊尹之相，面無須眉。”

麋突：**眉毛脱落**（整理者）。陳偉（2016C：285）：《孟子·盡心上》“摩頂放踵”，趙岐注：“摩突其頂，下至於踵。”焦循正義：“突、秃聲轉，突即秃。”可爲整理者之說補充證據。

⑤艮：**疑讀爲“根”**（整理者）。

艮本：**即“根本”。有二說：一、兩眼鼻樑**。整理者：疑即“山根”，醫書中對兩眼鼻樑的名稱。**二、眉毛的根。**整理者：一說，"根本絕"指眉毛的根斷絕，不能再長。

⑥疐：**同"嚏"，打噴嚏。**

⑦䣛：**同"膝"，大腿與小腿相連之關節的前部。**

奇：**通"踦"，腳跛。**《説文》："踦，一足也。"引申爲腳跛。《國語・魯語下》："踦跂畢行，無有處人。"韋昭注："踦跂，跰蹇也。"整理者：《尚書大傳》注："步足不能相過也。"

⑧胈：**汗毛，皮膚上的細毛。**整理者：《李斯列傳》集解："膚毳皮。"魏德勝（2003：237）：《李斯列傳》："兩股無胈，脛無毛。"原注誤"毛"爲"皮"。陳奇猷《韓非子集解》："《史記集解》：'膚毳毛。'"夏利亞（2019：314）：魏氏所言甚是，胈當釋爲皮膚上的細毛。

⑨謕：**有二說：一、釋作"謕"，啼哭，號叫。**劉釗（1996）：此字从言从虒，釋作"謕"，《漢書・嚴助傳》："親老啼泣，孤子謕謕。"顏注："謕，古啼字。"意爲"啼哭，號叫"。夏利亞（2019：315）：劉氏所言甚當。**二、釋爲"滹"，讀爲"號"。**整理者說。

【今譯】

麻風病

爰書：某里的里典甲送來該里士伍丙，報告説："懷疑是麻風病，將他送到。"・審訊丙，供稱："（本人）在三歲時患有頭瘡，眉毛脫落，不知道Q1_11_7_52是甚麼病，沒有其他罪過。"命令醫生丁進行檢驗，丁報告說："丙沒有眉毛，鼻樑斷絕，鼻腔已壞。探刺到他的鼻孔，不打噴嚏。臂肘和膝部Q1_11_7_53……兩腳不能正常行走，有潰爛一處。手上沒有汗毛。讓他號叫，其聲音嘶啞。是麻風病。"Q1_11_7_54

【釋文】

賊死

爰書：某亭求盜甲告曰[①]："署中某所有賊死、結髮、不智（知）可（何）男子一人[②]，來告。"即令令史某往Q1_11_7_55診。令史某爰書：與牢隸臣某即甲診[③]。男子死（屍）在某室[④]，南首[⑤]，正偃[⑥]。某頭左角刃痏一所，Q1_11_7_56北（背）二所[⑦]，皆從（縱）頭北（背）[⑧]，袤各四寸，相耎[⑨]，廣各一寸，皆臽中[⑩]，類斧[⑪]，腦角出（頔）皆血出[⑫]，柀（被）汚頭北（背）及地[⑬]，皆Q1_11_7_57不可爲廣袤[⑭]；它完。衣布禪帬、襦各一[⑮]。其襦北（背）直痏者[⑯]，以刃夬（決）二所[⑰]，應（應）痏。襦北（背）及中衽Q1_11_7_58□汚血[⑱]。男子西有䰍秦綦履一兩[⑲]，去男子其一奇六步[⑳]，一十步；以履履男子，利焉[㉑]。地堅，不可智（知）Q1_11_7_59賊迹（跡）。男子丁壯，析（皙）色[㉒]，長七尺一寸，髮長二尺；其腹有久故瘢二所[㉓]。男子某〈死〉所到某亭百Q1_11_7_60步[㉔]，到某里士五（伍）丙田舍二百步[25]。·令甲以布帬剡貍（埋）男子某所[26]，侍（待）令[27]。以襦、履詣廷。訊甲Q1_11_7_61亭人及丙[28]，智（知）男子可（何）日死，聞謼寇者不殹（也）[29]？Q1_11_7_62

【匯釋】

①某亭求盜甲告曰：**某亭的求盜甲報告說**。高敏（1981B）：從"某亭求盜甲"直接向縣廷報告案件可以看出，亭直接受命於縣，似乎不歸鄉級機構統轄。

②髮：**即"髻"，梳髻**。《說文》："髻，總（結）髮也。"

不智可男子一人：**當時習語，無名男子一人**。整理者：《論衡·實知》有"不知何一男子"，意即"無名男子一人"。吳益中（1987）："男子"指不明身份和未點明身份的人，泛指成年男性。類似文例見於《封診式·盜馬》中的男子丙、《奸》中的男子乙、《□□》中的男子丙和丁。

署中某所有賊死、結髮、不智可男子一人：陳公柔（2005：191）斷句作"署中某所有賊死，結髮。不智可男子一人"。

③即：**跟從**。整理者：《周易·訟》正義："從也。"陳公柔（2005：191）把整理者於"即甲診"後的逗號改爲句號。

④死：**通"屍"，屍體**。整理者：《漢書·陳湯傳》："求谷吉等死。"注："屍也。"意爲"屍體"。陳偉（2016C：286）嶽麓書院藏秦簡《奏讞書》案例十簡151："即令獄史彭沮、衷往診：安、宜及不智（知）可（何）一女子：死（屍）皆在內中，頭頸有伐刑痏。"與此類似。

⑤南首：**有二說：一、頭向南**。整理者：一說，"南首"是"頭向南"。夏利亞（2019：316）：當解爲頭向南，更符合下文語境。**二、南方**。整理者說。

⑥偃：**仰身**（整理者）。夏利亞（2019：316）：仰，仰臥。

⑦北：**通"背"，脊背**（整理者）。

⑧從：**通"縱"，直，與"横"相對**。

⑨耎：**讀爲"濡"，沾漬**。整理者：《廣雅·釋詁二》："漬也。"

⑩臽中：**中間凹下**。整理者：臽，《廣雅·釋水》："坑也。"

⑪類斧：**像斧砍的痕跡**。整理者連上讀，語譯則另爲一句。今斷開。

⑫腦：**有二說：一、頭部**。整理者：簡文寫作"㐫"，長沙馬王堆三號漢墓帛書《五十二病方》作"堖"，《說文》作"𡿺"，《玉篇》云："亦作腦。"《考工記》作"剉"，《墨子·雜守》作"茵"，都是帛書寫法的訛變，參看孫詒讓《周禮正義》卷八十六。李學勤（1981B：339）：腦部。**二、釋作"舌"**。裘錫圭（1981B）：從居延漢簡"舌"旁的寫法來看，似乎還是釋作"舌"，屬上句讀爲妥。

角：**額角**。整理者：寫法與馬王堆帛書"隸書陰陽五行"宮商角徵羽的"角"字相似。

出：**讀爲"頔"，眼眶下部**（整理者）。

⑬被：**有二說：一、通"被"，覆蓋**。《楚辭·招魂》："皋蘭被徑兮斯路漸。"

王逸注："被，覆也。"**二、頗，程度副詞。**單育辰（2007）：從句法上看，"柀污頭北及地，皆不可爲廣袤"的主語是"首角出皆血出"的"血"。從古漢語到現代漢語，"血"作主語的句子都不用被動語態表達。所以"柀"還是理解爲程度副詞"頗"更爲恰當。夏利亞（2019：317）：單氏理解有誤。"被"是遍佈、滿的意思。

⑭爲：**度量。**廣袤：**長度和寬度。**整理者：此處指血跡的長寬。

⑮布禪帬：**單布裙。**禪：**單布。**《說文》："衣不重。"帬：**即"裙"。**《說文》："下裳也。"

襦：**短衣。**《說文》："短衣也。"

⑯直：**相當**（整理者）。痏：**傷口。**

⑰夬：**通"決"，斷絕。**《禮記・曲禮上》："濡肉齒決，乾肉齒不決。"鄭玄注："決猶斷也。"

⑱□污血：□**應是"柀"。**陳偉（2016C：287）："污"上一字，看紅外影像，似是"柀"。張世超、張玉春（1985B）補作"柀"。

衽：**衣襟**（整理者）。

⑲綦履：**有二說：一、一種有紋的麻鞋。**整理者：《後漢書・劉玄劉盆子傳》："直綦履。"注："綦，履文也，蓋直刺其文以爲飾也。"**二、一種有紋飾的鞋子。**夏利亞（2019：317）說。

一兩：**一雙**（整理者）。

⑳奇六步：**六步有餘**（整理者）。奇：**零數，餘數。**

㉑利：**合適，適合**（整理者）。

㉒析：**通"晳"，皮膚白。**

㉓久：**有三說：一、讀爲"灸"，灸療**（整理者）。**二、"久"即"灸"之初字。**張雪明（1983）："久"爲灸療的本字本義，訓爲灼灸、灸療。"久"字無須改讀，更不應認爲是通假。楊樹達曾指出："古人治病，燃艾灼體謂之失，久即灸之初字也。"（《積微居小學述林・釋久》）**三、讀如字，舊。**劉釗（1996）說。

久故瘢：**有二說：一、灸療遺留的疤痕。二、舊疤。**劉釗（1996）認爲，"久故"二字乃同義複合詞，意爲"舊故"或"故舊"，簡文義爲"其腹部有舊疤二處"。

㉔某：**"死"字之誤。有二說：一、如字讀。**陳偉（2016C：287）：《周本紀》："逆入，至封死所。"又《孫子吳起列傳》："吳公今又吮其子，妾不知其死所矣。"可參看。**二、讀爲"屍"。**整理者說。

㉕陳公柔（2005：207）：某令史的驗屍報告，即宋代所稱之"屍形格式"。

㉖剡：**有二說：一、應从"刻"省聲，讀爲"掩"**（整理者）。**二、讀爲"瘞"。**秋非（1989）讀爲"瘞"，《說文》："幽也。""瘞薶"爲古人連語。陳偉（2016C：288）：張家山漢簡《二年律令》簡430～431："不智（知）何人，剡貍而讂之。"可參看。

貍：**通"埋"，埋藏，掩埋。**

㉗侍：**等候**。參《封診式》簡 12 注。
㉘訊甲亭人及丙：陳公柔（2005：191）讀作“訊甲、亭人及丙”。
㉙譹：**大聲呼喊**。參《封診式》簡 54 注。

【今譯】

賤人死亡

爰書：某亭的求盜甲報告說：“在轄地內某處發現有賤人死亡，係梳髻無名男子一人，前來報告。”當即命令史某前往Q1_11_7_55檢驗。令史某爰書：（本人）和牢隸臣某隨甲前往檢驗，男子屍體在某家，頭向南，仰身。某頭上左額角有刃傷一處，Q1_11_7_56背部有刃傷兩處，在頭和背上都是縱向的，長各四寸，互相沾漬，寬各一寸，（傷口）都是中間凹下，像斧砍的痕跡，腦部額角和眼眶下都出血，覆蓋污染了頭部、背部和地面，都Q1_11_7_57不能量出長寬；其他部位完好無傷。身穿單布裙和短衣各一件。其短衣背部與傷口相對處，有兩處被刃砍破，與傷口位置符合。短衣背部和衣襟Q1_11_7_58都染有污血。男子西側有塗漆的秦地有紋麻鞋一雙，一隻離男子六步有餘，一隻離男子十步；把鞋子給男子穿上，恰相適合。地面堅硬，不能查知Q1_11_7_59殺人者的蹤跡。男子係壯年，皮色白，身長七尺一寸，發長二尺；他的腹部有灸療舊疤兩處。男子死去的地方距某亭一百Q1_11_7_60步，距某里士伍丙的農舍二百步。·命令甲用布裙將男子掩埋在某處，等候命令。把短衣和鞋子送交縣廷。審訊甲Q1_11_7_61同亭人員和丙，是否知道男子死在哪一天，有沒有聽到大聲呼喊有賊的聲音？Q1_11_7_62

【釋文】

經死[1]

爰書：某里典甲曰：“里人士五（伍）丙經死其室，不智（知）□故[2]，來告。”即令令史某往診[3]。·令史某爰書：與牢Q1_11_7_63隸臣某即甲、丙妻、女診丙[4]。丙死（屍）縣其室東內中北辟權[5]，南鄉（嚮）[6]，以枲索大如大指，旋通係Q1_11_7_64頸[7]，旋終在項[8]。索上終權，再周結索，餘末袤二尺。頭上去權二尺，足不傅地二寸[9]，頭北（背）Q1_11_7_65傅辟，舌出齊脣（唇）吻[10]，下遺矢弱（溺）[11]，污兩卻（腳）[12]。解索，其口鼻氣出渭（喟）然[13]。索迹（跡）椒（椒）鬱[14]，不周項二寸。Q1_11_7_66它度毋（無）兵刃木索迹（跡）[15]。權大一圍[16]，袤三尺，西去堪二尺[17]，堪上可道終索[18]。地堅，不可智（知）人Q1_11_7_67迹（跡）。索袤丈。衣絡禪襦、帬各一[19]，踐□[20]。即令甲、女載丙死（屍）詣廷[21]。診必先謹審視其迹（跡），Q1_11_7_68當獨抵死所[22]，即視索終，終所黨（倘）有通迹（跡）[23]，乃視舌出不出，頭足去終所及地各幾可（何），遺矢Q1_11_7_69弱（溺）不毆（也）？乃解索，視口鼻渭（喟）然不毆（也）。及視索迹（跡）鬱之狀。道索終所試脫頭；能脫，乃Q1_11_7_70□其衣[24]，盡視其身、頭髮中及篡[25]。舌不出，口鼻不渭（喟）然，索迹（跡）不鬱，索終急不能脫[26]，Q1_11_7_71□死難審毆

（也）。節（即）死久[27]，口鼻或不能渭（喟）然者。自殺者必先有故，問其同居，以合（答）其故[28]。Q1_11_7_72

帬襦各一其□[29]。Q1_11_7_65BK

【匯釋】

①經死：**吊死，上吊而死**。整理者：經，《荀子·强國》注："縊也。"

②不智□故：李力（2007：434）："不智"與"故"之間有一字空白，並殘留有横畫，疑是"可"字。整理者以"不知故"三字連書。

③即令：**當即命令**。陳公柔（2005：208）：表示立辦，不敢因循，乃案牘習見之語。

④即：**有二説：一、隨，從**。整理者語譯爲"隨"。吉仕梅（1998）：在動詞前引介共同行動的人，譯爲"從、跟、隨"。**二、及、同**。陳斯鵬（2000）："既"字的訛寫，讀作"暨"，訓及、同。

⑤廦：**墻壁**。整理者：《説文》："墻也。"與"壁"字音義均同。

權：**有二説：一、疑讀爲"椽"，椽子**。整理者。**二、讀如字，黄華木，這裏指用黄華木做成的椽子**。夏利亞（2019：317）説。

⑥鄉：**通"嚮"，面向**。

⑦旋通：**上吊的繩套**。整理者：旋：讀爲"繯"。通：《釋名·釋言語》："洞也。"

係：**束**。整理者作"繫"。

⑧終：**有二説：一、動詞，打結**。陳偉武（1998）：甲骨文"冬"字像絲束有結之形，正是"終"的初文。後世"終"與"結"同義而複合。"索上終權"與本句"終"字用作動詞義，爲"打結"。本案例其他"終"字用作名詞，指繩結。**二、繫束**。整理者：章炳麟《文始》："終爲纏急。"在本條裏都是"繫束"的意思。陳玉璟（1985）："終"有纏絲急的意思，引申爲繫束、拴縛義。

項：**頸後部，脖子的後部**（整理者）。

⑨傅地：**著地**（整理者）。

⑩脣：**同"唇"，嘴唇**。

⑪下遺矢弱：李力（2007：435）："矢"字下有一個勾識符，"弱"從下讀。

⑫卻：**通"腳"，足**。

⑬渭：**通"喟"，長嘆**。渭然：**嘆氣的樣子**（整理者）。

⑭栜：**同"椒"，讀爲"蹙"**。蹙鬱：**指繩套勒束處的青紫瘀血**（整理者）。

⑮度：**檢查**。整理者：本義爲"量"，這裏是"檢查"的意思。

⑯圍：**度量圓周的估量單位，即以兩手合拱的粗細**（整理者）。

⑰堪：**地面的土臺**。《説文》："地突也。"

⑱道：**由**。整理者：此句意爲"站在土臺上可以去繫上吊的繩子"。

⑲絡：**綃，生絲**。整理者：《廣雅·釋器》："綃也。"

⑳踐：**赤足，赤腳**。整理者：《漢書·文帝紀》注引孟康云："跣也。"

㉑整理者：令史某爰書至此爲止，以下是檢驗吊死的原則。陳公柔（2005：208）：以下文字與本節案情無關，或是錄自另外的材料，內容屬勘驗之道。由此可證，《封診式》所錄本非作爲案例以供勘比，是供執法之吏撰寫爰書、執行勘驗時之參考。李力（2007：436）：這段文字是有關"經死"案件中尸體檢驗的程式與原則，說明程序的合法性。

㉒死：**屍體**。整理者讀爲"屍"。參《封診式》簡60注。

㉓黨：**通"倘"，倘如**。整理者：見楊樹達《詞詮》卷二。

終所黨有通迹：陳公柔（2005：192）斷作"終所，黨有通迹"。

㉔乃□其衣：缺字李力（2007：435）補作"脫"。

㉕篡：**會陰，人體會陰部位**。整理者：《黃帝內經·太素》卷十楊注："篡，音督，此兩陰前後也。"

㉖急：**緊，縮緊**（整理者）。

㉗節：**通"即"，如果，連詞**。

㉘合：**有二說：一、通"答"，回答**。張金光（1984）："診必先謹審視其跡……以合（答）其故。"顯然是編者所加的按語之類，是治獄經驗傳授，或是作者的學習心得體會。**二、讀如字，符合**。陳公柔（2005：209）：指"符合"，指原因與結果相符合。

㉙《睡虎地秦墓竹簡》（精裝本，1990）將簡65背面編號爲99，整理者於本篇末尾附注云：《經死》第三枚簡，正面爲"頸，旋終在項……足不傅地二寸，頭北"，背面有"□□各一其□"六字，上下文俱不可見［《睡虎地秦墓竹簡》（綫裝本，1977）無此圖像與注釋］。陳偉（2016C：290）：這是簡58的反印文。

【今譯】

吊死

爰書：某里的里典甲說："本里人士伍丙在家中吊死，不知道是甚麼原因，前來報告。"·當即命令史某前往檢驗，·令史某爰書：（本人）和牢Q1_11_7_63隸臣某隨甲、丙的妻子和女兒對丙進行檢驗。丙的屍體懸掛在其家東側臥室里北墻的房椽上，面向南，用拇指粗的麻繩，做成上吊的繩套束在Q1_11_7_64頸上，繩套在頸後部打結。繩索向上在房椽上打結，繞椽兩周後打結，留下的繩頭長二尺。屍體的頭上距房椽二尺，腳離地面二寸，頭和背Q1_11_7_65貼墻，舌吐出與嘴唇齊，下面流出屎尿，沾污了兩腳。解開繩索，屍體的口鼻有氣排出，像嘆氣的樣子。繩索在屍體上留下瘀血的痕跡，衹差頭後兩寸不到一圈。Q1_11_7_66其他部位經檢查沒有兵刃、木棒、繩索的痕跡。房椽粗一圍，長三尺，西距地上土臺二尺，在土臺上面可以結繫繩索。地面堅硬，不能查知人的Q1_11_7_67蹤跡。繩索長一丈。身穿綃質的短衣和裙各一件，赤足……當即命令甲和丙的女兒把丙的屍體運送至縣廷。檢驗時必須首先仔細觀察痕跡，Q1_11_7_68應獨自到達（自殺的人）死去的地點，觀察繩索的結，繩結處如有繩套的痕跡，然後看舌是否吐出，頭腳離繩結處及地面各有多遠，有沒有流出屎Q1_11_7_69尿？然後解下繩索，看口鼻內有無嘆氣的樣子。並看繩索造成瘀血痕跡的情況。試驗屍體的頭能否從繩結處脫出；如能脫出，便Q1_11_7_70剝下衣服，徹底驗看尸體全身、頭髮內以及會陰部。舌不吐出，口鼻沒有嘆氣的樣子，繩索的痕跡不造成瘀血，繩結縮緊不能把頭脫出，Q1_11_7_71就不能確定是自縊。如果死去已久，口鼻也有不能嘆氣的。自殺的人必先有原因，要詢問與他同居的人，使他們回答其原因。Q1_11_7_72

裙和短衣各一件，其□……Q1_11_7_65BK

【釋文】

穴盜[①]

爰書：某里士五（伍）乙告曰："自宵臧（藏）乙復（複）結衣一乙房內中[②]，閉其戶，乙獨與妻丙晦臥堂上[③]。今旦起，啟戶取Q1_11_7_73衣[④]，人已穴房內，勶（徹）內中[⑤]，結衣不得，不智（知）穴盜者可（何）人、人數，毋（無）它亡殹（也），來告[⑥]。"·即令令史某往診，求其盜。令Q1_11_7_74史某爰書：與鄉□□隸臣某即乙、典丁診乙房內[⑦]。房內在其大內東，比大內，南鄉（嚮）有戶。內後有小堂[⑧]，內中Q1_11_7_75央有新穴，穴勶（徹）內中。穴下齊小堂，上高二尺三寸，下廣二尺五寸，上如豬竇狀。其所以埱者類旁鑿[⑨]，迹（跡）廣Q1_11_7_76□寸大半寸[⑩]。其穴壤在小堂上，直穴播壤[⑪]，柀（破）入內中[⑫]。內中及穴中外壤Q1_11_7_77上有厀（膝）、手迹（跡）[⑬]，厀（膝）、手各六所。外壤秦綦履迹（跡）四所[⑭]，袤尺二寸。其前稠綦袤四寸，其中央稀者五寸，其墥（踵）Q1_11_7_78稠者三寸。其履迹（跡）類故履。內北有垣，垣高七尺，垣北即巷殹（也）。垣北去小堂北脣（唇）丈[⑮]，垣東去內五步，其上有Q1_11_7_79新小壞，壞直中外，類足歫之之迹（跡）[⑯]，皆不可爲廣袤。小堂下及垣外地堅，不可迹（跡）。不智（知）盜人數及之所。Q1_11_7_80內中有竹柖[⑰]，柖在內東北，東、北去廦各四尺，高一尺。乙曰："□結衣柖中央[⑱]。"·訊乙、丙，皆言曰："乙以迺二月爲此衣，Q1_11_7_81五十尺，帛裏，絲絮五斤褎（裝）[⑲]，繆繒五尺緣及殿（純）[⑳]。不智（知）盜者可（何）人及蚤（早）莫（暮）[㉑]，毋（無）意殹（也）[㉒]。"·訊丁、乙伍人士五（伍）□[㉓]，Q1_11_7_82曰："見乙有結復（複）衣，繆緣及殿（純），新殹（也）。不智（知）其裏□可（何）物及亡狀。"·以此直（值）衣賈（價）[㉔]。Q1_11_7_83

【匯釋】

①穴盜：**挖洞行竊**（整理者）。

②自宵：**昨夜**。整理者：參《封診式》簡18注。陳公柔（2005：198）於其下斷讀。

臧：**同"藏"，收存**。

復：**通"複"，夾衣**。參《封診式》簡21注。魏德勝（2003：59）：《說文》：

“重衣也。”

結：**有二說：一、釋爲“紬”，繒帛**。李學勤（1981A）釋爲“紬”。陳偉（2016C：291）：紬，《說文》：“大絲繒也。”或爲繒帛之泛稱。簡文如爲“複紬衣”，似指以繒帛作面料的夾衣。**二、疑讀爲“裾”，長襟**。整理者：疑讀爲“裾”。裾衣，有長襟的衣服，參看朱駿聲《說文通訓定聲》。《淮南子·齊俗訓》：“楚莊王裾衣博袍。”本條所說“複裾衣”是綿衣。

房内：**居室的側房**。整理者：《釋名·釋宫室》：“旁也。”“房内”是居室的側房，下面“大内”是正房。

③晦：**夜間，晚上**。整理者：《左傳·昭公元年》注：“夜也。”

堂：**正房**。《急就篇》注：“凡正室之有基者，則謂之堂。”與下文“大内”是同一間房。夏利亞（2019：321）：建於高臺基之上的廳房。古時，整幢房子建築在一個高出地面的臺基上，前面是堂，通常是行吉凶大禮的地方，不住人。

④整理者連讀作“今旦起啟戶取衣”，今從陳公柔（2005：192）斷句。

⑤𠷎：**同“徹”，通**。

⑥陳公柔（2005：209）認爲，“自宵……來告”爲縣丞上報文書。

⑦鄉□□隸臣某：缺字整理者疑應補爲“鄉某、牢隸臣某”。夏利亞（2019：322）：整理小組所言甚是。

鄉某：**鄉的負責人**。參《封診式》簡 8 注。

典：**即“里典”的省稱**。

⑧内：**居室**。小堂：**一種臺形建築**。整理者：此處小堂在居室之後，應爲一種臺形建築，《禮記·檀弓》注：“堂形四方而高。”

⑨埱：**同“透”，穿透**。

旁鑿：**寬刃的鑿子**。整理者：旁，《廣雅·釋詁二》：“廣也。”

⑩迹廣□寸大半寸：陳偉（2016C：292）：看紅外影像，缺字似爲“一”。整理者：缺字疑爲“二”。夏利亞（2019：322）：整理小組所言甚是。

⑪播壤：**拋出土壤**。朱湘蓉（2006：89）說。整理者：播，《楚辭·思古》注：“棄也。”

⑫柀：**有二說：一、通“破”，破壞**。整理者讀爲“破”。單育辰（2007）：讀爲“頗”“破”都可講通。**二、讀如字，部分**。戴世君（2010B）：簡文中的“柀”可讀如字，爲“部分”義。“柀入内中”，是說挖下的部分墻土灑落在内室中。後文“内中及穴中外壤上有厀、手迹，厀、手各六所”中，“壤”也被“内中”修飾，“内中及穴中外壤上有厀、手迹，厀、手各六所”大意是，内室裏、墻洞裏、墻外地下的塵土上都留有膝、手印，膝、手印各六個。

⑬内中及穴中外壤：整理者：原簡“壤”字下空白。

⑭綦：**履上的花紋**。整理者：參《封診式》簡 59 注。

⑮脣：**邊緣**。整理者：《釋名·釋形體》：“緣也。”夏利亞（2019：323）：嘴唇是口的邊緣，由口的邊緣引申稱物的邊或邊緣。

小堂北脣：**小堂的北部邊緣**（整理者）。

⑯岠：**有二說：一、即“距”，跨越，跳跃**（整理者）。**二、至**。陳偉（2016C：292）：《廣雅・釋詁一》：“岠，至也。”《莊子・漁父》“距陸而止”，陸德明釋文引李云：“距，至也。”簡文似指足履踐踏。

⑰竹柖：**竹牀**。整理者：柖，《廣雅・釋器》：“浴牀謂之柖。”此處“竹柖”當爲一種竹牀。

⑱□結衣柖中央：缺字李力（2007：439）補作“復”。

⑲褩：**通“裝”，裝入**。整理者：把絲綿絮入衣中，見《說文》段注。

⑳繆繒：**一種繒的名稱**。

殿：**通“純”，邊緣**。整理者：《爾雅・釋器》：“緣謂之純。”注：“衣緣飾也。”

㉑蚤：**通“早”，早晨**。

莫：**後作“暮”，傍晚**。

㉒意：**懷疑的對象**。整理者：關於盜犯的猜測，《張儀列傳》：“已而楚相亡璧，門下意張儀，曰：‘儀貧無行，必此盜相君之璧。’”陳偉（2016C：292）：嶽麓書院藏秦簡《奏讞書》案例十簡154亦云：“不智（知）盜及死女子可（何）人，毋（無）音（意）毆（也）。”

㉓伍人士五□：缺字張世超、張玉春（1985B）按文例補“戊”。羅開玉（1981A）：“伍人”是種概念，它包括士伍、女性及男性中的老、小；而“士伍”是屬概念，僅指無爵而又有正式戶籍的男性百姓。所以，這裏才用“伍人”來限定“士伍”。

㉔直：**通“值”，估值**。

陳公柔（2005：209－210）認爲，“令史某爰書……以此直衣價”乃引據令史某的查復報告。“以此直衣價”即估計失盜的衣價，以示案情之輕重緩急。此爲失盜後之例行手續。

【今譯】

挖洞行竊

爰書：某里士伍乙報告說：“昨夜乙將本人的繒帛夾衣一件收存在自己的居室側房中，關好門，乙自己和妻子丙夜間睡在正房。今早起來，開門取Q1_11_7_73衣，有人已在側房挖洞，直通房中，繒帛夾衣丢失，不知挖洞盜竊的人是誰，有幾個人，沒有丢失其他東西，前來報告。”・當即命令史某前往查看，搜捕竊犯。令Q1_11_7_74史某爰書：本人和鄉某、牢隸臣某隨乙及里典丁查看乙的側房。側房在其正房東面，與正房相連，朝南有門。房後有小堂，墻的中Q1_11_7_75央有新挖的洞，洞通房中。洞下面與小堂地面平齊，上高二尺三寸，下寬二尺五寸，上面像豬洞的形狀。用來挖洞的工具像是寬刃的鑿，鑿的痕跡寬Q1_11_7_76一（二）又三分之二寸。挖下的土在小堂上，對著洞拋出土壤，是由這裏鑽進房中的。房中和洞裏外面土Q1_11_7_77上有膝部和手的印痕，膝、手的痕跡各六處。外面土上有秦地帶花紋鞋子的印痕四處，長一尺二寸。鞋印前部花紋密，長四寸；中部花紋稀，長五寸；跟部Q1_11_7_78花紋密，長三寸。鞋印像是舊鞋。房的北面有墻，墻高七尺，墻的北面就是街巷。北墻距小堂的北部邊緣一丈，東墻距房五步的地方，墻上有Q1_11_7_79少許新土，新土對著內外的方向，好像人腳越墻的痕跡，都不能量定長寬。小堂下和墻外的地面堅硬，不能查知人的蹤跡。不知道竊犯人數和到甚麼地方去了。Q1_11_7_80房中有竹牀，牀在房的東北部，牀東面、北面各距墻四尺，牀高一尺。乙說："把繒帛夾衣放在牀中心了。" ·審訊乙、丙，都聲稱："乙在本年二月做了這件衣服，Q1_11_7_81用料五十尺，用帛做裏，裝了絲絮五斤，用繆繒五尺做鑲邊。不知道竊犯是誰和盜竊的時間，沒有懷疑的對象。" ·審訊丁和乙的鄰居士伍某，Q1_11_7_82說："曾見過乙有一件繒帛夾衣，用繆繒鑲邊，是新的。不知道衣裏是甚麼做的，也不知道丟失的情形。" ·據此估計衣服的價值。Q1_11_7_83

【釋文】

出子①

爰書②：某里士五（伍）妻甲告曰："甲懷子六月矣，自晝與同里大女子丙鬭，甲與丙相捽③，丙僨庌甲④。里人Q1_11_7_84公士丁救，別丙、甲⑤。甲到室即病復（腹）痛⑥，自宵子變出⑦。今甲裹把子來詣自告，告丙⑧。"即令令史某往執丙。Q1_11_7_85即診嬰兒男女、生髮及保之狀⑨。有（又）令隸妾數字者⑩，診甲前血出及癰狀⑪。有（又）訊甲室人甲到室居Q1_11_7_86處及復（腹）痛子出狀⑫。·丞乙爰書⑬：令令史某、隸臣某診甲所詣子，已前以布巾裹，如衃（衃）血狀⑭，大如手⑮，不Q1_11_7_87可智（知）子。即置盎水中榣（搖）之⑯，音（衃）血子殹（也）⑰。其頭、身、臂、手指、股以下到足、足指類人，而不可智（知）目、耳、鼻、Q1_11_7_88男女。出水中有（又）音（衃）血狀。·其一式曰⑱：令隸妾數字者某某診甲，皆言甲前旁有乾血，今尚血出而少，Q1_11_7_89非朔事殹（也）⑲。某賞（嘗）懷子而變⑳，其前及血出如甲□。Q1_11_7_90

【匯釋】

①出子：**流產**（整理者）。

②爰書：陳公柔（2005：210）認爲此爰書爲縣丞所寫。

③捽：**揪住頭髮**。整理者：《說文》："持頭髮也。"

④僨：**摔倒**（整理者）。

庌：**有四說：一、應是"厞"字，倒地**。劉釗（1996）："庌"應該就是後世的"厞"字。《玉篇·厂部》："厞，音溪，倒地。"與"僨"訓爲"仆偃"其義相同，所以"僨厞"也應是一個同義複合詞。夏利亞（2019：324）：劉氏所言有理。**二、疑即"庰"字，倒**（整理者）。張世超、張玉春（1985B）："庌"即"庰"之別體。此句譯作"丙摔倒甲，並壓在她身上"。**三、同"庍"字，扳倒、絆倒**。魏德勝（2003：235）：庰，《字彙補》引《集韻》："同庎。"《玉篇》："庎，到別。"到，即倒。別，指用手、腳等扳倒、絆倒。**四、疑讀爲"攜"，牽拉**。陳偉武（2007）：疑讀爲"攜"。《説文》："𥈇，蔽人視也，……讀若攜手。"同爲幵聲的庰也可讀作"攜"。"攜"有"牽拉"之義。

⑤別：**分開**（整理者）。

⑥復：**通"腹"，腹部**。

⑦變：**流產**。整理者：《説文》："姅，婦人污也，……漢律曰：'見姅變，不得侍祠。'"《玉篇》："姅，婦人污，又傷孕也。"桂馥《説文解字義證》指出"傷孕"就是小產，因此本條的"變出"或"變"意即流產。

⑧劉海年（1985B）：這是一個典型的自訴案件。告訴人就是在毆鬬中被毆至小產的某里士伍妻甲。

⑨保：**有二説：一、讀爲"胞"，胞衣，即胎盤和胎膜的合稱**。整理者説。**二、讀如字，包裹流產嬰兒的小被**。郭永秉（2010）認爲，"保""胞"聲調不同，古無通用之例。簡文的"保"就是"襁保"之"保"，古書多寫作"褓""緥"。《説文》訓"緥"爲"小兒衣也"。簡文"保"即包裹流產嬰兒的小被，即"丞乙爰書"的"已前以布巾裹"。

⑩字：**生育**。整理者：《説文》："乳也。"段注："人及鳥生子曰乳。"

⑪前：**指陰部**。整理者：與長沙馬王堆漢墓帛書《雜療方》同。

癰：**有二説：一、創傷**。整理者：本義爲"膿瘡"，馬王堆漢墓帛書《五十二病方》的《諸傷》條用消石置温湯中"灑癰"，和本條一樣，"癰"都是指創傷。**二、指傷口的感染，紅腫化膿**。周一謀（1988）説。

⑫室人：**家屬**。整理者把"室人"與下文連讀。高恒（1993：41）：僅是證人。釋文在"室人"處斷開。

居處：**指生活情況**（整理者）。

⑬丞乙爰書：陳公柔（2005：210）：在後世訴狀中，此當爲附件。

⑭衃：**同"衃"，凝血**。整理者：衃：《説文》："凝血也。"夏利亞（2019：325）：赤黑色的瘀血。

⑮大如手：**像從手指到肘節那樣的長度**。整理者：章炳麟《文始》："通言手足則上兼臂。"

⑯盎：**盆**（整理者）。

㩅：**通"搖"，搖蕩**。

⑰音：**同"衃"，凝血**。陳公柔（2005：103）點斷作"音，血子也"。

⑱式：**文書程式**。整理者：本條上面説到檢驗分檢查嬰兒和甲的創傷兩項，所以丞乙爰書也分爲兩個程式。

⑲朔事：**月經**。整理者：與馬王堆漢墓帛書《胎產書》"月朔"義同。于豪亮（1985：135－136）："朔"字本義爲月朔之朔，即每月的初一，因而引申有"月"字之義，故"月"字與"朔"字常因意同而相轉注。故朔事即月事。夏利亞（2019：325）：于氏之説甚有理。

⑳某：**某人。有二說：一、“某”不相當於“我”。**胡偉（2005）：這例是“丞乙爰書”，乃是記述事實，非對話語言，而且前有“某某”“皆言”，此例中的“某”應指隸妾數字者中的一人或別的某個人或代人的名字，“某”不相當於“我”。上古使用的較複雜的第一人稱代詞，發展至秦代，已基本統一爲“我”“吾”兩個，秦簡第一人稱代詞系統中是沒有“某”的。**二、“某”就相當於“我”。**魏德勝（2000：130）：這是隸妾說自己的事，可以說，“某”就相當於“我”。

【今譯】

流產

爰書：某里士伍之妻甲控告說：“甲已懷孕六個月了，昨日白晝和同里的大女子丙鬪毆，甲和丙互相揪住頭髮，丙把甲摔倒。同里的Q1_11_7_84公士丁來救，把丙、甲分開。甲到家就患腹痛，昨夜胎兒流產。現甲將胎兒包起，拿來自訴，並控告丙。”當即命令史某前往捉拿丙。Q1_11_7_85隨即檢驗嬰兒性別、頭髮的生長和襁褓的情況。又命令曾經多次生育的隸妾，檢驗甲陰部出血和創傷情況。再審訊甲的家屬甲到家後Q1_11_7_86生活和腹痛流產的情況。·丞乙爰書：命令史某、隸臣某檢驗甲所送來的胎兒，已先用布巾包裹，形如凝血，有從手指到肘節那麽長，不Q1_11_7_87能辨出是胎兒。當即放在一盆水裹搖蕩，凝血確係胎兒。胎兒的頭、身、臂、手指、大腿以下到腳、腳趾都已像人，但看不清眼睛、耳朵、鼻子Q1_11_7_88和性別。從水中取出，又成爲凝血的形狀。·另一程式是：命令曾多次生育的隸妾某某檢驗甲，都說甲陰部旁邊有乾血，現仍少量出血，Q1_11_7_89並非月經。某人曾懷孕流產，其陰部及出血情況與甲相同。Q1_11_7_90

【釋文】

毒言[①]

爰書：某里公士甲等廿人詣里人士五（伍）丙，皆告曰：“丙有寧毒言[②]，甲等難飲食焉，來告之。”即疏書甲等名Q1_11_7_91事關諜（牒）北（背）[③]。·訊丙，辭曰：“外大母同里丁坐有寧毒言[④]，以卅餘歲時署（遷）[⑤]。丙家節（即）有祠，召甲等，甲等不肯〔來〕，Q1_11_7_92亦未嘗召丙飲。里節（即）有祠，丙與里人及甲等會飲食，皆莫肯與丙共桮（杯）器[⑥]。甲等及里人弟兄Q1_11_7_93及它人智（知）丙者，皆難與丙飲食。丙而不把毒[⑦]，毋（無）它坐[⑧]。”Q1_11_7_94

【匯釋】

①毒言：**口舌有毒，是當時的一種迷信。**整理者：《論衡·言毒》：“太陽之地，人民促急，促急之人口舌爲毒，故楚、越之人促急捷疾，與人談言，口唾射人，則人脤胎腫而爲創（瘡）。南郡極熱之地，其人祝樹樹枯，唾鳥鳥墜。”陳公柔（2005：211）：恐是南方楚越之地的一種傳染病，經過飲食或唾液等途徑，可以傳染給他人。

②寧：**語中助詞，無義**。整理者：見楊樹達《詞詮》卷四。

③疏書：**分條記錄**。整理者：《漢書・匈奴傳》："於是說教單于左右疏記，以計識其人群眾畜牧。"注："疏，分條之也。"疏記和本條疏書義同。

關：**有二說：一、讀爲"貫"，籍貫**。整理者："名事關"即上文常見的"名事里"。**二、稟告**。整理者：一說，"關"義爲"稟告"，《漢書・霍光傳》有"關白"，"關牒"是向上級稟告的文書。

諜：**通"牒"，文書**。

北：**有二說：一、讀爲"背"，背面**。整理者讀爲"背"。陳偉（2016C：295）亦同此說。陳公柔（2005：211）：或讀爲"背"，公牒背面可以書記。**二、讀如字，分別**。陳公柔（2005：211）：或讀如本字，"北"亦有分別意，或是分別縷記，以便查復。

④外大母：**外祖母**（整理者）。

坐有：**疑似有**。陳公柔（2005：211）：表示其病是否屬實，尚存疑似。

⑤以卅餘歲時罨：**在三十多年前被流放**。朱漢民、陳松長（2013：144）說。

⑥桮：**同"杯"**。

桮器：**以耳杯爲主的飲食用具**。整理者：見《漢書・地理志》："都邑都放效吏及內郡賈人，往往以杯器食。"《大戴禮記・曾子事父母》注："杯，槃、盎、盆、盞之總名也。"杯器指當時通行的以耳杯爲主的飲食用具。

⑦而：**有二說：一、此處用法同"乃"**（整理者）。**二、然而**。夏利亞（2019：326）："而"用於此處有轉折的意思，疑當爲轉折連詞"然而"。

把毒：**帶毒**（整理者）。

⑧陳公柔（2005：212）：此爰書按例類應編列在《癘》案附近爲是，因同屬傳染疾病。

【今譯】

口舌有毒

爰書：某里公士甲等二十人送來同里的士伍丙，共同報告說："丙口舌有毒，甲等不能和他一起飲食，前來報告。"當即將甲等的姓名、Q1_11_7_91身份、籍貫分條記錄在文書背面。・審訊丙，供稱："（本人的）外祖母同里人丁疑似口舌有毒，在三十多年前被流放。丙家如有祭祀，邀請甲等，甲等不肯來，Q1_11_7_92他們也沒有邀請過丙飲酒。里中如有祭祀，丙與同里的人和甲等聚會飲食，他們都不肯與丙共用飲食器具。甲等和同里弟兄Q1_11_7_93以及其他認識丙的人，都不願和丙一起飲食。丙並沒有毒，沒有其他罪過。"Q1_11_7_94

【釋文】

奸

爰書：某里士五（伍）甲詣男子乙、女子丙，告曰："乙、丙相與奸，自晝見

某所，捕校上來詣之[①]。” Q1_11_7_95

【匯釋】

①校：**有三說：一、木械，刑具**。整理者：木械，《說文》：“木囚也。”《繫傳》：“校者，連木也，《易》曰：荷校滅耳，此桎也；屨校滅趾，梏也。”張家山漢簡《奏讞書》案例二十一簡182～183有“捕奸者必案之校上”，簡195有“捕者弗案校上”。夏利亞（2019：327）：古代枷械類刑具的統稱。**二、捕校；校核**。張建國（1997）：“校上”是一個不可分的法律名詞，其含義可能是必須將男女雙方都捕送到官府，可能還包括在上級官府審理並校核雙方口供。此事的關鍵是必須捕到男女雙方才能立案。**三、校審**。陳公柔（2005：212）：校爲校審，即經過考察，提出真憑實據。如“校”爲刑具，例應由官府掌握，非民間所得私有，亦非咄嗟所能立辦。而捕校，按例須於現所登時捕獲方爲有效，豈能立時具械送官。“捕校”與“捕者弗案校上”有區別。

捕校上：**在現場捕獲**。整理者說。陳偉（2016C：297）：嶽麓書院藏秦簡《奏讞書》簡198：“毋智不捕田校上。捕田時，田不奸。”簡204：“田與市和奸，毋智捕校上。”

【今譯】

通姦

爰書：某里士伍甲送來男子乙、女子丙，報告說：“乙、丙通姦，昨日白晝在某處被發現，在現場捕獲，把他们送到。” Q1_11_7_95

【釋文】

亡自出[①]

鄉某爰書：男子甲自詣，辭曰：“士五（伍），居某里，以迺二月不識日去亡[②]，毋（無）它坐，今來自出。”·問之Q1_11_7_96□名事定[③]，以二月丙子將陽亡[④]，三月中逋築宮廿日[⑤]，四年三月丁未籍一亡五月十日[⑥]，毋（無）它坐，莫Q1_11_7_97覆問。以甲獻典乙相診[⑦]，今令乙將之詣論，敢言之。Q1_11_7_98

封診式[⑧]Q1_11_7_98BK

【匯釋】

①亡自出：**逃亡自首**（整理者）。

②迺：**是，此**。

③□名事：張世超、張玉春（1985B）補缺字爲“里”。“里名事”猶它條之“名事里”。

定：**確實**（整理者）。

問之□名事定：陳偉（2016C：297）疑“定”屬下讀。

④將陽：**有二説：一、遊蕩**。整理者：見《尚書大傳》，係疊韻連語，在此意爲“遊蕩”，參看朱駿聲《説文通訓定聲》。**二、逃亡未滿一年**。陳松長（2012A）：“將陽”指逃亡未滿一年。彭浩（2012A）亦同此説。

⑤築：**修築**。魏德勝（2003：242）以爲簡文作“筑”。陳偉（2016C：297）：看圖版，整理者所釋不誤。

宫：**宫室**。整理者：《爾雅·釋宫》：“宫謂之室，室謂之宫。”《釋文》：“案古者貴賤同稱宫，秦漢以來唯王者所居稱宫焉。”

築宫：**修建宫室的勞役**（整理者）。

⑥四年：**應即秦王政四年（前243年）**。整理者：據汪曰楨《歷代長術輯要》，秦王政四年三月有丁未，其前秦昭王四年三月則沒有丁未日，這裏所説的“四年”應即秦王政四年。

一亡五月十日：**曾逃亡一次，共五個月零十天**（整理者）。黄盛璋（1979）：按汪書，秦王政四年二月己未朔，三年二月己丑朔，都可以有丙子，不論爲四年或三年，暦日皆無抵牾，有暦法上斷定這個爰書上限應是秦王政四年，爰書爲稍後所修。

⑦獻：**送交**。整理者：《戰國策·秦策一》注：“致也。”

⑧封診式：整理者：此三字爲簡背標題。

【今譯】

逃亡自首

鄉某爰書：男子甲自行投案，供稱：“（本人是）士伍，住在某里，於本年二月不知日期的一天逃亡，沒有其他罪過，現來自首。”·經訊問Q1_11_7_96，其姓名、身份確實，於二月丙子日遊蕩逃亡，三月份内逃避修建宫室的勞役二十天；四年三月丁未日簿籍記載他曾逃亡一次，共五個月零十天，沒有其他罪過，無須Q1_11_7_97再行查問。將甲送交里典乙檢驗，現命令乙將甲押送論處，謹告。Q1_11_7_98

封診式Q1_11_7_98BK

八、爲吏之道

《爲吏之道》是關於處世做官的規矩，供官吏學習。

【釋文】

·凡爲吏之道，Q1_11_8_1Ⅰ必精絜（潔）正直①，Q1_11_8_2Ⅰ慎謹堅固，Q1_11_8_3Ⅰ審悉毋（無）私，Q1_11_8_4Ⅰ微密韱（纖）察②，Q1_11_8_5Ⅰ安靜毋苛③，Q1_11_8_6Ⅰ審當賞罰。Q1_11_8_7Ⅰ嚴剛毋暴，Q1_11_8_8Ⅰ廉而毋刖④，Q1_11_8_9Ⅰ毋復期勝⑤，Q1_11_8_10Ⅰ毋以忿怒夬（決）⑥。Q1_11_8_11Ⅰ寬俗忠信⑦，Q1_11_8_12Ⅰ和平毋怨，Q1_11_8_13Ⅰ悔過勿重⑧。Q1_11_8_14Ⅰ茲（慈）下勿陵⑨，Q1_11_8_15Ⅰ敬上勿犯⑩，Q1_11_8_16Ⅰ聽閒（諫）勿塞⑪。Q1_11_8_17Ⅰ審智（知）民能，Q1_11_8_18Ⅰ善度民力，Q1_11_8_19Ⅰ勞以衛（率）之⑫，Q1_11_8_20Ⅰ正以橋（矯）之⑬。Q1_11_8_21Ⅰ反赦其身⑭，Q1_11_8_22Ⅰ止欲去顚（願）⑮。Q1_11_8_23Ⅰ中不方，Q1_11_8_24Ⅰ名不章⑯；Q1_11_8_25Ⅰ外不員（圓）⑰。Q1_11_8_26Ⅰ尊賢養孽⑱，Q1_11_8_27Ⅰ原壄（野）如廷⑲。Q1_11_8_28Ⅰ斷割不刖。Q1_11_8_29Ⅰ怒能喜，Q1_11_8_30Ⅰ樂能哀，Q1_11_8_31Ⅰ智能愚（愚）⑳，Q1_11_8_32Ⅰ壯能衰，Q1_11_8_33Ⅰ恿（勇）能屈㉑，Q1_11_8_34Ⅰ剛能柔，Q1_11_8_35Ⅰ仁能忍㉒，Q1_11_8_36Ⅰ彊（強）良不得㉓。Q1_11_8_37Ⅰ審耳目口，Q1_11_8_38Ⅰ十耳當一目。Q1_11_8_39Ⅰ安樂必戒，Q1_11_8_40Ⅰ毋行可悔㉔，Q1_11_8_41Ⅰ以忠爲榦，Q1_11_8_42Ⅰ慎前慮後㉕。Q1_11_8_43Ⅰ君子不病殹（也），Q1_11_8_44Ⅰ以其病病殹（也）㉖。Q1_11_8_45Ⅰ同能而異。Q1_11_8_46Ⅰ毋窮窮㉗，Q1_11_8_47Ⅰ毋岑岑㉘，Q1_11_8_48Ⅰ毋衰衰㉙。Q1_11_8_49Ⅰ臨材（財）見利㉚，不取句（苟）富㉛；Q1_11_8_50Ⅰ臨難見死㉜，不取句（苟）免㉝。Q1_11_8_51Ⅰ欲富大（太）甚㉞，貧不可得；Q1_11_8_1Ⅱ欲貴大（太）甚，賤不可得。Q1_11_8_2Ⅱ毋喜富，Q1_11_8_3Ⅱ毋惡貧㉟，Q1_11_8_4Ⅱ正行脩身，過（禍）去福存㊱。Q1_11_8_5Ⅱ

【匯釋】

①絜：**通"潔"，清潔。**

精絜：**清白**。整理者：《國語·晉語》作"精潔"，即西漢鏡銘"絜清白而事君"的"絜清白"，《鹽鐵論·頌賢》作"精白"，三詞都是清白的意思。蔣義斌（1981）：實即《莊子·知北遊》中所說的"澡雪"，"汝齋戒，疏瀹而心，澡雪而精神"，成注："澡雪，猶精絜。"

②韱：**通“纖”，細微。**

韱察：**細緻明察**（整理者）。陳偉（2016C：301）：纖，嶽麓書院藏秦簡《爲吏治官及黔首》簡47作“咸”。

③苛：**煩苛**（整理者）。夏利亞（2019：330）：繁雜苛細。

④廉而毋刖：**有二說：一、行事正直而不傷人。“刖”讀如本字，割斷。**整理者：“廉”本義爲“棱角”，“刖”本義爲“割斷”。廉而毋刖，行事正直而不傷人，與《老子》等古書常見的“廉而不劌”同義。下面“斷割不刖”一句，意與此句相近。**二、雖有棱角但不傷於人或物。“刖”讀爲“劌”，傷。**白於藍（2010）：刖，應從《老子》等古書直接讀爲“劌”，《說文》：“劌，利傷也。”《老子》“廉而不劌”，王弼注：“劌，傷也。”“廉而不劌”本用以形容玉之品德，也經常用於比喻君子之美德，其義本是“雖有棱角但不傷於人或物”。

⑤毋復期勝：**有三說：一、不要一味想壓過別人**（整理者）。**二、不要總是忌恨好勝。**期勝，陳偉武（2009）據郭店楚簡《尊德義》改爲“惎勝”，認爲“勝”是好勝之義，“期”讀爲“惎”，指忌恨。“毋復期勝”意謂不要總是忌恨好勝。**三、不要總是嫉妒和好勝。**白於藍（2010）：“期勝”當讀作“忌（或惎、諅）勝”，指嫉妒和好勝。

復：**有二說：一、讀如本字**（整理者）。**二、係“愎”之通假。**俞志慧（2007）說。

⑥夬：**通“決”，判斷。**

毋以忿怒夬：**不要憑意氣來判斷事務**（整理者）。

⑦寬俗：**有二說：一、寬容。**整理者讀爲“容”。**二、寬裕。**高敏（1981A：240）引文作“裕”。余宗發（1992：33）：“寬俗”句中的“俗”字，其偏旁和“裕”字都是从谷，“寬俗”即“寬裕”的意思。劉釗（1996）：“俗”在此應讀作“裕”，“寬裕”是儒家提倡的臣子所應具備的一種美德，如《禮記·儒行》：“溫良者，仁之本也；敬慎者，仁之地也；寬裕者，仁之作也。”“爲吏之道”是爲初學做吏者提供的以識字課本爲形式的行爲規範，這與《禮記·儒行》篇歷述儒者行爲的內容很接近。夏利亞（2019：331）：劉氏之說甚是。

⑧勿重：**不要重犯以往的錯誤**（整理者）。

⑨茲：**通“慈”，仁愛、和善。**陵：**欺辱**（整理者）。夏利亞（2019：331）：陵，侵犯，欺陵。

⑩陳偉（2016C：301）：“精絜正直”至“敬上勿犯”，嶽麓書院藏秦簡《爲吏治官及黔首》有相近文句。

⑪間：**通“諫”，直言規勸。**

⑫勞以敓之：**辛勤勞作以帶領百姓。**敓：**同“率”，帶領。**伊強（2009）：勞、率皆當訓爲“勸”“勉”之義，“勞以率之，正以矯之”與《孟子·滕文公上》“勞之來之、匡之直之”同義。陳偉（2016C：302）：《漢書·董仲舒傳》“正身以率下”，可參照。

⑬橋：**通“矯”，糾正**。

⑭赦：**有二說：一、疑讀爲“索”，求**。整理者：“反赦其身”即反求於自己。**二、如字讀，施**。陳偉武（1998）：“赦”當如字讀，釋爲“捨”，“施”爲義，“反赦其身”猶言反施其身。

⑮顚：**同“願”，欲望**。整理者：願，《方言》：“欲思也。”

止欲去顚：**遏制私欲**（整理者）。王澤強（2010：170）：“止欲去願”是化用《老子》第三章“常使民無知無欲”。“聽閒勿塞”至“止欲去願”，嶽麓書院藏秦簡《爲吏治官及黔首》有相近文句。

⑯章：**顯揚**。整理者：此下原脱一句，《說苑·談叢》作“中不方，名不章；外不圜，禍之門”。

⑰員：**通“圓”，形容詞**。《廣雅·釋詁三》：“圜，圓也。”《周禮·輿人》：“圜者中規，方者中矩。”

⑱孼：**有二說：一、讀爲“乂”，俊傑**（整理者）。**二、讀爲“艾”，老**。蔡偉（2011）：當讀爲“艾”。《方言》：“艾，老也。”（《廣雅》同）《孟子·告子下》曰：“入其疆，土地闢，田野治，養老尊賢，俊傑在位，則有慶。”《孔宙碑》：“祇傅五教，尊賢養老。”“養老尊賢”“尊賢養老”與“尊賢養艾”同義。

⑲壄：**同“野”，野外**。原壄如廷：**在野外和在衙門裏一樣**（整理者）。

⑳愚：**同“愚”，愚笨**。

㉑恿：**同“勇”，勇毅，有膽量**。

㉒“怒能喜”至“仁能忍”：高敏（1981A：241）：與道家、儒家思想有相似或相通之處。余宗發（1992：87）、吳福助（1981：196）亦持類似的見解。王澤強（2010：170）認爲與《尚書·堯典》“直而溫，完而栗，剛而無虐，簡而無傲”及《論語·述而》“溫而厲，威而不猛，恭而安”内容很接近。陳偉（2016C：302）：《淮南子·人間訓》：“孔子曰：丘能仁且忍，辯且訥，勇且怯。”可與簡文參照。

㉓彊：**同“強”**。整理者：“彊”作“強”。彊良：**凶橫**（整理者）。

彊良不得：**若強暴凶橫，不得其死**。整理者：《老子》：“強梁者不得其死。”馬王堆帛書《老子》甲本“強梁”作“強良”，與簡文同。

㉔毋行可悔：**不要重做已經後悔的事**。整理者：《大戴禮記·武王踐阼》：“席前左端之銘曰：安樂必敬，前右端之銘曰：無行可悔。”《說苑·敬慎》所載周太廟金人銘：“安樂必戒，無行可悔。”均與簡文相似。劉嬌（2009：223）：上博簡《武王踐阼》甲本簡6“安樂必戒”“右端曰：毋行可悔”，亦可與簡文參照。

㉕林素清（2010）比照王家臺秦簡《政事之經》、嶽麓書院藏秦簡《爲吏治官及黔首》，將簡42、43調到簡36、37之後。相關簡文作“怒能喜，樂能哀，智能愚，壯能衰，恿（勇）能屈，剛能柔，仁能忍，彊（強）良不得。以忠爲榦，慎前慮後。審耳目口，十耳當一目。安樂必戒，毋行可悔。君子不病毆（也），以其病病毆（也），同能而異”。凡國棟（2011）比照《爲吏治官及黔首》，將簡42、43移至簡45之後，作“安樂必戒，毋行可悔。君子不病毆（也），以其病病毆（也）。

以忠爲榦，愼前慮後。同能而異。毋窮窮，毋岑岑，毋衰衰”。

㉖病病：**以病爲病**。整理者：《老子》：“聖人不病，以其病病。”

㉗毋窮窮：**不要輕視窮人**。整理者：《荀子·修身》：“不窮窮而通者積焉。”可參考。

㉘岑：**有三説：一、讀爲“矜”**。整理者：岑，讀爲“矜”，《爾雅·釋詁》：“苦也。”**二、讀爲“鰥”**。戴世君（2008D）：讀爲“鰥”。“毋窮窮，毋岑岑，毋衰衰”三句承接前句“同能而異”文義，是説窮者、岑者、衰者同樣有能，不要因其窮、岑、衰而輕視他們。**三、疑讀爲“隱”**。陳偉（2016C：303）：《管子·小問》“毋少少，毋賤賤”，《列女傳·辯通傳·齊管妾婧》“毋老老，毋賤賤，毋少少，毋弱弱”，與簡文辭例一致，可參考。“岑”疑讀爲“隱”。《左傳·昭公二十五年》：“政自之出久矣，隱民多取食焉。”杜預注：“隱約窮困。”《荀子·宥坐》：“今夫子纍德、積義、懷美，行之日久矣，奚居之隱也？”楊倞注：“隱謂窮約。”

㉙整理者：以上三句都是“莫爲已甚”的意思。

㉚材：**通“財”，金錢和物資**。

㉛句：**通“苟”，隨便**。

㉜臨難見死：“臨”字上，整理者衍墨點，整理者（1977，1978）不衍。

㉝不取句免：**不可隨便逃避**。整理者：《禮記·曲禮上》：“臨財毋苟得，臨難毋苟免。”與簡文相似。劉嬌（2009：223－224）：《呂氏春秋·士節》《晏子春秋》佚文：“於利不苟取，於害不苟免。”《文子·上禮》《淮南子·泰族訓》：“見難不苟免，見利不苟得。”可與簡文相參照。陳偉（2016C：303）：《爲吏治官及黔首》作“臨財見利不取筍（苟）富，臨難見死不取筍（苟）免”。《新書·階級》：“利不苟就，害不苟去。”亦可參照。

㉞大：**後作“太”，極端，最**。

㉟毋喜富，毋惡貧：陳偉武（2009）：戰國鳥書帶鈎銘“不譯（擇）貴賤”，與“毋喜富，勿惡貪”相近。

㊱過：**通“禍”，苦難**。

正行脩身，過去福存：陳偉（2016C：304）：此二句，《爲吏治官及黔首》作“正而行脩而身，禍與畐（福）鄰”。

【今譯】

·凡是做官的法則，Q1_11_8_1 I（官員）必須清白正直，Q1_11_8_2 I 謹慎而且意志堅定，Q1_11_8_3 I 應詳細了解情况，沒有私心，Q1_11_8_4 I 精微周密，細緻明察，Q1_11_8_5 I 沉靜穩重，不要繁雜苛細，Q1_11_8_6 I 獎賞和懲罰都應慎重而適當。Q1_11_8_7 I 嚴明剛正，不要殘暴，Q1_11_8_8 I 行事正直而不傷人，Q1_11_8_9 I 不要一味想壓過別人，Q1_11_8_10 I 不要憑意氣來判斷事務。Q1_11_8_11 I 寬容而忠誠信實，Q1_11_8_12 I 心態平和，不要抱怨，Q1_11_8_13 I 應因過錯而後悔，不要重犯以往的錯誤。Q1_11_8_14 I 對待下屬要仁慈，不欺辱地位低下的人；Q1_11_8_15 I 尊敬長上，不可冒犯；Q1_11_8_16Ⅰ聽取直言規勸，不要堵塞言路。Q1_11_8_17Ⅰ詳盡地了解百姓的能力，Q1_11_8_18Ⅰ善於度量百姓的力量，Q1_11_8_19Ⅰ辛勤勞作以帶領百姓，Q1_11_8_20Ⅰ正直做事來糾正百姓。Q1_11_8_21Ⅰ反求於自身，Q1_11_8_22Ⅰ遏制私欲。Q1_11_8_23Ⅰ心中沒有原則性，Q1_11_8_24Ⅰ聲譽就不會顯揚；Q1_11_8_25Ⅰ對外沒有靈活性（災禍就會由此而起）。Q1_11_8_26Ⅰ尊敬賢者，照顧俊傑，Q1_11_8_27Ⅰ在野外如同在衙門裏一樣。Q1_11_8_28Ⅰ行事正直而不傷人。Q1_11_8_29Ⅰ憤怒了也能高興，Q1_11_8_30Ⅰ快樂了也能悲傷，Q1_11_8_31Ⅰ聰明也能裝愚，Q1_11_8_32Ⅰ強壯也能虛弱，Q1_11_8_33Ⅰ勇敢也能屈服，Q1_11_8_34Ⅰ剛強也能柔順，Q1_11_8_35Ⅰ仁愛也能殘忍，Q1_11_8_36Ⅰ若強暴凶横，不得其死。Q1_11_8_37Ⅰ對耳所聞、目所見、口所言，都要審慎，Q1_11_8_38Ⅰ聽說十次不如親眼見一次。Q1_11_8_39Ⅰ安逸享樂必須戒除，Q1_11_8_40Ⅰ不要重做已經後悔的事，Q1_11_8_41Ⅰ 以忠義爲本，Q1_11_8_42Ⅰ做事時要審慎於前，又要考慮到後果。Q1_11_8_43Ⅰ君子沒有缺點，Q1_11_8_44Ⅰ因爲他們把缺點當作缺點，（嚴於律己）。Q1_11_8_45Ⅰ（人）都有才能，卻又各自不同。Q1_11_8_46Ⅰ（因此）不要輕視窮人，Q1_11_8_47Ⅰ不要看輕苦悶之人，Q1_11_8_48Ⅰ不要輕視衰弱的人。Q1_11_8_49Ⅰ面對財物和利益，不要隨便獲取；Q1_11_8_50Ⅰ面對危難和死亡時，不可隨便逃避。Q1_11_8_51Ⅰ太過追求富有，貧困也得不到；Q1_11_8_1Ⅱ太過追求顯貴，卑賤也得不到。Q1_11_8_2Ⅱ不要喜愛富貴，Q1_11_8_3Ⅱ不要厭惡貧窮，Q1_11_8_4Ⅱ端正行爲，脩身養性，災禍就會遠離，福氣就會留存。Q1_11_8_5Ⅱ

【釋文】

吏有五善：Q1_11_8_6Ⅱ一曰中（忠）信敬上[①]，Q1_11_8_7Ⅱ二曰精廉毋謗[②]，Q1_11_8_8Ⅱ三曰舉事審當[③]，Q1_11_8_9Ⅱ四曰喜爲善行，Q1_11_8_10Ⅱ五曰龏（恭）敬多讓[④]。Q1_11_8_11Ⅱ五者畢至，必有大賞[⑤]。Q1_11_8_12Ⅱ

【匯釋】

①中：**通“忠”，誠心盡力，忠誠。**

②精廉：**有二說：一、清廉**。精，整理者讀爲“清”。**二、精明**。精，如字讀。陳偉（2009B）：“精廉”在戰國秦漢文獻中屢見。《藝文類聚》卷六十録《莊子》云：“諸侯之劍，以智勇士爲鋒，以精廉士爲鍔，以賢良士爲脊，以忠聖士爲鐔，以豪傑爲鋏。”《李斯列傳》記二世稱趙高說：“趙君爲人精廉強力，下知人情，上能適朕，君其勿疑。”《韓非子・難三》“百官精剋於上”，舊注：“精廉剋己。”尤其值得注意的是，《說苑・談叢》云：“恭敬遜讓，精廉無謗，慈仁愛人，必受其賞。”其與《爲吏之道》這幾句近似，也是作“精廉”。雖然“精廉”“清廉”可以通假，傳世本《莊子・說劍》記莊子論劍語即作“清廉”，但“精廉”爲另一詞的可能性並不能排除。或許“精廉”指“精明”，與“清廉”指“廉潔”有異。

謗：**怨恨**。整理者：《吕氏春秋・達鬱》注：“怨。”

③舉事審當：夏利亞（2019：333）：疑當爲“舉吏審當”。

④龏：**後作“恭”，恭謹**。整理者作“龔”，方勇（2012：73）改釋。

⑤本段文字，嶽麓書院藏秦簡《爲吏治官及黔首》作“吏有五善：一曰忠信敬上，二曰精廉無旁（謗），三曰舉吏審當，四曰喜爲善行，五曰龔（恭）敬多讓，五者畢至，必有天當”。

【今譯】

官員有五種好的品質：Q1_11_8_6Ⅱ一是忠誠信實，尊敬長上，Q1_11_8_7Ⅱ二是清廉而無所怨恨，Q1_11_8_8Ⅱ三是做事審慎而確當，Q1_11_8_9Ⅱ四是喜歡做美好的事情，Q1_11_8_10Ⅱ五是恭謹敬肅而多謙讓。Q1_11_8_11Ⅱ這五種品質都具備，必然會得到很大的獎賞。Q1_11_8_12Ⅱ

【釋文】

·吏有五失：Q1_11_8_13Ⅱ一曰夸以迣①，Q1_11_8_14Ⅱ二曰貴以大（泰）②，Q1_11_8_15Ⅱ三曰擅裚（製）割③，Q1_11_8_16Ⅱ四曰犯上弗智（知）害④，Q1_11_8_17Ⅱ五曰賤士而貴貨貝⑤。Q1_11_8_18Ⅱ一曰見民杲（倨）敖（傲）⑥，Q1_11_8_19Ⅱ二曰不安其鼂（朝）⑦，Q1_11_8_20Ⅱ三曰居官善取⑧，Q1_11_8_21Ⅱ四曰受令不僂⑨，Q1_11_8_22Ⅱ五曰安家室忘官府。Q1_11_8_23Ⅱ一曰不察所親⑩，不察所親Q1_11_8_24Ⅱ則怨數至⑪；Q1_11_8_25Ⅱ二曰不智（知）所使，不智（知）所使Q1_11_8_26Ⅱ則以權衡求利；Q1_11_8_27Ⅱ三曰興事不當，興事不當Q1_11_8_28Ⅱ則民傷指⑫；Q1_11_8_29Ⅱ四曰善言隋（惰）行⑬，則Q1_11_8_30Ⅱ士毋所比⑭；Q1_11_8_31Ⅱ五曰非上⑮，身及於死⑯。Q1_11_8_32Ⅱ

【匯釋】

①夸：**誇大**。整理者作“誇”，方勇（2012：304）改釋，讀爲“誇”。陳偉（2016C：305）：“夸”有奢侈、自大義。

以：**用法同“而”**（整理者）。

迣：**有三說：一、肆，放肆**。沈培（2001：303）：把“迣”解釋爲“肆”。“夸以迣”指誇大而放肆。劉雲（2011）：將“迣”訓爲恣縱似更好一些，“夸以迣”可以讀爲“夸以肆”，意思是窮奢極侈。**二、超過限度**。整理者：《漢書·禮樂志》注引孟康云：“超逾也。”**三、疑讀爲“詍”，多言**。陳偉（2011A）：《荀子·解蔽》：“辯利非以言是，則謂之詍。”楊倞注：“詍，多言也。”《説文》：“詍，多言也。”

夸以迣：**誇大而放肆**。夏利亞（2019：333）：奢侈超過限度。

②大：**通“泰”，驕縱，傲慢**。整理者：古書也寫作“汰”。劉雲（2011）：“貴以大”可以讀爲“貴以泰”，意思是尊貴並且驕縱自滿。

③裚割：**裁斷，決定**（整理者）。

裚：**斷**。整理者：《管子·大匡》注：“斷也。”據秦簡，“裚”字實際上就是

“製”字。夏利亞（2019：333）：“𢇍”在文獻中另有折斷義。

④害：**忌憚**。劉雲（2011）：《左傳·成公十五年》：“晉三郤害伯宗，譖而殺之。”《戰國策·楚策一》“秦之所害於天下莫如楚”，郭希汾輯注：“害，忌也。”《魏世家》：“魏相田需死，楚害張儀、犀首、薛公。”上揭文句中的“害”都是“忌憚”之類的意思。

⑤士：**有二說：一、釋爲“土”**。伊強（2009）：古文獻中有與“土”混同的例子，《國語·晉語七》“貴貨而易土”（《左傳·襄公四年》作“貴貨易土”）與簡文對照，可知字當釋爲“土”。夏利亞（2019：334）：伊氏之說甚有理。**二、釋爲“士”，士人**（整理者）。

貨貝：**錢財**。整理者：古時用貝爲貨幣，所以“貨貝”意即“錢財”。

⑥𣏟：**通“倨”，傲慢**。敖：**同“傲”，自高自大**。

見民𣏟敖：**對百姓傲慢自大**。《逸周書·文政解第三十八》：“視民傲。”可參照。

⑦鼂：**通“朝”，朝廷，朝廷中的位置**。封建時代帝王接見官吏、發號施令的地方，與“野”相對。

安其鼂：**處其位**。陳偉（2016C：305）：《管子·明法解》：“明主使下盡力而守法分，故群臣尊主而不顧其家；臣主之分明，上下之位審，故大臣各處其位而不敢相貴。”“安其鼂”即“處其位”的意思。

⑧善取：**善於巧取豪奪**（整理者）。

⑨僂：**有二說：一、鞠躬，使身體彎曲，表示恭敬**。《左傳·昭公七年》：“一命而僂。”陳振裕、劉信芳（1993：11）：屈身致敬。**二、通“驟”，立即執行**。吳福助（1994：186）：“受令不僂（驟）”，意謂接受任官卻不肯立即執行職務。

⑩不察所親：**對於親近的人袒護而不加考察**（整理者）。

⑪數：**快，速**。陳偉（2016C：306）：當訓爲“疾”也、“速”也。《大戴禮記·曾子立事》“行無求數有名，事無求數有成”，盧辯注：“數，猶促速。”《淮南子·說林訓》“數之則弗中”，高誘注：“數猶疾也。”《韓非子·說林上》“何變之數也”，王先慎集解：“數，急也。”

⑫傷：**輕慢**（整理者）。傷指：**對其指示不予重視**（整理者）。

⑬隋：**通“惰”，懶，懈怠**。善言隋行：**說得多做得少**（整理者）。

⑭比：**親附，辅助**（整理者）。

⑮非：**非議**（整理者）。夏利亞（2019：335）：指責，反對。

⑯陳偉（2016C：306）：本段文字，《爲吏治官及黔首》作“吏有五失：一曰視黔首渠（倨）驁（傲），二曰不安其朝，三曰居官善取，四曰受令不僂，五曰安其家忘官府，五者畢至是胃（謂）過主。吏有五過：一曰夸而史，二曰貴而企，三曰亶（擅）折割，四曰犯上不智（知）其害，五曰閒（賤）土貴貨貝。吏有五則：一曰不祭（察）所親則韋（違）數至，二曰不智（知）所使則以權（權）索利，

三曰舉事不當則黔首𧮸（矯）指，四曰喜言隋（惰）行則黔首毋所比，五曰善非其上則身及於死”。

【今譯】

·官員有五方面的過失：Q1_11_8_13Ⅱ一是誇大而放肆，Q1_11_8_14Ⅱ二是顯貴而驕縱，Q1_11_8_15Ⅱ三是擅自作決定，Q1_11_8_16Ⅱ四是冒犯尊上不知道忌憚，Q1_11_8_17Ⅱ五是輕士人卻看重錢財。Q1_11_8_18Ⅱ一是對百姓傲慢自大，Q1_11_8_19Ⅱ二是不處其位，Q1_11_8_20Ⅱ三是在官位上善於巧取豪奪，Q1_11_8_21Ⅱ四是接受命令卻不恭敬，Q1_11_8_22Ⅱ五是安逸居家卻把官府拋諸腦後。Q1_11_8_23Ⅱ一是對於親近的人袒護而不加考察，不考察親近的人Q1_11_8_24Ⅱ（百姓的）抱怨很快就會到來；Q1_11_8_25Ⅱ二是不了解所差遣的人，不了解所差遣的人Q1_11_8_26Ⅱ（他們）就會利用權力謀求利益；Q1_11_8_27Ⅱ三是興辦事情不恰當，興辦事情不恰當Q1_11_8_28Ⅱ百姓就會對（官員的）指示不予重視；Q1_11_8_29Ⅱ四是說得多做得少，這樣Q1_11_8_30Ⅱ士庶就沒有能夠親附的人；Q1_11_8_31Ⅱ五是非議尊長，自身會走向死亡。Q1_11_8_32Ⅱ

【釋文】

·戒之戒之，材不可歸①；Q1_11_8_33Ⅱ謹之謹之，謀不可遺②；Q1_11_8_34Ⅱ慎之慎之，言不可追；Q1_11_8_35Ⅱ綦之綦〔之〕③，食不可賞（償）④。Q1_11_8_36Ⅱ術（怵）愁（惕）之心不可〔不〕長⑤。Q1_11_8_37Ⅱ以此爲人君則鬼⑥，Q1_11_8_38Ⅱ爲人臣則忠；Q1_11_8_39Ⅱ爲人父則茲（慈）⑦，Q1_11_8_40Ⅱ爲人子則孝；Q1_11_8_41Ⅱ能審行此，无官不Q1_11_8_42Ⅱ治，无志不𢿱（徹）⑧，Q1_11_8_43Ⅱ爲人上則明，Q1_11_8_44Ⅱ爲人下則聖⑨。Q1_11_8_45Ⅱ君鬼（惠）臣忠，父茲（慈）Q1_11_8_46Ⅱ子孝，政之本殹（也）。Q1_11_8_47Ⅱ志𢿱（徹）官治，上明下Q1_11_8_48Ⅱ聖，治之紀殹（也）⑩。Q1_11_8_49Ⅱ

【匯釋】

①材：**財物**。整理者讀爲“財”。

歸：**疑指贈送**。整理者：《儀禮·聘禮》：“君使卿韋弁歸饔餼五牢。”鄭玄注：“今文‘歸’，或爲‘饋’。”

②遺：**有二說：一、失，洩露**。整理者：謀不可遺，計謀不可洩露。**二、行，做**。白於藍（2010）：《說苑·談叢》“忽忽之謀不可爲也”，上博簡《彭祖》“□□之謀不可行”，簡文“遺”與“爲”和“行”相當。陳偉（2016C：307）：《爲吏治官及黔首》簡76肆“謹之謹之，某（謀）不可遺”，簡74肆“敃之敃之，某（謀）不可行”，二句義當有別。

③“之”字下原脫重文號（整理者）。

綦：**讀爲“忌”，戒**（整理者）。

④食：**虧損**。陳偉（2016C：307）：疑爲“虧損”義。《周易·豐》：“月盈則食。”

賞：**通“償”，償還，報答**。《説文·人部》：“償，還也。”此處是說父母養育之恩厚重，要求官吏不可忤逆父母。

白於藍（2010）：簡33Ⅱ至簡35Ⅱ抄寫有誤，簡48Ⅳ至簡50Ⅳ是對其更正。簡文應是“戒戒之言不可追；思思之某不可遺；慎慎之貨不可歸；綦綦之食不可賞。”

⑤術：**通“怵”，恐懼**。愁：**同“惕”，小心謹慎**。術愁：**戒懼，驚懼**。整理者：《漢書·淮南厲王傳》：“日夜怵惕，修身正行。”

術愁之心不可〔不〕長：**有二説：一、在“長”字前補一“不”字**。整理者在“長”字前補一“不”字，注釋：“可”字下面的“不”字原脱，據文義試補。**二、補“不”字與原意相悖**。陳偉武（2009）：根據上博簡《彭祖》“述惕之心不可長”，擬補“不”字與原意相悖。《説苑·談叢》：“忽忽之謀，不可爲也；惕惕之心，不可長也。”楚簡“述惕”之“述”和秦簡“術惕”之“術”皆當讀爲“墜”，“惕”讀爲“易”，“述惕”“術惕”“惕惕”均指輕慢。

⑥鬼：**有四説：一、讀爲“惠”，仁惠，寬厚**。抱小（2004）：“鬼”當讀爲“惠”，“慧”“惠”古字通。馬王堆漢墓帛書《經法·六分》曰：“主惠臣忠者其國安。”《墨子·天志中篇》曰：“內有以食饑息勞，持養其萬民，則君臣上下惠忠，父子弟兄慈孝。”又見《墨子·兼愛中篇》《墨子·兼愛下篇》。賈子禮篇曰：“君惠臣忠，父慈子孝。”《家語·賢君篇》亦云“君惠臣忠”。朱漢民、陳松長（2010：147）：據本簡及文獻記載，《爲吏之道》“鬼”或爲“惠”之誤寫，或當讀作“惠”。“惠”，仁愛，寬厚。陳偉（2016C：307）釋文爲：以此爲人君則鬼（惠）。**二、讀爲“懷”，和柔**。整理者：“懷”字漢代多寫作“褱”。**三、讀爲“威”，威嚴，權勢、權力**。范常喜（2006）：“鬼”似當讀爲“威”。“威”是一種使人畏懼攝服的力量，引申而爲權勢、權力，經常用來形容君王。方勇（2009B）認爲，可釋爲“畏”，訓讀爲“威”，《管子·君臣上》“君不失其威”可參。《爲吏治官及黔首》作“惠”。**四、讀如字，神秘莫測**。張政烺（1990：115）説。戴世君（2008A）：秦統治者治理臣民崇尚法家思想，《韓非子·八經》：“明主之行制也天，其用人也鬼。天則不非，鬼則不困。”“爲人君則鬼”的“鬼”應即韓非子的明主“用人也鬼”的“鬼”，爲“神秘莫測”之意。

⑦茲：**通“慈”，慈愛、和善**。

⑧爂：**達成，達到**。整理者作“徹”，注釋：達到。張守中（1994：205）釋爲“爂”。

林素清（2010）：在這段談論君、臣、父、子、人上、人下應有德行的論述之間，突然加入簡42Ⅱ至簡43Ⅱ“能審行此，无官不治，无志不爂”兩欄三句，非常不通順，若將兩簡移到簡36Ⅱ、37Ⅱ之後，則顯得文理通暢。凡國棟（2011）將簡42Ⅱ、43Ⅱ移至簡45Ⅱ之後，相關簡文讀作“以此爲人君則鬼，爲人臣則忠；爲人父則茲，爲人子則孝；爲人上則明，爲人下則聖。能審行此，无官不治，无志不㝃。君鬼臣忠，父茲子孝，政之本殹；志㝃官治，上明下聖，治之紀殹”。

⑨聖：**有三說：一、聖明**。陳玉璟（1985）：“聖”用的是其常用義“無事不通；德智、才能出衆”。張政烺、日知（1994：116）：“聖”指“聖臣”。夏利亞（2019：337）：張、陳之說是，“聖”不必改讀爲“聽”。**二、疑讀爲“聽”，聽從命令**（整理者）。**三、賢能**。張世超、張玉春（1985）：“聖”爲賢能之義。

⑩紀：**纲纪**。整理者：《國語・晉語》注：“經也。”意即“綱要”。

【今譯】

・要警戒，要警戒啊，不可贈送財物行賄；Q1_11_8_33Ⅱ要謹慎，要謹慎啊，計謀不可洩露；Q1_11_8_34Ⅱ要慎重，要慎重啊，說出的話不可追回；Q1_11_8_35Ⅱ要顧忌，要顧忌啊，虧損無法償還。Q1_11_8_36Ⅱ戒懼之心不可生出。Q1_11_8_37Ⅱ憑藉這些，做君主就會仁惠，Q1_11_8_38Ⅱ做臣子就會忠誠；Q1_11_8_39Ⅱ做父親就會慈愛，Q1_11_8_40Ⅱ做兒女就會孝順；Q1_11_8_41Ⅱ能確實做到這些，沒有甚麼官不Q1_11_8_42Ⅱ能治好的，沒有甚麼志向不能達成的，Q1_11_8_43Ⅱ官位在人之上就會明白事理，Q1_11_8_44Ⅱ官位在人之下就會德智、才能出衆。Q1_11_8_45Ⅱ君主仁惠，臣子忠誠，父親慈愛，Q1_11_8_46Ⅱ兒女孝順，這些是政治的根本。Q1_11_8_47Ⅱ志向能夠達成，官員能夠治理好，在高位能夠明白事理，在低位Q1_11_8_48Ⅱ而德智、才能出衆，是治理的纲纪。Q1_11_8_49Ⅱ

【釋文】

・除害興利，Q1_11_8_50Ⅱ茲（慈）愛萬姓[1]。Q1_11_8_51Ⅱ毋辠（罪）毋（無）辠（罪）、可赦[2]。Q1_11_8_1Ⅲ孤寡窮困，Q1_11_8_2Ⅲ老弱獨轉[3]，Q1_11_8_3Ⅲ均繇（徭）賞罰[4]，Q1_11_8_4Ⅲ敖（傲）悍䆟暴[5]，Q1_11_8_5Ⅲ根（墾）田人（仞）邑[6]，Q1_11_8_6Ⅲ賦斂毋（無）度，Q1_11_8_7Ⅲ城郭官府，Q1_11_8_8Ⅲ門戶關龠（鑰）[7]，Q1_11_8_9Ⅲ除陛甬道[8]，Q1_11_8_10Ⅲ命書時會[9]，Q1_11_8_11Ⅲ事不且須[10]，Q1_11_8_12Ⅲ貰責（債）在外[11]，Q1_11_8_13Ⅲ千（阡）佰（陌）津橋[12]，Q1_11_8_14Ⅲ囷屋蘠（墻）垣[13]，Q1_11_8_15Ⅲ溝渠水道，Q1_11_8_16Ⅲ犀角象齒，Q1_11_8_17Ⅲ皮革橐（蠹）突[14]，Q1_11_8_18Ⅲ久刻職（識）物[15]，Q1_11_8_19Ⅲ倉庫禾粟，Q1_11_8_20Ⅲ兵甲工用，Q1_11_8_21Ⅲ樓椑矢閱（穴）[16]，Q1_11_8_22Ⅲ槍閵（藺）環殳[17]，Q1_11_8_23Ⅲ比臧（藏）封印[18]，Q1_11_8_24Ⅲ水火盜賊，Q1_11_8_25Ⅲ金錢羽旄[19]，Q1_11_8_26Ⅲ息子多少[20]，Q1_11_8_27Ⅲ徒隸攻丈[21]，Q1_11_8_28Ⅲ作務員程[22]，Q1_11_8_29Ⅲ老弱㾪（癃）病[23]，Q1_11_8_30Ⅲ衣食飢寒，Q1_11_8_31Ⅲ稾靳瀆（瀆）[24]，Q1_11_8_32Ⅲ屚（漏）屋塗墍（塈）[25]，Q1_11_8_33Ⅲ苑囿（囿）園池[26]，Q1_11_8_34Ⅲ畜產肥䏑（胔）[27]，Q1_11_8_35Ⅲ朱珠丹青。Q1_11_8_36Ⅲ臨事不敬，Q1_11_8_37Ⅲ倨驕母〈毋（無）〉人[28]，Q1_11_8_38Ⅲ苛難留民[29]，Q1_11_8_39Ⅲ變民習浴（俗）[30]，Q1_11_8_40Ⅲ須身旞（遂）過[31]，Q1_11_8_41Ⅲ興事不時，Q1_11_8_42Ⅲ緩令急徵[32]，Q1_11_8_43Ⅲ夬（決）獄不正[33]，Q1_11_8_44Ⅲ不精於材（財）[34]，Q1_11_8_45Ⅲ灋（廢）置以私[35]。Q1_11_8_46Ⅲ

【匯釋】

①萬姓：**百姓**。整理者：見《漢書・谷永傳》，即百姓。

②毋皋毋皋、可赦：**有三說：一、在“可赦”前加頓號**。陳偉（2016C：309）：似當讀作“毋皋毋皋、可赦”，是說勿加罪於無罪和輕罪而可赦免者。**二、在“可赦”前補“毋罪”二字**。整理者：這兩句的意思是，不要加罪於沒有罪的人，沒有罪就應當赦免。**三、斷讀爲毋罪毋罪，可赦孤寡窮困**。白於藍（2010）：“毋罪可赦”頗爲不辭，赦免本是專門針對有罪之人的處理方式，既然無罪，自然也就談不上赦免。應該斷讀爲“除害興利，茲愛萬姓。毋皋毋罪，可赦孤寡窮困、老弱獨轉”。

③轉：整理者作“傳”，張守中（1994：211）改釋。

轉：**有二說：一、讀爲“專”，獨，單**。陳偉（2016C：309）“轉”或讀爲“專”，與“獨”義近。《國語・晉語八》“非起也敢專承之”，韋昭注：“專，獨也。”《禮記・曲禮上》“有喪者專席而坐”，鄭玄注：“專，猶單也。”**二、讀爲“傳”**。白於藍（2010）：獨傳，體其文義，應相當於今天所說的單傳或獨子。

④繇：**後作“徭”，古代統治者強制人民承担的無償劳動。**

⑤勢：**有三說：一、作“傲”，自高自大**。整理者作“傲”。當爲“自高自大”之義。**二、通“敖”，指敖民、遊民**。陸錫興（1990）：通“敖”，指敖民，《漢書・食貨志上》：“朝亡廢官，邑亡敖民。”顏師古注：“敖謂逸遊也。”**三、通“豪”，強悍、凶暴**。魏德勝（2002）：《說文》：“勢，健也。从力、敖聲。讀若豪。”“敖悍”即“豪悍”。王安石《祭周幾道文》：“意氣豪悍，崩山決澤。”賈麗英（2006）：“勢”應通“豪”，與“悍”一樣是中性詞，可褒可貶，入於律時指強悍、凶暴之人。

悍：**有二說：一、即“姦”，泛指於外作惡者**。陸錫興（1990）：即“姦”之古字，姦人並不專指某一種人，而是泛指於外作惡者。**二、勇猛凶悍**。方勇（2011B）說。

衺：**有四說：一、讀爲“戮”，暴**。整理者釋寫爲“衺”，注釋：應讀爲“戮”。《淮南子・時則訓》：“孟秋之月，……求不孝不悌、戮暴傲悍而罰之。”《呂氏春秋・貴因》注：“戮，暴也。”方勇（2010：399）：中間部分似“厷”字，似爲“衺”之誤字，讀爲“戮”。方勇（2012：225）：隸爲“衺”，“衺”之異體，通“戮”。**二、即“宄”之異體，或讀爲“宄”，在內作亂者**。張世超、張玉春（1985B）說。陸錫興（1990）：“衺”从宄从衣，讀爲“宄”。“姦宄”並稱亦常分別而言之，《韓非子・八經・起亂》：“外不籍，內不因，衹姦宄塞矣。”句中“姦”爲外，而“宄”爲內。秦簡所云“宄”亦析言之義，指在內作亂者，亦刑禁之列。朱湘蓉（2008）：即古書中的“宄”，可指作亂或盜竊的壞人。方勇（2011B）：秦簡“衺”字極有可能即是《說文》“宄”字古文“衺”的訛形。指“凶暴”“欺壓”義。**三、釋爲“冤”，冤暴，暴虐**。陳偉（2016C：310）：此字與嶽麓書院藏秦簡(叁）案例七、銀雀山漢簡《孫子兵法・吳問》（簡159）“婉”所从之冤近似，疑當釋爲“冤”。冤暴，暴虐義。《管子・形勢解》：“紂之爲主也，勞民力，奪民財，危民死，冤暴之令加於百姓，憯毒之使施於天下。”《新序・刺奢》亦云：“紂……作炮烙之刑，戮無辜，奪民力，冤暴施於百姓，慘毒加於大臣。”可參看。**四、讀如“糾”**。《漢語大字典》字形組（1985：1686）：“究”从九，當讀如“糾”。

⑥根：**通“墾”，耕，開發**。《國語・周語上》：“土不備墾，辟在司寇。”

根墾田：**開發田地**。

人：**通“仞”，滿，使充實**。而“仞”又通“牣”，爲“滿”之義。《正字通・人部》：“仞，通作牣。”《殷本紀》：“益收狗馬奇物，充仞宮室。”

人邑：**使城邑人口充實**。《呂氏春秋・勿躬》：“墾田大邑。”（整理者）劉嬌（2009：224）：《管子・小匡》“墾草入邑”，《韓非子・外儲說左下》“墾草仞邑”，《新序・雜事四》“墾田𦠆邑”，可與簡文相參照。

⑦侖：**通“錀”，門直閂**。

⑧除陛：**臺階**（整理者）。夏利亞（2019：339）：疑爲宮殿的臺階。

甬道：**兩側有墻的通道**。整理者：見《秦始皇本紀》《項羽本紀》。夏利亞（2019：339）：兩旁有墻或其他障蔽物的馳道或通道。

⑨命書：**即制書，皇帝制度之命**。整理者：秦始皇統一後改“命”爲“制”，見《秦始皇本紀》，集解引蔡邕云：“制書，帝者制度之命也。”夏利亞（2019：339）：詔書，詔令。

時會：**有二說：一、即時處理**。張永成（1981B）：《秦律十八種・行書律》：“行命書及書署急者，輒行之；不急者，日觱，勿敢留。”“命書時會”即“命書須即到即處理”之意。**二、一種朝見的典禮**。整理者：《周禮・大行人》：“時會以發四方之禁。”注：“時會，即時見也，無常期。”此處“時會”應指一種朝見的典禮。

⑩且：**“將且”之“且”**。周守晉（2005：107）說。

須：**等待、拖延**（整理者）。

⑪貰：**借貸**（整理者）。責：**後作“債”，債款**。

⑫千：**通“阡”，田間南北方向的小路**。佰：**通“陌”，田間東西方向的小路**。

津：**渡口**（整理者）。

⑬囷：**圓形的穀倉**（整理者）。

蘠：**通“墻”，墻壁**。《說文》：“墻，垣蔽也。”指用土築或用磚石等砌成的屏障或外圍。

⑭槖：**通“蠹”，蛀蟲**。《說文》：“蠹，木中蟲。”

槖突：**被蠹嚙穿**（整理者）。

⑮久：**有二說：一、讀如字，標記**。魏德勝（2003：234）：“久”自有“標記”義，不必改讀。**二、讀爲“記”，標誌**。整理者說。

職：**通“識”，能辨別**。

⑯椑：**讀爲“陴”，城上的女墻**（整理者）。

閱：**讀爲“穴”，穴口**。整理者：參看《說文》段注。

矢閲：**當指城上射箭用的穴口**（整理者）。

⑰槍：**一種兩端尖銳的木製武器**（整理者）。夏利亞（2019：340）：長柄有尖頭的刺擊兵器。或削木爲之，或裝置金屬尖頭。

藺：**通“藺”，擂石**（整理者）。

瓌：**讀爲“戌”，屋瓦**。整理者：《說文》：“屋牡瓦也。”藺和瓦都是守城用物，《墨子·號令》：“悉舉民室材木、瓦若藺石數，署長短小大。”

⑱比：**有二說：一、讀爲“庇”，覆蓋**。整理者說。**二、讀爲“閉”，閉藏**。陳偉（2016C：311）：恐當讀爲“閉”。《左傳·襄公十年》：“閉府庫，慎閉藏。”《爲吏治官與黔首》簡84叁“封閉毋隋（墮）”，亦可參。趙立偉（2002）：“庇”，《說文》雖收此字，但在《漢語古文字字形表》《汗簡》《古文四聲韻》等古文字材料中均不見。由此可推斷，“庇”字在當時還未產生，不能把“比”看作“庇”的通假字。

臧：**同“藏”，收存**。

⑲金錢：**指車馬的裝飾，豹尾**。整理者：此句“金錢”“羽旄”疑均指車馬的裝飾。“金錢”可能即豹尾。《古今注》：“豹尾車，周制也，……古軍正建之，今唯乘輿得建焉。”

羽旄：**指車馬的裝飾，鳥羽和旄牛尾**。整理者：《國語·晉語》注：“羽，鳥羽也，翡翠、孔雀之屬。旄，旄牛尾也。”此句“金錢”“羽旄”疑均指車馬的裝飾。

⑳息：**義與“子”同**（整理者）。息子：**指小豬、小雞**（整理者）。

㉑徒隸：**刑徒**。陳玉璟（1985）說。

攻丈：**有二說：一、即“工技”，有技藝者**。陳偉（2016C：311）：丈，疑當釋爲“支”，讀爲“技”。攻，相應讀爲“工”。工技，指有技藝者。“工”“技”二義在簡文中似皆可通。**二、度量**。整理者說。

㉒作務：**從事手工業**。《墨子·非儒下》：“惰於作務。”《漢書·尹賞傳》“無市籍商販作務”，王先謙《補注》引周壽昌云：“作務，作業技工之流。”

員程：**工作指標**。整理者：《漢書·尹翁歸傳》：“責以員程不得取代，不中程輒笞督。”注：“員，數也，計其人及日數爲功程。”楊樹達《漢書窺管》卷八：“員程謂定數之程課，如每日斫莝若干石之類。”夏利亞（2019：340）：指規定人數、期限的工作指標。

㉓痒：**同“癃”，指年老衰弱多病**。

㉔稾靳瀆：整理者：此句原脫“一”字，意義不明。結合一些學者認爲本篇含有黃老道家的思想這一觀點（劉天奇，1994），此句可試釋爲：將箭桿、給服馬（駕車之馬）護胸的皮革一併扔入水溝中，亦即與民休養生息。

稾：**禾稈，引申爲箭桿**。《周禮·夏官·序官》：“稾人。”鄭玄注引鄭司農云：“稾讀爲芻稾之稾，箭桿謂之稾，此官主弓弩箭矢，故謂之稾人。”

靳：**指保護服馬胸部的皮革**。《說文·革部》：“靳，當膺也。”

瀆：**通“瀆”，水溝**。《說文》：“瀆，溝也。一曰邑中溝。”段玉裁注：“瀆之言實也。凡水所行之孔曰瀆，大小皆得稱瀆。”

㉕屚：**同“漏”，水由屋頂的孔縫透過或滴下。**

墍：**同“塈”，仰涂屋頂。**塗墍：**用灰泥塗抹房屋。**整理者：《尚書·梓材》：“惟其塗塈茨。”

㉖囷：**有圍墻的園子。**整理者徑釋爲“囿”，方勇（2012：183）改釋。

㉗羋：**同“㸲”，指羊的一種。**

㉘母：**“毋”字之誤。通“無”，沒有。**整理者作“毋”。

㉙苛難留民：**對百姓盤詰留難。**整理者：《漢書·成帝紀》：“流民欲入函谷、天井、壺口、五阮關者，勿苛留。”陳偉（2016C：312）：苛難，盤詰留難。《韓非子·內儲說左上》：“衛嗣公使人爲客過關市，關市苛難之。因事關市以金，關市乃捨之。”

㉚浴：**通“俗”，社會上長期形成的風尚、禮節、習慣等。**

㉛須：**有二說：一、“須”即“順”之訛。**戴世君（2008A）：“須”爲“順”的形近訛寫，“須身”即是“順身”，也就是“自順”。**二、疑讀爲“懦”，怯於。**整理者：“須身旞過”大意是“不敢糾正自己的錯誤”。

旞：**通“遂”，長、成。**陳偉（2016C：312）：《呂氏春秋·振亂》：“是窮湯、武之事而遂桀、紂之過也。”高誘注：“遂猶長也。”又《達鬱》：“今王塞下之口，而遂上之過也。”與簡文相對照，可知“遂過”之“遂”也應該是“長”“成”一類意思。《管子·法禁》“勤身遂行”，亦可與簡文相參照。

須身旞過：**順從己意，助長錯誤。**

㉜林素清（2010）：若更動四枚簡序，將“興事不時，緩令急徵”移到“朱珠丹青，臨事不敬”之後，簡文文義也更顯條理清楚了。凡國棟（2011）：調整之後簡文爲“變民習浴，須身旞過，夬獄不正，不精於材，興事不時，緩令急徵，灋置以私”。

㉝夬：**通“決”，判斷。**

㉞材：**通“財”，金錢和物資。**

㉟灋置：**有二說：一、（官吏的）任免。**整理者讀爲“廢”，注釋：廢置，任免。**二、法廢，法律被廢棄。**陳玉璟（1985）：法如字讀，“置”作廢棄解，“法置以私”就是“法廢以私”。

【今譯】

·清除有害的事情，興辦有益的事業，Q1_11_8_50Ⅱ對百姓仁慈愛惜。Q1_11_8_51Ⅱ勿加罪於無罪和輕罪可赦免的人。Q1_11_8_1Ⅲ（對）孤兒寡婦，貧窮困苦，Q1_11_8_2Ⅲ年老衰弱，孤單一人，Q1_11_8_3Ⅲ（應當）均衡傜役、獎賞和懲罰，Q1_11_8_4Ⅲ（不可）高傲強悍、殺戮（百姓）、（爲人）殘暴，Q1_11_8_5Ⅲ應開墾土地，使城邑人口充實，Q1_11_8_6Ⅲ徵收賦稅（不能）不依法度，Q1_11_8_7Ⅲ城墻和官家的府庫，Q1_11_8_8Ⅲ门扇的插閂，Q1_11_8_9Ⅲ臺階和兩側有墻的通道（都要管理好），Q1_11_8_10Ⅲ制書須即時處理，Q1_11_8_11Ⅲ辦事不能拖延，Q1_11_8_12Ⅲ（不）能在外借債，Q1_11_8_13Ⅲ田間小路、渡口和橋樑，Q1_11_8_14Ⅲ穀倉、房屋和墻壁，Q1_11_8_15Ⅲ溝渠水路，Q1_11_8_16Ⅲ犀牛角和象牙，Q1_11_8_17Ⅲ獸皮被蠹蟲嚙穿，Q1_11_8_18Ⅲ在物體上作標記以便於識別，Q1_11_8_19Ⅲ糧倉和保管兵車的地方以及糧食，Q1_11_8_20Ⅲ兵器铠甲和工程用具，Q1_11_8_21Ⅲ城上的女墻和射箭用的穴口，Q1_11_8_22Ⅲ木製武器、擂石、屋瓦、殳等器物（這些都要顧及），Q1_11_8_23Ⅲ要收存好封緘文书和印信，Q1_11_8_24Ⅲ（關注）水患火災和偷盜財物的人，Q1_11_8_25Ⅲ金錢、羽旄等車馬的裝飾，Q1_11_8_26Ⅲ小豬、小雞的數量，Q1_11_8_27Ⅲ刑徒和有技藝者，Q1_11_8_28Ⅲ作業技工的工作指標，Q1_11_8_29Ⅲ年老衰弱多病（的人），Q1_11_8_30Ⅲ（百姓的）衣服和食物、飢餓和寒冷，Q1_11_8_31Ⅲ將箭桿、服馬的護胸皮革一併扔入水溝中，Q1_11_8_32Ⅲ用灰泥塗抹漏水的房屋，Q1_11_8_33Ⅲ林苑和水池，Q1_11_8_34Ⅲ肥羊等饲养的禽畜，Q1_11_8_35Ⅲ丹砂和青臒（等顏料）（方方面面都要照顧好）。Q1_11_8_36Ⅲ遇事不認真對待，Q1_11_8_37Ⅲ傲慢驕横，目中無人，Q1_11_8_38Ⅲ對百姓盤詰留難，Q1_11_8_39Ⅲ改變百姓的習慣風俗，Q1_11_8_40Ⅲ順從己意，助長錯誤，Q1_11_8_41Ⅲ興辦事業不适时，Q1_11_8_42Ⅲ命令鬆緩，徵發卻急，Q1_11_8_43Ⅲ判決案件不公正，Q1_11_8_44Ⅲ對財物（的管理）不精細，Q1_11_8_45Ⅲ任憑私心來任免官吏（這些都是不可爲的）。Q1_11_8_46Ⅲ

【釋文】

·處如資[①]，Q1_11_8_47Ⅲ言如盟[②]，Q1_11_8_48Ⅲ出則敬，毋施當[③]，Q1_11_8_49Ⅲ昭如有光[④]。Q1_11_8_50Ⅲ施而喜之[⑤]，Q1_11_8_51Ⅲ敬而起之，Q1_11_8_1Ⅳ惠以聚之，Q1_11_8_2Ⅳ寬以治之，Q1_11_8_3Ⅳ有嚴不治[⑥]。Q1_11_8_4Ⅳ與民有期，Q1_11_8_5Ⅳ安騶而步[⑦]，Q1_11_8_6Ⅳ毋使民懼[⑧]。Q1_11_8_7Ⅳ疾而毋諰[⑨]，Q1_11_8_8Ⅳ簡（簡）而毋鄙[⑩]。Q1_11_8_9Ⅳ當務而治，Q1_11_8_10Ⅳ不有可茝[⑪]。Q1_11_8_11Ⅳ勞有成既[⑫]，Q1_11_8_12Ⅳ事有幾時[⑬]。Q1_11_8_13Ⅳ治則Q1_11_8_14Ⅳ敬自賴之[⑭]，Q1_11_8_15Ⅳ施而息之[⑮]。Q1_11_8_16Ⅳ慣而牧之[⑯]；Q1_11_8_17Ⅳ聽其有矢[⑰]，Q1_11_8_18Ⅳ從而賊（則）之[⑱]；Q1_11_8_19Ⅳ因而徵之[⑲]，Q1_11_8_20Ⅳ將而興之[⑳]，Q1_11_8_21Ⅳ雖有高山[㉑]，鼓而Q1_11_8_22Ⅳ乘之[㉒]。Q1_11_8_23Ⅳ民之既教，Q1_11_8_24Ⅳ上亦毋驕，Q1_11_8_25Ⅳ孰道毋治[㉓]，Q1_11_8_26Ⅳ發正亂昭[㉔]。Q1_11_8_27Ⅳ安而行之，Q1_11_8_28Ⅳ使民望之。Q1_11_8_29Ⅳ道傷（易）車利[㉕]，Q1_11_8_30Ⅳ精而勿致[㉖]。Q1_11_8_31Ⅳ興之必疾，Q1_11_8_32Ⅳ夜以椄（接）日[㉗]。Q1_11_8_33Ⅳ觀民之詐[㉘]，Q1_11_8_34Ⅳ罔服必固[㉙]。Q1_11_8_35Ⅳ地脩城固[㉚]，Q1_11_8_36Ⅳ民心乃寧。Q1_11_8_37Ⅳ百事既成，Q1_11_8_38Ⅳ民心既寧[㉛]，Q1_11_8_39Ⅳ既毋後憂，Q1_11_8_40Ⅳ從政之經[㉜]。Q1_11_8_41Ⅳ不時怒[㉝]，Q1_11_8_42Ⅳ民將姚去[㉞]。Q1_11_8_43Ⅳ

【匯釋】

①資：**讀爲“齋”，齋戒**（整理者）。處如資：《莊子》：“居處若齋，飲食若祭。”王家臺秦簡作“處如梁”。

②處如資，言如盟：**日常生活要和齋戒一樣，説話要和盟誓一樣**（整理者）。

③毋施當：**有三説：一、不要廢弛應經常遵守的原則**。整理者：施，疑讀爲“弛”，廢弛。當，讀爲“常”，應經常遵守的原則。**二、不要鬆懈或怠慢**。王明欽（2004）：“施”讀爲“弛”是正確的，睡虎地秦簡中的“施”，王家臺秦簡寫作“虒”或“褫”，《説文》“弛”之古文作“虒”，與“褫”“虒”皆可相通；“當”應爲“張”，“張”與“弛”爲同義詞，在此應理解爲“鬆懈”或“怠慢”。**三、不可失當**。陳偉武（1998）：“施”有“施捨”義，又有“遺失”義，合乎詞義相生的原理，不必破讀。“當”指適合、合宜，亦可如字讀。《呂氏春秋・義賞》：“用賞罰不當亦然。”“當”字用法同秦簡。“毋施當”即不可失當之意。

④昭如有光：**容儀恭美有光彩**。

“處如資”至“昭如有光”：王明欽（2004）：王家臺秦簡作“處如梁，言如盟，出則敬，毋褫張，炤如有光”。王家臺秦簡第三圈文字對這四句的解釋是：“處如梁以告靜，言如盟以告正，出則敬有信德殹（也），勿褫張告民不貣（忒）殹（也），炤如有光則□□之極殹（也）。”據此，“資”當以梁爲正；“炤”即“照”，《説文》：“照，明也，从火、昭聲，字亦作炤。”在此應從睡虎地秦簡讀作“昭”，《周書・謚法》：“昭德有勞曰昭，容儀恭美曰昭，聖聞周達曰昭。”

⑤施：**施捨**。整理者：這一句和以下幾句都是對民而言。

⑥有：**語首助辭，無義**。整理者：見楊樹達《詞詮》卷七。陳偉（2016C：313）：《孝經・聖治章第九》：“聖人之教不肅而成，其政不嚴而治。”可參看。夏利亞（2019：342）：當爲助詞，“有”用在名詞之前，無義。

⑦安：**讀爲“按”**（整理者）。騶：**即騶騎，在車前導行的騎者**（整理者）。安騶而步：**叫開道的騶騎慢慢地走**（整理者）。

⑧以上四句，王家臺秦簡《爲政之常》作“有嚴不治，與民有期，安毆而步，毋使民溥”。其解釋部分，簡CⅢ作“有嚴不治敬王事矣，與民有期告之不再矣，安毆而步登於山矣，毋事民溥游於□矣”；簡DⅣ作“弗臨以嚴則民不敬，與民無期則□幾不正，安毆而步孰知吾請”。毆，胡平生、李天虹（2004：285）：讀爲“騶”。

毋使民懼：**不要使百姓驚懼**。王家臺秦簡《爲政之常》作“毋使民溥”。“溥”，劉嬌（2009：224）引鄔可晶説：當爲“溥”之誤釋或誤排。溥，讀爲“怖”。毋使民怖，與“毋使民懼”同義。

⑨謬：**説錯**。整理者：《廣韻》：“語失也。”

⑩簡：**同“簡”，不複雜**。

疾而毋謬，簡而毋鄙：**説話要快，但不要説錯，要簡練，但不要鄙俗**（整理者）。

⑪茝：**有二說：一、讀爲“改”，悔改**。整理者：此句意爲不要做所懊悔的事，與上面“毋行可悔”意同。**二、疑讀爲“恥”，羞愧**。陳偉（2016C：314）說。

不有可茝：**不要做讓自己懊悔的事**。

⑫成既：**成就**（整理者）。陳偉（2016C：314）：《逸周書·武紀解》：“勞而有成。”可參照。

⑬幾時：**有二說：一、期限**。路得（2007）：“幾”和“時”應該是意義相近的兩個詞。“勞有成既，事有幾時”是說：使用民力去從事勞作總要有結束的時候，徵發民衆服役也須有固定的期限。事，就是傜役。夏利亞（2019：343）：路氏之說甚有理。**二、結束的時候**（整理者）。

⑭治：**指治民**。整理者：以下幾句也都是對民而言。

自：**用法同“以”字**（整理者）。

⑮施：**讀爲“弛”**（整理者）。

⑯䆊：**讀爲“密”**。整理者：《詩經·清廟之什·昊天有成命》傳：“寧也。”

牧：**養**（整理者）。

⑰聽其有矢：**有四說：一、（吏者）聽到民有乖違行爲**。戴世君（2008C）：“聽”“觀”［陳偉（2016C：314）：指簡34Ⅳ之“觀民之詐”］即“聽言觀行”之“聽”“觀”。矢，當讀爲“敿”，乖違。“聽其有矢，從而賊之”，是說爲吏者聽到民有乖違行爲後要加以糾正。**二、等待他們有所陳述**。聽，整理者：等待。矢，整理者：陳述。**三、聽其有道**。連劭名（2008）：“有矢”如言“有道”，《詩經·谷風之什·大東》云：“周道如砥，其直如矢。”“聽其有矢”與“聽有方”同義。**四、治理有失誤**。聽，審察，治理。矢，乖違。夏利亞（2019：344）說。

⑱賊：**有二說：一、通“則”，糾正、約束**（整理者）。陳偉（2016C：314）：《新書·大政上》：“故雖有不肖民，化而則之。”可參照。夏利亞（2019：344）：要馬上糾正。**二、讀爲“測”，窮盡**。連劭名（2008）：《大戴禮記·夏小正》云：“曰則，盡其辭也。”“賊”又可讀爲“測”，《淮南子·原道訓》云：“深不可測。”高誘注：“測，盡也。”《呂氏春秋·論人》云：“不可測也。”高誘注：“測，窮極也。”

⑲因而：**連詞，表示下文是上文的結果**。夏利亞（2019：344）說。

徵：**徵召**。夏利亞（2019：344）說。

⑳將：**有二說：一、率領**（整理者）。**二、持**。連劭名（2008）：《荀子·成相》云：“吏謹將之無鈹滑。”楊注：“將，持也。”

興：**發**。連劭名（2008）：“興”“發”同義，《左傳·哀公廿六年》：“興空澤之士千甲。”《釋文》：“興，發也。”

因而徵之，將而興之：**能夠徵召他們，帶領他們奮發**。夏利亞（2019：344）說。

㉑雖：**表示假設關係，意爲即使**。夏利亞（2019：344）說。

㉒乘：**登**。整理者：這兩句是說，雖然面前有高山，也可以一鼓作氣，使人民

攀登上去。

㉓孰道毋治：**有二説：一、要詳加教導，不要懈怠**。孰，整理者讀爲“熟”，詳。孰道，整理者：詳加教導。治，整理者：應讀爲“怠”。**二、熟路不必修治**。劉桓（1998）：“道”指道路，《吴子·治兵》“日暮道遠”，侯馬盟書有“行道”一詞。下文云“安而行之”，“使民望之。道傷車利，精而勿致，興之必疾，夜以椄日”等，皆以行車於道喻爲政治民的道理，亦可證“道”是就道路而言。“孰道毋治”，猶言熟路不必修治。

㉔發：**舉**（整理者）。亂：**《説文》：“治也。”**

發正亂昭：**這一句的意思可能是施政要正當光明**（整理者）。

㉕傷：**同“易”，平坦**。整理者：易，《淮南子·兵略訓》注：“平地也。”

道傷易：**道路平坦**（整理者）。

㉖致：**讀爲“至”，達到極點**（整理者）。

胡平生、李天虹（2004：285）：以上四句，王家臺秦簡《爲政之常》作“安而行之，事民望之，道易車利，静而毋致”。睡虎地秦簡整理時此句下爲逗號，今據王家臺簡可作校正。

㉗椄：**同“接”，連續**。

㉘詐：**有二説：一、疑讀爲“作”**（整理者）。**二、“詐”，應讀如字，指奸僞**。戴世君（2008C）説。

㉙觀民之詐，罔服必固：**有四説：一、要考察百姓所製作的車輛，使之堅固耐用**（整理者）。罔，整理者讀爲“輞”，車輪的外周。服，整理者：車箱。**二、吏者對奸僞的百姓，興事要像車輪一樣周密，使其奸不得售**。戴世君（2008C）：“詐”，應讀如字，指奸僞。“罔服必固”是比喻之言。夏利亞（2019：345）：戴氏所言有理。**三、官吏要信念堅定，不可盲目信服下民的欺詐言行**。連劭名（2008）：《爾雅·釋詁》云：“詐，僞也。”《廣雅·釋詁二》云：“詐，欺也。”“罔服”爲不要信從之義，“固”指心地專一，不含雜念。**四、統治者顯現欺詐的面目，民衆必定不服**。陳偉（2016C：315）：“興之必疾”四句，立意似與上文相反。觀，疑爲顯示義。罔服，不服。簡文是説過分興發民力，日夜不休，統治者顯現欺詐的面目，民衆必定不服。

㉚地：**有二説：一、如字讀，土地**。陳偉（2016C：315）：“地”也可能如字讀，張家山漢簡《蓋廬》簡 52 ~ 53：“地大而無守備，城多而無合者，攻之。”可參照。**二、疑爲“池”字之誤，护城河**。陳偉（2016C：315）：古書中“城”“池”常對文，如《左傳·僖公四年》：“楚國方城以爲城，漢水以爲池。”賈誼《過秦論》：“然後踐華爲城，因河爲池。”《三國志·劉曄傳》“城堅池深”，與簡文“地脩城固”相近。

㉛胡平生、李天虹（2004：285）：“民心乃寧”重出。

㉜經：**綱領**（整理者）。

㉝時：**有二説：一、適時**。陳偉（2016C：316）：“時”，當爲“適時”意。如

《樂書》："夫朝歌者不時也。"**二、一向、向來。**胡波（2010：18）："時"爲時間副詞，即"一向""向來"之意。

㉞姚：**有三說：一、讀爲"逃"，逃去。**陳偉武（2007）：讀爲"逃"，與表離去的"去"義近連文。**二、同"遙"，遠遠地。**整理者：《荀子・榮辱》注："與遙同。"這兩句的意思是，經常對百姓發怒，百姓就會遠遠地離開。**三、疾行。**周守晉（2005：111）："遙"當訓爲"疾"。《方言》卷六："遙，疾行也。南楚之外或曰遙。""將遙"應爲疾行之意。

以上八句，王家臺秦簡《爲政之常》作"坨脩城固，民心乃殷，不時而怒，民將逃去，百事既成，民心乃寧，（既無）後憂，從政之經"。林素清（2010）據以將簡42、簡43移至簡36、簡37之後。凡國棟（2011）將簡42、簡43移至簡45、簡46之間，並疑"不時怒"或本應作"怒不時"，從而與"長不行"等句式一致。

【今譯】

・日常生活要和齋戒一樣，Q1_11_8_47Ⅲ說話要和盟誓一樣，Q1_11_8_48Ⅲ出仕要恭敬，不要廢弛應經常遵守的原則，Q1_11_8_49Ⅲ容儀恭美有光彩。Q1_11_8_50Ⅲ樂善好施，百姓就會喜歡你；Q1_11_8_51Ⅲ尊敬長上，百姓也會尊重你；Q1_11_8_1Ⅳ以仁惠之心來聚集百姓；Q1_11_8_2Ⅳ以寬廣之心來治理百姓；Q1_11_8_3Ⅳ（過於）嚴密則治理不好。Q1_11_8_4Ⅳ與百姓有約，Q1_11_8_5Ⅳ叫開道的騶騎慢慢地走，Q1_11_8_6Ⅳ不要使百姓驚懼。Q1_11_8_7Ⅳ說話要快，但不要說錯，Q1_11_8_8Ⅳ要簡練，但不要鄙俗。Q1_11_8_9Ⅳ面對事務就要去處理，Q1_11_8_10Ⅳ不要做讓自己懊悔的事。Q1_11_8_11Ⅳ辛勤勞作總會有所成就，Q1_11_8_12Ⅳ事情總要有結束的時候。Q1_11_8_13Ⅳ治民就應當Q1_11_8_14Ⅳ尊重百姓，以求能夠倚靠他們，Q1_11_8_15Ⅳ讓百姓鬆弛，能夠休養生息。Q1_11_8_16Ⅳ治理百姓應當使他們安寧；Q1_11_8_17Ⅳ爲吏者聽到民眾有乖違行爲，Q1_11_8_18Ⅳ就要加以糾正；Q1_11_8_19Ⅳ能夠徵召他們，Q1_11_8_20Ⅳ帶領他們奮發，Q1_11_8_21Ⅳ即使面前有高山，也可以一鼓作氣，Q1_11_8_22Ⅳ使人民攀登上去。Q1_11_8_23Ⅳ百姓得到教化後，Q1_11_8_24Ⅳ在高位的官員也不要驕傲，Q1_11_8_25Ⅳ還要詳加教導，不要懈怠，Q1_11_8_26Ⅳ施政要正當光明。Q1_11_8_27Ⅳ要安穩地加以推行，Q1_11_8_28Ⅳ使百姓有所期望。Q1_11_8_29Ⅳ道路平坦，車馬行駛就會順暢，Q1_11_8_30Ⅳ要求可以精細，但不要太過分。Q1_11_8_31Ⅳ一旦興事，必須迅速，Q1_11_8_32Ⅳ夜以繼日。Q1_11_8_33Ⅳ考察百姓所製作的車輛，Q1_11_8_34Ⅳ使之堅固耐用。Q1_11_8_35Ⅳ土地修整，城墻牢固，Q1_11_8_36Ⅳ百姓的思想就會安定。Q1_11_8_37Ⅳ諸多事務都完成了，Q1_11_8_38Ⅳ百姓的思想也安定下來了，Q1_11_8_39Ⅳ就沒有了日後的擔憂，Q1_11_8_40Ⅳ這是處理政事的綱領。Q1_11_8_41Ⅳ對百姓發怒不適時，Q1_11_8_42Ⅳ百姓就會逃去。Q1_11_8_43Ⅳ

【釋文】

長不行①，死毋（無）名；Q1_11_8_44Ⅳ富不施②，貧毋（無）告也③。

Q1_11_8_45Ⅳ貴不敬，失之毋□[④]，Q1_11_8_46Ⅳ君子敬如始[⑤]。Q1_11_8_47Ⅳ戒之戒之，言不可追；Q1_11_8_48Ⅳ思之思〔之〕，某（謀）不可遺[⑥]；Q1_11_8_49Ⅳ慎之〔慎之〕[⑦]，貨不可歸。Q1_11_8_50Ⅳ

【匯釋】

①長：**有二說：一、老**（整理者）。**二、長者**。伊強（2009）說。

長不行：**有三說：一、年齡已長還不做好事**（整理者）。**二、對長者不禮**。伊強（2009）："長不行"是"對長者不禮"的意思。**三、年齡大了還不成功**。不行，不成功。夏利亞（2019：346）說。

②富：**有二說：一、釋爲"富"，富有**（整理者）。施謝捷（2011）根據秦漢簡帛及璽印文字指出：當時"富"字所从的"畐"有寫作"畱"的情況，"窗"當是"富"字的訛變字形或異體，整理者釋爲"富"無誤。陳偉（2016C：316）：以施說爲是。**二、釋作"窗"，讀作"災"，有災的人**。伊強（2009）：釋寫作"窗"，讀作"災"，"災不施"就是"對有災的人應該施予"的意思。夏利亞（2019：346）從之。

③告：**有二說：一、求告**（整理者）。**二、請**。伊強（2009）：告，訓爲請。

長不行，死毋名；富不施，貧毋告也：**年齡已長還不做好事，死了就留不下名聲；有錢的時候不肯施捨給別人，窮了就無處求告**（整理者）。

④失之毋□："**毋"字下殘字疑爲"就"字**（整理者）。

⑤如始：**和開始時一樣，意即始終如一**（整理者）。

⑥某：**通"謀"，計謀**。

⑦慎之〔慎之〕：**有二說：一、慎之〔慎之〕**。整理者：以上原脫重文號處，均依文例補改。**二、慎慎之**。白於藍（2010）：細審原簡圖版，這三句話原本寫作：戒戒之言不可追；思思之某不可遺；慎慎之貨不可歸。漢代詔書文字中有"忽忽錫錫，恐見故里"。此"忽忽錫錫"當即《說苑·談叢》"忽忽之謀不可爲也，惕惕之心不可長也"之"忽忽""惕惕"，以此看來，"思思之某不可遺"之"思"恐是"忽"之誤字。

【今譯】

年齡已長還不做好事，死了就留不下名聲；Q1_11_8_44Ⅳ有錢的時候不肯施捨給別人，窮了就無處求告。Q1_11_8_45Ⅳ顯貴卻不懂得尊敬長上，就遠離這些人不要靠近。Q1_11_8_46Ⅳ有才德的人始終如一認真。Q1_11_8_47Ⅳ要警戒，要警戒啊，說出的話不可追回；Q1_11_8_48Ⅳ要思量，要思量啊，計謀不可外洩；Q1_11_8_49Ⅳ要謹慎，要謹慎啊，不可贈送財物行賄。Q1_11_8_50Ⅳ

【釋文】

·凡治事[①]，敢爲固[②]，謁私圖[③]，畫局陳卑（棋）以爲Q1_11_8_1Ⅴ耤[④]。肖人

聶心[5]，不敢徒語恐見惡[6]。Q1_11_8_2 V

凡戾人[7]，表以身[8]，民將望表以戾真[9]，表若不正，Q1_11_8_3 V 民心將移乃難親[10]。Q1_11_8_4 V

操邦柄[11]，慎度量，來者有稽莫敢忘[12]。賢鄙 Q1_11_8_5 V 溉辥[13]，祿立（位）有續孰暋上[14]？Q1_11_8_6 V

邦之急，在體（體）級[15]，掇民之欲政乃立[16]。上毋間 Q1_11_8_7 V 陆〈卻〉[17]，下雖善欲獨可（何）急？Q1_11_8_8 V

審民能,以賃（任）吏[18]，非以官祿夬助治[19]。不賃（任）其人，及 Q1_11_8_9 V 官之暋豈可悔[20]。Q1_11_8_10 V

申之義，以毄畸[21]，欲令之具（俱）下勿議[22]。彼邦之㙓（傾）[23]，Q1_11_8_11 V 下恒行巧而威故移[24]。Q1_11_8_12 V

將發令，索其政（正）[25]，毋發可異史（使）煩請[26]。令數囚 Q1_11_8_13 V 環[27]，百姓榣貳乃難請[28]。Q1_11_8_14 V

聽有方[29]，辯（辨）短長[30]，困造之士久不陽[31]。Q1_11_8_15 V

【匯釋】

①治事：**辦理公事，做官**。姚小鷗（2000）：《詩經·召南·采蘩》："夙夜在公。"《鄭箋》："公，事也。"可見"治事"就是辦公事，亦即做官。

②固：**有二說：一、能自持清正廉潔**。姚小鷗（2000）：即"沉著厚重，恪守公道"的意思，"敢爲固"言爲官當能自持清正廉潔。**二、心地專一，不含雜念**。連劭名（2008）：凡"固"當心地專一，不含雜念，《國語·周語》云："守終純固。"韋昭注："固，一也。"《禮記·曲禮上》云："毋固獲。"鄭注："欲專之曰固。"

③謁：**有二說：一、讀爲"遏"，制止**（整理者）。連劭名（2008）："謁"當讀爲"遏"，《爾雅·釋詁》："遏，止也。"**二、讀爲"竭"**。李零（2011A：143）在其後括注"竭"字，無說。

私圖：**私謀**（整理者）。姚小鷗（2000）：亦即私人利益。夏利亞（2019：347）：當訓爲個人打算。

④局：**棋盤**（整理者）。

㫗：**讀爲"棋"**（整理者）。許道勝、李薇（2010）：嶽麓書院藏秦簡《數》簡197："有玉方八寸，欲以爲方半寸㫗，問得幾可（何）。"注釋："㫗，讀爲'棋'。"

耤：**有二說：一、讀爲"藉"，借助**（整理者）。**二、同"籍"**。陳振裕、劉信芳（1993：142）："耤"，同"籍"。

晝局陳㫗以爲耤：**管理政務要取法弈棋，反復思考，謹慎從事**（整理者）。

⑤肖人：**即宵人、小人**（整理者）。

聶：**讀爲"懾"，畏懼**（整理者）。

肖人聶心：夏利亞（2019：347）：本句意謂令小人畏懼。

⑥徒語：**疑爲“說空話”的意思**（整理者）。

⑦戾：**作表率**。整理者：《國語·晉語》注：“帥也。”

戾人：**爲民表率**（整理者）。

⑧表以身：**以身作則**（整理者）。

⑨戾：**有二說：一、至，到達**。整理者：見《詩經·文王之什·旱麓》箋。連劭名（2008）：“戾真”如同《禮記·大學》所云“止於至善”，“真”是道之別名，《漢書·楊王孫傳》云：“以反吾真。”顏注：“真者，自然之道也。”**二、讀爲“律”**。李零（2011A：143）在“戾”後括注一“律”字，無說。

⑩表若不正，民心將移乃難親：姚小鷗（2000）：《荀子·成相》“君法明，論有常，表儀既設民知方。進退有律，莫得貴賤孰私王。”可相對照。

⑪邦柄：**國家的權柄**（整理者）。連劭名（2008）：“邦柄”“度量”即法家所說的“勢”“數”，《商君書·禁使》：“人主之所以禁使者，賞罰也。賞隨功，罰隨罪。故論功察罪不可不審也。夫賞高罰下而上無必知其道也，與無道同也。凡知道者，勢、數也，故先王不恃其強而恃其勢，不恃其信而恃其數。”

⑫稽：**考察**（整理者）。

⑬溉：**讀爲“既”**（整理者）。

辥：**讀爲“乂”，治**。

賢鄙溉辥：**賢能和不賢的人都得到應有的對待**（整理者）。

⑭立：**後作“位”，職位**。

續：**連屬**。連劭名（2008）：《廣雅·釋詁一》：“屬，續也。”

瞀：**有二說：一、讀作“惛”，不明，欺瞞**。陳偉（2016C：319）：瞀，可讀作“惛”，不明義。《管子·七臣七主》：“亂臣多造鐘鼓，眾飾婦女以惛上。”《韓非子·南面》：“則群臣莫敢飾言以惛主。”**二、亂**。整理者：下面“及官之瞀”的“瞀”字同。

祿立有續孰瞀上：連劭名（2008）：**官府的祿位與職責相連屬，（有相應的考核制度，以督察官吏的工作）這樣就不可能欺瞞君長**。姚小鷗（2000）：《荀子·成相》：“言有節，稽其實，信、誕以分賞必罰。下不欺上，皆以情言明若日。”可對照。

⑮膿：**同“體”**。

膿級：**體制等級**（整理者），**禮**。姚小鷗（2000）：《荀子·成相》：“守其職，足衣食，厚薄有等明爵服。利往卬上，莫得擅與孰私得？”“體級”就是“體制等級”，也就是“明爵服”的意思。連劭名（2008）：“體級”指禮。《釋名·釋言語》云：“禮，體也，得事體也。”《管子·心術》云：“登降揖讓貴賤有等親疏之體，謂之禮。”

⑯掇：**有二說：一、疑讀爲“輟”，止**（整理者）。**二、讀爲“剟”，削弱**。連劭名（2008）：“掇”讀爲“剟”，“削弱”之義。

掇民之欲：**制止百姓的欲念**（整理者）。

⑰陸：**疑爲“卻”字之誤**（整理者）。

間卻：**即間隙**（整理者）。連劭名（2008）：《商君書·說民》：“塞私道以窮其志。”“塞私道”即“上無間卻”。

上毋間陸：**此句意爲居於統治地位的人沒有漏洞**（整理者）。

⑱賃：**同“任”。有二說：一、任吏，給予官員職務**（整理者）。**二、任事，給予職事**。伊強（2009）：“任事”多見於古書，《禮記·王制》：“凡官民材，必先論之。論辨然後使之，任事然後爵之，位定然後祿之。”《韓非子·八說》：“計功而行賞，程能而授事，察端而觀失。有過者罪，有能者得，故愚者不任事。”《新書·先醒》：“昔楚莊王即位，自靜三年，以講得失。乃退僻邪而進忠正，能者任事，而後在高位。”

⑲官祿：**官職俸祿**。連劭名（2008）：如言“公爵”。非以官祿夬助治。

夬：**有三說：一、疑爲“史”字之誤，讀爲“使”，讓**（整理者）。**二、讀爲“決”，定**。連劭名（2008）：“夬”，當讀爲“決”，定也。“助治”，如今語之“助理”。**三、讀爲“快”**。李零（2011：143）在其後括注“快”字，無說。

非以官祿夬助治：**不是讓他們享受官祿，而是要他們助理政事**（整理者）。陳偉（2016C：319）：《墨子·尚同下》：“非特富貴遊佚而擇之也，將使助治亂刑政也。”似可與整理者之說參照。

⑳不賃其人，及官之暋豈可悔：姚小鷗（2000）：《荀子·成相》：“基必施，辨賢罷，文武之道同伏戲。由之者治，不由者亂何疑爲？”與此章內容相似。

㉑毄：**讀爲“擊”**（整理者）。

畸：**邪**（整理者）。

以毄畸：**用來打擊邪惡的人**（整理者）。

㉒具：**通“俱”，同**。連劭名（2008）說。

㉓㔯：**同“傾”，傾覆**。

㉔下恒行巧而威故移：姚小鷗（2000）：《荀子·成相》：“請牧基，賢者思，堯在萬世如見之。讒人罔極，險陂傾側此之疑。”“刑稱陳，守其銀，下不得用輕私門。罪禍有律，莫得輕重威不分。”可相對照。

㉕索：**求**。黃文傑（2008A：159）：應釋“索”。《廣雅·釋詁三》：“索，求也。”整理者作“索”，注釋：求。

政：**通“正”，正確**。

索其政：**要力求命令正確**（整理者）。

㉖史：**通“使”，令，讓**。

煩請：**反復請問**（整理者）。

㉗囚環：**有二說：一、追回**（整理者）。囚，整理者讀爲“究”。**二、糾纏，紛亂不清**。連劭名（2008）：囚環，即“糾纏”，“紛亂不清”之意。古从久聲，字與丩聲字通。“環”“纏”義近，《鶡冠子·世兵》云：“禍兮福之所倚，福兮禍之所伏，福與禍如糾纏。”

令數囚環：**有二說：一、意爲命令多次追回，也就是朝令夕改**（整理者）。**二、命令多次紛亂不清**。連劭名（2008）說。

㉘槎：**有二說：一、讀爲"槎"**。槎貳：**疑惑**（整理者）。**二、疑讀爲"愮"，憂惑**。陳偉（2016C：320）：槎疑讀爲"愮"。《方言》卷十："愮，憂也。"卷十二："悖也。"郭璞注："謂悖惑也。"《廣雅・釋詁三》："愮，亂也。"張家山漢簡《奏讞書》案例十八："義等戰死，新黔首恐，操其叚（假）兵匿山中，誘召稍來，皆槎恐。"

請：**有四說：一、問，辦理**。整理者：《呂氏春秋・首時》注："問也。"此句意思是，百姓心中有疑惑，事情就不好辦了。**二、讀爲"誠"，忠誠**。陳偉武（1998）認爲，"請"當讀爲"誠"，"百姓槎貳乃難請"是說（因政令多次反復）百姓搖擺不定就難以忠誠了。**三、讀爲"清"，明審**。連劭名（2008）："請"當讀爲"清"，《荀子・解蔽》云："中心不定則外物不清。"楊注："清，明審也。"其說與簡文同。**四、讀爲"靖"，治理**。方勇（2010：367）：疑"請"讀爲"靖"，二者同从青得聲，故可通假。"靖"表治理義，如《漢書・刑法志》："今吾子相鄭國，作封洫立謗政，制參辟，鑄刑書，將以靖民，不亦難乎？"即其例。簡文是說，如果百姓心中出現動搖（甚至是背叛的心理），那麼就不好治理了。

百姓槎貳乃難請：整理者：**百姓心中有疑惑，事情就不好辦了**。姚小鷗（2000）：《荀子・成相》："君教出，行有律，吏謹將之無鈹滑。下不私請，各以（所）宜捨巧拙。"簡文立論出發點有相類之處。

㉙聽：**有二說：一、治理**（整理者）。**二、聽訟**。連劭名（2008）說。

㉚短長：**同"長短"，指長處和短處**。漢荀悅《漢紀・宣帝紀二》："人各有長短，子欲學我亦不能，吾欲效子亦敗矣。"劉桓（1998）：古書或作長短。

㉛囷造之士：**有三說：一、大致意爲看守穀倉、爵位爲上造等地位較低的人**。囷，古代一種圓形穀倉。《詩經・魏風・伐檀》："不稼不穡，胡取禾三百囷兮。"毛傳："圓者爲囷。"造，疑爲秦代爵位名"上造"之省。秦朝軍工爵位制分爲二十級，其中"上造"屬於第二級，級別較低。《商君書・境內》："故爵公士也，就爲上造也；故爵上造，就爲簪褭。"睡虎地秦簡《傳食律》："上造以下到官佐、史毋（無）爵者，及卜、史、司御、寺、府，糲（糲）米一斗，有采（菜）羹，鹽廿二分升二。"整理小組注："上造，秦爵第二級。"**二、各諸侯國來到秦國的士人**。劉桓（1998）："囷"當是"麕"之省，"囷造"意猶"麕至"，"囷造之士"是指各諸侯國來到秦國的士人。**三、性急的人**。連劭名（2008）："囷造之士"指性急的人。囷，讀爲"窘"，《楚辭・離騷》云："夫唯捷徑以窘步。"王逸注："窘，急也。"《廣雅・釋詁》二："造，猝也。"《論語・里仁》云："造次必於是。"馬融注："造次，急遽也。"

陽：**有三說：一、顯露，外露**。《莊子・達生》："無入而藏，無出而陽。"成玄英疏："陽，顯也。"《大戴禮記・文王官人》："考其陰陽，以觀其誠；覆其微言，以觀其信。"盧辯注："陰陽，猶陰顯也。"**二、見用**。劉桓（1998）：久不陽，意即久不見舉用，久不得志。**三、讀爲“詳”**。連劭名（2008）說。

據上文，此句大致是告誡官吏，不要讓地位低下的人久不見用。整理者：以上八首韻文，是據當時民間曲調“相”的句式寫成的。此首應有脱句，意義不明。

【今譯】

·凡是辦理公事，應當自持清正廉潔，遏制私謀，管理政務要Q1_11_8_1V取法弈棋，反復思考，謹慎從事。（這樣做）小人才會内心畏懼，不得說空話被百姓厭惡。Q1_11_8_2V

凡是爲民表率，要以身作則，（這樣）百姓就會以你爲榜樣，從而達到至真至善的境界，百姓的表率如果行爲不端正，Q1_11_8_3V百姓的思想就會遷移，就會難以親近。Q1_11_8_4V

掌握國家的權柄，就要審慎考慮揣度，有來投靠的人都要一一經過考察，這一點不能忘記。賢能和不賢的人Q1_11_8_5V都得到應有的對待，官府的祿位與職責相連屬，怎麽會有欺瞞君長之事？Q1_11_8_6V

國家（治理）的緊要之處，在於體制等級，制止百姓的欲念，國家的政權才會建立起來。居於統治地位的人沒有Q1_11_8_7V漏洞，下面的官員雖然善於涌發欲念，但獨自著急又能如何？Q1_11_8_8V

審察百姓的能力來給予他們職務，不是讓他們享受官祿，而是要他們助理政事。用人不當，等到Q1_11_8_9V官員昏亂時再後悔就晚了。Q1_11_8_10V

向百姓申明正義，用來打擊邪惡的人，想要命令下達之後不要非議。別國之所以傾覆，Q1_11_8_11V是因爲下級行事經常投機取巧，國家的威信動搖。Q1_11_8_12V

將要頒布法令，要力求命令正確，不要發有歧義的不清楚命令而讓下級反復請問。（要是）命令被多次追回Q1_11_8_13V，百姓心中有疑惑，事情就不好辦了。Q1_11_8_14V

治理有方，能夠辨識短處和長處，不要讓地位低下的人久不見用。Q1_11_8_15V

【釋文】

·廿五年閏再十二月丙午朔辛亥[①]，〔王告〕Q1_11_8_16V相邦[②]：民或棄邑居埜（野）[③]，入人孤寡，徼Q1_11_8_17V人婦女[④]，非邦之故也。自今以來，叚（假）門逆Q1_11_8_18V呂（旅）[⑤]，贅壻後父[⑥]，勿令爲戶[⑦]，勿鼠（予）田宇[⑧]。Q1_11_8_19V三枼（世）之後[⑨]，欲士士之[⑩]，乃署其籍曰[⑪]：故Q1_11_8_20V某慮贅壻某叟之乃（仍）孫[⑫]。魏（魏）戶律[⑬]Q1_11_8_21V

【匯釋】

①整理者：本條及下條尾附標題，係魏律，廿五年應爲魏安釐王二十五年（前252年）。丙午爲初一日，則辛亥爲初六日。曆朔與汪曰楨《歷代長術輯要》所推相合。

②王告：整理者：此處應爲“王告”，可能是由於抄寫者有所避忌而去掉，下條同。相邦：**即相國**（整理者）。

③壄：**同“野”，野外**。

④徼：**有二說：一、求**（整理者）。夏利亞（2019：350）：整理小組所訓是。**二、強求，攔截**。陳偉武（1998）認爲，當指“強求”即“攔截”之意，銀雀山漢簡《孫子兵法・軍爭》用“要”爲“截擊”義，宋本作“邀”，均通“徼”。《孫臏兵法・陳忌問壘》：“短兵次之者，所以難其歸而徼其衰也。”

⑤叚門逆呂：**有七說：一、商賈之家和客店**。整理者：叚，通“假”。叚門，讀爲“賈門”，商賈之家。呂，通“旅”。逆旅，客店。《商君書・墾令》有“廢逆旅”的規定。楊禾丁（1993）：“叚門”即“賈門”，“逆呂”即私營旅店。**二、監門和外來之民**。吳榮曾（1981B）：“叚門”即古籍中的“監門”，“逆呂”本意爲“旅舍”，《商君書》中有“逆旅之民”，即外來之民。**三、假借他人之家者和被收留的寄居者**。陳玉璟（1985）：“逆呂”即被收留的寄居者，“叚門”則義爲假借他人之家者，他們大多是因外流而被除名籍的人。**四、寄居於別人家的流民**。李解民（1987）：“叚門逆呂”即“假人門戶”，指寄居於別人家的流民。辛德勇（1996）：“叚門逆呂”指寄居他鄉的流民。曹旅寧（2001C）：《魏律》中的“叚門”“逆呂”是指流民無疑。夏利亞（2019：352）：意謂流浪在外寄居他人之家的人。**五、流民和私營客店**。臧知非（1997）：“叚門”即流民，“逆呂”即私營客店。**六、“叚門”意即取代原主人掌管家庭**。吳昊（2006）：“叚門”的意思即取代原主人掌管家庭，也就是秦簡《日書》所云之“代富家”“代居室”及“代寄”。**七、“叚門”即有市籍者**。于豪亮（1985：139）說。

⑥贅壻：**有二說：一、出贅於女人之家的男子，地位等於奴隸**。整理者：見《秦始皇本紀》。《漢書・賈誼傳》說秦人“貧家子壯則出贅”，事實上贅壻不限於秦，例如淳于髡就是“齊之贅壻”，漢代七科謫戍中也有贅壻。《漢書・嚴助傳》：“歲比不登，民待賣爵贅子，以接衣食。”注引如淳云：“淮南俗賣子與人作奴，名曰贅子，三年不能贖，遂爲奴婢。”朱駿聲《說文通訓定聲》“贅”字下認爲：“贅而不贖，主家配以女，則謂之贅壻。”《漢語大詞典》：指就婚、定居於女家的男子，秦漢時贅壻地位等於奴隸。盧南喬（1978）：處於卑賤廝役地位。田人隆（1979）：實際上是一種變相的債務奴隸。**二、以婦家之子的身份入居女家者**。蔣非非（1995）：贅子和贅壻是兩種不同性質的身份。贅子是債務抵押的奴婢或雇工，而贅壻是以婦家之子的身份入居女家者。

後父：**應指招贅於有子寡婦的男子，實際是贅壻的一種**（整理者）。

⑦爲戶：**立戶**（整理者）。

⑧鼠：**通“予”，給予**。

田宇：**土地房屋**（整理者）。陳偉（2016C：322）：猶田宅。

⑨枼：**後作“世”，世代**。

⑩士：**有二說：一、身份用語，該身份可立戶、受田宇、正常服兵役**。陳偉

（2016C：322）：這裏當是身份用語。下條以"叚門逆吕""贅壻後父"與"士"區分，可資證。《荀子·王制》："故王者富民，霸者富士，僅存之國富大夫。"楊倞注："士，卒伍也。"《儀禮·喪服》："父母何筭焉？都邑之士，則知尊禰矣。"賈公彦疏："士下對野人，上對大夫，則此士所謂在朝之士，並在城郭士民知義禮者，總謂之爲士也。"聯繫上下文看，士可立戶、受田宇、正常服兵役。**二、讀爲"仕"，做官**。整理者說。

⑪乃：**有二説：一、讀爲"仍"**（整理者）。**二、如字讀，表示承接**。陳偉（2016C：322）：如字讀，看作承接連詞，似亦通。

⑫慮：**有二説：一、讀爲"鄉閭"的"閭"**（整理者）。**二、讀爲"廬"，屋舍**。楊禾丁（1983）說。夏利亞（2019：353）：楊氏之説甚有理。

乃：**通"仍"**。乃孫：**即曾孫**。整理者：《漢書·惠帝紀》注引李斐云："曾孫也。"應劭、顔師古根據《爾雅》認爲是八世之孫，與簡文和《漢書》都不合。

⑬嵬：整理者作"魏"。

【今譯】

·二十五年閏十二月初六日，王命令Q1_11_8_16Ⅴ相國：有的百姓離開居邑，到野外居住，鑽進孤寡的家庭，謀求Q1_11_8_17Ⅴ人家的婦女，這不是國中舊有的現象。從現在起，從事商賈和Q1_11_8_18Ⅴ經營客店的，給人家做贅壻的，都不准立戶，不給予土地房屋。Q1_11_8_19Ⅴ這種人在三代以後，想要做士（士可立戶、受田宇、正常服兵役）的才准許做士，不過還要在簿籍上寫明：（本人是）原來Q1_11_8_20Ⅴ某閭贅壻某翁的曾孫。魏戶律Q1_11_8_21Ⅴ

【釋文】

·廿五年閏再十二月丙午朔辛亥，〔王〕告Q1_11_8_22Ⅴ將軍：叚（假）門逆閵（旅）①，贅壻後父，或衛（率）民Q1_11_8_23Ⅴ不作②，不治室屋，寡人弗欲。且殺之③，不Q1_11_8_24Ⅴ忍其宗族昆弟。今遣從軍④，將軍Q1_11_8_25Ⅴ勿衈（恤）視⑤。享（烹）牛食士⑥，賜之參飯而Q1_11_8_26Ⅴ勿鼠（予）殽⑦。攻城用其不足⑧，將軍以堙豪（壕）⑨。Q1_11_8_27Ⅴ嵬（魏）奔命律⑩Q1_11_8_28Ⅴ

【匯釋】

①告：**告諭，用於上對下**。夏利亞（2019：353）：此簡提到寡人，當爲君主告諭將軍之言。

閵：**通"旅"**。參《爲吏之道》簡18Ⅴ、19Ⅴ注。

②衛：**同"率"，帶領**。

作：**應指"田作"，即農業生産**（整理者）。

③且：**有二説：一、乃"將且"之"且"**。周守晉（2005：104）說。**二、似表假設**。陳偉（2016C：323）說。

④今遣從軍：**現在派他們去從軍**。整理者：《秦始皇本紀》："三十三年，發諸嘗逋亡人、贅壻、賈人略取陸梁地。"《漢書·鼂錯傳》也提到秦徵發"贅壻""賈人"。西漢時期"贅壻""賈人"仍在"七科適（謫）"之列，見《大宛列傳》。

⑤卹：**同"恤"，體恤，憐惜**。

⑥享：**通"烹"，煮**。

⑦参飯：**即参食，每天兩餐各吃三分之一斗**（整理者）。参：**量制單位，三分之一斗**。殽：**帶骨的熟肉**（整理者）。

⑧其：**有二説：一、如果，連詞**。陳偉（2016C：323）：恐當表假設。是説如果攻城器用不足。**二、同"於"，介詞**。整理者：在此用法與"於"字同。

⑨豪：**通"壕"，池壕**。

堙豪：**平填敵城的池壕**。用以攻城，是一種有極大危險的敵前作業。陳偉（2016C：323）：簡文似説用叚門逆闗等堙壕。

⑩奔命：**有二説：一、應急時徵發部隊**。陳偉（2009A）：嶽麓書院藏秦簡《奔警律》，"奔警"與"奔命"相當，爲應急時徵發部隊。《漢語大詞典》：應急出戰的部隊。夏利亞（2019：354）：爲急難時臨時組織起來的部隊。**二、一種軍隊的名稱**。整理者：《漢書·昭帝紀》注："舊時郡國皆有材官騎士，以赴急難……聞命奔走，故謂之奔命。"

【今譯】

·二十五年閏十二月初六日，王命令Q1_11_8_22Ⅴ將軍：從事商賈和經營客店的，給人家做贅壻的，有些人在百姓中帶頭Q1_11_8_23Ⅴ不耕種，不修建房屋，我不想要了。要把他們殺掉，又不Q1_11_8_24Ⅴ忍連累他們的同族弟兄。現在派他們去從軍，將軍Q1_11_8_25Ⅴ不必憐惜他們。在煮牛肉犒賞軍士的時候，衹賞他們吃三分之一斗的飯就夠了，Q1_11_8_26Ⅴ不要給他們肉吃。攻城器用如果不夠，將軍可以叫他們去平填敵城的池壕。Q1_11_8_27Ⅴ魏奔命律Q1_11_8_28Ⅴ

【釋文】

口，闗也；舌，幾（機）也①。Q1_11_8_29Ⅴ一堵（曙）失言②，四馬弗能Q1_11_8_30Ⅴ追也。Q1_11_8_31Ⅴ口者，闗③；舌者，符Q1_11_8_32Ⅴ璽也。璽而不Q1_11_8_33Ⅴ發④，身亦毋薛（辥）⑤。Q1_11_8_34Ⅴ人各食其所耆（嗜）⑥，不Q1_11_8_35Ⅴ踐（足）以貧（分）人⑦；各樂其Q1_11_8_36Ⅴ所樂，而踐（足）以貧（分）人。Q1_11_8_37Ⅴ

【匯釋】

①幾：**通"機"**。闗、幾：**都是弩上部件的名稱。"機"是扳機，其外護"機"的部分稱爲"闗"**（整理者）。

口，闗也；舌，幾也：**口是門戶，舌是主説話的部件**。夏利亞（2019：355）：

口，關也，是說口是門戶。機，是弩箭上的發動機關。舌，機也，是說舌是主說話的部件。本句意思是說，要管好自己的嘴，不要亂說話。

②堵：**通"曙"**。一堵：**一旦，一朝**。整理者：見《呂氏春秋・重己》："一曙失之，終身不復得。"

③闔：**闔口**（整理者）。夏利亞（2019：355）：話要說出，口是必經的處所。故此處闔是指說話的必經場所。

④璽而不發：**用璽印封緘而不打開**（整理者）。

⑤薛：**同"辥"，罪，罪過**（整理者）。

身亦毋薛：**自身也不會有甚麼罪過**。夏利亞（2019：355）：這兩句是以比喻手法告訴大家要慎言，言不可追，禍從口出。

整理者：以上一段參看《說苑・談叢》："口者，關也；舌者，機也。出言不當，四馬不能追也。口者，關也；舌者，兵也。出言不當，反自傷也。"魏啟鵬（2000）：《文子・微明》："行有召寇，言有致禍，無先人言，後人而已。附耳之語，流聞千里，言之禍也，舌者機也。出言不當，駟馬不追。"可相對照。陳偉（2016C：324）：《鬼谷子・權篇第九》："故口者，機關也，所以關閉情意也。"亦可參照。

⑥耆：**通"嗜"，愛好，嗜好**。

⑦踐：**即"足"**（整理者）。

貧：**有二說：一、分享**。夏利亞（2019：355）說。**二、通"分"，區分**。整理者說。

人各食其所耆，不踐以貧人；各樂其所樂，而踐以貧人：夏利亞（2019：355）：本句似言，人各食所喜好的，不願與人分享；各有所樂，卻願意與人分享。

【今譯】

嘴巴，如同弩上的關；舌頭，如同弩上的扳機。Q1_11_8_29 V一旦說了不該說的話，四匹馬拉的車也不能Q1_11_8_30 V追回。Q1_11_8_31 V嘴巴，如同闔口；舌頭，如同Q1_11_8_32 V璽印。用璽印封緘而不Q1_11_8_33 V打開（不多說無謂的話），自身就不會有罪。Q1_11_8_34 V人們各自吃自己喜歡的食物，不Q1_11_8_35 V願與人分享；人們各自在自己的愛好中Q1_11_8_36 V得到樂趣，卻願意與人分享。Q1_11_8_37 V

九、《日書》甲種

《日書》是流行於戰國秦漢時期社會中下階層的一種日常生活生產手冊，是用以推擇時日、卜斷吉凶、趨吉避忌的占驗工具書，是秦始皇“焚書”事件中明令不燒的“卜筮之書”。掌此占術之人被稱爲“日者”，是活躍於當時社會、專司卜測時日吉凶的宗教職業者，《史記·日者列傳》專記其活動。

1975 年，湖北省孝感地區雲夢縣城關西部睡虎地發掘出一批秦代墓葬，其中第十一號秦墓出土了 1 154 枚竹簡，有《日書》竹簡 425 枚，凡 18 000 餘字。又分甲、乙兩種，甲種有 166 枚簡，12 000 餘字；乙種有 259 枚簡，6 000 餘字。其成書年代在公元前 278 年秦國設立南郡到公元前 246 年秦王政元年之間。1986 年，甘肅省天水市北道區黨川鄉放馬灘發現了 14 座秦代墓葬，其第一號秦墓中出土了 460 枚竹簡，有《日書》竹簡 453 枚，也分爲甲、乙兩種，甲種 73 枚，乙種 380 枚。這批《日書》的成書年代與前一批《日書》大致相當，學界將前者簡稱爲“睡簡《日書》”，後者簡稱爲“放簡《日書》”。

除

【釋文】

除[1]

	十一月斗[2]	十二月須[3]	正月營[4]	二月奎[5]	三月胃[6]	四月畢[7]	五月東[8]	六月柳[9]	七月張[10]	八月角[11]	九月氐[12]	十月心[13] Q1_11_9_1 I
溴[14]	子	丑	寅	卯	辰	巳	午	未	申	酉	戌	亥 Q1_11_9_2 I
媚[15]	丑	寅	卯	辰	巳	午	未	申	酉	戌	亥	子 Q1_11_9_3 I
建	寅	卯	辰	巳	午	未	申	酉	戌	亥	子	丑 Q1_11_9_4 I

（續上表）

	十一月斗	十二月須	正月營	二月奎	三月胃	四月畢	五月東	六月柳	七月張	八月角	九月氐	十月心 Q1_11_9_1 I
陷	卯	辰	巳	午	未	申	酉	戌	亥	子	丑	寅 Q1_11_9_5 I
彼	辰	巳	午	未	申	酉	戌	亥	子	丑	寅	卯 Q1_11_9_6 I
平	巳	午	未	申	酉	戌	亥	子	丑	寅	卯	辰 Q1_11_9_7 I
寧	午	未	申	酉	戌	亥	子	丑	寅	卯	辰	巳 Q1_11_9_8 I
空	未	申	酉	戌	亥	子	丑	寅	卯	辰	巳	午 Q1_11_9_9 I
坐[16]	申	酉	戌	亥	子	丑	寅	卯	辰	巳	午	未 Q1_11_9_10 I
〔蓋〕	酉	戌	亥	子	丑	寅	卯	辰	巳	午	未	申 Q1_11_9_11 I
成	戌	亥	子	丑	寅	卯	辰	巳	午	未	申	酉 Q1_11_9_12 I
甬[17]	亥	子	丑	寅	卯	辰	巳	午	未	申	酉	戌 Q1_11_9_13 I

【匯釋】

①除：**有三說：一、建除。**李學勤（1985A）：除即建除，說明《日書》同建除家有關。王子今（2003A：7－8）：即漢代以後文獻所謂“建除”。“建除”之稱，與十二日名中“建”日與“除”日位列最先有關，是十二日名“建日”與“除日”之合稱。**二、除。**張銘洽（2000）：從先秦至秦代，無論秦人或楚人均將此法稱爲“除”，而不是“建除”，“建除”一名應是到漢代才出現的。李零（1999）：睡簡《日書》甲、乙兩種的首篇，不管是兩套並列，還是兩套合一，它們都是以先見者爲主，因而可以“除”字題篇，但這並不意味著後者也是建除。它們都是以建除爲主，叢辰見附，作爲對照；建除衹是以“建”字開頭的曆忌，而叢辰則是以“秀”或“穗”字開頭的另外一種。**三、楚除。**張聞玉（1987）：故標題“除”字的上一字可能是“楚”。李家浩（1999A）：秦簡“楚除”是把建除十二名和叢辰十二名合在一起的，讓它們共用一個十二辰表和一種占辭；其占辭內容與楚簡“叢辰”篇的占辭相合，當採自叢辰。秦簡“楚除”十二名的次序也是按叢辰排列的。劉信芳（1992）：《除》篇文字古奥，可能產生於下文《秦除》之先，很可能原屬楚國《日書》。

②斗：**二十八宿之一。**《開元占經·北方七宿占》引《石氏星經》曰：“南斗六星。”

③須：**須女，二十八宿之一。**《開元占經·北方七宿占》引《石氏星經》曰：“須女四星。”《淮南子·天文訓》亦作“須女”。古書又名爲“婺女”。

④營：**營室，二十八宿之一。**《開元占經·北方七宿占》引《石氏星經》曰：“營室二星，離宫六星。”

⑤奎：**二十八宿之一。**《開元占經·西方七宿占》引《石氏星經》曰：“奎十六星。”

⑥胃：**二十八宿之一。**《開元占經·西方七宿占》引《石氏星經》曰：“胃三星。”

⑦畢：**二十八宿之一。**《開元占經·西方七宿占》引《石氏星經》曰：“畢八星，附耳一星。”

⑧東：**有二說：一、東壁，二十八宿之一。**《開元占經·東方七宿占》引《石氏星經》曰：“東壁二星。”**二、“東井”的省稱。**劉樂賢（1994：22）：這裏的“東”是“東井”的省稱。《日書》甲種中的《玄戈篇》與五月相配的是“東井”，而不是“東壁”。

⑨柳：**二十八宿之一。**《開元占經·南方七宿占》引《石氏星經》曰：“柳八星。”

⑩張：**二十八宿之一。**《開元占經·南方七宿占》引《石氏星經》曰：“張六星。”

⑪角：**二十八宿之一。**《開元占經·南方七宿占》引《石氏星經》曰：“角二星。”

⑫氐：**二十八宿之一。**《開元占經·南方七宿占》引《石氏星經》曰：“氐七星。”

⑬心：**二十八宿之一。**《開元占經·南方七宿占》引《石氏星經》曰：“心三星。”

⑭渜：**有三說：一、本作“渜”。**李家浩（1999A）：疑此字本作“渜”，因形近，睡虎地秦簡誤作“濡”，“渜”“惌”二字古音都屬元部，所以可以通用。**二、釋作“濡”。**整理者釋作“濡”，是形近而誤釋。**三、釋作“濡”，讀如“耎”。**劉信芳（1997：519）：由“惌”“濡”互文，知“濡”讀如“耎”。

⑮娟：**有二說：一、釋作“媚”。**李家浩（1999A）改釋“媚”，九店楚簡《建除》篇作“𢼸”，“𢼸”是“微”字的聲旁，“媚”“微”二字音近義通。**二、釋作“羸”。**整理者說。

⑯坐：劉樂賢（2006B）：睡虎地秦簡《日書》楚系“建除”說中的“坐”或“髽”可以看作“危”的誤讀。

⑰甬：**有二說：一、疑是“莆”字之誤，與“復”音近。**李家浩（1999A）：此字是建除名，《日書》乙種《楚除》篇作“復”，九店楚簡《建除》篇與之相同，

疑“甬”是“葡”字之誤，“葡”“復”二字古音近可通。**二、釋作“甬”**。劉信芳（1997）：《淮南子·本經訓》：“甬道相連。”高誘注：“甬道，飛閣複道也。”

澳、媚、建、陷、彼、平、寧、空、坐、蓋、成、甬等都是建除家所設立的“建除十二直”日名。與下一章“秦除”日名相比照，本章建除應爲原楚地的建除。這個表格將“建除十二直”與二十八宿及一年十二月經緯相組，組成一個十分清晰的表格。表內的日子由十二地支表示，哪一天是“澳”日，哪一天是“媚”日，哪一天是“建”日等，一目了然，非常有規律。

【釋文】

結日，作事不成，以祭閵（吝）①。生子毋（無）弟②，有弟必死。以寄人③，寄人必奪主室④。Q1_11_9_2 Ⅱ

陽日，百事順成⑤。邦郡（君）得年⑥，小夫四成⑦。以蔡（祭）⑧，上下群神鄉（飨）之⑨，乃盈志⑩。Q1_11_9_3 Ⅱ

交日，利以實事⑪。鑿井，吉。以祭門行、行水⑫，吉。Q1_11_9_4 Ⅱ

害日，利以除凶厲（厲）⑬，兑（脱）不羊（祥）⑭、祭門行，吉。以祭、最眾，必亂者⑮。Q1_11_9_5 Ⅱ

陰日，利以家室。祭祀、家（嫁）子、取婦、入材（財），大吉⑯。以見君上，數達，毋（無）咎⑰。Q1_11_9_6 Ⅱ

達日，利以行帥〈師〉出正（征）、見人⑱。以祭上下，皆吉⑲。生子，男吉，女必出於邦。Q1_11_9_7 Ⅱ

外陽日，利以遮壄（野）外⑳，可以田邋（獵）。以亡，不得，毋門（閩）㉑。Q1_11_9_8 Ⅱ

外害日，不可以行作㉒。之四方壄（野）外，必耦（遇）寇盜，見兵。Q1_11_9_9 Ⅱ

外陰日，利以祭祀。作事、入材，皆吉。不可以之壄（野）外。Q1_11_9_10 Ⅱ

□□□□□可㉓，名曰毄（擊）日㉔，以生子，數孤㉕。桃（逃）人㉖，不得。利以兑（脱）明（盟）組（詛）、百不羊（祥）㉗。Q1_11_9_11 Ⅱ

夬光日，利以登高、畬（飲）食、遮四方壄（野）外㉘。居有食，行有得。以生子，男女必美。Q1_11_9_12 Ⅱ

秀日，利以起大事㉙。大祭，吉。寇〈冠〉、尋車、折衣常（裳）、服帶，吉。生子吉，弟凶㉚。Q1_11_9_13 Ⅱ

【匯釋】

①作事不成，以祭閵：劉樂賢（1994：24）：整理小組標點爲“作事，不成以祭”，可能是排印錯誤。

閵：**有二説：一、通“吝”，小不利**。整理者：今本《周易》“悔吝”之“吝”字，馬王堆帛書《周易》作“閵”。《周易·繫辭》：“悔吝者，言乎其小疵也。”

二、讀作“鄰”，鄰近。王子今（2003A：18）讀作“鄰”，馬王堆帛書《經法·大分》的“禍閵”，整理者讀爲“禍鄰”。

②毋：**莫、不可。**王子今（2003A：18）：“毋弟”之“毋”，取“莫”“不可”之義較爲妥當。

③寄人：**有四說：一、讓人寄居。**整理者：“以寄人”中的“寄人”，是說讓人寄居。“寄人必奪主室”中的“寄人”，是說寄居之人。**二、庸客，鑄客。**李學勤（1985A）：“寄”“客”“寓”三字，古書互訓，意義相近，故懷疑這裏的寄人、寓人、客，就是古書中的“庸客”、楚銅器銘文中的“鑄客”之類，他們與主人的關係是依附或者雇傭。**三、在食宿上寄居他人房屋之人。**賀潤坤（1991）：“寄人”與“客”及“臣妾”有别，其身份大概與“寓人”相同或相似，是以各種原因在食宿上寄居他人房屋之人。**四、把“弟”託寄他人。**王子今（2003A：19）認爲“寄人”應該是指把在生於結日的兄長之後出生的、預期“必死”的“弟”託寄他人，來免除災禍。所謂“寄人必奪主室”，是說收寄“弟”的人家將侵奪危害送託的主家。

④寄人：**有二說：一、寄居之人**（整理者）。**二、收寄“弟”的人家。**王子今（2003A：19）說。

室：**有二說：一、房室，居室。二、妻子。**王桂鈞（1988）以爲“室”是妻子的意思。

⑤順成：**順利**（李家浩，2000：67）。

⑥邦郡：**有二說：一、即邦君。“郡”通“君”**（李家浩，2000：80）。**二、是邦和郡的意思。**工藤元男（2010：167）認爲“邦郡”應該是邦和郡的意思。李學勤（1985A）以爲“郡”和“小夫”應該是楚人語，不一定是秦人之語。

⑦小夫：**有四說：一、沒有爵位的庶民。**整理者：《商君書·境內》：“軍爵自一級已下至小夫，命曰校、徒、操士。”李家浩（1999A）：見於西周早期的“小夫卣”，“小夫”至少在西周早期就已經出現。**二、小人。**連劭名（2001：78）：“小夫”與“小人”同義。**三、猶匹夫。**劉樂賢（1994：25）說。**四、疑爲“小嗇夫”的漏寫，指鄉嗇夫、倉嗇夫等小吏。**何雙全（1989B）說。

四成：**有三說：一、四季之成，四時成熟**（王子今，2003A：22）。連劭名（2001：78）：義近“得年”。**二、四年成熟。**整理者說。**三、爲壇四重以祭。**劉信芳（1997）：楚簡作“四城”，四城謂爲壇四重以祭。

⑧蔡：**通“祭”，祭祀。**

⑨上下：**天地。**

鄉：**通“飨”，享受祭祀。**

⑩盈：**有二說：一、滿，圓滿。**盈志：**滿意。**李家浩（2000：81）：謂滿足其意志。王子今（2003A：23－24）訓“盈”爲“圓滿”，謂“盈志”即“志得意滿”。**二、讀爲“逞”。**劉樂賢（1998）讀“盈”爲“逞”，謂兩字音近義通，“逞志”多見於《左傳》，如《左傳·昭公二十五年》：“無民而能逞其志者，未之有

也……焉能逞其志？”陳偉（2014：355）：盈，九店楚簡《日書》簡 26 作“浧”。

⑪實事：**有三說：一、填塞之事**。李家浩（1999A）：實事不是財貨之事，而應該訓爲“塞”。九店楚簡《叢辰》篇交日占辭與此相當的文字作“利以申戶秀（牖）”。疑“申”當讀爲“實”。《廣雅·釋詁》：“實，塞也。”“實戶牖”猶《詩經》中的“塞向”。睡虎地秦簡的“實事”是九店楚簡《叢辰》所說的“實戶牖”。但是李零（1999）把九店楚簡《叢辰》篇交日占辭“利以申戶秀（牖）”中的“申”改釋爲“串”，讀爲“穿”。**二、財貨之事**。整理者：《禮記·哀公問》注：“財貨也。”王子今（2003A：24）：經營財務之事。劉國勝（2000）：“利以實事”即九店楚簡《日書》簡 27 之“利於内室”，《說文》段注：“以貨物充於屋下，是爲實。”**三、“實”指地，土地**。連劭名（2001：78）說。

⑫門：**門神**。行：**道路神**。整理者：行，道路。古代常祭門和道路。《禮記·祭法》：“大夫立三祀：曰族厲、曰門、曰行。適士立二祀：曰門、曰行。庶士、庶人立一祀，或立戶，或立灶。”注：“門戶主出入，行主道路行作。”

行水：**有二說：一、開渠引水**。李家浩（1999A）：當指跟使水流行有關的水利之事。劉增貴（2001）：《日書》中“行水”每與鑿井並言，應釋爲開渠引水等開鑿水利之事。**二、乘船**。整理者：《周禮·考工記》：“作車以行陸，作舟以行水。”

⑬厲：**有三說：一、同“厲”，疫病**。整理者：《禮記·檀弓》：“斬祀殺厲。”注：“厲，疫病也。”**二、訓爲鬼、惡鬼**。劉樂賢（1994：25）：例引《左傳·成公十年》“晉侯夢大厲”，注：“厲，鬼也。”**三、暴虐**。魏德勝（2003：86）：凶厲，即凶惡暴虐。

⑭兌：**有二說：一、通“脫”，去除**。整理者：《國語·魯語下》注：“猶除也。”**二、當作“挩”的簡字，解脫**。王子今（2003A：26－27）說。

⑮以祭、最眾，必亂者：整理者斷句爲“以祭，最眾必亂者”。李家浩（2000：86）據九店楚簡《日書》簡 28“以祭、大事、聚眾，必或亂之”，斷句爲“以祭、最眾，必亂者。”

最眾：**聚眾**。整理者：《禮記·月令》：“孟春之月，毋聚大眾，毋置城郭。”

者：**可讀爲“諸”，訓爲“之”**（陳偉，2016C：334）。

⑯家：**通“嫁”**。家子：**嫁出女兒**（魏德勝，2003：110）。今按：九店楚簡《日書》簡 29 作“家（嫁）女”。

入材：**納財。“材”通“財”**。劉樂賢（1994：25）：銀雀山漢簡中“財”作“材”，九店楚簡《日書》簡 29 作“内貨”。

⑰君上：**國君，邦君**。工藤元男（2010：171）：是國君的意思。陳偉（2014：357）：九店楚簡《日書》簡 29 作“邦君”。

數：**有二說：一、多次**。劉樂賢（1994：26）：數，多次。達，至，至於君前。數：整理者讀如字。陳偉（1998）：“數達”是說多次晉見都不能見到。《說文》：“達，行不相遇也。”**二、訓爲“速”**。李家浩（1999A）：訓爲“速”，《屈原賈生列傳》裴駰集解引徐廣曰：“數，速也。”《日書》甲種有“以見君上，數達”。王子今（2000）：數可以解釋爲速，“數達”是說“見君上”之事不受阻滯。

以見君上，數達，毋咎：**去見長官，多次都能見到，沒有災害。**（劉樂賢，1994：26）

⑱帥：**有二說：一、“師”字之誤，軍隊。**整理者：出師，出動軍隊。劉樂賢（1994：26）：《日書》乙種有“平達之日，利以行師徒”，與本簡的“利以行帥”相當，可證爲“師”字。陳偉（2014：357）：九店楚簡《日書》簡30作“利以行市（師）徒，出正（征）”。**二、是“帥”字，率。**王子今（2003A：32－33）：“帥”本有“率”之義，“行帥出正”當解作“行率出征”。

⑲上下：**指天地。**

以祭上下，皆吉：**有二說：一、讀作“以祭上下，皆吉”。**李家浩（2000：88）：大祭、小祭又稱大祀、小祀。《周禮·春官·肆師》鄭玄注：“鄭司農云：大祀，天地；次祀，日月星辰；小祀，司命以下。玄謂大祀又有宗廟，次祀又有社稷、五祀、五獄，小祀又有司中、風師、雨師、山川、百物。”睡虎地秦簡《日書》甲種楚除此句作“以祭上下，皆吉”。**二、讀作“以祭，上下皆吉”。**整理者：九店楚簡《日書》簡30作“以祭少（小）大，吉”。

⑳遮：**有三說：一、釋爲“遮”，適，到達。**李家浩（1999A）改釋爲“遮”，讀爲“蹠”，訓“適”。**二、釋爲“建”。**整理者說。**三、釋爲“達”，抵達。**王子今（2003A：34）以“達”爲是，認爲“達”原意爲暢通。此處可以理解爲到達、抵達。

㉑門：**通“聞”。**李家浩（1999A）：九店楚簡《叢辰》篇與此相當的文字作“無聞”。

毋門：整理者缺釋“毋”字。李家浩（1999A）：“門”上缺釋之字應該是“毋”字。陳偉（2016C：335）：在紅外影像中，“毋”的字跡比較清楚。

㉒行作：**有二說：一、出門勞作。**李家浩（1999A）：行作不是指一般的勞作，而是指出門勞作。劉增貴（2001）：《商君書·墾令》：“則民行作不顧，休居不聽。”“行作”與“休居”對稱，不是泛指勞動，而是指外出勞作。王子今（2003A：35）：“不可以行作”應爲不可以行、不可以作。陳偉（2014：358）：張家山漢簡《二年律令》簡305～306有“止行及作田者”，可以參看。**二、勞動。**劉樂賢（1994：26）：行作是勞動的意思。

㉓□□□□□可：李家浩（2000：95）：殘缺五字可據九店楚簡《日書》補出：“絕日，毋（無）爲而。”

㉔毄：**抵觸，乖戾。**整理者：《荀子·修身》：“非擊戾也。”注：“擊戾，猶言了戾也。”王念孫云：“擊戾者謂有所抵觸也。”俞樾云：“拂戾也。”陳偉（2014：358）：毄日，九店楚簡作“死日”。

㉕數孤：**有二說：一、釋爲“數孤”，很快地成爲孤兒**（李家浩，1999A）。“窶”，李家浩（1999A）改釋爲“數”。**二、釋作“窶孤”，貧窮而孤苦無援。**整理者釋作“窶孤”。劉樂賢（1994：26－27）：窶孤是貧窮而孤苦無援之意。

㉖桃：**通“逃”，逃走。**李家浩（1999）釋爲“桃”。秦簡中的“桃人”當從楚簡文字讀爲“逃人”。整理者未釋出。

㉗兑：**當釋作“挩”“脫”，免除。**王子今（2003A：40－41）：全句意思是免除詛咒與諸種不祥，也可以理解爲免除所詛咒的諸種不祥。陳偉（2016C：336）：兑，九店楚簡《日書》簡34作“敓（除）”。

明組：**通“盟詛”，詛咒。**《周禮·詛祝》：“詛祝掌盟詛類造攻說禬禜之祝號。”注：“盟詛主於要誓，大事曰盟，小事曰詛。”疏：“盟者盟將來……詛者詛過往。”

百不羊：**“百事不祥”之縮略。“羊”通“祥”。**陳偉武（1999）說。

㉘歙：整理者直接作“飲”。

遮：**有二說：一、釋爲“遮”，到。**李家浩（1999A）釋爲“遮”，讀爲“蹠”，訓爲“適”。**二、釋作“邋”，打獵。**整理者說。

㉙大事：**有二說：一、大的事。**王子今（2003A：42－43）：整理小組以“祀”和“戎”釋大事，理解過於簡單化。“祀”和“戎”對於國家執政者是大事，對於普通下層民眾則並非如此。劉樂賢（1994：27）：“大事”又見於《秦除》篇之“成日，可以謀事，起□，興大事”。**二、“祀”和“戎”。**整理者說。

㉚寇：**爲“冠”字之誤**（整理者），**舉行冠禮。**陳偉（2014：358）：九店楚簡《日書》簡36作“利以冠”。

尋：**有三說：一、釋爲“尋”，製作。**李家浩（2000：97－98）：“尋”與“作”字義近，很可能與“作”義近的“尋”是秦人方言的說法。劉樂賢（1994：27）：製車也可以理解爲造車。**二、釋爲“尋”，試。**劉釗（1996）把“掣”改釋爲“尋”，讀作探，訓爲試。龍仕平（2012）把“掣”改釋爲“將”，讀爲“制”。**三、釋作“掣”，乘。**整理者釋作“掣”，讀爲“制”，訓爲服。認爲制車即服車，亦即乘車。

折：**有二說：一、讀爲“裚”，製**（整理者）。劉樂賢（1994：27）：整理小組之說正確。**二、讀爲“裚”，裁。**王子今（2003A：42－43）：“裚”字原有之義是裁、斷。“裚”也可以解釋爲“裁”。“折衣”“裚衣”似乎可以解釋爲“裁衣”。

服：**佩戴。**整理者：《呂氏春秋·孟春紀》注：“佩也。”

【今譯】

結日，做事情不成功，在這一天祭祀，有小不利。生孩子，不會有弟弟，若有弟弟，一定會死。在這一天讓人寄居，寄居之人必定會奪取主人的房室。Q1_11_9_2Ⅱ

陽日，各種事情都能順利成功。邦君能得到好的收成，庶民四時有收成。在這一天祭祀，天地群神都會享受祭祀，就能志得意滿。Q1_11_9_3Ⅱ

交日，有利於填塞之事。如果鑿井，吉利。在這一天祭祀門神和道路神、開渠引水，吉利。Q1_11_9_4Ⅱ

害日，有利於去除凶疫，去除不吉祥之事、祭祀門神和道路神，吉利。在這一天祭祀、聚眾，必定會使之混亂。Q1_11_9_5Ⅱ

陰日，有利於（建造）家室。祭祀、嫁女兒、娶媳婦、納財，都很吉利。在這一天去見長官，多次都能見到，沒有災害。Q1_11_9_6Ⅱ

達日，有利於行軍出征、會見人。在這一天祭祀天地，都吉利。生孩子，如果是男孩子，吉利；如果是女孩子，必定會離開國家。Q1_11_9_7Ⅱ

外陽日，有利於去野外，可以進行田獵。在這一天逃亡，抓不回來，也沒有音信。Q1_11_9_8Ⅱ

外害日，不可以出門勞作。到四方野外去，必定會遇上賊寇強盜，會遇見戰事。Q1_11_9_9Ⅱ

外陰日，有利於祭祀。興作事情、納財，都吉利。不可以到野外去。Q1_11_9_10Ⅱ

（絕日，甚麽事都不做）是可以的，名字叫擊日，在這一天生孩子，很快會成爲孤兒。逃走的人，抓不回來。有利於免除詛咒與諸種不祥。Q1_11_9_11Ⅱ

夬光日，有利於登高、飲食、到四方野外去。居處有吃的，外出有收穫。在這一天生孩子，無論男女都必定俊俏秀美。Q1_11_9_12Ⅱ

秀日，有利於發動大事。大規模進行祭祀，吉利。舉行冠禮、造車、製作衣裳、佩戴衣帶，都吉利。生孩子吉利，但孩子的弟弟凶險。Q1_11_9_13Ⅱ

四敫日

【釋文】

凡不可用者①，秋三月辰，冬三月未，春三月戌，夏三月亥〈丑〉②。Q1_11_9_1Ⅱ

【匯釋】

①劉樂賢（1994：24）：這一條簡與《除》篇無關，講的是四敫日。《除》篇的表格共有十三條簡，而其正文衹有十二項，衹需要十二條簡，空下的一條簡就用它來填補。

凡不可用者：**凡不可以用建除表推算吉凶的日子**。劉信芳（1993）：謂當四維地支所在，不可用建除表推算吉凶時日。

②亥：**爲“丑”字之誤**（劉信芳，1993）。

【今譯】

凡不可以用建除表推算吉凶的日子，有秋季三月裏的辰日，冬季三月裏的未日，春季三月裏的戌日，夏季三月裏的丑日。Q1_11_9_1Ⅱ

秦除

【釋文】

秦除[1]

正月，建寅，除卯，盈辰，平巳，定午，摯（執）未，柀（破）申[2]，危酉，成戌，收亥，開子，閉丑。Q1_11_9_14Ⅰ

二月，建卯，除辰，盈巳，平午，定未，執申，柀（破）酉，危戌，成亥，收子，開丑，閉寅。Q1_11_9_15Ⅰ

三月，建辰，除巳，盈午，平未，定申，執酉，柀（破）戌，危亥，成子，收丑，開寅，閉卯。Q1_11_9_16Ⅰ

四月，建巳，除午，盈未，平申，定酉，摯（執）戌，柀（破）亥，危子，成丑，收寅，開卯，閉辰。Q1_11_9_17Ⅰ

五月，建午，除未，盈申，平酉，定戌，摯（執）亥，柀（破）子，危丑，成寅，收卯，開辰，閉巳。Q1_11_9_18Ⅰ

六月，建未，除申，盈酉，平戌，定亥，摯（執）子，柀（破）丑，危寅，成卯，收辰，開巳，閉午。Q1_11_9_19Ⅰ

七月，建申，除酉，盈戌，平亥，定子，摯（執）丑，柀（破）寅，危卯，成辰，收巳，開午，閉未。Q1_11_9_20Ⅰ

八月，建酉，除戌，盈亥，平子，定丑，摯（執）寅，柀（破）卯，危辰，成巳，收午，開未，閉申。Q1_11_9_21Ⅰ

九月，建戌，除亥，盈子，平丑，定寅，摯（執）卯，柀（破）辰，危巳，成午，收未，開申，閉酉。Q1_11_9_22Ⅰ

十月，建亥，除子，盈丑，平寅，定卯，摯（執）辰，柀（破）巳，危午，成未，收申，開酉，閉戌。Q1_11_9_23Ⅰ

十一月，建子，除丑，盈寅，平卯，定辰，摯（執）巳，柀（破）午，危未，成申，收酉，開戌，閉亥。Q1_11_9_24Ⅰ

十二月，建丑，除寅，盈卯，平辰，定巳，摯（執）午，柀（破）未，危申，成酉，收戌，開亥，閉子。Q1_11_9_25Ⅰ

建日，良日也[3]。可以爲嗇夫[4]，可以祠。利棗（早）不利莫（暮）[5]。可以入人、始寇〈冠〉、乘車[6]。有爲也，吉。Q1_11_9_14Ⅱ

除日，臣妾亡[7]，不得。有瘇病[8]，不死。利市責礬（徹），□□□除地歓（飲）樂（藥）[9]。攻毄（擊），不可以執[10]。Q1_11_9_15Ⅱ

盈日，可以筑（築）閒（閑）牢[11]，可以產[12]，可以筑（築）宮室、爲嗇夫。

有疾，難起[13]。Q1_11_9_16Ⅱ

平日，可以取妻、入人、起事[14]。Q1_11_9_17Ⅱ

定日，可以臧（藏），爲官府、室，祠。Q1_11_9_18Ⅱ

摯（執）日，不可行。以亡，必摯（執）而入公而止[15]。Q1_11_9_19Ⅱ

柀（破）日，毋（無）可以有爲也。Q1_11_9_20Ⅱ

危日，可以責、摯（執）、攻毄（擊）[16]。Q1_11_9_21Ⅱ

成日，可以謀事、起〔衆〕、興大事[17]。Q1_11_9_22Ⅱ

收日，可以入人民、馬牛、禾粟，入室、取妻及它物[18]。Q1_11_9_23Ⅱ

開日，亡者[19]，不得。請謁[20]，得。言盜[21]，得。Q1_11_9_24Ⅱ

閉日，可以劈決池[22]，入臣徒[23]、馬牛、它生（牲）。Q1_11_9_25Ⅱ

【匯釋】

①秦除：**有二說：一、應用於秦地之除或者秦人之除。**王子今（2003A：47－48）：不能説一定起源於秦。**二、起源於秦之除。**整理者：即《日者列傳》的建除。此處稱爲秦除，可見是起源於秦。《淮南子·天文訓》："寅爲建，卯爲除，辰爲滿，巳爲平，主生；午爲定，未爲執，主陷；申爲破，主衡；酉爲危，主杓；戌爲成，主少德；亥爲收，主大德；子爲開，主太歲；丑爲閉，主大陰。"與此相合。

吴小強（2000：32）：秦除與除有三點不同：一是十二直的日名不同。秦除日名之間有對應關係，而除的日名之間缺乏內在的對應關係；二是建除所指的具體日子不同；三是建除十二直所代表的神明執掌人間吉凶的內容不同。秦除與除有一點相同，即用建除十二直所配十二地支，賦予其人格化的神靈主宰權力，用以指導一年十二個月每日的吉凶安排，令人們畏凶趨吉。

②柀：**有二說：一、讀爲"破"，有"析破"之義**（王子今，2003A：51）。**二、釋爲"盈"，滿。**"盈"字在《淮南子》中作"滿"，是漢人避惠帝諱（劉樂賢，1994：33）。

③良日：**吉日**（王子今，2003A：51）。

④嗇夫：**有二說：一、縣級的主要官吏。**賀潤坤（1995B）："小嗇夫"則指鄉嗇夫、倉嗇夫等小吏。**二、基層官吏。**王子今（2003A：51）：嗇夫，基層官吏，可能屬於不同的部門。

⑤棗：**有二說：一、讀爲"早"。**劉樂賢（1994：33）：中山王鼎有"棄群臣"，其中的"曐"从日、棗聲，讀爲"早"。陳偉（2016C：339）：孔家坡漢簡《日書》簡13作"朝"。**二、同"棘"，讀爲"急"。**王子今（2003A：56－57）：將"棗"理解爲"棘"的異體，讀爲"急"，文義亦通。

⑥入人：**買進奴婢。**整理者：與後文"入人民"義同。《周禮·質人》："掌成市之貨賄、人民、牛馬、兵器、珍異。"注："人民，奴婢也。"

寇：**爲"冠"字之誤。冠禮，動詞。**吴小強（2000：29）：《周禮·內則》："二十而冠，始學禮也。"

⑦臣妾：**奴婢，奴隸**。陳偉（2016C：340）：孔家坡漢簡《日書》簡14作“奴婢”。李學勤（1985A）：臣妾是中國古代對奴隸最常用的稱謂。

⑧瘇：**有三說：一、腳腫病**。整理者：《說文·疒部》：“脛氣足腫也。”**二、熱症**。陳偉（2014：362）：圖版模糊，或如孔家坡漢簡《日書》簡14一樣，是“癉”字，指熱症。**三、足膁爛瘡**。王子今（2003A：59）：所說病症，可能即《本草綱目·土部》所謂“足膁爛瘡”。

⑨市：整理者釋爲“市”，紀歡歡、雷海龍（2015）改釋爲“治”。

責：**有三說：一、讀爲“債”，債務**。王子今（2003A：60－61）：“債徹”即指債務關係的解除。“徹”有去除之義，又有盡絕之義。**二、通“積”**。整理者讀爲“積”，在其後加頓號。**三、可能是“嗇”**。陳偉（2016C：340）：放馬灘秦簡《日書》甲乙種除日皆作“治嗇夫”，此字也可能是“嗇”。

責𢧵，□□□：“𢧵”下三個字，**有二說：一、不可以**。王子今（2003A：61）以爲可能是“不可以”。**二、言君子**。陳偉（2016C：340）：看字形輪廓，並比較放馬灘秦簡《日書》和孔家坡漢簡《日書》，這三個字可能是“言君子”。

地：整理者釋爲“地”，陳偉（2016C：340）改釋爲“皋”。

歓樂：**有二說：一、飲酒作樂**。賀潤坤（1996）：“歓樂”或“飲食”與“歌樂”相連出現，表示飲食與歌樂關係密切，屬於同時舉行的活動。**二、讀作“飲藥”**。陳偉（2016C：340）：應該從孔家坡漢簡《日書》整理者讀作“飲藥”。

⑩㲄：整理者釋爲“盜”，陳偉（2016C：340）據字形輪廓、文義改釋爲“㲄”。

執：陳偉（2014：363）：孔家坡漢簡《日書》簡14作“以功（攻），不報”，二字蓋有一誤。

⑪閒：**養馬之所**。整理者讀爲“閑”，引《漢書·百官公卿表》訓爲“闌”，即養馬之所。

⑫產：**有三說：一、“產”字上下疑有脱文**（整理者）。**二、“產”下脱“子”字**。吴小強（2000：29）：“產”下疑脱“子”字，應爲產子。**三、“產”前脱“入”字**。李天虹、劉國勝（2006）：“產”前可能脱漏了“入”字，產指牲畜。

⑬起：**治愈**。劉樂賢（1994：34）：《呂氏春秋·察賢》：“今有良醫於此，治十人而起九人，所以求之萬也。”

⑭起事：**有二說：一、事務的創起、發動**。王子今（2003A：63）：《韓非子·喻老》：“起事於無形，而要大功於天下，是謂微明。”**二、辦事**。魏德勝（2003：101）：起事即辦事。

⑮公：**官府**。

摯而入公：陳偉（2016C：341）：孔家坡漢簡《日書》簡18作“必執入縣官”。

⑯責：**處罰**（整理者）。

執：**捉捕**。

可以責、摯、攻毄：孔家坡漢簡《日書》簡 21 作“可以責、捕人、功（攻）□、射”。

⑰“起”字之後，**有三說：一、眾**。劉樂賢（1994：34）：當爲“眾”。**二、整理者缺釋。三、事**。吳小強（2000：29）：疑爲“事”。

大事：**有二說：一、重大或重要之事**。王子今（2003A：68）：《日書》所載內容是以下層社會生活爲主要對象，所謂大事未必爲國家政事。晏昌貴（2002）：與小事相對而言，泛指重大或重要之事。**二、國家大事，祀和戎**。《左傳·成公十三年》：“國之大事，在祀與戎。”

⑱人民：**即奴婢**（整理者）。李學勤（1985A）：“人民”一詞用於奴隸，見於《周禮》。“人民”並不是奴隸身份的專用詞。

入室：**有二說：一、外出者回家**。“入室”以“久行”爲前提，在秦簡中又與“去室”對舉（陳偉，1998）。**二、娶妻**。整理者：入讀爲“納”。納，娶。室，妻妾貨物。

⑲亡者：**逃亡的人**。王子今（2003A：68）：即脫离政府管理的逃亡者、流亡者。

⑳請謁：**有二說：一、請求**（陳偉，2016C：342）。**二、請求進見，請求進言**。王子今（2003A：71－72）說。

㉑言盜：**舉報，訴訟盜賊**。劉樂賢（1994：34）：《集韻·去願》第二十五：“訟也。”

㉒劈決池：**有二說：一、開決池塘**。王子今（2003A：73）：即孔家坡漢簡《日書》之“破堤”。**二、修築池沼、池塘**。周波（2010）：疑應作“脩（修）陂池”，意思是修築池沼、池塘。

㉓臣徒：**私家徒役**（李學勤，1985A）。

【今譯】

秦除

正月，建日在寅，除日在卯，盈日在辰，平日在巳，定日在午，執日在未，破日在申，危日在酉，成日在戌，收日在亥，開日在子，閉日在丑。Q1_11_9_14 I

二月，建日在卯，除日在辰，盈日在巳，平日在午，定日在未，執日在申，破日在酉，危日在戌，成日在亥，收日在子，開日在丑，閉日在寅。Q1_11_9_15 I

三月，建日在辰，除日在巳，盈日在午，平日在未，定日在申，執日在酉，破日在戌，危日在亥，成日在子，收日在丑，開日在寅，閉日在卯。Q1_11_9_16 I

四月，建日在巳，除日在午，盈日在未，平日在申，定日在酉，執日在戌，破日在亥，危日在子，成日在丑，收日在寅，開日在卯，閉日在辰。Q1_11_9_17 I

五月，建日在午，除日在未，盈日在申，平日在酉，定日在戌，執日在亥，破日在子，危日在丑，成日在寅，收日在卯，開日在辰，閉日在巳。Q1_11_9_18 I

六月，建日在未，除日在申，盈日在酉，平日在戌，定日在亥，執日在子，破日在丑，危日在寅，成日在卯，收日在辰，開日在巳，閉日在午。Q1_11_9_19 Ⅰ

七月，建日在申，除日在酉，盈日在戌，平日在亥，定日在子，執日在丑，破日在寅，危日在卯，成日在辰，收日在巳，開日在午，閉日在未。Q1_11_9_20 Ⅰ

八月，建日在酉，除日在戌，盈日在亥，平日在子，定日在丑，執日在寅，破日在卯，危日在辰，成日在巳，收日在午，開日在未，閉日在申。Q1_11_9_21 Ⅰ

九月，建日在戌，除日在亥，盈日在子，平日在丑，定日在寅，執日在卯，破日在辰，危日在巳，成日在午，收日在未，開日在申，閉日在酉。Q1_11_9_22 Ⅰ

十月，建日在亥，除日在子，盈日在丑，平日在寅，定日在卯，執日在辰，破日在巳，危日在午，成日在未，收日在申，開日在酉，閉日在戌。Q1_11_9_23 Ⅰ

十一月，建日在子，除日在丑，盈日在寅，平日在卯，定日在辰，執日在巳，破日在午，危日在未，成日在申，收日在酉，開日在戌，閉日在亥。Q1_11_9_24 Ⅰ

十二月，建日在丑，除日在寅，盈日在卯，平日在辰，定日在巳，執日在午，破日在未，危日在申，成日在酉，收日在戌，開日在亥，閉日在子。Q1_11_9_25 Ⅰ

建日，是個吉利的日子。可以當嗇夫，可以祭祀。早晨有利，晚上不利。可以買進奴婢、開始舉行冠禮、乘車出行。若有所作爲，是吉利的。Q1_11_9_14 Ⅱ

除日，如果男女奴隸逃亡，則抓不到他們。若得腳腫病，不會死。有利於買賣、清除債務，（不可以）在地上飲酒作樂。攻打（強盜等），無法捕獲。Q1_11_9_15 Ⅱ

盈日，可以修築養牲畜的圈牢，可以生孩子，可以修築房屋、當嗇夫。若患疾病，難以治愈。Q1_11_9_16 Ⅱ

平日，可以娶妻、買進奴婢、創起和發動事件。Q1_11_9_17 Ⅱ

定日，可以收藏（糧食、財貨等），可以建造府衙、家宅，可以祭祀。Q1_11_9_18 Ⅱ

執日，不能出門。在這一天逃亡，必定會被捕捉送進官府收押。Q1_11_9_19 Ⅱ

破日，甚麼事情都不能做。Q1_11_9_20 Ⅱ

危日，可以處罰、捕捉、攻擊。Q1_11_9_21 Ⅱ

成日，可以謀劃事項、發起眾人、舉辦重大或重要之事。Q1_11_9_22 Ⅱ

收日，可以買進奴隸、馬牛牲口、糧食，可以在久行後進家、娶妻，以及獲取其他東西。Q1_11_9_23 Ⅱ

開日，逃亡的人，抓不到。請求，會被允許。舉報盜賊，可以抓住。Q1_11_9_24 Ⅱ

閉日，可以開決池塘，買入私家徒役、馬牛和其他牲畜。Q1_11_9_25 Ⅱ

禾良日

【釋文】

禾良日①，己亥、癸亥，五酉、五丑②。Q1_11_9_17Ⅲ

禾忌日③，稷龍寅、秫丑④，Q1_11_9_18Ⅲ稻亥⑤，麥子，叔（菽）⑥，荅卯⑦，Q1_11_9_19Ⅲ麻辰⑧，葵癸亥⑨，各常Q1_11_9_20Ⅲ□忌，不可種之及初Q1_11_9_21Ⅲ□穫、出入之⑩。辛卯不可以Q1_11_9_22Ⅲ初穫禾。Q1_11_9_23Ⅲ

【匯釋】

①禾：**泛指各類穀物**。劉樂賢（1994：44）："禾良日""禾忌日"，在《日書》乙種中叫"五穀良日""五穀龍日"，禾與五穀同義，泛指穀物。

②五酉：**指癸酉、乙酉、丁酉、己酉、辛酉**（劉樂賢，1994：42）。

五丑：**指乙丑、丁丑、己丑、辛丑、癸丑**（劉樂賢，1994：42）。

③忌日：**舊指父母及其他親屬逝世之日，亦指民俗信仰體系中不吉利的日子**。王子今（2003A：76）：《齊民要術·種穀》："凡五穀有忌日，種之不避其忌，則多傷敗。"

④龍：**有四説：一、禁忌**。龍日：**忌日**（賀潤坤，1988）。整理者：《淮南子·要略訓》："操捨開塞，各有龍忌。"注："中國以鬼神之日忌，北胡、南越皆謂之請龍。"故龍有禁忌意。劉樂賢（1994：42）：甲種的"禾忌日"在乙種中叫"五穀龍日"，可證"龍"是禁忌的意思。**二、讀爲"禁"，禁忌**。宋華強（2012）：表示禁忌義的"龍"當讀爲"禁"。**三、"龖"的省寫，通"讋"，忌**。劉樂賢（2002）："龍"不能讀爲"良"。這種"龍"可能是"龖"的省寫，或者讀爲"龖"省聲，在簡文中通假爲"讋"。《淮南子·氾論訓》："世以爲裘者難得貴賈之物也，而不可傳於後世，無益於死者，而足以養生，故因其資以讋之。"高誘注："讋，忌也。"**四、讀爲"良"**。蔡哲茂（1995）："龍"可能讀爲"良"。

⑤稻：**糯稻**（劉樂賢，1994：45）。

⑥叔：**豆，此指大豆**（劉樂賢，1994：45）。

⑦荅：**小豆**（劉樂賢，1994：45）。

⑧麻：**特指一種穀類植物**。

⑨癸亥：**有兩種解釋：一是理解爲癸亥日；二是理解爲癸日和亥日**（王子今，2003：81）。當以第二種爲是。

葵：**一種菜名**（劉樂賢，1994：45）。

⑩種：**播種**。

穫：**收割**。

出入：**有二說：一、運進或輸出**（劉樂賢，1994：42）。**二、買賣。**魏德勝（2003：79）說。

【今譯】

種植五穀的吉利之日，是己亥日、癸亥日、五酉日（癸酉、乙酉、丁酉、己酉、辛酉）、五丑日（乙丑、丁丑、己丑、辛丑、癸丑）。Q1_11_9_17Ⅲ

種植五穀的禁忌之日，穀子禁忌寅日，高粱是丑日，Q1_11_9_18Ⅲ糯稻是亥日，小麥是子日，大豆、小豆是卯日，Q1_11_9_19Ⅲ麻是辰日，葵菜是癸日、亥日，在各種作物通常的Q1_11_9_20Ⅲ……禁忌之日裏，不能播種以及初次Q1_11_9_21Ⅲ……收穫、買賣這些農作物。辛卯日不可以Q1_11_9_22Ⅲ初次收穫穀物。Q1_11_9_23Ⅲ

囷良日

【釋文】

囷良日①，甲午、乙未、乙巳，Q1_11_9_24Ⅲ爲囷大吉。Q1_11_9_25Ⅲ

【匯釋】

①囷：**圓形穀倉**。王子今（2003A：82）：《周禮·考工記·匠人》："囷窌倉城。"鄭玄注："囷，圓倉也。"

【今譯】

圓形糧倉的吉利之日，是甲午日、乙未日、乙巳日，Q1_11_9_24Ⅲ（在這些日子裏）建造圓形糧倉，就非常吉利。Q1_11_9_25Ⅲ

稷辰

【釋文】

稷辰①

正月二月，子秀，丑戌正陽，寅酉危陽，卯敫②，辰申𥤚③，巳未陰，午㣙（徹），亥結。Q1_11_9_26Ⅰ

三月四月，寅秀，卯子正陽，辰亥危陽，巳敫，午戌𥤚，未酉陰，申㣙（徹），丑結。Q1_11_9_27Ⅰ

五月六月，辰秀，巳寅正陽，午丑危陽，未敫，申子𥤚，酉亥陰，戌㣙（徹），

卯結。Q1_11_9_28 I

七月八月，午秀，未辰正陽，申卯危陽，酉敫，戌寅羸，亥丑陰，子𡙇（徹），巳結。Q1_11_9_29 I

九月十月，申秀，酉午正陽，戌巳危陽，亥敫，子辰羸，丑卯陰，寅𡙇（徹），未結。Q1_11_9_30 I

十一月十二月，戌秀，亥申正陽，子未危陽，丑敫，寅午羸，卯巳陰，辰𡙇（徹），酉結。Q1_11_9_31 I

秀，是胃（謂）重光[4]，利野戰[5]，必得侯王。以生子，既美且長[6]，有賢等[7]。利見人及畜畜生。可取婦、家（嫁）女、尋衣常（裳）[8]。利祠、歓（飲）食、歌樂，臨官立（蒞）正（政）相宜也[9]。Q1_11_9_32 利徙官[10]。免[11]，復事[12]。毄（繫），亟出[13]。雖雨，𪸁（霽）。不可復（覆）室蓋屋。正月以朔[14]，旱，歲善[15]，有兵。Q1_11_9_33

正陽，是胃（謂）滋昌[16]，小事果成[17]，大事又（有）慶[18]，它毋（無）小大盡吉[19]。利爲嗇夫，是胃（謂）三昌。俖時以戰[20]，命胃（謂）三勝。以祠，吉。有爲也，美惡自成[21]。生子，吉。可葬Q1_11_9_34貍（埋）。雨，𪸁（霽）。亡者，不得。正月以朔[22]，歲善，毋（無）兵。Q1_11_9_35

危陽，是胃（謂）不成行[23]。以爲嗇夫，必三徙官。徙官自如[24]，其後乃昌。免，復事。亡人，自歸。又（有）疾，不死。死者，又（有）毀[25]。利解事[26]。不可殺。不可取婦、家（嫁）女，不可Q1_11_9_36見人。生子，子死。以雨，半日。正月以朔，多雨，歲半入[27]，毋（無）兵。Q1_11_9_37

敫，是胃（謂）又（有）小逆，毋（無）大央（殃）。可以穿井、行水、蓋屋、歓（飲）樂、外除[28]。亡者，不得。不可取婦、家（嫁）女、出入貨及生（牲）[29]。不可臨官、歓（飲）食、樂、祠祀[30]。以生子，子Q1_11_9_38不產。取婦、家（嫁）女，兩寡相當。正月以朔，多雨，歲善而柀不產[31]，有兵。Q1_11_9_39

羸，是胃（謂）其群不拜[32]，以辭不合（答）[33]，私公必閉，有爲不成。亡者，得。利弋邋（獵）、報讎、攻軍、韋（圍）城、始殺[34]。可取，不可鼠（予）。不可歓（飲）食哥（歌）樂。利以祠外[35]。以生子，Q1_11_9_40吉。毄（繫），亟出。雖雨，見日。正月以朔，旱，又（有）歲，又（有）小兵[36]，毋（無）大兵。Q1_11_9_41

陰，是胃（謂）乍陰乍陽，先辱而後又（有）慶[37]。利居室、入貨及生（牲）。可取婦、家（嫁）女、葬貍（埋）。以祠祀、歓（飲）食、哥（歌）樂，吉。爲嗇夫，久。以毄（繫），不免。生子，男女爲盜。Q1_11_9_42不可入（納）寄者。正月以朔，多雨，歲中，毋（無）兵，多盜。旦雨夕𪸁（霽），夕雨不𪸁（霽）。Q1_11_9_43

𡙇（徹），是胃（謂）六甲相逆[38]，利以戰伐，不可以見人、取婦、家（嫁）女、出入貨及生（牲）。不可祠祀、哥（歌）樂。以生子，子死。亡者，得，不得必死。毄（繫），久不已。不可又（有）爲也，Q1_11_9_44□□□□而可葬貍（埋）。雨，日也[39]。正月以朔，多雨，歲善，毋（無）兵。Q1_11_9_45

結，是胃（謂）利以出貨，不可以入。可以取婦、家（嫁）女。以免，弗復。毄（繫），久不已。不可又（有）爲也，而可以葬貍（埋）。雨，日也。正月以朔，歲中，又（有）兵，又（有）雨。Q1_11_9_46

【匯釋】

①稷辰：**有二說：一、釋爲“稷辰”，即叢辰。**饒宗頤（1982：11－12）：稷辰是集辰即叢辰。吳小強（2000：40－41）：是叢辰家向人們解說吉凶禍福的卜文。叢辰這一流派的占卜家來源於神社的祭祀活動，最早是專司社稷祭祠事務的神職人員。劉樂賢（1994：58）：稷辰讀爲叢辰是正確的。劉樂賢（2006B）亦同。**二、釋爲“稯辰”，即叢辰。**李家浩（1999A）：秦簡稷辰應該釋讀爲“稯（叢）辰”。李學勤（1985A）：“稷”字可能爲“稯”之誤，而“稯”和“叢”音近可相通假，稷辰即叢辰。整理者“後記”亦同。《日者列傳》有叢辰家，《漢書・藝文志》有《鐘律叢辰日苑》二十三卷。

②敫：孔家坡漢簡《日書》簡25作“徼”。

③[illegible]：**有二說：一、“害”之異體**（裘錫圭，1983）。**二、“轄”字。**整理者“後記”：即《說文》“轄”字。孔家坡漢簡《日書》簡25作“介”，古喉牙不分。

④重光：**有二說：一、重日之光。**劉樂賢（1994：56）：古稱日冕或日珥等現象爲重日，以爲是瑞德。**二、歲陽名稱之一。**王子今（2003A：87）：重光可能是歲陽名稱之一。歲陽是古代用來紀年的十天干（如甲、乙、丙等）、

⑤野戰：**戰於曠野**（魏德勝，2003：116）。

侯王：**指戰國時各國之王**（整理者）。

⑥長：**高大。**王子今（2003A：89－90）：是當時人審美標準之一。《詩經・衛風・碩人》“碩人其頎”，毛傳：“頎，長貌。”鄭玄箋：“言莊姜儀表長麗俊好，頎頎然。”

⑦賢等：**有五說：一、好的等級。**鄭剛（1993）：如字讀，謂有賢能、有好的等級。范常喜（2008）：“等”讀如字。賢等似指有好的等級。**二、賢這一品級。**晏昌貴（2002）：“賢有多種等級，賢等即說明賢這一品級。”**三、讀爲“賢能”。**劉樂賢（1994：56）：鄭剛讀“賢等”爲“賢能”，可從。**四、讀爲“賢寺”，賢嗣。**陳偉（2016C：347）：孔家坡漢簡《日書》簡31作“賢其等”。整理者：“等”讀爲“寺”，訓爲嗣。有賢等即是有賢嗣。**五、讀爲“賢德”。**王子今（2003A：89－90）讀“等”爲“德”。

⑧尋：**有二說：一、釋爲“尋”，製作**（劉釗，1996）。李家浩（2000：97－98）：《日書》中的“尋”和“襑”有“製作”義，如“尋車”“襑衣裳”等，類似《秦公簋》之“作尋宗彝”，可能是秦人方言。**二、釋爲“㓞”。**讀爲“製”，製造。整理者說。

⑨臨官：**任官**。立正：**讀爲“莅政”，處理政務**（整理者）。工藤元男（2010：179）：臨官立正，就是官吏執行政務。

宜：**適宜**。王子今（2003A：92）：“相宜”中的“宜”與“君宜高官”中的“宜”同義。

⑩徙官：**調職**（整理者），**开遷**。工藤元男（2010：180）：調整職位。

⑪免：**免官**。

⑫復事：**復職**（整理者）。

⑬毄，亟出：**囚禁的人很快就會被釋放**（整理者）。

⑭正月以朔：**正月裏在初一這天**。即正月旦日，《天官書》之“歲始”。

⑮歲：**即年景、收成**。歲善、歲惡：**收成好，收成壞**。都是形容年成的情況。《龜策列傳》亦有占卜莊稼熟不熟、歲中有無兵事、天雨霽不霽、追亡人得不得的記載。

⑯滋：**繁盛**（王子今，2003A：97）。孔家坡漢簡《日書》簡34作“番”。《別雅》卷一：“番昌，蕃昌也。”

⑰果：**有二説：一、成**。陳偉（2016C：348）：簡40“有爲不成”，孔家坡漢簡《日書》簡41作“有爲不果”。**二、終竟**。王子今（2003A：97）：果成，終竟成功。

⑱慶：**有二説：一、善，成**。李天虹、劉國勝（2006：133）：《國語·周語下》：“晉國有憂，未嘗不成；有慶，未嘗不怡。”**二、幸、美、福澤**。王子今（2003A：97）：當釋爲幸、美、福澤。“小事果成，大事又慶”，可以理解爲“小事果成”之後，又有大事之“慶”。又，孔家坡漢簡《日書》簡34作“有”。

⑲毋：**有二説：一、無論。二、非、不是**。王子今（2003A：97）：“毋”通“無”，“無”有非、不是的意義，則無大小，可以理解爲既非小事，亦非大事。全句可理解爲：小事切實成功，大事結局圓滿，其他既非小事亦非大事者，也都吉利。

⑳佸：**有四説：一、會**。王子今（2003A：99）據《説文》訓爲“會”。**二、釋爲“僣”，至**。整理者釋爲“僣”，注釋即“佸”字，訓爲“至”。**三、釋爲“佰”，即“倍”**。陳偉（2014：372）：疑可釋爲“佰”，即“倍”字。**四、讀爲“依”**。整理者：此字或讀爲“依”。

㉑美惡：**好壞，美醜**（魏德勝，2003：112）。

㉒正月以朔：**有二説：一、後有脱文**。整理者：“朔”後有脱文。**二、未必有脱文**。王子今（2003A：100－101）：全句是説正陽日若當正月朔日，則年內農作收成理想，無戰事。“朔”下未必有脱文。陳偉（2016C：348）：孔家坡漢簡《日書》簡35亦作“正月以朔”。

㉓不成行：**有二説：一、不成功**。劉樂賢（1994：57）：可解作不成功，亦可解作出行不成。王子今（2003A：102）：“不成其行”的“行”，不宜理解爲出行。**二、出行不成**。劉樂賢（1994：57）：亦可解作出行不成。

㉔自如：**有二説：一、自然、自若**（王子今，2003A：102）。**二、如意，符合**

自己所願。魏德勝（2003：83）說。

㉕毀：**有二說：一、人居喪時過於悲傷**（劉樂賢，1994：57）。**二、殺傷以致身體損壞**。王子今（2003A：102－103）將“毀”理解爲殺傷以致身體損壞。

㉖解事：**有二說：一、解除之事**。劉樂賢（1994：57）：“解”指解除，古代解除之事有解土、解祠、解竈等。**二、解仇怨、解獄訟之事**。晏昌貴（2002）：可以理解爲解仇怨、解獄訟之事。

㉗歲半入：**當年收成將爲常年的一半**（王子今，2003A：103－104）。

㉘歓樂：**有二說：一、飲酒作樂。二、飲藥**。李天虹、劉國勝（2006：133）：飲藥，孔家坡漢簡《日書》簡38“樂”作“藥”。

外除：**服父母之喪**。劉樂賢（1994：57）：《禮記・雜記下》：“親喪外除，兄弟之喪内除。”

㉙出入：**主要指買賣**（李學勤，1985A）。

生：**有二說：一、牲畜。二、人和畜**。王子今（2003A：107）：“生”可能包括人和畜。陳偉（2016C：350）：孔家坡漢簡《日書》簡38～39作“出入畜生”。

㉚樂：**作樂**。王子今（2003A：107）疑“歓食樂”應該連讀。或許在“歓食”和“樂”之間脱“哥”字。陳偉（2014：373）：孔家坡漢簡《日書》簡39作“歌樂”。

㉛柀：**有二說：一、一部分**。王子今（2003A：108）：孔家坡《日書》簡40作“□歲而柀不全”。**二、讀爲“疲”**。整理者說。

㉜拜：**有二說：一、授予某種官職**。王子今（2003A：110－111）：張家山漢簡《二年律令》有“拜爵”。**二、讀爲“撥”，治**。整理者：疑讀爲“撥”，《說文》：“治也”。

㉝辭：**推辭**。

合：**有二說：一、通“答”。二、如字讀，合**。王子今（2003A：110－111）：“辭不合”原本文義順暢，“合”不必解作“答”。

㉞始殺：**有三說：一、初次殺戮**。陳偉武（1998）：如字讀，訓爲“初殺”，即初次殺戮行動。**二、讀爲“笞殺”**。劉樂賢（1994：58）說。**三、讀爲“詒殺”“紿殺”**。王子今（2003A：113）說。

㉟祠外：**即外祀，指郊祀**（王子今，2003A：115）。

㊱兵：**此處指戰事**（王子今，2003A：116）。

㊲慶：**褒美、寵惠、恩遇，與“辱”相對**（王子今，2003A：116）。

㊳六甲相逆：**指六甲的地支子、戌、申、午、辰、寅的方位相反**。劉樂賢（1994：58）：古代以天干地支相配計算時日，六十甲子中可有甲子、甲戌、甲申、甲午、甲辰、甲寅，故名六甲。“六甲相逆”指六甲的地支子、戌、申、午、辰、寅的方位相反。十二地支中，子與午、戌與辰、申與寅的方位完全相反。

㊴雨，日也：**意思應當是全日降雨**。

【今譯】

叢辰

正月、二月，子爲秀日，丑、戌爲正陽日，寅、酉爲危陽日，卯爲敫日，辰、申爲害日，巳、未爲陰日，午爲徹日，亥爲結日。Q1_11_9_26 I

三月、四月，寅爲秀日，卯、子爲正陽日，辰、亥爲危陽日，巳爲敫日，午、戌爲害日，未、酉爲陰日，申爲徹日，丑爲結日。Q1_11_9_27 I

五月、六月，辰爲秀日，巳、寅爲正陽日，午、丑爲危陽日，未爲敫日，申、子爲害日，酉、亥爲陰日，戌爲徹日，卯爲結日。Q1_11_9_28 I

七月、八月，午爲秀日，未、辰爲正陽日，申、卯爲危陽日，酉爲敫日，戌、寅爲害日，亥、丑爲陰日，子爲徹日，巳爲結日。Q1_11_9_29 I

九月、十月，申爲秀日，酉、午爲正陽日，戌、巳爲危陽日，亥爲敫日，子、辰爲害日，丑、卯爲陰日，寅爲徹日，未爲結日。Q1_11_9_30 I

十一月、十二月，戌爲秀日，亥、申爲正陽日，子、未爲危陽日，丑爲敫日，寅、午爲害日，卯、巳爲陰日，辰爲徹日，酉爲結日。Q1_11_9_31 I

秀日，這一天叫作重光，有利於在曠野作戰，必定能虜獲諸侯國王。在這一天生孩子，孩子長得俊美高大，才能等級爲賢。有利於會見人以及蓄養牲畜。可以娶媳婦、嫁女兒、製作衣裳。有利於祭祀、宴飲、唱歌作樂，這一天任官、處理政務是很適宜的。Q1_11_9_32有利於調整職位。被免官的，會復職。被囚禁的，會很快釋放。即使下雨，也會很快放晴。不能推倒房子、修築房子。正月裏在初一這天乾旱，則一年收成好，但有戰事。Q1_11_9_33

正陽日，這一天叫作滋昌，小事情能夠成功，大事情也會有好的結果，其他方面無論大小事情都吉利。有利於當嗇夫，這叫作三昌，趕上這時候發動戰爭，其命運叫作三勝。在這一天祭祀，吉利。做事情，不管好壞自然能成。生孩子，吉利。可以在這一天埋葬Q1_11_9_34死者。即使下雨，也會很快放晴。逃亡的人，抓不到。正月裏在初一這天（多雨），則這一年莊稼收成好，沒有戰事。Q1_11_9_35

危陽日，這一天叫作不成行。在這一天當嗇夫，必定三次升遷。升遷自若，他的後代就會昌盛。被免官的，會復職。逃亡的人，自己會回來。患了疾病的，不會死。死了的，居喪之人會非常悲傷。有利於化解事端。不能殺生。不能娶媳妇、嫁女兒，不能Q1_11_9_36去見人。生孩子，孩子會死去。這一天下雨，會下半天。正月裏在初一這天多雨，則這一年的收成將爲常年的一半，沒有戰事。Q1_11_9_37

敫日，這一天叫作有小逆，沒有大的災殃。可以在這一天打井、開通水利、蓋房子、飲酒作樂、服父母之喪。逃亡的人，抓不到。不能娶媳婦、嫁女兒、買賣貨物及牲口。不能任官、宴飲、作樂、祭祀。在這一天生孩子，孩子Q1_11_9_38會生不出來。娶媳婦、嫁女兒，（娶來的媳婦和嫁出的女兒）兩個女人都會守寡。正月裏在初一這天多雨，則這一年收成好，祇是部分莊稼沒有生產，有戰事。Q1_11_9_39

害日，這一天叫作其群不拜，在這一天推辭，不被應允；無論公私，都一定會阻塞不通；有所作爲，不會成功。逃亡的人，會被抓到。有利於打獵、報仇、攻擊敵軍、包圍城池、初次殺戮。可以獲取，不能給予。不能宴飲、唱歌作樂。有利於進行郊祀。在這一天生孩子，吉利。Q1_11_9_40被囚禁的人，會很快被釋放。即使下雨，也能開雲見日。正月裏在初一這天乾旱，則這一年有收成，有小規模戰事，沒有大規模的戰爭。Q1_11_9_41

陰日，這一天叫作乍陰乍陽，先受辱而後有恩寵。有利於居家生活、買進貨物及牲畜。可以娶媳婦、嫁女兒、埋葬死者。這一天去祭祀、宴飲、唱歌作樂，都吉利。當嗇夫，會幹很長時間。這一天被囚禁，不會被釋放。生孩子，不管男孩女孩將來都會做盜賊。Q1_11_9_42不能接納寄居的人。正月裏在初一這天多雨，則這一年收成是中等水準，沒有戰事，但有很多盜賊。早晨下雨晚上就會放晴，晚上若下雨就不放晴。Q1_11_9_43

徹日，這一天叫作六甲相逆，有利於戰爭攻伐，不能在這一天去會見人、娶媳婦、嫁女兒、買賣貨物及牲畜。不能祭祀、唱歌作樂。這一天生孩子，孩子會死去。逃亡的人，會被抓到，不被抓到也必定會死掉。被囚禁的人，長期不會被釋放。不能做事情，Q1_11_9_44……可以埋葬死者。如果下雨，會下一整天。正月裏在初一這天多雨，則這一年收成好，沒有戰事。Q1_11_9_45

結日，這一天叫作利以出貨，不能在這一天買入貨物。這一天可以娶媳妇、嫁女兒。被免官的，不能重新上任。被囚禁的，長期不能釋放。不能在這一天做事情，但可以埋葬死者。如果下雨，會下一整天。正月裏在初一這天（多雨），則一年收成爲中等水準，有戰事，也有雨水。Q1_11_9_46

衣

【釋文】

裚（製）衣，丁丑媚人①，丁亥靈②，丁巳安於身③，癸酉多衣。·毋以楚九月己未台（始）被新衣④，衣手□必死。Q1_11_9_26Ⅱ

【匯釋】

①媚人：**惹人喜愛，爲人所喜愛**。賀潤坤（1996）：《詩經·文王之什·下武》“媚茲一人”，鄭箋：“愛也。”這裏的媚人大概指衣服式樣漂亮，討人喜歡。王子今（2003A：122）：“媚人”特指性愛關係，與漢代所謂婦人媚道、媚惑之術相類。

②靈：**有二說：一、福**。整理者：《左傳·昭公三十二年》：“今我欲徼福假靈於成王，修成周之城。”《左傳·哀公二十四年》：“寡君欲徼福於周公，願乞靈於臧氏。”**二、有靈驗**。晏昌貴（2002）：“靈”是“有靈”之省，謂有靈驗。

③丁巳安於身：九店楚簡《日書》簡94作“丁巳終其身”。

④被：**披**。被新衣：**穿新衣服**。賀潤坤（1996）說。

【今譯】

裁製衣服，在丁丑日穿會惹人喜愛，在丁亥日穿會有福氣，在丁巳日穿會身體舒適，在癸酉日穿會擁有很多衣服。·不要在楚曆九月己未日第一次穿新衣裳，在這一天開始穿新衣服的人注定會死去。

弦望

【釋文】

弦望及五辰不可以興樂□[①]。五丑不可以巫[②]，啻（帝）以殺巫減（咸）。Q1_11_9_27 Ⅱ

【匯釋】

①弦：**月半圓時。**望：**月中之時。**五辰：**戊辰、庚辰、壬辰、甲辰、丙辰。**

②五丑：**乙丑、丁丑、己丑、辛丑、癸丑。**巫：**動詞，作巫術。**

③巫減：**即"巫咸"，又作"巫戊"，是商太戊時臣，巫祝之神。**整理者：古書中記載其爲巫祝之神，傳爲鼓的發明者、卜筮的創始者，又是占星家。《楚辭·離騷》："巫咸將夕降兮，懷椒糈而要之。"王逸注："巫咸，古神巫也，當殷中宗之世。"劉樂賢（1994：67）：關於巫咸，整理小組已經指出有二說：一是指太戊時大臣，是歷史人物；二是指巫祝之神，是神話傳說中的人物。本篇中的巫咸疑是神話傳說中的巫咸之神。

【今譯】

在弦望之日以及五辰日不能演奏器樂。五丑日不能作巫術，因爲天帝在這個日期殺死了巫咸。Q1_11_9_27 Ⅱ

鼠襄戶

【釋文】

鼠襄戶[①]，見之，入月一日二日吉[②]，三日不吉，四日五日吉，六日不吉，七日八日吉，九日恐[③]。Q1_11_9_28 Ⅱ廿二日廿三日吉，廿四日恐，廿五日廿六日吉，廿七日恐，廿八日廿九日吉[④]。Q1_11_9_29 Ⅱ

【匯釋】

①襄：**有二說：一、爬上**。整理者：《尚書·堯典》傳："上也。"劉樂賢（1994：68）：古人常以鼠的行爲占卜吉凶，如敦煌本《白澤精怪圖》（伯2682）云："（鼠）上樹者有大水至，不度一年必至。"然而以每月第几日見到鼠上窗戶能判別吉凶則僅見於本篇。**二、攘，推**。王子今（2003A：124）把"鼠襄戶"釋爲"鼠攘戶"。

②入月一日：**有二說：一、每月第一日**。劉樂賢（1994：68－69）：《日書》中的"入月某日"或"入某月某日"，都是以序數記日，當理解爲每月第某日或某月第某日，這是術數、方技書籍中普遍存在的序數記日法。**二、一月之內的一日**。何琳儀（1998：1258）：帛書"內月"，猶一月之內。

③恐：**發生令人恐懼的災變**（王子今，2003A：130）。

④整理者：缺第十日至廿一日的記述，應有脫文。王子今（2003A：130）：未必有脫文。

【今譯】

老鼠爬上家門，看到這種現象，如果是在一個月內的第一日、第二日，就吉利，第三日不吉利，第四日、第五日吉利，第六日不吉利，第七日、第八日吉利，第九日會發生令人恐懼的災變；Q1_11_9_28Ⅱ第二十二日、第二十三日吉利，第二十四日會發生令人恐懼的災變，第二十五日、第二十六日吉利，第二十七日會發生令人恐懼的災變，第二十八日、第二十九日吉利。Q1_11_9_29Ⅱ

葬日

【釋文】

·葬日，子卯巳酉戌，是胃（謂）男日[①]。·午未申丑亥辰，是胃（謂）女日[②]。女日死，女日葬，Q1_11_9_30Ⅱ必復之[③]。·男子亦然。·凡丁丑不可以葬，葬必參[③]。Q1_11_9_31Ⅱ

【匯釋】

①整理者：古代選擇葬日的迷信極爲流行。

男日：**牡日，即陽日**（尚民傑，2000A）。

②女日：**牝日，即陰日**（尚民傑，2000A）。

③復：**重復**。復之：**有三說：一、再次發生埋葬之事**。王子今（2003A：132）：再次葬。**二、再次發生死亡**。整理者說。**三、重舉行巫術**。連劭名（2001）：解除術中屢言解"重復"，就是針對這種情況而舉行的巫術。

③參：**即"三"，這裏應與上文的"復"是語義承接的，表示重復發生三次**。有

三說：一、三次葬。王子今（2003A：132）：必然三次葬。**二、三次發生死亡。**整理者說。**三、與“直”義同。**連劭名（2001）：戰國習語中，“參”與“直”義同。

【今譯】

·安葬死者的日子，子、卯、巳、酉、戌，這些日子叫“男日”。·午、未、申、丑、亥、辰，這些日子叫“女日”。在女日死，又在女日埋葬，Q1_11_9_30Ⅱ肯定會再次發生埋葬之事。·男日也是如此。·凡丁丑日絕不能安葬死者，否則一定會三次發生埋葬之事。Q1_11_9_31Ⅱ

玄戈

【釋文】

玄戈[①]

十月，心、危、營室大凶，心、尾致死，畢、此（觜）巂[②]大吉，張、翼少（小）吉，柖（招）榣（搖）毄（擊）未[③]，玄戈毄（擊）尾。Q1_11_9_47Ⅰ

十一月，斗、婁、虛大凶，角、房致死，胃、□大吉[④]，柳、七星少（小）吉，柖（招）榣（搖）毄（擊）午，玄戈毄（擊）心。Q1_11_9_48Ⅰ

十二月，須女、斗、牽牛大凶，角、犺（亢）致死，奎、婁大吉，東井、輿鬼少（小）吉，柖（招）榣（搖）毄（擊）巳，玄戈毄（擊）房。Q1_11_9_49Ⅰ

正月，營室、心大凶，張、翼致死，危、營室大吉，畢、此（觜）巂少（小）吉，柖（招）榣（搖）毄（擊）辰，玄戈毄（擊）翼。Q1_11_9_50Ⅰ

二月，奎、抵（氐）、房大凶，七星致死，須女、虛大吉，胃、參少（小）吉，柖（招）榣（搖）毄（擊）卯，玄戈毄（擊）張。Q1_11_9_51Ⅰ

三月，胃、角、犺（亢）大凶，東井、輿鬼致死，斗、牽牛大吉，奎、婁少（小）吉，柖（招）榣（搖）毄（擊）寅，玄戈毄（擊）七星。Q1_11_9_52Ⅰ

四月，畢、張、翼大凶，畢、此（觜）巂致死，心、尾大吉，危、營室少（小）吉，柖（招）榣（搖）毄（擊）丑，玄戈毄（擊）此（觜）巂。Q1_11_9_53Ⅰ

五月，東井、七星大凶，胃、參致死，角、房大吉，須女、虛少（小）吉，柖（招）榣（搖）毄（擊）子，玄戈毄（擊）畢。Q1_11_9_54Ⅰ

六月，柳、東井、輿鬼大凶，奎、婁致死，角、犺（亢）大吉，斗、牽牛少（小）吉，柖（招）榣（搖）毄（擊）亥，玄戈毄（擊）茅（昴）。Q1_11_9_55Ⅰ

七月，張、畢、此（觜）巂大凶，危、營室致死，張、翼大吉，心、尾少（小）吉，柖（招）榣（搖）毄（擊）戌，玄戈毄（擊）營室。Q1_11_9_56Ⅰ

八月，角、胃、參大凶，須女、虛致死，柳、七星大吉，角、房少（小）吉，

招（招）榣（搖）毄（擊）酉，玄戈 毄（擊）危。Q1_11_9_57 I

九月，抵（氐）、奎、婁大凶，斗、牽牛致死，東井、輿鬼大吉，張、翼少（小）吉，招（招）榣（搖）毄（擊）申，玄戈 毄（擊）虛。Q1_11_9_58 I

【匯釋】

①玄戈：**星名，是位於北斗七星斗柄杓端的星。**《開元占經·石氏中官占·上一》引《石氏星經》："玄戈，一星，在招搖北。""玄戈"和"招搖"是位於北斗七星斗柄杓端的兩顆星。據《天官書》記載，招搖與玄戈一在內一在外，如矛與盾，玄戈即天鑫（鋒）。《玄戈》篇分爲十二句，每句一個月，按照秦曆以十月爲始，每句包含七種要素，用於日常生活中根據二十八星宿的指示進行擇日，類似後世的通書或皇曆。該篇中所載二十八宿見諸《開元占經》，按照方位分類，分别是：東方：角亢氐房心尾箕；北方：斗牛女虛危室壁；西方：奎婁胃昴畢觜參；南方：井鬼柳星張翼軫。其中"室、女、井、牛、壁、鬼、星、觜"這幾個星宿，文獻中又常記作"營室、須女（嫯女）、東井、牽牛、東壁、輿鬼、七星、觜觿（觜巂）"（劉次沅、馬莉萍，2006）。

②此巂：**即"觜巂"，二十八宿之一。**

③招榣：**有二説：一、星名，是位於北斗七星斗柄杓端的星。**劉次沅、馬莉萍（2006）：整理者言"招搖"者有兩星，一屬氐宿，一爲北斗第七星，實際上是對《天官書》"杓端"的誤解，北斗第七星稱搖光，與招搖有區别，招搖屬氐宿，在北斗杓端。劉樂賢（1994：75）：即招搖，秦漢時代的帛書和占星盤中皆作"招榣"。張銘洽（1989）：即《淮南子·天文訓》"北斗之神有雌雄"中的"雌北斗"。饒宗頤（1982：14）：招搖爲斗星。**二、有兩星，一屬氐宿，一爲北斗第七星。**整理者説。

毄：**有二説：一、讀"擊"，對衝。**饒宗頤（1982：15）：讀爲"擊"，斗擊是指北斗對衝之辰。《漢書·藝文志》於兵陰陽云："順時而發，推刑德、隨斗擊，因五勝假鬼神而爲助者也。"《淮南子·天文訓》："太陰所居，不可背而可鄉（向），北斗所擊，不可與敵。"張銘洽（1988）：斗擊指"招搖"與"玄戈""擊"地支之辰與星宿。這並不是占卜方法，而是一種紀月的方法。**二、讀爲"繫"。**整理者、成家徹郎（1991）、王子今（2003A：138）説。

④□大吉：劉樂賢（1994：75）："大吉"前一字，依據文例當是"參"。

劉次沅、馬莉萍（2006）：簡文中的"胃參"皆爲"胃昴"之誤，《玄戈》篇是由占星盤逐月讀出的，盤上有一字之誤，導致通篇出錯。

【今譯】

玄戈

十月，心、危、營室三個星宿非常凶險，心、尾兩個星宿致人死地，畢、觜巂兩個星宿非常吉利，張、翼兩個星宿有小吉利，招搖星對衝地支未，玄戈星對衝尾

宿。Q1_11_9_47 I

十一月，斗、婁、虛三個星宿非常凶險，角、房兩個星宿致人死地，胃、〔參〕兩個星宿非常吉利，柳、七星兩個星宿有小吉利，招搖星對衝地支午，玄戈星對衝心宿。Q1_11_9_48 I

十二月，須女、斗、牽牛三個星宿非常凶險，角、亢兩個星宿致人死地，奎、婁兩個星宿非常吉利，東井、輿鬼兩個星宿有小吉利，招搖星對衝地支巳，玄戈星對衝房宿。Q1_11_9_49 I

正月，營室、心兩個星宿非常凶險，張、翼兩個星宿致人死地，危、營室兩個星宿非常吉利，畢、觜巂兩個星宿有小吉利，招搖星對衝地支辰，玄戈星對衝翼宿。Q1_11_9_50 I

二月，奎、氐、房三個星宿非常凶險，七星宿致人死地，須女、虛兩個星宿非常吉利，胃、參兩個星宿有小吉利，招搖星對衝地支卯，玄戈星對衝張宿。Q1_11_9_51 I

三月，胃、角、亢三個星宿非常凶險，東井、輿鬼兩個星宿致人死地，斗、牽牛兩個星宿非常吉利，奎、婁兩個星宿有小吉利，招搖星對衝地支寅，玄戈星對衝七星宿。Q1_11_9_52 I

四月，畢、張、翼三個星宿非常凶險，畢、觜巂兩個星宿致人死地，心、尾兩個星宿非常吉利，危、營室兩個星宿有小吉利，招搖星對衝地支丑，玄戈星對衝觜巂宿。Q1_11_9_53 I

五月，東井、七星兩個星宿非常凶險，胃、參兩個星宿致人死地，角、房兩個星宿非常吉利，須女、虛兩個星宿有小吉利，招搖星對衝地支子，玄戈星對衝畢宿。Q1_11_9_54 I

六月，柳、東井、輿鬼三個星宿非常凶險，奎、婁兩個星宿致人死地，角、亢兩個星宿非常吉利，斗、牽牛兩個星宿有小吉利，招搖星對衝地支亥，玄戈星對衝昴宿。Q1_11_9_55 I

七月，張、畢、觜巂三個星宿非常凶險，危、營室兩個星宿致人死地，張、翼兩個星宿非常吉利，心、尾兩個星宿有小吉利，招搖星對衝地支戌，玄戈星對衝營室宿。Q1_11_9_56 I

八月，角、胃、參三個星宿非常凶險，須女、虛兩個星宿致人死地，柳、七星兩個星宿非常吉利，角、房兩個星宿有小吉利，招搖星對衝地支酉，玄戈星對衝危宿。Q1_11_9_57 I

九月，氐、奎、婁三個星宿非常凶險，斗、牽牛兩個星宿致人死地，東井、輿鬼兩個星宿非常吉利，張、翼兩個星宿有小吉利，招搖星對衝地支申，玄戈星對衝虛宿。Q1_11_9_58 I

徙

【釋文】

正月五月九月，北徙大吉，東北少（小）吉。若以是月殹（也）東送〈徙〉[①]，毄[②]，東南剌離[③]，南精[④]，西南室毀[⑤]，西困，西北辱。Q1_11_9_59 I

二月六月十月，東徙大吉，東南少（小）吉。若以〔是〕月殹（也）南徙，毄，西南剌離，西精，西北毄，北困辱[⑥]。Q1_11_9_60 I

三月七月十一月，南徙大吉，西南少（小）吉。若以是月殹（也）西徙，毄，西北剌離，北精，東毀，東北困，東南辱。Q1_11_9_61 I

四月八月十二月[⑦]，西徙大吉，西北少（小）吉。若以是月殹（也）北徙，毄，東北剌離，南精，東南毀，南困辱。Q1_11_9_62 I

□□□毄者，死殹（也）。剌者，室人妻子父母分離。精者，〔營〕□□□□□□□□□〔所〕□。困者，〔疾〕□〔所〕□〔亡〕。辱者，不執而爲□人矢□[⑧]。Q1_11_9_63 I

【匯釋】

①送：**有二說：一、釋爲“送”，“徙”字之誤，遷徙。**方勇（2012：42）：改釋爲“送”，以爲“徙”字之誤。陳偉（2016C：357）：“有徙”之“徙”筆跡欠清晰，似亦誤作“送”。**二、釋爲“徙”。**整理者說。

②毄：**有四說：一、讀爲“罄”，盡。**整理者：該篇末尾對此用語作了解釋，謂“毄者，死也”。**二、讀爲“㜸”，難。**王子今（2003A：143）讀爲“㜸”，訓爲“難”。**三、讀爲“擊”，因爲攻擊而被殺死。**李天虹（2005）按照秦簡用字習慣讀爲“擊”，釋爲因爲攻擊而被殺死。**四、讀爲“殛盡”之“殛”，訓爲“誅”。或讀爲“極”，訓爲“盡”。**晏昌貴（2003）說。

③剌：**有二說：一、離。**篇末謂“剌者，室人妻子父母分離”。王子今（2003A：143）：可以參照“此所胃艮山，禹之離日也”一篇的“枳剌艮山之謂離日”中的“剌”來解釋其意義。**二、疑讀爲“謫”。**整理者說。

④精：**有三說：一、定。**該篇末簡簡文“精者”下第五字似“定”字，《周易·乾·文言》：“純粹精也。”焦循章句：“精，靜也，精猶定也。”**二、光亮、美好。**劉信芳（1992）謂“精”和“夬離”皆有光亮、美好義。**三、神靈、鬼怪。**晏昌貴（2003）釋爲神靈、鬼怪。

⑤室毀：**房室、家庭遭到毀壞。**

⑥困辱：**困窘，耻辱。**魏德勝（2003：112）：“困”的概念應與疾病有關。《文選·潘嶽〈夏侯常侍誄〉》：“困而彌亮。”呂延濟注：“困，疾。”《廣韻》：“困，病

之甚也。"《玉篇·亡部》："亡，死也。""困"應指病重甚至死亡。"辱"的概念可能與"邦"字有關，《周禮·秋官·司隸》："役國中之辱事。"孫詒讓正義："謂卑褻污賤之事。"

⑦四：**有二說：一、釋爲"四"**。王子今（2003A：143）謂近"四"字。**二、釋爲"九"**。該句首字整理者釋爲"九"。劉樂賢（1994：87）謂"九"爲"四"之誤。今按：察看圖版，"四"字無疑，據補。

⑧該篇最末一條簡文，今據圖版試再識別，補之應爲"精者，〔營〕□□□□□□□□〔所〕□。困者，〔疾〕□〔所〕□〔亡〕。辱者，不執而爲□人矢□"。

執：**有三說：一、拘捕，捉拿**。陳偉（2016C：357）：此字左旁清楚，當是"執"字。**二、執辱**。李天虹（2005）："執"相當於孔家坡漢簡中的"執辱"。**三、釋爲"孰"，仔細**。整理者釋爲"孰"。王子今（2003A：143）："不孰"的語義，應該是不仔細。

□人矢□：**補缺字有二說：一、用人矢哭**。整理者：簡末疑爲"用人矢哭"。**二、用人矢吝**。晏昌貴（2003）："用人矢哭"殊不可解。疑末一字上从二口，下从文，讀爲"吝"。

【今譯】

正月、五月、九月，向北方遷徙非常吉利，向東北方遷徙有小吉利。假如在這幾個月向東方遷徙，會死亡；向東南方遷徙，會分離；向南方遷徙，會安定；向西南方遷徙，房室、家庭會遭到毀壞；向西方遷徙，會困窘；向西北方遷徙，會受辱。Q1_11_9_59 I

二月、六月、十月，向東方遷徙非常吉利，向東南方遷徙有小吉利。假如在這幾個月向南方遷徙，會死亡；向西南方遷徙，會分離；向西方遷徙，會安定；向西北方遷徙，會死亡；向北方遷徙，會困窘、受辱。Q1_11_9_60 I

三月、七月、十一月，向南方遷徙非常吉利，向西南方遷徙有小吉利。假如在這幾個月向西方遷徙，會死亡；向西北方遷徙，會分離；向北方遷徙，會安定；向東方遷徙，房室、家庭會遭到毀壞；向東北方遷徙，會困窘；向東南方遷徙，會受辱。Q1_11_9_61

四月、八月、十二月，向西方遷徙非常吉利，向西北方遷徙有吉利。假如在這幾個月向北方遷徙，會死亡；向東北方向遷徙，會分離；向南方遷徙，會安定；向東南方遷徙，房室、家庭會遭到毀壞；向南方遷徙，會困窘、受辱。Q1_11_9_62

……所謂"毄"，就是死亡。所謂"剌"，就是與家人、妻子、兒女、父母親分離。所謂"精"，就是……所謂"困"，就是……所謂"辱"，不被拘捕卻被國人的箭……Q1_11_9_63

艮山

【釋文】

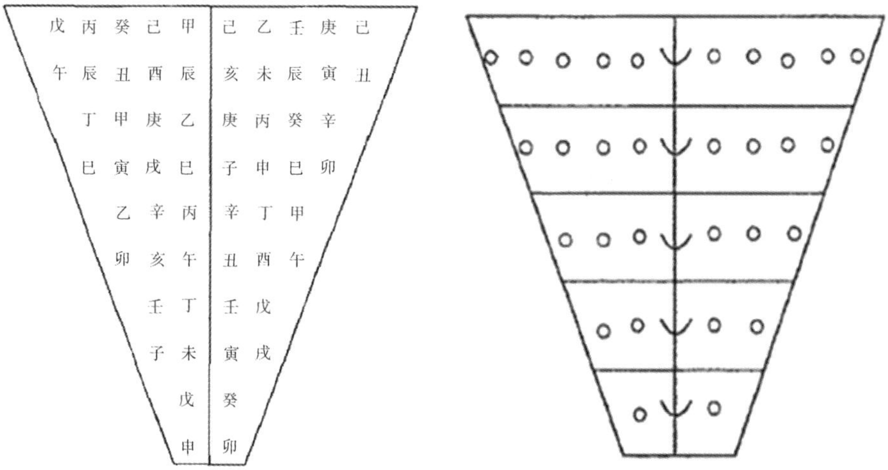

Q1_11_9_47 Ⅱ ~ Q1_11_9_60 Ⅱ

此所胃（謂）艮山，禹之離日也①。從上右方數朔之初②，日Q1_11_9_47Ⅲ及枳（支）各一日③，盡之而復從上數④，日與Q1_11_9_48Ⅲ枳（支）刺〈夾〉艮山⑤，之胃（謂）離日。離日不可Q1_11_9_49Ⅲ以家（嫁）女、取婦及入Q1_11_9_50Ⅲ人民畜生，唯Q1_11_9_51Ⅲ利以分異⑥。離Q1_11_9_52Ⅲ日不可以行，行不反（返）。Q1_11_9_53Ⅲ

【匯釋】

①艮山：**有二説：一、限於山**。陳偉（2002）："艮"是"有限"的意思，"艮山"即"限於山"。陳偉（2011C：317）："限於山"在簡書中具體所指，應是"與枳刺"的"日"，也就是說，位於圖中中垂綫兩側的日辰即所謂"離日"。陳偉（2014：384）改從晏昌貴之說，釋"日"與"枳"爲天干和地支，據此"艮山"應就是指"離日"，是天干和地支夾在中綫上的日子。按：簡文首句意即"此圖所謂的限於山之日，就是禹之離日"。**二、圖形兩邊和中分綫，加上底邊，形似"山"字**。李學勤（1991）認爲"艮山"即來源於《周易·説卦》中的"艮爲山"。圖形兩邊和中分綫，加上底邊，形似"山"字，整個圖形像一個斗。圖中的反支推算方法，是以右上角的圓圈爲朔日，按上下竪讀的次序，從右向左依次推數。"離日"指中分綫兩側，與反支對稱的日辰。他認爲艮卦的特點是靜止不動、相見不背，

“離日”與“反支”夾居於山背兩側，也象徵了這一思想。

此所胃艮山，禹之離日也：**此所謂“艮山”，相當於《禹》一書的“離日”**（劉昭瑞，1991）。饒宗頤（1982：23）：《禹》必是禹之書。

離日：**有三說：一、圖中位於中垂綫兩側的日辰**。陳偉（2011C：319）：所謂的“離日”是圖中位於中垂綫兩側的日辰，其特點是成對出現，出現一個後間隔一日（枳）會再次出現，且在圖中包含的日辰週期內，出現頻率由低到高。**二、應是指在短時期内恢復舊時的自由性關係，並且容許自由私奔或離異的節日**。王桂鈞（1988）說。**三、罹日**。“離日”的本義，王子今（2003A：147）：“離”讀“罹”，《管蔡世家》：“無離曹禍。”司馬貞《索隱》：“‘離’即‘罹’。”今按：《取妻出女》篇謂：“戌與亥是謂分離日，不可取妻。”可見“離日”即“分離日”。

②從上右方數朔之初：“朔之初”三字，整理者與前句斷讀，應當與後句連讀，“從上右方數”與下文“盡之而復從上數”文法相類。李學勤（1991）即自圖右上角的圓圈數起，數的次序是由上而下，向左轉行，和漢字的情形相同。

方：**通“旁”**。陳偉（2002）：“方”也可能讀爲“旁”，“方數”即“旁行計數”。

朔之初：**有二說：一、月初**。晏昌貴（2008）：“朔之初”是指月初，李學勤（1991）的意見仍然可取。**二、一年中的第一天**。陳偉（2011C：317）：“朔”可能是指一年的曆法體系，朔之初是指一年中的第一天。陳偉主（2016C：359）：睡虎地秦簡《倉律》和馬王堆帛書《天文氣象雜占》有用“朔”表“月”之例，學者以爲可能是同義轉注。

③日及枳：**有三說：一、天干和地支**。晏昌貴（2008）：“日與枳”是指天干和地支，“日及支各一日”就是指天干和地支各數一個。陳偉（2016C：359）從之。陳偉（2002）：“日”是指圖中的圓圈，“枳”應該是指圖中各行中間的垂綫以及由之生出的犄角形弧綫。**二、每日及“支”**。李學勤（1991）認爲是從月初數起，每日及“支”各佔一個圓圈。“支”爲反支的簡稱。**三、“枳”通“熾”**。龍仕平（2012）：“枳”當讀爲“熾”，訓爲“熾日”。

④盡之而復從上數：**在圖中數完“日”和“枳”後，再從頭開始，循環往復**（陳偉，2011C：318）。盡：整理者釋爲“數”。

⑤剌：**爲“夾”之誤**（李學勤，1991）。陳偉（2016C：359）：孔家坡漢簡《日書》簡142作“夾”，證明李學勤之說可信。陳偉（2002）：“艮山”應與上文讀斷。

⑥分異：**分家**。李學勤（1991）：秦商鞅之法：“民有二男以上不分異者，倍其賦。”

【今譯】

這裹所說的“艮山”，就相當於《禹》一書的“離日”。從該圖右上角數月之初，天干Q1_11_9_47Ⅲ和地支各數一個，數完之後再重新從上邊數起，天干Q1_11_9_48Ⅲ與地支相夾的是“艮山”，也就叫“離日”。離日不可Q1_11_9_49Ⅲ以嫁女兒、娶媳婦以及買進Q1_11_9_50Ⅲ奴婢、牲畜，這些日子衹Q1_11_9_51Ⅲ利於分家。離Q1_11_9_52Ⅲ日不能出行，出行就回不了家。Q1_11_9_53Ⅲ

去父母同生

【釋文】

戊午去父母、同生①，異Q1_11_9_54Ⅲ者焦窶②，居瘁（癃）③。Q1_11_9_55Ⅲ丙申以就④，同居必窶⑤。Q1_11_9_56Ⅲ毋以辛酉入寄者⑥，入寄者必代居其室。·己巳入寄者，Q1_11_9_57Ⅲ不出歲亦寄焉。Q1_11_9_58Ⅲ

入客，戊辰、己巳、辛酉、辛卯、己未、庚午，虛四㣪（徹）⑦，不可入Q1_11_9_59Ⅲ客、寓人及臣妾⑧，必代居室。Q1_11_9_60Ⅲ

【匯釋】

①同生：**同产，即同母的兄弟姐妹**。劉樂賢（1994：98）：《國語·晉語四》："其同生而異姓者，四母之子別爲十二姓。"晉陸機《贈弟士龍》詩之五："依依同生，恩篤情結。"

②異：**離異，離開**。焦：**通"憔"，憔悴**。窶：**貧困**。

③瘁：**通"癃"，殘疾**。居瘁：**居留者有殘疾**。

④就：**有三說：一、往，歸**。陳偉（2014：385）：與"去"相對，《廣雅·釋詁》："就，歸也。"**二、親近、靠近**。王子今（2003A：152－153）讀"就"，釋爲親近、靠近。**三、租賃房舍**。劉樂賢（1994：98）訓爲租賃房舍。整理者讀爲"僦"。

⑤同居：**同戶之人**。劉樂賢（1994：98）引睡虎地秦簡《法律答問》云："可謂'同居'？戶爲'同居'。""可謂'同居'？同居，獨戶母之謂毆。"

⑥入：**讀爲"內"，接納**。寄者：**寄居之人**。與後文的"寓人"同義，與"客"有所區別。

⑦㣪：**讀爲"徹"，通道**（整理者）。

⑧客：**所接待的客人**（賀潤坤，1991）。臣妾：**複合詞，指男女奴隸**。

【今譯】

戊午日離開父母、同胞兄弟姐妹，離開Q1_11_9_54Ⅲ的人憔悴而又貧困，居留的人殘疾。Q1_11_9_55Ⅲ在丙申日歸還家中，同戶之人必定貧困。Q1_11_9_56Ⅲ不要在辛酉日接納來家裏寄住的人，否則來寄住的人肯定會取代主人居住在他的家裏。·己巳日接納寄居的人，Q1_11_9_57Ⅲ不出一年主人自己也需要去寄居。Q1_11_9_58Ⅲ

接納賓客是戊辰日、己巳日、辛酉日、辛卯日、己未日、庚午日，四方通道空虚，不能接待Q1_11_9_59Ⅲ賓客、借住的人以及男女奴隸，否則他們必定會取代主人居住在他的家裏。Q1_11_9_60Ⅲ

歲

【釋文】

歲[①]

刑夷、八月、獻馬，歲在東方，以北大羊（祥）[②]，東旦亡[③]，南遇英（殃）[④]，西數反其鄉[⑤]。Q1_11_9_64Ⅰ

夏夷、九月、中夕，歲在南方，以東大羊（祥），南旦亡，西禺（遇）英（殃），北數反其鄉。Q1_11_9_65Ⅰ

紡月、十月、屈夕，歲在西方，以南大羊（祥），西旦亡，北禺（遇）英（殃），東數反其鄉。Q1_11_9_66Ⅰ

七月、爨月、援夕[⑥]，歲在北方，以西大羊（祥），北旦亡，東禺（遇）英（殃），南數反其鄉。Q1_11_9_67Ⅰ

【匯釋】

①歲：**有三説：一、歲星，木星**。整理者認爲是指歲星，即木星，木星歲行一次，十二年一周天，與太歲相應，故曰歲星。曾憲通（1982A：68）："歲"字書於首簡頂端，爲本篇篇名。"歲"当指歲星，古又稱爲木星。鄭剛（1993）：歲篇是關於"歲星占"的記述。**二、太歲，一種"凶煞"**。張聞玉（1987）：太歲之簡稱。胡文輝（2000：90－101）明確指出這不是歲星，而是一種"凶煞"，即《淮南子·天文訓》中的太歲（大時、咸池），並指出歲有"太歲""小歲"兩種，此處的歲是"太歲"。晏昌貴（2010：42）指出該篇使用的是楚曆月名，顯然是抄自楚簡《日書》，而九店楚簡《日書》有《太歲》篇。馬王堆帛書《式法》（舊稱《陰陽五行》甲篇）中又有被整理者命名爲"徙"的篇目，實際上也是"歲"篇。**三、既非歲星也非太歲，而是一種我們不太熟悉的神名**。劉樂賢（1994：104）説。

②大羊：**即"大祥"，大吉祥**。曾憲通（1982A：70）：羊讀祥，大祥即大吉或大吉祥。上面説的是歲星的正常情況，故預示著大吉祥。

③旦亡：**讀爲"殫亡"，盡亡**。整理者引《荀子·儒效》"武王之誅封也，行之日，以兵忌，東面而迎太歲"爲佐證。曾憲通（1982A：70）：説的是"歲星的反常失次"，故其南"遇英"。

④英：**通"殃"，災殃**。遇英：**遇殃**。曾憲通（1982A：70）：《日書》每借央或英爲殃。

⑤數：**有二説：一、多次。二、疑讀爲"速"**。王子今（2000）説。

鄉：**有三說：一、“鄉”通“嚮”，讀爲“向”。**曾憲通（1982A：70）：“反其鄉”即逆向背行。**二、家鄉。**吳小強（2000：57）亦釋爲返回家鄉。**三、娘家。**劉信芳（2014：124）把睡虎地秦簡《日書》甲種《徙時》篇中的“少吉”與睡虎地秦簡《日書》乙種《家（嫁）子》篇中的“反鄉”相聯繫，認爲“反鄉”是指女兒出嫁後返回娘家，借指小吉之事。今按：“鄉”讀爲“向”是睡虎地秦簡《日書》甲種的用字習慣。

⑥夕：**有二說：一、一年的最後一段。**饒宗頤（1982：46）：一年分爲朝中夕三段，最後一段爲夕。楚呼十月爲冬夕，十一月爲屈夕，十二月爲援夕，皆在一年之終，即歲之夕，夕可指歲吉，非指日言。**二、月。**梅祖麟（1981）：“夕”的詞義就是“歲月”的“月”。“夕”字怎麼會有“月”的意義？我們認爲該語詞是共同漢藏語傳下來的，而古代楚方言“夕”字的“月”義，正是保存漢藏語和甲骨文最古老的用法。

【今譯】

歲

刑夷月、八月、獻馬月，太歲在東方，在這幾個月往北方行，大吉祥；往東方行，會盡亡；往南方行，要遭災殃；往西方行，多次走反方向。Q1_11_9_64 I

夏夷月、九月、中夕月，太歲在南方，在這幾個月往東方行，大吉祥；往南方行，會盡亡；往西方行，要遭災殃；往北方行，多次走反方向。Q1_11_9_65 I

紡月、十月、屈夕月，太歲在西方，在這幾個月往南方行，大吉祥；往西方行，會盡亡；往北方行，要遭災殃；往東方行，多次走反方向。Q1_11_9_66 I

七月、爨月、援夕月，太歲在北方，在這幾個月往西方行，大吉祥；往北方行，會盡亡；往東方行，要遭災殃；往南方行，多次走反方向。Q1_11_9_67 I

日夕

【釋文】

十月楚冬夕，日六夕七〈十〉①。Q1_11_9_64 II

十一月楚屈夕②，日五夕十一。Q1_11_9_65 II

十二月楚援夕③，日六夕十。Q1_11_9_66 II

正月楚刑夷④，日七夕九。Q1_11_9_67 II

二月楚夏杘⑤，日八夕八。Q1_11_9_64 III

三月楚紡月⑥，日九夕七。Q1_11_9_65 III

四月楚七月，日十夕六。Q1_11_9_66 III

五月楚八月，日十一夕五。Q1_11_9_67 III

六月楚九月，日十夕六。Q1_11_9_64Ⅳ
七月楚十月，日九夕七。Q1_11_9_65Ⅳ
八月楚爨月⑦，日八夕八。Q1_11_9_66Ⅳ
九月楚鬳（獻）馬⑧，日七夕九。Q1_11_9_67Ⅳ

【匯釋】

①這是對秦楚月名對照以及每月晝夜長短的記述。金友博（2015：364）：秦楚曆月份對照表的出現當是楚地入秦、秦人用秦曆統一了楚曆的結果，其中所記載的楚月名與包山2號戰國楚墓竹簡所記載的月名“冬栾、屈栾、遠栾、罶层、夏层、亯月、七月、八月、九月、十月、炱月（缺‘獻馬’）”相吻合。整理者：以上數簡秦楚月名對照，爲研究楚國曆法的重要資料。可知楚的八月爲秦的五月，楚的七月爲秦的四月，則楚的冬夕是楚的一月，與秦的十月相當；楚的屈夕是楚的二月，與秦的十一月相當；楚的援夕是楚的三月，與秦的十二月相當；楚的刑夷是楚的四月，與秦的正月相當。所云“日六夕十”等指各月白晝與夜晚長短的比例。將一晝夜分爲十六等份，隨著季節的推移，各月晝夜長短比例各不相同，但晝夜的總和都是十六。《論衡·說日》：“儒者或曰日月有九道，故曰日行有近遠，晝夜有長短也。夫復五月之時，晝十一分，夜五分；六月，晝十分，夜六分；從六月往至十一月，月減一分。此則日行月從一分道也。歲，日行天十六道也，豈徒九道?”所述與此相同。胡文輝（1996）：其中所記載的“日若干夕若干”與《論衡·說日》中所記載的“十六道”同理，是將一晝夜等分爲十六個時間單位，隨著季節變遷，各月晝夜長短比例不同，但總和都是十六。作爲一份附有秦曆楚曆月份對照說明的日夕表，該篇與《歲》篇無關，是獨立的篇目。劉信芳（2014：122）認爲秦除了以十月爲首之外並不改夏曆月名，所以應稱爲“夏楚月名對照表”更準確。梅祖麟（1981）：“夕”“夷”“栾”“层”“屎”諸字可通轉，認爲其意義就是“月”，這是共同漢藏語保存下來的，楚語以“夕”爲“月”正是保存甲骨文和藏語的古老用法。

冬夕：**楚的一月，與秦的十月相當。**

②屈夕：**楚的二月，與秦的十一月相當。**

③援夕：**楚的三月，與秦的十二月相當。**

④刑夷：**楚的四月，與秦的正月相當。**于豪亮（1981C）：亦作“刑尸”“刑屎”“罶层”。《左傳·莊公四年》及《左傳·宣公十二年》有“荆尸”，注疏皆以爲楚國陣法之一種，應當是楚國月名。

⑤夏屎：**楚曆五月，與秦的二月相當。**于豪亮（1981C）：亦作“夏尸”“夏夷”“夏层”。饒宗頤（1982：59）以爲《公羊》之“提月”即“层月”，是楚“刑层”“夏层”之省，“提”與“示”可通。

⑥紡月：**楚曆六月，與秦的三月相當。**李家浩（2000：67）：九店楚簡、包山楚簡作“亯（享）月”，“享”與“亨”古本一字，音撫更切，“紡”古屬滂母陽部，兩字可通。

⑦爨月：**楚曆十一月，秦曆八月**。包山楚簡作“𡨨月”。
⑧獻馬：**楚曆十二月，秦曆九月**。

【今譯】
秦曆十月，即楚曆冬夕之月，白晝六分、夜晚十分。Q1_11_9_64 Ⅱ
秦曆十一月，即楚曆屈夕之月，白晝五分、夜晚十一分。Q1_11_9_65 Ⅱ
秦曆十二月，即楚曆援夕之月，白晝六分、夜晚十分。Q1_11_9_66 Ⅱ
秦曆正月，即楚曆刑夷之月，白晝七分、夜晚九分。Q1_11_9_67 Ⅱ
秦曆二月，即楚曆夏杘之月，白晝八分、夜晚八分。Q1_11_9_64 Ⅲ
秦曆三月，即楚曆紡月，白晝九分、夜晚七分。Q1_11_9_65 Ⅲ
秦曆四月，即楚曆七月，白晝十分、夜晚六分。Q1_11_9_66 Ⅲ
秦曆五月，即楚曆八月，白晝十一分、夜晚五分。Q1_11_9_67 Ⅲ
秦曆六月，即楚曆九月，白晝十分、夜晚六分。Q1_11_9_64 Ⅳ
秦曆七月，即楚曆十月，白晝九分、夜晚七分。Q1_11_9_65 Ⅳ
秦曆八月，即楚曆爨月，白晝八分、夜晚八分。Q1_11_9_66 Ⅳ
秦曆九月，即楚曆獻馬之月，白晝七分、夜晚九分。Q1_11_9_67 Ⅳ

星

【釋文】
星
角，利祠及行，吉。不可蓋屋。取妻，妻妒。生子，爲〔吏〕。Q1_11_9_68 Ⅰ
亢，祠、爲門、行，吉。可入貨。生子，必有爵。Q1_11_9_69 Ⅰ
牴（氐），祠及行、出入貨，吉。取妻，妻貧[①]。生子，巧。Q1_11_9_70 Ⅰ
房，取婦、家（嫁）女、出入貨及祠，吉。可爲室屋。生子，富。Q1_11_9_71 Ⅰ
心，不可祠及行，凶。可以行水[②]。取妻，妻悍。生子，人愛之。Q1_11_9_72 Ⅰ
尾，百事凶。以祠，必有敫[③]。不可取妻。生子，貧。Q1_11_9_73 Ⅰ
箕，不可祠。百事凶。取妻，妻多舌[④]。生子，貧富半[⑤]。Q1_11_9_74 Ⅰ
斗，利祠及行賈、賈市，吉。取妻，妻爲巫。生子，不盈三歲死。可以攻伐。Q1_11_9_75 Ⅰ
牽牛，可祠及行，吉。不可殺牛。以結者[⑥]，不擇（釋）[⑦]。以入〔牛〕，老一[⑧]。生子，爲大夫[⑨]。Q1_11_9_76 Ⅰ
須女，祠、賈市、取妻，吉。生子，三月死，不死毋（無）晨[⑩]。Q1_11_9_77 Ⅰ
虛，百事凶。以結者，易擇（釋）。亡者，不得。取妻，妻不到。以生子，毋（無）它同生[⑪]。Q1_11_9_78 Ⅰ

危，百事凶。生子，老爲人治也[12]，有（又）數詣風雨。Q1_11_9_79 I

營宫（室）[13]，利祠。不可爲室及入之。以取妻，妻不寧。生子，爲大吏[14]。Q1_11_9_80 I

東辟（壁），不可行。百事凶。以生子，不完[15]。不可爲它事。Q1_11_9_81 I

奎，祠及行，吉。以取妻，女子愛而口臭[16]。生子，爲吏[17]。Q1_11_9_82 I

婁，利祠及行。百事吉。以取妻，男子愛。生子，亡者人意之[18]。Q1_11_9_83 I

胃，利入禾粟及爲囷倉[19]，吉。以取妻，妻愛。生子，必使[20]。Q1_11_9_84 I

卯（昴）[21]，邋（獵）、賈市，吉。不可食六畜。以生子，喜斲（鬬）。Q1_11_9_85I

畢，以邋（獵）置罔（網）及爲門，吉。以死，必二人。取妻，必二妻。不可食六畜。生子，痓[22]。亡者，得。Q1_11_9_86 I

〔此（觜）巂〕，百事凶。可以敫（擊）人[23]，攻讎。生子，爲正[24]。Q1_11_9_87I

參，百事吉。取妻，吉。唯生子不吉。Q1_11_9_88 I

東井，百事凶。以死，必五人死；以殺生（牲），必五生（牲）死。取妻，多子[25]。生子，旬而死。可以爲土事[26]。Q1_11_9_89 I

輿鬼，祠及行，吉。以生子，瘁（癃）。可以送鬼[27]。Q1_11_9_90 I

柳，百事吉。取妻，吉。以生子，肥。可以寇〈冠〉，可請謁，可田邋（獵）。Q1_11_9_91 I

七星，百事凶。利以垣。生子，樂。不可出女。Q1_11_9_92 I

張，百事吉。取妻，可〔吉〕。以生子，爲邑桀（傑）[28]。Q1_11_9_93 I

翼，利行。不可臧（藏）。以祠，必有火起。取妻，必棄。生子，男爲見（覡），〔女〕爲巫[29]。Q1_11_9_94 I

軫，〔可〕乘車馬、衣常（裳）。取妻，吉。以生子，必駕[30]。可入貨。Q1_11_9_95I

【匯釋】

①貧：**貧窮，使貧窮**。王子今（2003A：163）："妻貧"的"貧"，大體應當是指婚後境況，或取使其家貧窮之義，如《荀子·天論》："强本而節用，則天不能貧。"

②行水：**有二説：一、開通水利之事**（陳偉，2014：390）。**二、乘船**。劉樂賢（1994：122）説。

③敫：**有三説：一、不吉**。陳偉（2016C：365）：孔家坡漢簡《日書》簡54作"必有敗"。這裏的"敫"應與《日書》常見的"敫"一樣，爲不吉一類意思。**二、讀爲"徼"，幸**。整理者釋爲"敫"，讀爲"徼"，《説文》："幸也。"**三、"敫"字的原義，指日光放射闪耀**。王子今（2003A：164）：取"敫"字原義似乎也可以通釋簡文。

④多舌：**多嘴多舌**（沈祖春，2006B）。

⑤貧富半：**先貧後富或先富後貧**（張富春，2005）。

⑥結：**結交**（整理者）。

⑦擇：**擇交，斷交**。王子今（2003A：166）：如果以“結交”釋“結”，則“擇”不必釋作“釋”，而直取“擇交”之意。《説苑·雜言》：“君子擇人與交，農人擇田而田。”

⑧老一：**牛到老屬於一主**（整理者）。

⑨大夫：**屬秦二十級爵第五級**（賀潤坤，1995B）。

⑩毋晨：**即“無脣”，沒有嘴脣**。整理者讀爲“無脣”。劉樂賢（1994：112）：無脣指身體殘缺不全，此句與下文東辟條“以生子，不完”意義相近。王子今（2003A：167）：在古代被看作異象，也是一種實際存在的生理現象。陳偉（2016C：365）：孔家坡漢簡《日書》簡58作“辰”。

今按：“辰”字也可讀爲“娠”，《説文通訓定聲·屯部》：“有身也。”“無娠”義同於《人字》篇之“不復字”及本篇下文之“毋它同生”，謂所生之子三月內必死，如若不死，則婦人不復有孕。

⑪同生：**即同產，同母所生的兄弟姐妹**（劉樂賢，1994：112）。

⑫治：**讀“笞”，鞭笞，鞭打**。劉樂賢（1994：112）：習見於睡虎地秦簡法律文書。

⑬營宮：**有二説：一、“營宮”的合文**（劉樂賢，1994：207）。李家浩（2000：128）：當是“營宮”的合文。《爾雅·釋宮室》：“宮謂之室，室謂之宮。”**二、“營室”的合文**。整理者認爲是“營室”二字的合文。古代“宮”“室”同義。陳劍（2011A）釋爲“營室”。今按：當以“營室”爲是。

⑭大吏：**不是一般的吏員，而是指級別較高的官員**（賀潤坤，1995B）。

⑮不完：**不全，指人的肢體不全**。劉樂賢（1994：112－113）：睡虎地秦簡《法律答問》“其子新生而有怪物其身及不全而殺之，勿辠”，“今生子，子身全毆”。

⑯口臭：**有二説：一、口香**。吳小強（2000：64）、沈祖春（2006B）釋爲口香。**二、口臭**。王子今（2003A：170）、范常喜（2008）釋爲口臭。今按：該條以言吉祥之義爲主，故當從“口香”一説。

⑰吏：**泛指所有官吏，但這裏主要應指下級官吏**（賀潤坤，1995B）。

⑱生子，亡者人意之：**有四説：一、原簡“生子”後有脱文**。劉樂賢（1994：113）、吳小強（2000：64）皆以原簡有脱文，因“虚”“畢”二條皆爲“生子”與“亡者”並占，此亦應當斷開。**二、生孩子，逃亡的人，有人能猜度其去處**。晏昌貴（2002）訓“意”爲猜測，“亡者，人意之”解爲逃亡的人，有人能猜度其去處。**三、其子失蹤，是有人綁架；或説其子逃亡，會有人掩護**。王子今（2003A：171）：“生子亡者，人意之”語義完整，不煩補字。簡文原意是説其子失蹤，是有人綁架；或説其子逃亡，會有人掩護。**四、生子失蹤，是爲人所隱匿**。整理者解爲“生子亡者，人隱之”，意即生子失蹤，是爲人所隱匿。

⑲爲囷倉：**即營造囷倉**（王子今，2003A：171－172）。

⑳必使：**一定是奉命出使者**。王子今（2003A：172）：《日書》乙種作“生子，

使人”，“使人”即奉命出使者。劉樂賢（1994：113）：《日書》乙種作“生子，使人”，知本簡“使”字後脫一“人”字。

㉑卯：玄戈篇有作“茅”的。

㉒疰：**有二説：一、同“瘠”，瘦**。劉樂賢（1994：113）：“疰”字爲《龍龕手鑑》“瘠”之俗字，即“瘦”。魏德勝（2003：232）：《漢語大字典》據《龍龕手鑑》認定“疰”同“瘠”。《集韻》：“瘦謂之瘠。”把“疰”解釋爲“瘦”，於原文也是可通的，不必改讀。**二、通“眚”**。整理者讀爲“眚”。《説文》：“目病生翳也。”

㉓敫：**有二説：一、讀“徼”**。整理者讀爲“徼”，訓爲“攔截”。**二、讀“擎”**。鄭剛（1993）：讀“擎”。

㉔爲正：**有二説：一、爲政**（王子今，2003A：174）。**二、做官長**。整理者：正，官長。

㉕多子：**會生很多孩子**。蒲慕州（1993）：生子不出十日則夭，故多子不吉。

㉖土事：**建築動土一類的事**。劉樂賢（1994：113）：《禮記・月令》：“仲冬之月，土事毋作。”王子今（2003A：175）：“土事”有兩種意義：一種指農牧諸種職事，另一種指以土功爲主的土木建築工程。睡虎地秦簡《日書》甲種所説“土事”，當是指後者。

㉗送鬼：**祭送作祟的鬼怪**（魏德勝，2003：87）。劉樂賢（1994：113）：《荆楚歲時記》等古籍有正月晦日送窮鬼的記載。

㉘邑桀：**屬於統治階級範疇**（賀潤坤，1995B）。《詩經・衛風・伯兮》：“伯兮朅兮，邦之桀兮。”鄭箋：“桀，英桀，言賢也。”《楚辭・大招》：“舉傑壓陛。”王逸注：“一國之高爲傑。”

㉙爲巫：整理者：“女”字原脱，據睡虎地秦簡《日書》乙種補。劉樂賢（1994：113）：本簡與古書中巫者男稱覡、女稱巫的説法一致。

㉚駕：**可讀爲“嘉”，優秀**。整理者：《爾雅・釋詁》：“善也。”睡虎地秦簡《日書》乙種作“賀”。

【今譯】

星宿

角宿，有利於祭祀和出行，是吉利的。不能蓋房子。娶妻子，妻子愛嫉妒。生孩子，孩子會做吏。Q1_11_9_68 I

亢宿，祭祀、做門、出行都吉利。可以購進貨物。生孩子，孩子將來必定會有爵位。Q1_11_9_69 I

氐宿，祭祀、出行、買賣貨物，都吉利。娶妻子，她會使家裏貧窮。生孩子，孩子會靈巧。Q1_11_9_70 I

房宿，娶媳婦、嫁女兒、買賣貨物和祭祀，都吉利。可以建造房屋。生孩子，孩子將來會富有。Q1_11_9_71 I

心宿，不能祭祀和出行，都凶險。可以開通水利。娶妻子，妻子凶悍。生孩子，孩子惹人喜愛。Q1_11_9_72 I

尾宿，做甚麼事情都凶險。在這一天祭祀，一定會有所敗壞。不能娶妻子。生孩子，孩子將來會貧窮。Q1_11_9_73 I

箕宿，不能祭祀。做甚麼事情都凶險。娶妻子，妻子愛多嘴多舌。生孩子，孩子將來半生是富日子，半生是窮日子。Q1_11_9_74 I

斗宿，有利於祭祀以及經營商業、集市交易，都吉利。娶妻子，妻子會做巫婆。生孩子，孩子不到三歲就會死。這一天可以攻伐敵人。Q1_11_9_75 I

牽牛宿，可以祭祀和出行，都吉利。不能殺牛。這一天結交的朋友，不會斷交。在這一天買進牛，牛到老都屬於同一個主人。生孩子，孩子將來會做大夫。Q1_11_9_76 I

須女宿，祭祀、集市交易、娶妻子，都吉利。生孩子，孩子三個月就會死；即使不死，也會沒有嘴唇（身體有殘缺）。Q1_11_9_77 I

虛宿，做甚麼事情都凶險。這一天結交的朋友，容易斷交。逃亡的人，無法抓到。娶妻子，她卻不來。在這一天生孩子，孩子則不會再有其他兄弟姐妹。Q1_11_9_78 I

危宿，做甚麼事情都凶險。生孩子，孩子將來年老時會被人鞭笞，還多次在風雨中受苦。Q1_11_9_79 I

營室宿，有利於祭祀。不能建造房室和入住。娶妻子，妻子不安寧。生孩子，孩子將來當大官。Q1_11_9_80 I

東壁宿，不能出行。做甚麼事情都凶險。在這一天生孩子，孩子的肢體不全。不能做其他事情。Q1_11_9_81 I

奎宿，祭祀和出行，都吉利。在這一天娶妻子，妻子愛丈夫，口中又散發芳香。生孩子，孩子將來會做官。Q1_11_9_82 I

婁宿，有利於祭祀和出行。做甚麼事情都吉利。在這一天娶妻子，丈夫愛妻子。生孩子，會……逃亡的人，有人能猜到其去處。Q1_11_9_83 I

胃宿，有利於買進糧食和建造穀倉，都吉利。在這一天娶妻子，妻子愛丈夫。生孩子，孩子將來一定是奉命出使者。Q1_11_9_84 I

昴宿，狩獵、集市交易，都吉利。不能吃六畜的肉。在這一天生孩子，孩子將來性格好鬬。Q1_11_9_85 I

畢宿，這一天狩獵、撒網和做門，都吉利。這一天若死人，肯定會死兩個人。娶妻子，必定會得到兩個妻子。不能吃六畜的肉。生孩子，孩子會瘦弱。逃亡的人，會被抓到。Q1_11_9_86 I

觜嶲宿，做甚麼事情都凶險。可以在這一天攔截人、報復仇人。生孩子，孩子將來會從政。Q1_11_9_87 I

參宿，做甚麼事情都吉利。娶妻子，吉利。衹有生孩子不吉利。Q1_11_9_88 I

東井宿，做甚麼事情都凶險。在這一天死人，一定會死五個人；在這一天宰殺牲口，一定會死掉五隻牲口。娶妻子，妻子會生很多孩子。生孩子，孩子十天後就會死。可以在這一天興建土木工程。Q1_11_9_89 I

輿鬼宿，祭祀和出行，都吉利。在這一天生孩子，孩子是殘疾人。可以在這一天祭送作祟的鬼怪。Q1_11_9_90 I

柳宿，做甚麼事情都吉利。娶妻子，吉利。在這一天生孩子，孩子長得胖。可以在這一天舉行冠禮，可以請求拜謁尊長，可以狩獵。Q1_11_9_91 I

七星宿，做甚麼事情都凶險。有利於築圍墻。生孩子，孩子將來當樂伎。不能出嫁女兒。Q1_11_9_92 I

張宿，做甚麼事情都吉利。娶妻子，吉利。在這一天生孩子，孩子將來會成爲城中的豪傑。Q1_11_9_93 I

翼宿，有利於出行。不能貯藏東西。在這一天祭祀，一定會發生火災。娶妻子，一定會離棄。生孩子，男孩將來會當巫師，女孩將來會做巫婆。Q1_11_9_94 I

軫宿，有利於乘坐車馬、穿戴衣裳。娶妻子，吉利。在這一天生孩子，將來一定優秀。可以買進貨物。Q1_11_9_95 I

病

【釋文】

·病

甲乙有疾，父母爲祟，得之於肉①，從東方來，裹以桼（漆）器②。戊己病，庚有〔閒〕③，辛酢④。若不〔酢〕，Q1_11_9_68 II 煩居東方⑤，歲在東方⑥，青色死⑦。Q1_11_9_69 II

丙丁有疾，王父爲祟⑧，得之赤肉、雄雞、酉（酒）。庚辛病，壬有閒，癸酢。若不酢，煩居南方，歲Q1_11_9_70 II 在南方，赤色死。Q1_11_9_71 II

戊己有疾，巫堪行⑨，王母爲祟⑩，得之於黃色索魚、堇、酉（酒）⑪。壬癸病，甲有閒，Q1_11_9_72 II 乙酢。若不酢，煩居邦中，歲在西方，黃色死。Q1_11_9_73 II

庚辛有疾，外鬼傷（殤）死爲祟⑫，得之犬肉，鮮卵白色。甲乙病，丙有閒，丁酢。Q1_11_9_74 II 若不酢，煩居西方，歲在西方，白色死。Q1_11_9_75 II

壬癸有疾，母逢人⑬，外鬼爲祟，得之於酉（酒）脯脩節肉⑭。丙丁病，戊有閒，己Q1_11_9_76 II 酢。若不酢，煩居北方，歲在北方，黑色死。Q1_11_9_77 II

【匯釋】

①得之於肉：**在羊肉中可以捉到它。**劉信芳（1993）：五穀與五畜分屬於木、火、土、金、水，分別與相應的方位、季節相聯繫。可知原簡甲乙有疾“得之於肉”中的“肉”應爲羊肉，原簡脫“羊”字。

②桼器：**漆器，上了漆的木器**（魏德勝，2003：87）。

③閒：**病愈，好轉**。整理者：原脱，據上下文補。《論語・子罕》注："孔曰：少差曰閒。"王子今（2003A：184）：《方吉》卷三："差、閒，愈也。南楚病愈者謂之差，或謂之閒。"《趙世家》："不出三日病必閒。"

④酢：**有四說：一、訓爲"瘳"**。朱玲、楊峰（2007）："酢"與"瘳"語義相應，可互釋。今按：睡虎地秦簡《日書》乙種對疾病程度有一套固定的遞進式表述："疾—少—瘳—大瘳"，與睡虎地秦簡《日書》甲種中的"疾—病—閒—酢"相類，則"瘳"與"酢"可互訓。**二、讀爲"瘥"**。朱德熙、裘錫圭（1995：105）：此以"閒""酢"對言，跟望山楚簡67以"閒""虘"對言同例。"酢"从乍聲，古代"虘""乍""差"音近可通。可見睡虎地秦簡《日書》的"酢"也應該讀爲"瘥"，與望山楚簡可以互證。李零（1993：268）：睡虎地秦簡《日書》的"酢"，顯然就是楚占卜簡的"瘡"。但"瘥"是歌部字，"瘡"是魚部字，二者衹是同義，並非通假字。**三、報祭**。整理者：報祭。王子今（2003A：184）："酢"，依整理小組注釋解作"報祭"，語義本貫通。**四、讀爲"作"，起牀**。劉樂賢（1994：117）：整理小組在乙種中讀酢爲作，義爲起牀。據包山楚簡中有表示病愈的，知《日書》的酢當讀爲作（古从且、乍得聲之字往往相通）。

⑤煩：**有三說：一、凶煞之名**。"煩"與"歲"並列，按照胡文輝（2000：92－93）對"歲"的運行規律的分析，"歲"無疑是指小歲，則"煩"亦當爲凶煞之名。**二、疑指由生病而引起的不安，或鬼神給人帶來的煩擾**。劉樂賢（1994：117）說。**三、似指一種精神病症**。王子今（2003A：184）說。

⑥歲：**有二說：一、小歲（小時、月建）**。胡文輝（1996）：即《淮南子・天文訓》中的小歲（小時、月建），《日書》中的《病》和《有疾》兩篇都是通過小歲所在的方位占斷病人的生死。**二、疑讀爲"害"**。劉樂賢（1994：117）說。

⑦青色死：**即青色人死**。劉樂賢（1994：120）：《病》篇"某色死"與《發病書》中的"某色人凶"相類，是"某色人死"的省寫，因爲青色是東方色，所以當小歲這一凶煞在東方的時候，病人一旦臉色發青，就會走向死亡。

⑧王父：**祖父**。《爾雅・釋親》："父之考爲王父。"

⑨巫堪行：**有二說：一、某巫作祟**。劉樂賢（1994：117）：據文義推測，似是某巫作祟的意思，巫名不可考。**二、"堪"是巫的姓名**。吳小強（2000：71）：堪，巫的姓名，壞神名，見《莊子・大宗師》。王子今（2003A：187－188）：《莊子・大宗師》："堪壞得之，以襲崐崘。"司馬彪注："堪壞，神名，人面獸形。"成玄英疏："岷崘山神名。襲，入也。"吳小強似將"堪壞神名"讀作"堪，壞神名"，其說未可從。

⑩王母：**祖母**。《爾雅・釋親》："父之妣爲王母。"

⑪索魚：**乾魚、腊魚**。劉樂賢（1994：117－118）：索魚即乾魚，參見朱德熙、裘錫圭《馬王堆一號漢墓遺策考釋補正》（《文史》第9輯）。劉釗（1996）：秦簡中的索魚同漢簡中的索魚相同，也應該指乾魚，而乾魚其實也就是腊魚，因爲將食

物製成“腊”，風乾是其主要特徵。

堇：**黃土**。

⑫外鬼：**在外邊死亡之人的鬼魂**。傷死：**殤死之鬼，戰死之人的鬼魂**（劉樂賢，1994：118）。劉信芳（1990A）：《國殤》所祀爲敵國陣亡將士，有如睡虎地秦簡《日書》之以供品祀外鬼。

⑬母：**有二說：一、如字讀**。王子今（2003A：193）認爲不必改釋爲“毋”。**二、讀爲“毋”**。整理者說。

⑭脯：**切成薄片的豬肉乾**。脩：**捶薄後添加薑桂等香料的肉乾**。節：**讀“䪥”，用蔬菜和肉細切做成的肉醬**（整理者）。劉信芳（1993）：“脯脩、節肉”應指豬肉製品。

【今譯】

·病

甲乙日患了疾病，是父母的鬼魂在作祟，在羊肉中可以捉到它，羊肉是從東方來的，並且用漆器來盛裝。戊己日生病，庚日會好轉，辛日會痊愈。假如不能痊愈，Q1_11_9_68Ⅱ煩煞在東方，小歲在東方，皮膚發青的病人就會死亡。Q1_11_9_69Ⅱ

丙丁日患了疾病，是祖父的鬼魂在作祟，在紅色的肉、公雞、酒中可以捉到它。庚辛日生病，壬日會好轉，癸日會痊愈。假如不能痊愈，煩煞在南方，小歲Q1_11_9_70Ⅱ也在南方，皮膚發紅的人就會死亡。Q1_11_9_71Ⅱ

戊己日患了疾病，是某巫作祟，祖母的鬼魂在作祟，在黃色的乾魚、黃土和酒中可以捉到它。壬癸日生病，甲日會好轉，Q1_11_9_72Ⅱ乙日會痊愈。假如不能痊愈，煩煞在城邦中心，小歲在西方，皮膚發黃的病人就會死亡。Q1_11_9_73Ⅱ

庚辛日患了疾病，是外死之鬼、殤死之鬼在作祟，在狗肉、新鮮的白色雞蛋中可以捉到它。甲乙日生病，丙日會好轉，丁日會痊愈。Q1_11_9_74Ⅱ假如不能痊愈，煩煞在西方，小歲也在西方，皮膚發白的病人就會死亡。Q1_11_9_75Ⅱ

壬癸日患了疾病，是母親的鬼魂遇到人，死在外邊的鬼魂在作祟，在酒、切成薄片的豬肉乾、捶薄後添加薑桂等香料的肉乾、用蔬菜和肉細切做成的肉醬和肉中可以捉到它。丙丁日生病，戊日會好轉，己日Q1_11_9_76Ⅱ會痊愈。假如還不能痊愈，煩煞在北方，小歲也在北方，皮膚發黑的病人就會死亡。Q1_11_9_77Ⅱ

良日

【釋文】

祠父母良日，乙丑、乙亥、丁丑亥、辛丑、癸亥[①]，不出三月有大得[②]，三乃五[③]。Q1_11_9_78Ⅱ

祠行良日，庚申，是天昌[④]，不出三歲必有大得。Q1_11_9_79 Ⅱ

人良日[⑤]，乙丑、乙酉、乙巳、己丑、己酉、己巳、辛丑、辛酉、辛巳、癸酉、癸巳。·其忌，丁巳、丁未、戊戌、戊辰、Q1_11_9_80 Ⅱ 戊子，不利出入人。男子龍庚寅，女子龍丁[⑥]。Q1_11_9_81 Ⅱ

馬良日，乙丑、乙酉、乙巳、乙亥、己丑、己酉、己亥、己巳、辛丑酉、辛巳、辛亥、癸丑、癸酉、癸巳、Q1_11_9_82 Ⅱ 庚辰[⑦]。·其忌，丙子、丙午、丙寅、丁巳、丁未、戊寅、戊戌、戊子、庚寅、辛卯。Q1_11_9_83 Ⅱ

牛良日，庚辰、庚申、庚午、辛酉、壬戌、壬申、壬午、癸酉、甲辰、甲申、甲寅。·其忌，己丑、Q1_11_9_84 Ⅱ 己未、己巳、己卯、戊寅、戊戌、戊子、乙巳。·戊午不可殺牛。Q1_11_9_85 Ⅱ

羊良日，乙丑、乙酉、乙巳、己酉、己丑、己巳、辛酉、辛丑、辛巳、庚辰、庚寅。Q1_11_9_86 Ⅱ 其忌，壬戌、癸亥、癸酉。春三月庚辰可以筑（築）羊卷（圈）[⑧]，即入之，羊必千。Q1_11_9_87 Ⅱ

豬良日，庚申、庚辰、壬辰、壬申、甲申、甲辰、己丑、己酉、己巳。·其忌乙亥、乙巳、乙未、Q1_11_9_88 Ⅱ 丁巳、丁未。

·市良日，戊寅、戊辰、戊申戌[⑨]，利初市，吉。Q1_11_9_89 Ⅱ

犬良日，癸酉、癸未、甲申、甲辰、甲午、庚辰、庚午、辛酉、壬辰。·其忌，己丑、己巳、己未、己卯、乙巳、戊Q1_11_9_90 Ⅱ 子、戊寅、戊戌。·有妻子，毋以己巳、壬寅殺犬，有央（殃）[⑩]。Q1_11_9_91 Ⅱ

雞良日，甲辰、乙巳、丙午、戊辰、丙辰，可以出入雞。雞忌日，辛未、庚寅、辛巳，勿以出入雞。Q1_11_9_92 Ⅱ

金錢良日，甲申、乙巳。·申不可出貨。·午不可入貨，貨必後絕[⑪]。Q1_11_9_93 Ⅱ

蠶良〔日〕[⑫]，庚午、庚子、甲午、五辰，可以入。五丑、五酉、庚午，可以出。Q1_11_9_94 Ⅱ

【匯釋】

①丁丑亥：**應爲“丁丑、丁亥”之脱。**

②得：**成功，滿足，收穫。**王子今（2003A：195）：“得”即“得益”及“得意”，包括物質的和精神的兩個方面。“大得”，又有大成功、大滿足之義。張富春（2005）：即大有收穫。

③三乃五：**有二說：一、先可得“三”而今可得“五”。**王子今（2003A：195）：所謂“三乃五”，似乎也可以理解爲原先可得“三”者，則現在可得“五”。**二、“得”之“大”的形象化。**張富春（2005）：簡文既謂“有大得，三乃五”，“三乃五”宜謂物質之大得，即大有收穫，“三乃五”即“得”之“大”的形象化。

④是天昌：整理者：據文例，“是”下疑脱“謂”字。

天昌：**有三說：一、天賜昌祐。**王子今（2003A：196）：“天昌”，是“天道”

賜降之“昌美”。**二、天可“昌”人。**張富春（2005）：其意謂天可“昌”人，使之有“大得”，即天可祐人得財。**三、天降的符瑞。**工藤元男（2010：195）：《越絕書·越絕外傳枕中》有范蠡之言，“故天倡而見符，地應而見瑞”。參考這一句，或許天昌與天降的符瑞有關聯。

⑤人良日：**有二說：一、買賣奴隸的好日子。**這裏的“人”與豬牛羊犬並稱，是特指奴隸。劉樂賢（1994：125）：《日書》將人良日與馬良日、牛良日、羊良日等並列，其含義當與馬良日等相似，其說明文字中有“不利出入人”，與雞良日下“勿以出入雞”“可以出入雞”等句式相同。這裏的“人良日”主要是爲買賣奴隸而設的（後代的通書中常有買賣奴婢吉凶日的條項），與下文金錢良日主要爲買賣貨物而設是同樣的情況。很顯然它與後代節日中的人日沒有直接關係。**二、人日。**饒宗頤（1982：38－39）：人日之名已起於先秦時，類似以色列上帝七日造人之說。

⑥龍：**忌**（劉樂賢，1994：124）。

⑦辛丑酉：**應爲“辛丑、辛酉”之脱**（劉樂賢，1994：124）。

⑧筑：**後作“築”，修建。**卷：**通“圈”，羊圈。**

⑨戊申戌：**應爲“戊申、戊戌”之脱**（劉樂賢，1994：124）。

⑩央：**通“殃”，災殃。**

⑪貨必後絕：**有二說：一、其後財貨的來源必會斷絕。**王子今（2003A：207）：理解“出貨”“入貨”及“貨必後絕”，可以參考《鹽鐵論·本議》中的一段話：“《易》曰：‘通其變，使民不倦。’故工不出，則農用乏；商不出，則寶貨絕。農用乏，則穀不殖；寶貨絕，則財用匱。”**二、“後絕”指後來窮困。**劉樂賢（1994：124）：《呂氏春秋·季春》注：“行無資曰乏，居而無資曰絕。”

⑫蠶良：**後脱“日”字**（整理者）。

【今譯】

祭祀父母親的有利之日，是乙丑日、乙亥日、丁丑日、丁亥日、辛丑日、癸亥日，在三個月之內將有大收穫，先得“三”而後得“五”。Q1_11_9_78Ⅱ

祭祀行神的有利之日，是庚申日，這叫作天昌，不出三年必定會有大收穫。Q1_11_9_79Ⅱ

買賣人（特指奴隸）的有利之日，是乙丑日、乙酉日、乙巳日、己丑日、己酉日、己巳日、辛丑日、辛酉日、辛巳日、癸酉日、癸巳日。·買賣奴隸的禁忌日子，是丁巳日、丁未日、戊戌日、戊辰日、Q1_11_9_80Ⅱ戊子日，不利於買賣奴隸。男子禁忌在庚寅日買賣，女子禁忌在丁日買賣。Q1_11_9_81Ⅱ

買賣馬的有利之日，是乙丑日、乙酉日、乙巳日、乙亥日、己丑日、己酉日、己亥日、己巳日、辛丑日、辛酉日、辛巳日、辛亥日、癸丑日、癸酉日、癸巳日、Q1_11_9_82Ⅱ庚辰日。·買賣馬的禁忌日子，是丙子日、丙午日、丙寅日、丁巳日、丁未日、戊寅日、戊戌日、戊子日、庚寅日、辛卯日。Q1_11_9_83Ⅱ

買賣牛的有利之日，是庚辰日、庚申日、庚午日、辛酉日、壬戌日、壬申日、壬午日、癸酉日、甲辰日、甲申日、甲寅日。·買賣牛的禁忌日子，是己丑日、Q1_11_9_84Ⅱ己未日、己巳日、己卯日、戊寅日、戊戌日、戊子日、乙巳日。·戊午日不能宰殺牛。Q1_11_9_85Ⅱ

買賣羊的有利之日，是乙丑日、乙酉日、乙巳日、己酉日、己丑日、己巳日、辛酉日、辛丑日、辛巳日、庚辰日、庚寅日。Q1_11_9_86Ⅱ買賣羊的禁忌日子，是壬戌日、癸亥日、癸酉日。春季三月庚辰日這一天可以修建羊圈，修好後立即把羊趕進去，羊一定會有上千隻。Q1_11_9_87Ⅱ

買賣豬的有利之日，是庚申日、庚辰日、壬辰日、壬申日、甲申日、甲辰日、己丑日、己酉日、己巳日。·買賣豬的禁忌日子，是乙亥日、乙巳日、乙未日、Q1_11_9_88Ⅱ丁巳日、丁未日。

·買賣交易的有利之日，是戊寅日、戊辰日、戊申日、戊戌日，有利於初次做買賣，吉利。Q1_11_9_89Ⅱ

買賣狗的有利之日，是癸酉日、癸未日、甲申日、甲辰日、甲午日、庚辰日、庚午日、辛酉日、壬辰日。·買賣狗的禁忌日子，是己丑日、己巳日、己未日、己卯日、乙巳日、戊Q1_11_9_90Ⅱ子日、戊寅日、戊戌日。·家裏有妻子、孩子的，不能在己巳日、壬寅日殺狗，否則會有災殃。Q1_11_9_91Ⅱ

買賣雞的有利之日，是甲辰日、乙巳日、丙午日、戊辰日、丙辰日，可以在這幾個日子買賣雞。買賣雞的禁忌日子，是辛未日、庚寅日、辛巳日，不要在這幾個日子買賣雞。Q1_11_9_92Ⅱ

買賣黃金、錢幣的有利之日，是甲申日、乙巳日。·申日不能賣出貨物。·午日不能買進貨物，否則以後必定會財貨源頭斷絕。Q1_11_9_93Ⅱ

買賣蠶的有利之日，是庚午日、庚子日、甲午日、五辰日，可以買進蠶。五丑日、五酉日、庚午日，可以賣出蠶。Q1_11_9_94Ⅱ

啻

【釋文】

啻（帝）

春三月，啻（帝）爲室申[①]，剽卯[②]，殺辰[③]，四灋（廢）庚辛[④]。Q1_11_9_96Ⅰ

夏三月，啻（帝）爲室寅，剽午，殺未，四灋（廢）壬癸。Q1_11_9_97Ⅰ

秋三月，啻（帝）爲室巳，剽酉，殺戌，四灋（廢）甲乙。Q1_11_9_98Ⅰ

冬三月，啻（帝）爲室辰，剽子，殺丑，四灋（廢）丙丁。Q1_11_9_99Ⅰ

凡爲室日，不可以筑（築）室。筑（築）大内[⑤]，大人死[⑥]。筑（築）右圩（序）[⑦]，長子婦死。筑（築）左圩（序），中子婦死。筑（築）外垣，孫子死。筑（築）北垣，牛羊死。·殺日，勿以殺六畜，不可以Q1_11_9_100取婦、家（嫁）女、禱祠、出貨。·四灋（廢）日，不可以爲室、復（覆）屋。Q1_11_9_101Ⅰ

【匯釋】

①啻爲室：**有三説：一、“啻爲室日”的簡省。“啻”讀爲“帝”。**劉樂賢(1994：128)：按照睡虎地秦簡《日書》及馬王堆醫書的用字習慣，春夏秋冬三月下的“啻爲室”是“啻爲室日”的省略，正如“殺”“四廢”分別爲“殺日”“四廢日”的省略一樣。説明文字中的“爲室日”則又省略了主語“啻”，而標題則相反，衹用了主語“啻”。將“啻”讀爲“帝”的例子，在睡虎地秦簡《日書》及馬王堆醫書中皆有實例。尚民傑(2000B)：“帝爲室日”與“地杓神以毁宫”實爲一義，這裏的“室”也可以理解爲“宫”，“帝”即神，當指土神而言。**二、適宜爲室。“啻”讀爲“適”。**饒宗頤(1982：24)：“啻爲室”之啻，當讀爲適。啻爲室，猶言適宜爲室耳。**三、止爲室日。“啻”讀爲“止”。**劉信芳(1990B)：《説文》：“啻，語時不啻也。”“啻”古音在支部審母，“止”古音在之部照母，二字古讀極近。是知“啻爲室日”之義即“止爲室日”。

②剽：**攻擊。**剽日：**攻擊、侵犯土神之日。**尚民傑(2000B)：“剽”字本身有攻擊之義，以“土神”條内容而論，春、夏、秋、冬的四仲月分別在酉、子、卯、午，正好與“剽日”處於對衝之辰，有攻擊、侵犯土神之義，由此而論“剽日”也應以“土功”爲忌。劉樂賢(1994：129)：剽日的禁忌在説明文字中没有記載，很可能是抄寫者漏掉了。放馬灘秦簡《日書》乙種“四時啻”所載的“利”，很可能就是本篇的“剽”，也許能補本篇之缺。在《日書》乙種“除篇”中也有“剽日”，但與本篇“剽日”有別，不可混淆。

③殺：**忌殺。**尚民傑(2000B)：“殺日”所在之辰爲四時的四季辰，所在位次與四季月的位次相同，以“殺”名之，實取忌殺之義。

④四灋：**即“四廢”。**《宋書·武帝紀》：“江陵平，加領南蠻校尉。將拜，值四廢日，佐吏鄭鮮之、褚叔度、王弘、傅亮白遷日，不許。”尚民傑(2000B)：“四廢日”以四時天干爲據，所列天干與四時本位天干正爲對衝。如春三月的本位天干當爲甲乙，四廢日天干則爲庚辛，所以不可爲室、覆屋，違背四時順序。

⑤大内：**有二説：一、大臥室。**劉樂賢(1994：127)：此處“大内”並非古籍中的常用義。“内”指内室、臥室，“大内”即大臥室。《日書》甲種“相宅篇”有“小内”，指小臥室。**二、男主人的居所。**晏昌貴、梅莉(2002)：大約婦女的居所爲“小内”，男主人的居所則爲“大内”。

⑥大人：**家裏的父母長輩。**

⑦圩：**有四説：一、釋爲“圩”，同“序”，序墻。**施謝捷(1998)：“圵”實應釋爲“圩”字，“圩”是“序”之異構。簡文“右序”“左序”，相當於《禮記》所云“東序”“西序”，指堂屋的東西序墻。陳偉(2016C：374)：放馬灘秦簡《日書》乙種《啻》簡100正作“序”。孔家坡漢簡《日書》簡247亦云：“右序，長子死。左序，中子死。”**二、釋作“圵”，讀爲“宅”。**整理者釋“圩”作“圵”，注釋：《集韻》音土，在此疑以音近讀爲宅。**三、釋作“圵”，讀爲“堵”。**劉樂賢

(1994：128)：鄭剛讀爲堵。**四、釋作“坏”，墻垣。**王子今（2003A：217）：此處“坏”，似乎還應當理解爲墻垣。

【今譯】

帝（爲室日）

春季三月，帝修築房室之日是申日，攻擊土神之日是卯日，忌殺之日是辰日，四廢日是庚辛日。Q1_11_9_96 I

夏季三月，帝修築房室之日是寅日，攻擊土神之日是午日，忌殺之日是未日，四廢日是壬癸日。Q1_11_9_97 I

秋季三月，帝修築房室之日是巳日，攻擊土神之日是酉日，忌殺之日是戌日，四廢日是甲乙日。Q1_11_9_98 I

冬季三月，帝修築房室之日是辰日，攻擊土神之日是子日，忌殺之日是丑日，四廢日是丙丁日。Q1_11_9_99 I

凡是帝修造房室的日子，都不能修建房屋。如果在帝“爲室日”建大臥室，家裏的長輩就會死；建右墻，長子的媳婦就會死；建左墻，二子的媳婦就會死；建外圍墻，孫子、兒子就會死。修築北圍墻，家裏的牛、羊會死。·在忌殺日，不能宰殺六畜，不能在這一天Q1_11_9_100娶媳婦、嫁女兒、祈禱祭祀、賣出貨物。·在四廢日，不能修建房屋或推倒房屋。Q1_11_9_101 I

起室

【釋文】

春三月，毋起東鄉（向）室[①]。Q1_11_9_96 II

夏三月，毋起南鄉（向）室。Q1_11_9_97 II

秋三月，毋起西鄉（向）室。Q1_11_9_98 II

冬三月，毋起北鄉（向）室。有以者大凶，必有死者。Q1_11_9_99 II

【匯釋】

①鄉：**通“向”，朝向。**《左傳·僖公三十三年》：“秦伯素服郊次，鄉師而哭。”《詩經·鴻雁之什·庭燎》“夜鄉晨”，陳奐傳集疏：“鄉者，今之向字。”《荀子·非相》：“鄉則不若，偝則謾之。”楊倞注：“鄉讀爲向。”

【今譯】

春季三月，不要建造面朝东方的房室。Q1_11_9_96 II

夏季三月，不要建造面朝南方的房室。Q1_11_9_97Ⅱ

秋季三月，不要建造面朝西方的房室。Q1_11_9_98Ⅱ

冬季三月，不要建造面朝北方的房室。有在上述時間以此方位去建造房室的，會非常凶險，一定會有人死去。Q1_11_9_99Ⅱ

四向門

【釋文】

北鄉（向）門[①]，七月、八月、九月，其日丙午、丁酉、丙申，垣之，其生（牲）赤[②]。Q1_11_9_95Ⅱ

南鄉（向）門，正月、二月、三月，其日癸酉、壬辰、壬午，垣之，其生（牲）黑。Q1_11_9_96Ⅲ

東鄉（向）門，十月、十一月、十二月，其日辛酉、庚午、庚辰，垣之，其生（牲）白。Q1_11_9_97Ⅲ

西鄉（向）門，四月、五月、十〈六〉月[③]，其日乙未、甲午、甲辰，垣之，其生（牲）清（青）[④]。Q1_11_9_98Ⅲ

【匯釋】

①鄉：**通“向”，朝向。**

②生：**通“牲”，犧牲**。其生赤：**其牲赤，祭門的犧牲毛色是紅色**。王子今（2003A：217）：這裏所說的犧牲之顏色可能指祭門時所限定的犧牲毛色。

③十月：**爲“六月”之誤**（劉樂賢，1994：128）。

④清：**通“青”，青色。**

【今譯】

（建造）面朝北方的門，應在七月、八月、九月（進行），日子是丙午日、丁酉日、丙申日，並修築家院圍墻，用來祭門的犧牲毛色是紅色。Q1_11_9_95Ⅱ

（建造）面朝南方的門，應在正月、二月、三月（進行），日子是癸酉日、壬辰日、壬午日，並修築家院圍墻，用來祭門的犧牲毛色是黑色。Q1_11_9_96Ⅲ

（建造）面朝東方的門，應在十月、十一月、十二月（進行），日子是辛酉日、庚午日、庚辰日，並修築家院圍墻，用來祭門的犧牲毛色是白色。Q1_11_9_97Ⅲ

（建造）面朝西方的門，應在四月、五月、六月（進行），日子是乙未日、甲午日、甲辰日，並修築家院圍墻，用來祭門的犧牲毛色是青色。Q1_11_9_98Ⅲ

室忌

【釋文】

室忌

春三月庚辛，夏三月壬癸，秋三月甲乙，冬三月丙丁，勿以筑（築）室。以之，大主死[①]；不死，瘁（癃）[②]，弗居。Q1_11_9_102I 凡入月五日，月不盡五日[③]，以筑（築）室，不居；爲羊牢[④]、馬廐，亦弗居；以用垣宇[⑤]，閉貨貝[⑥]。Q1_11_9_103I

【匯釋】

①大主：**屋裏的成年主人**。劉樂賢（1994：137）：即《啻》篇中的“大人”。今按：今閩南語“大人”用法與此相同。

②瘁：**通“癃”，殘疾**。

③月不盡五日：**每月倒數第五日**。劉樂賢（1994：137）：“月不盡某日”與“入月某日”相對，亦是序數稱數法，馬王堆帛書《刑德》乙篇、《開元占經》中皆有此用法。

④羊牢：**羊圈**。

⑤垣宇：**即有圍墻的房屋**。《抱樸子》外篇博喻卷38：“鴟梟宵集於垣宇。”

用：**治，修建**。《蕭相國世家》：“何置田宅必居窮處，爲家不治垣屋。”《詩經·邶風·擊鼓》“踴躍用兵”。鄭玄注：“用兵，謂治兵時也。”

⑥貨貝：**財物**。整理者：“貨貝”二字合文。魏德勝（2003：98）：貨貝，財物。

閉貨貝：**閉塞貨物錢幣的來源**。劉樂賢（1994：137）：此處“閉貨貝”是財路不通之意。王子今（2003A：220）：“閉”，謂堵塞隔絕。這裏所說的“閉貨貝”，可以與上文關於“金錢良日”的內容中所謂“貨必後絕”聯繫起來理解。“閉貨貝”與“貨”“絕”的意思大體是一樣的，衹是此處說到室垣，所以使用了“閉”字。

【今譯】

房屋的禁忌

春季三月庚辛日，夏季三月壬癸日，秋季三月甲乙日，冬季三月丙丁日，不能在這些日子裏修建房屋。如果在這些日子裏（這樣做），家裏的成年主人就會死；即使不死，也會殘疾，所建的房屋不能居住。Q1_11_9_102 I 每個月內的第五日、倒數第五日，如果在這些日子裏修建房屋，房屋不能居住；如果修建羊圈、馬廐，也

不能圈養羊、馬；如果在這些日子裏修建帶圍墻的房屋，就會閉塞貨物錢幣的來源。Q1_11_9_103 I

土忌（一）

【釋文】

土忌

土徼正月壬①，二月癸，三月甲，四月乙，五月戊，六月己，七月丙，八月丁，九月戊，十月庚，十一月辛，十二月乙〈己〉②，不可爲土攻（功）。Q1_11_9_104 I

正月丑，二月戌，三月未，四月辰，五月丑，六月戌，七月未，八月辰，九月丑，十月戌，十一月未，十二月辰，毋可有爲，筑（築）室，壞；尌（樹）木③，死。Q1_11_9_105 I

春三月寅，夏〔三月〕巳④，秋三月申，冬三月亥，不可興土攻（功），必死。·五月、六月不可興土攻（功），十一月、十二月不可興土攻（功），必或死。申不可興土攻（功）。Q1_11_9_106

·凡入月七日及夏丑、秋辰、冬未、春戌，不可壞垣、起之，必有死者。以殺豕，其肉未索必死⑤。Q1_11_9_107 I

正月、〔二月〕丁庚癸⑥，三月、四月丙己壬，五月、六月乙戊辛，七月、八月甲丁庚，九月、十月癸己丙，十一月、十二月戊辛甲，不可以垣，必死。Q1_11_9_108 I

正月乙〈壬〉，二月癸，三月戊，四月甲，五月壬〈乙〉，六月己，七月丙，八月丁，九月戊，十月庚，十一月辛，十二月己，不可垣，必死⑦。Q1_11_9_109 I

【匯釋】

①土徼：**有三說：一、土神出巡。**徼：**巡察**（吴小強，2000：81）。**二、土神不在其位，未能履行其職責。**徼：**終極、當終。**尚民傑（2000B）：依據《淮南子》，四季的本位天干當爲春甲乙戊，夏丙丁己，秋庚辛戊，冬壬癸己。以此與簡文對照，知其所列非正常位次，簡文稱這種情况爲“土徼”。“徼”在古漢語中有“終極”“當終”之義。“土徼”當言土神不在其位，未能履行其職責，所以其忌爲“土功”，與“土功”無關之事則可行。**三、徼：釋爲“交”，兩季節之交。**劉增貴（2007）：本簡“土徼”，其中“徼”字原圖版不清楚，不能確定此字是否正確，這裏姑且從衆仍暫釋爲“徼”。如果“徼”字不誤，也許其義與“四敫”之“敫”相似，釋爲“交”，意謂兩季節之交。

②乙：**爲“己”字之誤**（劉增貴，2007）。

③封：**種植**。

④夏巳：**當爲“夏三月巳”**（吳小強，2000：82）。

⑤索：**有二說：一、乾，用繩索掛起來晾乾**。劉釗（1996）：此“索”字即“用繩索掛起來”或“乾”之意。陳偉（2016C：377）：此簡“索”字當從劉釗解釋爲“乾”。**二、盡**。未盡：**尚未吃完**。整理者：索，盡。劉樂賢（1994：139）：未索，未盡，即尚未吃完。《論衡·論死》：“禽獸之死也，其肉盡索，皮毛尚在，製以爲裘，人望見之，似禽獸之形。”其肉未索必死，指豬肉尚未吃盡，主人就會死亡。王子今（2003A：225）：劉說“主人”，其實“必死”的可能是“殺豕”者。

⑥劉樂賢（1994：139）：正月後面缺“二月”二字。

⑦劉增貴（2007）：原簡在抄寫中誤置，正月日干當爲“壬”，五月當爲“乙”，這樣的排列與《日書》中的“臽日”符合。

【今譯】

土木之事的禁忌

土神巡察的日子是正月壬日，二月癸日，三月甲日，四月乙日，五月戊日，六月己日，七月丙日，八月丁日，九月戊日，十月庚日，十一月辛日，十二月己日，在這些日子裏不能興作土木之事。Q1_11_9_104 I

正月丑日，二月戌日，三月未日，四月辰日，五月丑日，六月戌日，七月未日，八月辰日，九月丑日，十月戌日，十一月未日，十二月辰日，不能做任何事，如果在這些日子裏修建房室，房子會遭毀壞；種植樹木，樹木會死亡。Q1_11_9_105 I

春季三月寅日，夏季三月巳日，秋季三月申日，冬季三月亥日，不能興作土木之事，否則一定會死。·五月、六月不能興作土木之事，十一月、十二月不能興作土木之事，否則必定有人會死亡。申日不能興作土木之事。Q1_11_9_106 I

·每個月內第七日和夏季的丑日、秋季的辰日、冬季的未日、春季的戌日，不能拆毀墻、修築墻，否則一定會有死的人。在這些日子裏宰殺豬，豬肉還沒有風乾，殺豬的人必定會死亡。Q1_11_9_107 I

正月、二月的丁日、庚日、癸日，三月、四月的丙日、己日、壬日，五月、六月的乙日、戊日、辛日，七月、八月的甲日、丁日、庚日，九月、十月的癸日、己日、丙日，十一月、十二月的戊日、辛日、甲日，在這些日子裏不能建築墻，否則必定會死亡。Q1_11_9_108 I

正月壬日，二月癸日，三月戊日，四月甲日，五月乙日，六月己日，七月丙日，八月丁日，九月戊日，十月庚日，十一月辛日，十二月己日，不能修築墻，否則必定會死亡。Q1_11_9_109 I

作事

【釋文】

作事①

二月利興土西方②，八月東方，三月南方，九月北方。Q1_11_9_110 I

【匯釋】

①作事：**經營大事，這裏特指興土方面的大事**（王子今，2003A：226－227）。

②興土：**有二説：一、興作土木之事**（吴小強，2000：83）。**二、爲土龍以求雨**。王子今（2003A：228）：史籍有“興土龍”之説，故這裏未必是土木之事，可能是指爲土龍以求雨。

【今譯】

經營大事

二月份有利於在西方興作土木之事，八月份有利於在東方（興作土木之事），三月份有利於在南方（興作土木之事），九月份有利於在北方（興作土木之事）。Q1_11_9_110 I

毁棄

【釋文】

毁棄①

八月、九月、十月毁棄南方，·爨月、膚（獻）馬、中夕毁棄西方②，·屈夕、援〔夕〕、刑杘毁棄北〔方〕，·夏尸、紡月毁棄東方③，皆吉。Q1_11_9_111 I

援夕、刑尸作事南方，·紡月、夏夕、八月作事西方，·九月、十月、爨月作事北方，·膚（獻）馬、中夕、屈夕作事東方，皆吉。Q1_11_9_112 I

正月、五月、九月之丑，二月、六月、十月之戌，三月、七月、十一月之未，四月、八月、十二月之辰，勿以作事。大祠，以大生（牲）大凶，以小生（牲）小凶，以腊古吉④。Q1_11_9_113 I

【匯釋】

①毁棄：**拆毁、抛棄**。

②中夕：**冬夕**。劉樂賢（1994：142）：《歲》篇作“冬夕”。李家浩（2000：68）：“冬”“中”音近古通。

③夏尸：**與下文“夏夕”音近古通**。

④腊：**讀“昔”，乾肉**。《說文》：“昔，乾肉也。……腊，籀文，从肉。”

古：**讀“腒”，乾鳥肉**。整理者：《說文》：“北方謂鳥腊曰腒。”

【今譯】

拆毀、拋棄

（楚曆的）八月、九月、十月在南面拆毀、拋棄舊宅，・爨月、獻馬月、冬夕月在西面拆毀、拋棄舊宅，・屈夕月、援夕月、刑戻月在北面拆毀、拋棄舊宅，・夏夕月、紡月在東面拆毀、拋棄舊宅，都是吉利的。Q1_11_9_111I

（楚曆的）援夕月、刑尸月在南方興作土木之事，・紡月、夏夕月、八月在西方興作土木之事，・九月、十月、爨月在北方興作土木之事，・獻馬月、中夕月、屈夕月在東方興作土木之事，都是吉利的。Q1_11_9_112 I

（夏曆的）正月、五月、九月中的丑日，二月、六月、十月中的戌日，三月、七月、十一月中的未日，四月、八月、十二月中的辰日，不要在這些日子興作土木之事。在這些日子進行重要的祭神活動，用大的犧牲（獻祭神靈）會有大凶險，用小的犧牲（獻祭神靈）會有小凶險，用乾肉和乾鳥肉來（獻祭神靈）則是吉利的。Q1_11_9_113 I

十二支忌

【釋文】

毋以子卜筮[①]，害於上皇[②]。Q1_11_9_101 II

毋以丑徐（除）門戶[③]，害於驕母[④]。Q1_11_9_102 II

毋以寅祭祀、鑿井，鄖以細□。Q1_11_9_103 II

毋以卯沐浴[⑤]，是謂血明[⑥]，不可□井池[⑦]。Q1_11_9_104 II

毋〔以〕辰葬[⑧]，必有重喪[⑨]。Q1_11_9_105 II

毋以巳壽（禱）[⑩]，反受其英（殃）[⑪]。Q1_11_9_107 II

毋以午出入臣妾、馬〔牛〕[⑫]，是胃（謂）并亡[⑬]。Q1_11_9_108 II

毋以木〈未〉斬大木[⑭]，必有大英（殃）。Q1_11_9_109 II

毋以申出入臣妾、馬牛、金材（財）[⑮]，是 Q1_11_9_110II 胃（謂）□□□。Q1_11_9_111II

毋以酉台（始）寇〈冠〉帶劍、恐御〔矢〕Q1_11_9_112 II 兵[⑯]，可以漬米爲酒[⑰]，酒美。Q1_11_9_113 II

【匯釋】

①毋以子卜筮：**不要在子日進行占卜問卦**。劉樂賢（1994：145）：秦漢時以子日卜筮爲忌。《龜策列傳》："卜禁日：子、亥、戌不可以卜及殺龜。"

②上皇：**有四説：一、東皇太一**。整理者：《楚辭·九歌》："吉日兮辰良，穆將愉兮上皇。"注："上皇謂東皇太一也。"《莊子·天運》："九洛之事，治成德備，監照下土，天下戴之，此謂上皇。"則指帝王。二説均可通。饒宗頤（1993：451）：説者謂上皇即指東皇太一，已不容置疑。**二、帝王**。整理者説。**三、伏羲**。王子今（2003A：232）：漢人鄭玄《詩譜序》："詩之興也，諒不於上皇之世。"孔穎達疏："上皇，謂伏羲，三皇之最先者。"**四、統治者理想的形象**。工藤元男（2010：171）：《楚辭·天運》裏的上皇是最高帝王的意思，但這講的不是遙遠上古的天帝，而是統治者理想的形象。睡虎地秦簡《日書》子日卜筮的禁忌和上皇的關係，當是以《楚辭·天運》所謂上皇和《九疇洛書》的關係爲依據的。

③徐：**有二説：一、讀爲"除"，整治**。整理者説。**二、讀爲"塗"，封、添堵**。方勇（2009D）：疑"徐"假爲"塗"。二者同从余得聲，且二者在古書中有通假的例子（詳見高亨《古字通假會典》第836頁）。"塗"應表示封、添堵義。

④驕母：**有二説：一、高祖母**。整理者：驕，疑讀爲高。高母，高祖母。**二、后趫**。饒宗頤（1993：451）：秦簡既多言禹之事，且及稌山之女，可能即是后趫。

⑤毋以卯沐浴：**不要在卯日洗澡**。整理者：《論衡·譏日》引《沐書》云："子日沐令人愛之，卯日沐令人白頭。"秦漢時均以卯日沐浴爲忌。《隋書·經籍志》有《沐浴書》一卷。清《協紀辨方書·用事》也有"沐浴宜忌"的記載。

⑥是謂血明：**這個日子就叫作"血明"**。王子今（2003A：234）：宋人林栗《周易經傳集解》卷一："未離其類而稱血明，其俱傷也。"

⑦不可□井池：**所缺之字有三説：一、"鑿"或"穿"**。劉樂賢（1994：145）："井"前一字當是"鑿"或"穿"。敦煌遺書（伯2661）有"卯不穿井"。《類編曆法通書大全卷之三十·井竈》："卯不穿井，井水不香。"王子今（2003A：234）："不可□井池"，也可能是"不可鑿井池"。**二、"臨"**。吴小強（2000：85）："不可"後疑爲"臨"字。**三、爲**。陳偉（2016C：380）：此字與秦簡中"爲"的簡省寫法近似，或是"爲"。

⑧毋辰葬：**不要在辰日安葬死者**。整理者："以"字原脱。劉樂賢（1994：145）：《日書》乙種簡191貳云："辰不可以哭，穿肄（殔），且有二喪，不可卜筮、爲屋。"與此簡可以互證。又武威六號墓出土日忌簡册中有"〔辰〕毋治喪□□□"。《論衡·辨祟》："辰日不哭，哭有重喪。"不哭即不哭泣，不辦喪事。

⑨重喪：**再一次有喪事**。魏德勝（2003：101）説。

⑩壽：**通"禱"，祝禱**。英：**通"殃"，災殃**。

⑪反：**反而**。王子今（2003A：235）：所以言"反"者，是説禱福反而受殃。

⑫馬：整理者："牛"字原脱。

⑬胃：**通“謂”，叫作。**

幷：**有二說：一、一起。二、讀爲“迸”。**《隸釋·漢成陽令唐扶頌》：“匯夷來降，寇賊迸亡。”

⑭毋以木斬大木：**不要在未日砍伐大樹。**木：**“未”字之誤。**王子今（2003A：236）：《律書》：“未者，言萬物皆成，有滋味也。”《漢書·律曆志》：“昧薆於未。”林木枝葉繁茂之狀，在《說文·未部》中寫作“木重枝葉也”。當“萬物皆成”之時，“斬”“枝葉重疊”“濃蔭”“昧薆”之“大木”，從象徵主義的視角看，自有消極的意義。

⑮金：整理者釋爲“貨”，陳偉（2016C：380）據紅外影像改釋（常規圖像亦可概見）。

材：**通“財”，財寶。**金財：**金錢財貨。**《管子·制分》：“聰耳明目，不爲愛金財。”

⑯台：**通“始”，初次。**寇：**“冠”字之誤，戴冠。**帶劍：**佩帶寶劍。**魏德勝（2003：110）說。

御：**有二說：一、服用，親身接觸。**王子今（2003A：236）：“御”有服用之義，此處可能是指親身接觸。**二、迎。**整理者：《詩經·召南·鵲巢》《詩經·齊風·甫田》鄭箋並云：“迎也。”

⑰漬米：**浸泡米。**魏德勝（2003：71）：“漬米”是浸泡米，準備作酒。

【今譯】

不要在子日進行占卜問卦，否則會被東皇太一神傷害。Q1_11_9_101 Ⅱ

不要在丑日修理安裝家門，否則會被你的高祖母鬼魂傷害。Q1_11_9_102 Ⅱ

不要在寅日祭祀神靈、打井，否則……Q1_11_9_103 Ⅱ

不要在卯日洗澡，這個日子叫作“血明”，不能打水井、挖池塘。Q1_11_9_104 Ⅱ

不要在辰日安葬死者，否則必定再一次有喪事。Q1_11_9_105 Ⅱ

不要在巳日禱告神靈，否則你反而會遭殃。Q1_11_9_107 Ⅱ

不要在午日買賣男女奴隸、馬牛，這個日子叫作“並亡（一起逃亡）”之日。Q1_11_9_108 Ⅱ

不要在未日砍伐大樹，否則必定會有大災殃。Q1_11_9_109 Ⅱ

不要在申日買賣男女奴隸、馬牛、金錢財貨，這個日子 Q1_11_9_110 Ⅱ 叫作……Q1_11_9_111 Ⅱ

不要在酉日初次戴冠、佩劍，否則恐怕會親身接觸箭矢 Q1_11_9_112 Ⅱ 兵器，可以在這一天浸洗大米、釀造美酒，酒會有美味。Q1_11_9_113 Ⅱ

直室門

【釋文】

直（置）室Q1_11_9_114Ⅰ門①Q1_11_9_115Ⅰ

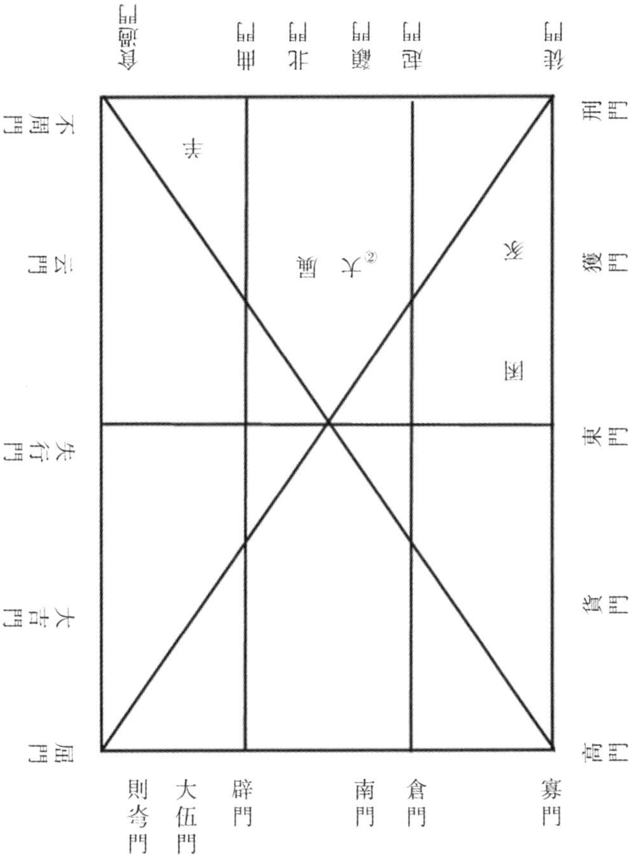

Q1_11_9_114Ⅰ ~ Q1_11_9_126Ⅰ

寡門，興，興毋（無）定處，凶。Q1_11_9_114Ⅱ

倉門，富，井居西南，囷居北鄉（向）廥③，廥毋絕縣（懸）肉④。Q1_11_9_115Ⅱ

南門，將軍門，賤人弗敢居⑤。Q1_11_9_116Ⅱ

辟門，成之即之蓋⑥，廿歲必富，大吉，廿歲更⑦。Q1_11_9_117Ⅱ

大伍門，命曰吉恙（祥）門⑧，十二歲更。Q1_11_9_118Ⅱ

則肙（光）門，其主昌，柁衣常（裳）[⑨]，十六歲弗更，乃狂。Q1_11_9_119Ⅱ
屈門，其主昌富[⑩]，女子爲巫，四歲更。Q1_11_9_120Ⅱ
失行門[⑪]，大凶。Q1_11_9_121Ⅱ
云門[⑫]，其主必富三渫（世）[⑬]，八歲更，利毋（無）爵者。Q1_11_9_122Ⅱ
不周門[⑭]，其主富，八歲更。Q1_11_9_123Ⅱ
食過門，大凶，五歲弗更，其主痒（癃）。Q1_11_9_124Ⅱ
曲門，前富後貧，五歲更，凶。Q1_11_9_125Ⅱ
北門，利爲邦門[⑮]，賤人弗敢居。Q1_11_9_126Ⅱ
顫（顧）門[⑯]，成之，三歲中日入一布；三歲中弗更，日出一布。Q1_11_9_114Ⅲ
起門，八歲昌，十六歲弗更，乃去。Q1_11_9_115Ⅲ
徙門，數富數虛，必并人家，五歲更。Q1_11_9_116Ⅲ
刑門，其主必富，十二歲更，弗而耐乃刑[⑰]。Q1_11_9_117Ⅲ
獲門，其主必富，八歲更，左井右囷，囷北鄉（向）廥。Q1_11_9_118Ⅲ
東門，是胃（謂）邦君門，賤人弗敢居，居之凶。Q1_11_9_119Ⅲ
貨門[⑱]，所利賈市，入貨吉，十一歲更。Q1_11_9_120Ⅲ
高門，宜豕，五歲弗更，其主且爲巫。Q1_11_9_121Ⅲ
大吉門，宜錢金而入易虛，其主爲Q1_11_9_122Ⅲ巫，十二歲更。Q1_11_9_123Ⅲ

【匯釋】

①直：**有二說：一、讀爲“置”**。整理者說。**二、當，命中**。陳偉（2011B）：從投擲選擇的角度作解，“直”首訓當，即命中；以各門下的占語看作求占者的命運（與門無直接關係），似更好理解。今按：從用字習慣而言，睡虎地秦簡中“直”字有讀“值”（《法律答問》簡9：“甲盜，臧直千錢”）、讀“置”（《法律答問》簡26：“及盜不直者，以律論”）之例，無讀“當”之例，“值”“置”二讀皆可訓爲措、置之義。

門：**有二說：一、住宅之門**。劉樂賢（1994：150－151）：圖中標有“囷”“豕”“大㢧”“羊”等，說明本篇所敘之門是住宅之門。**二、城邦、國家、居家的門**。張春梅（2005）：從門名稱及吉凶敘述看，似乎是將城邦、國家、居家的門的修建方向集於此圖。

直室門：**是標題**。“直室”“門”分別書於簡114、115頭端。饒宗頤（1993：499）：門占在先秦時已萌芽。

②大㢧：**有二說：一、大殿。二、大廣**。陳偉（2014：407）、陳偉（2016C：381）釋“大廣”。今按：文獻中未見該語序的語例，且實用示意圖沒有寫“大廣”的必要，據原簡文字形體應重新改釋爲舊的意見，即“大㢧”（吳小強，2000：88），“㢧”即“殿”，方勇(2012：260）亦已改之。

③廥：**倉庫，存收柴草、飼料的倉庫**。《廣雅・釋宮》：“倉也。”《急就篇》卷

三：“芻稾之所居也。”整理者：《說文·广部》：“廥，芻稾之藏也。”晏昌貴、梅莉（2002）：廣義的“廥”泛指倉庫，狹義的“廥”則專指存收柴草、飼料的倉庫。簡文說“囷居北鄉廥”，則此“廥”應指狹義的柴草倉庫。劉樂賢（1994：150）：囷是圓倉，此句是說倉庫位於北面對著廥。陳偉（2016C：381）：放馬灘秦簡《日書》乙種簡2貳作“囷居西北，廥必南鄉（向）”，孔家坡漢簡《日書》簡267貳作“囷居西南而北鄉（向）廥”。

④廥毋絕縣肉：**草料倉庫內需經常懸掛肉而不可斷絕**。陳斯鵬（2007）：絕，斷絕。“無絕縣肉”意爲須恒懸肉於囷廥。陳偉（2016C：381）：孔家坡漢簡《日書》簡276貳繼云“絕縣肉必有經死焉”，放馬灘秦簡《日書》乙種簡3貳略同。

⑤賤人：**地位低下的人**（魏德勝，2003：111）。

⑥成之即之蓋：**門建成後立即加蓋**（整理者）。劉樂賢（2009）：孔家坡漢簡《日書》簡278貳：“辟門，（就）之蓋。”是說辟門建成之後要加蓋。這兩句話意思是一致的。

⑦更：**改建**（整理者）。

⑧吉恙門：**吉祥門，“恙”通“祥”**。“吉祥”二字鼎彝銘文常作“吉羊”，如《隸續·元嘉刀銘》：“宜侯王，大吉羊。”後世之“祥”與“恙”同出一源，是變調別義現象。王子今（2003A：241）：《莊子·人間世》：“虛室生白，吉祥止止。”成玄英疏：“吉者，福善之事。祥者，嘉慶之徵。”“吉恙門”簡文，是較早出現“吉祥”文字的文物資料。

⑨柁衣常：**有二說：一、即袘衣裳，指衣裳有鑲邊或配飾。“柁”讀“袘”**。《玉篇·衣部》：“袉，裾也。俗作袘。”整理者讀“袘”，指衣服的邊緣，引《儀禮·士昏禮》：“纁裳緇袘。”注：“袘謂緣，袘之言施，以緇袘裳，象陽氣下施。”孔家坡漢簡《日書》簡280貳作“施”。**二、衣有配著。“施”猶“著”**。李天虹、劉國勝（2006：166）：《禮記·祭統》“勤大命，施于烝彝鼎”，注：“施，猶著也。”施衣裳，謂衣有配著。

⑩昌富：**昌盛富裕**。魏德勝（2003：96）：生活紅火、富裕。

⑪失行門：陳斯鵬（2007）：孔家坡漢簡作“失伍門”。

⑫云門：陳偉（2016C：383）：放馬灘秦簡《日書》乙種簡14貳、孔家坡漢簡《日書》簡284貳作“雲門”。

⑬渫：**通“世”，代**。金文常用“枼”爲“世”，楚簡常用“殜”爲“世”。

⑭不周門：**西北門**。劉樂賢（1994：150）：此門同不周山、不周風，位於西北。《律書》：“不周風居西北，主殺生。”《淮南子·天文訓》：“昔者共工與顓頊爭爲帝，怒而觸不周之山。”注：“不周山在西北。”

⑮邦門：**城門**。魏德勝（2003：109）：《儀禮·既夕禮》：“至於邦門。”鄭玄注：“邦門，城門也。”工藤元男（2010：196）：都城的國門。

⑯顝門：**有二說：一、讀爲“顧門”**。陳偉（2014：410）：圖中作“誰門”，整理者讀爲“顧門”，孔家坡漢簡《日書》簡282壹亦作“顧”。劉樂賢（1994：

150）排比了睡虎地秦簡《日書》簡130文例：“凡民將行，出其門，毋敢顧，毋止。直述吉，從道右吉，從左吝。少顧是胃少楮，吝；大顧是胃大楮，凶。”認爲從文例而言讀“顧”正確，但不明形義關係。**二、讀爲“顔門”**。施謝捷（2009）讀爲从產的“顔”字。

⑰弗而耐乃刑：**若不改建，則會被處以耐刑和肉刑**。整理者：而，則；乃，且。此句意謂如不改建，會被處耐刑和肉刑。

⑱貨：孔家坡漢簡《日書》簡297壹同，放馬灘秦簡《日書》乙種簡22叁作“財”。

【今譯】

置室門

寡門，家庭興旺，興旺的地方如果不確定，則是凶險的。Q1_11_9_114 Ⅱ

倉門，家庭富裕，水井位於西南方向，穀倉位居之處，其北面朝向草料倉庫，草料倉庫內需經常懸掛肉而不可斷絕。Q1_11_9_115 Ⅱ

南門，是“將軍門”，地位低下的人不敢在這裏居住。Q1_11_9_116 Ⅱ

辟門，門建成後應立即加蓋，二十年中必定富裕，非常吉利，第二十年要改建門。Q1_11_9_117 Ⅱ

大伍門，稱爲“吉祥門”，第十二年要改建門。Q1_11_9_118 Ⅱ

則光門，家庭主人昌盛，穿著帶絲邊的衣裳，第十六年若不改建門，主人會發瘋發狂。Q1_11_9_119 Ⅱ

屈門，家庭主人昌盛富裕，女兒當巫師，第四年要改建門。Q1_11_9_120 Ⅱ

失行門，非常凶險。Q1_11_9_121 Ⅱ

云門，家庭主人必定富裕三代，第八年要改建門，對無爵位的人有利。Q1_11_9_122Ⅱ

不周門，家庭主人富裕，第八年要改建門。Q1_11_9_123 Ⅱ

食過門，非常凶險，第五年若不改建門，家庭主人會成爲殘疾人。Q1_11_9_124 Ⅱ

曲門，前半生富裕，後半生貧窮，第五年要改建門，否則凶險。Q1_11_9_125 Ⅱ

北門，有利於作爲城門，地位低下的人不敢在這裏居住。Q1_11_9_126 Ⅱ

顧門，建成後，三年之中每天收入一個單位的貨幣；三年中間若不改建門，則將每天失去一個單位的貨幣。Q1_11_9_114 Ⅲ

起門，有八年的昌盛，第十六年若不改建門，昌盛就消失了。Q1_11_9_115 Ⅲ

徙門，幾度富裕，幾度空虛，最終必定被別的人家兼併，第五年要改建門。Q1_11_9_116 Ⅲ

刑門，家庭主人必定富裕，第十二年要改建門，若不改建，會被處以耐刑和肉刑。Q1_11_9_117 Ⅲ

獲門，家庭主人必定富裕，第八年要改建門，水井位於左邊，糧倉位於右邊，

糧倉北面朝向草料倉庫。Q1_11_9_118Ⅲ

東門，這叫作“國君門”，地位低下的人不敢在這裏居住，居住會有凶險。Q1_11_9_119Ⅲ

貨門，利於市場交易，買進貨物吉利，第十一年要改建門。Q1_11_9_120Ⅲ

高門，適宜養豬，第五年若不改建門，這裏的主人將當巫師。Q1_11_9_121Ⅲ

大吉門，適宜（貯藏）錢幣黃金，但進來的錢和金子容易空虛，這裏的主人當Q1_11_9_122Ⅲ巫師，第十二年要改建門。Q1_11_9_123Ⅲ

避忌

【釋文】

未不可以澍（樹）木[①]，木長，澍（樹）者死。Q1_11_9_124Ⅲ

戌不可以爲牀，必以肂（殔）死人[②]。Q1_11_9_125Ⅲ

庚辰、壬辰、癸未，不可燔糞[③]。Q1_11_9_126Ⅲ

【匯釋】

①澍：**通“樹”，種植**。

②肂：**通“殔”，陳尸**。陳偉（2016C：384）：《釋名·釋喪制》：“假葬於道側曰殔。”此指陳尸。整理者：讀爲殔，《呂氏春秋·先識》：“威公薨，殔九月不得葬。”注：“下棺置地中謂之殔。”據簡文及《先識》原文，應爲陳尸之意。

③燔糞：**焚燒棄除之物**。王光華、李秀茹（2006）言此篇宜以“木忌”爲題。

【今譯】

未日不能種樹，樹長高了，種樹的人就會死去。Q1_11_9_124Ⅲ

戌日不能造牀，造的牀一定會被用來給死人陳尸。Q1_11_9_125Ⅲ

庚辰日、壬辰日、癸未日，不能焚燒棄除之物。Q1_11_9_126Ⅲ

行

【釋文】

行[①]

凡且有大行、遠行若歓（飲）食、歌樂、聚畜生及夫妻同衣[②]，毋以正月上旬午，二月上旬亥，三月上旬申，四月上旬丑，五月上旬戌，六月上旬卯，七月上旬子，八月Q1_11_9_127上旬巳，九月上旬寅，十月上旬未，十一月上旬辰，十二月上旬酉。

·凡是日赤啻（帝）恒以開臨下民而降其英（殃）[3]，不可具爲百事，皆毋（無）所利。節（即）有爲也，Q1_11_9_128其央（殃）不出歲中，小大必至[4]。有爲而禺（遇）雨，命曰央（殃）蚤（早）至[5]，不出三月，必有死亡之志至[6]。

·凡是有爲也[7]，必先計月中閒日[8]，句（苟）毋（無）直赤啻（帝）臨日[9]，它日雖Q1_11_9_129有不吉之名，毋（無）所大害[10]。

·凡民將行，出其門，毋（無）敢顧（顧）[11]，毋止。直述（術）吉[12]，從道右吉，從左吝[13]。少（小）顧（顧）是胃（謂）少（小）楮，吝；大顧（顧）是胃（謂）大楮[14]，兇（凶）。Q1_11_9_130

【匯釋】

①行：**行旅；行事**。王子今（2003A：248）：這裏所說的“行”，包括作爲交通行爲的“行旅”，也指涵蓋相當寬泛的“行事”，即簡文所謂“有爲”。陳偉（2016C：385）：“行”字圖版不清晰。孔家坡漢簡《日書》簡108～110與本篇近似。簡108起首二字“臨日”，似爲其篇題。

②大行：**有三說：一、指意義比較重要的出行行爲**。王子今（2003A：248）：“大行”，可能是指意義比較重要的出行行爲。對於官吏來說，可能是指儀衛眾多、程式比較隆重的出行行爲。對於商賈來說，可能是指攜運貨資比較豐足、交易數額比較可觀的出行行爲。總之，與所謂“遠行”不同。“遠行”，當是指路程比較遙遠的出行行爲。**二、喪葬之事**。劉增貴（2001）：“大行”“遠行”並列，可知二者有別。按古代皇帝死無謚號時曾有“大行”之稱，如淳認爲是“不反”，即有去無回的意思，指喪葬之事。據《禮記·檀弓》殯前“祖於庭”，是古代喪葬出殯，與遠行出門一樣，要舉行“祖道”的祭祀，二者有類似之處，《日書》的“大行”或許與喪事有關。**三、指的是較“遠行”更久遠的出行**。劉增貴（2001）：另一可能是，“大行”或許指的是較“遠行”更久遠的出行。工藤元男（2010：179）：“遠行”“大行”，是空間概念。

遠行：**指路程比較遙遠的出行行爲**。王子今（2003A：248）說。

歓食、歌樂：**有二說：一、宴飲、唱歌作樂。二、“歓食歌樂”連讀**。王子今（2003A：248）：所謂“不可其爲百事”，不當包括“歓食”這種維持基本生存的行爲，似當以“歓食歌樂”連讀爲妥。工藤元男（2010：200）：指在送別的宴席上進行的儀式。

聚畜生：**聚集牲畜**。陳偉（2016C：386）：《日書》乙種簡132作“聚具畜生”，孔家坡漢簡《日書》簡109作“取眾畜生”。工藤元男（2010：200）：與軷壇上舉行的供牲、釁禮有關。

夫妻同衣：**有三說：一、指夫妻間的性生活**。吳小強（2000：93－94）、劉增貴（2001）、沈祖春（2006A）有“同被”“同壹”“同依”等不同讀法，但一致訓解爲夫妻間的性行爲。整理者：衣，寢衣，即被子。《論語・鄉黨》："必有寢衣，長一身有半。"集解引孔安國曰："今之被也。"吳小強（2000：93－94）：夫妻同衣，夫妻交合。吳小強（1990）：同衣，有兩種解釋。第一種據字面意解爲共同穿一件上衣。第二種則按古漢語同聲相訓原則，將同衣解爲同壹。"夫妻同衣"便指夫婦身體合一，亦即夫妻性生活。對照簡文上下文義，第二種解釋較爲貼切。劉增貴（2001）："夫妻同衣"指夫婦的性行爲。沈祖春（2006A）："衣"在此處非指"寢衣"（被子），而是借指人的形體、身軀。"衣""依"爲同源字，由"衣服"之義可引申指"形體、身軀"。簡文"夫妻同衣"即夫妻同身體，身體合而爲一，其"交合"之義不言而喻。**二、夫妻同衣指穿同樣一件衣服。**劉樂賢（1994：154）、賀潤坤（1996）又提出另一說法，謂夫妻同衣指穿同樣一件衣服，類似《詩經・秦風・無衣》中的"同袍"。劉樂賢（1994：154）：夫妻同被可能指夫妻同房，即夫妻過性生活。另外，古人確有夫妻不可同穿一件衣服的說法，如此則本篇"夫妻同衣"亦可理解爲夫妻穿同一件衣服，即妻穿夫之衣或夫穿妻之衣。賀潤坤（1996）：這裏的"夫妻同衣"大概是指夫妻穿同樣之衣。《詩經・秦風・無衣》提到的"同袍""同裳"即指合披一件戰袍和同穿一件下裝。以此類推，同衣指同穿一件上裝是符合史實的。倘釋"衣"爲寢衣即被子，這與簡文含義不符。**三、夫妻交換襯衣。**工藤元男（2010：200）："夫妻同衣"，指交換襯衣。

③赤啻：**讀"赤帝"**（饒宗頤，1982：24）。陳偉（2016C：386）：孔家坡漢簡《日書》簡108作"帝"。劉樂賢（1994：155）：赤帝臨日是赤帝開臨下民並降殃之日，鄭剛指出此赤帝臨日即《星曆考原》中的臨日。把赤帝臨日省稱爲"臨日"，正與《日書》"帝篇"把帝爲室日又叫作"室日"互相印證。

關於"赤帝"，**有二說：一、"赤帝"神實即太陽神。**王桂鈞（1988）：秦人至奉的"赤帝"神實即太陽神。**二、"赤帝"掌管天牢，爲刑罰之神。**劉增貴（2001）：《天官書》："倉帝行德，天門爲之開；赤帝行德，天牢爲之室。"可見赤帝掌管天牢，爲刑罰之神，在其"開臨下民而降其殃"的日子自然不可出行。

開：**光明。**王子今（2003A：250）：有光明之義，如揚雄《甘泉賦》："雷然陽開。"

④節有爲也，其央不出歲中，小大必至：**假如做了任何事情，則不出半年，必有大小不等的災害降臨。**劉樂賢（1994：154）說。

⑤命：**名，命名。**劉樂賢（1994：154）說。

⑥死亡之志：**訃聞。**整理者："之志"二字合文。志，記。

⑦凡是有爲也：**凡是打算做事情的。**劉樂賢（1994：154）：凡是，睡虎地秦簡《日書》乙種作"凡且"。"凡是"應與"凡且"同義。陳偉（2016C：386）：孔家坡漢簡《日書》簡110作"凡舉事"。

⑧閒日：**閒暇之日。**劉樂賢（1994：154－155）：《李斯傳》："二世怒曰：吾常多閒日，丞相不來，吾方燕私，丞相輒來請事。"

⑨句毋直赤啻臨日：**如果沒有撞上赤帝下臨的日子。**劉樂賢（2003A：378）：

日本陰陽道文獻所載忌日叫作“帝臨日”，顯然較《星曆考原》和《協紀辨方書》的“臨日”更接近於睡虎地秦簡《日書》的“赤帝臨日”。根據“帝臨日”這一中間環節，可以斷定以前將“臨日”視爲“赤帝臨日”之省是有道理的。陳偉（2016C：387）：孔家坡漢簡《日書》簡 110 徑作“臨日”。

⑩毋所大害：**沒有甚麽大的危害**。劉樂賢（1994：155）：“無所大害”即無大害，“所”爲語中助詞。上文的“皆無所利”也是同樣的情況。陳偉（2016C：387）：孔家坡漢簡《日書》簡 110 即作“毋（無）大害”。

⑪顧：**回望，回頭看**。劉樂賢（1994：156－157）：在古人的心目中，“顧”大概是一種會招致危險的動作。據孫思邈《備急千金方》卷 27“黄帝雜忌法第七”中的“行及乘馬，不用迴顧，則神去人不用，鬼行踖粟”推測，古人認爲回頭看將有神靈離體的危險，所以出行或治病之時都忌諱“顧”。劉增貴（2001）：在古代治病法術中也常見到“勿顧”，都是將不祥置於腦後，以免與其發生關聯。工藤元男（2010：202）：出行之際，禁忌惜別反顧。這令人想起戰國末年荆軻故事中的“於是荆軻遂就車而去，終已不顧”。

⑫述：**道路**。王子今（2003A：252）說。

直述：**有三說：一、對著道路走**。陳偉武（1998）：《廣雅·釋詁三》云：“當，直也。”即對著之意。**二、走道路中央**。整理者說。**三、向道路前方行走**。工藤元男（2010：202）：“術”與其說是“邑中道”，不如說是從邑中（不管城邑規模的大小）通往外界的道路。“直術”當是向道路前方行走的意思。

⑬從道右吉，從左吝：**沿著道路的右邊走則吉利，沿著道路的左邊走則吝辱**。劉增貴（2001）：《儀禮·既夕禮》鄭玄注云：“吉事交相左，凶事交相右。”這是指吉事靠右行走，兩方交於左，如靠左行走，則是凶事。簡文“從道右吉，從左吝”與此相合。

吝：**有二說：一、吝辱。二、通“遴”，惜別反顧**。工藤元男（2010：203）：因爲吝和遴是通假關係，許慎在《說文》中解釋這兩個字時引用了同一條爻詞。吝、遴是出行時惜別反顧的意思。

⑭楮：**讀爲“佇”，站立**。整理者說。

【今譯】

出行

凡是將大規模出行、出門遠行，或者宴飲、唱歌作樂、聚集牲畜進行大型祭祀典禮以及夫妻同房等活動，不要在正月上旬午日，二月上旬亥日，三月上旬申日，四月上旬丑日，五月上旬戌日，六月上旬卯日，七月上旬子日，八月Q1_11_9_127上旬巳日，九月上旬寅日，十月上旬未日，十一月上旬辰日，十二月上旬酉日進行。

·凡是這些日子都是赤帝經常顯現降臨民间降下災殃的日子，甚麽事情都不可以干，都不吉利。如果做了事情，Q1_11_9_128赤帝降下的災殃不出半年，不說是大災還是小災必定來到。做了事情剛好碰見下雨，這就叫災殃早到，不出三個月，肯定會有訃聞來到。

·凡是打算做事情的，務必首先算好月份中的閒暇之日，如果沒有撞上赤帝下臨的日子，其他日子雖然說Q1_11_9_129也有不吉利的，但是沒有甚麼大的危害。

·凡是老百姓將要外出的，出了家門，不要回望，不要停止腳步。對著道路走吉利，沿著道路的右邊走也吉利，沿著道路的左邊走則吝辱。稍稍地回望，這就叫作“小佇立”，會有吝辱；大轉身地回頭，這就叫作“大佇立”，會遭凶險。Q1_11_9_130

歸行

【釋文】

歸行[①]

凡春三月己丑不可東，夏三月戊辰不可南，秋三月己未不可西，冬三月戊戌不可北。百中大凶[②]，二百里外必死。歲忌[③]。Q1_11_9_131

毋以辛壬東南行，日之門也。毋以癸甲西南行，月之門也。毋以乙丙西北行，星之門也。毋以丁庚東北行，辰之門也。·凡四門之日[④]，行之敫也[⑤]，以行不吉。Q1_11_9_132

入正月七日，入二月〔十〕四日[⑥]，入三月廿一日，入四月八日，入五月十六日，入六月廿四日，入七月九日，入八月九〈十八〉日[⑦]，入九月廿七日，入十月十日，入十一月廿日，入十二月卅日，凡此日以歸，死；行，亡[⑧]。Q1_11_9_133

【匯釋】

①歸行：**返家與出行**。整理者：《後漢書·郭陳列傳》：“桓帝時，汝南有陳伯敬者……還觸歸忌，則寄宿郵亭。”注引《陰陽書曆法》曰：“歸忌日，四孟在丑，四仲在寅，四季在子，其日不可遠行、歸家及徙也。”與本條所述類似。沈祖春（2006B）：簡文中“歸行”當是由兩個相反的語素構成的詞，如同“出入”“上下”“來去”等，其義指回家與出行。劉樂賢（1994：158）：《後漢書》及《陰陽書》所說的歸忌是一神煞名，與本篇所述尚有區別，當據以說明下文簡110BK之“出亡歸死之日”。本篇所述歸與行的忌日中無歸忌一項。

王光華、李秀茹（2006）：《類編曆法通書大全》卷29記有一個重復日，即復日，又名重喪，其日辰戌丑未月集中於戊己，與此相似。

②百中大凶：**有二說：一、百里之內大凶**（整理者）。陳松長（2001）：睡虎地秦簡中的“百中大凶”，應是漏掉了一個“里”字。陳偉（2016C：388）：放馬灘秦簡《日書》乙種簡126貳作“百里大凶”。**二、陌中大凶**。王子今（2003A：255）：“百中”或即“陌中”。

③歲忌：**有二說：一、與“太歲”有關。**劉增貴（2001）：按古代季節與方位的配合是：春東、夏南、秋西、冬北，此處春不可東，夏不可南，秋不可西，冬不可北，顯示出行方位若與季節所值方位相同，則不利，這種情形正與太歲所忌方位不吉相類。**二、與“小歲”有關。**胡文輝（2000：109）：這段“歸行”的文字與“小歲”有關。

陳偉（2016C：388）：放馬灘秦簡《日書》乙種簡125貳和126貳與本條略同，但其前有“行忌”二字，其後無“歲忌”二字。

④四門之日：**“四門”的日子。**饒宗頤（1993：446）：這裏以辛壬、癸甲和乙丙、丁庚相配，來代表四門之日，《尚書·堯典》有“賓於四門”語。今按：《漢書·列女傳·曹世叔妻》亦有“閉四門而開四聰”，“四門”“四聰”與明堂制度有關。

⑤敫：**有二說：一、可讀爲“激”或“擊”，不吉。**劉樂賢（1994：158）：“敫”字在《日書》中多次出現，其確切含義一時難以確定。《日書》的四敫日，後代選擇通書有作四激日、四擊日者，則敫可讀爲激或擊。又，“徐篇”的敫日在“秦除篇”中作摯（執）。從本篇文句推測，此處的敫當有不吉一類意思。**二、執，摯。**饒宗頤（1993：449）：在建除家言中有敫日，敫日亦稱執日或摯日。

⑥入二月四日：**進入二月的十四日。**據上下文，“四”字前脫“十”字。王子今（2003A：255）：依上下文例，似應爲“入二月十四日”。審視“月”字和“四”字間的空缺或許原有“十”字殘壞。也有可能書寫者漏書“十”字。陳偉（2016C：389）：從照片看“月”字和“四”字之間並無“十”字殘壞痕跡，應是抄寫者漏書“十”字。

⑦入八月九日：**進入八月的十八日。**王子今（2003A：255－256）：據上下文，可能爲“入八月十八日”之誤。

⑧凡此日以歸，死；行，亡：**凡此日以歸，死；凡此日以行，亡。**王子今（2003A：256）說。

【今譯】

返歸與出行

凡是在春季三月己丑日不能從東方回歸，夏季三月戊辰日不能從南方回歸，秋季三月己未日不能從西方回歸，冬季三月戊戌日不能從北方回歸。（如果在這幾個日子裏從這些方向返歸）行程一百里之內非常凶險，行程二百里以外必定死去。這是太歲的禁忌。Q1_11_9_131

不要在辛壬日朝東南方向走，這是太陽之門。不要在癸甲日朝西南方向走，這是太陰之門。不要在乙丙日朝西北方向走，這是星宿之門。不要在丁庚日朝東北方向走，這是時辰之門。·凡是“四門”的日子，即行走不吉之時，在這些日子行路是不吉利的。Q1_11_9_132

進入正月的七日，進入二月的十四日，進入三月的二十一日，進入四月的八日，進入五月的十六日，進入六月的二十四日，進入七月的九日，進入八月的十八日，進入九月的二十七日，進入十月的十日，進入十一月的二十日，進入十二月的三十日，凡是在這些日子從外歸家，必會死去；出門行遠，必定亡失。Q1_11_9_133

到室

【釋文】

到室

正月丑，二月戌，三月未，四月辰，五月丑，六月戌，七月未，八月辰，九月辰〈丑〉[①]，十月戌丑[②]，十一月未，十二月辰。·凡此日不可以行，不吉。Q1_11_9_134 Ⅰ

【匯釋】

①九月辰：**應爲"九月丑"**。整理者脱寫，劉樂賢（1994：161）據照片補足。又指出：依文例，此處"九月辰"應係"九月丑"之誤。

②十月戌丑：**"丑"字衍**（劉樂賢，1994：161）。

【今譯】

到室

正月丑日，二月戌日，三月未日，四月辰日，五月丑日，六月戌日，七月未日，八月辰日，九月丑日，十月戌日，十一月未日，十二月辰日。·凡是這些日子，不能出行，不吉利。Q1_11_9_134 Ⅰ

禹須臾（一）

【釋文】

禹須臾[①]

戊己、丙丁、庚辛旦行，有二喜。甲乙、壬癸、丙丁日中行[②]，有五喜。庚辛、戊己、壬癸餔時行[③]，有七喜。壬癸、庚辛、甲乙夕行[④]，有九喜。Q1_11_9_135

己酉從遠行入，有三喜。Q1_11_9_134 Ⅱ

【匯釋】

①須臾：**快捷、便利。**

禹須臾：**有二說：一、指一種以大禹名字命名的讓人能夠快速判斷行事吉凶的方法。**劉樂賢（1994：164－165）：從睡虎地秦簡《日書》及放馬灘秦簡《日書》看來，“禹須臾”這種以大禹名字命名的須臾術似乎可以理解爲一種讓人能夠快速判斷行事吉凶的方法。《後漢書》李賢注云：“須臾，陰陽吉凶立成之法也。”立成是快速簡便的意思。後代的選擇通書中常有“立成”一項。如此看來，所謂須臾、立成就是快速、方便的意思。須臾、立成採用的方式多半是列表格，以便於閱讀。睡虎地秦簡《日書》的“禹須臾篇”其實也是相當於用表格的方式告訴讀者哪天出門會有哪幾件喜事。整理者：《後漢書·方術列傳》：“其流又有風角、遁甲、七政、元氣、六日七分、逢占、日者、挺專、須臾、孤虛之術。”注：“須臾，陰陽吉凶立成之法也。今書《七志》有《武王須臾》一卷。”稱爲“禹須臾”或“武王須臾”，是把這一類迷信假託於禹或武王。饒宗頤（1982：23）：此云“禹須臾”，當如《武王須臾》一類之書。**二、供人出行時快捷選擇吉日良辰之用。**劉昭瑞（1991）：立成、須臾，皆快捷、便利之意。由《日書》材料內容看，是供人出行時選擇吉日良辰之用，似與陰陽事無涉。這類東西後世一般附記在曆書中，也稱曆注。《武王須臾》尚見於《隋書·經籍志》，後佚。

②日中：**正午**（王子今，2003A：260－261）。

③餔：**申時，傍晚。**《說文·食部》：“日加申時食也。”

④夕：**昏時，黃昏。**尚民傑（1997B）：在古漢語中，朝、夕經常相對出現，泛指早、晚之義。但就睡虎地秦簡《日書》而言，“夕”恐怕也被作爲一個具體時辰的名稱使用。簡文的“莫市”“莫夕”“夕”都爲同一時辰的名稱，在十二時辰簡中相當於“牛羊入戌”，在後世的十二時名稱中相當於“昏時”或“黃昏”。

【今譯】

大禹須臾之術

戊己日、丙丁日、庚辛日早晨出行，有兩件喜事。甲乙日、壬癸日、丙丁日正午出行，會有五件喜事。庚辛日、戊己日、壬癸日傍晚出行，會有七件喜事。壬癸日、庚辛日、甲乙日黃昏出行，會有九件喜事。Q1_11_9_135

己酉日遠行回家，會有三件喜事。Q1_11_9_134Ⅱ

十二支占行

【釋文】

子，旦北吉，日中南得。Q1_11_9_136Ⅰ

丑，旦北吉，東必得。Q1_11_9_137Ⅰ
〔寅，西（?）〕得[①]，東凶，北毋行。Q1_11_9_138Ⅰ
〔卯，南〕吉[②]，西得，北凶，東見疾不死，吉。Q1_11_9_139Ⅰ
辰，北吉，南得，東西凶，毋行。Q1_11_9_136Ⅱ
巳，南吉，西得，北凶，東見疾死。Q1_11_9_137Ⅱ
午，北吉，東得，南凶，西不反（返）。Q1_11_9_138Ⅱ
未，東吉，北得，西凶，南毋行。Q1_11_9_139Ⅱ
申，西南吉，北凶。Q1_11_9_136Ⅲ
酉，西南吉，東凶。Q1_11_9_137Ⅲ
戌，東南西吉，南凶。Q1_11_9_138Ⅲ
毋以亥行。Q1_11_9_139Ⅲ

【匯釋】

①劉樂賢（1994：172）：整理小組補“寅”字是對的，但補“西”字根據尚嫌不足。王子今（2003A：263－264）：“□得”，可能是“西得”，也可能是“南得”。

②紀婷婷（2015）疑“南”是“西”字。

【今譯】

子日，早晨往北方吉利，正午往南方有所得。Q1_11_9_136Ⅰ
丑日，早晨往北方吉利，往東方必定有所得。Q1_11_9_137Ⅰ
寅日，往西方有所得，往東方凶險，不要往北方去。Q1_11_9_138Ⅰ
卯日，往南方吉利，往西方有所得，往北方凶險，往東方遭受疾病但不會死，吉利。Q1_11_9_139Ⅰ
辰日，往北方吉利，往南方有所得，往東方和西方凶險，不要去。Q1_11_9_136Ⅱ
巳日，往南方吉利，往西方有所得，往北方凶險，往東方遭受疾病會死。Q1_11_9_137Ⅱ
午日，往北方吉利，往東方有所得，往南方凶險，往西方去就回不來了。Q1_11_9_138Ⅱ
未日，往東方吉利，往北方有所得，往西方凶險，不要往南方去。Q1_11_9_139Ⅱ
申日，往西南方吉利，往北方凶險。Q1_11_9_136Ⅲ
酉日，往西南方吉利，往東方凶險。Q1_11_9_137Ⅲ
戌日，往東南方和西方吉利，往南方凶險。Q1_11_9_138Ⅲ
不要在亥日出行。Q1_11_9_139Ⅲ

臽日敫日

【釋文】

四月甲臽，Q1_11_9_136Ⅳ五月乙臽，Q1_11_9_137Ⅳ七月丙臽，Q1_11_9_138Ⅳ八月丁臽，Q1_11_9_139Ⅳ九月已臽，Q1_11_9_136Ⅴ十月庚臽，Q1_11_9_137Ⅴ十一月辛臽，Q1_11_9_138Ⅴ十二月己臽，Q1_11_9_139Ⅴ正月壬臽，Q1_11_9_136Ⅵ二月癸臽，Q1_11_9_137Ⅵ三月戊臽，Q1_11_9_138Ⅵ六月戊臽[①]。Q1_11_9_139Ⅵ

夏三月丑敫，Q1_11_9_136Ⅶ春三月戊〈戌〉敫[②]，Q1_11_9_137Ⅶ秋三月辰敫，Q1_11_9_138Ⅶ冬三月未敫。Q1_11_9_139Ⅶ

凡臽日，可以取婦、家（嫁）女，不可Q1_11_9_136Ⅷ以行，百事凶。Q1_11_9_137Ⅷ

凡敫日，利以漁邋（獵）、請謁、責Q1_11_9_138Ⅷ人、摯（執）盜賊，不可祠祀、殺生（牲）[③]。Q1_11_9_139Ⅷ

【匯釋】

①劉信芳（1993）：正月壬臽，二月癸臽，是因正月、二月爲春季，壬、癸於日干代表冬季，冬季已過，故壬、癸爲臽，“臽”即“陷”。劉增貴（2007）：臽日的意思是：春天當爲甲乙，木氣已發，而日干卻爲上一季之壬癸冬水，故正月、二月以壬癸爲臽，與地之陷相當。

②戊：**爲“戌”之誤**（劉樂賢，1994：177）。

敫：簡文中所涉及的“敫日”是《淮南子·天文訓》所言四維地支所在之日。

③請謁：**請求謁告。**

責人：**向人討債。**整理者讀如字。

【今譯】

四月甲日是陷日，Q1_11_9_136Ⅳ五月乙日是陷日，Q1_11_9_137Ⅳ七月丙日是陷日，Q1_11_9_138Ⅳ八月丁日是陷日，Q1_11_9_139Ⅳ九月己日是陷日，Q1_11_9_136Ⅴ十月庚日是陷日，Q1_11_9_137Ⅴ十一月辛日是陷日，Q1_11_9_138Ⅴ十二月己日是陷日，Q1_11_9_139Ⅴ正月壬日是陷日，Q1_11_9_136Ⅵ二月癸日是陷日，Q1_11_9_137Ⅵ三月戊日是陷日，Q1_11_9_138Ⅵ六月戊日是陷日。Q1_11_9_139Ⅵ

夏季三月丑日是敫日，Q1_11_9_136Ⅶ春季三月戌日是敫日，Q1_11_9_137Ⅶ秋季三月辰日是敫日，Q1_11_9_138Ⅶ冬季三月未日是敫日。Q1_11_9_139Ⅶ

凡是陷日，可以娶媳婦、嫁女兒，不能Q1_11_9_136Ⅷ在這些日子出行，甚麼事情都凶險。Q1_11_9_137Ⅷ

凡是敫日，利於捕魚打獵、請求拜謁尊長、向人討債、Q1_11_9_138Ⅷ抓捕盜賊，不能祭祀、宰殺犧牲。Q1_11_9_139Ⅷ

生子

【釋文】

生子

甲戌生子，歙（飲）食急[①]。Q1_11_9_140Ⅰ

乙亥生子，穀（穀）而富[②]。Q1_11_9_141Ⅰ

丙子生子，不吉。Q1_11_9_142Ⅰ

丁丑生子，好言語[③]，或生（眚）於目[④]。Q1_11_9_143Ⅰ

戊寅生子，去父母南。Q1_11_9_144Ⅰ

己卯生子，去其邦。Q1_11_9_145Ⅰ

庚辰生子，好女子[⑤]。Q1_11_9_146Ⅰ

辛巳生子，吉而富。Q1_11_9_147Ⅰ

壬午生子，穀（穀）而武[⑥]。Q1_11_9_148Ⅰ

癸未生子，長大，善得。Q1_11_9_149Ⅰ

甲申生子，巧，有身事[⑦]。Q1_11_9_140Ⅱ

乙酉生子，穀（穀），好樂。Q1_11_9_141Ⅱ

丙戌生子，有事。Q1_11_9_142Ⅱ

丁亥生子，攻（工）巧，孝。Q1_11_9_143Ⅱ

戊子生子，去其邦北[⑧]。Q1_11_9_144Ⅱ

己丑生子，貧而疾。Q1_11_9_145Ⅱ

庚寅生子，女爲賈[⑨]，男好衣佩而貴。Q1_11_9_146Ⅱ

辛卯生子，吉及穀（穀）。Q1_11_9_147Ⅱ

壬辰生子，武而好衣劍。Q1_11_9_148Ⅱ

癸巳生子，穀（穀）。Q1_11_9_149Ⅱ

甲午生子，武有力，少孤。Q1_11_9_140Ⅲ

乙未生子，有疾，少孤，後富。Q1_11_9_141Ⅲ

丙申生子，好家室。Q1_11_9_142Ⅲ

丁酉生子，耆（嗜）酒。Q1_11_9_143Ⅲ

戊戌生子，好田埜邑屋[⑩]。Q1_11_9_144Ⅲ

己亥生子，穀（穀）。Q1_11_9_145Ⅲ

庚子生子，少孤，汙[⑪]。Q1_11_9_146Ⅲ

辛丑生子，有心冬（終）[⑫]。Q1_11_9_147Ⅲ

壬寅生子，不女爲醫，女子爲也〈毆〉[13]。Q1_11_9_148Ⅲ
癸卯生子，不吉。Q1_11_9_149Ⅲ
甲辰生子，穀（穀）且武而利弟。Q1_11_9_140Ⅳ
乙巳生子，吉。Q1_11_9_141Ⅳ
丙午生子，耆（嗜）酉（酒）而疾，後富。Q1_11_9_142Ⅳ
丁未生子，不吉，毋（無）母，必賞（嘗）毄（繫）囚。Q1_11_9_143Ⅳ
戊申生子，寵，事君[14]。Q1_11_9_144Ⅳ
己酉生子，穀（穀），有商[15]。Q1_11_9_145Ⅳ
庚戌生子，武而貧。Q1_11_9_146Ⅳ
辛亥生子，不吉。Q1_11_9_147Ⅳ
壬子生子，恿（勇）[16]。Q1_11_9_148Ⅳ
癸丑生子，好水，少疾，必爲吏。Q1_11_9_149Ⅳ
甲寅生子，必爲吏。Q1_11_9_140Ⅴ
乙卯生子，恿（勇）不□[17]。Q1_11_9_141Ⅴ
丙辰生子，有疵於體（體）而恿（勇）。Q1_11_9_142Ⅴ
丁巳生子，穀（穀）而美，有敃[18]。Q1_11_9_143Ⅴ
戊午生子，耆（嗜）酉（酒）及田邋（獵）。Q1_11_9_144Ⅴ
己未生子，吉。Q1_11_9_145Ⅴ
庚申生子，良。Q1_11_9_146Ⅴ
辛酉生子，不吉。Q1_11_9_147Ⅴ
壬戌生子，好家室。Q1_11_9_148Ⅴ
癸亥生子，毋（無）冬（終）[19]。Q1_11_9_149Ⅴ
甲子生子，少孤，衣汙[20]。Q1_11_9_140Ⅵ
乙丑生子，武以攻（工）巧。Q1_11_9_141Ⅵ
丙寅生子，武以聖[21]。Q1_11_9_142Ⅵ
丁卯生子，不正，乃有疵前[22]。Q1_11_9_143Ⅵ
戊辰生子，有寵。Q1_11_9_144Ⅵ
己巳生子，鬼[23]，必爲人臣妾。Q1_11_9_145Ⅵ
庚午生子，貧，有力，先〈无〉冬（終）[24]。Q1_11_9_146Ⅵ
辛未生子，肉食[25]。Q1_11_9_147Ⅵ
壬申生子，聞[26]。Q1_11_9_148Ⅵ
癸酉生子，先〈无〉冬（終）。Q1_11_9_149Ⅵ

【匯釋】

①飮食急：**謂生活困難**。《論語·雍也》："君子周急不濟富。"朱熹注："急，窮迫也。"劉樂賢（1994：182）：是困難、窘迫的意思。《禮記·王制》："國無九年之蓄曰不足，無六年之蓄曰急。"《管子·問》："舉知人急，則衆不亂。"尹注：

"急謂困難也。"

②彀：**讀"轂"，善**。《尚書·洪範》"既富方轂"，蔡沈集傳："轂，善也。"

③好言語：**喜歡說話**。王子今（2003A：273）：似乎應當理解爲喜好言語。

④或生於目：**在眼睛上有疾病**。整理者：或，有。"生"讀"眚"，《說文·目部》："目病生翳也。"

⑤好女子：**喜好女色**。王子今（2003A：274）：依據上下文，"好"應指喜好。

⑥武：**勇武剛強**（王子今，2003A：274）。

⑦有身事：**有三說：一、有職事、有職責**。與下文"有事"相近，指有職事、有職責。唐趙嘏《寄歸》詩："早晚粗酬身事了，水邊歸去一閒人。"**二、有兼職**。整理者：身，《詩經·文王之什·大明》傳："重也。"事，《國語·魯語上》注："職事也。"有身事即有兼職。**三、有經歷的事**。王子今（2003A：274－275）："身"指經歷、實踐、承擔。"有身事"的文義其實與下文"有事"相近，不宜解爲"有兼職"。《樂府詩集》卷23薛能《長安道》中"各自有身事，不相知姓名"。所謂"有身事"與《日書》"有身事"的含義自然不能完全等同，但是也有一定聯繫，可以參考。

⑧去其邦北：**離開祖國，到北方去**。王子今（2003A：279）：這與雲夢所處地理方位有關。當時楚地之人"去其邦"，當然以爲北方中原地方最富有文化吸引力。

⑨女爲賈：**女孩長大做巫師**。賈：**當作"巫"**。劉信芳（1990A）：賈，當從簡1137作"巫"。陳偉（2014：422）：睡虎地秦簡1137即《日書》乙種簡242。李學勤（1985A）：婦女做商人，文獻中是少見的。

⑩田壄邑屋：**有三說：一、田間的私宅和城裏的房屋**。今按："壄"同"墅"，"田墅、邑屋"應釋爲田間的私宅和城裏的房屋，漢晉文獻中已見"墅"字，有"田墅"之用，指除了家宅以外在田村之間私設的遊息之所，《晉書·謝安傳》："又於土山營墅，樓館林竹甚盛。"**二、田宅**。李學勤（1985A）釋爲"田宅"。**三、家鄉**。魏德勝（2003：117）釋爲"家鄉"。

⑪汙：**做地位卑下的工作**。王子今（2003A：280）：指身爲下層勞動者，又指生存於社會底層者所承擔的勞作。

⑫有心冬：**有終，有成**。整理者：據《日書》乙種，"心"字係衍文。

⑬不女爲醫，女子爲也：**當爲"不吉，女子爲醫"，不吉利，女孩子將來當醫生**。整理者：《日書》乙種作"壬寅生子，不吉，女子爲醫"。知"不"字下脫"吉"字，重"女爲醫"三字，又誤"醫"字爲"也"字。秦人"也"字常寫作"殹"。

⑭寵，事君：**有二說：一、受寵顯貴而侍奉君主**。寵，王子今（2003A：282）：指顯貴、榮耀。**二、"寵事君"連讀，以寵事君**。陳偉（2016C：396）："寵事君"或當連讀，指以寵事君。

⑮有商：**有二說：一、有賞，有所賜。"商"讀"賞"**。王子今（2003A：

282)：金文“商”慣讀“賞”，賜也。《周易·未濟》“有賞於大國”，馬王堆帛書作“有商”。**二、有章，功業顯著。“商”讀爲“章”**。商，整理者：讀爲章，功業顯著。或讀爲賞，亦通。

⑯恿：**勇敢**。《說文》：“恿，古文勇，从心。”

⑰恿：整理者釋爲“要”，讀爲“腰”，陳偉（2016C：396）：據紅外影像改釋爲“恿（勇）”。

恿不□：□**有二說：一、可能是“壽”**。陳偉（2016C：396）：“不”下一字難辨，《日書》乙種簡245作“壽”，可能是“壽”。**二、讀“翥”，舉，抬升**。整理者隸爲翥，讀“翥”，釋舉，即抬升。要不翥即抬不起腰。王子今（2003A：283）釋爲佝僂病。

⑱有𢼊：**有二說：一、“有𢼊”之誤，有聞**。整理者說。**二、讀“有秩”，有俸祿**。整理者說。

⑲毋冬：**即“無終”，無成**。

⑳衣汙：**讀爲“卒污”，後來則卑賤**。張國艷（2017）：與“少孤”相對，應當讀爲“卒污”。

㉑聖：**聰明，通達**。《左傳·文公十八年》“齊聖廣淵”，孔穎達疏：“通達眾務，庶事盡通。”聖，整理者：參《爲吏之道》“戒之戒之”解注。晏昌貴（2002）：“聖”在古代是人的品德之一，指其有聰明才智。《大戴禮記·盛德》的“司馬之官以成聖”可以理解爲“武以成聖”，適與《日書》對照。王子今（2003A：284－285）：以“聰明”理解“武以聖”的“聖”，可能比所謂“聽從命令”“聽從指揮”更爲貼切。

㉒有疵前：**有二說：一、在陰部有病**。劉樂賢（1994：183）：本條“前”字當訓爲人體部位。在中醫古籍中，“前”可以表示前陰與寸部兩個部位。“有疵前”是在前部有病的意思。吳小強（2000：103－104）：前，根據《封診式·出子》和馬王堆漢墓帛書《雜療方》，前指婦女陰戶。**二、在陰部有斑痣**。陳偉武（1998）：秦簡所有“疵”字用法相同，筆者以爲訓“病也”過於籠統，當指斑痣。人之斑點謂之疵，玉之斑點謂之玼，字異源同。

㉓鬼：**讀“猥”，鄙賤**。整理者說。

㉔先冬：**無成。“先”爲“無”之誤**。整理者據“毋冬”改“先”爲“无”，釋爲“無成”。

㉕肉食：**指成爲享有厚祿的官員**。劉樂賢（1994：183）：《左傳·莊公十年》：“其鄉人曰：肉食者謀之，又何間焉。”注：“肉食，在位者。”本條的意思是說，辛未日生的孩子，將來可以做大夫一類的官。王子今（2003A：286）：“肉食”，或泛指做官從政，未必特指某一秩別。

㉖聞：**有名望、有影響**（王子今，2003A：286－287）。

【今譯】

生孩子

甲戌日出生的孩子，將來生活困難。Q1_11_9_140 Ⅰ

乙亥日出生的孩子，將來善良而富裕。Q1_11_9_141 Ⅰ

丙子日出生的孩子，不吉利。Q1_11_9_142 Ⅰ

丁丑日出生的孩子，將來喜歡說話，或在眼睛上有疾病。Q1_11_9_143 Ⅰ

戊寅日出生的孩子，將來會離開父母親，到南方去。Q1_11_9_144 Ⅰ

己卯日出生的孩子，將來會離開祖國。Q1_11_9_145 Ⅰ

庚辰日出生的孩子，將來喜好女色。Q1_11_9_146 Ⅰ

辛巳日出生的孩子，將來吉祥而富裕。Q1_11_9_147 Ⅰ

壬午日出生的孩子，將來善良而勇武。Q1_11_9_148 Ⅰ

癸未日出生的孩子，將來身材高大，容易獲得。Q1_11_9_149 Ⅰ

甲申日出生的孩子，將來靈巧，有職事。Q1_11_9_140 Ⅱ

乙酉日出生的孩子，將來善良，喜好音樂。Q1_11_9_141 Ⅱ

丙戌日出生的孩子，將來有職事。Q1_11_9_142 Ⅱ

丁亥日出生的孩子，將來靈巧而擁有好手藝，孝順。Q1_11_9_143 Ⅱ

戊子日出生的孩子，將來會離開祖國，到北方去。Q1_11_9_144 Ⅱ

己丑日出生的孩子，將來生活貧困，疾病纏身。Q1_11_9_145 Ⅱ

庚寅日出生的孩子，女孩長大後會做巫師，男孩長大後喜歡穿戴考究的服裝，地位顯貴。Q1_11_9_146 Ⅱ

辛卯日出生的孩子，將來吉祥而善良。Q1_11_9_147 Ⅱ

壬辰日出生的孩子，將來很勇武，喜歡佩劍。Q1_11_9_148 Ⅱ

癸巳日出生的孩子，將來善良。Q1_11_9_149 Ⅱ

甲午日出生的孩子，將來勇武而有力量，年幼喪父。Q1_11_9_140 Ⅲ

乙未日出生的孩子，身體有疾病，年幼喪父，後半生富裕。Q1_11_9_141 Ⅲ

丙申日出生的孩子，將來喜歡家室。Q1_11_9_142 Ⅲ

丁酉日出生的孩子，將來嗜好飲酒。Q1_11_9_143 Ⅲ

戊戌日出生的孩子，將來喜歡田宅和房屋。Q1_11_9_144 Ⅲ

己亥日出生的孩子，將來善良。Q1_11_9_145 Ⅲ

庚子日出生的孩子，年幼喪父，將來做地位卑下的工作。Q1_11_9_146 Ⅲ

辛丑日出生的孩子，將來有成就。Q1_11_9_147 Ⅲ

壬寅日出生的孩子，不吉利，女孩子將來當醫生。Q1_11_9_148 Ⅲ

癸卯日出生的孩子，不吉利。Q1_11_9_149 Ⅲ

甲辰日出生的孩子，將來善良、勇武，對弟弟有利。Q1_11_9_140 Ⅳ

乙巳日出生的孩子，吉利。Q1_11_9_141 Ⅳ

丙午日出生的孩子，將來因嗜酒而染病，後半生富裕。Q1_11_9_142 Ⅳ

丁未日出生的孩子，不吉利，將來會失去母親，一定會被關進監獄。Q1_11_9_143Ⅳ

戊申日出生的孩子，將來受寵幸，侍奉君主。Q1_11_9_144Ⅳ

己酉日出生的孩子，將來善良，會得到賞賜。Q1_11_9_145Ⅳ

庚戌日出生的孩子，將來勇武，貧窮。Q1_11_9_146Ⅳ

辛亥日出生的孩子，不吉利。Q1_11_9_147Ⅳ

壬子日出生的孩子，將來勇敢。Q1_11_9_148Ⅳ

癸丑日出生的孩子，喜歡水，年幼時有病，將來一定做官吏。Q1_11_9_149Ⅳ

甲寅日出生的孩子，將來肯定做官吏。Q1_11_9_140Ⅴ

乙卯日出生的孩子，將來勇武，但不（長壽）。Q1_11_9_141Ⅴ

丙辰日出生的孩子，將來在身體上有瑕疵，但十分勇敢。Q1_11_9_142Ⅴ

丁巳日出生的孩子，將來善良而俊美，有名望。Q1_11_9_143Ⅴ

戊午日出生的孩子，將來嗜好飲酒和狩獵。Q1_11_9_144Ⅴ

己未日出生的孩子，吉利。Q1_11_9_145Ⅴ

庚申日出生的孩子，將來容貌英俊。Q1_11_9_146Ⅴ

辛酉日出生的孩子，不吉利。Q1_11_9_147Ⅴ

壬戌日出生的孩子，將來喜好家室。Q1_11_9_148Ⅴ

癸亥日出生的孩子，將來無所成就。Q1_11_9_149Ⅴ

甲子日出生的孩子，年幼喪父，後來則卑賤。Q1_11_9_140Ⅵ

乙丑日出生的孩子，將來勇武，靈巧而擁有好手藝。Q1_11_9_141Ⅵ

丙寅日出生的孩子，將來勇武而聰明。Q1_11_9_142Ⅵ

丁卯日出生的孩子，體位不正，以致產婦陰道口受損傷。Q1_11_9_143Ⅵ

戊辰日出生的孩子，將來备受寵愛。Q1_11_9_144Ⅵ

己巳日出生的孩子，將來鄙賤，必定要做奴隸。Q1_11_9_145Ⅵ

庚午日出生的孩子，將來貧困，身強有力，但無所成就。Q1_11_9_146Ⅵ

辛未日出生的孩子，將來會成爲享有厚祿的官員。Q1_11_9_147Ⅵ

壬申日出生的孩子，將來有名望。Q1_11_9_148Ⅵ

癸酉日出生的孩子，將來會無所成就。Q1_11_9_149Ⅵ

人字

【釋文】

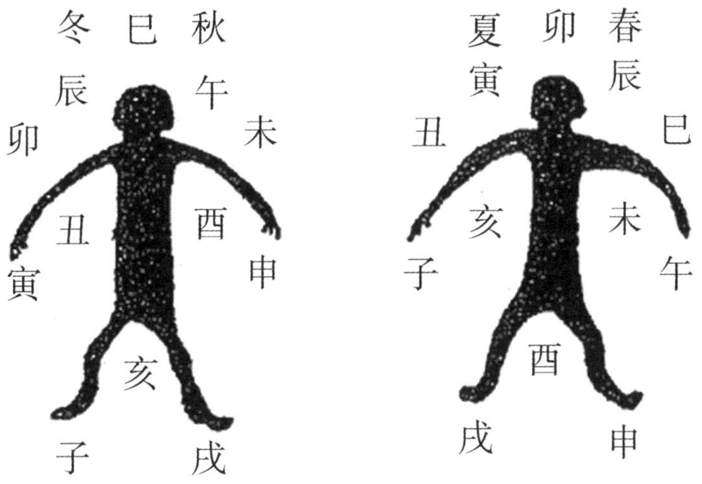

Q1_11_9_150Ⅰ ~ Q1_11_9_154Ⅰ

人字①

人字，其日在首②，富難勝殹（也）③。Q1_11_9_150Ⅱ

夾頸者貴。Q1_11_9_151Ⅱ

在奎者富④。Q1_11_9_152Ⅱ

在掖（腋）者愛⑤。Q1_11_9_153Ⅱ

在手者巧盜。Q1_11_9_154Ⅱ

在足下者賤。Q1_11_9_151Ⅲ

在外者奔亡⑥。Q1_11_9_152Ⅲ

女子以巳字，不復字⑦。Q1_11_9_150Ⅲ

【匯釋】

①字：**有二說：一、孳乳，生子。**《說文》："字，乳也。"《周易·屯》："女子貞不字，十年乃字。"李鼎祚《集解》："字，妊娠也。"劉樂賢（1994：187）：字有生子之義，古籍中習見。《說文》："字，乳也。"段注："人及鳥生子曰乳。"**二、文字的字。**饒宗頤（1993：452）徑釋爲"人字"，謂《扁鵲子午經》"人神日

忌”、明《肘後神樞經》皆有用人字圖樣作爲日占的類似例子。

②首：**頭部**。

③富難勝殹：**富裕程度別人難以匹敵**。王子今（2003A：289）：即富的程度難以超越，難以匹敵。所謂“富埒王侯”“富埒天子”“富堪敵國”“富可敵國”“窮富極貴”，語義或與此相近。馬繼興（1992：815）：即大富（常人很難超過的富足）之義。

④奎：**有二說：一、兩條大腿之間**。劉樂賢（1994：187）：髀，《說文》云“股也”，就是大腿。可見奎是指兩條大腿之間。在《日書》人字圖中，代表奎的地支是左圖的“亥”和右圖的“酉”。整理者：《說文》：“奎，兩髀之間也。”**二、通“鼷”，股陰部**。馬繼興（1992：815）：“奎”應屬“鼷”之假字。“鼷”字亦即鼠鼷，係指股陰部而言。

⑤掖：**通“腋”，腋下**。

愛：**有二說：一、仁愛**。馬繼興（1992：815）：義爲仁愛。**二、喜愛**。陳偉（2016C：398）：愛似指喜愛。《日書》甲種簡 72 Ⅰ：“生子，人愛之。”

⑥外：**有三說：一、讀爲“肩”，肩膀部位**。劉樂賢（1994：187）：“外”字在古代字書中沒有表示人體某一部位的義項。但從《日書》人字圖看來，戰國時期的日者們確用它來表示人的肩膀部位。這裏的“外”不是平常用的“裏外”的“外”字，而是古文字中的一個與“間”讀音相同的字，可以讀爲“肩”。**二、外部**。整理者說。**三、人的臂**。方勇（2013B）引陳劍說：疑此處“外”所指部位當是人的臂（混言之即手臂），就是“內外”之“外”義。

⑦女子以巳字，不復字：**女子如果於巳日生子，則此後不會再孕**。王子今（2003A：290）：《周易·屯》：“女子貞不字，十年乃字。”李鼎祚《集解》引虞翻曰：“字，妊娠也。”此條之“字”，特别是後一“字”字，似以“妊娠”解釋爲妥。簡文原意可能是說女子如若於巳日生子，則此後終生不孕。

【今譯】

生育孩子

生育孩子，其日子在人形圖頭部的位置，這孩子將來的富裕程度別人難以匹敵。Q1_11_9_150 Ⅱ

其日子在人形圖脖子兩邊的位置，這孩子將來是個貴人。Q1_11_9_151 Ⅱ

其日子在人形圖兩條大腿中間的位置，這孩子將來富裕。Q1_11_9_152 Ⅱ

其日子在人形圖胳膊腋下的位置，這孩子將來受人喜愛。Q1_11_9_153 Ⅱ

其日子在人形圖手的位置上，這孩子將來手巧，愛偷盜。Q1_11_9_154 Ⅱ

其日子在人形圖腳下的位置，這孩子將來卑賤。Q1_11_9_151 Ⅲ

其日子在人形圖肩部的位置，這孩子將來奔波亡命。Q1_11_9_152 Ⅲ

女子如果於巳日生子，則此後不會再孕。Q1_11_9_150 Ⅲ

求

【釋文】

戊子以有求也，必得之。雖求頯啻（帝），必得[1]。Q1_11_9_153Ⅲ

丙寅以求人，得之。Q1_11_9_154Ⅲ

【匯釋】

①頯：**告知**。整理者以音近讀“告”。

【今譯】

戊子日有所祈求，必定能得到。即便是祈求告知天帝，也必定能得到。Q1_11_9_153Ⅲ

在丙寅日求人，能得到。Q1_11_9_154Ⅲ

取妻

【釋文】

取妻

取妻龍日[1]，丁巳、癸丑、辛酉、辛亥、乙酉，及春之未戌，秋丑辰，冬戌亥。丁丑、己丑取妻，不吉。戊申、己酉，牽牛以取織女，不果，三棄[2]。Q1_11_9_155Ⅱ

毋以戌亥家（嫁）子，取婦，是謂相[3]。Q1_11_9_156Ⅱ

【匯釋】

①取妻龍日：**娶妻忌日**（王子今，2003A：291）。

②牽牛：**二字合文**（整理者）。

牽牛以取織女，不果，三棄：**牛郎在這一天迎娶織女，婚姻不會白頭到老，會多次被抛棄**。該句的點斷多有爭議，皆因忽略排比文例和類推文法。按照《日書》中其他相似文例的文法，“牽牛以取織女”應翻譯爲“這是牛郎娶織女的日子”；“不果，三棄”是牽牛織女神話故事的結局，該結局在時人之間應是不言自明的，這一結局也是對在戊申、己酉日娶妻這一行爲之結果的推斷。王子今（2003A：294）：“取妻”作爲社會行爲，是從以丈夫爲主體的角度而言，“三棄”或許意味著夫妻關係的三次破裂。王暉、王建科（2005）：“不果”即“未終”，是說兩人的婚姻沒有白頭到老，“三棄”是織女被牽牛（牛郎）拋棄了三次。古漢語“三”表示多，也就是織女被牛郎多次拋棄。李立（2008）：“不果”和“三棄”“不出三歲，棄若亡”在意義上相差巨大，且具有不同的性質。前者衹是“不果”，後者則是拋棄乃至更嚴重的“棄若亡”。“不果”一般可以有兩種解釋：一種解釋是沒有成功，沒有實現。一種解釋是不果斷、不果決。無論哪一種解釋，前者“不果”與後者“三棄”“不出三歲，棄若亡”之間，都不能構成直接的因果聯繫。根據上述情況，是否可以對簡文作如下理解：簡文“丁丑、己丑”或“戊申、己酉”而娶妻所帶來“不吉”的後果有二：一是“牽牛以取織女而不果”；一是“三棄”“不出三歲，棄若亡”。後者是在前者基礎上可能發生的更爲嚴重的結果。在簡文結構上，二者是並列關係；在簡文內容上，二者是遞進關係。蔡先金、李佩瑤（2011）：“不果，三棄”“不出三歲，棄若亡”既是牽牛織女神話的結局，也是日者對於戊申、己酉娶妻的吉凶判斷。

③相：**有三說：一、讀“霜”，喪。**整理者讀“霜”，《說文》：“霜，喪也。”根據語境可釋爲同源而後起的“孀”字。**二、分離。**劉樂賢（1994：207）釋爲“分離”。**三、讀“禳”，闢除災異的方式。**王子今（2003A：298）讀“禳”，例引《禮記·祭法》“相近於坎壇”，鄭玄注：“相近當爲‘禳祈’之誤。”釋爲闢除災異的方式。

【今譯】

娶妻子

娶妻忌日，是丁巳日、癸丑日、辛酉日、辛亥日、乙酉日，以及春季的未日、戌日，秋季的丑日、辰日，冬季的戌日、亥日。丁丑日、己丑日娶妻子，不吉利。戊申日、己酉日，牛郎在這一天迎娶織女，婚姻不會白頭到老，會多次被拋棄。Q1_11_9_155 II

不要在戌亥日嫁女兒、娶媳婦，這是“孀居之日”。Q1_11_9_156 II

作女子

【釋文】

作女子

月生一日、十一日、廿一日，女果以死①。以作女子事②，必死。Q1_11_9_156 I

【匯釋】

①果：**有三說：一、讀如字，結果、最終。**今按：“女果”釋爲“女媧”之後與上句文法難通，“果”字從用字習慣而言又無假借的習慣，此處亦可徑釋爲

“果”，訓爲“結果、最終”，《呂氏春秋·忠廉》：“果伏劍而死”，高誘注：“果，終也。”該句式亦類似《土忌》篇之“弗果居”。**二、通“媧”。**整理者釋爲“女媧”。劉樂賢（1994：198）謂“果”“媧”兩字古音極近，但女媧死於簡文所述三日的說法未見載於古書，無法定論。**三、讀爲“裸”。**王子今（2003A：298）讀“果”爲“裸”。

②作女子事：**有二說：一、做生育之事。**吳小強（2000：11）：即生育子女之事，以與“生子”“人字”“取妻”篇呼應。**二、性事。**王子今（2003A：298）：性事。

【今譯】

生育子女

在每個月的一日、十一日、二十一日做生育之事，女人最終會在這些日子死去。在這些日子裏做生育之事，必定會死去。Q1_11_9_156 I

吏

【釋文】

吏

子，朝見，有告[①]，聽[②]。Q1_11_9_157 I 晏見[③]，有告，不聽。Q1_11_9_157 II 晝見[④]，有美言[⑤]。Q1_11_9_157 III 日虒見[⑥]，令復見之[⑦]。Q1_11_9_157 IV 夕見，有美言。Q1_11_9_157 V

丑，朝見，有奴（怒）[⑧]。Q1_11_9_158 I 晏見，有美言。Q1_11_9_158 II 晝見，禺（遇）奴（怒）。Q1_11_9_158 III 日虒見，有告，聽。Q1_11_9_158 IV 夕見，有惡言。Q1_11_9_158 V

寅，朝見，有奴（怒）。Q1_11_9_159 I 晏見，說（悅）[⑨]。Q1_11_9_159 II 晝見，不得，復。Q1_11_9_159 III 日虒見，不言，得。Q1_11_9_159 IV 夕見，有告，聽。Q1_11_9_159 V

卯，朝見，喜；請命[⑩]，許。Q1_11_9_160 I 晏見，說（悅）。Q1_11_9_160 II 晝見，有告，聽。Q1_11_9_160 III 日虒見，請命，許。Q1_11_9_160 IV 夕見，有奴（怒）。Q1_11_9_160 V

辰，朝見，有告，聽。Q1_11_9_161 I 晏見，請命，許。Q1_11_9_161 II 晝見，請命，許。Q1_11_9_161 III 日虒見，有告，不聽。Q1_11_9_161 IV 夕見，請命，許。Q1_11_9_161 V

巳，朝見，不說（悅）。Q1_11_9_162 I 晏見，有告，聽。Q1_11_9_162 II 晝見，有告，不聽。Q1_11_9_162 III 日虒見，有告，禺（遇）奴（怒）。Q1_11_9_162 IV 夕見，有後言[⑪]。Q1_11_9_162 V

午，朝見，不詒[12]。Q1_11_9_163Ⅰ晏見，百事不成。Q1_11_9_163Ⅱ晝見，有告，聽。Q1_11_9_163Ⅲ日虒見，造[13]，許。Q1_11_9_163Ⅳ夕見，説（悦）。Q1_11_9_163Ⅴ

申，朝見，禺（遇）奴（怒）。Q1_11_9_164Ⅰ晏見，得語。Q1_11_9_164Ⅱ晝見，不説（悦）。Q1_11_9_164Ⅲ日虒見，有後言。Q1_11_9_164Ⅳ夕見，請命，許。Q1_11_9_164Ⅴ

戌，朝見，有告，聽。Q1_11_9_165Ⅰ晏見，造，許。Q1_11_9_165Ⅱ晝見，得語。Q1_11_9_165Ⅲ日虒見，請命，許。Q1_11_9_165Ⅳ夕見，有惡言。Q1_11_9_165Ⅴ

亥，朝見，有後言。Q1_11_9_166Ⅰ晏見，不詒。Q1_11_9_166Ⅱ晝見，令復見之。Q1_11_9_166Ⅲ日虒見，有惡言。Q1_11_9_166Ⅳ夕見，令復見之。Q1_11_9_166Ⅴ

【匯釋】

①有告：**有所彙報。**告：**指上報。**

②聽：**聽從、認可、採納。**“聽”應該破讀爲去聲，指被聽取、被採納，古訓爲“許、從”。王子今（2003A：302－303）：“聽”與“不聽”是上司的態度。“弗聽”的直接意義即“不聽”。然而簡文之“不聽”又有不聽從、不認可、不採納的意思。

③晏：**有二說：一、“晏食”的省略。**劉樂賢（1994：200）認爲是“晏食”的省略。“晏食”作爲時段的名稱，與《日書》十二辰簡中的“暮食”同指一個時辰，即“巳”時。**二、遲，指太陽上升到一定的高度。**尚民傑（1997B）：晏在古文獻中指太陽上升到一定的高度，或者説相對某一特定時間爲晚的意義。《張湯傳》：“湯每奏事，語國家用，日晏，天子忘食。”張湯上朝奏事，話國家用，必定是在早上，即早朝之時，也即是早飯之前。用“晏”形容太陽所處的某一特定位置，至今關中地區的一些農村仍保留這一方言。“晏”的本義是一回事，“晏食”之義卻是另一回事。

今按：這裏的時間名詞都是作爲一個語義場而出現的，都不是像其他篇章中從具體時辰而言，而是從太陽的位置或狀態來稱説一日之中一些大約的時間區間。晏者遲也，“晏”就是指上午稍晚之時，宋陸遊“廢寺僧寒多晏起，近村農惰闕冬耕”。“晏起”就是指早上晚起牀；“日虒”就是“日暆”，指日西行時；“夕”就是“日夕”，指傍晚、晚上，《説文・口部》：“夕者，冥也。”《説文・夕部》：“夕，莫也。”桂馥疏證引《穀梁傳・莊公七年》：“自日入至於星出謂之夕。”《文選・江淹〈雜體詩〉》：“路闇光已夕。”李周瀚注：“闇、夕，皆夜也。”所以四者在言説順序上應是“朝—晏—晝—日虒—夕”，今閩南語以“日出”“天光”或“眠起早”稱早晨，以“日晏”稱早上稍晚接近中午之時（“晏”音［uann214］），以“日晝”稱中午，以“半冥闇”稱傍晚，以“日闇”“冥闇”或“冥昏”稱夜晚，即與此相類。

④晝：**指中午、日中。**《廣韻・去宥》：“晝，日中。”

⑤美言：**稱讚，嘉賞之辭。**

⑥日虒：**指太陽西斜時。**饒宗頤（1982：32）：即日施。《説文》：“日行暆暆。”應劭音移。《屈原賈生列傳》：“單閼之歲兮，四月孟夏，庚子日施兮，鵩集予舍，

止於坐隅，貌甚閒暇。”司馬貞《索隱》：“施音移。施猶西斜也。《漢書》作斜。”賈誼《鵩賦》：“庚子日施。”整理者：虒，斜。

⑦復見：**再次約見。**

⑧奴：**通“怒”，譴責、責怒。**《禮記·內則》：“而後怒之。”鄭玄注：“譴責也。”

⑨說：**後作“悅”，悅色、敬愛。**《論語·學而》：“不亦說乎。”朱熹集注：“悅意也。”

⑩請命：**請求指示命令。**整理者：《儀禮·聘禮》：“几筵既設，擯者出請命。”

⑪後言：**有二說：一、背後的訾議。**《尚書·益稷》：“汝無面從，退有後言。”《舊唐書·哀帝紀》：“雖云勇退，乃有後言，自爲簿從之酋，頗失人臣之禮。”**二、密言、密謀。**王子今（2003A：306）：這裏所謂“後”，非時間概念，而是空間概念。《墨子·非儒下》和《韓非子·解老》有所謂“後言”，意即密言、密謀。簡文“有後言”，說吏見上官時相互有所密議。就吏的角度而言，“有後言”所體現的上司的恩遇，超過所謂“得見”“說（悅）”“有告，聽”“請命，許”等，甚至也超過了所謂“有美言”。

⑫詒：**高興。有二說：一、讀“怡”。**整理者說。**二、讀“懌”。**王子今（2003A：306）說。

⑬造：**有三說：一、進言，建言獻策。**《孟子·離婁下》：“君子深造之以道。”朱熹集注：“詣也。”《小爾雅·廣詁》：“詣，進也。”**二、通“告”，求請。**劉樂賢（1994：200）：“造”通“告”（參《說文通訓定聲》）。《爾雅·釋言》：“告，請也。”郭注：“求請也。”**三、通“告”，告訴。**王子今（2003A：306－307）：“造”通“告”，告訴。然而“造”之爲“告”，與上文“有告，聽”或“有告，不聽”的“告”有所不同，上司積極的反應是“許”而不是“聽”。可知“造”有建議的含義，而並非一般簡單的彙報。

【今譯】

官吏

子日，早晨去面見上司，有所彙報，上司會聽取。Q1_11_9_157Ⅰ上午稍晚去面見上司，有所彙報，上司不會聽取。Q1_11_9_157Ⅱ中午去面見上司，將得到上司的稱讚。Q1_11_9_157Ⅲ太陽西斜時去面見上司，上司會讓你再次約見。Q1_11_9_157Ⅳ夜晚去面見上司，將得到上司的稱讚。Q1_11_9_157Ⅴ

丑日，早晨去面見上司，上司會對你發怒。Q1_11_9_158Ⅰ上午稍晚去面見上司，將得到上司的稱讚。Q1_11_9_158Ⅱ中午去面見上司，會碰見上司發怒。Q1_11_9_158Ⅲ太陽西斜時去面見上司，有所報告，上司會聽取。Q1_11_9_158Ⅳ夜晚去面見上司，會遭到上司的批評。Q1_11_9_158Ⅴ

寅日，早晨去面見上司，上司會對你發怒。Q1_11_9_159Ⅰ上午稍晚去面見上司，上司和顏悅色。Q1_11_9_159Ⅱ中午去面見上司，上司沒有時間接見，衹能再去一次。Q1_11_9_159Ⅲ太陽西斜時去面見上司，沒有甚麽需要說的，但會有收獲。

Q1_11_9_159Ⅳ夜晚去面見上司，有所報告，上司會聽取。Q1_11_9_159Ⅴ

卯日，早晨去面見上司，上司會十分歡喜；請求指示命令，上司會應允。Q1_11_9_160Ⅰ上午稍晚去面見上司，上司和顏悅色。Q1_11_9_160Ⅱ中午去面見上司，有所彙報，上司會聽取。Q1_11_9_160Ⅲ太陽西斜時去面見上司，請求指示命令，上司會應允。Q1_11_9_160Ⅳ夜晚去面見上司，上司會對你發怒。Q1_11_9_160Ⅴ

辰日，早晨去面見上司，有所報告，上司會聽取。Q1_11_9_161Ⅰ上午稍晚去面見上司，請求指示命令，上司會應允。Q1_11_9_161Ⅱ中午去面見上司，請求指示命令，上司會應允。Q1_11_9_161Ⅲ太陽西斜時去面見上司，有所報告，上司不會聽取。Q1_11_9_161Ⅳ夜晚去面見上司，請求指示命令，上司會應允。Q1_11_9_161Ⅴ

巳日，早晨去面見上司，上司會不愉快。Q1_11_9_162Ⅰ上午稍晚去面見上司，有所報告，上司會聽取。Q1_11_9_162Ⅱ中午去面見上司，有所報告，上司不會聽取。Q1_11_9_162Ⅲ太陽西斜時去面見上司，有所報告，會碰見上司發怒。Q1_11_9_162Ⅳ夜晚去面見上司，背後會有議論。Q1_11_9_162Ⅴ

午日，早晨去面見上司，上司不會高興。Q1_11_9_163Ⅰ上午稍晚去面見上司，甚麼事情都辦不成。Q1_11_9_163Ⅱ中午去面見上司，有所報告，上司會聽取。Q1_11_9_163Ⅲ太陽西斜時去面見上司，建言獻策，上司會應允。Q1_11_9_163Ⅳ夜晚去面見上司，上司和顏悅色。Q1_11_9_163Ⅴ

申日，早晨去面見上司，會遇見上司發怒。Q1_11_9_164Ⅰ上午稍晚去面見上司，會得到上司的答復。Q1_11_9_164Ⅱ中午去面見上司，上司會不愉快。Q1_11_9_164Ⅲ太陽西斜時去面見上司，背後會有議論。Q1_11_9_164Ⅳ夜晚去面見上司，請求指示命令，上司會應允。Q1_11_9_164Ⅴ

戌日，早晨去面見上司，有所報告，上司會聽取。Q1_11_9_165Ⅰ上午稍晚去面見上司，建言獻策，上司會應允。Q1_11_9_165Ⅱ中午去面見上司，將得到上司的答復。Q1_11_9_165Ⅲ太陽西斜時去面見上司，請求指示命令，上司會應允。Q1_11_9_165Ⅳ夜晚去面見上司，會遭到上司的批評。Q1_11_9_165Ⅴ

亥日，早晨去面見上司，背後會有議論。Q1_11_9_166Ⅰ上午稍晚去面見上司，上司會不高興。Q1_11_9_166Ⅱ中午去面見上司，上司會讓你再次約見。Q1_11_9_166Ⅲ太陽西斜時去面見上司，會遭到上司的批評。Q1_11_9_166Ⅳ夜晚去面見上司，上司會讓你再次約見。Q1_11_9_166Ⅴ

入官

【釋文】

入官[①]良日：Q1_11_9_157Ⅵ子丑入官，吉，必七徙[②]。Q1_11_9_158Ⅵ寅入官，吉。Q1_11_9_159Ⅵ戌入官，吉。Q1_11_9_160Ⅵ亥入官，吉。Q1_11_9_161Ⅵ申入官，不計去[③]。Q1_11_9_162Ⅵ酉入官，有辠（罪）。Q1_11_9_163Ⅵ卯入官，兇（凶）。

Q1_11_9_164Ⅵ未午辰入官，必辱去。Q1_11_9_165Ⅵ己丑，以見王公④，必有拜也⑤。Q1_11_9_166Ⅵ

【匯釋】

①入官：**錄爲吏員，成爲官府的官員**。王子今（2003A：308－309）：史籍所見"入官"有兩種情形：一種說錢物人口"入官"，即納爲公産。另一種說自身"入官"，即錄爲吏員。整理小組對於下文"不計去"的解釋是"未到上計之時而去職"，即取後一義，顯然是正確的。工藤元男（2010：171）：成爲官府的成員叫入官。

②徙：**遷職，此指升遷**。

③不計去：**未到上計之時而離開原職位，即任職不足一年**。整理者：計，指上計。不計去，未到上計之時而去職。王子今（2003A：309）：上計是每年例行公務，"不計去"，即任職不足一年。陳偉（2016C：403）：孔家坡漢簡《日書》簡196作"申，不計徙"。

④王公：**天子和公卿**。賀潤坤（1995B）：王公，指王室顯要或高級官僚。工藤元男（2010：171）：王公是王（天子）和諸侯的意思。

⑤拜：**拜官**。

【今譯】

成爲官府官員的有利之日：Q1_11_9_157Ⅵ子日、丑日成爲官府官員，吉利，必定會有七次升遷。Q1_11_9_158Ⅵ寅日成爲官府官員，吉利。Q1_11_9_159Ⅵ戌日成爲官府官員，吉利。Q1_11_9_160Ⅵ亥日成爲官府官員，吉利。Q1_11_9_161Ⅵ申日成爲官府官員，未到上計之時而離開原職位。Q1_11_9_162Ⅵ酉日成爲官府官員，將會犯罪。Q1_11_9_163Ⅵ卯日成爲官府官員，凶險。Q1_11_9_164Ⅵ未、午、辰三日成爲官府官員，必定會蒙受羞辱而離職。Q1_11_9_165Ⅵ己丑日，在此日謁見天子和公卿，一定能夠拜官。Q1_11_9_166Ⅵ

取妻出女

【釋文】

春三月季庚辛①，夏三月季壬癸，秋三月季甲乙，冬三月季丙丁，此大敗日②，取妻，不終③；蓋屋，燔；行，傅④。毋可有爲，日衝（衝）⑤。Q1_11_9_1BK/166反

癸丑、戊午、己未，禹以取梌山之女日也⑥，不棄，必以子死。Q1_11_9_2BKⅠ/165反Ⅰ

戊申、己酉，牽牛以取織女而不果，不出三歲，棄若亡⑦。

Q1_11_9_3BK Ⅰ/164 反 Ⅰ

壬辰、癸巳，㚆婦以出[⑧]，夫先死，不出二歲。Q1_11_9_4BK Ⅰ/163 反 Ⅰ

庚辰、辛巳，敝毛之士以取妻[⑨]，不死，棄。Q1_11_9_5BK Ⅰ/162 反 Ⅰ

凡取妻、出女之日，冬三月奎、婁吉。以奎，夫愛妻；以婁，妻愛夫。Q1_11_9_6BKⅠ/161 反Ⅰ

壬申、癸酉，天以震高山[⑩]，以取妻，不居[⑪]，不吉。Q1_11_9_7BK Ⅰ/160 反 Ⅰ

甲子午、庚辰、丁巳，不可取妻、家（嫁）子[⑫]。Q1_11_9_8BK Ⅰ/159 反 Ⅰ

甲寅之旬[⑬]，不可取妻，毋（無）子。雖有，毋（無）男。Q1_11_9_9BK Ⅰ/158 反 Ⅰ

戌興〈與〉亥是胃（謂）分離日，不可取妻。取妻，不終，死若棄。Q1_11_9_10BK Ⅰ/157 反 Ⅰ

子、寅、卯、巳、酉、戌爲牡日。·丑、辰、申、午、未、亥爲牝。牝日以葬，必復之。Q1_11_9_11BK/156 反十二月、正月、七月、八月爲牡月。·三月、四月、九月、十月爲牝月。牝月牡日取妻，吉。Q1_11_9_12BK/155 反

直參以出女，室必盡[⑭]。Q1_11_9_2BK Ⅱ/165 反 Ⅱ

直營宮以出女[⑮]，父母必從居。Q1_11_9_3BK Ⅱ/164 反 Ⅱ

直牽牛、女女出女[⑯]，父母有咎。Q1_11_9_4BK Ⅱ/163 反 Ⅱ

中春軫、角，中夏參、東井，中秋奎、東辟（壁），中冬竹〈箕〉、斗，以取妻，棄。Q1_11_9_5BK Ⅱ/162 反 Ⅱ

凡參、翼、軫以出女，丁巳以出女，皆棄之。Q1_11_9_6BK Ⅱ/161 反 Ⅱ

以己丑、酉、巳，不可家（嫁）女、取妻，交徙人也可也[⑰]。Q1_11_9_7BK Ⅱ/160 反 Ⅱ

月生五日曰杵，九日曰舉，十二日曰見莫取，十四日〈曰〉奊（謑）訽[⑱]，Q1_11_9_8BK Ⅱ/159 反 Ⅱ 十五日曰臣代主。代主及奊（謑）訽，不可取妻。Q1_11_9_9BK Ⅱ/158 反 Ⅱ

【匯釋】

①季：**有二説：一、末**。劉樂賢（1994：205－206）説。**二、季節**。整理者釋爲“季節”。今按：劉説可從，古四季稱“四時”，“季”字在關於時令的表述中皆用於表“末”，如《呂氏春秋》之“季夏”表示“夏之末月”。

春三月季庚辛：**春天三個月中的季庚、季辛日**。劉樂賢（1994：205－206）：“季”字在先秦文獻中尚無季節之義，四季之稱到蔡邕《月令答問》才出現。古書常以孟、仲、季對稱，孟表長、仲表中、季表末，如孟春即正月（春三月之首），季春即三月（春三月之末）。六十甲子記日，每一天干在一月三十天中必定要出現三次，例如甲子爲某月的第一天（朔日），則該月中必有甲子、甲戌、甲申三甲，仿照三月的命名，此三甲中，甲子稱爲孟甲，甲戌稱爲仲甲，甲申稱爲季甲。故本簡春三月季庚辛當理解爲春天三個月中的季庚、季辛日。

②大敗日：**即大凶之日**。《穀梁傳・莊公二十八年》“豐年補敗”，范寧注：“敗，謂凶年。”王子今（2003A：312－313）：宋曾公亮等《武經總要》後集卷20《占候五》“擇歲月日時法”寫道：“凡大败日，與咸池日同。正月起卯逆行四仲。”

③不終：**不能有好結果**。猶《取妻》篇之“不果”。《呂氏春秋・忠廉》：“果伏劍而死。”高誘注：“果，終也。”王子今（2003A：313－314）：這裏所謂“取妻，不終”，可能是指年壽，也可能是指婚姻關係。

④傳：**有四說：一、讀“痡”，因爲過度疲勞而病倒**。整理者讀“痡”，《詩經・周南・卷耳》正義引孫炎云：“人疲不能行之病。”**二、讀“縛”，繫**。劉樂賢（1994：206）讀“縛”，訓爲“毄”（繫）。**三、讀“覆”，顛覆**。王子今（2003A：314）讀“覆”，訓爲顛覆，指即將發生嚴重的危及行者生命安全的交通事故。**四、“傳”之誤，逮捕**。方勇（2012：497）以爲係“傳”之誤，訓爲逮捕。今按：譯文從整理者說。

⑤日衝：**當日與當月的天干在五行上相衝**。劉增貴（2001）：當日與當月的天干在五行上相衝。春屬東方甲乙木，與西方之庚辛金相衝，故春之庚辛日不吉利。這種“四衝”理論與《啻》篇的“四廢日”相同，但其範圍稍小，限於每月之季（第三個十日）中的日衝天干。劉樂賢（2006A）：“日衝”即《蓋廬》之“日橦”、《五行大義》之“干衝破”。劉信芳（1993）：當謂水與火衝，金與木衝。

⑥梌山：**即古書之“塗山”**。王暉、王建科（2005）：“辛壬癸甲”四日是照應下文的，是指塗山氏之女的難產之日。饒宗頤（1993：445）：後代江淮習俗，以辛爲嫁娶日，固然是附會《尚書》，但辛、壬、癸、甲分明應指日而不指人。證以秦簡別有癸丑、戊午、己未之說，亦可證明這四個天干連用，除了時間意義以外，不必去尋找其他解釋。

⑦不出三歲，棄若亡：**不出三年，就會被拋棄或逃跑**。王暉、王建科（2005）：謂牽牛、織女的婚期是戊申、己酉，但二人並未白頭到老，不到三年，牽牛便拋棄了織女，“若”字訓爲“或”，“棄若亡”即拋棄或逃離。

⑧橐：**有三說：一、釋爲“妬（妒）”**。劉樂賢（1994：206）從發掘報告讀“橐”，謂中間的部件不是“石”或“襄”，而是“口”，未考，暫釋爲“妬（妒）婦”，王子今（2003A：316）從之。**二、釋“橐”**。整理者說。黃文傑（2008A：170）認爲“口”字與外圍左上借筆即爲“石”，該字類似《流沙墜簡・屯戍》簡10.8、邗江王奉世墓木觚中的“橐”。**三、釋“囊”，讀“攘”，盜取**。整理者改釋“囊”，讀“攘”，訓爲盜取。今按：“橐”與“妬”同源，皆有貶義。

⑨敝毛：**即“敝髮”，指年長髮衰**（王子今，2003A：316）。今吳語、閩語仍有“毛”“髮”二字不分的現象。

⑩震：**雷擊**。整理者：《左傳・僖公十五年》注：“雷電擊之。”王子今（2003A：317）：“震”謂雷殛、雷擊。睡虎地秦簡《日書》甲種“門”字題下“壬申會癸酉，天以壞高山，不可取婦”（簡147BK）所謂“天以壞高山”，或許可以與“天以震高山”聯繫起來分析。

⑪居：**有二說：一、古訓爲“安”，意即安定**（王子今，2003A：317）。**二、留處。**整理者說。

⑫家：**通“嫁”**。家子：**嫁女兒**。劉樂賢（1994：206）：《日書》中“子”有時泛指子女，有時專指女兒。此處嫁子即嫁女，子專指女兒。

⑬甲寅之旬：**古人將六十甲子按六甲分爲六旬，甲寅之旬即其中之一**（劉樂賢，1994：206）。

⑭盡：**有三說：一、破產耗財。**劉樂賢（1994：206－207）釋“室必盡”爲家庭破產耗財。**二、讀“贐”，財物資盡。**成家徹郎（1991）說。**三、死喪。**王子今（2003A：318）釋爲家人死喪。

⑮營宮：劉樂賢（1994：207）：“營宮”的合文，這種寫法是秦漢時的通例。義爲“營宿所值之日”。

⑯女女：星宿“須女”的合文。整理者讀“須女”。

⑰交徙人：**既娶妻又嫁女。**王子今（2003A：320）推測其文義可能是說一家族於同日內既娶妻又嫁女。此日不可“家女”，不可“取妻”，但是同時一出一入，一送一迎，形成“交徙”，則是可以的。

⑱訞詾：**讀“謑詬”，詈辱。**饒宗頤（1993：451）：曾憲通讀“謑詬”，據《說文》。整理者：義爲“詈辱”。

【今譯】

春季三月中最後的庚辛日，夏季三月中最後的壬癸日，秋季三月中最後的甲乙日，冬季三月中最後的丙丁日，這些都是大凶之日，在這些日子娶媳婦，不能有好結果；蓋房子，房子會被火燒掉；出行，會因爲過度疲勞而病倒。不能做事，這些日子的當日與當月天干在五行上相衝。Q1_11_9_1BK/166 反

癸丑日、戊午日、己未日，是大禹迎娶塗山氏女兒的日子。在這些日子結婚，即使不離棄，子女也必定會在這些日子死去。Q1_11_9_2BK Ⅰ/165 反Ⅰ

戊申日、己酉日，是牽牛迎娶織女而沒有結果的日子。在這些日子結婚，不出三年，就會被拋棄或逃跑。Q1_11_9_3BK Ⅰ/164 反Ⅰ

壬辰日、癸巳日，嫉妒的婦人將在這些日子被休棄，丈夫會先死，婚姻不超過兩年。Q1_11_9_4BK Ⅰ/163 反Ⅰ

庚辰日、辛巳日，年長髮衰的男子在這些日子娶妻子，妻子即使不死，也會被拋棄。Q1_11_9_5BK Ⅰ/162 反Ⅰ

凡是適宜迎娶妻子、出嫁女兒的日子，以冬季三月奎宿、婁宿所值的日子爲吉利。在奎宿所值之日（結婚），丈夫愛妻子；在婁宿所值之日結婚，妻子愛丈夫。Q1_11_9_6BK Ⅰ/161 反Ⅰ

壬申日、癸酉日，是天神用雷擊高山的日子。在這些日子娶妻子，不安定，不吉利。Q1_11_9_7BK Ⅰ/160 反Ⅰ

甲子日、甲午日、庚辰日、丁巳日，不能娶妻子、嫁女兒。

Q1_11_9_8BKⅠ/159 反Ⅰ

甲寅之旬，不能娶妻子，否則會沒有子女。即便有子女，也不會有男孩。Q1_11_9_9BKⅠ/158 反Ⅰ

戌日與亥日，這叫作“分離日”，不能娶妻子。娶了妻子，會沒有好結果，妻子會死去或者被拋棄。Q1_11_9_10BKⅠ/157 反Ⅰ

子日、寅日、卯日、巳日、酉日、戌日是陽日。·丑日、辰日、申日、午日、未日、亥日是陰日。陰日埋葬死者，肯定會再次發生埋葬之事。Q1_11_9_11BK/156 反十二月、正月、七月、八月是陽月。·三月、四月、九月、十月是陰月。在陰月陽日娶妻子，吉利。Q1_11_9_12BK/155 反

在參宿所值的日子出嫁女兒，家庭會破產耗財。Q1_11_9_2BKⅡ/165 反Ⅱ

在營宿所值之日出嫁女兒，父母親肯定將隨從女婿居住。Q1_11_9_3BKⅡ/164 反Ⅱ

在牽牛宿、須女宿所值日出嫁女兒，父母親將有災禍。Q1_11_9_4BKⅡ/163 反Ⅱ

在仲春軫、角兩個星宿所值之日，仲夏參、東井兩個星宿所值之日，仲秋奎、東壁兩個星宿所值之日，仲冬箕、斗兩個星宿所值之日，在這些日子娶妻子，妻子會被拋棄。Q1_11_9_5BKⅡ/162 反Ⅱ

凡是在參、翼、軫三個星宿所值之日出嫁女兒，在丁巳日出嫁女兒，女兒將來都會被丈夫休棄。Q1_11_9_6BKⅡ/161 反Ⅱ

在己丑日、酉日、巳日，不能嫁女兒、娶妻子，但既娶妻又嫁女是可以的。Q1_11_9_7BKⅡ/160 反Ⅱ

每個月五日出生的孩子叫作“杵逆”，九日出生的孩子叫作“舉”（哺育），十二日出生的孩子叫作“見莫取”，十四日出生的孩子叫作“詈辱”，Q1_11_9_8BKⅡ/159 反Ⅱ十五日出生的孩子叫作“奴隸代替主人”。稱爲“代替主人”和“詈辱”的人，不能娶妻子。Q1_11_9_9BKⅡ/158 反Ⅱ

夢

【釋文】

夢

人有惡瞢（夢）①，譽（覺），乃繹（釋）髮②西北面坐，鑄（禱）之曰：“皋③！敢告壐（爾）矜琦④。某，有惡瞢（夢），走歸矜琦之所⑤。矜琦強歙（飲）強食⑥，賜某大幅⑦，非錢乃布，非繭Q1_11_9_13BK/154 反乃絮。”則止矣。Q1_11_9_14BKⅠ/153 反Ⅰ

【匯釋】

①瞢：**即“夢”**。標題用本字“夢”，簡文用借字“瞢”。《周禮·職方氏》“其澤藪曰雲瞢”，即“雲夢”。

②繹髮：**即“釋髮”，散髮。**王子今（2003A：324）：《後漢書·袁閎傳》“閎遂散髮絕世”，秦漢前後又有“放髮”之說，《吳越春秋》卷二“闔閭內傳”有“放髮僵臥”語，又可見“解髮”，如《韓詩外傳》卷六：“解髮佯狂而去。”

③皋：**有二說：一、擬音詞，是古代巫師們舉行祝祭儀式時口中經常要呼叫的一種聲音。**劉樂賢（1994：215－216）：《儀禮·士喪禮》：“升自前東榮中屋，北面招以衣，曰：皋！某復。”注：“皋，長聲也。”**二、西皇少昊。**劉信芳（1990A）：夢者醒後向西北祈禱，“皋”當爲西皇少昊。

④豻𧡉：**傳世古書之“窮奇”，食夢之鬼。**饒宗頤（1982：28）：簡1089、1090作“宛奇”，即傳世古書之“窮奇”，爲食夢之鬼，在《續漢書·禮儀志》及敦煌本《白澤精怪圖》中作“伯奇”，《山海經·西次四經》中則作“窮奇”，“宛”與“窮”形近，但“伯”“宛（窮）”二字關係難通。趙平安（2007）：“豻”字爲“貐”字之誤，“宛”簡體如“令”，與“令”混同。劉釗（2003）謂《續漢書》的記載疑是將“伯奇”與“窮奇”顛倒了。

⑤走歸豻𧡉之所：**叫噩夢歸豻𧡉之處**（劉樂賢，1994：212）。

⑥強歆強食：**謂多飲多食。**劉釗（2003）：“強飲強食”是勸勉被祭之神多吃喝祭品的意思。

⑦大幅：**有二說：一、大福。**劉釗（2003）：秦簡的“幅”和“畐”都應該讀作“福”。王子今（2003A：327）：“幅”讀爲“福”，亦可通。《考工記·梓人》祭辭的最後一句正是“諸侯百福”。**二、大富。**整理者讀爲“富”。劉樂賢（1994：212）：敦煌本《白澤精怪圖》作“興大福”，然本篇下云“非錢乃布，非繭乃絮”，“幅”似宜從整理小組讀爲“富”。

【今譯】

夢

人睡覺時做了噩夢，醒來以後，可以披散頭髮，面向西北方向而坐，向神禱告：“皋！冒昧敬告窮奇。小人某某，做了噩夢，讓噩夢趕快回到窮奇那裏！懇求窮奇多飲多食，賜給我大福，不是貨幣就是布，不是蠶繭Q1_11_9_13BK Ⅰ/154 反就是絲絮。”這樣噩夢就會停止了。Q1_11_9_14BK Ⅰ/153 反 Ⅰ

相宅

【釋文】

凡宇最邦之高[①]，貴貧。Q1_11_9_15BK Ⅰ/152 反 Ⅰ 宇最邦之下，富而痒（癃）。Q1_11_9_16BK Ⅰ/151 反 Ⅰ 宇四旁高，中央下，富。Q1_11_9_17BK Ⅰ/150 反 Ⅰ 宇四旁下，中央高，貧。Q1_11_9_18BK Ⅰ/149 反 Ⅰ 宇北方高，南方下，毋（無）寵[②]。

Q1_11_9_19BKⅠ/148 反Ⅰ宇南方高，北方下，利賈市。Q1_11_9_20BKⅠ/147 反Ⅰ宇東方高，西方下，女子爲正[③]。Q1_11_9_21BKⅠ/146 反Ⅰ 宇有要（腰），不窮必刑。Q1_11_9_22BKⅠ/145 反Ⅰ宇中有谷，不吉。Q1_11_9_23BKⅠ/144 反Ⅰ宇右長左短，吉。Q1_11_9_14BKⅡ/153 反Ⅱ宇左長，女子爲正。Q1_11_9_15BKⅡ/152 反Ⅱ宇多於西南之西[④]，富。Q1_11_9_16BKⅡ/151 反Ⅱ宇多於西北之北，絶後。Q1_11_9_17BKⅡ/150 反Ⅱ宇多於東北之北，安。Q1_11_9_18BKⅡ/149 反Ⅱ 宇多於東北，出逐。Q1_11_9_19BKⅡ/148 反Ⅱ宇多於東南，富，女子爲正。Q1_11_9_20BKⅡ/147 反Ⅱ道周環宇，不吉。Q1_11_9_21BKⅡ/146 反Ⅱ祠木臨宇，不吉[⑤]。Q1_11_9_22BKⅡ/145 反Ⅱ垣東方高西方之垣，君子不得志。Q1_11_9_23BKⅡ/144 反Ⅱ

爲池西南，富。Q1_11_9_14BKⅢ/153 反Ⅲ 爲池正北，不利其母。Q1_11_9_15BKⅢ/152 反Ⅲ

水瀆（竇）西出[⑥]，貧，有女子言。Q1_11_9_16BKⅢ/151 反Ⅲ。水瀆（竇）北出，毋（無）臧（藏）貨。Q1_11_9_17BKⅢ/150 反Ⅲ 水瀆（竇）南出，利家。Q1_11_9_18BKⅢ/149 反Ⅲ

圈居宇西南[⑦]，貴吉。Q1_11_9_19BKⅢ/148 反Ⅲ 圈居宇正北，富。Q1_11_9_20BKⅢ/147 反Ⅲ圈居宇正東方，敗。Q1_11_9_21BKⅢ/146 反Ⅲ圈居宇東南，有寵，不終泄（世）[⑧]。Q1_11_9_22BKⅢ/145 反Ⅲ 圈居宇西北，宜子與[⑨]。Q1_11_9_23BKⅢ/144 反Ⅲ

囷居宇西北匧[⑩]，不利。Q1_11_9_14BKⅣ/153 反Ⅳ囷居宇東南匧，不盈，不利室。Q1_11_9_15BKⅣ/152 反Ⅳ囷居宇西南匧，吉。Q1_11_9_16BKⅣ/151 反Ⅳ囷居宇東北匧，吉。Q1_11_9_17BKⅣ/150 反Ⅳ

井當戶牖間，富。Q1_11_9_18BKⅣ/149 反Ⅳ井居西南匧，其君不痒（癃）必窮。Q1_11_9_19BKⅣ/148 反Ⅳ井居西北匧，必絶後[⑪]。Q1_11_9_20BKⅣ/147 反Ⅳ

廡居東方，鄉（向）井，日出炙其Q1_11_9_21BKⅣ/146 反Ⅳ韓[⑫]，其後必肉食[⑬]。Q1_11_9_22BKⅣ/145 反Ⅳ

取婦爲小内[⑭]，Q1_11_9_23BKⅣ/144 反Ⅳ 内居西南，婦不媚於君[⑮]。Q1_11_9_14BKⅤ/153 反Ⅴ内居西北，毋（無）子。Q1_11_9_15BKⅤ/152 反Ⅴ内居東北，吉。Q1_11_9_16BKⅤ/151 反Ⅴ内居正東，吉。Q1_11_9_17BKⅤ/150 反Ⅴ内居南，不畜[⑯]。當祠室，Q1_11_9_18BKⅤ/149 反Ⅴ依道爲小内[⑰]，不宜子。Q1_11_9_19BKⅤ/148 反Ⅴ圂居西北匧，利豬，不利人[⑱]。Q1_11_9_20BKⅤ/147 反Ⅴ 圂居正北，吉。Q1_11_9_21BKⅤ/146 反Ⅴ圂居東北，妻善病。Q1_11_9_22BKⅤ/145 反Ⅴ圂居南，宜犬，多惡言。Q1_11_9_23BKⅤ/144 反Ⅴ

屏居宇後，吉。Q1_11_9_14BKⅥ/153 反Ⅵ 屏居宇前，不吉[⑲]。Q1_11_9_15BKⅥ/152 反Ⅵ

門欲當宇隋[⑳]，吉。Q1_11_9_16BKⅥ/151 反Ⅵ 門出衡[㉑]，不吉。Q1_11_9_17BKⅥ/150 反Ⅵ小宮大門，貧。Q1_11_9_18BKⅥ/149 反Ⅵ大宮小門，女子善宮斲（鬬）[㉒]。Q1_11_9_19BKⅥ/148 反Ⅵ入里門之右，不吉。Q1_11_9_20BKⅥ/147 反Ⅵ

【匯釋】

①宇：**有二說：一、大概指建築群四至所及的整個空間**（陳偉，1998）。**二、居**。整理者：宇，居。

最邦之高：**在城中最高**。這一段是相宅之書。《漢書·藝文志》有《宮宅地形》二十卷，《隋書·經籍志》有《宅吉凶論》《相宅圖》等，均屬此類書籍。王子今（2003A：331）：敦煌文書中記錄有關內容的文獻，稱作《宅經》。

②寵：**榮耀、光耀**。

③女子爲正：**有二說：一、女子恪守婦道**。晏昌貴（2002）：在古代“正”也是一種品行，與“邪”“奇”相對。“女子爲正”似指婦人恪守婦道。**二、女子爲主**。正，整理者：《呂氏春秋·君守》注：“主也。”古書中或作“政”，《左傳·宣公二年》：“疇昔之事子爲政，今日之事我爲政。”

④多：**楚簡作“垑”，疑皆讀爲“侈”，指廣大、超長**（陳偉，1998）。

西南之西：**西南偏西**（整理者）。

⑤祠木臨宇，不吉：**有二說：一、此條是說“宅居”形式與吉凶的關係**。王子今（2003A：331）：此條明顯是說“宅居”形式與吉凶的關係，與“選擇妻子”無關。**二、此條與“選擇妻子”有關**。許信昌（1993）：婚姻本來就有繁衍種族、延續後代的使命，因而生育能力強的婦女最受秦人的歡迎。最害怕娶到不會生育的婦女，如“毋子”“絕後”。可以推知秦人在選擇妻子時對生育能力的重視。

祠木：**社木，作爲社神標識的一株大樹或叢木**。整理者：《說文》：“《周禮》二十五家爲社，各樹其土所宜木。”因爲社木要立祠祭拜，所以稱爲祠木。王子今（2003A：331）：社神的標識一般是一株大樹或叢木，稱爲“社樹”“社木”或“社叢”。今按：清《延秋吟館詩鈔》卷三第九頁有詩《榕》，詩中“久受香花供”句自注曰：“粵俗信鬼，以榕爲神，立廟以祀之。”今閩南猶有此村俗，所植之樹不分種類，概稱“松樹”，本有“大樹”義，而音又同“神樹”，祠堂樹下處則謂之“神前”。

⑥水瀆：**即“水竇”，水穴，排水設施**。劉樂賢（1994：220）：水竇，即水穴。敦煌遺書伯3865《宅經》認爲水瀆東南流是“五實”之一，則此處“水瀆”也可讀爲“水瀆”。王子今（2003A：333－334）：睡虎地秦簡《日書》“水瀆”的性質，很可能屬於住宅建築的排水設施。

⑦圈：**“豬欄”（圂）以外的“畜欄”**（劉樂賢，1994：220）。

⑧泄：**通“世”，三十年**。整理者：《說文》：“三十年爲一世。”

⑨宜子與：其下疑有脫文，或說“與”字爲“興”之誤。

⑩匽：**陋，指宅院的角隅**（整理者）。劉樂賢（1994：220）：《說文》：“匽，側匽也。”段玉裁云：“各本作側逃也，今依《玉篇》逃作匽。《玉篇》曰：‘又作陋。’是知側匽即《堯典》之側陋，謂隱藏不出者也。”是知“匽”“陋”乃古今字。本篇“匽”當依整理小組訓爲宅院的角隅。

⑪絕後：**舊指沒有兒子，沒有男性繼承人**。魏德勝（2003：87）說。

⑫炙：**照射。**

韓：**井欄**。《説文》："井垣也。"

⑬肉食：**或泛指做官從政，未必特指某一秩別**。王子今（2003A：335）説。

⑭内：**内室，臥室**。晏昌貴、梅莉（2002）：大約婦女的居所爲"小内"，男主人的居所則爲"大内"。

⑮媚：**愛**。

⑯畜：**有二説：一、容**。整理者：《左傳・哀公二十六年》注："猶容也。"**二、養育、積蓄**。王子今（2003A：336）：畜，有養育之義、積蓄之義。

⑰依：**傍**（整理者）。

⑱圂：**豬圈**。王子今（2003A：337）：《説文》："豕廁也。"此指豬圈，漢代人廁與豬圈往往合二爲一，所以這裏有"利豬，不利人"。

⑲屏：**廁**。王子今（2003A：337－378）："屏"作"廁"的解釋，見於漢代通行的《急就篇》："屏廁清圂糞土壤。"顔師古注："屏，僻晏之名也。""屏"的直接意義是遮蔽隱藏，"屏廁""屏匽""屏偃"諸稱均由來於此。睡虎地秦簡《日書》"屏居宇後"所謂"屏"，也可能是説屏墻、屏門，或者一般的屏障，並不一定專指"廁"。當然，如果將簡文"屏居宇後，吉。屏居宇前，不吉"中所謂"屏"解釋爲"廁"，合於民居建築布局的常識。

⑳隋：**南北方向**。整理者：《天官書・索隱》："宋均云：南北曰隋。"

㉑衡：**門上的横木**（整理者）。

㉒斲：**有二説：一、鬬**。宮斲：**即"宮鬬"，窩裏鬬**（劉樂賢，1994：221）。**二、木工**。楊劍虹（1989）："斲"，《左傳・成公二年》："執斲。"杜注"匠人"，是指木工。整理者："宮"字疑涉上文而衍。

【今譯】

凡是住宅位於全城最高處，主人政治地位高，家庭貧窮。Q1_11_9_15BKⅠ/152反Ⅰ住宅位於城裏最低的地方，主人生活富足，身體有殘疾。Q1_11_9_16BKⅠ/151反Ⅰ住宅四周位置高，中心位置地勢凹下，主人家庭富裕。Q1_11_9_17BKⅠ/150反Ⅰ住宅四周位置低，中心位置地勢高，主人家庭貧窮。Q1_11_9_18BKⅠ/149反Ⅰ住宅北邊位置高，南邊位置低，主人沒有榮耀。Q1_11_9_19BKⅠ/148反Ⅰ住宅南邊位置高，北邊位置低，有利於市場交易。Q1_11_9_20BKⅠ/147反Ⅰ住宅東邊位置高，西邊位置低，婦女恪守婦道。Q1_11_9_21BKⅠ/146反Ⅰ住宅建築配有腰房，主人即使不受窮，也定將被判處肉刑。Q1_11_9_22BKⅠ/145反Ⅰ住宅中間位置有凹下去的谷地，不吉利。Q1_11_9_23BKⅠ/144反Ⅰ住宅右邊長一些，左邊短一些，吉利。Q1_11_9_14BKⅡ/153反Ⅱ住宅左邊長一些，婦女恪守婦道。Q1_11_9_15BKⅡ/152反Ⅱ住宅西南偏西的位置比較寬，主人家庭富裕。Q1_11_9_16BKⅡ/151反Ⅱ住宅西北偏北的位置比較寬，這家將斷絕後嗣。Q1_11_9_17BKⅡ/150反Ⅱ住宅東北偏北的位置比較寬，這家安全無事。Q1_11_9_18BKⅡ/149反Ⅱ住宅東北邊比較寬，這家人將被驅逐。Q1_11_9_19BKⅡ/148反Ⅱ住宅東南邊比較寬，主人家庭富足，婦女恪守婦道。Q1_11_9_20BKⅡ/147反Ⅱ道路環繞包圍住宅，不吉利。Q1_11_9_21BKⅡ/146反Ⅱ社木下臨住宅，不吉利。Q1_11_9_22BKⅡ/145反Ⅱ住宅圍墻東邊的部分高於西邊的部分，道德文化修養高尚的人的抱負志向無法施展。Q1_11_9_23BKⅡ/144反Ⅱ

在住宅西南方挖池塘，主人家庭富裕。Q1_11_9_14BKⅢ/153反Ⅲ在住宅正北方挖池塘，不利於屋主人的母親。Q1_11_9_15BKⅢ/152反Ⅲ

水穴從住宅西邊開出去，主人家庭貧困，有關於女人的閒話。Q1_11_9_16BKⅢ/151反Ⅲ水穴從住宅北邊開出去，主人家裏沒有貯藏的財貨。Q1_11_9_17BKⅢ/150反Ⅲ水穴從住宅的南邊開出去，有利於家庭。Q1_11_9_18BKⅢ/149反Ⅲ

畜欄位於住宅西南方，主人政治地位高，家庭吉祥。Q1_11_9_19BKⅢ/148反Ⅲ畜欄位於住宅正北方，主人家庭富裕。Q1_11_9_20BKⅢ/147反Ⅲ畜欄位於住宅正東方，主人家境衰敗。Q1_11_9_21BKⅢ/146反Ⅲ畜欄位於住宅東南方，主人將得到君王恩寵，但得勢時間不滿三十年。Q1_11_9_22BKⅢ/145反Ⅲ畜欄位於住宅西北方，有利於子孫和……Q1_11_9_23BKⅢ/144反Ⅲ

糧倉位於住宅的西北角，不吉利。Q1_11_9_14BKⅣ/153反Ⅳ糧倉位於住宅的東南角，糧倉不會滿，對家室不利。Q1_11_9_15BKⅣ/152反Ⅳ糧倉位於住宅的西南角，吉利。Q1_11_9_16BKⅣ/151反Ⅳ糧倉位於住宅的東北角，吉利。Q1_11_9_17BKⅣ/150反Ⅳ

水井位於住宅門和窗戶之間的位置，主人家庭富裕。Q1_11_9_18BKⅣ/149反Ⅳ水井位於住宅的西南角，這家主人即使不是殘疾人，也注定要受窮。Q1_11_9_19BKⅣ/148反Ⅳ水井位於住宅的西北角，這家必定斷絕後嗣。Q1_11_9_20BKⅣ/147反Ⅳ

廂房位於東方，面向水井，早晨日光照在水井Q1_11_9_21BKⅣ/146反Ⅳ井欄，這家後代必定做官從政。Q1_11_9_22BKⅣ/145反Ⅳ

娶進媳婦，建造小臥室，Q1_11_9_23BKⅣ/144反Ⅳ臥室位於西南方，媳婦不被丈夫喜愛。Q1_11_9_14BKⅤ/153反Ⅴ臥室位於西北方，媳婦不會生孩子。Q1_11_9_15BKⅤ/152反Ⅴ臥室位於東北方，吉利。Q1_11_9_16BKⅤ/151反Ⅴ臥室位於正東方，吉利。Q1_11_9_17BKⅤ/150反Ⅴ臥室位於南方，無所積蓄。面對祠室，Q1_11_9_18BKⅤ/149反Ⅴ緊挨著道路，建造小臥室，不利於孩子。Q1_11_9_19BKⅤ/148反Ⅴ附帶豬圈的廁所位於住宅的西北角，有利於豬，不利於人。Q1_11_9_20BKⅤ/147反Ⅴ附帶豬圈的廁所位於正北方，吉利。Q1_11_9_21BKⅤ/146反Ⅴ附帶豬圈的廁所位於東北方，妻子經常得病。Q1_11_9_22BKⅤ/145反Ⅴ附帶豬圈的廁所位於南方，有利於狗，多遭受惡毒言語。Q1_11_9_23BKⅤ/144反Ⅴ

廁所位於住宅後面，吉利。Q1_11_9_14BKⅥ/153反Ⅵ廁所位於住宅前面，不吉利。Q1_11_9_15BKⅥ/152反Ⅵ

家門要對著住宅的南北方向，吉利。Q1_11_9_16BKⅥ/151反Ⅵ家門上面的橫木伸出來，不吉利。Q1_11_9_17BKⅥ/150反Ⅵ房子小，門卻大，主人家庭貧窮。

Q1_11_9_18BKⅥ/149反Ⅵ房子大，門卻小，家庭中的女人們經常窩裏鬭。Q1_11_9_19BKⅥ/148反Ⅵ走進鄉里之門右側，不吉利。Q1_11_9_20BKⅥ/147反Ⅵ

詰

【釋文】

詰

·詰咎[1]，鬼害民罔（妄）行[2]，爲民不羊（祥），告如詰之[3]，召Q1_11_9_24BKⅠ/143反Ⅰ道（導）令民毋麗（罹）兇（凶）央（殃）[4]。鬼之所惡，彼窋（屈）臥箕Q1_11_9_25BKⅠ/142反Ⅰ坐[5]，連行奇（踦）立[6]。Q1_11_9_26BKⅠ/141反Ⅰ

人毋（無）故鬼攻之不已[7]，是是刺鬼[8]。以桃爲弓，Q1_11_9_27BKⅠ/140反Ⅰ牡棘爲矢[9]，羽之雞羽[10]，見而射之，則已矣。Q1_11_9_28BKⅠ/139反Ⅰ

人毋（無）故鬼昔其宮[11]，是是丘鬼[12]。取故丘之土Q1_11_9_29BKⅠ/138反Ⅰ以爲僞人犬[13]，置牆（墻）上，五步一人一犬[14]，睘（環）Q1_11_9_30BKⅠ/137反Ⅰ其宮，鬼來陽（揚）灰毄（擊）箕以喿（噪）之[15]，則止。Q1_11_9_31BKⅠ/136反Ⅰ

人毋（無）故而鬼惑之，是夆鬼[16]，善戲人。以桑Q1_11_9_32BKⅠ/135反Ⅰ心爲丈（杖）[17]，鬼來而毄（擊）之，畏死矣[18]。Q1_11_9_33BKⅠ/134反Ⅰ

人毋（無）故而鬼取爲膠[19]，是是哀鬼[20]，毋（無）家，Q1_11_9_34BKⅠ/133反Ⅰ與人爲徒，令人色柏（泊）然毋（無）氣[21]，喜契（潔）清[22]，Q1_11_9_35BKⅠ/132反Ⅰ不歓（飲）食。以棘椎、桃秉（柄）以憙（敲）其心[23]，則不來。Q1_11_9_36BKⅠ/131反Ⅰ

一宅中毋（無）故而室人皆疫[24]，或死或病，Q1_11_9_37BKⅠ/130反Ⅰ是是棘鬼在焉[25]，正立而貍（埋）[26]，其上旱則Q1_11_9_38BKⅠ/129反Ⅰ淳，水則乾[27]。屈（掘）而去之，則止矣。Q1_11_9_39BKⅠ/128反Ⅰ

一宅之中毋（無）故室人皆疫，多瞢（夢）米（寐）死[28]，Q1_11_9_40BKⅠ/127反Ⅰ是是勹鬼貍（埋）焉[29]，其上毋（無）草，如席處[30]。Q1_11_9_41BKⅠ/126反Ⅰ屈（掘）而去之，則止矣。Q1_11_9_42BKⅠ/125反Ⅰ

人毋（無）故一室人皆疫，或死或病，丈Q1_11_9_43BKⅠ/124反Ⅰ夫女子隋（墮）須（鬚）羸髮黃目[31]，是寀寀〈是寀〉人生爲Q1_11_9_44BKⅠ/123反Ⅰ鬼[32]。以沙人一升[33]，挃其舂臼[34]，以黍肉食Q1_11_9_45BKⅠ/122反Ⅰ寀人，則止矣。Q1_11_9_46BKⅠ/121反Ⅰ

犬恒夜入人室[35]，執丈夫，戲女子，不可Q1_11_9_47BKⅠ/120反Ⅰ得也，是神狗僞爲鬼[36]。以桑皮爲□□，Q1_11_9_48BKⅠ/119反Ⅰ之[37]，烰（炮）而食之，則止矣。Q1_11_9_49BKⅠ/118反Ⅰ

夏大暑，室毋（無）故而寒，幼蠪處之[38]。取Q1_11_9_50BKⅠ/117反Ⅰ牡棘烰（炮）室中，蠪去矣。Q1_11_9_51BKⅠ/116反Ⅰ

壄（野）獸若六畜逢人而言[39]，是票（飄）風之Q1_11_9_52BKⅠ/115反Ⅰ氣[40]。毄（擊）以桃丈（杖）[41]，繹（釋）鄽（屨）而投之，則已矣。Q1_11_9_53BKⅠ/114反Ⅰ

竈毋（無）故不可以孰（熟）食[42]，陽鬼取其氣[43]。燔豕矢Q1_11_9_54BKⅠ/113反Ⅰ室中[44]，則止矣。Q1_11_9_55BKⅠ/112反Ⅰ

人之六畜毋（無）故而皆死，欱鬼之氣入焉[45]。乃Q1_11_9_56BKⅠ/111反Ⅰ疾靡（䊳）瓦以還（環）□□□□已矣[46]。Q1_11_9_57BKⅠ/110反Ⅰ

票（飄）風入人室[47]，獨也[48]。它人莫爲。洒以〔沙〕[49]，則已矣。Q1_11_9_58BKⅠ/109反Ⅰ

□鳥獸能言[50]，是夭（妖）也，不過三言。言過三，多益Q1_11_9_59BKⅠ/108反Ⅰ其旁人，則止矣。Q1_11_9_60BKⅠ/107反Ⅰ

毋（無）氣之徒而𡐓（動）[51]，終日，大事也；不終日，小事也[52]。Q1_11_9_61BKⅠ/106反Ⅰ

殺虫豸[53]，斷而能屬者[54]，濆以灰[55]，則不屬矣。Q1_11_9_62BKⅠ/105反Ⅰ

人有思哀也弗忘[56]，取丘下之莠，完掇Q1_11_9_63BKⅠ/104反Ⅰ其葉二七[57]，東北鄉（向）如（茹）之乃臥[58]，則止矣。Q1_11_9_64BKⅠ/103反Ⅰ

人妻妾若朋友死，其鬼歸之者[59]。以莎芾、Q1_11_9_65BKⅠ/102反Ⅰ牡棘枋（柄），熱（爇）以寺（待）之[60]，則不來矣。Q1_11_9_66BKⅠ/101反Ⅰ

人毋（無）故而心悲也[61]，以桂長尺有尊（寸）而中折[62]，Q1_11_9_67BKⅠ/100反Ⅰ以望之日日始出而食之[63]，已乃𤺺（餔）[64]，則止矣。Q1_11_9_68BKⅠ/99反Ⅰ

故丘鬼恒畏人[65]，畏人所爲芻矢[66]，以鳶（弋）之[67]，則不畏人矣。召。Q1_11_9_24BKⅡ/143反Ⅱ

鬼恒召人曰：壐（爾）必以葉（某）月日死[68]，是徛鬼僞爲Q1_11_9_25BKⅡ/142反Ⅱ鼠[69]，入人醯、醬、滫、將（漿）中[70]。求而去[71]，則已矣。Q1_11_9_26BKⅡ/141反Ⅱ

大神其所[72]，不可咼（過）也[73]，善害人。以犬矢爲完（丸），Q1_11_9_27BKⅡ/140反Ⅱ操以咼（過）之，見其神以投之，不害人矣。Q1_11_9_28BKⅡ/139反Ⅱ

鬼恒夜鼓人門[74]，以歌若哭，人見之，是兇（凶）Q1_11_9_29BKⅡ/138反Ⅱ鬼。鳶（弋）以芻矢，則不來矣。Q1_11_9_30BKⅡ/137反Ⅱ

人若鳥獸及六畜恒行人宫，是上神相Q1_11_9_31BKⅡ/136反Ⅱ好下，樂入男女未入宫者。毄（擊）鼓奮Q1_11_9_32BKⅡ/135反Ⅱ鐸喿（噪）之[75]，則不來矣。Q1_11_9_33BKⅡ/134反Ⅱ

鬼恒從男女，見它人而去，是神虫僞爲Q1_11_9_34BKⅡ/133反Ⅱ人[76]。以良劍刺

其頸[77]，則不來矣。Q1_11_9_35BKⅡ/132反Ⅱ

一室人皆毋（無）氣以息[78]，不能童（動）作[79]，是狀神在Q1_11_9_36BKⅡ/131反Ⅱ其室[80]，屈（掘）遝泉[81]，有赤豕[82]，馬尾犬首[83]，享（烹）而食Q1_11_9_37BKⅡ/130反Ⅱ之，美氣[84]。Q1_11_9_38BKⅡ/129反Ⅱ

一室人皆夙（縮）筋，是會虫居其室西臂[85]。取Q1_11_9_39BKⅡ/128反Ⅱ西南隅，去地五尺，以鐵椎椯之[86]，必中虫Q1_11_9_40BKⅡ/127反Ⅱ首，屈（掘）而去之。弗去，不出三年，一室皆夙（縮）筋[87]。Q1_11_9_41BKⅡ/126反Ⅱ

鬼恒責人[88]，不可辭[89]，是㬥（暴）鬼[90]。以牡棘之劍Q1_11_9_42BKⅡ/125反Ⅱ之[91]，則不來矣。Q1_11_9_43BKⅡ/124反Ⅱ

鬼恒爲人惡瞢（夢），譽（覺）而弗占[92]，是圖夫[93]，Q1_11_9_44BKⅡ/123反Ⅱ爲桑丈（杖）奇（倚）戶內，復（覆）鬴戶外[94]，不來矣。Q1_11_9_45BKⅡ/122反Ⅱ

鬼恒從人游，不可以辭。取女筆以拈之[95]，則不來矣。Q1_11_9_46BKⅡ/121反Ⅱ

女子不狂癡[96]，歌以生商[97]，是陽鬼樂從之。Q1_11_9_47BKⅡ/120反Ⅱ以北鄉（向）□之辨二七[98]，燔，以灰□食食之[99]，鬼去。Q1_11_9_48BKⅡ/119反Ⅱ

人毋（無）故而鬼祠（伺）其宮[100]，不可去，是祖□游[101]。以犬矢投之，不來矣。Q1_11_9_49BKⅡ/118反Ⅱ

鬼恒羸（裸）入人宮，是幼殤死不葬[102]。以灰濆之[103]，則不來矣。Q1_11_9_50BKⅡ/117反Ⅱ

鬼恒逆人[104]，入人宮，是游鬼[105]，以廣灌爲戴以燔之[106]，則不來矣。Q1_11_9_51BKⅡ/116反Ⅱ

人生子未能行而死，恒然，是不辜鬼處之[107]。以庚日日始出時，Q1_11_9_52BKⅡ/115反Ⅱ濆門以灰[108]，卒，有祭，十日收祭，裹以白茅[109]，貍（埋）壄（野），則毋（無）央（殃）矣。Q1_11_9_53BKⅡ/114反Ⅱ

人毋（無）故而憂也。爲桃更（梗）而敃之[110]，以癸日日入投之道Q1_11_9_54BKⅡ/113反Ⅱ遽曰："某。"免於憂矣。Q1_11_9_55BKⅡ/112反Ⅱ

人毋（無）故而弩（怒）也[111]。以戊日日中而食黍於道，遽則止矣。Q1_11_9_56BKⅡ/111反Ⅱ

人毋（無）故室皆傷，是粲迓之鬼處之[112]。取白茅及Q1_11_9_57BKⅡ/110反Ⅱ黃土而西（灑）之，周其室[113]，則去矣。Q1_11_9_58BKⅡ/109反Ⅱ

鬼入人宮室[114]，勿（忽）見而亡，亡（無）已[115]。以脩（滫）康（糠）[116]，寺（待）其來也，沃之，則止矣。Q1_11_9_59BKⅡ/108反Ⅱ

人毋（無）故而髮撟若虫及須（鬚）𦣞（眉）[117]，是是恙氣處之[118]。乃鬻（煮）Q1_11_9_60BKⅡ/107反Ⅱ桒（賁）屨以紙[119]，即止矣。Q1_11_9_61BKⅡ/106反Ⅱ

凡鬼恒執匴以入人室[120]，曰"氣（餼）我食"云[121]，是是餓鬼[122]。以Q1_11_9_62BKⅡ/105反Ⅱ屨投之，則止矣[123]。Q1_11_9_63BKⅡ/104反Ⅱ

凡有大票（飄）風害人[124]，擇（釋）以投之[125]，則止矣。Q1_11_9_64BKⅡ/103反Ⅱ

人恒亡赤子[126]，是水亡傷取之[127]。乃爲灰室而牢之[128]，Q1_11_9_65BKⅡ/102 反Ⅱ縣（懸）以茞[129]，則得矣；刊之以茞[130]，則死矣；享（烹）而食之[131]，不害矣[132]。Q1_11_9_66BKⅡ/101 反Ⅱ

凡邦中之立叢[133]，其鬼恒夜謼（呼）焉，是遽鬼執人Q1_11_9_67BKⅡ/100 反Ⅱ以自伐〈代〉也[134]。乃解衣弗衽[135]，入而傅者之[136]，可得也乃。Q1_11_9_68BKⅡ/99 反Ⅱ

一室中臥者眯也[137]，不可以居，是□鬼居之[138]。取桃枱Q1_11_9_24BKⅢ/143 反Ⅲ椯四隅中央[139]，以牡棘刀刊其宮蘠（墻），謼（呼）之曰："復！疾Q1_11_9_25BKⅢ/142 反Ⅲ趣（趨）出。今日不出，以牡刀皮而衣。"[140]則毋（無）央（殃）矣。Q1_11_9_26BKⅢ/141 反Ⅲ

大袜（魅）恒入人室[141]，不可止。以桃更（梗）□之[142]，則止矣。Q1_11_9_27BKⅢ/140 反Ⅲ

鬼恒召人之宮，是是遽鬼毋（無）所居。罔謼（呼）其召[143]，以白石投之[144]，則止矣。Q1_11_9_28BKⅢ/139 反Ⅲ

鬼嬰兒恒爲人號曰："鼠（予）我食。"[145]是哀乳之鬼[146]。Q1_11_9_29BKⅢ/138 反Ⅲ其骨有在外者，以黄土濆之[147]，則已矣。Q1_11_9_30BKⅢ/137 反Ⅲ

一室中臥者容席以臽（陷）[148]，是地辥（蠥）居之[149]。注白湯[150]，以黄土窒，不害矣。Q1_11_9_31BKⅢ/136 反Ⅲ

人毋（無）故而鬼有鼠（予），是夭鬼。以水沃之[151]，則已矣。Q1_11_9_32BKⅢ/135 反Ⅲ

狼恒謼（呼）人門曰："啟！吾非鬼也。"[152]殺而享（烹）食之，有美味[153]。Q1_11_9_33BKⅢ/134 反Ⅲ

一室中有鼓音[154]，不見其鼓，是鬼鼓。以人鼓應之，則已矣。Q1_11_9_34BKⅢ/133 反Ⅲ

有眾虫襲入人室，是埜（野）火僞爲蟲[155]。以人火應之[156]，則已矣。Q1_11_9_35BKⅢ/132 反Ⅲ

鬼恒宋傷人[157]，是不辜鬼。以牡棘之劍刺之，則止矣。Q1_11_9_36BKⅢ/131 反Ⅲ

鬼恒襄（攘）人之畜[158]，是㬥（暴）鬼。以芻矢鳶（弋）之，則止矣。Q1_11_9_37BKⅢ/130 反Ⅲ

鬼恒從人女，與居，曰："上帝子下游。"[159]欲去，自浴以犬矢[160]，毄（擊）以葦[161]，則死矣。Q1_11_9_38BKⅢ/129 反Ⅲ

鬼恒胃（謂）人："鼠（予）我而女。"[162]不可辭。是上神下取妻[163]。毄（擊）以葦，Q1_11_9_39BKⅢ/128 反Ⅲ則死矣。弗御（禦），五來，女子死矣。Q1_11_9_40BKⅢ/127 反Ⅲ

天火燔人宮[164]，不可御（禦）。以白沙救之，則止矣。

到Q1_11_9_41BKⅢ/126 反Ⅲ雷焚人[165]，不可止。以人火鄉（向）之，則已矣。Q1_11_9_42BKⅢ/125 反Ⅲ

雷攻人，以其木毄（擊）之[166]，則已矣。Q1_11_9_43BKⅢ/124反Ⅲ

雲氣襲人之宮[167]，以人火鄉（向）之，則止矣。Q1_11_9_44BKⅢ/123反Ⅲ

人過于丘虛，女鼠抱子逐人[168]。張傘以鄉（向）之[169]，則已矣。Q1_11_9_45BKⅢ/122反Ⅲ

人行而鬼當道以立[170]，解髮奮以過之[171]，則已矣。Q1_11_9_46BKⅢ/121反Ⅲ

鳥獸恒鳴人之室，燔蠢（鬊）及六畜毛邋（鬣）其止所[172]，則止矣。Q1_11_9_47BKⅢ/120反Ⅲ

人臥而鬼夜屈其頭[173]，以若（箬）便（鞭）毄（擊）之[174]，則已矣。Q1_11_9_48BKⅢ/119反Ⅲ

鳥獸虫豸甚眾，獨入一人室。以若（箬）便（鞭）毄（擊）之，則止矣。Q1_11_9_49BKⅢ/118反Ⅲ

人毋（無）故一室人皆箠（垂）延（涎）[175]，爰母處其室[176]，大如杵，赤白，其Q1_11_9_50BKⅢ/117反Ⅲ居所水則乾，旱則淳。屈（掘）其室中三尺，燔豕矢焉，則止矣。Q1_11_9_51BKⅢ/116反Ⅲ

一室人皆養（癢）膿（體），癘鬼居之[177]。燔生桐其室中[178]，則已矣。Q1_11_9_52BKⅢ/115反Ⅲ

一室井血而星（腥）臭[179]，地蟲斲（鬬）于下，血上扇（漏）[180]。以沙墊之，更爲井，Q1_11_9_53BKⅢ/114反Ⅲ食之以噴[181]，歙（飲）以爽（霜）路（露）[182]，三日乃能人矣。若不Q1_11_9_54BKⅢ/113反Ⅲ三月食之若傅之[183]，而非人也，必枯骨也。旦而Q1_11_9_55BKⅢ/112反Ⅲ最（撮）之，苞以白茅，果（裹）以賁而遠去之[184]，則止矣。Q1_11_9_56BKⅢ/111反Ⅲ

票（飄）風入人宮而有取焉，乃投以屨，得其所，Q1_11_9_57BKⅢ/110反Ⅲ取盎之中道；若弗得，乃棄其屨於中Q1_11_9_58BKⅢ/109反Ⅲ道，則亡恙矣[185]。不出壹歲，家必有恙。Q1_11_9_59BKⅢ/108反Ⅲ

【**匯釋**】

①詰咎：**有六說：一、驅鬼禁避之術**。劉信芳（1996）：詰，《周禮·天官·太宰》："詰邦國。"鄭玄注："詰，猶禁也。"咎，《尚書·西伯戡黎》傳："惡。"《詰咎》篇所述爲驅鬼禁避之術，有宣告惡鬼之罪行以窮治之的意思。**二、"窮治"鬼、神、怪、妖**。來國龍（2016）：《詰》篇的"詰"字和《訊獄》篇中的"詰"意義相同，"詰咎"就是"窮治"鬼、神、怪、妖，《詰》篇與戰國時期流行的"正名"說、循名責實的"刑名之學"有共同的思想與方術背景，從本質上說，詰咎是試圖透過語言文字來掌控現實世界的一種方術，西漢居延破城子漢簡中的《厭魅書》在"劾鬼"時也是以鬼的名字爲焦點，與《詰咎》篇一脈相承。**三、"詰咎鬼"應連讀，指制服惡鬼**。鄭剛（1993）："詰咎鬼"應連讀，指制服惡鬼，本篇講如何制鬼。《藝文志》有《禎祥變怪》《人鬼精物六畜變怪》《變怪誥咎》，《日書》有詰咎篇，也是講各種變怪。詰咎即誥咎，"告""吉"二字在秦漢文字中常有相亂，二者

必有一誤。但《日書》中告與吉大體還是可以分開的，很可能是《藝文志》轉寫錯了。但曹植另有《誥咎文》，不應再錯，孰是孰非，遽難論斷。**四、禁災。**劉樂賢（1994：232－233，248－251）：以文義而言，“詰咎”較好，乃禁災祈福之意，“誥咎”則不易理解。曹植《誥咎文》屢被古書徵引，《文選·洛神賦》李注引虞喜《志林》作“詰咎”，胡克家《文選考異》云：“王伯厚嘗言，曹子建《詰咎文》假天地之命，以詰風伯雨師，名篇之意顯然矣。”《藝文類聚》卷100引亦作“詰”。可見曹植的《誥咎文》在唐宋時尚有寫作《詰咎文》者，後來通行的“誥咎”很可能也是“詰咎”的誤寫，詰咎者，禁災也。**五、讀爲“詰皋”，追問白澤神獸。**劉釗（2004）：秦簡的“詰咎”應讀爲“詰皋”，“詰皋”之“詰”爲“問”“追問”之意，“皋”用爲“澤”，指傳說中的白澤神獸。如此說來，“詰皋”就是“追問白澤神獸”的意思。**六、即“誥咎”。**誥，告於神。饒宗頤（1982：26－27）：《漢書·藝文志》有《變怪誥咎》十三卷，曹植有《誥咎文》云：“於時大風發屋拔木，聊假六帝之命，誥咎祈福。”“告如詰之”，告即誥也。《周禮》太祝六辭，三曰誥，誥，告於神也。告之即所以詰之，故題曰詰，《說文》：“詰，問也。”王子今（2003A：343）：而下文“告如詰之”，似乎又可以說明“誥”“詰”或有相通之處，所謂“《誥咎文》”“誥咎祈福”等，“誥”並不一定是“‘詰’字之形誤”。

今按：“吉”“告”兩字古音相近，故《尚書》“尹誥”篇《禮記·緇衣》引而作“尹吉”。

②罔行：**肆意妄行，即無善行，做壞事。**劉信芳（1996）：“罔行”即無行，謂無善行。魏德勝（2003：116）：罔行，做壞事，胡作非爲。夏德安（1985）：“罔行”與“罔兩”“罔象”“方良”密切相關。劉樂賢（1994：233）：《論衡·亂龍》云：“上古之人，有神荼、鬱壘者，昆弟二人，性能執鬼，居東海度朔山上，立桃樹下，簡閱百鬼。鬼無道理，妄爲人禍，荼與鬱壘縛以蘆索，執以食虎。”這裏所謂“鬼無道理，妄爲人禍”與《日書》“鬼害民罔行，爲民不羊”可以互相參證。

③告如詰之：**告訴它並詰問它。**如：**同“而”。**劉釗（2004）：“告如詰之”的意思是“告訴它並詰問它”，正是將“鬼害民罔行，爲民不羊”的情況告知白澤並詰問關於鬼的事情的意思。來國龍（2016）：口頭的宣告和“詰”具有相同的效力，口頭的宣告也是治鬼、劾鬼的方法。整理者：如，此處用法同“而”。王子今（2003A：344）：然而從“告如詰之”的簡文可知，或確有“告咎”之說。

④召：**有三說：一、不是“召”字，未確。**陳偉（2016C：420）：北京大學藏秦簡《善女子之方》的首簡上端也標有此一符號，說明它確實不是“召”字，未確。**二、似是“召”字。**整理者：召，本簡兩見，似“召”字，唯下部填實，不與上下文連接，疑爲一種標記表示至此即向左閱讀。劉樂賢（1994：33）：鄭剛釋此字爲“召”，並以“告如詰之召道”爲句。這種讀法也通。但是正如整理小組所指出的，“召”還出現於簡24BKⅡ：“故丘鬼但畏人，畏人所爲當矢，以蔿之，則不畏人矣。召。”“召”的確不能與上下文連接。**三、可讀爲“召”。**王子今（2003A：344）：“召”，可讀爲“召”。“召道”，即“召導”。劉信芳（1996）：“昭道令民”

即告訴大家對付鬼的方法。

罷：**通“罹”，遭受**。《尚書·洪範》“不罹於咎”，《尚書大傳》“罹”字作“罷”。

⑤彼：**是**。整理者：見《經傳釋詞》。

窋臥：**屈肢而臥，踡屈而臥**。鬼害怕屈肢而臥的人，所以秦人用屈肢葬。劉信芳（1996）：“窋臥”，指屈肢而臥，如睡在穴中一般。由於鬼害怕“窋臥”之人，所以秦人用屈肢葬。“箕坐”是坐時兩腿張開。“連行”謂魚貫相隨而行。“奇立”即倚立，謂“挈舉一足，一足踏地立”。這些都是鬼害怕的行爲動作，驅鬼者當採納之。王子今（2003A：345－346）：所謂“窋臥”，當即踡屈而臥。《說文·穴部》：“窋，物在穴中皃。”窋穴中臥，必當踡體屈肢。盛行踡屈特甚的屈肢葬，是秦文化的突出特徵之一。

箕坐：**即“箕踞”，坐時兩腿向前張開，形如簸箕**。整理者：箕坐，又名箕踞，坐時兩腿向前張開，形如簸箕，《論衡·率性》：“椎髻箕坐。”王子今（2003A：345－346）：箕坐，或作箕倨、箕踞，一般認爲即伸足而坐，其形如箕，是一種非禮不敬的坐姿。

⑥連行：**連步，魚貫相隨而行**。整理者：《禮記·曲禮》注：“連步謂相隨不相過也。”王子今（2003A：345－346）：連行，謂魚貫相隨而行。

奇立：**有二說：一、以一足站立**（整理者）。王子今（2003A：345－346）：奇立，即踦立，單足而立，也就是以一足爲主要支撐而側立。踦，《說文》：“一足也。”**二、倚立**。劉樂賢（1994：233－234）：鄭剛云：“奇立讀倚立。”

⑦攻：**擊**。連劭名（2002）：攻、擊同義。《劉敬叔孫通列傳》云：“攻若食啖。”《集解》引徐廣云：“攻，猶今人言擊也。”

人毋故鬼攻之不已：劉樂賢（1994：234－235）：本條驅鬼之法又見於《白澤精怪圖》。《法苑珠林》卷58輯《白澤精怪圖》有“又丘墓之精名曰狼鬼，善與人鬭不休，爲桃棘矢，羽以鵄羽以射之，狼鬼化爲飄風，脫履捉之，不能化也”。《白澤精怪圖》所說的狼鬼善與人鬭不休，即《日書》的“人毋故鬼攻之不已”。

⑧是是：**有三說：一、讀“是寔”，“寔”（實）是副詞，用在謂語前作狀語**。唐鈺明（1998）、梁冬青（2002）說。**二、“是是”的重文，第二個“是”是判斷係詞**。裘錫圭（1979B）、劉樂賢（1994：234）、石峰（2000）、鍾如雄（2002）說。**三、“是謂”的合文**。魏宜輝（2008）、楊錫全（2009）、陳偉（2016C：422）說。今按：唐鈺明（1998）、梁冬青（2002）說可從。

剌鬼：**有二說：一、厲鬼。二、特指一種鬼名**。龍仕平（2012）：“剌鬼”特指一種鬼名。

⑨桃：**可讀爲“逃”，所以可以避邪**。連劭名（2002）：《說文》云：“逃，亡也。”有關桃杖避邪的原因明見於文獻記載。

牡棘：**有二說：一、牡荆，不開花結果實之雄性棘**。整理者：疑即牡荆，見《政和本草》卷12。《左傳·昭公四年》：“桃弧棘矢，以除其災。”劉信芳（1996）：

“棘矢”又稱“芻矢”。**二、“棘”是酸棗、小棗。**王子今（2003A：350－351）：“棘”，又稱作“酸棗”，在中國北部極爲普遍，常常野生成叢莽的一種落葉灌木，也有生成喬木者。

關於“牡棘”能驅鬼，**有三說：一、用棘做的矢本來就是避邪的器物，雄性代表陽性，用牡棘做的矢驅鬼之效應當更强。**劉樂賢（1994：234）：簡文“以桃爲弓，牡棘爲矢”與整理小組所引《左傳》“桃弧棘矢”是一回事。桃弓即桃弧，牡棘矢即棘矢。《周禮·蟈氏》：“焚牡菊。”鄭注：“牡菊，菊不華者。”《日書》的牡棘也應指不開花結果實之棘，即雄性之棘。棘做的矢本來就是避邪的器物（上引《左傳》的“棘矢”、《日書》下文的“棘椎”皆可爲證），雄性代表陽性，用牡棘做的矢驅鬼之效應當更强。**二、“棘”義同於“桑”“桃”，象徵喪亡。**連劭名（2002）：《老子·道經》云：“師之所處，荆棘生焉，大軍之後，必有凶年。”《文子·上仁》云：“故曰：死地荆棘生焉，以悲哀泣之，以喪禮居之。”可知“棘”義同於“桑”“桃”，也是象徵喪亡。**三、解釋爲“棗”，“棗”富有神異特性。**王子今（2003A：350－351）：棗，在中國古代是一種富有神異特性的果品。我們現在一般所説的“棗”古時稱作“常棗”。而“棘”則稱作“小棗”。二者字形都源起於“朿”的主要部分，前者上下重寫，後者左右並寫。聯繫“棗”的神性，也可以幫助我們理解“棘”的神性。

以桃爲弓，牡棘爲矢：**用桃木做弓，用牡荆做箭。**“桃弓棘矢”“桃弓葦戟”驅魅之例見於傳世古書，下文又有以“棘椎桃柄”“芻矢”“茝”“葦”驅鬼，皆以自然物寓辟邪之意義，又以“白茅”“黄土”“灰”噴灑或包繞事物而驅邪，後者確有消毒和衛生意義。劉樂賢（1994：234－235）：《法苑珠林》卷58輯《白澤精怪圖》有“桃棘矢”，當是桃弧（或弓）棘矢之訛脱，即《日書》的“以桃爲弓，牡棘爲矢”。

⑩羽之雞羽：**以“雞羽”爲箭的尾羽。**王子今（2003A：352－353）：“羽之雞羽”，當指以“雞羽”爲箭的尾羽。選擇“雞羽”作爲“詰咎”之用具，可能與“雞”具有某種神秘特性有關。劉樂賢（1994：234－235）：《法苑珠林》卷58輯《白澤精怪圖》有“羽以鷄羽”，“羽以鷄羽”與《日書》的“羽之雞羽”相當。

⑪昔：**有二説：一、通“措”，用。**王子今（2003A：354）：“昔”，通措，猶用。長沙馬王堆漢墓出土帛書甲本《老子·德經》：“虎無所昔其蚤”，今本作“虎無所措其爪”。《韓非子·解老》作“虎無所錯其爪”，《淮南子·詮言訓》作“虎無所措其爪”。“鬼昔其宫”，釋作“鬼措其宫”，“鬼用其宫”，似亦可通。**二、讀爲“藉”，踐。**整理者讀爲“藉”，注釋：《荀子·王霸》注：“踐也。”

宫：**居室。**整理者：《爾雅·釋言》：“宫謂之室，室謂之宫。”《釋文》：“案古者貴賤同稱宫，秦漢以來唯王者所居稱宫焉。”

⑫丘鬼：**有四説：一、狼鬼。**劉樂賢（1994：235）：《白澤精怪圖》有“丘墓之精名曰狼鬼”。此丘鬼或許與狼鬼有關。**二、墓中之鬼。**劉釗（1997B）：丘鬼之“丘”指墳墓，丘鬼就是墓中之鬼。《法苑珠林》卷58輯《白澤精怪圖》云：“丘

墓之精名曰狼鬼。”簡文中的“狼”疑亦指此。**三、鄉土之鬼**。王子今（2003A：354－355）：“丘鬼”之“丘”，意爲村聚。“丘鬼”之稱，或猶言鄉土之鬼。**四、種類比較複雜**。連劭名（2002）：“丘鬼”的種類比較複雜，多居於荒丘野墓，爲害人間。

⑬僞人犬：**用泥土做的假人、假狗**。魏德勝（2003：83）：僞人犬，即僞人、僞犬，指用泥做的假人、假狗。劉信芳（1996）：所謂“僞人犬”，即偶人、偶犬，多以土、木爲之。劉樂賢（1994：235）：古人認爲用土做的人、犬可以防邪避鬼。例如敦煌遺書斯1468是一段據“十二時中得病日推勘即知輕重”的占病文，首先列出某支日作祟的鬼名，然後有一段關於治病方法的記載。如“巳日病者，須作土人七枚，每人七寸，書人腹作鬼字，以酒脯祭之”。

⑭五步一人一犬：**每隔五步距離放置一個假人、一條假狗**。王子今（2003A：356）：《墨子·備城門》說“守城之法”，有“五步一壘”“五步一罌”“五步積狗屍五百枚”“城上爲爵穴，下堞三尺，廣丌外，五步一”等說法。可見防衛設施重視“五步”的間隔，似乎已經形成某種慣例。

⑮陽灰：**向它揚灰**。陽：**通“揚”**。劉樂賢（1994：235）：古人以爲灰可以避鬼。《藝文類聚·果部》引《莊子》：“插桃枝於戶，連灰其下，童子人不畏，而鬼畏之。”本篇簡53BKⅡ云不辜鬼爲祟時要“漬灰”，簡50BKⅡ也主張以灰驅鬼。王子今（2003A：356）：“灰”，在秦漢人的意識中體現著某種特殊的象徵，潛含著若干奇異的神力。漢代史籍中也有涉及以“灰”辟鬼的禮俗迷信的故事。例如《漢書·景十三王傳·廣川惠王劉越》：“與去共支解，置大鑊中，取桃灰毒藥並煮之，召諸姬皆臨觀，連日夜靡盡。”碎尸肢解，又“取桃灰毒藥並煮之”，是期望陶望卿死後不能化爲厲鬼復仇，“使不能神”。

喿：**同“噪”，大聲呼喊**。魏德勝（2003：19）：《說文》：“喿，鳥群鳴也。”桂馥義證：“喿，俗作噪。”

⑯是肇鬼：**“肇”字有三說：一、讀爲誘，迷惑**。整理者釋爲“肇”，注釋：讀爲誘，迷惑。**二、讀爲攸，笑**。劉樂賢（1994：235）：鄭剛云：“肇鬼不明，疑讀爲攸鬼。《漢書·敘傳》注：‘攸，笑貌也。’笑鬼故善戲人。”**三、長身之鬼**。劉釗（1997B）：肇鬼疑指長身之鬼，歷代鬼書中所載之鬼多形容爲長身箕頭，或稱其“長一丈餘”，或稱其“長數丈”，或稱其“長而青，立與簷齊”。

⑰以桑心爲丈：**用桑樹樹心製成木杖**。劉樂賢（1994：235）：古代認爲桑樹可以避鬼。如敦煌遺書中一種佚名醫書云：“三月上卯日，取桑皮向東者，煮取汁著戶上，避百鬼。”這是說用桑樹根的皮煮成汁，放置在窗戶上，如此可以避百鬼。本條以桑杖擊鬼，猶下文以桃杖擊鬼。連劭名（2002）：古人以“桑”避邪，取喪亡之義。王子今（2003A：362）：桑木，也是有特殊神秘意義的材料。桑木所做的叉，古時用作祭祀用具。

⑱畏：劉樂賢（1994：236）：鄭剛認爲“畏”字是“是”字的誤寫，他在釋文中直接寫作“是”。

⑲膠：**有三說：一、讀爲“繆”，自縊**。劉樂賢（1994：236）：鄭剛云：膠讀爲繆。《荀子・哀公》：“繆繆肫肫”注：“繆當爲膠。”《漢書・外戚傳下》“即自繆也”注引鄭氏：“繆，自縊也。”哀鬼因無家故喜與人爲伍，引誘人自縊以爲伴，這在後世鬼怪故事中常見。我們認爲，本條的鬼名是哀鬼，哀鬼衹是使人“色柏然毋氣，喜契清，不飲食”，並未引誘人自縊，故當從整理小組訓爲糾結。**二、讀爲“摎”，糾結**。整理者說。**三、讀爲“繆”，纏**。連劭名（2001）：“膠”讀爲“繆”，《廣雅・釋詁四》：“繆，纏也。”王子今（2003A：362）：所謂“喜契清，不飲食”，可以有兩種理解。這可能是“哀鬼”“令人”如此，也可能是“哀鬼”本身的品性。

⑳哀鬼：**有二說：一、早夭之人**。連劭名（2001）：哀鬼是早夭之人。《逸周書・謚法》云：“早孤短折曰哀，恭仁短折曰哀。”**二、殤鬼**。連劭名（2002）：“哀鬼”即殤鬼。《釋名・釋喪制》：“未二十而死曰殤。殤，傷也，可哀傷也。”

㉑柏然：**泊然，恬淡無欲的樣子**。劉樂賢（1994：236）：鄭剛云：“柏然即泊然或怕然。”

毋氣：**沒有精神**（整理者）。

㉒契清：**清潔**。劉樂賢（1994：236）：鄭剛云：契清即絜清，清潔。王子今（2003A：363－364）：“絜清”一語，秦漢人慣用。《萬石張叔列傳》：“（周）仁爲人陰重不泄，常衣敝補衣溺袴，期爲不絜清，以是得幸。”

㉓棘椎、桃秉：**即棘做的椎、桃木做的柄**。劉樂賢（1994：236）：棘、桃是中國古代使用最廣的驅鬼器物，故棘椎、桃木柄可以用來驅鬼。

㱿其心：**即以棘椎、桃柄擊其心**。劉信芳（1996）：“其”指土木偶，是“哀鬼”爲偶也。“哀鬼”被人擊其心，受到如此厲害的懲罰，自不敢再來。魏德勝（2003：48）：㱿，涉下文“心”而訛。

㉔皆疫：**都得了傳染病**。王子今（2003A：365）：所謂“皆疫”，當是傳染病流行的記錄。簡43BKI又有“一宅之中毋故室人皆疫，多瞢米死”，也說到“疫”。

㉕棘鬼：**有二說：一、讀“瘠鬼”，瘦鬼**（劉釗，1997A）。**二、荆棘鬼**。王子今（2003A：365）：在民間意識中，“棘”與“鬼”似有特殊的關係。唐李紳《過吳門二十四韻》：“苧蘿妖覆滅，荆棘鬼包羞。”

㉖正立而貍：**有二說：一、正位而埋**。王子今（2003A：365）：或許應當理解爲“正位而埋”。**二、正立埋入土中**。劉信芳（1996）：“正立而貍”者，以土或木做成“棘鬼”之偶，然後正立埋入土中。

㉗淳：**濕潤**（整理者）。

旱則淳，水則乾：**天旱反而濕潤，有雨水反而乾燥**。王子今（2003A：365－366）：似說埋棘鬼之處，地面與一般情形不同，天旱反而濕潤，有雨水反而乾燥。劉信芳（1996）謂是厭勝之術，頗類來國龍（2016）所謂以“言語之術”驅鬼，但這裏應該是指示宅中之鬼所在的位置。

㉘瞢米：**有三說：一、釋爲“瞢米”，夢寐**。整理者：《說文》：“寐而厭也。”

字亦作眛。**二、釋作“瞢未”，蒙昧。**劉樂賢（1994：236）：鄭剛據原照片釋作“瞢未”，讀爲“蒙未（昧）”，並説發掘報告釋爲“米”字是誤認字形。現從《睡虎地秦墓竹簡》所刊照片看來，似以鄭説爲優。簡文“瞢”字下面“一”字的形狀，與“未”字和“米”字在睡虎地秦簡中的通常形狀都有區别，但與《法律答問》簡208的“未”字接近。“瞢未”在本文當讀爲“夢寐”。**三、釋作“瞢未”，夢寐。**劉樂賢（1994：236）説。

㉙孕：**有四説：一、孕。**整理者：一説，即“孕”字。劉信芳（1996）：孕鬼爲難產而死之鬼，“埋焉”是埋其偶。魏德勝（2003：39）：從字形看，以釋爲“孕”字爲優，會意。**二、包。**整理者：疑即“包”字。**三、字。**劉樂賢（1994：236）：鄭剛釋此字爲“字”。**四、乳。**趙平安（2013）：可以看作“乳”字古文的省寫。

孕鬼：**有三説：一、難產而死之鬼**（劉信芳，1996）。**二、冤死之鬼。**李家浩（2012）：頗疑應該讀爲“冤鬼”，即冤死之鬼。**三、乳死鬼，哺乳期而死的鬼。**趙平安（2013）：孕鬼應即乳鬼，也就是乳死鬼。

㉚毋草，如席處：**有二説：一、釋爲“無草，如席處”，沒有草叢，如同席子的地方。**陳偉（2016C：414）説。**二、釋爲“貫草如席處”，將草穿起來，做成薄席狀。**劉信芳（1996）：是將草穿起來，做成薄席狀，目的是模仿其生產過程，使其儘量合於土木偶所代之鬼的相應環境。

㉛羸：**脱落。**整理者：《吕氏春秋·首時》：“眾林皆羸。”注：“羸，葉盡也。”

㉜宲人：**有四説：一、餓殍。“宲”即“寶”字，讀爲“殍”。**整理者：疑即“寶”字，此處疑讀爲“殍”。“宲”字下原有重文號，現改正爲在“是”字下。**二、繈緥中人，嬰兒鬼。“宲”讀“緥”。**劉信芳（1996）：“宲人”指繈緥中人，亦即嬰兒鬼。劉樂賢（1994：237）：鄭剛云：“宲見《説文》《玉篇》，這裏讀緥（二字並从呆聲），緥人即繈緥中人，指小兒。小兒活著就做鬼，所以下文曰：‘以黍肉食宲人，則止矣。’”此二説皆可商。**三、小童。化爲孩童之形的疫鬼。**劉樂賢（1994：237）：宲人可能是指小童。本簡説“人毋故一室人皆疫”，則作祟之鬼可能是疫鬼。古書中的疫鬼總是化爲孩童之形，本簡“生爲鬼”的“宲人”也應是孩童。但宲人不能指繈緥中的嬰兒，因爲對嬰兒無“以黍肉食”之理。嬰兒在本篇作“赤子”，見簡65BKⅡ。**四、保母，媬母。**王子今（2003A：369－370）：“宲人”也很有可能指保母，即媬母。

㉝沙人：**有二説：一、砂仁。**整理者：陳藏器《本草拾遺》、李珣《海藥本草》及《藥性論》諸書稱爲縮砂蔤。《海藥本草》云：“縮砂蔤生西海及西戎等地，波斯諸國，多從安東道來。”蘇頌《本草圖經》云：“縮砂蜜生南地，今惟嶺南山澤間有之。”以其藥用部位爲果仁，故亦稱縮砂仁，簡稱砂仁。**二、以沙爲人，土偶。**劉信芳（1996）：“沙人”以沙爲人，即土偶也。有學者謂“沙人”即“沙仁”，是中藥，則全與驅鬼術無關，今不取焉。

升：**有二説：一、量詞。二、指將“沙人”置於舂臼。**劉信芳（1996）：《儀禮·士冠禮》："載合升。"鄭玄注："在鼎曰升。"

㉞挃：**有四說：一、實，填塞。**整理者：《釋名·釋宮室》云："室，實也。"室可讀爲實，則挃亦可讀爲實。**二、讀"挃"，鑄。**劉樂賢（1994：237）：鄭剛云："挃讀挃，《淮南子·兵略訓》：'不若捲手之一挃。'注：'挃，鑄也。'"**三、同"挃"，刺，舂黍。**劉信芳（1996）："挃"同"挃"，《廣雅·釋詁》："刺也。"此指舂黍。**四、擣。**魏德勝（2003：232）：《集韻·質韻》："挃，擣也。通作挃。"以"擣"訓"挃"，直接而明確。

㉟夜入人室，執丈夫，戲女子：王子今（2003A：371）：這是相當普遍的治安問題。"執"，有可能是指《唐律疏議·賊盜》所謂"執人質""執持人爲質"。"戲女子"則是長期以來始終相當普遍的流氓滋擾行爲。

㊱僞爲：**有二說：一、釋爲"僞爲"。**整理者：秦簡中常見此合文，通釋爲"僞爲"。**二、釋爲"化爲"的合文。**陳偉（2014：456）疑應改釋爲"化爲"的合文，例引《開元占經》卷118引《竹書紀年》："周宣王三十三年，有馬化爲狐。"

㊲桑皮：**桑樹皮。**王子今（2003A：373）："桑皮"有止除鬼祟的神秘作用，可以聯繫上文有關"以桑心爲丈，鬼來而毄之，畏死矣"等內容。"桑皮"和"桑心"正可對應。

爲□□："爲"字下空白，整理者以爲原有二字，陳偉（2016C：427）：看紅外影像，未見字跡。

㊳蠪：**有四說：一、讀爲"龍"**（整理者）。**二、讀如字，人宅中東北墻下之鬼。**劉樂賢（1994：237）：其實"蠪"字用其本義即可。《莊子·達生》："東北方之下者，倍阿鮭蠪躍之。"疏："人宅中東北墻下有鬼，名倍阿鮭蠪，躍狀如小兒。長一尺四寸，黑衣赤幘，帶劍持戟。"疑本簡之蠪與倍阿鮭蠪相類。**三、讀如字，指毒蟲之類。**劉信芳（1996）："蠪"本指大蟻，簡文或指毒蟲之類，似未可拘泥。**四、鮭蠪，一種能祟殺人的土中怪物。**劉釗（1997B）：幼蠪疑與蠪蛭、蠪蚔或鮭蠪有關。睡虎地秦簡謂"幼蠪處之"，與《莊子·達生》"雷霆處之""泆陽處之"句式相同，"幼蠪"應該就是《莊子·達生》中的"鮭蠪"。又《太平御覽》卷360"江陵趙姥"條和卷373"馬希範"條都提到一種能祟殺人的土中怪物叫"土龍"，可能也與"幼蠪"有關。

㊴埜獸若六畜逢人而言：王子今（2003A：374）：對於所謂"埜獸若六畜逢人而言"的情形，史書有所記載，如《晉書·五行志中》："孝懷帝永嘉五年，吳郡嘉興張林家狗人言云：'天下人餓死。'於是果有二胡之亂，天下饑荒焉。"《宋書·五行志二》："晉孝懷帝永嘉五年，吳郡嘉興張林家狗人言云：'天下人餓死。'"

㊵票風：**有三說：一、疾風。**整理者：《老子》第二十三章注："飄風，疾風也。"**二、由鬼化成的飄風。**劉樂賢（1994：237－238）：古人認爲飄風乃是鬼化成的，《白澤精怪圖》："又丘墓之精名曰狼鬼，善與人鬭不休，爲桃棘矢（疑"桃"字下脫"弧"字），羽以鵄羽以射之，狼鬼化爲飄風。"**三、疾風，旋風。**劉釗（1997B）：飄風指疾風，又指旋風，即羊角風。陳家寧（2006）：飄、飆、扶搖是一

組同源詞，指的是由下盤旋而上的風。

㊶桃丈：**用桃木做的杖**。整理者：古人認爲桃木可以避鬼。《淮南子·詮言訓》："羿死於桃棓。"許注："棓，大杖，以桃木爲之，以擊殺羿，由是以來鬼畏桃也。"

㊷竈毋故不可以孰食：劉樂賢（1994：238）：古人認爲竈中、鍋中有鬼怪作祟時，就煮不熟飯，並帶來災害，需要用一些東西驅邪。

㊸陽鬼：**有三説：一、與"陰鬼"相對**。劉樂賢（1994：239）將其與下文"欽鬼"相對，謂"欽"字即"黔"字的古文"侌"，其説可從。**二、雄鬼**。劉釗（1997B）："陽鬼""欽鬼"疑分别指"雄鬼"和"雌鬼"。**三、神仙**。連劭名（2002）：陽鬼，即神仙。王子今（2003A：378）：睡虎地秦簡《日書》出現"陽鬼"字樣者，又有簡47BKⅡ。

㊹矢：**通"屎"，糞便**。劉樂賢（1994：238－239）：矢通屎，古人認爲鬼怕六畜屎。敦煌本《白澤精怪圖》："（鬼）夜呼長婦名者，老雞也，馬屎塗人戶防之。不防之，死。煞則已。"

㊺欽鬼：**有五説：一、陰鬼，與"陽鬼"相對**。劉樂賢（1994：239）説。我們注意到上段有陽鬼，則此設理應接著講陰鬼。欽从今得聲，陰从金得聲，而侌乃黔的古文。《説文》："黔，雲覆日也，从雲、今聲。"然則欽、陰皆从今得聲，故欽可通陰。**二、訓"欽"爲"欲"**。整理者：《廣雅·釋詁一》："欲也。"**三、即飲鬼**。劉樂賢（1994：239）：鄭剛云："欽鬼疑即飲鬼，其意不明。"**四、民間對"鬼"的通稱**。王子今（2003A：379）：即"陰鬼"，是民間對"鬼"的通稱，而與"陽人"對應。**五、雌鬼**。劉釗（1997B）説。

㊻㸑：**碎**。整理者：《説文》："碎也。"

□已：**"已"上一字有二説：一、則**。整理者釋爲"則"。王子今（2003A：379）：按照睡虎地秦簡《日書》文例，句末三字爲"則已矣"是很有可能的。**二、□**。整理者改作"□"。劉樂賢（1994：239）：今細審照片，此字殘破過甚，難以辨認，整理小組的處理可從。

㊼票：整理者釋爲"寒"，陳偉（2016C：428）據紅外影像改釋爲"飄"。

㊽獨：**有三説：一、作祟的主體**。王子今（2003A：380）："票風入人室，獨也"句式或同下文"□鳥獸能言，是夭也"，"獨"可能應當理解爲作祟的主體。從字面講，"獨"作爲野生動物的可能性值得留意。宋人陸佃《埤雅》卷4："《類從》曰：'獨一叫而猨散。'……今俗謂之'獨猨'。蓋猨性群，獨性特。猨鳴三，獨鳴一。是以謂之'獨'也。"**二、一個人**。劉樂賢（1994：239）：此句意思是説寒風會在房子衹有一個人的情況下進入，如果有了别的人寒風就不會進入房子了。大概寒風也像下文的妖一樣害怕人多。**三、"道"的别名，自然**。連劭名（2001）："獨"義同於"一"，是"道"的别名，《詰》篇的"獨"當指"自然"。

㊾洒以沙：**用沙子撒**。王子今（2003A：380－381）："洒以沙"的應對方式，值得注意。明人田汝成《西湖遊覽志餘》記述杭人張存幼事，有"作法撒沙"的情

節。所謂“撒沙”，其實也是“作法”的形式之一。

㊿□鳥獸能言：據圖版，所缺首字爲“死”字。“死鳥獸能言”，與下文“毋氣之徒而𡎺”相對應，下文應是指“沒有生氣的物體”。

㉛毋氣之徒：**有五說：一、指非活物類的東西**。劉樂賢（1994：239）：據文義，無氣之徒當指非活物類的東西。**二、魅中的一類**。連劭名（2002）：毋氣之徒，屬於魅中的一類。**三、無氣之人**。王子今（2003A：381－382）：“徒”之字義未見指“東西”者，這裏當是指人。“毋氣之徒”，即“無氣之人”。《弘明集》卷1題漢牟融《理惑論》說到“無氣之人”：“師曠雖巧，不能彈無弦之琴；狐貉雖熅，不能熱無氣之人。”“無氣之人”，其實就是已經亡故之人。“毋氣之徒而𡎺”，就是尸體突然起立動作，即通常所謂“詐尸”。**四、不屬於動物之類**。整理者說。**五、“徒”指同一類的事物**。沈祖春（2006B）：此處簡文中“徒”意謂同一類的事物。

㉜終日，大事也；不終日，小事也：劉樂賢（1994：239）：鄭剛云：“本節爲占卜，無氣者動終日，有大事，否則是小事。”

㉝虫：整理者作“蟲”。

㉞屬：**連接**（整理者）。吳小強（2000：135）：屬，連接。動物學上稱之爲“動物的再生能力”。自然界某些動物斷其身軀某些部分（如尾、足），或遇到危險時自動斷其部分後又能長出新的來。

㉟濆：**有五說：一、讀爲班、布**。劉樂賢（1994：239）：鄭剛云：“本篇濆字有施、布、敷之義，讀爲班、布。”鄭說可從。**二、讀作“坌”，蒙蓋、覆被**。劉釗（1995）：“濆”應該讀作“坌”，用作“蒙蓋”“覆被”之義。**三、讀“墳”，掩蓋**。王子今（2003A：430）讀“墳”，訓爲“掩蓋”。**四、疑爲“漬”字之誤**。整理者說。**五、疑爲“噴”字**。吳小強（2000：135）：濆，疑爲“漬”字，或爲“噴”字。

㊱哀：**憂，哀傷**。劉信芳（1996）：“哀”即憂也，人憂則茹莠葉十四片而臥，實出於憂、莠諧音，故生出此種巫術。

忘：**有二說：一、讀如字，忘掉**。劉樂賢（1994：239）：其實，本條說有思哀而無法忘掉，忘似不必讀爲亡。**二、讀“亡”，去**。劉樂賢（1994：239）：鄭剛云：“忘讀亡，去也。”

㊲完：**有二說：一、連下讀。完整**。整理者說。**二、連上讀。讀“芄”，一種植物**。鄭剛說。

掇：**摘取**。整理者：掇，《廣雅・釋詁一》：“取也。”完掇其葉二七，完整地摘取葉子十四片。劉樂賢（1994：239－240）：鄭剛將“完”字連上讀，並說完讀芄，將莠芄視爲兩種植物，可備一說。

二七：整理小組釋爲“十四”是正確的。古代數術、方技家以二七、七（又稱一七）等數爲吉數，常規定所用器物之數爲一七、二七，如馬王堆帛書《五十二病方》就多次使用一七、二七。

㊽如：**有二說：一、讀“茹”，食**。整理者：《方言》：“茹，食也。”**二、讀如字，到、去**。劉樂賢（1994：240）：“如”字，鄭剛訓爲到、去，並說：“本句義爲面向東北向病人走過去。”當從整理小組之說。

乃：此處用法同“而”。

㊾其鬼歸之者：劉樂賢（1994：240）：古人認爲人死後將變爲鬼，鬼將定期返回原來的住處。《顏氏家訓·風操》：“偏傍之書，死有歸煞，子孫逃竄，莫肯在家。”後世陰陽家根據干支推算死者鬼魂回家的日期，使人避開，叫作避煞。

㊿芾：**讀“茇”，草根**。莎茇：**莎草的根**。整理者說。

爇：**有二說：一、讀爲“爇”，燃燒**。整理者說。**二、讀爲“執”**。劉樂賢（1994：240）：鄭剛讀爇爲執，亦通。

寺：**有二說：一、讀爲“待”**。《國語·魯語下》注：“猶禦也。”**二、讀作“持”**。劉釗（1996）：寺，似應讀作“持”。

(61)人毋故而心悲也：王子今（2003A：387）：當是指某種精神抑鬱症。這條簡文也是使用巫術手段作爲心理療法的一例。

(62)尺有尊：**一尺一寸。“尊”讀爲“寸”**。王子今（2003A：387－388）：以一尺一寸的長度爲宜，合於秦人以十一爲某種象徵的心理傳統。宋人唐慎微《證類本草》卷12：“菌桂，味辛溫無毒，主百病，養精神，和顏色，爲諸藥先聘通使，久服輕身不老，面生光華，媚好常如童子。生交趾、桂林山谷巖崖間。”療效所謂“養精神，和顏色”云云，正與“人毋故而心悲也”的症狀相符合。

(63)食之：**使之享食**。劉信芳（1996）：當是以桂爲偶，行巫術而使木偶享食。之所以人悲以桂爲偶而窮治之，此乃巫術家常用移疾之術。桂與悲諧音，以桂爲偶而移疾於桂，然後將偶開膛破肚，則人悲亦盡除。

(64)已乃：**已而，此後**。整理者：已乃意即已而，此後。

脯：**有二說：一、讀爲“餔”，早飯**。整理者：餔，《廣雅·釋詁》：“食也。”此處指早飯，與《說文》專指申時食不同。**二、讀爲“膞”，殺牛、羊取其五臟而曝**。劉信芳（1996）：當借作“膞”。凡殺牛、羊取其五臟而曝曰膞，見《方言》卷7。王子今（2003A：387－389）：“以望之日”之後似可分斷。

(65)畏人：**恐嚇人**。整理者：恐嚇人。王子今（2003A：392）：“畏人”，即“恐嚇人”，是使動用法，就是使人畏。

(66)畏人所：**是“於畏人所”的省略**。劉樂賢（1994：240）：睡虎地秦簡法律文書中有這樣用法的例子，如《法律答問》“夫盜千錢，妻所匿三百”。整理小組將“妻所匿三百”譯爲“在其妻處藏匿了三百”。

(67)鳶：**讀“弋”，射**。整理者：大徐本《說文》“鳶”字下云：“屰非聲，一本从丫，疑从萑省，今俗別作鳶，非是。”簡文此字上部已从弋作鳶。《說文通訓定聲》以爲“鳶”即“𨾴”字，當讀如弋。

(68)召：**有二說：一、讀爲“詔”，告訴**。整理者讀爲“詔”，釋爲“告訴”。**二、讀如字，召喚**。王子今（2003A：393）：“召人”，也可以直接理解爲“召人”

“招人”。

璽必以某月日死：王子今（2003A：393）：後世志怪故事中可以看到類似情節。《搜神記》卷18：“魏齊王芳正始中，中山王周南爲襄邑長。忽有鼠從穴出，在廳事上語曰：‘王周南，爾以某月某日當死。’周南急往不應。鼠還穴。後至期復出，更冠幘皂衣而語曰：‘周南，爾日中當死。’亦不應。鼠復入穴。須臾復出，出復入，轉行數語如前。日適中，鼠復曰：‘周南，爾不應死，我復何道。’言訖，顛蹶而死，即失衣冠。所在就視之，與常鼠無異。”

㊴洔鬼：**畤鬼**。劉信芳（1996）：所謂“洔鬼”當即畤鬼。

僞爲鼠：**當是以木或他物爲鼠**。王子今（2003A：394）：睡虎地秦簡《日書》甲種中涉及某物“僞爲”某物的情形，又有“神狗僞爲鬼”（簡48BKⅠ）、“神虫僞爲人”（簡34BKⅡ、35BKⅡ）、“野火僞爲虫”（簡35BKⅢ）等。

⑩醯：**醋**。滫：**米泔水**。整理者說。

⑪求：**有二說：一、索取**。劉信芳（1996）：求之本義爲以手索取物，是將没入醋、醬、髒水中的偶取出而棄之。**二、通“救”，鉤取**。王子今（2003A：394－395）：“求”或許通於“救”，而“救”與“拘”可以互借。“拘”則有鉤取之義。

⑫大神：**有二說：一、社神**。整理者：《周禮・肆師》：“大神，社及方嶽也。”則此處的大神疑指社。吳小強（2000：136）：這裏指社神。**二、重要的神**。吳小強（2000：136）：也可理解爲重要的神，不特指某神。

⑬咼：**有三說：一、讀爲“過”，經過**。王子今（2003A：395）：釋“咼”爲“過”，文義可通。**二、讀爲“過”，責、罵**。鄭剛說。**三、讀如字，以言語誹謗、侮辱**。劉樂賢（1994：241）：鄭剛云：“《說文》：‘咼，口泱不正也。’字亦作喎，《文選・辯命論》注引《通俗文》：‘口不正也。’其義疑是指以言語誹謗、侮辱，故曰大神不可咼也。又咼疑讀爲過，訓責、罵。”《醫心方》卷27引《千金方》云：“凡遇（一作過）廟，慎勿輒入，入必恭敬。”似可與本簡互相印證，故暫從整理小組之說。

⑭鼓：**敲**。整理者：簡文字从攴，《說文》鼓、鼓音讀不同，但在卜辭金文中，鼓和鼓並無區別。

⑮上神：**有二說：一、天神**。劉樂賢（1994：241）：“上神”又見簡39BKⅢ：“是上神下取妻。”《禮記・禮運》：“以降上神與其先祖。”疏：“皇氏、熊氏等云：上神謂天神也。”**二、居於天上的高貴神靈**。吳小強（1992A）：簡文中的“上神”，應指居於天上的高貴神靈。

相：**有二說：一、神名**。劉信芳（1996）：“相”爲神名，其性好下方之樂，故以鼓、鐸逐之，此乃《日書》對於儺的一種解釋。相氏之得名，應與《日書》“上神”名“相”有關。**二、傅，附著**。連劭名（2002）：《論語・衛靈公》云：“固相師之道也。”鄭注：“相，扶也。”《釋名・釋言語》云：“扶，傅也。傅近之也。”所謂“相好下樂”，是說上神附著於他們喜好的生物，來下界遊樂。

男女未入宮者：**有二說：一、未婚男女**。整理者：疑指未婚男女。劉樂賢

(1994：241－242)：整理小組將此句讀爲“是上神相，好下樂入，男女未入宫者毄鼓奮鐸喿之”。現在的斷句參考了鄭剛的釋文。“是上神相好下，樂入男女未入宫者”與簡39BKⅢ“是上神下取妻”相類。“男女未入宫者”，我們以前懷疑是指未進入房間的男女，夏德安先生舉張家山漢簡《引書》相告，認爲“入宫”確有行房事之義。按：《引書》中“入宫”凡四見，皆指男女性交，則“男女未入宫者”應指未婚男女。樂入男女未入宫者，意謂樂於帶走那些未婚男女。前一“入”字讀爲“納”，《國語・晉語》：“殺三郤而尸諸廟，納其室以分婦人。”注：“納，取也。”連劭名（2002）：《詰》篇的“男女未入宫者”，即“未知牝牡之合”，讓這些人驅邪，是取精強之義。**二、未進入房間的男女。**劉樂賢（1994：241－242）：“男女未入宫者”，我們以前懷疑是指未進入房間的男女。

鐸：**大鈴。**整理者：《路史・後紀五》注引《莊子》：“游島問於雄黄曰：‘逐疫出魅，擊鼓噪呼，何也?’曰：‘黔首多疾，黄帝立巫咸，使之沐浴齋戒，以通九竅；鳴鼓振鐸，以動其心；勞其形，趨步，以發陰陽之氣；飲酒茹蔥，以通五藏；擊鼓噪呼，逐疫出魅，黔首不知，以爲魅祟耳。’”可與簡文參看。

㊱神虫：**一種鬼。**王子今（2003A：399－400）：“神虫”，從簡文看是“鬼”的一種。然而，古代文獻中曾經有“神虫”之稱。睡虎地秦簡《日書》所說“神虫”的真實含義，目前仍未能明瞭。

偶爲人：**即以偶爲人。**劉信芳（1996）說。

㊲良劍：**木劍。**劉信芳（1996）：按巫術所用刀劍，多非真刀真槍，是鬼本爲幻化，巫家以荆棘代刀槍，蓋以爲陽間之假，則陰間爲真矣，此“良劍”恐亦一柄木劍而已。

刺其頸：**以劍刺偶之頸。**劉信芳（1996）說。

㊳以：**與。**整理者：此處用法同與。

㊴童：**有二說：一、讀爲“動”。**陳偉（2016C：415）說。**二、讀爲“舂”。**劉信芳（1996）說。

㊵狀神：**有二說：一、戕神，傷神。**整理者：讀爲戕。《國語・晉語》注：“猶傷也。”**二、同於“泆陽”神。**劉樂賢（1994：242)：《莊子・達生》：“西北方之下者，則泆陽處之。”《釋文》：“司馬云：泆陽，豹頭馬尾，一作狗頭。”本簡狀神“馬尾犬首”，與泆陽“狗頭馬尾”有相同之處。

㊶屈：**通“掘”，挖掘。**

遝：**迨，及、到。**王子今（2003A：401)：《說文・辵部》：“遝，迨也。”“迨，遝也。”段玉裁注：“《廣韻》：‘迨、遝，行相及也。’《方言》：‘迨、遝，及也。東齊曰迨，關之東西曰遝，或曰及。’《公羊傳》‘祖之所逮聞也’，漢石經作‘遝聞’。”

㊷赤豕：**紅色乳豬。**劉信芳（1996）：所謂“赤豕”即乳豬。

㊸馬尾：**馬鞭。**劉信芳（1996）：即入中藥之“馬鞭”。該節所述，當爲預埋乳豬、馬鞭、犬首之類，然後掘而烹食。無氣不能舂作，本爲氣虚乏力之症，乳豬、

馬鞭、狗骨益人氣血，食之其虛疾自愈。

㉞美氣：**這裏指呼吸暢快。另有三說：一、美味。**魏德勝（2003：82）："美氣"就是"美味"。**二、感覺美好、快樂。**吳小強（2000：136）：後文"美氣"，意爲感覺美好、快樂，今關中地區方言仍使用"美氣"一詞。**三、充益其氣。**劉信芳（1996）："美氣"謂充益其氣，《孟子·盡心下》："充實之謂美。"

㉟會虫：**一種蟲。**王子今（2003A：402）：所謂"會虫"實指未可知。華佗事跡可見"鱠虫"，似與此"會虫"沒有直接關係。

西臂：**有二說：一、讀爲"西壁"。**整理者說。**二、即"西僻"，西邊側僻地方。**王子今（2003A：402）：西臂整理小組解爲"西壁"，則與下文"取西南隅，去地五尺，以鐵椎椯之，必中虫首，屈而去之"不合。"西壁"與"西南隅"地下五尺有相當距離，推想"西壁"或當理解爲"西僻"，即西邊側僻地方。

㊱椯：**有二說：一、讀爲"段"，椎物。這裏用作動詞，義爲扎。**整理者注釋：《說文》："椎物也，从殳，耑省聲。"**二、與"段"音近義通。**魏德勝（2003：7）："椯""段"音近，義也通，"椯"不必改讀爲"段"。

㊲夙筋：**有二說：一、即"縮筋"，一般的抽筋。**整理者說。**二、較爲嚴重的痼疾。**王子今（2003A：403）：前已說"一室人皆夙筋"，此又說"弗去，不出三年，一室皆夙筋"。若前一"夙筋"可以依整理小組意見勉強解釋爲"縮筋，抽筋"，則後一"夙筋"顯然當是較爲嚴重的痼疾。《黄帝内經·素問》卷15："積寒留舍，榮衛不居，卷肉縮筋，肋肘不得伸，内爲骨痺，外爲不仁，命曰不足，大寒留於谿谷也。"足見所謂"夙筋"絕不僅僅是一般的"抽筋"。

㊳責人：**求物於人。**連劭名（2002）："責人"和"褱人之畜"的性質是一樣的，目的都是要取物於人。《說文》云："責，求也。"

㊴辭：**去，遣。**李家浩（1999C）："不可辭"與《詰咎》篇中的"不可去""不可止""不可禦"等文例相同，"辭"的意思當與"去""止""禦"類似，疑應該訓爲"遣"。

㊵㬥鬼：**有二說：一、凶暴之鬼。**劉釗（1997B）：暴鬼和凶鬼之名皆見於典籍，《太平廣記》卷358"齊推女"條謂"比者此州刺史女，因產爲暴鬼所殺，事甚冤濫"。暴鬼和凶鬼意爲凶暴之鬼。**二、虐鬼，或惡鬼。**連劭名（2002）：《太平經》卷72"不用大吉無效訣"云："天地之間，時時有暴鬼、邪物、凶殃、尸咎、殺客。"《抱樸子·道意》云："任自然無方術者，未必不有終其天年者也，然不可以值暴鬼之横狂，大疫之流行，則無以卻之矣。""横狂"是暴鬼的特性，是知"暴"當訓爲"虐"。暴鬼又稱虐鬼或惡鬼。

㊶以牡棘之劍之：**有二說：一、"劍"下脱文是"刺"。**整理者："劍"字下當有脱文。劉樂賢（1994：242）：此脱文當是"刺"字。劉信芳（1996）：刺之即刺偶人，是以"偶人"代"暴鬼"。**二、"劍"下脱文是"毄""斫"。**王子今（2003A：403－404）：此脱文是"刺"字的可能性很大，但也可能是"毄（擊）"字，或者"斫"字。

⑫占：**有二說：一、占夢**。王子今（2003A：404）："占"應直接作占夢解。"瞢而弗占"，是噩夢之後無法占問。**二、驗**。整理者：《廣雅·釋詁四》："譣（驗）也。"

⑬圖夫：**有二說：一、鬼名**。劉釗（1997B）：圖夫乃鬼名，道書中載刀鬼名劍子夫，五嶽之鬼一名山夫，南斗三台鬼姓溟名溫夫，庚戌日鬼名總夫等，諸鬼皆以"夫"爲名，可資比較。**二、"社謀"之"謀"**。連劭名（2002）：謀、圖同義，故"社謀"之"謀"，可能是指"圖夫"。

⑭復鬴戶外：**有二說：一、在戶外覆置圜底器**。王子今（2003A：404－405）："覆鬴戶外"，使人聯想到漢長安城南出東起第一門爲"覆盎門"。盎圜底容器，覆置可以保證安穩。"覆盎門"取義於"安"。現在聯繫睡虎地秦簡《日書》甲種"覆鬴戶外"語，可知這種覆置圜底器的做法，其起初的動機，又有摒除鬼魅，闢去不祥，以保證門戶安定的神秘主義意識的背景。**二、在戶外設斧。"鬴"與"斧"音近**。劉信芳（1996）：按鬴與斧音近，古代多以斧爲鎮邪之物，《禮记·檀弓》："加斧於椁上。"《儀禮·覲禮》："天子設斧依於戶牖之間。"注："依如今綈素屏風也，有繡斧文，所以示威也。""覆鬴戶外"，即取此義。

⑮女筆：**有四說：一、讀"女篦"，婦女用的梳子**。鄭剛（1993）讀"女篦"，即梳子，劉樂賢（1994：242）、王子今（2003A：405－406）從其說。劉樂賢（1994：242）：鄭剛云："女筆讀篦，婦女用的梳子，筆、篦陽入對轉。"其說可從。王子今（2003A：405－406）：鬼多披頭散髮，忌梳頭。**二、讀如字，女人所用之筆**。劉釗（1994）："女筆"之筆應讀作本字，即刀筆之筆。"女筆"即女人所用之筆。**三、讀"汝筆"**。李家浩（1999C）："女筆"應該讀爲"汝筆"。《詰咎》篇所說的治鬼怪工具，有在其前冠以代詞的，"汝筆"猶"其木""若鞭"。蔣英炬（1994）："女筆"二字不應該作一個物名，而應該分開讀。拙意認爲"女"就是個人稱代詞。古文中"女""汝"二字相通。**四、讀"如筆"，隨意書寫之筆**。連劭名（2002）："女筆"是"如筆"。《白虎通·嫁娶》云："女者，如也，從如人也。"人執筆抒發心意，可隨意書寫。任何事物，凡能掌握其特性，便易於求懲治的辦法。整理者：女筆，不詳。

拈：**有四說：一、釋"拈"，持**。陳偉（2014：465）："拈"字整理者釋"拓"，據圖版應爲"拈"，訓"持"。陳偉（2016C：434）：看紅外影像，"以"下一字當釋爲"拈"。《說文》："拈，揤也。"《廣雅·釋詁三》："拈，持也。"**二、釋"拓"，推、舉**。整理者：拓，有推、舉之義。**三、釋"拓"，讀爲"摕"，擊**。劉釗（1994）："拓"應該讀爲"摕"，訓爲"擊"。**四、釋"拓"，讀爲動詞"石"，擲**。李家浩（1999C）："以女筆拓之"之"拓"與馬王堆漢墓帛書"席彼裂瓦"之"席"不僅用法相同，而且都从石聲，把它們讀爲動詞石，訓爲"擲"，可以互相印證。

⑯不：**有二說：一、否定副詞，不**（整理者）。**二、丕**。劉樂賢（1994：242）：鄭剛云："不、丕古通。"可備一說。

⑰生商：**有二說：一、即清商，淒清之商音**。劉樂賢（1994：242）：鄭剛云："生商即清商，清商意爲淒清之商音。《文選·悼亡詩》：'清商應秋至。'《呂氏春秋·執一》：'余因稱乎清商。'《管子·地員》：'其下清商不可得泉。'"王子今（2003A：406－407）："清商"指商聲者，因其旋律淒清悲驚。**二、生出哀思之音**。整理者：《荀子·王制》注："商謂商聲，哀思之音。"

⑱鄉□：整理者："鄉"下一字不清，疑爲"廥"字。

辨：**疑讀爲"辦"**（整理者）。

⑲灰□食：**□有四說：一、字左側从糸**。劉樂賢（1994：242）："食"字上一字左側从糸。**二、繹（釋）**。吳小強（2000：136）："灰"下一字左側从系，疑爲繹（釋）字。**三、絭**。王子今（2003A：407－408）：根據劉樂賢"'食'字上一字左側从糸"的發現，可以推想其字可能是"絭"，則其句爲"以灰絭食食之，鬼去"。就是說，以其燔後之灰雜和於食物中，令其食用，則鬼可離去。《說文·糸部》："絭，合也。"**四、右旁爲"以"**。陳偉（2016C：435）：看紅外影像，"灰"下一字右旁似爲"以"。

⑳祠：**通"伺"，窺伺**。整理者：鬼伺其宮，與揚雄《解嘲》"鬼瞰其室"義近。王子今（2003A：408）：關於"鬼伺"，有宋人晁補之《後招魂賦》："魂兮歸來！上天不可以遊些，有神當關，其視畏人些。其下百鬼，伺人往來執而殺之些。"揚雄"鬼瞰其室"語，又見於《焦氏易林》卷4《節·臨》，其文曰："奢淫吝嗇，神所不福，靈祇憑怒，鬼瞰其室。"

⑩祖：**行神**。吳小強（1992B）：行神，《日書》也稱"祖"神。陳家寧（2006）：《五宗世家》："榮行，祖於江陵北門。"《索隱》："祖者行神，行而祭之，故曰祖也。《風俗通》云：'共工氏之子曰脩，好遠遊，故祖爲祖神。'"行神名"祖"，好遠遊，這與簡文所稱"祖□游"諸字正合。

祖□游：陳家寧（2006）：中間一字恰處於竹簡編繩處，字的上半部殘去，不排除爲"遠"的可能。

⑫幼殤：**未成年而夭折者**（劉釗，1997A）。

⑬以灰濆之：**有二說：一、用灰向它拋灑**（整理者）。**二、以灰爲墳葬它。"濆"讀爲"墳"**。劉信芳（1996）：謂以灰爲墳葬鬼偶，以慰殤死未葬之鬼魂。

⑭逆：**有二說：一、迎**。整理者說。**二、違逆、悖逆**。王子今（2003A：409）："逆人"在這裏或許應當理解爲違逆人、悖逆人。

⑮游鬼：**有二說：一、無家可歸而四處遊蕩之鬼**。劉釗（1997B）說。**二、餓鬼**。連劭名（2002）：游鬼、餓鬼，二者其實是同一種鬼。又稱"孤鬼"。

⑯廣灌：**有三說：一、疑爲植物名**。整理者：廣灌，疑爲植物名。以廣灌爲戴，用廣灌扎爲鳶形。**二、大的灌木**。劉信芳（1996）：所謂"廣灌"即大的灌木。簡文謂以灌木扎爲鳶形，焚以驅游鬼，則古人認爲遊鬼之形跡如鳶也。**三、指竹山之草"黃雚"**。王子今（2003A：409）："廣灌"，很可能是《山海經》所說竹山之草"黃雚"的異寫。

䳄：**同“鳶”，鳶鷹**。整理者：䳄，爲鳶的異體字。《左傳·昭公十五年》：“以鼓子䳄鞮歸。”《釋文》：“䳄，本作鳶。”《急就篇》：“鳶鵲鴟梟驚相視。”皇象碑本鳶作緐。

⑩⑦不辜鬼：**冤死鬼，或屈死鬼**。劉釗（1997B）：不辜鬼即冤死鬼或屈死鬼，戰國包山楚簡卜筮祭禱簡寫作“不姑”。連劭名（2002）：厲鬼中有相當一部分是“不辜鬼”，冤屈而死，無故被殺，陰魂不散，伺機攻擊報復仇人。

⑩⑧濆門以灰：**在門上拋灑灰**。王子今（2003A：409－410）：由於灰輕微易於漫颺的性質，這一動作稱爲“濆”，與“噴”有相近的地方。

⑩⑨裹以白茅：**用白茅包裹**。整理者：《詩經·召南·野有死麕》云“白茅包之”，“白茅純束”，《白華》：“白茅束之。”劉樂賢（1994：243）：古人認爲白茅可以避鬼，故云“裹以白茅”。《抱樸子·登涉》：“山中見鬼來喚人，求食不止者，以白茅投之即死也。”《白澤精怪圖》中也有類似記載。連劭名（2002）：祭品包以白茅是精潔之意。

⑪⓪桃更：**用桃木刻成的人偶**。整理者：用以避鬼。《戰國策·齊策》：“今者臣來，過於淄上，有土偶人與桃梗相與語。……主偶曰：‘……今子東國之桃梗也，刻削子以爲人。’”

敃：**有二說：一、讀“捪”，撫摩**。整理者說。**二、讀“愍”，憂**。劉信芳（1996）：讀“愍”，《廣雅·釋詁》：“憂也。”此用作動詞，是行巫術而移人憂於偶人，然後投偶於道，則人之憂隨偶而去。有學者釋“敃”爲撫摩，則是未能了解巫家之移疾術。

⑪⑪人毋故而弩也：王子今（2003A：413）：可能是一種心理病症。以爲“以戊日日中而食黍於道”則可以迅速止怒，是巫醫方式的顯露。而古代道路往往成爲巫表演的舞臺，這是值得注意的。

⑪⑫粲迓：**有三說：一、即“粲牙”，露齒。“迓”疑讀爲“牙”**。整理者說。**二、鮮明的牙，或潔白的牙**。劉釗（1997B）：按“粲”無露義，“粲迓”意爲“鮮明的牙”或“潔白的牙”。**三、露齒而笑**。王子今（2003A：413）：古代詩文多見“粲齒”即露齒而笑的說法。如元人戴表元《喜友堂賦》：“揚襟振弁，粲齒舒顏。”

⑪⑬取白茅及黃土而西之，周其室：王子今（2003A：414）：後世民俗資料中仍然可以看到類似的風習，然而多用灰。這種做法確實有消毒和衛生的意義。早期使用“白茅及黃土”可能也有類似的作用。

⑪⑭鬼入人宮室：王子今（2003A：414）：明人王世貞《弇山堂別集》卷26說傅瀚故事，有“白晝見鬼入室，又數見怪異，因憂悸成疾，逾年死”的情節。

⑪⑮亡已：**不停**。魏德勝（2003：115）說。

⑪⑯滫康：**指米泔水和米糠**。

⑪⑰撟：**有二說：一、彎曲**。撟若虫：**彎曲如蟲**。整理者：這一句的意思是頭髮鬚眉都彎曲如蟲。邱亮、王煥林（2011）：據“撟若虫”判斷，“撟”當以捲曲之說爲長。**二、伸、舉**。王子今（2003A：415）：“撟”有伸、舉之義。此句中“若”

的含義可以理解爲或、和。“虫及須𦒿”是一種症狀。宋人楊士佩撰《仁齋直指》卷19：“追風散，治偏正頭風疼痛，面上游風若蟲行。”明人朱綉《普濟方》卷92：“青涼丹，治風熱壅實上攻頭面，口眼喎斜，語言不正，肌肉瞤動，面若蟲行。”所謂“虫及須𦒿”，情形與“面上游風若蟲行”“面若蟲行”接近。而所謂“髮撟”可能是“偏正頭風疼痛”的一種形式。

𦒿：**眉**。劉樂賢（1994：243）：不見於字書，目上須即眉，是會意字。

⑱恙：**有二說：一、病**。整理者：《太平御覽》卷76引《風俗通》：“病也。”劉釗（1997A）：恙氣指病氣，又指一種獸。吳小強（2000：137）：恙氣，疾病之氣。**二、禍患**。王子今（2003A：416）：恙，除疾病之義外，又有禍患之義。

⑲桒屨：**有二說：一、麻鞋**。整理者：賁，麻。賁屨，麻鞋。**二、草履**。錢存訓（2002）：草履。金岷彬（2008）：原簡文第一字，其上部是“卉”，下部是“丰”，表示草的意思。把這個字的字義理解爲草，比理解爲麻要合適一些。金岷彬（2007）：草鞋。王子今（2003A：416）：漢代文獻有“煮履”之例，然而是作爲替代食品。

紙：**有五說：一、讀爲“抵”，側擊**。整理者：紙，讀爲“抵”，《說文》：“側擊也。”**二、讀爲“抵”，投**。整理者：一說，讀爲抵，義爲投。邱亮、王煥林（2011）：細繹文義，“擊”與“投”字義釐然有別，“擊”爲持物以擊，“投”爲投物以擊。就對象言之，“大袜”“餓鬼”入人室，且能言語，當爲迷信中可以捉摸之物，因此擊（投）之則止。而本句中所言“恙氣”附著於身，則並非如以上所言之實在，使用擊、投的方式，恐難以奏效。**三、讀如字，紙**。錢存訓（2002）：此處的“桒屨以紙”，可有兩種解釋：一種爲“煮桒屨以成紙”，因此以草鞋製成的紙可能有迅速驅邪的作用。另一說“以紙”也可能解釋爲“以草掩蓋”或“以紙覆蓋髮上”，可有驅邪、避穢、立即見效的作用。如果衹是因爲“以紙”難以解釋，而將此字改讀爲“抵”，釋爲“抵”，似乎不太合理。金岷彬（2007）：如果堅持要按“紙”字來識讀，那就是“煮草鞋成爲紙（絮）狀”，仍然是把“以”字當作連詞，但表示動詞“煮”的目的。“草鞋”能煮成“紙”嗎？初看起來“似難貫通”。然而，筆者卻感到睡虎地秦簡《日書》裏講的“煮草鞋”的確可以成爲紙（漿）。**四、訓“砥”，磨、摩擦**。邱亮、王煥林（2011）：故“紙”之訓“抵”或“抵”，仍不無疑問。《五十二病方》有“履下靡”，即敦煌文書中所習見的“腳靡”。學者們認爲“腳靡”是一種襪子。“抵”並非本字，理當訓“砥”，義爲“磨”，全句意爲“用襪子進行摩擦”，這與睡虎地秦簡採用的方法如出一轍。劉樂賢（1994：243）：馬王堆漢墓帛書《五十二病方》有“以履下靡（磨）抵之”一句，可與本簡對照。**五、待考**。陳偉（2016C：438）：“紙”字之釋不能無疑，待考。

⑳匴：**竹製的淘米用具**。整理者：《說文》：“淥米籔也。”饒宗頤（1982：27）：此字已見《儀禮·士冠禮》。

㉑氣：**給食**。整理者說。

云：**語末助詞，無義**。

⑫餓鬼：**無人祭享之鬼**。劉釗（1997A）：餓鬼之名屢見於典籍，是指無人祭享之鬼。饒宗頤（1982：27）：《翻譯名義集》："薜荔多，（玄）應法師云：正言閉麗多。此云祖父鬼，或言餓鬼。餓鬼劣者，《孔雀經》作俾禮多。"按薜荔多梵文爲Preta（《名義大集》4753）。今秦簡已見此名，則非取自釋氏，乃借舊或以翻梵語者。連劭名（2002）：游鬼、餓鬼，二者其實是同一種鬼。又稱"孤鬼"。

⑬以屨投之，則止矣：王子今（2003A：417）：《太平御覽》卷886引《博物志》："丘墓之精名狼鬼，善與人鬬不休，爲桃弓棘矢，羽以鵄羽，以射之，狼鬼爲飄風，脫履投之不能化。"所謂"脫履投之不能化"，可以幫助我們理解"以屨投之，則止矣"。

⑭大票風害人：連劭名（2002）：大風往往給人類造成巨大的災難，所以在迷信意識中，"大飄風"成爲作祟的妖怪之一。

⑮擇以投之：整理者："擇"字下疑脫"屨"字。連劭名（2002）：對付風妖的根本辦法是控制它的腿足，《釋名·釋衣服》云："屨，拘也，所以拘足也。"故《周易·噬嗑》云："屨校滅趾。"說明這一方術起源很早。《淮南子·氾論訓》云："風伯壞人屋舍，羿射中其膝。"

⑯赤子：**指嬰兒**。劉樂賢（1994：244）說。

⑰水亡傷：**有四說：一、即"水罔象"**。劉樂賢（1994：244）：整理小組讀"亡傷"爲"亡殤"，鄭剛釋此句爲"若嬰兒死去而無傷，則取回救之"。此二說都不可靠。"水亡傷"，即"水罔象"。《莊子·達生》："水有罔象，丘有峷，山有夔，野有彷徨，澤有委蛇。"罔象，唐陸德明釋文："司馬本作無傷，云：狀如小兒，赤黑色，赤爪，長臂。一云：水神名。"罔从亡得聲，傷、象音近，古从昜得聲之字常與从象得聲之字通用，例不煩舉，故本文之亡傷即典籍中之罔象。罔象還見於《白澤精怪圖》等古書中。**二、水神**。連劭名（2002）：十二辰中子位北方，相當於五行中的水位，"水亡傷"是水神，所以古人迷信"赤子"死亡是水神作怪。**三、"亡傷"即亡殤**。整理者讀爲"殤"。**四、"亡傷"即無傷**。鄭剛（1993）說。

⑱灰室：**有二說：一、似指鋪灰於室**。整理者：《藝文類聚·果部》引《莊子》："插桃枝於戶，連灰其下，童子入不畏，而鬼畏之。"是古人以爲鬼畏灰。**二、以灰爲室**。劉信芳（1996）：所謂"灰室"，以灰爲室，謂置偶於灰室之中，猶畫地爲牢也。

牢：**圈禁**。

⑲茢：**有三說：一、茜草**。整理者：即茜草，見馬王堆帛書《五十二病方》。**二、掃帚**。劉信芳（1996）：茢，據《說文》及段注，指掃帚。**三、用草編成的刷子**。魏德勝（2003：12）：《說文》："茢，刷也。"茢，是用草編成的刷子。

⑳刊：**斫削**。整理者說。

㉑享而食之：王子今（2003A：419）：所謂"享而食之"，可參看《太平御覽》卷886引《白澤精怪圖》："水之精名罔象……以索縛之，則可得烹之，吉。

㉒不害：戰國秦漢人慣用語，甚至用於人名。

⑬③立：連劭名（2002）：“立”，讀爲“位”。“立叢”即“叢位”。

叢：**有二說：一、社木**。整理者：《急就篇》：“祠祀社稷叢臘奉。”顔注：“叢謂草木岑蔚之所，因立神祠。”王子今（2003A：420－423）：社神的標識一般是一株大樹或叢木，稱爲“社樹”“社木”或“社叢”。睡虎地秦簡《日書》所見“凡邦中之立叢，其鬼恒夜謼焉”，可以聯繫《史記》記述“之次所旁叢祠中，夜篝火，狐鳴呼曰‘大楚興，陳勝王’，卒皆夜驚恐”的情形理解。**二、神祠的叢樹**。劉樂賢（1994：244－245）：叢即神祠的叢樹。《戰國策·秦策三》：“應侯謂昭王曰：亦聞恒思有神叢歟？恒思有悍少年，請與叢搏，曰：吾勝叢，叢借我神三日；不勝叢，叢困我。乃左手爲叢投，右手自爲投，勝叢，叢借其神三日，叢往求之，遂弗歸。五日而叢枯，七日而叢亡。”

⑬④遽鬼：連劭名（2002）：遽、傳同義。

伐：**“代”字誤寫**。整理者以爲“代”字誤寫。劉樂賢（1994：244－245）：鄭剛云：“伐當爲代，古文字及秦漢簡帛文字二字常相亂。後世多有鬼執人以求自代的故事。”王子今（2003A：423）：古時有生者代死者，則死者可復生的迷信，於是有鬼“執人以自代”的說法。《晉書·王徽之傳》：“（徽之）與獻之俱病篤。時有術人云：‘人命應終，而有生人樂代者，則死者可生。’徽之謂曰：‘吾才位不如弟，請以餘年代之。’術者曰：‘代死者，以己年有餘，得以足亡者耳。今君與弟算俱盡，何代也！’”

⑬⑤解衣：**脱下衣服**。魏德勝（2003：111）說。

⑬⑥傅者：**有三說：一、讀作“傅著”，附著**。王子今（2003A：423－424）：“傅者”，或應讀作“傅著”，即附著。簡文原意，應是被執之人解脱其衣，以其衣附著遽鬼之身，則可以得之。至少“者”字不是衍文。**二、“傅”讀爲“搏”，“者”係衍文**。整理者讀爲“搏”，注釋：“者”“乃”二字係衍文。**三、讀“博層”，搏鬬格殺**。連劭名（2002）：“傅者”，讀“博層”，搏鬬格殺之義。

⑬⑦眯：**有三說：一、讀爲“寐”，人在睡眠中做噩夢**。劉釗（2006）：“眯”，應該讀爲“寐”，《玉篇》訓爲“寐不覺”，指人在睡眠中做噩夢。**二、草入眼中**。魏德勝（2003：48）：《說文》：“眯，草入目中也。”**三、夢魘**。王子今（2003A：427）：“眯”，有夢魘之義。《莊子·天運》：“遊居寢臥其下，彼不得夢，必且數眯焉。”成玄英疏：“眯，魘也。”

⑬⑧是□：整理者：“是”字下一字下半从馬。

⑬⑨桃柗：**有二說：一、“柗”即臬**。劉樂賢（1994：245）：鄭剛云：“柗即臬。古文字偏旁部位常可換。臬，《倉頡篇》云：‘莽耳也。’”**二、即“桃棓”之誤，類似桃杖**。魏德勝（2003：100）：桃柗〈棓〉，類似桃杖，作用也相同。整理者以爲“棓”字誤寫。

椯：**讀爲“段”**。整理者說。

四隅：**四角**。魏德勝（2003：114）說。

⑭⓪復，疾趣出：整理者讀作：“復疾，趣出”。劉釗（2006）：“復”字後應點

斷，即“復”字與“疾趣出”一詞意義不相連屬，是呼叫靈魂的叫聲，而“疾趣出”則是對鬼的斥罵，兩者不能相連。典籍中“復”字訓爲“返”，或訓爲“還”。呼喚靈魂回來稱“復”，典籍中有大家都熟知的明確記載。“疾趣”本爲一組合詞，不應點斷。

牡刀：**即“牡棘刀”之漏寫**。劉樂賢（1994：244－245）：此處“牡刀”是上文“牡棘刀”之漏寫。

皮：**淥**。整理者：《廣雅·釋言》：“淥也。”

⑭袜：**即魅**。整理者：《山海經·海内北經》：“袜，其爲物人身黑首從目。”注：“即魅也。”《説文》作彪，云：“老精物也。”吕亞虎（2010：176）：《山海經》《説文》中所説的字作“袜”。“袜”字是否可作“袜”並通“魅”，尚待進一步探討。

⑭以桃更□之：“之”上一字，**有二説：一、毄（擊）**。整理者釋爲“毄（擊）”。**二、投**。陳偉（2016C：440）：看紅外影像，此字左旁筆畫比較簡單，恐是“投”。

之：整理者釋爲“出”，陳偉（2016C：440）：據紅外影像改釋爲“之”。

⑭罔：**不要**。整理者：罔，《爾雅·釋言》：“無也。”

謼：**有三説：一、回答**。整理者説。**二、讀爲“呼”，發聲詞**。連劭名（2002）：《左傳·文公元年》杜注：“呼，發聲也。”**三、讀爲“乎”，介詞**。陳偉（2016C：440）：“謼”在紅外影像中大致可辨，整理者讀爲“呼”，或當讀爲“乎”，介詞。

⑭以白石投之：劉樂賢（1994：245）：古人以爲白石能夠避鬼。《抱樸子·登涉》：“山中見吏，若但聞聲不見形，呼人不止，以白石擲之則息矣；一法以葦爲矛以刺之即吉。”同樣的記載又見於敦煌本《白澤精怪圖》。

⑭鬼嬰兒：**有二説：一、嬰鬼，小兒鬼**。王子今（2003A：429－430）：《焦氏易林》卷1《小畜·升》：“朝生夕死，名曰‘嬰鬼’，不可得祀。”卷3《央·臨》：“旦生夕死，名曰‘嬰鬼’，不可得祀。”其中所説到的“嬰鬼”，或與我們討論的睡虎地秦簡《日書》甲種中所見“鬼嬰兒”有關。劉釗（1997B）：鬼嬰兒與哀乳之鬼都應是指“小兒鬼”。**二、幼殤**。連劭名（2002）：因爲幼殤者死而不葬，拋尸荒野，所以“其骨在外者”説明鬼嬰兒就是幼殤。

⑭哀乳之鬼：**小兒鬼**。劉釗（1997B）説。

⑭濆：**通“墳”，掩蓋**。王子今（2003A：430）：此處“濆”通“墳”，其實未必可以理解爲“灑”。《禮記·檀弓上》：“古也墓而不墳。”鄭玄注：“土之高者曰‘墳’。”簡文“以黄土濆之”，即以隆起的黄土掩蓋。

⑭容席以臽：**有二説：一、連同席子一起陷下去**。整理者：連同席子陷下去。劉樂賢（1994：245）：鄭剛云：“容席以陷，連席子一起陷下去，容讀從，《淮南子·繆稱訓》：‘老子學商容。’《漢書·古今人表》同，而《説苑·敬慎》作‘常樅’，《漢書·藝文志》作‘常樅’，顔注‘老子師’，是容可通從。”**二、下陷時圍裹臥席**。王子今（2003A：430）：“容席”，或可讀爲“擁席”。即下陷時圍裹臥席。

149辟：**禽獸蟲蝗之怪**。整理者：《說文》：“禽獸蟲蝗之怪謂之蝁。”

150白湯：**開水**。劉信芳（1996）：所謂“白湯”即開水，用開水燙蟲子，並用黃土填塞，此亦巫術中的合理部分。王子今（2003A：431）：“注白湯，以黃土窒”，使人想到古來滅蟑方法。通常“捕蟑埋之”正是“以黃土窒”。

151夭：**讀爲“妖”**。連劭名（2002）：《說文》云：“妖，巧也。”

152以水沃之：**用水來灌它**。王子今（2003A：432）：很可能是民間實行的較爲普遍的闢除不祥的方式。

153狼恒譸人門曰：“啟，吾非鬼也”：整理者讀作：狼恒譸人門曰：“啟吾，非鬼也。”劉樂賢（1994：245）：鄭剛標點爲：“狼恒譸人門曰：‘啟，吾非鬼也。’”唐鈺明（1998）：先秦漢語第一人稱“吾”通常作主格、領格，而不作賓格，“啟吾”這種讀法不僅造成動賓搭配不當，而且奪去“非鬼也”的前辭，該句實應改斷爲：“狼恒呼人門曰：‘啟，吾非鬼也。’”王子今（2003A：432－433）：先秦秦漢文獻可見“門啟”“啟扉”等，“啟”的賓語是“門”“扉”，而未見“啟吾”句式。“啟吾非鬼也”句讀，似以鄭剛說爲長。

153美味：**好吃的東西**。魏德勝（2003：99）說。

154鼓音：王子今（2003A：433）：“鬼鼓”之例，有宋人真德秀撰《西山讀書記》卷39：“所謂龍車、石斧、鬼鼓、火鞭，怪誕之難信也。”

155壄火：**有二說：一、指“磷”，鬼火**。劉釗（1997B）：“野火”疑指“磷”，即“鬼火”。**二、野外之火**。魏德勝（2003：116）：野火，野外之火。

156以人火應之：王子今（2003A：433）：“野火僞爲虫”的說法，和暑熱季節昆蟲蕃生往往侵擾人的生活的情形是一致的。而所謂“以人火應之”，即以“火”驅蟲，也是人所熟知的方式。

157宋傷：**有二說：一、讀爲“聳惕”，恐嚇**。整理者：疑讀爲聳惕，意爲恐嚇。**二、“宋”讀爲“竦”**。連劭名（2002）：宋，朱駿聲說是“松”省聲。簡文中“宋”，疑讀爲“竦”。

158襄：**讀爲“攘”，搶奪**。整理者說。

159上帝子：**有二說：一、冒充上天神靈的人**。王子今（2003A：433－434）：後世有不法之徒冒充上天神靈以欺侮下民的傳說，如《醒世恒言》卷19《勘皮靴單證二郎神》等。從睡虎地秦簡《日書》可知，民間此種傳說起源甚早。至於妖異與民間女子的不正常關係，亦多見於古來各種傳說。**二、死去君主的代稱**。吳小強（1992A）：《日書》內的“上帝子”不一定實指某人，但無疑是死去君主的代稱。

160自浴以犬矢：**自己以犬屎洗身**。整理者：《韓非子・內儲說下》：“燕人惑易，故浴狗矢。”劉樂賢（1994：246）：本句意思是如想除去鬼，則須自己以犬屎洗身。

161毄以葦：**有二說：一、“毄”讀爲“擊”**。鄭剛說。陳偉（2016C：442）：依本篇常例，讀爲“擊”。劉信芳（1996）：此“葦”用以擊鬼，或是扎成刷把、掃帚之類。劉樂賢（1994：246）：本條及下條的“毄”字，整理小組讀爲繫，鄭剛讀爲擊，二說皆可通。讀繫則“毄以葦”是繫以葦索的意思，讀擊則“毄以葦”是擲以葦杖的意思。古人認爲鬼害怕葦。**二、"毄"讀爲"繫"。**整理者說。劉樂賢（1994：246）：讀繫則"毄以葦"是繫以葦索的意思。王子今（2003A：437）：葦有辟邪的效用。如《焦氏易林》卷3《明夷・未濟》："桃弓葦戟，除殘去惡，敵人執服。"《古今注》卷上："桃弓葦矢，所以祓除不祥也。"

⑯鬼恒胃人："鼠我而女。"不可辭。是上神下取妻：王子今（2003A：436）：此句似當讀作："鬼恒胃人：'鼠我而女。不可辭。是上神下取妻。'"所謂"不可辭。是上神下取妻"是"鬼"的言辭。劉樂賢（1994：246）：《新刊陰陽正理論・攘鬼魅惑人第八》云："若有鬼來或生人要求婚媾，虛稱神明或親識，乃是英明下鬼。"

⑯是：鍾如雄（2002）：句中"是是"不再連用，而是省略了指示代詞"是"，衹留下判斷詞"是"，儘管這樣，該句的表意仍十分清楚。

⑯天火：**雷擊起火。**王子今（2003A：437）：這是我們所看到的最早的以沙滅火的明確記載。《左傳・宣公十六年》："人火曰火，天火曰災。""天火"即雷擊起火，是當時發生火災的主要原因。

⑯到：**有二說：一、讀爲"菿"，大。**整理者：疑讀爲菿。《爾雅・釋詁》："大也。"**二、屬上讀，通"罩"，罩，覆蓋。**王子今（2003A：437－438）：察看圖版，"到"字與上文"以白沙救之，則止矣"之間空一格，如果理解爲與下句"雷焚人"連讀，則格式與上下數枚簡都不相合。簡40BK、簡42BK、簡43BK、簡44BK文字截止處都有更多的書寫空間，然而都沒有繼續書寫下一句簡文。而且"到"字距簡冊編聯繫繩處還有兩個字的空白，如果與下一枚簡連續，作"到雷焚人"，則不可能出現這兩個空格。看來此"到"字還是應當與上文"以白沙救之，則止矣"有更密切的聯繫。"到"字或通於"罩"。"罩"在這裏的意思，可能是說"以白沙救之"當全面覆壓火焰，方可以真正"止"熄其火。

雷：**指雷鬼。**劉釗（1997B）：《太平廣記》卷393"楊道和"條、"陳鸞鳳"條、"蕭氏子"條、"楊詢美從子"條都是講"雷鬼"。

⑯其木：**雷擊木、霹靂木。**劉樂賢（1994：246）：當指雷擊木、霹靂木，古人認爲被雷電擊過的樹木可以避鬼。《資治通鑑》卷22載唐開元十二年"剖霹靂木，書天地字"，注："霹靂木者，霹靂所震之木，今爲張道陵之術者用霹靂木爲印，云有雷氣，可以鎮服鬼物。"本簡主張以霹靂木對付雷，是以雷治雷。王子今（2003A：439）：所謂"震燒木"或"霹靂木"的特殊功用，又見於《證類本草》卷12。

⑯雲氣襲人之宮：王子今（2003A：439）：當是指濕冷之霧侵入室內。燃火以驅除這種"雲氣"，自然是合理的措施。

⑯女鼠：**母鼠。**劉樂賢（1994：247）：鄭剛云："女鼠，母鼠。"

⑯傘：**雨傘。**整理者："傘"字一般認爲晚出，據簡文秦代已在使用。王子今（2003A：439）："傘"有避邪功用，見於民族學資料與民俗學資料。

⑰當道：**攔住去路。**魏德勝（2003：97）說。

⑰解髮：**披散頭髮**。劉樂賢（1994：247）：古人認爲頭髮有避邪的作用，如《齊民要術·小豆篇第七》引《龍魚河圖》云："歲暮四更中，取二七豆子，二七麻子，頭髮少許……辟五方疫鬼。"故《日書》"夢篇"說攘夢時須"釋髮"。後來民間信仰認爲，用手抓頭髮可以避鬼。連劭名（2002）："披髮"可以去邪，屢見於古文獻。《太平御覽》卷364引《裴子語林》中的一個故事明確解釋了"披髮"的意義，其文云："魏郡太守陳異嘗詣郡民尹方。方被頭，以水洗盤，抱小兒出，更無餘言。異曰：被頭者，欲吾治民如理髮。洗盤者，欲使吾清如水。抱小兒者，欲使吾愛民如赤子也。"是知"披髮"是"理"的象徵。

⑰蠢：**脫落的頭髮**。整理者說。

毛邋：**毛髮**。魏德勝（2003：112）說。

⑰屈：**卒魘，魘屈**。連劭名（2002）：古稱"卒魘"。隋巢元方《諸病源候論》卷23"卒魘候"云："卒魘者，屈也。謂夢裏爲鬼邪之所魘屈。人臥不悟，皆是魂魄外遊，爲他邪所執錄，欲還未得，致成魘。"

⑰若便：**有二說：一、竹皮之鞭**。整理者：《說文》："楚謂竹皮曰箬。"劉信芳（1996）："若便"即"箬鞭"，《說文》："楚謂竹皮曰箬。"是以竹皮之鞭驅鬼。**二、你的糞便**。劉樂賢（1994：247）：鄭剛云："若，你也。便，糞。"其說亦通。

⑰人毋故一室人皆箠延：王子今（2003A：441）：《普濟方》卷93"風癱瘓"條："其病手足舒緩，不能收攝，口角垂涎，言語蹇澀，皮膚頑痹，步履艱難。"

⑰爰母：**有四說：一、幻化爲猿形的鬼**。劉釗（1997B）："爰母"之"爰"疑讀爲"猨"，指幻化爲猿形的鬼。**二、鬼名**。鄭剛說。**三、某一精怪之名**。劉樂賢（1994：247）：鄭剛云："爰母疑鬼名。"我們懷疑爰母可能與上文的"水亡傷"一樣爲某一精怪之名。**四、援母、猿母**。王子今（2003A：442）："爰母"或即"援母""猿母"，不過推測"爰母"或即"援母""猿母"，似與"大如杵，赤白"的說法未能相合。

⑰癘鬼：**有二說：一、傳播疾疫之鬼**。劉釗（1997B）說。**二、惡氣而使人得皮膚病之鬼**。劉信芳（1996）說。

⑰燔生桐其室中：**在他的室中焚燒青桐**。劉樂賢（1994：247）：古人認爲桐能驅鬼，如《本草綱目》卷35"桐"之"附錄"引《肘後方》云："六七日熱極狂言，見鬼欲走，取桐皮削去黑，擘斷，四寸一束，以酒五合，水一升，煮半升，去滓頓服，當吐下青黃汁數升即瘥。"劉信芳（1996）："癘鬼"實爲惡氣而使人得皮膚病之鬼。所謂"焚生桐"，即焚燒青桐，青桐亦指偶人。

⑰井血：**有三說：一、井水赤**。王子今（2003A：443）：這條簡文，可能是最早的關於地下微生物活動污染水源的資料。"井血"可能就是"井水赤"。**二、井中出現血**。劉樂賢（1994：247）：鄭剛讀井爲形，認爲"一室井血即一室見血"。此簡旨在描述井中出現血的異常現象，故下文云"更爲井"。句中"井"爲主語，"血而星"爲謂語，井不必讀爲形。**三、井水上溢。"血"讀爲"洫"**。陳劍（2011B）："洫"字實是作爲"溢"字用的。"井溢"即井水漫出，古書多見以此爲異象者。

簡文“血”恐當讀爲“洫”，指井水上溢。陳偉（2016C：444）：嶽麓書院藏秦簡（壹）《占夢書》簡29（0015）貳：“夢井洫者，出財。”

⑱上屚：**上溢**。劉樂賢（1994：247）：鄭剛云：“上漏即上溢，《廣雅・釋詁二》：‘漏，泄也。’《後漢書・陳忠傳》注：‘溢也。’”此說可從。

⑱噴：**讀爲“饙”，一蒸米**。整理者：疑讀爲饙，《詩經・生民之什・泂酌》疏引《說文》：“一蒸米也。”

⑱爽路：劉樂賢（1994：247－248）：古人認爲霜、露有袪病去邪、延年益壽的作用。《本草綱目》卷5云露水“令人延年不饑”，又云甘露“食之潤五藏，長年不饑、神仙”。

⑱傅：**有二說：一、讀爲“餔”，飲**。劉樂賢（1994：248）：傅疑讀爲餔，《廣雅・釋詁四》：“餔，飲也。”**二、皮膚接觸，如同擦、拭、塗、抹**。王子今（2003A：444）：“食之若傅之”前後兩個“之”，意義應當是同樣的。“傅”在這裏是指皮膚接觸，如同擦、拭、塗、抹。“食之若傅之”，是說飲用此水以及洗滌用此水。

⑱蕡：**有三說：一、大麻籽**。王子今（2003A：445）：“苞以白茅，果以蕡”，“苞”和“裹”本來義近，這裏卻是指不同的形式。大約是“最（撮）之”之物外包以“白茅”，而內裹以“蕡”。“蕡”，是大麻籽。**二、讀爲“奔”**。整理者說。**三、讀爲“蕡”**。劉樂賢（1994：248）：鄭剛讀爲蕡。今暫依鄭說。

⑱盎：**盆**。整理者：《說文》：“盆也。”

取盎之中道；若弗得，乃棄其屨於中道，則亡恙矣：王子今（2003A：445）：簡文大約是說，追索“票（飄）風”入室所取之“盎”置於“中道”；如若未能追索得手，則“棄其履於中道”，都可以保證“亡恙”。“中道”，似是舉行祈祝儀禮的重要地點。

【今譯】

詰問

・詰問凶災，鬼危害人民，肆意妄行，給人民帶來不祥，告訴它並詰問它，召Q1_11_9_24BKⅠ/143反Ⅰ引導人民不再罹遭災禍的方法。鬼所厭惡懼怕的，是那種屈肢而臥，兩腿向前張開Q1_11_9_25BKⅠ/142反Ⅰ而坐，連步走路，單腿站立的姿勢。Q1_11_9_26BKⅠ/141反Ⅰ

人無緣無故而被鬼不停地攻擊，這是厲鬼。用桃木做弓，Q1_11_9_27BKⅠ/140反Ⅰ用牡棘做箭，用雞的羽毛做箭羽，一見到惡鬼就射它，它就停止侵擾人了。Q1_11_9_28BKⅠ/139反Ⅰ

人無緣無故而被鬼佔用居室，這是丘墓之狼鬼。從原來的土丘取來土Q1_11_9_29BKⅠ/138反Ⅰ做成假人、假狗，放到墻上，每隔五步距離放置一個假人、一條假狗，環繞Q1_11_9_30BKⅠ/137反Ⅰ居室一周，那鬼再來的時候，向它揚灰，並擊打簸箕大聲呼喊，它就停止佔用居室了。Q1_11_9_31BKⅠ/136反Ⅰ

人無緣無故被鬼迷惑住了，這是𡘋鬼，善於玩弄人。用桑樹Q1_11_9_32BK I /135 反 I 樹心製成木杖，那鬼再來誘惑人時，就用木杖擊打它，鬼就害怕而死了。Q1_11_9_33BK I /134 反 I

人無緣無故被鬼糾結，這是哀鬼，沒有自己的家，Q1_11_9_34BK I /133 反 I 經常找人作伴，使人看起來恬淡無慾的樣子，沒有精神，喜愛清潔，Q1_11_9_35BK I /132 反 I 不吃不喝。用棘做的椎、桃木做的柄來敲打鬼的心，那鬼就不來了。Q1_11_9_36BK I /131 反 I

一個住宅裏無緣無故全家人都得了傳染病，有的死亡，有的生病，Q1_11_9_37BK I /130 反 I 這是棘鬼在家中，鬼的軀體就直立埋在宅院裏，它上面的土天旱反而Q1_11_9_38BK I /129 反 I 濕潤，有雨水反而乾燥。找到這個地方把它挖出來扔掉，家裏的疫病就停止了。Q1_11_9_39BK I /128 反 I

一個住宅裏無緣無故全家人都得了傳染病，多數人在夢寐中死去，Q1_11_9_40BK I /127 反 I 這是因爲生產而死的鬼埋葬在宅內，埋的地方上面沒有草叢，如同席子的地方。Q1_11_9_41BK I /126 反 I 把鬼的遺骨挖出來扔掉，家裏的疫病就停止了。Q1_11_9_42BK I /125 反 I

一家人無緣無故都得了傳染病，有的死亡，有的生病；男Q1_11_9_43BK I /124 反 I 人婦女的頭髮毛須脫落，眼睛變黃，這是嬰兒之鬼剛出生就變爲 Q1_11_9_44BK I /123 反 I 鬼作祟。用一升砂仁，填塞在舂臼內，和黃米給Q1_11_9_45BK I /122 反 I 嬰兒鬼吃，它就停止了。Q1_11_9_46BK I /122 反 I

狗經常在夜裏進入人的居室，抓男人，戲弄女人，Q1_11_9_47BK I /120 反 I 抓不到，這是神狗化成鬼在作祟。用桑樹皮做成Q1_11_9_48BK I /119 反 I 食物，經過燒烤後喂狗吃，那狗就停止作亂了。Q1_11_9_49BK I /118 反 I

夏季大熱天，居室內忽然無緣無故變冷，這是幼蠪待在裏面的緣故。拿Q1_11_9_50BK I /117 反 I 牡棘草在房裏熏烤，幼蠪就離開了。Q1_11_9_51BK I /116 反 I

野獸或六畜遇到人會說話，這是疾風的Q1_11_9_52BK I /115 反 I 精氣在作祟。用桃木杖擊打那說人話的野獸或六畜，並脫掉鞋子向它們投擲，它們就不再說話了。Q1_11_9_53BK I /114 反 I

家裏的爐灶無緣無故不能做熟飯食，這是因爲陽鬼偷取了爐灶的元氣。在居室內焚燒豬糞，Q1_11_9_54BK I /113 反 I 陽鬼就停止偷取灶氣了。Q1_11_9_55BK I /112 反 I

家裏的六畜無緣無故全死了，這是陰鬼之氣進入家裏所致。要Q1_11_9_56BK I /111 反 I 快速用搗碎的瓦片環繞家宅……鬼氣就終止了。Q1_11_9_57BK I /110 反 I

疾風侵入居室，這是獨妖在作祟。如果有他人陪伴它，它就不會作祟了。把沙子撒在居室內，它就停止了。Q1_11_9_58BK I /109 反 I

（死去的）鳥獸能夠言語，這個是妖怪，講話一般不會超過三句。如果講話超過了三句，要多 Q1_11_9_59BK I /108 反 I 找些人陪伴它，它就不敢再講話了。

Q1_11_9_60BK Ⅰ/107 反Ⅰ

非活物類的東西沒有生息卻自己在搖動，如果終日搖動，就有大事發生；如果沒有終日搖動，就有小事發生。Q1_11_9_61BK Ⅰ/106 反Ⅰ

斬殺蟲蛇之類的動物，有其身首分離後又能連接在一起的，向斬斷身子的蟲蛇噴灑土灰，它們就再也不能連接起來。Q1_11_9_62BK Ⅰ/105 反Ⅰ

有的人老在想哀傷的事情，怎麽也忘不掉，從土丘下挖取雜草，要完整地摘取Q1_11_9_63BK Ⅰ/104 反Ⅰ十四片雜草葉，面向東北方吃下去，然後躺下睡覺，就會停止想哀傷之事了。Q1_11_9_64BK Ⅰ/103 反Ⅰ

人的妻妾或朋友死了，鬼魂回來作祟。將莎草的根Q1_11_9_65BK Ⅰ/102 反Ⅰ、牡棘的柄燒熱等待它們，鬼魂就不敢回來了。Q1_11_9_66BK Ⅰ/101 反Ⅰ

人無緣無故地非常悲傷，摘取一尺一寸的桂枝從中間折斷，Q1_11_9_67BK Ⅰ/100 反Ⅰ在十五日太陽剛出來時使桂偶享食，此後再吃早飯，悲傷就停止了。Q1_11_9_68BK Ⅰ/99 反Ⅰ

故丘的狼鬼經常恐嚇人，這種鬼害怕人製造的草箭，拿草箭射它，它就不來嚇唬人了。[illegible]。Q1_11_9_24BK Ⅱ/143 反Ⅱ

鬼經常告訴人："你必會在某月某日死!"這是祷鬼化成Q1_11_9_25BK Ⅱ/142 反Ⅱ老鼠，鑽進了人家的醋、醬油、淘米泔水和酒中。在這些地方找到那老鼠並扔掉它，鬼就會停止了。Q1_11_9_26BK Ⅱ/141 反Ⅱ

大神所在的地方，人不能經過，因爲大神喜歡加害路過的人。把狗屎捏成球，Q1_11_9_27BK Ⅱ/140 反Ⅱ拿在手上經過，見到大神出現便將狗屎球投擲過去，大神就不會害人了。Q1_11_9_28BK Ⅱ/139 反Ⅱ

鬼經常半夜敲人家的門，又唱歌哭號，人看到它，這是Q1_11_9_29BK Ⅱ/138 反Ⅱ凶鬼。將草箭射向它，那鬼就不來了。Q1_11_9_30BK Ⅱ/137 反Ⅱ

人或鳥獸及六畜經常在人的居室走進走出，這是天上的神靈Q1_11_9_31BK Ⅱ/136 反Ⅱ喜歡下到凡間，樂於走進未成家的青少年男女中間，擊鼓搖Q1_11_9_32BK Ⅱ/135 反Ⅱ鈴大聲呼喊，那神靈就不來了。Q1_11_9_33BK Ⅱ/134 反Ⅱ

鬼經常跟隨男孩女孩，看見其他人來時鬼即離開，這是神蟲化爲Q1_11_9_34BK Ⅱ/133 反Ⅱ人形。用木劍刺鬼的脖項，鬼就不再來了。Q1_11_9_35BK Ⅱ/132 反Ⅱ

一家人忽然都沒有氣息，不能動彈，這是狀神在Q1_11_9_36BKⅡ/131 反Ⅱ居室裏所致。在室内挖掘到泉水，發現一頭紅色的乳豬，長著馬鞭、狗頭，把這頭怪豬烹煮吃Q1_11_9_37BKⅡ/130 反Ⅱ了，家人就呼吸暢快起來。Q1_11_9_38BKⅡ/129 反Ⅱ

一家人忽然都筋骨踡縮，這是因爲會蟲待在房子的西壁。到Q1_11_9_39BK Ⅱ/128 反Ⅱ房子的西南角，挖地五尺，用鐵椎扎下去，必定會扎中一條蟲子的Q1_11_9_40BK Ⅱ/127 反Ⅱ頭部，挖出來把它扔掉。如果不去除此蟲，不到三年，全家所有的人都會筋骨踡縮。Q1_11_9_41BK Ⅱ/126 反Ⅱ

鬼經常求物於人，沒有辦法擺脱它，這是暴鬼在作祟。用牡棘草之劍

Q1_11_9_42BKⅡ/125 反Ⅱ刺鬼，鬼就不來了。Q1_11_9_43BKⅡ/124 反Ⅱ

鬼經常讓人做噩夢，睡醒後又無法占問，這是圖夫在作祟。Q1_11_9_44BKⅡ/123 反Ⅱ做桑木杖倚靠在家門內側，並在門戶外邊覆置圜底器“鬴”，鬼就不來了。Q1_11_9_45BKⅡ/122 反Ⅱ

鬼經常跟隨著人往遊，沒有辦法擺脫它。拿一把婦女用的梳子，舉起向著鬼，鬼就不會再跟從人走了。Q1_11_9_46BKⅡ/121 反Ⅱ

女子不瘋不傻，忽然用淒清之商音唱歌，這是因爲陽鬼喜歡跟隨這個女子。Q1_11_9_47BKⅡ/120 反Ⅱ從北面的（墻下）採集來十四片花瓣，燒掉後，把灰燼放到食物上給她吃下去，鬼就會離開女子了。Q1_11_9_48BKⅡ/119 反Ⅱ

人無緣無故地，鬼去窺視他的居室，沒法趕走鬼，這是道路之神祖神在出遊。用狗屎向它投去，它就不來了。Q1_11_9_49BKⅡ/118 反Ⅱ

鬼經常赤身裸體地進入人家的居室，這是未成年而夭折的孩子沒有安葬而來作祟。用灰噴撒到裸鬼身上，它就不會來了。Q1_11_9_50BKⅡ/117 反Ⅱ

鬼經常迎著人的面，走進人家的居室，這是遊鬼。用廣灌草扎製成鳶鷹，燒掉後，那個遊鬼就不來了。Q1_11_9_51BKⅡ/116 反Ⅱ

孕婦生孩子，孩子還沒有學會走路就夭折了，這種情況經常出現，這是因爲不辜鬼附在了身上。在庚日早晨太陽剛出來的時候，Q1_11_9_52BKⅡ/115 反Ⅱ在家門上噴撒灰，之後，祭祀鬼神，十天後結束祭祀，用白茅草把祭品裹上，埋到野外，這樣就沒有災殃了。Q1_11_9_53BKⅡ/114 反Ⅱ

人無緣無故地憂愁起來。製作一個桃梗，不停地撫摩它，在癸日下午太陽落西的時候，把桃梗投到道路中Q1_11_9_54BKⅡ/113 反Ⅱ便說：“某某。”這樣就免去憂愁了。Q1_11_9_55BKⅡ/112 反Ⅱ

人無緣無故地發怒火。在戊日中午太陽正當中的時候，在道路上吃黍穀，便會很快停止發怒了。Q1_11_9_56BKⅡ/111 反Ⅱ

人無緣無故地全家東西都被損壞了，這是因爲露牙之鬼待在家中。拿來白茅草和 Q1_11_9_57BKⅡ/110 反Ⅱ 黄土，繞房子一圈撒在地上，那鬼就走了。Q1_11_9_58BKⅡ/109 反Ⅱ

鬼進入人的居室，忽現忽隱，一直持續不停。將米泔水與米糠攪拌在一起，等那鬼再來現身時，澆在鬼身上，鬼就停止進入居室了。Q1_11_9_59BKⅡ/108 反Ⅱ

人無緣無故地頭髮、鬍鬚、眉毛都捲曲像蟲的觸鬚一樣，這是因爲病氣附在了身上。用開水煮 Q1_11_9_60BKⅡ/107 反Ⅱ 麻鞋，對病氣進行側擊，病氣就消失了。Q1_11_9_61BKⅡ/106 反Ⅱ

凡是鬼經常手執淘米竹器進入人的居室中，說著“給我吃的東西”等話，這是餓鬼。用 Q1_11_9_62BKⅡ/105 反Ⅱ 鞋子向鬼扔去，鬼就不來了。Q1_11_9_63BKⅡ/104 反Ⅱ

凡是有疾風危害人，脫掉鞋子向疾風扔過去，疾風就停止了。Q1_11_9_64BKⅡ/103 反Ⅱ

有人經常丟失嬰兒，這是淹死在水裏的鬼魂把人家的嬰兒取走了。在房室內鋪上灰，把房子關緊，Q1_11_9_65BKⅡ/102反Ⅱ在房內懸掛茜草，就能捉到那鬼；用茜草斫削它，鬼就死了；再把它煮熟吃了，它就不害人了。Q1_11_9_66BKⅡ/101反Ⅱ

凡是在城中建立的祭祀土地神的叢祠附近，鬼經常在那裏半夜呼喊，這是遽鬼在抓人Q1_11_9_67BKⅡ/100反Ⅱ來替代自己做鬼。可以解開上衣和衣襟，走進叢祠，把衣服附著在鬼身上，就能抓獲那鬼。Q1_11_9_68BKⅡ/99反Ⅱ

一間房室內睡覺的人做噩夢，不能在這裏住下去了，這是……鬼住在房室中造成的。拿來桃木杖Q1_11_9_24BKⅢ/143反Ⅲ，在房間四角和中央搗擊，用牡棘草刀刮削居室墻壁，對它喊道："回來！快Q1_11_9_25BKⅢ/142反Ⅲ滾出房子，今天要是不出去，就用牡棘刀剝下你的衣服！"這樣就不會有災殃了。Q1_11_9_26BKⅢ/141反Ⅲ

大鬼魅經常闖入人的居室，沒有辦法阻止它。用桃梗（猛打）它，它就不會來了。Q1_11_9_27BKⅢ/140反Ⅲ

鬼經常把人叫出居室，這是遽鬼，它沒有地方可住。不要回答那鬼的召喚，用白色石頭投擲它，那鬼就停止召喚了。Q1_11_9_28BKⅢ/139反Ⅲ

鬼嬰兒經常對人哭喊道："給我吃的！"這是哀乳之鬼在作祟。Q1_11_9_29BKⅢ/138反Ⅲ它的骨骸有在野外裸露出來的，用黃土掩蓋，鬼嬰兒就停止哭號了。Q1_11_9_30BKⅢ/137反Ⅲ

一間房室內睡覺的人連同席子一起陷下去，這是禽獸蟲蝗之怪住在這裏導致的。用白開水灌注下陷之處，並用黃土填塞，它們就不會再害人了。Q1_11_9_31BKⅢ/136反Ⅲ

人無緣無故地得到鬼給的東西，這是芺鬼在作祟。用水來灌鬼，鬼就不給人東西了。Q1_11_9_32BKⅢ/135反Ⅲ

狼經常在人家的家門外呼叫："開門！我不是鬼。"把它宰殺煮熟吃了，味道很鮮美。Q1_11_9_33BKⅢ/134反Ⅲ

一間房室內聽到敲鼓聲，卻看不見鼓，這是鬼鼓。用人的鼓來回應鬼鼓，鬼鼓聲就停止了。Q1_11_9_34BKⅢ/133反Ⅲ

有很多蟲子侵入人的居室，這是野火化成蟲。用人的火把對付蟲，那蟲就不來了。Q1_11_9_35BKⅢ/132反Ⅲ

鬼經常恐嚇人，這是不辜鬼在作祟。用牡棘草劍刺鬼，鬼就會停止恐嚇了。Q1_11_9_36BKⅢ/131反Ⅲ

鬼經常搶奪人的家畜，這是暴鬼在作祟。用草箭射它，鬼就停止搶家畜了。Q1_11_9_37BKⅢ/130反Ⅲ

鬼經常跟隨人家的女孩子，和女孩子一起居住，對女孩子說："我是天帝的兒子，下到凡間旅行。"要想趕走鬼，這個女孩子就得自己用狗屎洗身子，並用葦草擊打它，那鬼就死了。Q1_11_9_38BKⅢ/129反Ⅲ

鬼經常對人說："把你家的女兒送給我！"沒有辦法拒絕。這是天上的神祇下來取妻子。用葦草擊打它，Q1_11_9_39BKⅢ/128反Ⅲ它就死了。如果不禦除的話，那鬼

來五次後，這個女兒就死了。Q1_11_9_40BKⅢ/127反Ⅲ

天火燒人家的居室，沒有辦法抵禦。用白色沙子救火，火就滅了。

大Q1_11_9_41BKⅢ/126反Ⅲ雷鬼燒著人，沒有辦法止住火。用人的火把舉向雷火，雷火就不燒人了。Q1_11_9_42BKⅢ/125反Ⅲ

雷鬼攻擊人，用雷擊木擊雷鬼，雷鬼就不再攻擊人了。Q1_11_9_43BKⅢ/124反Ⅲ

天上雲霧之氣入侵人的居室，人的火把向著雲氣燒，雲氣就停止入侵了。Q1_11_9_44BKⅢ/123反Ⅲ

人經過土丘時，母老鼠抱著小鼠仔追逐人。人張開傘對著母老鼠，它就不來追人了。Q1_11_9_45BKⅢ/122反Ⅲ

人在路上行走，鬼擋在道路間站著攔住去路，你衹要披散頭髮，奮勇沖過去，鬼就消失了。Q1_11_9_46BKⅢ/121反Ⅲ

鳥獸經常在人的居室內鳴叫，在鳥獸待的房室內焚燒脱落的頭髮和六畜的毛髮，鳥獸就停止鳴叫了。Q1_11_9_47BKⅢ/120反Ⅲ

人臥牀睡覺而鬼在夜晚弄彎了他的頭。用竹鞭擊打鬼，鬼就不再來了。Q1_11_9_48BKⅢ/119反Ⅲ

鳥獸蟲蛇之類動物的數量很多，卻衹進入同一人家的居室。用竹鞭擊打它們，它們就停止進入居室了。Q1_11_9_49BKⅢ/118反Ⅲ

一家人無緣無故地都在流口水，這是因爲爰母待在居室内，它像棒槌一樣大，呈紅白色，它Q1_11_9_50BKⅢ/117反Ⅲ待的地方，有水時反而乾燥，乾旱時反而濕潤。在居室内中心位置，挖地三尺，在那裏焚燒豬糞，家人就停止流口水了。Q1_11_9_51BKⅢ/116反Ⅲ

一家人都身體發癢，這是因爲癘鬼居住在家裏。在居室内焚燒青桐樹枝，癘鬼就不再作祟了。Q1_11_9_52BKⅢ/115反Ⅲ

一戶人家的井裏充滿血水，很腥臭，這是地蟲在地下相鬭，血向上溢而造成的。用沙子填埋這口血井，另外再挖一口井，Q1_11_9_53BKⅢ/114反Ⅲ蒸米飯給它们吃，拿白霜露水給它们喝，連續三天，才能過正常人的生活。如果沒有Q1_11_9_54BKⅢ/113反Ⅲ連續三個月喂它們吃蒸米飯或喝白霜露水，這家人就不是人了，一定會變成枯骨。白天有太陽的時候Q1_11_9_55BKⅢ/112反Ⅲ從填埋那口血井的地方取少許沙子，用白茅包裹起來，用大麻籽裹上，遠遠地扔掉它，這樣地蟲就停止相鬭了。Q1_11_9_56BKⅢ/111反Ⅲ

疾風刮進人的居室並取走東西，這時將鞋子投向疾風，可以在那個地方得到東西，Q1_11_9_57BKⅢ/110反Ⅲ在道路中間取回盆；如果找不到東西，便將鞋丟在道路Q1_11_9_58BKⅢ/109反Ⅲ中間，這樣人就沒有病了。否則不出一年，家裏必有人生病。Q1_11_9_59BKⅢ/108反Ⅲ

日夕

【釋文】

正月，日七夕九。[1] Q1_11_9_60BKⅢ/107反Ⅲ

二月，日八夕八。Q1_11_9_61BKⅢ/106反Ⅲ

三月，日九夕七。Q1_11_9_62BKⅢ/105反Ⅲ

四月，日十夕六。Q1_11_9_63BKⅢ/104反Ⅲ

五月，日十一夕五。Q1_11_9_64BKⅢ/103反Ⅲ

六月，日十夕六。Q1_11_9_65BKⅢ/102反Ⅲ

七月，日九夕七。Q1_11_9_66BKⅢ/101反Ⅲ

八月，日八夕八。Q1_11_9_67BKⅢ/100反Ⅲ

九月，日七夕九。Q1_11_9_68BKⅢ/99反Ⅲ

十月，日六夕十。Q1_11_9_60BKⅣ/107反Ⅳ

十一月，日五夕十一。Q1_11_9_61BKⅣ/106反Ⅳ

十二月，日六夕十。Q1_11_9_62BKⅣ/105反Ⅳ

【匯釋】

①劉樂賢（1994：248）：這份日夕表又見於《歲》篇。曾憲通（1982A）：日夕表所記述的是秦漢時使用"十六時制"劃分一日並計算每月晝夜長短的方法，《淮南子·天文訓》記述太陽行程時列舉了一日十六所，《論衡·說日》中記述"日行月從"時有"十六分"或"十六道"，皆是把一日等分爲十六個時間單位，這與堪輿家利用堪輿觀測日出日落的時間有關。《歲》篇有秦楚月名對照和"日夕消長表"，分别於十二月名之下列出"日若干夕若干"，每月的日夕之和總是"十六"不變，這與"十六所""十六道"同理。此亦見於放馬灘秦簡《日書》的"日夜長短表"，而十六時段的名稱在放簡日甲、放簡日乙的《生子》篇中都有具體表述，即"平旦、日出、夙食、莫食、日中、日過中、日則、日下則、日未入、日入、昏、夜莫、夜未中、夜中、夜過中、雞鳴"，其中的"日則"即"日昃"。

【今譯】

正月，白晝七分，夜晚九分。Q1_11_9_60BKⅢ/107反Ⅲ

二月，白晝八分，夜晚八分。Q1_11_9_61BKⅢ/106反Ⅲ

三月，白晝九分，夜晚七分。Q1_11_9_62BKⅢ/105反Ⅲ

四月，白晝十分，夜晚六分。Q1_11_9_63BKⅢ/104反Ⅲ

五月，白晝十一分，夜晚五分。Q1_11_9_64BKⅢ/103反Ⅲ

六月，白晝十分，夜晚六分。Q1_11_9_65BKⅢ/102 反Ⅲ
七月，白晝九分，夜晚七分。Q1_11_9_66BKⅢ/101 反Ⅲ
八月，白晝八分，夜晚八分。Q1_11_9_67BKⅢ/100 反Ⅲ
九月，白晝七分，夜晚九分。Q1_11_9_68BKⅢ/99 反Ⅲ
十月，白晝六分，夜晚十分。Q1_11_9_60BKⅣ/107 反Ⅳ
十一月，白晝五分，夜晚十一分。Q1_11_9_61BKⅣ/106 反Ⅳ
十二月，白晝六分，夜晚十分。Q1_11_9_62BKⅣ/105 反Ⅳ

盜者

【釋文】

盜者[①]

子，鼠也。盜者兑（鋭）口[②]，希（稀）須（鬚），善弄手[③]，黑色，面有黑子焉，疵在耳[④]，臧（藏）於垣內中糞蔡下[⑤]。·多〈名〉鼠鼷孔午郢[⑥]。Q1_11_9_69BK/98 反

丑，牛也。盜者大鼻，長頸，大辟（臂）臑而僂[⑦]，疵在目，臧（藏）牛廄中草木下。·多〈名〉徐善趚以未。Q1_11_9_70BK/97 反

寅，虎也。盜者壯[⑧]，希（稀）須（鬚），面有黑焉[⑨]，不全於身[⑩]，從以上辟（臂）臑梗，大疵在辟（臂）[⑪]，臧（藏）於瓦器閒[⑫]，旦閉夕啟西方[⑬]。·多〈名〉虎豻貙豹申。Q1_11_9_71BK/96 反

卯，兔也。盜者大面，頭顡[⑭]，疵在鼻，臧（藏）於草中[⑮]，旦閉夕啟北方。·多〈名〉兔竈陘突垣義酉。Q1_11_9_72BK/95 反

辰，盜者男子，青赤色，爲人不轂（穀）[⑯]，要（腰）有疵，臧（藏）東南反（坂）下[⑰]。車人[⑱]，親也，勿言已。·多〈名〉玃不圖射亥戌。Q1_11_9_73BK/94 反

巳，蟲也[⑲]。盜者長而黑，蛇目[⑳]，黃色，疵在足，臧（藏）於瓦器下。·名西茝亥旦。Q1_11_9_74BK/93 反

午，鹿也[㉑]。盜者長頸，小胻[㉒]，其身不全，長耳而操蔡，疵在肩，臧（藏）於草木下，必依阪險，旦啟夕閉東方。·名㜪達祿得獲錯[㉓]。Q1_11_9_75BK/92 反

未，馬也[㉔]。盜者長須（鬚）耳[㉕]，爲人我我然好歌無（舞）[㉖]，疵在肩，臧（藏）於芻稾中[㉗]，阪險，必得。·名建章丑吉。Q1_11_9_76BK/91 反

申，環也[㉘]。盜者園（圓）面，其爲人也鞞鞞然[㉙]，夙得莫（暮）不得[㉚]。·名責環貉豺干都寅。Q1_11_9_77BK/90 反

酉，水也[㉛]。盜者䍐而黃色[㉜]，疵在面，臧（藏）於園中草下，旦啟夕閉。夙得莫（暮）不得。·名多酉起嬰[㉝]。Q1_11_9_78BK/89 反

戌，老羊也[㉞]。盜者赤色，其爲人也剛履[㉟]，疵在頰。臧於糞蔡中土中。夙得莫

（暮）不得。·名馬童龏悥辰戌[36]。Q1_11_9_79BK/88反

亥，豕也。盜者大鼻而票（剽）行[37]，長脊[38]，其面不全。疵在要（腰），臧（藏）於圂中垣下，夙得莫（暮）不得。·名豚孤夏穀□亥。Q1_11_9_80BK/87反

甲盜名曰耤鄭壬䶊強當良[39]。·乙名曰舍徐可不詠亡悥（憂）[40]。·丙名曰轓可癸上[41]。·丁名曰浮妾榮辨僕上。·戊名曰匽爲勝死[42]。Q1_11_9_81BK/86反

己名曰宜食成怪目。·庚名曰甲郢相衛魚。·辛名曰秦桃乙忌慧。·壬名曰黑疾齊誣。·癸名曰陽生先智丙[43]。Q1_11_9_82BK/85反

【匯釋】

①盜者：**標題**。整理者："盜"字位於簡69BK首，"者"字位於簡70BK首。孔家坡漢簡《日書》簡367作"盜日"。該篇記載了十二生肖與天干的搭配，于豪亮（2015：60）指出《論衡·物勢》和蔡邕《月令答問》中都有關於十二生肖的記載，與現在的說法相同，此篇中記載的十二生肖與現在的說法不同，大約是記錄了楚國的說法。

②兌口：**即"尖口"**（王子今，2003A：450）。

③弄：**擺弄**。整理者：弄，《爾雅·釋言》："玩也。"陳偉（2016C：447）：《禮記·少儀》："侍坐，弗使，不執琴瑟，不畫地，手無容，不翣也。"孔疏："'手無容'者，盧云：'不弄手也。'"《續禮記集說》卷65《少儀》引朱軾曰："畫，指畫也。凡人論事，多以手指畫。古人席坐，指畫近地，故曰畫地。與尊者言，不敢以手指畫也。不但不指畫，並不弄手爲容。人無所執持，多搖動其手，或以手撫手，或以指刮物，皆謂之弄。"可參看。

手：**有二說：一、屬上讀**。李學勤（1993）說。**二、屬下讀**。整理者說。

④疵：**有二說：一、瑕疵、斑痣**。陳偉武（1998）：秦簡所有"疵"字用法相同，筆者以爲訓"病也"過於籠統，當指斑痣。人之斑點謂之疵，玉之斑點謂之玼，字異源同。王子今（2003A：451）：這裏所謂"疵在耳"，不是一般的病，應是比較顯著的外貌體徵，如黑斑、痣、胎記、贅疣等。《晉書·后妃傳上·惠賈皇后》："（后）見一婦人，年可三十五六，短形青黑色，眉後有疵。"《淮南子·氾論訓》："目中有疵，不害於視。"高誘注："疵，贅。"陳偉（2016C：448）：張家山漢簡《二年律令·津關令》簡498："御史請諸出入津關者，皆入傳，書郡、縣、里、年、長、物色、疵瑕見外者及馬職（識）物關舍人占者。"簡文對盜者的描述，與傳對人物特徵記錄要素有類似處。**二、病**。劉樂賢（1994：271）：本篇"疵在耳"習見，《說文》："疵，病也。"

⑤臧：**有二說：一、讀"藏"**。整理者說。**二、釋爲"贓"，贓物**。王子今（2003A：452）：本篇多見，似以釋爲"贓"爲妥。即贓物、贓證、賊贓。

蔡：**草**。整理者：《說文》："草也。"劉樂賢（1994：271）：本篇下文"長耳而操蔡"的"蔡"字亦當訓爲草。

⑥多：**"名"字之誤。有二說：一、小名**。李零（1993：209）：據《禮記·內

則》，名是子生三月，在“接子”儀式上由父取之。簡文所見之“名”就屬於這種“名”，相當於現在所說的“小名”。**二、巳、午、未、申、酉、戌、亥之稱。**王子今（2003A：452）：子、丑、寅、卯、辰，言“多”，巳、午、未、申、酉、戌、亥，稱“名”，是“多”“名”一也。“多”字是“名”字的形變。

⑦臑：**人體部位，手臂的肘關節。**整理者：《說文》：“臂羊矢也。”段注以爲人臂無稱臑者，簡文可證其誤。劉樂賢（1994：271）：鄭剛云：即《禮記·少儀》之“臂臑”。《禮記·少儀》：“其禮，大牢則以牛左肩，臂臑，折九個。”王子今（2003A：452）：人體部位稱“臑”的確鑿證據又有《黃帝內經·素問》卷22《至真要大論》：“民病胸中煩熱，嗌乾，右胠滿，皮膚痛，寒熱欬喘，唾血血泄，鼽衄嚏嘔，溺色變，甚則瘡瘍胕腫，肩背臂臑及缺盆中痛，心痛肺䐜，腹大滿膨膨而喘欬，病本於肺。”陳偉（2016C：448）謂張家山漢簡《二年律令》簡142：“大痍臂臑股胻，或誅斬，除。”亦指人而言。今按：《說文》之“羊矢”固非動物之謂，《集韻》曲其意而改作“羊豕”，段注所言蓋從《集韻》，“羊矢”實謂穴位。馬敘倫《說文解字六書疏證》卷八：“考素問，臂，脈穴之名。……素問三部九候論注：肝脈在毛際外，羊矢下一寸半……是股內廉近陰處曰羊矢。倫謂此字出字林，羊矢爲臑之緩言，字林每以俗名爲釋，臑爲羊矢者，臂節向內處。”

⑧壯：**通“狀”，形狀，樣子。**施謝捷（1998）：張家山漢簡《日書》、孔家坡漢簡《日書》作“虎狀”，“壯”與“狀”古通。陳偉（2016C：448）：孔家坡漢簡《日書》簡369亦云“盜者虎狀”。

⑨面有黑焉：**當爲“面有黑子焉”。**施謝捷（1998）：“黑”下脫抄“子”字。

⑩不全於身：**身有殘疾。**王子今（2003A：453）說。

⑪大疵在辟：**有二說：一、“大”字連下讀。**“辟”通“臂”。**二、“大”字連上讀。**劉樂賢（1994：271）：又疑本句有脫字。

⑫臧：**通“藏”，窩藏臟物。**王子今（2003A：453）說。

⑬閉、啟：**疑指門戶的開闔。**李學勤（1993）：疑寅條的“旦閉夕啓西方”原應在子條下。所謂閉、啓，疑指門戶的開闔，是防盜的方術。

⑭頭頯：**有四說：一、頭惡。**“頯”即“頪”字之誤，整理者以爲“頪”字之誤，注釋：《說文繫傳》：“頭惡也。”**二、頭禿，禿頂。**“頯”同“頪”。陳偉武（1998）：簡文作頯不誤。古文字中彖符往往作豕，亦省變作豕，故秦簡頯字即頪字，宋本《玉篇·頁部》：“頪，待困切。頪顐，禿。”大徐本《說文》：“頪，頭蔽頪也。本人頁豕聲。”腦袋不毛不是好事，故“頭蔽頪”與“頭惡”與“禿”所指實同。從聲韻言，頯、頪當是聲符相替代的異體字。《日書》“頭頯”即指禿頂。王子今（2003A：453）：“頯”字其實不煩改讀作“頪”。《玉篇·頁部》：“頪，顐，禿。”簡文“頭頯”，就是“頭禿”。**三、短頸。**施謝捷（1998）：盜者特徵“大面”“頭頯”分別相當於放馬灘秦簡《日書》的“短面”、張家山漢簡的“短頸”。據此疑“頭頯”可讀爲“脰短”，爲短頸之意。**四、短喙。**方勇（2012：506－509）：“頭頯”讀作“短喙”。

⑮臧：**通“藏”，藏物**。王子今（2003A：454）：這裏顯然是說藏物而非藏身。

⑯轂：**讀爲“穀”，善**。整理者：《爾雅·釋詁》：“善也。”

⑰反：**通“坂”，有一定坡度的坡**。整理者：《說文》：“坡者曰阪……一曰澤障也，一曰山脅也。”王子今（2003A：453）：坂，應當是指有一定坡度的“坡”。

⑱車人：**有二說：一、古代造車及農具的木工**。劉樂賢（1994：271）：“車人”係古代造車及農具的木工，見《周禮·考工記·車人》。**二、駕車人**。王子今（2003A：454）：“車人”亦指駕車人。《淮南子·說林訓》：“馬車人之利而不僦則不達。”居延漢簡可見所謂“將車人”，其稱謂所指代的也是駕車人。

⑲蟲：**蛇**。于豪亮（1981C）：《說文·虫部》段注：“古虫、蟲不分。”而“虫”字下云：“虫，一名蝮。”蝮是一種毒蛇，因此“巳，蟲也”，實際上是巳爲蛇。

⑳蚍：**“蛇”字之誤**。整理者作“蛇”，方勇（2012：372）改釋，以爲“蛇”字之誤。

㉑午，鹿也：饒宗頤（1982：34）：以午爲鹿者，隋蕭吉論三十六禽云：“午，朝爲鹿，晝爲馬，暮爲獐。”《本生經》言，“旦爲馬，晝爲鹿，暮爲麞”（《五行大義》卷5）。是以鹿爲午非無來歷。以未爲馬者，蕭吉論禽答午何以爲馬之問云：“坤爲牝馬之貞，坤既在未，未與午合，正取其合，故馬居午。”又答另問云：“未若爲馬，誠如來難，馬既在午，正取其合。”未與午合，故未亦可爲馬。

㉒胻：**有二說：一、脛，小腿**。王子今（2003A：454）：觀察“盜者”嫌疑人體貌，似應首先注意最顯著特徵，未必可能細看“小腿上部接近膝蓋部分”。“胻”可以直接解釋爲“脛”。《廣雅·釋親》：“胻，脛也。”《龜策列傳》褚少孫補述：“聖人剖其心，壯士斬其胻。”裴駰《集解》：“‘胻’音衡，腳脛也。”**二、小腿上部接近膝蓋部分**。整理者說。《說文》：“胻，脛耑也。”

㉓名僨達祿得獲錯：王子今（2003A：455）：很可能“名僨達祿得獲錯”句漏寫“子”字。

㉔未，馬也：**有二說：一、“未”亦可爲“馬”**。饒宗頤（1982：34－35）：以未爲馬者，蕭吉論禽答午何以爲馬之問云：“坤爲牝馬之貞，坤既在未，未與午合，正取其合，故馬居午。”又答另問云：“未若爲馬，誠如來難，馬既在午，正取其合。”如是未與午合，故未亦可爲馬。或先秦已有此說。**二、“馬”原作“羊”**。李學勤（1993）：疑簡文原作“羊”，因下戌禽誤爲老羊，遂改爲馬。

㉕盜者長須耳：孔家坡漢簡《日書》簡374作“長頸而長耳”。

㉖我我然：**容貌美好貌**。整理者：“我我”亦作“娥娥”“儀儀”“峩峩”。

㉗芻稾：**餵牲口的草**。劉樂賢（1994：272）：是餵牲口的草，習見於睡虎地秦簡法律文書中。

㉘環：**有三說：一、讀爲“猨”，猴**。于豪亮（1981C）：“環”讀爲“猨”，“猨”即“猿”字，與現在申屬猴之說相近。整理者：“環”，讀爲“猨”，即“猿”字。**二、“環”是錯字**。李學勤（1993）：看放馬灘簡文，申下有“名曰環”，酉下

又恰有“水”字，使人懷疑睡虎地秦簡的“環”“水”實係在輾轉抄錄修改中釀成的錯誤，並不是假借字。**三、可能讀如字**。陳偉（2016C：450）：放馬灘秦簡《日書》乙種簡74壹作：“申，石也。”孔家坡漢簡《日書》簡375作：“申，玉石也。”

㉙鞞鞞然：**矮小的樣子**。鞞鞞，整理者：讀爲竨竨，矮小的樣子。《說文》：“竨，短人立竨竨貌。”《周禮·典同》注作罷，《方言》作繴，《廣雅·釋詁二》作犤。

㉚夙得莫不得：劉樂賢（1994：272）：《日書》乙種“十二支占令篇”多見“朝兆得，晝夕不得”句，與本句可以互相對照。

㉛水：**有三説：一、讀爲“雉”，野雞**。于豪亮（1981C）：水讀爲雉。水與雉同爲脂部字，韻母相同；水爲審母三等，雉爲澄母三等；而雉字得聲的矢字也是審母三等；水和雉讀音相近，故水可讀爲雉。《漢紀》云“諱雉之字曰野雞”，雄是野雞，現在說酉屬雞，當是從酉屬雉發展而來。**二、隼**。饒宗頤（1982：35）：《說文》：“水，準也。”《釋名》同。水於聲訓爲準，以是例之，“酉水也”之水，可能即隼。整理者：水，以音近讀爲雉。雉，野雞。**三、讀爲“隹”或“雖”，鵻鴡**。李零（1993：209）：從讀音和字義判斷，“水”也可能讀爲“隹”或“雖”，即今所謂鵻鴡。

酉，水也：李學勤（1993）：酉條誤脫“南方”二字。

㉜𤔔：**有二説：一、讀爲“臠”，瘦**。整理者：《說文》：“臠，臞也。”**二、爲“亂”之省寫，（言語）錯亂**。范常喜（2008）：與孔家坡《日書》相對校，可知“𤔔”當爲“亂”之省寫，而且“𤔔”前當脫“言”字。“言亂”，即言語錯亂，或者是指說胡話。簡文中的“言亂”可能與“雉”“雞”善鳴的特點有關。

㉝多酉：**有二説：一、“酉”是“卯”的誤寫**。劉樂賢（1994：277）：酉日下的“酉”可能是“卯”的誤寫。**二、“多酉”即“多酒”，二字人名**。施謝捷（1998）：漢印中數見以“多酒”爲名者，簡文“多酉”應即“多酒”，爲二字人名。若依劉樂賢說，“酉水也”條末可能脫抄“卯”字，“酉”不必是“卯”的誤寫。

㉞老羊：**有二説：一、以“羊”名“狗”**。饒宗頤（1982：36）：戌爲老羊者，《古今注》：“狗一名黄羊。”是狗得稱爲羊之例。劉樂賢（1994：272）：《本草綱目》卷24云狗又名地羊，也說明古人可以羊名狗。**二、錯“犬”爲“羊”**。李學勤（1993）：疑簡文原作“戌者，犬也”，傳抄中誤“者”爲“老”，又錯“犬”爲“羊”，以致如此。

㉟剛履：**有二説：一、“履”讀爲“愎”**。劉樂賢（1994：272）：剛履讀爲剛復，即剛愎。《孔叢子·敘世》：“業不一定，執志不果，此謂剛復，非強者也。”**二、“履”爲“愎”之誤**。李學勤（1993）：履，疑爲“愎”之誤。

㊱恿：**同“勇”**。劉樂賢（1994：272）：《說文》：“恿，古文勇，从心。”疑“思”亦爲“勇”字之異體。

㊲票：**讀爲“剽”，剽疾**。剽，整理者：《禮書》注：“亦疾也。”王子今（2003A：460）：秦漢之際通行“剽疾”的說法。如《留侯世家》記載張良對劉邦說：“楚人剽疾，願上無與楚人爭鋒。”

㊳長：整理者作“馬”，方勇（2012：513）改釋。

《日書》的十二生肖與傳統的不同。整理者：以上十二生肖，與漢以後流傳的不完全相同。簡文巳爲蟲，《說文》段注云：“古虫、蟲不分。”而《說文》云：“虫，一名蝮。”因此，巳爲蟲就是蛇。申爲環，環讀爲猨，就是猴。酉爲水，水讀爲雉，雉是野雞，也就是雞。午爲鹿，未爲馬，戌爲羊，而漢代就以午爲馬，未爲羊，戌爲犬（見《論衡·物勢》及蔡邕《月令問答》），則是不相同的。至於辰下未記生肖，當係漏抄。于豪亮（1981C）：《日書》的十二生肖與傳統的不同，大約《日書》所記的是楚國的說法。

㊴贑：**同“贛”**。劉樂賢（1994：272）：“贑”字不見於字書，疑是“贛”字的異體。

㊵詠：**即“耇”，人名用字**。劉樂賢（1994：273）：《宋史·宗室世系表》有“（趙）與耇，（趙）孟耇”。

㊶譶：**人名用字**。劉樂賢（1994：273）：“譶”字不見於《說文》，見於《玉篇》。

㊷殀：**“殀”字之誤**。劉樂賢（1994：273）：“殀”字不見於字書，疑是“殀”字的誤寫。

㊸先智：**“无智”之誤**。施謝捷（1998）：簡文“先智”很可能是“无智”之訛，“无智”即“無智”。古人喜用“無智”爲名，亦作“亡知”。

【今譯】

盜竊的人

子日，屬鼠。盜賊長相是尖嘴巴，鬍鬚稀少，喜歡擺弄手，臉色黑，臉上長有黑痣，耳朵有斑痣，把贓物藏在圍墻內中間位置的糞草下面。·盜賊的名字裏有“鼠、鼷、孔、午、郢”等字。Q1_11_9_69BK/98反

丑日，屬牛。盜賊長相是大鼻子，長脖子，手臂的肘關節大而彎曲不直，眼睛處有斑痣，把贓物藏在牛棚中的草堆下面。·盜賊的名字裏有“徐、善、趚、以、未”等字。Q1_11_9_70BK/97反

寅日，屬虎。盜賊很強壯，鬍鬚稀少，臉上有黑痣，身體四肢不健全，手臂的肘關節僵直，手臂上有大的斑痣，把贓物隱藏在陶器中，家裏朝西面的門窗要白天關閉夜晚打開。·盜賊的名字裏有“虎、豻、貙、豹、申”等字。Q1_11_9_71BK/96反

卯日，屬兔。盜賊長相是大臉，禿頭，鼻子有斑痣，把贓物藏在草叢中，家裏朝北方的門窗要白天關閉夜晚打開。·盜賊的名字裏有“兔、竈、陘、突、垣、

義、酉”等字。Q1_11_9_72BK/95 反

辰日，盜賊是男人，臉是青紅顏色，爲人不善，腰有斑痣，把贓物藏在東南方向的土坡下面，這個賊是造車的木工，是你的親人，不要跟他多說甚麼就不會有事了。·盜賊的名字裹有“獾、不、圖、射、亥、戌”等字。Q1_11_9_73BK/94 反

巳日，屬蟲（蛇）。盜賊個子高，膚色黑，眼睛長得像蛇眼，臉是黃色的，腳上有斑痣，把贓物藏在陶器下面。·盜賊的名字裹有“西、茝、亥、旦”等字。Q1_11_9_74BK/93 反

午日，屬鹿。盜賊長相是脖子長，小腿短，身體有殘缺，耳朵長，手拿草，肩部有斑痣，把贓物藏在草木之下，一定靠著山坡險要的地方，家裹朝東方的門窗要白天打開夜晚關閉。·盜賊的名字裹有“螑、達、祿、得、獲、錯”等字。Q1_11_9_75BK/92 反

未日，屬馬。盜賊耳朵和鬍鬚很長，長相漂亮迷人，喜歡唱歌跳舞，肩部有斑痣，把贓物藏在草料中和山坡險峻的地方，必定能抓住這個盜賊。·盜賊的名字裹有“建、章、丑、吉”等字。Q1_11_9_76BK/91 反

申日，屬猿。盜賊圓臉，個子矮矮的，早晨能捉到他，傍晚捉不到。·盜賊的名字裹有“責、環、貉、豺、干、都、寅”等字。Q1_11_9_77BK/90 反

酉日，屬雞。盜賊言語胡亂、臉色黃，臉上有斑痣，把贓物藏在園子裹的草叢下，家裹（朝南的）門窗要白天打開，晚上關閉。早晨可以抓住盜賊，傍晚抓不到他。·盜賊的名字裹有“多、酉、起、嬰”等字。Q1_11_9_78BK/89 反

戌日，屬狗。盜賊臉色發紅，爲人剛愎，臉頰上有斑痣。把贓物藏在糞草中和土中。早晨能抓住盜賊，傍晚抓不到他。·盜賊的名字裹有“馬、童、龏、悤、辰、戌”等字。Q1_11_9_79BK/88 反

亥日，屬豬。盜賊鼻子大，走路快，脊背長，面容有殘缺。腰部有斑痣，把贓物藏在廁所中和圍墻下，早晨能抓住他，傍晚抓不到。·盜賊的名字裹有“豚、孤、夏、穀……亥”等字。Q1_11_9_80BK/87 反

甲日的盜賊名叫“耤、鄭、壬、饘、強、當、良”等。·乙日的盜賊名叫“舍、徐、可、不、詠、亡、憂”等。·丙日的盜賊名叫“轞、可、癸、上”等。丁日的盜賊名叫“浮、妾、榮、辨、僕、上”等。·戊日的盜賊名叫“匽、爲、勝、猉”等。Q1_11_9_81BK/86 反

己日的盜賊名叫“宜、食、成、怪、目”等。·庚日的盜賊名叫“甲、郢、相、衛、魚”等。·辛日的盜賊名叫“秦、桃、乙、忌、慧”等。·壬日的盜賊名叫“黑、疾、齊、諈”等。·癸日的盜賊名叫“陽、生、先、智、丙”等。Q1_11_9_82BK/85 反

十二支占死咎

【釋文】

子，女也。有死，其後必以子死，其咎才（在）渡衖[1]。Q1_11_9_83BK Ⅰ/84 反 Ⅰ

丑，鼠也。其後必有病者三人。Q1_11_9_84BK Ⅰ/83 反 Ⅰ

寅，罔也。其咎在四室，外有火敬（警）[2]。Q1_11_9_85BK Ⅰ/82 反 Ⅰ

卯，會眾。其後必有子將弟也死[3]，有外喪[4]。Q1_11_9_86BK Ⅰ/81 反 Ⅰ

辰，尌（樹）也，其後必有敬（警），有言見[5]，其咎在五室馬牛。Q1_11_9_87BK Ⅰ/80 反 Ⅰ

巳，翼也。其後必有別，不皆（偕）居，咎在惡室[6]。Q1_11_9_88BK Ⅰ/79 反 Ⅰ

午，室四𨻶也，其後必有死者三人，其咎在六室，必有死者二人。Q1_11_9_89BK Ⅰ/78 反 Ⅰ

未，㾺也。其室寡。Q1_11_9_90BK Ⅰ/77 反 Ⅰ

申，石也。其咎在二室，生子不牷（全）[7]。Q1_11_9_91BK Ⅰ/76 反 Ⅰ

酉，巫也。其後必有小子死，不出三月，有得[8]。Q1_11_9_92BK Ⅰ/75 反 Ⅰ

戌，就也。其咎在室馬牛豕也。日中死兇（凶）。Q1_11_9_93BK Ⅰ/74 反 Ⅰ

亥，死必三人，其咎在三室。Q1_11_9_94BK Ⅰ/73 反 Ⅰ

甲辰寅死[9]，必復有死。Q1_11_9_95BK Ⅰ/72 反 Ⅰ

甲子死，室氏[10]，男子死，不出卒歲，必有大女子死。Q1_11_9_96BK Ⅰ/71 反 Ⅰ

【匯釋】

①咎：**災**（整理者）。

渡衖：**有三說：一、渡口**。整理者："衖"疑讀爲潢，即"港"字。**二、"衖"指馬巷**。整理者：一說，讀馬巷。**三、讀作"宅巷"，里中**。陳偉（2016C：453）：孔家坡漢簡《日書》簡300作"其咎在里中"。"渡衖"或可讀作"宅巷"，與"里中"相當。

②四室：**四月所代表的四室**。晏昌貴、梅莉（2002）："二室""三室""四室""五室""六室"等應即甲種簡83－90BKⅡ和乙種簡206～218所繪圖中的十二月所代表的十二室，並非實際生活中的住室。

其咎在四室，外有火敬：孔家坡漢簡《日書》簡302作："其咎在西四室，必有火起。"

③將：**或者**。整理者釋"或"。陳偉（2016C：453）：孔家坡漢簡《日書》簡303作"其室必有弟茀若子死"。

④外喪：**有三說：一、兄弟喪在遠者**。整理者：《禮記・雜記》疏："謂兄弟喪

在遠者也。”**二、死於外的。**王子今（2003A：462）：《大唐開元禮》卷150“外喪”條：“凡死於外者，小斂而反，則子素服袤巾帕頭徒跣而從；大斂而反，亦如之。凡死於外，大斂而反者，毀門西墻而入。”**三、大門以外的喪事。**魏德勝（2003：115）：外喪，謂大門以外的喪事。

⑤有言：**有二說：一、有唁，有噩耗。“言”讀爲“唁”。**王子今（2003A：462－463）：又“有言見”或可理解爲“有唁見”。“唁”，《說文·口部》：“唁，弔生也。”可以理解爲噩耗。**二、有愆，有惡疾。“言”讀爲“愆”。**言，整理者疑讀爲愆。王子今（2003A：462－463）：若將“有言見”理解爲“有愆見”，“愆”通常解釋爲罪過、過失，這裏可以取“惡疾”之義。《左傳·昭二十六年》：“至於夷王，王愆於厥身。”杜預注：“愆，惡疾也。”

⑥惡室：**白土塗刷的房子。**“惡”讀爲“堊”。《禮記·雜記》：“廬堊室之中。”《釋文》：“堊，本作惡。”“堊室”即白土塗刷的房子，古代孝子居於堊室。

⑦生子不牷：整理者：亦見《法律答問》。

⑧其後必有小子死，不出三月，有得：孔家坡漢簡《日書》簡309作“不出三月必有小子死”。簡文或當讀作：“其後必有小子死，不出三月。有得。”

⑨甲辰寅死：**應當是說“甲辰死”與“甲寅死”**（王子今，2003A：464）。

⑩室氐：**有二說：一、家族衰滅，絕戶。**王子今（2003A：464）：“室氐”之“氐”，或可讀作“厎”或“底”。可以理解爲終止、結束。《詩經·節南山之什·小旻》：“我視謀猶，伊於胡厎。”鄭玄注：“厎，至也。”《爾雅·釋詁下》：“底，止也。”“室氐”，大約是說家族衰滅，即接近於俗語所謂絕戶。**二、房室低矮。**吳小強（2000：154）說。

劉樂賢（1994：279）：本篇的形式與“盜者篇”相似，也是以十二地支與女、鼠等詞配合進行占卜。但女、鼠、罔等詞相互之間的關係不可考，故全篇的確切含義無從推斷。篇末三簡都占卜“死”，或許暗示著這篇是占卜死亡之事的。

【今譯】

子日，是女日。這一天將有人死去，此日過去後兒子會死，這個災禍在渡口碼頭。Q1_11_9_83BKⅠ/84反Ⅰ

丑日，是鼠日。此日過後肯定有三個人得病。Q1_11_9_84BKⅠ/83反Ⅰ

寅日，是罔日。凶災在四室，室外將有火警發生。Q1_11_9_85BKⅠ/82反Ⅰ

卯日，是會衆日。此日過後，必定會有兒子或者兄弟死去，會有大門以外的喪事。Q1_11_9_86BKⅠ/81反Ⅰ

辰日，是樹日。此日過後必定會有緊急事情發生，出現噩耗，這個凶災在五室和馬牛上。Q1_11_9_87BKⅠ/80反Ⅰ

巳日，是翼日。此日過後，必定將與親人分別，不在一起同住，凶災在白土室上。Q1_11_9_88BKⅠ/79反Ⅰ

午日，是室四隣日。此日過後，必定會有三個人死去，這個凶災在六室，必定

會有兩個死去的人。Q1_11_9_89BK Ⅰ/78 反 Ⅰ

未日，是瘵日。這一天妻子成爲寡婦。Q1_11_9_90BK Ⅰ/77 反 Ⅰ

申日，是石日。這一天的災殃在二室，生孩子，孩子身體有殘缺。Q1_11_9_91BK Ⅰ/76 反 Ⅰ

酉日，是巫日。這天過後，小兒子定會死去，不出三個月將有收穫。Q1_11_9_92BK Ⅰ/75 反 Ⅰ

戌日，是就日。此日的災殃在房室和馬牛豬上。中午太陽正當中時，將發生死亡凶災。Q1_11_9_93BK Ⅰ/74 反 Ⅰ

亥日，若有人死去肯定死三個人，此日的凶災在三室。Q1_11_9_94BK Ⅰ/73 反 Ⅰ

甲辰日、甲寅日死了人，肯定會再次死人。Q1_11_9_95BK Ⅰ/72 反 Ⅰ

甲子日發生死亡事情，會絕戶，男人死去，不出一年，肯定會有大姑娘死去。Q1_11_9_96BK Ⅰ/71 反 Ⅰ

禹須臾（二）

【釋文】

禹須臾①

·辛亥、辛巳、甲子、乙丑、乙未、壬申、壬寅、癸卯、庚戌、庚辰，莫（暮）市以行②，有九喜。Q1_11_9_97BK Ⅰ/70 反 Ⅰ

癸亥、癸巳、丙子、丙午、丁丑、丁未、乙酉、乙卯、甲寅、甲申、壬戌、壬辰，日中以行，有五喜。Q1_11_9_98BK Ⅰ/69 反 Ⅰ

己亥、己巳、癸丑、癸未、庚申、庚寅、辛酉、辛卯、戊戌、戊辰、壬午，市日以行③，有七喜。Q1_11_9_99BK Ⅰ/68 反 Ⅰ

丙寅、丙申、丁酉、丁卯、甲戌、甲辰、乙亥、乙巳、戊午、己丑、己未④，莫（暮）食以行⑤，有三喜。Q1_11_9_100BK/67 反

戊申、戊寅、己酉、己卯、丙戌、丙辰、丁亥、丁巳、庚子、庚午、辛丑、辛未⑥，旦以行，有二喜。Q1_11_9_101BK/66 反

【匯釋】

①禹須臾：**一種方術**。吴小強（2000：161）：秦漢時期的方術，主要是用於外出時選擇日期、時辰，所選擇的時辰有暮時、食時、日中、旦等。

②莫市：**有三説：一、暮食**。整理者：當即暮食，市、食均古之部字。暮食爲古代時稱之一，見《天官書》。**二、夕**。劉樂賢（1994：163）："暮市"即本篇第一段的"夕"，似與"暮食"有别，整理小組之説不確。**三、夕市，戌時**。尚民傑（1997B）：簡文中的"莫市"即《周禮》中的"夕市"，我們將其考訂爲"戌時"，

正符合古人對“夕市”時辰的考證，“夕謂下則至黃昏也”。

③市日：**有五說：一、食日，食時。**整理者：當即食日，疑與《漢書·淮南王安傳》日食時同義，亦即食時。**二、餔時。**劉樂賢（1994：163）：“市日”當即簡135“餔時”。**三、午飯時間。**尚民傑（1997B）：“市日”當就古代的“日中而市”所言，此時太陽已略偏西，亦相當於人們的午飯時間。**四、日昃。**劉樂賢（2003B）：“市日”和“暮市”的“市”字作本字解即可。“市日”可能是從“日昃而市”爲“大市”而得名。也就是說“市日”應與“日昃”相當。**五、日昳。**李天虹（2012）：放馬灘簡“禹須臾”與市日、暮市相當的兩個時段分別作“日昳”“夕”，證明尚、劉兩位的說法似乎可以成立。

④申：整理者誤作“甲”，劉樂賢（1994：163）訂正。

“己丑、己未”之“己”：整理者誤作“已”，劉樂賢（1994：163）、王子今（2003A：464）訂正。

⑤莫食：**指食時之後的時段。**劉樂賢（2003B）：《日書》的“暮食”和馬王堆帛書《出行占》的“晏食”顯然就是同一時段。“暮食”“晏食”的“食”是指食時。“暮食”或“晏食”，係與“夙食”或“蚤食”相對，是指食時之後的時段。顯然，此處“暮食”的“暮”用的不是本義，而是指早晚的“晚”。劉樂賢（1994：163）：見於《日書》乙種“十二時篇”，又見於《史記·天官書》。

⑥“己酉、己卯”之“己”：整理者誤作“已”，劉樂賢（1994：163）、王子今（2003A：464）訂正。

【今譯】

禹須臾的方法

·在辛亥日、辛巳日、甲子日、乙丑日、乙未日、壬申日、壬寅日、癸卯日、庚戌日、庚辰日的黃昏時分，出門行遠，會有九件喜事。Q1_11_9_97BK Ⅰ/70 反 Ⅰ

在癸亥日、癸巳日、丙子日、丙午日、丁丑日、丁未日、乙酉日、乙卯日、甲寅日、甲申日、壬戌日、壬辰日的中午太陽正當中的時候，出門行遠，會有五件喜事。Q1_11_9_98BK Ⅰ/69 反 Ⅰ

在己亥日、己巳日、癸丑日、癸未日、庚申日、庚寅日、辛酉日、辛卯日、戊戌日、戊辰日、壬午日的午飯時分，出門行遠，會有七件喜事。Q1_11_9_99BK Ⅰ/68 反 Ⅰ

在丙寅日、丙申日、丁酉日、丁卯日、甲戌日、甲辰日、乙亥日、乙巳日、戊午日、己丑日、己未日的晚飯之後，出門行遠，會有三件喜事。Q1_11_9_100BK/67 反

在戊申日、戊寅日、己酉日、己卯日、丙戌日、丙辰日、丁亥日、丁巳日、庚子日、庚午日、辛丑日、辛未日的早晨時候，出門行遠，會有兩件喜事。Q1_11_9_101BK/66 反

殺忌

【釋文】

春三月甲乙，不可以殺[①]，天所以張生時[②]。Q1_11_9_102BK/65 反

夏三月丙丁，不可以殺，天所以張生時。Q1_11_9_103BK/64 反

秋三月庚辛，不可以殺，天所以張生時。Q1_11_9_104BK/63 反

冬三月壬癸，不可以殺，天所以張生時。Q1_11_9_105BK/62 反

・此皆不可殺，小殺小央（殃），大殺大央（殃）[③]。Q1_11_9_106BK/61 反

【匯釋】

①殺：**殺生，屠宰牲畜**。尚民傑（1997A）：殺的內容大約是指屠宰牲畜。

②張：**有二說：一、使強大興盛**。王子今（2003A：468）：這是秦漢之際“張楚”政權的定名，即取“使強大興盛”之義。**二、強大興盛**。整理者說。

王子今（2003A：468）：《論衡・譏日》：“祭祀之曆，亦有吉凶。假令血忌、月殺之日固凶，以殺牲設祭，必有患禍。”《三餘帖》：“六甲乃上帝造物之日，是日殺生，上帝所惡。”

③央：**“央”通“殃”，爲秦漢時期所習見。**

【今譯】

春季三月的甲日、乙日，不能在此日殺生，這一天是天神使生靈繁盛強大的時候。Q1_11_9_102BK/65 反

夏季三月的丙日、丁日，不能在此日殺生，這一天是天神使生靈繁盛強大的時候。Q1_11_9_103BK/64 反

秋季三月的庚日、辛日，不能在此日殺生，這一天是天神使生靈繁盛強大的時候。Q1_11_9_104BK/63 反

冬季三月的壬日、癸日，不能在此日殺生，這一天是天神使生靈繁盛強大的時候。Q1_11_9_105BK/62 反

・這些日子都不能殺生，少量殺生就會有小災殃，大量殺生就會有大災殃。Q1_11_9_106BK/61 反

死失圖

八月 酉	九月 戌	十月 亥
七月 申	三月 辰 二月 卯	
	四月 巳 正月 寅	十一月 子
六月 未	五月 午 十二月 丑	

Q1_11_9_83BK ~ Q1_11_9_90BK

【釋文】

直此日月者不出①。Q1_11_9_91BK Ⅱ/76 反 Ⅱ

【匯釋】

①直此日月者不出：劉增貴（2001）："直此日月者不出"似乎可以理解爲：遇到月干之日不可出，即寅月（正月）的寅日不可出行之類。

李零（1993：191）：這是一種按四方中央，從内向外旋轉，排列十二月和十二支的圖。據乙種可知，此圖題應爲《視羅圖》。劉樂賢（1994：283）：圖表的邊上（簡 91BK）有"直此日月者不出"一句被精裝本漏掉。這句話很像是圖表的說明文字，故將它與圖劃爲同一篇中。陳偉（2016C：456）：據孔家坡漢簡《日書》，此圖稱爲"死失圖"。

【今譯】

遇到這些月干之日不可出行。Q1_11_9_91BK Ⅱ/76 反 Ⅱ

五勝

【釋文】

金勝木，Q1_11_9_83BKⅢ/84反Ⅲ火勝金，Q1_11_9_84BKⅢ/83反Ⅲ水勝火，Q1_11_9_85BKⅢ/82反Ⅲ土勝水，Q1_11_9_86BKⅢ/81反Ⅲ木勝土。Q1_11_9_87BKⅢ/80反Ⅲ

東方木，Q1_11_9_88BKⅢ/79反Ⅲ南方火，Q1_11_9_89BKⅢ/78反Ⅲ西方金，Q1_11_9_90BKⅢ/77反Ⅲ北方水，Q1_11_9_91BKⅢ/76反Ⅲ中央土。[①]Q1_11_9_92BKⅡ/75反Ⅲ

【匯釋】

①劉樂賢（1994：284）：這是一篇有關五行學說的文獻。它將五行與方位相配並列出了五行相克的具體內容，這兩方面的內容都與後來的流行說法完全一致，可見當時五行學說已相當發達。王子今（2003A：473）：整理小組釋文將這篇文字與下文連貫排列，顯然不妥。

【今譯】

金勝過木，Q1_11_9_83BKⅢ/84反Ⅲ火勝過金，Q1_11_9_84BKⅢ/83反Ⅲ水勝過火，Q1_11_9_85BKⅢ/82反Ⅲ土勝過水，Q1_11_9_86BKⅢ/81反Ⅲ木勝過土。Q1_11_9_87BKⅢ/80反Ⅲ

東方屬於木，Q1_11_9_88BKⅢ/79反Ⅲ南方屬於火，Q1_11_9_89BKⅢ/78反Ⅲ西方屬於金，Q1_11_9_90BKⅢ/77反Ⅲ北方屬於水，Q1_11_9_91BKⅢ/76反Ⅲ中央屬於土。Q1_11_9_92BKⅡ/75反Ⅲ

直心

【釋文】

入正月二日一日心[①]。Q1_11_9_83BKⅣ/84反Ⅳ入二月九日直心[②]。Q1_11_9_84BKⅣ/83反Ⅳ。入三月七日直心。Q1_11_9_85BKⅣ/82反Ⅳ入四月旬五日心。Q1_11_9_86BKⅣ/81反Ⅳ入五月旬二日心。Q1_11_9_87BKⅣ/80反Ⅳ入六月旬心。Q1_11_9_88BKⅣ/79反Ⅳ入七月八日心。Q1_11_9_89BKⅣ/78反Ⅳ入八月五日心。Q1_11_9_90BKⅣ/77反Ⅳ入九月三日心。Q1_11_9_91BKⅣ/76反Ⅳ入十月朔日心。Q1_11_9_92BKⅡ/75反Ⅲ入十一月二旬五日心。Q1_11_9_93BKⅡ/74反Ⅱ入十二月二日三日心[③]。Q1_11_9_94BKⅡ/73反Ⅱ

【匯釋】

①入正月二日一日心：**應作“入正月二旬一日心”**。劉樂賢（2003A：75）：第一個“日”字爲“旬”的誤寫。

心：**心宿**。

②入二月九日直心：**應是“入二月旬九日”之脱**（劉樂賢，2003A：75）。

③入十二月二日三日心：**應是“入十二月二十四日心”**。劉樂賢（2003A：75）：十二月本應是二十四日，《日書》作“二日三日”，大概先誤推爲二十三日，書寫時又把“二旬三日”的“旬”錯寫成“日”（與正月條是同樣的錯誤）。

劉樂賢（1994：284－285）：該篇逐一羅列十二月中直心的日期，又見於《日書》乙種。這裏的心估計是代表星宿，由於簡文省略了句子的主語，不知道是甚麽東西於這些日子直心，因此它的具體含義也就難以推測。王子今（2003A：476）：簡文十二月中十個月稱“入某某日心”，兩個月（二月、三月）稱“入某某日直心”，或許前者“心”與後者“直心”同義。工藤元男（2010：124）：此段在整體內容上說的是各月心宿出現的日子，因此這與後世的《宿曜經》一樣，其背景應該是用二十八宿紀日的占法。

【今譯】

進入正月的二十一日是心宿值在的日子。Q1_11_9_83BKⅣ/84反Ⅳ進入二月的九日是心宿值在的日子。Q1_11_9_84BKⅣ/83反Ⅳ進入三月的七日是心宿值在的日子。Q1_11_9_85BKⅣ/82反Ⅳ進入四月的十五日是心宿值在的日子。Q1_11_9_86BKⅣ/81反Ⅳ進入五月的十二日是心宿值在的日子。Q1_11_9_87BKⅣ/80反Ⅳ進入六月的十日是心宿值在的日子。Q1_11_9_88BKⅣ/79反Ⅳ進入七月的八日是心宿值在的日子。Q1_11_9_89BKⅣ/78反Ⅳ進入八月的五日是心宿值在的日子。Q1_11_9_90BKⅣ/77反Ⅳ進入九月的三日是心宿值在的日子。Q1_11_9_91BKⅣ/76反Ⅳ進入十月的初一日是心宿值在的日子。Q1_11_9_92BKⅢ/75反Ⅲ進入十一月的二十五日是心宿值在的日子。Q1_11_9_93BKⅡ/74反Ⅱ進入十二月的二十三日是心宿值在的日子。Q1_11_9_94BKⅡ/73反Ⅱ

行忌（一）

【釋文】

久行毋以庚午入室[①]。Q1_11_9_95BKⅡ/72反Ⅱ□（長）行毋以戌亥入[②]。Q1_11_9_96BKⅡ/71反Ⅱ丁卯不可以船行。Q1_11_9_97BKⅡ/70反Ⅱ六壬不可以船行。Q1_11_9_98BKⅡ/69反Ⅱ六庚不可以行。Q1_11_9_99BKⅡ/68反Ⅱ

正月七日、·二月十四日、·三月廿一日、·四月八日、·五月十六日、·六月廿四日、·七月九日、·八月十八日、·九月廿七日、·十月十日、·十一月廿日、·十二月卅日，·凡Q1_11_9_107BK/60反是日在行不可以歸[3]，在室不可以行，是是大兇（凶）。Q1_11_9_108BK/59反

正月乙丑、·二月丙寅、·三月甲子、·四月乙丑、·五月丙寅、·六月甲子、·七月乙丑、·八月丙寅、·九月甲子、·十月乙丑、·十一月丙寅、·十二月甲子以Q1_11_9_109BK/58反以行[4]，從遠行歸，是謂出亡歸死之日也[5]。Q1_11_9_110BK/57反

【匯釋】

①入室：**指外出者回家**。陳偉（1998）："入室"以"久行"爲前提，又與"去室"對舉，當指外出者回家。

②□行毋以戌亥入：劉樂賢（1994：285）：此句在原照片上很不清晰，以簡127BK對照，此處衹當空缺一個"長"字。不知整理小組空出二字是否準確。王子今（2003A：477）在"戌亥"之間用頓號隔開。

③凡：整理者脱釋，陳偉（2016C：458）據紅外影像釋出。

④十二月甲子以以行：其中一個"以"是衍文，"以"後疑漏"船"字。劉增貴（2001）："六庚不可以行"，以前兩句"不可以船行"例之，頗疑其漏"船"字，六庚屬金，金能生水，故亦行船所忌者。整理者：下一"以"字衍。

⑤出亡：**有二說：一、出行失蹤。二、往亡**。饒宗頤（1982：20）："出亡"即往亡，往亡之日爲兵家所忌。

劉樂賢（1994：288）："出亡歸死之日"就是《後漢書·郭陳列傳》注引《陰陽書》所說的歸忌日。

【今譯】

長時期在外邊旅行奔波，不要在庚午日回家。Q1_11_9_95BKⅡ/72反Ⅱ在外邊旅行，不要在戌亥日回家。Q1_11_9_96BKⅡ/71反Ⅱ丁卯日不能乘船去旅行。Q1_11_9_97BKⅡ/70反Ⅱ在六壬之日，不能乘船去旅行。Q1_11_9_98BKⅡ/69反Ⅱ在六庚之日，不能外出旅行。Q1_11_9_99BKⅡ/68反Ⅱ

正月七日、·二月十四日、·三月二十一日、·四月八日、·五月十六日、·六月二十四日、·七月九日、·八月十八日、·九月二十七日、·十月十日、·十一月二十日、·十二月三十日，·Q1_11_9_107BK/60反出行的人不能在這些日子中回家，在家的人不能在這些日子出行，這些日子是非常凶險的。Q1_11_9_108BK/59反

正月的乙丑日、·二月的丙寅日、·三月的甲子日、·四月的乙丑日、·五月的丙寅日、·六月的甲子日、·七月的乙丑日、·八月的丙寅日、·九月的甲子日、·十月的乙丑日、·十一月的丙寅日、·十二月的甲子日，Q1_11_9_109BK/58反在上述這些日子中出行，從遠的地方出行回家，這叫作出行失蹤、回家死亡之日。Q1_11_9_110BK/57反

出邦門

【釋文】

行到邦門困（閫）①，禹步三②，勉壹步③，謼（呼）：“皋④，敢告曰：某行毋（無）咎⑤，先爲禹除道⑥。”即五畫地⑦，掓其畫中央土 Q1_11_9_111BK/56 反 而懷之⑧。Q1_11_9_112BK/55 反

【匯釋】

①邦門：**有二說：一、城邑之門**（劉昭瑞，1991：267），陳偉（2016C：459）：放馬灘《日書》甲種簡 66、乙種簡 165 作“出邑門”。**二、也可能包括縣、鄉一級的門**。工藤元男（2010：168）：邦門也可能包括縣、鄉一級的門。

困：**有二說：一、通“閫”，即門橛、門限，放在中間擋住兩扇門扉的門檔子**（工藤元男，2010：204）。**二、直竪於門中的門限**。整理者說。

②禹步：**一種巫術的步法**。饒宗頤（1982：21－22）：《尚書大傳》言：“禹其跳者，踦也。”注：“踦足不能相遇也。”（陳壽祺輯本）《尸子·君治》：“禹於是疏河決江，十年未闚其家，手不爪，脛不毛，生偏枯之疾，步不相過，人曰禹步。”《法言·重黎篇》：“姒氏治水土，而巫步多禹。”李軌注：“俗巫多效禹步。”可見巫俗效法禹步，由來已久。出行到邦門，可施禹步，秦俗已然。整理者：禹步，一種巫術的步法。劉昭瑞（1991）：禹步首先是巫師們行使隱身巫術時的步法。胡文輝（1997）：“禹步”是巫術的一種基本步法，可以運行於各式各樣的巫術。劉增貴（2001）：禹步出現於出行儀式，但恐怕不能作爲行神之證。工藤元男（2010：204－205）：“禹步三”以下是在邦門外舉行的祖道儀式，“禹步三”指的是像《抱樸子·內篇》那樣，將以三步爲一個單位的步行重複三次。

今按：《抱樸子·登涉》：“禹步法：正立，右足在前，左足在後，次複前右足，以左足從右足併，是一步也。次複前右足，次前左足，以右足從左足併，是二步也。次複前右足，以左足從右足併，是三步也。如此禹步之道畢矣。”

③勉壹步：**有三說：一、邁一步**。劉昭瑞（1991：268）：“勉”“邁”雙聲，韻相近。**二、進一步**。整理者說。**三、每走三步**。工藤元男（2010：205）：“勉壹步”是“每走三步”的意思。

④皋：**擬音詞，古代舉行巫術儀式時經常呼叫的一種聲音**（劉樂賢，1994：289）。

⑤某：**虛指代詞**。王子今（2003A：482）：某當是禹步而呼者的名字。劉昭瑞（1991：268）：“某行”之某指行禹步者。

⑥除道：**有三說：一、一種特定動作**。劉昭瑞（1991）：“爲禹除道”，“爲”

即行使義，“禹除道”大概指一種特定動作，亦以禹名之。**二、開道。**魏德勝（2003：109）：除道，開道，以表示對來訪者的敬意。**三、清除道路的儀式。**工藤元男（2010：206）：除道是清除道路的儀式。陳偉（2016C：460）：放馬灘《日書》甲種簡67、乙種簡165均作“爲禹前除道”。

⑦五畫地：**有三說：一、畫北斗形狀。**饒宗頤（1982：21－22）：畫北斗形狀，如同後世道教徒用白堊畫九星、作禹步。吳小強（2000：161）：天水放馬灘秦簡《日書》甲種載：“禹須臾行。得擇日出邑門。禹步三，鄉（向）北斗質畫地，視之日，禹有直五橫，今利行。行毋爲，禹前除，得。”證明了饒先生的推測是正確的。王子今（2003A：482）：“五畫地”，可能與放馬灘秦簡所謂“禹有五橫”有某種關係。**二、在地上畫東西南北中五方。**劉昭瑞（1991）：“五畫地”可能是指在地上畫東西南北中五方。**三、在地上畫縱橫交錯的“十”字形符號。**呂亞虎（2010：235）：“五畫地”，即“午畫地”，也就是在地上畫縱橫交錯的“十”字形符號。

⑧掓：**拾起，抓起。**整理者：《廣韻》：“拾也。”劉昭瑞（1991）：同“撮”。

【今譯】

出行到城邑門口的門限，就跳三個禹步，再向前邁一步，高呼：“皋（擬聲字），敬告：某某（自己的名氏）出行平安無事，請求首先爲大禹開路。”隨即在地上畫五次，畫過後，就從畫的圖案中心位置抓起一把土Q1_11_9_111BK/56反放在懷中。Q1_11_9_112BK/55反

衣良日

【釋文】

衣良日，丁丑、丁巳、丁未、丁亥、辛未、辛巳、辛丑、乙丑、乙酉、乙巳、辛巳、癸巳、辛丑、癸酉[①]。·乙丑、巳、酉，辛、巳、丑、酉，丁巳、丑，吉。丁丑材（裁）Q1_11_9_113BK/54反衣[②]，媚人[③]。·入十月十日日乙酉、十一月丁酉材（裁）衣[④]，終身衣絲[⑤]。十月丁酉材（裁）衣，不卒歲必衣絲。Q1_11_9_114BK/53反

衣忌，癸亥、戊申、己未、壬申、丁亥，癸丑、寅、申、亥，戊、巳、癸、甲，己卯、辛卯、癸卯，丁、戊、己、申。六月己未，不可以褁新衣[⑥]，必死。Q1_11_9_115BK/52反己、戊、壬、癸，丙申、丁亥，必鼠（予）死者。癸丑、寅，申、亥，秋丙、庚、辛材（裁）衣，必入之。Q1_11_9_116BK/51反五月六月，不可爲複衣[⑦]。·月不盡五日，不可材（裁）衣。Q1_11_9_117BK/50反

【匯釋】

①辛巳：**疑即“辛酉”之誤**。王子今（2003A：484）：該句中“辛巳”重見，次一“辛巳”可能是“辛酉”之誤。王子今（2003A：484）：整理小組將“辛巳”誤寫爲“辛、巳”。

②材衣：**裁製衣服**。整理者：《禮記·喪大記》注：“裁，猶製也，字或爲材。”賀潤坤（1996）：“裁衣”即製衣，也含有裁剪衣服之義，與今天所謂的裁衣相同，因爲《日書》簡文中往往將“褩（製）衣常（裳）”與“材（裁）衣”並列，顯然時人對二者是有區別的。

③媚人：**爲人所喜愛、愛戴**。《詩經·文王之什·下武》：“媚茲一人”鄭箋：“愛也。”

④十月十日日：“日”下有重文符，整理者脫錄。

⑤衣絲：**穿絲質衣物，是富貴的標誌**。賀潤坤（1996）：衣絲是達官顯貴以及社會上層人士的標誌，“終身衣絲”之類是時人渴望改變社會地位、進入社會上層的願望。王子今（2003A：484）：“衣絲”，是富貴的標誌。《韓非子·詭使》：“今死士之孤饑餓乞於道，而優笑酒徒之屬乘車衣絲。”《平準書》：“高祖乃令賈人不得衣絲乘車。”

⑥禣：**有二説：一、釋爲“禣”，試，用**。劉釗（1996）：所謂的“𡴀”其實是兩個上下排列的“又”字，字既不从斤，也不从卂，這個字與《乙種》簡130的“禣”字顯然是一個字。兩個字都从衣，衹是此字省去了所从的“寸”旁。“禣”與“尋”可读作“探”，訓爲“試”。又，“尋”字典籍或訓用，按之秦簡亦通。周家臺秦簡57貳中的地名“尋平”之“尋”字與該字字形相近，可證劉釗的說法是正確的。**二、釋爲“褩”**。“以”下一字，整理者釋作“褩”，注釋：所从之折从𡴀，从斤，从卂，斤反書。

⑦複衣：**有衣裹、內可裝入綿絮的夾衣**。《釋名》：“有裹曰複。”

【今譯】

裁製衣服的有利之日，是丁丑日、丁巳日、丁未日、丁亥日、辛未日、辛巳日、辛丑日，乙丑日、乙酉日、乙巳日、辛巳日、癸巳日、辛丑日、癸酉日。·乙丑日、巳日、酉日，辛日、巳日、丑日、酉日，丁巳日、丑日，都是吉利的。在丁丑日所裁製的Q1_11_9_113BK/54反衣服，穿了會受人喜愛。·進入十月十日乙酉日、十一月丁酉日去請裁縫裁製衣服，或自己動手裁製衣服，將一輩子穿絲質衣服。在十月丁酉日裁製衣服，不到一年必定能穿上絲質衣服。Q1_11_9_114BK/53反

裁製衣服的禁忌日子，是癸亥日、戊申日、己未日、壬申日、丁亥日，癸丑日、寅日、申日、亥日，戊日、巳日、癸日、甲日，己卯日、辛卯日、癸卯日，丁日、戊日、己日、申日。六月己未日，不能在此日試穿新衣服，否則會死去。Q1_11_9_115BK/52反己日、戊日、壬日、癸日，丙申日、丁亥日所裁製的衣服，必定

給死人穿。癸丑日、寅日，申日、亥日，秋季的丙日、庚日、辛日裁製衣服，肯定繳納官府。Q1_11_9_116BK/51 反五月、六月，不能裁製夾衣。·每個月倒數第五日，不能裁製衣服。Q1_11_9_117BK/50 反

衣

【釋文】

■衣①

丁酉裚（製）衣常（裳）②，以西有（又）以東行，以坐而歓（飲）酉（酒），矢兵不入于身，身不傷。Q1_11_9_118BK/49 反

衣良日，乙丑、巳、酉，辛巳、丑、酉，吉。丁丑材（裁）衣，媚人③。入七月七日日乙酉④，十一月丁酉材（裁）衣，終身衣絲。十月丁酉Q1_11_9_119BK/48 反材（裁）衣，不卒歲必衣絲。

·衣忌日，己、戊、壬、癸、丙申、丁亥，必鼠（予）死者⑤。癸丑、寅、申、亥，秋丙、庚、辛材（裁）衣，Q1_11_9_120BK/47 反必入之。·五月六月，不可爲複衣。·月不盡五日，不可材（裁）衣。丁酉材（裁）衣、衣常（裳）⑥，以西有（又）以東行，以坐而歓（飲）酉（酒），矢Q1_11_9_121BK/46 反馬兵不入于身，身不傷。Q1_11_9_122BK/45 反

【匯釋】

①衣：**標題**。整理者："衣"字係標題，原在簡 119BK 首。

②裚：**裁製**。

③媚人：爲人所喜愛、愛戴。《詩經·文王之什·下武》："媚茲一人。"鄭箋："愛也。"

④入七月七日日乙酉：龍仕平（2012）：上句中的兩個"七"字，整理小組釋爲"七月七日"。據圖版，此二字應隸釋爲"十"。

⑤鼠：**讀"予"，給**。

⑥丁酉材衣、衣常："衣"字下有重文符，整理者脫釋。

衣常：**穿衣服**。此"衣"訓爲穿。"常"通"裳"，衣服。

整理者：此簡 BK 首有一"馬"字。簡 123BK 未見字。劉樂賢（1994：63）：此"馬"字與本篇内容無關，疑是另一段文字的標題。因簡 123BK 空無一字，其含義無從推測。林清源（2002）：它未必是另一段文字的標題，也有可能是書手一時疏忽的結果。

【今譯】

■衣服

在丁酉日裁製衣服，並在這一天向西面走一段路，再向東面走一段路，坐下來喝點酒，這樣，刀箭兵器就不會進入身體，身體不受任何傷害。Q1_11_9_118BK/49 反

製作衣服的有利之日，是乙丑日、乙巳日、乙酉日、辛巳日、辛丑日、辛酉日，很吉利。穿著在丁丑日裁製的衣服，會受人喜愛。進入七月七日乙酉日、十一月的丁酉日裁製衣服，將一輩子穿絲質衣服。十月的丁酉日Q1_11_9_119BK/48 反裁製衣服，不到一年必定能穿上絲質衣服。

·裁製衣服的禁忌日子，是己日、戊日、壬日、癸日、丙申日、丁亥日，在這幾個日子製作的衣服必定送給死去的人。在癸丑日、寅日、申日、亥日，秋季的丙日、庚日、辛日裁製衣服，Q1_11_9_120BK/47 反定會繳納官府。·五月、六月，不能做夾衣。·在每個月倒數第五日，不能裁製衣服。在丁酉日裁製衣服，並穿上衣服向西面走一段路，再向東面走一段路，坐下來喝點酒，這樣，刀箭Q1_11_9_121BK/46 反兵器將不能進入身體，身體就不會受到任何傷害。Q1_11_9_122BK/45 反

刺毀

【釋文】

入月六日刺①，七日刺，八日刺，二旬二日刺②，旬六日毀③。Q1_11_9_124BK/43 反

【匯釋】

①刺：**有二說：一、可能與“弦”是同一回事。**劉樂賢（1994：290－291）：此篇內容不易明瞭，試提出兩種解釋。第二種解釋是從月相的角度理解。毀在古代指月亮由圓變缺，本篇的旬六日毀也可釋爲第十六日月亮開始由圓變缺。本篇“刺”之日爲每月六、七、八及二十二日，正與月弦的日期相合，故刺可能與弦是同一回事。如果以上的推測不誤，則本篇很可能是一段月相記錄，即告訴人們每月六、七、八日及二十二日月亮是半圓形，十六日月亮開始由圓變缺。陳炫瑋（2007：129）：從孔家坡漢簡的占辭來看，刺與遷徙禁忌應當無關，而應是與月相的變化有密切關係。**二、意義與“離”相近。**劉樂賢（1994：290－291）：第一種解釋是將它與“遷徙篇”聯繫起來理解。“遷徙篇”的占文中用“刺離”與“室毀”表示向某個方向遷徙時的吉凶情況，其說明文字又云“室人妻子父母分離”，可見刺的意義與“離”相近。室毀的毀大概是毀壞之意。如此則本篇的意思是每月六日、七日、八日、二十二日都將有室人妻子父母分離，十六日有毀壞之事至。吳小強（2000：163）：即分離。《玄戈》篇：“刺也者，室人妻子父母分離。”

②二旬二日：**廿二日**。

③毁：**有二説：一、指月亮由圓變缺**。劉樂賢（1994：290－291）："毁"在古代指月亮由圓變缺，本篇的"旬六日毁"也可釋爲第十六日月亮開始由圓變缺。**二、毁壞**。劉樂賢（1994：290－291）：室毁的毁大概是毁壞之意。

【今譯】

進入一個月的六日是弦日，七日是弦日，八日是弦日，二十二日是弦日，十六日是月亮由圓變缺之日。Q1_11_9_124BK/43 反

祠

【釋文】

祠史先龍丙、望[1]。Q1_11_9_125BK/42 反

【匯釋】

①史先：**倉頡，祭祀對象**。劉樂賢（1994：122－123）："祠史先龍丙、望"又見於《日書》乙種。《淮南子·修務訓》："史皇産而能書。"史皇就是倉頡。《論衡·譏日》云："又學書諱丙日，云：倉頡以丙日死也。"祠史先忌丙、望，似與倉頡以丙日死有些關係。王子今（2003A：490）："史先"見於《左傳·昭公十七年》："九月，丁卯，晉荀吳帥師，涉自棘津，使祭史先，用牲於雒。"陳偉（2016C：463）：《左傳·昭公十七年》所記，楊伯峻注引顧棟高《春秋大事表》謂"祭史"即"祝史"。

丙、望：**可能指丙日和望日相重疊的日子**。王子今（2003A：490）説。

【今譯】

祭祀史先以丙日、望日（十五日）爲禁忌日。Q1_11_9_125BK/42 反

徙死

【釋文】

以甲子、寅、辰東徙[1]，死。丙子、寅、辰南徙，死。庚子、寅、辰西徙，死。壬子、寅、辰北徙，死。Q1_11_9_126BK/41 反

【匯釋】

①徙：**有二說：一、遷徙**。劉樂賢（1994：122－123）：本篇所說的是關於遷徙的忌日，東南西北四方忌徙的時間爲甲子、寅、辰，丙子、寅、辰，庚子、寅、辰，壬子、寅、辰。這些表示時間的干支是指年或月或時或別的，目前尚難斷定。天干甲配東方、丙配南方、庚配西方、壬配北方，則是典型的五行排列，或許它是按五行學說制定的。**二、遠徙**。王子今（2003A：491）："徙"不是近距離的交通行爲，干支表示"時"的可能可以排除，其指"日"的可能性相當大。

【今譯】

在甲子、甲寅、甲辰向東方遷徙，會死去。在丙子、丙寅、丙辰向南方遷徙，會死去。在庚子、庚寅、庚辰向西方遷徙，會死去。在壬子、壬寅、壬辰向北方遷徙，會死去。Q1_11_9_126BK/41反

入寄者

【釋文】

子、卯、午、酉不可入寄者及臣妾[①]，必代居室。Q1_11_9_127BKⅠ/40反Ⅰ

【匯釋】

①入：**讀爲"納"，接納**。《說文》："內，入也。"

寄者：**寄居之人**。寄者、寄人、寓人都是指寄居之人，《孟子》："無寓人於我室。"劉樂賢（1994：99）："寄人"或"寄者"不見得是特指某一種身份的人，也許凡寄居於他人之處者，皆可稱爲寄人、寄者。王子今（2003A：492）：如果"寄人""寄者"稱謂並列，則其涵義自當不同。

臣妾：**指奴隸，男爲臣，女爲妾**。《周易・遯》："畜臣妾吉，不可大事也。"《漢書・食貨志上》："王莽因漢承平之業，匈奴稱藩，百蠻賓服，舟車所通，盡爲臣妾。"

【今譯】

在子日、卯日、午日、酉日不能接納來家裏寄居的人和奴隸，否則他們將代替主人居住在家裏。Q1_11_9_127BKⅠ/40反Ⅰ

行忌（二）

【釋文】

·久行[1]，毋以庚午入室。

·長行[2]，毋以戌、亥遠去室。Q1_11_9_127BKⅡ/40反Ⅱ

丁卯不可以船行[3]，·六壬不可以船行，·六庚不可以行。Q1_11_9_128BK/39反

【匯釋】

①久行：**長時間行走**。劉增貴（2001）："久行"區別於"長行"。工藤元男（2010：199）：時間概念。

②長行：**長距離出行**。工藤元男（2010：179）：兼指時間和空間概念上的長。

③船行：**坐船出行**。王子今（2003A：493）："船行"在秦漢已經成爲通用語。

【今譯】

·在外面長時間旅行後，則不能在庚午日回到家裏。

·準備長距離出去遠行，則不能在戌日、亥日遠離家裏。Q1_11_9_127BKⅡ/40反Ⅱ

丁卯日不能坐船出行，·六壬日不能坐船出行，·六庚日不能出行。Q1_11_9_128BK/39反

土忌（二）

【釋文】

土忌[1]

土良日，癸巳、乙巳、甲戌，凡有土事[2]，必果。Q1_11_9_129BK/38反

土忌日，戊、己及癸酉、癸未、庚申、丁未，凡有土事，弗果居[3]。Q1_11_9_130BK/37反

正月寅、二月巳、三月申、四月亥、五月卯、六月午、七月酉、八月子、九月辰、十月未、十一月戌、十二月丑[4]，當其地不可起土攻（功）[5]。Q1_11_9_131BK/36反

正月亥、二月酉、三月未、四月寅、五月子、六月戌、七月巳、八月卯、九月丑、十月申、十一月午、十二月辰[6]，是胃（謂）土Q1_11_9_132BK/35反神[7]，毋起土攻（功），凶。Q1_11_9_133BK/34反

春三月戊辰、己巳，夏三月戊申、己未，秋三月戊戌、己亥，冬三月戊寅、己丑，是胃（謂）地衝（衝）⑧，不可 Q1_11_9_134BK/33反 爲土攻（功）。Q1_11_9_135BK/32反

春之乙亥，秋之辛亥，冬之癸亥⑨，是胃（謂）牝日，百事不吉。以起土攻（功），有女喪。Q1_11_9_136BK/31反

正月乙卯，四月丙午，七月辛酉，十月壬子，是胃（謂）召（招）嵍（搖）合日⑩，不可垣，凶。Q1_11_9_137BK/30反

正月申，四月寅，六月巳，十月亥，是胃（謂）地杓⑪，神以毀宮⑫，毋起土攻（功），凶。

月中旬⑬，毋起北南陳垣及Q1_11_9_138BK/29反𡒄（增）之⑭，大凶。

四月丙午，是胃（謂）召（招）嵍（搖）合日，不可垣，凶。

四月酉，以壞垣，凶。入月十七日，以毀垣，其家日減⑮。Q1_11_9_139BK/28反

春三月毋起東鄉（向）室，夏三月毋起南鄉（向）室，秋三月毋起西鄉（向）室，冬三月毋起北鄉（向）室。以Q1_11_9_140BK/27反此起室，大凶，必有死者。Q1_11_9_141BK/26反

冬三月之日，勿以筑（築）室及波（破）地⑯，是胃（謂）發蟄⑰。Q1_11_9_142BK/25反

【匯釋】

①土忌：**標題**。“忌”字原在簡130BK首。王子今（2003A：496）：“土忌”是相當普及的禁忌迷信。《太平御覽》卷九十二引《續漢書》曰：“帝爲太子，四歲避疾，當阿母王聖第新治，乳母王男、廚監邴吉以爲犯土忌，不可禦，與江京、樊豐及聖二女永等相是非。”

②土事：**建築之事**。《禮記・月令》：“（仲冬之月）土事毋作。”《淮南子・本經訓》：“是故古者明堂之制……土事不文，木工不斫，金器不鏤。”王子今（2003A：497）：《天官書》：“黄圜和角，有土事，有年。”

③弗果居：**不能完工住人**。劉樂賢（1994：293）：“凡有土事弗果居”是指凡有動土建築一類的事，必定不能完工，不能住人。王子今（2003A：497）：《資治通鑑》卷194《唐紀十》“唐太宗貞觀七年”：“上屢請上皇避暑九成宫，上皇以隋文帝終於彼，惡之。冬十月，營大明宫，以爲上皇清暑之所。未成，而上皇寢疾，不果居。”

④申：整理者釋爲“未”，劉樂賢（1994：293）改釋爲“申”，並指出：此字有殘缺，衹存左半部，同簡十月未之未字下部與此殘字判然有別。後一簡十月申之申字左下部與此殘字相近，故當釋爲“申”的殘字。古書中也有“土忌”，第三月的地支正是申。

⑤當其地：**在日辰和方位正當其地時**。劉增貴（2007）：“當其地不可起土攻（功）”的意義兼指日辰與方位，又可從孔家坡漢簡《日書・土功》篇之圖得到證

明。《土功》篇之三圖都是方形，四方各列有三個月及其地支，其中圖一上端有“南方”二字，可見爲上南下北之圖。其圖內文字云“其鄉（向）垣，壞垣”。“其鄉（向）”的意義與“當其地”相近。

土攻：**即土功，指治水、築城、建造宮殿等工程**。《呂氏春秋·季夏》：“不可以興土功，不可以合諸侯，不可以起兵動眾，無舉大事。”高誘注：“土功，築臺穿池。”王子今（2003A：497）：“不可起土功”是古來影響相當廣泛的禁忌形式。《禮記·月令》：“（孟夏之月）是月也，繼長增高，毋有壞墮，毋起土功。”《呂氏春秋·孟夏紀》：“是月也，繼長增高，無有壞隳，無起土功。”

⑥未：整理者作“末”，王子今（2003A：497）指正。

⑦土神：**主土之神，土地神**。尚民傑（2000B）：顧名思義，“土神”即是主土之神。按照《日書》自身的規律，“土神”當與五行有關，此是其一。其二，在古代術數理論中，土神又直接與“填星”（土星）有關。這兩種關係正是解析《日書》“土神”條的鑰匙。簡文中所說的“土神”就是“填星”神。魏德勝（2003：198）：土神，即土地神。劉增貴（2007）：當時人信仰的土神是土之鬼神，與其規律運行的神煞“土神”似乎並不相同。孔家坡《日書》中稱此神煞爲“司空”，“司空”本爲古代掌土功的職官，借爲掌土神煞之名，亦可見此一神煞的性質。劉樂賢（1994：294－295）：《論衡·解除》云：“世間繕治宅舍，鑿地掘土，功成作畢，解謝土神，名曰‘解土’。”土神是古時廣泛信奉的神祇，日者借用其名，並將其出行之日加以規定，謂該日不可起土功。土神之名似不見於後代的選擇通書中。

⑧地衝：**有二說：一、因地支相衝而得名**。劉樂賢（2006A）：《蓋廬》的“地橦”就是睡虎地秦簡《日書》的“地衝（衝）”，亦即《五行大義》的“文衝破”，是因地支相衝而得名。尚民傑（1997A：36）：“衝”與“衝”同，在術數理論中爲對應之九義，如子與午相對、卯與酉相對等。此條簡文的紀日方法採用干支合文的形式，它的基本原理是：天干取戊己，代表中央土，所謂衝祇是相對地支而言。**二、管通道之土神地祇**。徐富昌（1999）：《說文》曰：“衝，通道也。从行、童聲。”地衝，即地衝。當爲管通道之土神地祇。

⑨春之乙亥，秋之辛亥，冬之癸亥：**“春之乙亥”與“秋之辛亥”之間，疑脫“夏之丁亥”一句**（劉樂賢，1994：293）。劉樂賢（2008）：我們以前研究睡虎地秦簡《日書》時曾說：“‘春之乙亥’與‘秋之辛亥’之間，疑脫‘夏之丁亥’一句。”印臺漢簡《日書》“四牝”的日期中有“丁亥”且位列干支第二，證明以前的意見是正確的。劉增貴（2007）：此簡應即後世的“四窮日”，“四窮日”之干支爲春乙亥、夏丁亥、秋辛亥、冬癸亥，與本簡完全相同。

⑩召榣合日：**“招搖合”所衝之日**。劉增貴（2007）：“招搖合日”應讀爲“招搖合”日，與後世以“合”爲名的“月德合”“歲德合”“天德合”，以及以破（衝破）爲名的“歲破”“月破”神煞（地支與“歲”“月建”相衝破的神煞）原理一致。“招搖合日”意謂本日爲“招搖合”所衝。與“合”相衝者，實質關係爲“害”，故“招搖合日”條的內容，實質上說的是“招搖害日”。劉樂賢（1994：

295－296）：《日書》"玄戈篇"及後代的選擇通書中都有神煞招搖，但其運行規律表明它與本篇的招搖合日無關。王子今（2003A：500）：《淮南子·兵略訓》："夫以巨斧擊桐薪，不待利時良日而後破之。加巨斧於桐薪之上，而無人力之奉，雖順招搖，挾刑德，而弗能破者，以其無勢也。"從《淮南子》字句，似可體會"招搖"和"破"的關係。

⑪地杓：**有五說：一、疑與土、地之神有關。**劉樂賢（1994：296）：地杓神疑與土、地之神有關，其名未見於他書，具體含義待考。**二、專事破壞的凶煞土神。**李曉東、黄曉芬（1987）：據《說文通訓定聲》，杓與扚通。《淮南子·兵略訓》"爲人杓者死"注："扚，所擊也。"看來地杓神是專事破壞的凶煞土神，犯了它的忌，就會宮傾殿塌。**三、北斗神中的主土之神。**尚民傑（2000B）：簡文中提到"地杓神"一名，似不見於古籍記載。"地杓神"當是北斗神的一個變種，實際上也是土神的一個名稱。"地杓"二字可分開理解，"地"從廣義上來講應取與"天"對應之地，即土地、大地，更具體一些可以理解爲土。"杓"通常是指斗杓，也即是北斗的代稱。可以把"地杓神"作爲"土神"和"北斗神"來理解，實際上它正是北斗神中的主土之神。**四、日支的神煞之名。**劉增貴（2007）：從語句看，"是謂地杓"與上文"是謂地衝"一簡敘述方式完全相同，不應與"神"連讀。上文曾提到《日書》中有簡云"神以治室"，此云"神以毀宮"，恐皆指天帝言。故地杓衹是日支的神煞之名，與上述"地衝"類同，"神"非指地杓，而是指天帝。**五、與"月建"相對的神煞。**劉增貴（2007）："杓"爲北斗之柄，此義在數術中最爲常用，本簡之"杓"普應指斗柄而言，所謂"地杓"神煞，是與"月建"相對的神煞，"月建"是每月斗柄所指，正月起寅，二月在卯，以下依次順行，而地杓則與月建完全相反。

⑫毀宮：**破壞了中宮應起的作用。**尚民傑（2000B）：不能把簡文中的"宮"理解爲"宮室"或與之近似的意思，"宮"在這裏實際上就是指土居中宮的性質和作用，"毀宮"就是說破壞了中宮應起的作用。

⑬月中旬：**即第十日至二十日之間。**劉樂賢（1994：293）說。

北南陳垣：**順南北向的墻。**整理者說。王子今（2003A：500－501）：後世似乎不見"北南陳垣"這樣的說法。如《日下舊聞考》卷76："由山東轉爲龍王廟過清遠亭，沿堤而南，河上築南北垣一道。"直說"南北垣"。陳偉（2016C：468）：周家臺秦簡326－327、馬王堆帛書《五十二病方》簡217並有"東陳垣"，可參看。

⑭增：**通"增"，加築。**整理者：增，加築。

⑮其家日減：**指其家庭人員或財產日益減少。**劉樂賢（1994：293）說。

⑯波：**通"破"。**破地：**破土動工。**劉樂賢（1994：294）說。

⑰發蟄：**發動蟄伏的百蟲，指蟄伏休眠的生物開始活動。**劉樂賢（1994：294）：發蟄，指發動蟄伏的百蟲。《大戴禮記·誥志》："虞夏之曆，建正於孟春，於時冰泮，發蟄，百草權輿，瑞雉無釋。"《論衡·變動》："雷動而雉驚，發蟄而蛇出，起陽氣也。"《大戴禮記·夏小正》："啟蟄，言始發蟄也。"

【今譯】

興作土事的禁忌

興作土事的有利之日，是癸巳日、乙巳日、甲戌日，凡是在這些日子進行土木建築之事，必定能圓滿完成。Q1_11_9_129BK/38 反

興作土事的禁忌日子，是戊日、己日和癸酉日、癸未日、庚申日、丁未日，凡是在這些日子進行土木建築之事，將不能完工入住。Q1_11_9_130BK/37 反

正月寅日、二月巳日、三月申日、四月亥日、五月卯日、六月午日、七月酉日、八月子日、九月辰日、十月未日、十一月戌日、十二月丑日，在日辰和方位正當其地時，不能動土建造房子。Q1_11_9_131BK/36 反

正月亥日、二月酉日、三月未日、四月寅日、五月子日、六月戌日、七月巳日、八月卯日、九月丑日、十月申日、十一月午日、十二月辰日，這些日子叫作土 Q1_11_9_132BK/35 反神之日，不要動土建造房子，否則會有凶災。Q1_11_9_133BK/34 反

春季三月的戊辰日、己巳日，夏季三月的戊申日、己未日，秋季三月的戊戌日、己亥日，冬季三月的戊寅日、己丑日，這些日子叫作地支相衝之日，不能 Q1_11_9_134BK/33 反動土造屋。Q1_11_9_135BK/32 反

春季的乙亥日，秋季的辛亥日，冬季的癸亥日，這些日子叫作牝日，諸事都不吉利。假若在這些日子動土建造房子，將有婦女死亡。Q1_11_9_136BK/31 反

正月的乙卯日，四月的丙午日，七月的辛酉日，十月的壬子日，這些日子叫作招搖合日，不能築墻，否則會有凶災。Q1_11_9_137BK/30 反

正月的申日，四月的寅日，六月的巳日，十月的亥日，這些日子叫作地杓日，土地神在這些日子毀壞房室，不能在這些日子動土建造房子，否則將有凶災。

在每月的中旬，不要建造南北走向的墻，Q1_11_9_138BK/29 反不要加高、加長墻，否則將會發生大凶災。

四月的丙午日，這叫作招搖合日，不能建築墻，否則會有凶災。

在四月的酉日拆毀墻，會有凶災。進入一個月的十七日拆毀墻，他的家產會一天天減少。Q1_11_9_139BK/28 反

在春季三月不要建面朝東方的房子，夏季三月不要建面朝南方的房子，秋季三月不要建面朝西方的房子，冬季三月不要建面朝北方的房子。假如 Q1_11_9_140BK/27 反 在這些月份蓋起這種朝向的房屋，非常凶險，必定會有人死去。Q1_11_9_141BK/26 反

冬季三個月中的日子，不要建造房屋及破土動地，這些日子叫作發蟄之日。Q1_11_9_142BK/25 反

門

【釋文】

門

入月七日及冬未、春戌、夏丑、秋辰，是胃（謂）四敫①，不可初穿門、爲戶牖、伐木、壞垣、起Q1_11_9_143BK/24 反垣、𡠗（徹）屋及殺②，大凶；利爲嗇夫。

丁亥不可爲戶。Q1_11_9_144BK/23 反

【匯釋】

①四敫：**有四說：一、四激。通“激”**（吳小強，2000：169）。**二、虛星四擊。**鄭剛（1993）：即後代的虛星四擊。**三、四徼。**王子今（2003A：503）：“四徼”之名後來似乎又有另外的含義。如《抱朴子·登涉》：“山水之間見使人者，名曰‘四徼’，呼之名即吉。”**四、四交。**劉信芳（1993）：徼與交古音通，在這裏可理解爲季節之交。

今按：“敫”“激”屬藥部，“擊”屬錫部，“吉”屬質部，皆入聲字，可通轉，今閩南方言“激”“擊”“吉”三字音同，是其證；“徼”“交”皆屬宵部，與“敫”無關，“四敫”當訓“四激”。

②穿門：**指挖門洞。**劉樂賢（1994：297）：《說文》：“穿，通也。”

𡠗：**通“徹”，即“撤”，拆除。**王子今（2003A：503－504）：《漢書·五行志上》：“《左氏傳》曰：宋災，樂喜爲司城，先使火所未至徹小屋，塗大屋，陳畚葷，具綆缶，備水器，畜水潦，積土塗，繕守備，表火道，儲正徒。”今按：《詩經·節南山之什·十月之交》：“徹我墻屋，田卒污萊。”徹亦拆毀之義。

【今譯】

門

進入一個月的七日以及冬季的未日、春季的戌日、夏季的丑日、秋季的辰日，這些日子叫作“四敫之日”，不能第一次挖門洞、製作門窗、砍伐樹木、拆毀墻、築起Q1_11_9_143BK/24 反墻、拆除房屋以及殺生，否則將有大凶災發生；這幾個日子有利於當嗇夫。

丁亥日不能製作家門。Q1_11_9_144BK/23 反

天李

【釋文】

天李正月居子[①]，二月居子[②]，三月居午，四月居酉，五月居子，六月居卯，七月居午，八月居酉，Q1_11_9_145BK/22反九月居子，十月居卯，十一月居午，十二月居辰[③]。凡此日不可入官及入室，入室必威（滅）[④]，入官必有辠（罪）[⑤]。Q1_11_9_146BK/21反

【匯釋】

①天李：**星名，即天理，天獄**。《天官書》集解引孟康云："傳曰：天理四星在斗魁中，貴人牢名曰天理。"《索隱》："《樂汁圖》云：'天理，理貴人牢。'宋均曰'以理牢獄'也。"饒宗頤（1993：450）：天李，星名，即天理，在斗魁中。鄭剛（1993）：《星曆考原》的"天獄"即"天李"。劉樂賢（1994：298－299）：天李在漢代是重要禁忌項目，居延新簡"破城子探方六五"簡196云："天李：子，壬卯，午，酉，子，卯，午，酉，子，卯，午，酉。"即描述天李在十二月中的運行情況，所載正與"正月起子，順行四仲"的規律相合（衹有二月作壬卯，多寫了天干）。劉樂賢（1994：299）：鄭剛在他的碩士學位論文中已指出，《星曆考原》的"天獄"就是《日書》的"天李"。

②子：**"卯"之誤**（劉樂賢，1994：298）。

③辰：**"酉"之誤**（劉樂賢，1994：298）。

④威：**滅亡**。《詩經·節南山之什·正月》："赫赫宗周，褒氏威之。"王子今（2003A：503－506）："此日不可""入室"，"入室必威（滅）"的禁忌似乎過於苛嚴，或許"威"另有其他涵義。

⑤辠：**犯法**。

【今譯】

天李正月位居子日，二月位居子日，三月位居午日，四月位居酉日，五月位居子日，六月位居卯日，七月位居午日，八月位居酉日，Q1_11_9_145BK/22反九月位居子日，十月位居卯日，十一月位居午日，十二月位居辰日。凡是在這些日子裏，不能進入官府做官以及入住房室，否則，入住房室必定遭到滅亡，進入官府做官必定犯法獲罪。Q1_11_9_146BK/21反

雜忌

【釋文】

壬申會癸酉①，天以壞高山②，不可取婦。Q1_11_9_147BK/20反

正月不可垣③，神以治室④。Q1_11_9_148BK/19反

【匯釋】

①會：**有三説：一、鄰近、相近。**饒宗頤（1993：450）：凡相鄰近故可以會。壬申與癸酉正相近，故言會。關於壬申會於癸酉的正確含義，仍待研究，但"會"字的出現是值得注意的。**二、與、和。**劉樂賢（1994：298）："壬申會癸酉"，即壬申與癸酉。**三、會合、相遇。**呂亞虎（2010：45）："會"有會合、相遇之義，作連詞用時，又有"與""同""和"等義，如《公羊傳·隱公元年》云："會、及、暨，皆與也。"

②壞：**敗壞。**《説文》："壞，敗也。"

③垣：**墻，此指建造城墻。**《詩經·生民之什·板》："大師維垣。"毛傳："垣，墻也。"

④治室：**建造房舍**（魏德勝，2003：83）。

【今譯】

壬申日和癸酉日相鄰近时，天神將在此日震壞高大的山峰，此日不能娶媳婦。Q1_11_9_147BK/20反

正月裏不能建造墻，因爲天神要在此月建造房舍。Q1_11_9_148BK/19反

田忌

【釋文】

田京主以乙巳死①，杜主以乙酉死②，雨帀（師）以辛未死③，田大人以癸亥死④。Q1_11_9_149BK/18反

田忌，丁亥、戊戌，不可初田及興土攻（功）⑤。Q1_11_9_150BK/17反

五穜（種）忌⑥，丙及寅禾，甲及子麥，乙巳及丑黍，辰麻，卯及戌叔（菽），亥稻，不可以始穜（種）Q1_11_9_151BK/16反及穫、賞（嘗）⑦，其歲或弗食⑧。Q1_11_9_152BK/15反

【匯釋】

①田京主：**有三說：一、釋爲“田京主”，讀爲“田亭主”**。郭永秉（2015年11月21日郵件）：據紅外影像，“田”下一字就是最典型的“京”字，釋“亳”誤。“田京主”爲何義待考。考慮到戰國秦陶文等多有以“京”爲“亭”的例子，也有可能讀爲“田亭主”。**二、釋爲“田亳主”**。整理者釋爲“田亳主”。張春梅（2005：23）：亳，應同《字彙·亠部》：“亳，姓。”**三、釋爲“田亳主”，讀爲“田宅主”，田地與屋宅之神**。劉樂賢（1994：47）：當即選擇通書中的“田主”，都是乙巳日死。疑“田亳主”當讀爲“田宅主”（亳、宅皆从乇得聲，《尚書·盤庚序》“將治亳殷”，束皙說壁中《尚書》作“將始宅殷”），即田地與屋宅之神。田主即田神，見《周禮·地官·大司徒》。

②杜主：**有二說：一、鬼神名，故周之右將軍**。整理者：《封禪書》：“於杜亳有三杜主之祠、壽星祠，而雍菅廟亦有杜主。杜主故周之右將軍，其在秦中，最小鬼之神者，各以歲時奉祠。”《索隱》云：“秦寧公與亳王戰，亳王奔戎，遂滅湯社。皇甫謐亦云：周桓王時自有亳王號湯，非殷也。”又引徐廣云：“京兆杜縣有亳亭。”《索隱》又云：“案《地理志》：杜陵，故杜伯國，有杜主祠四。《墨子》云：周宣王殺杜伯不以罪，後宣王田於圃，見杜伯執弓矢射，宣王伏弢而死也。”**二、讀爲“社主”，土地之神**。劉樂賢（1994：48）：還有一種可能性，就是將《日書》的“杜主”讀爲社主或土主，釋爲古代的土地之神。徐富昌（1999）：簡文“杜（社）主”，當即社神，應即所謂土地神。

③雨帀：**即“畢星”，司雨之神**。吳小強（2000：170）：《周禮·大宗伯》：“以槱燎祀司中、司命、飌（風）師、雨師。”注：“雨師，畢也。”畢爲二十八宿之一。《風俗通義·祀典》引《春秋左氏說》云：“共工之子爲玄冥師，鄭大夫子產禳於玄冥，雨師也。”《楚辭·天問》謂雨師名蓱翳。《漢書·郊祀志》言祠二十八宿、風伯雨師，顏師古注：“風伯，飛廉也。雨師，屏翳也，一曰屏號。而說者乃謂風伯箕星也，雨師畢星也。此志既言二十八宿，又有風伯、雨師，則知非箕、畢也。”可知漢代已將雨師與二十八宿區別開來。

④田大人：**田神**。整理者：田大人，當爲田神。王子今（2003A：508）：湖北江陵嶽山秦墓出土木牘《日書》有“田□人丁亥死，夕以祠之”文句（M36：43背面）。“田□人”可能就是睡虎地秦簡《日書》甲種“田大人”，但一說“以癸亥死”，一說“丁亥死”，有所不同。陳偉（2016C：471）：據紅外影像，嶽山秦木牘“田”下一字正是“大”。

⑤初田：**開始農事**（張銘洽、王育龍，2002）。王子今（2003A：509）：可能是說墾田後第一次耕種。

土攻：**即“土功”，指治水、築城、建造宮殿等工程**。《尚書·益稷》：“啟呱呱而泣，予弗子，惟荒度土功。”孔傳：“聞啟泣聲，不暇子名之，以大治度水土之功故。”《呂氏春秋·季夏》：“不可以興土功，不可以合諸侯，不可以起兵動眾，無舉大事。”高誘注：“土功，築臺穿池。”

⑥五種忌：**就是栽培農作物的宜忌。**金良年（1999）：《日書》中提到的“五種”“五穀”，並非實指五種具體的作物。當時的“五穀”“五種”之類的稱謂是個很寬泛的概念，它不僅可以基本概括糧食作物，而且還能涵指某些非糧食作物。賀潤坤（1995A）：所謂五穀或五種，並非專指五種穀物，而是泛指所有穀物，甚而包括菜類（瓜、葵）。王子今（2003A：509）：《齊民要術》卷二：“《雜陰陽》曰：麻生於楊或荆，七十日花，後六十日熟。種忌：四季辰、戌、丑、未，戊、己。”祇有辰日與睡虎地秦簡《日書》甲種同。王子今（2003A：509－510）：《日書》中有五篇說到“叔（菽）”的忌日，出現密度與“麥”並列，然而各篇有所不同。這反映了有關農業的神秘主義意識的地域差別，也說明豆類作物種植比較普遍。豆可以種植於“高田”，“土不和”亦可以生長，有“保歲易爲”的意義。豆類種植的普及是戰國秦漢時期農業史進程中的重要現象。

⑦賞：**通“嘗”，指以收穫的五穀祭祀祖先，然後嘗食新穀。**《漢書·食貨志上》：“石三十，爲錢千三百五十，除社閭嘗新春秋之祠，用錢三百，餘千五十。”劉樂賢（1994：43）：《日書》乙種作“不可以始種、獲、始賞”，嘗與種、獲並列。“嘗”指以收穫的五穀祭祀祖先，然後嘗食新穀，《禮記·月令》孟秋之月：“是月也，農乃登穀。天子嘗新，先薦寢廟。”整理者與“穫”連讀，注釋：指以忌日始種或收穫。

⑧弗食：**有二說：一、指當年或遭遇饑荒**（王子今，2003A：510）。**二、指死。**陳偉（2016C：472）：“弗食”或指死。《左傳·成公十年》：“晉侯夢大厲，被髮及地，搏膺而踊曰：‘殺余孫不義。余得請於帝矣。’……公覺，召桑田巫。巫言如夢。公曰：‘何如。’曰：‘不食新矣。’……晉侯欲麥，使甸人獻麥，饋人爲之。召桑田巫，示而殺之。將食，張，如廁。陷而卒。”

【今譯】

田京主在乙巳日死去，杜主在乙酉日死去，雨師在辛未日死去，田大人在癸亥日死去。Q1_11_9_149BK/18反

種田的凶忌日子，是丁亥日、戊戌日，不能在這些日子開始耕田和興作土事。Q1_11_9_150BK/17反

糧食作物的禁忌日期，丙日及寅日爲禾，甲日及子日爲麥，乙巳日和丑日爲黍，辰日爲麻，卯日及戌日爲菽（豆子），亥日爲稻，均不可以在各自禁忌日子中第一次種植和 Q1_11_9_151BK/16反 收穫、嘗新，否則那一年有人會吃不上飯。Q1_11_9_152BK/15反

反支

【釋文】

反枳（支）①

子丑朔，六日反枳（支）；寅卯朔，五日反枳（支）；辰巳朔，四日反枳（支）；午未朔，三日反〔枳（支）〕；申酉朔，二日反Q1_11_9_153BK/14反枳（支）；戌亥朔，一日反枳（支）。復卒其日②，子有（又）復反枳（支）。一月當有三反枳（支）。Q1_11_9_154BKⅠ/13反Ⅰ

【匯釋】

①反枳：**有三說：一、對立的地支。**劉樂賢（1994：306）："支"是指地支，"反"是指地支的位置相對立。吳小強（2000：174）：反支即對立的地支。**二、反向計算其地支。**劉增貴（2008）："反支"的"反"是指日子計算的方向，即"反向計算其地支"。"反"，即"返"。**三、即反支，反支日。**饒宗頤（1982：17－18）：反枳即反支也。枳與枝同。《日書》反枳亦稱曰"反"，銀雀山漢武帝元光元年曆譜於日辰之下間書"反"字，即反枳、反支日也。整理者：《後漢書·王符傳》："明帝時，公車以反支日不受章奏。"李賢注："凡反支日，用月朔爲正。戌亥朔，一日反支；申酉朔，二日反支；午未朔，三日反支；辰巳朔，四日反支；寅卯朔，五日反支；子丑朔，六日反支。見《陰陽書》也。"陳夢家《漢簡綴述·武威漢簡補述》將反支日列表如下：

戌亥	申酉	午未	辰巳	寅卯	子丑
一	二	三	四	五	六
七	八	九	十	十一	十二
十三	十四	十五	十六	十七	十八
十九	廿	廿一	廿二	廿三	廿四
廿五	廿六	廿七	廿八	廿九	卅

劉樂賢（1994：301）："支"是整理小組根據文例補釋的。饒宗頤先生據銀雀山漢武帝元光元年曆譜認爲"反"是"反枳"的略稱。兩種說法都通。

②復卒其日：**再把十二地支剩餘的地支日數完，回到起始地支日。**劉樂賢（1994：30）："復卒其日"的"日"應當是指十二地支中剩下的那些日子，這句話的意思是，例如子日是朔日（每月的第一天），第六日巳日是反支日；然後再繼續數完十二支中剩下的全部日子（子之後有丑、寅、卯……直到亥爲止，這樣結束了

十二地支記日的一個輪回），又一次繼續以子日爲起點（亥之後是子），子日之後的第六日又是反支日。

【今譯】

反支日

一個月的朔日地支是子或丑，該月的第六日就是反支日；一個月的朔日地支是寅或卯，該月的第五日就是反支日；一個月的朔日地支是辰或巳，該月的第四日就是反支日；一個月的朔日地支是午或未，該月的第三日就是反支日；一個月的朔日地支是申或酉，該月的第二日就是反Q1_11_9_153BKⅠ/14反Ⅰ支日；一個月的朔日地支是戌或亥，該月的第一日就是反支日。再把十二地支剩餘的地支日數完，回到起始地支日，又重新按子日反支日的推算方法確定該月的反支日，一個月應當有三個反支日。Q1_11_9_154BKⅠ/13反Ⅰ

傅戶

【釋文】

·毋以子、丑傅戶。[①]Q1_11_9_154BKⅡ/13反Ⅱ

【匯釋】

①傅戶：**有三說：一、粉刷、塗治門戶。**劉增貴（2011）："傅戶"有兩種可能的解釋：其一可能指粉刷、塗治門戶。**二、安裝門戶。**劉增貴（2011）：其二可能指安裝，即安裝門戶。**三、傅籍，上戶籍。**整理者：疑指傅籍。吳小強（2000：174）：上戶籍。今按："上戶籍"一說與下繼篇章文義難通，"安裝"前文用"爲"字，例如"爲戶""爲戶牖"，故此當從"粉刷"一說，《墨子·備城門》："密傅之。"孫詒讓閒詁引蘇云："即塗也。"

【今譯】

·不要在子日、丑日塗刷門戶。Q1_11_9_154BKⅡ/13反Ⅱ

晦日朔日

【釋文】

墨（晦）日[①]，利壞垣、徹（徹）屋、出寄者[②]，毋歌。朔日，利入室，毋哭。

望，利爲囷倉。Q1_11_9_155BK/12 反

【匯釋】

①墨：**有二說：一、通“晦”，黑**。整理者讀爲“晦”。劉樂賢（1994：66）：《釋名·釋書契》：“墨，晦也，言似物晦黑也。”**二、通“煤”**。王子今（2003A：514）：“墨”通於“煤”，因亦通於母字聲系之“晦”。

②出寄者：**將寄宿之人逐走**（王子今，2003A：514）。

王子今（2003A：514）：“朔日”之“利入室，毋哭”，恰與“墨日”之“利壞垣、徹屋、出寄者，毋歌”完全相反。

【今譯】

晦日（每月最後一日）有利於拆毀墻、拆掉房屋、送走借住的人，不能唱歌。朔日（每月第一日）有利於入住房室，不能哭喊。望日（每月十五日），有利於建造糧倉及其他倉庫。Q1_11_9_155BK/12 反

馬禖

【釋文】

〔馬〕禖①

祝曰②：“先牧日丙③，馬禖合神④。”·東鄉（向）南鄉（向）各一馬□□□□□中土⑤，以爲馬禖⑥，穿壁直中，中三腏⑦，Q1_11_9_156BK/11 反四廄行⑧，大夫先敫次席⑨：“今日良日，肥豚清酒美白粱⑩，到主君所。主君笱（敏）屏詷〈詷〉馬⑪，毆（驅）其央（殃），去Q1_11_9_157BK/10 反其不羊（祥）⑫，令其口耆（嗜）□⑬，□耆（嗜）歙（飲）⑭，律律弗□自□⑮，弗毆（驅）自出，令其鼻能糗（嗅）鄉（嚮）⑯，令耳悤（聰）目明，令Q1_11_9_158BK/9 反頭爲身衡⑰，勶（脊）爲身剛（綱）⑱，脇（胠）爲身張⑲，尾善毆（驅）□⑳，腹爲百草囊，四足善行，主君勉歙（飲）勉食㉑，吾Q1_11_9_159BK/8 反歲不敢忘。”Q1_11_9_160BK/7 反

【匯釋】

①馬禖：**有四說：一、“馬”與“禖”連讀，“馬禖”是標題。即馬祭，祭祀馬神，祭祀馬祖**。賀潤坤（1989A）：上文中之“禖”，古指求子之祭，也指求子所祭之神。此篇文字內容，即祭祀馬神時之祝詞。劉信芳（1991B）：篇名“馬”字當與下文“禖”字連讀，《日書》多此類例。“馬禖”即馬祭。整理者：“馬禖”係標題。《禮記·月令》：“仲春之月，玄鳥至。至之日，以大牢祠於高禖。”《續漢書·禮儀志》注引蔡邕《月令章句》云：“高，尊也。禖，祀也，吉事先見之象也。蓋

爲人所以祈子孫之祀。玄鳥感陽而至，其來主爲字乳蕃滋，故重其至日，因以用事。”據此高禖爲祈子孫之祀，則馬禖爲祈禱馬匹繁殖的祭祖。《周禮·校人》：“春祭馬祖，執駒。”疏：“春時通淫，求馬蕃息，故祭馬祖。”馬禖或即祭祀馬祖。饒宗頤（1982：42）：《說文》：“禖，祭也。”馬下有禖祝，知禖不限於求子之祭。今從此簡“馬禖合神”句，可明“禖”與“禂”同爲馬祭。劉釗（1996）：從簡文內容看，“馬禖”篇應是馬祭的祝禱詞。**二、“馬禖祝”連讀，是標題。**劉樂賢（1994：312）：本篇的標題其實應當是“馬禖祝”。《漢書·賈鄒枚路傳》：“武帝春秋二十九乃得皇子，群臣喜。故皋與東方朔作皇太子生賦及立皇子禖祝。”祭祀高禖，祈求多子時寫的文章叫作“禖祝”。像本篇這樣爲祈禱馬匹繁殖的祭祀而作的文章，叫“馬禖祝”。**三、標點爲“馬：禖祝曰”，“馬”與“禖”不連讀，“馬”是標題。**林清源（2002）：簡156BK的句讀，應作：“馬：禖祝曰：……”章題“馬”字宜獨占一行，“禖祝”以下的文字則合成一段。此一章題衹剩“馬”和“馬■”兩種可能。若採前一項假說，則須將簡157BK簡頭的“■”形符號視爲衍文；若採後一項假說，則可容許如下兩種猜測性質的理解：其一，由於書手一時疏忽，遂將章題和提示間隔符號的順序寫顛倒了；其二，章題和提示間隔符號的順序，原本即可如此安排，祇是此種書寫格式比較罕見，目前尚未發現類似例證而已。郭永秉（2010）：從圖版看，簡157簡端確實有一個方形的墨塊，但其實未必與此篇篇題有關。此篇的篇題如果是“馬禖祝”，不但和甲種篇題的書寫格式不盡一致，而且以“曰”字作爲祝詞的開頭，與古代祝詞多以“祝曰”開頭的習慣不合，因此我們覺得此篇篇題可能就是“馬”。“禖祝曰”以下則是祝詞的正文，這並不妨礙本篇的性質爲“馬禖祝”。**四、標題應爲“馬■”。**王子今（2003A：516）：從書寫形式看，簡156BK簡端爲“馬”字，簡157BK簡端爲符號“■”。此篇標題應爲“馬■”。“■”，可能有某種特殊涵義。

②祝：**祝辭**。劉信芳（1991B）：“祝”即祝辭。

③先牧：**有二說：一、馬神**（吳小強，2000：175）。**二、始養馬者。**整理者：《周禮·校人》：“夏祭先牧。”注：“先牧，始養馬者。”劉信芳（1991B）：《周禮·夏官·校人》：“夏祭先牧，頒馬功特。”鄭注：“先牧，始養馬者，其人未聞。”《周禮·夏官·校人》：瘐人“祭馬祖，祭閑之先牧”。是知馬禖之祭主爲先牧。

④合：**有三說：一、通“答”。**今按：“合”應讀爲“答”，《說文·亼部》朱駿聲通訓定聲：“即今所用之答字，古或作畣。”李學勤（1996）：“畣”在包山楚簡中見於卜筮祭禱之辭。**二、得耦。**整理者：《周禮·媒氏》注：“得耦爲合。”王子今（2003A：517）引《周禮·媒氏》注，以“得耦”釋“合”。**三、通“洽”。**陳偉（2016C：475）：合通“洽”，例引《國語·魯語下》：“天子及諸侯合民事於外朝，合神事於內朝。”又謂《後漢書·順帝紀》“稽合神明”語可參考。

⑤東鄉南鄉：**朝東面和朝南面。**王子今（2003A：517）：“東鄉南鄉”，顯示其神位在西北。這一情形與秦人早期在西北發展畜牧取得成就的史實是一致的。

各一馬：**各安放一匹良馬。**饒宗頤（1982：44）：“各一馬”句語例，以望山簡

"各一氏"推之，各讀爲貉，禡之異文。

□□□□□中土：劉樂賢（1994：309）：發掘報告在"中土"前衹標有四個缺字。

中土：**在中心位置設立土壇**。劉信芳（1991B）：指封土以爲社，以爲馬禖之神主。

⑥以爲馬禖：**有二說：一、將馬禖神位設置其上。二、以求馬之肥美**。饒宗頤（1982：44）：馬曰馬禖者，禖猶腜，猶膴。馬祭正所以求馬之肥美也。

⑦腏：**有三說：一、餟，祭飯**（吳小強，2000：175）。整理者：腏，即餟，祭飯。玄應《一切經音義》卷11引《字林》云："餟，以酒沃地祭也。"《說文通訓定聲》則云："以酒曰酹，以飯曰餟。"**二、動詞，讀爲"餟"，連祭**。饒宗頤（1982：43）：《日書》云"中三腏"，腏用作動詞，似當讀爲餟。餟亦訓連祭，故三腏謂酹祭凡三次。**三、同"叕"**。劉信芳（1991B）："腏"同"叕"。陳偉（2016C：476）：周家臺秦簡《日書》簡348記祠先農亦云："到囷下，爲一席，東鄉（向），三腏，以酒沃。"

⑧廏：**有二說：一、二百一十六匹馬總稱**。吳小強（2000：175）：據《周禮·校人》，二百一十六匹馬總稱爲廏。整理者：廏，馬二百一十六匹稱爲廏。《周禮·校人》："三乘爲皂，皂一趣馬；三皂爲繫，繫一馭夫；六繫爲廏，廏一僕夫。"注："自乘至廏，其數二百一十六匹。"**二、馬舍**。王子今（2003A：518）：簡文之"廏"，當是用《說文·广部》"廏，馬舍也"之義，未必"其數二百一十六匹"。劉信芳（1991B）：四廏行大夫：行大夫當爲管理四廏的官名，主持祭馬儀式，有如《周禮》之"校人"。斷爲"四廏行"則不成句。

⑨敓：**有六說：一、散布**。《玉篇·攴部》："敓，散也。"饒宗頤（1982：44）："敓"字見《廣韻》《集韻》，在去聲三十二霰："敓，散也。"云"先敓兕席"猶言"先布兕席"。**二、"牧"字之誤**。敓，整理者：疑爲"牧"字之誤。**三、同"跣"，跣足**。劉信芳（1991B）："敓"同"跣"，"敓兕席"謂跣足於兕席之上，然後祝辭。**四、讀爲"選"**。郭永秉（2010）：從語法位置看，"先"字顯然應該是"首先"的意思，"敓"字應該是一個動詞，疑讀爲"選"。**五、讀爲"薦"**。郭永秉（2010）又云：裘錫圭先生、孟蓬生先生和周波先生都曾提示"敓"也有可能讀爲"薦"。**六、釋爲从失之字，讀爲"秩"**。陳偉（2016C：476）：此字或从失，讀爲"秩"。

次席：**有三說：一、次席，桃枝竹之席**。郭永秉（2010）：此字應該釋爲"次"。"次席"是《周禮·春官》司几筵"五席"之一，鄭玄注："次席，桃枝席，有次列成文。"賈公彥疏："鄭亦見漢世以桃枝竹爲席，次第行列有成其文章，故言之也。"郭說可從。**二、兕皮席子。"次"讀爲"兕"**。賀潤坤（1989B）、何琳儀（1998：1243）、劉信芳（1991B）均將"次"字讀爲"兕"，賀、劉釋爲"兕皮席子"。整理者："次"釋爲"兕"。賀潤坤（1989B）："兕"指古代犀牛類的獸名，皮厚，可製甲。劉信芳（1991B）：兕席，以兕皮爲席，屈原《九歌·東皇太一》

“瑤席兮玉瑱”，是祭祀所用之席，爲顯其心誠，多用珍貴之物。**三、四席**。吴小強（2000：176）：兕，此處讀爲“四”。

⑩肥豚：**肥豬**。劉信芳（1991B）：白肥豚，《禮記·曲禮》：“凡祭祀宗廟之禮……豚曰腯肥。”

清酒：**猶如清酞，清酒**。饒宗頤（1982：44）說。劉信芳（1991B）：清酒，《禮記·曲禮》：“凡祭祀宗廟之禮，酒曰清酌。”

白粱：**一種好小米**。整理者：《爾雅·釋草》：“芑，白苗。”注：“今之白粱粟。”

⑪笱：**有三說：一、讀爲“敂”，牽**。饒宗頤（1982：43）：笱屏，可讀爲“敂屏”。劉信芳（1991B）：敂，擊也，讀若扣。《說文》：“扣，牽馬也。”**二、讀爲“拘”。拘執**。劉釗（1996）：“笱”似應讀爲“拘”。拘，執也，在此謂拘執馬也。**三、讀爲“苟”，如果**。陳偉（2016C：477）：“笱”在周家臺秦簡《日書》數見，均讀爲“苟”，如果義。如簡349云：“先農笱（苟）令某禾多一邑，先農桓（恒）先泰父食。”於此亦當讀爲“苟”。

屏詷：**有四說：一、暴躁**。劉釗（1996）：屏字疑應讀馬䶧，《廣韻》：“䶧，急皃。”按“屏（䶧）”“詷”二字皆有急義，於簡文中似指馬之暴躁而言。**二、保護，協同**。“詷”讀爲“同”。陳偉（2016C：477）：屏，保護。《漢書·王莽傳上》：“成王幼少，周公屏成王而居攝，以成周道。”顏注：“屏，猶擁也。”詷，疑讀爲“同”，協同義。**三、“詷”應爲“詗”，通“駉”，良**。劉信芳（1991B）：“詷馬”，或應作“駉馬”，《詩經·魯頌·駉》“駉駉牡馬”，鄭玄箋：“駉駉，良馬。”**四、“屏”與其前“敂”連讀**。“詷”應爲“詗”。饒宗頤（1982：43）：詗，《說文》：知處告言之。《漢書·淮南衡山濟北王傳》“詗長安”，孟康曰：詗音偵。

⑫去：**去除**。王子今（2003A：519）：“毆”與“去”，似乎有所差別。

⑬耆□：整理者：“耆”下疑爲“蓟”字，陳偉（2016C：477）：“嗜”下一字上从“竹”。

□：整理者作“□”。劉樂賢（1994：311）疑爲“口”。陳偉（2016C：477）：整理者（1981：圖版143）即作“口”。整理者（1990）疑誤排。

⑭□耆：陳偉（2016C：477）：據紅外影像，“耆”上一字下有重合文符。

⑮律律：**有二說：一、服從駕馭**。劉信芳（1991B）：謂以律爲律，意謂服從駕馭。**二、形容馬行飛快**。王子今（2003A：519）：“律律”，或通於“颮颮”。梁武帝《孝思賦》：“朔風鼓而颮颮。”可知“律律”形容馬行飛快，一如疾風。

弗□自□：“弗”下一字，整理者（1981：圖版143）缺釋，整理者（1990）釋爲“御”。陳偉（2016C：477）：此字似是“遏”。“自”下一字，整理者（1990）釋爲“行”。陳偉（2016C：477）：此字不清晰。如果上文爲“弗遏”，此處恐非“行”字。

⑯糗鄉：**有二說：一、嗅到香味。“糗”即“嗅”。“鄉”即“膷”**。劉信芳（1991B）：“糗”同“臭”，亦即今之“嗅”字。饒宗頤（1982：44）：鄉即膷。

《廣雅・釋器》:“膷、膮,香也。”膷字見《儀禮・公食大夫禮》,鄭玄注云:“古文膷作香。”**二、依靠嗅覺判斷正確的行進方向。“鄉”釋讀爲“向”**。王子今(2003A:520):“令其鼻能糗鄉”的解釋似未能增益馬可利用的性能。“鄉”或當釋读爲“向”,“其鼻能糗鄉”,即依靠嗅覺判斷正確的行進方向。《韓非子・說林上》有著名的“老馬識途”故事,或許老馬的嗅覺,也是齊軍以“失道”終於“得道”的因素之一。今按:秦簡中“鄉”(或訛爲“卿”)用爲“向”是用字習慣,《馬禖》篇前文“東鄉南鄉”即如此。

⑰頭:整理者釋爲“頭”,陳劍(方勇引述,2015)改釋爲“頸”。今按:當爲“頭”。

⑱剛:**有二說:一、借爲“綱”**。饒宗頤(1982:45):“爲身剛𦠆”句,馬王堆《相馬經》:“急其維岡”,第一幅作“維剛”,俱借剛爲綱。**二、強,強健**。劉信芳(1991B):𦠆(脊)爲身剛:《國語・周語》“旅力方剛”,韋昭注:“剛,強也。”魏德勝(2003:43):“脊”寫成“𦠆”,大約是因爲古人認爲牲口力氣的大小主要在於脊椎骨的強健與否。今按:饒氏之說可從,“綱”與下文“張”字相對,馬敘倫《說文解字六書疏證》卷25:“張之爲綱,謂底綱也。”

⑲胠:**有二說:一、釋爲“腳”**。整理者說。**二、釋爲“胠”,同“胠”**。陳偉(2016C:478):該字右从劫,玆改釋。《集韻・業韻》:“胠,腋下也。或从劫。”《廣雅・釋親》:“胠,脅也。”

張:劉信芳(1991B):原簡於釋文空白處尚存其字右半,雖漫漶,但依稀可辨爲“長”字。《太平御覽》896引《伯樂相馬經》曰“四下爲令欲得長”,“長”字與上下文用韻之字“剛”“行”等,古音皆在陽部。陳偉(2016C:478):看紅外影像,該字右部確从長,或是“張”字。

⑳尾善敺□:**□有三說:一、疑是“䭃”字,讀爲虻**。整理者:“驅”下一字不清,似左从食,右下从目,疑是“䭃”字,讀爲虻。**二、疑是“虻”字**。劉信芳(1991B):依《馬》篇用韻,空圍所闕之字或爲“虻”字。**三、疑是“萠”字**。方勇(2015):從字形看此字可能爲“萠”字。“萠”“虻”上古音同爲明母陽部字,通假沒有問題。簡文中指生活在草叢吸人獸血液的飛行迅速而且強壯的雙翅蠅。《史記》“博牛之蝱不可以破蟣虱”即是其例。

王子今(2003A:520):《齊民要術》卷6記載的相馬術說到千里馬的特徵之一,是“平脊大腹”。又說“腹脅爲城郭,欲得張”“腹欲充”。“大腹”以及“腹欲充”等可以與“腹爲百草囊”對照讀。

㉑勉:**強,多**。劉信芳(1991B):強也,《周禮・考工記》載祭侯之辭“強飲強食”,《日書》簡883反亦作“強飲強食”。

“主君”前整理者用句號。陳偉(2016C:478):“屏詷”至“善行”均爲“苟”之所屬,“主君勉飲勉食”爲如果條件滿足時對馬禖的酬謝。如上揭周家臺秦簡《日書》簡349一樣,這是祝禱的通行程式。

饒宗頤(1982:45):此文爲馬祭祝辭,極可玩詠。其中丙、神、屏、衡,與陽部字協韻，可考察秦時用韻情況，尤有價值。整理者：以上祝辭似從“大夫先牧”一句開始，全辭叶古東、陽二部韻。自此以下各簡背未見字。

【今譯】

馬神的祭祀

禱祝道：“在先牧之日丙日，行馬祭以答謝馬神。”·朝東面和朝南面各安放一匹良馬，馬首分別朝東和朝西。在中心位置設立土壇，將馬禖神位設置其上。穿過馬廄墻壁，使馬的位置與祭壇相對。中間上三次祭祀酒飯，Q1_11_9_156BK/11 反八百六十四匹馬排成行列，主祭大夫率先散佈竹席，說：“今天是好日子，肥豬、清酒、好小米都帶到了主君的住所。敬請主君如果保護好馬，驅除它的災殃，趕走 Q1_11_9_157BK/10 反它身上的不祥，讓它喜歡吃草，喜歡飲水，馴順聽話不需駕御，自己載人行走，不需驅打，自動從馬廄出來；讓它鼻子能敏銳地嗅到香味，讓它耳朵聰靈、眼睛明亮；讓Q1_11_9_158BK/9 反馬頭當作馬身的衡木，馬脊梁當作馬身的總繩，馬腳當作馬身的底綱，馬尾巴善於驅打蠅虻，馬腹成爲盛裝百草的寶囊，馬四隻腳善於行走。主君要多飲多食，我們Q1_11_9_159BK/8 反一年四時都不敢忘記您的福祐大德。”Q1_11_9_160BK/7 反

十、《日書》乙種

睡虎地秦簡《日書》甲乙種均於1975年12月在湖北省雲夢縣睡虎地十一號墓出土，是戰國秦漢時期日者選擇時日、趨吉避凶的一種數術工具書，在很大程度上反映了當時的社會文化現象，其藴含的研究價值不容小覷。雖然出土早期沒能引起足夠的重視，但目前全國各地已發現近20種《日書》寫本（包括殘簡）。睡簡《日書》便是現已公佈的內容較爲完整、保存較爲完好的寫本之一，其圖版和釋文公佈後引起了學界日漸强烈的關注。

目前國內外學界對睡簡《日書》的釋文整理已經取得比較喜人的成果：文物出版社1981年出版的《雲夢睡虎地秦墓》首次公佈了《日書》甲、乙兩種的圖版和釋文；1990年又推出《睡虎地秦墓竹簡》精裝本，無論圖版、釋文都較舊版品質更上一層樓。隨後，來自林劍鳴先生《日書》研修班的吳小強先生所著《秦簡日書集釋》對睡虎地秦墓竹簡的一些印刷錯誤和標點斷句進行了修正，但吳書中仍有些注釋顯得有些牽强。首都師範大學歷史學院教授劉樂賢在其博士學位論文《睡虎地秦簡日書研究》中對《日書》的分篇、句讀、注釋作了精心研究，對整理小組的釋文作了訂正和補充，提供了較爲可信的注釋版本。王子今教授的《睡虎地秦簡〈日書〉甲種疏證》對之前的各版本釋文作了深入評析，並補充了大量材料。陳偉先生的《秦簡牘合集：釋文注釋修訂本（壹至肆）》（武漢大學出版社，2016）更是堪稱“善本”。

除通篇考訂外，尚有不少單篇作品對《日書》中部分字詞進行了考訂。如劉信芳對《日書·馬》篇的句讀、釋文作了考釋。林劍鳴對文物版和臺灣版《日書》的釋文誤、漏之處加以校補。另外，還有黄文傑《睡虎地秦簡疑難字試釋》，劉樂賢《睡虎地秦簡日書注釋商榷》《睡虎地秦簡〈日書〉釋讀札記》，劉釗《説秦簡中“女筆”之“筆”》《讀秦簡字詞札記》《談睡虎地秦簡中的“潰”字》等，成果豐碩，值得參考。

除

【釋文】

十一月	十二月	正月	二月	三月	四月	五月	六月	七月	八月	九月	〔十月〕	Q1_11_10_1
子	丑	寅	卯	辰	巳	午	未	申	酉	戌	亥	宓、結① Q1_11_10_2
丑	寅	卯	辰	巳	午	未	申	酉	戌	亥	子	贏、陽② Q1_11_10_3
寅	卯	辰	巳	午	未	申	〔酉〕	戌	亥	子	〔丑〕	〔建〕、交 Q1_11_10_4
卯	辰	巳	午	未	申	酉	戌	亥	子	丑	寅	窨、羅 Q1_11_10_5
辰	巳	午	未	申	酉	戌	亥	子	丑	寅	卯	作、陰③ Q1_11_10_6
巳	午	未	申	酉	戌	亥	子	丑	寅	卯	辰	平、達 Q1_11_10_7
午	未	申	酉	戌	亥	子	丑	寅	卯	辰	巳	成、外④ Q1_11_10_8
未	申	酉	戌	〔亥〕	子	丑	寅	卯	辰	巳	午	空、外 Q1_11_10_9
申	酉	戌	亥	子	丑	寅	卯	辰	巳	午	未	〔壁、外〕⑤ Q1_11_10_10
酉	戌	亥	子	丑	寅	卯	辰	巳	午	未	申	盍、絕⑥ Q1_11_10_11
戌	亥	子	丑	寅	卯	辰	巳	午	未	申	酉	成、決 Q1_11_10_12
亥	子	丑	寅	卯	辰	巳	午	未	申	酉	戌	復、秀 Q1_11_10_13

【匯釋】

①窓：表中“結”前之字當釋爲“窓”，在說明文字中卻作“窻”。關於“窓”和“窻”，**有二說：一、一字異體**。李家浩（2000：66）：“窓”字不見於字書，顯然是“窻”字的異體。上古音“宛”“安”都是影母元部字，故从宛聲的“窻”可以寫作从安聲的“窓”。**二、音近通假**。劉樂賢（1994：315－316）：表格的“日名”與下面說明文字中的“日名”大體一致，衹有“窓結”“盍絕”在說明文字中作“窻結”“蓋絕”。窻即怨（從《集韻》之說），“窓”字不見於字書。古代宛（夗）的讀音與安相近，窻與窓當是音近通假。

②贏：**有二說：一、即爲“贏”字**。劉信芳（1997）：《說文》說解贏字爲“从貝、𣎆聲”。𣎆和𢼸古音同在微部。**二、“媚”的錯字**。李家浩（2000：67）：乙種的“贏”當是“媚”字之誤。

③作：**有二說：一、通假爲“贏”或“彼”**。劉信芳（1997）：古音从乍从皮之字音近，秦簡“作”乃“贏”或“彼”之音近借字。**二、“彼”的錯字**。李家浩（2000：64）：“彼”“作”二字形近，“作”當是“彼”字之誤。

④成：**有二說：一、通假爲“寧”**。劉信芳（1997）：成、寧皆从丁得聲，《日書》乙種之“成”乃“寧”之借字。**二、“寧”或“寍”的錯字**。李家浩（2000：65）：秦簡《日書》楚除名第九字，甲、乙種皆作“成”，乙種與“寧”或“寍”相當的“成”，顯然是一個誤字。古音“寍”“寧”“成”都是耕部字，當是因音近而致誤。

⑤髽：**有二說：一、“髽”的異體字**。李家浩（1999A）：此字不見於字書，以秦漢文字多把“髟”旁寫作“長”例之，當是“髽”的異體。髽字見於《說文》。**二、“危”的誤讀**。劉樂賢（2006B）：睡虎地秦簡《日書》楚系“建除”說中的“坐”或“髽”（見“睡簡除甲”和“睡簡除乙”），可以看作“危”的誤讀。

⑥盍：**即“蓋”**。劉樂賢（1994：315－316）：“蓋”从盍得聲，“盍絕”即“蓋絕”。

【釋文】

窻、結之日[①]，利以結言[②]，不可以作大事，利以學書[③]。Q1_11_10_14

贏、陽之日，利以見人、祭、作大事、取妻，吉。褺（製）寇〈冠〉帶[④]，君子益事。Q1_11_10_15

建、交之日，以風、鑿井□[⑤]☑Q1_11_10_16A

窞、羅之日，利以說孟（盟）詐（詛）、棄疾[⑥]。鑿宇、葬，吉。而遇（寓）人[⑦]，人必奪其室。Q1_11_10_17

作、陰之日，利以入（納）室[⑧]，必入資貨[⑨]。家（嫁）子、攻毄（擊），吉、勝。Q1_11_10_18 I

平、達之日，利以行帥〈師〉徒[⑩]，見人、入邦，皆吉[⑪]。生男女必[⑫]

□Q1_11_10_19A＋16B＋19C Ⅰ

成、外陽之日，利以祭、之四旁（方）壄（野）外，熱罔（網）邋（獵）[13]，獲。作事，吉。Q1_11_10_20A＋19B＋20B Ⅰ

空、外遠之日[14]，不可以行。之四鄰，必見兵。Q1_11_10_21 Ⅰ

毀結、外陰之日，利以小然〈祭〉[15]，吉。生子，年。不可遠行[16]，遠行不仮（返）。Q1_11_10_22 Ⅰ

蓋、絕紀之日，利以裚（製）衣常（裳）、說孟（盟）詐（詛）。Q1_11_10_23 Ⅰ

成、決光之日，利以起大事、祭、家（嫁）子，吉。居有食，行有得。生子，美。Q1_11_10_24 Ⅰ

復、秀之日，利以乘車、寇〈冠〉、帶劍、裚（製）衣常（裳）、祭、作大事、家（嫁）子，皆可，吉[17]。Q1_11_10_25 Ⅰ

【匯釋】

①惌：**有二說：一、"怨"字的異體。**劉樂賢（1994：315－316）：惌即"怨"。**二、古代字書有三種看法：**李家浩（2000：65）：《說文》以爲宛字的或體，《玉篇》以爲冤枉之"冤"的本字，《集韻》以爲"怨"的或體。

②結言：**以言語來約定事情。**整理者：《公羊傳・桓公三年》："古者不盟，結言而退。"《後漢書・獨行傳》："二年之別，千里結言，爾何相信之審邪?"均用言語約定之意。關於求婚、訂婚、結婚的書信也稱爲結言，見《後漢書・崔駰傳》。

③學書：**有二說：一、學習寫字。**吳小強（2000：182）譯爲學習、練習寫毛筆字。有些日子不宜學書。劉樂賢（1994：315－316）：《論衡・譏日》："又學書諱丙日，云倉頡以丙日死也。"也是關於學書的禁忌。**二、讀書。**魏德勝（2003：100）：學書，讀書，求學。

④裚：**製，製作。**

寇：**"冠"的誤字，帽子。**

帶：**衣帶。**魏德勝（2003：111）：冠帶，帽子與腰帶。《禮記・內則》："冠帶垢，和灰請漱。"

⑤以風、鑿井：**有二說：一、"以風"和"鑿井"不連讀，認爲是兩件事情。"風"讀爲"封"，"封"指封塞戶牖。**李家浩（1999A）：風與鑿井說的是兩件事情，不應該連讀。《廣雅・釋言》："封，塗也。"《釋名・釋宮室》："塗，杜也，杜塞孔穴也。"《易林・震》："蟻封戶穴，大雨將集。"《吳越春秋・句踐陰謀外》："倉已封塗，除陳入新。"簡文"封"大概是指封塞戶牖之類的事。**二、"以風"和"鑿井"連讀，指把所鑿的井填塞上。**整理者："以風"連下讀，注釋：以字上應脫利字。風，疑讀爲封，填塞。

整理者下接簡16B，李家浩（1999A）析開，改接於簡19A之下。

⑥說：**解除。**整理者說。《公羊傳・定公八年》："郤反，舍於郊，皆說然息。"

孟：**通"盟"，盟約。**

詐：**讀爲“詛”，盟誓**。整理者作“詐”，劉樂賢（1994：316）訂正並指出：“詐”讀爲“詛”。此處的“說孟詐”在《日書》甲種中作“兌明組”。整理者：盟詛在古籍常見，《尚書・呂刑》：“罔中於信，以覆詛盟。”《周禮・詛祝》：“詛祝掌盟詛類造攻說禬禜之祝號。”注：“盟詛主於要誓，大事曰盟，小事曰詛。”疏：“盟者盟將來，……詛者詛往過。”

棄疾：**除去疾病**。整理者說。

⑦而：**如果，假設連詞**。整理者：而，如。

遇：**讀爲“寓”。使動用法，讓……寄居**。整理者：寓人，讓人寄居，《孟子・離婁下》：“無寓人於我室。”注：“寓，寄也。”

⑧入室：**有三種解釋：一、進入房室**。張玉金（2016）：是指房室建好後搬入房室裏，或者長久遠行回到家裏進入房室。**二、訓爲“納室”，解釋爲娶妻**。整理者：參看《侯馬盟書》。**三、接收財產**。吳小強（2000：181）說。

⑨資貨：**財物**。魏德勝（2003：117）：《韓非子・解老》：“諸夫飾智故以至於傷國者，其私家必富。私家必富，故曰：‘資貨有餘。’”唐李肇《唐國史補》卷上：“臣已斬巫，請以所積資貨，以貸貧民輸稅。”

⑩帥：**有二說：一、釋爲“帥”，是“師”字之誤**。李家浩（1999A）：應該釋爲“帥”。“帥”“師”二字形近易訛，此“帥”字當是“師”字之誤。《日書》甲種《楚除》簡7“利以行師”之“師”，原文作“帥”，誤與此同。**二、釋爲“師”字**。整理者說。

師徒：**兵士，軍隊**。劉樂賢（1994：316）：師徒，指兵士。《國語・吳語》：“吳王夫差既許越成，乃大戒師徒，將以伐齊。”包山楚墓占卜類簡中習見“大司馬悼滑將楚邦之币（師）徒以救郙”一句，師徒亦指兵士，即軍隊。

⑪此處竹簡有兩種編連方式。**一、以簡16B接於簡19A之下**。李家浩（1999A）將簡16B接於此下，而以簡19B改接於簡20A之下，並釋出“皆”字。皆，僅存左側大半。**二、以簡19B接於簡19A之下**。整理者以簡19B接於簡19A之下，將“皆”字殘畫與簡19B首字“罔”的殘畫看作一字。

⑫必：此字僅存殘畫。**有二說：一、釋爲“必”**。李家浩（1999A）釋出，並說：根據上引秦簡“楚除”甲平、達日占辭或楚簡“叢辰”達日占辭，疑“男”下漏寫一“吉”字，“女必”下缺文可據之補出“出於邦”或“出其邦”三字。**二、未釋出**。整理者說。

⑬埶：**讀爲“設”，設置**。李家浩（1999A）：秦簡的“埶”和楚簡的“執”，皆應該讀爲“設”。“設網”，設置捕鳥之網的意思。賈誼《新書・諭誠》：“湯見設網者四面張，祝曰：自天下者，自地出者，自四方至者，皆罹我網。”

⑭遠：**同“達”**。裘錫圭（1985）：秦簡的“外害日”，同出另一簡作“外遠日”。“遠”跟《說文》的“達”可能是同個字。

⑮然：**“祭”的誤字，祭祀**。劉樂賢（1994：316）：“利小然”一句費解。整理小組認爲“然”是“祭”的誤寫，其說可從。《日書》甲種“外陰日”的“利以祭

祀”與本句“利以小祭”意義相當。

⑯生子年不可遠行：**有四説：一、斷句爲“生子，年。不可遠行”。“年”讀爲“佞”，意思是巧言善辯**。李家浩（1999A）：“年”“佞”二字古音相近，可以通用。《左傳・襄公三十年》“天王殺其弟佞夫”，《公羊傳》作“年夫”。《論語》的《憲問》“非敢爲佞也”和《季氏》“友便佞”二句中的“佞”字，定州漢墓竹簡本皆作“年”。“生子，年”，當讀爲“生子，佞”，意思是説在敫、外陰之日所生之子，巧言善辯。**二、斷句爲“生子，年。不可遠行”。認爲“年”爲“得年”的縮略語，意思是得壽**。陳偉武（1999）：“年”爲“得年”的縮略語，當讀斷，“不可遠行”另起句。“得年”，即“得壽”之意。**三、斷句爲“生子，年。不可遠行”。認爲“年”不是“得年”的縮略語，可能就是“得年”或“得壽”的意思**。劉增貴（2001）説。**四、斷句爲“生子年不可遠行”，意思是生孩子的年份不可以遠行**。整理者説。

⑰帶劍：**佩劍**。劉樂賢（1994：316）説。

整理者：本篇簡文多可與《日書》甲種對照參校，並補足一些缺字脱字。

【今譯】

在“窻、結”的日子裏，有利於同别人用言語來進行約定，不能做重大的事情，有利於學習、練習寫毛筆字。Q1_11_10_14

在“贏、陽”的日子裏，有利於會見人、祭祀神靈、做重大的事情、娶妻子，都吉利。有利於製作帽子、衣帶，有利於有文化道德修養的人增加事務。Q1_11_10_15

在“建、交”的日子裏，有利於封塞戶牖等和開鑿新井……Q1_11_10_16A

在“窞、羅”的日子裏，有利於解除盟約、除去疾病。鑿挖改建房屋、安葬死者，都吉利。但是如果接納别人來自家借住，别人必定將奪取自己的房室。Q1_11_10_17

在“作、陰”的日子裏，有利於进入房室，必定會買入財物。嫁女兒會吉利，進攻打擊敵人則定能勝利。Q1_11_10_18 I

在“平、達”的日子裏，有利於行軍，會見人、進入城邦，都吉利。生男生女一定會……Q1_11_10_19A + 16B + 19C I

在“成、外陽”的日子裏，有利於祭祀神靈，去四方田野郊外遊覽，設網捕獵。做甚麼事，都吉利。Q1_11_10_20A + 19B + 20B I

在“空、外遣”的日子裏，不能外出旅行。若去四方鄰鄉鄰縣，則必然會遇上兵事。Q1_11_10_21 I

在“敫、外陰”的日子裏，有利於舉行小型的祭祀活動，吉利。生孩子，（孩子）巧言善辯。不能出遠門，否則，到遠處旅行就不能返回家了。Q1_11_10_22 I

在“蓋、絕紀”的日子裏，有利於裁製衣裳，有利於解除盟約。Q1_11_10_23 I

在“成、決光”的日子裏，有利於舉辦重大事情、祭祀神靈、嫁女兒，都吉

利。在家居住有飯吃，出門旅行有所得。生孩子，（孩子）很漂亮。Q1_11_10_24 I

在“復、秀”的日子裏，有利於乘坐車、舉行冠禮、佩戴劍、裁製衣裳、祭祀神靈、做重大的事情、嫁女兒，都可以，都吉利。Q1_11_10_25 I

徐

【釋文】

徐（除）①

正月，建寅，余（除）卯，吉辰，實巳，窞午，微未②，衝申，剽酉，虚戌，吉亥，實子，閉丑③。Q1_11_10_26 I

二月，建〔卯，余（除）〕辰，吉巳，實午，窞未，微申，衝酉，〔剽戌，虚亥〕，吉子，實丑，閉寅。Q1_11_10_27 I

三月，建〔辰，余（除）〕巳，吉午，實未，窞申，敫（微）酉，衝戌，剽亥，虚子，吉丑，實寅，閉卯。Q1_11_10_28 I

四月，建巳，徐（除）午，吉未，實申，窞酉，敫（微）戌，衝〔亥，剽〕子，虚丑，吉寅，〔實〕卯，閑〈閉〉辰④。Q1_11_10_29 I

五月，建午，徐（除）〔未〕，吉申，實酉，窞戌，〔敫〕（微）亥，衝子，剽丑，虚寅，吉卯，實辰，閑〈閉〉巳。Q1_11_10_30 I

六月，建未，徐（除）申，吉酉，實戌，窞亥，敫（微）子，衝丑，剽寅，虚卯，吉辰，實巳，閑〈閉〉午。Q1_11_10_31 I

七月，建申，徐（除）酉，吉戌，實亥，窞子，僌（微）丑⑤，衝寅，剽卯，虚辰，吉〔巳〕，實午，閑〈閉〉未。Q1_11_10_32 I

八月，建酉，徐（除）戌，吉亥，實子，窞丑，微寅，衝卯，剽辰，虚巳，吉午，實未，閑〈閉〉申。Q1_11_10_33 I

九月，建戌，徐（除）亥，吉子，實丑，窞寅，微卯，衝辰，剽巳，虚午，吉未，實申，閉酉。Q1_11_10_34 I

十月，建亥，徐（除）子，吉丑，實寅，窞卯，敫（微）辰，衝巳，剽午，虚未，吉申，實酉，閉戌。Q1_11_10_35 I

十一月，建子，徐（除）丑，吉寅，實卯，窞辰，敫（微）巳，衝午，剽未，虚申，〔吉酉〕，實戌，閉亥。Q1_11_10_36 I

十二月，建丑，徐（除）寅，吉卯，實辰，窞巳，微午，衝未，剽申，虚酉，吉〔戌，實〕亥，閉子。Q1_11_10_37 I

【匯釋】

①徐：**有二説：一、釋爲“徐”，讀爲建除之“除”**。劉樂賢（1994：321）：原

簡標題爲“徐”字，整理小組徑釋爲“除”。爲了與《日書》甲種《除》篇及乙種《除乙》篇相區别，可以稱它爲《徐》篇。“徐”在本篇第一支簡中又作“余”，皆當讀爲建除之除。又，此標題“徐”字位於簡 27 上部，因爲簡 26 首有横綫。**二、徑釋爲“除”。**整理者：此節疑亦建除家之説，但與《日書》甲種和《淮南子·天文訓》所載建除家言頗有出入。節中原有脱字，均依例補足。

②徼：**巡邏、巡察。**饒宗頤（1982：8－9）：徼訓遊徼，《漢書·百官公卿表》，“中尉掌徼巡京師”，如淳曰：“所謂遊徼循禁備盜賊也。”故徼之日宜於執盜賊，及漁邋，是徼與執義正相同，徼日，淮南稱爲執，秦簡作摯實爲一義。

③閉：見於本簡至簡 28、簡 34 至簡 37、簡 46。**關於此字有兩種考釋：一、釋爲“閉”字。**陳偉（2016C：485）説。**二、釋爲“閈”，看作“閉”字之誤。**整理者説。

④閈：**有二説：一、是“閉”的俗字。**陳偉（2016C：485）：“閈”字見《龍龕手鑑》，是“閉”的俗字。**二、釋爲“閈”，看作“閉”字之誤。**劉樂賢（1994：321）：字不見於字書，本篇的閈日相當於“秦除篇”的閉日，故整理小組認爲“閈”即“閉”的誤寫。

⑤徼：**有二説：一、釋作“徼”。**陳偉（2016C：485）説。**二、釋作“敫”。**整理者説。

【今譯】

除

正月，建日在寅日，除日在卯日，吉日在辰日，實日在巳日，窞日在午日，徼日在未日，衝日在申日，剽日在酉日，虚日在戌日，吉日在亥日，實日在子日，閉日在丑日。Q1_11_10_26 I

二月，建日在卯日，除日在辰日，吉日在巳日，實日在午日，窞日在未日，徼日在申日，衝日在酉日，剽日在戌日，虚日在亥日，吉日在子日，實日在丑日，閉日寅日。Q1_11_10_27 I

三月，建日在辰日，除日在巳日，吉日在午日，實日在未日，窞日在申日，徼日在酉日，衝日在戌日，剽日在亥日，虚日在子日，吉日在丑日，實日在寅日，閉日在卯日。Q1_11_10_28 I

四月，建日在巳日，除日在午日，吉日在未日，實日在申日，窞日在酉日，徼日在戌日，衝日在亥日，剽日在子日，虚日在丑日，吉日在寅日，實日在卯日，閉日在辰日。Q1_11_10_29 I

五月，建日在午日，除日在未日，吉日在申日，實日在酉日，窞日在戌日，徼日在亥日，衝日在子日，剽日在丑日，虚日在寅日，吉日在卯日，實日在辰日，閉日在巳日。Q1_11_10_30 I

六月，建日在未日，除日在申日，吉日在酉日，實日在戌日，窞日在亥日，徼日在子日，衝日在丑日，剽日在寅日，虚日在卯日，吉日在辰日，實日在巳日，閉日在午日。Q1_11_10_31 I

七月，建日在申日，除日在酉日，吉日在戌日，實日在亥日，窞日在子日，徼日在丑日，衝日在寅日，剽日在卯日，虛日在辰日，吉日在巳日，實日在午日，閉日在未日。Q1_11_10_32 I

八月，建日在酉日，除日在戌日，吉日在亥日，實日在子日，窞日在丑日，徼日在寅日，衝日在卯日，剽日在辰日，虛日在巳日，吉日在午日，實日在未日，閉日在申日。Q1_11_10_33 I

九月，建日在戌日，除日在亥日，吉日在子日，實日在丑日，窞日在寅日，徼日在卯日，衝日在辰日，剽日在巳日，虛日在午日，吉日在未日，實日在申日，閉日在酉日。Q1_11_10_34 I

十月，建日在亥日，除日在子日，吉日在丑日，實日在寅日，窞日在卯日，徼日在辰日，衝日在巳日，剽日在午日，虛日在未日，吉日在申日，實日在酉日，閉日在戌日。Q1_11_10_35 I

十一月，建日在子日，除日在丑日，吉日在寅日，實日在卯日，窞日在辰日，徼日在巳日，衝日在午日，剽日在未日，虛日在申日，吉日在酉日，實日在戌日，閉日在亥日。Q1_11_10_36 I

十二月，建日在丑日，除日在寅日，吉日在卯日，實日在辰日，窞日在巳日，徼日在午日，衝日在未日，剽日在申日，虛日在酉日，吉日在戌日，實日在亥日，閉日在子日。Q1_11_10_37 I

【釋文】

建日，利□▨初寇〈冠〉①、帶劍、乘車，可▨Q1_11_10_38 I

徐日，可以請謁②，有▨□。Q1_11_10_39 I

吉、實日，皆利日也，無不可有爲也。Q1_11_10_40 I

窞日，可以入馬牛、臣〔妾〕▨Q1_11_10_41 I

敫（徼）日，可以入臣妾，駕駒□▨Q1_11_10_42 I

衝日，可以攻軍、入城及行，不可祠。Q1_11_10_43 I

剽日，不可以使人及畜六畜③，它毋有爲也。Q1_11_10_44 I

虛日，不可以臧（藏）蓋④，臧（藏）蓋，它人必發之⑤。毋可有爲也。用得⑥，必復出。Q1_11_10_45 I

閉日，可以蓋臧（藏）及謀，毋可有爲也。Q1_11_10_46 I

【匯釋】

①初：**有兩種考釋：一、釋爲“初”字**。劉樂賢（1994：321）：細審照片，此字左邊所从是衣而非禾，故當釋爲初。初冠一詞習見於《日書》中。**二、釋爲“利”字**。整理者說。

②請謁：**請求拜見**。《管子・八觀》：“請謁得於上，則党與成於下。”《韓非子・八姦》：“故財利多者買官以爲貴，有左右之交者請謁以成重。”

□：**有二説：一、似是“外”字**。陳偉（2016C：486）：最後一字尚存下半。**二、未釋出**。整理者脱録。

③使人：**役使人**。李學勤（1985A）：應指對人的役使。

④臧蓋：**收藏**。整理者：下簡又作蓋藏，意爲收藏。《平準書》“齊民無蓋藏”，《漢書・食貨志》作“民亡臧蓋”。劉樂賢（1994：321）：《禮記・月令》：“孟冬之月：‘命百官，謹蓋藏。’”注：“謂府庫囷倉有藏物。”

⑤發：**發現，發掘**。《孟子・告子下》：“徵於色，發於聲，而後喻。”《聊齋志異・促織》：“於敗石叢草處，探石發穴。”

⑥用：**以。介詞，引介時間，賓語省略**。整理者：玄應《一切經音義》七引《倉頡篇》：“以也。”《周易・益》：“利用爲大作。”劉樂賢（1994：321）：“用”作“以”用的例子習見於古書，參見楊樹達《詞詮》卷九。

【今譯】

建日，有利於……初次戴冠、佩戴劍、乘坐車，可以……Q1_11_10_38 I

除日，可以在此日請求拜見尊者長者和上司，有……外……Q1_11_10_39 I

吉日、實日，都是吉利的日子，沒有甚麽不可以做的事情。Q1_11_10_40 I

窞日，可以在此日購進馬、牛和男女奴隸……Q1_11_10_41 I

徹日，可以在此日買進男女奴隸，可以駕馭馬駒套拉的小車……Q1_11_10_42 I

衝日，可以在此日進攻敵軍、進入城市以及旅行。不能在宗廟祠堂祭祀神靈。Q1_11_10_43 I

剽日，不能在此日使役人以及畜養繁殖六畜，其他事情也不要去做。Q1_11_10_44 I

虛日，不能在此日收藏財物。如果收藏了財物，別人肯定會發現並挖掘出財物。不可做事情。在這一天得到東西，肯定會再次出現。Q1_11_10_45 I

閉日，可以在此日收藏財物以及謀劃事情，沒有甚麽可以做的事情。Q1_11_10_46 I

秦

【釋文】

■秦[①]

正月、二月，子采（穗），丑戌〔正〕陽，寅酉危陽，卯敫（徼），〔辰〕申窔，巳未陰，午徹，丑結[②]。Q1_11_10_47 I

三月、四月，寅采（穗），卯〔子〕正陽，辰〔亥〕危陽，巳敫（徼），午戌窔，未酉陰，申徹，丑結。Q1_11_10_48 I

五月、六月，辰采（穗），巳寅正陽，午丑危陽，未敫，申子㲽，酉亥陰，戌〈戌〉徹，卯結。Q1_11_10_49 I

七月、八月，午采（穗），未辰正陽，〔申〕未危陽[③]，酉敫（徼），戌寅㲽，亥丑陰，子徹，巳結。Q1_11_10_50 I

九月、十月，申采（穗），〔酉午正陽，戌巳危〕陽，亥敫（徼），巳辰㲽[④]，丑卯陰，寅徹，未結。Q1_11_10_51 I

〔十一月、十二月，戌采（穗），亥申正〕陽，戌〈子〉〔未危陽，丑〕敫（徼），寅大〈午〉㲽[⑤]，巳卯陰，辰徹，酉結。Q1_11_10_52 I

【匯釋】

①“秦”字書於簡48頭端。

此篇與《日書》甲種中的“稷辰”相比較，有同有異。整理者：此當爲秦人之説，《日書》甲種也有這樣一段，題爲“稷辰”，兩者大體相同，可以校正本節脱誤。唯此簡之“穗”字，《日書》甲種作“秀”。此簡的“㲽”，《日書》甲種作“結”。

②丑：**當是“亥”之誤**。劉樂賢（1994：325）説。

③未危陽：**據《日書》甲種，應爲申卯危陽**。劉樂賢（1994：325）説。

④巳辰㲽：**當作“子辰㲽”**。劉樂賢（1994：325）説。

⑤大：**有二説：一、釋爲“大”，認爲是“午”字之誤**。陳偉（2016C：486）説。**二、徑釋爲“午”**。整理者説。

【今譯】

■秦

正月、二月，子日爲穗日，丑日、戌日爲正陽日，寅日、酉日爲危陽日，卯日爲徼日，辰日、申日爲㲽日，巳日、未日爲陰日，午日爲徹日，丑日爲結日。Q1_11_10_47 I

三月、四月，寅日爲穗日，卯日、子日爲正陽日，辰日、亥日爲危陽日，巳日爲徼日，午日、戌日爲㲽日，未日、酉日爲陰日，申日爲徹日，丑日爲結日。Q1_11_10_48 I

五月、六月，辰日爲穗日，巳日、寅日爲正陽日，午日、丑日爲危陽日，未日爲徼日，申日、子日爲㲽日，酉日、亥日爲陰日，戌日爲徹日，卯日爲結日。Q1_11_10_49 I

七月、八月，午日爲穗日，未日、辰日爲正陽日，申日、卯日爲危陽日，酉日爲徼日，戌日、寅日爲㲽日，亥日、丑日爲陰日，子日爲徹日，巳日爲結日。Q1_11_10_50 I

九月、十月，申日爲穗日，酉日、午日爲正陽日，戌日、巳日爲危陽日，亥日爲徼日，子日、辰日爲㲽日，丑日、卯日爲陰日，寅日爲徹日，未日爲結

日。Q1_11_10_51 I

十一月、十二月，戌日爲穗日，亥日、申日爲正陽日，子日、未日爲危陽日，丑日爲徼日，寅日、午日爲煛日，巳日、卯日爲陰日，辰日爲徹日，酉日爲結日。Q1_11_10_52 I

【釋文】

〔采（穗）〕，□□□車，見〔人〕①，入人民、畜生②，取妻、嫁女，□□□□□□□〔不〕可復（覆）室③。·正月以朔旱，Q1_11_10_53歲美④，有兵。

正陽，可□□□□□□□可以祠，□□□□□□□□□毋小大，吉。可以葬。Q1_11_10_54正月以朔⑤，歲美，〔毋（無）〕兵。Q1_11_10_55

危陽，不成其行，利□□事⑥，不可取妻、嫁女、見人。生子，死。毋（無）可焉。·正月以朔多雨，歲半，毋（無）Q1_11_10_56兵。

敫（徼），有細喪⑦，□□央（殃）⑧，利以穿井、蓋屋，不可取妻、嫁女，祠，出入人民、畜生。·正月以朔多Q1_11_10_57雨，歲善而柍不全⑨，有兵。雨，白〈日〉也⑩。Q1_11_10_58

煛，群不拜⑪，〔以辭〕不合（答）⑫。亡者，得。可魚（漁）邋（獵）⑬，不可攻，可取不可鼠（予）⑭。利祠外⑮。毄（繫）⑯，亟出⑰。·正月以朔旱⑱。Q1_11_10_59

陰，先辱後慶。利居室，入貨、人民、畜生；可取婦▨Q1_11_10_60葬貍（埋）祠。·正月以朔多雨，歲中，毋（無）兵。Q1_11_10_61

徹，大徹，利單（戰）伐⑲，不可以見人、取妻、嫁女，出入人民、畜生。祠，必鬬⑳，見血。以生子，死。亡者，得。以毄（繫），久。·正月以朔多雨，Q1_11_10_62歲善，毋（無）兵㉑。▨Q1_11_10_63

【匯釋】

①“見”後補“人”字。整理者：“見人”的人字原脫。

②人民：**奴婢**。《周禮·質人》：“掌成市之貨賄、人民、牛馬、兵器、珍異。”注：“人民，奴婢也。”與簡文可參看。

③復：**通“覆”，蓋**。

④歲美：**一年的收成好**。歲即年景，一年的農事收成。《孟子·梁惠王上》：人死，則曰：“非我也，歲也。”《戰國策·齐策》：威后問使者曰：“歲亦無恙耶？民亦無恙耶？王亦無恙耶？”《說文》：“美，甘也。”《管子·五行》：“然後天地之美生。”注：“謂甘露醴泉之類也。”可知，歲美即物阜年豐。

⑤“朔”下脫表示氣象的動詞語。整理者：“朔”之下當有脫文。

⑥利□□事：**疑爲“利以解事”**。整理者：《日書》甲種作“利解事”，此處疑原作“利以解事”。

⑦細喪：**小的喪事**。《廣雅》：“細，小也。”《左傳·僖公三十三年》：“秦不哀

吾喪而伐吾同姓，秦則無禮。”

⑧央：**通“殃”，災殃**。“央”前疑是“毋大”二字。整理者：《日書》甲種作“有小逆，無大殃”，此處殘缺之字疑是“毋大”二字。

⑨枎：**有二說：一、釋爲“枎”字，是“柀”字之誤**，陳偉（2016C：486）：據紅外影像改釋。《日書》甲種簡39作“歲善而柀不產”，孔家坡漢簡《日書》簡40作“□歲而柀不全”。此處“枎”似爲“柀”字之誤。**二、釋爲“柀”字**，整理者說。

⑩白：**爲“日”字之誤**。

⑪群不：**可與《日書》甲種比較**。劉樂賢（1994：325）：《日書》甲種作“是胃其群不拜”，整理小組於彼處有注。

拜：**引申爲關係和諧**。“拜或曰拜手，或曰空首，於禮節中，本爲一行，且最通行，顧其意義，解者多誤……《周禮》謂‘頭不至於地爲空手’。空手者，對於稽首、頓首之頭著地而言也。拜本專爲空手之稱，拜之禮，即空手之禮。周之九拜，之曰空手，唯其他經曰拜手。曰拜，無曰空首者，故知空首即拜手也。”（引自黃現璠《古書解讀初探：黃現璠學術論文選》）

⑫合：**通“荅”，應允**。

⑬魚：**通“漁”，打漁**。邋：**通“獵”，狩獵**。

⑭鼠：**通“予”，給予**。

⑮外：**疑讀爲“禬”，祭名**。整理者：《周禮·女祝》：“掌以時招梗禬禳之事，以除疾殃。”注：“除災害曰禬。”

⑯毄：**通“繫”，囚禁**。

⑰亟：**很快**。《廣雅》：“亟，急也。”《詩經·豳風·七月》：“亟其乘屋。”

⑱“旱”字後有脫文。劉樂賢（1994：325）說。

⑲單：**通“戰”，戰爭**。

⑳鬬：**打鬬**。《孔子世家》：“吾與夫子再罹難，寧鬬而死。”《資治通鑑》卷八宋義曰：“不然。夫搏牛之蝱，不可以破蟣虱。今秦攻趙，戰勝則兵疲，我承其敝；不勝，則我引兵鼓行而西，必舉秦矣。故不如先鬬秦、趙。夫被堅執銳，義不如公；坐運籌策，公不如義。”

㉑“兵”字後有殘缺。劉樂賢（1994：325）：簡63殘缺過甚，上部衹存四字。據文例推測，該簡下部應是關於“結”的行事宜忌。

【今譯】

穗日，（有利於）……車，會見人，有利於買進奴隸、牲畜，娶妻、嫁女兒……不能蓋房子。·若正月裏在朔日天旱，Q1_11_10_53則這一年收成好，但有戰事發生。

正陽日，可以……可於此日祭祀神靈……做事情無論大小事，都吉利。可以在此日安葬死者。Q1_11_10_54若正月裏在朔日天旱，則這一年收成好，沒有戰事發

生。Q1_11_10_55

危陽日，外出旅行不能成行，有利於化解事端糾紛，不能娶妻、嫁女兒、會見人。若在這一天生孩子，孩子會死。不能做事情。・若正月裏在朔日多雨水，則一年中有半年收成，沒有Q1_11_10_56戰事發生。

徹日，會有小的喪事，不會有大的災難，有利於在這一天打水井、蓋房子，不能娶妻、嫁女兒，不能祭祀神靈，不能買賣奴隸、牲畜。・若正月裏在朔日多Q1_11_10_57雨水，則這一年莊稼收成好，但一部分不能保全，將有戰事發生。天下雨，但太陽照舊出來。Q1_11_10_58

㲈日，群體關係不和諧，在這一天推辭不被應允。逃亡的人，將被捉捕。可以打漁、狩獵，不能進攻。可以從別人那裏拿東西，但不能給予別人東西。有利於祭祀神靈除去災害。若被囚禁，很快就得到釋放。・若正月裏在朔日干旱，則……Q1_11_10_59

陰日，先遭污辱，後得喜慶。有利於在家中居住，有利於購進貨物、奴隸、牲畜；可以娶妻……Q1_11_10_60可以安葬死者、祭祀神靈。・若正月裏在朔日多雨水，則一年莊稼收成中等水平，沒有戰事發生。Q1_11_10_61

徹日，即"大徹"，有利於戰爭攻伐。不能在這一天會見人、娶妻、嫁女兒，不能買賣奴隸、牲畜。若祭祀神靈，必定會發生打鬬，流血。在這一天生孩子，孩子會死。逃亡的人，將被捉捕。這一天被囚禁起來，就會被長期關押。・若正月裏在朔日多雨水，Q1_11_10_62 則一年莊稼收成好，沒有戰事發生。……Q1_11_10_63

日夕①

【釋文】

五〈正〉月，日七夕九②。Q1_11_10_18 Ⅱ

二月，日八〔夕八〕。Q1_11_10_19A + 16B + 19C Ⅱ

三月，日九夕七。Q1_11_10_20A + 19B + 20B Ⅱ

四月，日十夕六。Q1_11_10_21 Ⅱ

五月，日十一夕五。Q1_11_10_22 Ⅱ

六月，日十夕六。Q1_11_10_23 Ⅱ

七月，日九夕七。Q1_11_10_24 Ⅱ

八月，日八夕八。Q1_11_10_25 Ⅱ

九月，日七夕九。Q1_11_10_26 Ⅱ

十月，日六夕十。Q1_11_10_27 Ⅱ

十一月，日五夕十一。Q1_11_10_28 Ⅱ

十二月，日六夕十。Q1_11_10_29 Ⅱ

【匯釋】

①此篇亦見於《日書》甲種。劉樂賢（1994：319）：該日夕表又見於甲種“歲篇”和“日夕篇”。

②日：**白晝**。夕：**夜晚**。《文選・王融》：“署行議年，日夕於中甸。”李周翰注：“考吏行之殿最，議年穀之豐儉而奏於天子，使朝夕盈於畿甸之中也。”故日夕即朝夕，指日夜。

秦人把一天分爲十六分，月份不同，晝夜的分數也不同。

【今譯】

正月，一天白晝是七分，夜晚是九分。Q1_11_10_18 Ⅱ

二月，一天白晝是八分，夜晚也是八分。Q1_11_10_19A + 16B + 19C Ⅱ

三月，一天白晝是九分，夜晚是七分。Q1_11_10_20A + 19B + 20B Ⅱ

四月，一天白晝是十分，夜晚是六分。Q1_11_10_21 Ⅱ

五月，一天白晝是十一分，夜晚是五分。Q1_11_10_22 Ⅱ

六月，一天白晝是十分，夜晚是六分。Q1_11_10_23 Ⅱ

七月，一天白晝是九分，夜晚是七分。Q1_11_10_24 Ⅱ

八月，一天白晝是八分，夜晚也是八分。Q1_11_10_25 Ⅱ

九月，一天白晝是七分，夜晚是九分。Q1_11_10_26 Ⅱ

十月，一天白晝是六分，夜晚是十分。Q1_11_10_27 Ⅱ

十一月，一天白晝是五分，夜晚是十一分。Q1_11_10_28 Ⅱ

十二月，一天白晝是六分，夜晚是十分。Q1_11_10_29 Ⅱ

初田①

【釋文】

・初田毋以丁亥、戊戌①。Q1_11_10_30 Ⅱ

【匯釋】

①初：指某一歷史時期的最初一段，此處或許是每個耕種季節的第一次耕種。田：作動詞用，指耕田。《說文》：“田，樹谷曰田。”

【今譯】

・第一次耕種田地，不要在丁亥日、戊戌日。Q1_11_10_30 Ⅱ

祠五祀

【釋文】

祠室中日，辛丑，癸亥，乙酉，Q1_11_10_31Ⅱ 己酉，吉。龍壬辰、申[①]。Q1_11_10_32Ⅱ

祠戶日，壬申，丁酉，癸丑，Q1_11_10_33Ⅱ 亥，吉。龍丙寅、庚寅。Q1_11_10_34Ⅱ

祠門日，甲申、辰，乙亥、Q1_11_10_35Ⅱ 丑、酉，吉。龍戊寅、辛巳。Q1_11_10_36Ⅱ

祠行日，甲申，丙申，戊 Q1_11_10_37Ⅱ 申，壬申，乙亥，吉。龍戊、己。Q1_11_10_38Ⅱ

祠□日[②]，己亥，辛丑，乙亥，丁丑，吉。龍辛□。Q1_11_10_39Ⅱ

祠五祀日，丙丁竈，戊己內中土[③]，乙戶[④]，壬癸行[⑤]，庚辛□[⑥]。Q1_11_10_40Ⅱ

【匯釋】

①龍：**有四說：一、訓爲忌、禁忌**。整理者：《淮南子·要略訓》："操捨閉塞，各有龍忌。"注："中國以鬼神之日忌，北胡、南越皆謂之請龍。"故龍意即禁忌。賀潤坤（1988）：參照《日書》其他記載可知，所謂"龍日"，其意仍是忌日。劉樂賢（1994：42）：甲種的"禾忌日"在乙種中叫"五穀龍日"，可證龍是禁忌的意思。龍的這種用法比較特別，古書中除整理小組所引《淮南子》外，還有兩種。《論衡·難歲》："俗人險心，好信禁忌。"黃暉《校釋》云："忌，宋本作龍，朱校元本同。按：作禁龍是也。"《後漢書·用舉傳》："太原一郡，舊俗以介子推焚骸，有龍忌之禁。"**二、讀爲"讋"，訓爲禁忌**。劉樂賢（2002）：通過對《日書》與"龍"字有關的簡文的內容進行分析，"龍"衹能釋爲"忌"，不能讀爲"良"。這種用法的"龍"字可能是"龖"之省寫，或當讀"龖"省聲，在簡文中則應通假爲"讋"。《孔子家語》也有讀"龍"爲"讋"的用例，恰可與此互證。據《淮南子·氾論訓》注，"讋"字可訓爲"忌"。**三、讀爲"禁"，訓爲禁忌**。宋華強（2012）：表示禁忌義的"龍"當讀爲"禁"。**四、讀爲"良"，訓爲好**。蔡哲茂（1995）："龍"字可能要讀作"良"。

②□：**疑爲"竈"字**。工藤元男（1993）：缺字可以復原爲"竈"。劉樂賢（1994：332）：此缺字疑爲竈。

③內中土：**有二說：一、即"室中"**。整理者：《月令》注："中霤，猶中室也。土主中央而神在室。"簡文之"內中土"相當於中霤。尚民傑（1997A）："內中土"即"室中"，在古文獻中常用的名稱是"中霤"。**二、"內中"後斷句，"土"爲**

“甲”字之誤。劉樂賢（1994：332）：“内中土”一詞費解，胡文輝認爲當以“内中”讀斷，“土”是“甲”的誤寫。

④“乙”前疑脱“甲”字。整理者説。

⑤**行：有二説：一、行神**。吴小强（2000：200）説。**二、井**。劉信芳（1993）：“壬癸行”，“行”文獻多作井，二字音近，從五行家的角度看，似以作“井”爲近似。

⑥“庚辛”後應缺“門”字。整理者：《禮記·祭法》：“王爲群姓立七祀：曰司命、曰中霤、曰國門、曰國行、曰泰厲、曰户、曰竈。……諸侯爲國立五祀：曰司命、曰中霤、曰國門、曰國行、曰公厲。”又《禮記·月令》：“春，其祀户，祭先脾。夏，……其祀竈，祭先肺。中央，……其祀中霤，祭先心。秋，……其祀門，祭先肝。冬，……其祀行，祭先腎。”知庚辛下缺字應爲門。

【今譯】

祭祀“室中神”的日子，是辛丑日、癸亥日，乙酉日，Q1_11_10_31 Ⅱ己酉日，很吉利。（祭祀“室中神”的）禁忌日子，是壬辰日、壬申日。Q1_11_10_32 Ⅱ

祭祀“户神”的日子，是壬申日、丁酉日、癸丑日，Q1_11_10_33 Ⅱ癸亥日，很吉利。（祭祀“户神”的）禁忌日子，是丙寅日、庚寅日。Q1_11_10_34 Ⅱ

祭祀“門神”的日子，是甲申日、甲辰日、乙亥日，Q1_11_10_35 Ⅱ乙丑日、乙酉日，很吉利。（祭祀“門神”的）禁忌日子，是戊寅日、辛巳日。Q1_11_10_36 Ⅱ

祭祀“行神”的日子，是甲申日、丙申日、戊Q1_11_10_37 Ⅱ申日、壬申日、乙亥日，很吉利。（祭祀“行神”的）禁忌日子，是戊日、己日。Q1_11_10_38 Ⅱ

祭祀“竈神”的日子，是己亥日、辛丑日、乙亥日、丁丑日，很吉利。（祭祀“竈神”的）禁忌日子，是辛日。Q1_11_10_39 Ⅱ

祭祀“五祀神”的日子，分别是：丙丁日爲竈神日，戊己日爲室中神日，甲乙日爲户神日，壬癸日爲行神日，庚辛日爲門神日。Q1_11_10_40 Ⅱ

壞垣

【釋文】

凡壞垣①，卯在房，午在七星，子在虚，酉在卯（昴）②，凶。Q1_11_10_41 Ⅱ

【匯釋】

①壞：**破壞，毁壞**。成家徹郎（1991）：《吕氏春秋·孟秋》“修宫室，坿墻垣，補城郭”，《禮記·月令》“坿墻垣”作“壞墻垣”。“壞”與“坿”互用，《日書》“壞”字的用法當與此一致。

②卯、午、子、酉：**地支表日子**。房、七星、虚、卯：**星宿名**。劉樂賢（1994：335）：卯、午、子、酉當代表時間，房、七星、虚、昴代表方位。在式盤上，卯正對著房，午正對著七星，子正對著虚，酉正對著昴。如此整齊對稱，説明此條簡文與古代的式圖和五行學説有關。地支卯於五行中代表東方，而星宿房在式圖上正是正東，此際木氣太盛，故《日書》認爲卯日房主不宜壞垣。

【今譯】

凡是拆除墻垣的日子，卯日在房宿所值之日，午日在七星所值之日，子日在虚星所值之日，酉日在昴宿所值之日，都凶。Q1_11_10_41Ⅱ

入寄者

【釋文】

凡五巳不可入寄者[①]，不出三歲必代寄焉[②]。Q1_11_10_42Ⅱ

【匯釋】

①寄者：**在食宿形式上寄居他人房屋之人**。劉樂賢（1994：336）：寄者又叫寄人、寓人，在《日書》甲種"去室人寄者篇"中已經討論。賀潤坤（1995）：按"寓"之字義，指寄住、寄託，寄遞，"寄"之字義與"寓"有相類之處，即亦指委託，寄居、遞送等。此外，"寄"還指暫居，依附，認他人爲親屬，如"寄女""寄母"等類。"寄寓"兩字連稱，古還指商賈與遊説之士，即無定居者，亦有客居他鄉之義。從其字義分析可知，秦國當時之"寓人""寄者""寄人"應當是以各種原因在食宿形式上寄居他人房屋之人。

②代：**代替**。指替代原來的房屋主人。焉：**兼詞，於是**。指原來自己的家裏。

代寄焉：**（原來的房屋主人）替代寄居的人，寄居在原來自己的家裏**。指主客倒置，主人的房屋財産被寄居者奪去，原來的房屋主人成了寄居者。

【今譯】

凡是在五個巳日這些日子裏，不能接納別人來家中寄居，否則，不出三年（原來的房屋主人）替代寄居的人，寄居在原來自己的家裏。Q1_11_10_42Ⅱ

行忌（一）

【釋文】

久行毋以庚午入室[1]，Q1_11_10_43Ⅱ長行毋以戌亥遠去室。Q1_11_10_43Ⅲ

丁卯不可以船行，Q1_11_10_44Ⅱ六壬不可以船行，Q1_11_10_44Ⅲ六庚不可以行。Q1_11_10_44Ⅳ

【匯釋】

①行：**旅行**。彳，小步也；亍，步止也。《說文》："行，道也。"引申出行。

室：家中。《說文》段注：古者前堂后室。釋名曰："室，實也，人物實滿其中也。"引申爲"家中"。

【今譯】

長時間在外旅行，不要在庚午日回到家中。Q1_11_10_43Ⅱ長時間出遠門，不要在戌亥日遠離家中。Q1_11_10_43Ⅲ

在丁卯日不能坐船出行，Q1_11_10_44Ⅱ在六壬日不能乘船出行，Q1_11_10_44Ⅲ在六庚日不能出行。Q1_11_10_44Ⅳ

刺毀

【釋文】

入月六日、七日、八日、二旬二日皆Q1_11_10_45Ⅱ刺[1]，旬六日毀[2]。Q1_11_10_46Ⅱ

【匯釋】

①刺：**有兩種考釋：一、釋爲"刺"**。劉樂賢（1994，337）：《日書》甲種也有"刺毀篇"，其六日、七日、八日，二旬二日都是"刺"，證明本篇的"知"就是刺字。陳偉（2016C：491）：看紅外影像，此字實即"刺"。**二、釋爲"知"**。整理者說。

②毀：《說文》："毀，缺也。"段注："缺者，器破也，因爲凡破之稱。"《小爾雅·廣言》："毀，壞也。"此處應與《壞垣》篇之"壞"義同。

【今譯】

每個月内的六日、七日、八日、二十二日都是Q1_11_10_45Ⅱ刺日，十六日是毀日。Q1_11_10_46Ⅱ

五種忌日

【釋文】

五穜（種）忌日①，丙及寅禾，田〈甲〉及子麥，乙巳Q1_11_10_46Ⅲ及丑黍，辰卯及戌叔（菽）②，亥稻，不Q1_11_10_47Ⅱ可以始穜（種）獲、始賞（嘗）③，其Q1_11_10_48Ⅱ歲或弗食。Q1_11_10_49Ⅱ

凡有入殹（也）④，必以歲後；有出Q1_11_10_50Ⅱ殹（也），必以歲前。Q1_11_10_51Ⅱ

【匯釋】

①穜：**同“種”，穀物的種子。**田：**“甲”字之誤。**

“辰”後脱“麻”字。劉樂賢（1994：328）：《日書》甲種作“辰麻，卯及戌叔（菽）”，知本簡“辰”字後脱“麻”字。

②叔：**通“菽”，豆。**

③賞：通“嘗”，食。

④入：**納入。**《周禮·地官·媒氏》：“凡嫁子娶妻，入幣純帛，無過五兩。”

殹：**秦地方言詞，意義和用法與“也”相同。**《説文》：“擊中聲也。從殳医聲。於計切。”段玉裁注：擊中聲也。此字本義亦未見。酉部醫从殹。王育説殹，惡姿也。一曰殹，病聲也。此與殼中聲義近。秦人借爲語詞。詛楚文。禮使介老將之以自救殹。薛尚功所見秦權銘。其於久遠殹。石鼓文“汧殹沔沔”。權銘殹字，琅邪臺刻石及他秦權秦斤皆作“也”，然則周秦人以殹爲也可信。詩之兮字，偁詩者或用也爲之。三字通用也。从殳。医聲。於計切。十五部。

【今譯】

五種的禁忌日子分別是：丙日及寅日爲禾，甲日及子日爲麥，乙巳日Q1_11_10_46Ⅲ及丑日爲黍，辰日爲麻，卯日及戌日爲豆類，亥日爲稻，不能Q1_11_10_47Ⅱ在這些日子開始播種、收穫，開始食用，不然的話，這一年Q1_11_10_48Ⅱ將有人沒有糧食吃。Q1_11_10_49Ⅱ

凡是準備購買、吸納五穀的，一定要在當年過完之後進行；凡是打算賣出、出借Q1_11_10_50Ⅱ五穀的，一定要在該年之前進行。Q1_11_10_51Ⅱ

祠史先

【釋文】

祠史先龍丙望[1]。Q1_11_10_52Ⅱ

【匯釋】

①龍：禁忌。這裏用作動詞，意思是以……爲禁忌日。參見《祠五祀》篇之“龍”字。

【今譯】

祭祀史先以丙日及望日（指月圓之日，常指農曆十五日）爲禁忌日子。Q1_11_10_52Ⅱ

五穀良日

【釋文】

五穀良日，己□□□□出穜（種）及鼠（予）人。壬辰乙巳，不可以鼠（予）[1]。子，亦勿以穜（種）。Q1_11_10_64

五穀龍日，子麥、丑黍、寅稷、辰麻、申戌叔（菽）、壬辰瓜、癸葵[2]。Q1_11_10_65

【匯釋】

①鼠：通“予”，給予。

②瓜：可有三種解釋：一、蔬瓜或果瓜；二、蔬瓜；三、讀爲“苽”，訓爲苽米。劉樂賢（1994：328）：古代瓜有蔬瓜和果瓜之分，本篇之瓜既可釋爲蔬瓜，又可釋爲果瓜。後文有葵，葵是蔬菜類，也許宜視爲蔬瓜。又，瓜可讀爲“苽”。苽指苽米，古代六穀之一。

“癸”後脫“亥”字。劉樂賢（1994：328）：《日書》甲種作“葵癸亥”，知本簡“癸後”脫“亥”字。

葵：冬葵。金良年（1999）：“葵”即冬葵，屬錦葵科，簡稱葵菜。

【今譯】

五穀的好日子，己日……可以出售五穀種子以及贈送給他人。壬辰日、乙巳日，不能將五穀種子送給他人。也不要在子日播種。Q1_11_10_64

五穀的禁忌日子是：子日是小麥的禁忌日；丑日是黍的禁忌日；寅日是稷的禁忌日；辰日是麻的禁忌日；申日、戌日是豆類的禁忌日；壬日、辰日是瓜的禁忌日；癸日、亥日是葵的禁忌日。Q1_11_10_65

良日

【釋文】

木日[①]

木良日，庚寅、辛卯、壬辰，利爲木事[②]。・其忌，甲戌、乙巳、癸酉、丁未、癸丑、Q1_11_10_66□□□□□〔寅〕、己卯，可以伐木。木忌，甲乙榆、丙丁棗、戊己桑、庚辛李、壬辰𣛳[③]。Q1_11_10_67

人[④]

良日，甲子、申，乙□[⑤]，戊子、寅，己亥，庚寅、辰、午，辛丑，壬辰，癸未。・其忌，壬午，戊午、戌，丁⍁Q1_11_10_78＋73B

〔馬日〕

馬良日，甲申，乙丑、亥，己丑、酉、亥、未，庚辰、申，壬辰，戊辰、未□□□乘之。・其忌，甲寅、午，丙辰，丁巳、Q1_11_10_68未[⑥]，戊⍁Q1_11_10_69

牛日

牛良日，甲午、寅，戊午，庚午、寅，丙寅，壬寅，丁酉、未。甲辰，可以出入牛、服之[⑦]。・其忌，乙〔巳〕，□□□□Q1_11_10_70未，辛丑，戊辰，壬午。Q1_11_10_71

羊日

羊良日，辛巳、未，庚寅、申、辰，戊辰，癸未。・忌日，甲子、辰，乙亥、酉，丙寅，丁酉，己巳。Q1_11_10_72

犬日

犬良日，丁丑，丁未，丙辰，己巳，己亥。・忌，壬戌，癸未，辛巳。Q1_11_10_74Ⅰ

豬日

豬良日，壬〔辰〕、〔壬〕戌[⑧]，癸未。・忌，丁丑，丁未，丙辰，丙申。Q1_11_10_73A＋75Ⅰ

雞日

雞良日，甲辰，乙巳，丙午，丙辰，庚辰。・忌，辛巳、卯，庚寅，丁未。Q1_11_10_76Ⅰ

【匯釋】

①木：**樹木**。

②木事：**指伐木、建築一類事**。劉樂賢（1994：338）說。

③李：**疑爲“櫟”字之誤**。劉信芳（1993）：李木木質疏鬆，不適宜作燧木。疑“李”爲“櫟”之音訛，《藝文類聚》卷89引陸璣疏：“周秦謂柞爲櫟。”郝懿行《爾雅義疏》：“吳越之間謂柞爲歷，歷與櫟同，是柞櫟之名，不獨秦人語然也。”

壬辰：**當爲“壬癸”之誤**。劉信芳（1993）說。

䰍：**榛樹**。饒宗頤（1982：41）：䰍，或即榛。《說文·繫傳》謂“即栵栗之屬”。栗正是黑色，故屬水（䰍當即亦取漆黑義）。

④關於此處竹簡的編次，**有二說：一、簡73B與簡78綴合，並移至七畜之首**。陳偉（2016C：493－494）：簡78內容與簡77無關，無由編次。以簡77首字典簡78連讀亦無據。一方面，嶽山秦木牘1《七畜日》部分有人良日、忌日，睡虎地秦簡《日書》甲種《良日》（簡78Ⅱ至94Ⅱ）也有人良日、忌日與馬、牛、羊、豬、犬、雞並列。另一方面，整理者將簡75Ⅰ接在簡74Ⅰ之後，使犬良日下出現兩個忌日，與其他良忌日不同。將簡75Ⅰ離析出來後，正需要某一良日配合。在嶽山七宮畜和睡虎地秦簡《日書》甲種《良日》中，人均位於諸畜之首，而簡75受簡75Ⅱ影響，衹能在簡74、76之間，不能提前。簡73折斷部位與簡74、78相當，而在嶽山牘1睡虎地秦簡《日書》甲種《良日》篇中，豬（嶽山作“豕”）分別位於七畜中倒數第二位和倒數第三位，因而應分開，簡73A後移，與簡75Ⅰ綴合；簡73B與簡78綴合，並移置七畜之首。**二、簡78與簡77、79Ⅰ合爲一篇，以簡77首字“見”與簡78連讀**。整理者說。對於這種編次，林清源（2002）認爲不可信：“見”“人”二字的關係，可以區分爲如下三個層次：①如果簡77至簡79的現行編次完全可信，則分別寫在簡77和簡78簡頭的“見”“人”二字，應該連讀成“見人”一詞，是簡77至簡79的章題；②即使簡79的現行編次錯誤，“見”“人”二字仍然可以連讀成詞，當作簡77至簡78的章題；③假若這三枚竹簡的現行編次全部錯誤，則寫在簡頭的“見”“人”二字，應該分別屬於兩個章節的章題，或是兩個章節的章題的一部分。第一種假設成立的可能性最小，第三種假設成立的可能性似乎最大。

⑤乙□：**疑是“丑”字殘筆**。陳偉（2016C：494）說。

⑥整理者：在“丙辰”和“丁巳”之間多出“丁壬辰”三個字，應是排印時多出三字。劉樂賢（1994：338）：整理小組釋文在“辰”與“丁”之間多出“丁壬辰”三字，當是排印時的錯誤。

⑦服：**服用，使用**。劉樂賢（1994：338）：服之即服用牛、使用牛的意思。《周易·繫辭下》：“服牛乘馬，引重致遠。”

⑧關於“壬”後之字，**有三說：一、辰、壬**。陳偉（2016C：494）：簡75Ⅰ頭端筆畫可視爲“辰”字向右之撇的殘存，可印證簡73A底端橫筆爲“辰”的推測。其下一字，應是“壬”。嶽山秦木牘《日書》：“豕良日：壬辰、戌、癸未。其忌：

丁未、丑、丙辰、申。”宜忌干支與此完全相同。**二、辰**。劉樂賢（1994：338）：原簡衹存一個筆畫“一”，一時難以斷定是何字。六壬之中，衹有壬辰的辰字上部是一道横，且《日書》甲種豬良日下恰有壬辰，故改釋爲壬辰。**三、午**。整理者擬釋爲“午”。

【今譯】

木日

樹木的好日子，是庚寅日、辛卯日、壬辰日，有利於做有關樹木的事情。·樹木的禁忌日子，是甲戌日、乙巳日、癸酉日、丁未日、癸丑日、Q1_11_10_66……寅日、己卯日，可以在這些日子中砍伐樹木。具體樹木的禁忌日子是，甲乙日爲榆樹的禁忌日，丙丁日爲棗樹的禁忌日，戊己日爲桑樹的禁忌日，庚辛日爲李樹（櫟樹）的禁忌日，壬辰日爲桼樹的禁忌日。Q1_11_10_67

人日

人的好日子，是甲子日、甲申日、乙□（丑）日、戊子日、戊寅日、己亥日、庚寅日、庚辰日、庚午日、辛丑日、壬辰日、癸未日。·人的禁忌日子，是壬午日、戊午日、戊戌日、丁日……Q1_11_10_78 +73B

馬日

馬的好日子，是甲申日、乙丑日、乙亥日、己丑日、己酉日、己亥日、己未日、庚辰日、庚申日、壬辰日、戊辰日、未日……乘坐馬車。·馬的禁忌日子，是甲寅日、甲午日、丙辰日、丁巳日、Q1_11_10_68丁未日、戊日……Q1_11_10_69

牛日

牛的好日子，是甲午日、甲寅日、戊午日、庚午日、庚寅日、丙寅日、壬寅日、丁酉日、丁未日。甲辰日，可以在此日買賣牛，使役牛。·牛的禁忌日子，是乙巳日……Q1_11_10_70未日、辛丑日、戊辰日、壬午日。Q1_11_10_71

羊日

羊的好日子，是辛巳日、辛未日、庚寅日、庚申日、庚辰日、戊辰日、癸未日。·羊的禁忌日子，是甲子日、甲辰日、乙亥日、乙酉日、丙寅日、丁酉日、己巳日。Q1_11_10_72

犬日

狗的好日子，是丁丑日、丁未日、丙辰日、己巳日、己亥日。·狗的禁忌日子，是壬戌日、癸未日、辛巳日。Q1_11_10_74 I

豬日

豬的好日子，是壬辰日、壬戌日、癸未日。·豬的禁忌日子，是丁丑日、丁未日、丙辰日、丙申日。Q1_11_10_73A +75 I

雞日

雞的好日子，是甲辰日、乙巳日、丙午日、丙辰日、庚辰日。·雞的禁忌日子，是辛巳日、辛卯日、庚寅日、丁未日。Q1_11_10_76 I

四向占生子

【釋文】

生東鄉（向）者貴①，南鄉（向）者富，西Q1_11_10_74Ⅱ鄉（向）壽②，北鄉（向）者賤③，西北鄉（向）Q1_11_10_73A＋75Ⅱ者被刑④。Q1_11_10_76Ⅱ

【匯釋】

①鄉：**通“向”，朝向。**

②“西鄉”後疑脱“者”字。張富春（2005）：以前後句例之，“西向”後疑脱“者”字。陳偉武（1999）：“壽”字前奪“者”字，不能説“西鄉（向）”是縮略語。

③賤：**卑賤。**《廣雅》：“賤，卑也。”此處釋爲地位低下。

④被刑：**遭受刑法處罰。**劉樂賢（1994：338）説。

【今譯】

出生时頭部朝向東方的孩子將來政治地位高貴，頭部朝南方的孩子將來經濟富裕，頭部朝西方的孩子Q1_11_10_74Ⅱ將來長壽，頭部朝向北方的孩子將來身份卑賤，頭部朝西北方Q1_11_10_73A＋75Ⅱ的孩子將來會遭到刑法處罰。Q1_11_10_76Ⅱ

四敫日

【釋文】

敫①

春三月戌、夏丑、秋三月辰、冬未②，皆不可以大祠，可有求也。Q1_11_10_77

人大室③。Q1_11_10_79Ⅰ

【匯釋】

①敫：**有兩種讀法：一、不與簡78“人良日”連讀。**陳偉（2016C：495）説。**二、與簡78“人良日”連讀。**整理者説。

關於“敫”字的考釋，**有三説：一、“敫”字左部。**陳偉（2016C：494）：此字與《日書》甲種簡73Ⅰ、簡132“敫”字左部類似。**二、疑爲“皃”，讀爲“敫”。**黄德寬（2007：916）：《古文字譜系疏證》云：“敫，从攴、皃聲。”

三、見。整理者說。

②春戌、夏丑、秋辰、冬未：**《日書》中常見的凶日。**劉樂賢（1994：340）：這些日子是《日書》中一個常見的凶日項目，其名稱叫作四敫日或敫日，後代的選擇通書叫作四擊日。

③人大室：關於此處竹簡的編次，**有二說：一、簡 79 Ⅰ 附於簡 77 之後。**陳偉（2016C：495）：簡 78 應與簡 73B 綴合，與諸畜良日同篇。本片與簡 79 下段的綴合未知確否。姑附於此。**二、此三字與簡 78 連讀。**整理者說。林清源（2002）認爲這種編次可疑：這兩塊殘片之間的關係，無論就形式或內容而言，皆缺乏明確的內在聯繫，因而現行編次確有可商之處。

【今譯】

敫日

春季三月的戌日、夏季的丑日、秋季三月的辰日、冬季的未日，這些日子都不能舉行重要的祭祀活動，可以有所請求。Q1_11_10_77

人的大房室。Q1_11_10_79 Ⅰ

官

【釋文】

官

正月　營宮，利祠①。不可爲室及入之。以取妻，不寧。生子，爲吏。Q1_11_10_80 Ⅰ

東臂（壁）②，不可行。百事兇（凶）。以生子，不完。不可爲它事。Q1_11_10_81 Ⅰ

〔二月〕　奎③，祠及行，吉。以取妻，女子愛之④。生爲吏⑤。Q1_11_10_82 Ⅰ

婁，祠及百事，吉。以取妻，男子愛之。生子，亡者人意之⑥。Q1_11_10_83 Ⅰ

三月　胃，利入禾粟米及爲囷倉⑦，吉。以取妻，妻愛。生〔子〕，使人。Q1_11_10_84 Ⅰ

卯（昴）⑧，邋（獵）、賈市，吉。不可食六畜。以生⑨，喜斲（鬭）⑩。Q1_11_10_85 Ⅰ

四月　畢，以邋（獵）置罔（網）及爲門，□□□□取妻必二⑪，不可〔食〕畜生。生子☑⑫Q1_11_10_86 Ⅰ

此（觜）攜（巂），百事兇（凶）。可以敫人攻讎。生子，爲正。Q1_11_10_87 Ⅰ

參，百事吉☑⑬Q1_11_10_88 Ⅰ

五月　東井，百事兇（凶）。以〔死，必五人〕；殺生（牲）⑭，必五生（牲）

死。取妻，多子。生子，旬死。可以爲土事。Q1_11_10_89 I

輿鬼，祠及行，吉。以生子，痒（癃）。可以從〈送〉鬼[15]。Q1_11_10_90 I

六月　酉（柳）[16]，百事吉，以〔生〕子，肥。可始寇〈冠〉[17]，可請謁，可田邋（獵）。取妻，吉。Q1_11_10_91 I

七星，百事兇（凶）。利以垣。生子，樂。不可出女。Q1_11_10_92 I

七月　張，百事吉。取妻，〔吉〕[18]。以生子，爲邑桀（傑）[19]。Q1_11_10_93 I

翼，利行。不可臧（藏）。以祠，必有火起。取妻，必棄。生子，男爲見（覡）[20]，女爲巫。Q1_11_10_94 I

軫，乘車[21]、衣常（裳）[22]、取妻，吉。生子，必賀[23]。可入貨。Q1_11_10_95 I

八月　角，利祠及〔行〕[24]，吉。不可蓋室。取妻，妻妬。生子，子爲吏。Q1_11_10_96 I

亢，祠、爲門、行，吉。可入貨。生子，必有爵。Q1_11_10_97 I

九月　氐，祠及行、出入〔貨〕，吉。取妻，妻貧。生子，巧。Q1_11_10_98 I

方（房），取婦、家（嫁）[25]女、出入貨，吉。可以爲室。生子，寡〈富〉[26]。祠，吉。Q1_11_10_99 I

十月　心，不可祠及行，兇（凶）。可以水[27]。取妻，妻悍。生子，人愛之。Q1_11_10_100 I

■尾，百事兇（凶）。以祠，必有敫。不可取妻。生子，貧。Q1_11_10_101 I

〔箕〕，不可祠。百事兇（凶）。取妻，妻多舌。生子，貧富半。Q1_11_10_102 I

〔十一月〕　斗[28]，利祠及行賈、賈市，吉。取妻，妻爲巫。生子，不到三年死。不可攻[29]。Q1_11_10_103 I

〔牽牛，可祠及行，吉。不〕可殺牛。以桔（結）者，不僤（釋）[30]。以入牛，老一。生子，子爲大夫。Q1_11_10_104 I

十二月　婺女[31]，祠、賈〔市、取〕妻，吉。生子，三月死，毋（無）晨[32]。Q1_11_10_105 I

虛，百事〔凶〕[33]。以結者，易擇（釋）[34]。亡者，不得。取妻，妻不到。以生子，毋（無）它同生。Q1_11_10_106 I

〔危〕，百事兇（凶）。生子，老爲人治也[35]，數詯風雨[36]。Q1_11_10_107 I

【匯釋】

①“官”字原寫在簡 81 上部，**有兩種置放位置：一、照原位置排印**。整理者說。**二、移至篇首**。劉樂賢（1994：343）：整理小組照原位置排印，現按慣例將它移至篇首。

官：**有二說：一、星官**。劉樂賢（1994：364）說。**二、“官之星”之省**。工藤元男（2010：204－307）：《星》可能是正本的名稱，而《官》相對於《星》而言是簡稱。就是說，南郡所謂的官就是佔領者秦的稱謂。所謂“官”就是“官（之星）”的一種省略表達。

營宫：**即“營室”，星宿名。**

利祠：**有利於進行祭祀。**《項羽本紀》：“時不利兮騅不逝。”“利”即吉利，順利，有利於。“祠”引申爲祭祀。《尚書·伊訓》：“伊尹祠於先王。”陸德明釋文：“祠，祭也。”孔穎達疏：“祠則有主有尸，其禮大；奠則奠器而已，其禮小。奠祠俱是享神，故可以祠言尊。”《楚世家》：“秦昭王卒，楚王使春申君弔祠於秦。”亦指得福而後祭神報謝，若《周禮·春官·喪祝》：“以祭祀禱祠焉。”賈公彦疏：“祈請求福曰禱，得福報賽曰祠。”

②東臂：**古文獻作“東壁”，星宿名。**

③“奎”字前當缺“二月”二字。劉樂賢（1994：343）說。

④之：僅存殘畫。**有二說：一、釋爲“之”。**方勇（2009C）說。**二、脱錄。**整理者說。

⑤“生”後脱“子”字。當與甲種“星篇”一樣作“生子，爲吏”。劉樂賢（1994：343）說。

⑥生子，亡者人意之：**有兩種看法：一、“生子”後有脱文。**劉樂賢（1994：113）、吳小強（2000：64）皆以原簡有脱文，因“虚”“畢”二條皆爲“生子”與“亡者”並占，此亦應當斷開。**二、“生子”後無脱文。**王子今（2003A：171）：“生子亡者，人意之”語義完整，不煩補字。簡文原意是說其子失蹤，是有人綁架；或說其子逃亡，會有人掩護。整理者解爲“生子亡者，人隱之”，意即生子失蹤，是爲人所隱匿。

意：**有二說：一、猜測，猜度。**晏昌貴（2002）說。王引之《經義述聞》卷六“（毛詩）曾是不意”條曰：“意與億通。億，度也。……古者謂度爲意。《論語·先進篇》：“億則屢中。”何注：“億，度是非。”《淮南子·道應訓》：“夫意而中藏者，聖也。”**二、讀爲“隱”。**整理者注：“意，讀爲隱。《左氏春秋·昭公十五年》‘季孫意如’，《公羊》作‘隱如’，可證。”

亡者人意之：**逃亡的人，有人能猜度其去處。**晏昌貴（2002）說。

⑦“粟”字下原有重文號衍。整理者說。

⑧卯：**通“昴”，星宿名。**邋：**通“獵”，田獵。**

⑨“以生”後當脱“子”字。劉樂賢（1994：344）說。

⑩斲：**通“鬬”，打鬬。**

⑪罔：**後作“網”，套網。**

“必二”後當脱“妻”字。整理者：《日書》甲種作“及爲門，吉。以死，必二人。取妻，必二”，可參看。劉樂賢（1994：344）：整理小組所引《日書》甲種簡有脱字，原簡末句是“取妻，必二妻”。

⑫“生子”後的殘辭，可以參考《日書》甲種。整理者：《日書》甲種作“生子痓，亡者得”。

⑬此攜：**古文獻作“觜巂”，星宿名。**

“百事吉”後的殘辭，可以參考《日書》甲種。整理者：《日書》甲種作“百事吉，取妻吉，唯生子不吉”。

“百事吉☐”後的一段已毀壞，下部殘存“徙死庚子寅辰北徙死”九字。**有兩種看法：一、以爲“參”的占文**。整理者在“百事吉☐”後收入“徙死庚子寅辰北徙死”九字。**二、是關於遷徙的占文**。劉樂賢（1994：344）認爲此九字是關於遷徙的占文，與“官篇”無關，類似内容又見於《日書》甲種簡126BK。

⑭生：**通“牲”，牲畜**。

⑮瘁：**同“癃”，殘疾**。

從：**“送”字之誤**。劉樂賢（1994：344）：甲種“星篇”作“送鬼”。

⑯酉：**通“柳”，柳宿**。整理者：馬王堆帛書《五星占》柳宿亦作酉。

⑰寇：**“冠”字之誤，戴冠**。

⑱吉：**有二説：一、補釋爲“吉”**。陳偉（2016C：498）説。**二、脱録**。整理者説。

⑲桀：**通“傑”，人傑，出人頭地的人**。

⑳臧：**通“藏”，收藏**。

見：**“覡”字之省**。李學勤（1981B：341）：這一節中的見字係覡字俗省。覡字从巫从見會意，簡文省作見，失去了會意字的結構。

㉑“乘”字上原有脱文。整理者説。

㉒常：**後作“裳”，下衣**。

㉓賀：**讀爲“嘉”，嘉美，出色**。整理者：《儀禮·覲禮》：“伯父實來，予一人嘉之。”注：“今文嘉作賀。”是賀可讀嘉之證。劉樂賢（1994：344）：《日書》甲種“星篇”作駕，整理小組讀爲嘉。

㉔“行”字原脱。整理者説。

㉕方：**通“房”，星宿名**。家：**通“嫁”，嫁出**。

㉖寡：**“富”字之誤**。整理者：《日書》甲種作“富”，二字形近。

㉗“可以水”後疑脱“行”字。整理者：《日書》甲種以下有“行”字。

㉘“斗”字前當缺“十一月”三字。劉樂賢（1994：344）説。

㉙不可攻：**“不”字疑衍**。整理者：《日書》甲種無“不”字。劉樂賢（1994：345）：甲種原文是“可以攻伐”。

㉚徲：**通“釋”，拋棄**。

㉛婺女：**二字合文，即須女**。整理者：婺女二字合文，與前營室、牽牛等同例。劉樂賢（1994：345）：婺女即甲種“星篇”的須女，古書須女又名婺女。

㉜三月死，毋晨：《日書》甲種“死”前有“不”。劉樂賢（1994：345）：甲種“星篇”作“不死無晨”。

㉝“凶”字原脱。整理者説。

㉞擇：**通“釋”，拋棄**。

㉟治：**懲治，處罰**。《荀子·正論》：“治古無肉刑，而有象刑。”指被懲治，處罰以刑事。

㊱詣：**至，進**。《説文》：“詣，候至也。”《小爾雅》：“詣，進也。”

【今譯】

星官

正月　營室宿，有利於祭祀神靈。不能修建房室以及进入房室。如果在此日娶妻子，家庭不安寧和睦。如果在此日生孩子，孩子將來做官吏。Q1_11_10_80 I

東壁宿，不能外出旅行，甚麼事情都非常凶險。如果在此日生孩子，孩子出生後身體軀干不完整。不能做其他事情。Q1_11_10_81 I

二月　奎宿，祭祀神靈以及出行都吉利。如果在此日娶媳婦，媳婦非常疼愛丈夫。如果在此日生孩子，孩子將來要当官。Q1_11_10_82 I

婁宿，祭祀神靈、做甚麼事情都吉利。如果在此日娶媳婦，丈夫非常愛慕媳婦。如果在此日生孩子，……逃亡的人，有人能猜度其去處。Q1_11_10_83 I

三月　胃宿，有利於買入糧食以及建造穀倉、倉庫，很吉利。如果在此日娶妻子，妻子十分愛慕丈夫。如果在此日生孩子，孩子將來會使喚別人。Q1_11_10_84 I

昴宿，打獵、做生意都吉利。不能吃六畜的肉。如果在此日生孩子，孩子將來秉性好鬬。Q1_11_10_85 I

四月　畢宿，在此日打獵、安放套網以及建造家門……娶妻子，必定娶兩個妻子。不能吃牲畜的肉。如果在此日生孩子……Q1_11_10_86 I

觜觿宿，甚麼事情都很凶險。可以在此日攔截別人，攻擊仇人。如果在此日生孩子，孩子將來從政。Q1_11_10_87 I

參宿，甚麼事情都很吉利……Q1_11_10_88 I

五月　東井宿，甚麼事情都很凶險。如果在此日死人，必定死五個人；如果宰殺牲畜，必定有五頭牲畜會死掉。如果在此日娶妻子，妻子生孩子生得多。如果在此日生孩子，所生的孩子十天就死了。可以在此日做與土地相關的事情。Q1_11_10_89 I

輿鬼宿，祭祠神靈以及外出旅行都很吉利。如果在此日生孩子，孩子是殘疾人。可以在此日送走鬼魂。Q1_11_10_90 I

六月　柳宿，甚麼事情都吉利。如果在此日生孩子，孩子長得肥胖可愛。這一天可以舉行冠禮，可以請求拜見長者尊者，可進行田野狩獵活動。如果在此日娶妻，吉利。Q1_11_10_91 I

七星宿，甚麼事情都凶險。有利於築墻。生孩子，孩子將來當樂師。這一天不能出嫁女兒。Q1_11_10_92 I

七月　張宿，諸事吉利。如果在此日娶妻子，吉利。如果在此日生孩子，孩子將來是本地城鎮出人頭地的人。Q1_11_10_93 I

翼宿，有利於外出旅行。不能收藏東西。如果在此日祭祀神靈，肯定會有火災發生。如果在此日娶妻子，妻子一定遭遺棄。如果在此日生孩子，男孩子將來當男巫，女孩子將來當巫婆。Q1_11_10_94 I

軫宿，乘坐車子、裁製衣裳、娶妻子，都吉利。如果在此日生孩子，孩子將來

一定有出息。可以在此日買進貨物。Q1_11_10_95 I

八月　角宿，有利於祭祀神靈以及外出旅行，很吉利。不能蓋房室。如果在此日娶妻子，妻子天性妒忌心重。如果在此日生孩子，孩子將來當官。Q1_11_10_96 I

亢宿，祭祠神靈、建造門、外出旅行，很吉利。可以買進貨物。如果在此日生孩子，孩子將來肯定能獲得爵位。Q1_11_10_97 I

九月　氐宿，祭祀神靈以及外出旅行、買賣貨物，都很吉利。如果在此日娶妻子，妻子很貧窮。如果在此日生孩子，孩子將來心靈手巧。Q1_11_10_98 I

房宿，娶妻子、嫁女兒、買賣貨物都吉利。可以在此日建造房室。如果在此日生孩子，孩子會富裕。如果在此日祭祀神靈，吉利。Q1_11_10_99 I

十月　心宿，不能祭祀神靈和外出旅行，這樣做很凶險。可以從水路出行。如果在此日娶妻子，妻子天生凶悍不聽話。如果在此日生孩子，人人喜愛他。Q1_11_10_100 I

尾宿，甚麽事情都凶險。在此日祭祀神靈，必定有意外的好處。不能娶妻子。如果在此日生孩子，孩子將來很窮。Q1_11_10_101 I

箕宿，不能祭祀神靈。做甚麽事情都凶險。如果在此日娶妻子，妻子天生多嘴，愛搬弄是非。如果在此日生孩子，孩子將來一半過著貧窮生活，一半過著富裕生活。Q1_11_10_102 I

十一月　斗宿，有利於祭祀神靈和跑生意、做買賣、市場交易，都很吉利。在此日娶妻子，妻子將做女巫。如果在此日生孩子，孩子不到三年就死亡。不能攻擊他人。Q1_11_10_103 I

牽牛宿，可以祭祀神靈和外出旅行，都吉利。不能屠宰牛。在此日所結交的朋友，永遠不會拋棄友情。如果在此日買入牛，至死跟隨一個主人。如果在此日生孩子，孩子將來會成爲大夫。Q1_11_10_104 I

十二月　婺女宿，祭祀神靈、做買賣交易、娶妻子都吉利。但在此日生孩子，孩子三個月就會死亡，見不到多一天的清晨。Q1_11_10_105 I

虛宿，做甚麽事情都凶險。在此日所結交的朋友，容易拋棄友誼。這一天逃亡的人，抓不到他。這一天娶妻子，新娘子不來。在此日生孩子，將是獨子，孩子不會有同胞兄弟。Q1_11_10_106 I

危宿，做甚麽事情都凶險。生孩子，年老時還要被懲治，處罰以刑事，多次到風雨中去。Q1_11_10_107 I

徙忌

【釋文】

〼徙，死。庚子〼□寅辰北徙，死[1]。Q1_11_10_88 I

【匯釋】

①簡 88Ⅰ“百事吉▨”後的一段已毁壞，下部殘存“徙死庚子寅辰北徙死”九字。關於這九字的釋文和編排，**有三説：一、二殘片不能直接綴合，“寅”上尚有一殘字**。陳偉（2016C：498）説。**二、將它歸入“官篇”之中，以爲“參”的占文**。整理者在“百事吉▨”後收入“徙死庚子寅辰北徙死”九字。**三、是關於遷徙的占文**。劉樂賢（1994：344）認爲此九字是關於遷徙的占文，與“官篇”無關，類似内容又見於《日書》甲種簡 126BK。

【今譯】

……遷徙，就會死去。庚子日……□寅辰日如果向北方遷徙，便會死去。Q1_11_10_88Ⅰ

五勝

【釋文】

丙丁火，火勝金。Q1_11_10_79Ⅱ戊己土，土勝水。Q1_11_10_80Ⅱ庚辛金，金勝木[①]。Q1_11_10_81Ⅱ壬癸水，水勝火。Q1_11_10_82Ⅱ丑巳金[②]，金勝木。Q1_11_10_83Ⅱ……Q1_11_10_84Ⅱ未亥〔卯木，木〕勝土。Q1_11_10_85Ⅱ……Q1_11_10_86Ⅱ辰申子水，水勝火。Q1_11_10_87Ⅱ

【匯釋】

①金勝木：劉樂賢（1994：347）：精裝本釋文作“金勝水”，可能是排印錯了。

勝：**克制、制服**。此字是形聲字。从力、朕省聲。本義是勝任，禁得起。《爾雅》：“勝，克也。”《管子》：“凡令之行也，必待近者勝也。”此處應釋爲克制、制服之義，符合陰陽五行學説。

②“丑”字前脱“酉”字。整理者説。

【今譯】

丙丁日是火，火克制金。Q1_11_10_79Ⅱ戊己日是土，土克制水。Q1_11_10_80Ⅱ庚辛日是金，金克制木。Q1_11_10_81Ⅱ壬癸日是水，水克制火。Q1_11_10_82Ⅱ酉丑巳日是金，金克制木。Q1_11_10_83Ⅱ……Q1_11_10_84Ⅱ未亥卯日是木，木克制土。Q1_11_10_85Ⅱ……Q1_11_10_86Ⅱ辰申子日是水，水克制火。Q1_11_10_87Ⅱ

直心

【釋文】

入正月二日一日心，Q1_11_10_95Ⅱ入二月九日直心，Q1_11_10_96Ⅱ入三月七日直心，Q1_11_10_97Ⅱ入四月旬五日心，Q1_11_10_98Ⅱ入五月旬二日心，Q1_11_10_99Ⅱ入六月旬心，Q1_11_10_100Ⅱ入七月八日心，Q1_11_10_101Ⅱ入八月五日心，Q1_11_10_102Ⅱ入九月三日心，Q1_11_10_103Ⅱ入十月朔日心，Q1_11_10_104Ⅱ入十一月二旬五日心，Q1_11_10_105Ⅱ入十二月二日三日心①。Q1_11_10_106Ⅱ

【匯釋】

①可參看《日書》甲種“直心篇”。劉樂賢（1994：350）：本篇内容與《日書》甲種“直心篇”完全相同，其具體含義待考。

【今譯】

進入正月二日、一日，是心宿所值的日子，Q1_11_10_95Ⅱ進入二月九日是由心宿所值的日子，Q1_11_10_96Ⅱ進入三月七日是由心宿所值的日子，Q1_11_10_97Ⅱ進入四月十五日是心宿所值的日子，Q1_11_10_98Ⅱ進入五月十二日是心宿所值的日子，Q1_11_10_99Ⅱ進入六月十日是心宿所值的日子，Q1_11_10_100Ⅱ進入七月八日是心宿所值的日子，Q1_11_10_101Ⅱ進入八月五日是心宿所值的日子，Q1_11_10_102Ⅱ進入九月三日是心宿所值的日子，Q1_11_10_103Ⅱ進入十月初一日是心宿所值的日子，Q1_11_10_104Ⅱ進入十一月二十五日是心宿所值的日子，Q1_11_10_105Ⅱ進入十二月二日、三日是心宿所值的日子。Q1_11_10_106Ⅱ

臽

【釋文】

正月壬臽①，Q1_11_10_88Ⅱ二月癸臽，Q1_11_10_89Ⅱ三月戊臽，Q1_11_10_90Ⅱ四月甲臽，Q1_11_10_91Ⅱ五月乙臽，Q1_11_10_92Ⅱ六月戊臽，Q1_11_10_93Ⅱ七月丙臽，Q1_11_10_94Ⅱ八月丁臽，Q1_11_10_95Ⅲ九月己臽，Q1_11_10_96Ⅲ十月庚臽，Q1_11_10_97Ⅲ十一月辛臽，Q1_11_10_98Ⅲ十二月己臽。Q1_11_10_99Ⅲ

【匯釋】

①臽：**地臽**。劉樂賢（1994：350）：其後面是“天閻”，天閻又作天臽，天臽、臽排在一起，很容易使人想到臽可能是地臽。地臽之名見於《論衡・譏日》，該篇云：“葬曆曰：葬避九空、地臽，及日之剛柔。”地臽也應是一神煞之名。疑《日書》中這個與天臽排在一塊的臽日可能就是地臽。

【今譯】

正月的壬日就是地臽日，Q1_11_10_88Ⅱ二月的癸日就是地臽日，Q1_11_10_89Ⅱ三月的戊日就是地臽日，Q1_11_10_90Ⅱ四月的甲日就是地臽日，Q1_11_10_91Ⅱ五月的乙日就是地臽日，Q1_11_10_92Ⅱ六月的戊日就是地臽日，Q1_11_10_93Ⅱ七月的丙日就是地臽日，Q1_11_10_94Ⅱ八月的丁日就是地臽日，Q1_11_10_95Ⅲ九月的己日就是地臽日，Q1_11_10_96Ⅲ十月的庚日就是地臽日，Q1_11_10_97Ⅲ十一月的辛日就是地臽日，Q1_11_10_98Ⅲ十二月的己日就是地臽日。Q1_11_10_99Ⅲ

天閻

【釋文】

天閻[①]Q1_11_10_88Ⅲ

正月虛□□□，Q1_11_10_89Ⅲ二月東辟（壁）廿七日，Q1_11_10_90Ⅲ三月角十三日[②]，Q1_11_10_91Ⅲ 四月房十四日，Q1_11_10_92Ⅲ 五月旗（箕）十四日[③]，Q1_11_10_93Ⅲ六月東井廿七日，Q1_11_10_94Ⅲ七月七星廿八日，Q1_11_10_95Ⅳ八月軫廿八日，Q1_11_10_96Ⅳ九月奎十三日，Q1_11_10_97Ⅳ十月〔卯（昴）〕十四日[④]，Q1_11_10_98Ⅳ十一月參十四〔日〕，Q1_11_10_99Ⅳ十二月斗廿一日。Q1_11_10_100Ⅲ

十一月乙卯天臽。Q1_11_10_101Ⅲ

【匯釋】

①天閻：**又作“天臽”**。整理者：後文又作“天臽”。**有二說：一、一種神煞。**劉樂賢（1994：353－354）：“天閻”前一篇是“閻日篇”，臽日的運行特點表明它是一種神煞，疑即《論衡》所說的地臽。而本篇的天閻又作天臽，其所居之處爲二十八宿，故又稱天臽。**二、彗星，歲星所化。**鄭剛（1993）：天閻即帛书五星占的天“卺”，《史記》的天欃，《漢書・天文志》、《晉書・天文志》、《靈臺秘苑》卷15、《開元占經》卷85都說它是彗星，由歲星所化。

②東辟：**即“東壁”，星宿名。**

三：整理者誤作“二”，劉樂賢（1994：352）訂正。

③旗：**通“箕”，星宿名。**

④卯：此字殘下半。**有三說：一、“卯”字之殘。**陳偉（2016C：500）：據紅外影像，殘畫應是“卯”字上半。**二、當爲“昴”。**劉樂賢（1994：352）：據文例推測，此處缺字當爲昴。**三、缺釋。**整理者說。

【今譯】

天臽日Q1_11_10_88Ⅲ

正月裏，虚宿……Q1_11_10_89Ⅲ二月裏，東壁宿所值的日子是二十七日。Q1_11_10_90Ⅲ三月裏，角宿所值的日子是十三日。Q1_11_10_91Ⅲ四月裏，房宿所值的日子是十四日。Q1_11_10_92Ⅲ五月裏，箕宿所值的日子是十四日。Q1_11_10_93Ⅲ六月裏，東井宿所值的日子是二十七日。Q1_11_10_94Ⅲ七月裏，七星宿所值的日子是二十八日。Q1_11_10_95Ⅳ八月裏，軫宿所值的日子是二十八日。Q1_11_10_96Ⅳ九月裏，奎宿所值的日子是十三日。Q1_11_10_97Ⅳ十月裏，昴宿所值的日子是十四日。Q1_11_10_98Ⅳ十一月裏，參宿所值的日子是十四日。Q1_11_10_99Ⅳ十二月裏，斗宿所值的日子是二十一日。Q1_11_10_100Ⅲ

十一月裏，乙卯日就是天臽日。Q1_11_10_101Ⅲ

出邦門

【釋文】

出邦門①，可▨Q1_11_10_102Ⅲ〔行〕□▨Q1_11_10_103Ⅲ禹符②，左行，置，右環（還），曰□□Q1_11_10_104Ⅲ□□右環（還），曰：行邦▨Q1_11_10_105Ⅲ令行。投符地，禹步三③，曰：皋（嗥）④，Q1_11_10_106Ⅲ敢告□……上下□……□符⑤，上車〔毋顧〕⑥。Q1_11_10_107Ⅱ

【匯釋】

①“邦”前殘筆當爲“出”字。劉樂賢（1994：354）：原簡“出”字僅剩殘筆，整理小組根據甲種補釋爲出，是正確的。

邦門：**城門。**《儀禮・既夕禮》：“至於邦門。”鄭玄注：“邦門，城門也。”胡文輝（1998）：出邦門即是當時的社會情況下一種出門遠行之前所做的巫術。古人對出行遠方有一種很深的恐懼感——這不僅僅是因爲古代交通技術落後，更是因爲古人對於“遠方”的巫術心理。《出邦門》講的是人遠行出邦門時所須行使的巫術和祝咒。

②禹符：**屬於所謂“劾鬼文木簡”之類的東西，**工藤元男（2010：229）說。中華五千年網《符籙——符的起源》：將人間的符搬到神鬼世界，於是便有天符、神符出現。首先做這件事的當是民間的巫師，戰國的巫師已經使用符，稱爲禹符。

③禹步：**巫術的一種基本步法。**胡文輝（1998）認爲並非一種單獨的巫術類型，而是巫術的一種基本步法，可以運用於各式各樣的巫術，如治病、隱身、辟兵等。而在《出邦門》中，“禹步”則是一種關於出行的巫術。與上文的禹符可作“出邦門”的方法、工具來解釋。

④皋：**通“嗥”，號叫。**《周禮·春官》：“來瞽令皋舞。”此處應用爲號叫的擬聲詞。

⑤關於簡107Ⅱ的釋文，**有三説：一、敢告□……上下□……□符，上車毋顧。**陳偉（2016C：502）：簡107Ⅱ中的上一殘片雙行小字，在睡虎地秦簡中尚且於簡109、簡131等簡首，在秦漢質日簡中也較常見，大多自爲訖，不宜與其下單行書寫的部分穿插串讀。“敢”上殘畫似爲横綫，“告”下尚有殘字。“下”字整理者脱釋。其下亦有殘畫。姑存於此，待考。**二、敢告▨符，上車毋顧，上▨。**整理者説。整理者注釋：本簡此段雙行書。**三、簡107Ⅱ由三截殘簡綴合而成，“▨符上車”和“毋顧”疑不能直接拼綴。**林清源（2002）：核對原書圖版即可發現，簡107Ⅱ本身也是由幾截殘簡綴合而成的。第一塊殘片寫有雙行書，其右行爲“敢告▨”，左行爲“上▨”，皆爲蠅頭小字。第二塊殘片寫有“▨符上車”四字，第三塊殘片寫有“毋顧”二字，二者的字體大小、筆畫粗細和書體風格，均有一定程度的差異，而且“車”“毋”二字的間距也異乎尋常，所以這兩塊殘片是否可以直接拼綴，相當值得懷疑。筆者懷疑第一塊殘片可能是某枚竹簡的簡頭。若從秦簡標題語的書寫格式研判，筆者認爲這兩行小字應該不是內文，而是某一段簡文的章題。

□：**□爲殘畫，或是“投”字。**陳偉（2016C：502）説。

⑥顧：**回頭看。**爲形聲字。从頁，表示與頭有關，雇聲。劉樂賢（1994：355）：“上車毋顧”尤其與醫書、道書中的“行及乘馬，不用回顧”之語相近。

【今譯】

舉行出邦門的向行神祈禱的儀式，可以……Q1_11_10_102Ⅲ儀式上……Q1_11_10_103Ⅲ拿上禹符，向左走，放下來，向右往回走，口中禱告説：“……”Q1_11_10_104Ⅲ再向右往回走，口中禱告説：“到城外遠行的時候……Q1_11_10_105Ⅲ令我通行。”將禹符投放到地上，走三步禹步，説：“啊呀，Q1_11_10_106Ⅲ敬告……”從上至下……投放禹符，登上車就不要再回頭看了。Q1_11_10_107Ⅱ

人日

【釋文】

人日①

凡子、卯、寅、酉男子日，·午、未、申、丑、亥女子日。以女子日病，病瘳，

必復之[2]。以女子日死，死以葬，必復之。男子日如是。Q1_11_10_108

男子日[3]

男子日：寅、卯、子、巳、戌、酉。·女子日：辰、午、未、申、亥、丑。Q1_11_10_109

【匯釋】

①人日：**男子日、女子日的合稱**。劉樂賢（1994：355）：本簡人日是男子日、女子日的合稱，與“諸良日篇”的人良日及後代節日之一的人日都有區別。

②“以女子日病”和“以女子日死”前的主語都應是“女子”。劉樂賢（1994：355）：此句省略了主語，完整的句子應是“女子以女子日病，病瘳，必復之”。下句也是同樣情況，本應爲“女子以女子日死，死以葬，必復之”。

以：**介詞，相當於“於”，在**。

瘳：**病愈**。《說文》：“疾愈也。”陳壽《三國志》：“疾未瘳，帝迎遼就行在所，車駕親臨，執其手，賜以御衣，太官日送御食。”

復：**重新，再度**。

③簡首標題雙行書。整理者說。

【今譯】

人日

凡是子日、卯日、寅日、酉日都是男子日，·而午日、未日、申日、丑日、亥日則都是女子日。女子在女子日那天生了病，病好以後，肯定還會舊病復發。女子在女子日死去，死後在這一天埋葬，必定還會再死一個人。男子日也是這樣。Q1_11_10_108

男子日

男子日是寅日、卯日、子日、巳日、戌日、酉日這些日子。·女子日就是辰日、午日、未日、申日、亥日、丑日這些日子。Q1_11_10_109

室忌

【釋文】

室忌

室忌，春三月庚辛，夏三月壬癸，秋三月甲乙，冬三月丙丁，勿〔筑（築）〕室，大主死，痒（癃），弗居[1]。Q1_11_10_110

〔蓋屋〕　□□春庚辛，夏壬癸，季秋甲乙，季冬丙丁，勿以作事、復（覆）內、㬥屋[2]。以此日㬥屋，屋以此日爲蓋Q1_11_10_111屋[3]，屋不壞折，主人必大

傷。Q1_11_10_112

蓋忌　五酉、甲辰、丙寅，不可以蓋，必有火起若或死焉④。Q1_11_10_113

垣墻日⑤　凡申、酉☐Q1_11_10_114

除室⑥　庚申、丁酉、丁亥、辛卯，以除室，百虫弗居。Q1_11_10_115

除室　庚申、丁酉、丁亥、辛卯，以除室，百虫弗居⑦。Q1_11_10_116

【匯釋】

①大主：**有二説：一、家中大主人**。這更貼近百姓的生活。**二、皇帝姑母的稱號**。這是將《日書》當作爲官吏將侯們指導擇日的工具書。《孝武本紀》："自大主將相以下，皆置酒其家，獻遺之。"裴駰集解引徐廣曰："武帝姑也。"

痒：**即"癃"，指衰老病弱，肢體殘疾**。

②槩：**有三説：一、樹立**。整理者：《廣雅·釋詁一》："舉也。"槩屋，樹立屋架。**二、蓋，或上**。尚民傑（1997B）："槩"字的本義是指一種抬舉食物的用具，其形與案相似，因此，"槩"字與吃飯有關。在雲夢《日書》"以此日槩屋"語中，"槩"作動詞用，其取義也與"槩"字的本義有關。槩作爲盛放食品的案形食具，使用時需兩人對舉，它的動詞之義正在這裏。"槩屋"大約是指蓋屋或"上樑"之義。**三、讀爲"具"**。饒宗頤（1982：30）：槩作動詞用，槩从木、具，當即枳椇之椇，此讀爲"具"。

③此處疑有衍文。劉樂賢（1994：356）説。

④若：**連詞，或者**。或：**無定代詞，有人**。

若或死焉：**或者有死人之事**。劉樂賢（1994：357）説。

⑤垣墻日：**應該是個章題**。林清源（2002）：比對"蓋忌"與"垣墻日"這兩個詞，其書寫格式完全一致，足見它們的性質應該相同。依此類推，"垣墻日"也應該是個章題，不應將之視爲《蓋忌》所屬的內文。

⑥除：**掃除**。整理者説。

⑦本簡與上條重復。整理者説。

【今譯】

室忌

房室禁忌的日子，是春季三月的庚辛日，夏季三月的壬癸日，秋季三月的甲乙日，冬季三月的丙丁日。這些日子中，不要建造房室，否則，家中的大主人將死去，或者肢體殘疾，衰老病弱，不能居住在這樣的房子裏。Q1_11_10_110

蓋屋　……春季的庚辛日，夏季的壬癸日，晚秋的甲乙日，晚冬的丙丁日，不要在這些日子裏做事，不要蓋內室、樹立屋架。如果在此日樹立屋架或蓋房屋的話Q1_11_10_111，即使房屋不倒塌，房子主人也必定會受到巨大的傷害。Q1_11_10_112

蓋忌　五酉日、甲辰日、丙寅日，不能在這些日子蓋房子，否則必定有火災發生或者有人死在那裏。Q1_11_10_113

砌墻的日子　凡是申日、酉日……Q1_11_10_114

打掃房屋　庚申日、丁酉日、丁亥日、辛卯日，在這些日子打掃房室，甚麽蟲子都不會在房室裏待下去了。Q1_11_10_115

打掃房屋　庚申日、丁酉日、丁亥日、辛卯日，在這些日子打掃房室，甚麽蟲子都不會在房室裏待下去了。Q1_11_10_116

朔望忌

【釋文】

正月、七日朔日，以出毋〈女〉、取婦[①]，夫妻必有死者。以筑（築）室[②]，室不居。Q1_11_10_117

凡月望，不可取婦、家（嫁）女、入畜生[③]。Q1_11_10_118

【匯釋】

①毋：**“女”字之誤**。出女：**嫁女**。工藤元男（1993）：《孟子·離婁章句下》的“出妻”意爲與“妻子離異”，“出女”的賓語是“女（女兒）”，所以意爲“嫁女”。

②筑：**後作“築”，建造**。

③家：**通“嫁”，嫁出**。

參看《日書》甲種“朔望弦晦篇”。劉樂賢（1994：357）：本篇是關於朔日、望日的行事禁忌。《日書》甲種“朔望弦晦篇”中也有這一方面的內容，二者可以互相補充。

【今譯】

正月、七月的初一日，在這些日子出嫁女兒，迎娶媳婦，成親的夫妻當中必定有人死掉。在這樣的日子建造房屋，房屋不能住人。Q1_11_10_117

凡是每個月十五日，不能娶媳婦、嫁女兒、買牲畜。Q1_11_10_118

戊子風

【釋文】

凡戊子風，有興[①]。雨陰，有疾。興在外，風，軍歸[②]。Q1_11_10_119

【匯釋】

①興：**徵集**。整理者：徵集人服兵役或服勞役，及徵集物資，都稱爲興，參看《秦律十八種·徭律》，此處據下文專指軍興而言。

②歸：**回家**。

本篇以起風或下雨推測軍事情況。劉樂賢（1994：358）：本篇的內容在《日書》中少見，也許借助了候風術的方法。以起風或下雨推測軍事情況，在星占書中比較常見。日者將這些說法與時日結合起來，用以推測軍旅方面的行事吉凶。

【今譯】

凡是在戊子日刮風，將有政府徵發兵役之事。在此日下雨陰天，有人會生疾病。已經徵發了兵役在外地，若此日刮風，服兵役的人將回家。Q1_11_10_119

作事

【釋文】

正月、五月、九月之丑，二月、六月、十月之戌，三月、七月之未[①]，四月、八月、十二月之辰，勿以作事、大祠，以大生（牲）〔大〕兇（凶），小生（牲）〔小〕兇（凶），以昔肉Q1_11_10_120吉[②]。Q1_11_10_121

【匯釋】

①“七月”後應缺十一月。劉樂賢（1994：359）：根據文例，七月之後應缺十一月。同樣的內容又見於《日書》甲種“毀棄篇”，正作“三月、七月、十一月之未”。

②生：**通“牲”，牲畜**。昔：**通“臘”，乾肉**。整理者：昔，《說文》：“乾肉也。”

此句有脫文。劉樂賢（1994：359）：應據甲種補足爲：大祠，以大牲大凶，小牲小凶，以腊肉吉。

【今譯】

正月、五月、九月的丑日，二月、六月、十月的戌日，三月、七月、十一月的未日，四月、八月、十二月的辰日，不要在這些日子做事情、舉行重要祭祀活動。祭祀神靈時，如果用大牲畜作犧牲，就會有大的凶險；如果用小牲畜作犧牲，就會有小的凶險；祇有用乾肉來作祭品Q1_11_10_120才吉利。Q1_11_10_121

雜忌

【釋文】

毋以戊辰、己巳入（納）寄者，入（納）之所寄之[①]。Q1_11_10_121

庚申、辛酉，以與人言，有喜；以責人[②]，得。壬子、癸丑南，與人言，有〔喜〕；以責，得。Q1_11_10_122

丁、癸不……巳、未、卯、亥，壬Q1_11_10_123戌[③]，庚申，己亥，壬寅，不可以入臣妾及寄者，有咎主。Q1_11_10_124

甲子、乙丑，可以家（嫁）女、取婦、寇〈冠〉帶、祠，不可筑（築）、興土攻（功），命曰毋（無）後[④]。Q1_11_10_125

毋以子卜筮，視□□□□□，命曰毋（無）上剛[⑤]。Q1_11_10_126

□□□□亥不可伐室中尌（樹）木。Q1_11_10_127

☐畜生，伐尌（樹）木。Q1_11_10_128

【匯釋】

①此句疑有脫文。劉樂賢（1994：335）說。

入：**後作“納”，接納**。所：**被**。陳偉（2016C：505）：《詞詮》：所，被動助動詞，見也，被也。所寄之，疑猶爲寄之。簡131作“寄人反寄之”。

②責：**求債**。整理者：責，《說文》：“求也。”《說文解字義證》：“求也者，謂求負家償物也。”

③簡123的兩片殘簡，不一定屬同一支簡。整理者說。

④家：**通“嫁”，嫁出**。寇：**“冠”字之誤**。攻：**通“功”，事**。毋：**通“無”，沒有**。

此簡有缺文，可參照《日書》甲種。整理者：《日書》甲種云：“毋以子卜筮，害於上皇。毋以丑除門戶，害於驕母。”

⑤剛：**剛強**。饒宗頤（1993：451）：毋上剛的剛，或指剛日柔日之剛。

【今譯】

不要在戊辰日、己巳日接納來家裏借住的人，否則，接納的主人反倒變成寄居者。Q1_11_10_121

庚申日、辛酉日，如果在這些日子與別人交談，那將有喜事；在這些日子向別人索求債務，能夠求到。壬子日、癸丑日向南行，與人交談，將有喜事；在此日向別人索求債務，能夠求到。Q1_11_10_122

丁日、癸日不可……巳日、未日、卯日、亥日、壬Q1_11_10_123戌日、庚申日、

己亥日、壬寅日，不能在這些日子裏買進男女奴隸及來家寄住者，否則主人要有災殃。Q1_11_10_124

甲子日、乙丑日，可在這些日子嫁女兒，娶媳婦、戴冠及系衣帶、祭祀神靈，不能做建築、動土之事，否則，你的命運就叫作“沒有後代”。Q1_11_10_125

不要在子日進行卜筮算命活動，視……命運叫作“沒有昂揚剛強之氣”。Q1_11_10_126

……亥日不能砍伐室中的樹木。Q1_11_10_127

……牲畜，砍伐樹木。Q1_11_10_128

裚

【釋文】

裚（製）衣[1]

凡五丑，利以裚（製）衣。丁丑在亢，裚（製）衣常（裳），丁巳衣之，必敝。……不可以裚（製）[2]☐Q1_11_10_129

【匯釋】

①裚：**通“製”，製作**。饒宗頤（1982：27）：秦簡以爲製。

②敝：**破敗**。《說文》：“苟有衣必見其敝。”《禮記·緇衣》鄭訓：“敗衣。”

可與《日書》甲種《衣》篇參照。劉樂賢（1994：362）：本篇與《日書》甲種《衣》篇性質相同。五丑利以製衣，與《衣》篇將丑列入衣良日相合。據《衣》篇，丁丑是裁衣良日，丁巳也是“衣良日”之一，與本篇的說法不合。

【今譯】

製作衣服

凡是五丑日，有利於製作衣服。丁丑日那天是亢宿所值的日子，若在此日製作衣裳，在丁巳日穿上這件新衣，衣服肯定會破敗。……不能在此日裁製（衣服）。Q1_11_10_129

初冠

【釋文】

初寇〈冠〉[1]

凡初寇〈冠〉，必以五月庚午，吉。·凡禣（尋）車及寇〈冠〉[②]□□□□□申，吉。Q1_11_10_130

【匯釋】

①寇：**“冠”字之誤，動詞，戴冠。**初冠：**初次戴冠。**賀潤坤（1996）：這裏之“初冠”，應指給男子舉行冠禮，“冠”也可指戴冠。

②禣：**有兩種考釋：一、釋爲“禣”，讀爲“尋”，訓爲“作”。**陳偉（2016C：505）：今從劉釗（1996）釋，李家浩（2000：97－98）同，說詳《除》簡13Ⅱ“尋車”注。**二、釋作“製”，讀爲“制”，訓爲“服”。**整理者說。

【今譯】

初次戴冠

凡是初次戴冠（舉行冠禮），必須在五月的庚午日，這樣就很吉利。·如果是製造車輛和戴冠……申日，很吉利。Q1_11_10_130

寄人室

【釋文】

寄人室[①]

毋以戊辰、己巳入寄人，寄人反寄之。·辛酉、卯，癸卯，入寄之，必代當家。[②]Q1_11_10_131

【匯釋】

①寄：**寄居。**本義爲寄託，依靠。《說文》：“寄，託也。”《儀禮·喪服》傳：“寄公者，何失地之君也。”

簡首標題雙行書。整理者說。

②反：**反而。**之：**代詞，指主人。**

當家：**主持家政。**魏德勝（2003：97）說。《秦始皇本紀》：“今天下已定，法令出一，百姓當家則力農工，士則學習法令辟禁。”

【今譯】

寄居人室

不要在戊辰日、己巳日接納來家裏借住的人，否則，寄居的人反而使家裏的主人寄居。·辛酉日、辛卯日、癸卯日，接納寄住的人，寄住的人必將使家裏的主人寄居，取代主人主持家政。Q1_11_10_131

行

【釋文】

〔凡且有〕大行、遠行若歓（飲）食歌樂，聚具畜生（牲）①，及夫妻同衣，毋以正月上旬午，二月上旬亥，三月上旬②，Q1_11_10_132四月上旬丑，五月上旬戌，六月上旬卯，七月上旬子，八月上旬巳，九月上旬〔寅〕，十月上旬未，十一月上旬辰，十二月上Q1_11_10_133旬丑③，凡是日赤啻（帝）恒以開臨下民而降央（殃），不可具爲百〔事〕，皆毋（無）所利。節（即）以有爲也，其央（殃）不出歲，小大Q1_11_10_134必致（至）。有爲也而遇雨，命之央（殃）蚤（早）至，不出三月，有死亡之志致（至）。凡且有爲也，必先計月中閒日，□□（苟毋）Q1_11_10_135直赤啻（帝）臨④。Q1_11_10_136

見日，它日唯（雖）有不吉之名，〔毋（無）所〕大害⑤。Q1_11_10_137

【匯釋】

①凡且有：**此三字是整理小組據《日書》甲種補釋的。**劉樂賢（1994：362）說。

若：**連詞，或者。**歓：**同"飲"，飲酒，宴飲。**

具：**準備飯食或酒席。**《説文》："具，供置也。"《廣韻》："具，備也，辦也。"

生：**通"牲"，牲畜。**畜生：**畜養的禽獸。**《韓非子·解老》："民產絕則畜生少，兵數起則士卒盡。"

②同衣：**同房，過性生活。**沈祖春（2006B）："夫妻同衣"指夫妻同房即夫妻過性生活是無疑義的。"衣"在此處非指"寢衣"（被子）也，而是借指人的"形體、身軀"，因爲衣者依也，《説文·衣部》："衣，依也。"衣乃人體之所依，"依"在甲骨文中像衣罩著人，故衣、依爲同源字。由"衣服"之義可引申指"形體、身軀"。

"三月上旬"後補"申"字。劉樂賢（1994：362）：此處有脱字，當據《日書》甲種補釋爲"三月上旬申"。

③丑：**"酉"字之誤。**劉樂賢（1994：362）：上文"四月上旬丑"中已經有丑，十二月不應再有丑，據《日書》甲種知此"丑"是"酉"之誤。

④啻：**通"帝"，天帝。**央：**通"殃"，災殃。**節：**通"即"，如果，假使。**致：**通"至"，到。**蚤：**通"早"，早。**

關於簡135下部所缺的字數，**有二説：一、缺二字，即"苟毋"。**劉樂賢（1994：362－363）：整理小組釋文在此處標有三個空格，蓋據簡134同位置有"歲小大"三字推測而得。然據《日書》甲種此處當衹有兩個空格，可補釋爲"苟毋"。

簡134的“小大”二字寫得較小，實際上衹佔一個字的空間，故知135簡下部衹缺二字。**二、缺三字**。整理者說。

⑤唯：**通“雖”，連詞，雖然**。

關於此處文字的釋讀，**有三說：一、簡136“臨”字與簡137“日”字連讀**。整理者說。整理者以簡136“臨”字與簡137“日”字連讀，注釋：簡137首有一“見”字，“毋所”二字原脱。**二、簡137首“見”字與簡81首“官”字連讀**。整理者：或疑應排於簡80前，與簡81首的官字連讀，但簡80以下亦非專論見官之事。劉樂賢（1994：363）不從：簡81首的“官”字指星官，不能與“見”連讀爲“見官”。**三、簡137不與簡132至簡136同屬一章**。林清源（2002）：《日書》乙種簡137的主旨，既與《日書》乙種簡81不相涉，二者自然無法合爲一章，分別寫在這兩枚竹簡簡頭的“見”“官”二字不可能連讀爲“見官”一詞。看簡136的簡頭，既無文字，也無符號，所以簡137不會直接排在簡136之後，這兩枚簡的現行編次錯誤。簡137可能另有歸屬，不與簡132至簡136同屬一章。簡137的“日”字應該是跟前一簡的末尾連讀，簡137既是該章次簡，又是該章末簡，其完整章題既有可能是“△見”，也有可能是冠上提示界隔符號的“■見”。

名：**名稱，説法**。本義指自己報出姓名，此處引申爲説法。

【今譯】

凡是準備重要的出行、長距離旅行，或者宴飲吃喝、唱歌奏樂、聚集備辦牲畜以及夫妻同房，不要在正月上旬的午日、二月上旬的亥日、三月上旬的申日、Q1_11_10_132四月上旬的丑日、五月上旬的戌日、六月上旬的卯日、七月上旬的子日、八月上旬的巳日、九月上旬的寅日、十月上旬的未日、十一月上旬的辰日、十二月上Q1_11_10_133旬的酉日舉行。這些日子都是赤帝經常來到民間降下災殃的時間，甚麽事情都不可以做，全部都沒有甚麽好處。假使在這些日子裏辦某件事情，赤帝的災殃不出一年，無論大小Q1_11_10_134災難都必定來臨。辦事情會碰上下雨，命運中的災難早來，不出三個月，有人死去或失蹤的記錄便會來到。凡是打算辦事情的，一定要首先計算安排在每月中旬的日子……Q1_11_10_135（不要選擇）赤帝降臨的Q1_11_10_136

會見日子，其他日子雖然也有不吉利的説法，但不會有太大的妨害。Q1_11_10_137

行忌（二）

【釋文】

行日

庚▨Q1_11_10_138節（即）有急行①，以此行吉。Q1_11_10_139

行者

遠行者毋以壬戌、癸亥到室[②]。以出，兇（凶）。Q1_11_10_140

入官

久宦者毋以甲寅到室。Q1_11_10_141

行忌

凡行者毋犯其大忌，西……〔丑〕巳，北毋以戊〈戌〉寅[③]，南毋以辰申。·行龍戊、己，行忌[④]。Q1_11_10_142

【匯釋】

①節：**通“即”，如果，假使。**

②遠行：**長距離旅行**。劉增貴（2001）：“遠行”與“長行”同義，皆指長距離。

③戊寅：**是“戌寅”之誤**。劉增貴（2001）説。

④關於這一簡的釋文，**有三説：一、行忌，凡行者毋犯其大忌：西〔毋以亥未，東毋以〕丑巳，北毋以戊〈戌〉寅，南毋以辰申。行龍戊、己，行忌**。劉樂賢（2003B）：睡虎地秦簡《日書》乙種簡 142 係由 A、B、C 三段殘簡拼合而成。根據馬王堆帛書《出行占》可知，闕文衹存在於 A、B 之間，B、C 之間則並無闕文。又，B 段“巳”前一字輪廓較爲清楚，可以釋爲“丑”。據此，簡 142 的釋文可復原爲：行忌，凡行者毋犯其大忌：西〔毋以亥未，東毋以〕丑巳，北毋以戊〈戌〉寅，南毋以辰申。行龍戊、己，行忌。劉信芳（1993）：該簡斷爲三截，今據本文圖一、圖二，可以將簡文文義補足。簡文云“南毋以辰申”，“辰申”於本文圖二屬水，當北方，而南方與之相應的地支是“戌寅”，知原簡“北毋以□□□□戊寅”當作“北毋以戌寅”。中間並無闕文。可以將該組簡校正並補出闕文如此：凡行者毋犯其大忌，西毋以未亥；東毋以丑巳；北毋以戌寅；南毋以辰申。行龍戊己。行忌。陳偉（2016C：508）：放馬灘秦簡《日書》乙種簡 315：“凡爲行者，毋犯其鄉（向）之忌日；西毋犯亥、未，東毋犯丑、巳，北毋犯戌、寅，南毋犯辰、申。”簡 316：“凡大行龍日丙、丁、戊、己、壬、戌、玄，不可以行及歸。”可參看。**二、西□□□巳，北毋以□□□□戊寅**。整理者説。**三、行忌：凡行者毋犯其大忌。西〔毋以未〕、巳，北毋以〔丑亥，東毋以〕戊〈戌〉、寅，南毋以辰、申。行龍戊、己，行忌**。工藤元男（2010：206）：前者脱文可以補“毋以未”，後者可以補“丑亥，東毋以”，全文可以復原爲：行忌：凡行者毋犯其大忌。西〔毋以未〕、巳，北毋以〔丑亥，東毋以〕戊〈戌〉、寅，南毋以辰、申。行龍戊、己，行忌。

【今譯】

行日

庚日……Q1_11_10_138 假如需要緊急出門旅行的，在此日出發會很吉利。Q1_11_10_139

行者

長途旅行的人不要在壬戌日、癸亥日回到家中。在此日出門旅行，是凶險的。Q1_11_10_140

入官

長期在外邊做官的人，不要在甲寅日回到家中。Q1_11_10_141

行忌

凡是出門旅行的人不要觸犯旅行的大禁忌，向西旅行（不要在亥日、未日出發，向東旅行不要在）丑日、巳日出發，向北旅行不要在戌日、寅日出發，向南旅行不要在辰日、申日出發。·旅行禁忌在戊日、己日趕路，此爲旅行凶忌日。Q1_11_10_142

祠

【釋文】

凡行，祠常行道右[①]，左[②]Q1_11_10_143

行祠

祠常行，甲辰、甲申、庚申、壬辰、壬申，吉。·毋以丙、丁、戊、壬□[③]〼Q1_11_10_144

行行祠

行祠，東行南〈南行〉，祠道左；西北行，祠道右。其譱（號）曰：大常行，合三土皇[④]，耐爲四席[⑤]。席叕（餟）其後，亦席三叕（餟）[⑥]。其祝Q1_11_10_145曰："毋（無）王事，唯福是司，勉歓（飲）食，多投福。[⑦]"Q1_11_10_146

□祠

正□□□□□□□□□□癸不可祠人伏[⑧]，伏者以死。戊辰不可祠道□[⑨]，道□以死。·〔丁〕不可祠道旁。Q1_11_10_147

祠

祠親，乙丑吉。·祠室，己卯、戊辰、戊寅，吉。〔祠〕戶，丑、午〼Q1_11_10_148

【匯釋】

①常行：**有三說：一、疑即道路之神行。**整理者說。**二、即"大常行"，出行道路行神。**劉增貴（2001）：《日書》之"（大）常行"有可能是相對於"宮行"的稱呼。兩者的差別是，"（大）常行"爲出行道路行神，"宮行"是家內行神。劉增貴（2001）："大常行"的稱呼，使我們想起《山海經·海內北經》的"大行伯"，根據袁珂的推測，此把戈而位居西北的"大行伯"可能就是古代行日守所祭的"祖

神”。**三、即“當行”，指道路中央，非指道路之神。**陳偉武（1998）：此句標點當作：“凡行，祠常行、道右、左，□。”“左”爲道左省稱，殘文應是吉凶斷語。“常行”之“常”當讀爲“當”，“當行”猶言主述。甲種《行》篇云：“凡民將行，出其門，毋敢顧，毋止。直述吉，從道右吉，從左吝。”《廣雅·釋詁三》云：“當，直也。”即對著之意。“行”與“述”皆是道路，“常行”“主述”都指道路中央，即甲種《詰咎篇》“取盎之中道”的中道。“常行”與“道右”“（道）左”一樣，在《日書》中分別指道路的不同方位，非指道路之神。

②簡143或是簡144下段殘片。陳偉（2016C：509）說。

③□：**或是“往”字之殘。**陳偉（2016C：509）說。

④行南：**當爲“南行”之誤。**謞：**通“號”，稱號。**

土皇：**土帝。**吳小強（1992B）：“皇”字在《日書》中僅兩見，另一例爲“上皇”（甲種簡830）。上皇即天帝（見反面簡858）。相對上皇而言，土皇應即土帝。秦人認爲，天上有天帝，地下有土帝，其宗教地位自然要在諸神之上。

⑤耐：**讀爲“乃”。**整理者說。“乃”的意思是於是、就。《屈原賈生列傳》：“乃令張儀佯去秦，厚幣委質事楚。”

⑥叕：**通“餟”，餟祭。**

整理者：此言常行與三土皇共爲四席，每席均餟祭於席後，每席餟祭三次。一說，斷讀爲以“席餟，其後亦席，三餟”。

⑦王事：**朝聘、會盟、征伐之事。**《周易·坤》：“或從王事，無成有終。”高亨注：“從征者有人未立功亦得賞，是無成有終。”《禮記·喪大記》：“既葬，與人立。君言王事，不言國事。”孫希旦集解：“王事，謂朝聘、會盟、征伐之事。”

司：**掌管。**《說文》：“司，臣司事於外者。”唯福是司：**衹把福運好好掌管。**

⑧人伏：**神靈名。**

⑨□：**對於□字有三種考釋：一、釋爲“蹄”，讀爲“旁”。**整理者說。**二、疑爲“踱”，爲“夏”字異體，通“庌”。**方勇（2012：428）說。**三、疑是“頻”字。**陳偉（2016C：509）說。

【今譯】

凡是旅行的人，在道路右側祭祀道路之神“常行”，在道路左側……Q1_11_10_143

行祠

祭祠“常行神”，在甲辰日、甲申日、庚申日、壬辰日、壬申日，吉利。·不要在丙日、丁日、戊日、壬日前往……Q1_11_10_144

行行祠

舉行對行神的祭祀，朝東南方向旅行，在道路左側進行祭祀；朝西北方向旅行，在道路右側進行祭祀。行神的稱號叫“大常行”，再加上三位土帝，共設四個祭席，每席均餟祭於席後，每席餟祭三次。祭祀祝辭Q1_11_10_145說：“願沒有朝聘、會盟、

征伐之事，掌握好美好福運；敬請大常行神和三位土帝多喝酒多吃美食，多多賜福於我們。”Q1_11_10_146

□祠

正月……癸日不能祭祀人伏神，伏者是在這一天死去的。戊辰日不能祭祀道旁神，道旁神是在這一天死去的。·丁日不能祭祀道旁神。Q1_11_10_147

祠

祭祀死去的親人，乙丑日吉利。·祭祀房室之神，在己卯日、戊辰日、戊寅日，吉利。祭祀戶神，在丑日、午日……Q1_11_10_148

亡日

【釋文】

亡日

正月七日，二月旬，三月旬一日，四月八日，五月旬六日，六月二旬，七月九日，八月旬八日，九月二旬七日，十月旬，十一月旬，十二月二旬，Q1_11_10_149凡以此往亡必得[①]，不得必死。Q1_11_10_150

【匯釋】

①往亡：**逃亡**。

得：**取得、獲得**。《說文》：“得，行有所得也。”此處指被捕獲。

【今譯】

逃亡的日子

正月七日，二月十日，三月十一日，四月八日，五月十六日，六月二十日，七月九日，八月十八日，九月二十七日，十月十日，十一月十日，十二月二十日，Q1_11_10_149凡是在這些日子中逃亡的人，肯定會被捉捕回來；即使沒被抓到，也一定會死掉。Q1_11_10_150

亡者

【釋文】

亡者

正月七日，二月旬四日，三月二日一日[①]，四月八日，五月旬六日，六月二旬四日，七月九日，八月旬八日，九月二旬七日☐Q1_11_10_151二旬，凡是往〔亡必得，不〕得必死②。Q1_11_10_152

【匯釋】

①亡：**逃離，出走**。《淮南子·人間訓》："亡而入胡。"

三月二日一日：**有三說：一、三月二日〈旬〉一日**。陳偉（2016C：510）：據圖版核改。前一"日"字恐爲"旬"字之誤。**二、三月二旬一日**。整理者說。**三、三月二日**。整理者說。

②《亡者》可與《亡日》相比較。整理者：本節與上《亡日》大致相同，唯三月爲"二日"。十月至十二月缺空太少，似原有脫漏。今按：《亡者》的"二月旬四日"與《亡日》的"二月旬"也不同。

【今譯】

逃亡的人

正月七日，二月十四日，三月二十一日，四月八日，五月十六日，六月二十四日，七月九日，八月十八日，九月二十七日……Q1_11_10_151二十日，凡是在這些日子中逃亡的人，肯定會被捉捕回來；即使沒被抓到，也一定會死掉。Q1_11_10_152

見人①

【釋文】

見人

正月甲午、庚午，甲戌②，三月己酉，四月丙子，五月甲午、庚午，六月丁丑，七月甲子，八月庚辰，九月辛卯，十月壬午，十二月Q1_11_10_153癸未，見人吉。Q1_11_10_154

☐□祭祀、嫁子、作大事，皆可。Q1_11_10_155

【匯釋】

①見人：**會見官吏**。吴小強（2000）說。

②"甲戌"前疑應有"二月"二字。劉樂賢（1994：340）說。

【今譯】

會見人

正月甲午日、庚午日，二月甲戌日，三月己酉日，四月丙子日，五月甲午日、庚午日，六月丁丑日，七月甲子日，八月庚辰日，九月辛卯日，十月壬午日，十二

月Q1_11_10_153癸未日，會見人，吉利。Q1_11_10_154

……祭祀神靈、出嫁女子、舉辦大事，都可以。Q1_11_10_155

十二時

【釋文】

〔雞鳴丑，平旦寅〕①，日出卯，食時辰，莫食巳②，日中午，槼未③，下市申④，舂日酉⑤，牛羊入戌⑥，黄昏亥，人〔定子〕⑦。Q1_11_10_156

【匯釋】

①“寅”前殘缺五字，**有二説：一、補爲“雞鳴丑，平旦”**。整理者説。陳偉(2016C：510）從之。**二、前三字是“雞鳴丑”，後兩字可能是清旦、平旦、旦明或平明**。于豪亮（1981C）：“寅”字上殘缺五字，前三字當是“雞鳴丑”。因爲以雞鳴記時，亦見於秦簡《編年記》：“甲午，雞鳴時，喜產。”“雞鳴丑”下面的兩字，可能是清旦、平旦、旦明或平明。

②食時：**是十二時之一，又名朝食**。古人“朝食”之時也就是吃早飯的時間(上午7時正至上午9時正）。相傳這是“群龍行雨”的時候。正食的時候，也就是日出至午前之一段時間。

莫食：**有二説：一、上午時段名**。尚民傑（1997B）：“莫食”是上午時段名，絕不能因爲“莫”與“暮”有相通之義，而將“莫食”解釋爲“暮食”。**二、即“暮食”之時**。饒宗頤（1982：29)：莫食爲巳，《天官書》稱：“暮食出，小弱。”與此同。

③槼：**有三説：一、“日失”二字之誤，時辰名**。于豪亮（1981C）：“槼未”的“槼”字應該是“日失”二字之誤，把“日失”二字誤抄爲一個字，又把下部的“失”字寫錯，就成了“槼”字了。整理者：簡文“槼未”應爲“日失未”之誤，馬王堆帛書《隸書陰陽五行》“日昳”亦作“日失”。由於“日失”二字抄在一起，與“槼”字相似，遂誤爲“槼”字。**二、讀爲“隅”，謂日在西隅，表示太陽位置**。饒宗頤（1982：30，32)：槼作動詞用，槼从木、具，當即非枳椇之椇，此讀爲“具”。“椇”字在上聲九麌。以韻類求之，殆即禺中之“禺”。禺讀隅。但隅中應爲巳時，槼爲未時，以配“西中”較合。隅，《說文》云：“陬也。”陬訓角(《廣雅》)。漢簡於日中外又分日東中及日西中，東中即禺中，是爲東隅，西中即日昳，應爲西隅，未時爲西中，亦可稱隅，故知槼或可音借爲隅，謂日在西隅，以別於東隅也。**三、“槼”字非誤抄，指“做飯”（午飯）之時**。尚民傑（1997B)：“槼”既非誤抄，也非表示太陽位置的詞，而是一個反映當時人們生活習慣的名詞。“槼”字的本義是指一種抬舉食物的用具，其形與案相似，因此，“槼”字與吃飯有

關。在《日書》"以此日㮚屋"語中，"㮚"作動詞用，"㮚屋"大約是指蓋屋或"上樑"之義。以"㮚"作爲時辰名稱，如取其動詞的延伸義，可以理解爲"做飯"。"㮚"所代表的時辰雖是太陽略偏西之時，但"㮚"字本身的意義卻與太陽的位置無直接關係，它衹表示與吃飯相關之義。"㮚"與未時相聯，表示的則是與午飯相關之義。

④下市：**中午的市將結束之時**。尚民傑（1997B）：《日書》中的"日則"與"下市"爲同一時段名，此時太陽已明顯偏西，"下市"是指中午的市將結束的意義。

⑤舂：**在古代傳説中被當作日落之處的山名**。尚民傑（1997B）説。

舂日：**日入**。尚民傑（1997B）：簡文中尚有"舂日西"一名，"舂日"與"日入"同義。在《淮南子》文中有"高舂""下舂"兩名，結合古文獻考之，"舂"本與"日入"有關，在古代傳説中被當作日落之處的山名。《集韻·鐘韻》："舂，山名，日所入。"所以，"舂日"的本義即爲"日入"。饒宗頤（1982：30）：《淮南子》："至於淵虞是謂高舂，至於連石是謂下舂。"此作舂日。

⑥牛羊入：**時辰名，同"夕"**。尚民傑（1997B）：簡文中的"牛羊入戌"一名，與《詩經·王風·君子於役》"日之夕矣，牛羊下來"一句有關。"牛羊入戌"與"夕"爲同一時辰名，兩者關係顯而易見。饒宗頤（1982：30）：牛羊入爲戌，當是取自詩"牛羊下來"之語。

⑦"人定"下面殘缺的字無疑是"子"字。于豪亮（1981C）説。

整理者：這是迄今爲止關於十二時最早的記載，又是以十二辰表示十二時最早的記載。

【今譯】

"雞鳴"之時爲丑時，"平旦"之時爲寅時，"日出"之時爲卯時，"食時"之時爲辰時，"莫食"之時爲巳時，"日中"之時爲午時，"日失"之時爲未時，"下市"之時爲申時，"舂日"之時爲酉時，"牛羊入"之時爲戌時，"黄昏"之時爲亥時，"人定"之時爲子時。Q1_11_10_156

十二支占

【釋文】

子以東吉，北得，西聞言，〔南〕兇（凶）①。朝啟夕閉，朝兆（盜）不得②，晝夕得。以入，見疾。以有疾，辰少（小）翏（瘳），午大翏（瘳）③，死生在申，黑Q1_11_10_157肉從北方來，把者黑色，外鬼父葉（世）爲姓（眚）④，高王父譴適（謫）⑤，豕☐Q1_11_10_158

丑以東吉，西先行⑥，北吉，南得。Q1_11_10_159A〔朝〕啟夕閉，朝兆（盜）不得[7]。以入，小亡。以有疾，巳少（小）翏（瘳），酉大翏（瘳），死生在子[8]，Q1_11_10_159A＋179B脂肉從東方來[9]，外鬼爲姓（眚），巫亦爲姓（眚）。Q1_11_10_160

寅以東北吉，西先行，南得。朝閉夕啟，朝兆（盜）得，晝夕不得。·以入，吉。以有疾，午少（小）翏（瘳），申大翏（瘳），死生在Q1_11_10_161子，▨巫爲姓（眚）。Q1_11_10_162

卯以東吉，北見疾，西南得。朝閉夕啟，朝兆（盜）得，晝夕不得。·以入，必有大亡。以有疾，未少（小）翏（瘳），申大翏（瘳），死生在Q1_11_10_163亥，狗肉從東方來，中〔眚〕鬼見社爲姓（眚）[10]。Q1_11_10_164

辰以東吉，北兇（凶），先行[11]，南得。朝啟夕閉，朝兆（盜）不得，夕晝得[12]。·以入，吉。以有疾，酉少（小）翏（瘳），戌大翏（瘳），死生在子，Q1_11_10_165乾肉從東方來，把者精（青）色，巫爲姓（眚）。Q1_11_10_166

巳以東吉，北得，西兇（凶），南見疾。朝閉夕啟，朝兆（盜）得，晝夕不得。·以入，吉。以有疾，申少（小）翏（瘳），亥大翏（瘳），死生在寅，赤Q1_11_10_167肉從東方來，高王父譴姓（眚）。Q1_11_10_168

午以東先行，北得，西聞言，南兇（凶）。朝閉夕啟，朝兆（盜）得，晝夕不得。·以入，吉。有〔疾〕，戌少（小）翏（瘳），子大翏（瘳）[13]，死生Q1_11_10_169A＋175B在寅，赤肉從南方來，把者赤色，外鬼兄枼（世）爲姓（眚）。Q1_11_10_170

未以東得，北兇（凶），西南吉。朝啟多夕閉[14]，朝兆（盜）不得，晝夕得。·以入，吉。以有疾，子少（小）翏（瘳），卯大翏（瘳），〔死〕生在寅，赤〔肉〕Q1_11_10_171從南方來，把者〔赤〕色[15]，毋枼（世）外死爲姓（眚）。Q1_11_10_172

申以東北得，西吉，南兇（凶）。朝閉夕啟，朝兆（盜）〔得〕，晝夕不得。·〔以入〕，吉。以有疾，子少（小）翏（瘳），〔□大翏（瘳），死〕生在辰，Q1_11_10_173鮮魚從西方來，把者白色，王父譴牂爲姓（眚）[16]。Q1_11_10_174

酉以東藺（吝）[17]，南聞言，西兇（凶）。朝〔啟夕〕閉，朝兆（盜）不〔得〕，〔晝〕夕得。·以入，有□。〔有〕疾，丑少（小）翏（瘳），辰大翏（瘳），〔死生〕Q1_11_10_175A＋169B在未，赤肉從北方來，外鬼父枼（世）見而欲，巫爲姓（眚），室鬼欲狗（拘）。Q1_11_10_176

戌以東得，西見兵，冬之吉[18]，南兇（凶）。朝啟夕閉，朝兆（盜）不〔得〕，〔晝〕夕得。·以入，藺（吝）。以有疾，卯少（小）翏（瘳），辰大翏（瘳），死Q1_11_10_177生在酉，鮮魚從西方來，把者白色，高王父爲姓（眚），壄（野）立爲[19]Q1_11_10_178

亥以東南得，北吉，西禺（遇）□[20]。〔朝〕閉夕啟，朝兆（盜）得，晝夕不得。·以入，得。〔以有〕疾，卯少（小）翏（瘳），巳大翏（瘳），死生〔在申〕[21]，Q1_11_10_179A＋159B黑肉從東方來，毋枼（世）見之爲姓（眚）。Q1_11_10_180

【匯釋】

①以：**介詞，引介時間，相當於“於”**。

“兇”前脫一“南”字。劉樂賢（1994：370）：此句當爲“西聞言，南兇”。

②啟：**打開**。“启”爲會意字，从戶、从口。其甲骨文字形左邊是手（又），右邊是戶（單扇門），用手開門，即開啟的意思。後繁化加“口”，或省去手（又）而成“启”。

兆：**有三說：一、讀爲“盜”，盜竊**。陳偉（1998）：或讀爲“盜”，指盜竊。睡虎地秦簡《日書》甲種《盜者》也有“旦啟夕閉”“夙得暮不得”的文句，“兆”指盜竊的可能性看來更大一些。李家浩（1999B）：既然楚簡“占盜疾等”的“朝逃”之“逃”應該假借爲“盜”，那麼秦簡“占盜疾等”的“朝兆”之“兆”也應該假借爲“盜”。**二、“兆”讀爲“鼂”，“鼂”讀爲“朝”，早晨**。劉樂賢（1994：370）：“兆”讀爲鼂（晁）。晁、鼂都讀爲朝。朝兆爲一同義複詞，兆亦朝也。**三、讀爲“逃”，逃亡**。陳偉（1998）：楚簡“朝逃”的“逃”，秦簡《日書》乙種簡147～180作“兆”。也許本篇的“逃”爲本字，指逃亡。

③少：**後作“小”，大小的小**。瘳：**通“瘳”，病愈**。

辰：**涉上文“疾”而訛**。魏德勝（2003：48）說。

④杷者：**主持祭祀儀式的人**。

外鬼：**非自己家族的亡靈**。蒲慕州（1993）說。

葉：**後作“世”**。父世：**父輩，指伯父、叔父等**。整理者說。

姓：**有三種訓釋：一、讀爲“眚”，訓爲災**。《國語·楚語下》注：“猶災也。”陳偉（2016C：510）說。**二、讀爲“祟”**。李曉東、黃曉芬（1989）：這裏的“姓”就是“祟”字的假借。同樣一條文辭，甲種本的“祟”字，乙種本都換成了“姓”字，足證“姓”與“祟”通。**三、讀爲“眚”，訓爲祟**。劉樂賢（1994：370）：“爲眚”即“爲祟”，《日書》甲種“病篇”之“爲祟”在《日書》乙種“有疾篇”作“爲姓（眚）”。眚、祟詞義相近。

⑤高王父：**高祖王父**。劉樂賢（1994：370）：《爾雅·釋親》云：“父之考爲王父”，“曾祖王父之考爲高祖王父”。

譴：**或可讀爲“遣”，譴責**。陳偉（2016C：514）說。

適：**讀爲“謫”，怪罪，罪罰**。劉樂賢（1994：370）：“謫”有罪罰之義，漢代鎮墓文中常見“解謫”一詞，是解除罪謫的意思。本簡的“譴適（謫）”當與簡168“高王父譴姓（眚）”意義相近。

⑥先行：**是“无行”的錯寫**。劉樂賢（2003B）：《日書》的“先行”，在馬王堆帛書《出行占》中都寫作“毋行”。“先行”一詞雖然不難理解，但用爲占測吉凶的術語卻實屬罕見。“先行”可能是“无行”的錯寫。“先”“无”二字的形狀在秦漢文字中十分接近，很容易抄錯或誤認。陳偉（2016C：515）：《日書》甲種《十二支占行》簡138Ⅰ有“北毋行”，簡136Ⅱ有“東西凶，毋行”，簡13Ⅱ有“南毋行”，放馬灘秦簡《日書》乙種簡95有“西毋行”，簡97Ⅲ有“東毋行”，可參看。

⑦此句有脱文。劉樂賢（1994：370）說。

⑧關於此處竹簡的拼接，**有二說：一、把簡 159A 與簡 179B 拼接**。李家浩（1999B）：睡虎地秦簡的拼接有誤，當據楚簡文字，把簡 159A 與簡 179B 拼接，簡 179A 與簡 159B 拼接。**二、把簡 159 與簡 160 拼接**。整理者說。

⑨脂：**豬肉醬**。《說文》："豕肉醬也。"整理者說。

⑩中鬼：**家中的鬼**。與上下文"外鬼"相對應。

見：**有四種訓釋：一、顯現**。吳小強（2000：230）：見社，指在社祠顯現身形。陳偉（2016C：515）：楚卜筮簡有類似說法。如包山楚簡 218："又（有）祱（祟），太見琥。"簡 222："又（有）祱（祟）見新（親）王父、殤。"可參看。**二、見到**。陳偉武（1998）：狗肉、赤肉、黑肉均爲致病物，作祟者見肉而爲災。首例是說中鬼見肉於社而爲災；次例謂外鬼父枼（世）見肉而欲爲災，前文云："脂肉從東方來，外鬼爲姓（眚），巫亦爲姓（眚）。"可證。末例之"之"指代黑肉，"見"用常義，淺顯易見，毋庸深求。如此，則首例"社"字下、末倒"之"字下皆可加逗號。**三、疑即"覡"字**。整理者：《日書》甲種覡均省作"見"。**四、存疑**。劉樂賢（1994：370）："見"又見於本篇 176、180 兩簡，其確切含義尚有待研究。

⑪"先行"上有脱文。整理者說。

⑫夕晝：**即晝夕**。劉樂賢（1994：370）說。

⑬精：**通"青"，青色。**

關於此處竹簡的拼接，**有二說：一、簡 169A 與簡 175B 拼接，簡 175A 與簡 169B 拼接**。李家浩（1999B）：有疾之日跟小瘳之日、大瘳之日之間相隔的時間，是有一定規律的，一般分別相隔五日至六日、六日至九日。簡 169、175 的日數跟上面所說的日數不合，顯然拼接有誤。如果把簡 169A 與簡 175B 拼接，簡 175A 與簡 169B 拼接，就不存在日數不合的問題了。**二、簡 169 與簡 170 拼接**。整理者說。

⑭"多"字衍。整理者說。

⑮"赤"字原脱。整理者說。

⑯牲：**疑讀爲"牲"**。整理者說。

⑰藺：**通"吝"，遺憾，麻煩，艱難**。《易經》乾卦之九五，上九占斷用語。

⑱冬：**有兩種訓釋：一、讀爲"終"，最後**。整理者：一說，冬讀爲終，將之吉意謂最後化險爲夷。**二、讀爲"中"，中部**。整理者：冬讀爲中。《禮記·鄉飲酒義》："冬之爲言中也。"中之吉，到中部地區就吉利。

⑲壄：**同"野"，野外**。立：**後作"位"，神位**。整理者：疑讀爲位。

壄立：**野外的神祠。**

⑳"禹"字後疑爲"兵"。吳小強（2000：230）說。陳偉（2016C：515－516）：放馬灘秦簡《日書》乙種《十二支占行》簡 102 叁亥日條作"西見祠者"。

㉑"死生"下脱"在申"二字。整理者說。李家浩（1999B）：簡 180 首漏寫"在申"二字，此據楚簡"占盜疾等"亥之占辭補。

【今譯】

子日，往東面行，吉利，往北面行，有收穫，往西面行，會聽到別人議論，往南面行，凶險。房室門戶要早晨打開，晚上關閉。清晨盜竊，抓不到，白天和夜晚盜竊，可以抓獲。旅行的人在此日回家，就會遇見疾病。在此日患疾病，辰時得病，祇能小有康復；午時得病，能完全康復；申時得病，則生死難説。獻祭鬼神的黑Q1_11_10_157色肉是從北方來的，主持祭祀的人臉色黑，衣服黑色。非自己家族的亡靈和父輩的鬼作祟爲災，曾祖父的亡靈在譴責怪罪後代，用豬肉來獻祭……Q1_11_10_158

丑日，往東面行，吉利，若往西行，就不要出行，往北面行，吉利，往南面行，能夠有所收穫。房室門戶要早上打開，晚上關閉，清晨盜竊，抓不到。旅行的人在此日回家，家中將有小部分的奴隸逃亡。在此日患病，巳時得病，祇能小有康復；酉時得病，能完全康復；在子時得病，則生死難説，Q1_11_10_159A＋179B獻祭鬼神的豬肉醬從東方來的，外邊的鬼在作祟爲災，巫師也在作祟爲災。Q1_11_10_160

寅日，往東北面行，吉利，若往西行，就不要出行，往南面行，有所收穫。房室門戶要早上關閉，晚上打開。清晨盜竊，能夠抓獲，白天和夜晚盜竊，抓不到。·旅行的人在此日回家，吉利。在此日患病，午時得病，祇能小有康復；申時得病，能完全康復；在Q1_11_10_161子時得病，則生死難説。……巫師在作祟爲災。Q1_11_10_162

卯日，往東面行，吉利，往北面行，會患上疾病，往西南面行，有收穫。房室門戶要早上關閉，晚上打開。清晨盜竊，可以抓獲，白天和夜晚盜竊，抓不到。·旅行的人在此日回家，家中必定有許多奴隸逃亡、很多財貨丢失。在此日患病，未時得病，祇能小有康復；申時得病，能完全康復；亥時得病，則生死Q1_11_10_163難説。獻祭鬼神的狗肉從東方來的。自己家的鬼顯形社神祠而作祟爲災。Q1_11_10_164

辰日，往東面行，吉利，往北面行，凶險，不能出發，往南面行，有收穫。房室門戶要早上打開，晚上關閉。清晨盜竊，抓不到，夜晚和白天盜竊，可以抓獲。·旅行的人在此日回家，吉利。在此日患病，酉時得病，祇能小有康復；戌時得病，能完全康復；子時得病，則生死難説。Q1_11_10_165獻祭鬼神的乾肉是從東方來的，主持祭祀的人全身是青色的，巫師在製造災殃。Q1_11_10_166

巳日，往東面行，吉利，往北面行，有收穫，往西面行，凶險，往南面行，染疾。房室門戶要早上關閉，晚上打開。清晨盜竊，可以抓獲，白天和夜晚盜竊，抓不到。·旅行的人在此日回家，吉利。在此日患病，申時得病，祇能小有康復；亥時得病，能完全康復；寅時得病，則生死難説。獻祭鬼神的紅色Q1_11_10_167肉是從東方來的。曾祖父的亡靈在譴責怪罪後代。Q1_11_10_168

午日，往東面行，不要出發旅行，往北面行，有收穫，往西面行，會聽到別人議論，往南面行，凶險。房室門戶要早上關閉，晚上打開。清晨盜竊，可以抓獲，白天和夜晚盜竊，抓不到。·旅行的人在此日回家，吉利。在此日患病，戌時得病，祇能小有康復；子時得病，能完全康復；寅時得病，則生死Q1_11_10_169A＋175B難說。獻祭鬼神的紅色的肉是從南方來的。主持祭祀的人全身都是紅色的。非自己家族的亡靈和兄輩的鬼在作祟爲災。Q1_11_10_170

未日，往東面行，有收穫，往北面行，凶險，往西南面行，吉利，家中的門戶要早上打開，晚上關閉。清晨盜竊，抓不到，夜晚和白天盜竊，可以抓獲。·旅行的人在此日回家，吉利。在此日患病，子時得病，衹能小有康復；卯時得病，能完全康復；寅時得病，則生死難説。獻祭鬼神的紅色肉Q1_11_10_171是從南方來的，主持祭祀的人全身也是紅色。母輩的鬼和非自己家族的亡靈在作祟爲災。Q1_11_10_172

申日，往東北面行，有收穫，往西面行，吉利，往南面行，凶險。房室門戶要早上關閉，晚上打開。清晨盜竊，可以抓獲，白天和夜晚盜竊，抓不到。·旅行的人在此日回家，吉利。在此日患病，子時得病，衹能小有康復；在……時得病，能完全康復；辰時得病，則生死難説。Q1_11_10_173獻祭鬼神的新鮮魚兒是從西方來的，主持祭祀的人全身白色。曾祖父的亡靈在怪罪祭牲而作祟爲災。Q1_11_10_174

酉日，往東面行，遭遇麻煩，行事受阻，往南面行，會聽到別人議論，往西面行，凶險。家中的門戶要早上打開，晚上關閉。清晨盜竊，抓不到，夜晚和白天盜竊，可以抓獲。·旅行的人在此日回家，將有……在此日患病，丑時得病，衹能小有康復；辰時得病，能完全康復；未時得病，則生死Q1_11_10_175A＋169B難説。獻祭鬼神的紅色的肉是從北方來的，非自己家族的亡靈和父輩的鬼看到紅肉想吃，巫師在作祟爲災，自己家中的鬼想要逮住外鬼。Q1_11_10_176

戌日，往東面行，有收穫；往西面行，遇到打仗，最終化險爲夷；往南面行，凶險。家中的門戶要早上打開，晚上關閉。清晨盜竊，抓不到，白天和夜晚盜竊，可以抓獲。·旅行的人在此日回家，將遭遇麻煩，行事受阻。在此日患病，卯時得病，衹能小有康復；辰時得病，能完全康復；酉時得病，則生死Q1_11_10_177難説。獻祭鬼神的新鮮魚兒是從西方來的，主持祭祀的人全身皆白。曾祖父的亡靈在譴責怪罪後代，野外的神祠在作祟爲災。Q1_11_10_178

亥日，往東南面行，有收穫，往北面行，吉利，往西面行，遇上……家中的門戶要早上關閉，晚上打開。清晨盜竊，可以抓獲，白天和夜晚盜竊，抓不到。·旅行的人在此日回家，將有所收穫。在此日患病，卯時得病，衹能小有康復；在巳時得病，能完全康復；申時得病，則生死難説。Q1_11_10_179A＋159B獻祭鬼神的黑色肉是從東方來的，母親一輩的鬼看見了黑肉而作祟爲災。Q1_11_10_180

有疾

【釋文】

■有疾①

甲乙有疾，禺（遇）御於豕肉②，王父欲殺生人爲姓（眚）③。有病者必五病而

Q1_11_10_181 □有閒[④]，不閒，死，煩〔在〕☑ Q1_11_10_182A ☑〔色〕亡[⑤]。Q1_11_10_182B

丙丁有疾，王父爲姓（眚），得赤肉、雄雞、酒[⑥]，庚辛病，壬閒，癸酢（作）[⑦]，煩及歲皆在南方，其人赤色，死火日。Q1_11_10_183

戊己有疾，巫堪、王父爲〔姓〕（眚）[⑧]，□□□索魚堇□□□□閒，乙〔酢（作），不酢（作），□□邦〕中，中歲在西[⑨]，人黃色，死土日。Q1_11_10_184

庚辛有疾，外鬼傷（殤）死爲姓（眚），得於肥肉、鮮魚、卵，甲乙病，〔丙〕有閒，丁酢（作），不□☑Q1_11_10_185〔死〕[⑩]☑Q1_11_10_186

壬〔癸〕□□□□□□人，外鬼爲姓（眚），得於酉（酒）、脯脩節肉[⑪]，丙丁病，戊有閒，己酢（作），不酢（作），煩在北，人黑☑Q1_11_10_187

【匯釋】

①有疾：**標題**。整理者：原在簡183首，當係因簡181首有橫綫之故。陳偉（2016C：516）：簡181、簡183或相銜接，提示篇題的墨塊與篇名相連。

②禺：**通“遇”，遇到，遇見**。整理者說。

御：**有三說：一、釋爲“禦”，疑讀爲“遻”，訓爲逢**。《楚辭·懷沙》注：“逢也。”整理者說。**二、釋爲“禦”，解釋爲趕馬車的人**。吴小強（2000：234）說。**三、此字所从似爲“矢”**。陳偉（2016C：516）：與習見的“御”字有別。

③王父：**祖父**。《爾雅·釋親》：“父之考爲王父，父之妣爲王母。”

姓：**通“眚”，災異**。眚，本義指眼睛得病。《説文》：“眚，目病生翳也。”此處應釋爲災異。潘嶽《關中》：“虞中國眚，竊我利器。”

④閒：**病痊愈**。

⑤煩：**煩擾**。《左傳·昭公元年》：“至於煩乃止也已，無以生疾。”

在：此字尚存殘畫。

關於此處竹簡的編連，**有三說：一、疑簡182A應與簡181綴合，簡182B疑屬他篇**。陳偉（2016C：516）：疑簡182A應與簡181綴合，其間或僅殘一“後”字。簡182B句式與本篇其他各條不一，疑屬他篇。**二、簡182應與簡181綴合**。整理者說。**三、簡182爲兩截殘片，均應重新綴合編次**。林清源（2002）：《日書》乙種《有疾》章的簡182，綴合現況疑竇叢生。該章“甲乙有疾”段的篇幅，應該衹佔一枚竹簡，簡182那兩截殘片，均應重新綴合編次。該簡上半截殘片，是否屬於《有疾》章仍須深入研究；即令得以隸屬《有疾》章，也未必屬於“甲乙有疾段”；縱使得以隸屬“甲乙有疾段”也應併入簡181，不得另佔一簡。該簡下半截殘片疑點更多，應已足可斷定不屬於“甲乙有疾”段，甚至也不屬於《有疾》章。

⑥“得”下應脫一“於”字。整理者說。

⑦酢：**通“作”，起牀**。整理者說。《説文》：“作，起也。”

⑧《日書》甲種“堪”字下有“行”字。整理者說。

⑨“中”字衍，“西”字下脫“方”字。整理者說。

⑩關於此處竹簡的編連，**有二説：一、簡 185 應與簡 186 綴合**。整理者説。**二、簡186 可能不隸屬“庚辛有疾”段**。林清源（2002）：簡 185 本身就是一枚殘簡，簡 186 又是衹剩一個殘泐不全的“死”字，無論就形式或內容而言，二者之間均缺乏明晰的內在聯繫，因此，筆者認爲簡 186 極有可能並不隸屬“庚辛有疾”段。

⑪脯：**肉乾**。《左傳・僖公三十三年》：“吾子淹久於敝邑，唯是脯資餼牽竭矣。”《周禮・天官》注：“謂加姜桂鍛治者謂之脩，不加姜桂以鹽乾之者謂之脯。”

脩：**同“脯”**。《説文》：“脩，脯也。”

【今譯】

■患了疾病

在甲乙日患了疾病，會從豬肉中遇到他，祖父的鬼魂想殺死活著的人，是活著的人作祟導致的。有病的人必定要病五次而Q1_11_10_181……病情有好轉。如果沒有痊愈，會死去。煩擾在……Q1_11_10_182A……色逃亡。Q1_11_10_182B

在丙丁日患了疾病，是祖父的鬼魂在作祟爲災導致的。從紅色的肉、公雞、酒中得到他。庚辛日得了病，壬日有好轉，癸日會起牀。煩擾和歲星都在南方，有病的人是紅色的，會在火日死去。Q1_11_10_183

戊己日患了疾病，是因爲巫堪出行、祖父的鬼魂在作祟爲災，從……乾魚、堇……（中可以得到他们）……病情會好轉，乙日會起牀。假如起不了牀，（煩擾）就在城中，歲星在西方，有病的人是黄色的，會在土日死去。Q1_11_10_184

庚辛日患了疾病，是因爲非自己家族的亡靈和未成年人死去的鬼魂在作祟爲災，從肥肉、鮮魚、白色雞蛋中可以得到他们。甲乙日患病，丙日會好轉一些，丁日能起牀。如果起不了牀……Q1_11_10_185……死在……Q1_11_10_186

壬癸日（患了疾病）……人，這是因爲非自己家族的亡靈在作祟爲災，從酒、切成薄片的乾肉、肉醬和肉中可以得到他们。丙丁日患病，戊日病情將有好轉，己日就能起牀。如果不能起牀，煩擾在北方，有病的人是黑色的……Q1_11_10_187

病

【釋文】

・病

凡酉、午、巳、寅，以問病者，必代病[①]。Q1_11_10_188 Ⅰ

【匯釋】

①以：**在**。介詞，引介時間，賓語省略。

代：**代替**。《説文》：“代，更也。凡以此易彼，以後續前，皆曰代。”

【今譯】

·病

凡是在酉日、午日、巳日、寅日去看望問候病人的人，必定代替原來的病人生同樣的病。Q1_11_10_188 I

夢

【釋文】

■夢①

甲乙夢被黑裘衣寇〈冠〉，喜，人〈入〉水中及谷，得也②。Q1_11_10_189 I

丙丁夢□，喜也。木金，得也。Q1_11_10_190 I

戊己夢黑，吉，得喜也。Q1_11_10_191 I

〔庚辛〕夢青黑，喜心。木水，得也③。Q1_11_10_192 I

壬癸夢日④，喜也。金，得也。Q1_11_10_193 I

凡人有惡夢，覺而擇（釋）之⑤，西北鄉（向）擇（釋）髪而駟（呬），祝曰："䋝（皋），敢告壐（爾）宛奇，某有惡夢，老來□Q1_11_10_194之，宛奇強歓（飲）食，賜某大畐（福），不錢則布，不壐（繭）則絮。"⑥Q1_11_10_195 I

【匯釋】

①夢：**標題**。整理者：位於簡190首，因簡189首有橫綫。

②被：**古同"披"，穿著或將衣物披搭於肩上**。《楚辭·屈原·國殤》："操吳戈兮被犀甲，車錯轂兮短兵接。"《陳涉世家》："將軍身被堅執鋭。"

人：**"入"字之誤，進入**。

谷：**山谷**。《説文》："泉出通川爲谷。从水半見，出於口。"《韻會》："兩山間流水之道也。"《爾雅·釋水》："水注溪曰谷。"《疏》謂："山谷中水注入，溪也。"

③心：**有二説：一、釋爲"心"**。陳偉（2016C：518）：據圖版核改。**二、釋爲"也"**。整理者説。

④日：**當作"白"**。饒宗頤（1986：263）説。

⑤惡夢：**即寤夢，半清醒狀態的夢魘**。劉銀昌（2016）：簡文中"瞢"常與"惡"連用，後世作"噩夢"。《周禮·春官·占夢》云："以日月星辰占六夢之吉凶，一曰正夢，二曰噩夢。"鄭玄注引杜子春云："噩，當爲'驚愕'之'愕'，謂驚愕之夢。"孫怡讓《正義》："驚愕則心爲之感動，故因而成夢。"可見噩夢之"噩"是驚愕之義，而"惡"有恐怖、不祥之義。所以，惡夢與噩夢在字面含義上有所區别。但後世混用，噩夢也便有了驚愕與不祥兩種含義。《日書》甲種運用了"惡瞢"，自然是可怖不祥之夢。"瞢"又有眼睛看不見的意思，所以這種夢是指眼睛未睜開時的一種恐怖的夢，也就是我們常説的夢魘。古人把這種夢又稱爲"寤

夢”。如《說苑·敬慎》云：“惡夢者，所以警士大夫也。”《孔子家語·五儀解》則作“寤夢徵怪，所以儆人臣也”，可知惡夢即寤夢。顧名思義，就是在清醒狀態下的夢，其實就是半清醒狀態的夢魘。這種夢在諸夢之中最爲恐怖，所以成爲占夢者的首選對象。

擇：**通“釋”，解除。**整理者說。《說文》：“釋，解也。从釆，取其分別物也。睪聲。”《穀梁傳·昭公二十九年》：“昭公出奔，民如釋重負。”

⑥擇：**通“釋”，散。**釋髮：**散髮。**整理者說。

駟：**通“呬”，休息。**劉樂賢（1994：380）說。《說文》：“東夷謂息爲呬。从口四聲。《詩》曰：‘犬夷呬矣。’”今按：《詩經》本作“昆夷駾矣，維其喙矣”。傳：喙，息也。《說文》改駾作呬，非。《張衡·思玄賦》：“呬河林之蓁蓁。”《注》：“呬，息也。”

綽：**通“皋”，感嘆詞。**

壐：**通“爾”，代詞，你。**

宛奇：**食夢之鬼。**《中國方術正考》：“大義是說，如果做了噩夢，醒來後可披髮西北向而坐，向宛奇禱告，求除噩夢，賜之大福。其提到的‘宛奇’是一種食夢之鬼。古人相信向他禱告可以制止噩夢。”

畐：**通“福”，福祿。**

壐：**通“繭”，蠶繭。**

【今譯】

■夢

在甲乙日夢見自己穿著黑色皮衣，戴著黑色帽子，這說明有喜事，進入水裏以及山間溪流中，將有收穫。Q1_11_10_189 I

在丙丁日夢到……說明有喜事，在“木”方面和“金”方面有收穫。Q1_11_10_190 I

在戊己日夢到黑色東西，這是吉利的徵兆，將有喜事臨門。Q1_11_10_191 I

在庚辛日夢到青色和黑色的東西，會讓內心喜悅，在“木”方面和“水”方面有收穫。Q1_11_10_192 I

在壬癸日夢到白色東西，這說明有喜事，在“金”方面將有收穫。Q1_11_10_193 I

凡是有人做噩夢，睡醒以後噩夢解除了，要面朝西北方向，解散頭髮休息，然後進行禱告說：“啊呀——冒昧敬告您宛奇神，某某（自己姓名）做了噩夢，讓……經常來Q1_11_10_194您這裏。請宛奇神多多飲酒吃飯，恩賜給某某多多的福祿，不是這種貨幣即是那種貨幣，不是蠶繭即是絲絮。”Q1_11_10_195 I

圂忌日

【釋文】

圂忌日，己丑爲圂廁，長死之①；以癸丑，少者Q1_11_10_188 Ⅱ〔貳〕死之。其吉日，戊寅、戊辰、戊戌、戊申。Q1_11_10_189 Ⅱ 凡癸爲屏圂②，必富。Q1_11_10_190 Ⅱ

辰不可以哭、穿肆（殔），且有二喪③，不可卜筭、爲屋④。Q1_11_10_191 Ⅱ

辛卯、壬午不可寧人⑤，人反寧之。Q1_11_10_192 Ⅱ

凡酉、〔午〕、巳、寅、辛亥、辛卯問病者，代之。Q1_11_10_193 Ⅱ

入月旬七日毀垣，其室日減⑥。Q1_11_10_195 Ⅱ 及入月旬八日皆大凶，有毀。Q1_11_10_196 Ⅱ

【匯釋】

①圂：**帶廁豬圈**。《廣釋·釋宮》："圂，廁也。"先秦時代，"圂"一般專指豬圈，養豬之所；至戰國末期，有了豬圈與廁所兩重含義，此時的"圂"既不專指豬圈，也不單指廁所，而是帶廁豬圈的意思，廣泛見於漢墓。墓中的實物模型具體、形象地反映了它的建築特色和功能。《晉語》云："少溲禹豕牢而得文王。"韋昭云："豕牢，廁也。"

"長"字下疑脫"者"字。整理者說。

②屏：**即"廁"**。屏圂：**即前簡之圂廁**。劉樂賢（1994：382）說。《急就篇》卷三："屏廁清溷糞土壤。"《法苑珠林》卷九："彼無威德者或依不淨糞穢而住，或依草木塚墓而止，或依屏廁故堀而居，皆無舍宅，果報劣人。"

③肆：**通"殔"，墓室的西墓道**。《儀禮·士喪禮》："埋棺之坎也，掘之於西階。"《注》："殔，埋棺之坎也。"《疏》："殔訓爲陳，謂陳尸於坎，鄭即以殔爲埋棺之坎也。"《顏延之·哀冊文》："戒涼在殔，杪秋即穸。"《注》："三日而殔，三月而葬。"又《集韻》："羊至切，音肆。義同。或作殜。"

④筭：**有兩種訓釋：一、爲"筮"字之誤**。整理者說。**二、即"筭"字，意思是謀劃、占卜**。魏德勝（2003：86）：作"筭"也通。筭，即算，古時有謀劃、占卜之義。枚乘《七發》："孟子執籌而筭之，萬不失一。"《後漢書·張衡傳》："衡善機巧，尤致思於天文、陰陽、曆筭。"《新唐書》："計筭鉤畫，分銖不誤。"

⑤寧人：**對人進行慰問**。整理者說。《後漢書·左雄傳》："臣聞柔遠和邇，莫大寧人，寧人之務，莫重用賢。"

⑥室：**家產，家財**。《左傳·昭公五年》："分公室，季氏擇二。"

【今譯】

廁所的禁忌的日子：如果在己丑日建造廁所，家中的老人將因之而死；如果在癸丑日（建造廁所），家中的年輕人Q1_11_10_188Ⅱ將因之而死。建造廁所的吉利日子，是戊寅日、戊辰日、戊戌日、戊申日。Q1_11_10_189Ⅱ凡是在癸日建造廁所，家庭必定富裕。Q1_11_10_190Ⅱ

在辰日不能哭泣，不能開挖墓室的西墓道，否則將會有兩個人死亡。在此日不能進行占卜算卦、蓋房子等活動。Q1_11_10_191Ⅱ

在辛卯日、壬午日不能對別人進行慰問。否則，別人反而會慰問自己。Q1_11_10_192Ⅱ

凡是在酉日、午日、巳日、寅日、辛亥日、辛卯日去問候病人，會代替病人而患病。Q1_11_10_193Ⅱ

進入每個月的十七日拆毀墻，毀墻者的家庭財產將天天減少。Q1_11_10_195Ⅱ以及進入每月的十八日都是非常凶險的日子，家中房室將被毀壞。Q1_11_10_196Ⅱ

穿戶忌

【釋文】

穿戶忌[①]

毋以丑穿門戶，不見其光。Q1_11_10_196Ⅰ

【匯釋】

①穿戶忌：**標題**。整理者：簡首標題雙行書，以下兩節同。林清源（2002）：整理小組其實是將"穿戶忌"和"不可取妻"當作章題，衹不過在釋文中自亂體例，未將章題和內文嚴格劃分而已。

【今譯】

穿過門戶的禁忌

不要在丑日穿過門戶，否則家中看不見陽光。Q1_11_10_196Ⅰ

嫁子□

【釋文】

家（嫁）子□[①]

正月、五月②，正東盡③，東南夬麗④，西南執辱⑤，正西郄逐⑥，西北續光⑦，正北吉富，東北⑧。Q1_11_10_197

二月、六月、十月，正南盡，西南斲（鬭）⑨，正西夬麗，西北執辱，正北郄，北續光⑩，正東吉富，東南反鄉⑪。Q1_11_10_198

三月、七月、十一月，正西盡，北斲（鬭）⑫，正北夬麗，東北執辱，正東郄逐，東南續光，正南吉富，西南反鄉。Q1_11_10_199

四月、八月、十二月，正北盡，□□斲（鬭）⑬，正東夬麗，南執辱⑭，正南〔郄逐，西南〕續光，正西吉富，西北反鄉。Q1_11_10_200

【匯釋】

①□：**疑爲“刑”字**。整理者說。

家子□：**應爲嫁女之意**。工藤元男（1993）：對照《日書》中“取妻家（嫁）女”（甲簡716）、“取婦家（嫁）女”（甲簡765），這段占文標題“家子□”應爲嫁女之意。

②“五月”下當脫“九月”二字。整理者說。

③盡：**有二說：一、夫妻會白頭偕老，共度終生**。趙浴沛（2005）說。吳小強（2000）譯爲夫妻白頭到老，共度終生。**二、死**。李天虹（2005）：《後漢書·列女傳·皇甫規妻》：“妾謂持杖者曰：‘何不重乎？速盡爲惠。’遂死車下。”《廣韻》：“盡，竭也，終也。”明代董其昌《節寰袁公行狀》：“會浙有直指好擊斷名，逼一大司成自盡。事聞，神宗震怒，直指鋃鐺受辱，中丞亦鐫秩去，於是始服公（袁可立）之遠識焉。”

④夬麗：**有三種訓釋：一、分離**。整理者：《說文》：“夬，分決也。”《廣雅·釋言》：“麗，離也。”賀潤坤（1995B）：指所嫁之女要遭日後離異的厄運。趙浴沛（2005）：“麗”是說夫妻可能被迫分離。**二、光亮美好**。劉信芳（1992）：“精”與“夬麗”二者同有光亮美好義。**三、“夬麗”之“麗”讀爲“儷”，訓爲配偶**。晏昌貴（2003）：“夬麗”之“麗”也可能讀爲“儷”，義指配偶，也即是簡文指說的“室人妻子父母”。

⑤執辱：**被拘執而受辱**。整理者說。劉信芳（1992）：“困”與“執辱”就其窮困、被執受辱的釋義講，亦有相聯繫之處。

⑥郄：**即“卻”字，讀爲“隙”，怨隙**。

郄逐：**因有怨而被驅逐**。整理者說。趙浴沛（2005）：“逐”即是妻子因與夫家不和而遭棄。

⑦績光：**有三種訓釋：一、和睦而受寵愛**。績：**疑讀爲“睦”，和睦**。光：**寵愛**。《廣雅·釋言》：“寵也。”整理者說。趙浴沛（2005）：“續光”即夫妻和睦恩愛，妻子很受寵。**二、“續”“辱”讀音相近**。劉信芳（1992）：續、辱古音同在屋部，讀音相近。**三、繼光**。晏昌貴（2003）：上述“續光”“殷光”“啟光”“辟道”講的都是一個意思。“續光”猶言“繼光”。

⑧“東北”下當脱“反鄉”二字。整理者説。

⑨斵：**通“鬭”。鬭：有三種訓釋：一、相爭鬭**。趙浴沛（2005）：“鬭”即夫妻相鬭，家庭矛盾重重。**二、“分離”與“鬭”義通**。劉信芳（1992）説。**三、“鬭”與“毁”意思相同**。晏昌貴（2003）：《天官書》：“歲星入月，其野有逐相；與大白鬭，其野有破軍。”《集解》引韋昭曰：“星相擊中爲鬭。”又，“金、木星合，光，其下戰不合，兵雖起而不鬭；合相毁，野有破軍”。前者講兩星相“鬭”，野有破軍；後者説兩星相“毁”，野有破軍，可知“鬭”與“毁”意思相同。“鬭”即“室毁”。

⑩此句有脱文。整理者：似當爲“正北郄逐，東北續光”。

⑪反鄉：**回家**。劉信芳（1992）：嫁女能夠“反向”（回家）探望，從娘家的角度講，當然不算壞事，故爲“少吉”。

⑫“北”上似脱“西”字。整理者説。

⑬□□：**似爲“東北”二字**。整理者説。

⑭“南”此字上所缺之字，**有二説：一、當爲“東”**。劉樂賢（1994：385）説。**二、“西”字或“東”字**。整理者説。

【今譯】

嫁女

正月、五月、（九月），女孩子出嫁到正東方，夫妻白頭到老，共度終生。女孩子嫁到東南方，夫妻被迫分離。女孩子嫁到西南方，將因罪而被官府拘捕、受侮辱。女孩子嫁到正西方，會因與夫家不和而遭驅逐。女孩子嫁到西北方，夫妻和睦恩愛，妻子受寵。女孩子嫁到正北方向，吉祥如意，家庭富裕。女孩子嫁到東北方，將被迫返回家鄉。Q1_11_10_197

二月、六月、十月，女孩子出嫁到正南方向，夫妻白頭到老，共度終生。女孩子嫁到西南方向，夫妻相鬭，家庭矛盾重重。女孩子嫁到正西方向，夫妻被迫分離。女孩子嫁到西北方向，將因罪而被官府拘捕、受侮辱。女孩子嫁到正北方向，會因與夫家不和而遭驅逐。女孩子嫁到東北方，夫妻和睦恩愛，妻子受寵。女孩子嫁到正東方，吉祥如意，家庭富裕。女孩子嫁到東南方，將不得不返回家鄉。Q1_11_10_198

三月、七月、十一月，女孩子嫁到正西方向，夫妻白頭到老，共度終生。女孩子嫁到西北方向，夫妻相鬭，家庭矛盾重重。女孩子嫁到正北方向，夫妻被迫分離。女孩子嫁到東北方，將因罪而被官府拘捕、受侮辱。女孩子嫁到正東方向，會因與夫家不和而遭驅逐。女孩子嫁到東南方，夫妻和睦恩愛，妻子受寵。女孩子出嫁到正南方向，吉祥如意，家庭富裕。女孩子嫁到西南方向，將不得不返回家鄉。Q1_11_10_199

四月、八月、十二月，女孩子嫁到正北方向，夫妻白頭到老，共度終生。女孩子嫁到東北方，夫妻相鬭，家庭矛盾重重。女孩子嫁到正東方，夫妻被迫分離。女孩子嫁到東南方向，將因罪而被官府拘捕、受侮辱。女孩子嫁到正南方向，會因與夫家不和而遭驅逐。女孩子嫁到西南方向，夫妻和睦恩愛，妻子受寵。女孩子嫁到正西方向，吉祥如意，家庭富裕。女孩子嫁到西北方向，將不得不返回家鄉。Q1_11_10_200

不可取妻

【釋文】

不可取妻[①]

取妻毋☐Q1_11_10_201

【匯釋】

①不可取妻：**爲章題**。林清源（2002）：整理小組其實是將“穿戶忌”和“不可取妻”當作章題，衹不過在釋文中自亂體例，未將章題和內文嚴格劃分而已。

取：**後作“娶”，娶妻**。《詩經·齊風·南山》：“取妻如之何?”《論語·述而》：“君取於吳，爲同姓。”

【今譯】

不宜迎娶新娘

娶妻不要……Q1_11_10_201

死

【釋文】

𡧊三月[①]，甲乙死者，其後有憙[②]，正東有得。Q1_11_10_202丙丁死者，其東有憙，正西惡之[③]，死者主也。Q1_11_10_203戊己死，去室西，不去有死。Q1_11_10_204庚辛死者，去室北，不去有咎[④]。Q1_11_10_205壬癸死者，明鬼祟之[⑤]，其東受兇（凶）。Q1_11_10_206 I

夏三月，甲乙死者，東南受央（殃）。Q1_11_10_207 I 丙丁死者，去室西南受兇（凶），東有憙。Q1_11_10_208 I 戊己死者，正西南有憙。Q1_11_10_209 I 庚辛死者，其東受兇（凶），其西北有憙。Q1_11_10_210 I ［壬癸］死者，其南〔有〕憙。Q1_11_10_211 I

〔秋三月，甲乙死者，其東〕受兇（凶），男〔子也〕。Q1_11_10_212 I 丙丁死者，其西受兇（凶），其女子也。□▨ Q1_11_10_213 I 戊己死者，有□。Q1_11_10_214 I 庚辛死者，其東北受兇（凶），正北有憙。Q1_11_10_215 I 壬癸死者，明鬼祟之，其東受兇（凶）。Q1_11_10_216 I

冬三月，甲乙死者，必兵死，其南晋之。Q1_11_10_217 I ▨Q1_11_10_218 I 戊己死者，有憙（憙）。Q1_11_10_219 I 庚辛死者，不去其室有死，正北有火起。Q1_11_10_220 I 壬癸死者，有憙（憙），南室有亡子，且晋之。Q1_11_10_221 I □□後有得，東南晋之。Q1_11_10_222 I

冬三月甲乙死者，必兵死，其南晋之。Q1_11_10_223 I

【匯釋】

①旾：**同“春”，春季。**李學勤（1981B）：春字作“旾”，是楚國古文遺跡。“旾”字从屯、从日，屯亦聲。“屯”意爲“捲曲”“包裹”。“日”指“日日”“天天”。“屯”與“日”聯合起來表示“每天都看到草芽花蕾”。字本義是初春。

②憙：**有二説：一、讀爲“禧”，訓爲福。**整理者：“憙”讀爲“禧”，《爾雅·釋詁》：“福也。”劉樂賢（1994：389）：憙从喜聲，“憙”“喜”“禧”三字可以通用。**二、即“喜”，喜悦。**工藤元男（2010：158）：“喜”作“憙”是乙本的特徵。《漢書·賈誼傳》：“遇之有理，故群臣自憙。”

③晋：**讀爲“厭”，鎮壓。**整理者：後文作“晋”，當讀爲厭，《廣雅·釋言》：“鎮也。”《高祖本紀》：“秦始皇帝常曰東南有天子氣，於是因東遊以厭之。”

④咎：**災禍。**《説文·人部》：“咎，災也。从人各。各者，相違也。”段玉裁注：“天火曰災，引申之凡失意自天而至曰災。《釋詁》曰：‘咎，病也。’《小雅·伐木》傳曰：‘咎，過也。’《北山》箋云：‘咎猶罪過也。’《西伯戡黎》鄭注：‘咎，惡也。’《呂覽·侈樂篇》注：‘咎，殃也。’《方言》：‘咎，謗也。’”

⑤明鬼：**對鬼的尊稱。**劉樂賢（1994：389）：“明”指神明。古代尊稱神爲明神，《詩經·蕩之什·雲漢》：“敬恭明神，宜無悔怒。”《左傳·僖公二十八年》：“癸亥王子虎盟諸侯於王庭，要言曰：‘皆獎王室，無相害也，有渝此盟，明神鐘之。’”明鬼可能是對鬼的尊稱。

【今譯】

春季三月，在甲乙日死去的人，其後代有好運，在正東方向可有收穫。Q1_11_10_202在丙丁日死去的人，（其後代）在東面有福，在正西方向可鎮住邪氣，因爲死的人是一位主宰者。Q1_11_10_203在戊己日死去的人，其家人要離開住房西邊，假如不離開的話，就還會有人死掉。Q1_11_10_204在庚辛日死去的人，其家人要離開住房北邊，假如不離開的話，將有災難臨家。Q1_11_10_205在壬癸日死去的人，是因爲明鬼作祟，其家人在東面會遭受凶災。Q1_11_10_206 I

夏季三月，在甲乙日死去的人，（其家人）在東南方向要遭災殃。Q1_11_10_207 I 在丙丁日死去的人，其家人離開住房西南方向要遭凶災，在東面將會有好運。Q1_11_10_208 I 在戊己日死去的人，其家人在正西南方向有好運。Q1_11_10_209 I 在庚辛日死去的人，其家人在東面受凶災，在西北方向有好運。Q1_11_10_210 I 在壬癸日死去的人，其家人在南面有好運。Q1_11_10_211 I

秋季三月，在甲乙日死去的人，其家人在東面遭受凶災，不幸者是一位男子。Q1_11_10_212 I 在丙丁日死去的人，其家人在西面遭受凶災，不幸者是一位女子。在 Q1_11_10_213 I 戊己日死去的人，有……Q1_11_10_214 I 在庚辛日死去的人，其家人在東北方向遭受凶災，在正北方向有好運。Q1_11_10_215 I 在壬癸日死去的人，是因爲明鬼作祟，其家人在東面將遭受凶災。Q1_11_10_216 I

冬季三月，在甲乙日死去的人，必定是在戰爭中被打死的，在南面可鎮住邪氣 Q1_11_10_217 I …… Q1_11_10_218 I 在戊己日死去的人，家人將會有好運。Q1_11_10_219 I 在庚辛日死去的人，家人不離開死者住房便有人會死掉，在正北方向會發生火災。Q1_11_10_220 I 在壬癸日死去的人，家人有好運，南邊的房子有孩子丢失，而且可鎮住南邊房子的邪氣。Q1_11_10_221 I ……方向其後代有收穫，在東南方向鎮住邪氣。Q1_11_10_222 I

冬季三月，在甲乙日死去的人，肯定是死於戰爭，在他的南面可鎮住邪氣。Q1_11_10_223 I

干支

【釋文】

□申、壬申、丙申、戊申。Q1_11_10_224 I

辛酉、癸酉、乙酉、丁酉、己酉。Q1_11_10_225 I

□〔卯〕、癸卯、乙卯、丁卯、己▨[①]Q1_11_10_226 I

庚寅、壬寅、戊寅。Q1_11_10_227 I

己丑、辛丑、癸丑、乙丑、丁丑。Q1_11_10_228 I

壬子、甲子、丙子、戊子，庚子。Q1_11_10_229 I

壬午、甲午、丙午、戊午、庚[②]。Q1_11_10_230 I

癸亥、乙亥、辛亥。Q1_11_10_231 I

▨Q1_11_10_232 I

清且〈旦〉、食時、日則（昃）、莫（暮）、夕[③]。Q1_11_10_233 I

己巳、辛巳、癸巳、乙巳、丁巳。Q1_11_10_234 I

癸未、丁未、己未、辛未。Q1_11_10_235 I

戊戌、庚戌、壬戌、甲戌、丙戌。Q1_11_10_236 I

戊辰、庚辰、壬辰、丙辰。Q1_11_10_237 I

【匯釋】

①□〔卯〕：**應爲“辛卯”二字**。劉樂賢（1994：393）：本簡首二字應爲“辛卯”，最末一字當爲“卯”（整理小組加☐號似不對）。

②“庚”後脱“午”字。劉樂賢（1994：393）：此簡末尾脱一“午”字。

③且：**“旦”字之誤**。則：**通“昃”，偏斜**。莫：**後作“暮”，傍晚**。

整理者：這支簡的位置是依簡下部“入官”的内容試定的。陳偉（2016C：522－523）：《日書》乙種“入官”是依據甲種“入官”而編次的。孔家坡漢簡《日書》簡196作：“入官寅、巳、子、丑，吉；申，不計徙；亥，昜（傷）去；戌，行；卯，凶；午、辰、未，辱；酉，有罪。”與睡虎地秦簡《日書》甲種“入官”有異。

清旦：**清晨**。《列子·說符》：“昔齊人有欲金者，清旦衣冠而之市，適鬻金者之所。”宋柳永《巫山一段雲》詞之三：“清旦朝金母，斜陽醉玉龜。”

日昃：**太陽偏西**。《周易·離》：“日昃之離，不鼓缶而歌，則大耋之嗟，凶。”晉葛洪《抱樸子·詰鮑》：“王者臨深履尾，不足喻危，假寢待旦，日昃旰食，將何爲懼禍及也？”《後漢書·陳元傳》：“文王有日昃之勞，周公執吐握之恭。”《晉書·張軌傳》：“未能雪天人之大耻，解眾庶之倒懸，日昃忘食，枕戈待旦。”《東周列國志》第九十五回：“衛君是日竟不朝見，亦不復給廩餼。（齊）湣王甚愧，候至日昃餓甚，恐衛君圖己，與夷維數人，連夜逃去。”

【今譯】

……申日、壬申日、丙申日、戊申日。Q1_11_10_224 I

辛酉日、癸酉日、乙酉日、丁酉日、己酉日。Q1_11_10_225 I

辛卯日、癸卯日、乙卯日、丁卯日、己卯日……Q1_11_10_226 I

庚寅日、壬寅日、戊寅日。Q1_11_10_227 I

己丑日、辛丑日、癸丑日、乙丑日、丁丑日。Q1_11_10_228 I

壬子日、甲子日、丙子日、戊子日、庚子日。Q1_11_10_229 I

壬午日、甲午日、丙午日、戊午日、庚午日。Q1_11_10_230 I

癸亥日、乙亥日、辛亥日。Q1_11_10_231 I

…………Q1_11_10_232 I

清晨、食時、日斜、傍晚、晚上。Q1_11_10_233 I

己巳日、辛巳日、癸巳日、乙巳日、丁巳日。Q1_11_10_234 I

癸未日、丁未日、己未日、辛未日。Q1_11_10_235 I

戊戌日、庚戌日、壬戌日、甲戌日、丙戌日。Q1_11_10_236 I

戊辰日、庚辰日、壬辰日、丙辰日。Q1_11_10_237 I

死失圖

未 六月	方 南	申 七月	酉 八月
午 五月	巳 四月	辰 三月	方 〔西〕
东 方	寅 正月	卯 二月	戌 九月
丑 〔十〕二月	子 十一月	方 北	亥 十月

Q1_11_10_206 Ⅱ ~ Q1_11_10_218 Ⅱ

【釋文】

視羅[①]Q1_11_10_223 Ⅱ

【匯釋】

①“死失圖”分別見於睡虎地秦簡《日書》甲種簡 83BK Ⅱ 至 90BK Ⅱ 和睡虎地秦簡《日書》乙種簡 206 Ⅱ 至 218 Ⅱ。

關於“視羅”兩字與上圖的關係，**有二説：一、尚待研究，上圖稱爲“死失圖”**。陳偉（2016C：522－523）：據孔家坡漢簡《日書》可知，此圖可稱爲“死失圖”。關於“視羅”與該圖的關係，尚待進一步研究。**二、有關係，上圖稱爲“視羅圖”**。李零（1993：99）：圖後有圖題“視羅”二字。銀雀山漢簡《元光元年曆譜》把干支一覽表稱爲“視日”，這裏的“視”字可能是同一含義。“羅”字則可能是指其網格式的圈式。劉樂賢（1994：392）：“視羅”二字與上下文的關係不太清楚，李先生將其與上圖聯繫在一塊可能是正確的。目前似乎提不出更好的解釋，故本文暫將其與圖劃爲一篇，稱爲“視羅圖”。

視：**可能與銀雀山漢簡《元光元年曆譜》“視日”中的“視”同義**。羅：**可能是指其網格式的圈式**。李零（1993：99）說。

入官

【釋文】

入官①Q1_11_10_224Ⅱ

春三月丙寅、丙子，利入官。Q1_11_10_224Ⅲ

夏三月甲申、甲辰、乙巳、乙未，利入官。Q1_11_10_225Ⅱ

秋三月壬子、壬辰、壬申、庚子、壬寅、癸丑，利入官。Q1_11_10_226Ⅱ

冬三月庚申、庚子、庚寅、辛丑，利入官。Q1_11_10_227Ⅱ

子、丑入官，久，七徙②。Q1_11_10_228Ⅱ

戌入官，行③。Q1_11_10_229Ⅱ

亥入官，傷（傷）去④。Q1_11_10_230Ⅱ

申入官，不計而徙⑤。Q1_11_10_231Ⅱ

酉入官，有辠（罪）⑥。Q1_11_10_232Ⅱ

卯入官，兇（凶）。Q1_11_10_233Ⅱ

實〈寅〉、巳入官，吉⑦。Q1_11_10_234Ⅱ

未、辰、午入官，辱而去⑧。Q1_11_10_235Ⅱ

甲寅、乙丑、乙巳，皆可見人。·甲子到乙亥是右〈君〉也⑨，利Q1_11_10_236Ⅱ以臨官立政，是胃（謂）貴勝賤⑩。Q1_11_10_237Ⅱ

【匯釋】

①入官：**這裏指初次進入官府任職**。“入官”一般是從政做官的意思，《孔子家語·入官》：“子張問入官於孔子。”王肅注：“入官，謂當官治民之職也。”《續資治通鑑·宋神宗熙寧四年》：“今以少壯時當講求天下正理，乃閉門學作詩賦，乃其入官，世事皆所不習。”

②徙：**調職，調換職位**。《後漢書·張衡傳》：“衡不慕當世，所居之官輒積年不徙。”

七徙：**或釋爲“方徙”**。劉樂賢（1994：393）：發掘報告釋爲“方徙”。細審照片，當以精裝本所釋爲準。

③行：**此處應指長期在外旅差**。“行”有走路，行走之義。《說文》：“人之步趨也。”《廣雅》：“行，往也。”《老子》：“千里之行，始於足下。”

④傷：**當爲“傷”**。傷：**讀爲逷，遠**。逷去：**遠去**。整理者說。《爾雅·釋詁上》：“逷，遠也。”

⑤計：**上計，考核**。《說文》：“計，會算也。”《管子·七發》：“計數剛柔也，輕重也，大小也，實虛也，遠近也，多少也，謂之計數。”

⑥辠：**是“罪”字的本字，罪過。**《說文》云：从辛从自（鼻子），言辠人蹙鼻苦辛之憂。秦（始皇）以辠似“皇”字，改爲“罪”。臣鉉等曰：言自古者以爲鼻字故从自。

⑦實：**“寅”字之誤。**

⑧辱：**蒙受耻辱。**

⑨右：**“君”字之誤。**整理者說。

⑩臨官立政：**即臨官蒞政。**劉樂賢（1994：393）說。此處是將“立政”理解爲官員（貴）對平民（賤）的管理，所以又能說成“臨眾”。《晏子春秋·内篇問下第四》“正士處勢臨眾不阿私”，也是講上對下。《墨子·尚賢下第十》“以其唯毋臨眾發政而治民”，《漢書·東方朔傳》“臨眾處官，不能治民”，亦其證。

胃：**通“謂”，叫作。**

【今譯】

（初次）進入官府任職Q1_11_10_224Ⅱ

春季三月中的丙寅日、丙子日，有利於進入官府任職。Q1_11_10_224Ⅲ

夏季三月中的甲申日、甲辰日、乙巳日、乙未日，有利於進入官府任職。Q1_11_10_225Ⅱ

秋季三月中的壬子日、壬辰日、壬申日、庚子日、壬寅日、癸丑日，有利於進入官府任職。Q1_11_10_226Ⅱ

冬季三月中的庚申日、庚子日、庚寅日、辛丑日，有利於進入官府任職。Q1_11_10_227Ⅱ

在子日、丑日進入官府任職，將長期在位居其中，工作職位將變動七次。Q1_11_10_228Ⅱ

在戌日進入官府任職，將從事經常在路上奔波的官差之職。Q1_11_10_229Ⅱ

在亥日進入官府任職，將會從事遠離家鄉的工作。Q1_11_10_230Ⅱ

在申日進入官府任職，將不到當年的考核時候就調換工作。Q1_11_10_231Ⅱ

在酉日進入官府任職，將會有罪過。Q1_11_10_232Ⅱ

在卯日進入官府任職，將會凶險。Q1_11_10_233Ⅱ

在寅日、巳日進入官府任職，很吉利。Q1_11_10_234Ⅱ

在未日、辰日、午日進入官府任職，將會蒙受耻辱而離開官府。Q1_11_10_235Ⅱ

甲寅日、乙丑日、乙巳日，都可以會見人。·從甲子日到乙亥日，這是“君”之日，在此日有利於Q1_11_10_236Ⅱ任官主政，辦理公務，這就是所謂的“高貴戰勝卑賤”之日。Q1_11_10_237Ⅱ

生

【釋文】

■生[1]

甲子生，少孤[2]。

乙丑生，不武乃工考（巧）[3]。

丙寅生，武，聖[4]。

丁卯，不正，不然必有疵於前[5]。

戊辰生，有寵。

己巳生，兇（凶），爲臣Q1_11_10_238妾[6]。

庚午生，貧，武有力，毋（無）終。

辛未生，肉食[7]。

壬申生，有問（聞）邦[8]。

癸酉生，有終。

甲戌生，好甲[9]。

乙亥生，利酉（酒）Q1_11_10_239醴[10]。

丙子生，吉。

丁丑生，好言五（語），有生（眚）目[11]。

戊寅生，遠□□子於南[12]。

己卯生，去其邦。

庚辰，好子[13]。

辛巳生，當〈富〉Q1_11_10_240吉[14]。

壬午生，穀於武，好貨[15]。

癸未生，長。

甲申生，必有事[16]。

乙酉生，穀，利樂。

丙戌生，有終。

丁亥生，考（巧）[17]。

戊子生，去其Q1_11_10_241邦北亟（極）[18]。

己丑生，疾。

庚寅生，女子爲巫。

辛卯生，不吉。

壬辰生，必善醫，衣常（裳）[19]。

癸巳生，穀。

甲午生，武有力，寡弟[20]。

乙Q1_11_10_242未生，少（小）疾，後富。

丙申生，好室。

丁酉生，吉，酓酉（酒）[21]。

戊戌生，姓楚[22]。

己亥生，小（少）孤[23]。

辛丑生，有終。

壬寅生，不吉，Q1_11_10_243女子爲醫。

癸卯生，不吉。

甲辰生，穀[24]。

丙午，疾。

丁未生，不吉。貧，爲人臣。

戊申生，有寵，必事君。

己［酉］生，穀。Q1_11_10_244

庚戌生，武，貧。

辛亥生，不吉。

壬子生，恿（勇）[25]。

癸丑生，好□□□□□□〔吏〕[26]。

乙卯生，□□壽。

丙辰生，必〔有〕Q1_11_10_245疵於膻（體）[27]。

丁巳生，穀，媚人。

戊午生，好田邋（獵）[28]。

己未生，穀。

庚申生，恿（勇）。

辛酉生，不吉。

壬戌生，好室家。

癸亥，貧，毋（無）終。Q1_11_10_246

凡己巳生，勿舉，不利父母，男子爲人臣，女子爲人妾。庚子生，不出三日必死[29]。Q1_11_10_247

凡生子北首西鄉（向），必爲上卿，女子爲邦君妻[30]。Q1_11_10_248

【匯釋】

①生：**標題**。整理者：位於簡 239 簡首，因簡 238 首有橫綫。此節與《日書》甲種對校，可補一些脫字，但亦有出入。

②孤：**幼年父親死去或父母雙亡**。《說文》："孤，無父也。"

③考：**通"巧"，靈巧**。

④聖：**耳聰口敏，通達事理**。《說文》："聖，通也。"

⑤不正：**孩子出生體位不正**。吳小強（2000：250）譯作“在丁卯日生產孩子，孩子出生體位不正。不是這樣的話，肯定是產婦的陰戶有疾病”。可見吳小強先生認爲“不正”是嬰兒出生時的體位不正，並把後文“有疵於前”“〔有〕疵於腤（體）”處理成因嬰兒出生體位不正對產婦造成的身體的傷害，將占辭歸結於某日生子對嬰兒母親發生影響的占斷。

⑥此句可與下文簡 247 互相印證。劉樂賢（1994：396）說。

⑦肉食：**享有俸禄**。《左傳·莊公十年》：“肉食者鄙，未能遠謀。”古代高官厚爵者以食肉爲常，故用肉食者稱享有厚祿的官員。

⑧問：**通“聞”，名聲**。整理者：《日書》甲種作：“壬申生子，聞。”此處問當讀爲聞。《禮記·檀弓上》：“問喪於夫子乎?”注：“問或作聞。”魏德勝（2003：79）：有聞，就是“有名”的意思。

⑨甲：**鎧甲，這裏指兵戎之事**。劉樂賢（1994：396）：指鎧甲，好甲即喜歡兵戎之事的意思。《呂氏春秋·慎行》“令尹好甲兵”，好甲兵與本條的好甲意義相同。

⑩酉：**通“酒”，飲酒之酒**。

⑪五：**通“語”，話語**。

生：**通“眚”，疾病**。

“目”字前省略了“於”字。劉樂賢（1994：397）：《日書》甲種作“或生（眚）於目”，知本條省略了介詞“於”。

⑫□□：**釋爲“去女”**。整理者說。

⑬“好”字之下，整理者擬補“女”字。

⑭當：**“富”字之誤**。劉樂賢（1994：397）：《日書》甲種作“吉而富”，整理小組將本條“當”視爲“富”的訛寫是有根據的。

⑮穀：**享有俸禄**。

⑯事：**職事**。劉樂賢（1994：397）：《日書》甲種“生子篇”有“有事”“有身事”等句，整理小組釋爲有職事、有兼職。

⑰考：王子今（2003A：275－276）：此處“考”字，令人疑心兼合睡虎地秦簡《日書》甲種所說“巧”“孝”字義。

⑱亟：**通“極”，極遠之地**。

⑲衣常：**有二說：一、釋爲“衣常”，並認爲此處有脱文**。整理者說。**二、前一字同“卒”，後一字待考**。劉樂賢（1994：397）：此處“衣常”二字的釋讀尚有可疑之處。前一字的寫法與“卒”相同；後一字比“常”少兩點，是否爲“常”的異體或壞字，還有待進一步論證。黃文傑（1998：183－184）：睡虎地秦簡中“衣”和“卒”的寫法涇渭分明，將“衣”寫作“卒”的現象在睡虎地秦簡中已不復存在，此字釋“衣”確有問題。

⑳寡弟：**缺少兄弟**。劉樂賢（1994：397）：《日書》甲種作“少孤”，正與“寡弟”意義相當。

㉑臽：**有二說：一、釋爲臽，讀爲陷，訓爲溺**。劉樂賢（1994：397）：鄭剛釋

爲臽，讀爲陷。二說（釋旨、釋臽）都有一定的可能性，而以鄭說爲長。《日書》甲種相應的簡文作“耆酒”，這是釋旨的依據。但該字字形與旨有明顯的區别（睡虎地秦簡中“旨”“臽”二字雖然形近，但絕不相混），釋旨在字形方面根據不足，釋臽則字形上完全一致，文義上也說得過去。臽讀爲陷，訓爲溺。《荀子·天論》：“水行者表深，表不明則陷。”注：“陷，溺也。”溺酒與甲種的嗜酒意思相近。**二、釋爲旨，讀爲嗜**。整理者說。

㉒姓楚：此處疑有脫誤。整理者：《日書》甲種作“好田野邑屋”，此處疑有脫誤。劉樂賢（1994：397）：此條與甲種很不相同，文句費解，故整理小組懷疑它有脫誤。

㉓此下脫庚子一條。劉樂賢（1994：397）說。

㉔此下脫乙巳一條。整理者說。

㉕恿：**同“勇”，勇敢**。

㉖關於此處的缺文，**有二說：一、“吏”字應與甲種“癸丑生子，好水，少疾，必爲吏”之“吏”相應**。劉樂賢（1994：398）：本簡“好”字至“乙”字之間殘缺六字，正與甲種癸丑日條的字數相符，故簡下殘存的“吏”字應與甲種“癸丑生子，好水，少疾，必爲吏”之“吏”相應。整理小組認爲此簡殘存的“吏”字與甲種甲寅日條的“吏”相應，是不對的。**二、“吏”字與甲種“甲寅生子，必爲吏”之“吏”相應**。整理者：《日書》甲種作：“好水，少疾，必爲吏。”本簡下殘存“吏”字，應與甲種“甲寅生子，必爲吏”相應，故字數少於甲種。

劉樂賢（1994：398）說：下脫甲寅日一條。

㉗膿：**同“體”，身體**。

㉘邋：**通“獵”，狩獵**。

㉙勿舉：**不哺育，殺嬰或棄嬰**。吴小強（1990 說。

㉚邦君：**有兩種訓釋：一、國君**。賀潤坤（1995B）：這裏之“邦君”應指國君，“邦君妻”“上卿”自然也屬統治階級上層的主要人物。**二、諸侯**。工藤元男（2010：172－173）：邦君是諸侯的意思。“上卿”見《春秋公羊傳·襄公十一年》。

【今譯】

■出生

在甲子日出生的孩子，年幼喪父。

在乙丑日出生的孩子，將來不是勇武，就是心靈手巧。

在丙寅日出生的孩子，將來勇武，通達事理。

在丁卯日出生的孩子，孩子出生體位不正；如果不是這樣的話，肯定是產婦的陰戶有疾病。

在戊辰日出生的孩子，將來會受到寵愛。

在己巳日出生的孩子，前程凶險，Q1_11_10_238以後會成爲奴隸。

在庚午日出生的孩子，將來生活貧窮，孔武有力，沒有好的人生結局。

在辛未日出生的孩子，將來會成爲享有厚禄的官員。
在壬申日出生的孩子，將來在全國都很有好名聲。
在癸酉日出生的孩子，將來會有一個美滿的人生結局。
在甲戌日出生的孩子，將來喜歡鎧甲兵事。
在乙亥日出生的孩子，將來喜愛釀造酒和甜酒。Q1_11_10_239
在丙子日出生的孩子，吉利。
在丁丑日出生的孩子，將來伶牙俐齒，善於言語表達，但眼睛有疾病。
在戊寅日出生的孩子，將來遠離家鄉，如果是女孩則去南方。
在己卯日出生的孩子，將來要離開祖國。
在庚辰日出生的孩子，將來容貌美麗。
在辛巳日出生的孩子，將來家庭富有，Q1_11_10_240生活吉順。
在壬午日出生的孩子，將來憑武藝享受俸禄，喜歡貨物財富。
在癸未日出生的孩子，將來身材高大。
在甲申日出生的孩子，將來會有職事，肯定做官。
在乙酉日出生的孩子，將來會享受俸禄，對音樂和樂器有造詣。
在丙戌日出生的孩子，將來會有一個美滿的人生結局。
在丁亥日出生的孩子，將來心靈手巧。
在戊子日出生的孩子，將來離開Q1_11_10_241祖國到北方極遠的地方去。
在己丑日出生的孩子，身體有疾病。
在庚寅日出生的孩子，女孩將來會做巫婆。
在辛卯日出生的孩子，不吉利。
在壬辰日出生的孩子，將來一定善於醫術和裁縫技術。
在癸巳日出生的孩子，將來會享受俸禄。
在甲午日出生的孩子，將來勇武，力量大，但弟弟很少。
在乙Q1_11_10_242未日出生的孩子，有小病，後半生富有。
在丙申日出生的孩子，將來喜歡房室、家庭。
在丁酉日出生的孩子，人生吉順，將來喜歡飲酒。
在戊戌日出生的孩子，姓爲楚姓。
在己亥日出生的孩子，年幼喪父。
在辛丑日出生的孩子，將來會有一個美滿的人生結局。
在壬寅日出生的孩子，不吉利，Q1_11_10_243女孩子將來會做醫生。
在癸卯日出生的孩子，不吉利。
在甲辰日出生的孩子，將來會享受俸禄。
在丙午日出生的孩子，將來身體有疾病。
在丁未日出生的孩子，不吉利，將來生活貧困，男子會做奴隸。
在戊申日出生的孩子，將來會受寵愛，必定爲君王服務。
在己酉日出生的孩子，將來會享受俸禄。Q1_11_10_244

在庚戌日出生的孩子，將來勇武，生活貧窮。

在辛亥日出生的孩子，不吉利。

在壬子日出生的孩子，將來勇敢。

在癸丑日出生的孩子，喜歡（游水，有小病，將來一定做）官吏。

在乙卯日出生的孩子，……長壽。

在丙辰日出生的孩子，將來一定會有Q1_11_10_245病症在身體上。

在丁巳日出生的孩子，將來會享受俸祿，招人喜歡。

在戊午日出生的孩子，將來喜歡到田野狩獵。

在己未日出生的孩子，將來會享受俸祿。

在庚申日出生的孩子，將來勇敢。

在辛酉日出生的孩子，不吉利。

在壬戌日出生的孩子，將來喜歡家庭生活。

在癸亥日出生的孩子，將來生活貧困，人生沒有好結果。Q1_11_10_246

凡是在己巳日出生的孩子，不要進行哺育，因爲此日出生的孩子將來要危害父母親，男孩做奴隸，女孩做女奴。在庚子日出生的嬰兒，活不到三天就死了。Q1_11_10_247

孩子出生時，凡是頭朝北、面朝西的，將來一定成爲輔佐君王的最高級別官員，女孩子將來是君王的妻子。Q1_11_10_248

失火

【釋文】

■失火[1]

甲失火，去不恙（祥）。子失火，有子死。乙失火，大富。丙失火，有（又）公〈火〉起。寅失火，去不恙（祥）。丁失火，爲人隋（嫷）也[2]。卯失火，不復Q1_11_10_249失火，必有鬼。戊失火，亡貨。辰失火，去不恙（祥）也。己失火，有瘩（癃）子。巳失火，有死子。庚失火，君子兵死。Q1_11_10_250午失火，田宇多[3]。辛失火，有子死。未失火，臣妾亡。壬失火，去不善。申失火，富。癸失火，有䰠（鬼）[4]。酉失火，邦有Q1_11_10_251年[5]。亥失火，利春[6]。Q1_11_10_252

【匯釋】

①失火：**標題**。整理者：位於簡250首，因簡249首有橫綫。

②恙：**通“祥”，吉祥**。有：**通“又”，還**。公：**“火”字之誤，火災**。

隋：**通“嫷”，美好**。整理者：《廣雅·釋詁》：“好也。”劉樂賢（1994：400）：此義之“隋”是“嫷”之假借字。“嫷”古同“媠”，指美好的樣子。

③痒：**同“癢”，足不能行之症。**

田宇：**田宅。**李學勤（1985A）：“宇”與“宅”形近，義也相同。此處“田宇”即古書常見的“田宅”。

④臣妾：**男女奴隸。**作爲名詞，古來稱地位低賤者。孔傳說：“役人賤者，男曰臣女曰妾。”《周禮注》也說：“臣妾，男女貧賤之稱。”《戰國策·秦四》：“百姓不聊生，族類離散，流亡爲臣妾。”注云：“男爲人臣，女爲妾。”所以也以“臣妾”指臣服者、被統治者。

髓：**同“鬼”，鬼怪。**魏德勝（2003：43）：“鬼”字寫成“髓”，當與“骨”可指人心魄有關，“骨”與“鬼”發音也相近。劉樂賢（1994：401）：上文“卯失火，不復失火，必有鬼”可與本條比較。

⑤邦有年：**國家農業豐收。**劉樂賢（1994：401）：“有年”，卜辭習見，《詩經·齊風·甫田》：“我取其陳，食我農人，自古有年。”溫寶龍、牛致遠《釋“有年”》：有年，“有”取富足之義，“有年”最初的意義爲“豐年”或者“富足之年”。

⑥利：**順利。**春：**疑讀爲“偆”，富裕。**《說文》：“富也。”整理者說。

【今譯】

■發生火災

如果是在甲日發生火災，可以除去不祥之氣。如果是在子日發生火災，會有一個孩子要死去。如果是在乙日發生火災，家庭將非常富裕。如果是在丙日發生火災，肯定還要著火。如果是在寅日發生火災，可以除去不祥之氣。如果是在丁日發生火災，將給人們帶來好處。如果是在卯日發生火災，今後將不再著火，Q1_11_10_249失火肯定是鬼怪在作祟。如果是在戊日發生火災，那就會丟失貨物。如果是在辰日發生火災，可以除去不祥之氣。如果是在己日發生火災，會有孩子殘疾。如果是在巳日發生火災，會有一個孩子要死去。如果是在庚日發生火災，有君子將死於戰爭。Q1_11_10_250如果是在午日發生火災，預示家中田地、房宅很多。如果是在辛日發生火災，會有一個孩子要死去。如果是在未日發生火災，奴隸會逃跑。如果是在壬日發生火災，可以除去不好的東西。如果是在申日發生火災，家裏會富有。如果是在癸日發生火災，是有鬼怪在作祟。如果是在酉日發生火災，國家今年要豐收。Q1_11_10_251如果是在亥日發生火災，家裏會順利、富裕。Q1_11_10_252

盜

【釋文】

■盜①

甲亡，盜在西方，一宇閒之食五口②，其疵其上得③□□□□□其女若母爲巫，其門西北出，盜三人。Q1_11_10_253

乙亡，盜□□□□□□□□□□方，内盜，有□□人在其〔室〕☑Q1_11_10_254

丙亡，爲閒者不寡夫乃寡婦④，其室在西方，疵而在耳，乃折齒⑤。Q1_11_10_255

丁亡，盜女子也，室在東方，疵在足□□□⑥，〔其〕食者五口，☑Q1_11_10_256

戊亡，盜在南方，故盜⑦，其上作〔折其〕□〔齒〕之其☑Q1_11_10_257

己亡，盜三人，其子已死矣⑧，其閒在室。Q1_11_10_258

庚亡，盜丈夫⑨，其室在西方，其北壁臣⑩，其人擯黑⑪。Q1_11_10_259

日書⑫Q1_11_10_259反

【匯釋】

①盜：**標題**。整理者：位於簡254首，因簡253首有横綫。

②宇：**房屋**。《説文》："宇，屋邊也。"閒：**中間，裏面**。食：**食者**。

一宇閒之食五口：關於此處竹簡的斷句，**有二説：一、斷句爲"一宇閒之食五口"**。陳偉（2016C：530）：放馬灘秦簡《日書》甲種簡22作"一于（宇）中食者五口"，可見此處當連讀，閒，猶"中"。**二、斷句爲"一宇閒之，食五口"**。整理者：在"一宇閒之"後加逗號。今釋爲：同一房屋裏面。

③其疵其上得：**可與放馬灘秦簡有關文辭相比較**。劉樂賢（1994：403）：放馬灘秦簡釋文作"疵在上，得，男子矣"，文義較本篇明確。

疵：**疾病，毛病**。《説文》："疵，病也。"本義指小毛病。《周易・繫辭》："言乎其小疵也。"《淮南子・精神訓》："病疵瘕者，捧心抑腹，膝上叩頭，踡跼而諦，通夕不寐。"

④閒：**奸**。整理者：參看《語書》後半注［一四］。劉樂賢（1994：403）：彼注云："爲閒私，即爲奸私。《日書》乙種稱'盜'，爲'爲閒者'。"

寡夫：**喪偶的男人**。劉樂賢（1994：403）：古代"寡"亦可指男人，如《左傳・襄公二十七年》"齊崔杼生成及彊而寡"，就是指喪偶的男人。《禮記・王制》："老而無夫者謂之寡。"疏："無妻亦謂之寡。"故本簡有"寡夫"一詞。

⑤折齒：**折斷牙齒**。劉樂賢（1994：403）："折齒"又見於放馬灘《日書》。折齒，因故而折斷了牙齒。《鄒陽傳》："花雎摺脅折齒於魏，卒爲應侯。"

⑥足：**有二説：一、釋爲"足"**。陳偉（2016C：530）：據放馬灘秦簡《日書》甲種，此字當釋爲"足"。劉樂賢（1994：403）：整理小組釋爲"尾"字的字形有殘缺，其殘存字形與"尾"（如簡101）顯然大有區别，似乎非"尾"字。**二、釋爲"尾"**。整理者説。

⑦故：**舊**。《廣韻》："故，舊也。"

故盜：**舊盜，慣偷**。劉樂賢（1994：403）：即以前盜過東西的人，也就是所謂慣偷。

⑧其子已死矣：劉樂賢（1994：403）：放馬灘秦簡釋文作"其一人已死矣"。

⑨庚亡，盜丈夫：劉樂賢（1994：403）：放馬灘秦簡《日書》作"庚亡，其盜

丈夫矣"。

⑩臣：**應讀作"堅"，堅固。**劉釗（1996）說。陳偉（2016C：530）：放馬灘秦簡《日書》甲種庚亡條下（簡28）作"其序扁�"。

⑪擯：**有三說：一、釋爲"擯"，訓爲汙黑或黝黑。**劉釗（1996）：即"黷黑"，乃形容行盜者面色汙黑也。吳小強（2000：255）把該詞釋爲"黝黑"。**二、釋爲"擯"，讀爲"櫝"，訓爲棺。**朱湘蓉（2006）認爲"擯"通"櫝"，引用放馬灘秦簡《日書》甲種《亡盜》259："庚，亡其盜，丈夫毆（也）。其室在北方，其邑扁匜，其室有黑犖櫝。男子，不得"，並引證《廣雅·釋器》："櫝，棺也。"認爲"此處櫝當爲此義"。**三、釋爲"犢"。**施謝捷（1998）改釋爲"犢黑"，認爲"其人犢黑"可與放馬灘秦簡《日書》甲種簡29"其室有黑犖犢男子"比較。

⑫關於此簡的編號，**有二說：一、簡259反。**陳偉（2016C：531）：簡號整理者誤作260，且缺少下半段圖版（無字），今核改，並補齊圖版。睡虎地77號漢墓竹簡及北京大學藏漢簡中皆有"日書"標題（湖北省文物考古研究所、雲夢縣博物館，2008；李零，2011B）。**二、簡260。**整理者說。

日書：**專門講日之吉凶宜忌的書。**整理者注釋云：此二字爲簡背標題。《史記》有《日者列傳》，可見在秦漢時期這種擇日迷信早已十分流行。《隋書·經籍志》載有《擇日書》《雜志曆》《百忌大曆要鈔》《百忌曆術》等許多種書，都是與本書同類的書籍。饒宗頤（1982）：日書者，當是日者所用以占測時日宜忌之書。蒲慕州（1993）：日者所用的占測時日之書，也就是秦簡《日書》之類的作品。不過所謂《日書》並不是一部完整的"書"，而是一些個別篇章的集結。李零（2008A）：時令書，有些細化到日，有些衹講月。日有日禁，月有月諱，不光《日書》一種。專門講"月"的書，古有《月令》，月是基本單位。專門講日，才叫"日書"。《日書》講吉凶宜忌，一定要具體到日。

【今譯】

■盜賊

如果是在甲日丟失東西，那麼盜賊在西方的位置，一座房屋裏面要吃飯的人有五口，盜賊的身體上部有疾病，會被抓獲……他的女兒或者母親是巫婆。盜賊的住所門朝向西北方向開，盜賊一共是三個人。Q1_11_10_253

如果是在乙日丟失東西，那麼盜賊在……方向，是內部的盜賊，有……人在房屋中……Q1_11_10_254

如果是在丙日丟失東西，爲賊作奸的人不是鰥夫就是寡婦，他（她）住的房子在西方，他（她）的耳朵有毛病，而且牙齒也折斷了。Q1_11_10_255

如果是在丁日丟失東西，偷東西的盜賊是女子，她住的房子在東方，足部上有疾病，她家中要吃飯的人有五口。Q1_11_10_256

如果是在戊日丟失東西，那麼盜賊住在南方的位置，是個慣偷，他上面的牙齒掉了……Q1_11_10_257

如果是在己日丟失東西，那麼偷東西的人有三個，他們的兒子已經死了，爲賊作奸的人就在房室中。Q1_11_10_258

如果是在庚日丟失東西，那麼偷東西的是個成年男子，他住的房子位於西方，這間房子北面的墻壁堅固，其人臉色汙黑。Q1_11_10_259

日書Q1_11_10_259反

11號木牘

【釋文】

二月辛巳①，黑夫、驚敢再拜問中，母毋恙也②？黑夫、驚毋恙也。前日黑夫與驚别，今復會矣。Q1_4_1 Ⅰ 黑夫寄乞就（造）書曰③：遺黑夫錢④，毋操夏衣來⑤。今書節（即）到⑥，母視安陸絲布賤可以爲禪Q1_4_1 Ⅱ 帬、襦者⑦，母必爲之，令與錢偕來。其絲布貴，徒操錢來⑧，黑夫自以布此⑨。Q1_4_1 Ⅲ 黑夫等直佐淮陽⑩，攻反城久⑪，傷未可智（知）也⑫。顧（願）母遺黑夫用勿少⑬。書到，Q1_4_1 Ⅳ 皆爲報⑭。報必言相家爵來未來⑮，告黑夫其未來狀⑯。聞王得苟得Q1_4_1 Ⅴ 11 毋恙也⑰，辭相家爵不也⑱？書衣之南軍毋▨王得不也⑲？Q1_4_1 Ⅰ

爲黑夫、驚多問姑姊、康樂季須、故術長姑外內▨毋恙也⑳？Q1_4_1 Ⅱ

爲黑夫、驚多問東室季須苟得毋恙也㉑？Q1_4_1 Ⅲ

爲黑夫、驚多問嬰汜季事可（何）如㉒？定不定？Q1_4_1 Ⅳ

爲黑夫、驚多問夕陽呂嬰、㢡里閻諍丈人得毋恙也㉓。嬰、諍皆毋恙也㉔，毋錢用衣矣㉕。Q1_4_1 Ⅴ

驚多問新負（婦）、妴得毋恙也㉖？新負（婦）勉力視瞻丈人㉗，毋與□□□㉘。垣柏未智（知）歸時㉙。新負（婦）勉力也㉚。Q1_4_1 Ⅵ 11反

【匯釋】

①二月辛巳：**有三説：一、秦王政二十四年（前223年）二月十九日。**黄盛璋（1980）：以秦滅楚之役和汪曰楨《長術輯要》、新城新藏《戰國秦漢長曆圖》推測爲秦王政二十四年二月十九日。**二、秦王政二十四年二月十八日。**王立鑫（2015）：此應爲殷曆的算法。若是按照秦人實際使用的顓頊曆，該日期應爲秦王政二十四年二月十八日。**三、秦王政二十三年。**馬非百（1982：644）以爲在秦王政二十三年。

②黑夫、驚：**是同母所生的兄弟。**黄盛璋（1980）：中應就是4號墓的墓主。

敢：**謙辭，自言冒昧，可釋爲“謹”。**這是戰國秦代書信公文中常用的格式，沒有實際含義，《左傳·僖公三十三年》：“寡君聞吾子將步師出於敝邑，敢犒從者。”

再拜：**拜了又拜，常用在書信開頭或末尾，表示敬意。**司馬遷《報任少卿書》：“太史公牛馬走司馬遷再拜言……略陳固陋，僅再拜。”

“中”字下，先前釋文多添加了逗號，也許是考慮到“中”下有鈎狀標識的緣故。湯餘惠（1993：174）改用頓號，指出是驚與黑夫寫給其兄、母的。陳偉（2016C：593）鈎狀標識可用於多個人名之間，上文“黑夫”與“驚”之間亦有。而“問……毋恙”當作一句讀，兩件木牘中多有例證。

③寄：**委託，託人傳送**。王立鑫（2015）：此處應爲古義，即委託，託人傳送，而不是現在意義上的郵寄。楊芬（2010）：寄，委託。

乞：**有三說：一、釋爲“益”**。整理者釋爲“益”。黄盛璋（1982A）以“益就”爲人名。**二、釋爲“乞”**。楊芬（2010：16）疑當釋爲“乞”。**三、釋爲“走”**。湯餘惠（1993：174）釋爲“走”。

就：**通“造”，至也**。“就書”指黑夫已寄到家中的信。

④遺：**送給**。湯餘惠（1993：175）：送給。《韓非子·五蠹》：“相遺以水。”《魏公子列傳》：“欲厚遺之。”《魏公子列傳》：“遺魏王及公子書。”

⑤毋：**表示否定，相當於莫、勿**。整理者（1976）、湯餘惠（1993：174）釋，整理者（1981：25）誤作“母”。

夏衣：**即襌裙襦**（黄盛璋，1980）。楊芬（2010）：“夏衣”亦見於秦漢簡，如睡虎地秦簡《秦律十八種·金布律》：“受衣者，夏衣以四月盡六月稟之，冬衣以九月盡十一月稟之。”居延新簡：“官予夏衣。”

⑥節：**立刻，馬上**。整理者讀爲“即”。

⑦安陸：**地名**。黄盛璋（1980）：秦墓所在的雲夢古城即楚、秦、漢之安陸。睡虎地11號、14號墓都出土有“安陸市亭”陶戳的陶罐，墓主應該爲此古城的居民。

襌帬、襦：**夏季穿的無絮的上下衣。“帬”即“裙”**。湯餘惠（1993：175）：《説文》：“裙，下裳也。”又，“襦，短衣也”。黄盛璋（1982A）：單衣的裙（褲）和襦（長衫）。仝衛敏《試論戰國時期的軍服供應問題》：“襌裙襦爲幾種衣服，但‘襌裙襦’應皆爲夏季的單衣。”楊芬（2010）：《釋名·釋衣服》：“有裏曰複，無裏曰襌。”“裙”“襦”似常配套使用。如睡虎地秦簡《封診式·賊死》簡58記死者“衣布襌帬、襦各一”，《封診式·經死》簡68記死者“衣絡襌襦、帬各一”。

⑧徒：**衹**。湯餘惠（1993：175）説。

操：整理者釋爲“以”，蕭聖中、蔡丹（2007：7）改譯。

⑨自以布此：**有二説：一、自己在此買布做**。黄盛璋（1980）説。**二、自己用布裁製**。湯餘惠（1993：175）：“此”通“裁”，裁製。

⑩直佐：**有三説：一、當差，服兵役**。湯餘惠（1993：175）：即值差，今語當差，指服兵役。**二、協助**。辛德勇（2006）解爲協助。**三、充任“佐”一職**。陳偉（2016C：593－594）：秦政府機構和軍隊中，底層吏員多有“佐”。如《秦律十八種·金布律》簡72～75：“都官有秩史及離官嗇夫，養各一人，其佐、史與共養；十人，車牛一兩，見牛者一人。都官之佐、史冗者，十人，養一人；十五人，車牛一兩，見牛者一人；不盈十人者，各與其官長共養、車牛，都官佐、史不盈十五人

者，七人以上鼠車牛、僕，不盈七人者，三人以上鼠養一人；小官毋嗇夫者，以此鼠僕、車牛。”《秦律十八種·內史雜》簡190：“除佐必當壯以上，毋除士五新傅。”又簡193：“侯、司寇及群下吏毋敢爲官府佐、史及禁苑憲盜。”直佐，疑是充任佐一職。

淮陽：**秦郡名，今淮陽縣城。**黄盛璋（1980）：原爲陳國之都，後滅於楚。楚頃襄王二十一年白起拔郢，曾一度遷陳爲都。楚稱爲“陳”，有“陳爰”可證。秦亦稱陳，陳勝都此，所以稱爲陳王。陳在淮北，故稱淮陽。《留侯世家》：“良嘗學禮淮陽。”此外，記載通稱爲陳。馬非百（1982：643－644）：譚其驤曰：《陳涉世家》：陳涉收兵北至陳，攻陳，陳守令皆不在。陳有守有令，其地必有一郡。元材案：陳有守有令，其爲一郡，實無可疑。惟郡名似當爲淮陽。即舉《留侯世家》與本牘文“直佐淮陽”爲據。辛德勇（2006）：秦封泥有“淮陽弩丞”，應該是屬於淮陽郡的“弩丞”。后曉榮（2009：84）：張家山漢簡《奏讞書》有“淮陽郡守行縣掾新郪獄”案例，李學勤考證是高祖六年事。從簡文“淮陽守”看，爲淮陽郡。漢初淮陽郡實爲秦淮陽郡之延續。陳偉（2016C：594）：牘文“淮陽”當如馬非百、辛德勇、后曉榮所云，爲秦郡名。里耶秦簡責貲贖文書（簡9－1至9－12）所記戍卒均衹知“戍洞庭郡”而“不知何縣署”，大概秦人從軍、出戍衹指定到郡。

⑪關於兩件木牘所記的戰爭，**有二說：一、指王翦取陳以南至平輿並虜荆王一役。**整理者：這兩件木牘所記的戰爭情況，可能就是《史記》所記載的秦滅楚的戰爭。黄盛璋（1980）：有關陳的戰事，僅見於秦滅楚的戰爭中，所以黑夫等從軍淮陽必爲此時之事。《秦始皇本紀》：“二十三年……使（王翦）將擊荆，取陳以南至平輿，虜荆王。秦王遊至郢陳。荆將項燕立昌平君爲荆王，反秦於淮南。二十四年王翦、蒙武攻荆，破荆軍，昌平君死，項燕遂自殺。”《六國年表》《楚世家》《蒙恬傳》都說二十三年殺項燕，二十四年滅楚，記載的年代是正確的。這次秦攻楚的戰爭全在淮北進行，與淮南無關。這裏的“淮南”如不是淮北之誤，那就衹能是“淮陽”之誤。“直佐淮陽，攻反城久”，即秦王政二十四年“取陳以南至平輿”之戰役。馬非百（1982：644）：“直佐淮陽，攻反城久”，是指秦王政二十三年李信攻楚大敗後秦王復召王翦使將擊荆，取陳以南至平輿虜荆王一役而言。然則在秦始皇時，淮陽已成爲“攻反城”之重要根據地及指揮部矣。田餘慶（1989）：淮陽之反就是昌平君主郢陳之反，與《本紀》中“淮南”二字無關。昌平君始反在二十二年，李信回軍，郢陳暫時又入秦軍之手，這就是李信攻破鄢郢之事。但當李信、蒙武軍潰於穎川父城後，郢陳必然又入昌平君或其他楚軍之手。二十三年，秦軍興王翦伐楚之師，郢陳是必爭之地，戰事有所遷延，持續至二十四年春。疑黑夫、驚二人此時適在爭奪郢陳（淮陽）的王翦軍中。湯餘惠（1993：175）：“反城”指淮陽。**二、與王翦取陳以南至平輿並虜荆王一役無關，是另一次戰役。**辛德勇（2006）：“攻反城”之役，與王翦取陳以南至平輿並虜荆王一役無關，而是繼此之後的另一次戰役。項燕等“反秦於淮南”時，陳邑附近已在秦人控制之下。昌平君反於淮南，淮陽郡在淮河北岸，黑夫“佐淮陽，攻反城”，即其所從屬的軍隊協助原駐守

淮陽的秦軍，由淮河北岸向南岸進攻。

久：**讀爲“疚”，病**。《爾雅·釋詁上》：“病也。”

⑫傷未可智也：黄盛璋（1980）以爲“傷”前脱一“死”字。

⑬用：**费用，財用**。《國語·周語中》：“以備百姓兆民之用。”韋昭注：“財用也。”

⑭報：**答復**。睡虎地秦簡《封診式·有鞫》：“騰皆爲報。”整理者云：“報，答復。”並引本牘“書到，皆爲報”爲例。

⑮相家爵：**有二説：一、人名**。黄盛璋（1982A）、湯餘惠（1993：175）看作人名。**二、立功受爵報書**。朱紹侯（1990：46）則以爲是立功受爵報書。高敏（1989A）：這顯然是同秦的賜軍爵制密切相關的新史料。陳偉（2016C：595）：牘文接著説：“聞王得苟得毋恙也，辭相家爵不也。”似王得之辭“相家爵”與其“來未來”有關。“相家爵”爲人名的可能性較大。

⑯狀：**有二説：一、原因**。黄盛璋（1982A：555）解作“原因”。**二、情況**。湯餘惠（1993：175）解作“情況”。

⑰苟：**有二説：一、暫且，副詞**。湯餘惠（1993：176）：暫且，副詞。**二、表示希望**。楊芬（2010）：似表示希望。“苟得毋恙”和“得毋恙”意義類似，衹是加強了希望的語氣。陳偉（2016C：595）：“苟”猶“尚”，表示期望。《詩經·王風·君子于役》：“君子于役，苟無饑渴。”

⑱辭：**有二説：一、告訴**。湯餘惠（1983）：《禮記·檀弓上》：“使人辭於狐突。”**二、辭退**。陳偉（2016C：595）：“辭”有辭退義。《左傳·襄公二十二年》：“辭八人者，而後王安之。”杜預注：“辭，遣之。”

⑲王得：楊芬（2010）據彩色圖版釋出，認爲這段文字之前提到“聞王得苟得毋恙也”，其後文字都是連寫，没有另起一行，説明這段内容圍繞“王得”展開。陳偉（2016C：597）：看紅外影像，“王得”二字更清晰，“王得不也”下似尚有文字。

⑳多問：**問候**。楊芬（2010）：《漢書·趙廣漢傳》：“爲我多謝問趙君。”顔注：“多，厚也，言殷勤，若今人言千萬問訊矣。”“多問”在秦漢出土書信中使用率頗高，如居延漢簡157.25“弘叩頭多問於長”、乙附51“信伏地再拜多問”、居延新簡EPT44.5“邑中夏君壯多問”。陳偉（2016C：597）：里耶秦簡書信也常用“多問”，如簡8－659＋8－2088、8－823＋8－1997等。

姑姊：**其父的姊妹，姑媽**。尹在碩（1995）：指其父的姊妹，好像是黑夫與驚的姑媽。楊芬（2010）：“姑姊”一人，指其父的姐姐。《左傳·襄公十二年》正義：“《釋親》云：‘父之姊妹曰姑。’樊光曰：‘《春秋傳》云姑姊妹，然則古人謂姑爲姑姊妹。若父之姊爲姑姊，父之妹爲姑妹。’”

康樂：**健康，快樂。有二説：一、慰問的内容**。尹在碩（1995）疑爲對“姑姊”慰問的内容。**二、修飾語**。陳偉（2016C：596）：“姑姊”下有墨鈎，“康樂”恐是修飾“季須”。

季：整理者（1976B）釋，整理者（1981）作“孝”，蓋係筆誤。

季須：**有二說：一、指妹妹**。整理者讀爲“嬃”。黄盛璋（1982A：553）：《說文》女部：“嬃，女字也，楚詞曰：女嬃之嬋媛，賈侍中說：楚人謂姊爲嬃。”季嬃連稱，季表排行，嬃表親屬稱謂，季嬃在姑姊之後，有可能指妹。**二、指姐姐**。尹在碩（1995）：“嬃”是“姊”，即姐姐的稱謂。季須是驚已出嫁的姐姐。

長姑外內：**大姑母夫婦**。尹在碩（1995）說。

㉑東室季須：**住東面臥室的小姐姐**。尹在碩（1995）：“季”有“末”之意，可以認爲是黑夫與驚的小姐姐。“東室”爲季須住處，即黑夫和驚本家中的東面臥室。

毋恙也：**沒有疾病，身體健康**。楊芬（2010）據彩色圖版釋出。陳偉（2016C：596）：看紅外影像，三字更清晰。

㉒氾：整理者（1976B）釋爲“氾”，整理者（1981）作“記”，蕭聖中、蔡丹（2007：75）改釋。

㉓夕陽：**地名**。湯餘惠（1993：176）：地名，呂嬰原籍，又見於戰國兵器陳侯因咨戟銘文。陳偉（2016C：596）：夕陽也許是呂嬰現住地，或是雲夢里名。

匽里：**里名**。尹在碩（1995）說。

諍：整理者（1976B）作“誤”，整理者（1981）釋爲“諍”。

丈人：**老人**。湯餘惠（1993：176）：《論衡・氣壽》：“名男子爲丈夫，尊公嫗爲丈人。”陳偉（2016C：597）：《論語・微子》：“子路從而後，遇丈人以杖荷蓧。”何晏集解引包咸曰：“丈人，老人也。”看下文，此處“丈人”應兼指呂嬰、閻諍兩家的老人。

也：陳偉（2016C：597）：據彩色圖版、紅外影像釋。

㉔嬰、諍：**呂嬰、閻諍省稱**。陳偉（2016C：597）：據紅外影像釋，應即上文呂嬰、閻諍省稱。

皆毋恙也：楊芬（2010）據彩色圖版釋出。

㉕毋錢用衣：**不需要錢或者衣物**。楊芬（2010）據彩色圖版釋出，按云：“錢用”，即錢，《漢書・外戚傳上》：“媪與迺始還求錢用，隨逐至中山盧奴，見翁須與歌舞等比五人同處，媪與翁須共宿。明日，迺始留視翁須，媪還求錢，欲隨至邯鄲。”前稱“錢用”後稱“錢”。陳偉（2016C：597）：看紅外影像，四字更清晰。又，因“嬰”“諍”二字釋出，可知呂嬰、閻諍與黑夫、驚等人皆在軍中。

㉖新負：**讀爲“新婦”，新媳婦**。黄盛璋（1982A：555）讀爲“新婦”，爲驚的妻子。馬怡（2008）：《風俗通・怪神・世間多有精物妖怪百端》：“樓上新婦，豈虚也哉！”王利器校注：“漢、魏、六朝人通稱婦爲新婦，故上文言婦，此又言新婦也。”其實，該稱謂秦時已見使用。睡虎地4號秦墓木牘家書：“驚多問新負妴：得毋恙也，新負勉力視瞻丈人。”“驚多問新負妴：皆得毋恙也。”“負”通“婦”，此“新負”即“新婦”，指作信人驚的妻子。陳偉（2016C：597）：王利器《風俗通義校釋》引《塵史・辨誤》云：“《呂氏春秋》曰：‘白圭……何事比我於新婦乎？’按今之尊者斥卑者之婦曰新婦，卑對尊稱其妻及婦人凡自稱者則亦然。則世人之語

豈盡無稽哉？而不學者輒易之曰媳婦，又曰室婦，不知何也。”驚之夫婦小孩已較大（參看下文），牘文“新婦”應是“婦”的通稱，或者，如《塵史》所云，是驚對中、母等尊者稱呼其妻的用語。

妴：**有二説：一、人名，驚的女兒。**黄盛璋（1982A：553）認爲是驚的女兒。整理者認爲與“新負”斷讀。楊芬（2010）：4號墓兩封書信中，驚問候時，稱呼對象爲“新負妴”，提到照顧老人時，言“新負勉力視瞻丈人”“新負勉力視瞻兩老”，要求對象衹有“新婦”。另外，第二封信説“驚遠家故，衷（中）教詔妴”，大意是本來應該驚來教育妴，但因驚在遠方，才由衷（中）來教導，似乎妴是驚的後輩。因此“新婦”“妴”更可能指兩個人。陳偉（2016C：598）：6號牘説“驚多問新負（婦）、妴皆得毋恙也”，“皆”字前當非一人。黄氏之説可從。**二、新婦名。**湯餘惠（1993：76）、馬怡（2008）以爲新婦名。

㉗視瞻：**照看，服侍。**黄盛璋（1982A：555）：服侍。湯餘惠（1993：176）照看、看護。

丈人：**有二説：一、指新婦的父母。**黄盛璋（1982A：553）：“丈人”或“兩老”，應指新婦的父母，新婦在娘家與其父母共同生活，但去“中”家不遠。陳偉（2016C：598）：11號牘、6號牘均是中、母，黑夫與驚的父親應已不存。由此推斷，6號簡“兩老”應非指公婆而是新婦的娘家父母。11號牘與6號牘同樣用到“勉力視瞻”，“丈人”也是指新婦父母可能性更大。**二、公婆。**湯餘惠（1993：176）、汝凱（1998）：指公婆。

㉘毋與□□□：陳偉（2016C：598）：第三字，或是“它”；第五字，或是“等”。

㉙垣柏未智歸時：**垣柏他還不知道甚麽時候回去。**楊芬（2010）據彩色圖版試釋。陳偉（2016C：598）：看紅外影像，可信。“垣柏”亦見6號牘，可能是新婦兄弟。

㉚新負：陳偉（2016C：598）：據紅外影像釋出。

【今譯】

今天（寫信執筆的日子）是二月辛巳日。黑夫跟驚斗膽再次俯首問候中，母親身體應該還好吧？黑夫跟驚都很好。前幾天，黑夫跟驚因戰事短暫分開，而今又聚首了。Q1_4_1Ⅰ黑夫在委託益就捎給家人的書信中説道：請家裏趕緊給我們送錢來，不用寄夏天穿的衣服。而今，家書馬上就要寄到了，母親啊，請您對比一下安陸的絲布貴不貴。不貴的話，一定要買來幫我們做一些夏天可以穿的衣Q1_4_1Ⅱ裙。母親啊！您一定要這麽做呀！讓這些衣裙跟錢一塊寄過來。要是絲布太貴了，衹寄錢過來，黑夫也可以在此自己去用來買布做。Q1_4_1Ⅲ我們马上就要投入淮陽一戰了，進攻這座反叛之城的戰事不知要持續多久，傷亡也不知道多少。希望母親寄給黑夫的費用一定不要太少。書信到了，Q1_4_1Ⅳ請母親記得馬上給我們回信，並告知相家爵他來了沒有，若是還沒有到來，請您告訴黑夫一聲，説明情狀。是否聽説王得

Q1_4_1Ⅴ 11 一切可好？是否已經告辭相家爵了？書信和衣服是否已經送至中南方的軍隊了……王得不會嗎？Q1_4_1Ⅰ

（請母親）替黑夫跟驚多問候姑媽、已出嫁的姐姐、大姑母夫婦……一家無恙吧？Q1_4_1Ⅱ

（請母親）替黑夫跟驚問候小姐姐，她身體健康吧？Q1_4_1Ⅲ

（請母親）替黑夫跟驚問候嬰汜季事情怎麼樣了，確定了嗎？Q1_4_1Ⅳ

（請母親）替黑夫跟驚問候夕陽的呂嬰和𨻶里的閻諍家中老人身體健康吧？那呂嬰跟閻諍身體都還好，不需要錢用或者衣物。Q1_4_1Ⅴ

驚多次問候妻子、嫛身體健康吧？新媳婦要好好贍養父母，不要跟……垣柏他還不知道甚麼時候回去。媳婦呀，你要勤勉生活。Q1_4_1Ⅵ11 反

6 號木牘

【釋文】

驚敢大心問衷（中），母得毋恙也[①]？家室外内同☑Q1_4_2Ⅰ

以衷（中），母力毋恙也[②]？與從軍[③]，與黑夫居，皆毋恙也。☑Q1_4_2Ⅱ

錢衣，顧（願）母幸遺錢五、六百[④]，絝布謹善者毋下二丈五尺[⑤]。☑Q1_4_2Ⅲ

用垣柏錢矣[⑥]，室弗遺[⑦]，即死矣。急急急[⑧]。Q1_4_2Ⅳ

驚多問新負（婦），嫛皆得毋恙也？新負（婦）勉力視瞻兩老□[⑨]☑Q1_4_2Ⅴ6

驚遠家故，衷（中）教詔嫛[⑩]，令毋敢遠就若取新（薪）[⑪]。衷（中）令☑Q1_4_2Ⅰ

聞新地城多空不實者[⑫]，且令故民有爲不如令者實[⑬]☑Q1_4_2Ⅱ

爲驚□□若大發毁[⑭]，以驚居反城中故。Q1_4_2Ⅲ

驚敢大心問姑秭（姊）、姑秭（姊）子產得毋恙[⑮]？Q1_4_2Ⅳ

新地多盜[⑯]，衷（中）唯毋方行新地[⑰]，急急急。Q1_4_2Ⅴ6 反

【匯釋】

①大心：**大膽，表敬副詞**。湯餘惠（1993：177）：猶說大膽，表敬副詞。陳偉（2016C：599）：里耶秦簡書信多用“大心”，如簡 8－659＋8－2088、8－823＋8－1997 等。

衷：**人名**。黃盛璋（1980）：就是驚的大哥“中”。

驚敢大心問衷、母得毋恙也：**標點有二說：一、“衷”下加頓號**。湯餘惠（1993：174）改用頓號。**二、“衷”下加逗號**。整理者等在“衷”下加逗號。

②以衷、母力毋恙也：**標點有二說：一、“衷”下加頓號**。湯餘惠（1993：174）改用頓號。**二、“衷”下加逗號**。整理者在“衷”下著逗號。

③從軍：**參加軍隊**。陳偉（2016C：599）：《東越列傳》："舊從軍無功，以宗室故侯。"睡虎地11號秦墓竹簡《編年記》："十三年，從軍。"

④遺：**帶給**。黃盛璋（1982A：555）：帶給。整理者（1976B）釋，整理者（1981）寫作"遺"。

⑤綃：**有三説：一、釋爲"綃"，指當時的某種織物**。"布"上一字，整理者釋爲"綃"。陳偉（2016C：599）：里耶秦簡9－2027記："青綃小橐一，袤四尺。"木牘此字當以整理者爲是，指當時的某種織物。**二、隸"牘"**。整理者隸爲"牘"。**三、隸爲"號"**。湯餘惠隸爲"號"，認爲同"木"，疑即"緰"字。《説文》："緰，緰貲，布也。"

謹善：**好，結實**。黃盛璋（1982A：555）：結實。湯餘惠："謹"，與善同義。《楚辭·九章·懷沙》："謹厚以爲豐。"注："謹，善也。"

二丈五尺：**等於今5.775米**。黃盛璋（1980）：依商鞅量秦一尺等於23.1釐米，二丈五尺等於今5.775米。

⑥垣柏：**人名**。黃盛璋（1982A：555）：人名。陳偉（2016C：600）：參看11號牘注釋。

⑦室：**有二説：一、猶"家"**。陳偉（2016C：600）："室"猶"家"。上文"室家"連言。**二、讀爲"實"**。黃盛璋（1980）讀爲"實"。

⑧急急急：牘文作"急"下二重文號，湯餘惠（1993：176）以爲牘文"急"字下面加四點，其作用頗類似今天的省略號。

⑨兩老：**有二説：一、新婦的父母**。黃盛璋（1982A：553）：應指新婦的父母。**二、指新婦的公婆**。湯餘惠（1993：176）：指新婦的公婆。陳偉（2016C：600）：參看11號牘注釋。

⑩教詔：**有二説：一、教導**。黃盛璋（1982A：555）：教導。楊芬（2010）：《呂氏春秋·審分覽》："不知乘物而自怙恃，奪其智能，多其教詔，而好自以。"高誘注："詔亦教。"**二、"詔"義爲告語**。湯餘惠（1993：176）："詔"，告語。

⑪毋敢：**有二説：一、不要**。黃盛璋（1982A：555）説。**二、不得、不可**。湯餘惠（1993：176）：猶言不得、不可。西周金文也有這樣的用法，如"女（汝）母（毋）敢不善"（卯簋），舊釋"敢"爲"敢於""膽敢"，不確。

若：**有二説：一、連詞，或者**。陳偉（2016C：600）：連詞，或者義。牘文是指到遠處去或者采薪。**二、如**。黃盛璋（1982A：555）：如。湯餘惠（1993：174）於其前加逗號。

⑫新地城：**有三説：一、新佔領地區的城邑**。陳偉（2016C：600）：張家山漢簡《奏讞書》屬於秦代的案例十八簡157："令：所取荆新地多群盗，吏所興與群盗遇去北，以儋乏不鬬律論。"嶽麓書院藏秦簡1866有"新地"，簡893、1865有"新地吏"。新地指新佔領地區，新地城指新佔領地區的城邑。**二、安陸入秦後又稱新地城，今雲夢古城**。黃盛璋（1980）以爲即秦安陸、今雲夢古城。湯餘惠（1993：175）亦以爲安陸入秦後又稱新地城。**三、與秦安陸不是同地異名**。劉玉堂

(1982) 指出：新地與秦安陸不是同地異名。據睡虎地秦簡《編年記》秦昭王二十九年攻安陸，怎麽能把已隸屬於秦五十多年的安陸稱作“新地”或“新地城”呢？

⑬故民：**有二説：一、原在秦朝治下或入秦已久的民衆**。陳偉（2016C：600）：張家山漢簡《奏讞書》案例十八、嶽麓書院藏秦簡 893 等有“新黔首”，指新爲秦控制的民衆。“故民”應與“新黔首”對應，指原在秦朝治下或入秦已久的民衆。黄盛璋（1982A：555）：舊戶。**二、原有居民，指楚人**。湯餘惠（1993：177）：原有居民，指楚人。

不如令：**不遵從法令，違反法令**。陳偉（2016C：600）：如，遵從。不如令，不遵從法令。《秦律十八種·金布律》簡 81：“其責毋敢隃歲，隃歲而弗入及不如令者，皆以律論之。”《秦律雜抄》簡 9：“驀馬五尺八寸以上，不勝任，奔摯不如令，縣司馬貲二甲，令、丞各一甲。”黄盛璋（1982A：55）：違反法令。

⑭驚□□：**□□有三説：一、釋爲“視祀”**。“驚”下二字，整理者釋爲“視祀”，**二、釋爲“祠祀”**。整理者釋爲“祠祀”。**三、譯爲“看看祀屋”**。黄盛璋（1982A：555）將此句語譯爲：請代我看看祀屋，也許大破壞了。

⑮姑秭：牘文作重文。秭，整理者讀爲“姊”。二“姑姊”之間，整理者用逗號，湯餘惠（1993：174）改用頓號。

子產：**有二説：一、猶子息，子嗣**。陳偉（2016C：600）説。**二、生產孩子**。黄盛璋（1982A：555）：生產孩子。

⑯多：整理者釋爲“入”。

⑰唯：**有二説：一、表示希望**。陳偉（2016C：600）：表示希望。**二、猶“與”，連詞**。湯餘惠（1993：177）説。

毋：整理者（1976B）作“母”，整理者（1981）作“毋”。

行：**有三説：一、前行。“方行”即遍行，通行**。楊芬（2010）：“方行”是古語，遍行，通行。《尚書·立政》：“其克詰爾戎兵，以陟禹之跡，方行天下，至於海表，罔有不服。”孔安國注：“方，四方。”“方行”即“旁行”，《周易·繫辭上》：“旁行而不流。”這件木牘中的“方行”，或許含有前行的意思。**二、來**。湯餘惠（1993：177）：來。**三、離去**。黄盛璋（1980）：離去之意。

【今譯】

驚大膽地向中問候，我們母親身體還健康吧？家中內外老少都一樣安好吧……Q1_4_2Ⅰ

中啊，母親身體還好嗎？我從軍以來，跟黑夫一起居住，都很好……Q1_4_2Ⅱ

錢用跟衣物，（希望）母親能夠大方地給我們五六百，絝布織料不要少於二丈五尺……Q1_4_2Ⅲ

我們已用了垣柏的錢了，家裏再不給的話，我們就要死了。很急，很急，很急！Q1_4_2Ⅳ

驚問候妻子，嫈身體健康吧？新媳婦要好好贍養父母……Q1_4_2Ⅴ6

驚遠離家鄉，中請您多多教導嬰，讓她不要到遠處去或者採薪。中啊，讓……Q1_4_2 Ⅰ

聽說新地城池很多地方都是人煙稀少、空泛的，不充實，政府已經下令將那些違反秦國法令的人遷入新地充實城中的人口了……Q1_4_2 Ⅱ

請代驚看看祀（屋），也許大破壞了。如果驚有甚麽不測的話，那就是因爲我居住在反城中的緣故。Q1_4_2 Ⅲ

驚斗膽問候姑媽，姑媽生產完，現在母子可安好？Q1_4_2 Ⅳ

新地有很多盜賊，中啊，希望你切切不要前行去新地！急急急。Q1_4_2 Ⅴ6 反

摹　本

昭王六年

五十四年

二年攻皮民

五十五年

三年

五十六年後九月昭死正月邀葬

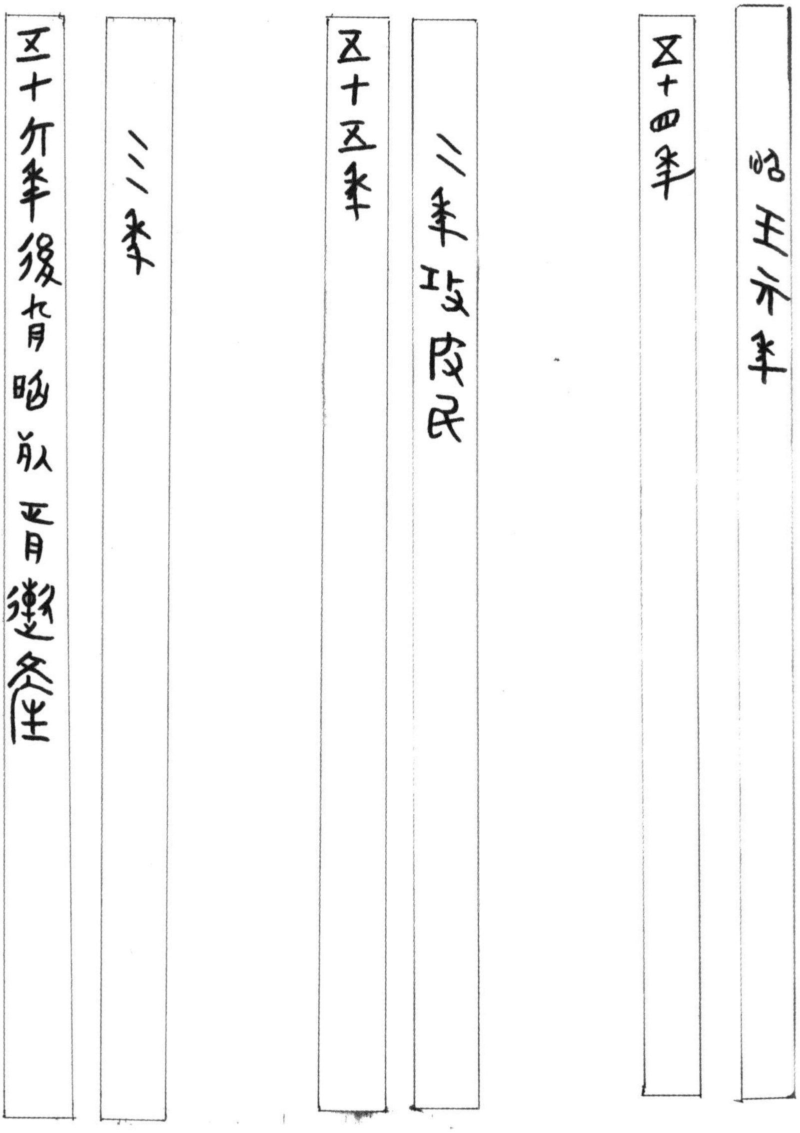

3　　　　　　2　　　　　　1

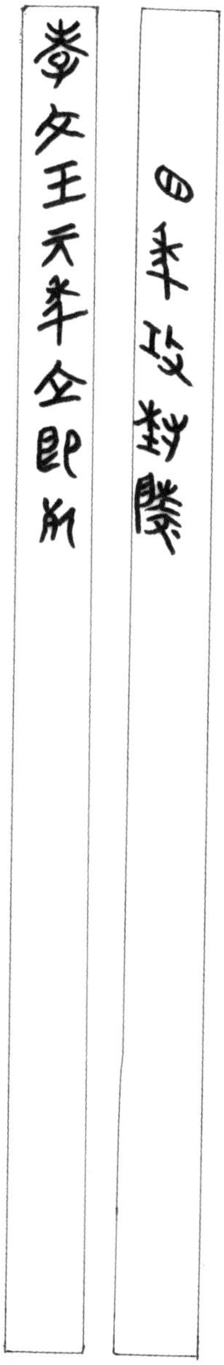

4

5

6

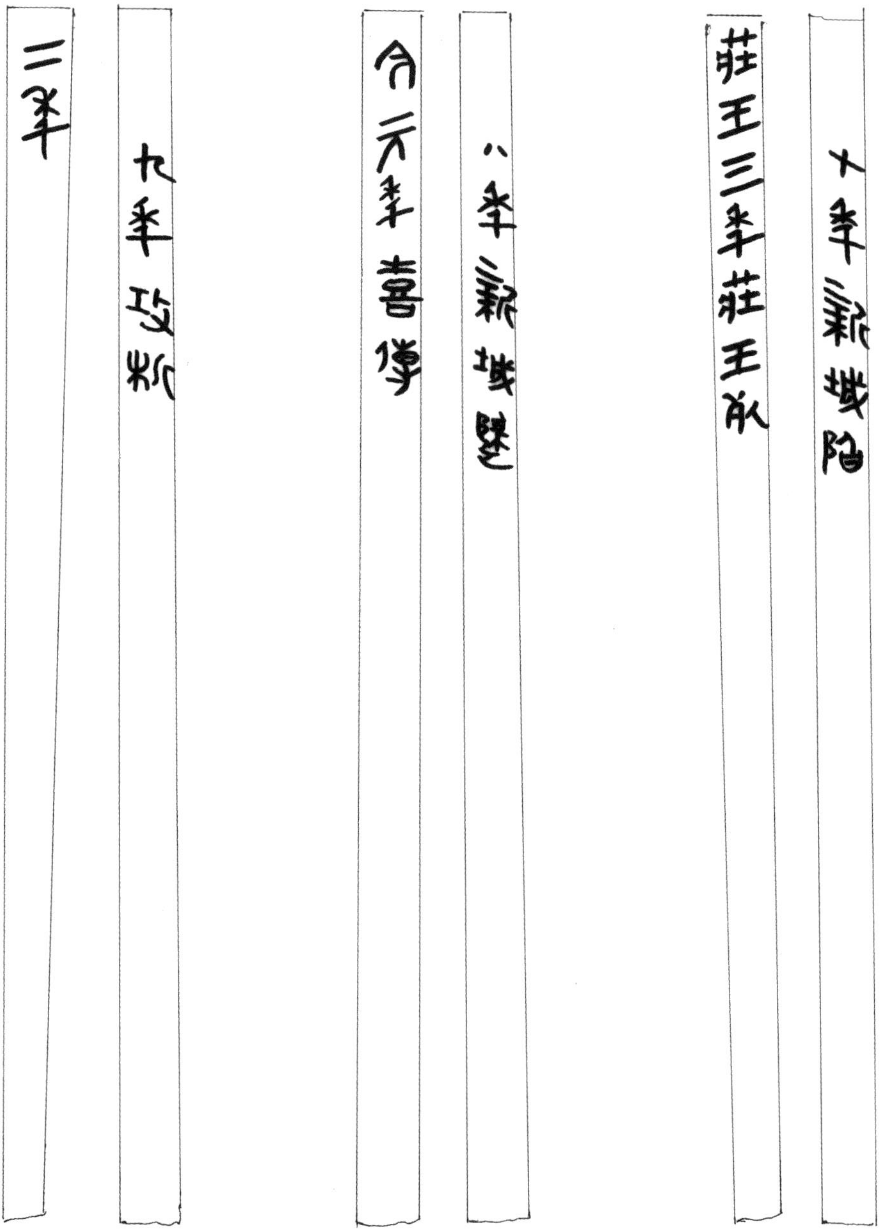

9　8　7

十年

三年袋軍八月善檢史

十一年

單十一月善除宜陸　史

十二年

又年

10

11

12

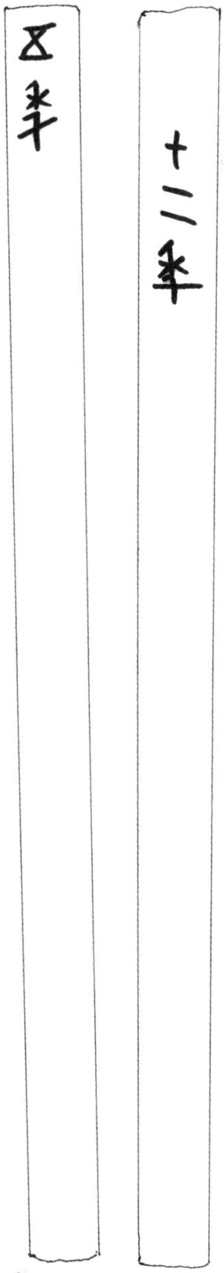

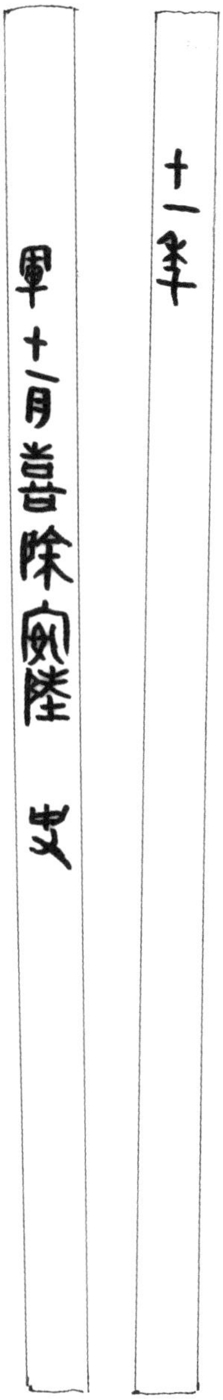

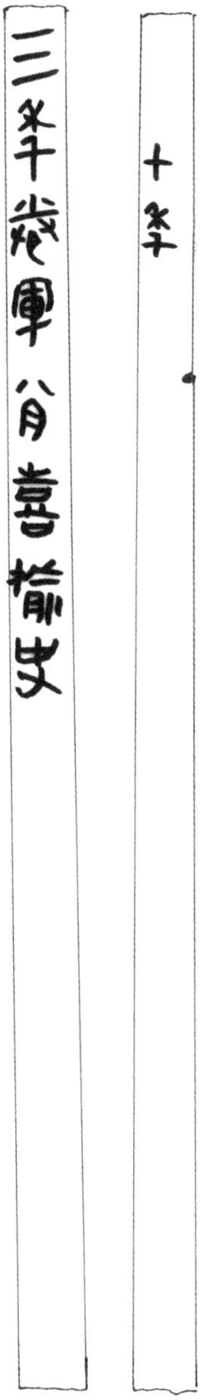

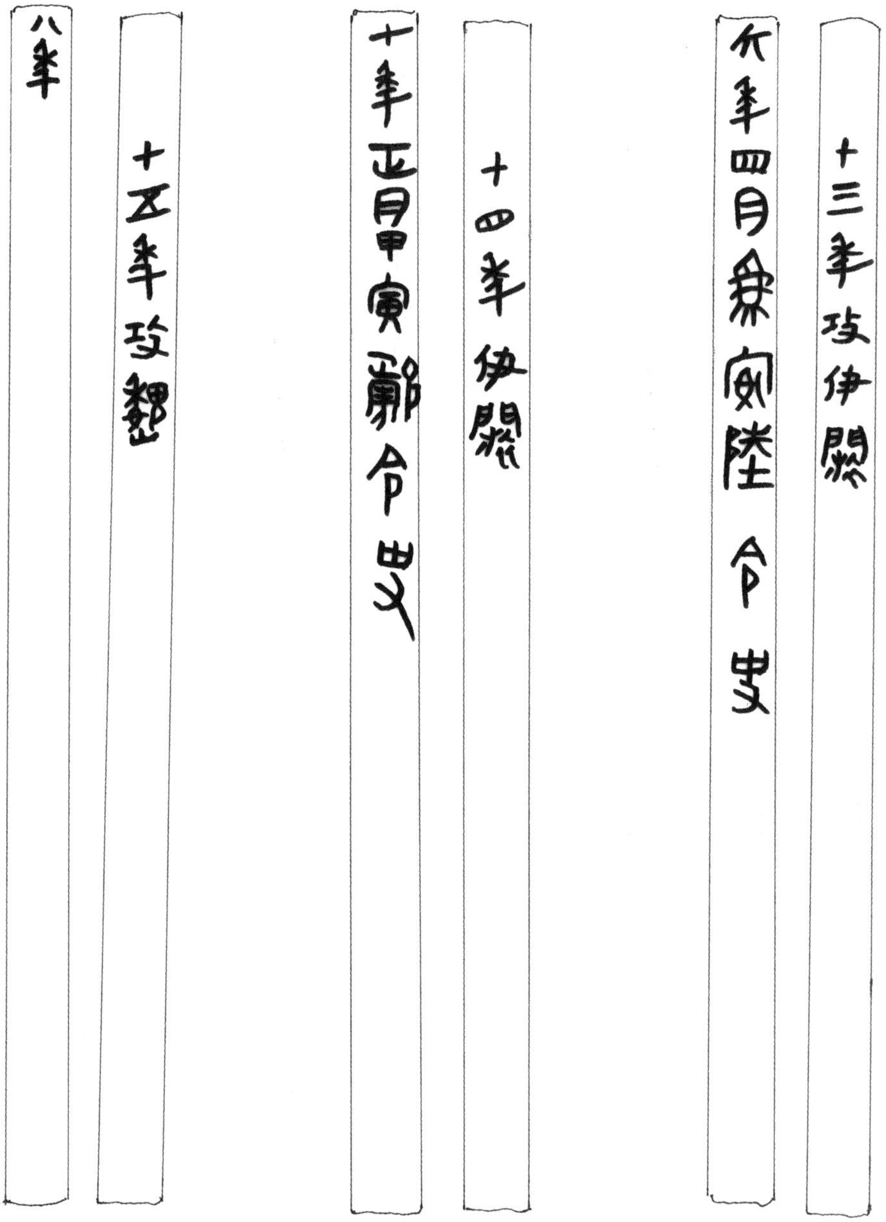

15　　14　　13

16

17

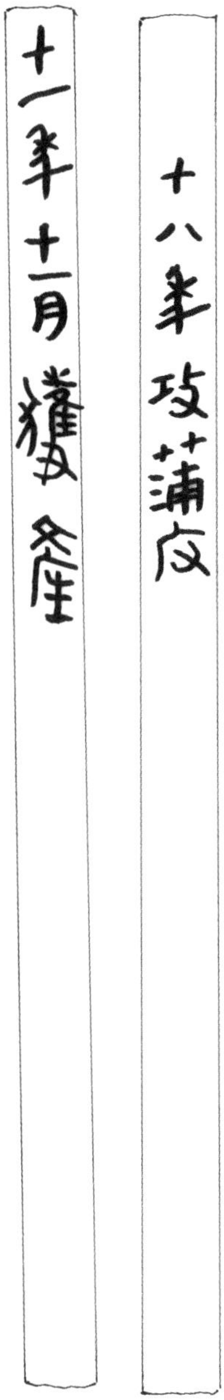

18

十四年

廿年攻陽山

十三年從軍

廿年攻安陸

十五年 四月癸丑喜沿嶽邸

十九年

21

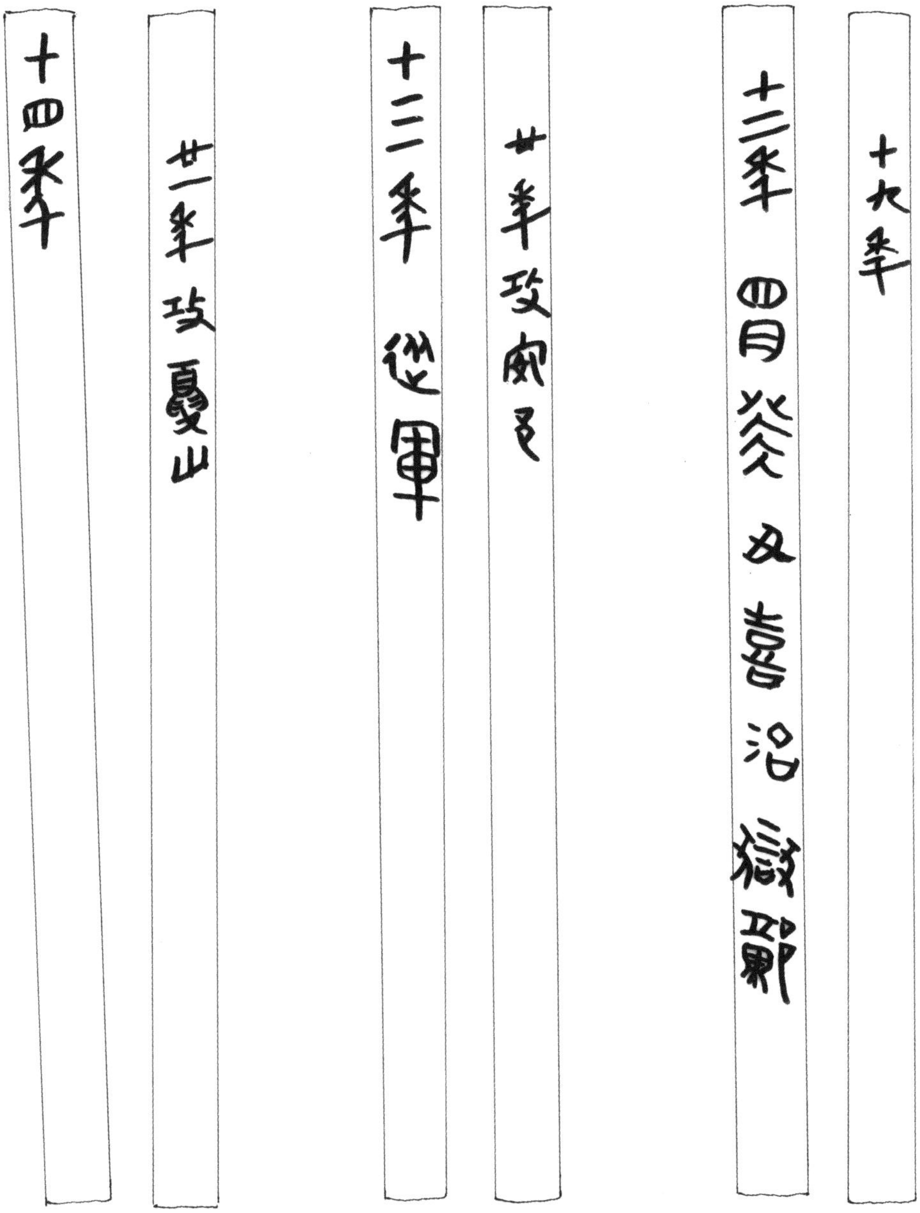

十七年十　攻擊　　廿四年攻粱

十六年有七□公終的□年　　廿三年

十五年從平陽軍　　廿二年

24　　　　　23　　　　　22

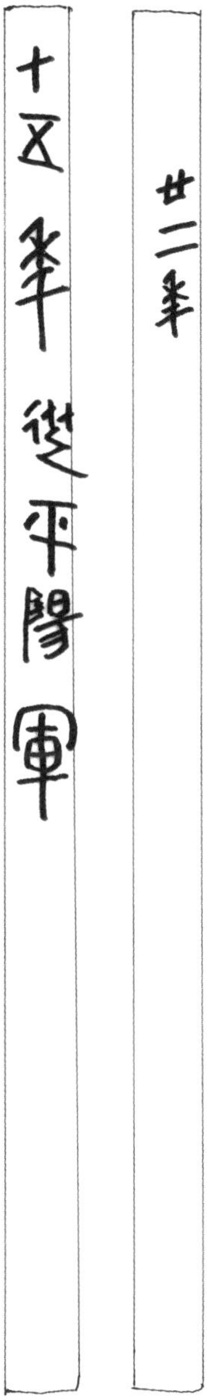

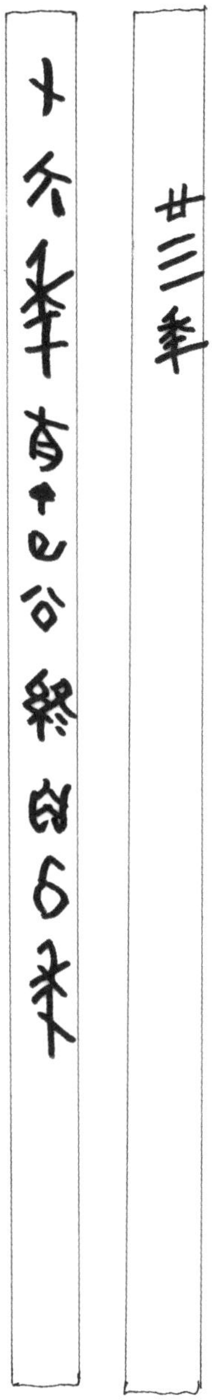

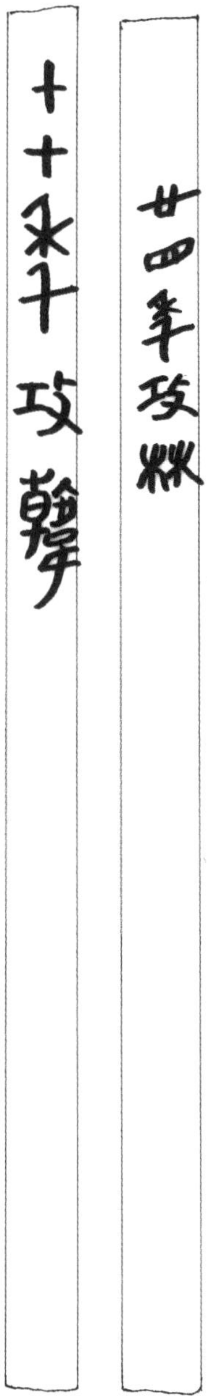

廿五年攻輹民

十八年攻胥胃佐主

廿六年攻離石

十九年

南郡備敆

廿年攻鄣

廿年有甲寅歐終輠王舍 山

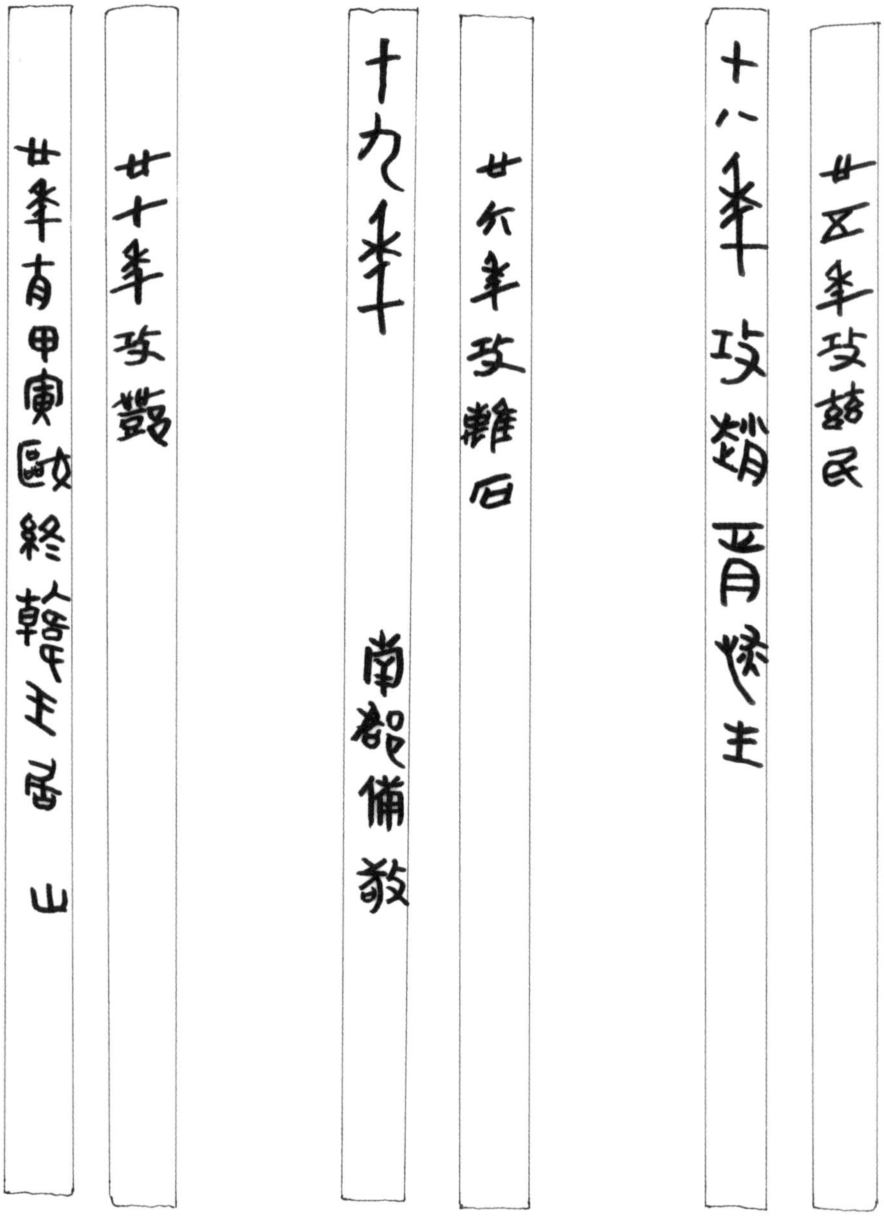

27　　　　　　　26　　　　　　　25

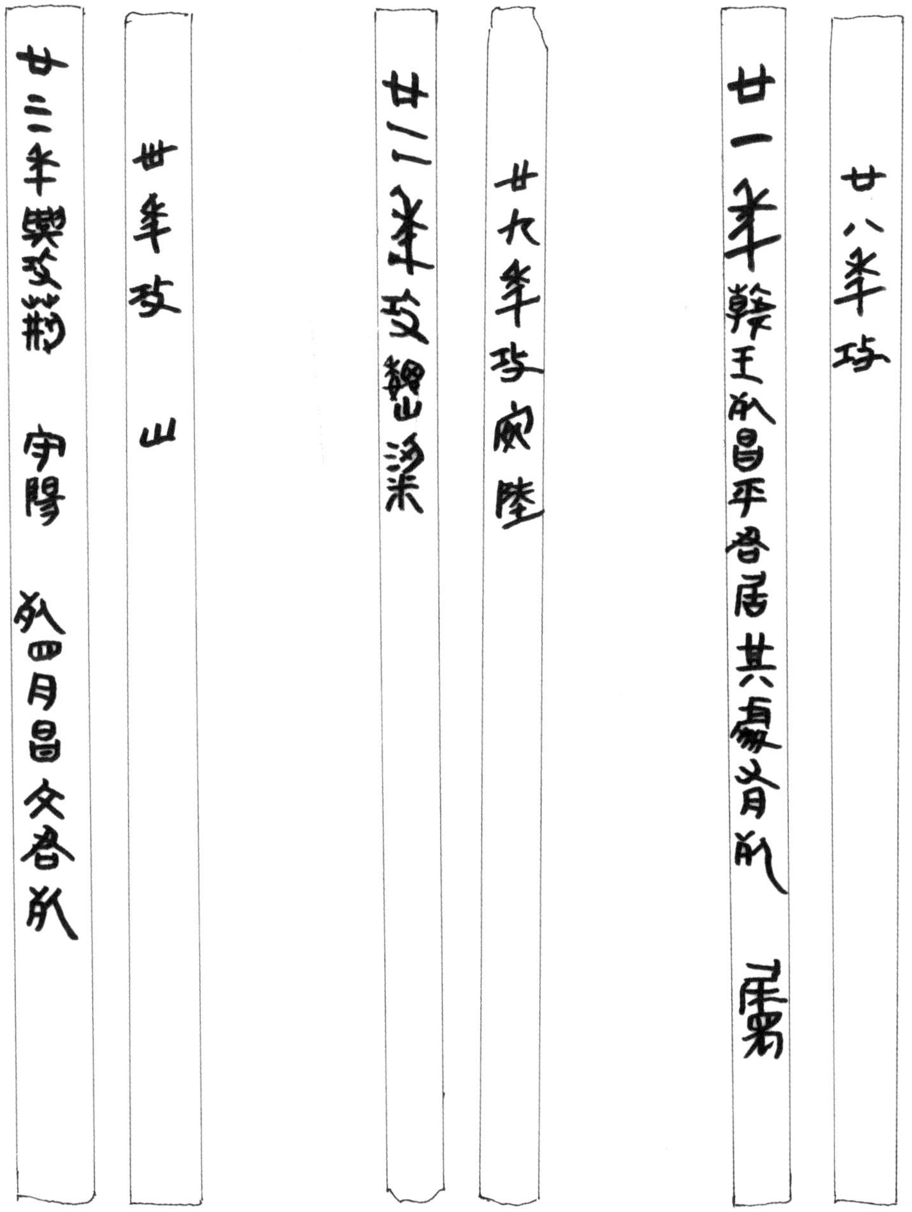
廿八年攻
廿一年韓王死昌平君居其處有死屬
廿九年攻安陸
廿二年攻魏梁
卅年攻 山
廿三年興攻荊 宇陽 死四月昌文君死

30 29 28

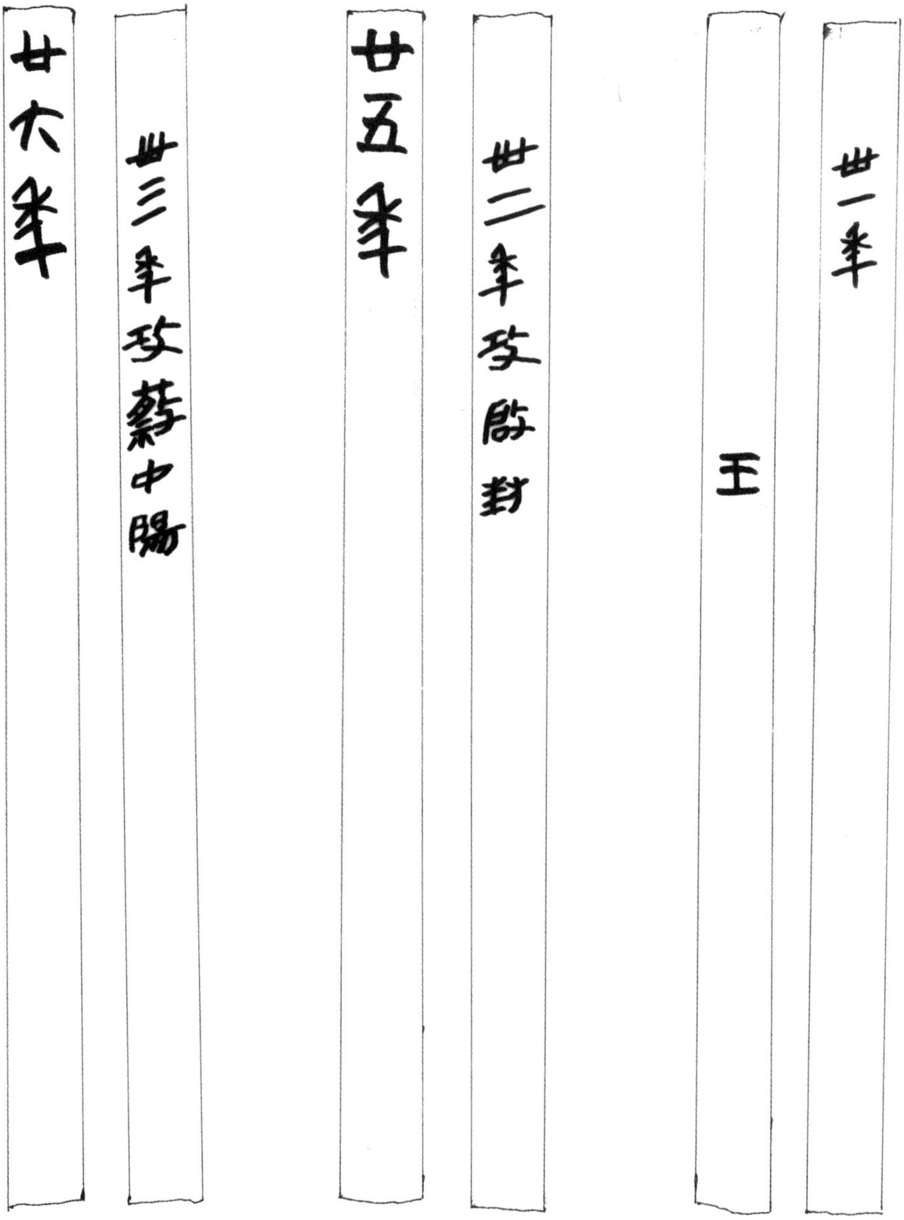

33　32　31

廿十年旬己兵徙食時㢉坐穵瓦　卅四年巧葷陽

卅五年　今逾虫陸

卅六年　廿六年

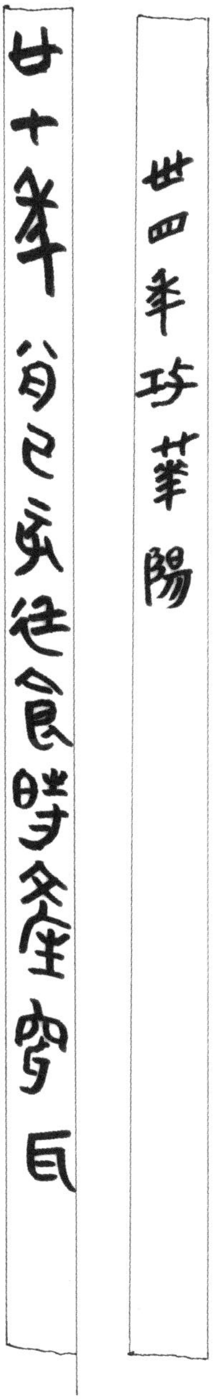

34　35　36

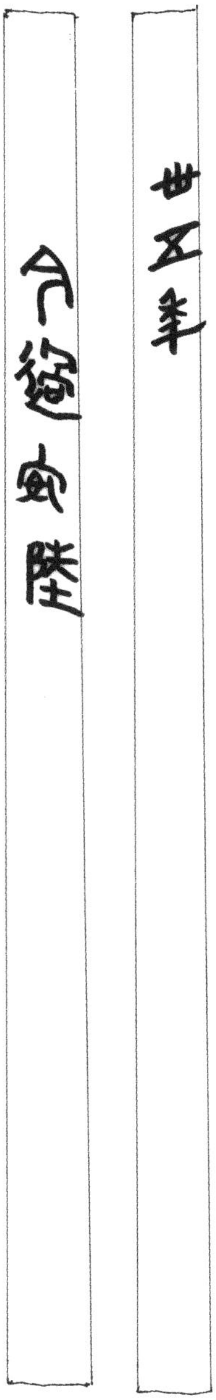

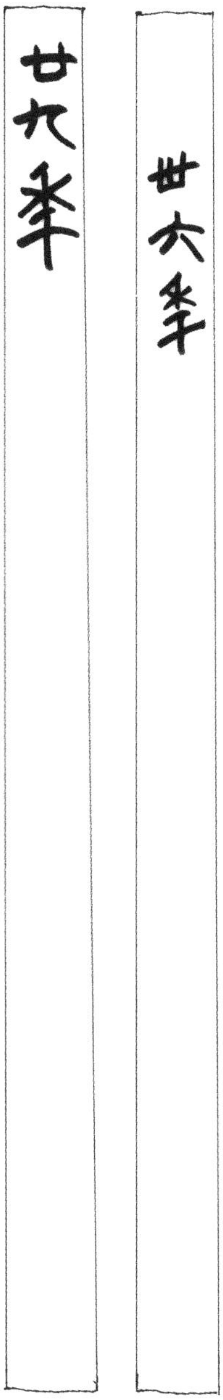

41 40 39 38 37

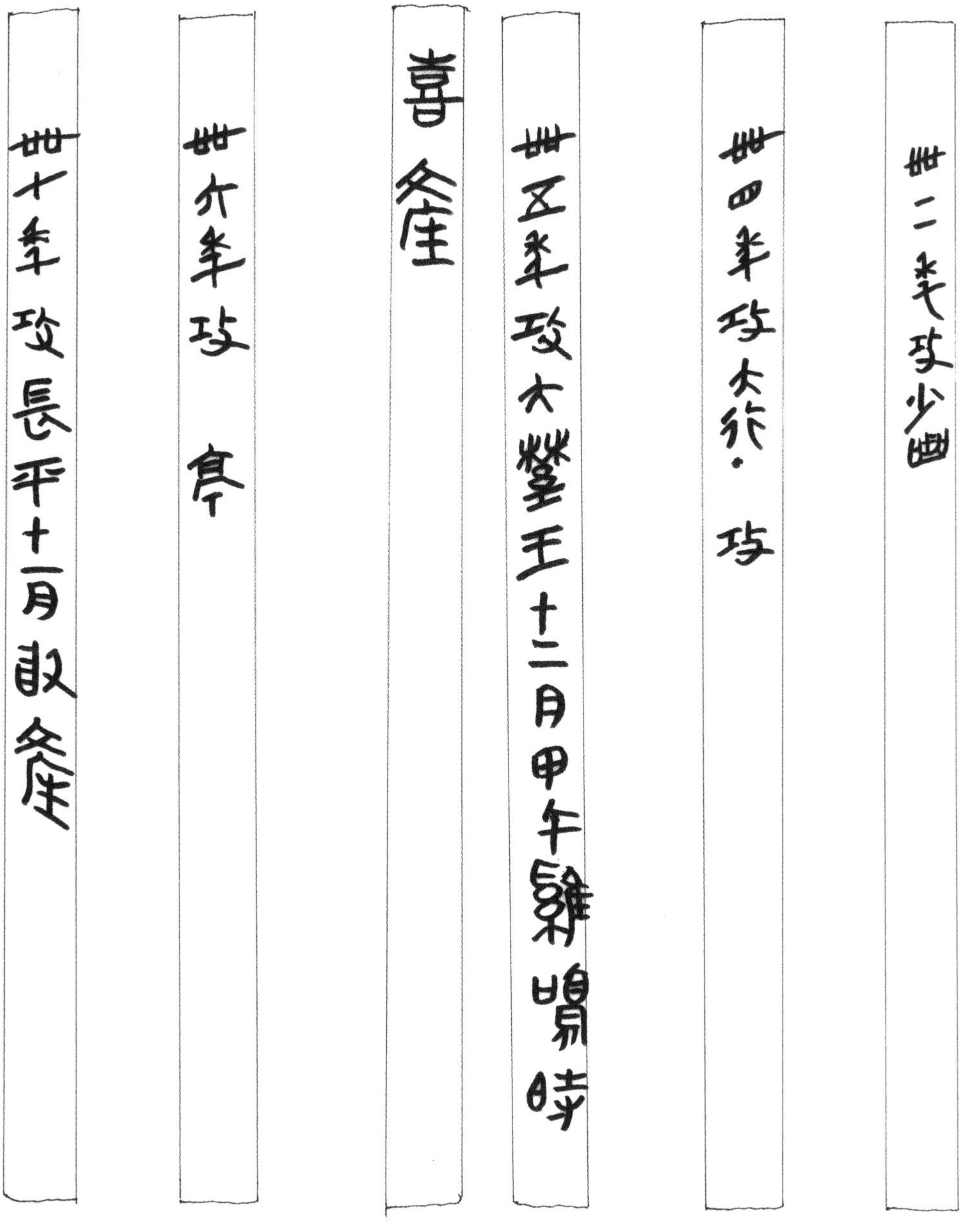

47　46　45　44　42

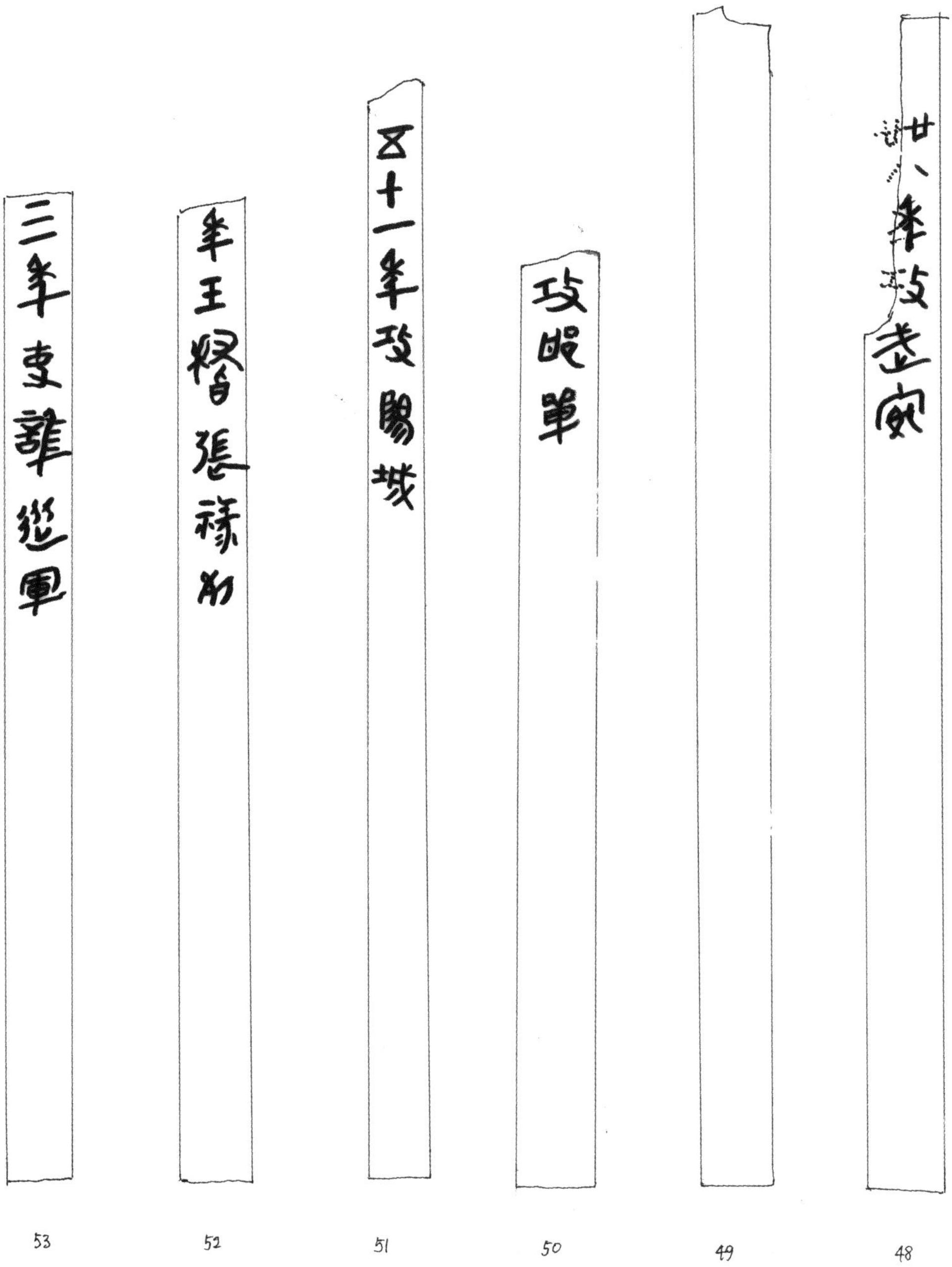
三年吏誰從軍
53
年王稽張祿死
52
五十一年攻陽城
51
攻邯單
50
49
卌八年攻武安
48

廿年四月丙戌朔丁亥南郡守騰謂縣道嗇夫吏古者民各有

鄉俗其所利及好惡不同或不便於民害於邦是以聖

王作為法度以矯端民心去其邪避除其惡俗法律未

足民多詐巧故後有間令下者凡法律令者以教道

民去其淫避除其惡俗而使之之於為善殹今法律

令已具矣而吏民莫用鄉俗淫失之民不止是即灋主之

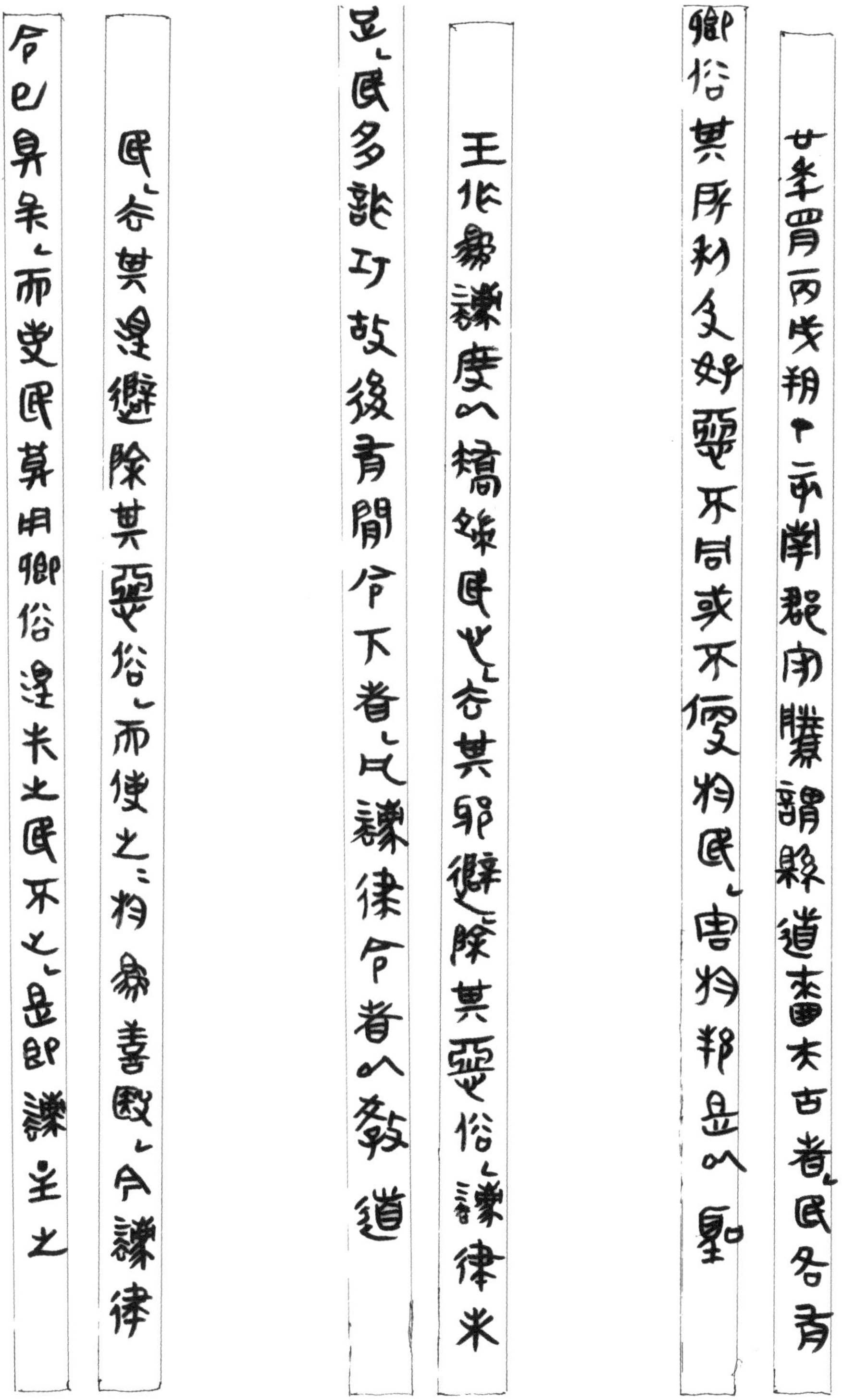

明法殹，而長邪避淫失之民，甚害於邦，不便於民。故勝（騰）為是而修法律令田令及為間私方而下之，令吏明布，令吏

民皆明知之，毋巨於罪。今法律令已布，聞吏民犯法為間私者不止，私好鄉俗之心不變，自從令

丞以下智而弗舉論，是即明避主之明法，而養匿邪避。之民，如此，則為人臣亦不忠矣。若弗智，是即不勝任，不

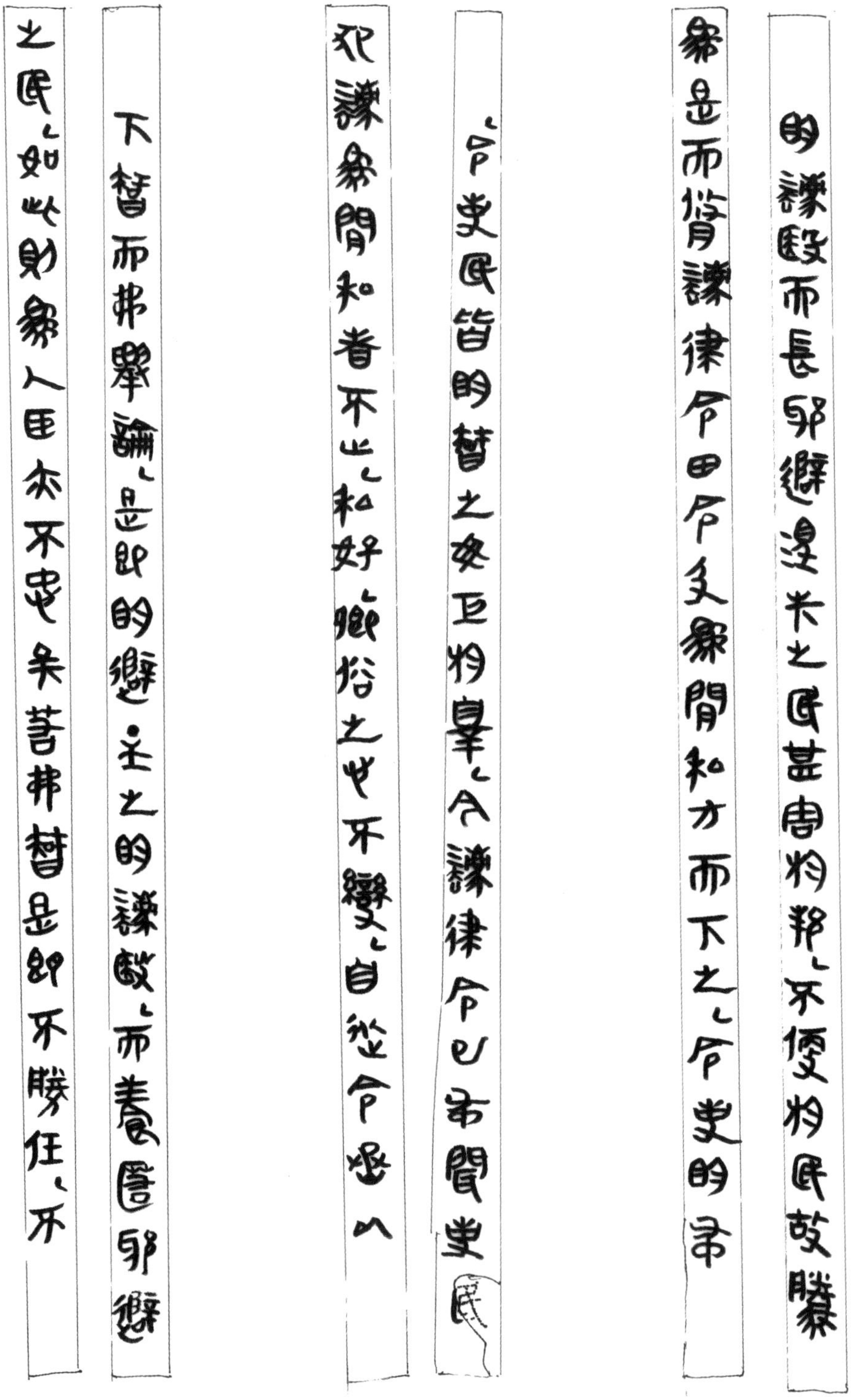

智殹∟智而弗敢論是即不廉殹∟此皆大辠殹而令丞弗明

智甚不便今且令人案行之舉劾不從令者致以律

7

論及令丞有且課縣官獨多犯令而令丞弗得者以令

丞聞以次傳別書江陵布以郵行

8

凡良吏明灋律令事無不能殹有廉絜敦愨而

好佐上∟以一曹事不足獨治殹故有公心有能自

9

端殹而惡與人辯治是以不爭書·惡吏不明

辯律令不智殹不廉絜安以悅上緩儧疾吏易

口舌不美辱輕惡言而易病人安公端止乜而胥

眉睫止治是以書辱吏善爭二書二因惡顛目掫

抱止視方訢訟疾音止視治詻訊醜言素所止視

臉階閭強肵止視強而上啟替止獄故如此眷不

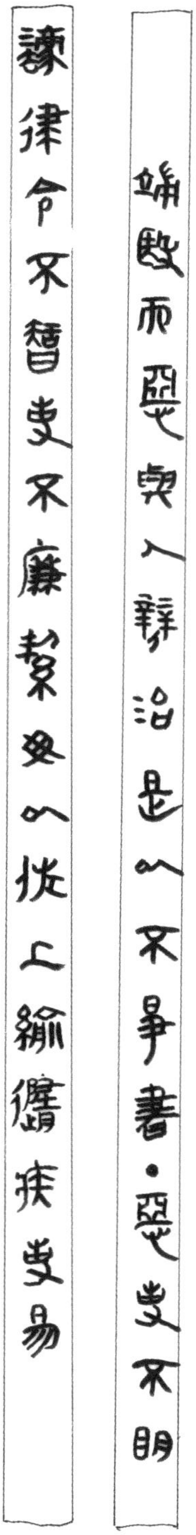

10　11　12

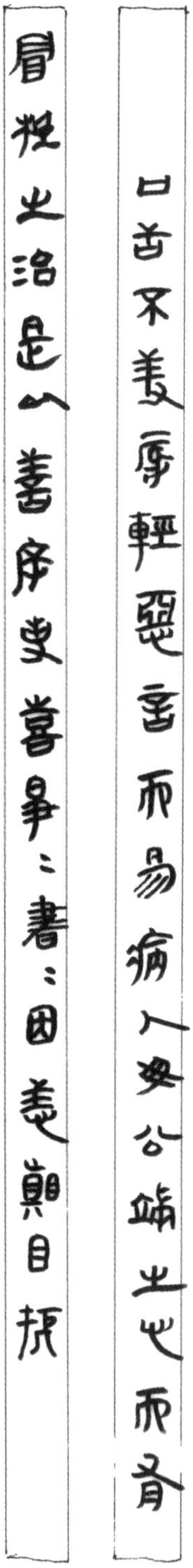

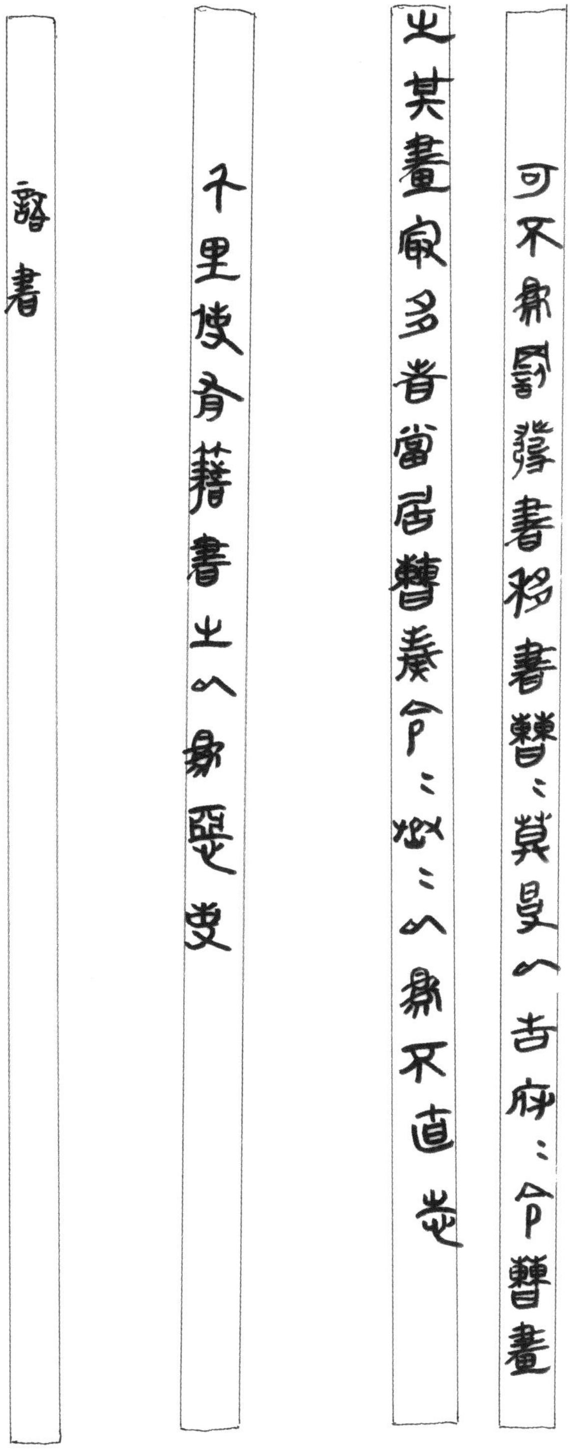

14反　14　13

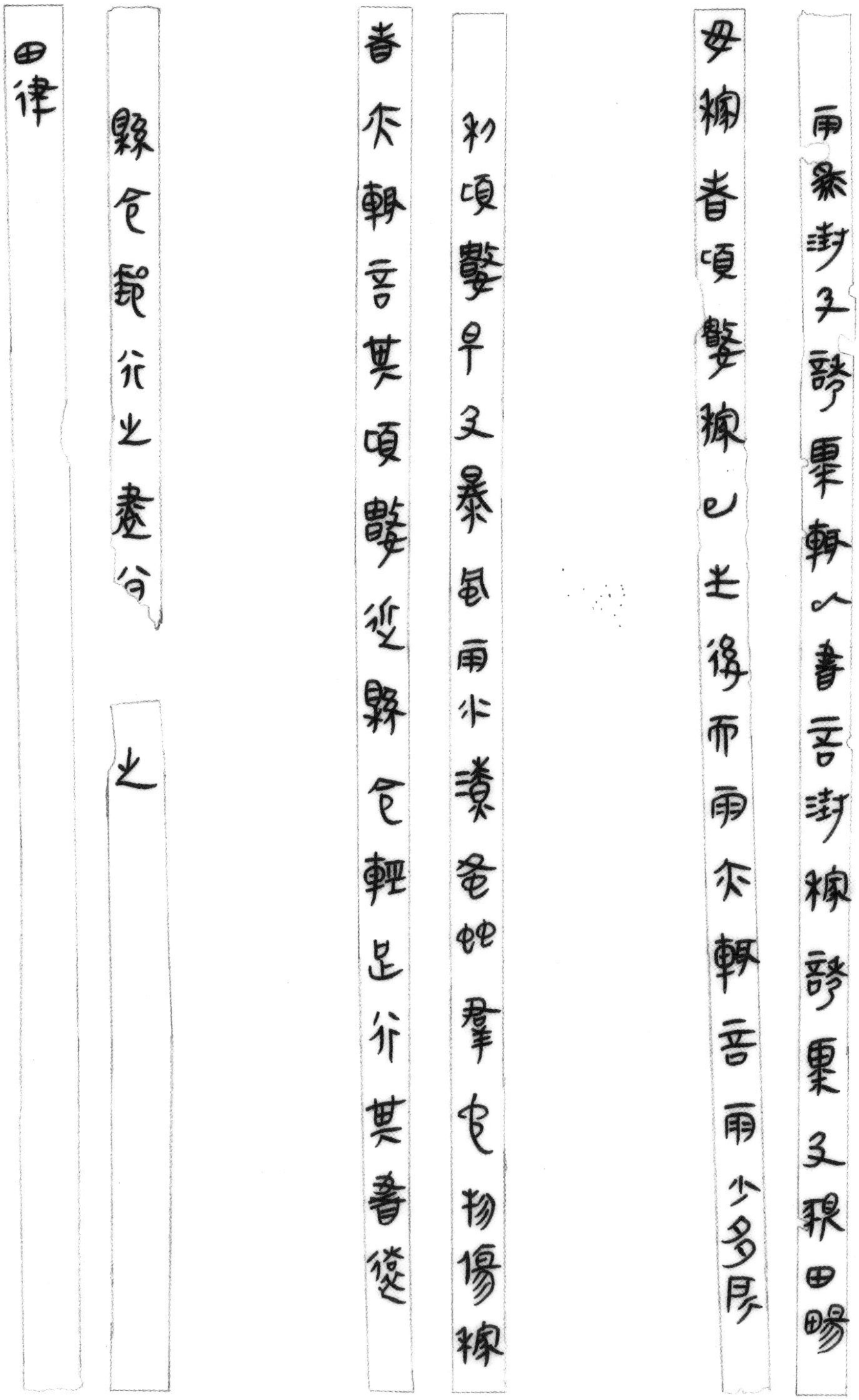
雨為澍及誘粟輒以書言澍稼誘粟及豤田暘
毋稼者頃數稼已生後而雨亦輒言雨少多所
利頃數早及暴風雨水潦螽䖵羣它物傷稼
者亦輒言其頃數近縣令輕足行其書遠
縣令郵行之盡
之
田律

1　2　3

春二月毋敢伐材木山林及雍隄水不夏月毋敢夜

草爲灰取生荔麛𪊨鷇毋

4

毒魚鱉置穽罔到七月而縱之唯不幸死而伐綰

享者是不用時邑之新皂及它禁苑者麛

5

時毋敢將犬以之田百姓犬入禁苑中而不追獸

及捕獸者勿敢殺其追獸及捕獸者殺

6

之河禁所殺犬皆完入公其它禁苑殺者食
其肉而入皮　田律

7

入頃芻稾以其受田之數無豤不豤頃入芻三石稾
二石芻自黃䅬及䕯束以上皆受之入芻稾相

8

輸度可殹
田律

9

禾黍臝米蒭輒上石質縣徒以用復入蒭

田律

黍麻眼牛稟芻二月弗稟弗致者皆之以稟致稟

大田而安頭籍者人其致到田稟之以遂致 田律

百姓居田舍者安敢闌百田書夫部壯謹禁御

有不從倉者有辠 田律

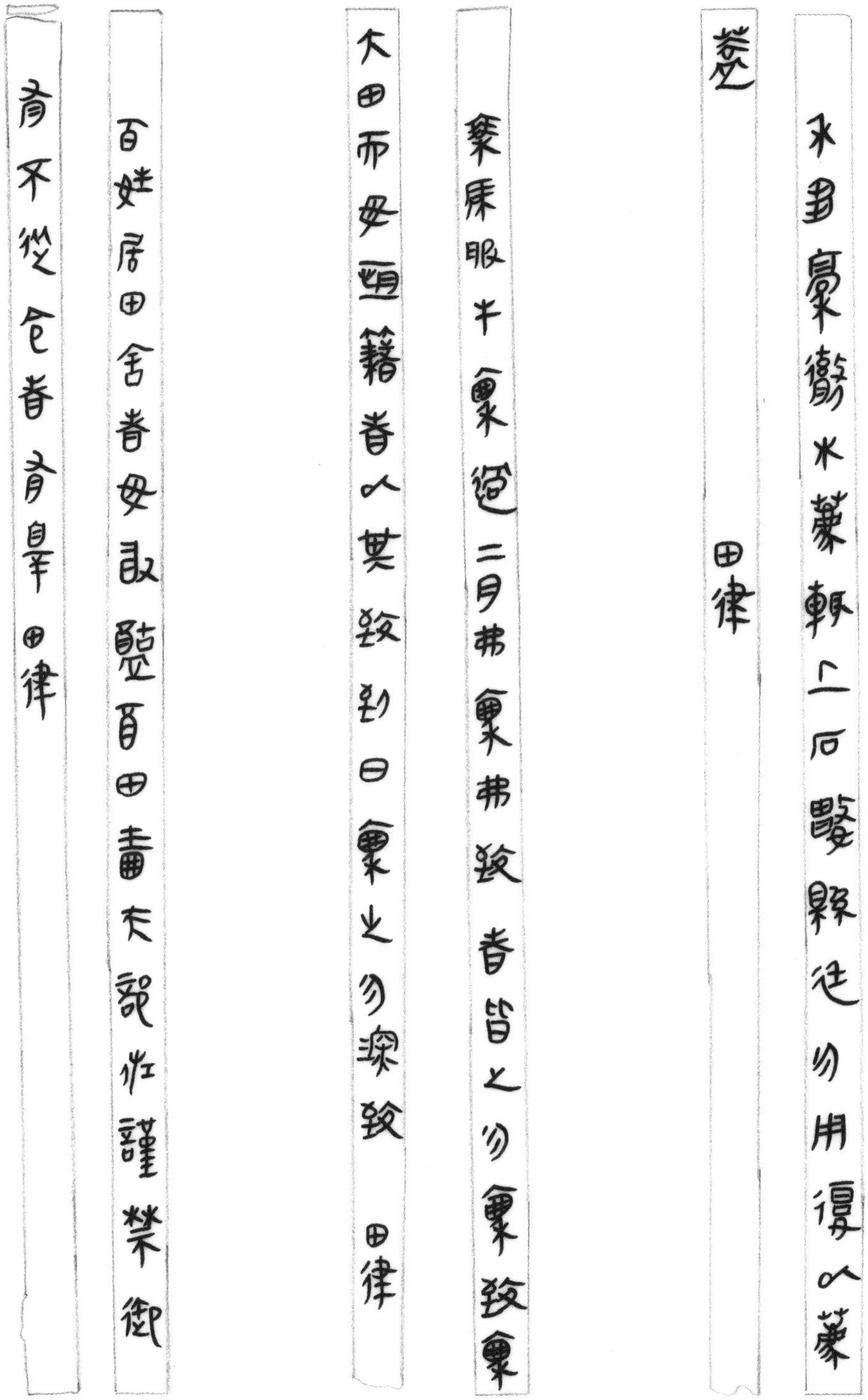

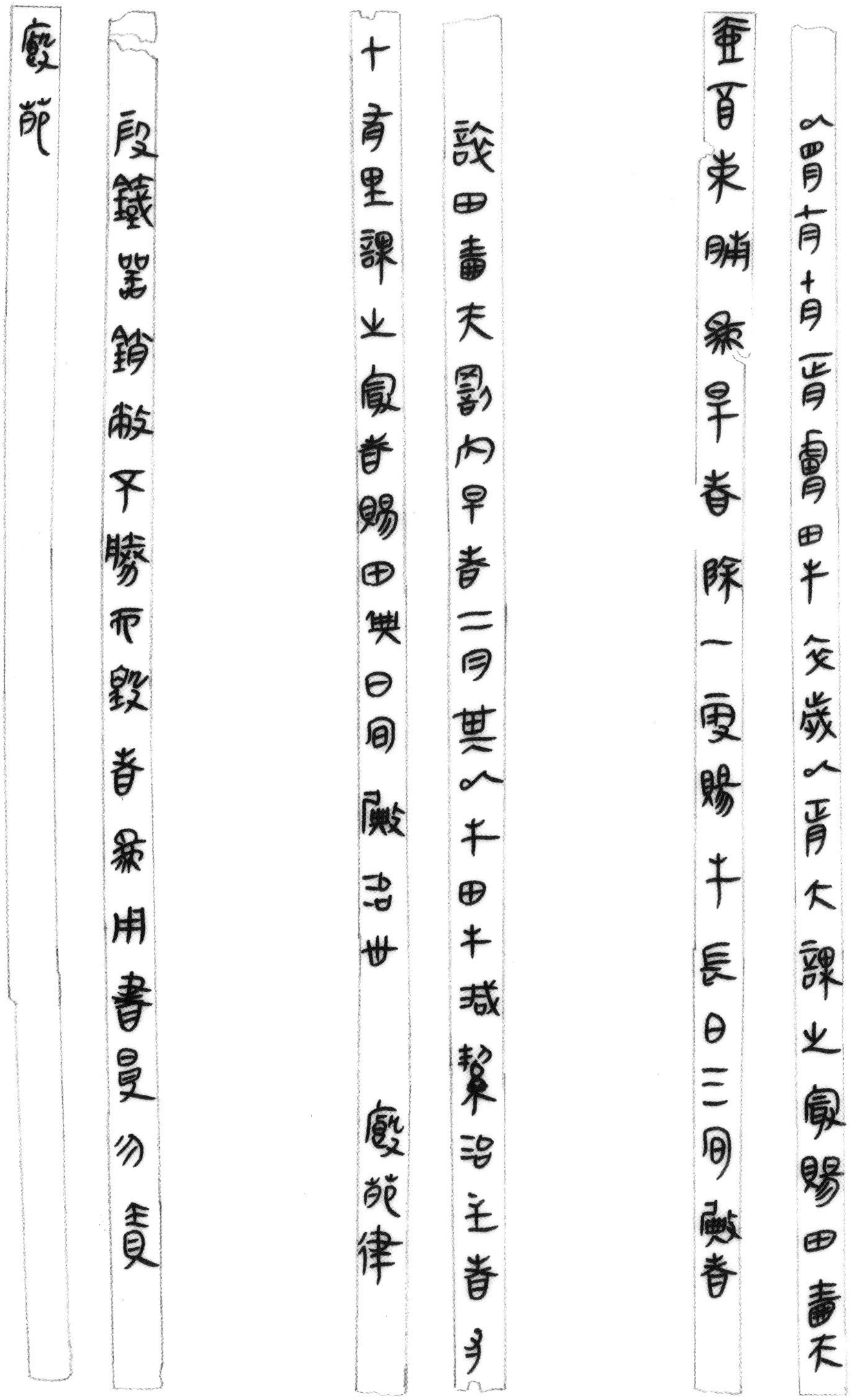

13　14　15

將牧公馬=牛死者亟謁死所縣=亟診而入之其入

之其弗亟而令敗者令以其未敗直賞之其小隸臣

16

疾死者告其

之其非疾死者以其診書告官論

之其大廄中廄宮廄馬牛殹以其筋革角及其賈

17

錢效其人詣其官其乘服公馬牛亡馬者而死縣=

診而雜買其肉即入其筋革角及索入其賈錢=

18

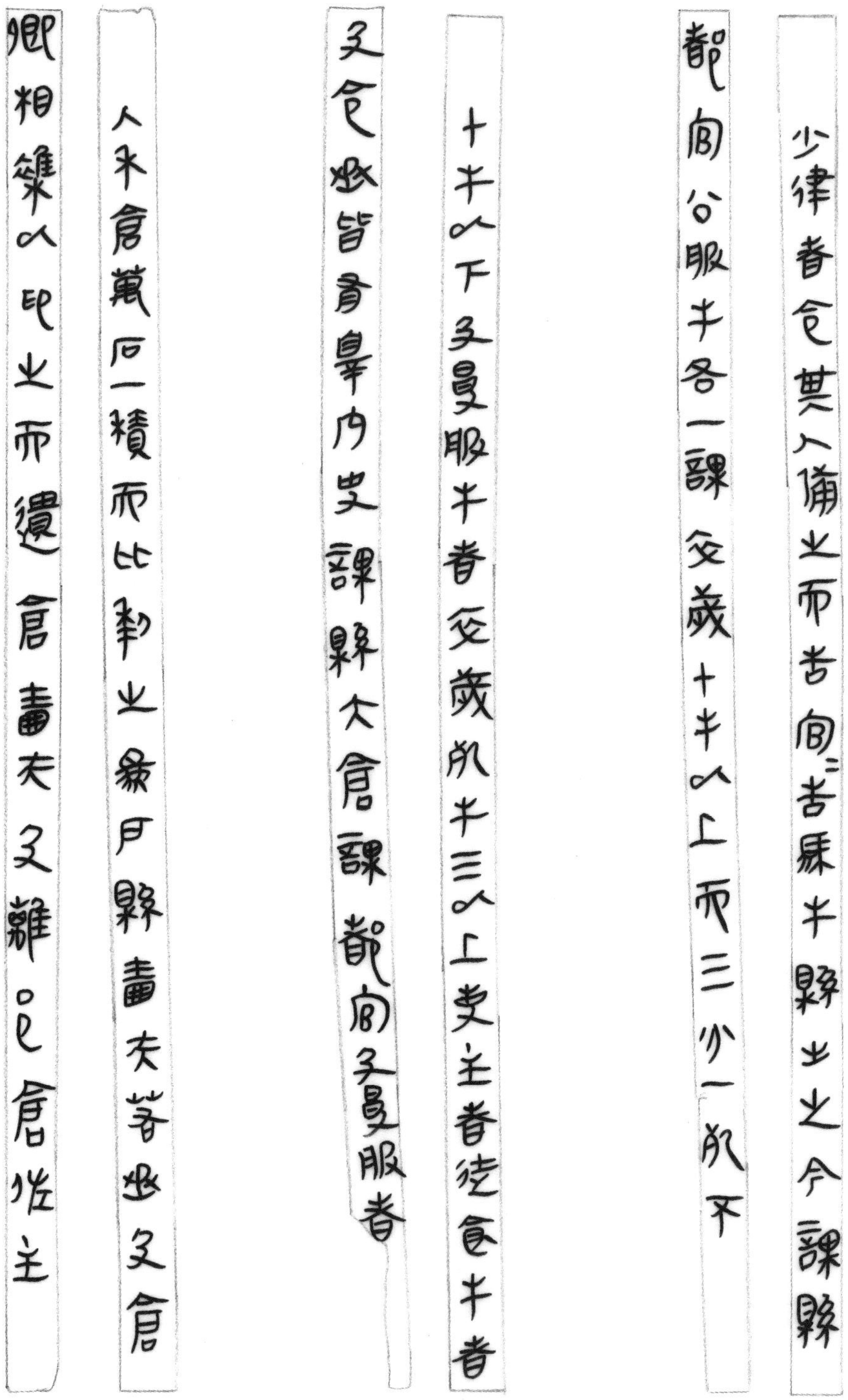

21　　20　　19

其㢰者人以雜以禾昔以更人禾未箋萬石而以增

積贏其前人昔是增積可以其也人是增積、

昔是以以食度以當堤食以以其不備以者复以

雜封以易度縣唯倉自封已者是度縣以禾非人

尸畫夫久發見雜封者以隱效以而復

廩者各一戶以氣自封已皆輒以餘之榮而更象發

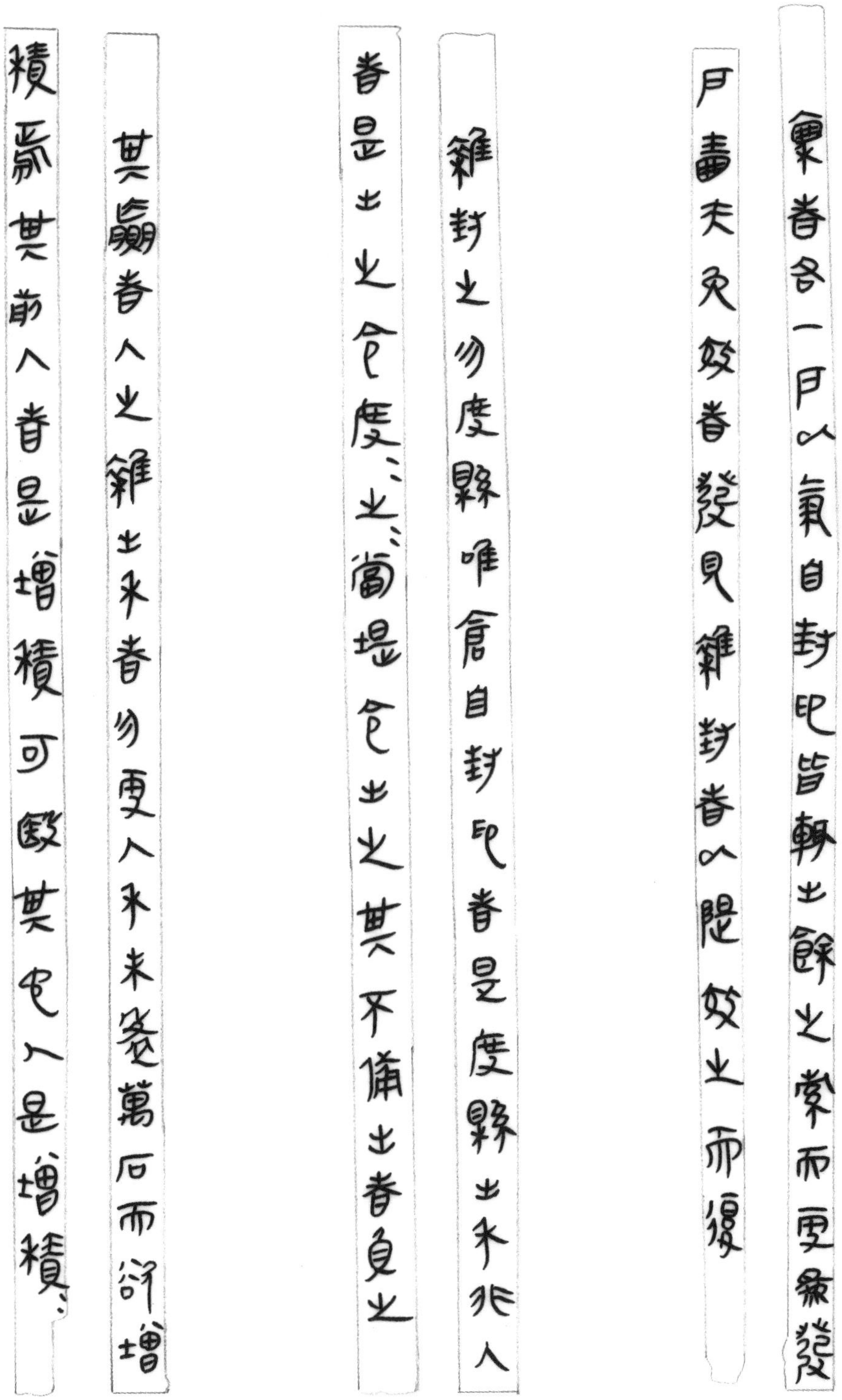

24　　　　　23　　　　　22

者必先度故積當堤乃入焉後節不備後入者獨負之而書入禾增積者之名事邑里于廥籍萬 25

石之積及未盈萬石而被出者毋敢增積櫟陽二萬石一積咸陽十萬一積其出入禾增積如律令長吏相 26

雜以入禾倉及發見屢之粟積義積之勿令敗

倉 27

28 入禾稼芻稾輒為廥籍上內史·芻稾各萬石一積
咸陽二萬一積其出入增積及效如禾　倉

29 禾芻稾積廥出日上贏不備縣廷出之未廥而已備
者言縣廷=令長吏雜封其廥與出之輒上數

30 廷其少欲一縣之可殹廥才都邑當□
者與雜出之
倉

31 不備令其故吏與新吏雜先索出之
其故吏弗欲毋強其毋故吏者令有秩之吏令

32 史主與倉雜出之索而論不備雜者勿更〓之
而不備令〓史與賞不備
倉

33 程禾黍
以書言年別其數以稟人
倉

倉

計禾黍黄日青粱勿入棄入

稻後禾朝計稻後禾已叢上豎勿緤穧秫稻勿緤

穧之歲衆積之勿增積入稻倉到十月緤著豎

上內

倉

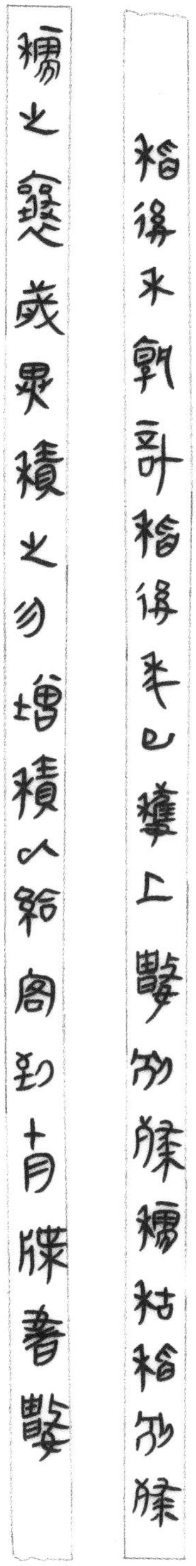

縣上食者籍及它費大倉與計偕都官以計時

讎食者籍 倉

37

種稻麻畝用二斗大半斗禾麥畝一斗黍荅畝大半斗叔

畝半斗利田疇其有不盡此數者可殹其有本者

38

稱議種之

倉

39

縣遺麥以爲種用者殽禾以臧之

倉

40

石六斗大半斗舂之爲糲＝米＝一石＝爲鑿米九

斗爲毀米八斗稻禾一石有米委賜稟禾稼公盡九月

41

其人弗取之勿鼠

倉

42

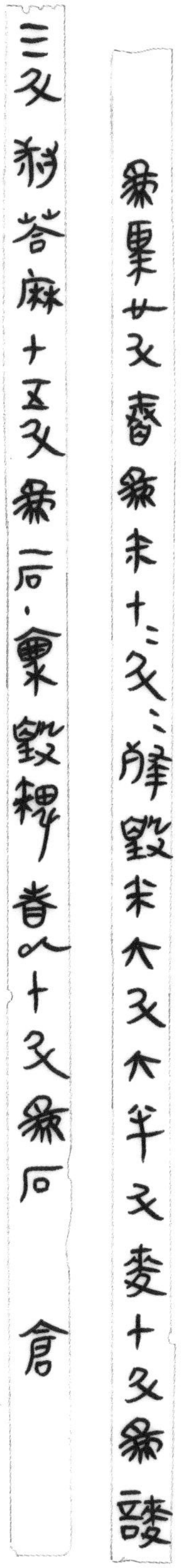

43

44

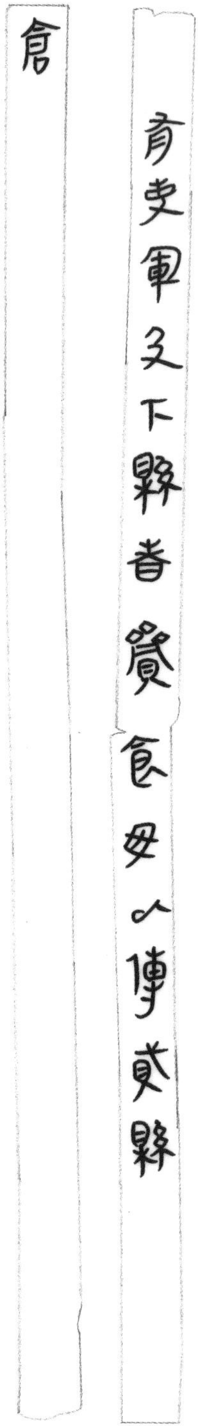

45

46
月食者已致稟而公使有傳食及告歸盡月不來者止其
後朔食而以其來日致其食有秩吏不止倉

47
駕傳馬一食禾其顧來有一食禾皆八馬共其數駕毋過
日一食駕縣馬勞有益壺禾之倉律

48
妾未使而衣食公百姓有欲叚者叚之令就衣食
焉吏輒柀事之 倉律

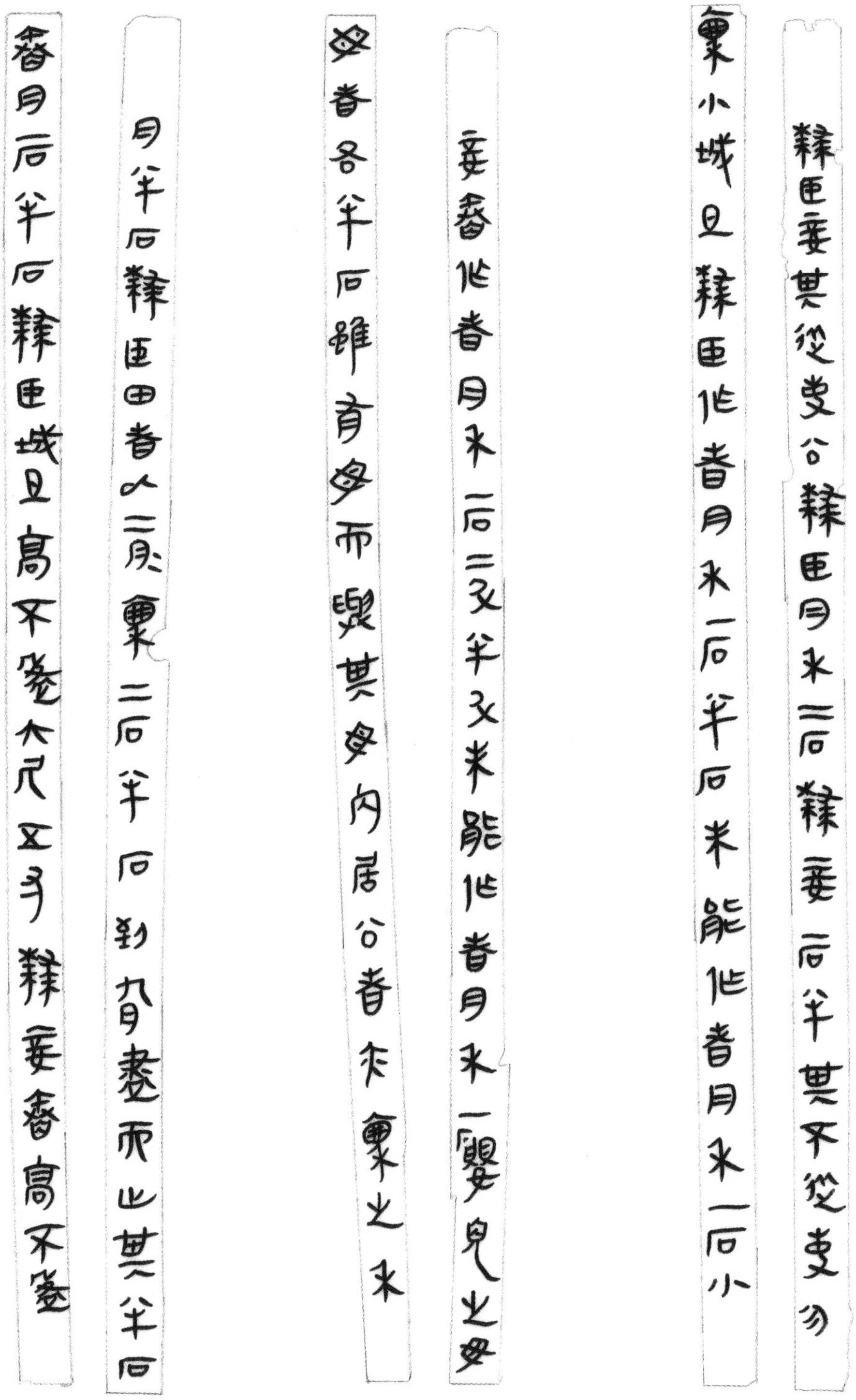

49 50 51

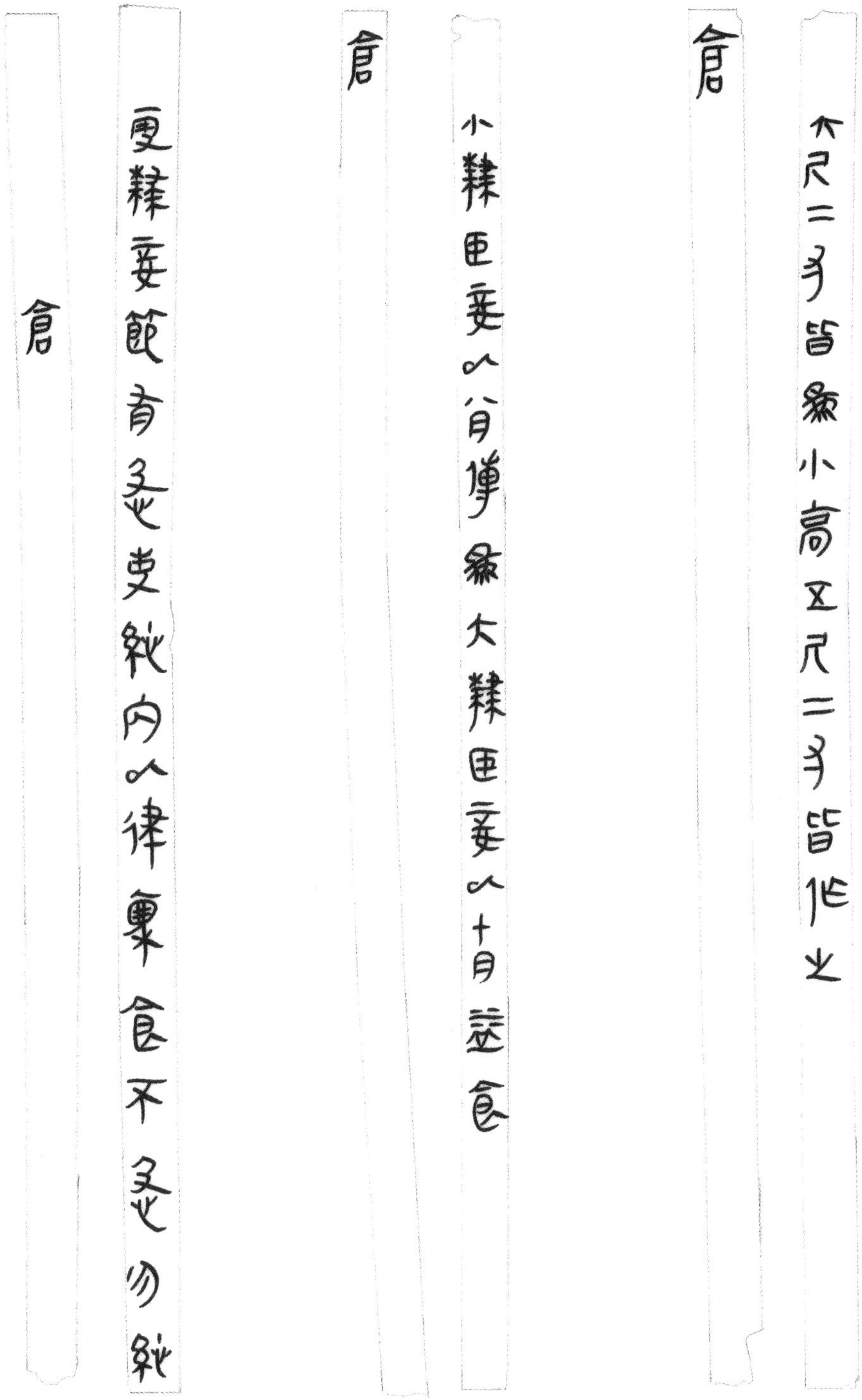
六尺二寸皆爲小高五尺二寸皆作之
倉
小隸臣妾以八月傅爲大隸臣妾以十月益食
倉
更隸妾節有急事總冗以律稟食不急勿總
倉

52　53　54

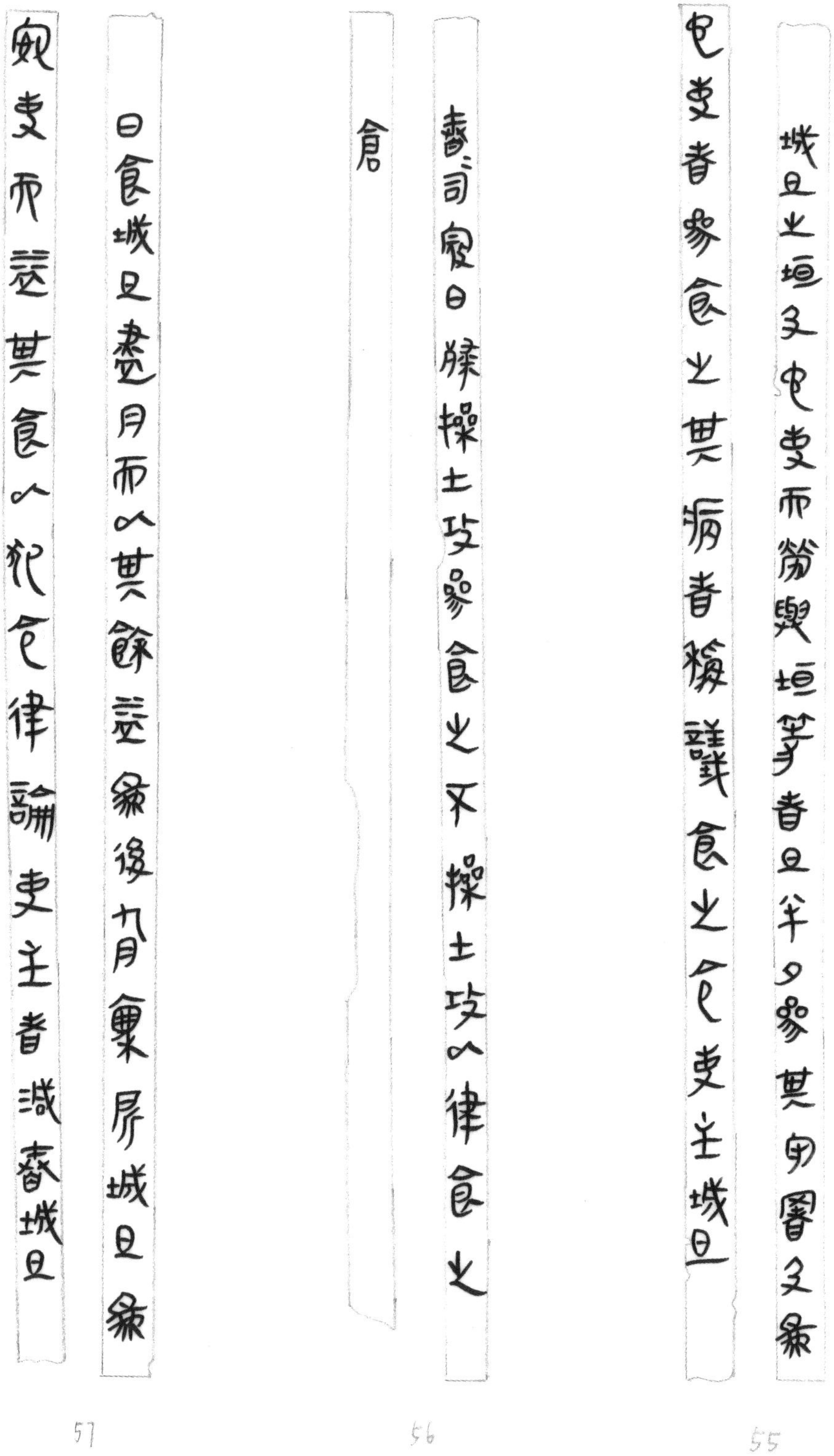
55
56
57

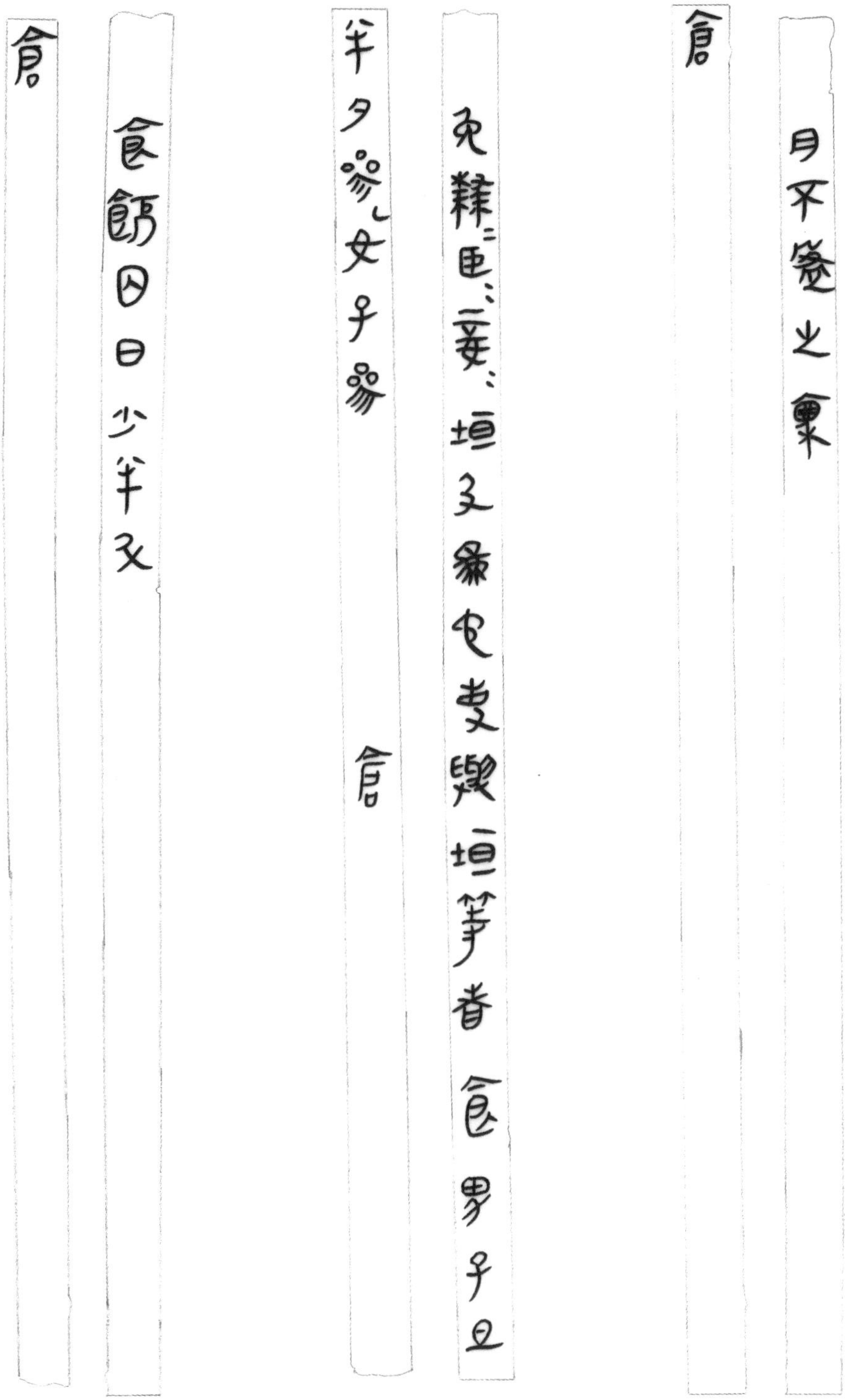

60　59　58

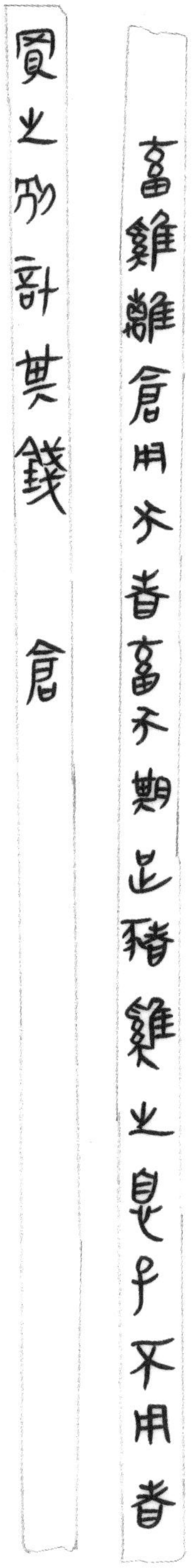
畜雞離倉用犬者畜犬期足猪雞之息子不用者
賣之別計其錢 倉

63

者皆以男子以其贖爲隸臣女子操敃紅及服者
不得贖邊縣者復數其縣 倉

62

隸臣欲以人丁粼者二人贖許之其老當免老小高
五尺以下及隸妾欲以丁粼者一人贖許之贖

61

官府受錢者千錢一畚以丞令印＝不盈千者亦

封印之錢善不善雜實之出錢獻封丞令

64

乃發用之百姓市用錢美惡雜之勿敢異

金布

65

布袤八尺福廣二尺五寸布惡其廣袤不如式者

不行　　金布

66

錢十一當一布其出入錢以當金布以律

金布

67

賈市居列者及官府之吏毋敢擇=行=錢=布=者列

伍長弗告吏循之不謹皆有辠　金布

68

有買及買殹各嬰其賈小物不能各一錢者勿

嬰　金布

69

官相輸者以書告其出計之年受者以入計之八月九月
中其有輸計其輸所遠近不能逮其輸所之計

70

移計其後年計毋相繆工獻輸
官者皆深以其年計之 金布律

71

都官有秩吏及離官嗇夫養各一人其佐史與共養十人
車牛一兩見牛者一人都官之佐史冗者十人養一人

72

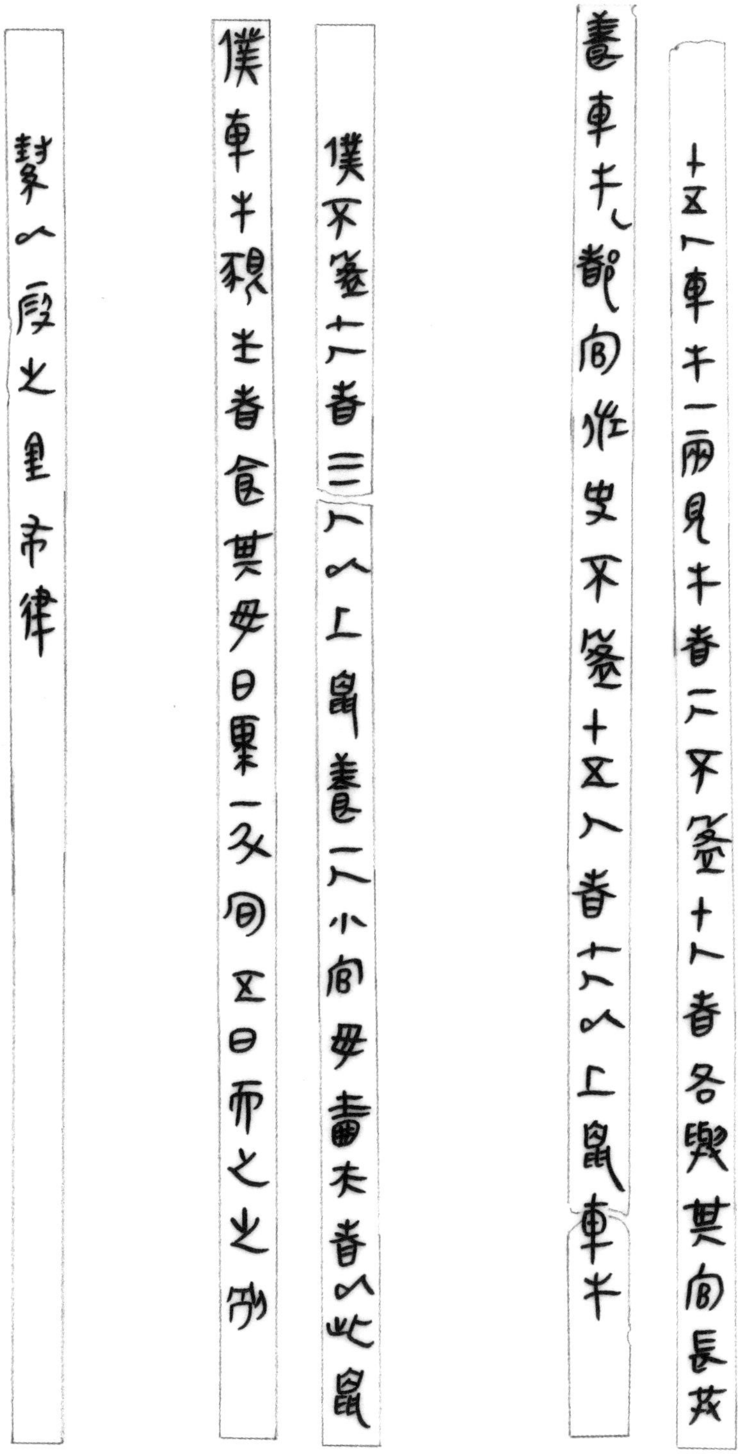

75　74　73

有責於公及貲贖者居它縣輒移居縣責之公有

責百姓未賞亦移其縣縣賞　金布律

76

百姓叚公器及有責未賞其日䏁以收責之而弗

收責其人死亡及隸臣妾有亡公器畜生者以

77

其日月減其衣食毋過三分取一其所亡眾計之終

歲衣食不䏁以稍賞令居之其弗令居之其人

78

亡令其官嗇夫及吏主者代賞之

金布

79

縣都官坐效計以負賞者已論嗇夫即以其直錢分

負其官長及冗吏而人與參辨券以效少=內=以

80

收責之其入贏者亦官與辨券入之其責毋敢隃=

歲=而弗入及不如令者皆以律論之　金布

81

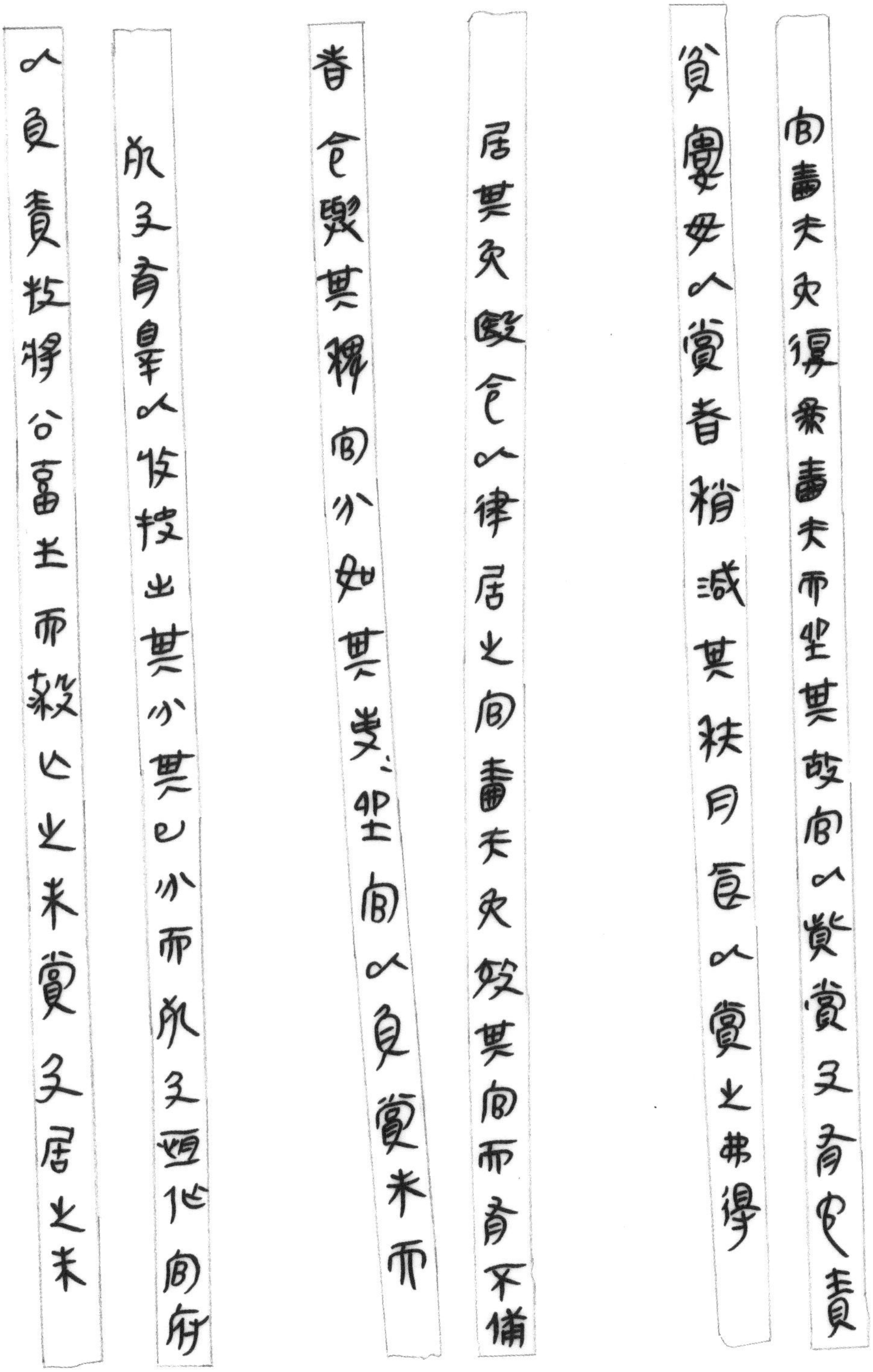

82 83 84

備而凡皆此之毋責妻同居

金帝

縣龍向之十月糞公器不可繕者有久識者靡之

其金又鐵器人之象銅龍向輸大内是賈之

85

其有物不可之須時半失賈之春時識其狀内

之盡有而繕龍向遺大内者輸縣是賈之糞

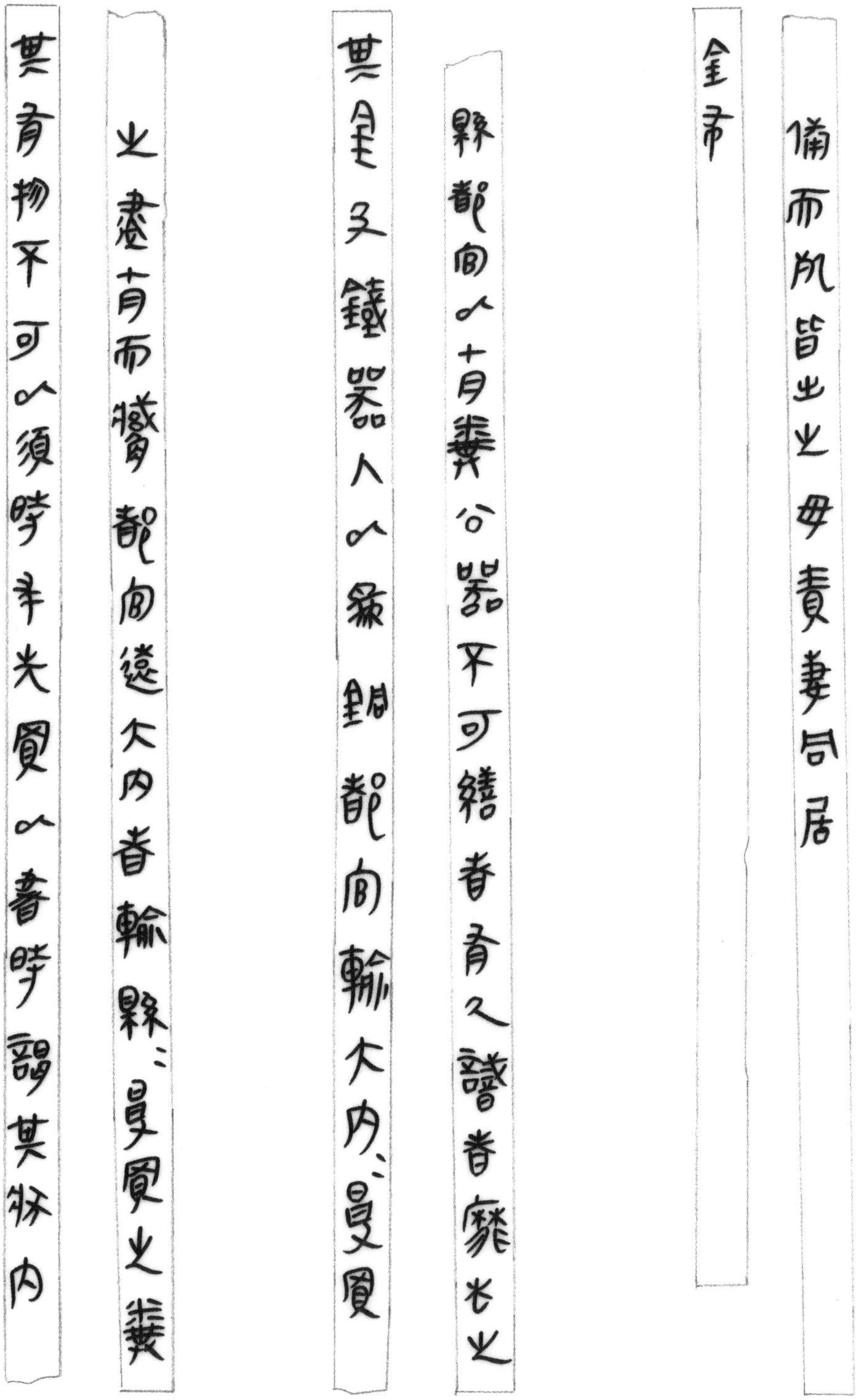

史乚凡糞其不可買而可以爲薪及蓋蘙者用

之毋用乃燔之　　金布

88

傳車大車輪葆繕參邪可殹韋革紅器相補繕

取不可葆繕者乃糞之　　金布

89

受衣者夏衣以四月盡六月稟之冬衣以九月盡十一月稟

之過時者勿稟後計冬衣來年囚有寒者爲褐衣

90

為幏布一用枲三斤為褐以稟衣大褐一用枲十八
斤直六十錢中褐一用枲十四斤直卌六錢小褐一用

91

枲十一斤直卅六錢已稟衣有餘褐十以上輸大內
與計偕都官有用　　其官隸臣妾舂城

92

旦毋用在咸陽者致其衣大內在它縣者致衣從事
之縣=大內皆聽其官致以律稟衣　金布

93

禀食者䅩臣府䅩之安妻者又城旦舂人百千錢
憂年五錢 其小者冬十十錢 憂卅四錢 舂冬人五十

又錢憂卅四錢 其小者冬卅四錢 憂卅三錢 䅩臣妾
之者又小不能自食者如舂食之不仁 其主又面

者食如䅩臣妾
皇帝

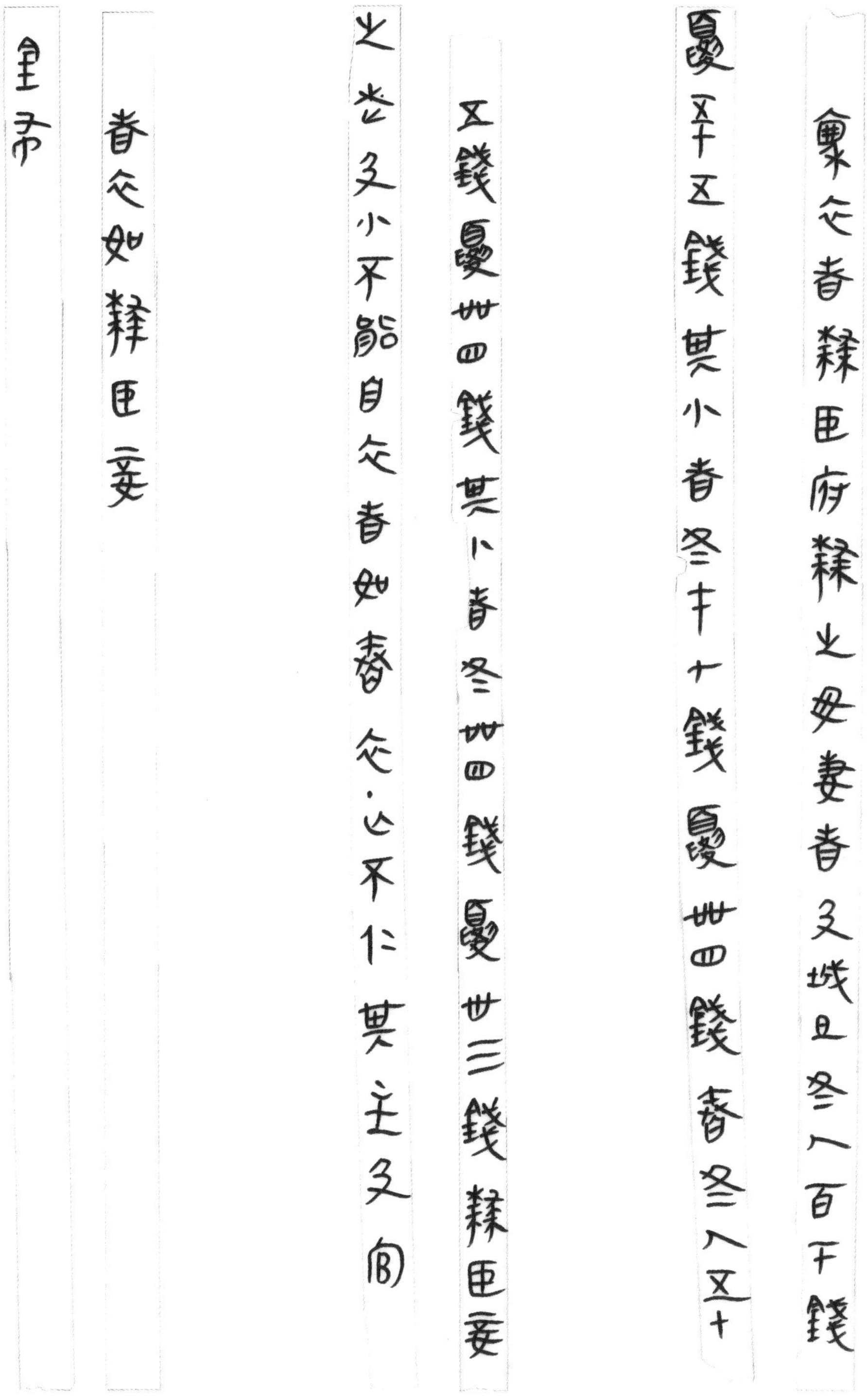

為作務及官府市受錢必輒入其錢缿中令市
者見其入不從令者貲一甲 關市

97

為器同物者其小大短長廣亦必等
工律

98

為計不同程者毋同其出
工律

99

縣及工室聽官為正衡石贏斗用升毋過歲壹有
工者勿為正叚試即正　工律

100

邦中之繇及公事官舍其叚公叚而有死亡者亦
令其徒舍人任其叚如從興戍然　工律

101

公甲兵各以其官名刻久之其不可刻久者以丹若髹
書之其叚百姓甲兵必書其久受之以久入叚而

102

而毋久及非其官之久也皆沒入公以齎律責之

工

103

公器官

久=之不可久者以䰍久之其或叚公器歸

之久必乃受之敝而糞者靡蚩其久官輒告叚

104

器者曰器敝久恐靡者遝其未靡謁更其=久=靡

不可智者令齎賞叚器者其事已及免官輒

105

收其叚弗亟收者有罪·其叚者死亡有罪毋責

也吏代賞毋擅=叚=公=器=者=有罪毀傷公

106

器久　令賞

107

隸臣下吏城旦與工從事者冬作為矢程賦之三日

而當夏二日　工人程

108

冗隸妾二人當工一人更隸妾四人當工人小隸臣妾可使
者五人當工一人

工人程

109

隸妾及女子用箴爲緡繡它物女子一人當男子一人

工人程

110

新工初工事一歲半紅其後歲賦紅與故等工師善
教之故工一歲而成新工二歲而成能先期成學

111

者謁上=且有以賞之盛期不成學者籍書而

上內史

均工

112

隸臣有巧可以爲工者勿以爲人僕養

均

113

均工

114

御中發徵乏弗行貲二甲失期三日到五日誶六日到旬
貲一盾過旬貲一甲其得殹及詣水雨除興

115

興徒以為邑中之紅者令結堵卒歲未卒堵壞司
空將紅及君子主堵者有罪令其徒復垣之

116

勿計為繇·縣葆禁苑公馬牛苑興徒以斬垣離
散及補繕之輒以效苑=吏=循之未卒歲或壞

117

決令縣復興徒為之而勿計為繇。卒歲而或決壞

過三堵以上縣葆者補繕之三堵以下及雖

118

未盈卒歲而或盜決道出入令苑輒自補繕之

縣所葆禁苑之傅山遠山其土惡不能雨夏有

119

壞者勿稍補繕至秋毋雨時而以繇為之其近田

恐獸及馬牛出食稼者縣嗇夫材興有田其旁

120

者無貴賤以田少多出人以垣繕之不得為繇縣毋敢

擅壞更公舍官府及廷其有欲壞更殹必讞

121

之，欲以城旦舂益為公舍官府及補繕之為之

勿讞縣為恒事及讞有為殹吏程攻贏

122

員及減員自二日以上為不察上之所興其程攻而不

當者如縣然度攻必令司空與匠度之毋獨令

123

124

匠其不審以律論度者而以其實爲繇徒計

繇律

125

縣都官用貞栽爲傰牏及載縣鐘虡用輻皆不勝任而折

及大車轅不勝任折軲上皆爲用而出之　司空

126

官府段公車牛者

入段或和用公車牛及段人食

牛不善牛膌不攻閒車車空失大車軲盭多不芥車車

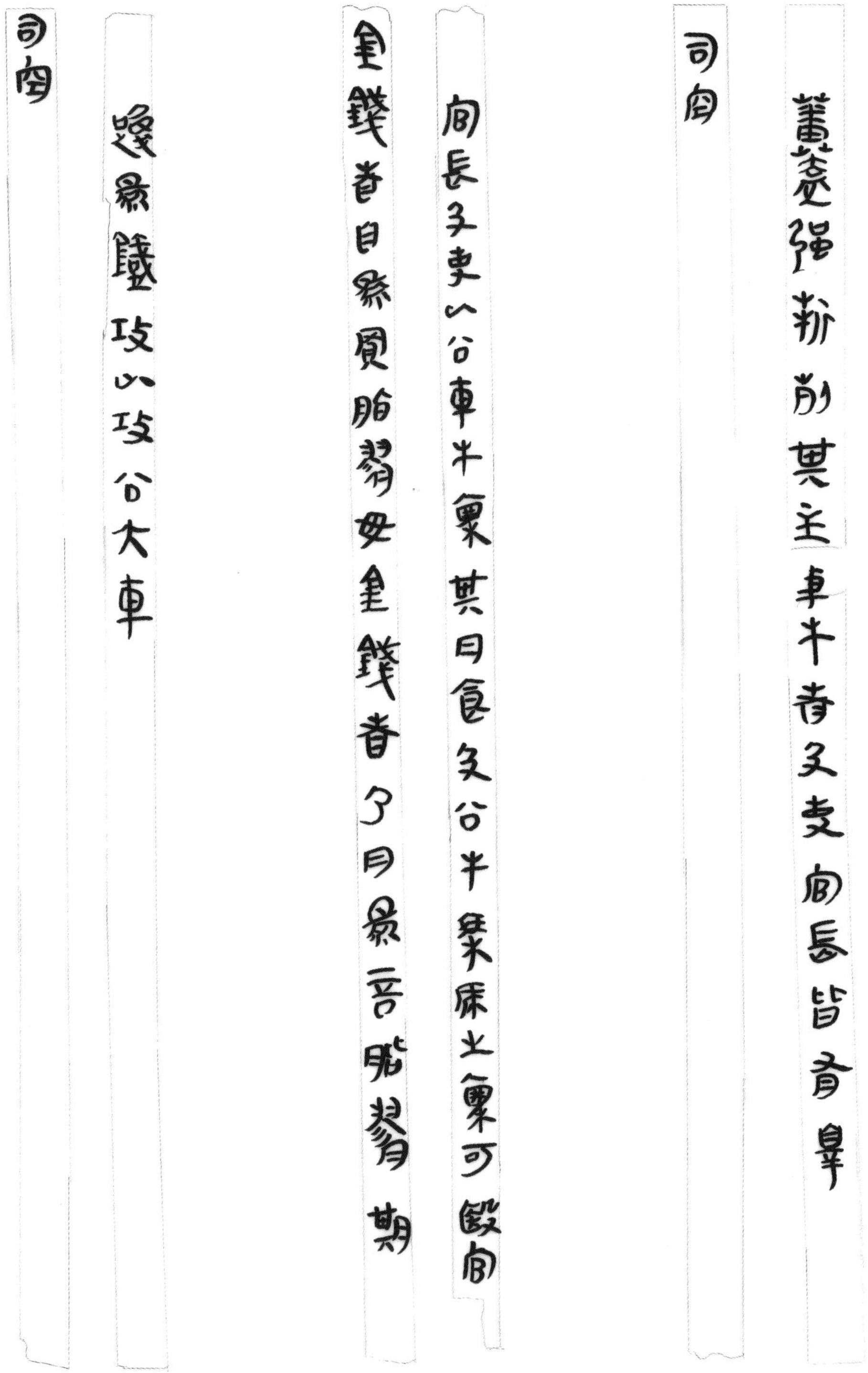
蕃蓋強折列其主車牛者及吏官長皆有辠
司空
官長及吏以公車牛稟其月食及公牛乘馬之稟可殹官
金錢者自買脂膠毋金錢者乃月為言脂膠期
踐為鐵攻以攻公大車
司空

129　128　127

一脂攻閒大車一兩用膠一兩脂二錘攻閒其扁解以數分膠

以之爲車不勞稱議脂之　司空

130

令縣及都官取柳及木楘可用書者方之以書毋方者乃用

版其縣山之多茾者以茾纏書毋茾者以蒲藺以枲

131

萷之各以其獲時多積之

司空

132

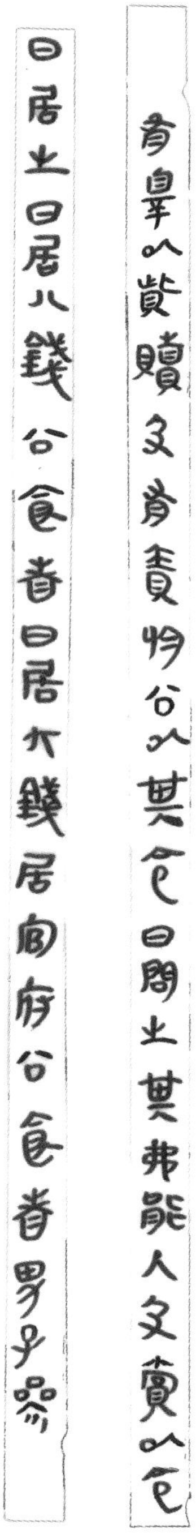

133

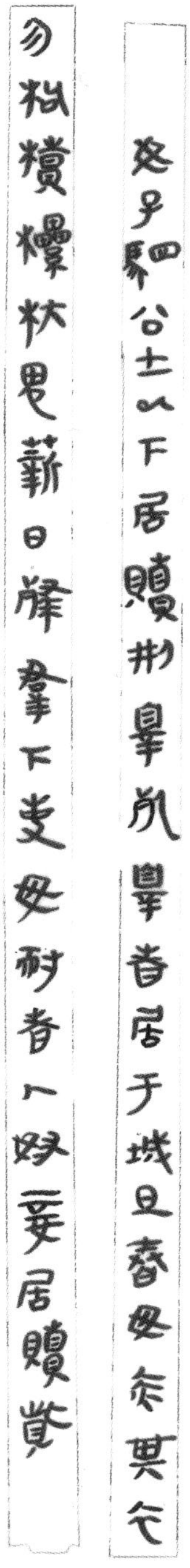

134

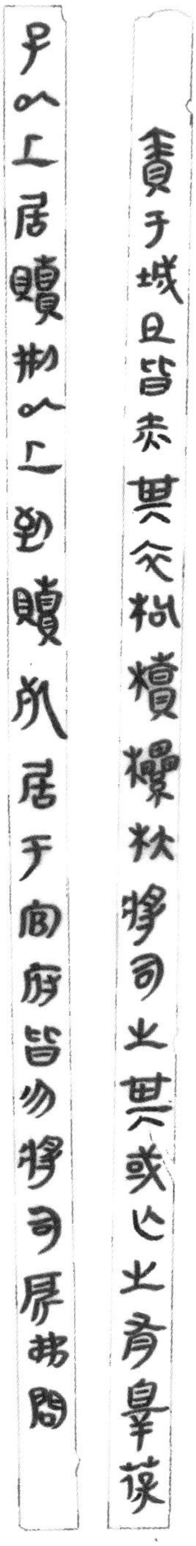

135

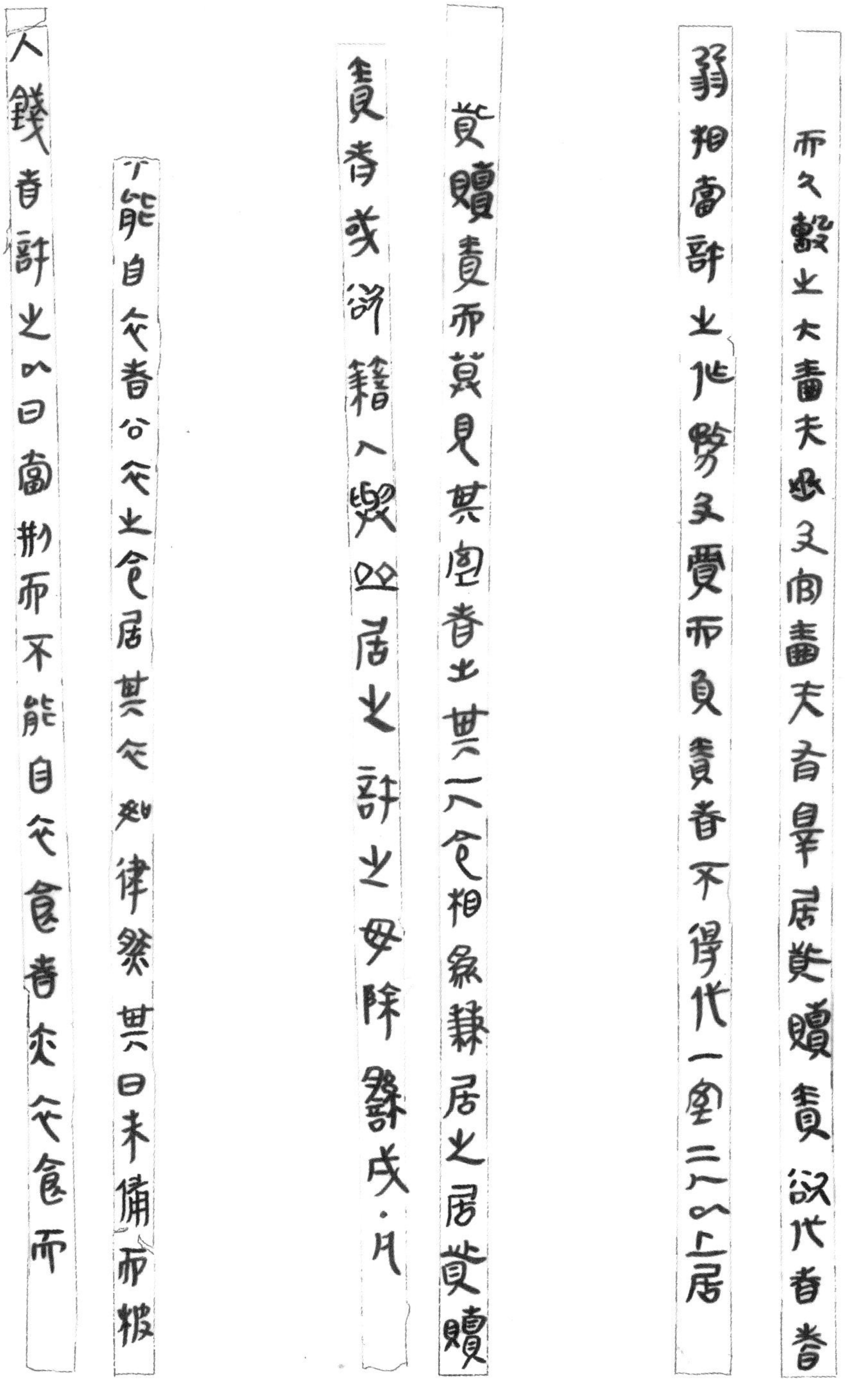

136 137 138

令居之官作居貲贖責而遠其計所官者盡八月各以其作日及衣數告其計所官毋過九月而觱到 139

其官=相紤者盡九月而告其計所官計之其作年百姓有貲贖責而有一臣若一妾有一馬若一牛而欲居者許司 140

隸臣妾城旦舂之司寇居貲贖責毄城旦舂者勿責衣食其與城旦舂作者衣食之如城旦舂隸臣有妻=更 141

子有所妻者責衣入奴妾毄城旦舂貣衣食公日未備
而死者出其衣食
司空

142

毄城旦舂公食當責者石卅錢
司空

143

居貲贖責者歸田農種時治苗時各二旬
司空

144

毋令居貲贖責將城旦舂城旦司寇不足以將令隸臣

妾將居貲贖責當與城旦舂作者及城旦傅堅

145

城旦舂當將司者廿人城旦司寇一人將司寇不踐免城旦

勞三歲以上者以爲城旦司寇　司空

146

城旦舂衣赤衣冒赤氈拘櫝欙杕之仗城旦勿將司其名將

司者將司之舂城旦出繇者毋敢之市及留舍闠外當行市

147

中春回分介、城旦舂毀折瓦器鐵器木器為大車折輮

輒治之直一錢治十直廿錢以上孰治之出其器弗輒

148

治吏主者負其半

司空

149

司寇勿以為僕養守官府及除有為殹有上令除

之必復請之

司空

150

151 百姓有母及同牲為隸妾非適辠殹而欲為冗
邊五歲毋賞興日以免一人為庶人許之·或

152 贖遷欲入錢者日八錢
司空

153 從軍當以勞論及賜未拜而死有辠灋耐遷其
後及灋耐遷者皆不得受其爵及賜其已拜

賜未受而死及法耐遷者鼠賜

軍爵律

154

欲歸爵二級以免親父母為隸臣妾者一人及

隸臣斬首為公士謁歸公士而免故妻隸妾一

155

人者許之免以為庶人工隸臣斬首及人為斬

首以免者皆令為工其不完者以為隱官工 軍爵

156

縣都官十二郡免除吏及佐群官屬以十二月朔日免

除盡三月而止之其有死亡及故有夬者為補

之毋須時

置吏律

157

158

除吏尉已除之乃令視事及遣之所不當除而敢

先見事及相聽以遣之以律論之嗇夫之送

159

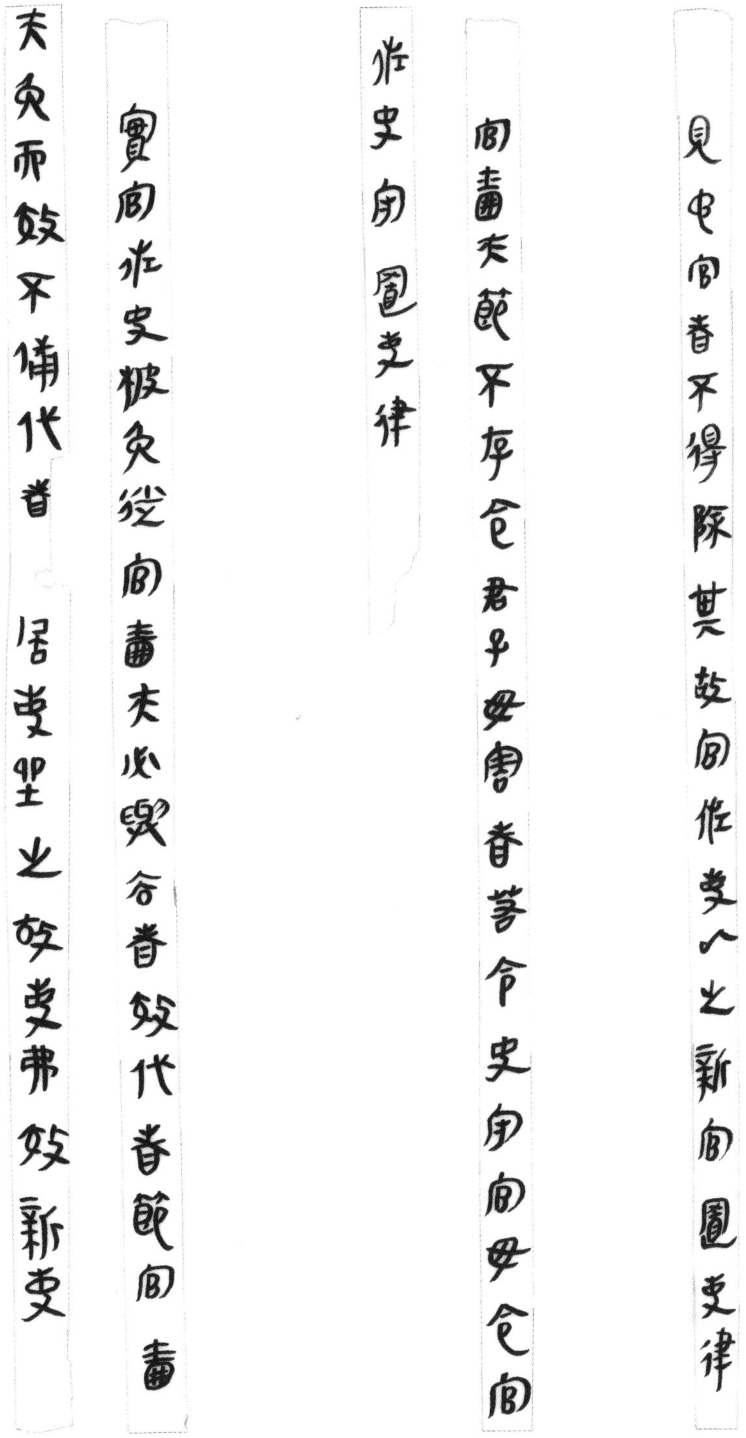

162 161 160

居之未盈歲去者與居吏坐之新吏弗坐其盈歲

雖弗效新吏與居吏坐之去者弗坐它如律　效

163

倉漏朽禾粟及積禾粟而敗之其不可食者不盈

百石以下誶官嗇夫百石以上到千石貲官嗇夫

164

一甲過千石以上貲官嗇夫二甲令官嗇夫冗吏共賞

敗禾＝粟＝雖敗而尚可食殹程之以其秏石數

165

負之

效

166

禾芻稾而不備十分一以下令復其故數過十分

以上先索以稟人而以律論其不備　效

167

入禾萬　比黎之為戶籍之曰其廥禾若干

石倉嗇夫某佐某史某稟人某是縣入之縣

168

嗇夫若丞及倉鄉相雜以封印之而遺倉嗇夫

及離邑倉佐主稟者各一戶以氣人其出禾有

169

書其出者如入禾然

170

效

嗇夫免而效=者見其封及隄以效之勿度縣唯倉所

自封印是度縣終歲而爲出凡曰某廥出禾若干

171

石其餘禾若干石倉嗇夫及佐史其有免去者新倉

嗇夫新佐史主廥者必以廥籍度之其有所疑

172

謁縣＝嗇夫＝令＝人復度及與雜出之禾贏入之而以

律論不備者　效

173

禾芻稾積廥有贏不備而匿弗謁及者移贏以

賞不備羣它物當負賞而僞出之以彼賞皆與

174

盜同灋ㄥ大嗇夫丞智而弗辠以平辠人律論之有

與主廥者共賞不備至計而上廥籍內史入禾

175

發屚倉必令長吏相雜以見之芻稾如禾

效

176

效公器贏不備以齎律論及賞毋齎者乃直

之　效

177

公器不久刻者官嗇夫貲一盾

效

178

御史卒人使者食粺米半斗醬駟分升一采羹給

之韭蔥其有爵者自官士大夫以上爵食之使者

179

之從者食糲米半斗僕少半斗

傳食律

180

不更以下到謀人粺米一斗醬半升采羹芻稾各

半石·宦奄如不更傳食律

181

上造以下到官佐史毋爵者及卜史司御寺府糲

米一斗有采羹鹽廿二分升二傳食律

182

行命書及書署急者輒行之不急者日觱勿敢

留＝者以律論之 行書

183

行傳書受書必書其起及到日月夙莫以輒相報殹

書有亡者亟告官隸臣妾老弱及不可誠仁者勿

184

令書廷辟有曰報宜到不來者追之

行書

185

縣各告都官在其縣者寫其官之用律

內史雜

186

都官歲上出器求補者數上會九月內史

雜

187

內史雜

有事請殹必以書毋口請毋羈請

188

官嗇夫免

其官亟置嗇夫過二

月弗置嗇夫﹦令﹦丞為不從令

內史雜

189

除佐必當壯以上毋除士五新傅苑嗇夫不存縣

為置守如廄律　內史雜

190

令敖史毋從事官府非史子殹毋敢學=室犯令者

有罪　內史雜

191

下吏能書者毋敢從史之事

內史雜

192

矦司寇及羣下吏毋敢爲官府佐史及禁苑憲
盜　　內史雜

193

有實官縣料者各有衡石羸斗甬期踐計其官
毋叚百姓不用者正之如用者　　內史雜

194

有實官高其垣牆它垣屬焉者獨高其置芻廥
及倉茅蓋者令人勿紤舍非其官人殹毋敢舍焉

195

善宿衛閉門輒靡其旁火慎守唯敬有不從令

而亡有敗失火官吏有重辠大嗇夫丞任之

196

毋敢以火入臧府書府中吏已收臧官嗇夫及吏夜

更行官毋火乃閉門戶令=史循其廷府節新爲

197

吏舍毋依臧府書府

内史雜

198

歲讎辟律于御史

尉雜

199

其官之吏 …… 灋律程籍

勿敢行=者有辠　尉雜

200

道官相輸隸臣妾收人必署其已稟年日月受衣未

受有妻毋有受者以律續食衣之　屬邦

201

效

反

爲都官及縣效律其有贏不備物直
之以其賈多者辠之勿贏

1

官嗇夫冗吏皆共賞不備之貨而
入贏

2

衡石不正十六兩以上貲官嗇夫一甲不

盈十六兩到八兩貲一盾、甬不正二

升以上貲一甲不盈二升到一升貲

一盾

斗不正半升以上貲一甲不盈半升

到少半升貲一盾半石不正八兩以

3

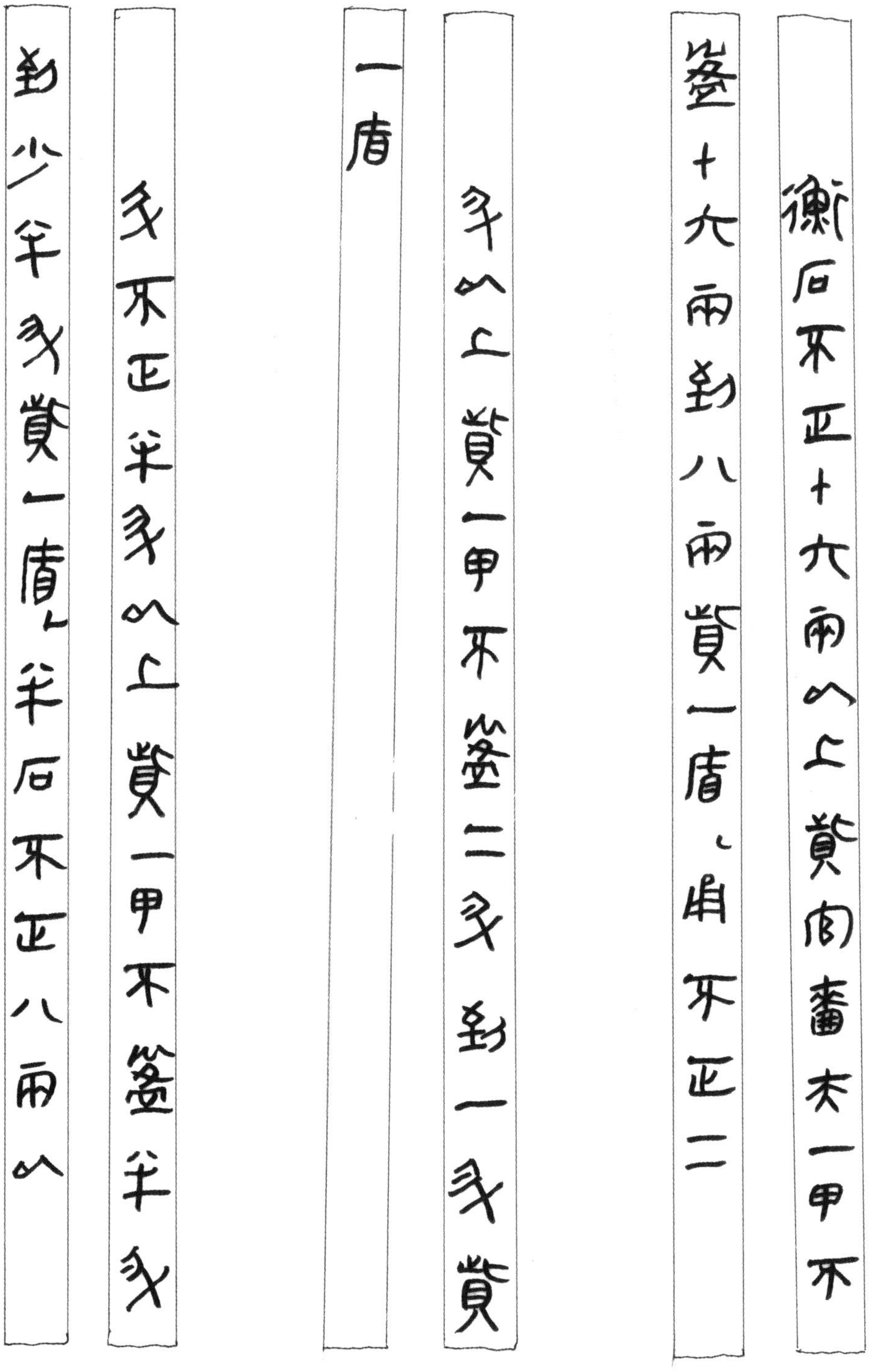

錢　錢而畜末邎三百廿錢∠對千一百

變而畜不備直百十錢∠對二百廿

金衡畜不正半米上賢各一盾

少半一∠上∠多不正廿少多一∠上∠黃

半文不正少半多∠上∠參不正大

上鈞不正四兩∠上∠不不正三米∠上

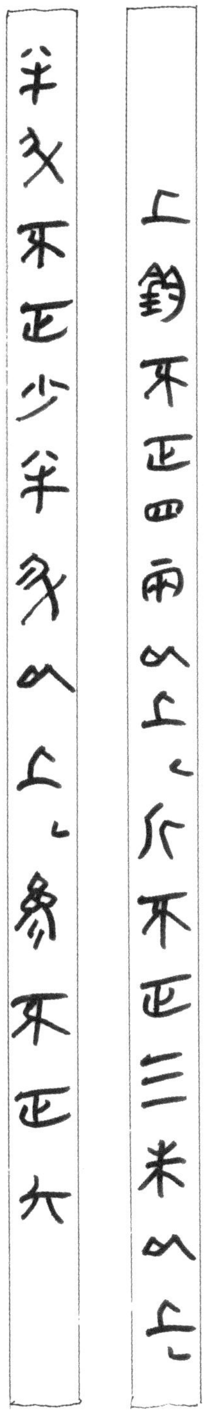

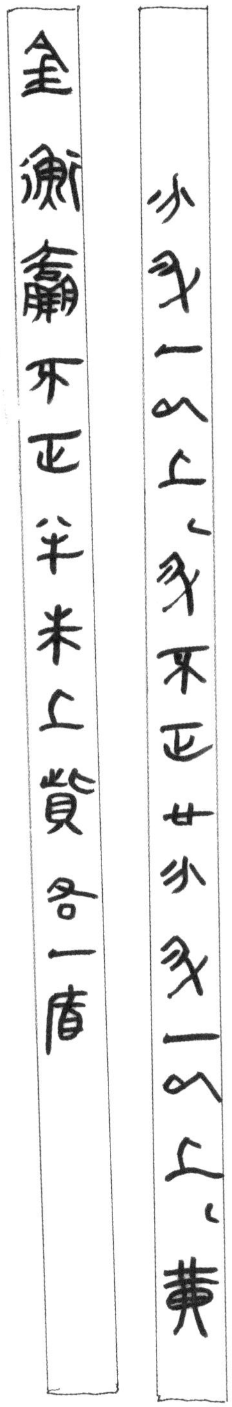

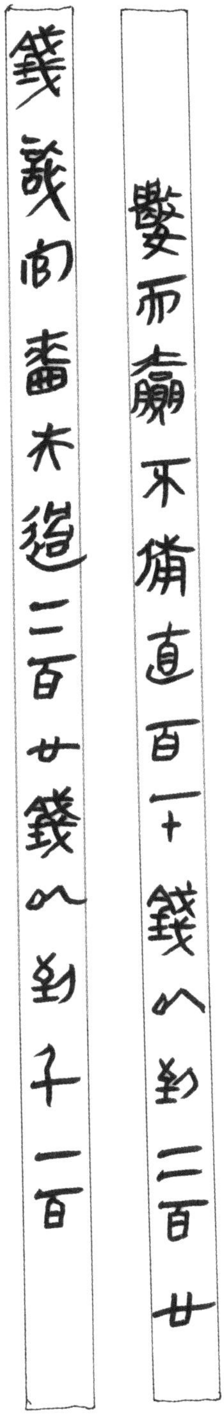

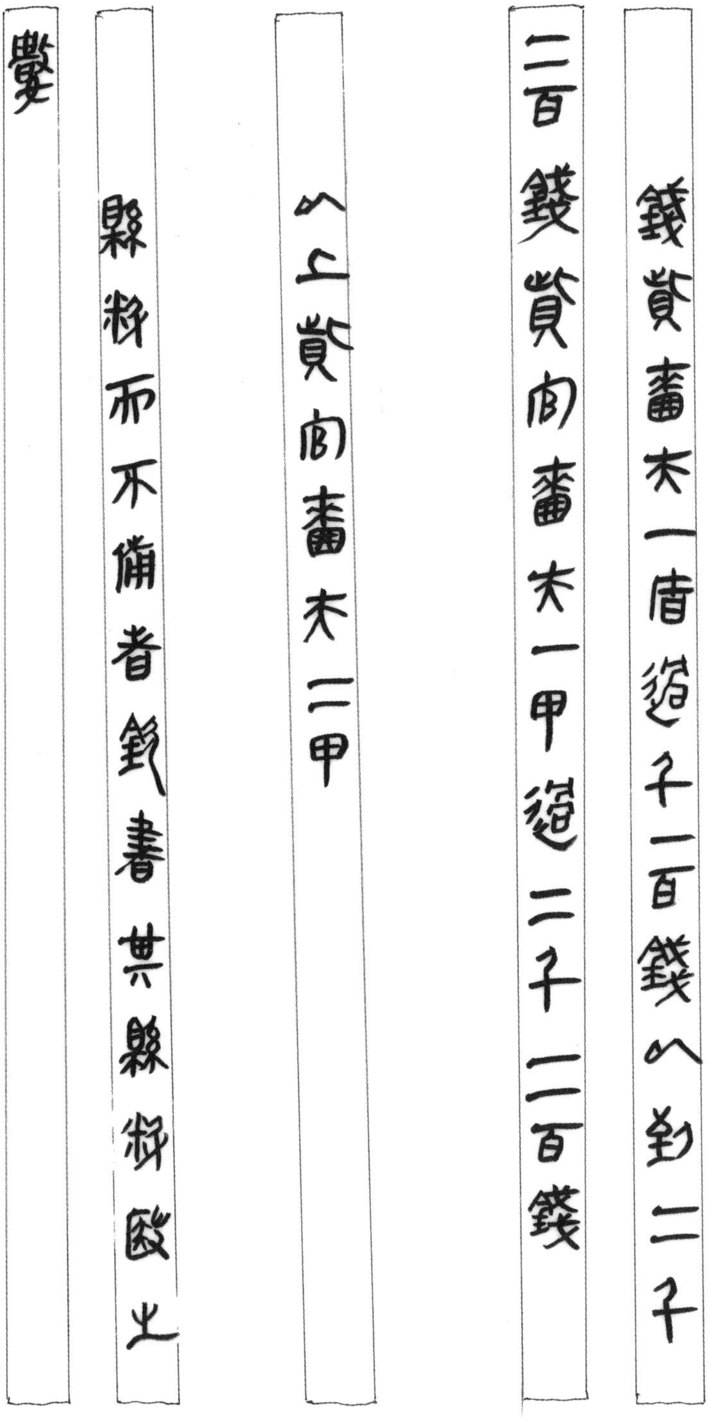

11 10 9

縣料而不備其見數五分一以上直其
賈其貲誶如數者然十分一以到不盈

12

五分一直過二百廿錢以到千一百錢誶
官嗇夫過千一百錢以到二千二百錢

13

貲官嗇夫一盾過二千二百錢以上貲
官嗇夫一甲∟百分一以到不盈十分一

14

直過千一百錢以到二千二百錢貲官

嗇夫過二千二百錢以上貲官嗇夫

一盾

同官而各有主殹各坐其所主官嗇

夫免縣令〓人效其官〓嗇夫坐效以

15

16

17

貲大嗇夫及丞除縣令免新嗇夫
自效殹故嗇夫及丞皆不得除

18

實官佐史柀免徙官嗇夫必與去者
效代者節官嗇夫免而效不備代者與

19

居吏坐之故吏弗效新吏居之未盈
歲去者與居吏坐之新吏弗坐∟其

20

盜歲雖弗效新吏與居吏坐之去者

弗坐它如律

21

倉扁朽禾粟及積禾粟而敗之其

不可食者不盈百石以下誶官嗇夫

22

百石以到千石貲官嗇夫一甲過千

石以上貲官嗇夫二甲令官嗇夫內

23

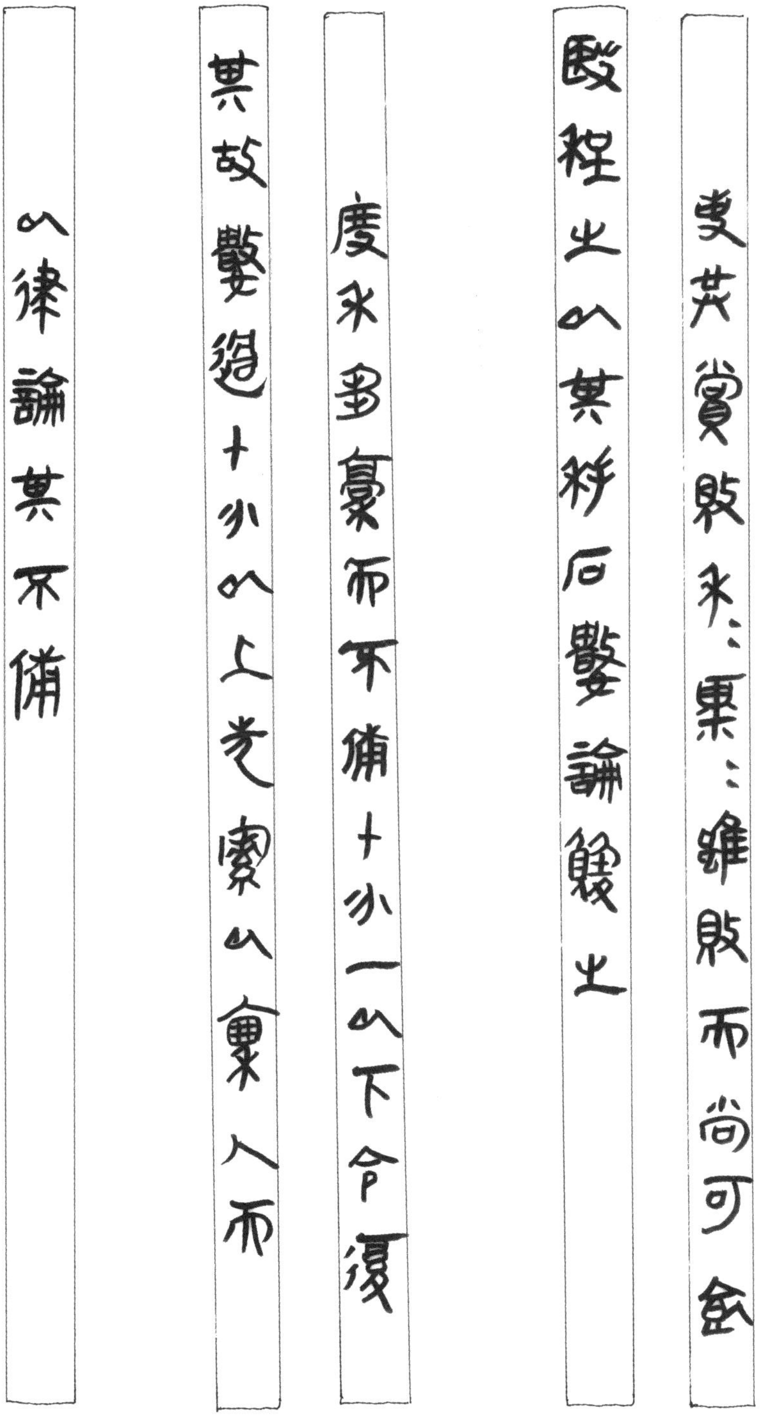
吏共賞敗禾〓粟〓雖敗而尚可食
殹程之以其秏石數論負之
度禾芻稾而不備十分一以下令復
其故數過十分以上先索以稟人而
以律論其不備

26 25 24

人禾萬石一積而比黎之象曰某

之曰某廥禾若干石倉嗇夫某佐某吏

某稟人某是縣人之縣嗇夫若干徹之

倉鄉相雜以封印之而遺倉嗇夫雜

邑倉佐主稟者各一戶以氣入其出禾育

書其出者如人禾發嗇夫久而效效者

27

見其封及隄以效之勿度縣唯倉所

自封印是度縣終歲而為出凡曰某廥

30

出禾若干石其餘禾若干石

31

倉嗇夫及佐史其有免去者新倉嗇

夫新佐史主廥者必以廥籍度之其有

32

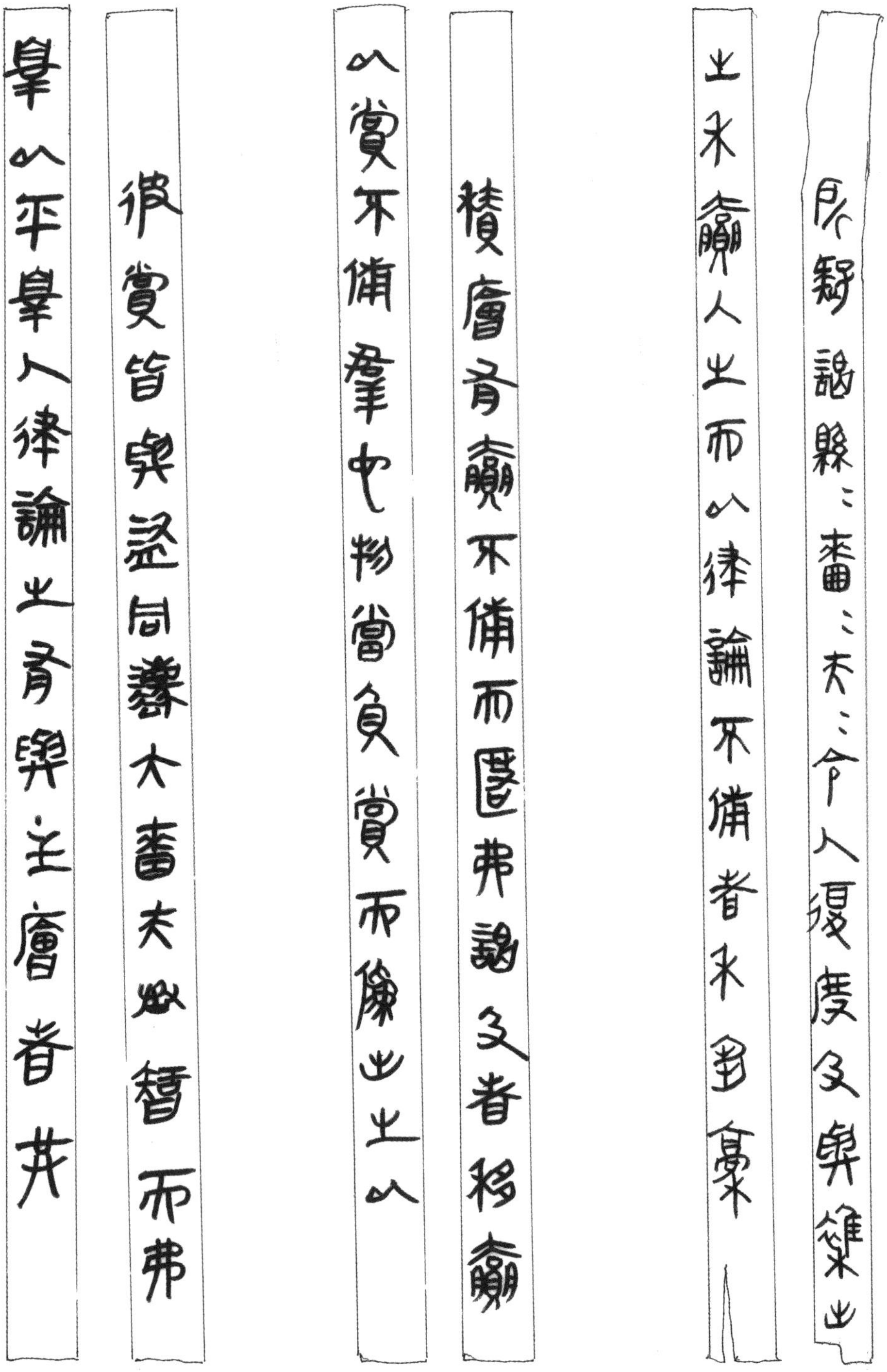
所□謁縣〓嗇〓夫〓令人復度及與雜出之
之禾贏入之而以律論不備者禾芻稾
積廥有贏不備而匿弗謁及者移贏
以賞不備羣它物當負賞而偽出之以
彼賞皆與盜同灋大嗇夫丞智而弗
辠以平辠人律論之有與主廥者共

35 34 33

賞不備

36

入禾及發扁倉必令長吏相雜以見

之芻稾如禾

37

櫟陽二萬石一積咸陽十萬石一積

38

效公器贏不備以齎律論及賞者

乃直之

39

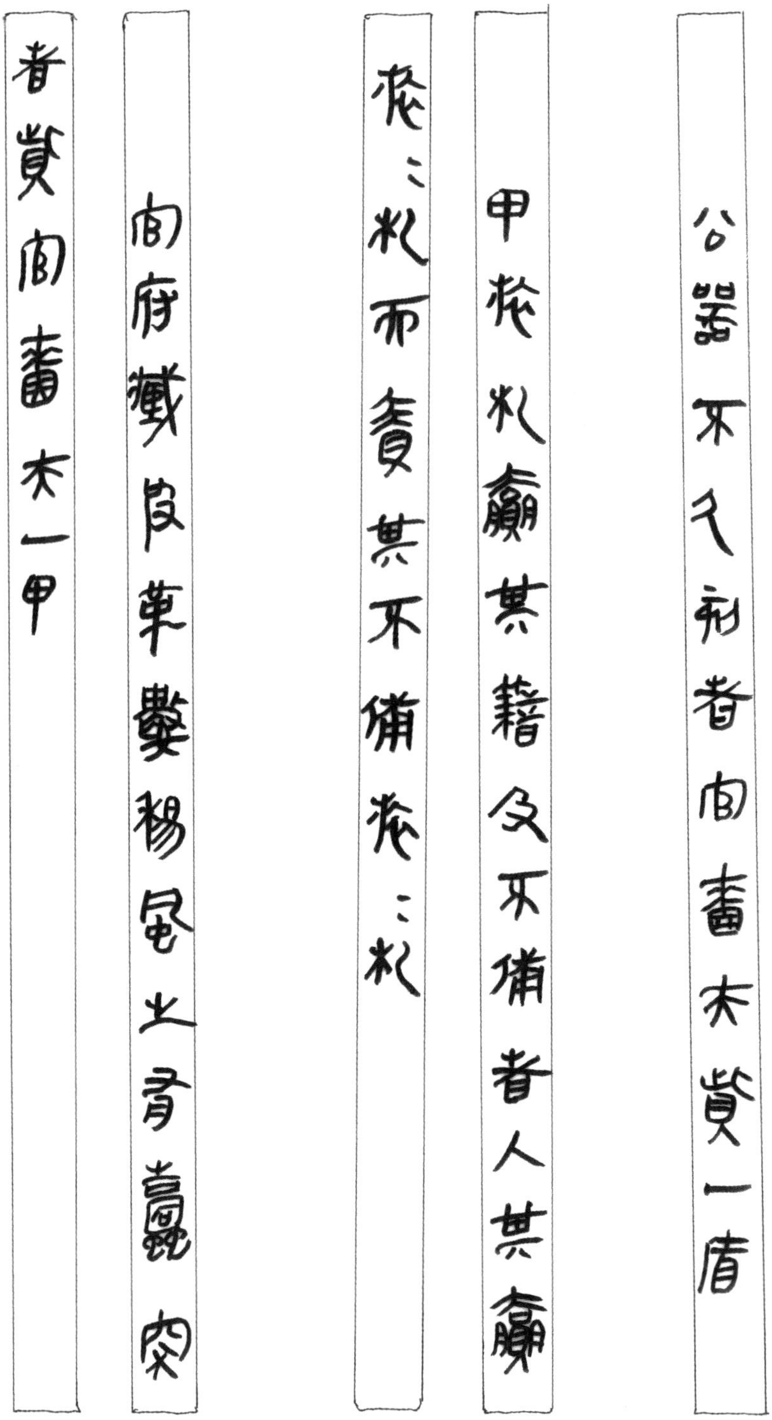
公器不久刻者官嗇夫貲一盾
甲旅札贏其籍及不備者人其贏
旅=札而責其不備旅=札
官府藏皮革數煬風之有蠹突
者貲官嗇夫一甲

40　41　42

器職耳不當籍者大者貲官嗇夫
一盾小者除
43

馬牛誤職耳及物之不能相易者貲
官嗇夫一盾
44

殳戟弩鬃𤇯相易殹勿以為贏不
備以職耳不當之律論之
45

工·東也縣到内試士駁沙二減二

百千以上貲工又得者各二甲不駁

二百千以下到百久貲各一甲不駁百久

以下到十久貲各一盾不駁十久以下

久東縣中而負者負之如故

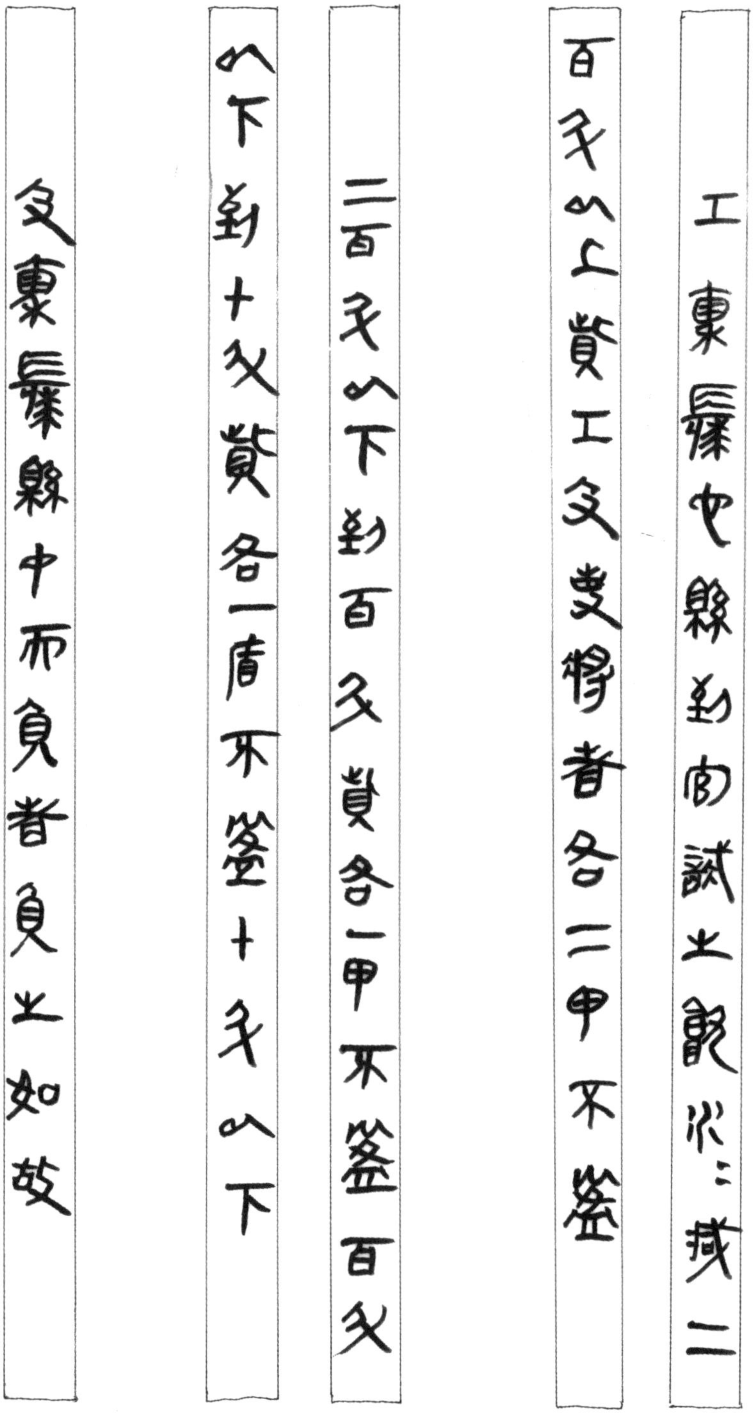

46　47　48

上節發委輸百姓或之縣就及移輸

者以律論之

49

計用律不審而贏不備以效贏不備

之律貲之而勿令賞

50

官嗇夫貲二甲令丞貲一甲官嗇夫貲

一甲令丞貲一盾其吏主者坐以貲誶

51

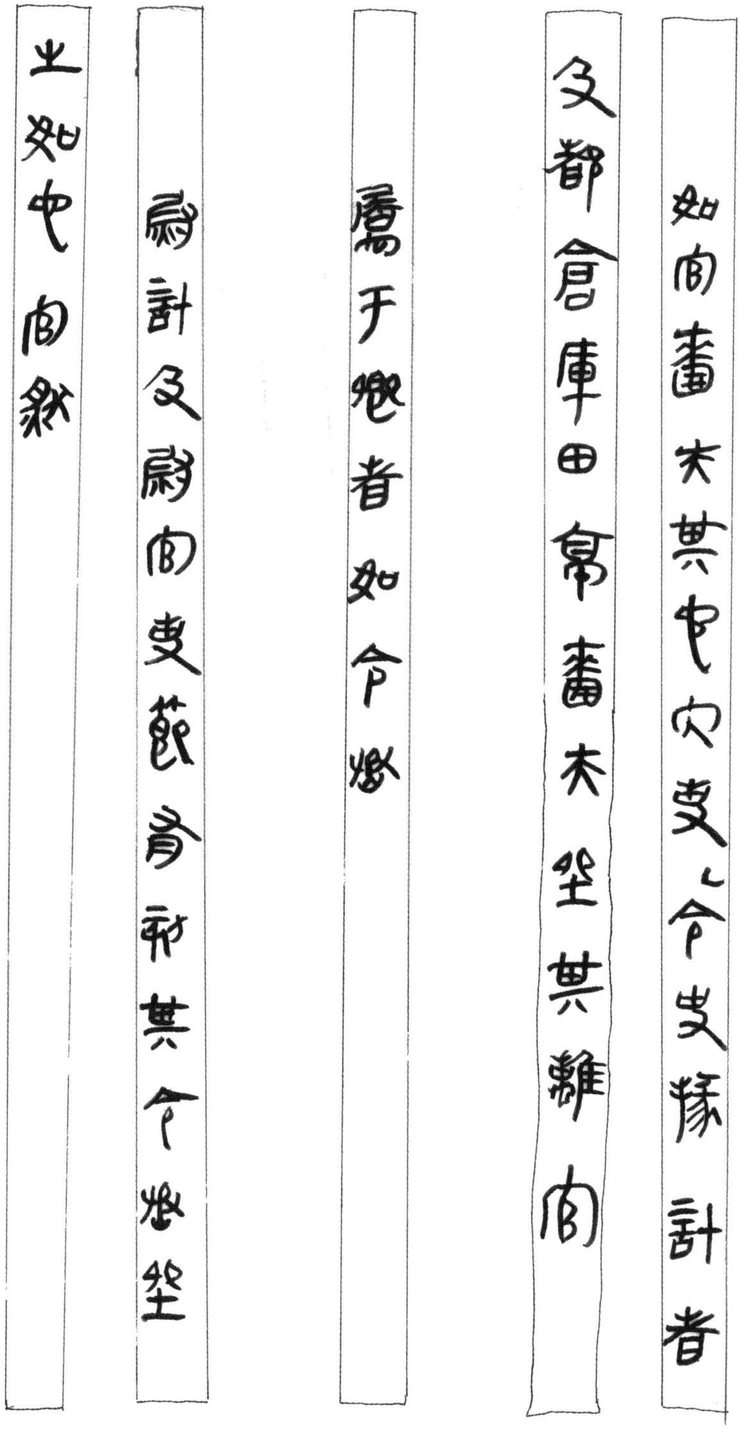
如官嗇夫其它冗吏令史掾計者
及都倉庫田亭嗇夫坐其離官
屬于鄉者如令丞
尉計及尉官吏節有劾其令丞坐
之如它官然

52 53 54

司馬令史媵府斗、脊布司馬令史坐

止如令史坐府計貣然

計粼相繆殿自二百廿錢以下議府畜

夫繆二百廿錢以到二千二百錢貣一盾

繆二千二百錢以上貣一甲入戶焦十一

貣一盾自二以上貣一甲

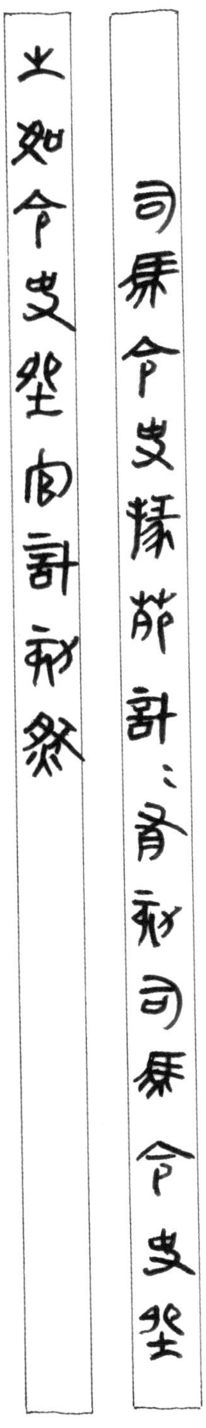

55

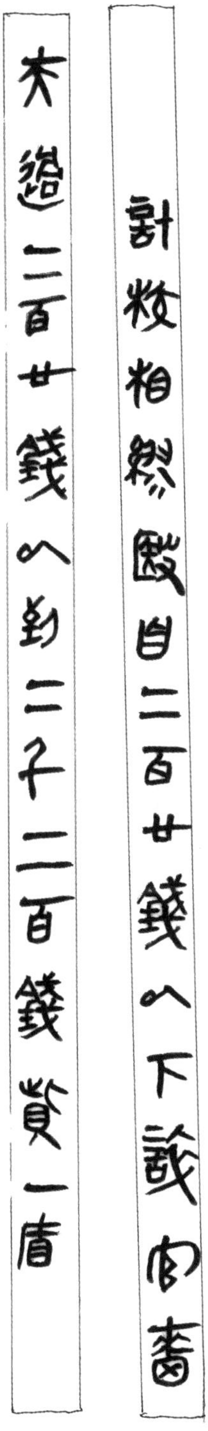

56

57

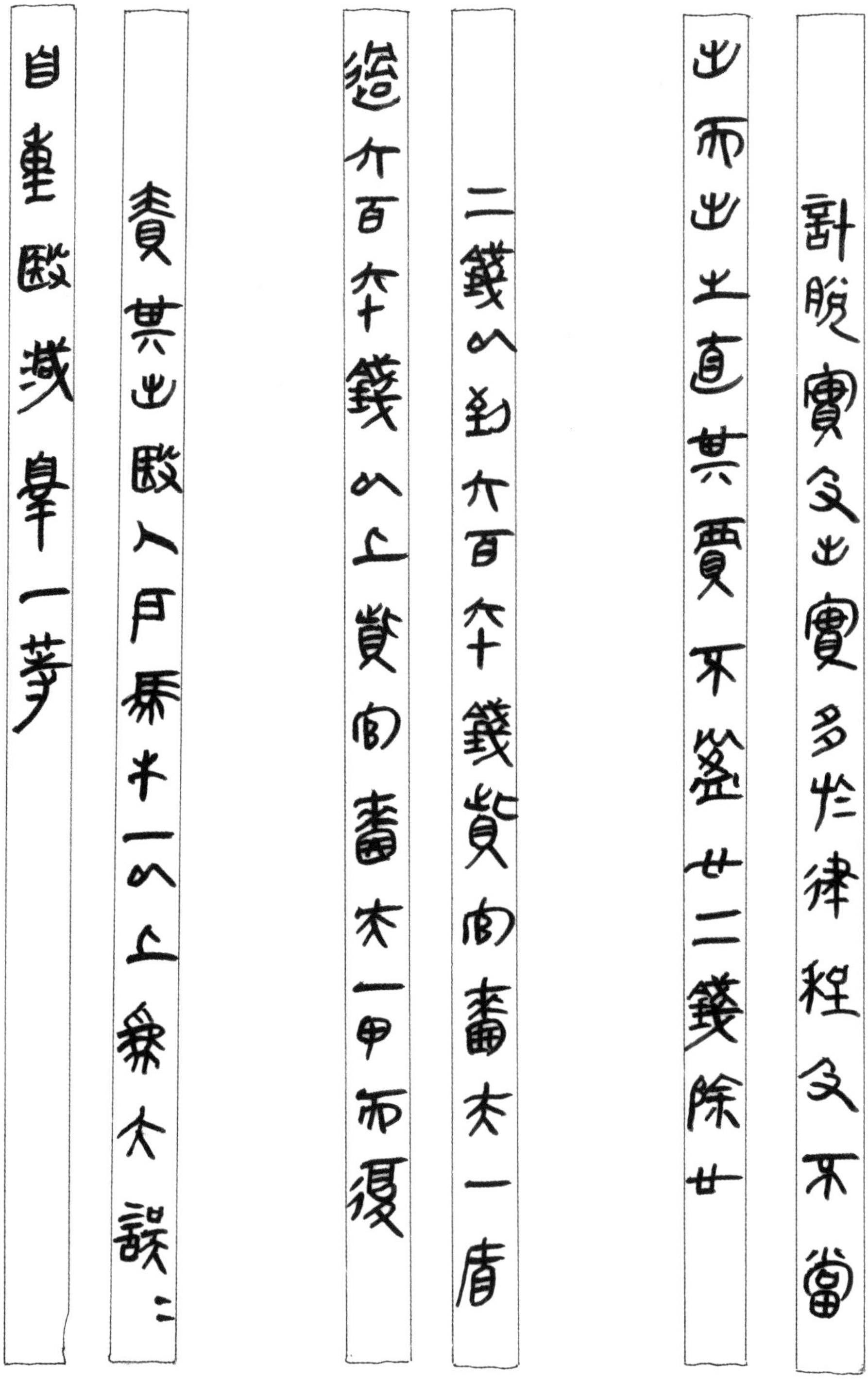
計脫實及出實多於律程及不當
出而出之直其賈不盈廿二錢除廿
二錢以到六百六十錢貲官嗇夫一盾
過六百六十錢以上貲官嗇夫一甲而復
責其出殹人戶馬牛一以上為大誤＝
自重殹減辠一等

60　59　58

任灋官者為吏貲二甲●有興除守
嗇夫叚佐居守者上造以上不從令貲二
甲●除士吏發弩嗇夫不如律及發弩
射不中尉貲二甲●發弩嗇夫射不中
貲二甲免嗇夫任之●駕騶除四歲不能
駕御貲教者一盾免賞四歲繇戍

1

2

3

除吏律·為聽命書灋弗行耐為侯不

辟席立貲二甲灋游士在亡符居縣貲

4

一甲卒歲責之·有為故秦人出削籍上造

以上為鬼薪公士以下刑為城旦·游士律

5

當除弟子籍不得置任不審皆耐為侯

使其弟子贏律及治之貲一甲決革二甲

6

除戍子律·故大₌斬首者遷·分甲以為

二甲蔑者耐·縣毋敢包交為戍子尉

7

貲二甲免令二甲·輕車蹶張引強中卒

所載傳到軍縣勿奪₌中卒傳令尉

8

貲各二甲·募₌五尺八寸以上不勝任者

辤不如令縣司馬貲二甲令尉各一甲先

9

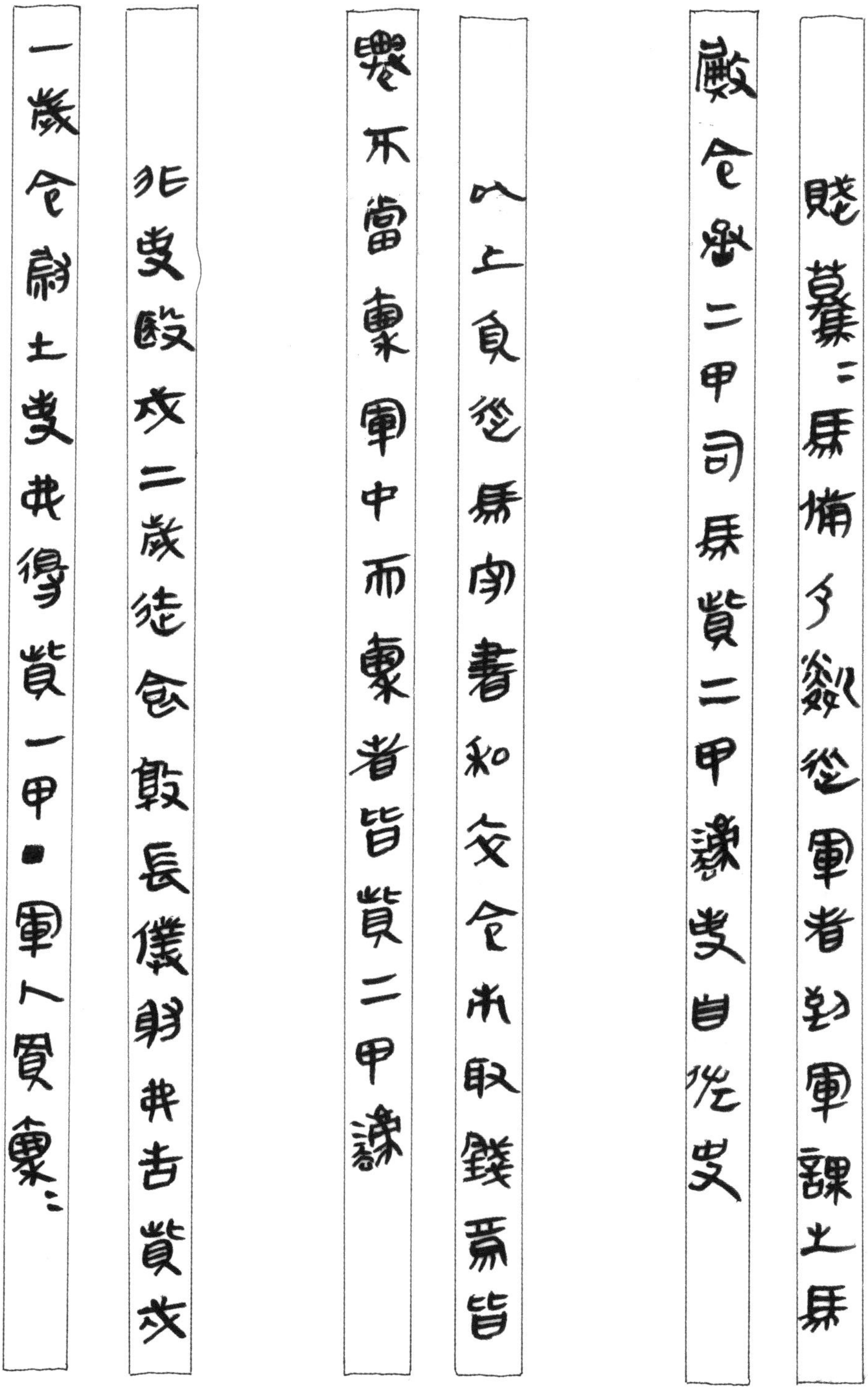

賦驀=馬備乃粼從軍者到軍課之馬
殿令丞二甲司馬貲二甲灋吏自佐史
以上負從馬守書和卒令市取錢焉皆
遷不當稟軍中而稟者皆貲二甲灋
非吏殹戍二歲徒食敦長僕射弗告貲戍
一歲令尉士吏弗得貲一甲■軍人買稟=

10　11　12

氏欠邊縣貲戎二歲同車食敦長僕罰共

告夾一歲縣司二宜二徙戍土受構者共得

姓買其棗貲二甲人栗公受龍典得欠

貲一甲粺司宜一盾●軍人棗氏二邊縣百

畜夫叟貲二甲潦●敢渝……其……繫

令敢貲各一甲●棗攵兵不宗善……庫

13　14　15

皆貲一甲兾勞●中勞律●藏皮革蠹突

貲書末一甲令居一唐●藏律

首廄貲工師一甲兾攵䕘長一唐徒絡

組廿給首三歲以廄貲工師二甲兾䕘

長一甲徒絡組五十給非歲紅攵安命書

敢棄也器工師攵兾貲各二甲縣工耗

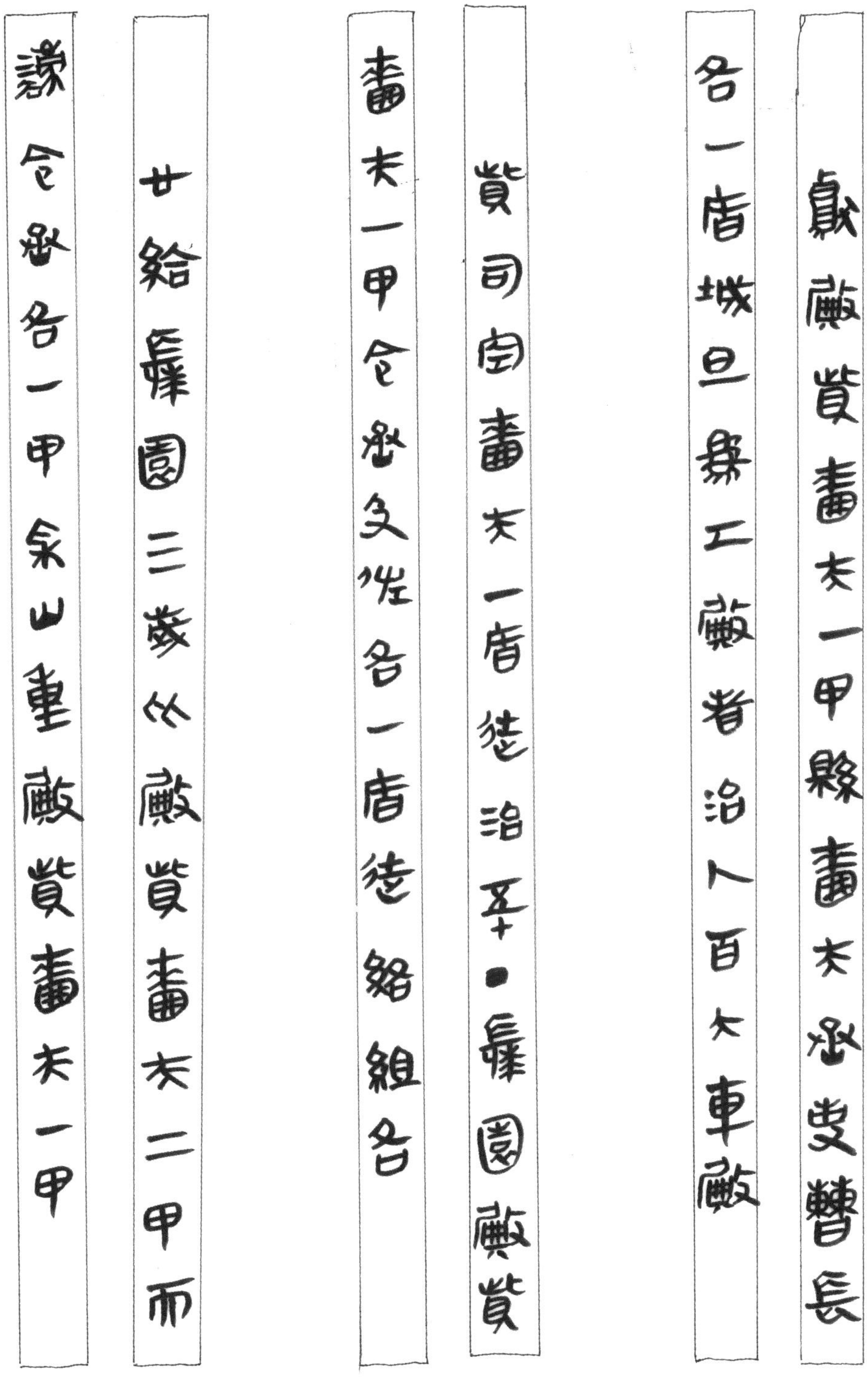

21　20　19

22

佐一盾三歲比殿貲嗇夫二甲而灋殿

而不負費勿貲賦歲紅未取省而亡

23

之及弗備貲其曹長一盾大官右府左

府右采鐵左采鐵課殿貲嗇夫一盾

24

工擇榦＝可用而久以為不可用貲二甲

●工久榦曰不可用負久＝者＝謁用之而

27 26 25

六四以下到一四貲一盾●志馬舍乘車馬
後毋敢炊飭犯令貲一盾已馳馬不去車
28

貲一盾●膚吏乘馬篤辇及不會膚期
貲各一盾馬勞課殿貲廄嗇夫一甲
29

令丞佐史各一盾馬勞課殿貲皂嗇夫一盾
30

牛大牝十其六毋子貲嗇夫佐各一盾·羊

牝十其四毋子貲嗇夫佐各一盾·牛羊課

31

匿敖童及占㾆不審典老贖耐·百姓

不當老至老時不用請敢爲酢僞者貲

32

二甲典老弗告貲各一甲伍人戶一盾皆

䙴之·傅律

33

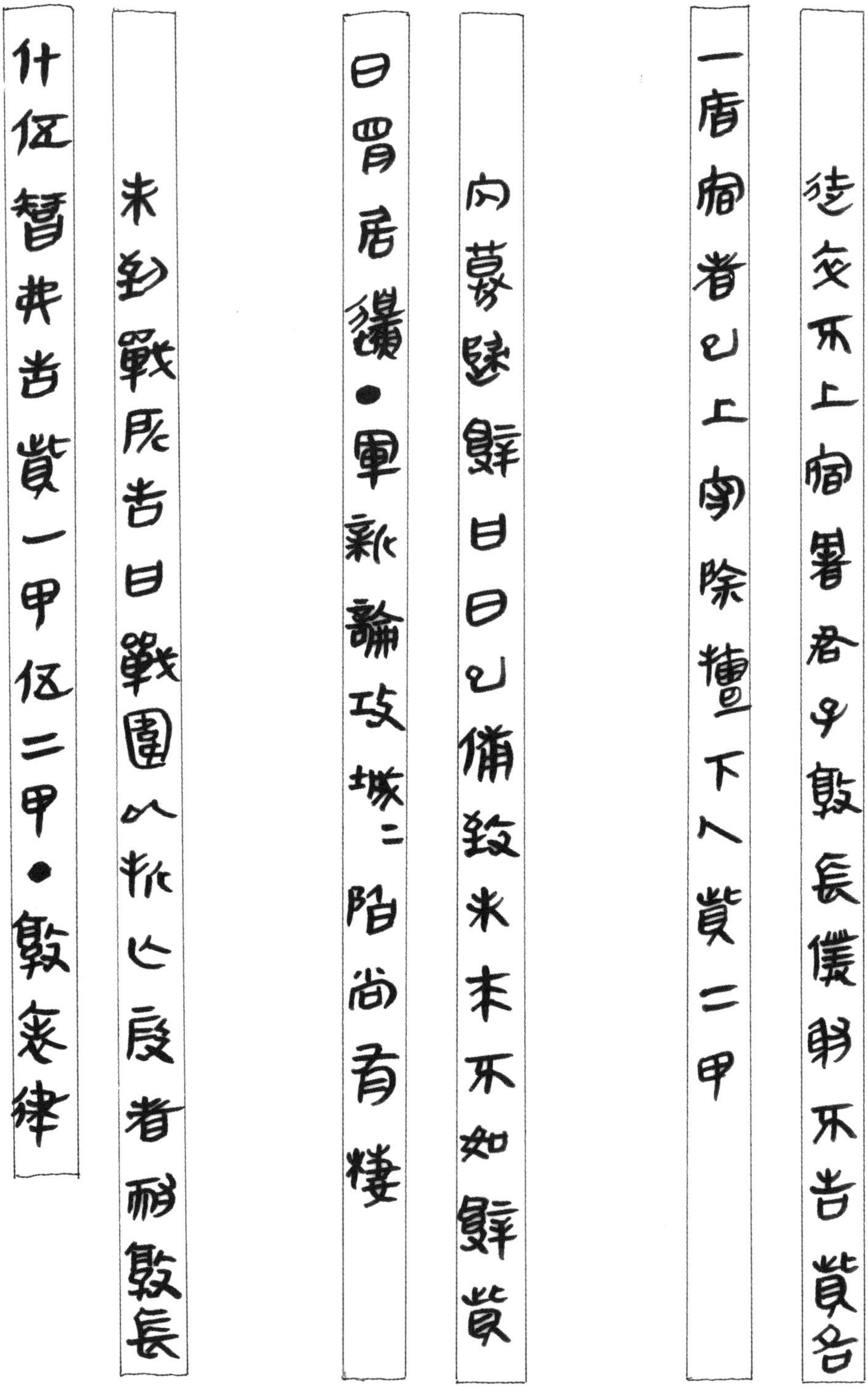
徒卒不上宿署君子敦長僕射不告貲各
一盾宿者已上守除擅下人貲二甲
冗募歸辭曰日已備致未來不如辭貲
日四月居邊●軍新論攻城城陷尚有棲
未到戰所告曰戰圍以折亡叚者耐敦長
什伍智弗告貲一甲伍二甲●敦表律

36　　35　　34

戰北斬首不當論其後有後察不當奪

後有除伍人不當耐者黥以為隸臣

寇降以為隸臣●捕盜律曰捕人相移以

夏書者耐●米益勿令二當二遷二果二也二

者黥二甲●戎律曰同居安立於縣畫

夫毋有土戟於戍不以律黥二甲

戍者城及補城令姑堵一歲所城有壞者
縣司空署君子將者貲各一甲縣司空

40

佐主將者貲一盾令戍者勉補繕城署
勿令為它事已補乃令增塞埤塞縣

41

尉時循視其攻及所為敢令為它事使
者貲二甲

42

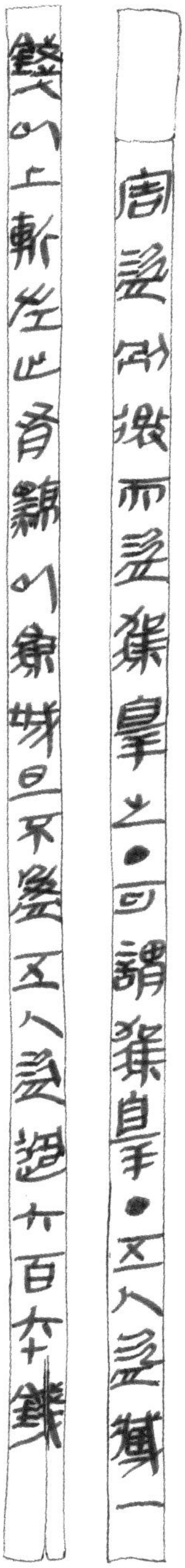

1

2

3

4

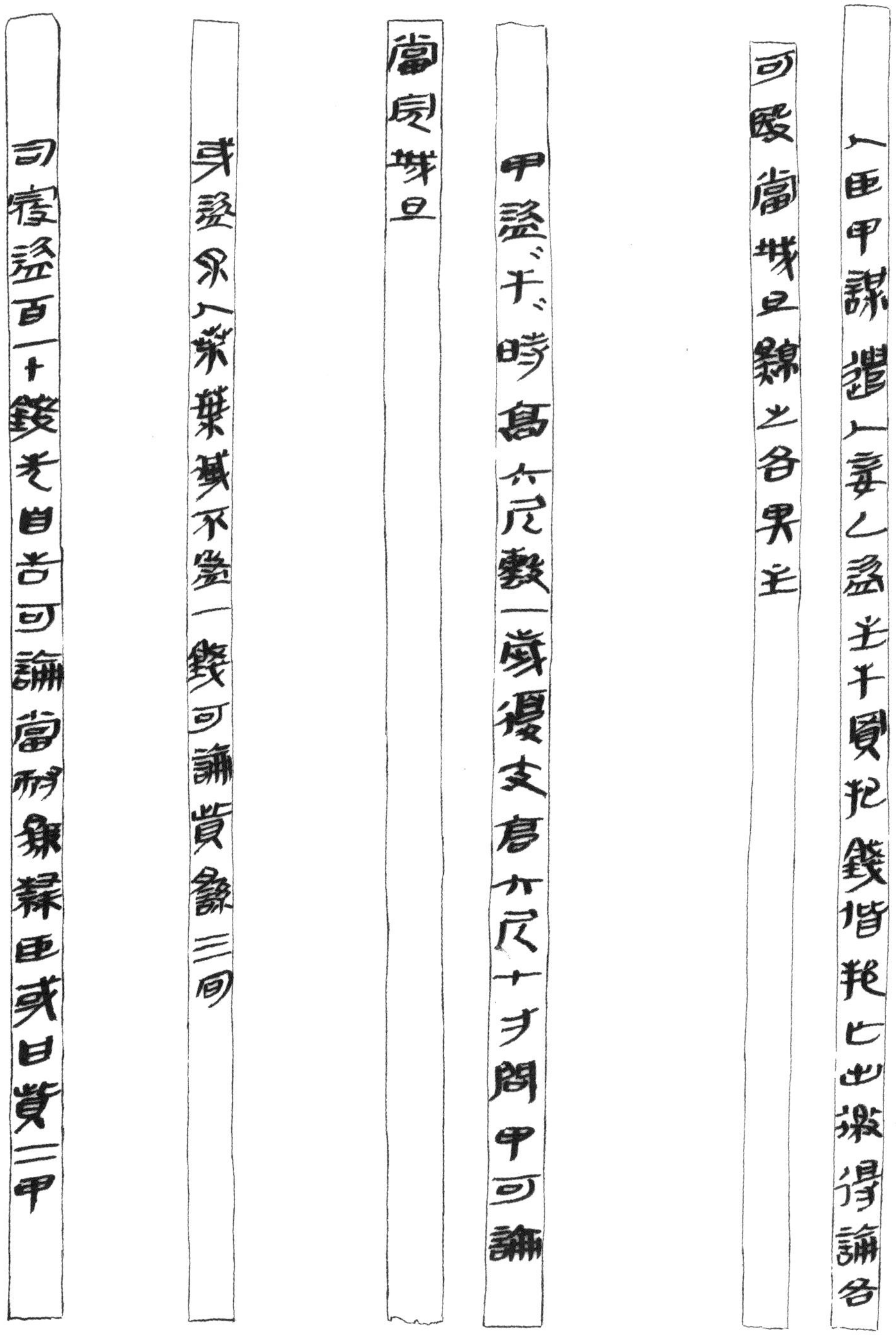
人臣甲謀遣人妾乙盜主牛買把錢偕邦亡出徼得論各
可殹當城旦黥之各畀主
甲盜牛時高六尺數一歲復丈高六尺七寸問甲可論
當完城旦
或盜采人桑葉臧不盈一錢可論貲繇三旬
司寇盜百一十錢先自告可論當耐為隸臣或曰貲二甲

5　6　7　8

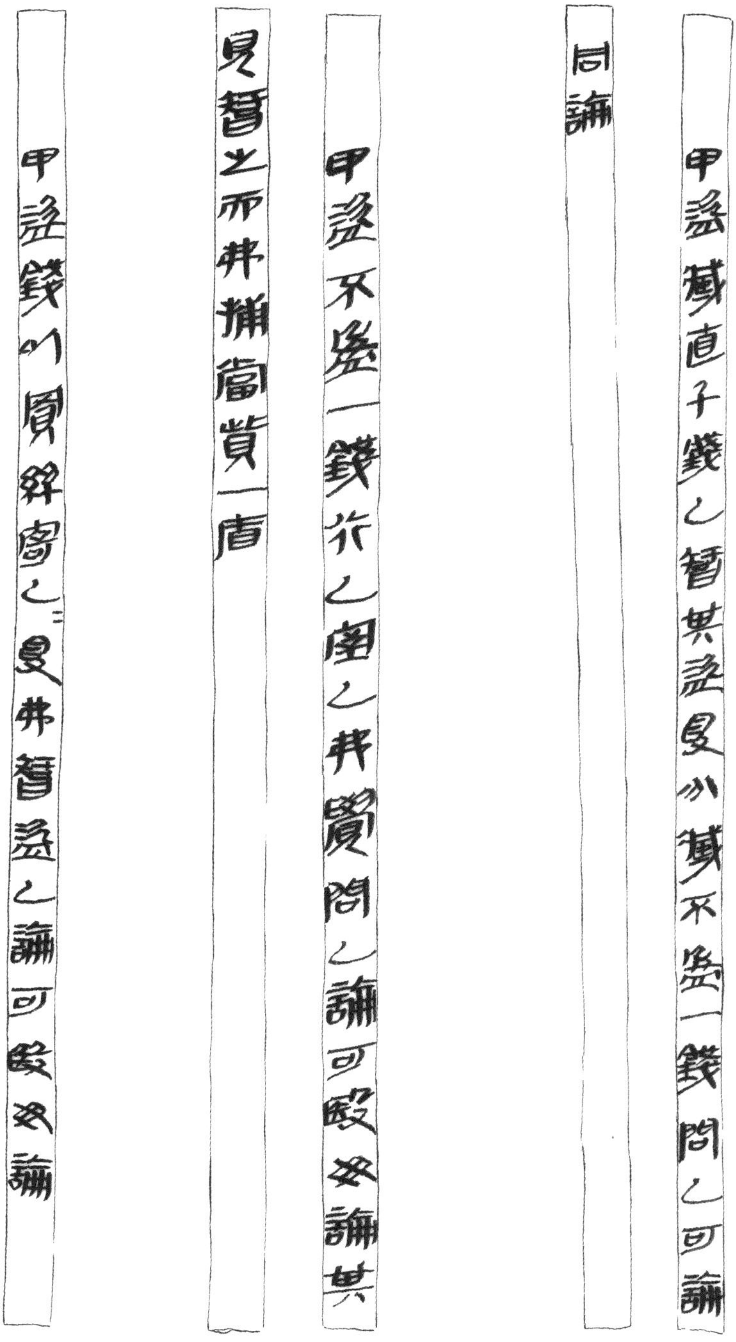

甲盜臧直千錢乙智其盜受分臧不盈一錢問乙可論
同論
甲盜不盈一錢行乙室乙弗覺問乙論可殹毋論其
見智之而弗捕當貲一盾
甲盜錢以買絲寄乙乙受弗智盜乙論可殹毋論

11　　10　　9

甲乙雖不相智賢甲往盜而得乙未往盜而興甲言即各盜貲

貲直各四百已去而偝得其甫謀當并貲以論不謀各坐貲

工盜以出貲不盜一錢其醬人當訾二不當貲

夫盜子錢妻貴辰匿三百可以論妻智夫盜而匿之當以

三百論棄泉盜不智棄貲

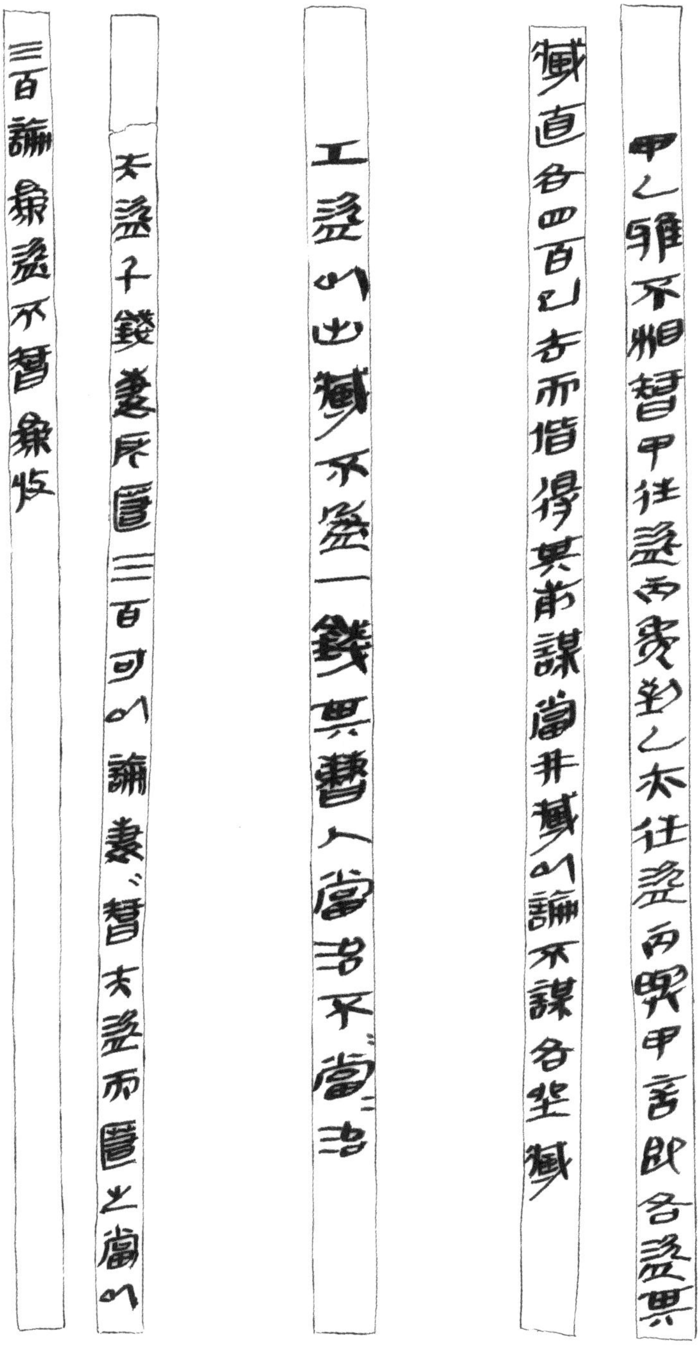

興甲同辜

前遂臧直百五十吉甲興其妻子智芮食月甲妻子

前遂臧直百十其妻子智興食月當同辜

遂州百十象遂井智象宮辜

收其前謀同辜夫遂三百錢妻辟匿百十可以論妻智夫

夫遂三百錢吉妻興芮歔食之可以論妻非前謀殿宮象

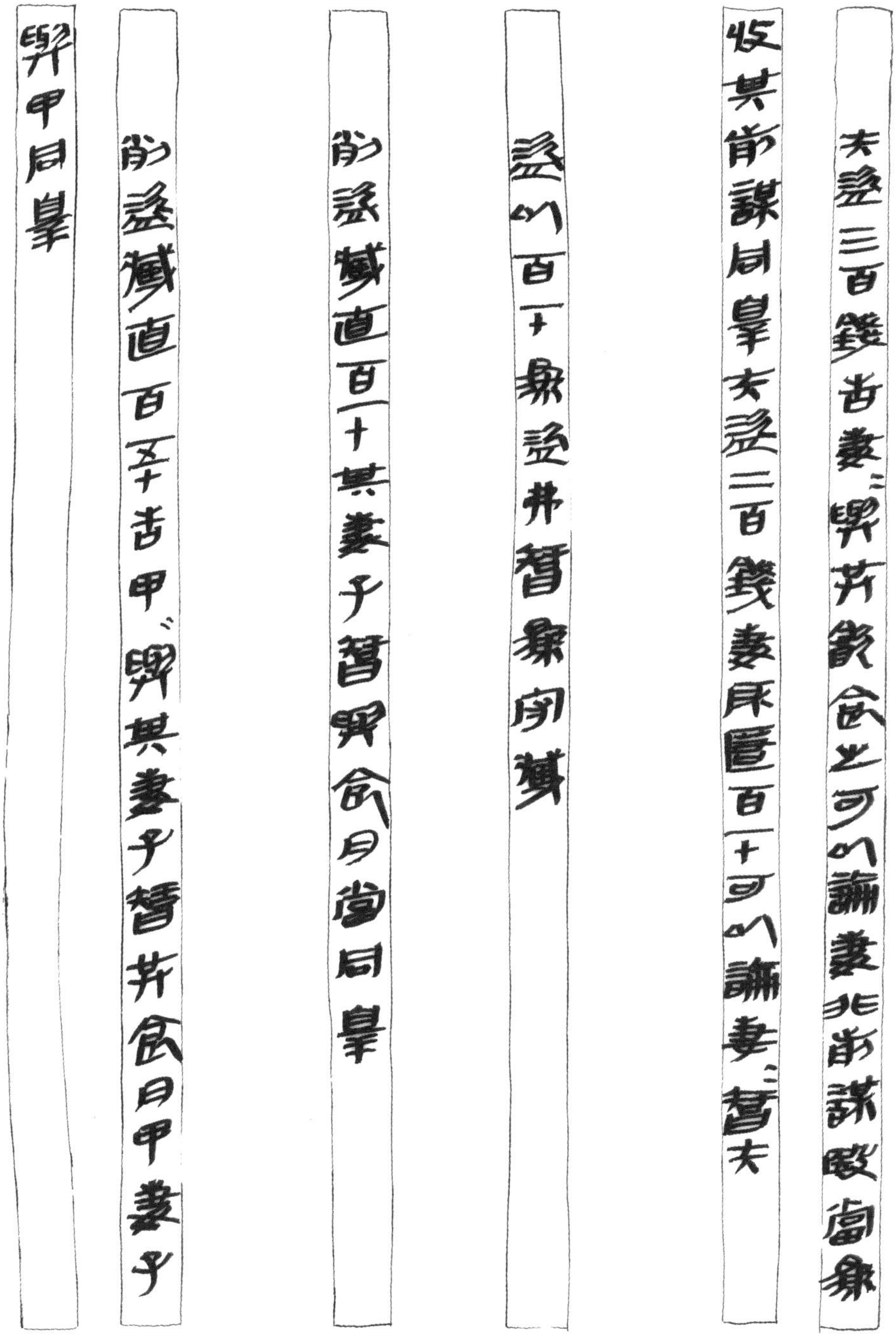

18　　　　17　　　16　　　　15

坐尸（戶）謂殹（也）

盜之者也皋（辜）同居民當坐可（何）謂同居●尸（戶）象（為）同居坐隸式

又（有）象（為）盜主旦不盜同居者盜主不同居不象（為）盜主

律曰與盜同謙育曰與同皋（辜）也二物其同居典伍當坐

之云與同皋（辜）反其皋（辜）者共當坐●人殹（也）又（有）盜主之殳

又（有）盜子不象（為）盜●人殹（也）又（有）盜子可（何）論當高（辜）象（為）盜

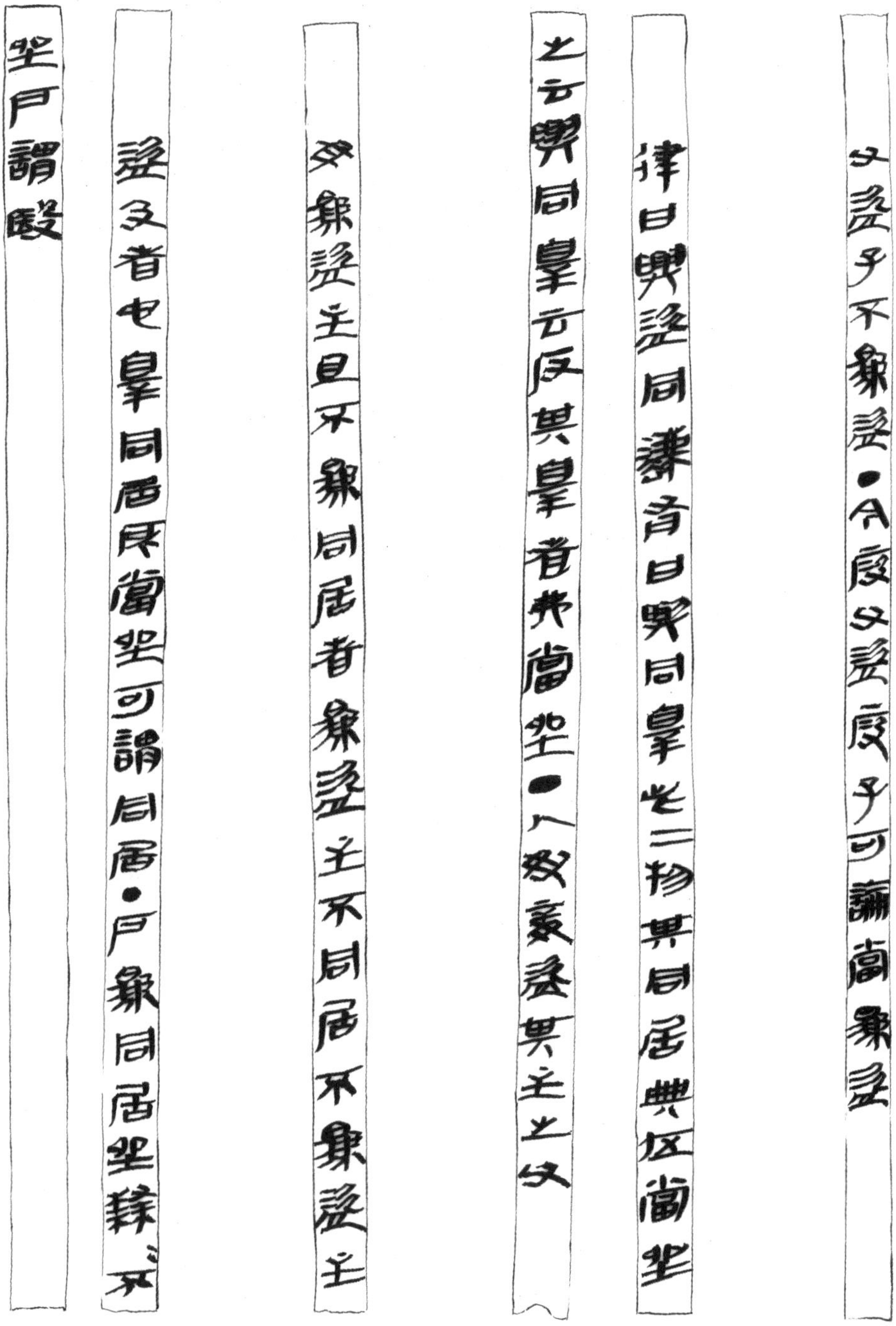

22　　21　　20　　19

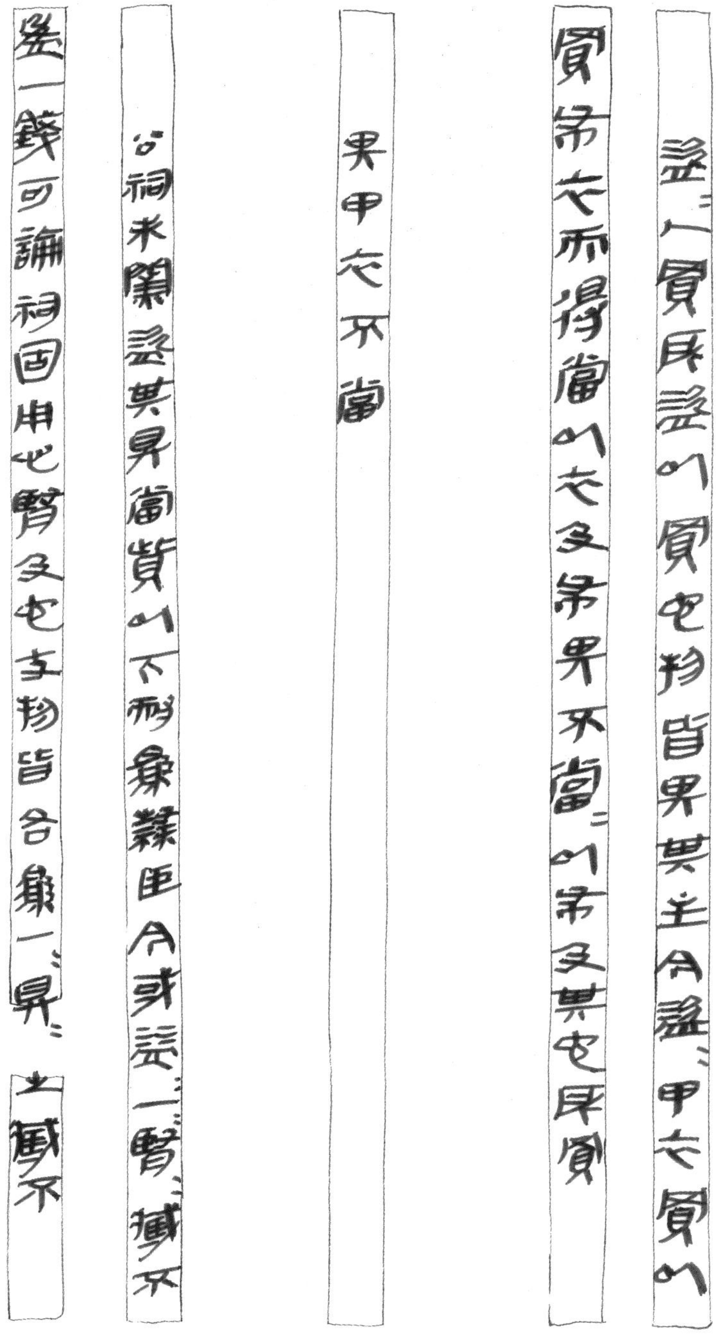

25 24 23

可謂後蜇室「王室祠畺其具是謂室

及不直者不象具州已置爲象具

可謂祠米闌置豆豆毙前米羹爲象米闌米酉

直者以律論

爲一錢巳乏之當祇弍直廿錢而顧乏土不盡一具及盜不

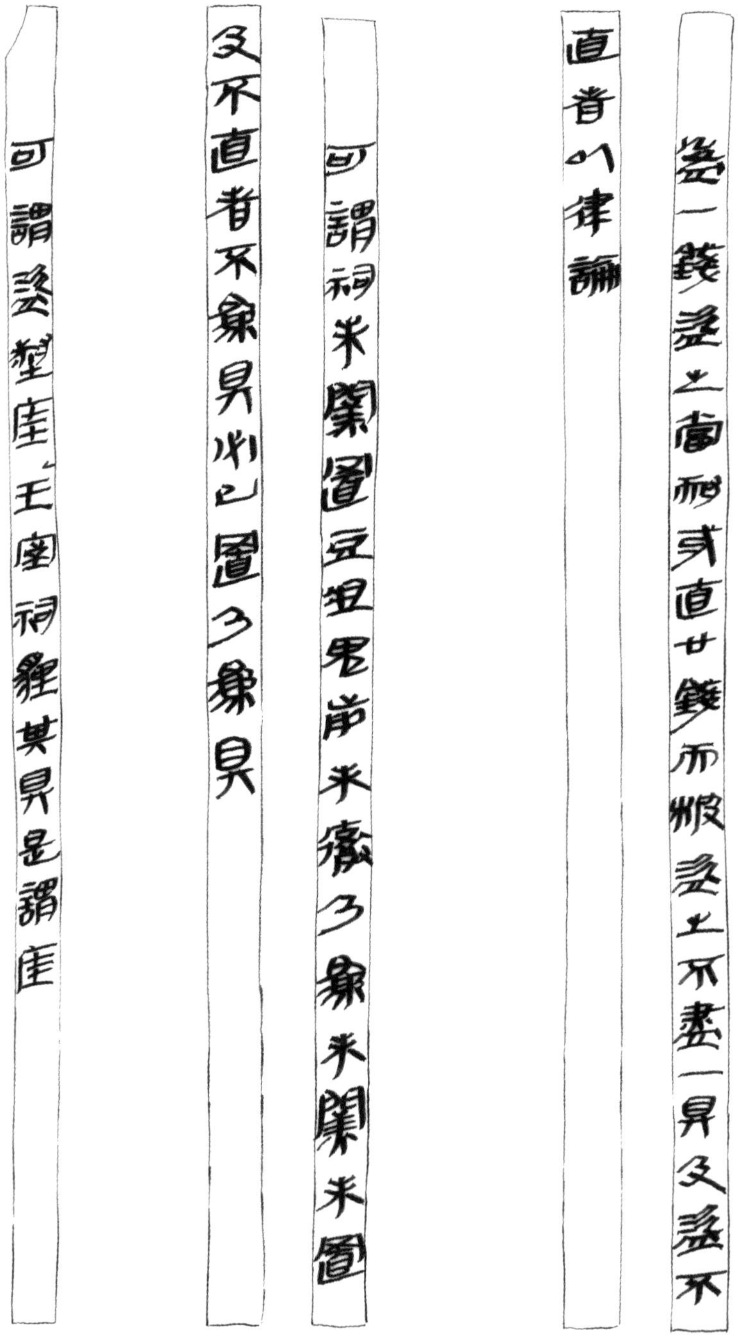

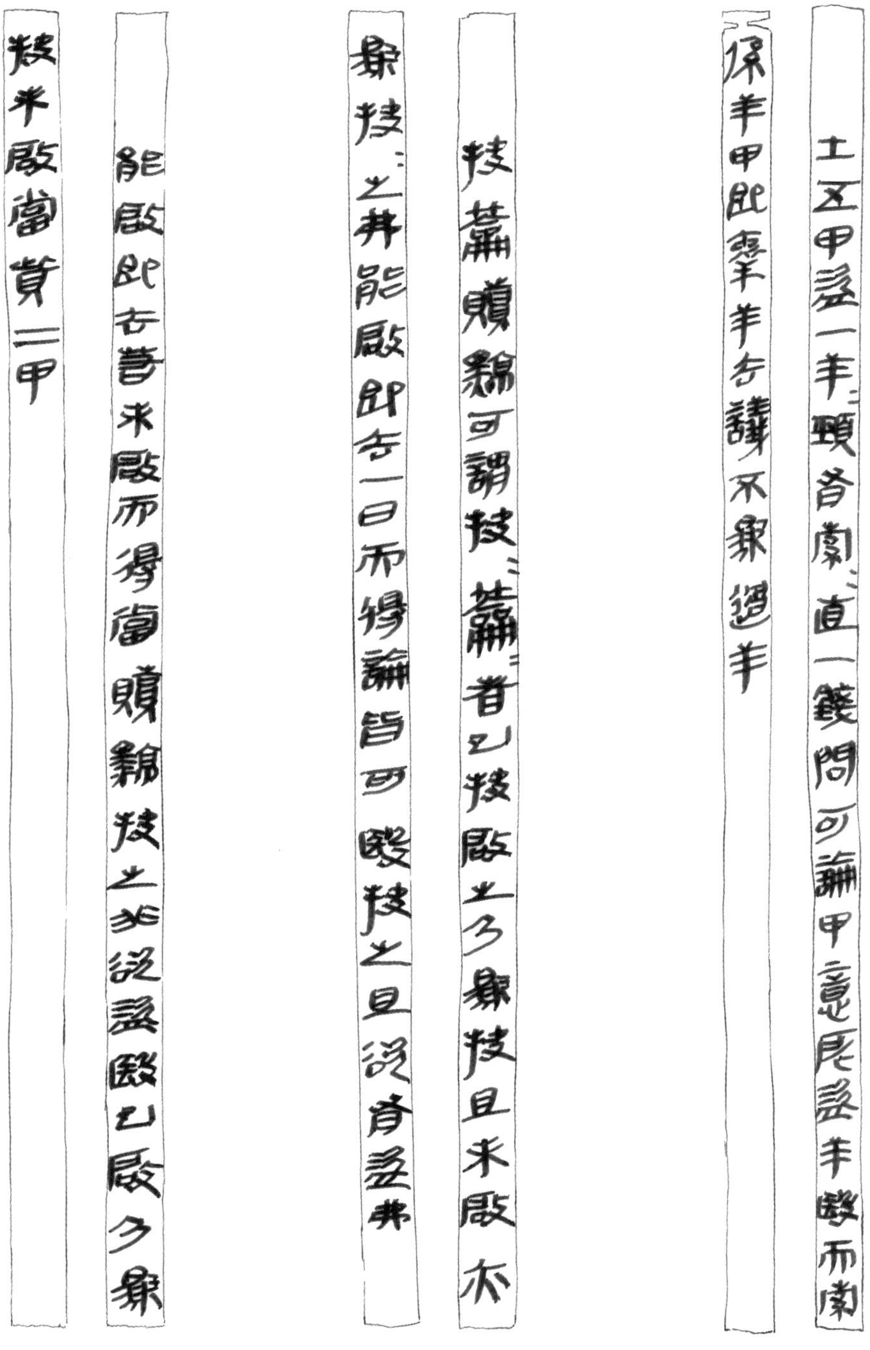

31　30　29

府中公金錢私貸用之與盜同灋●可謂府中十●唯縣少

內象府中其它不象

士五甲盜以得時直賛直盜六百六十貨弗直與發貲繫乃直賛直

百一十八論耐問甲及受可論甲當繫象城旦貲象夫朽臬

其餘象二不直

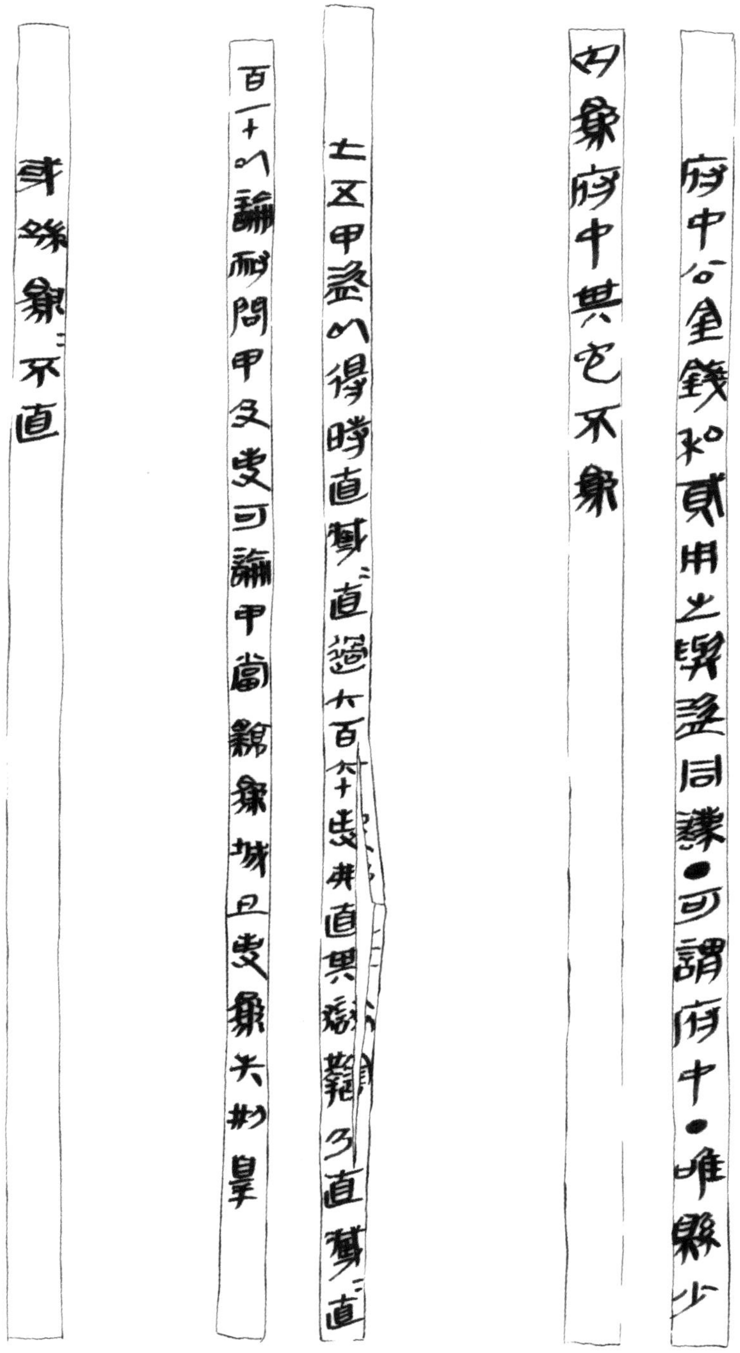

34   33   32

35

36

37

38

論不當徙袚袚貲二甲

甲告乙盜直百十問乙盜卅甲訊乙五十其卅不審問甲當

訊乙盜子錢問乙盜六百十訊者可論及論

告乙盜子錢問乙盜六百十告者可論及論

審論貲二甲

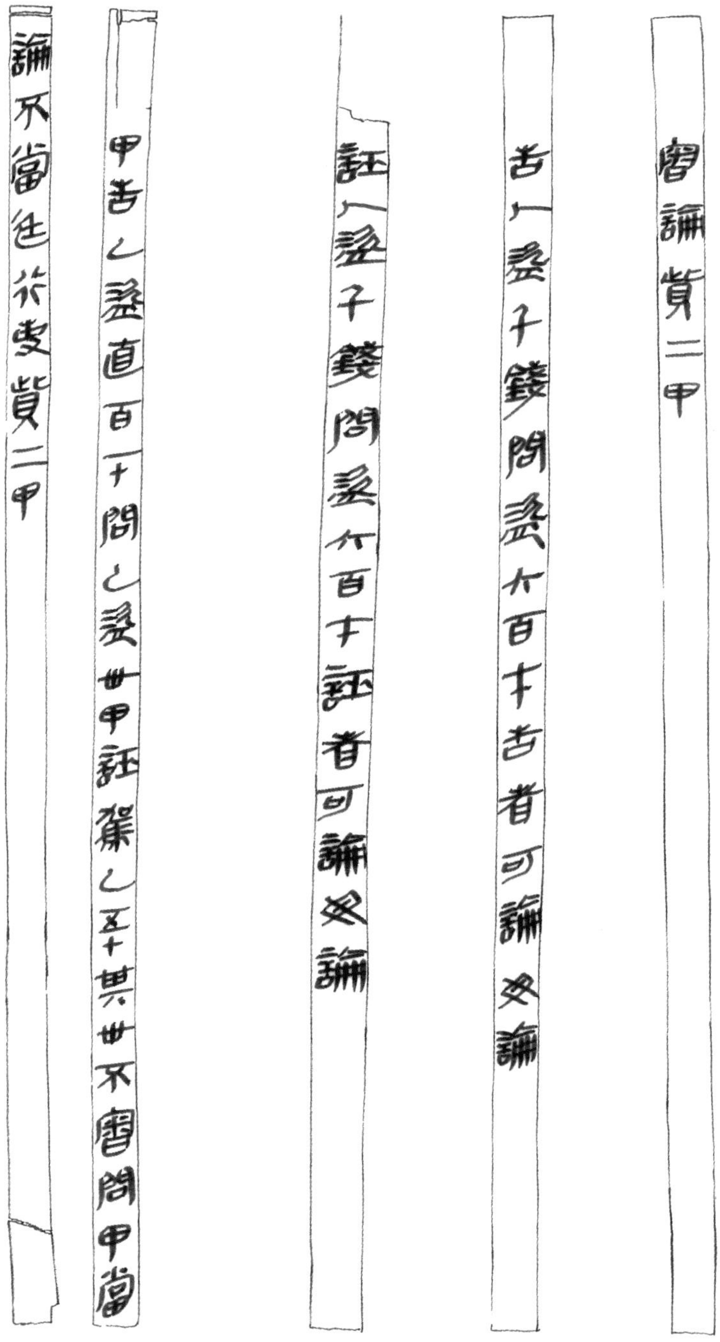

42　41　40　39

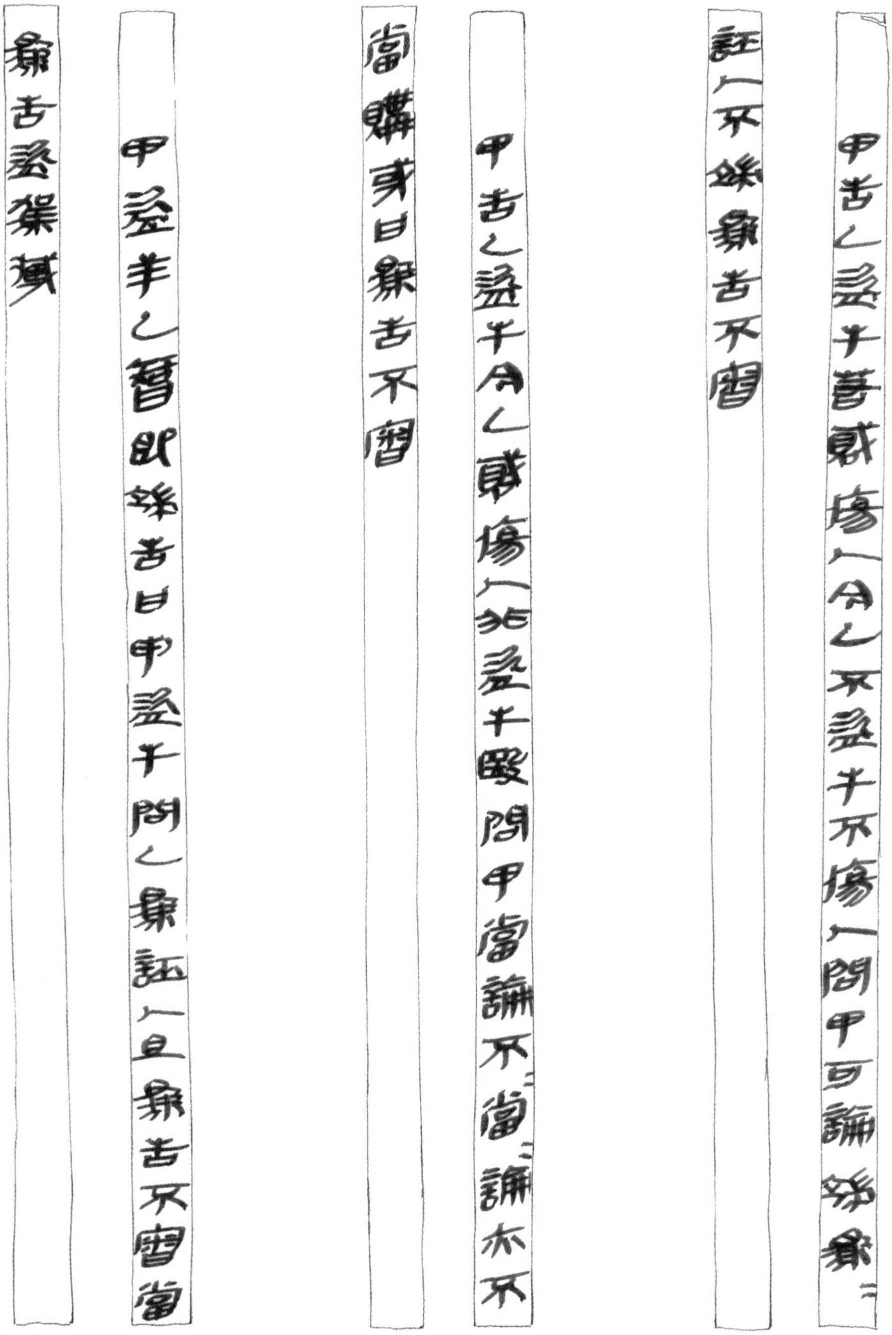

45　44　43

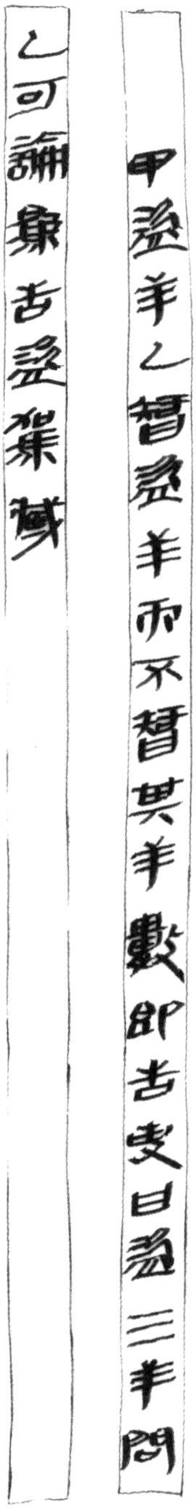

46

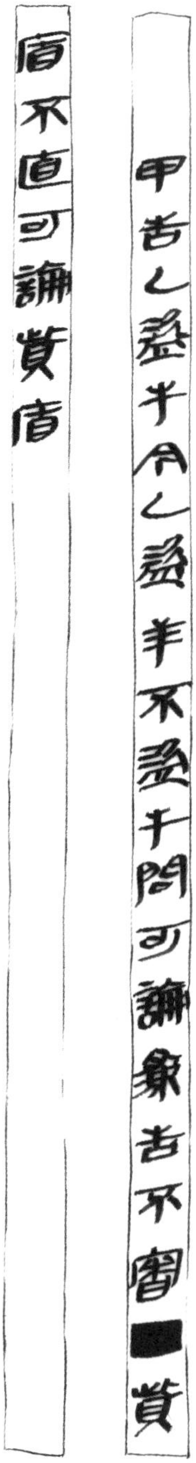

47

48

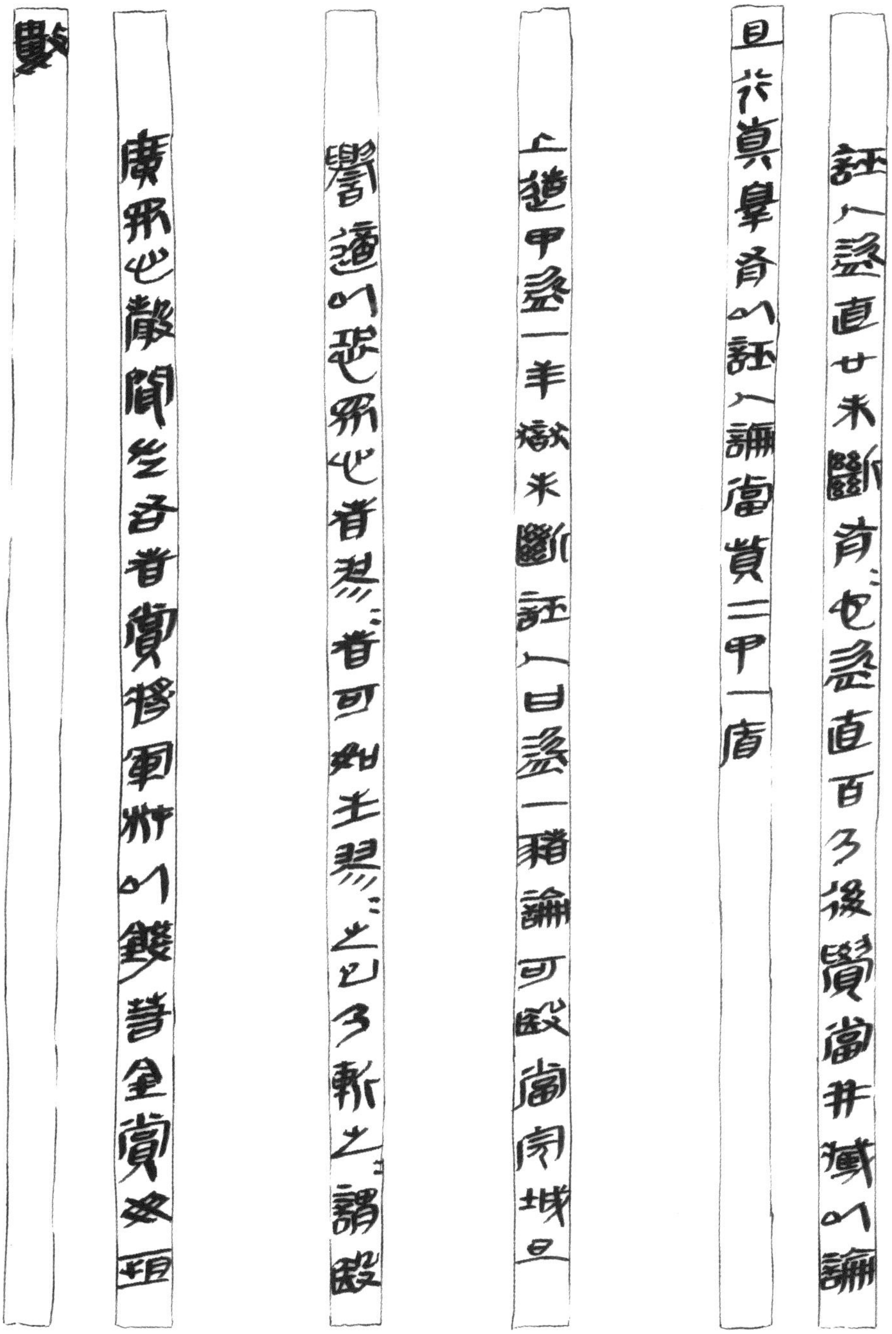

52　51　50　49

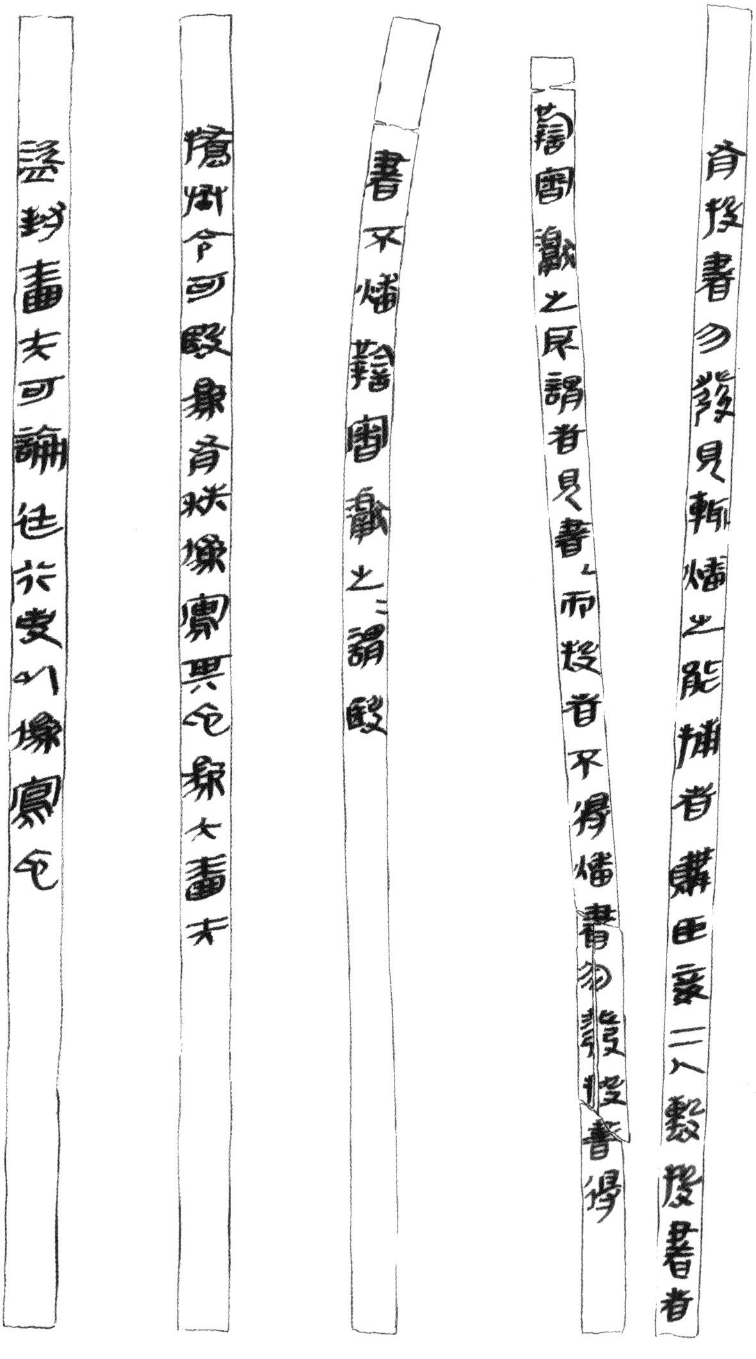

56　55　54　53

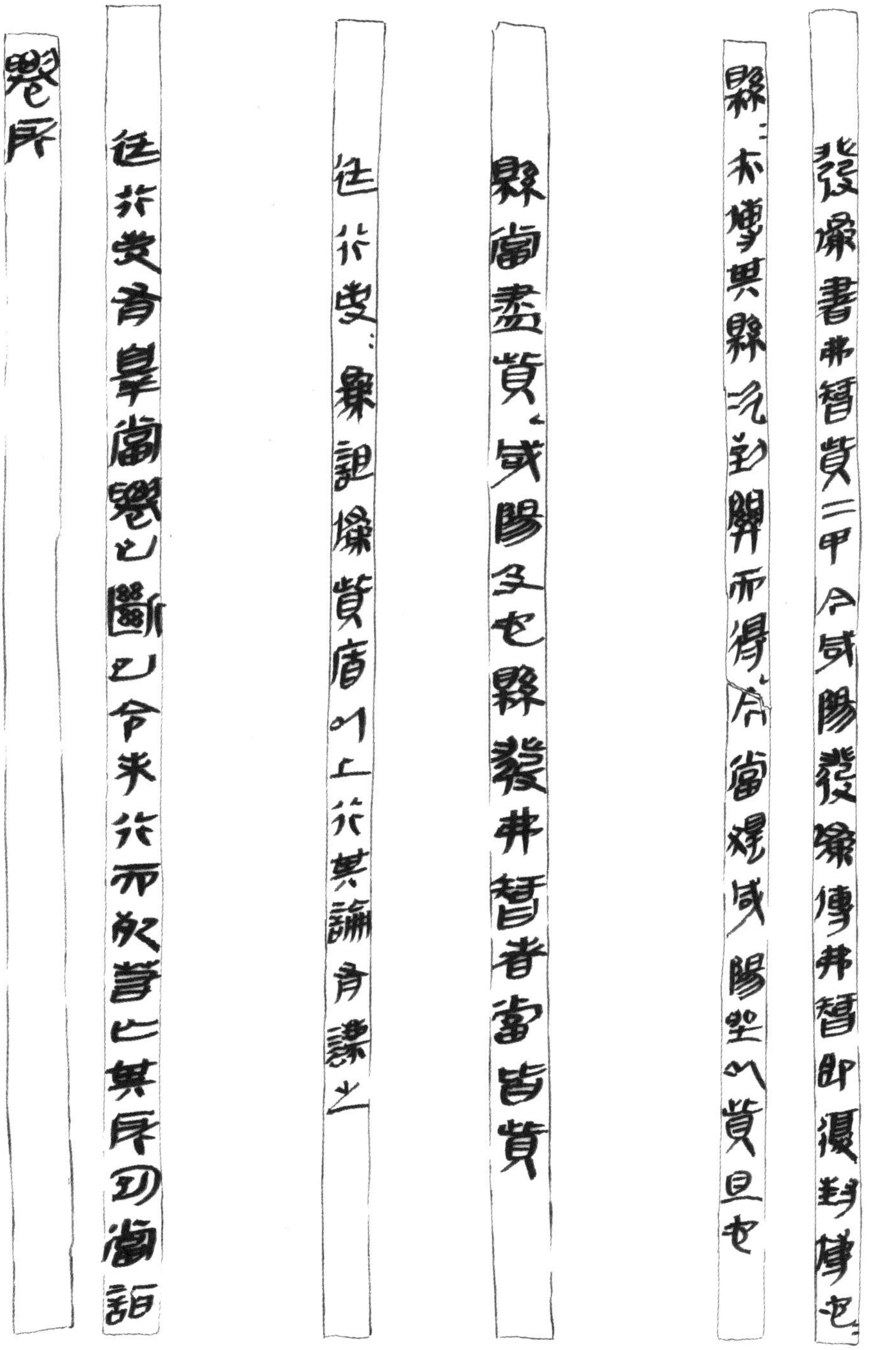

60 59 58 57

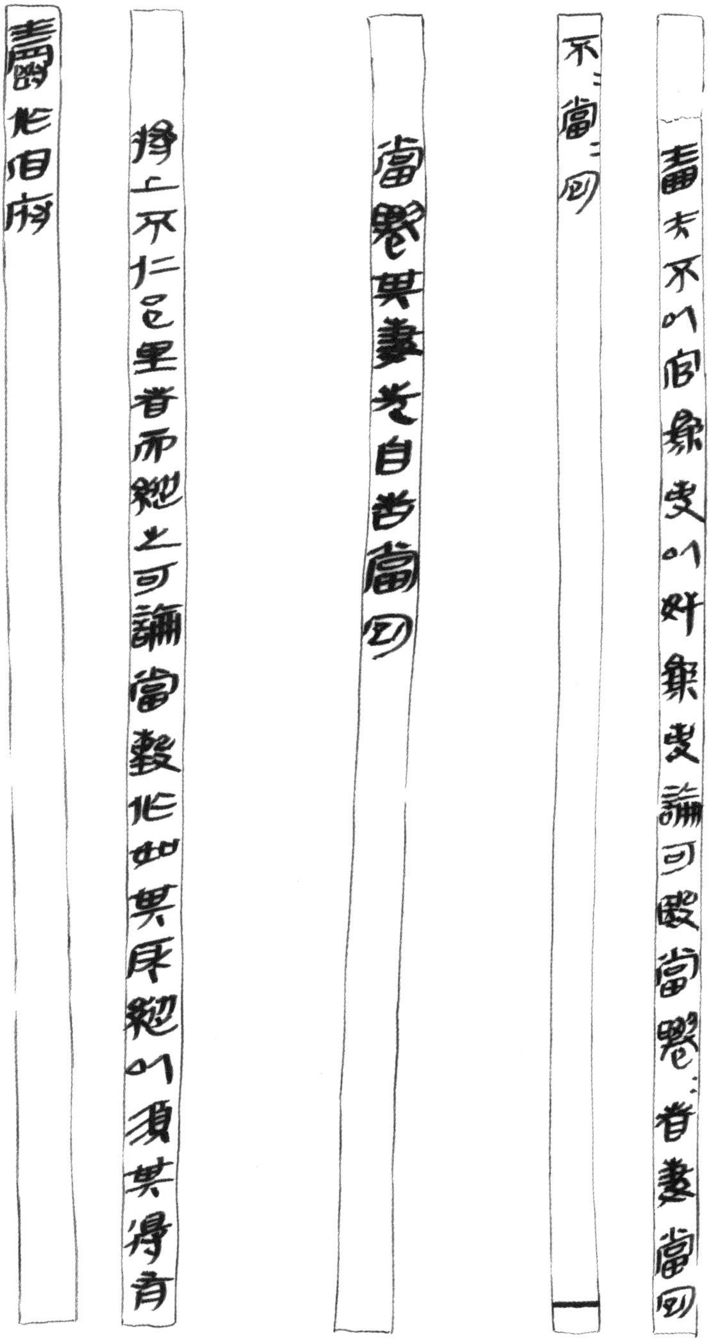

63　62　61

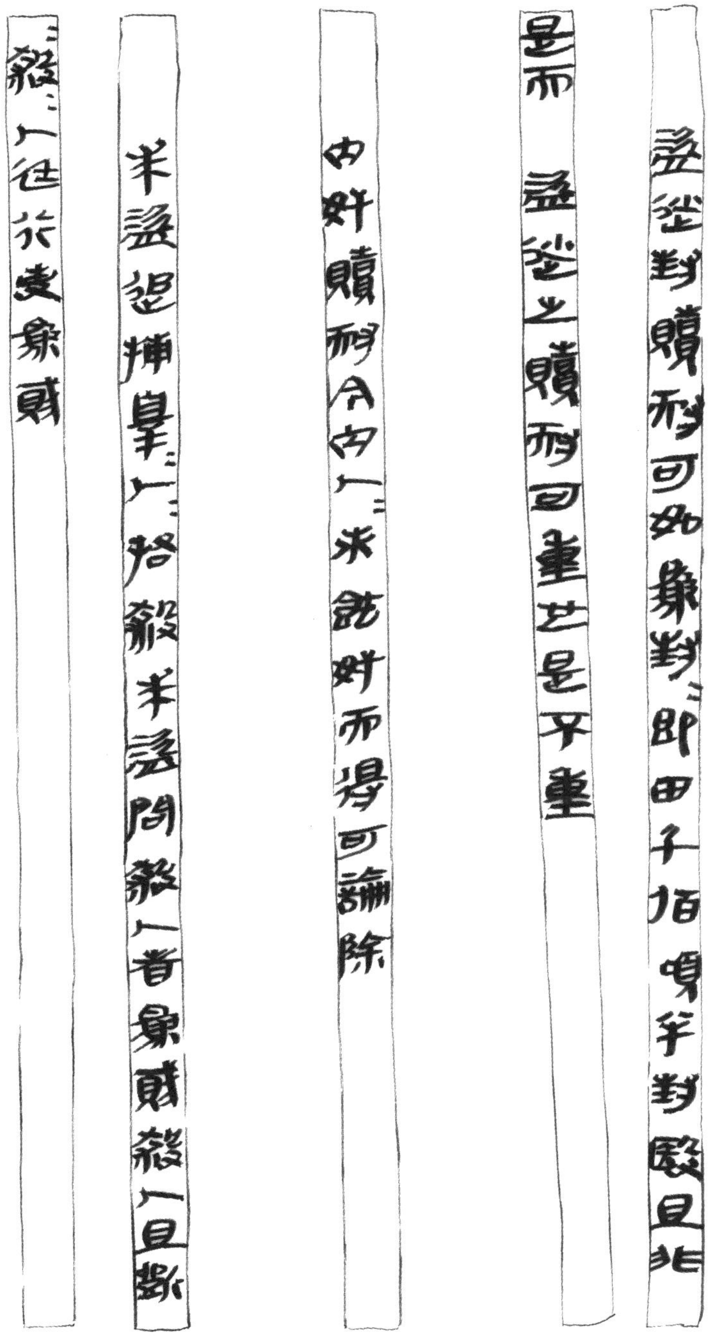
盜徙封贖耐可如為封封=即田千佰頃半封殹且非
是而 盜徙之贖耐可重也是不重
內奸贖耐今內人=未蝕奸而得可論除
求盜追捕罪=人=格殺求盜問殺人者為賊殺人且斲
=殺=人廷行事為賊

66　　65　　64

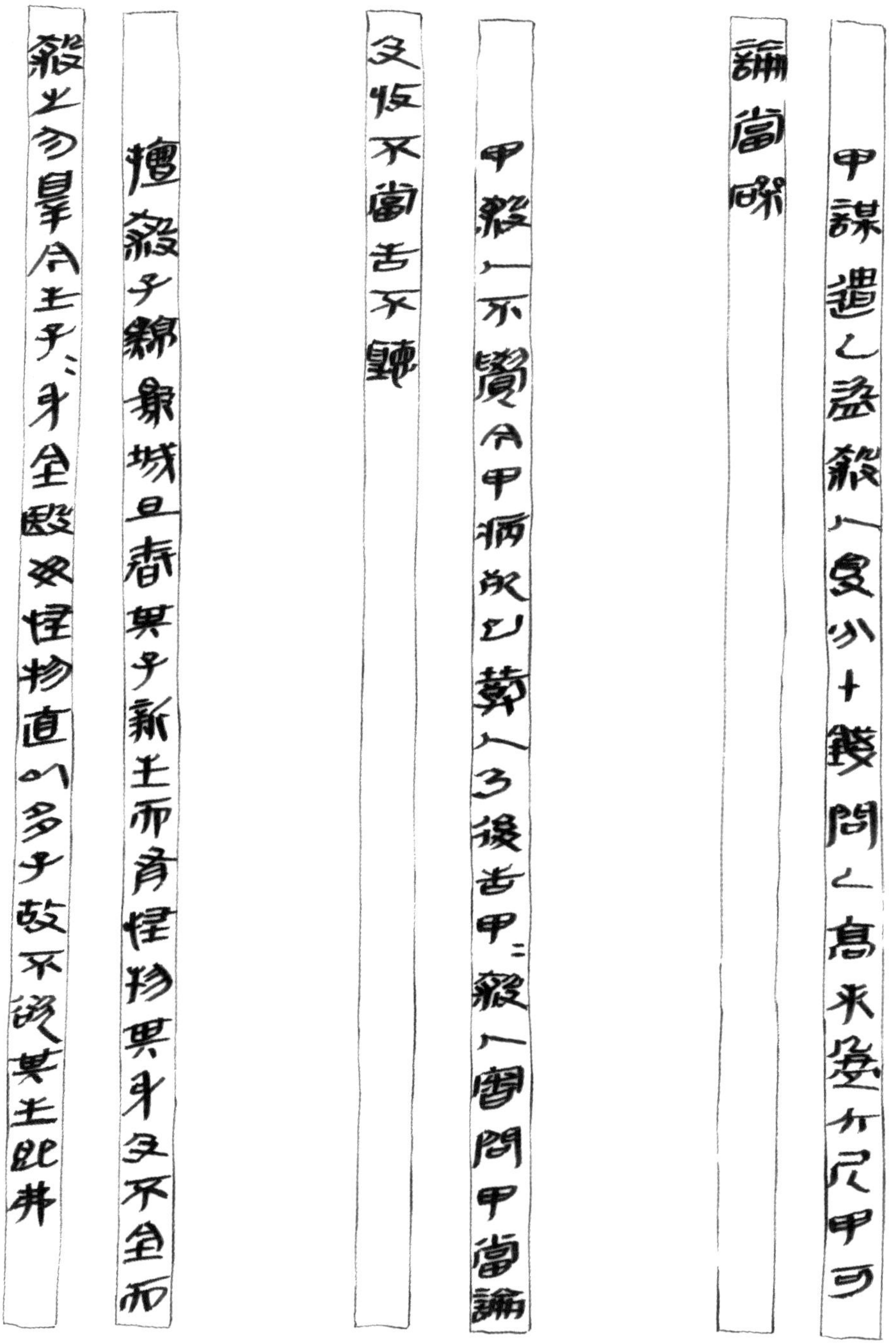
甲謀遣乙盜殺人受分十錢問乙高未盈六尺甲可
論當磔
甲殺人不覺今甲病死已葬人乃後告甲=殺人審問甲當論
及收不當告不聽
擅殺子黥城旦舂其子新生而有怪物其身及不全而
殺之勿辠今生子=身全殹毋怪物直以多子故不欲其生即弗

69　68　67

戰而殺之可論象殺子

土五甲※子其癸子以象後戰同居而擅殺之當黄巾

擅殺其長其後十戲之一可論後子●官其男象壽訶後又

臣起君長民冒象後大子皆象後子

人母擅殺子城旦黥之異主

73　　　72　　　71　　　70

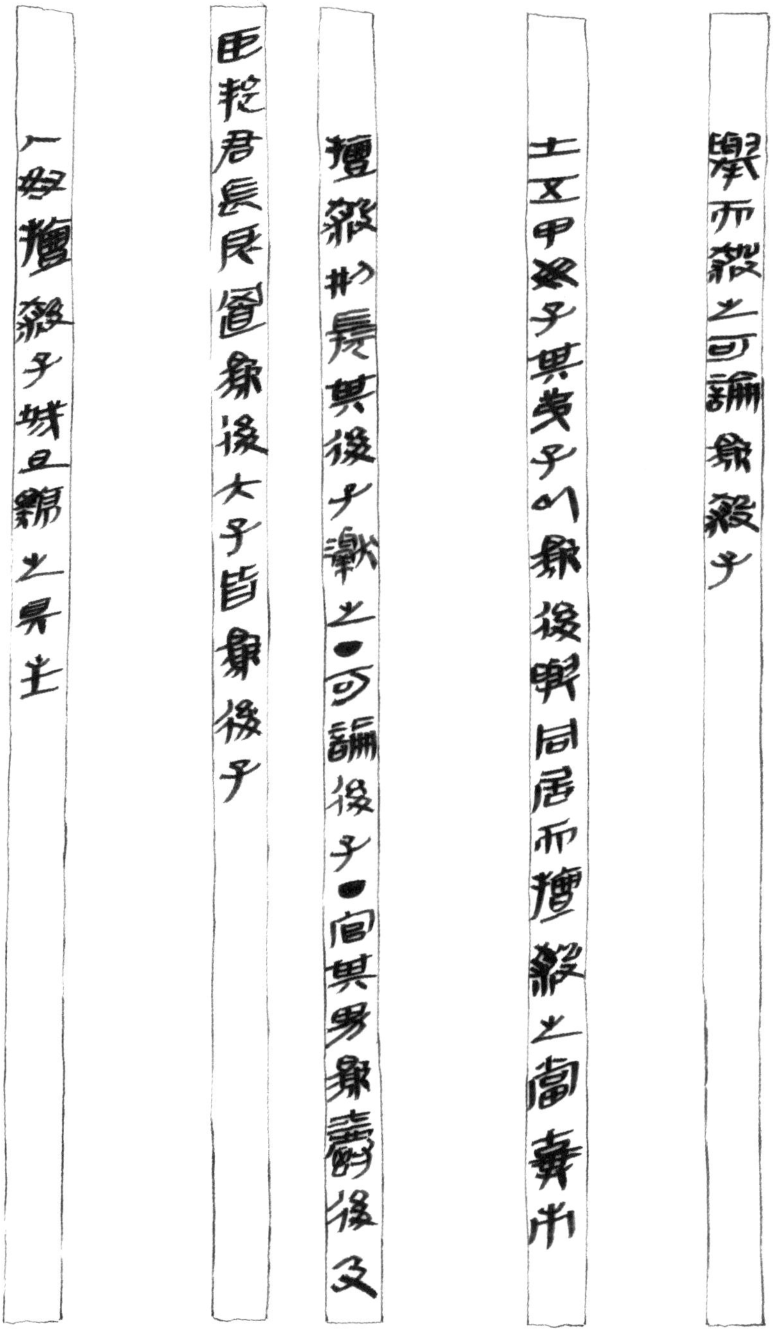

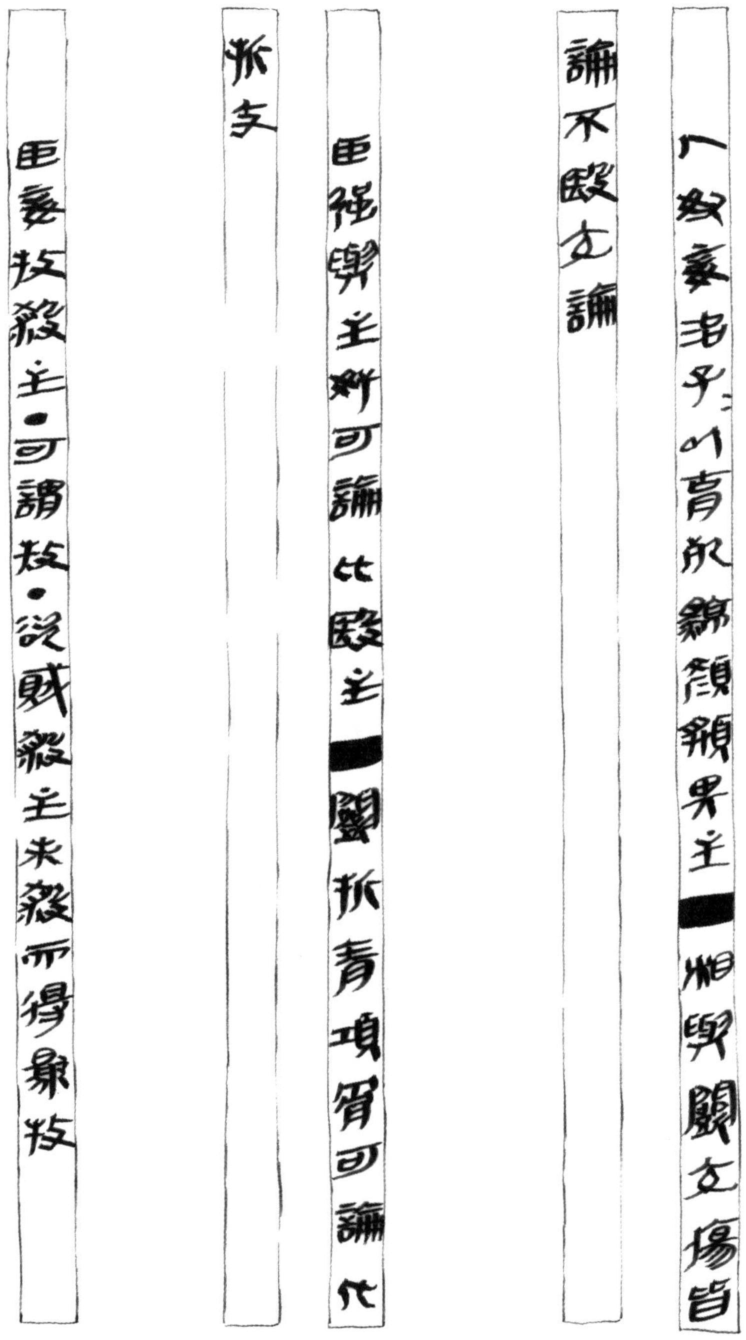

76　　75　　74

77 或自殺其室人弗言吏即葬貍之問死者有妻子當收弗

言而葬當貲一甲

78 毆大父母黥為城旦舂今毆高大父母可論比大父母

79 妻悍夫毆治之夬其耳若折支指胅體問夫可論當耐

80 律曰鬭夬人耳耐今夬耳故不穿所夬非珥所入殹可論律

所謂非必珥所入乃夬=裂男若女耳皆當耐

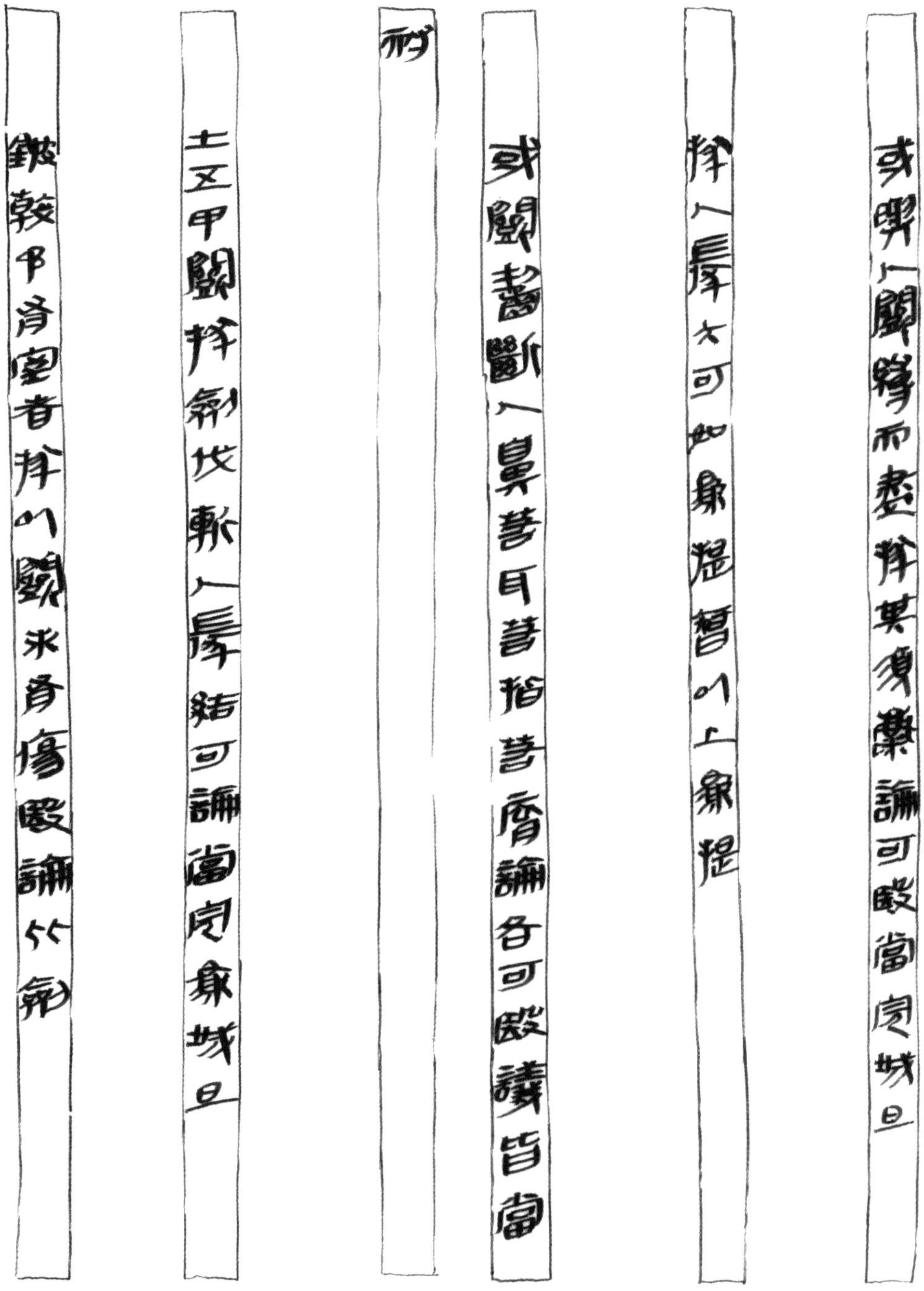

85 84 83 82 81

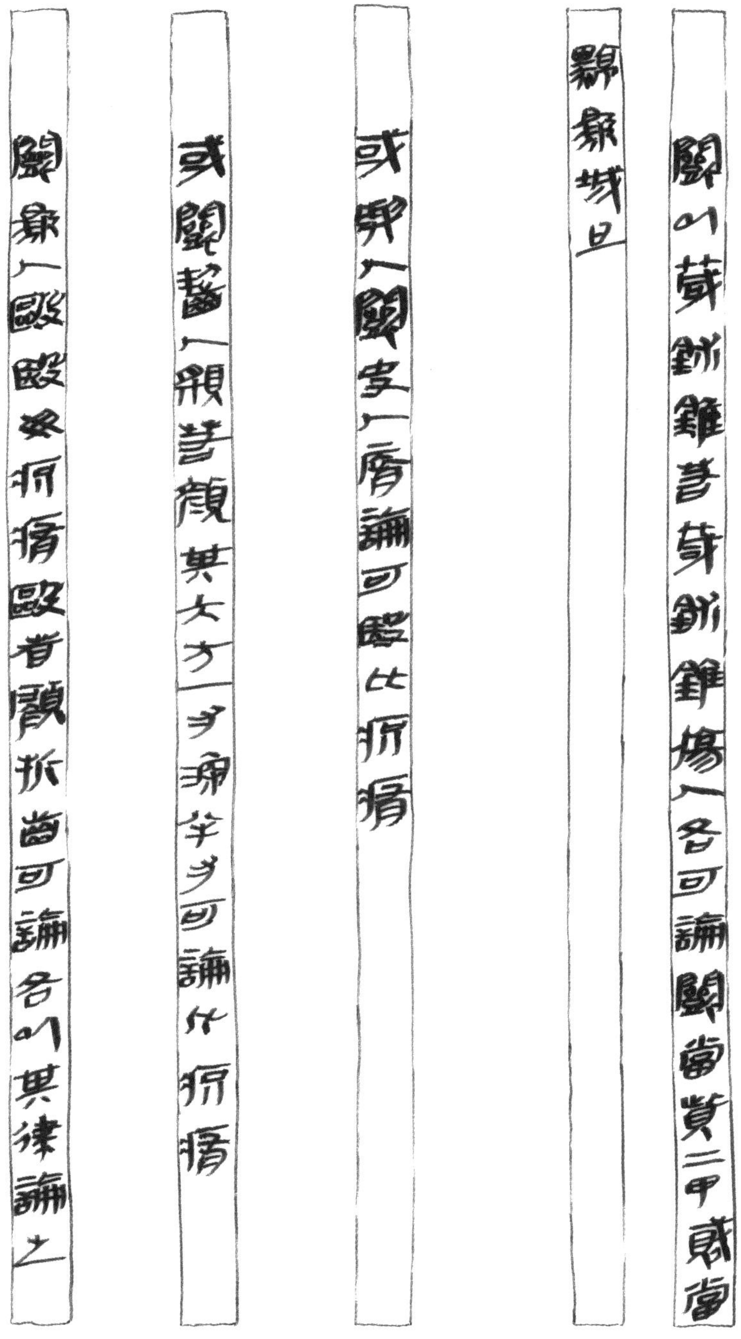
鬭以箴鉥錐若箴鉥錐傷人各可論鬭當貲二甲賊當
黥為城旦
或與人鬭夬人脣論可殹比疻痏
或鬭齧人頯若顔其大方一寸深半寸可論比疻痏
鬭為人毆殹毋疻痏毆者顧折齒可論各以其律論之

86 87 88 89

貲二甲

小畜生人入菜人以投桀殺之民殺直二百五十錢可論當

以桀賊傷人可謂桀米可以伐者象桀

賊人以此貲帝人贖錢如律

有賊野主人入關以兵刃投桀拳指傷人誖于以帝可謂

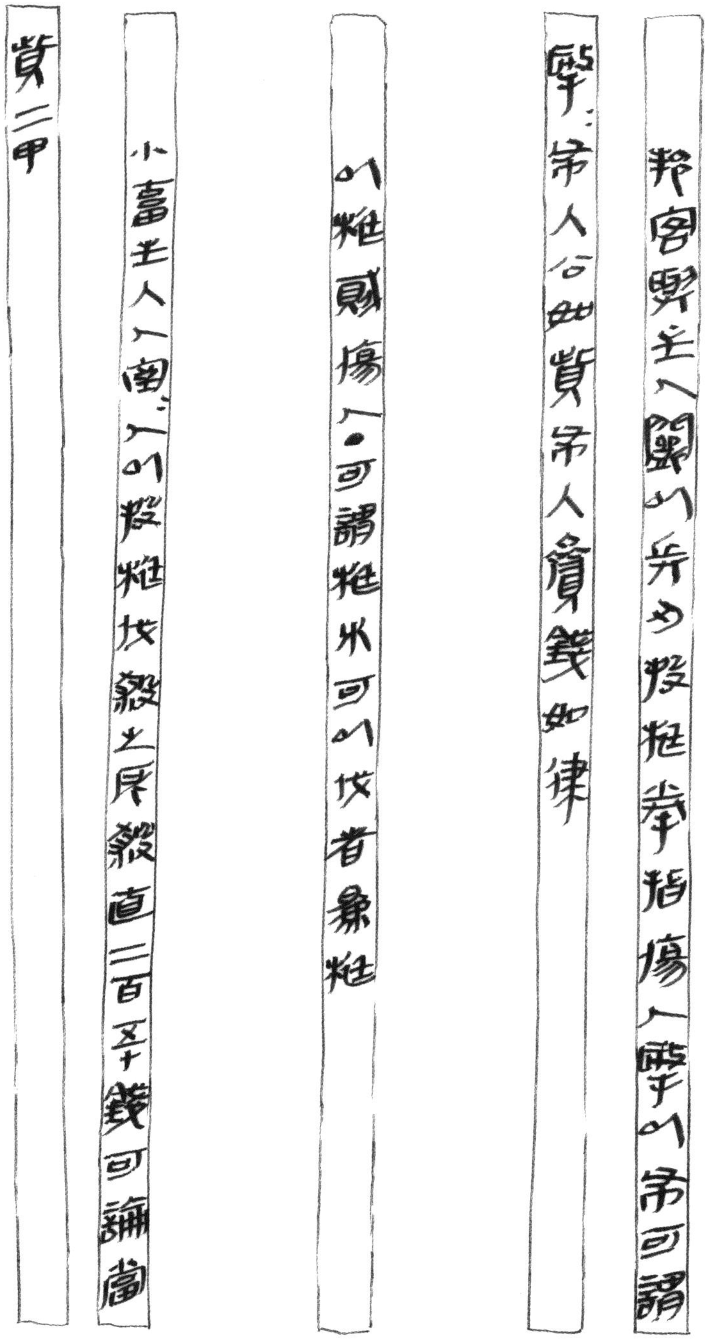

論獄可謂不直可謂縱囚辠當重而端輕之當輕而端重之是謂

不直當論而端弗論及傷其獄端令不致論出之是謂縱囚

93

贖辠不直史不與嗇夫和問史可論當貲一盾

94

辤者辤廷•今郡守爲廷不爲=殹■辤者不先辤官長

嗇夫■可謂官長可謂嗇夫命都官曰長縣曰嗇夫

95

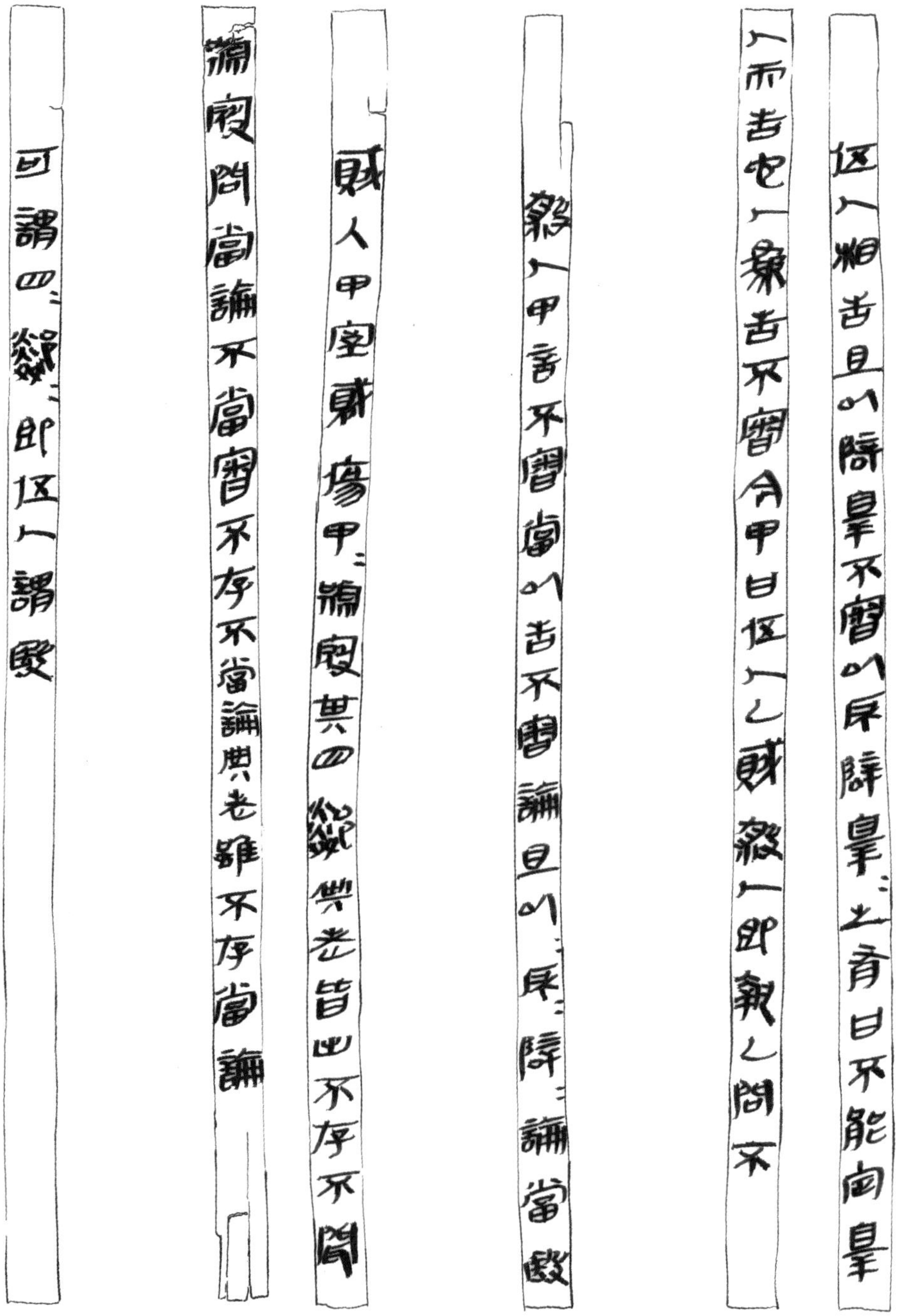

99 98 97 96

103　102　101　100

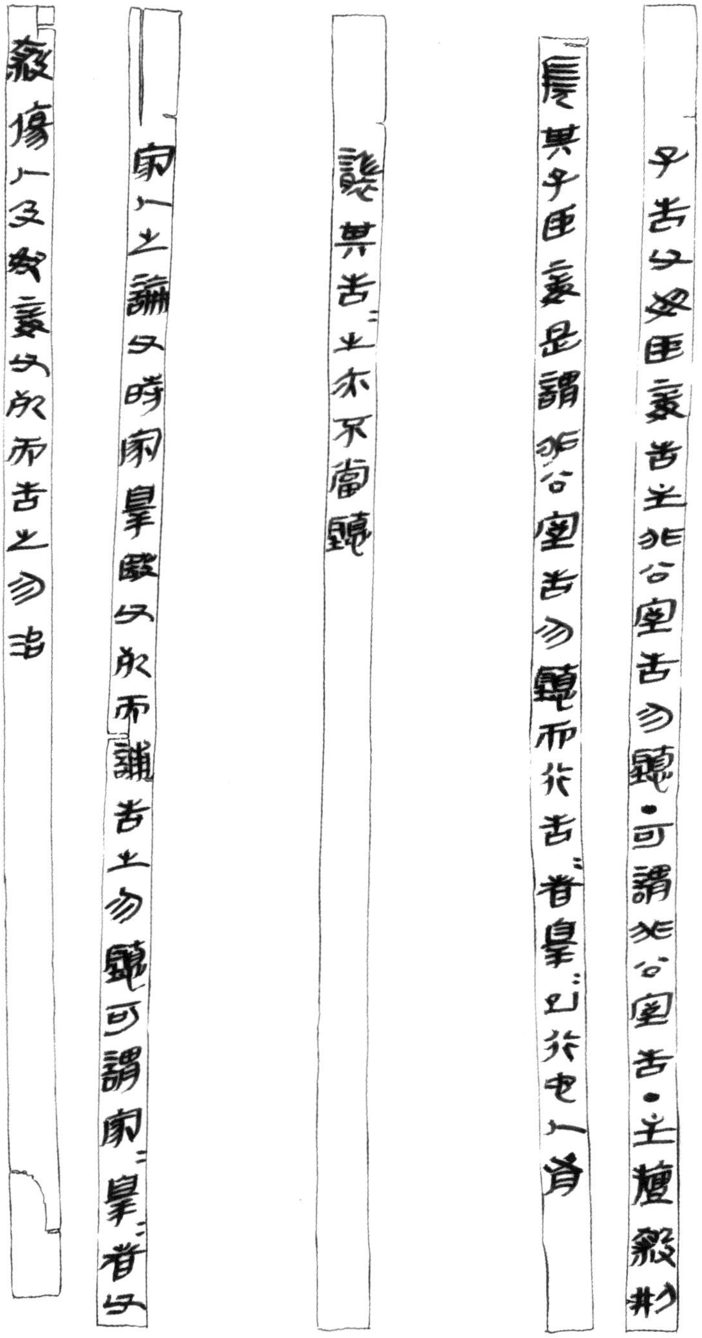

106　105　104

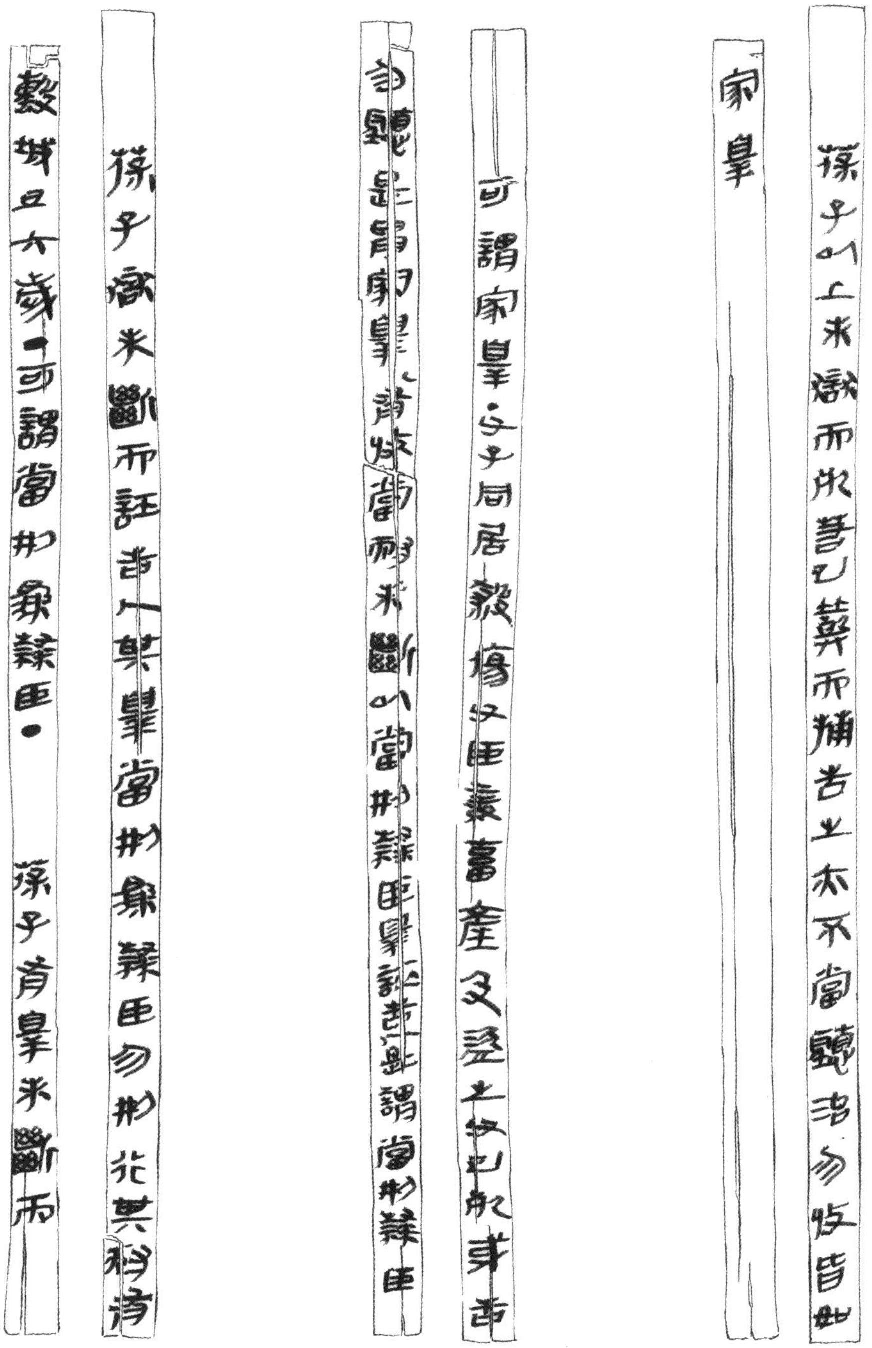

109 108 107

一宅城旦誣告人是謂當刑鬼薪

旦六歲可謂當刑鬼薪·當耐鬼薪米斷以當刑�0及

葆子歲米斷而誣告人其辠當刑鬼薪以卅六其耐有斷城

謂殿

誣告人其辠當刑城旦耐以鬼薪而以0葆子之

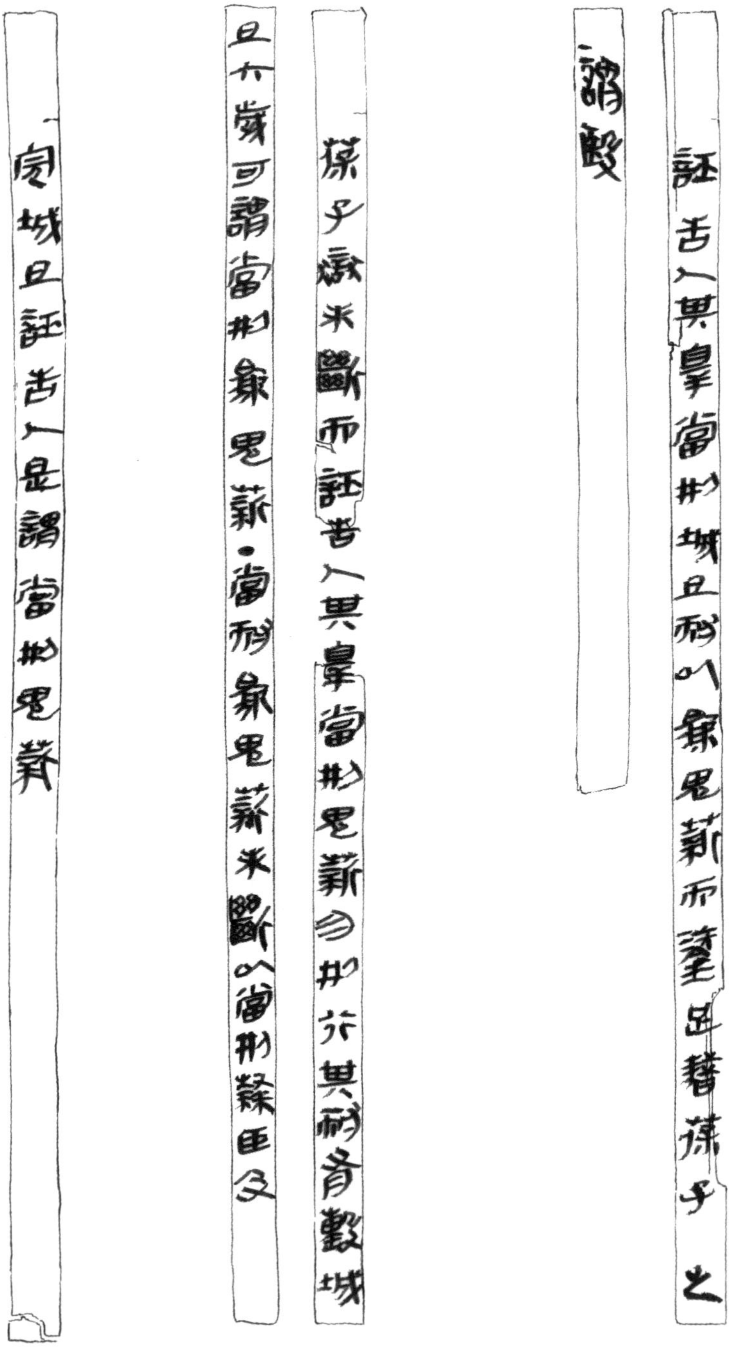

112　　　　　111　　　　　110

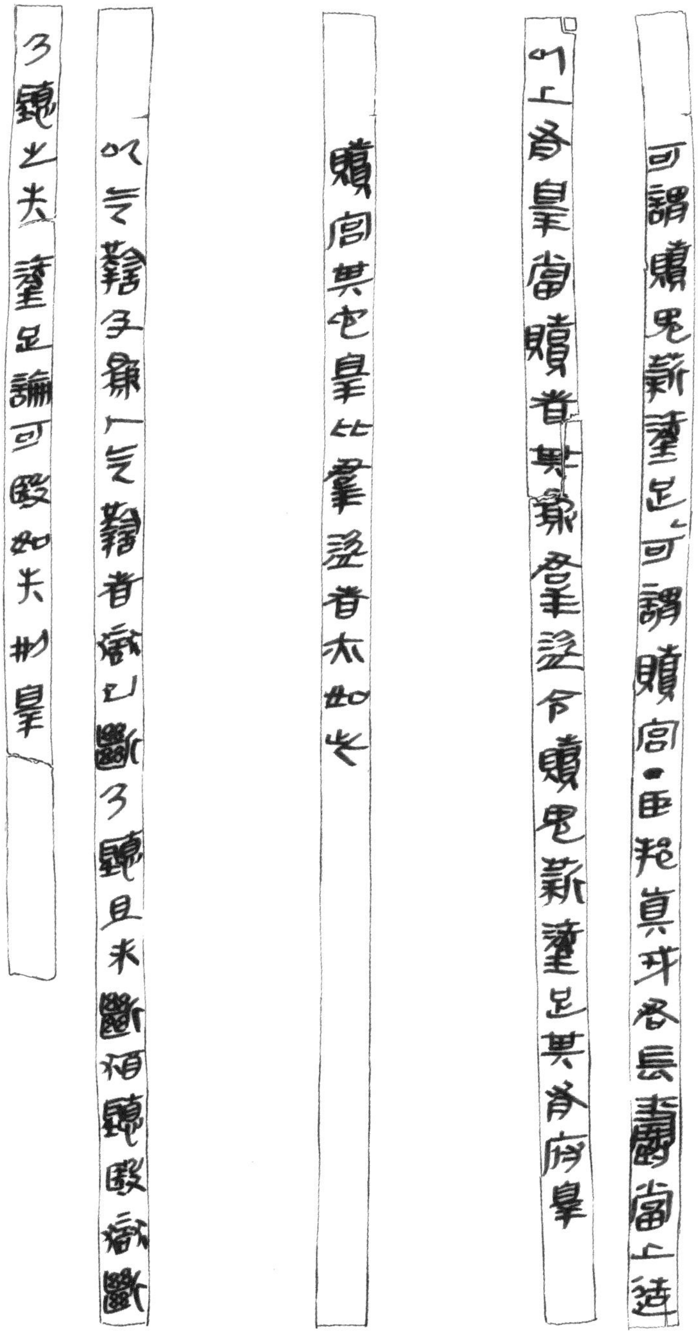

115　114　113

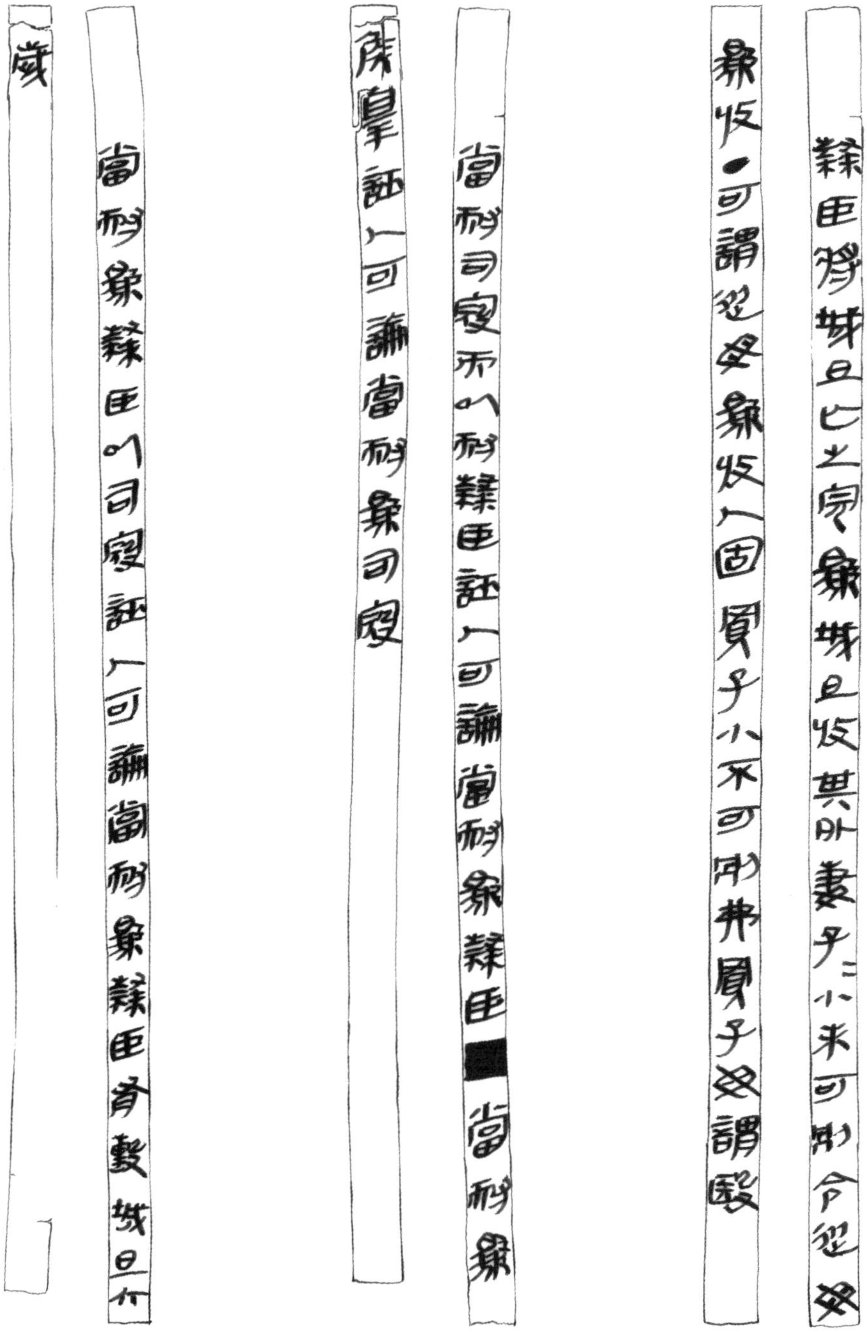

118 117 116

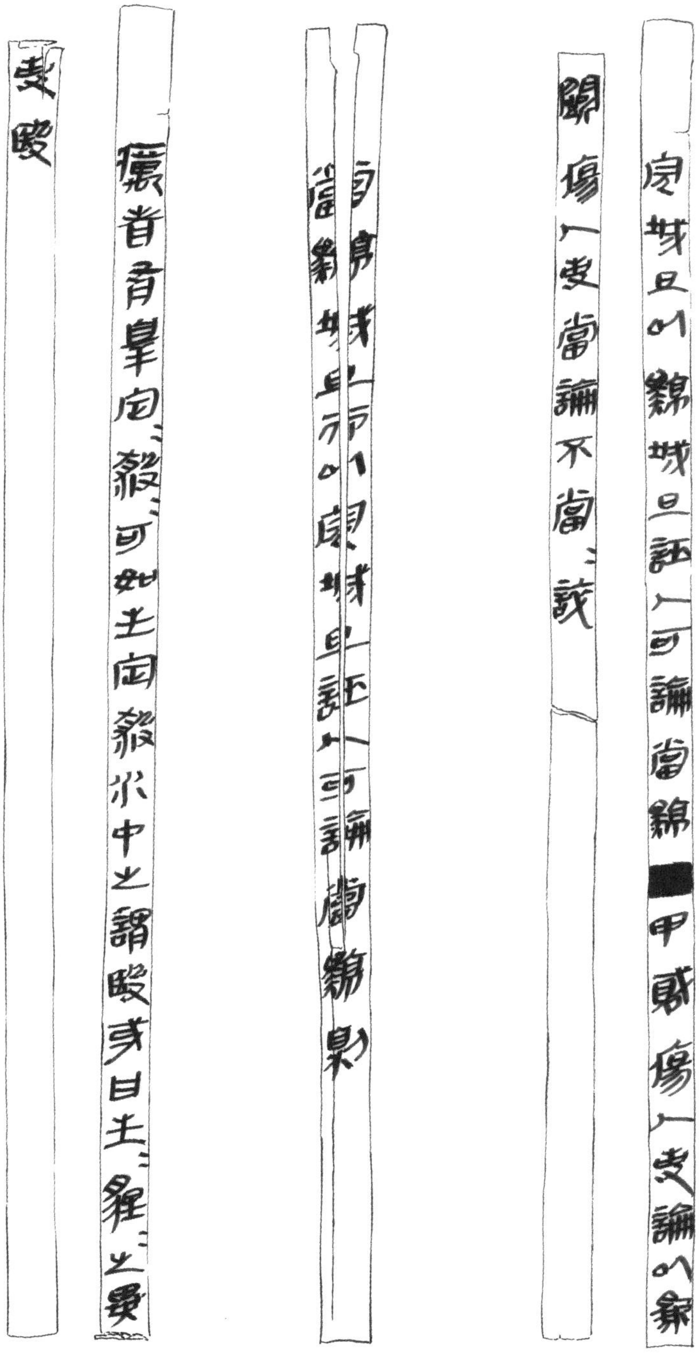

121　　120　　119

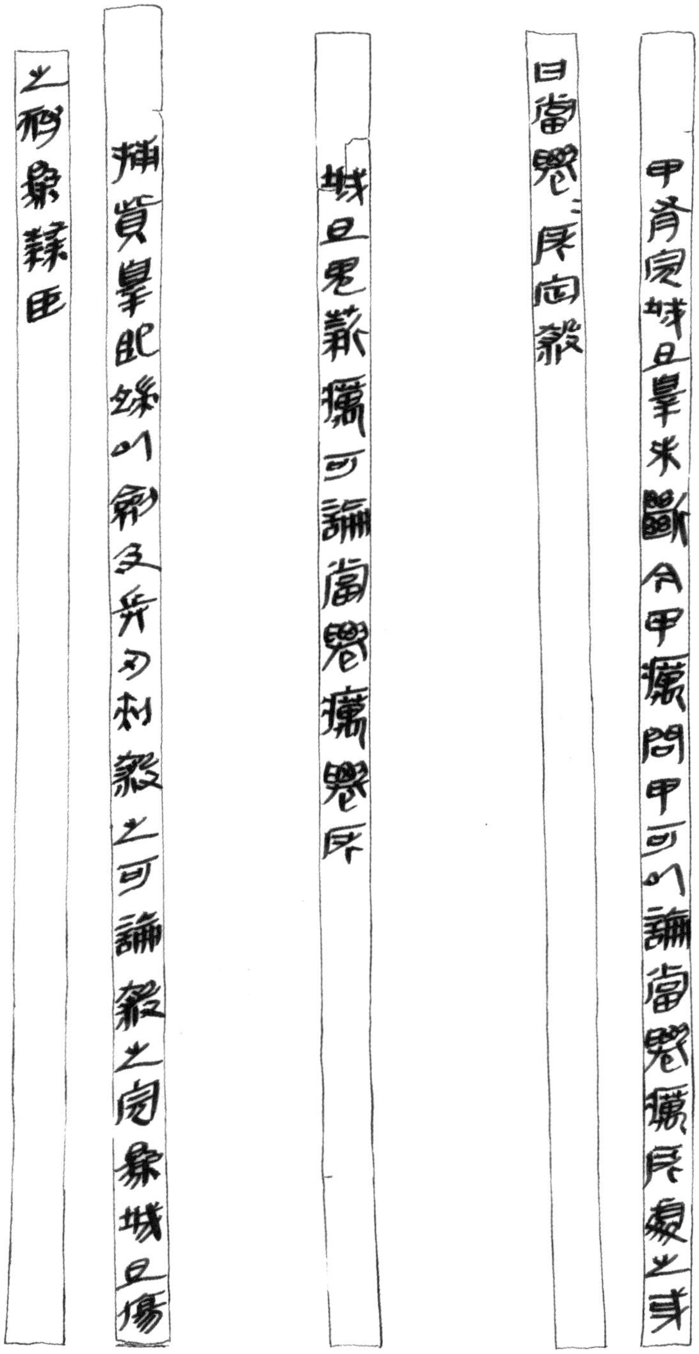

124　　123　　122

將司人而亡能自捕及親所智為捕除毋皋已刑者處

隱官●可　皋得處隱官●羣盜赦為庶人將盜戒囚刑

125

皋以上亡以故皋論斬左止為城旦後自捕所亡是謂處

隱官●它皋比羣盜者皆如此

126

夫=甲堅鬼=薪=亡問甲可論當從吏官府須亡者得●今甲從

吏有去亡一月得可論當貲一盾復從=吏=有亡卒歲得

127

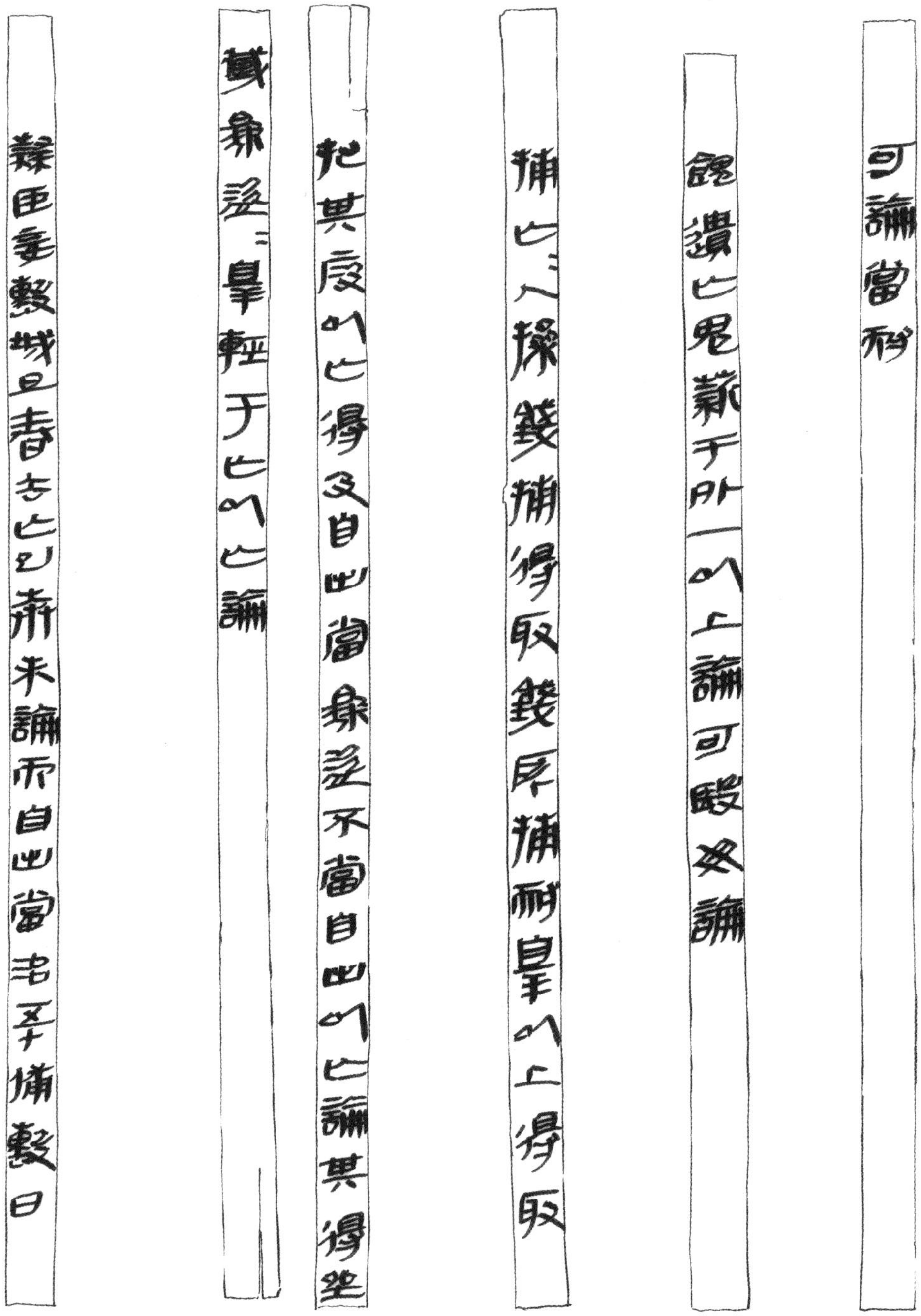

132 131 130 129 128

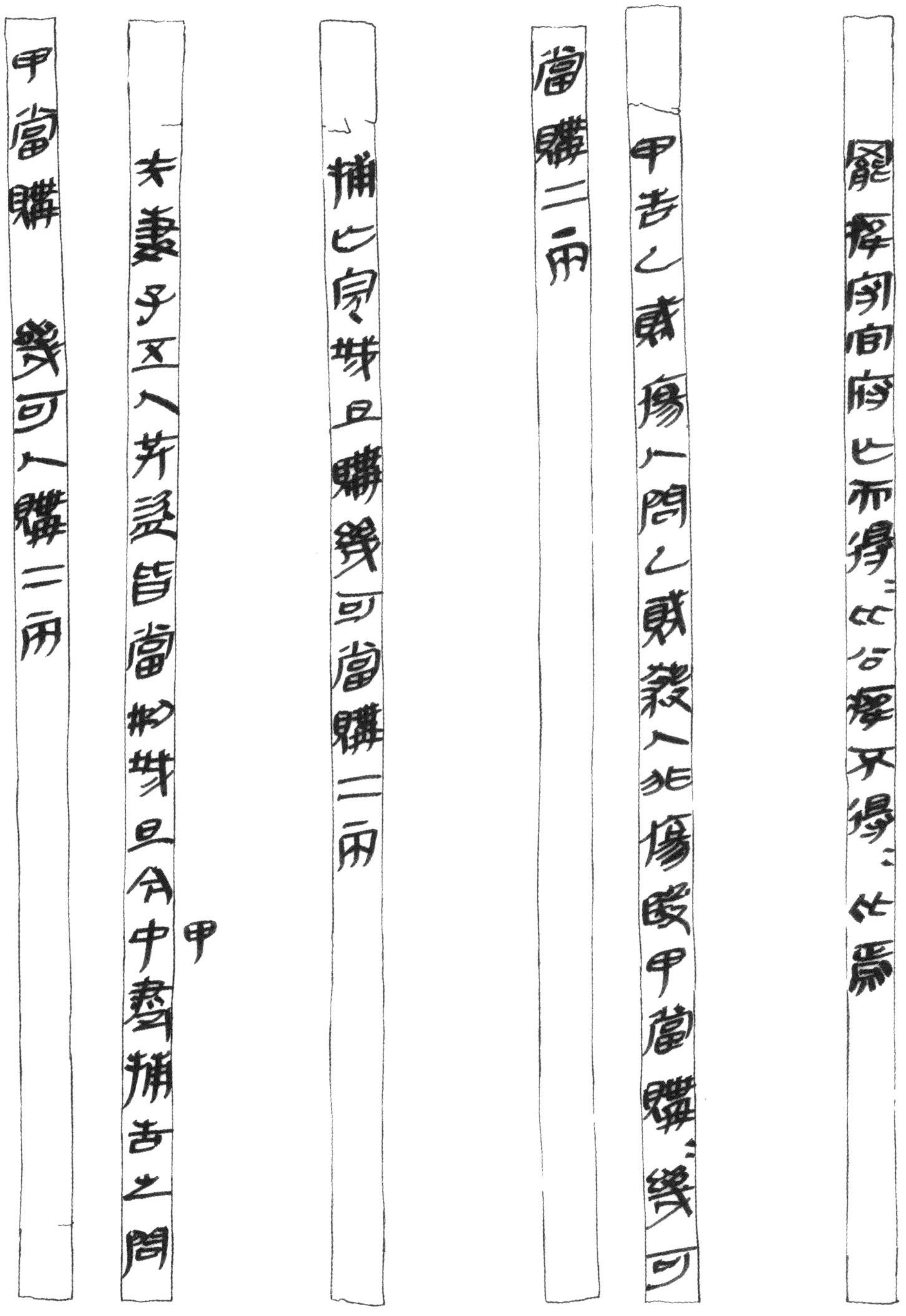

133 134 135 136

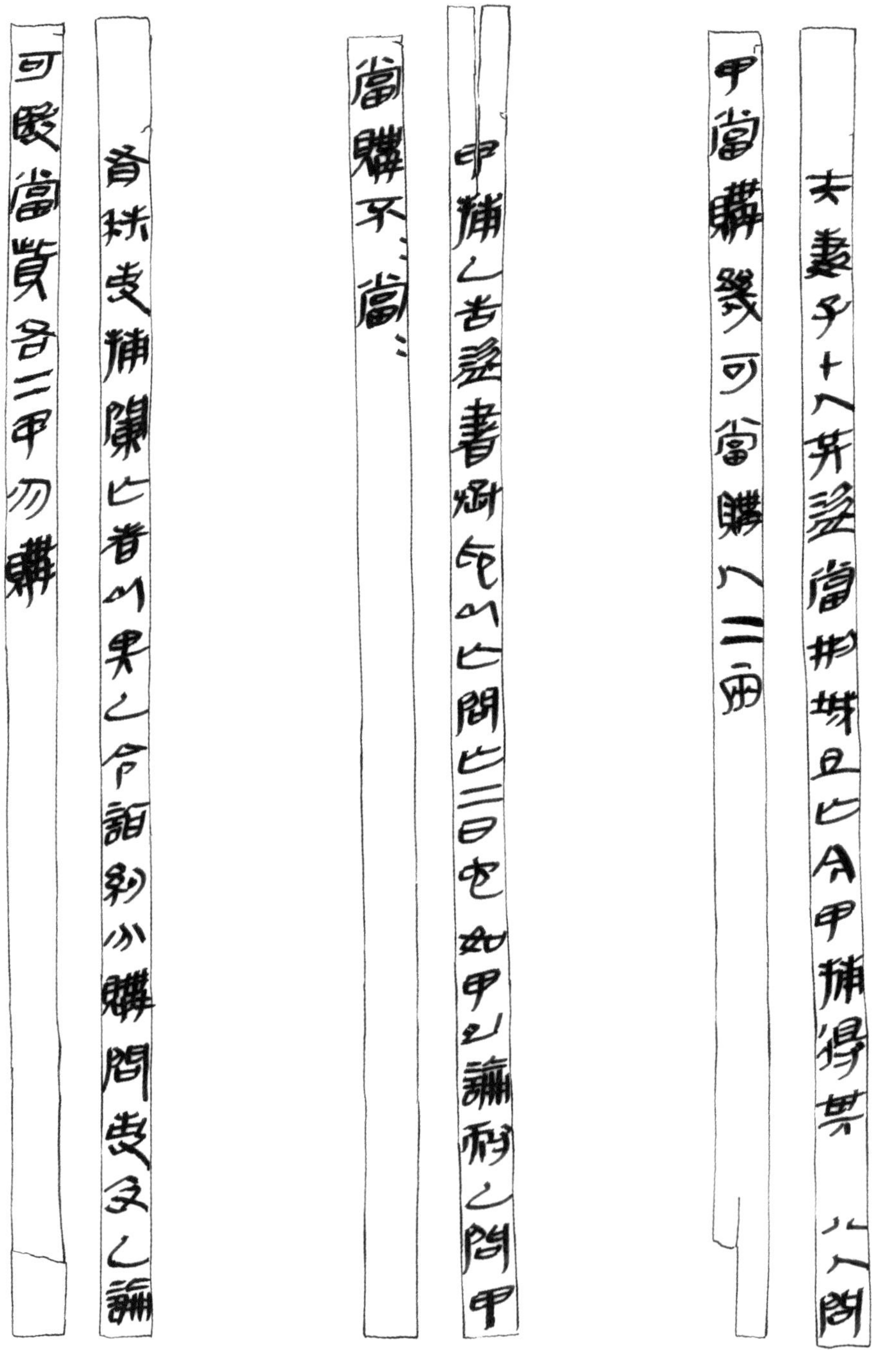

139　138　137

象之弗象是謂 兼令毀往然受皆以死令論

可如象犯令兼令律民謂者令曰勿象而象之是謂犯令曰

之以

弐捕苦人及妻嚢百十錢問主購之且令購

以購之其所皇以之購如捕它皇人贊皇不購

泛以未王弗關及頁于宮者上未王内令牂鼠購可

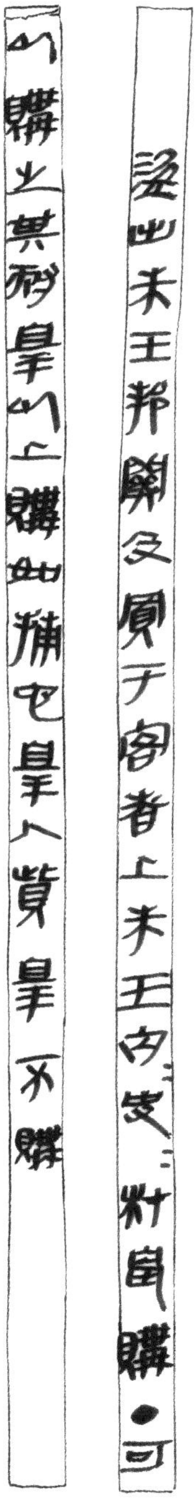

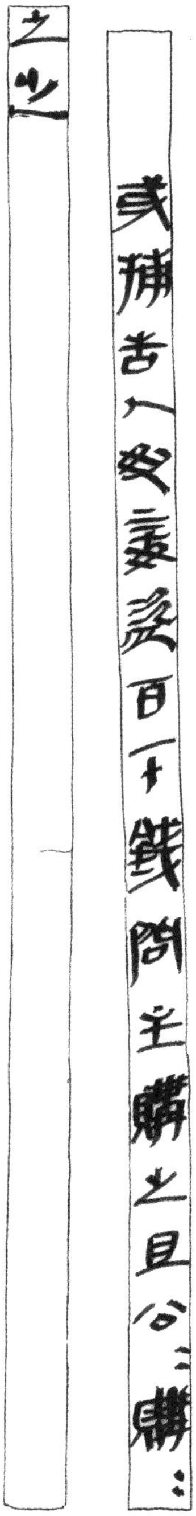

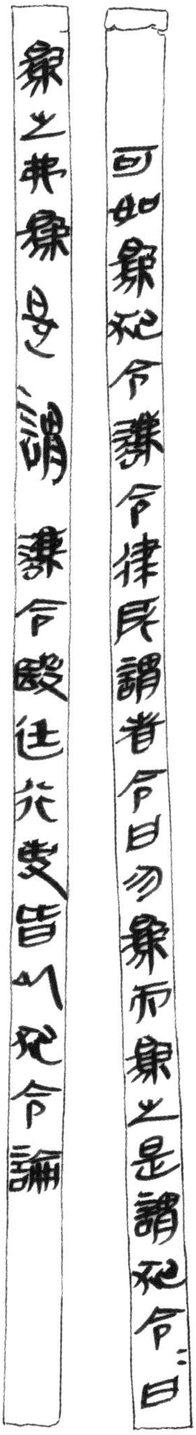

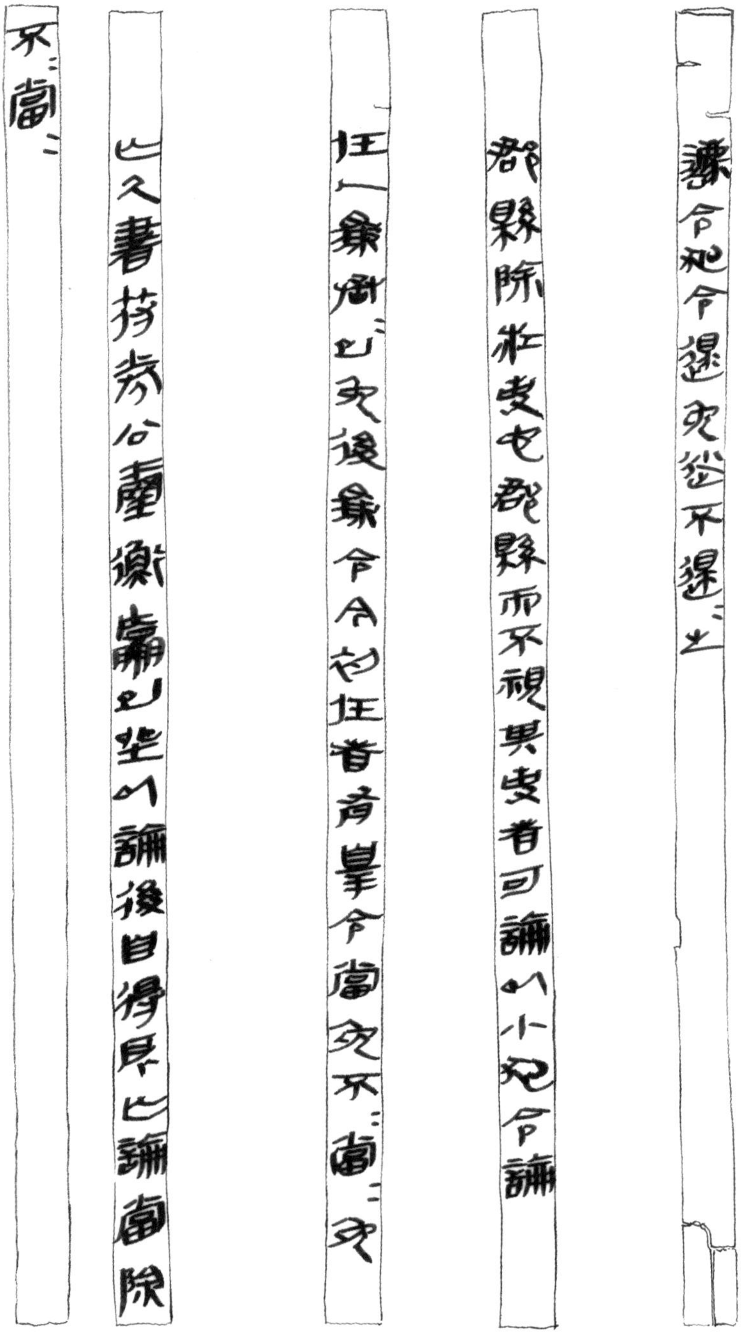

146　145　144　143

甲徙居，徙數謁吏，吏=環，弗為更籍，今甲有耐、貲罪，問吏
可論？耐以上，當貲二甲。

147

百姓有責，勿敢擅強=質=及和受質者，皆貲二
甲。廷行事強質人者論，予者不論；和受質者，予者　論。

148

實官戶關不致，容指，若抉，廷行事貲一甲。

149

實官戶扇不致，禾稼能出，廷行事貲一甲。

150

論可殹當貲一甲會赦未論貲止校期已盡負而得當耐

貣粟芻麦當出未出郎出未以當貲粟麦貴賤未貴其

以下誠覇內三當一鼠內

倉鼠內幾可而當論殳誠徒於麦鼠內三以上貲一盾二

由倉中芻藁以下芻楝石以上往於貲一甲令令史監者一盾

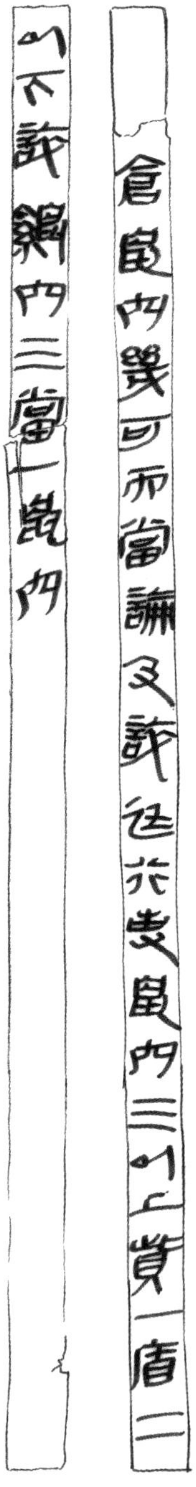

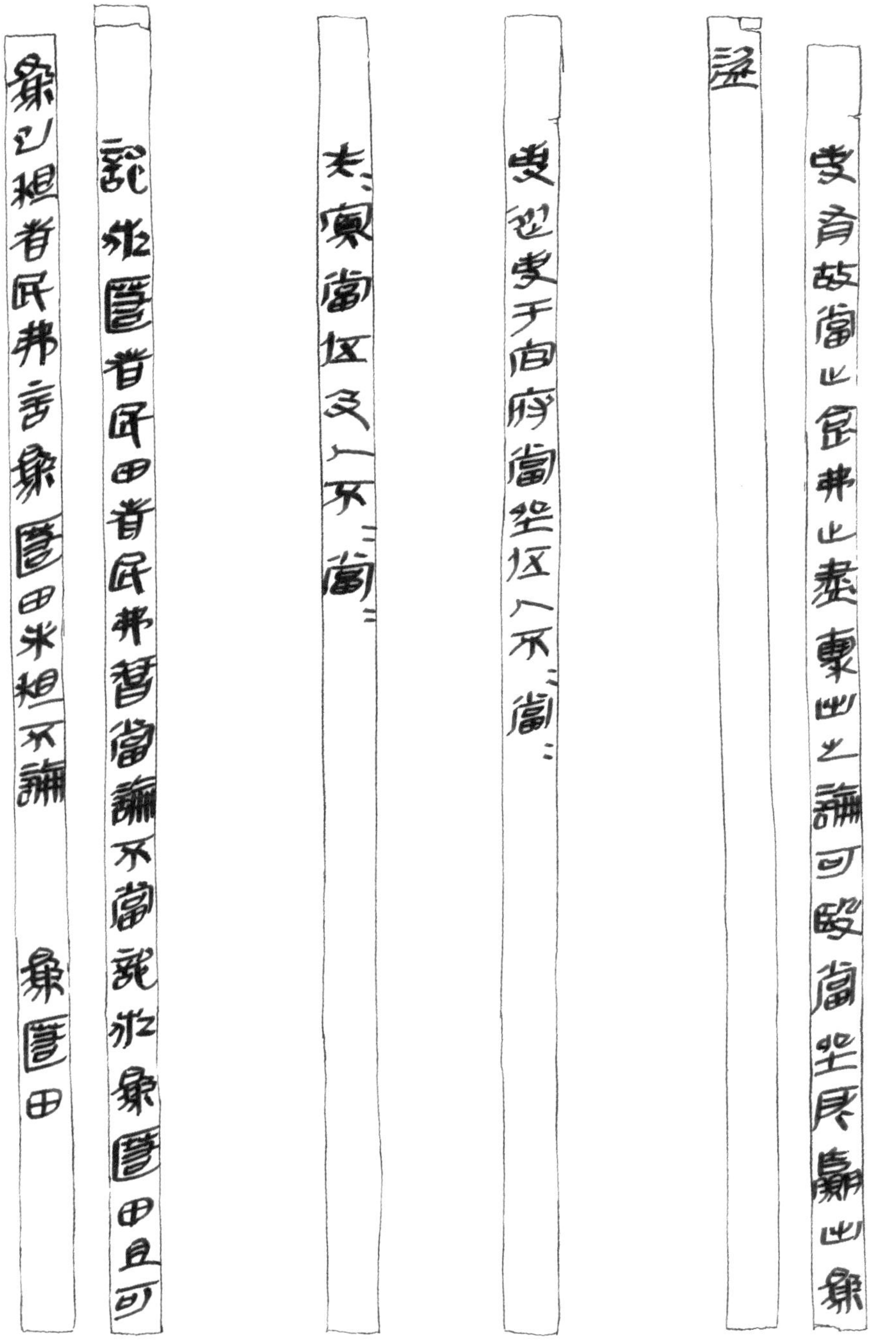

157 156 155 154

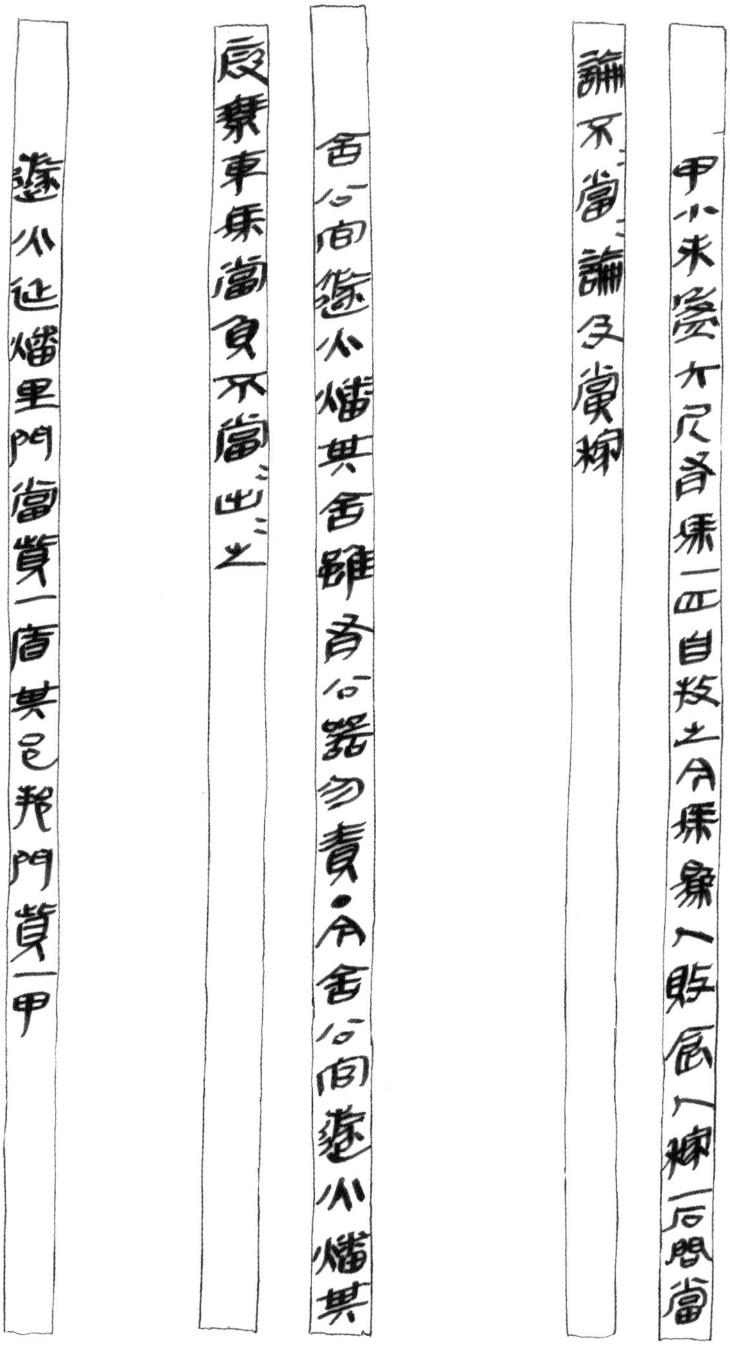

158　159　160

161

擅興奇祠貲二甲可如爲奇王室所當祠固有矣擅有鬼立

殹爲奇它不爲

162

毋敢履〓錦履〓之狀可如律所謂者以絲雜織履〓有文乃

爲錦履以錦縵履不爲然而行事比焉

163

不會治五十未盈卒歲得以將陽有行治今士五甲不會治五

十未卒歲而得治當駕不當〓

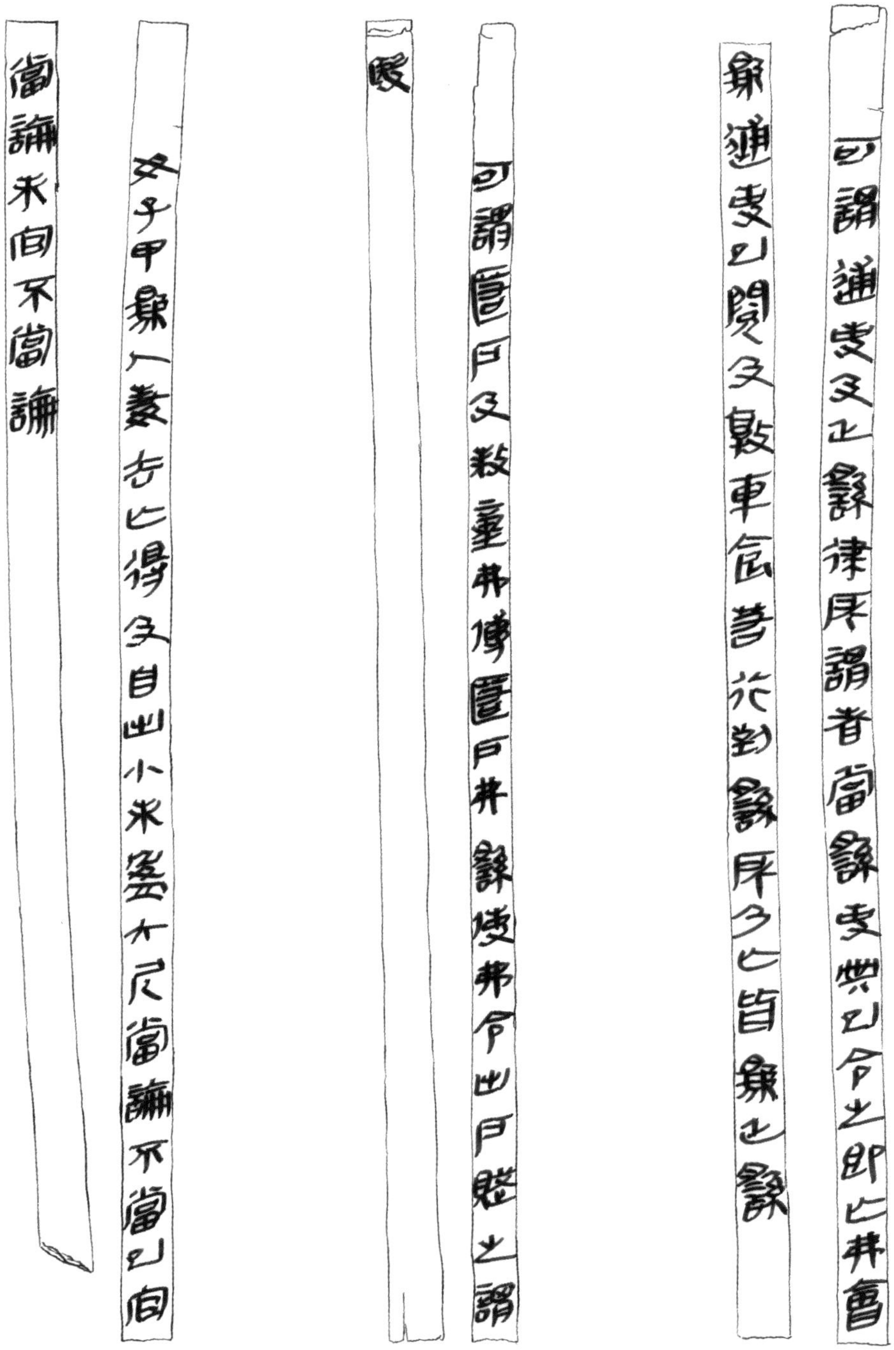

164

165

166

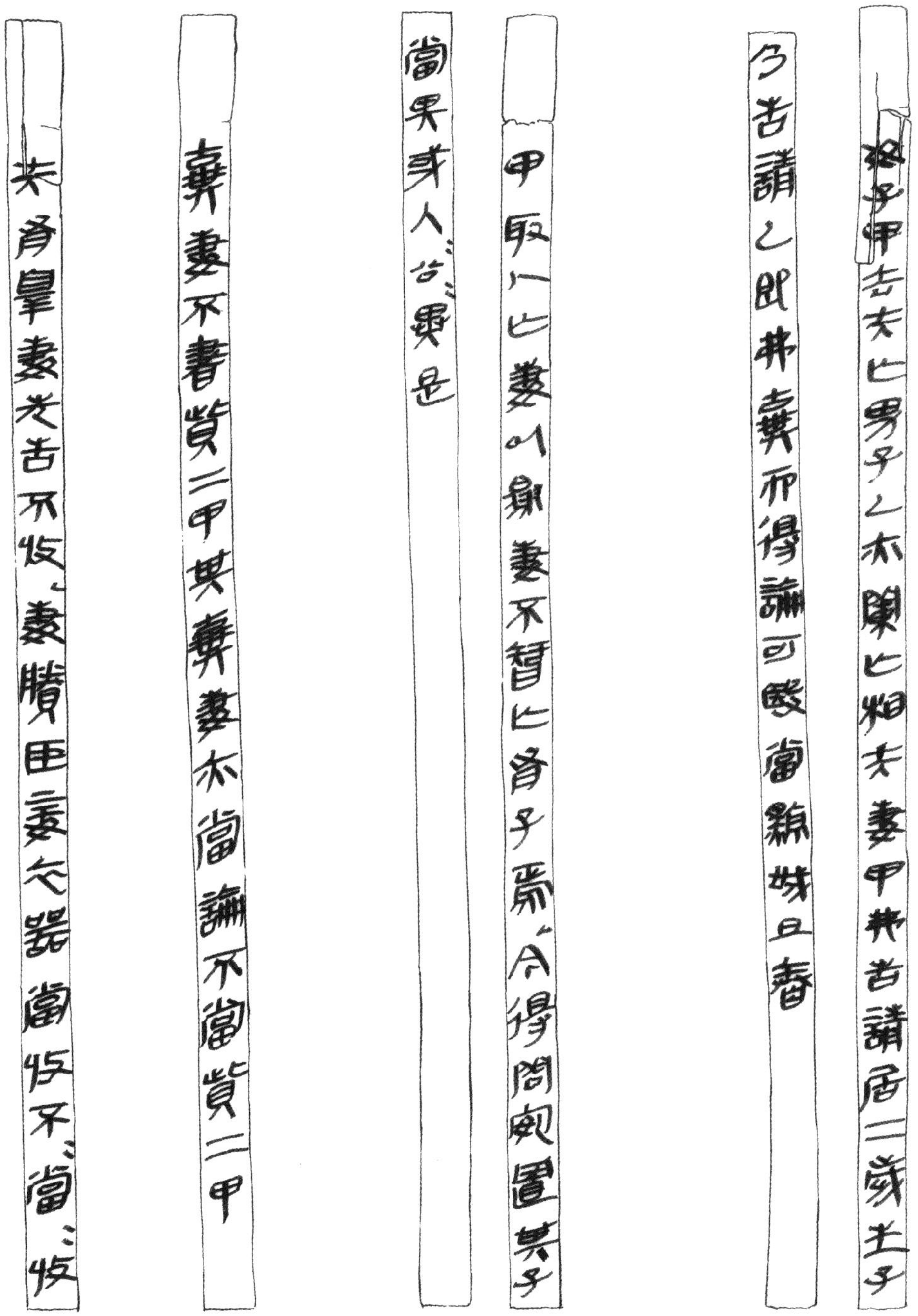

170　169　168　167

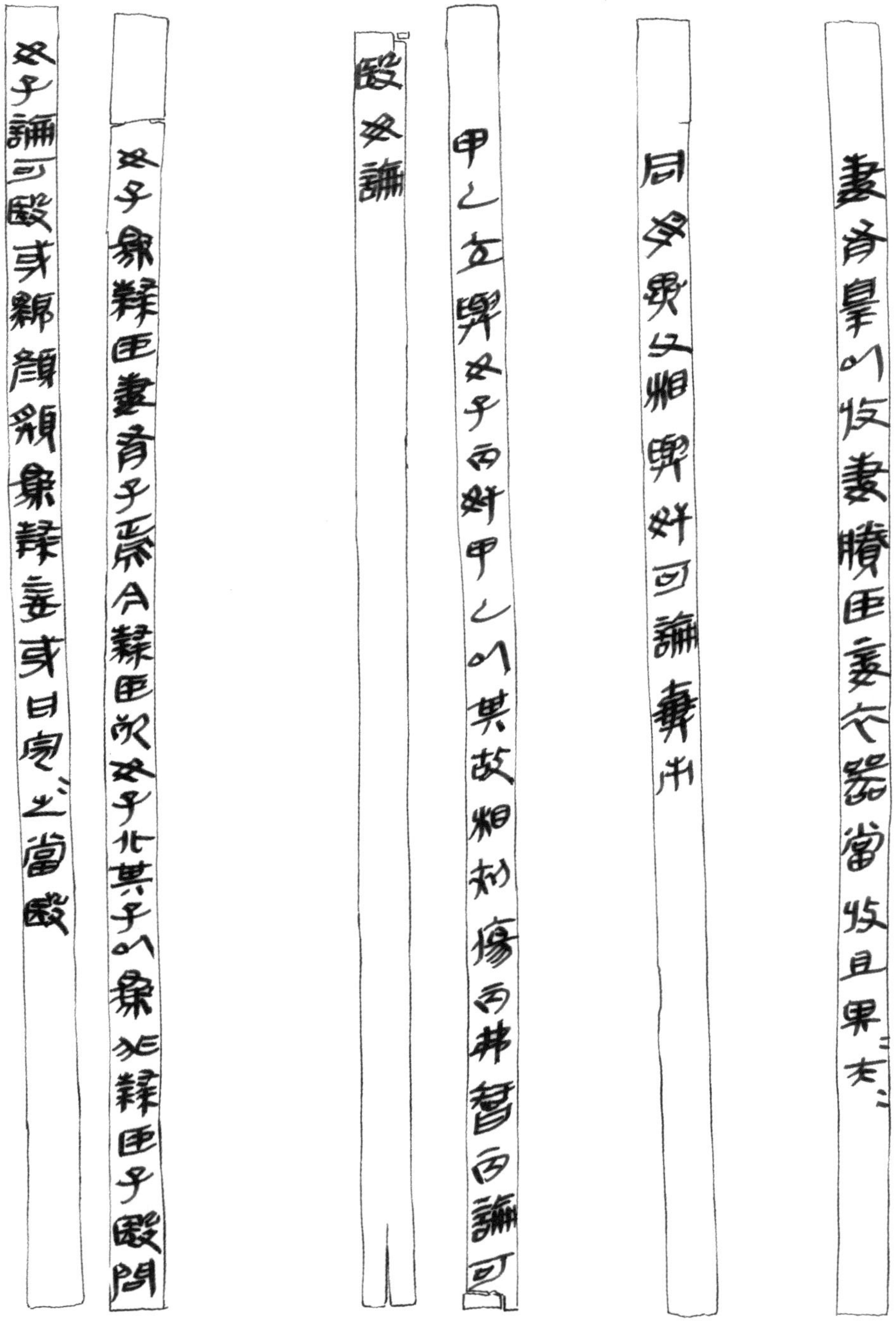

174　173　172　171

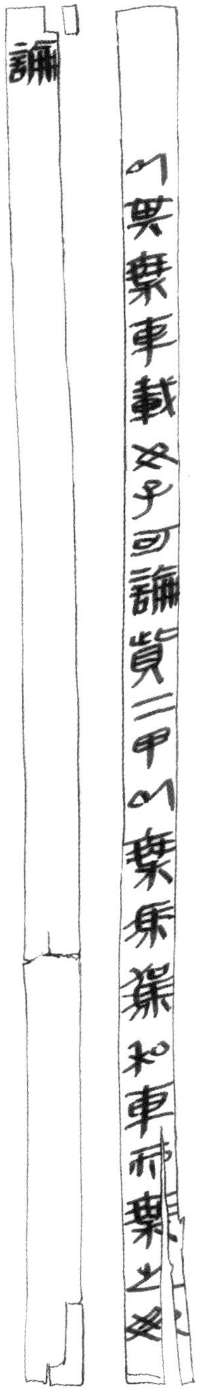

175

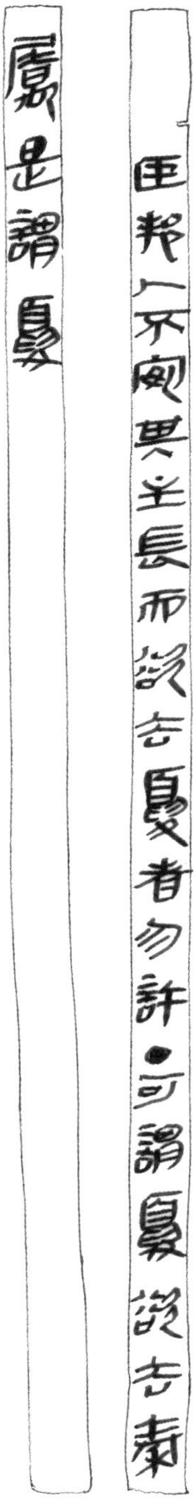

176

177

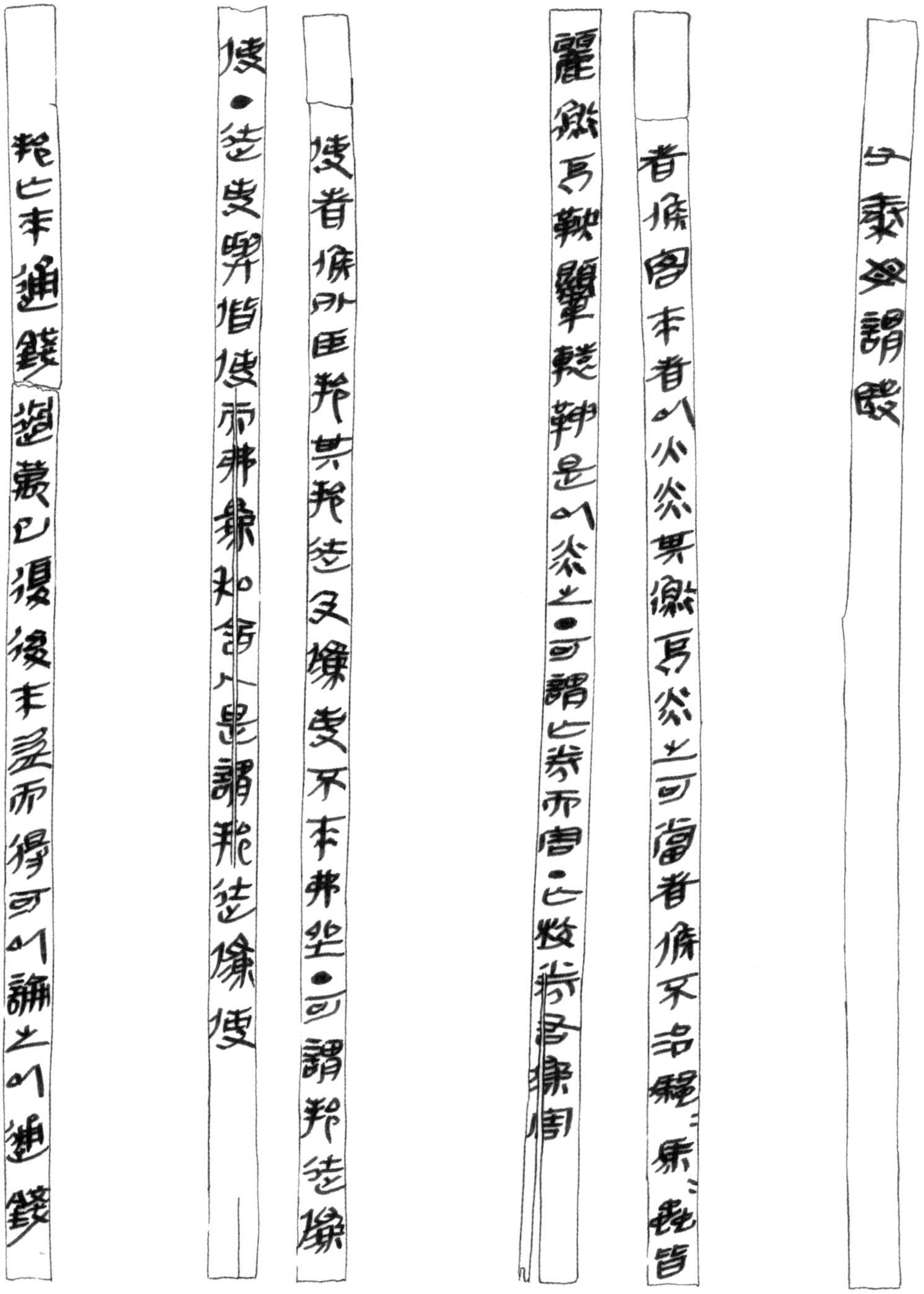

181　180　179　178

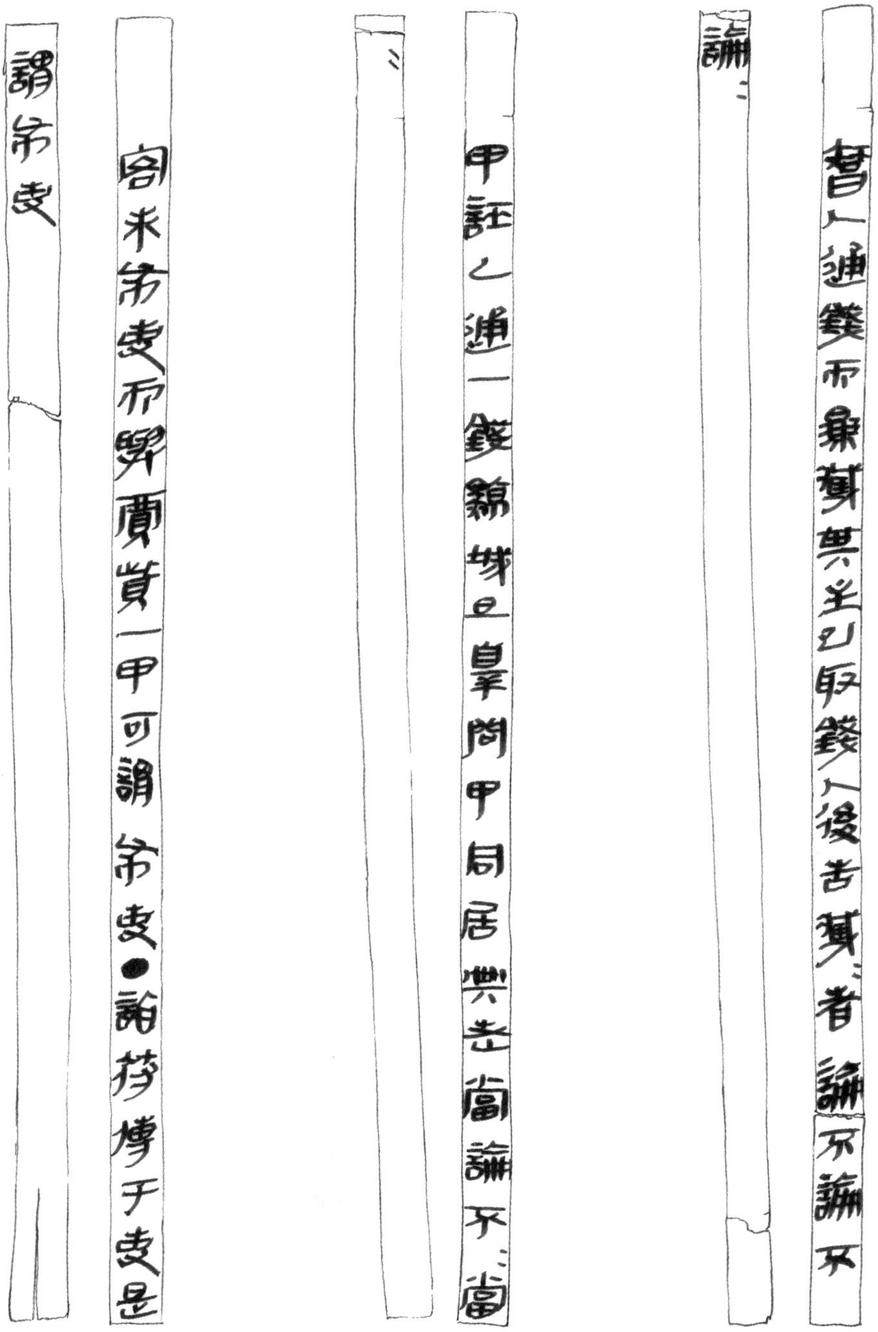

184 183 182

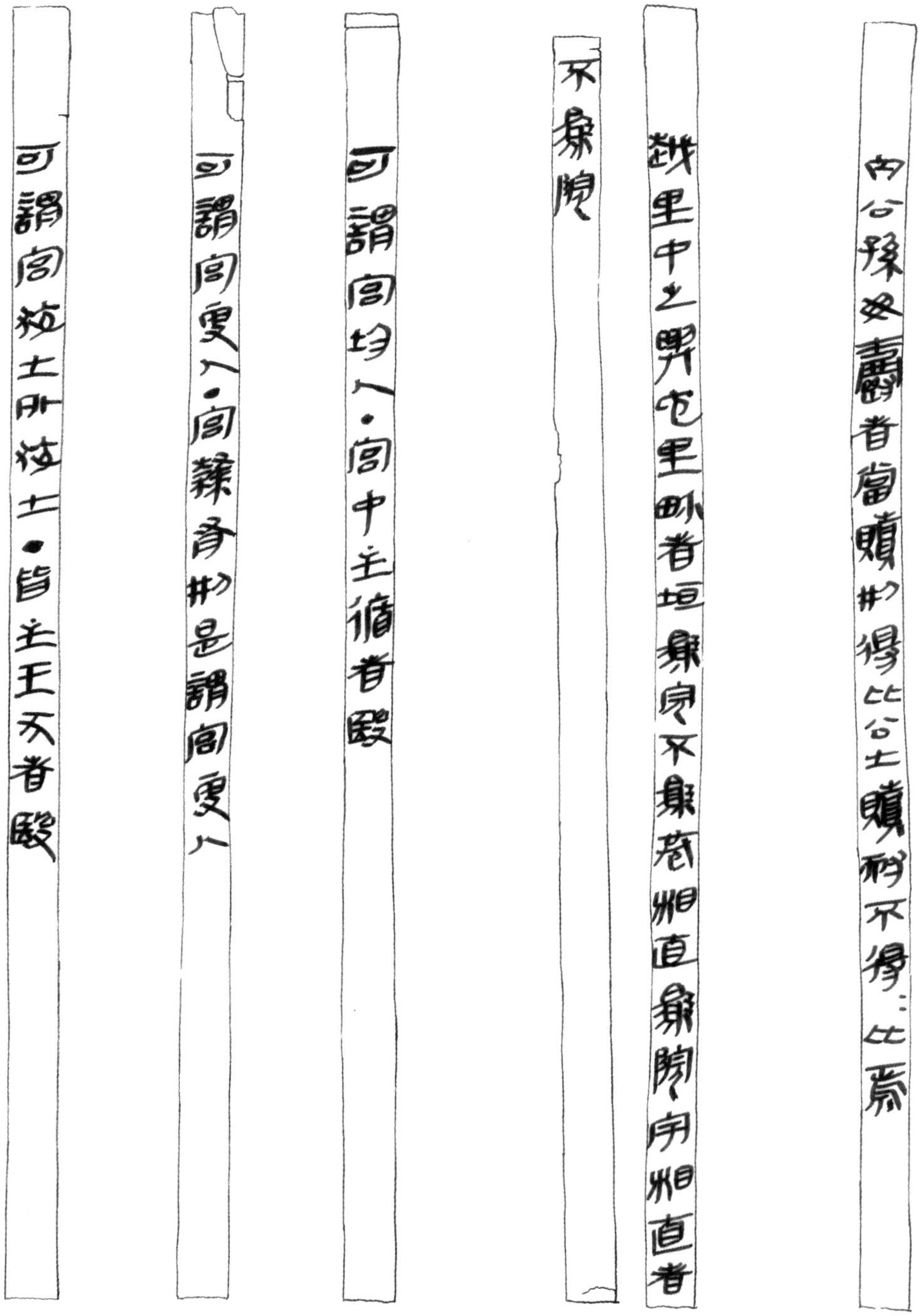

189　188　187　186　185

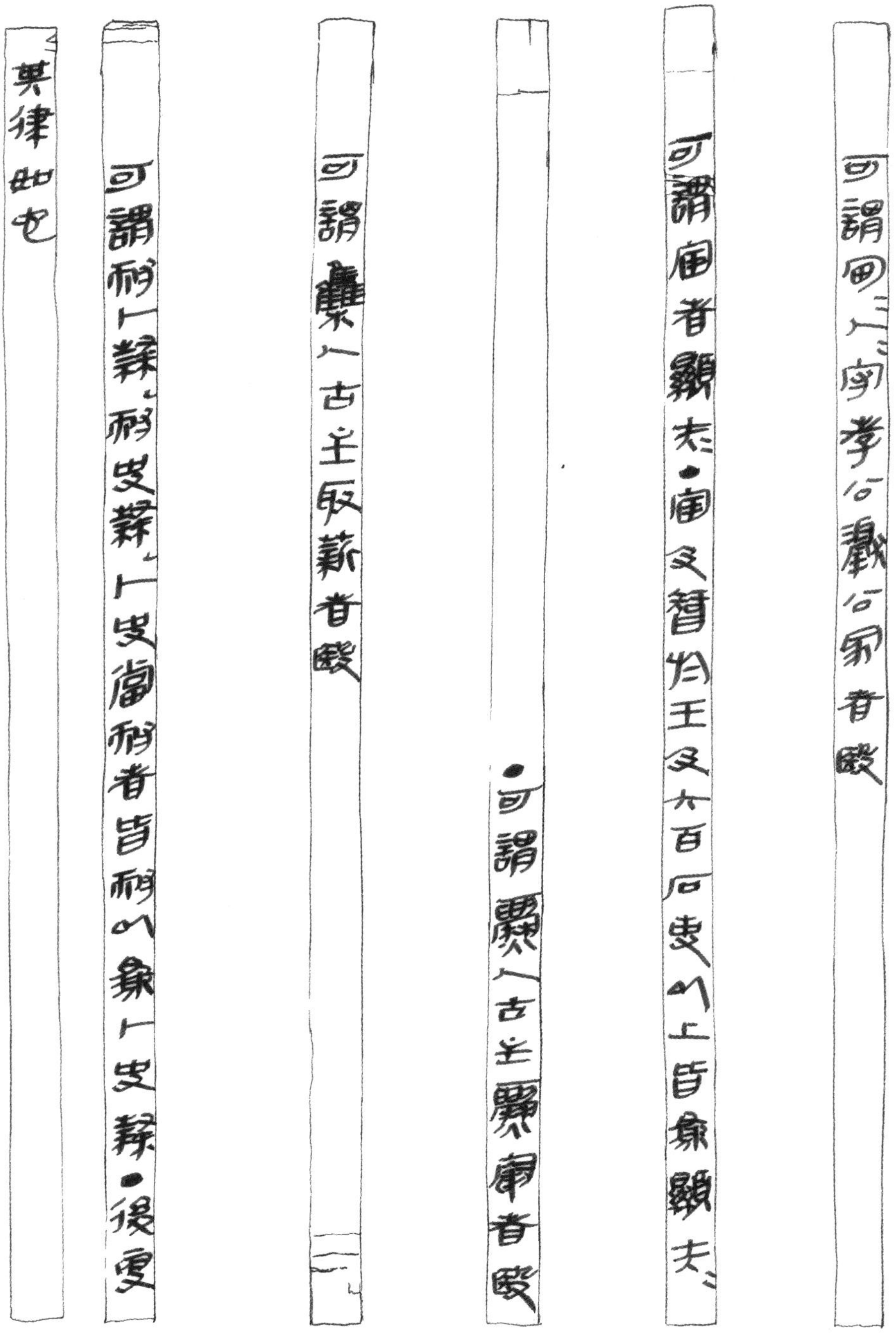

194　193　192　191　190

198　197　196　195

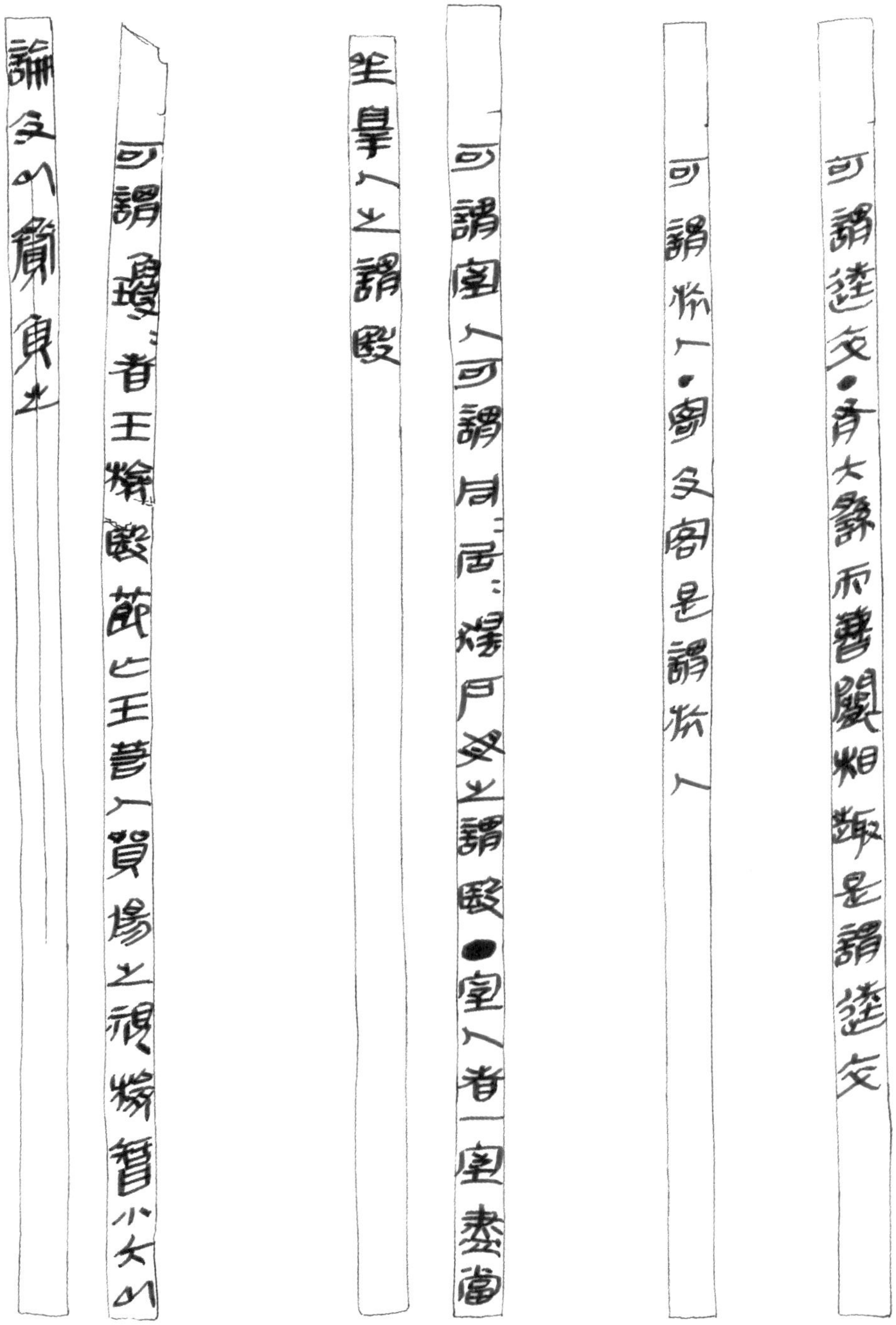

202　201　200　199

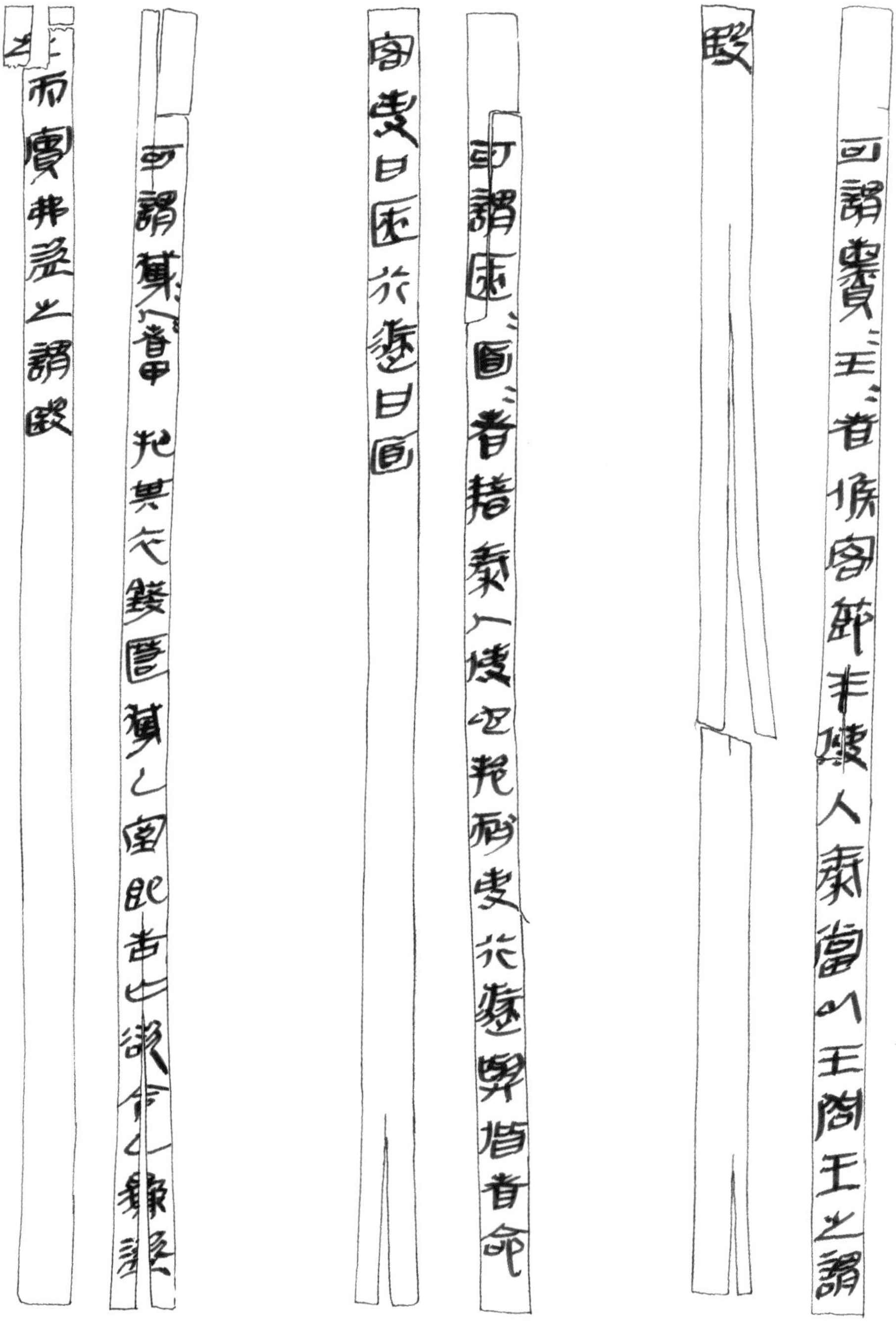

205 204 203

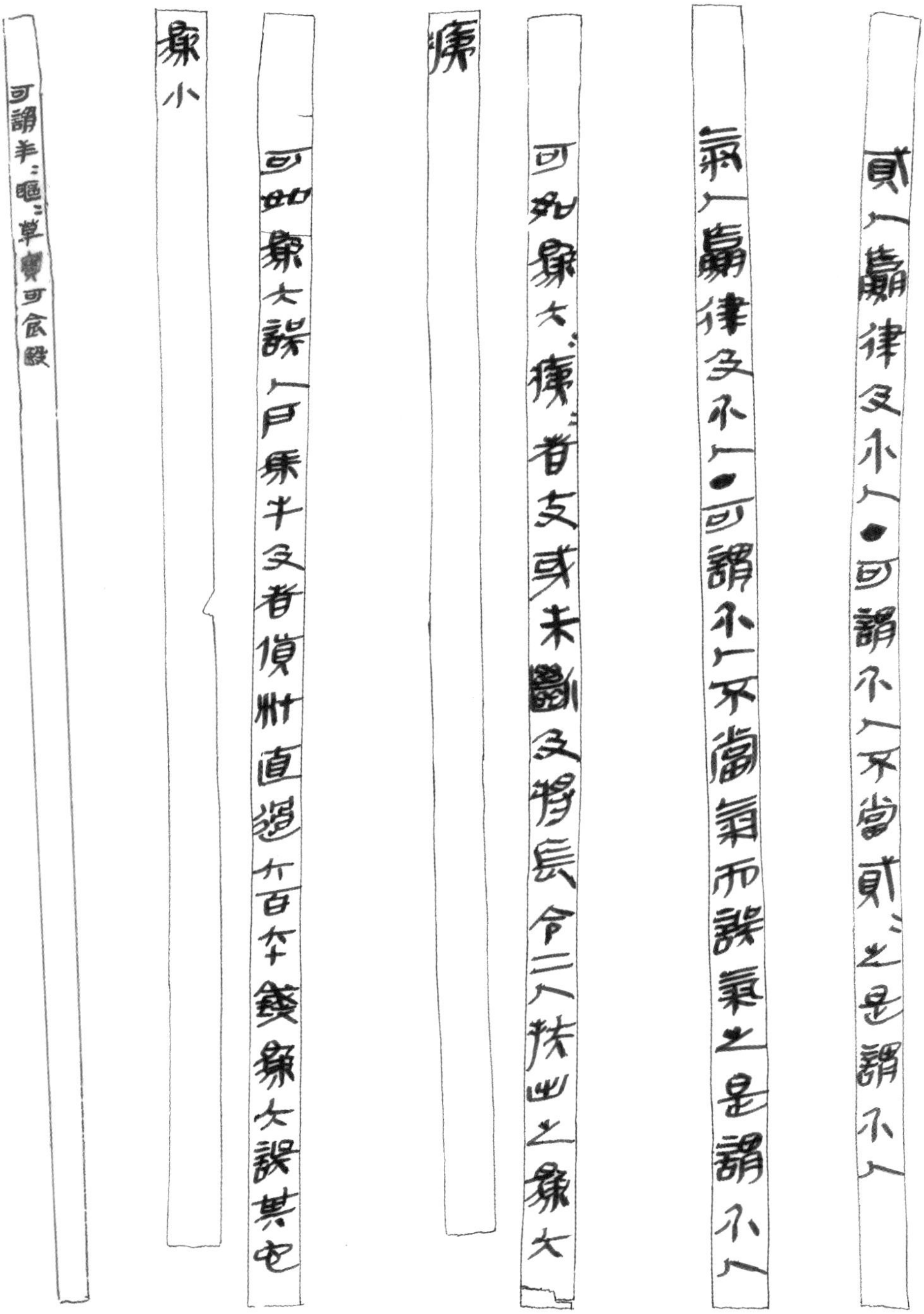

210 209 208 207 206

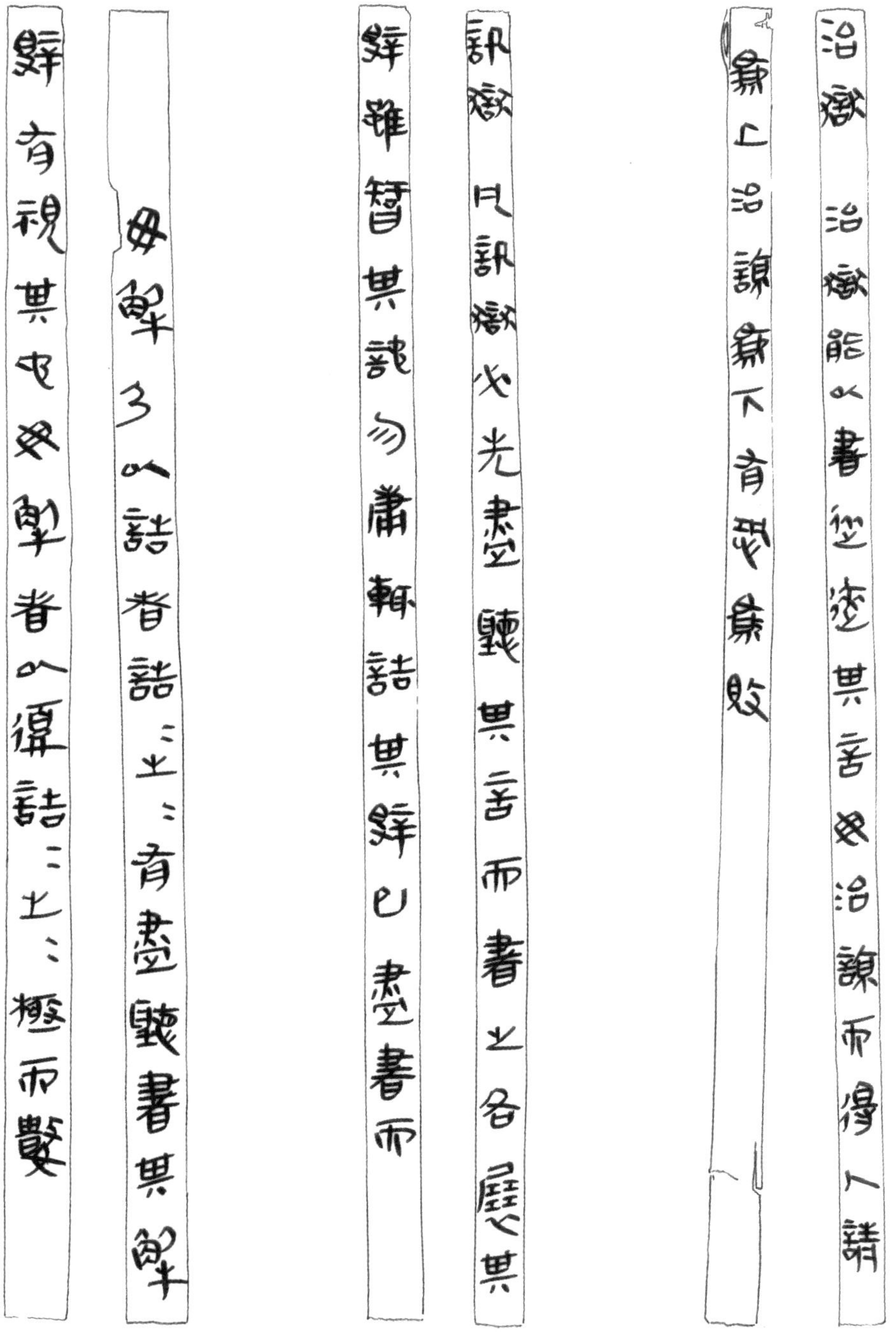
治獄　治獄能以書從迹其言毋治諒而得人請
為上治諒為下有恐為敗
訊獄　凡訊獄必先盡聽其言而書之各展其
辭雖智其訑勿庸輒詰其辭已盡書而
毋解乃以詰者詰＝之＝有盡聽書其解
辭有視其它毋解者以復詰＝之＝極而數

3　　2　　1

訊更言不服其律當治諒者乃治之諒

士必書曰爰書以某縣爰書乃解書

治諒某

爰書敢告某縣主男子某有爰書曰士五居

某里士五甲某里扁坐論子可皇敀

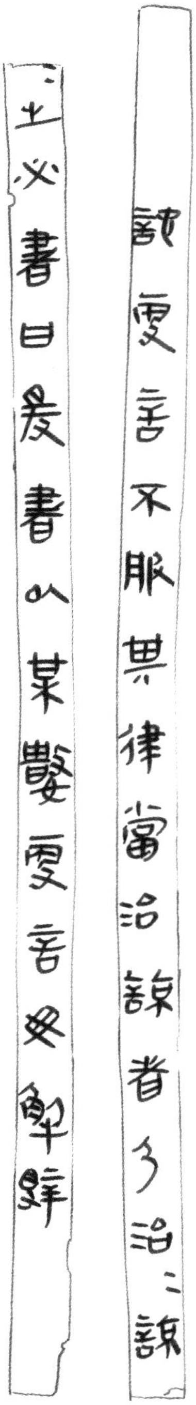

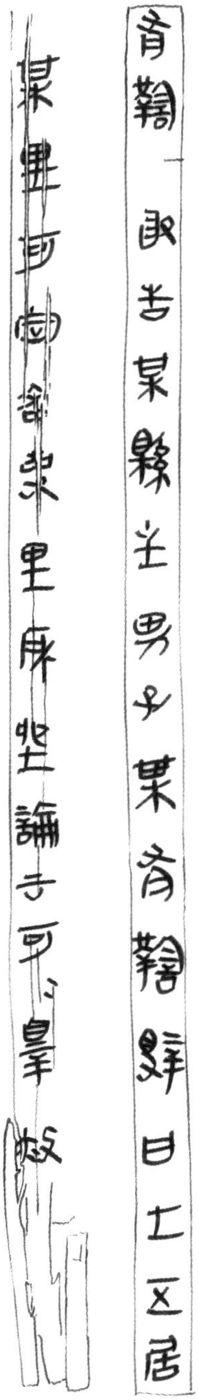

木·妻曰某亡不會對·子大女子某未會去

宅二內各有戶內室皆瓦蓋木大具門桑十

里士五甲家室妻子臣妾衣器畜產·甲室人一

封守鄉某爰書以某縣丞某書封有鞫者某

訊蹇報敢告主

或覆問毋有遷議者以律封守當騰

7

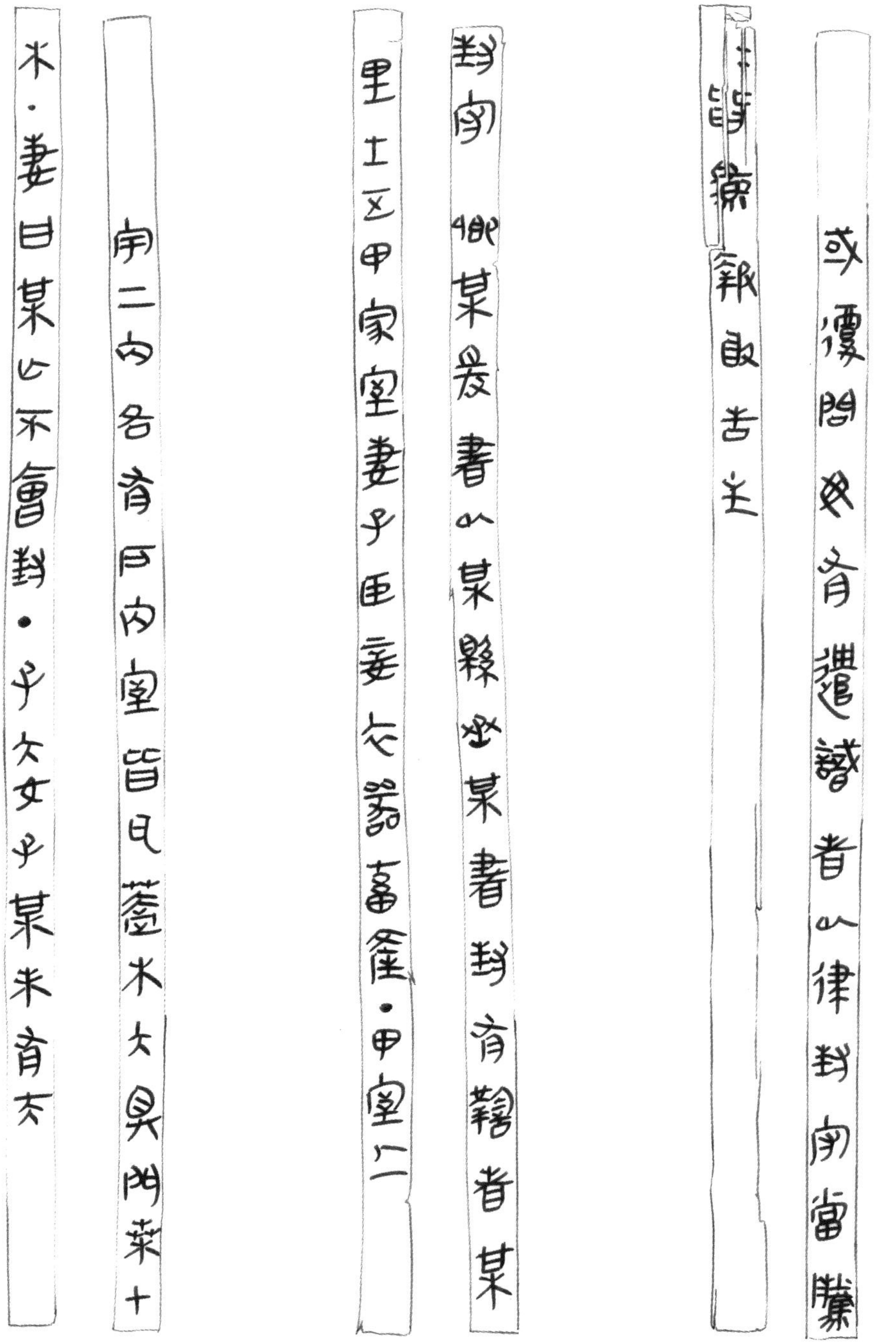

子小男子某高六尺二寸，西某，妻小女子

某·札文一·飲酒與某二甲，信，士某，甲，囊有

當封府而某等脫弟曰書且有擧某等

皆言曰甲對具已多也當封者即以甲封付某

等與里人更守官止侍令

10　11　12

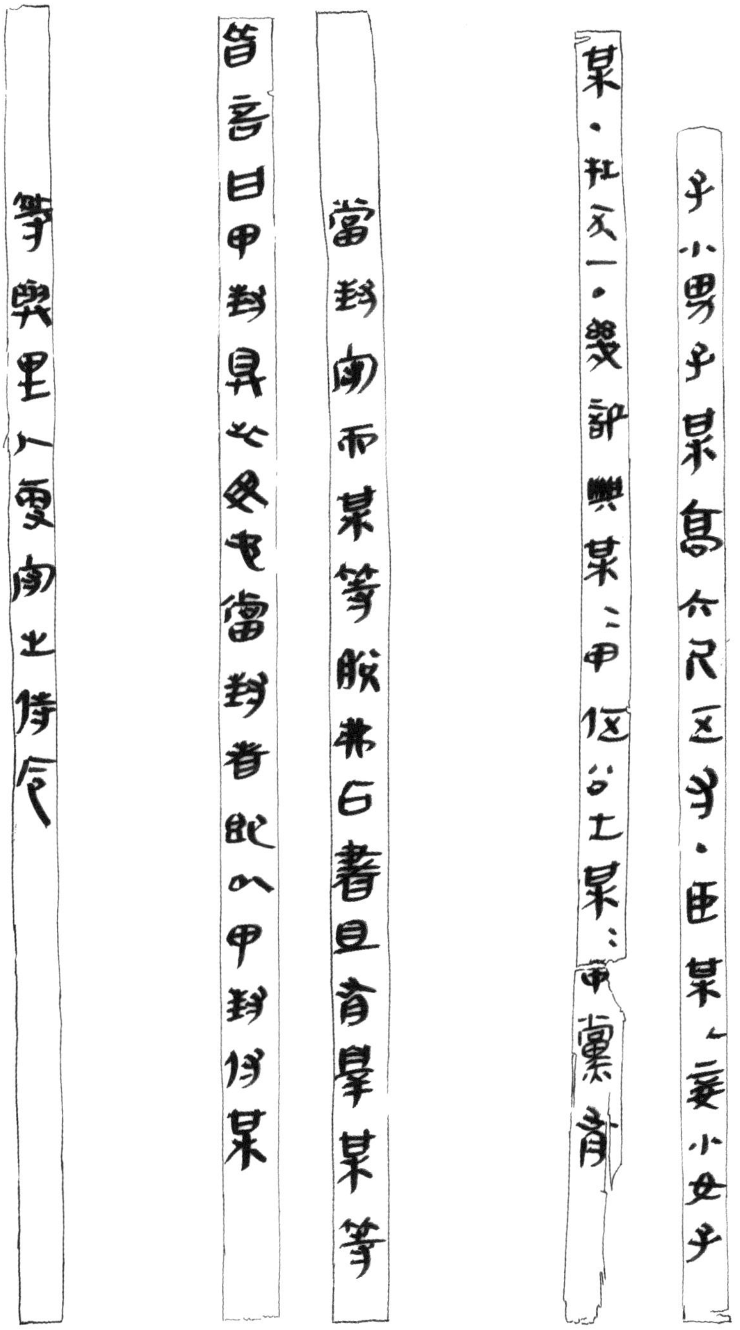

復□□□告某縣主男子某辭曰士五（伍）居某某縣某
里令曰□宜名妻里辟□論□可□辟□

或復閒及有幾籍□及遷妻名幾可□
遷議者當□皆為報敢告主

泾自告　秦書某里公士甲自告曰□□月妻
與同里士五（伍）丙泾某里士五（伍）□千錢□□

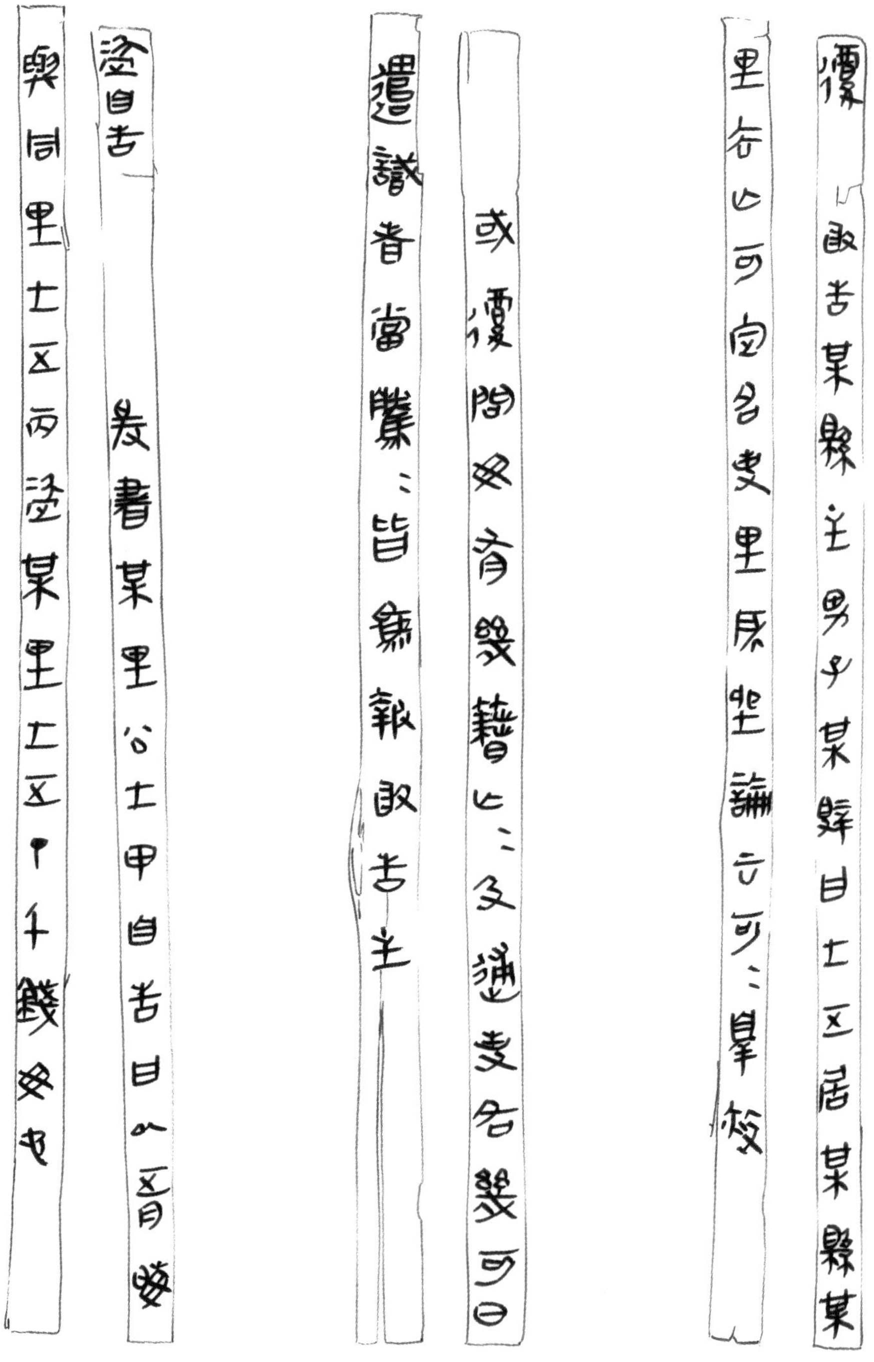

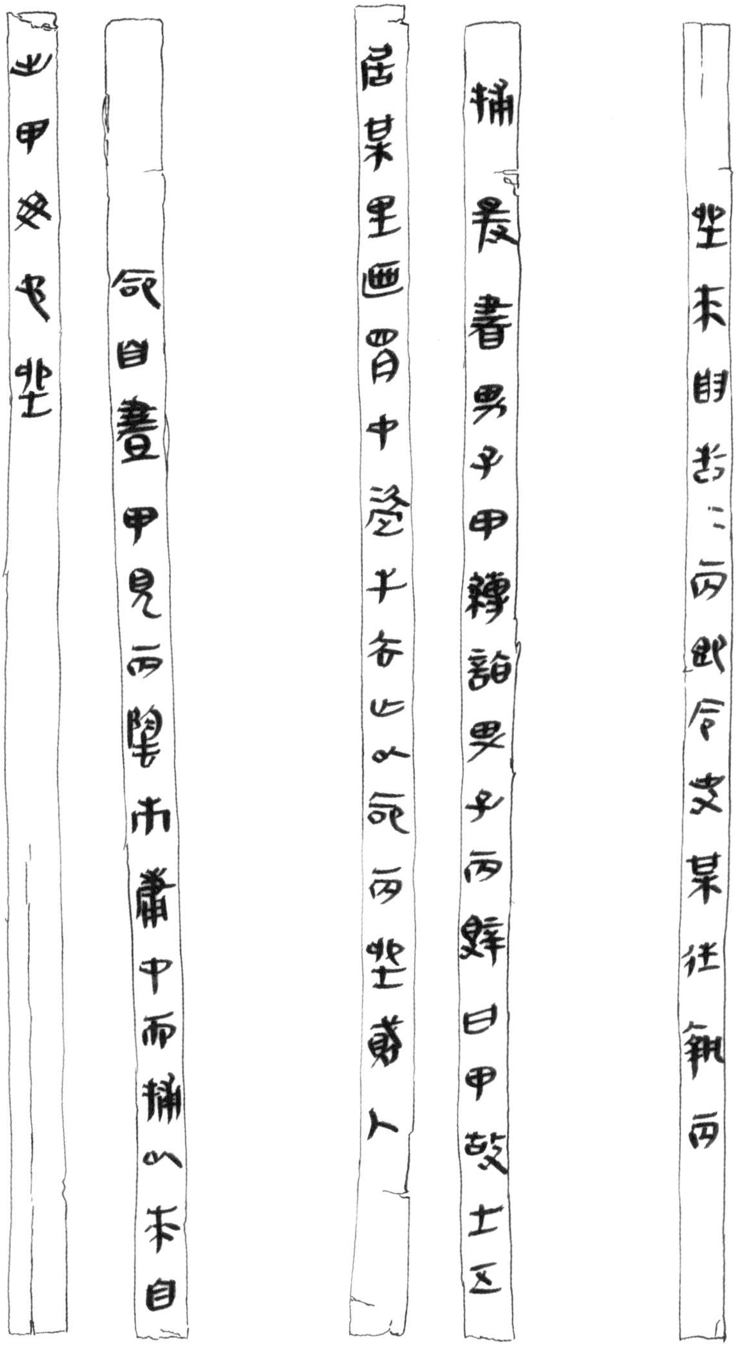

18　　17　　16

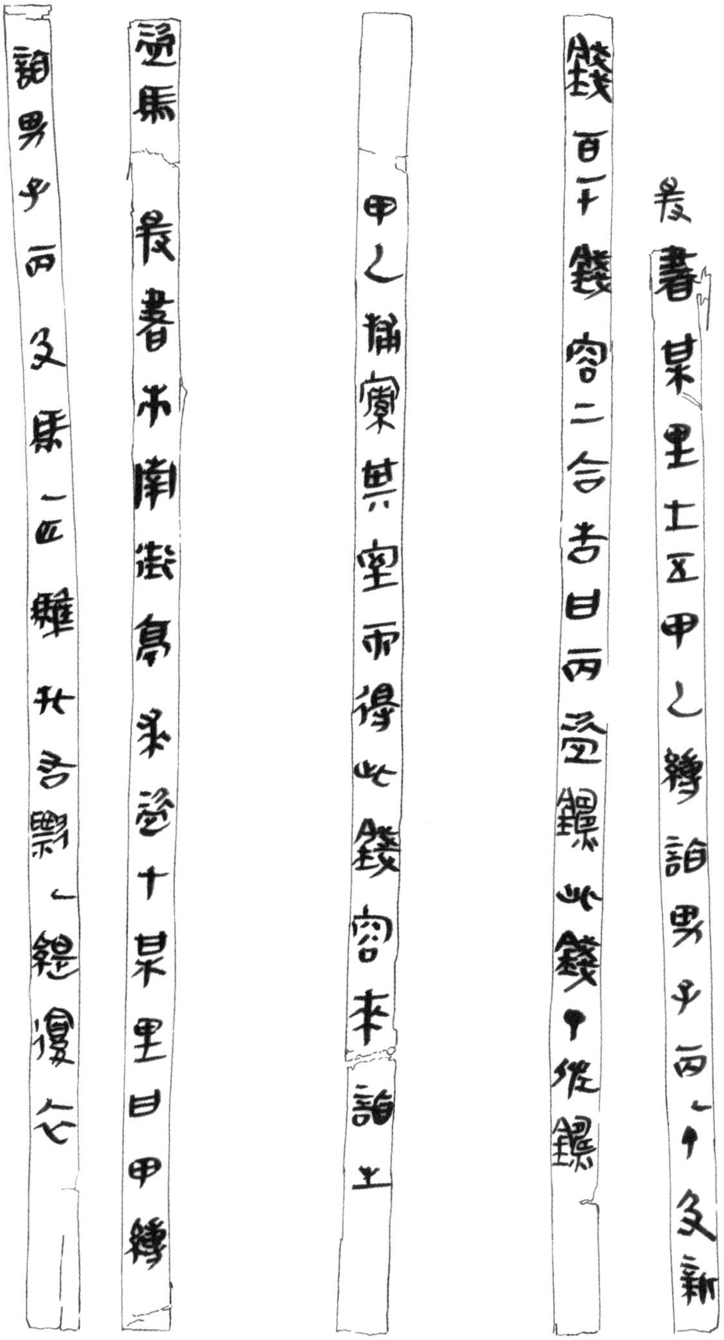
爰書某里士五甲乙縛詣男子丙丁及新
錢百一十錢容二合告曰丙盜鑄此錢丁佐鑄
甲乙捕索其室而得此錢容來詣之
盜馬 爰書市南街亭求盜才某里曰甲縛
詣男子丙及馬一匹騅牝右剽緹覆衣

21　20　19

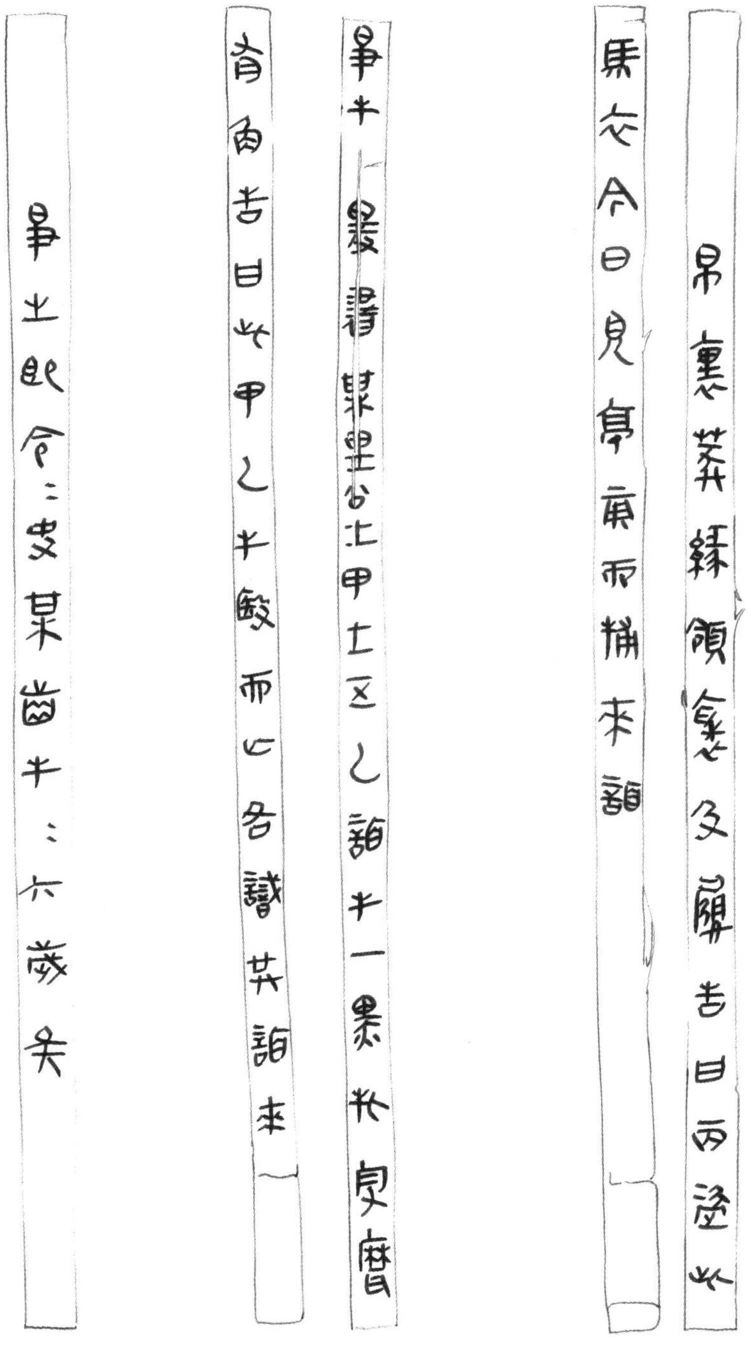

24 23 22

爰書 某亭校長甲某□十某里甲乙□

轉詣男子丁報首一具 妾二矢廿苫曰丁與

此首人兒攻爰詣人自晝甲撝之箸徽繪

對某山見丁輿此首人而捕上之此怒夫丁多

首人怒矢毆首人以此怒夫

乙而山勶伐收其首山痕不能也身山中

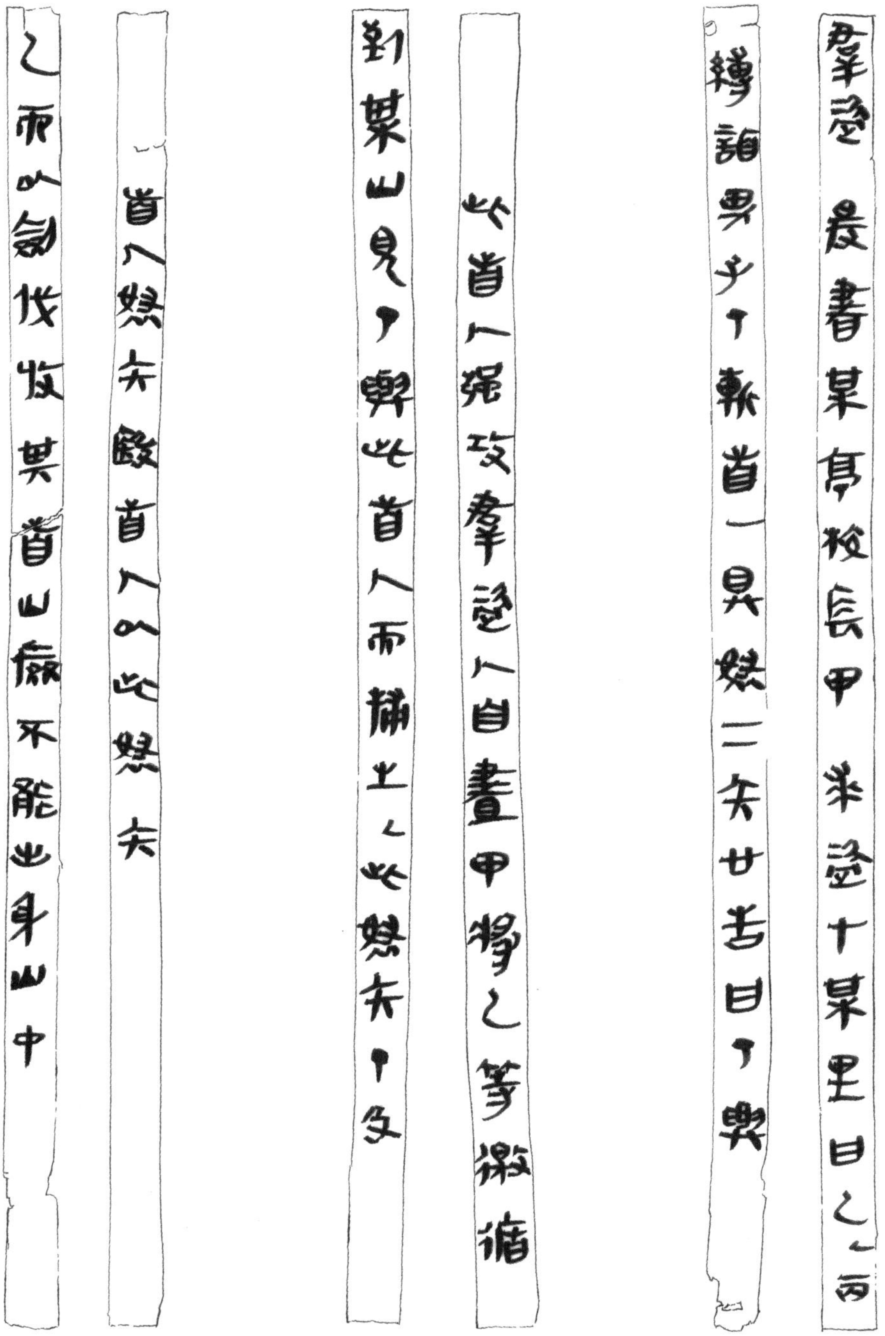

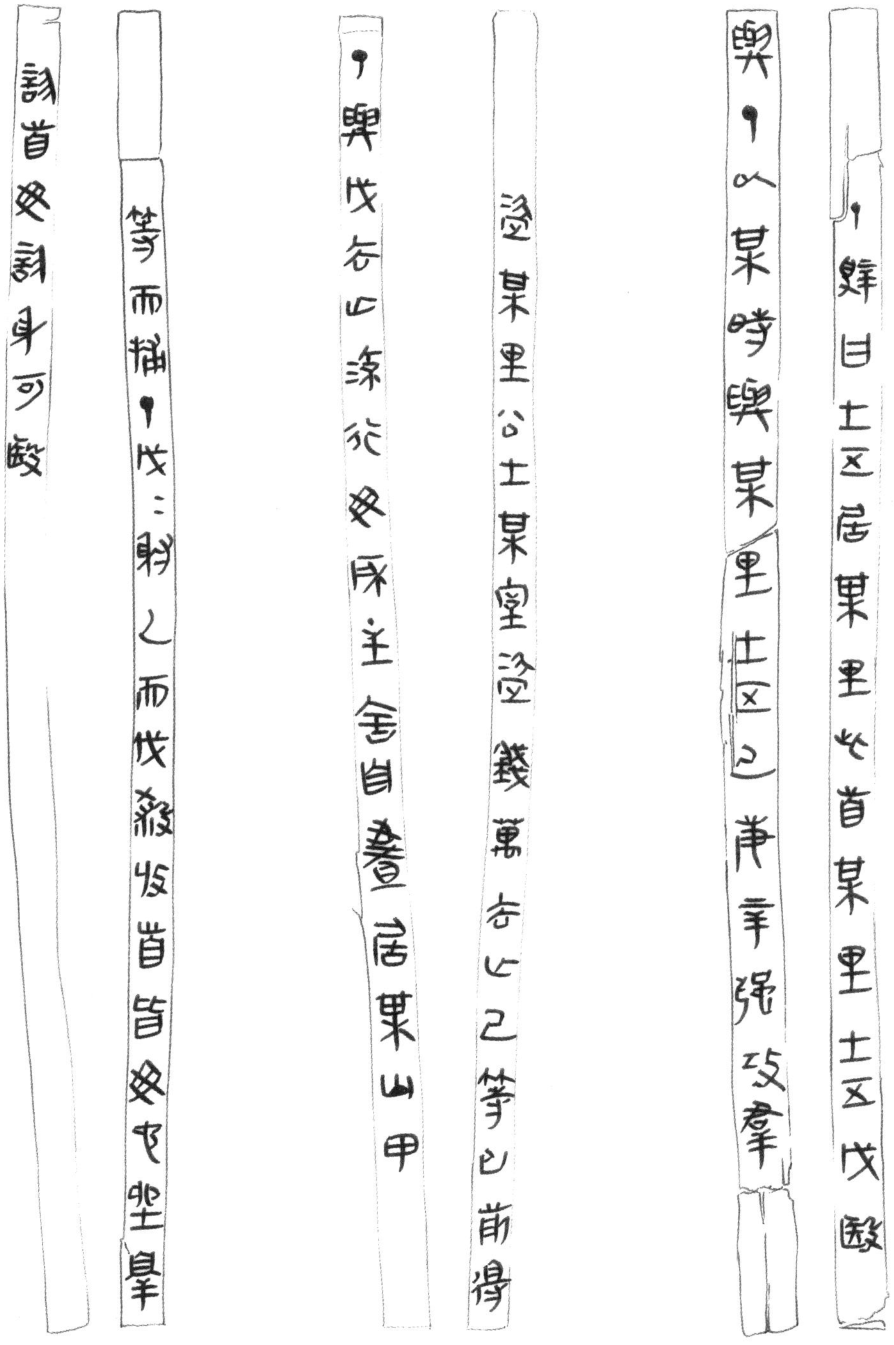

30　29　28

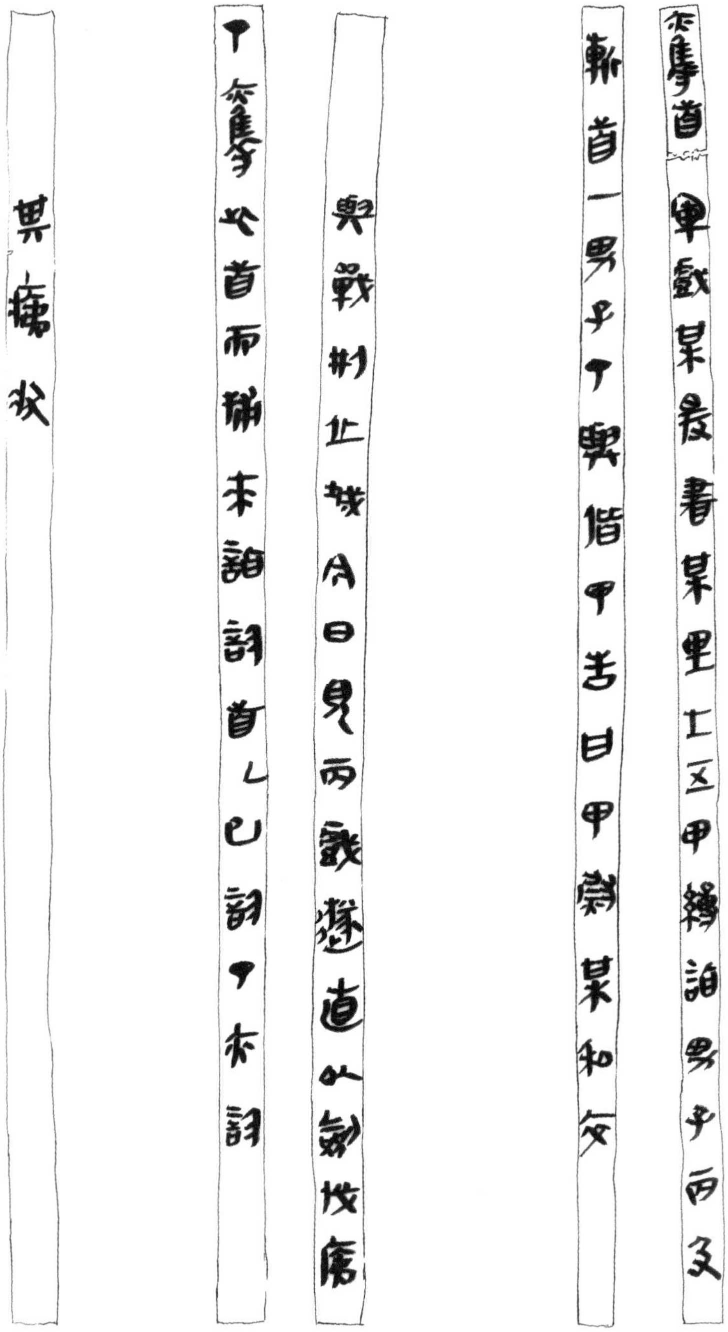

33　32　31

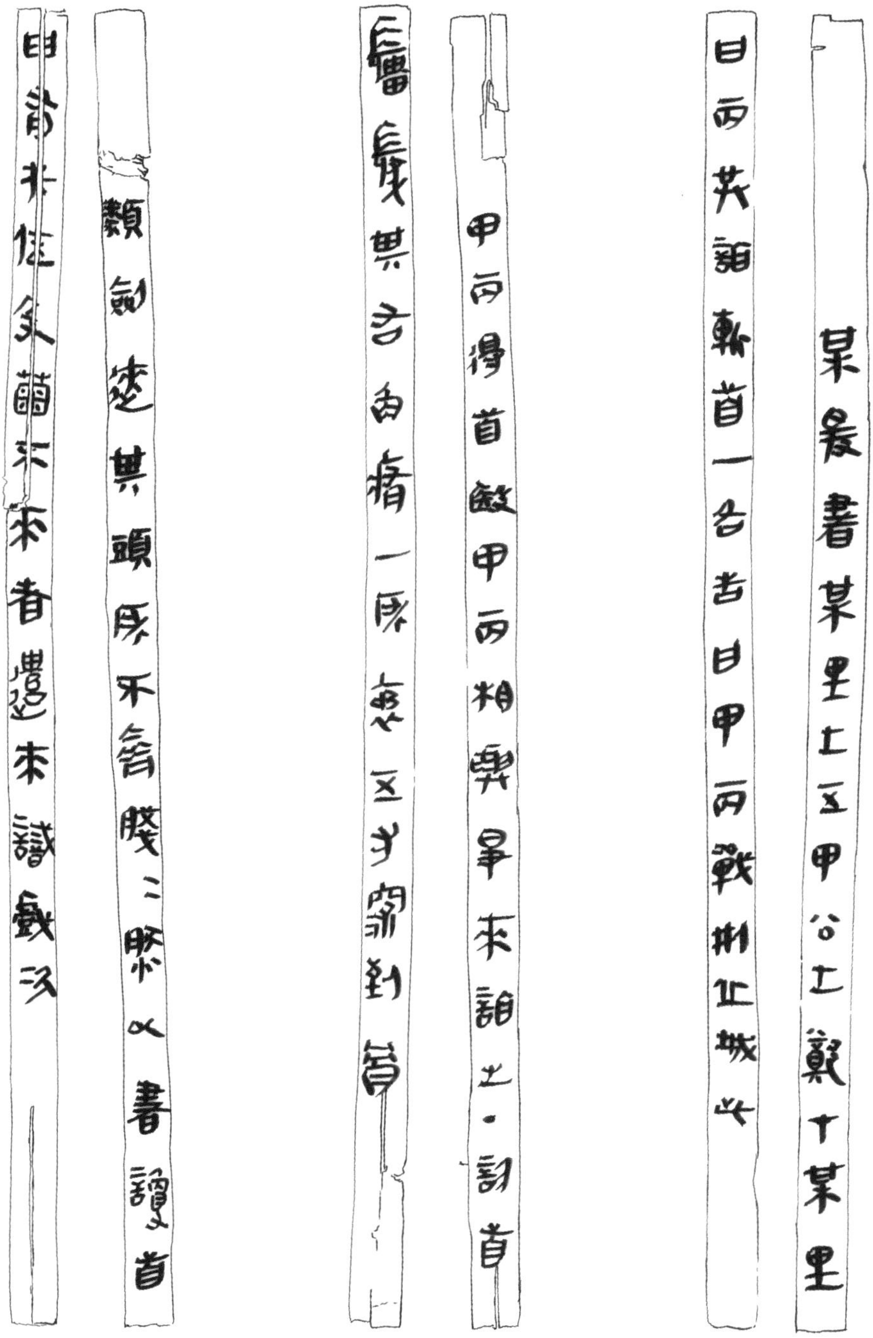
某爰書某里士五甲公士鄭才某里
曰丙共詣斬首一各告曰甲丙戰刑丘城此
甲丙得首殹甲丙相與爭來詣之·診首
□髮其右角痏一所袤五寸深到骨
類劍迹其頭所不齊𢧵=然以書讂首
曰有失伍及遲不來者遣來識𢧵次

34　35　36

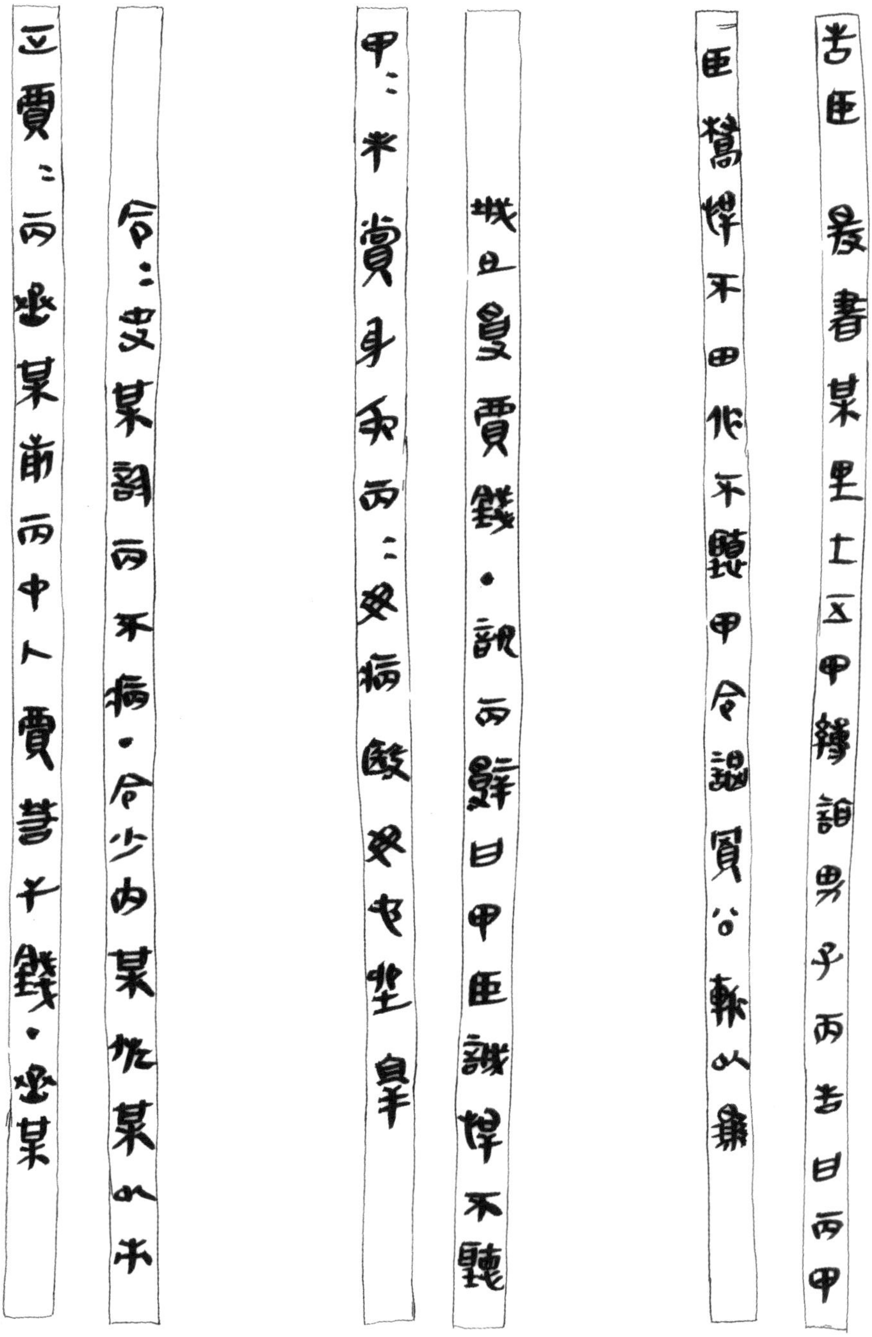

39 38 37

里正□□乙家☐乙妾☐乙使甲曰某

顯大☐書某里公士甲辤詣大女子而曰某

封守☐詣以書告

問☐甲訾身☐而☐臣妾田土禾☐以律

臣其☐名大里床坐論云可☐皇☐或☐

告某職主男子而育籍鮮曰某里士五甲

42　41　40

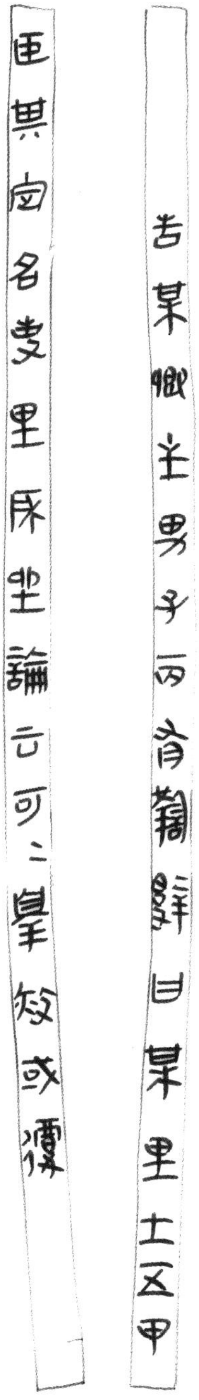

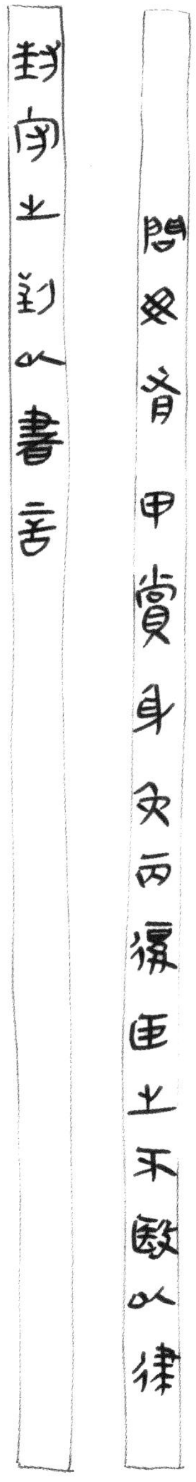

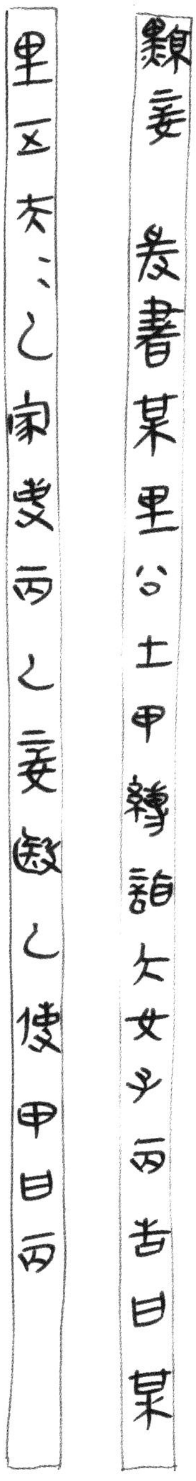

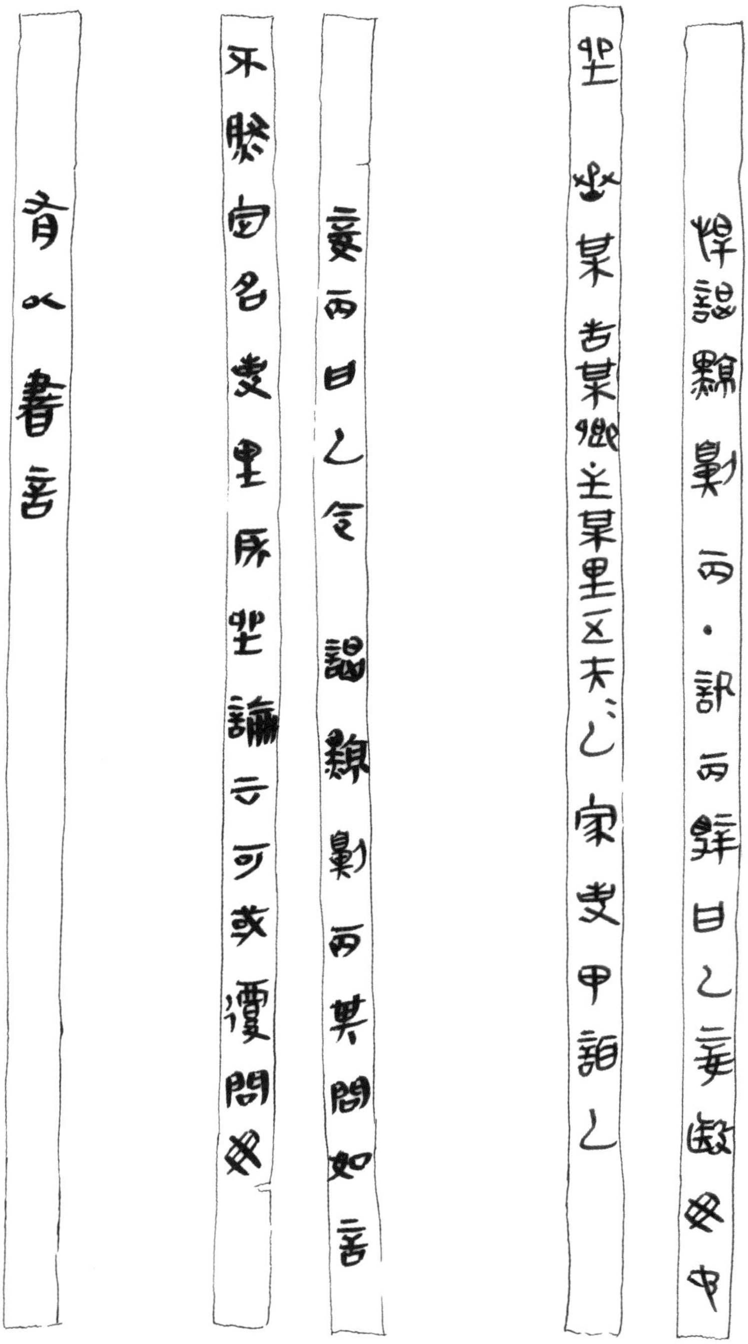

45　44　43

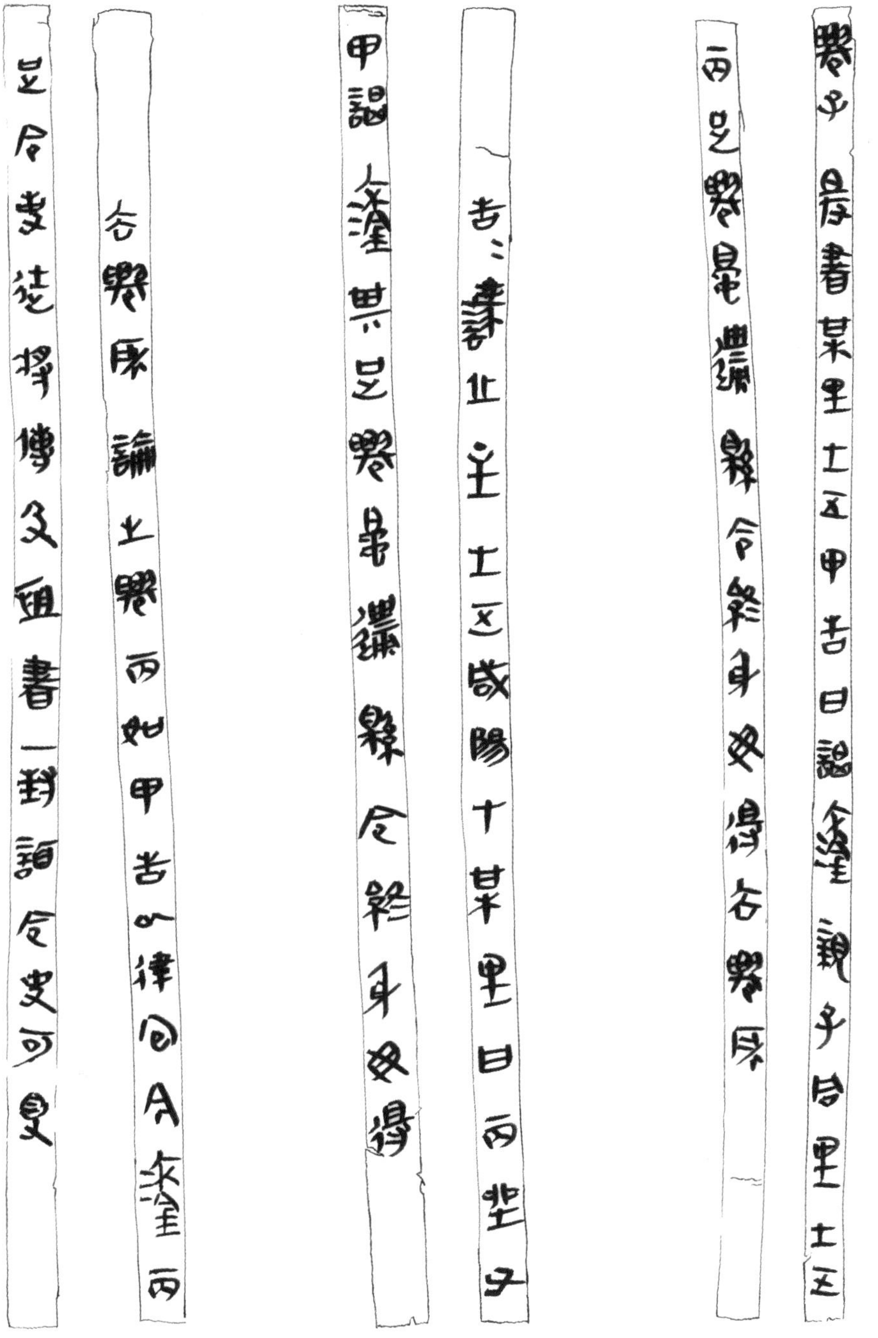

48　47　46

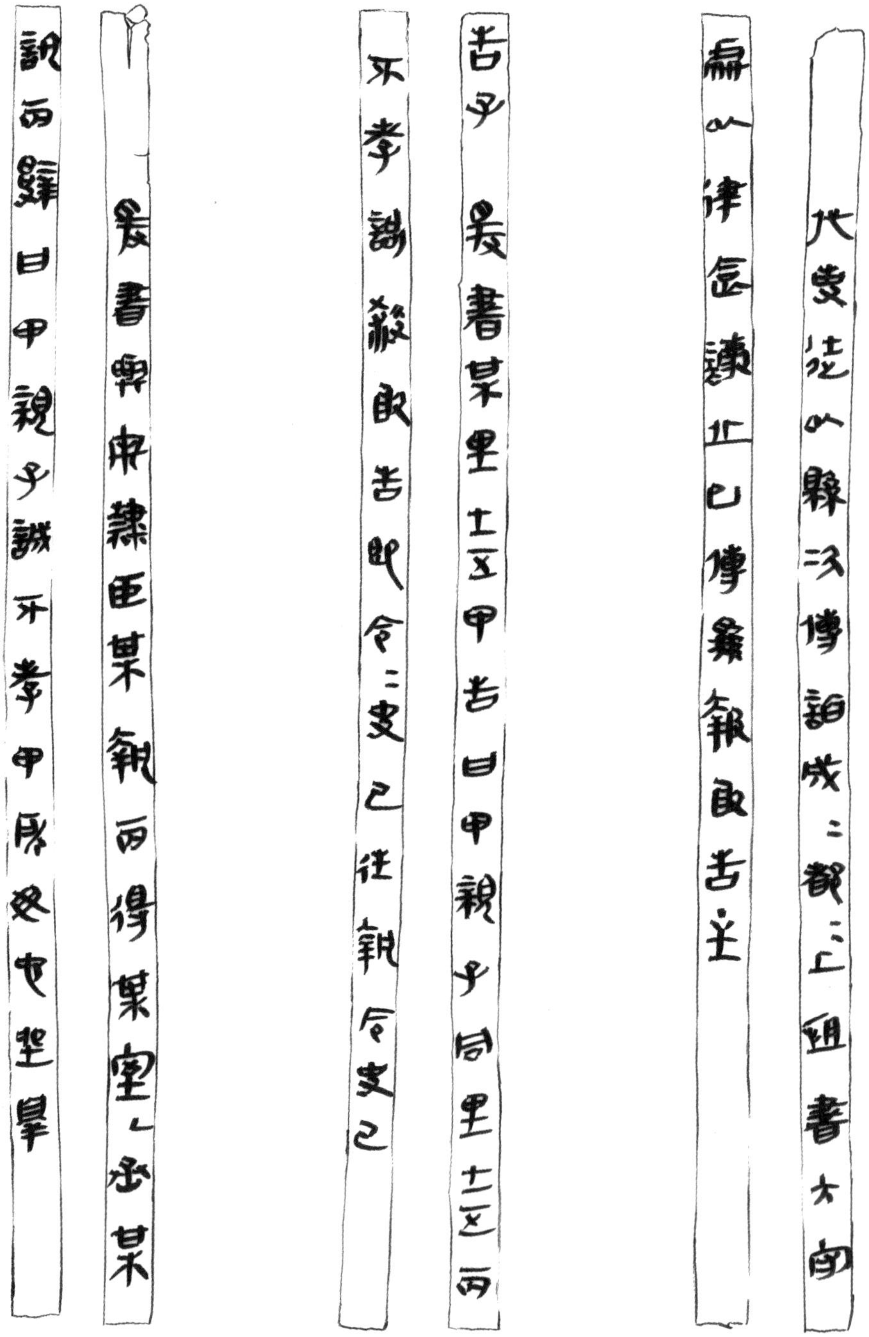
代吏徒以縣次傳詣成=都=上恒書太守
處以律食灋丘已傳為報敢告主
告子　爰書某里士五甲告曰甲親子同里士五丙
不孝謁殺敢告即令=史己往執令史己
爰書與牢隸臣某執丙得某室=丞某
訊丙辭曰甲親子誠不孝甲所毋它坐罪

51　50　49

廳 長 書 某 里 興 甲 詣 里 人 士 五 丙 告 曰 疑 癘 來

詣·訊 丙 辭 曰 以 三 歲 時 病 疕 眉 突 來 可 智

其 可 病 安 也 坐 令 醫 丁 診 之 丁 言 曰 丙 安

癘 民 羊 氃 鼻 突 壞 刺 其 鼻 不 疐 胅 胅

到 丙 足 下 奇 潰 一 所 其 半 安 胅

令 辤 其 音 氣 敗 戾 殹

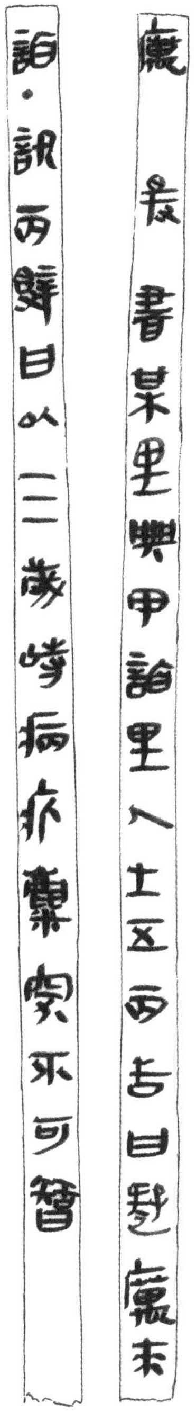

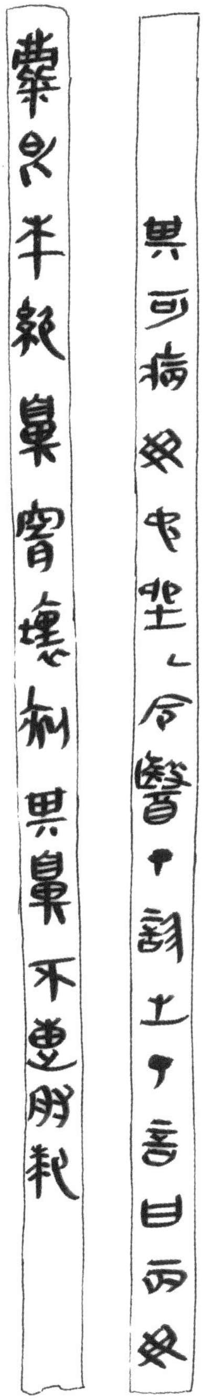

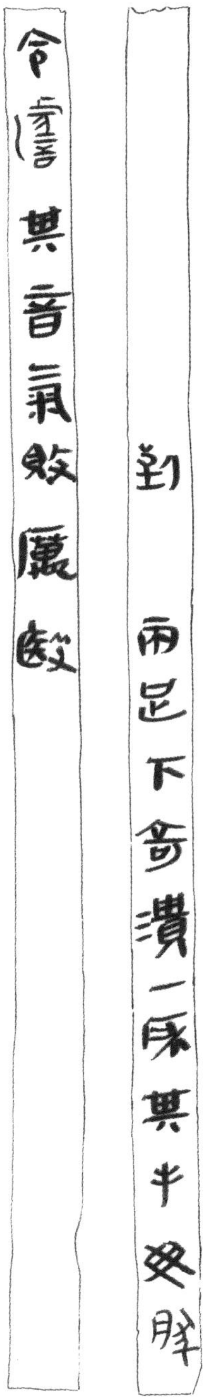

55　56　57

其　戴　　一　汗　　北　不
腹　途　　奇　尘　　直　可
育　男　　大　男　　瘠　象
久　乎　　廿　乎　　者　廣
故　　　　一　西　　以　恵
癥　北　　歩　育　　竹　也
二　孫　　以　　　　支　寃
乐　　　　闕　　　　二　仌
男　長　　　　男　　居　帝
乎　十　　男　乎　　癰　諢
某　尺　　乎　　　　也　希
尿　一　　利　累　　瘠　煇
到　尹　　　　闕　　縺　各
某　髮　　走　一　　北　一
高　長　　壁　雨　　及　曇
百　二　　不　　　　中　煇
　　尺　　可　男　　莚
　　　　　智　乎
　　　　　　　其

60　　　　59　　　　58

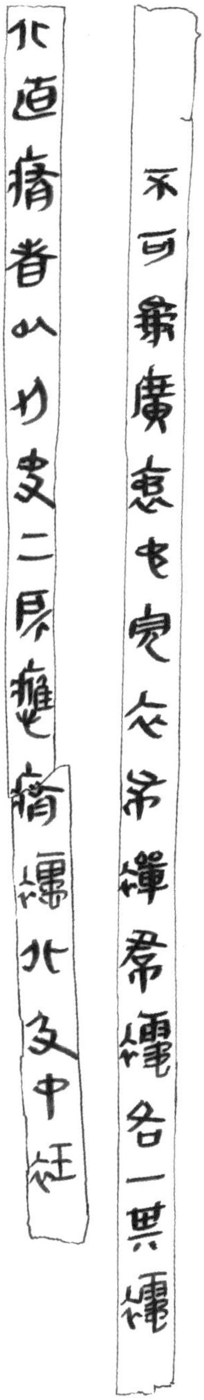

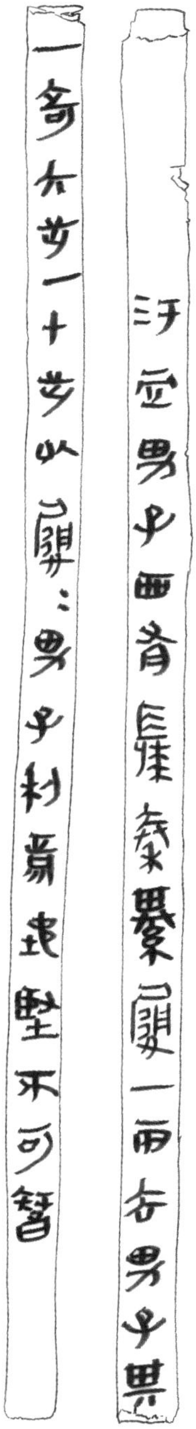

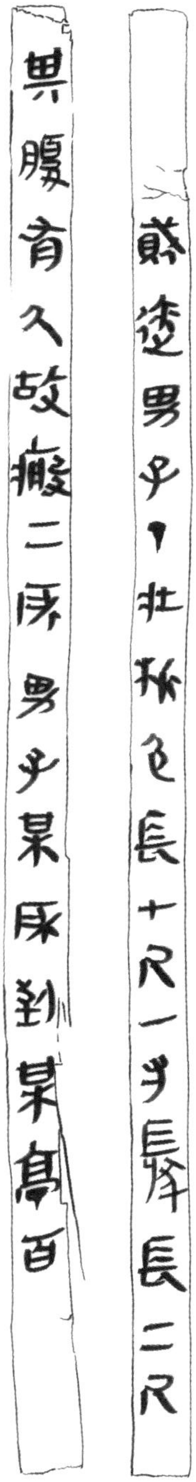

芻稾某里士五（伍）甲田舍二百步·令甲以秝常

芻雚男子某所得令以辠（罪）論赴訊甲

覓人又（有）智（知）男子某可（何）曰□閒（間）室寇者不毆（也）

經所羡書某里興甲曰里人士五（伍）甲經所其室不智（知）

故未吉·眂（視）令眂（視）某往討·令史某羡書與甫

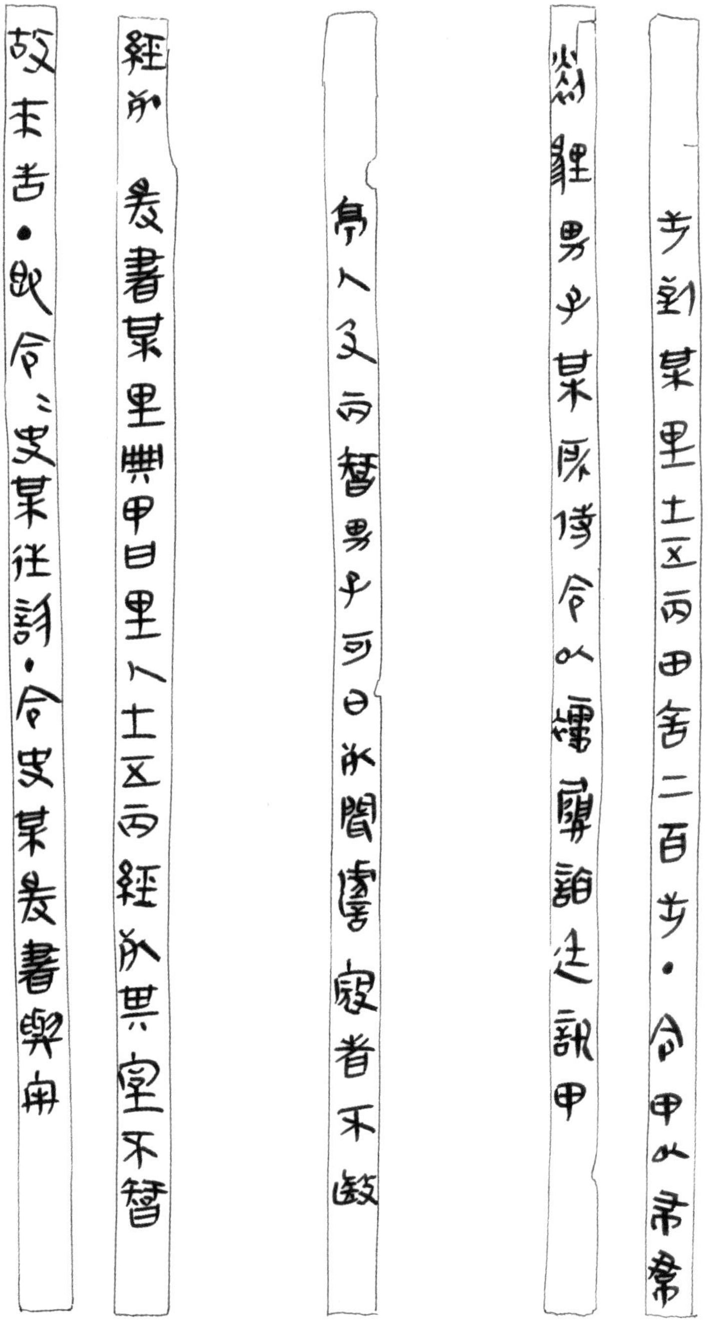

隸臣某即甲丙妻女詣丙＝亦縣其室東內
中北辟權南鄉以枲索大如大指旋通係

64

頸旋終在項索上終權再周結索餘末
袤二尺頭上去權二尺足不傅地二寸頭北

65

君歡各一甲

65反

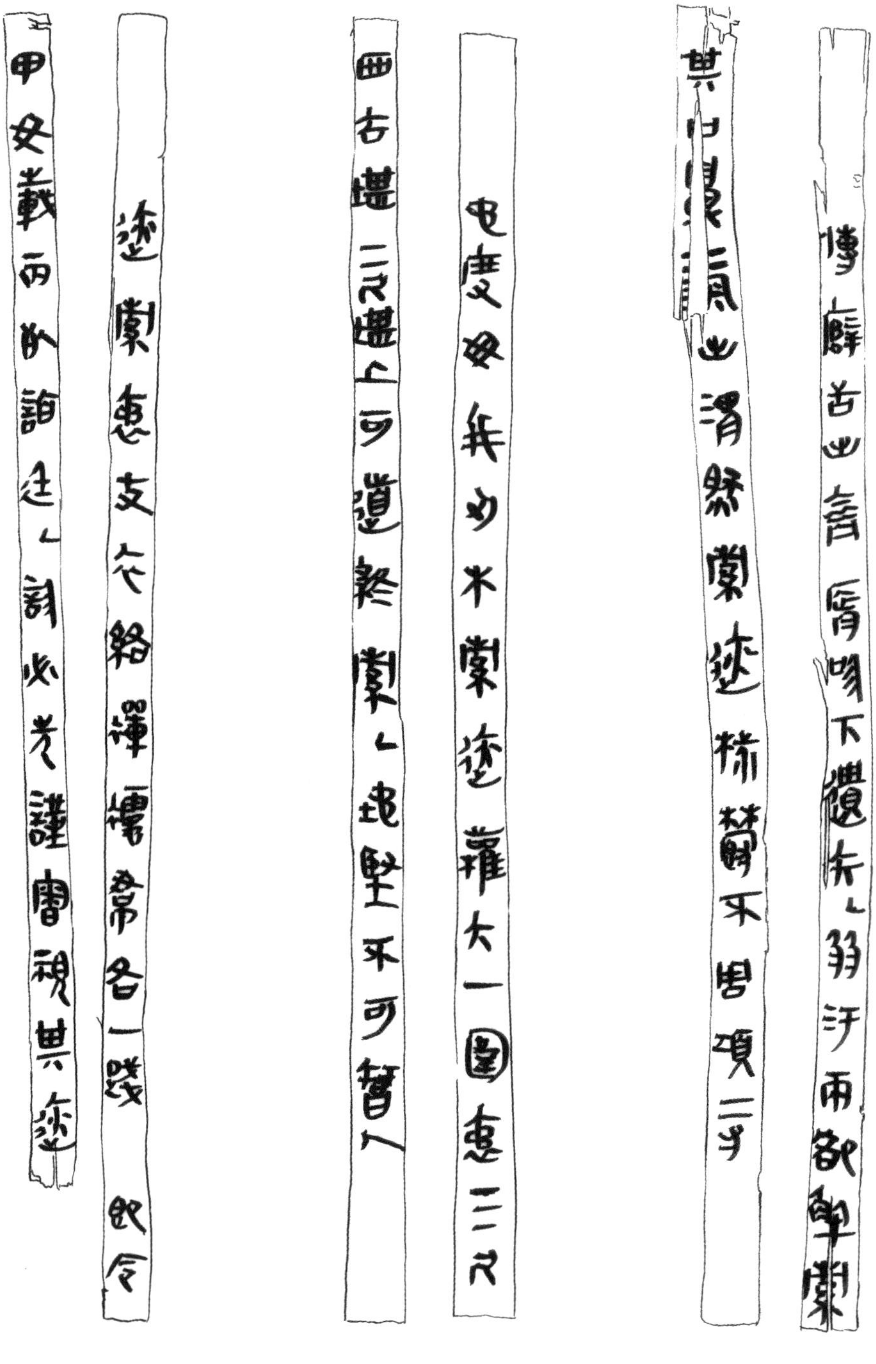

68　67　66

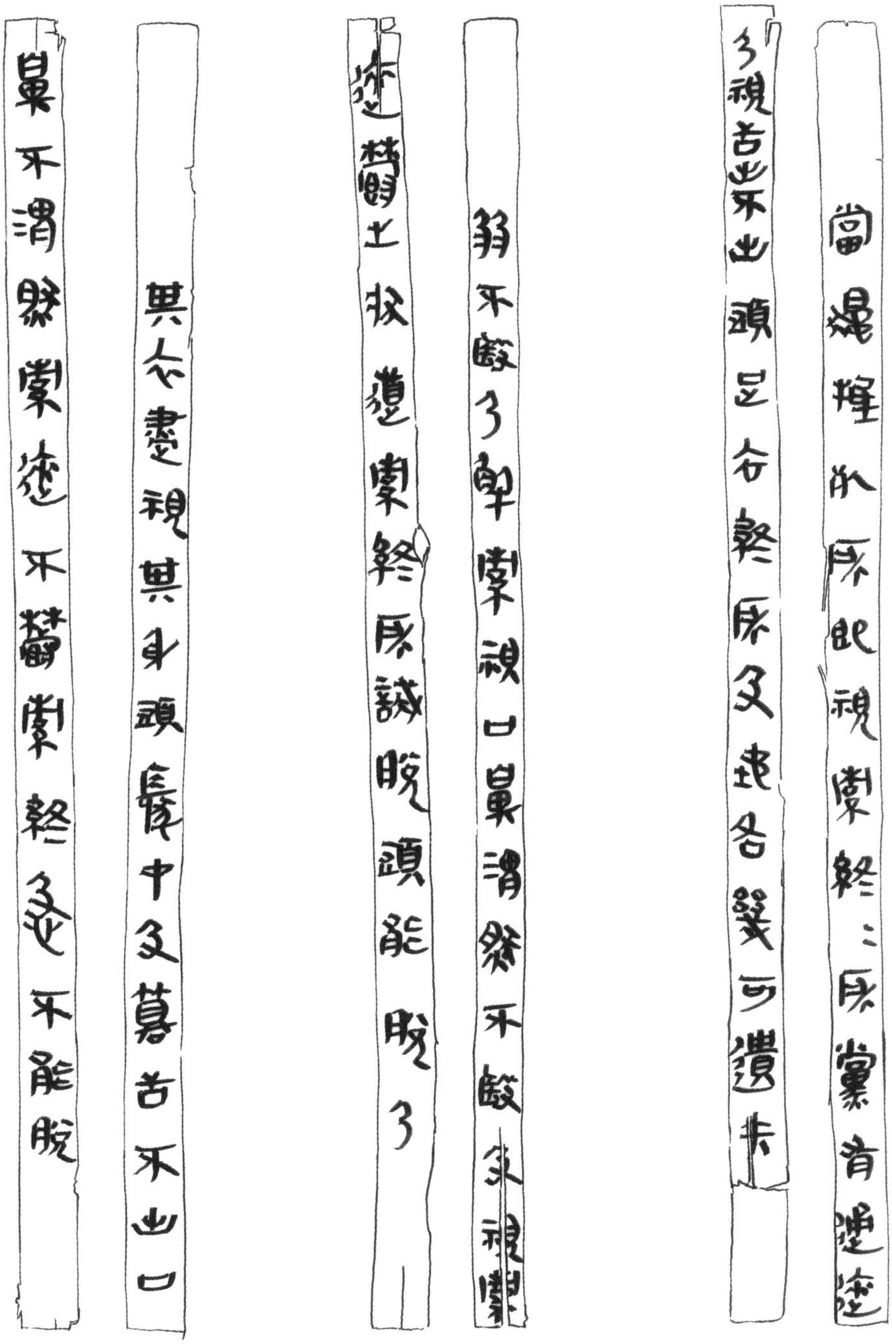

71 70 69

內訟　爰書某里士五乙告曰乙宵臧人復詰乙乙厚內

中閒其戶人類繁妻而晚臥堂上乙巳起居曰取

自殺者必考訾有故問其日月宿位以令其故一

難雷殷節不入口鼻毋氣不能謂然者

乙人巳內窬內中結人乙不得不智內訟者可人

豎殳中乙殿未告。即令□受某徒諍未其訟令

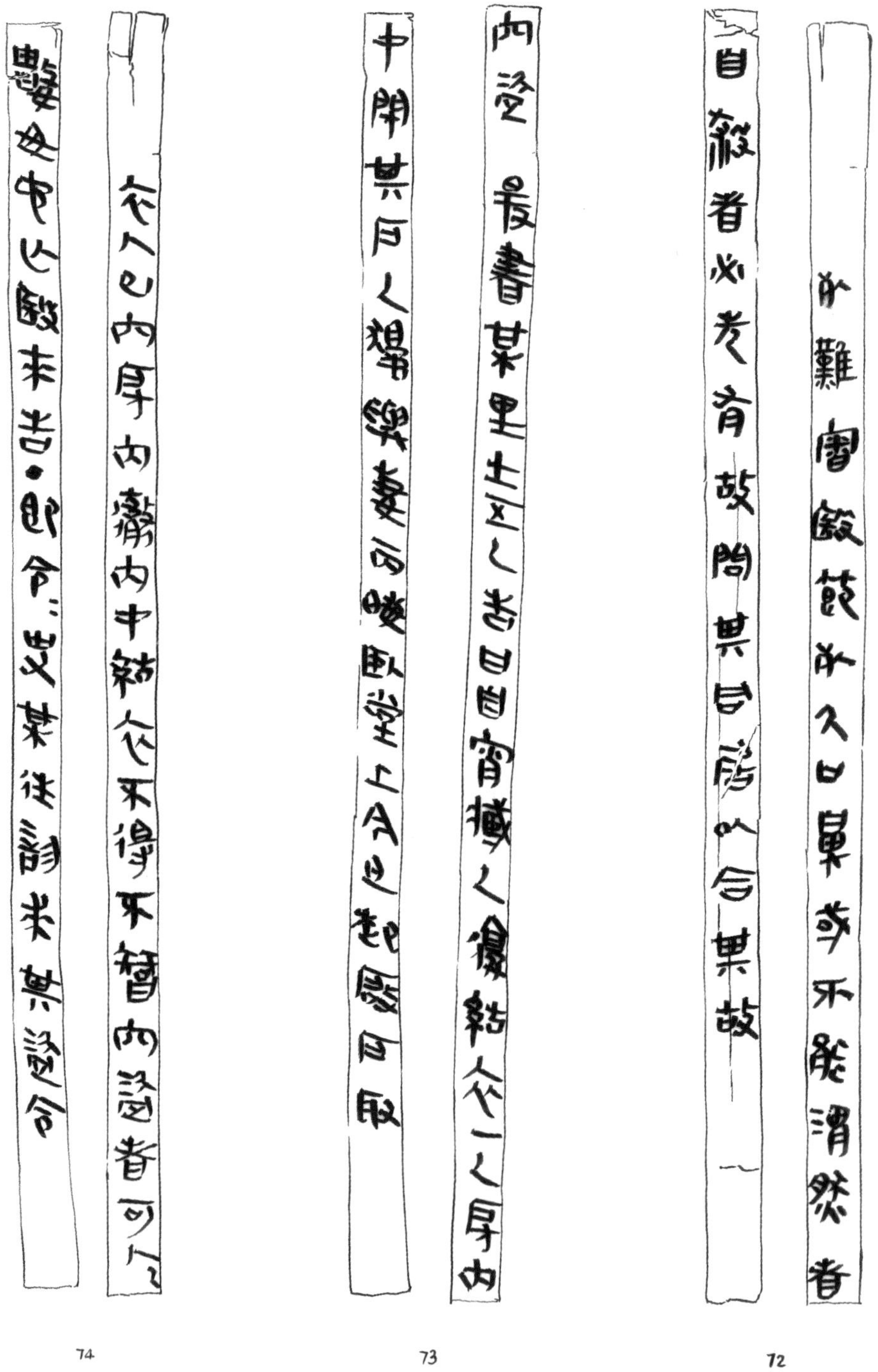

74

73

72

内二中臥竈

一斗大半斗其内竈在小堂上直内牖竈粱人内中〓又

三尺二寸上如豬竇枓其所以垫者類二兩鑿从廣

内首斯内二廟内十内下有小堂上高三尺三寸下廣

内二在其木内東从木内牖卿有日内後有小堂内中

史某 敢言之

隸臣某即人與人闖人矣

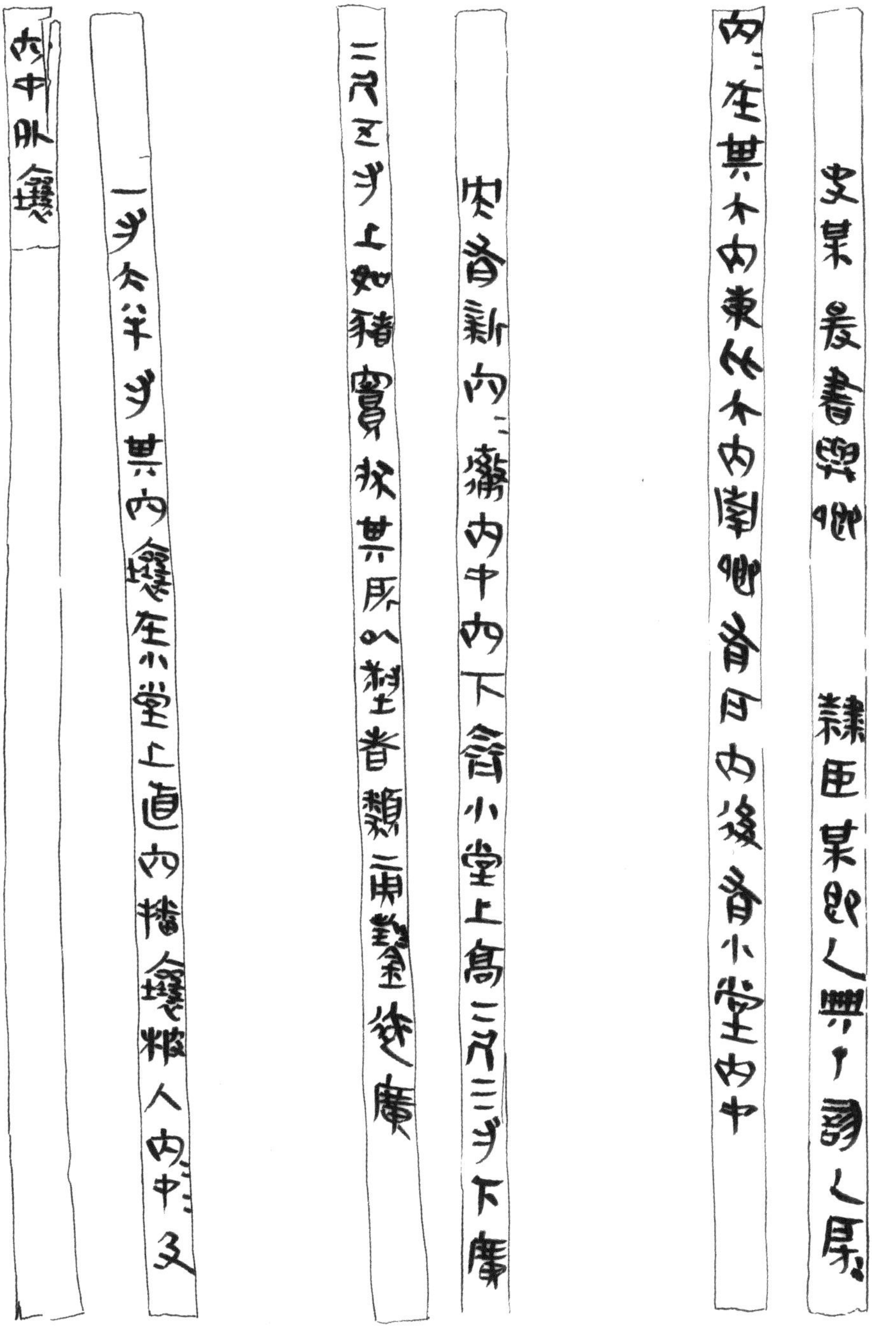

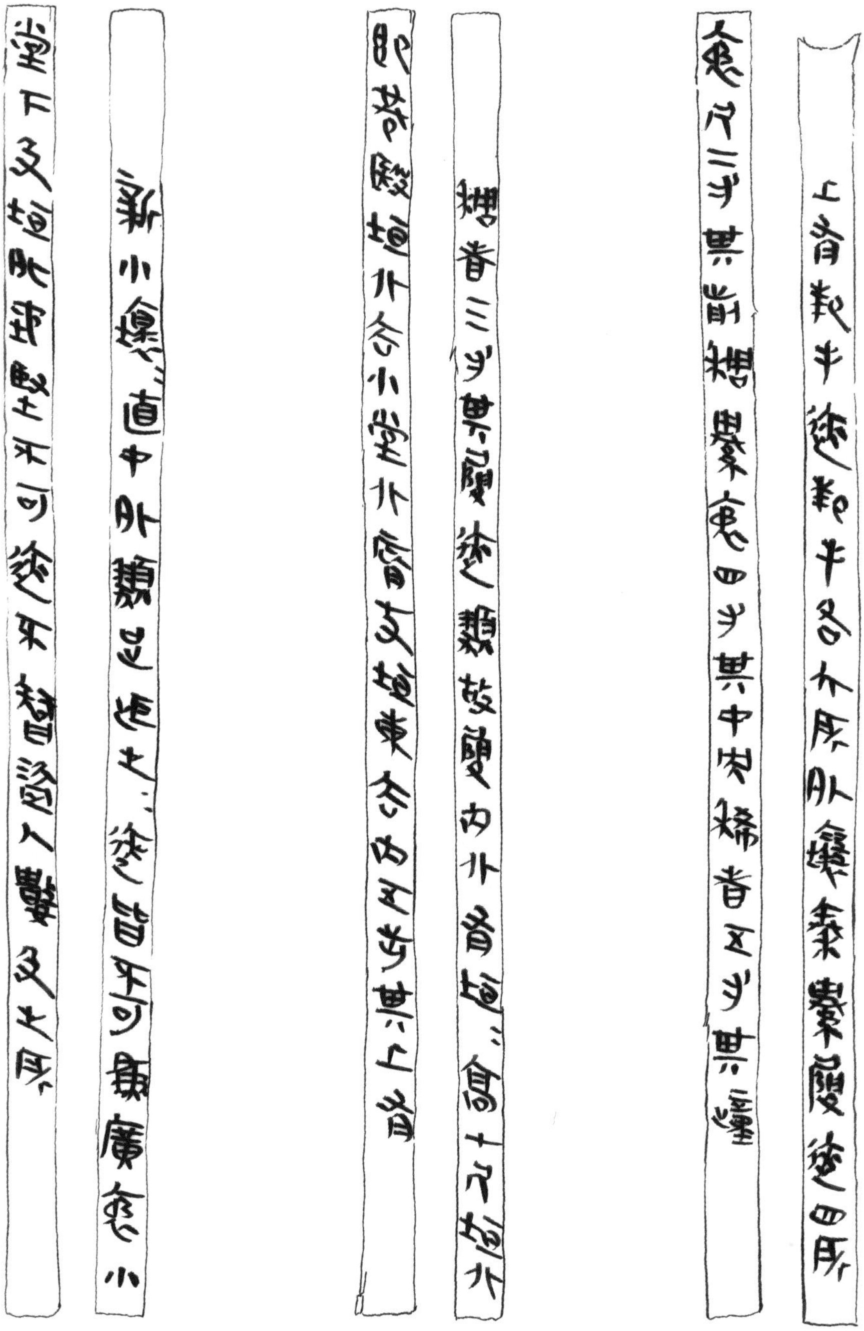

上有厀手迹厀手各六所外壤秦綦履迹四所
袤尺二寸其前稠綦袤四寸其中央稀者五寸其歱

78

稠者三寸其履迹類故履內北有垣垣高七尺垣北
即巷殹垣北去小堂北唇丈垣東去內五步其上有

79

新小壞壞直中外類足歫之之迹皆不可爲廣袤小
堂下及垣外地堅不可迹不智盜人數及之所

80

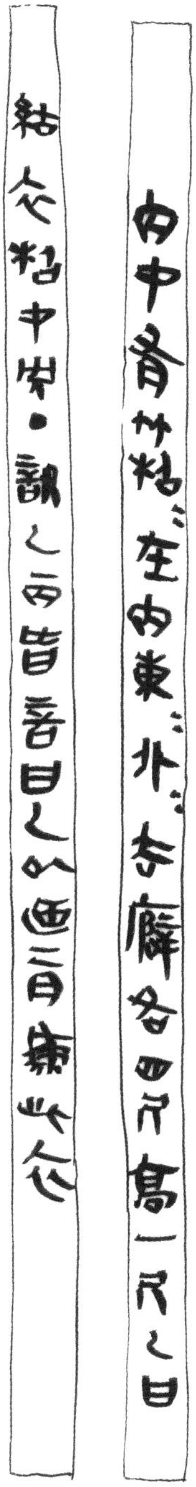

81

82

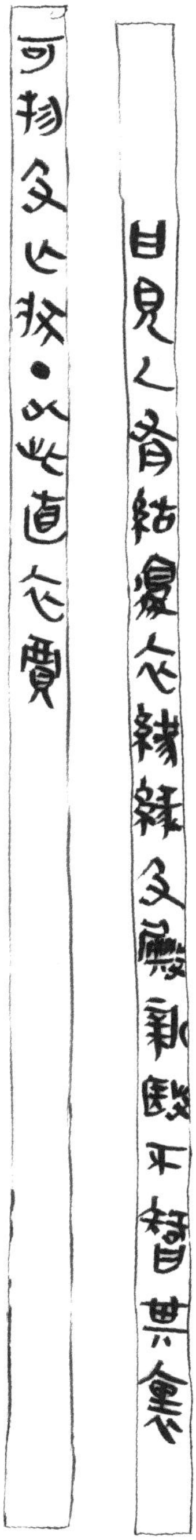

83

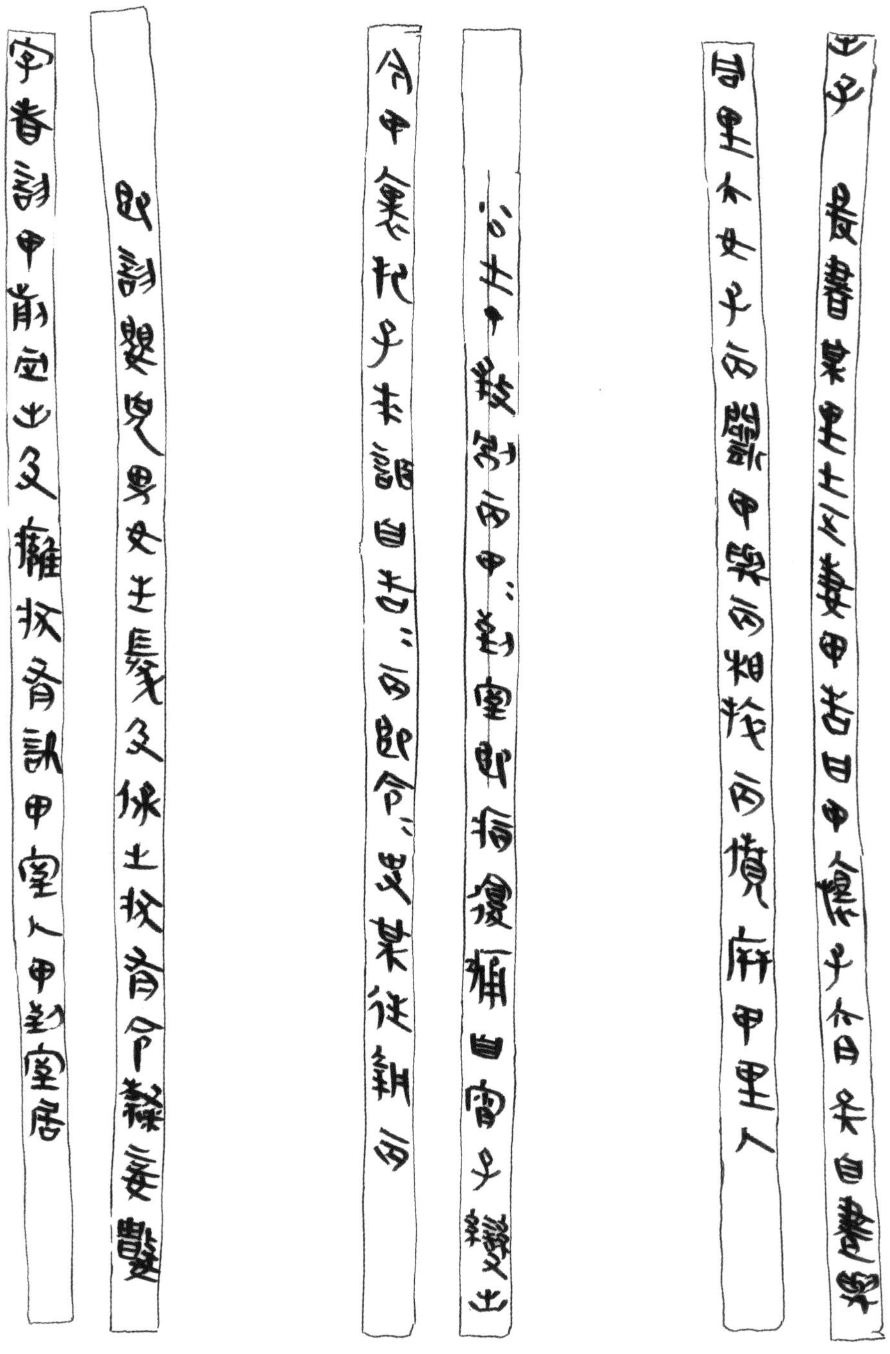

86　85　84

87

88

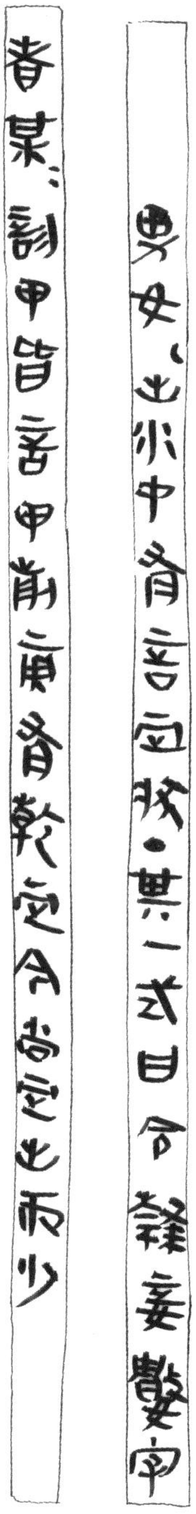

89

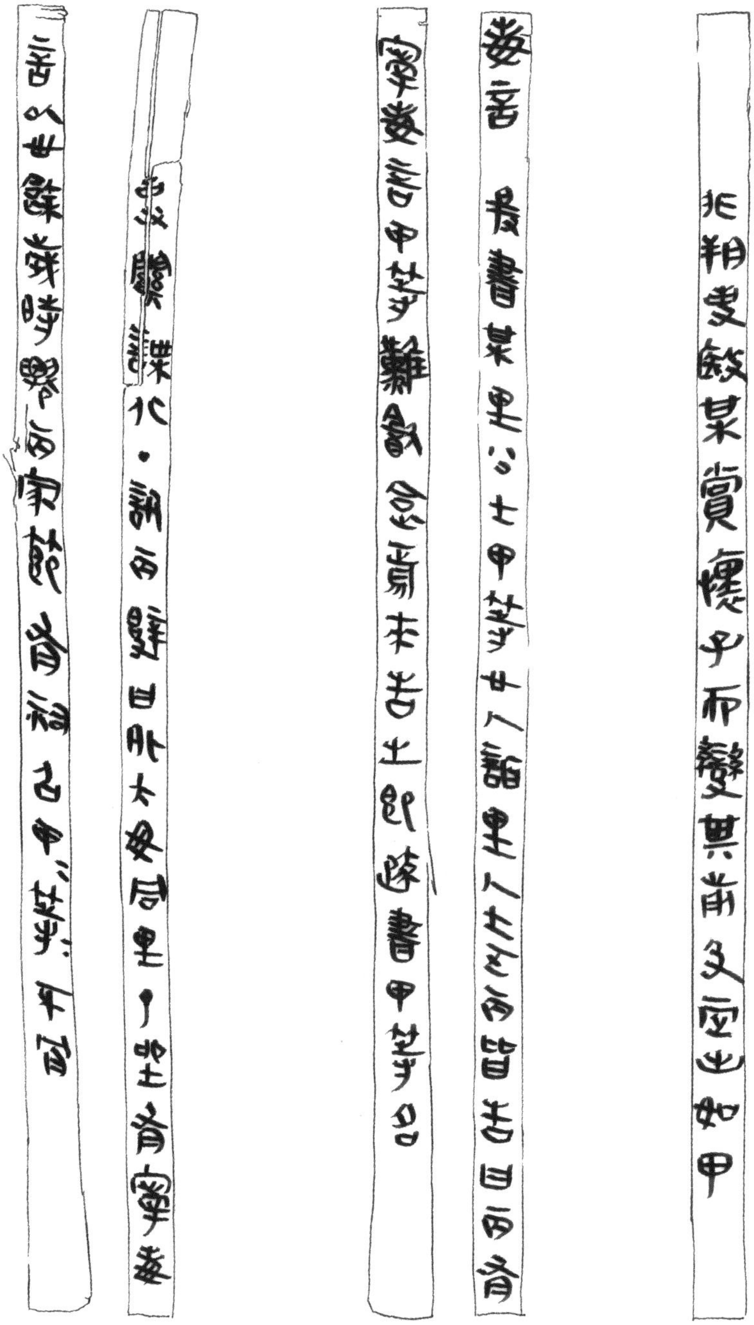

92　　91　　90

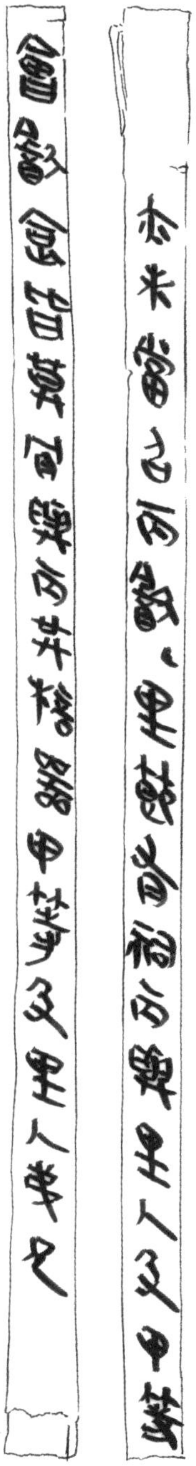

93

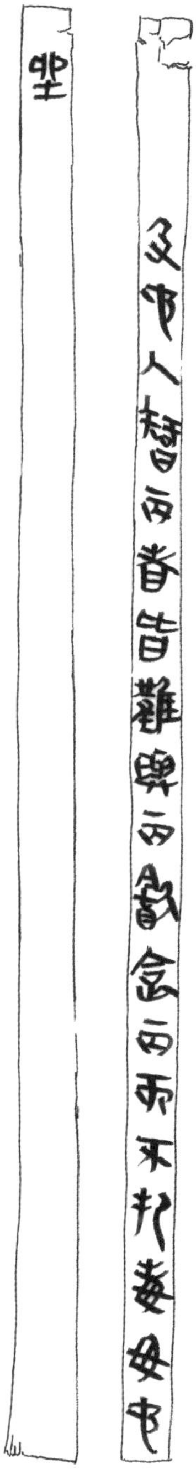

94

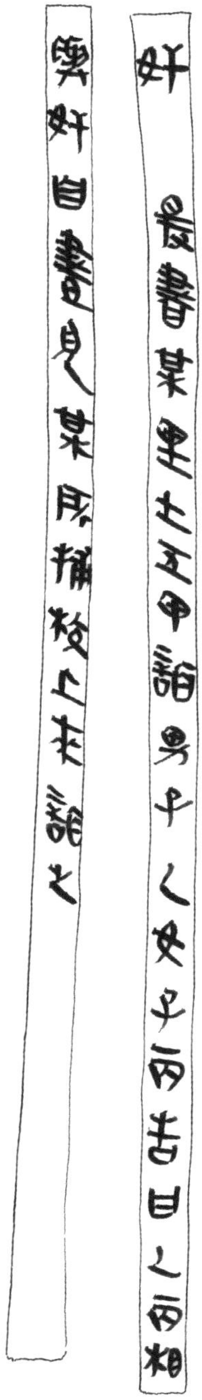

95

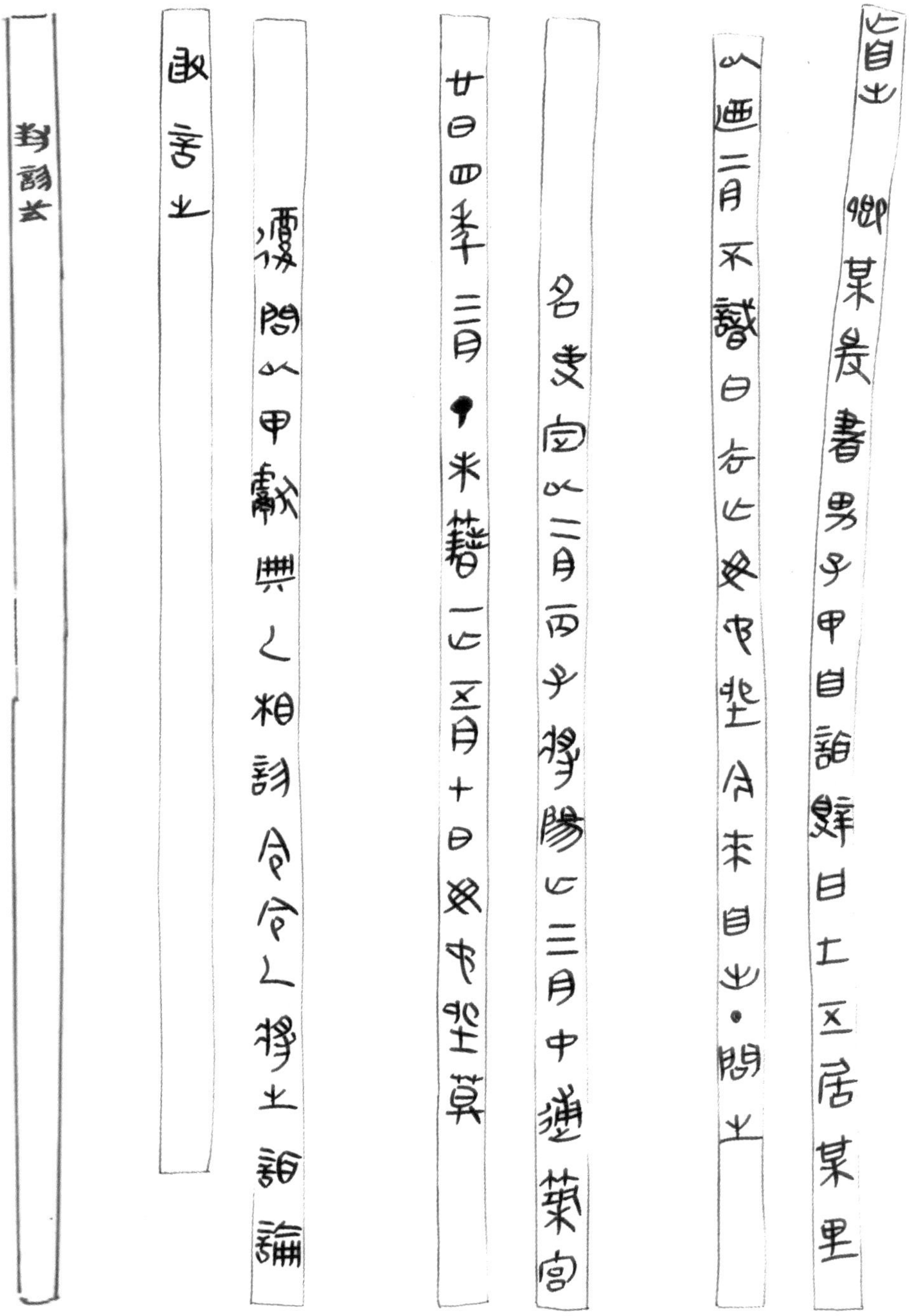

98反 98 97 96

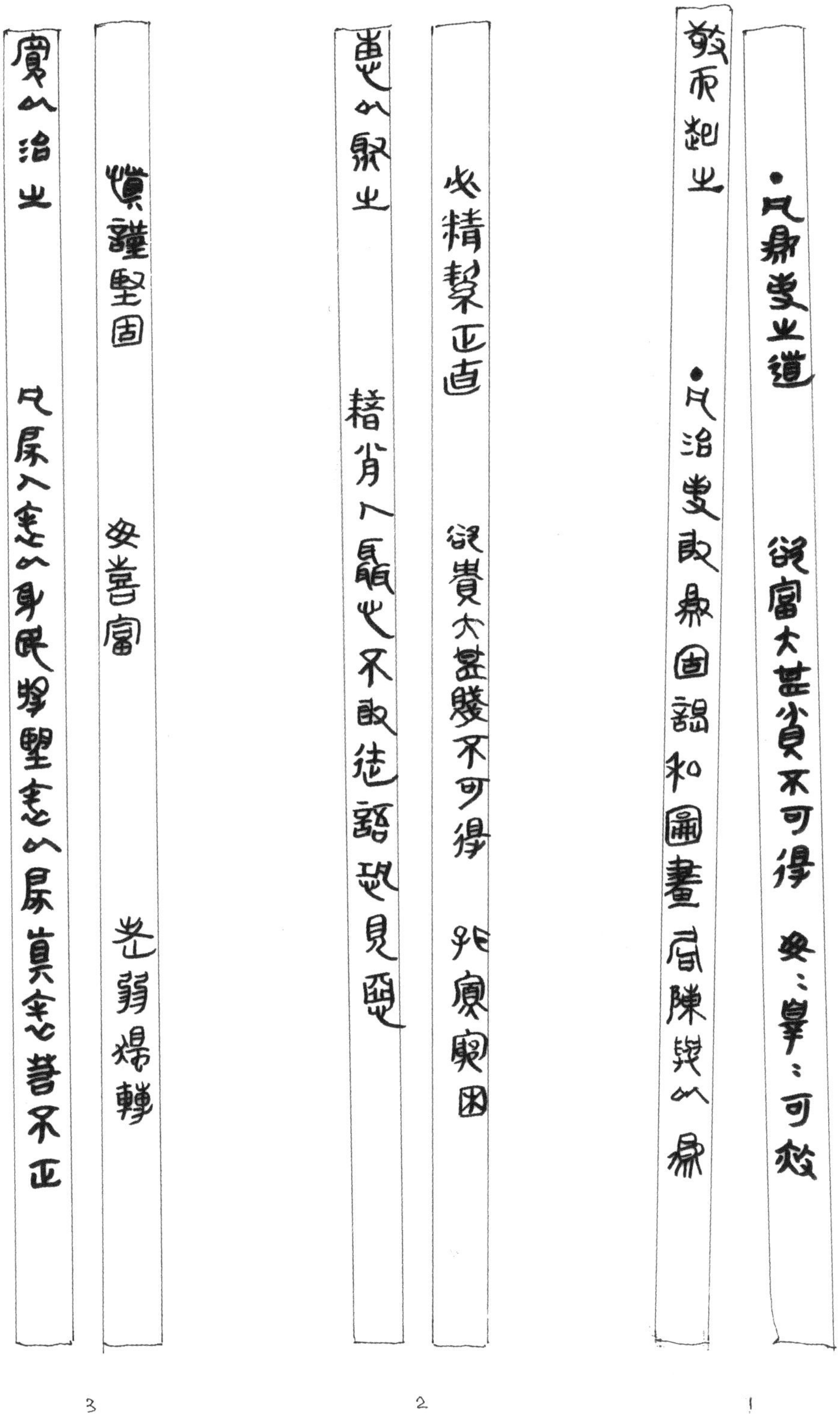

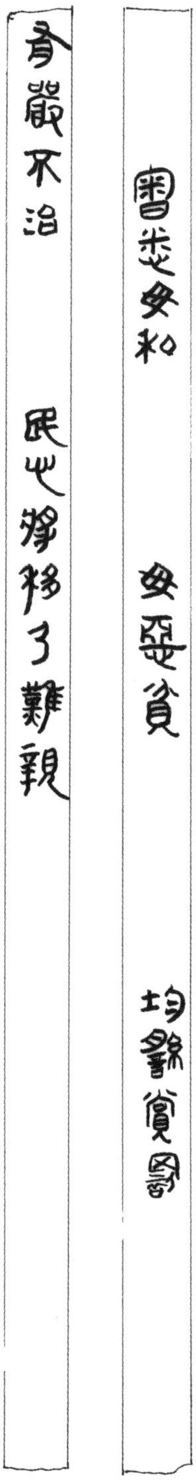

4

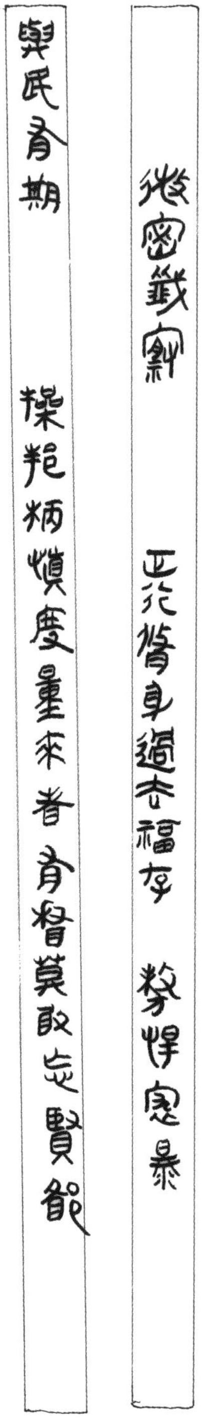

5

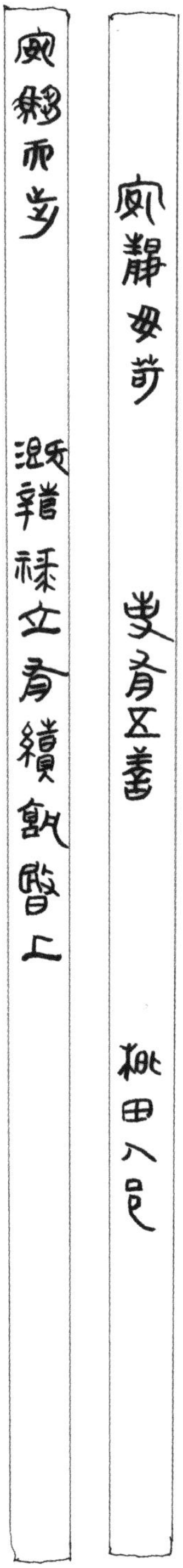

6

安使民懼　　曹當賞罸

粜业急左脰殺桜民业彶政乡仑上安閒　　一曰中信敬上　贬敛安度

疾而安誤　　嚴劇安暴

陛下雖善說爆可多也　　二曰精廉安謹　城郭官府

蘭而安齣　　寐而安冐

曹民能人偾多北人官祿交財治不偾其人多　　三曰擧政曹當　門戶關扃

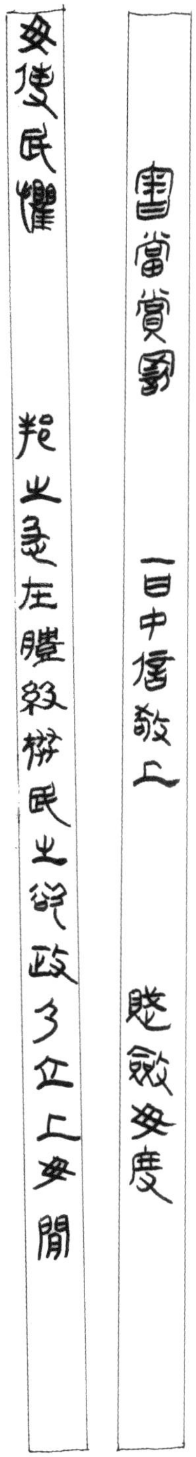

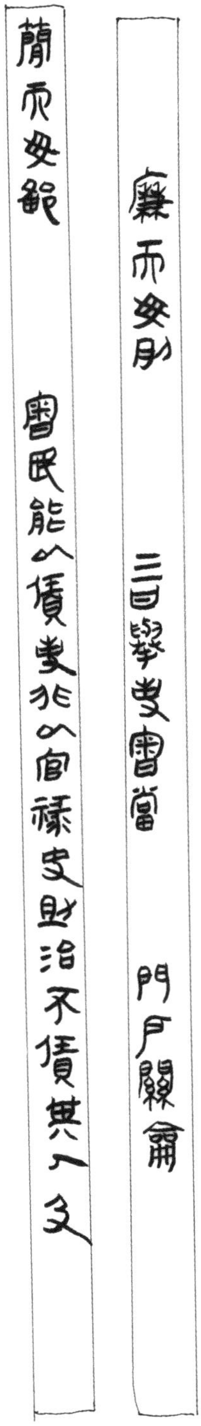

安得期勝　四曰喜為善行　除陛用道

當努而治　官之敗殹亦可悔

不肖可薅　明之義以數畧令食之具下多議彼粻之題

安以炎怒吏　五曰敢敬多讓　命書時會

賓俗忠信　五者異至必有大賞　失不具須

勞身戍既　下頣於巧而發故移

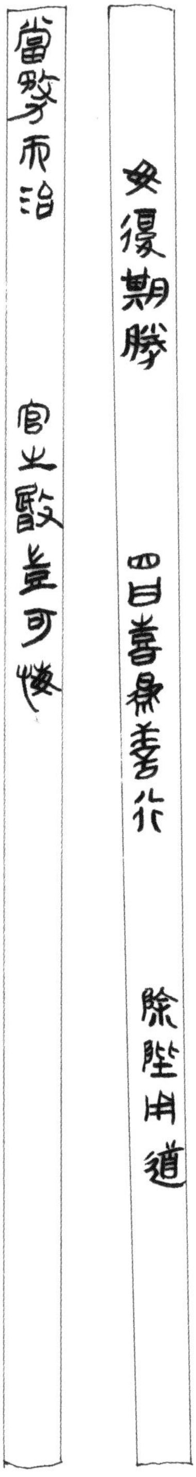

10　11　12

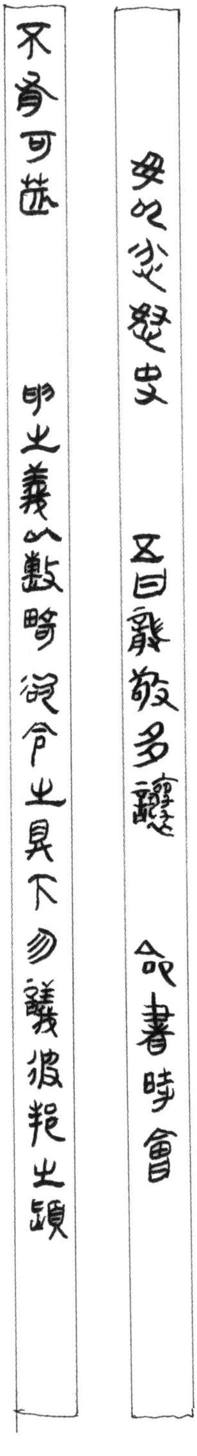

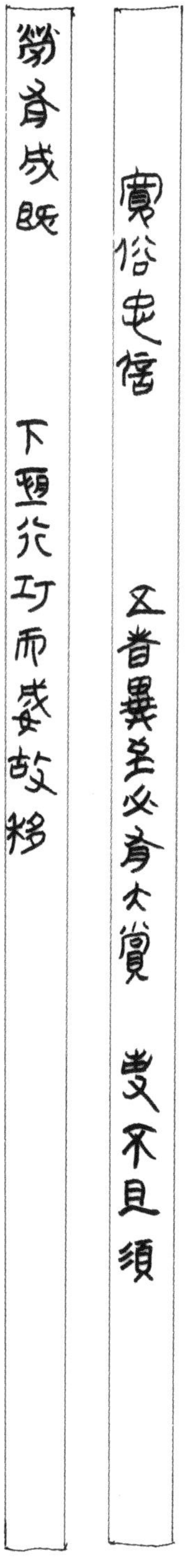

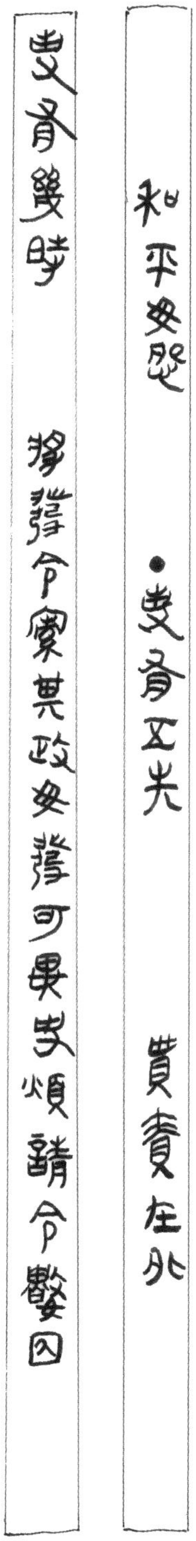

13

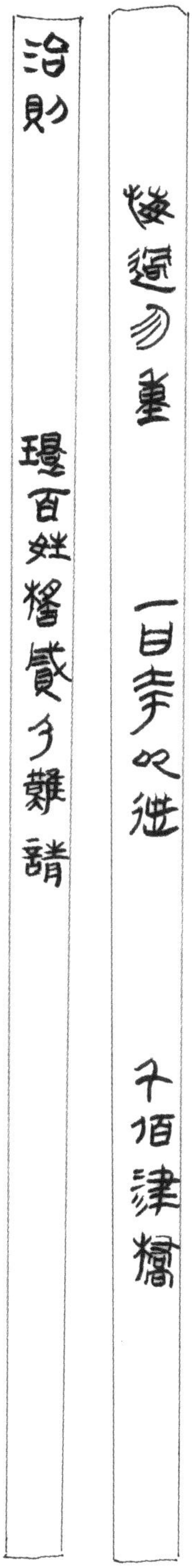

14

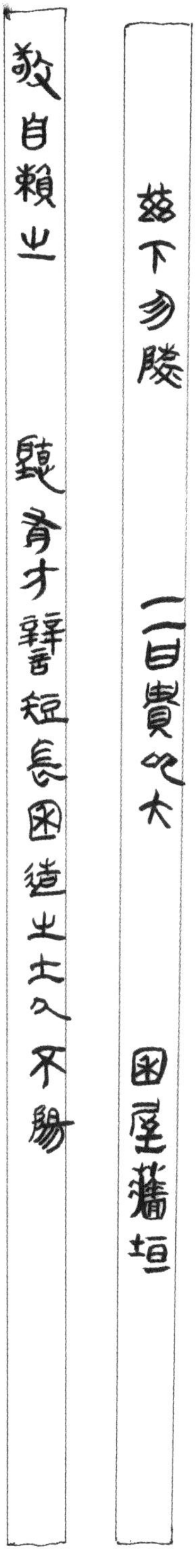

15

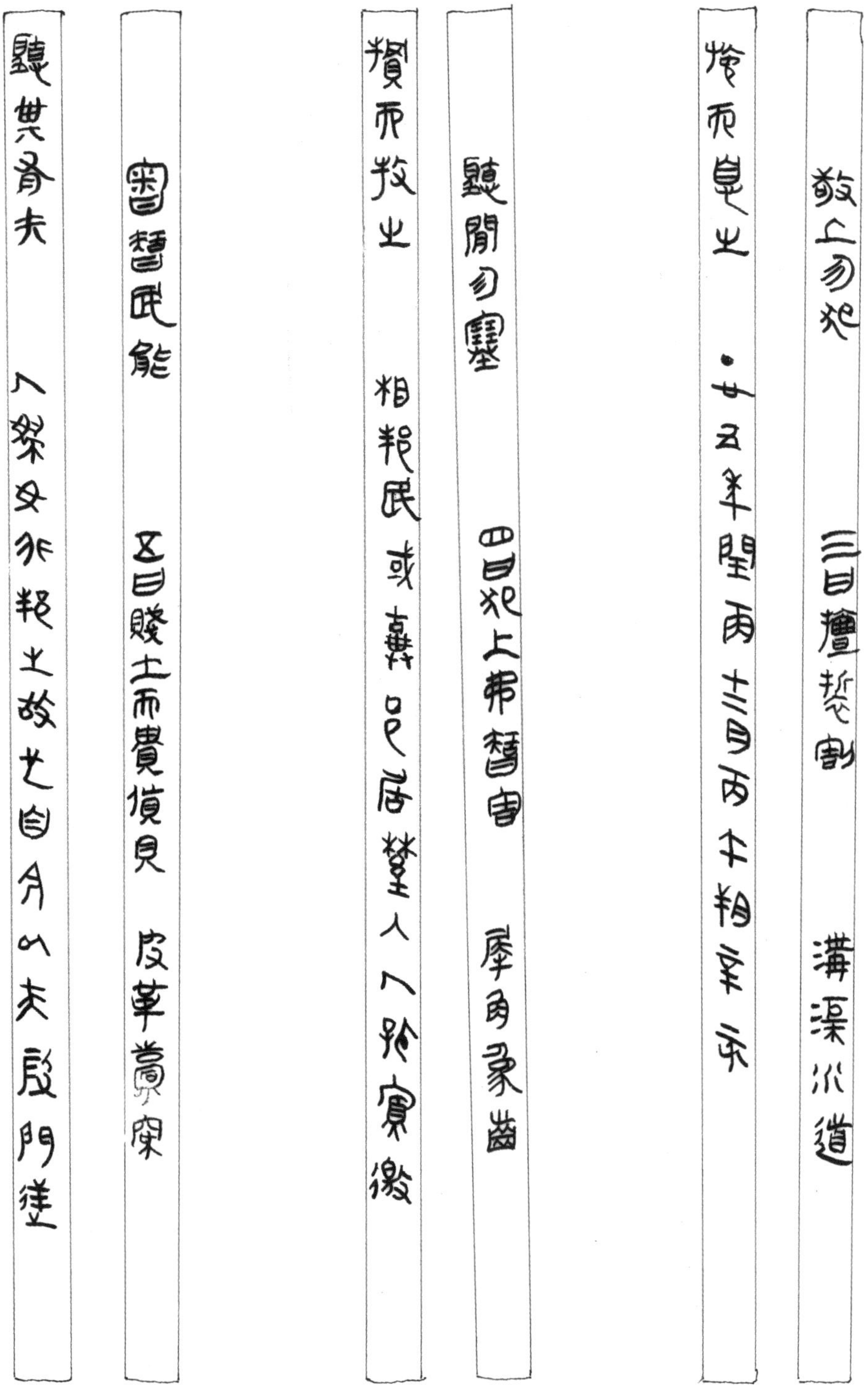

18　17　16

善慶民才　一曰見民衆殺　久郭醫物

從而藏之　□□教皆後之乃令集日乃鼠田宇

勞之涤之　二曰不寠其豊　倉庫禾粟

因而徵之　三曰米之後欲土乃乃醫其籍日故

正之擉之　三曰居官善取　廷甲工用

擉而戰之　莫庫禾積莫實之乃係墬尸律

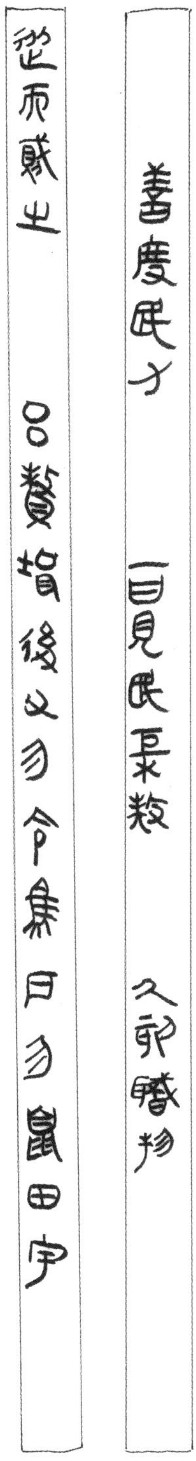

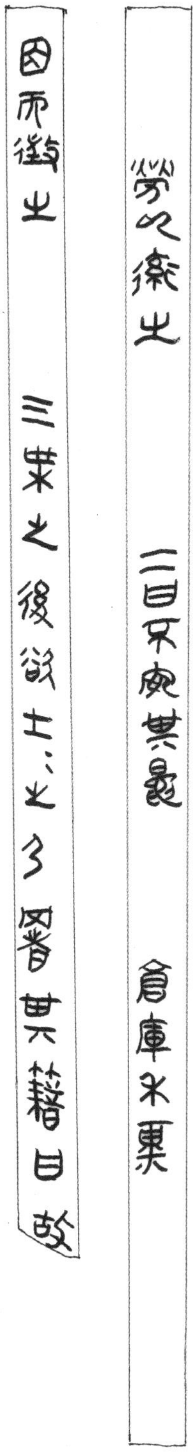

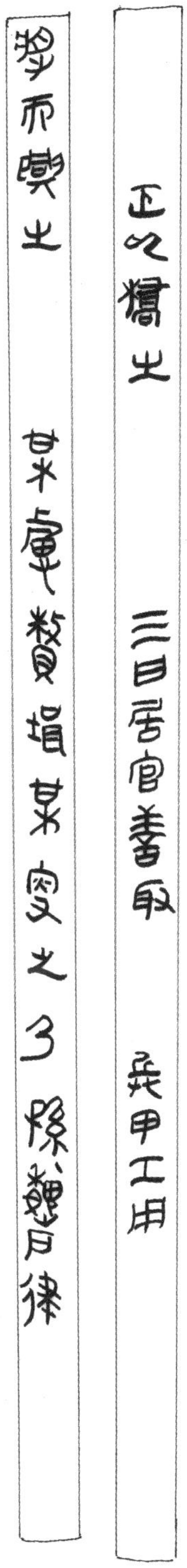

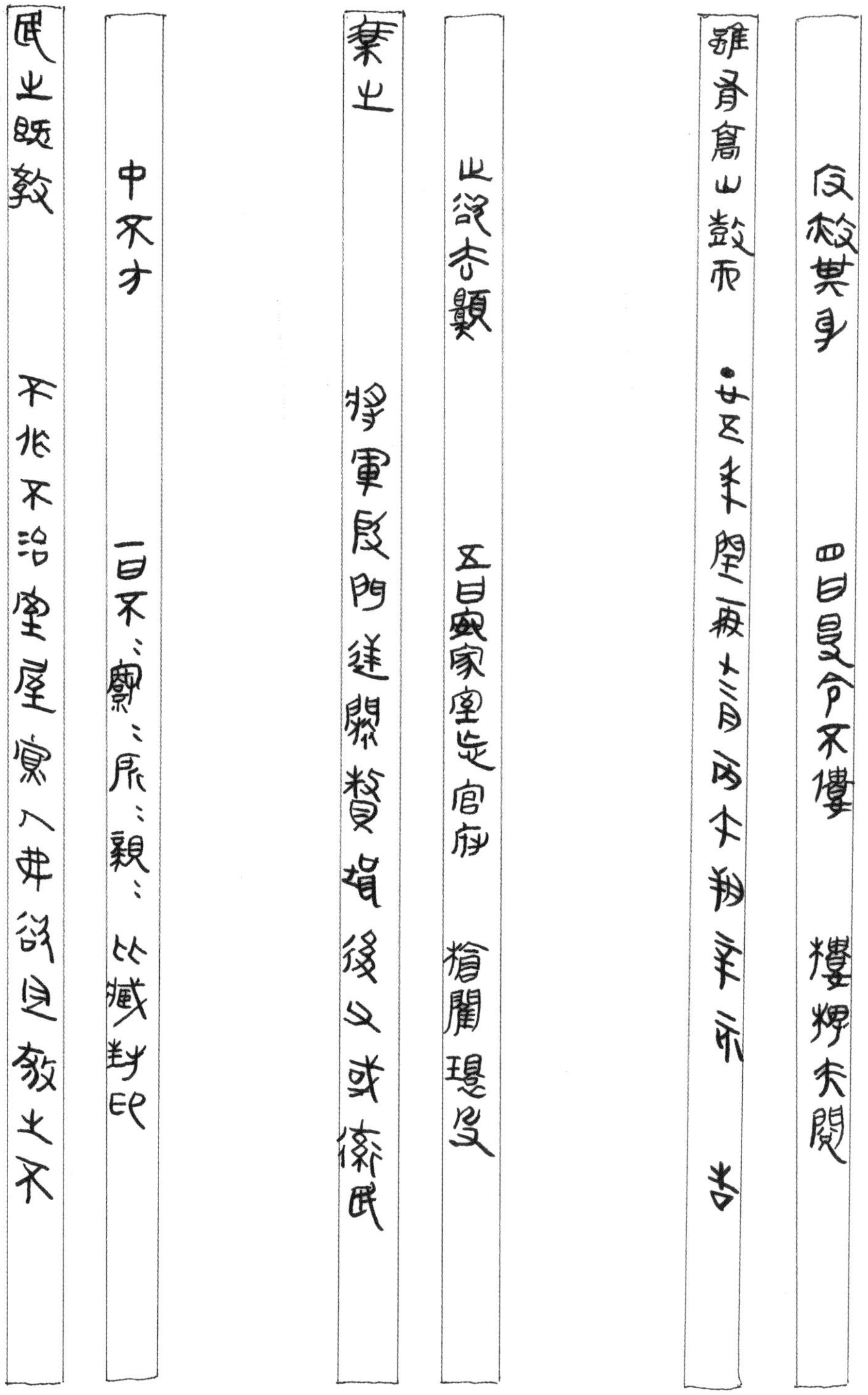

24 23 22

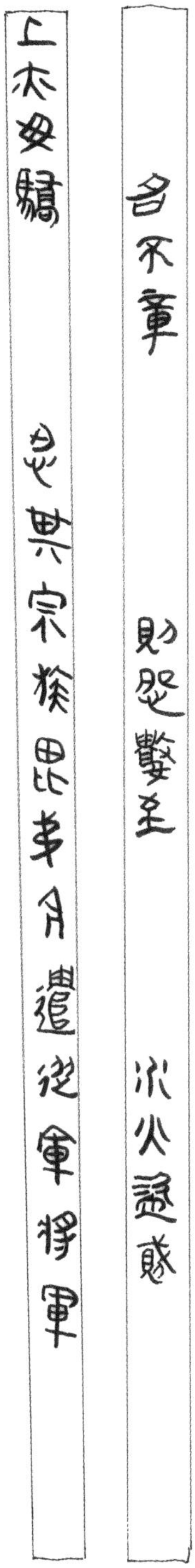

25

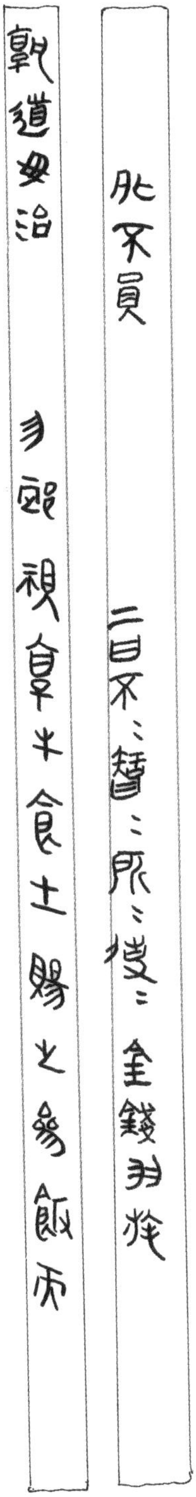

26

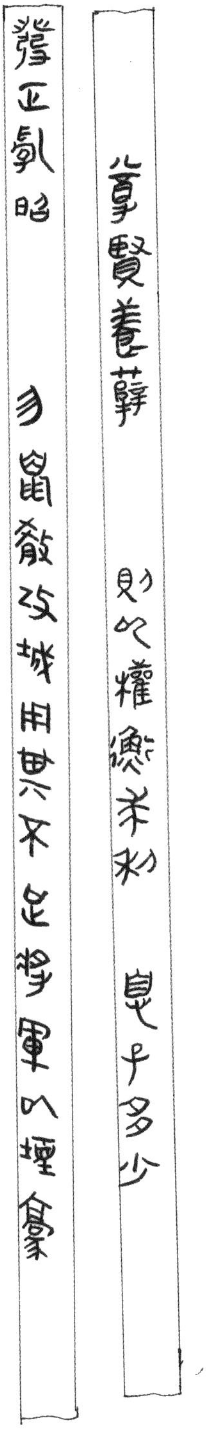

27

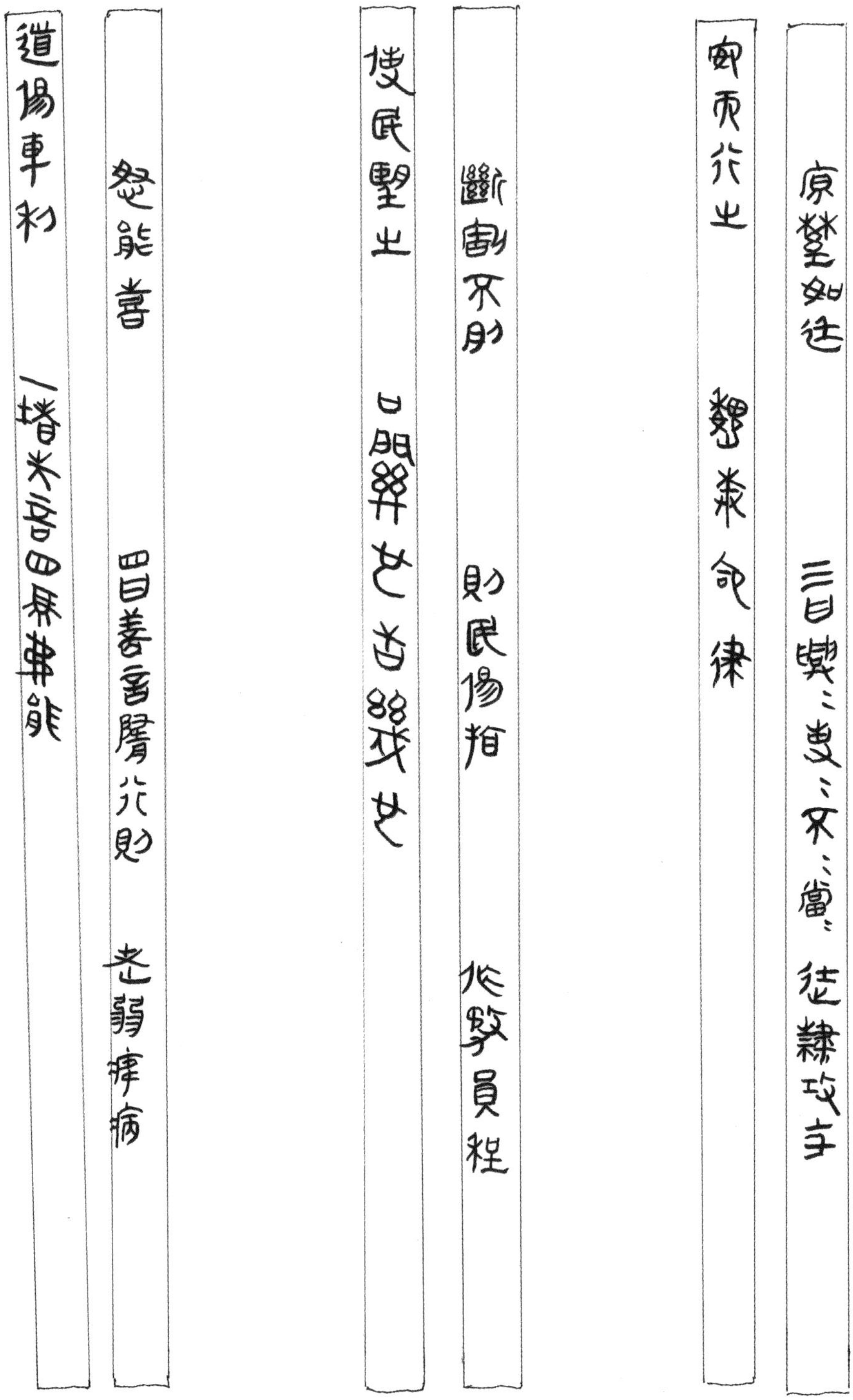

30　29　28

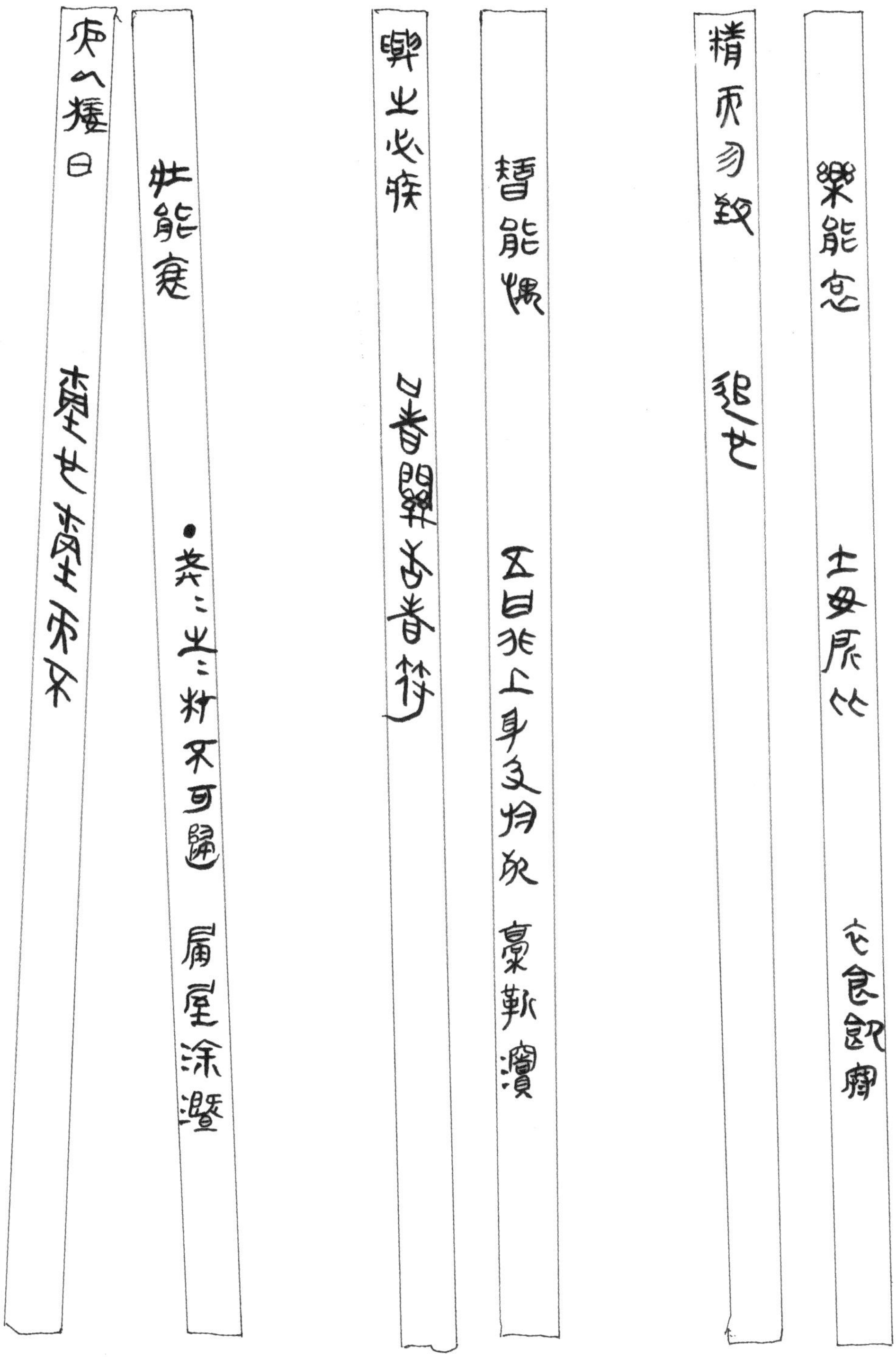

31 32 33

觀民之詐　蔽身不以辭

遇能屈　謹之毋謀不可遺　苑囿園池

剛能柔　慎之毋畜不可起　富窪肥□

屈服之固　人各食其所春不

地狹城固　發之貪人各樂其

不能忍　蔡之食不可賞　米珠月青

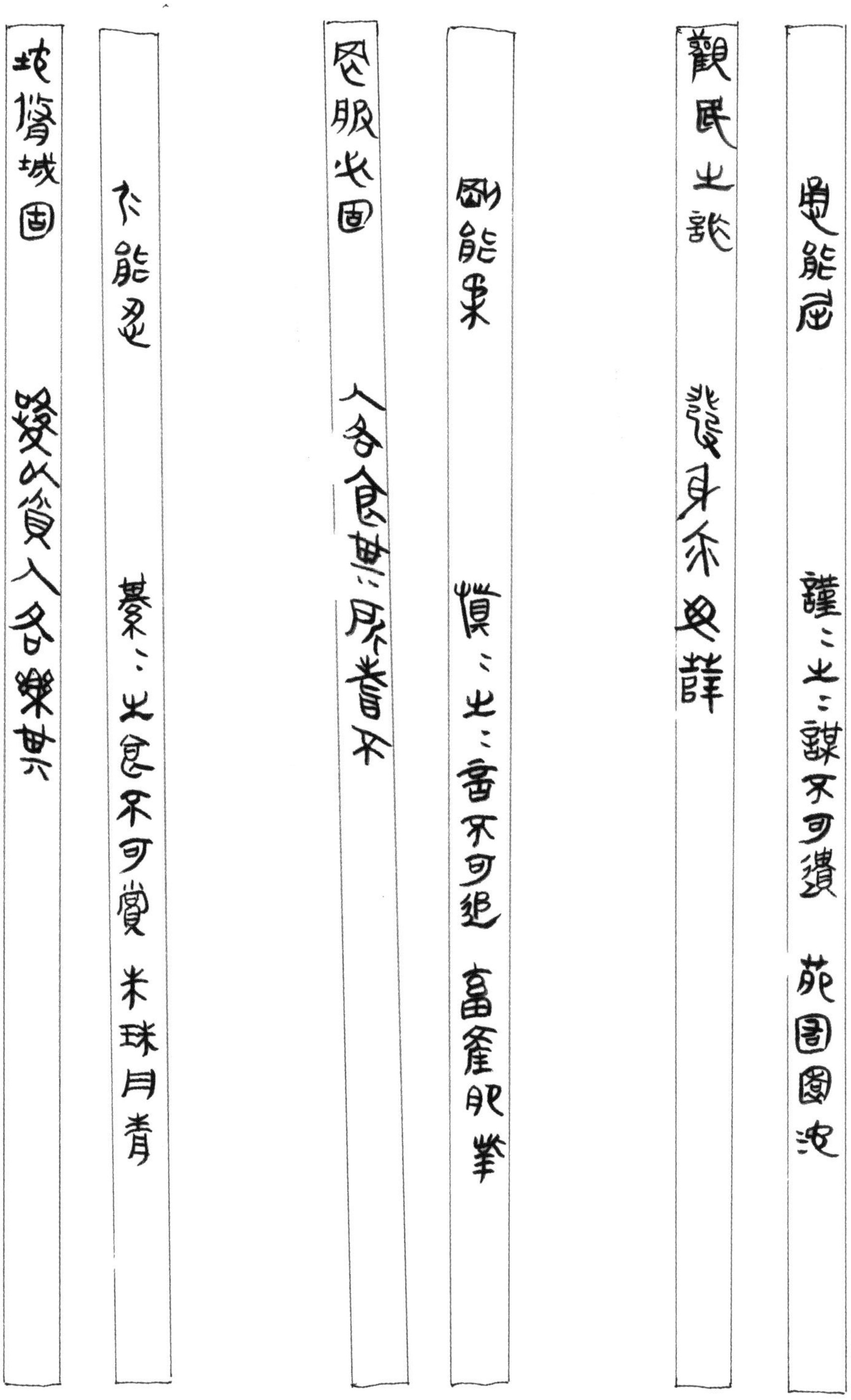

36　　　　35　　　　34

民乜既寧

十瓦當一目

鼎入臣則忠

苟難留民

百叟既成

曹瓦目曰

久此鼎入君則鬼

佫驫安人

民乜予寧

居樂而踐以資人

蓳長不得

徐炎生乜不可長

臨更不敬

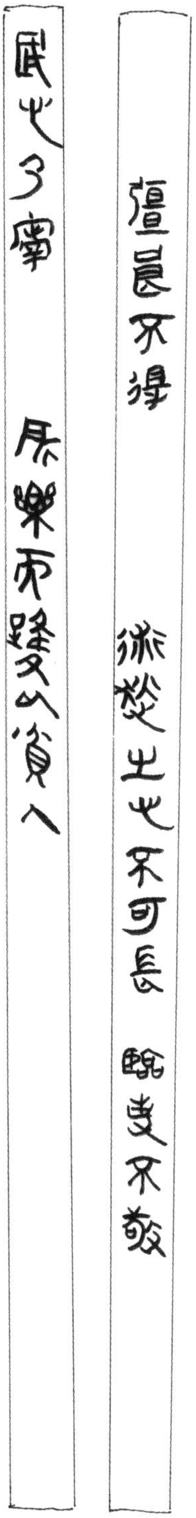

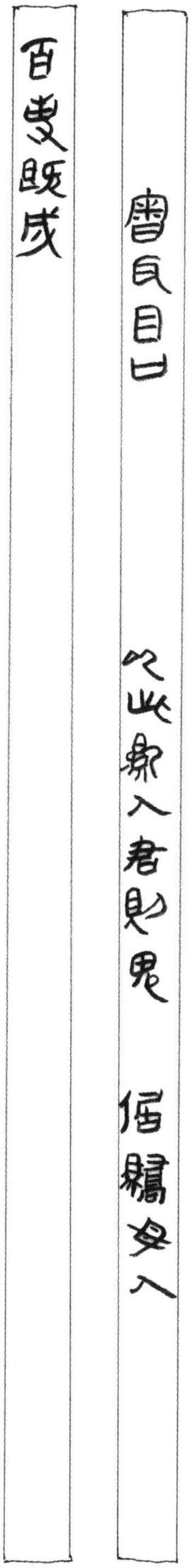

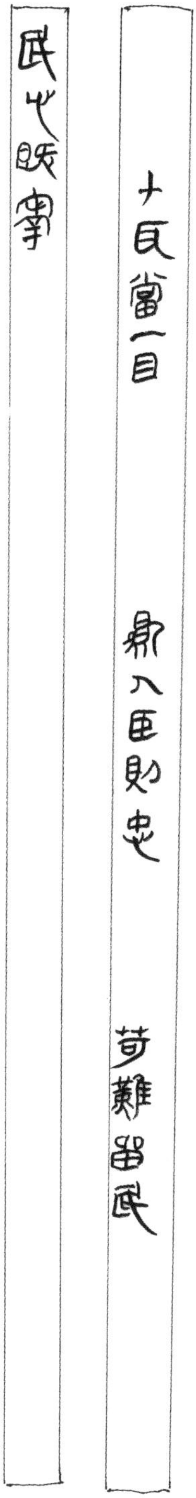

既安後复

安樂必姦

泉入父財姦

變民習浴

從政止經

毋父可愫

暴入子財孝

須身遂過

不時怒

以忠爲臣

能曾於此无官不

興吏不時

42　　　　41　　　　40

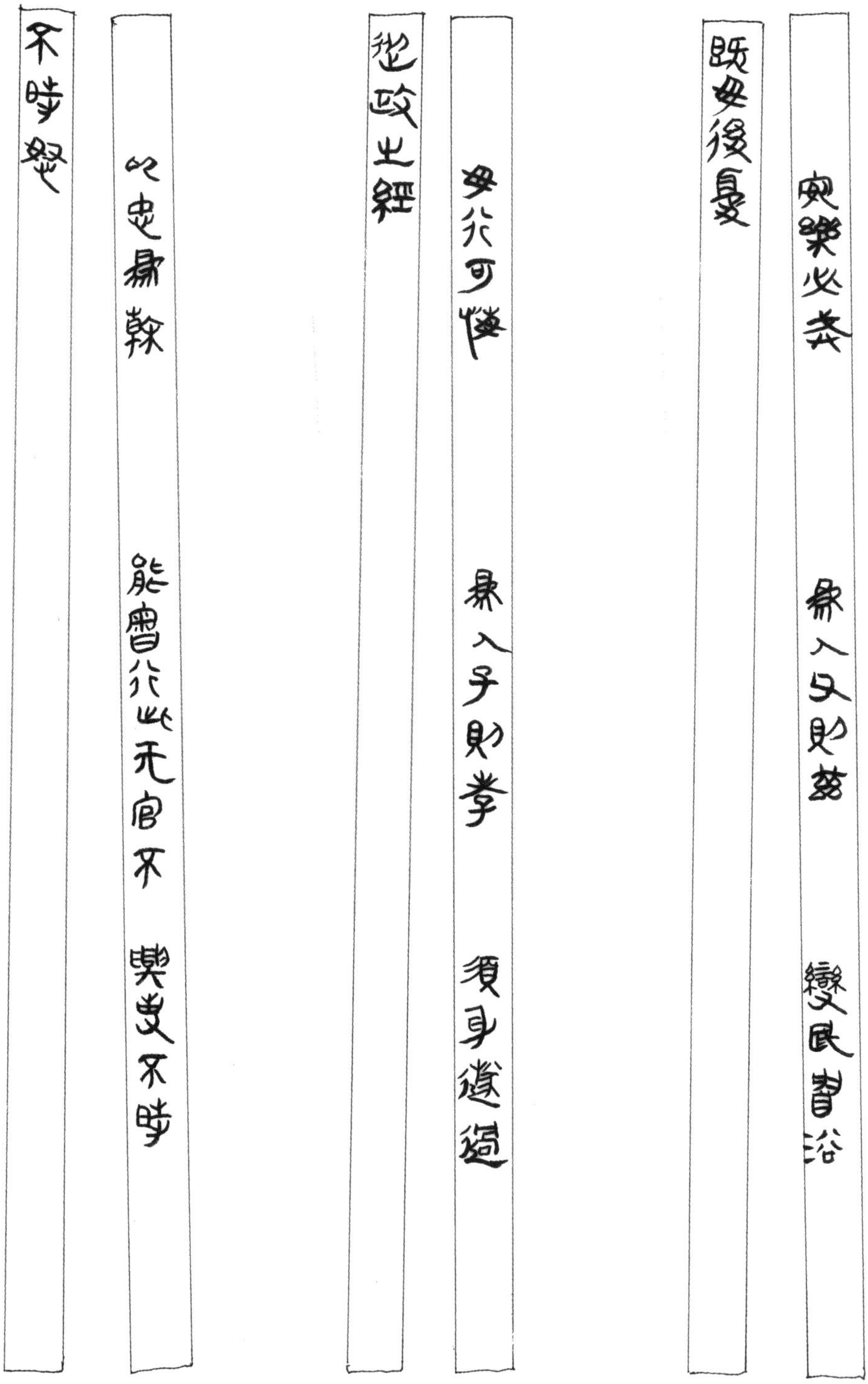

民勞姞谷

莫削慮後　治先志不瘳　緩今皂徵

長不行氏必吝

君子不病瘉　鼻入上則明　支藏不正

叟其病三殹　鼻入下則臤　不精旬粖

當不揄貨必吝殹

45　　　44　　　43

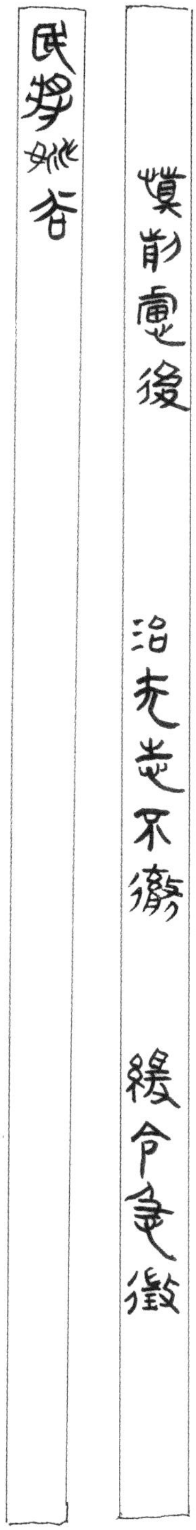

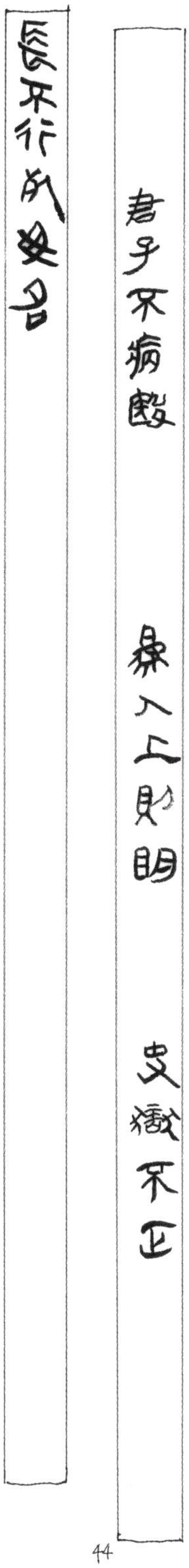

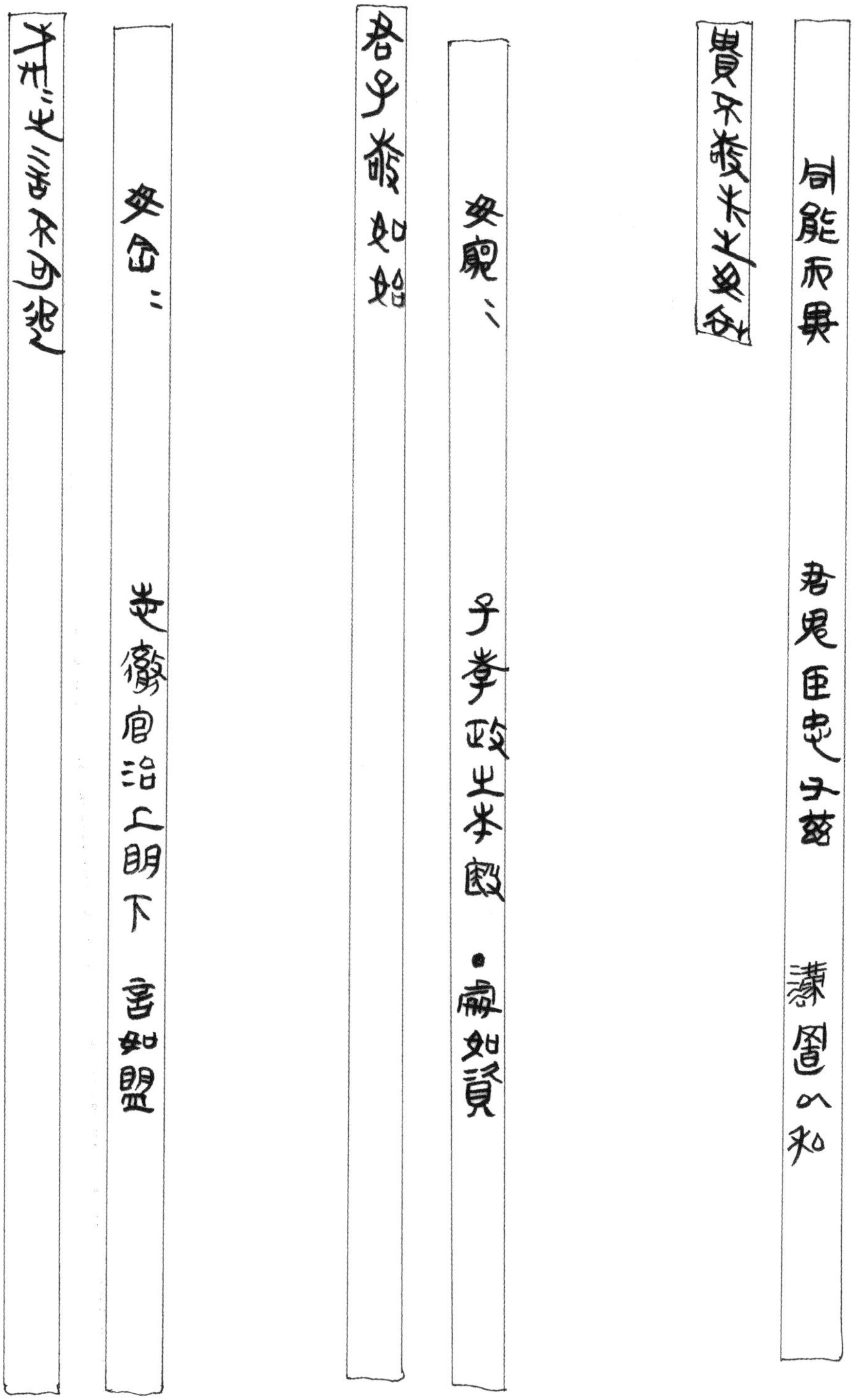

46 47 48

思之某不可遷

安惠・

聖治之紀殴

世則敬安掩當

臨材見利不取曰富・除害興利

昭如有光

遺之慎不可疑

臨難見死不取曰夋

慈愛慕姓

掩而喜之

49

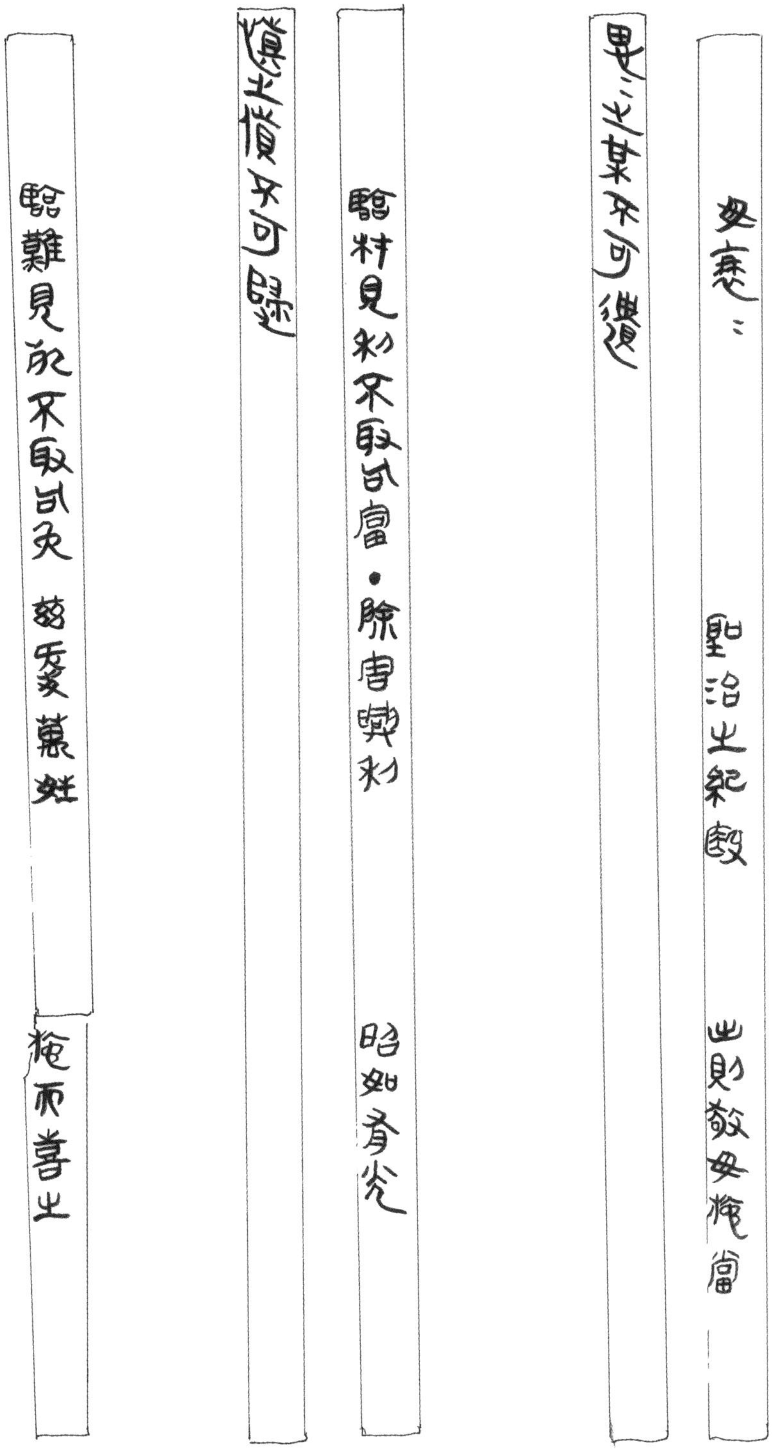

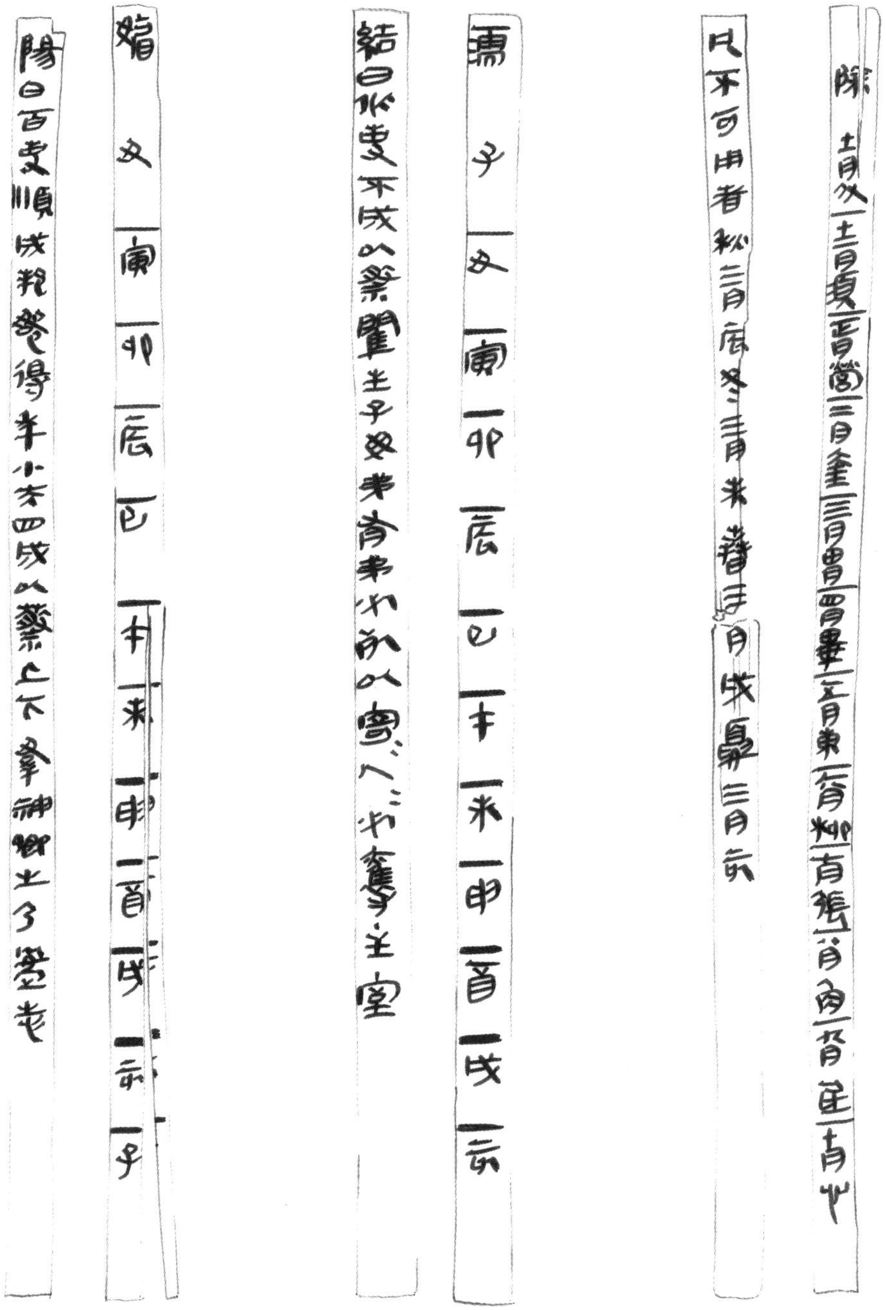

3　　2　　1

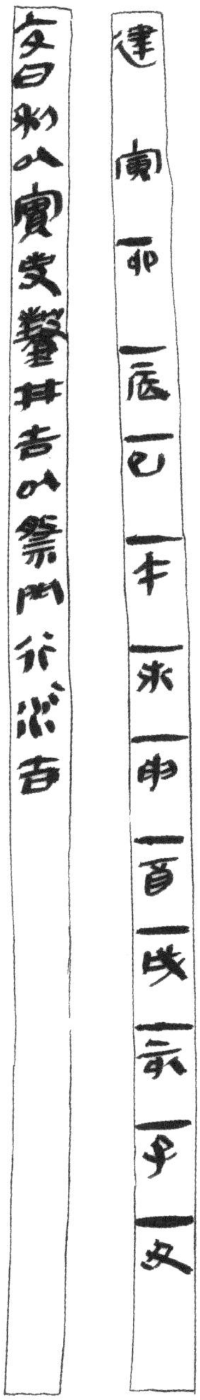

4

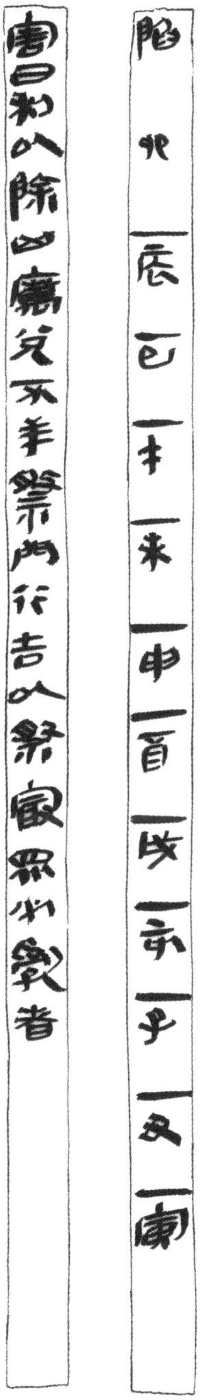

5

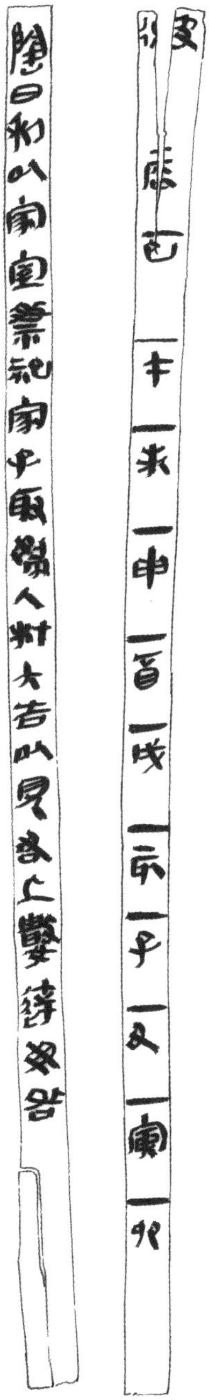

6

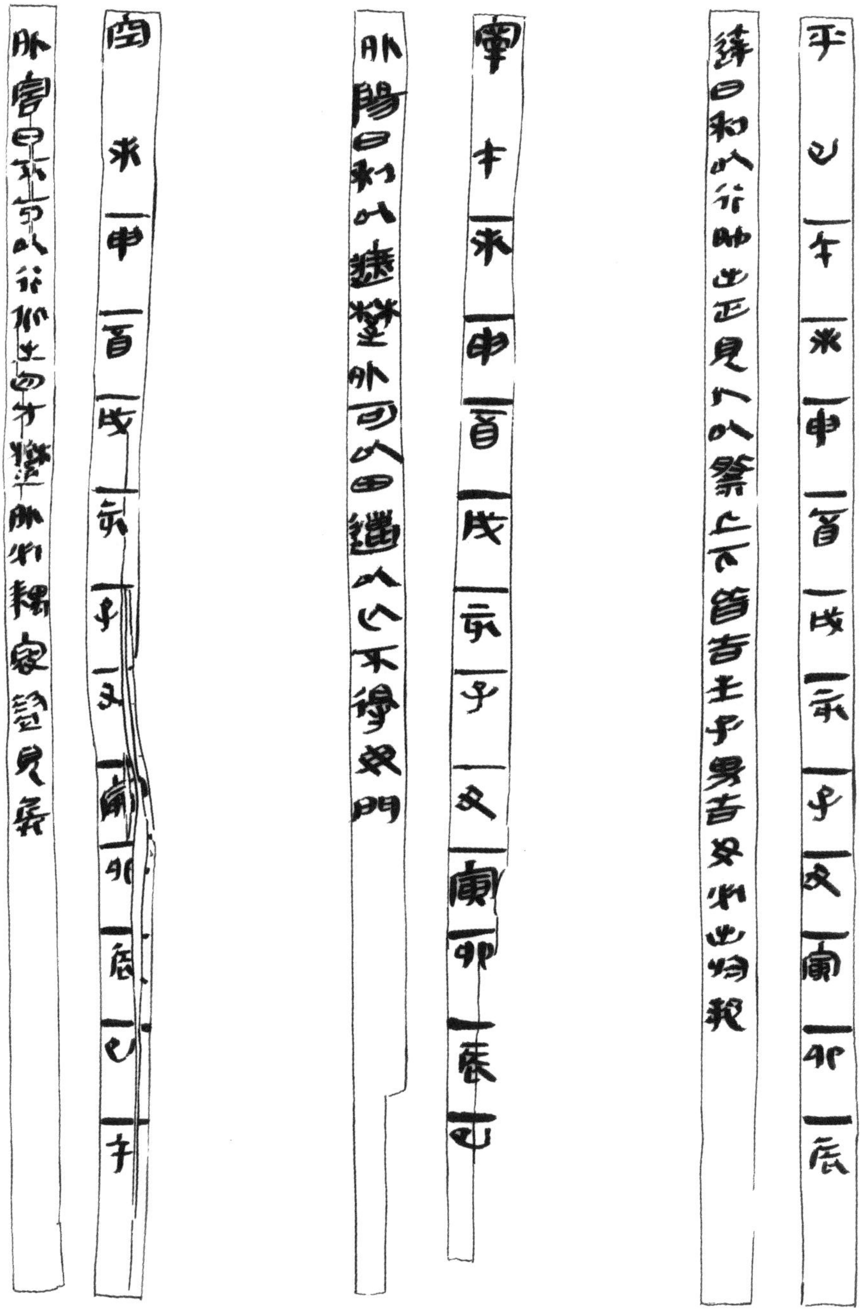

9　8　7

塱

[10] 臥陰日利以纂紲以受人村曾告不可以之塋臥

酓｜戌｜亥｜子｜丑｜寅｜卯｜辰｜巳｜午｜未

[11] 塋

可名曰藪日以生子襲利挑人不得利以役朋詛百不羊

酓｜戌｜亥｜子｜丑｜寅｜卯｜辰｜巳｜午｜未｜甲

[12] 戋妼曰利以葦高飤食遠四十塋臥居肎食於育得以生子男及以妻

戊｜亥｜子｜亥｜寅｜北｜辰｜巳｜午｜未｜甲｜酉

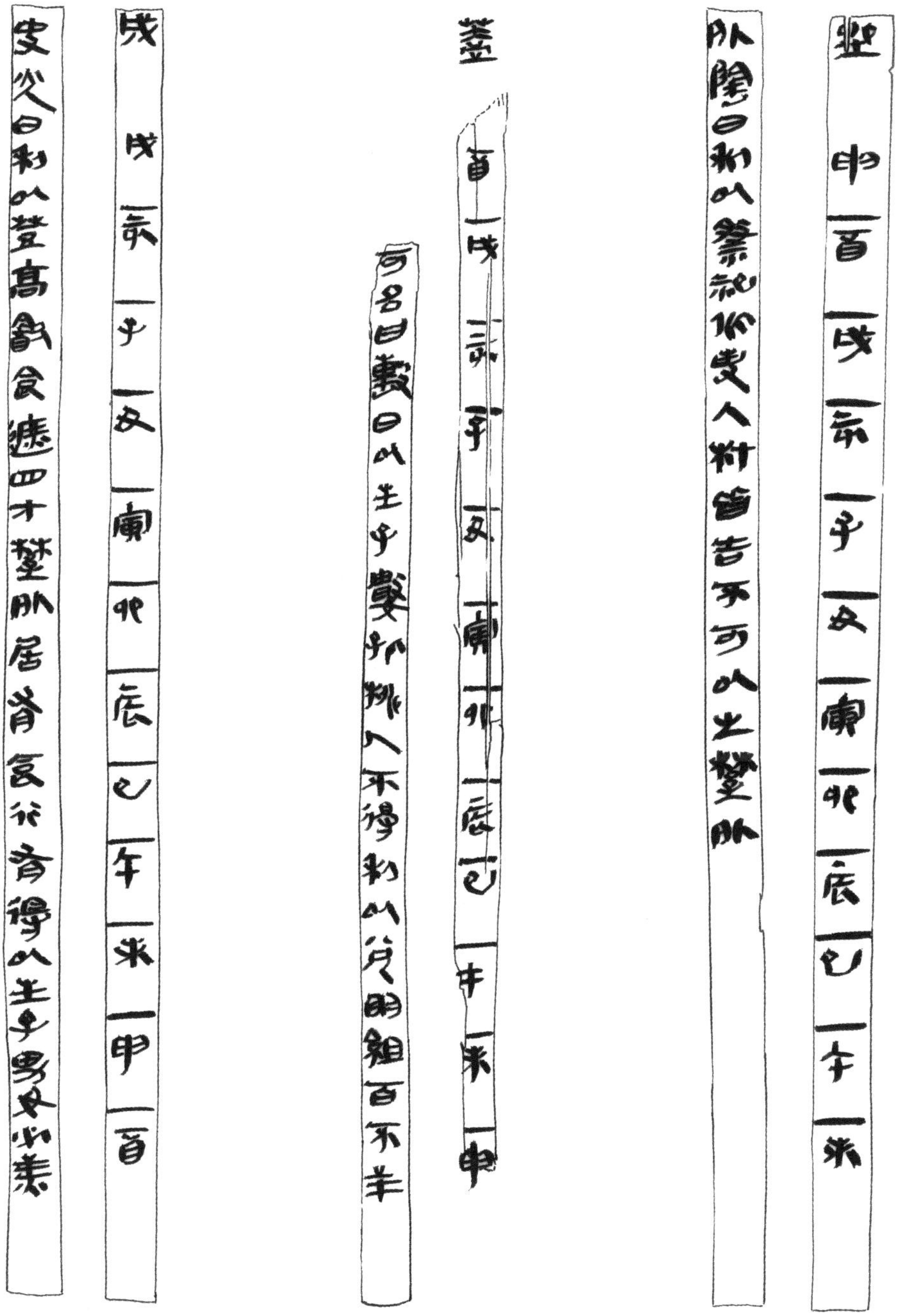

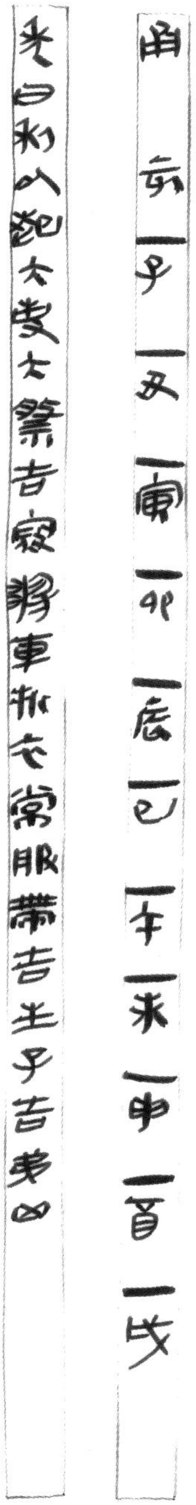

13

14

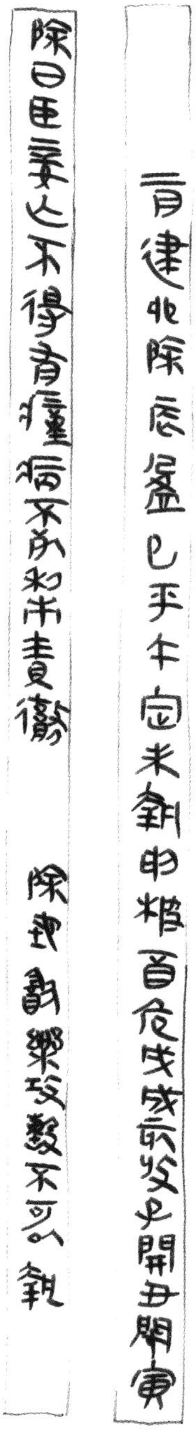

15

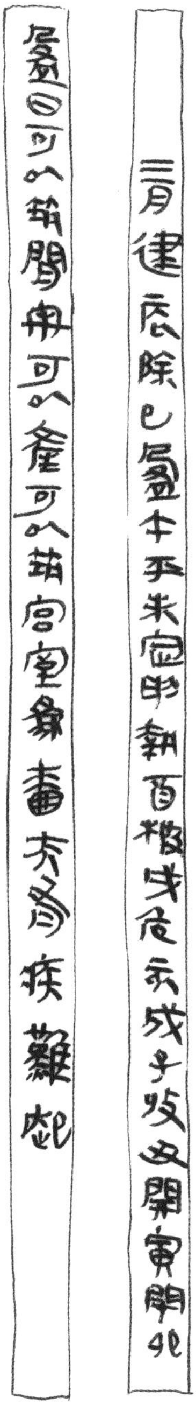

16

17

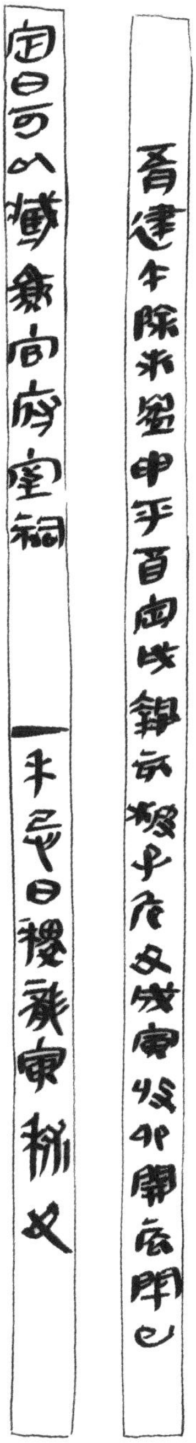

18

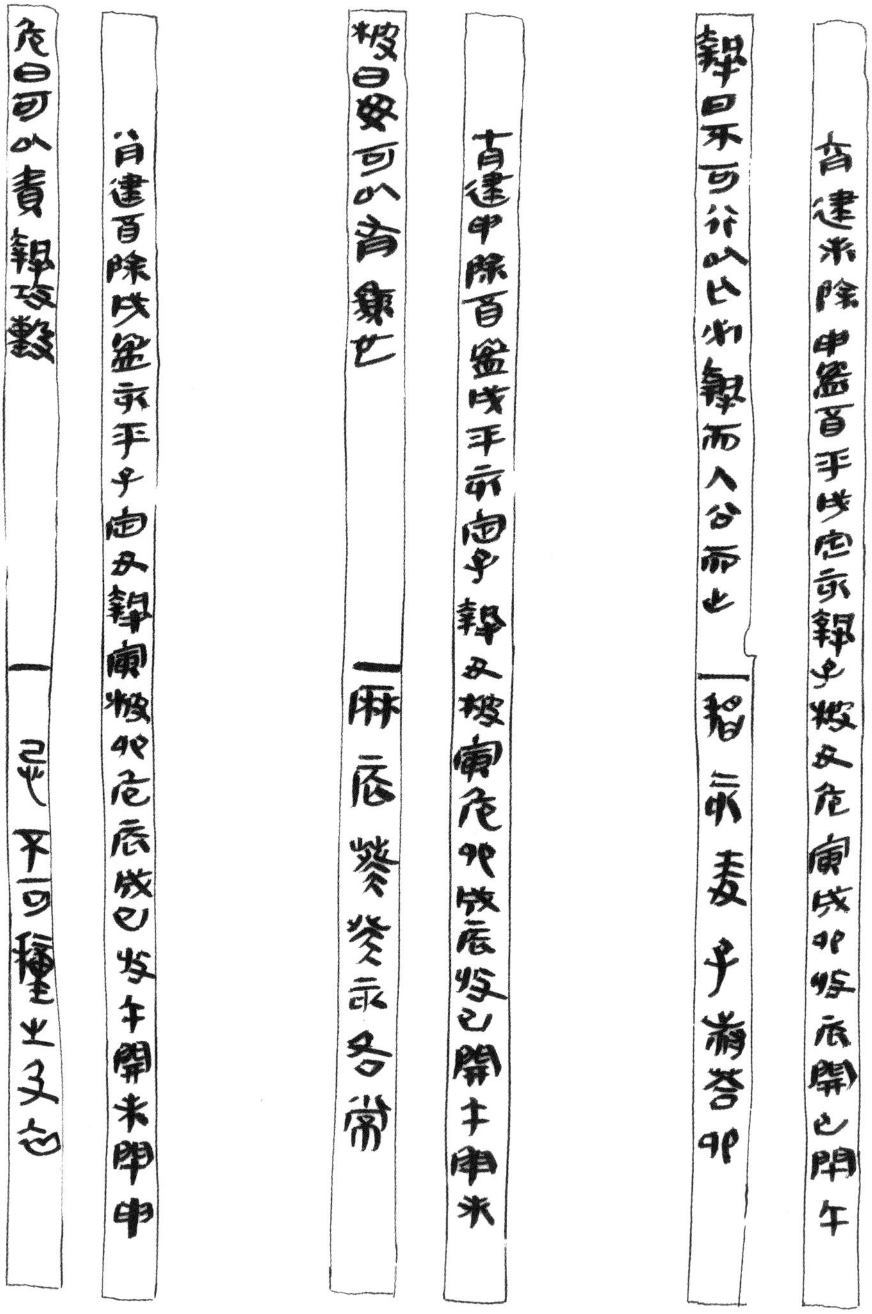

21　20　19

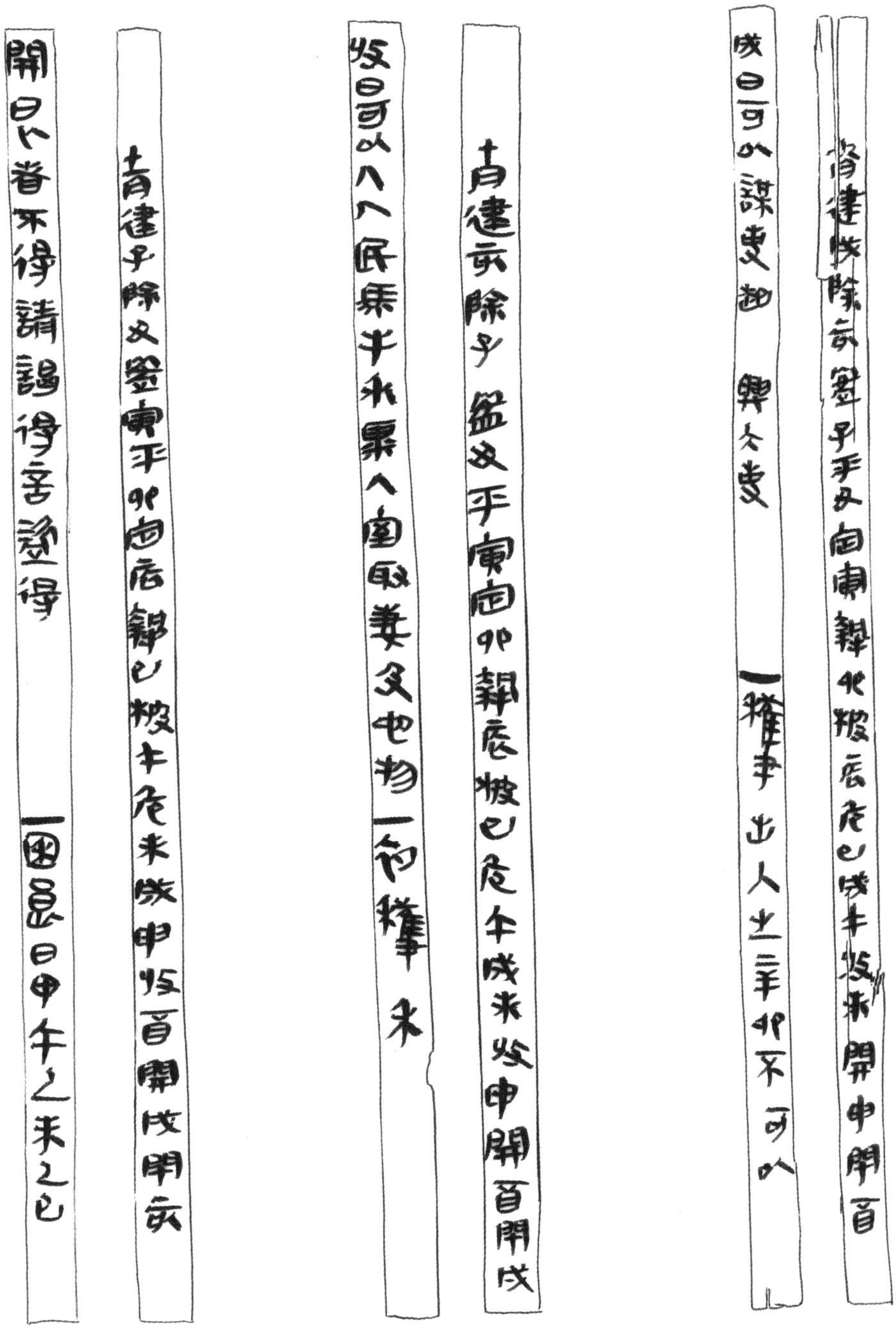

22 23 24

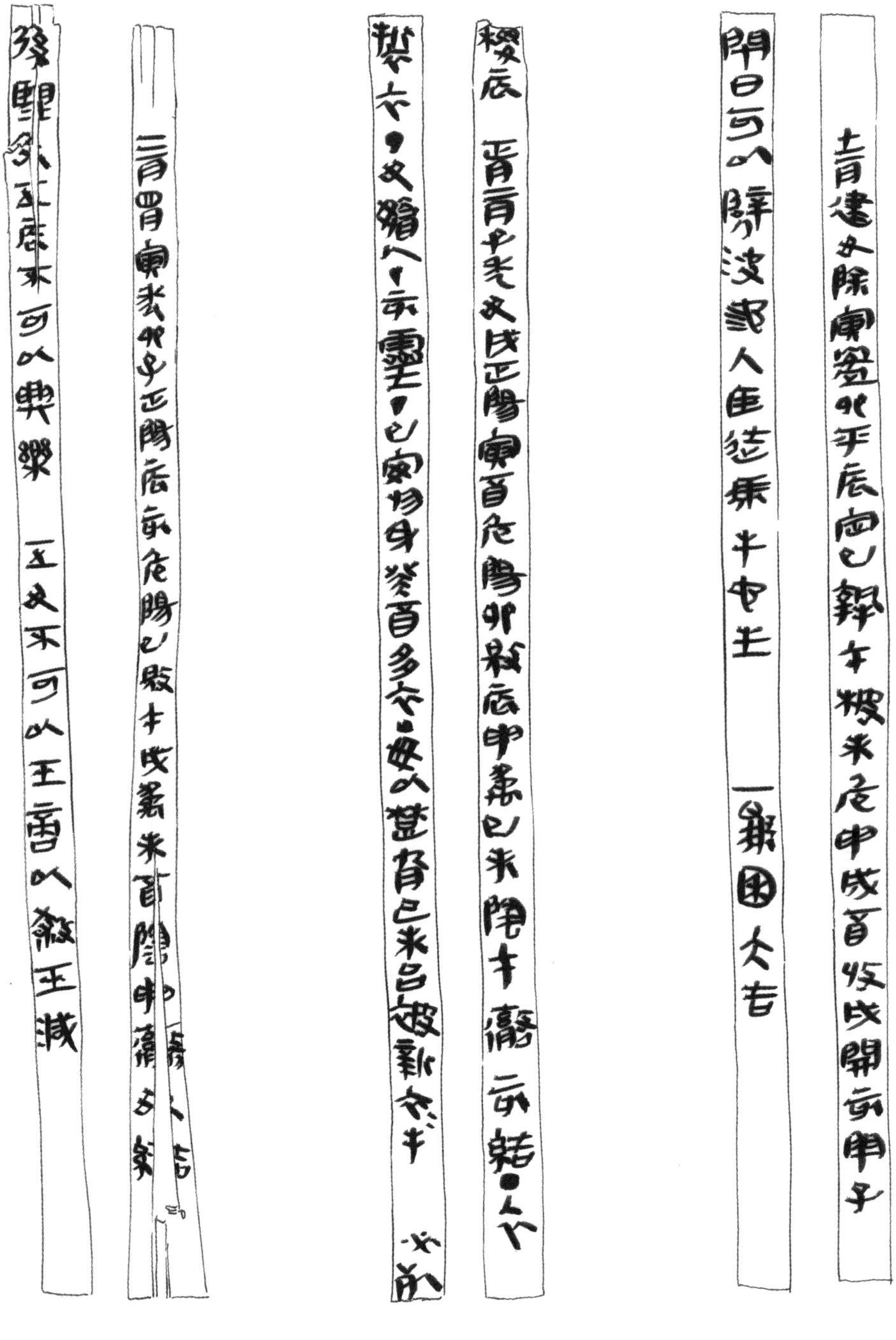

27　26　25

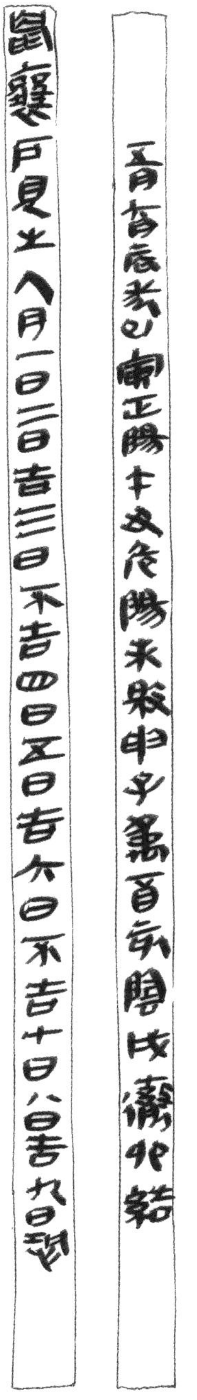
28

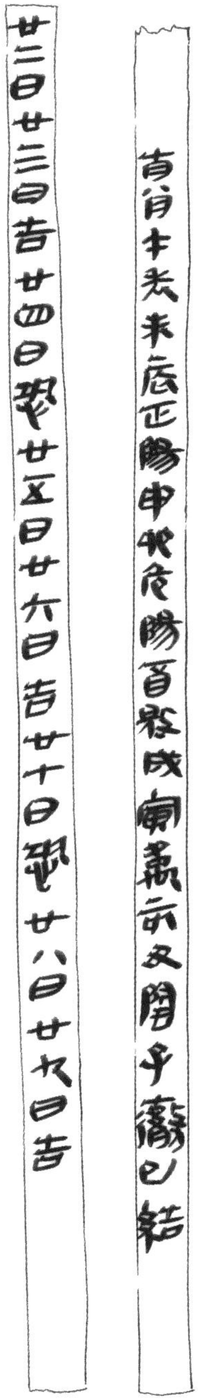
29

30

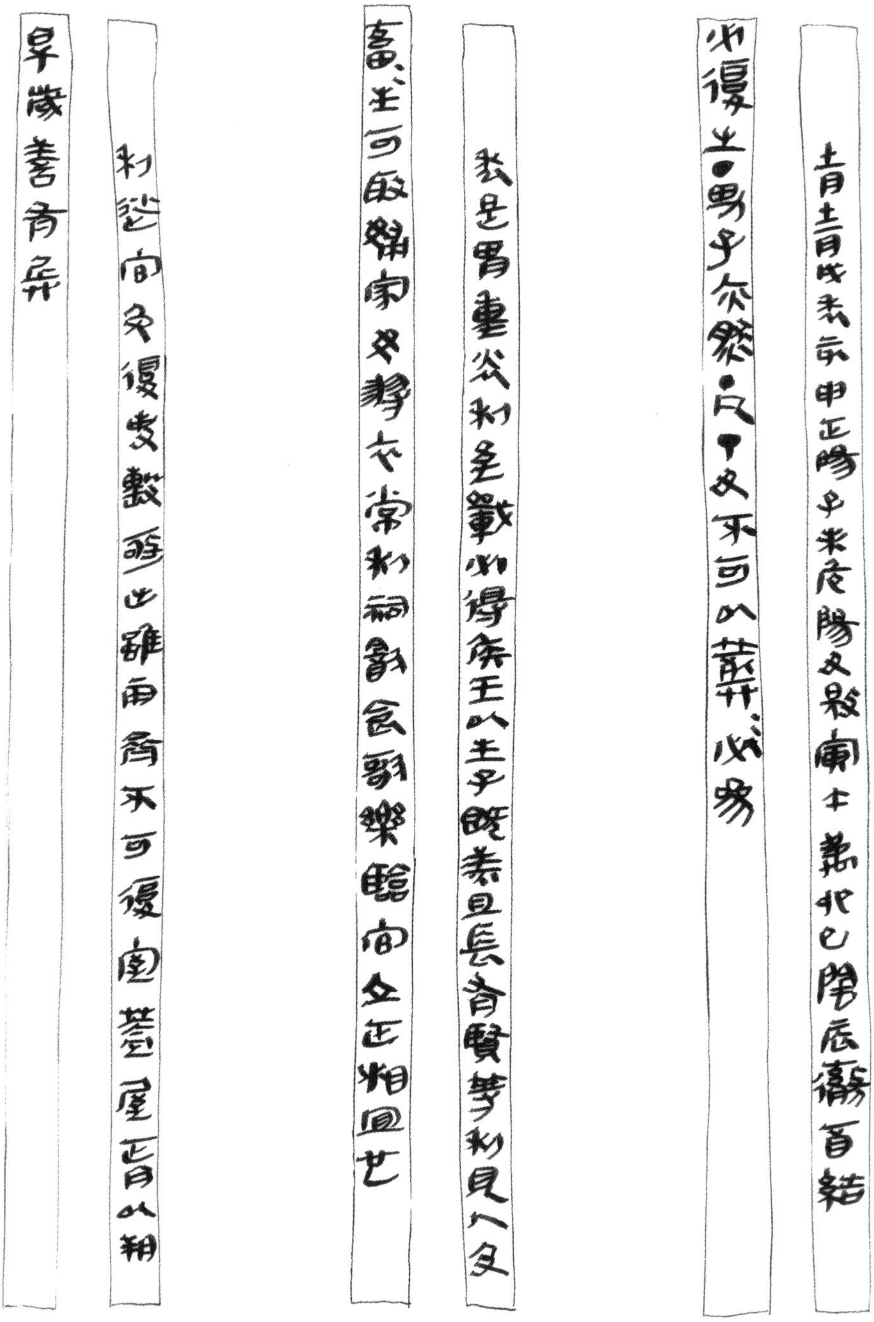

33 32 31

37　36　35　34

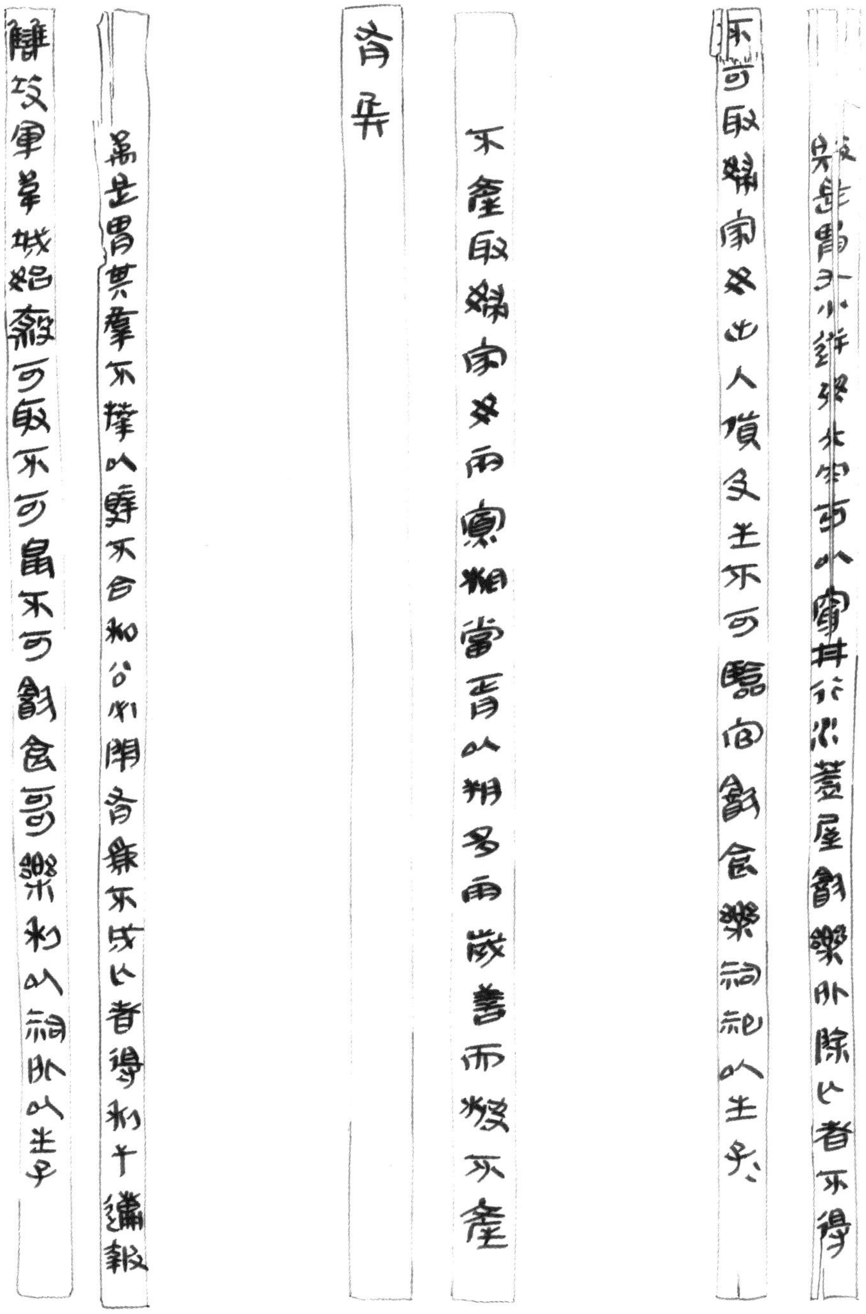

40　39　38

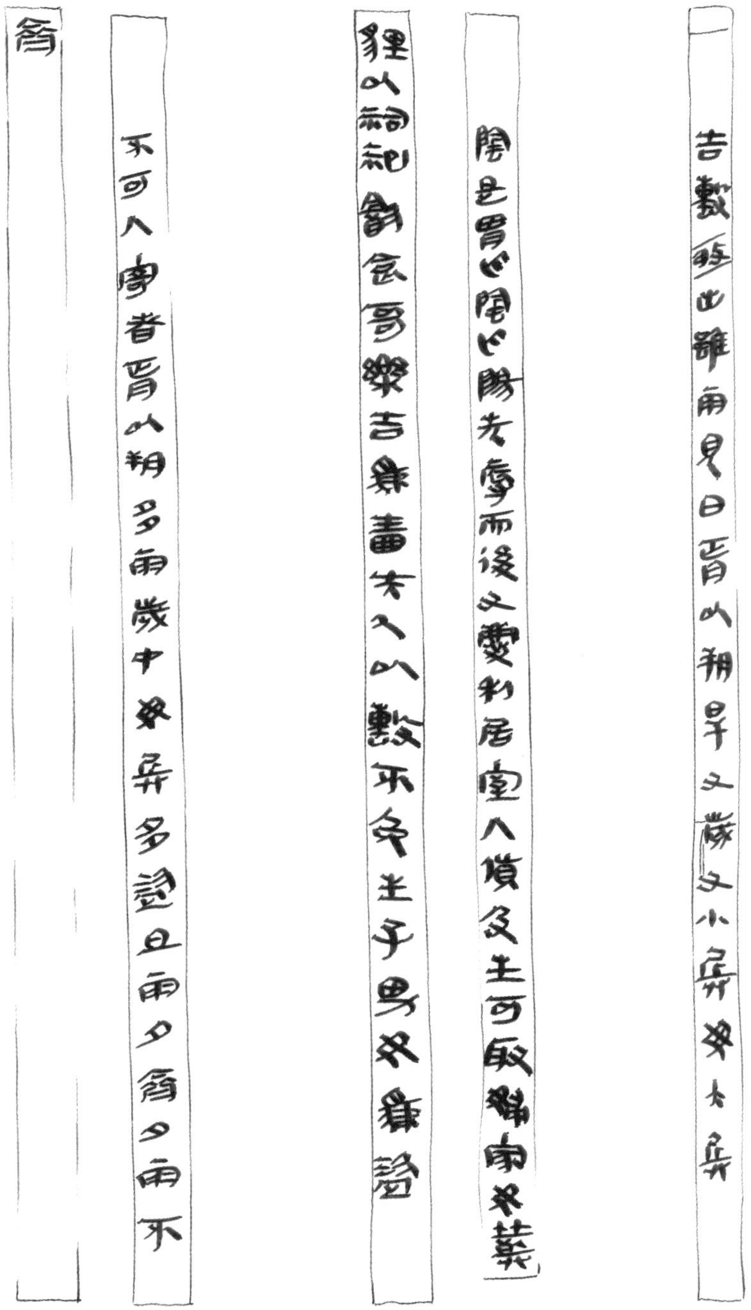

41 42 43

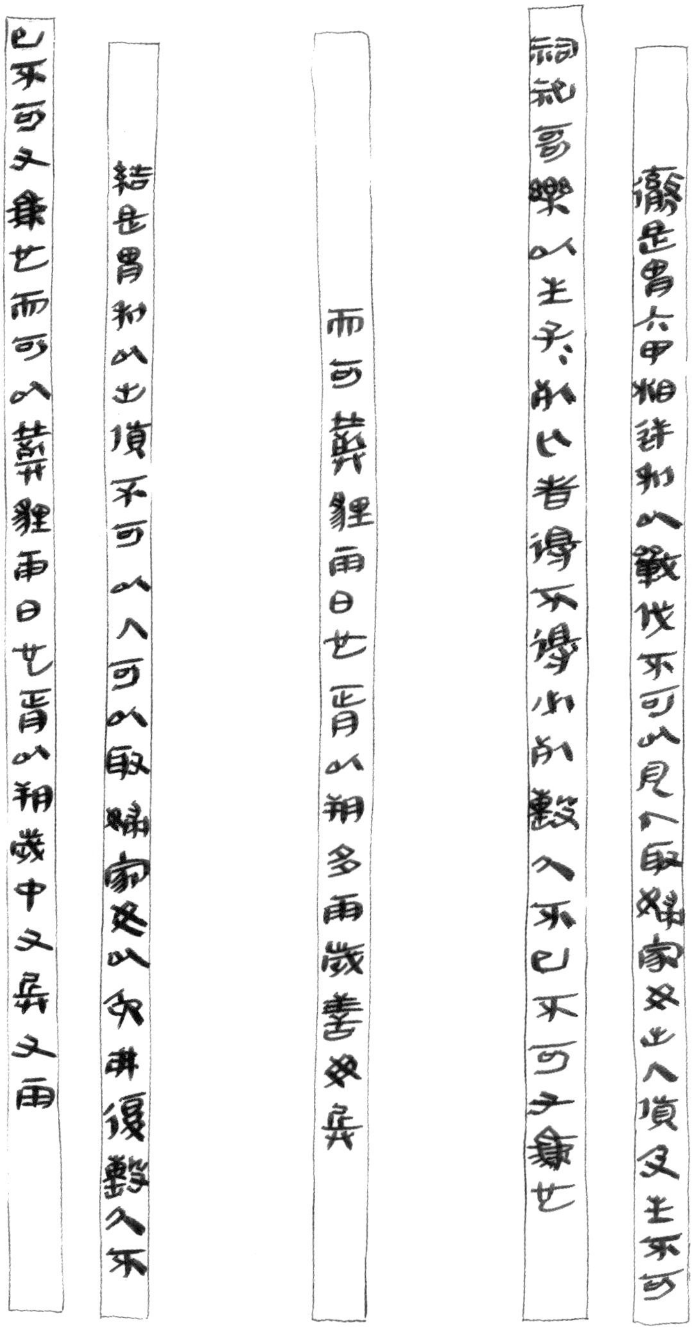

46　45　44

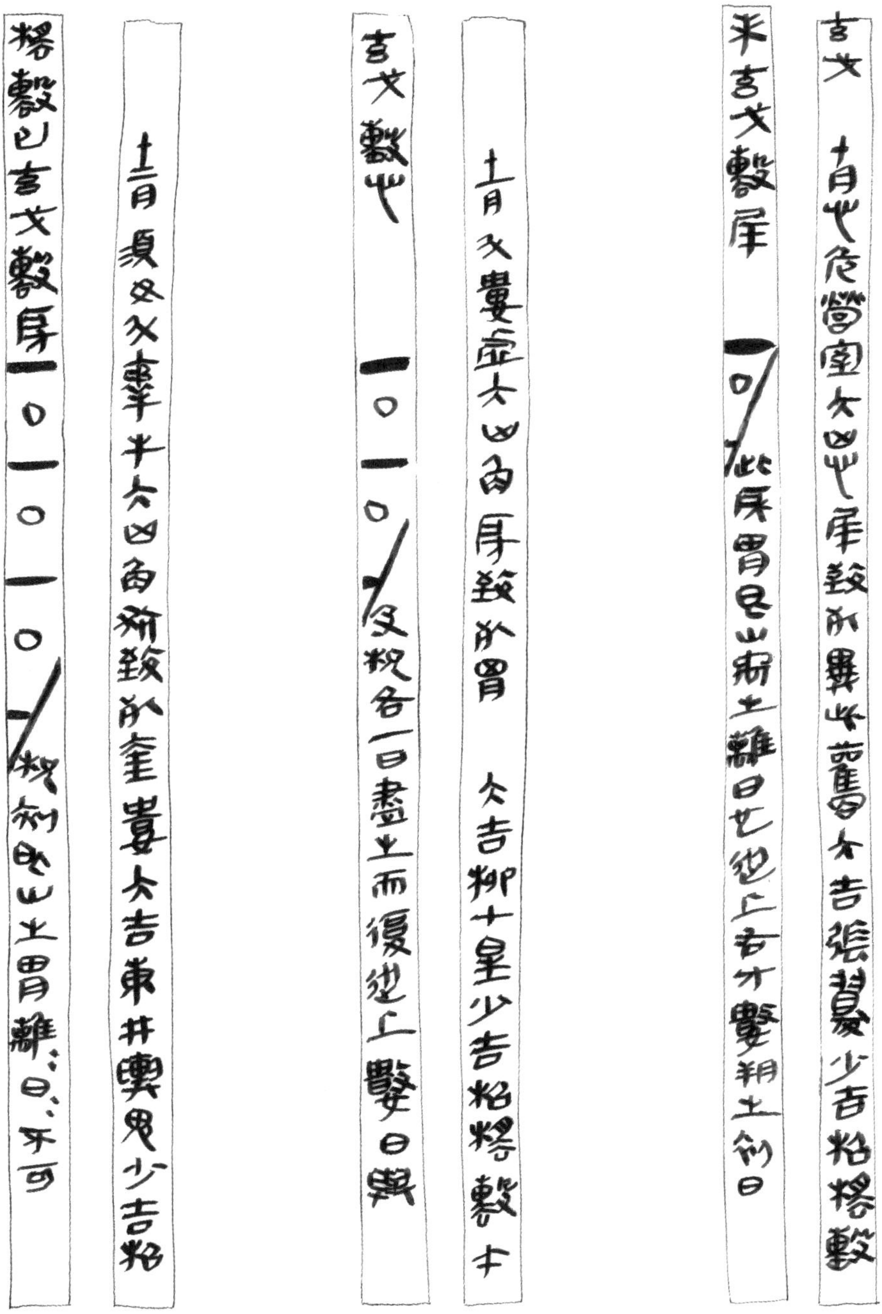

47　48　49

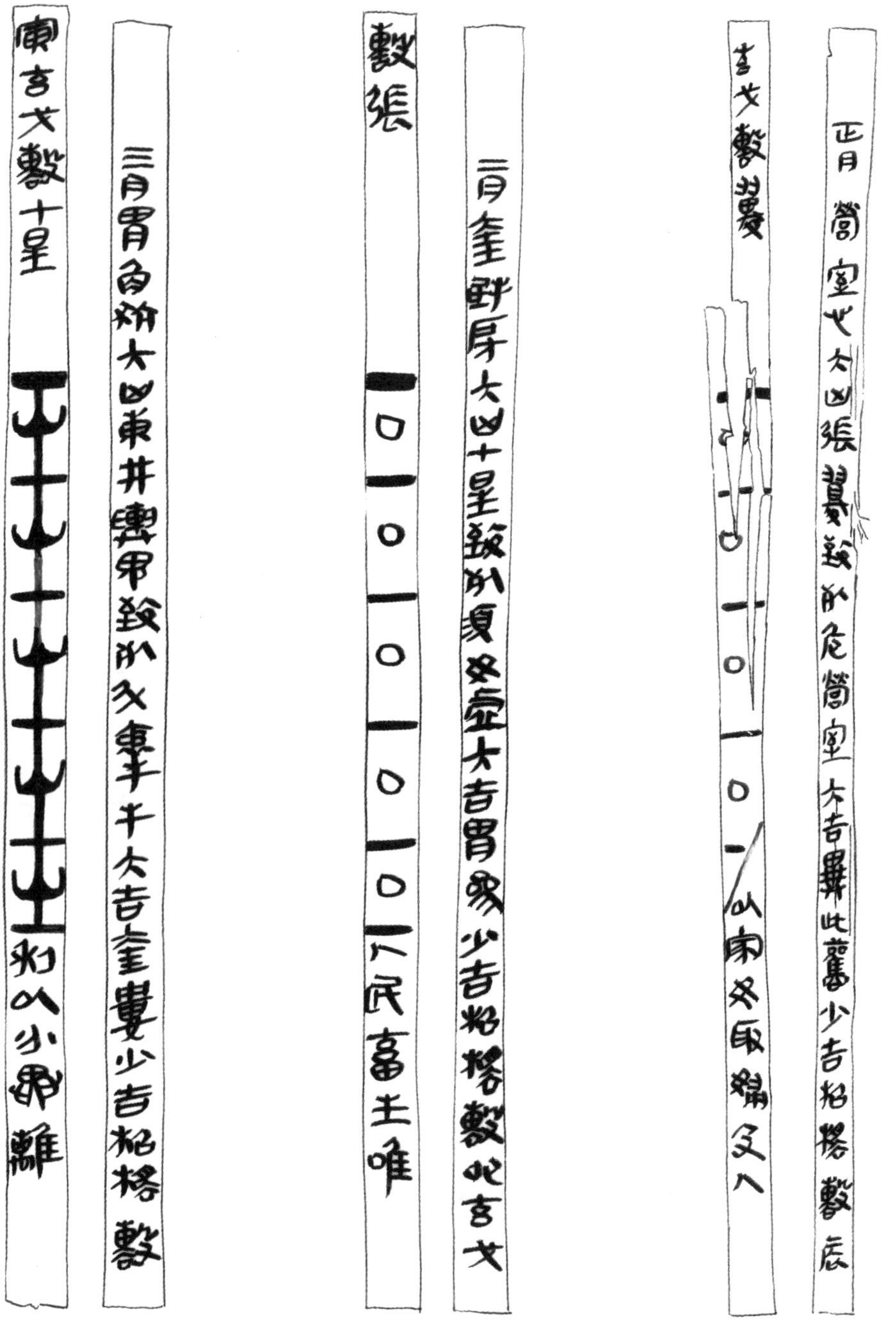

52　51　50

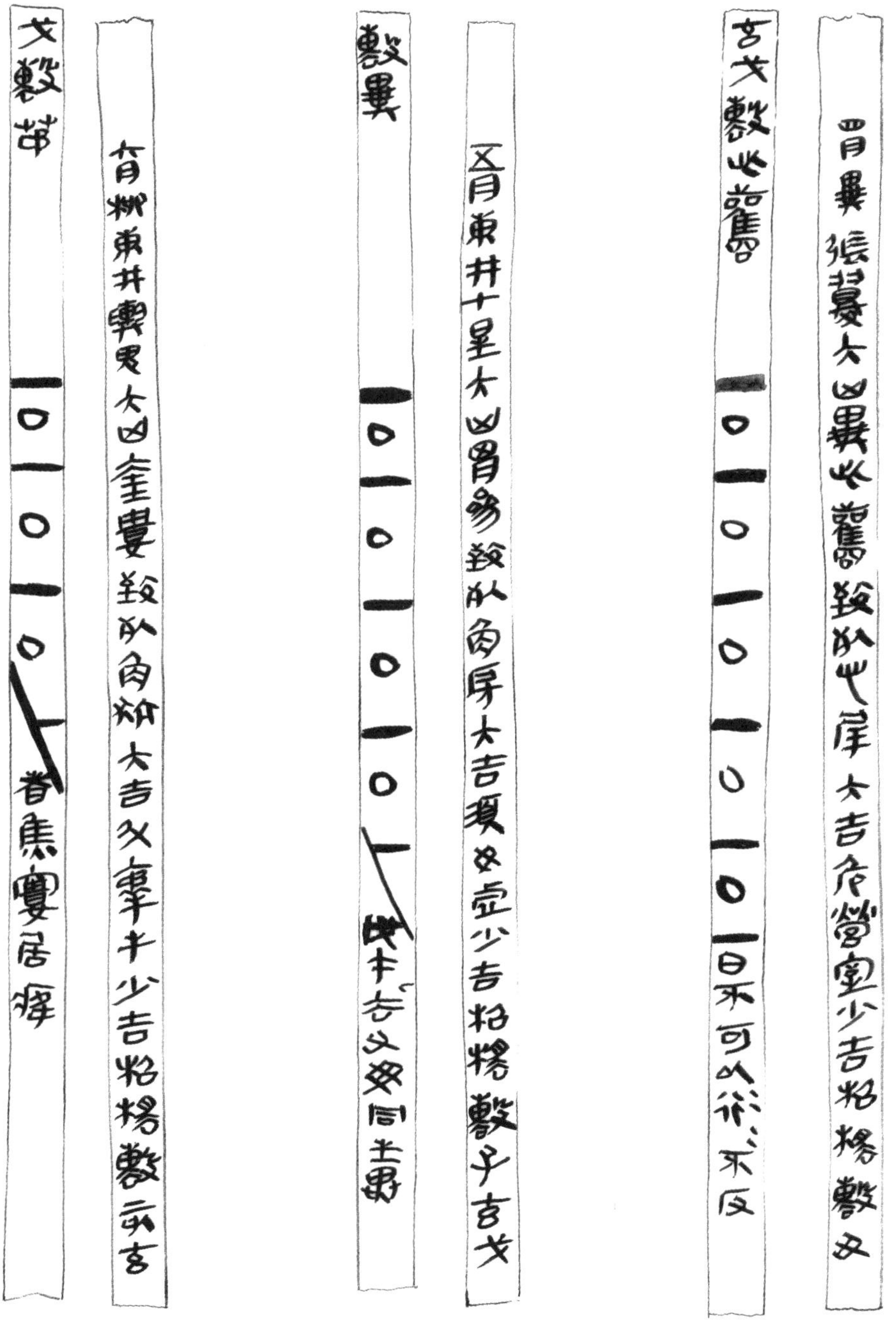

55 54 53

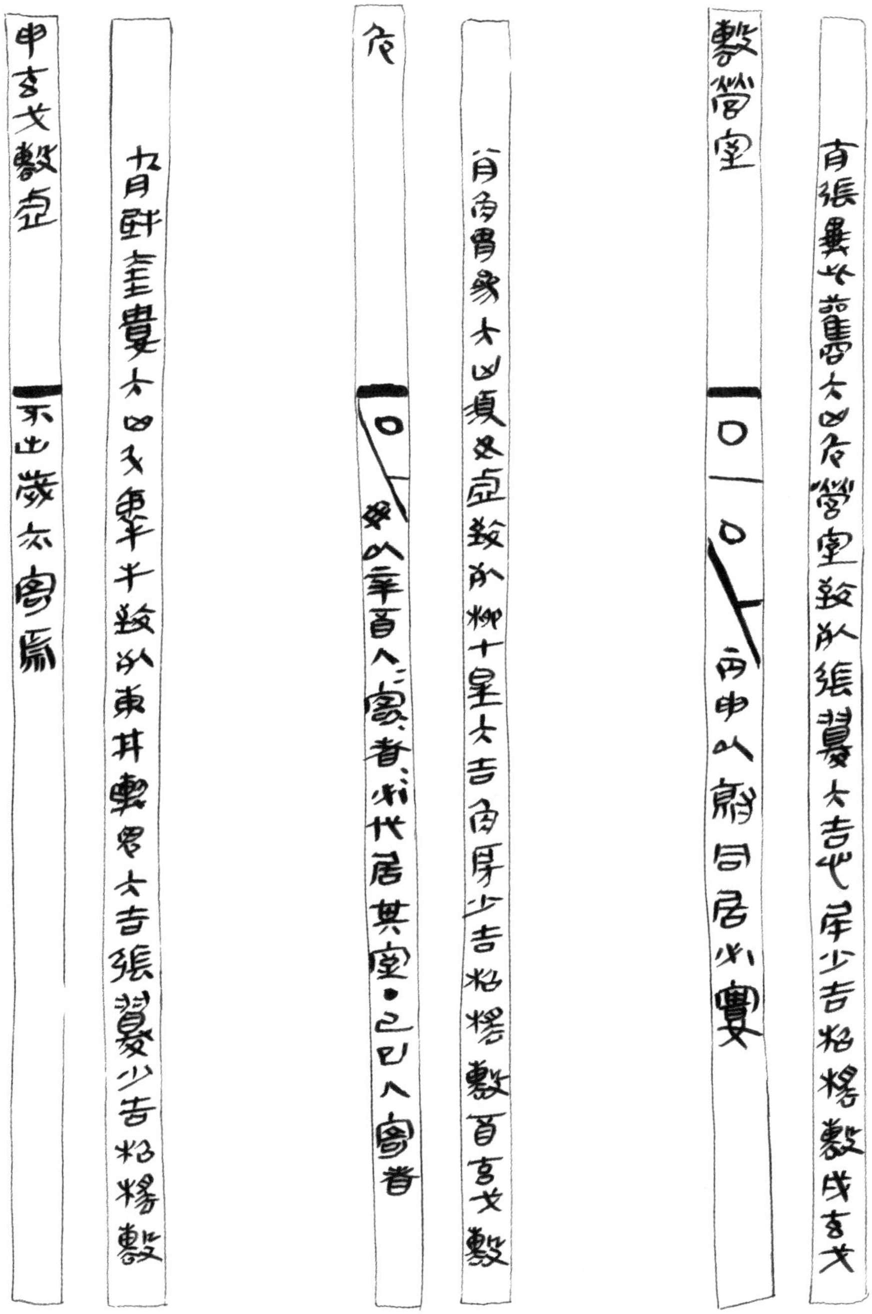

58　57　56

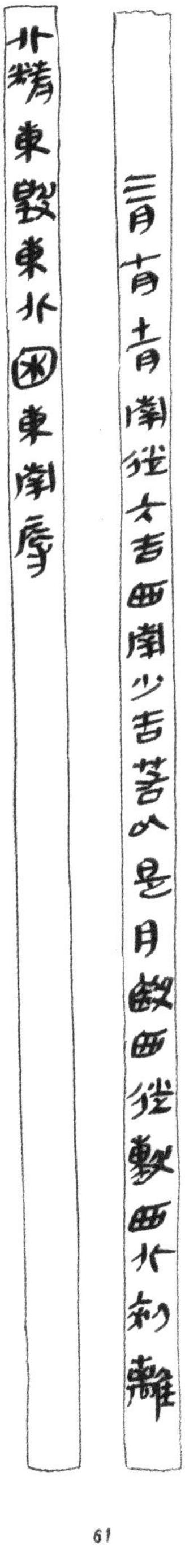

61

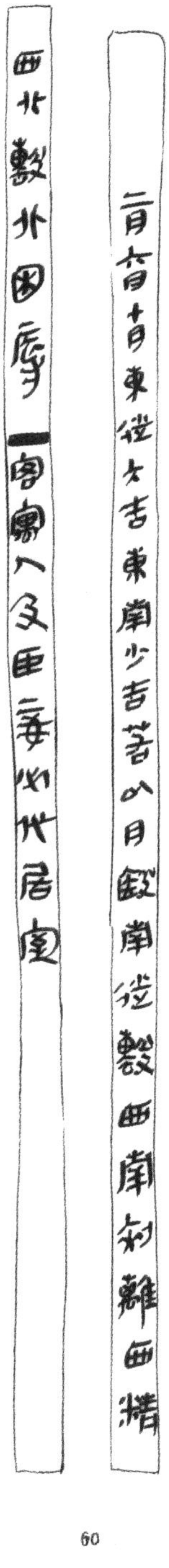

60

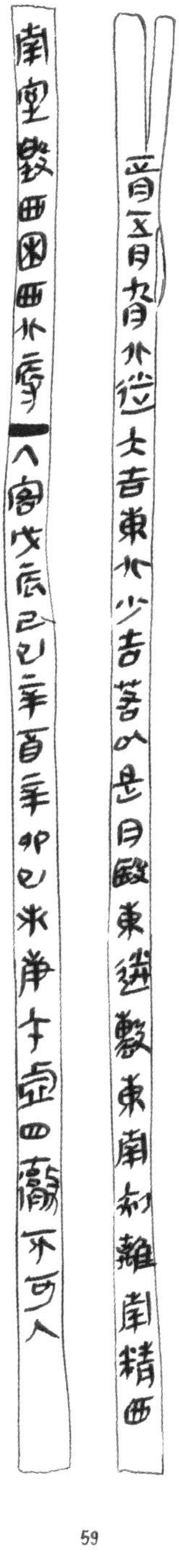

59

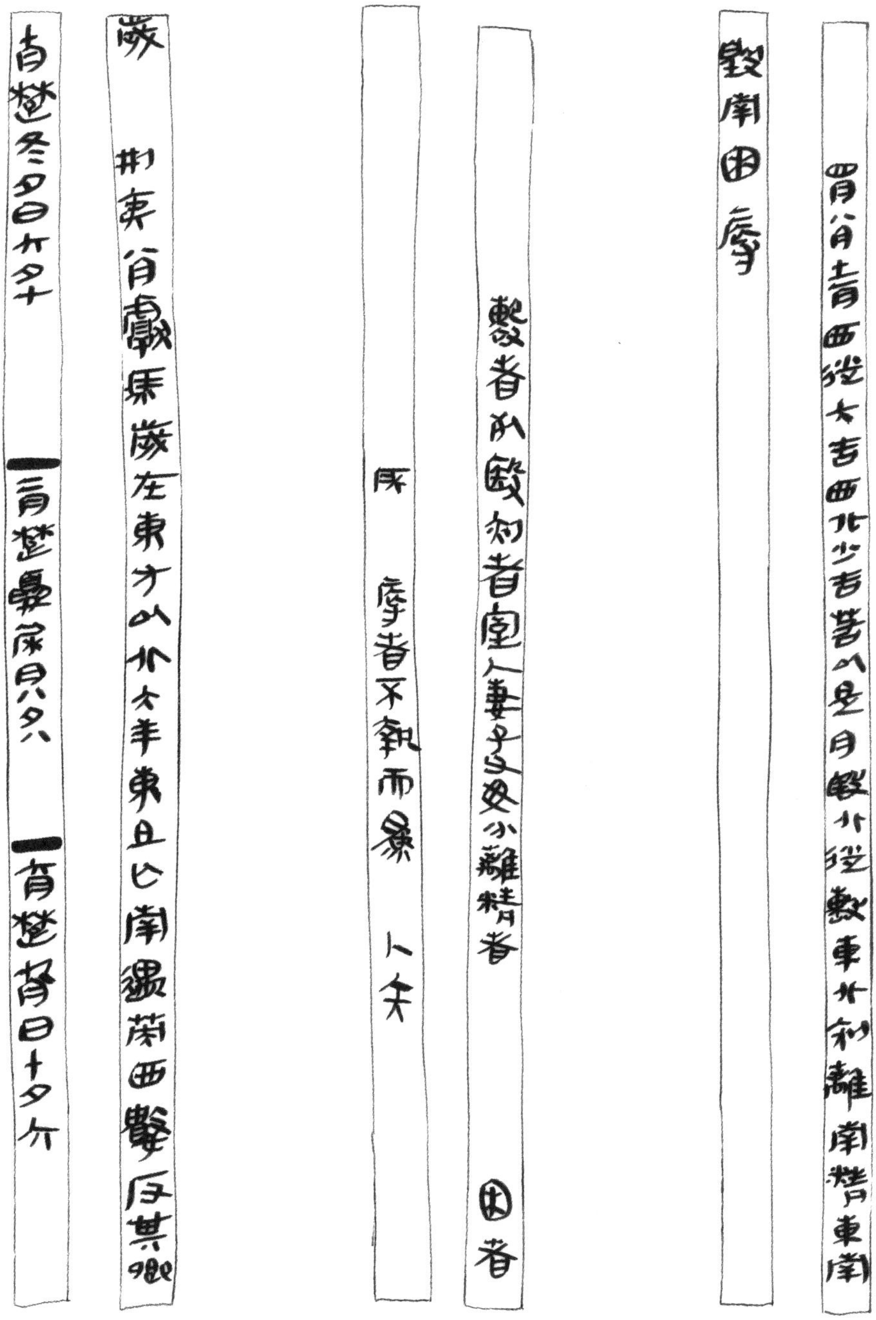

64 63 62

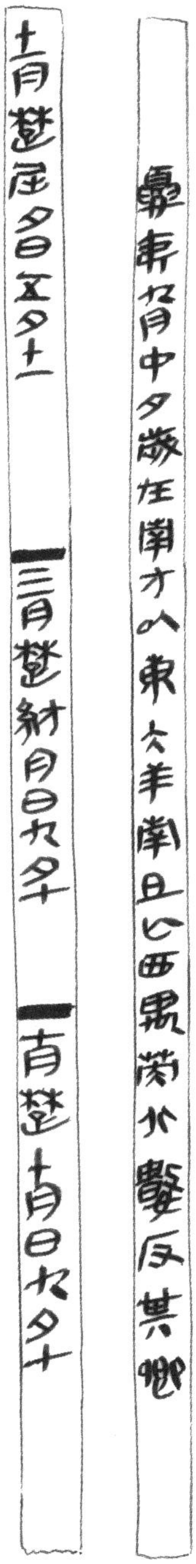

65

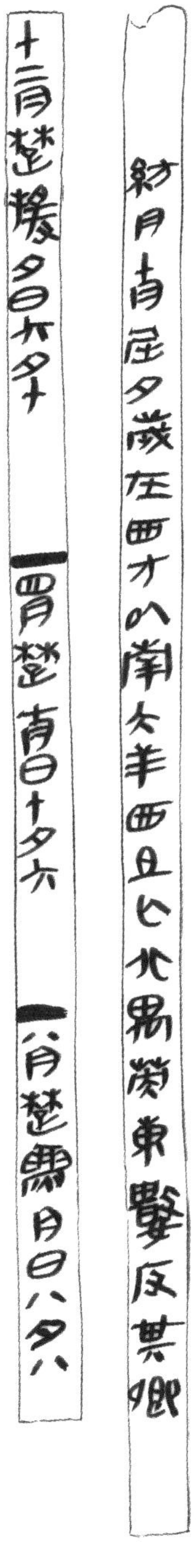

66

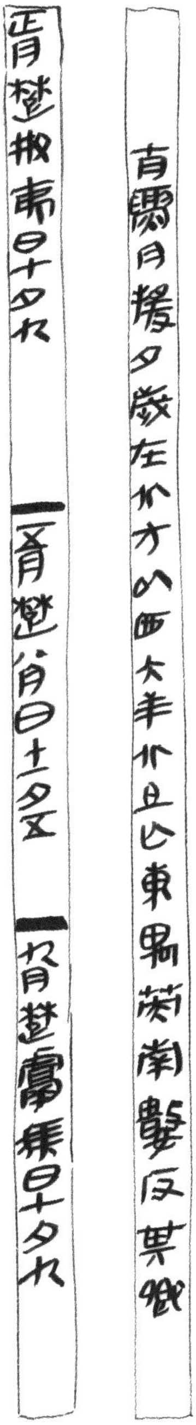

67

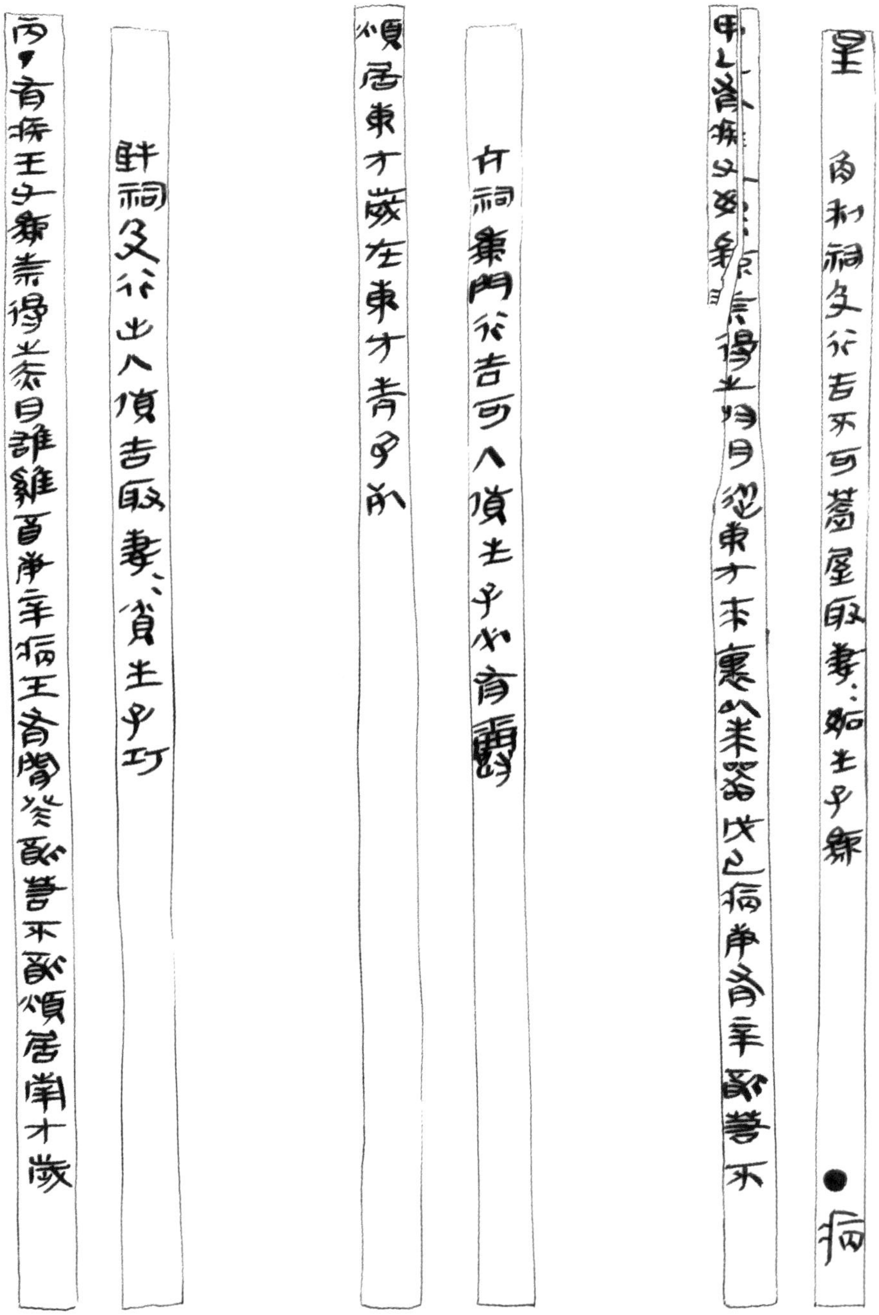

70 69 68

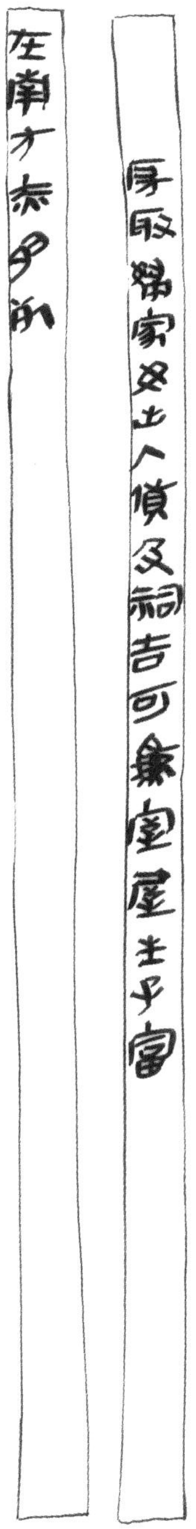

71

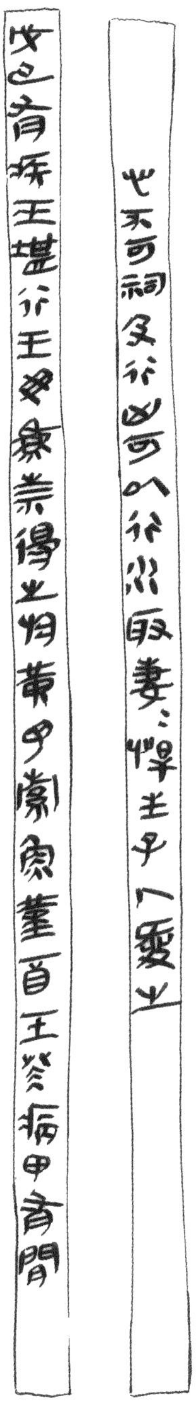

72

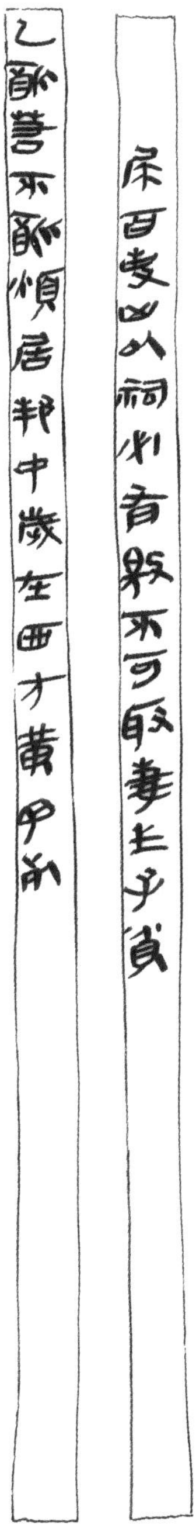

73

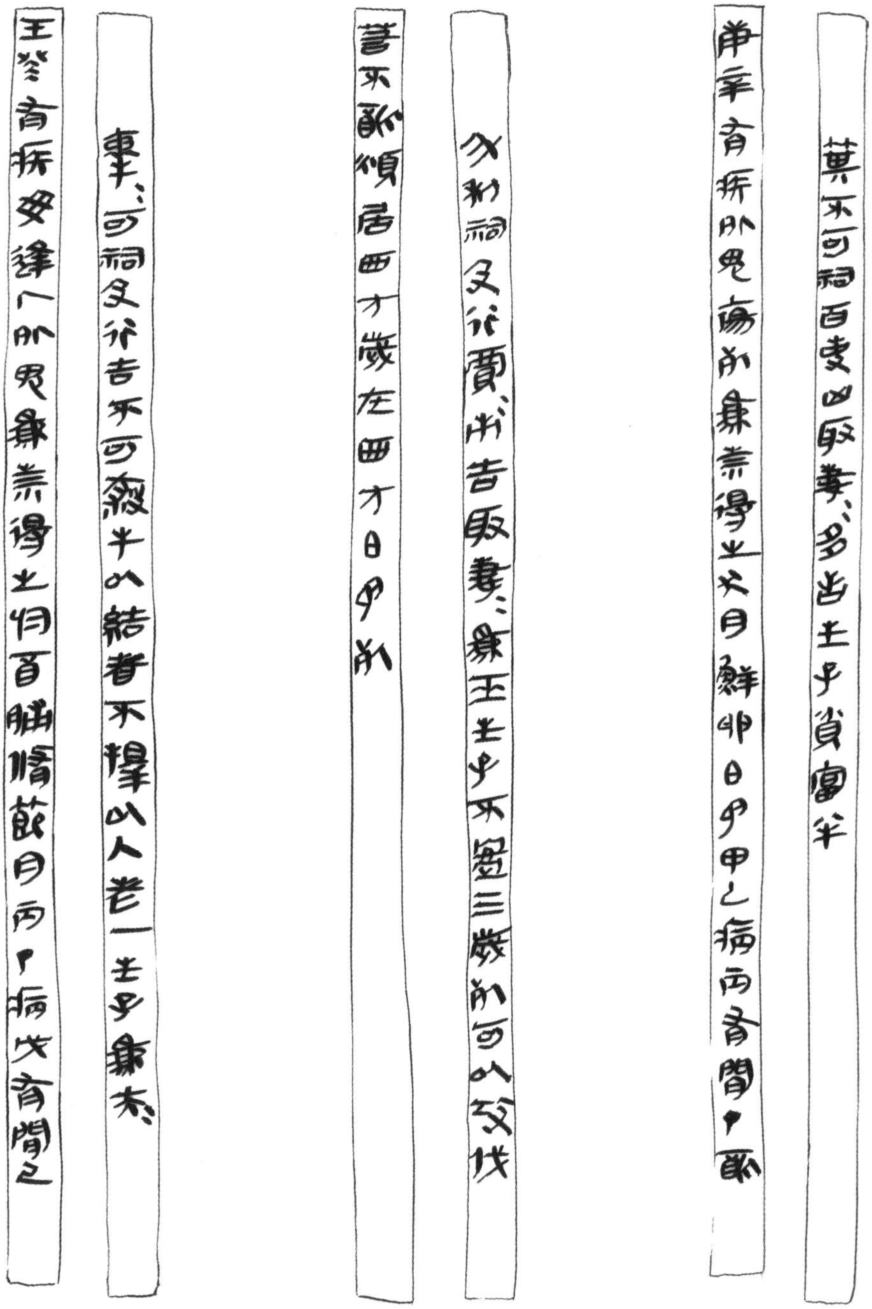

76　75　74

祠於昆曰帚中㞢天昌不出三歲必有大得

凡百夬以生子老疾入沼也有疊智風雨

祠又昆曰巳夬巳亓乎又卒女�不出三有大得三夕五

虛百夬以結者易擊心者不得取�不動以生子夬女也同生

�䓀不㞢順居似才㞢才黑尹亓

㪽㪽祠�所㪽㪽余告㞢㞢青㪽㠯㪽彊歷

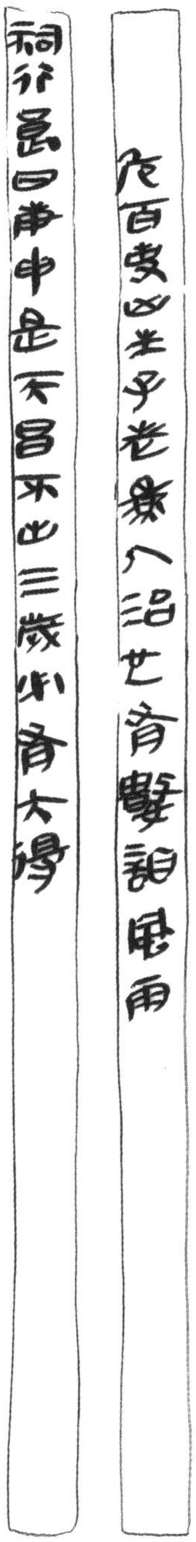

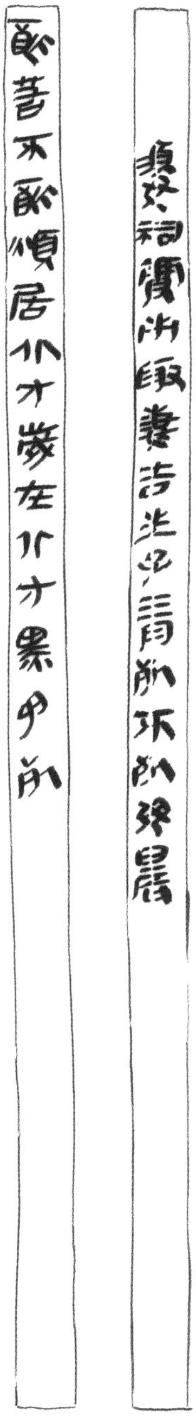

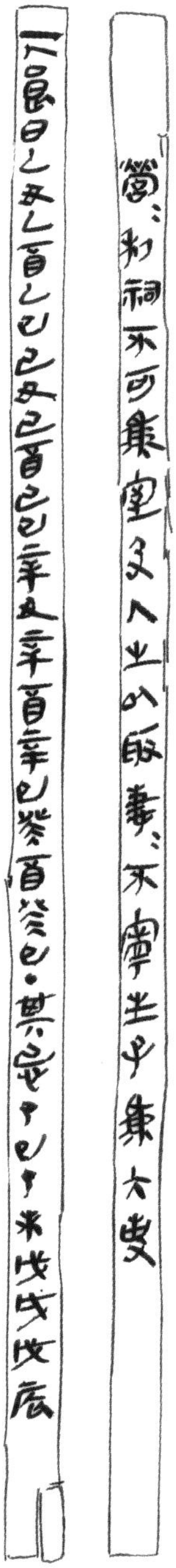

80

81

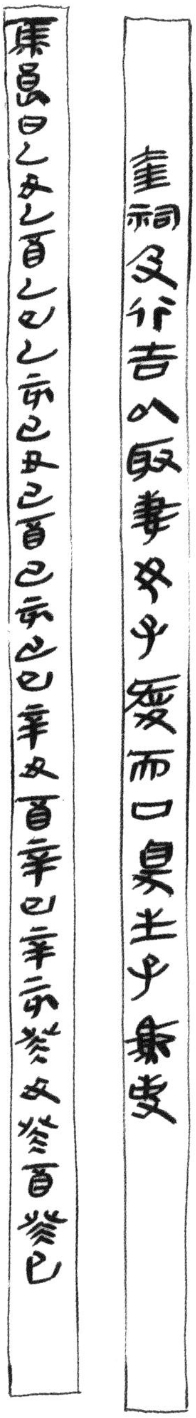

82

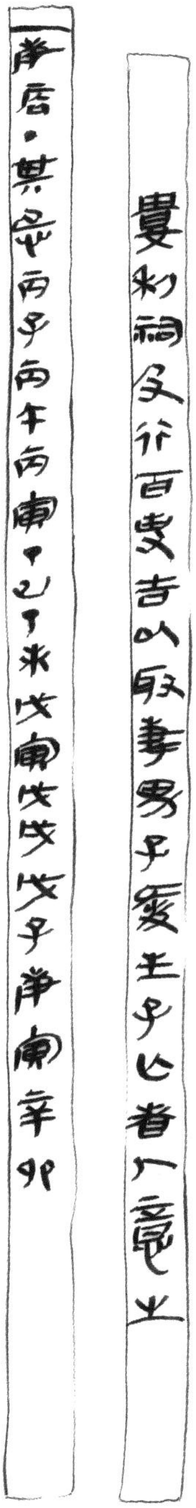

83

84

85

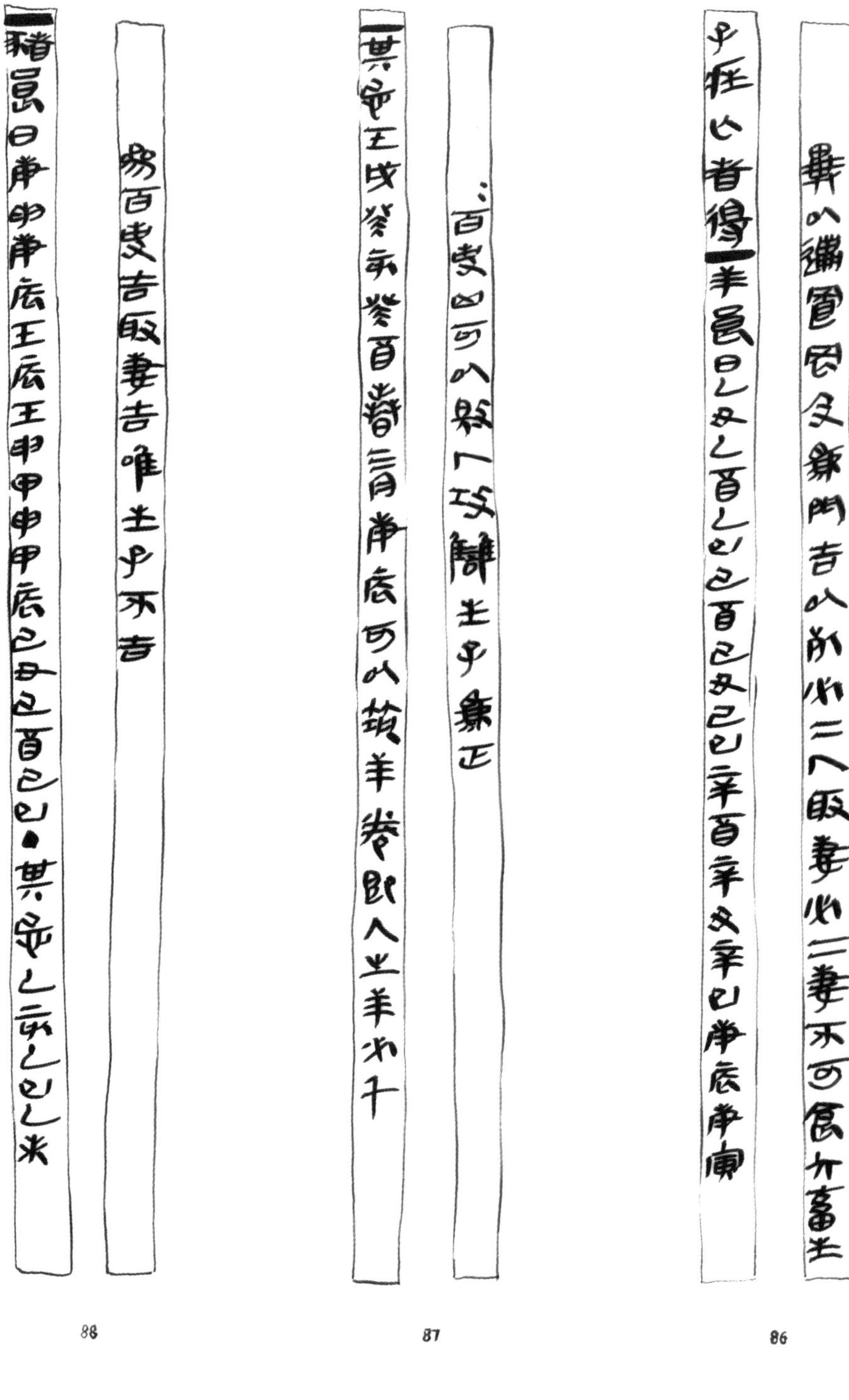

88　87　86

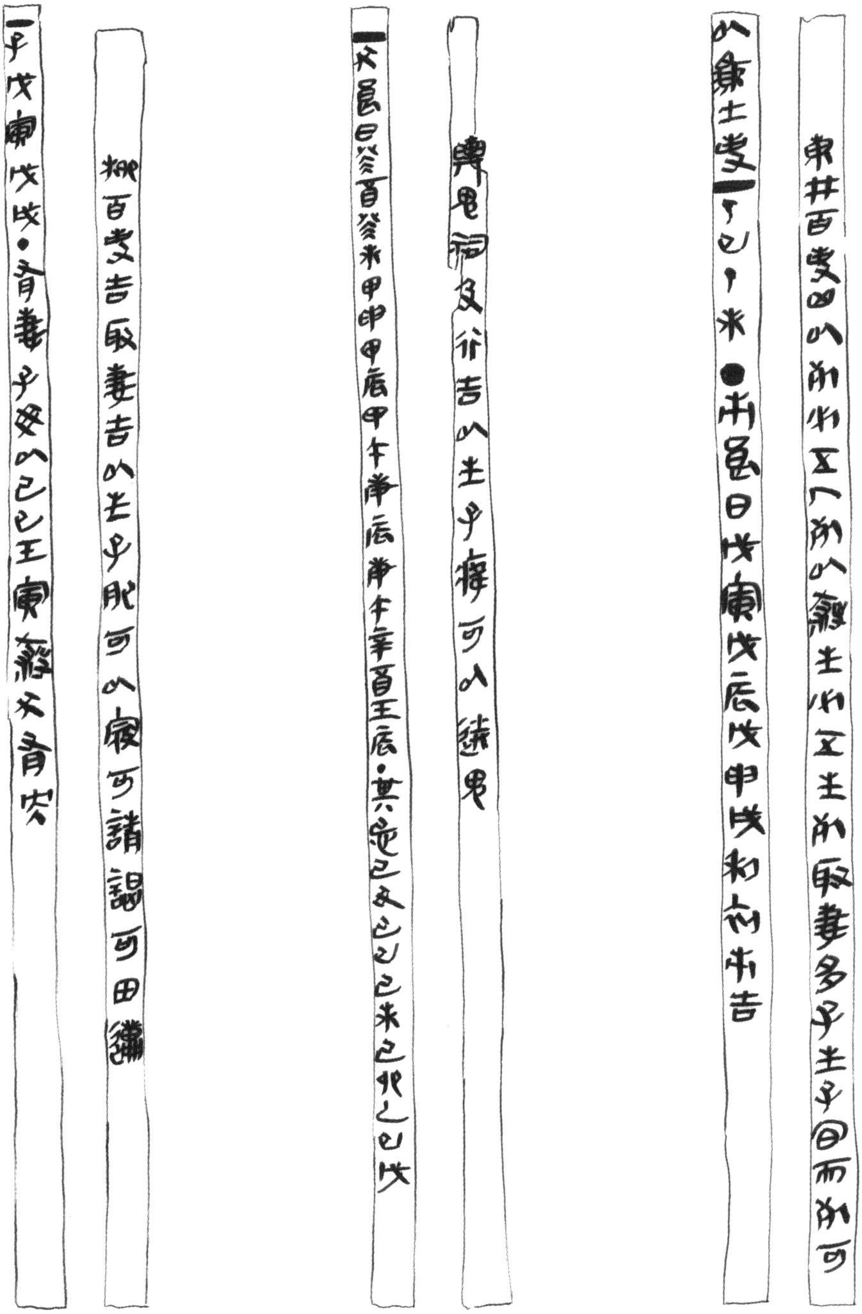

91 90 89

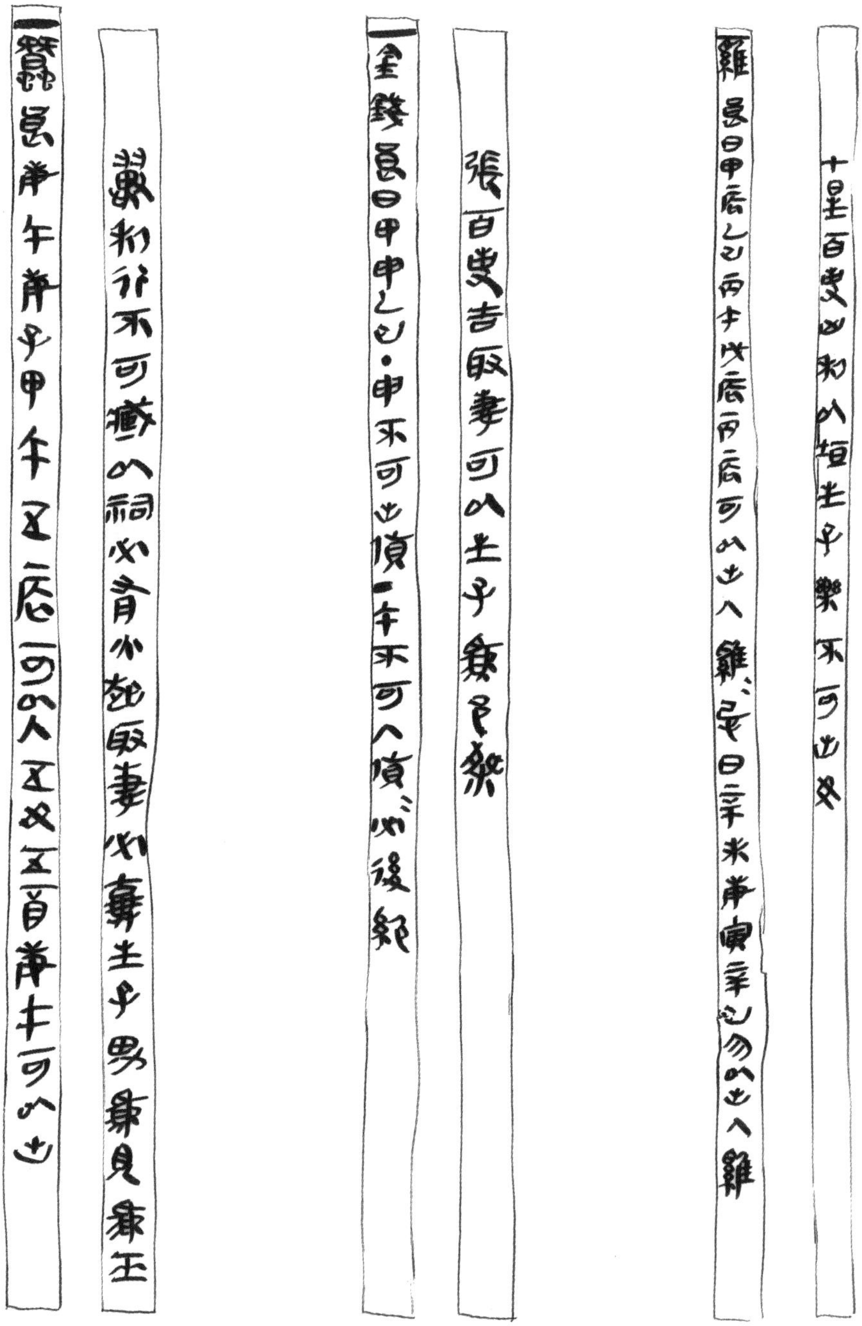

94　93　92

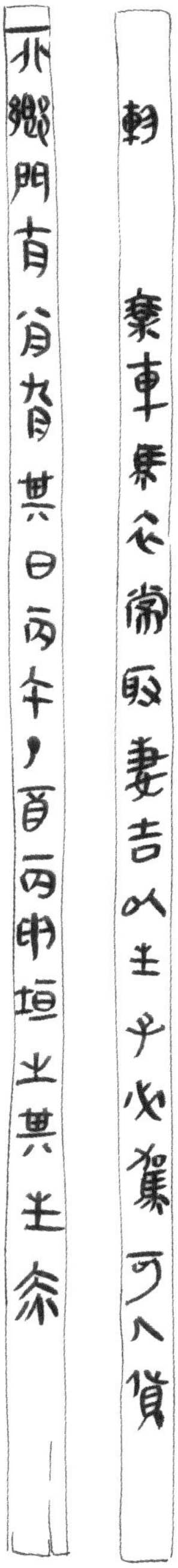

95

96

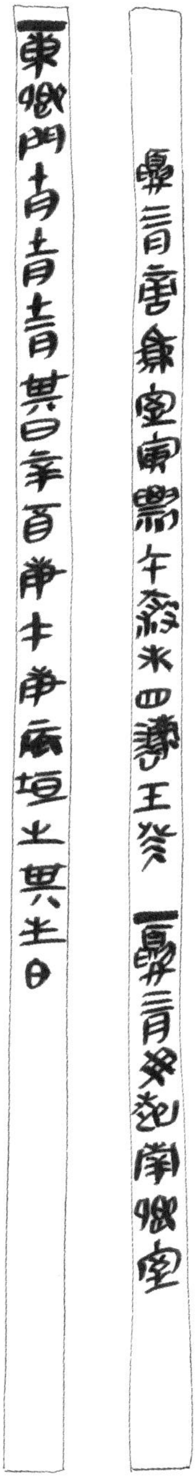

97

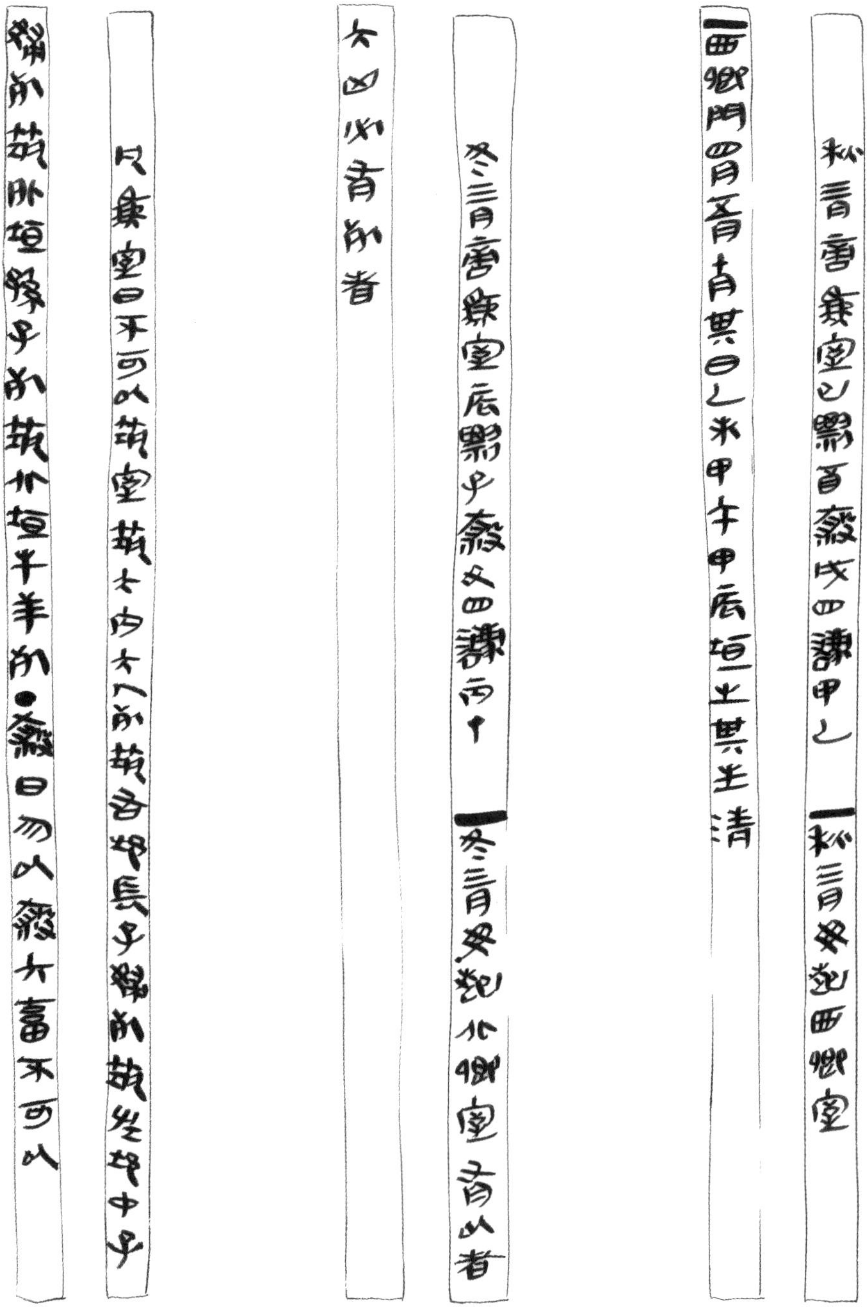

98

99

100

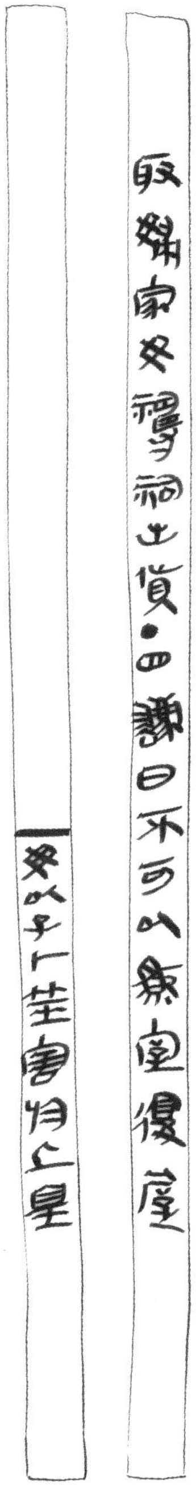

101

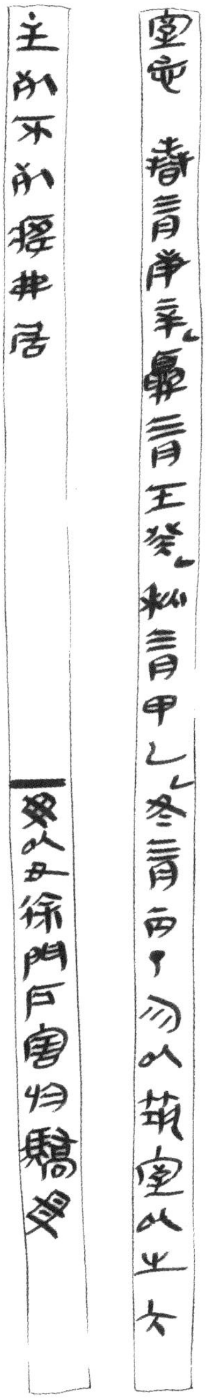

102

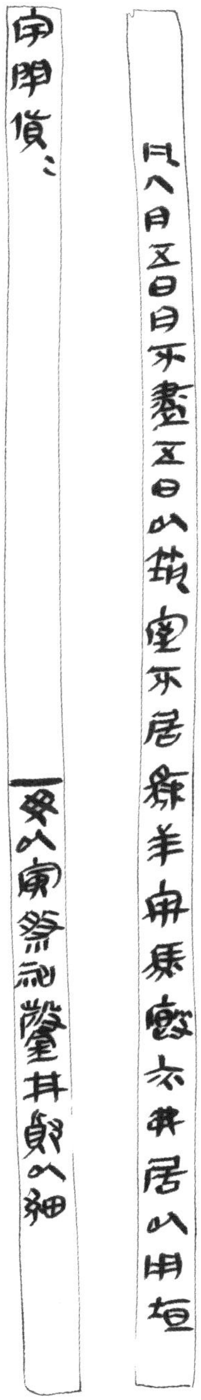

103

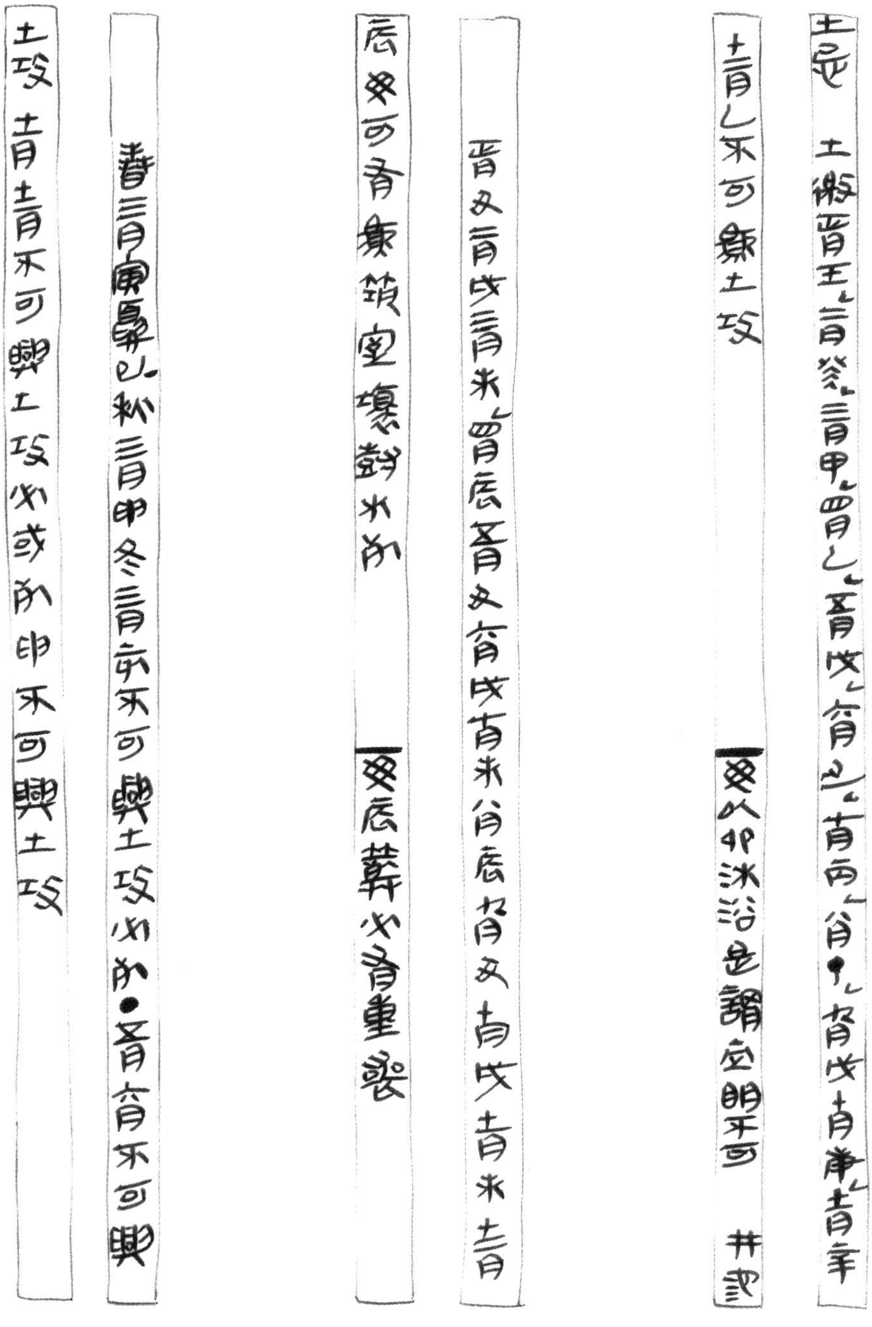

106　105　104

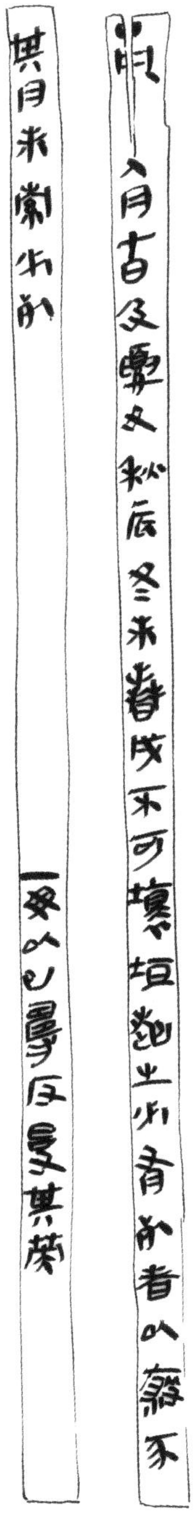

107

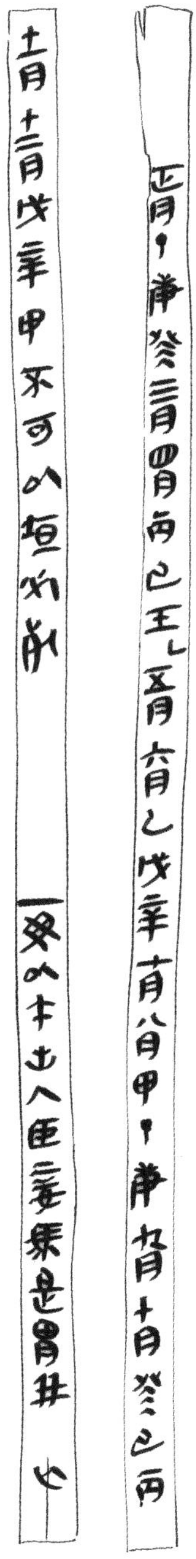

108

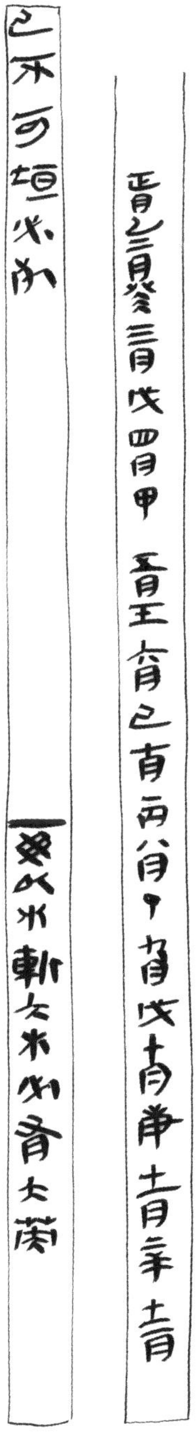

109

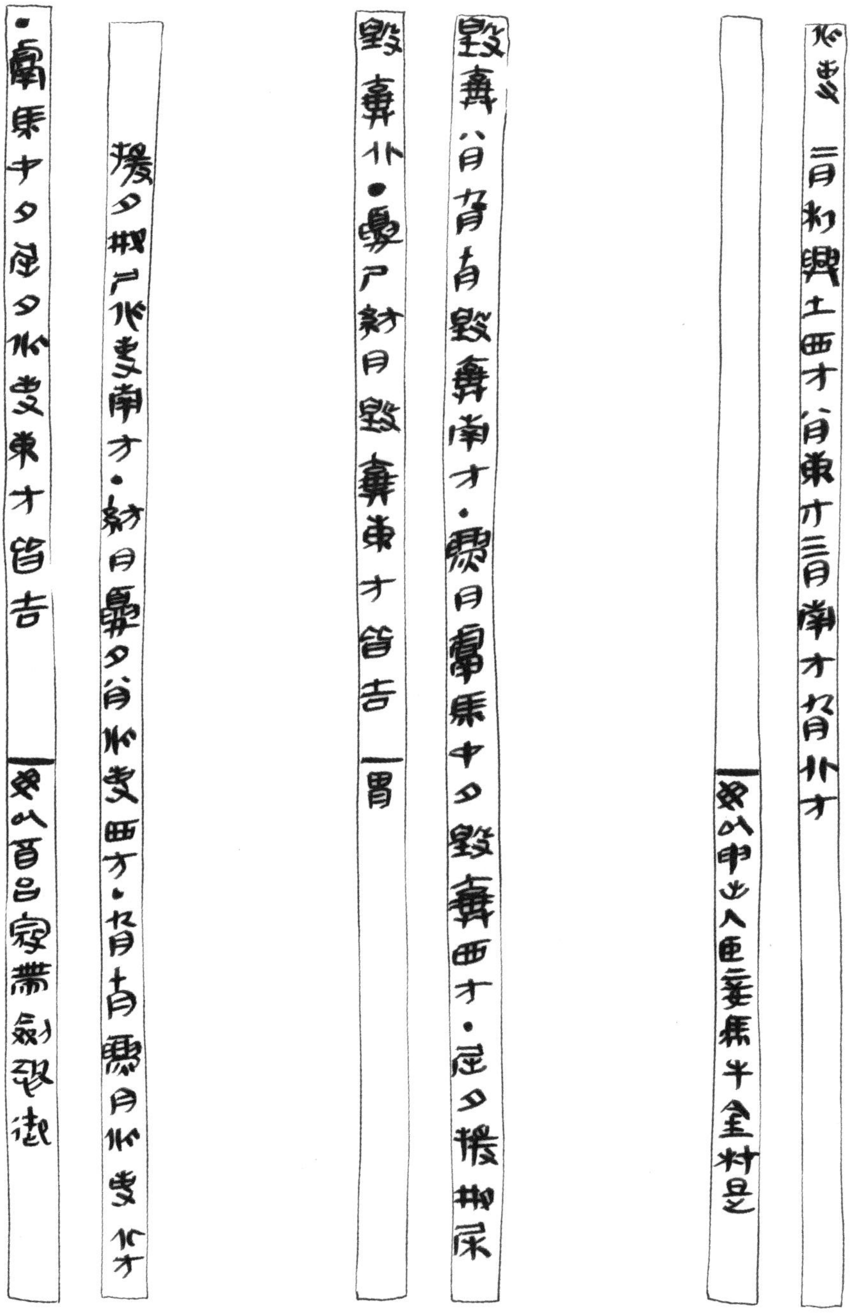

112　111　110

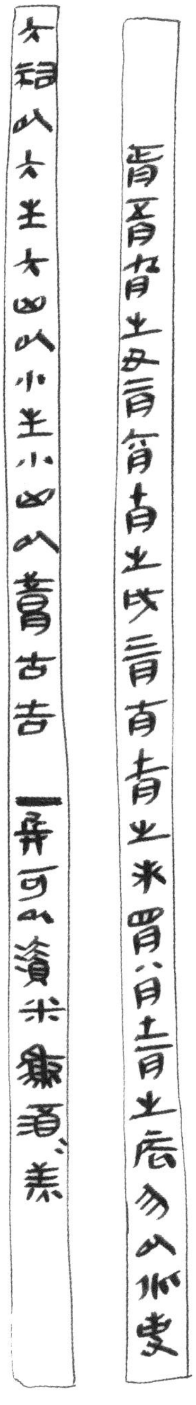

113

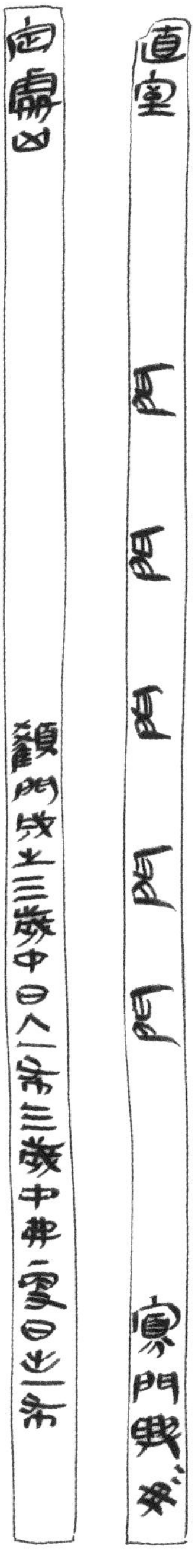

114

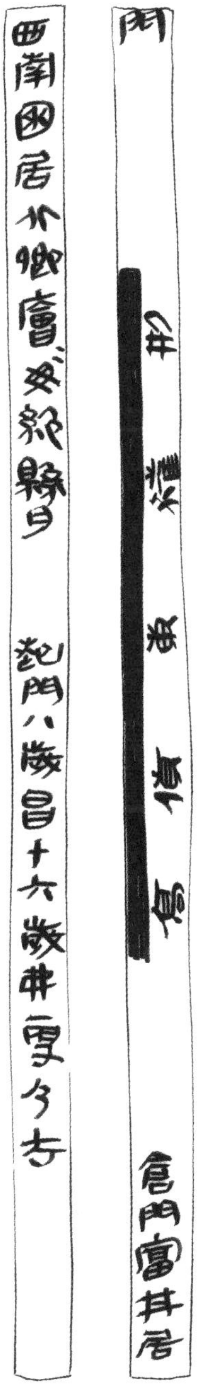

115

壽門十二歲寡

華門其主必富八歲寡坐其谷囷化職盧

田齊

倉門

大匡門命曰吉

主莖廿歲必富大吉廿歲寡

井門其主必富十二歲寡井而刜于荊

辟門成主臥

閈賤入井散居

生田

從門聚富聚盈必井入家五歲寡

寷門

南門將軍

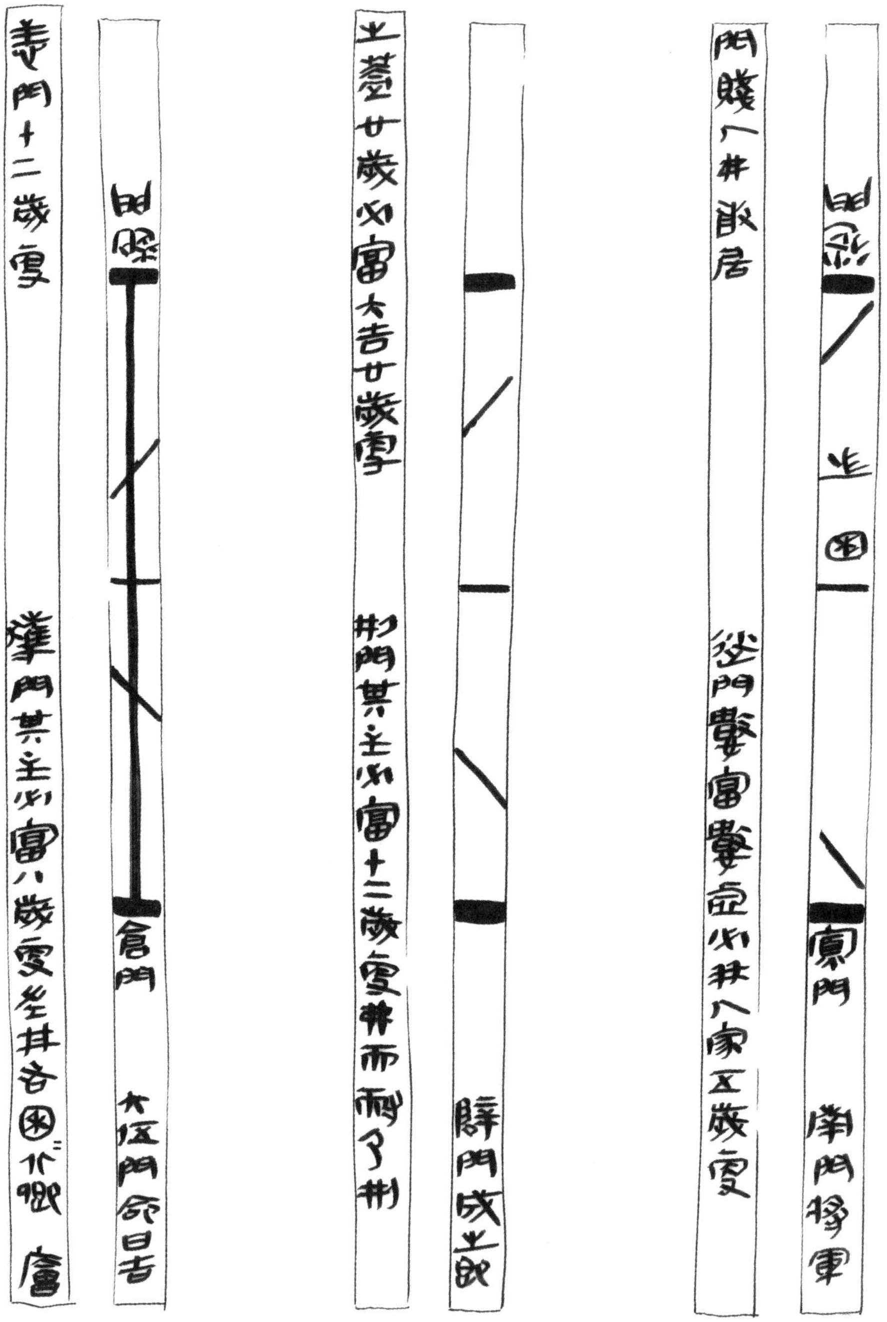

高門回家又五歲弗憂其主且嫌王

辭門　夫允門大凶

120

昌富又子與王四歲憂　貨門巿釣賣弗人償吉十一歲憂

屈門其主

119

亡昌酒令常十六歲弗奪今姓東門是胃邦咎門賤人弗欧居上凶

閻門則公門其

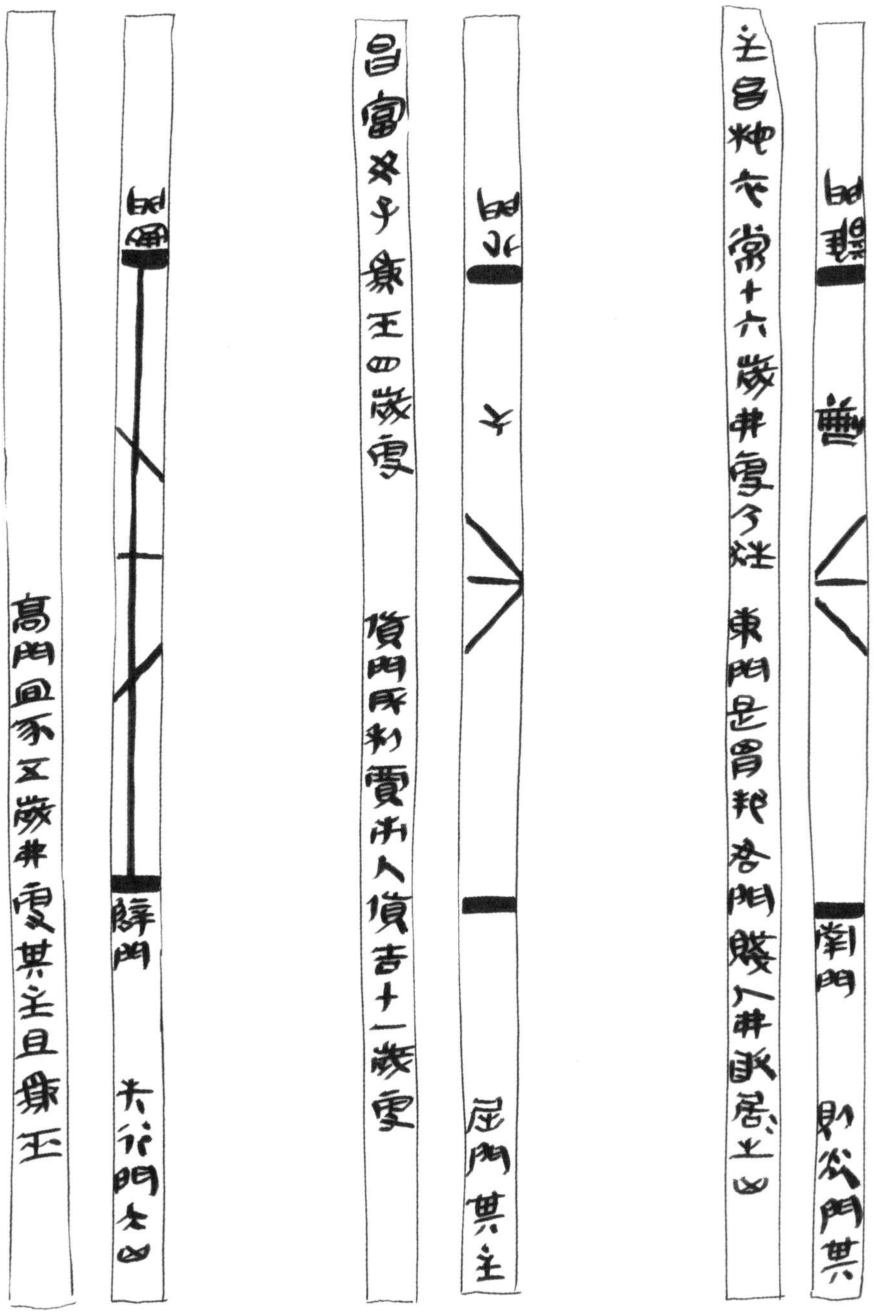

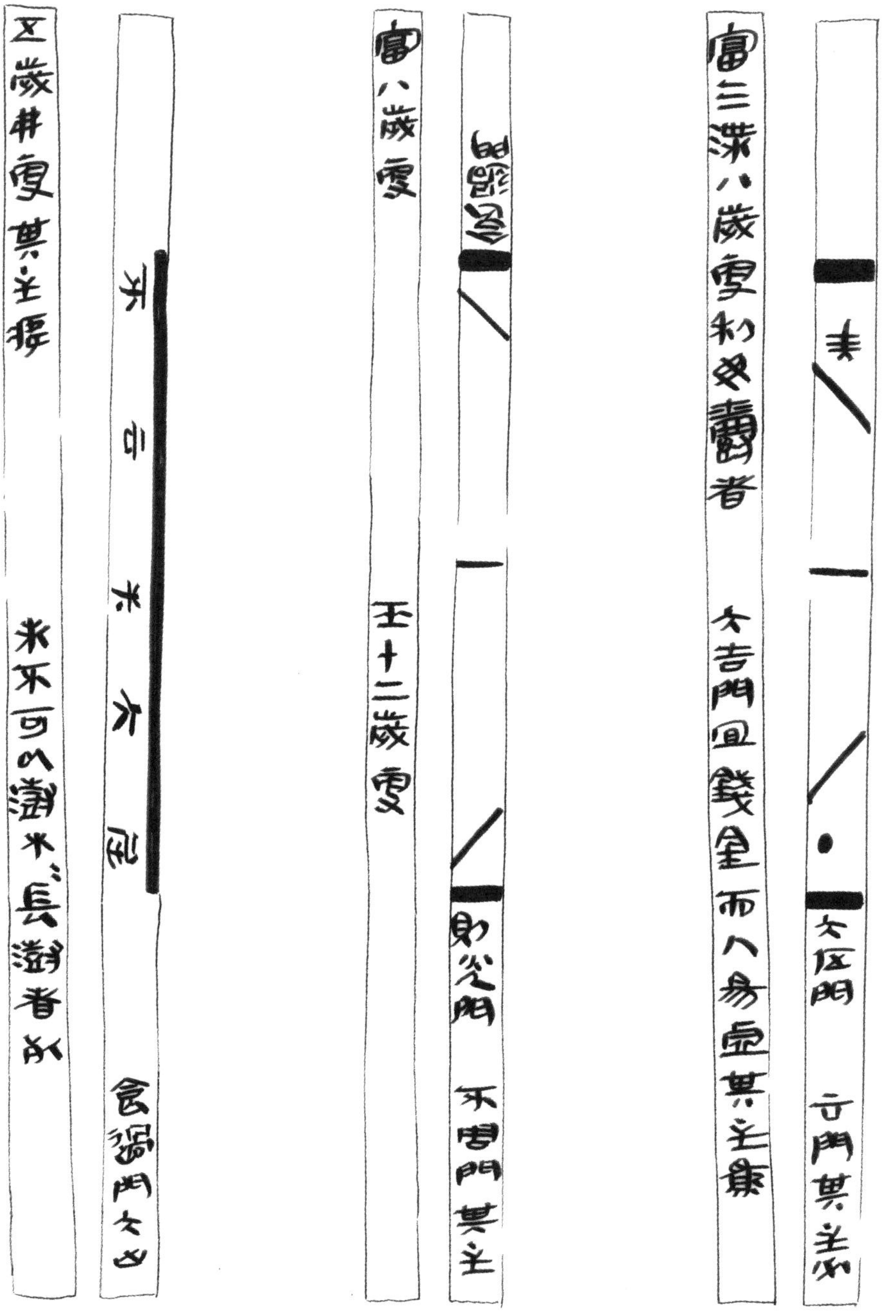

124　123　122

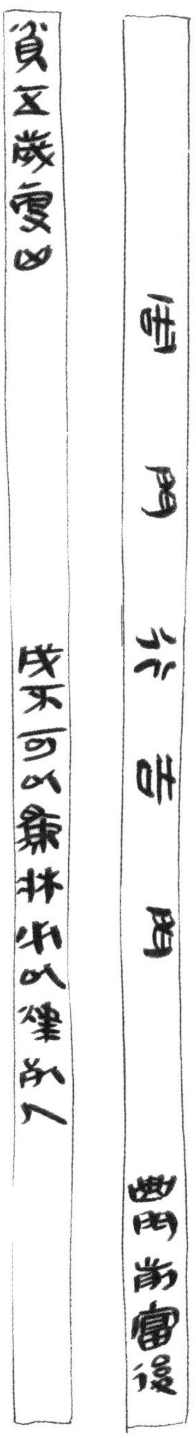

125

126

127

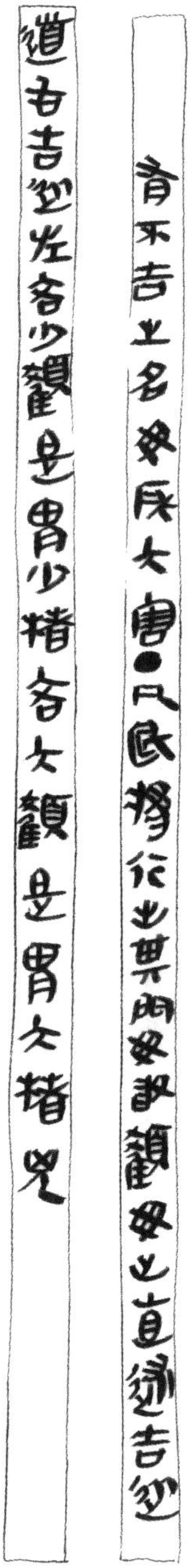

130

129

128

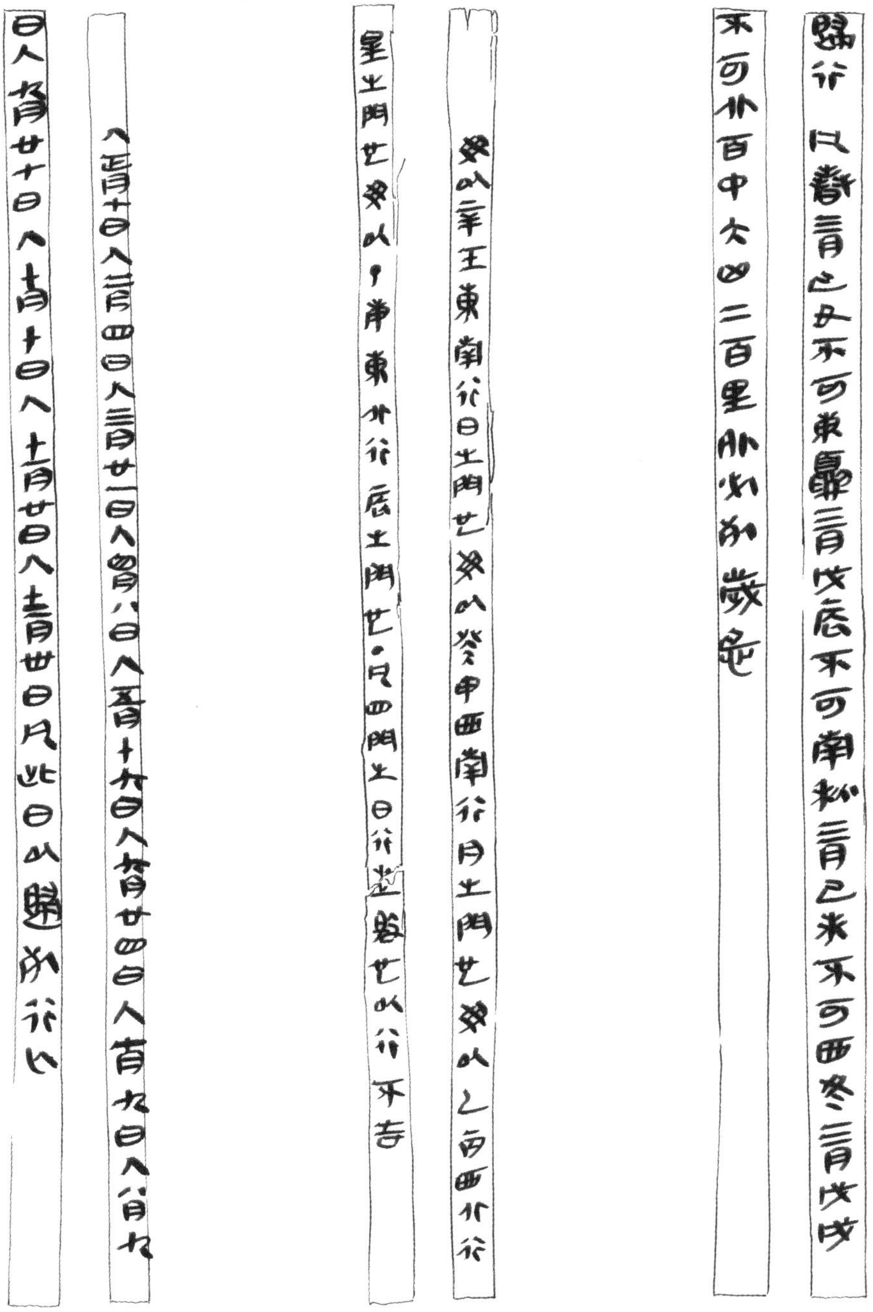

133 132 131

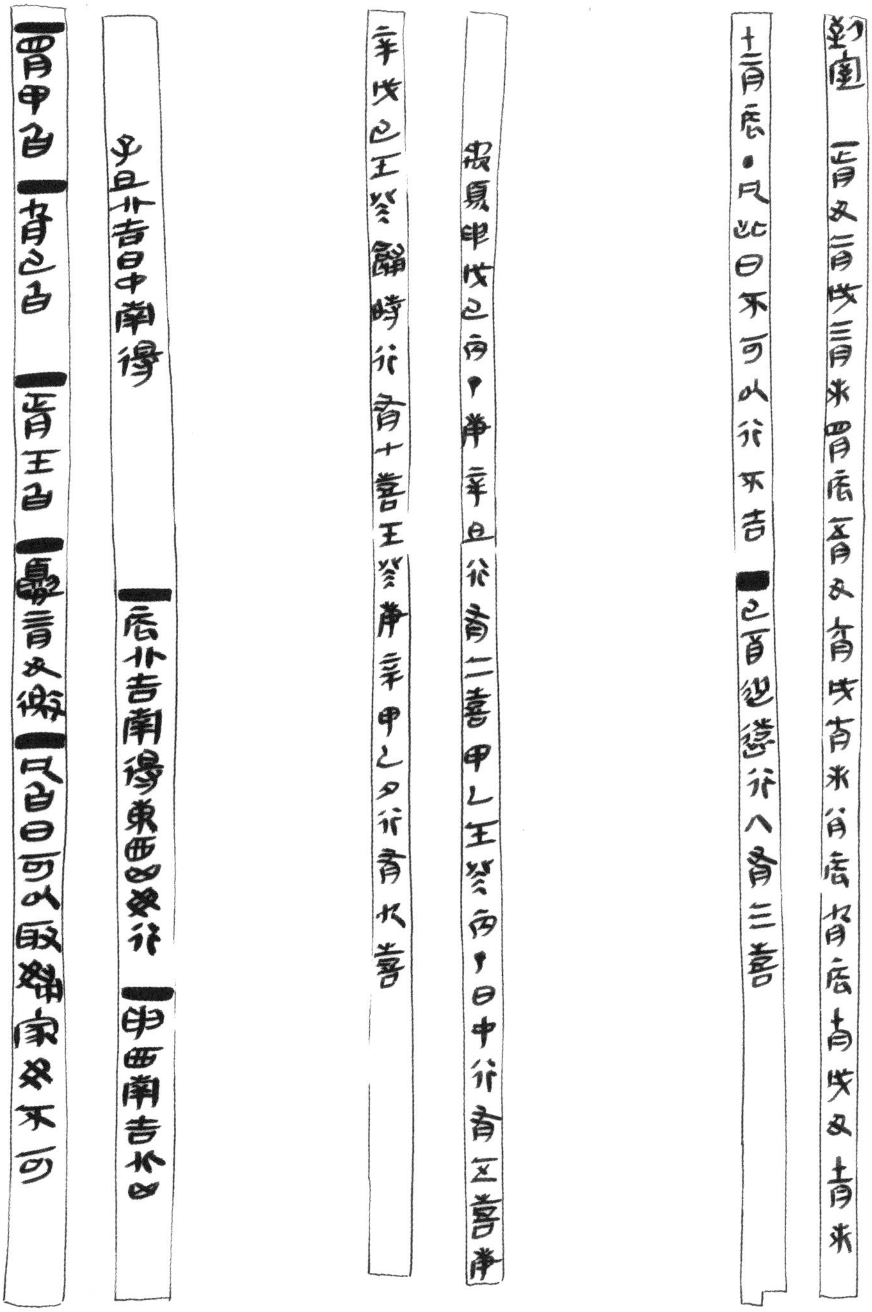

136　135　134

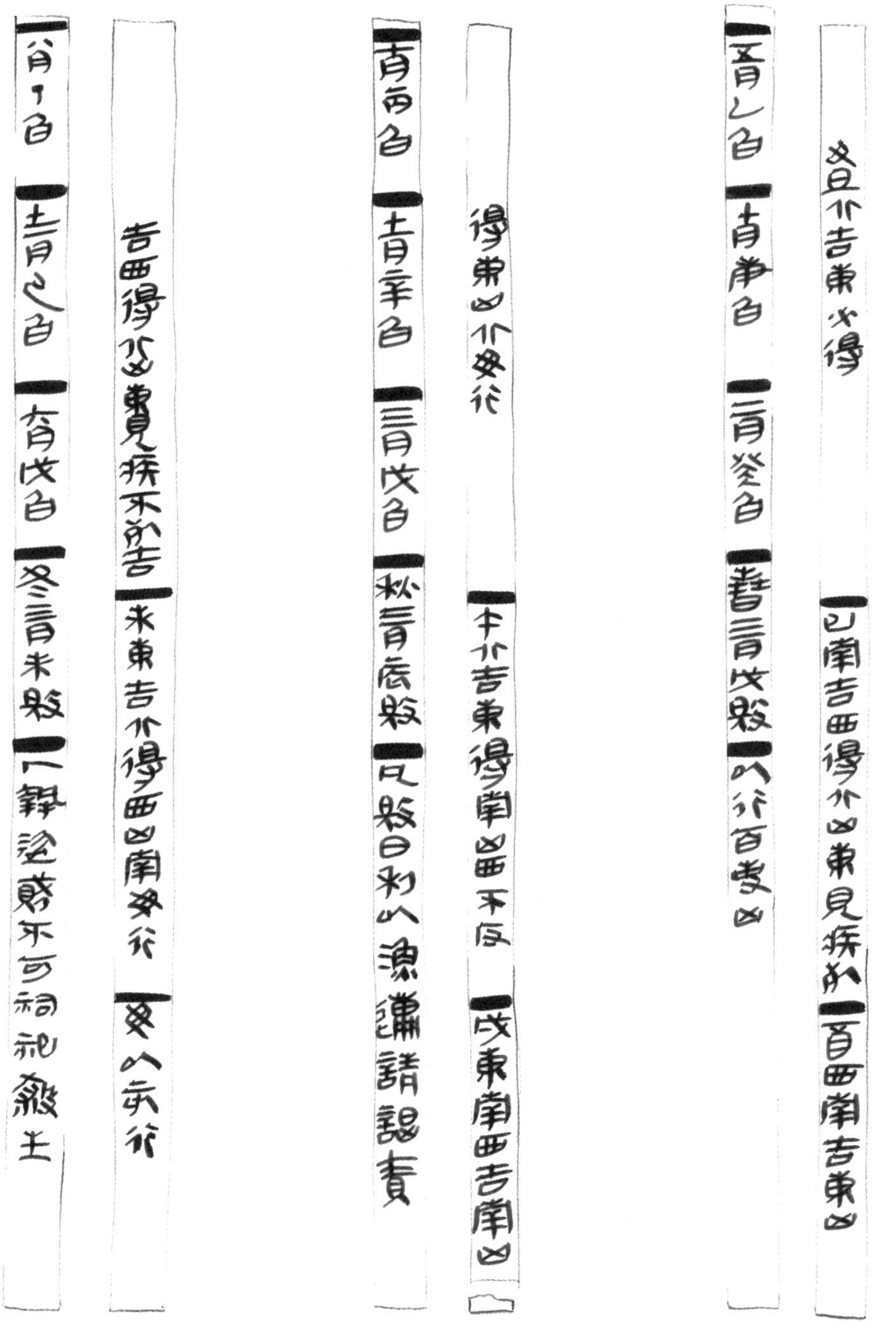

139　138　137

生子　甲戌生子歂食六

甲辰生子歂且老而利弟　甲申生子丁育身支

甲寅生子犬粟吏　甲午生子老育子少子

甲子生子少子之子

乙巳生子　乙亥生子歂而富

乙亥生子歂而富　乙酉生子歂好樂

乙卯生子樂不　乙丑生子葊以殳丁

乙未生子育侯少子後富

丙午生子者百而瘁後富　丙午生子不吉

丙戌生子育吏

丙辰生子育疤柎腰而盡　丙寅生子老以聖

丙申生子粶康盧

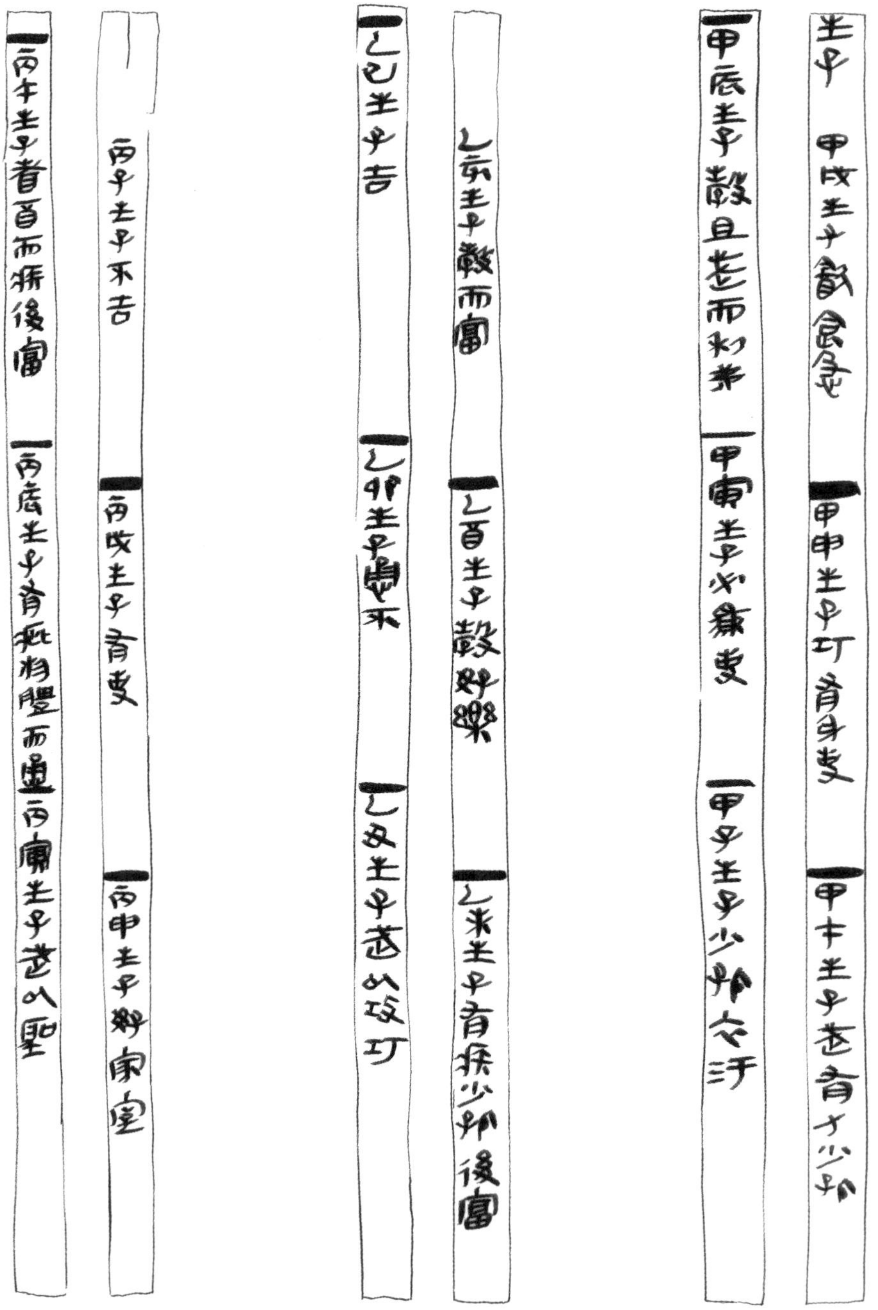

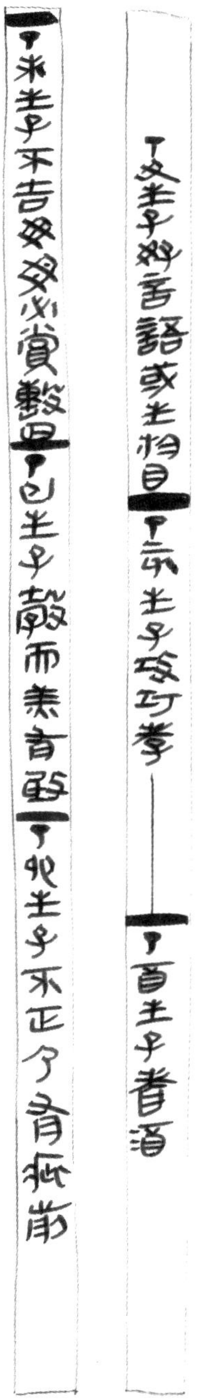

143

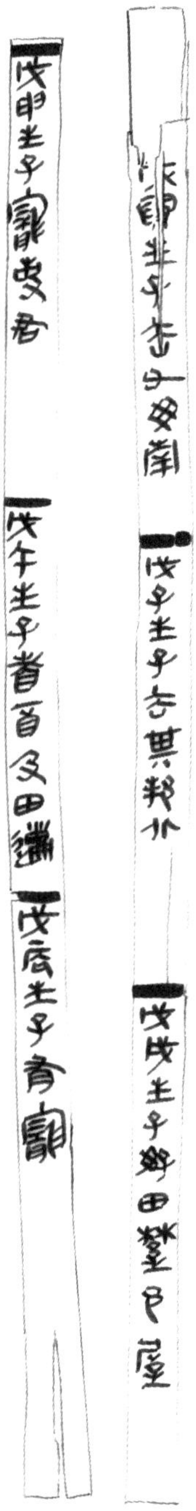

144

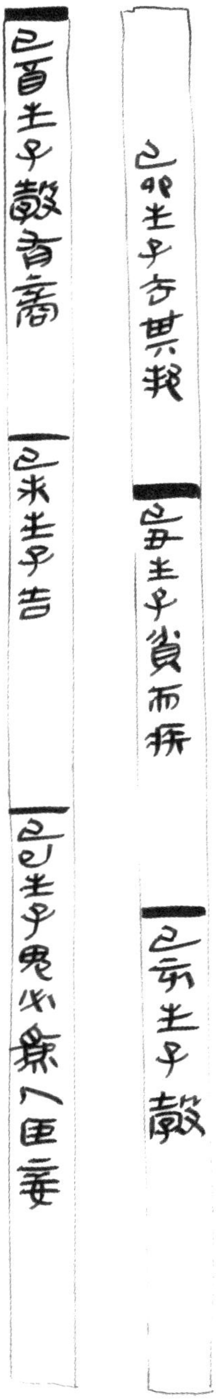

145

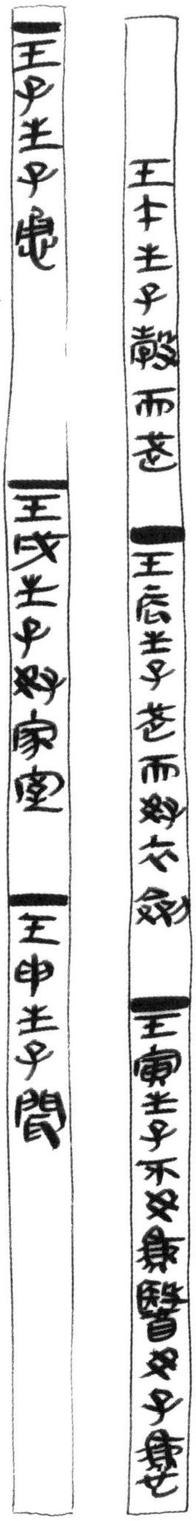

148

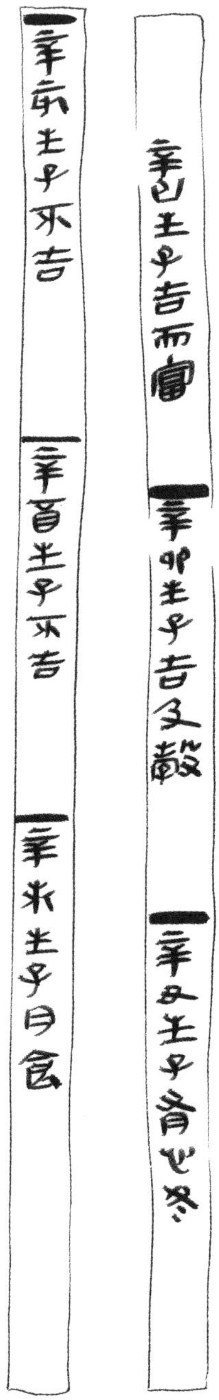

147

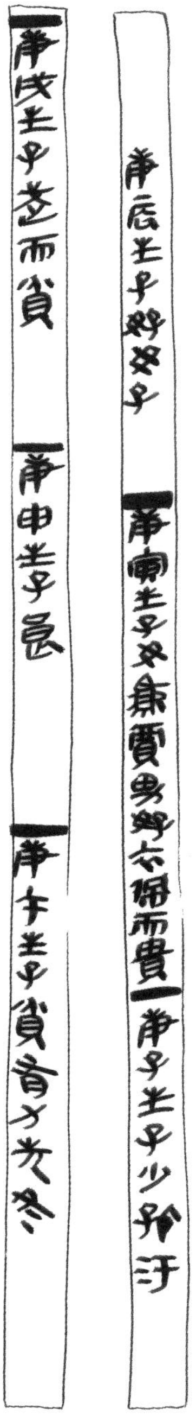

146

女頸者貴　　左足下者賤

秋牛
首
戌
春底未
申

人卯其日在首富難勝敗

申
未　申
夕子以己申不復卯

癸亥生子好川少疾小鬴夋　癸亥生子申夋
癸酉生子光夋

癸未生子長大善得　癸巳生子敢
癸卯生子不吉

151　　150　　149

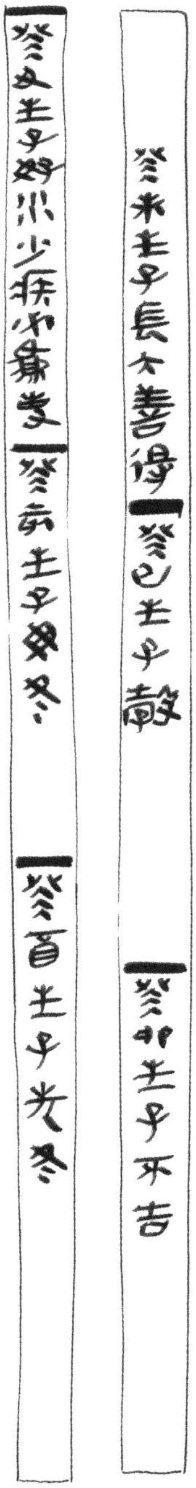

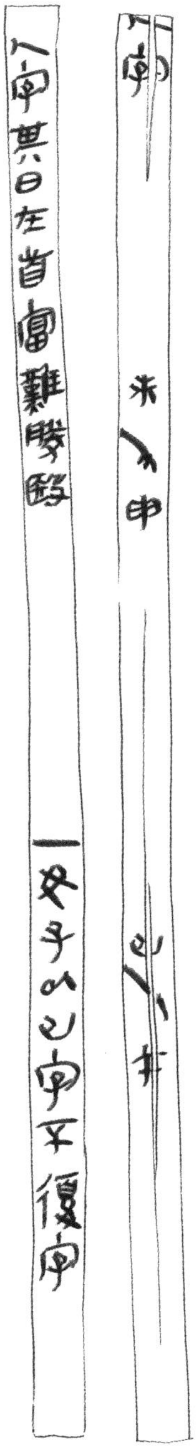

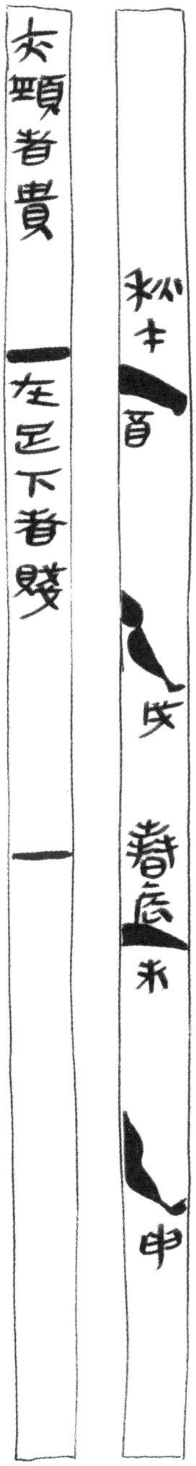

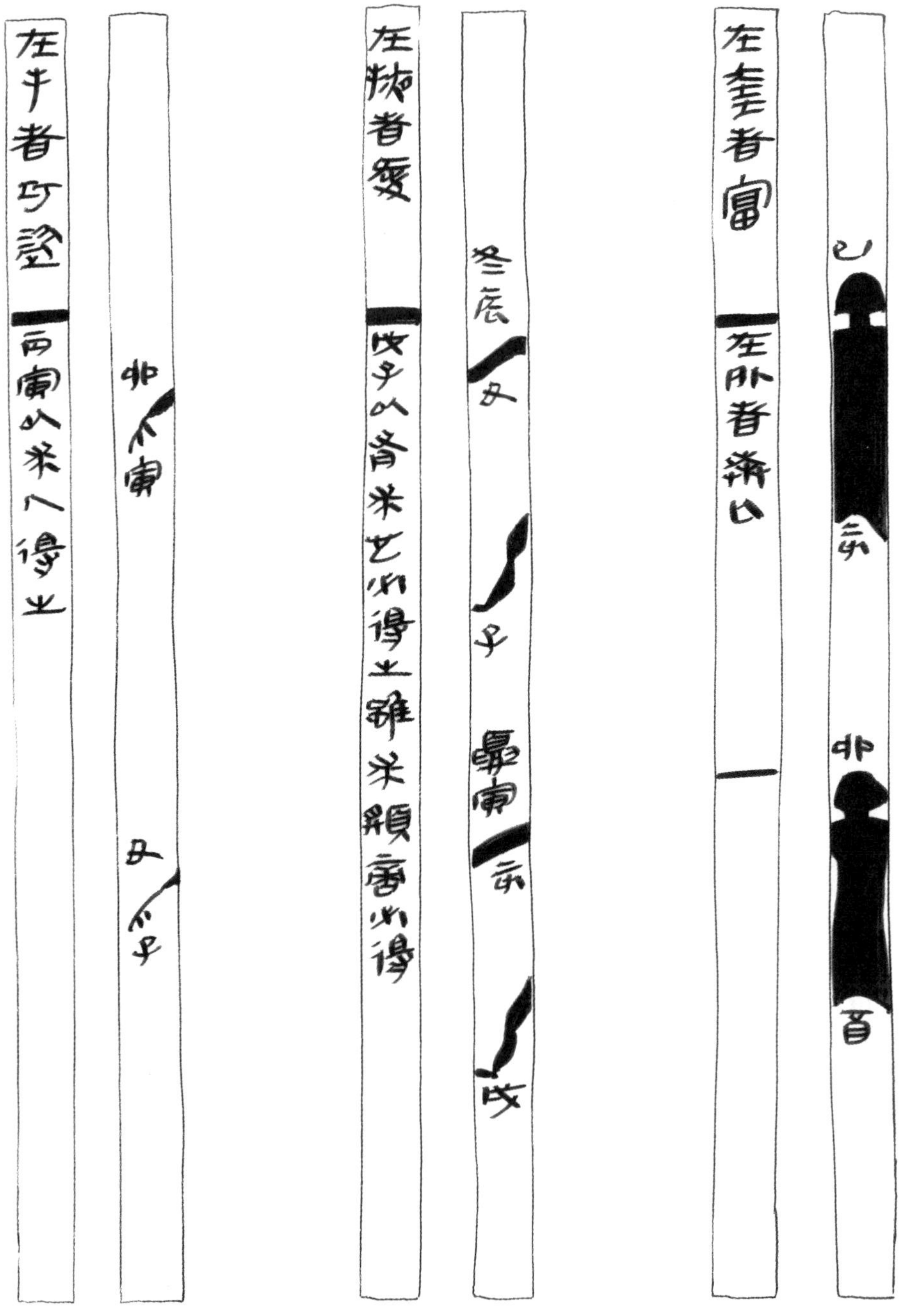

154　153　152

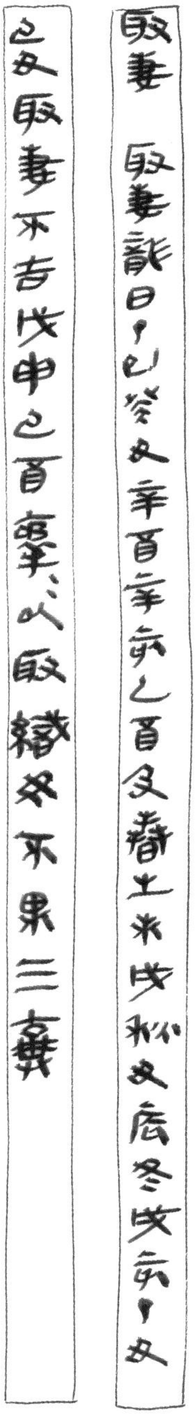

155

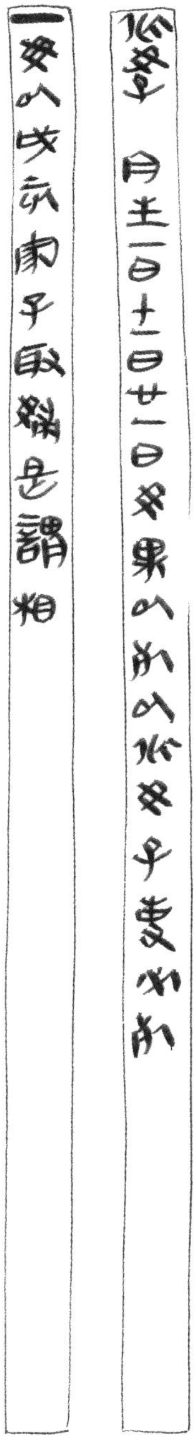

156

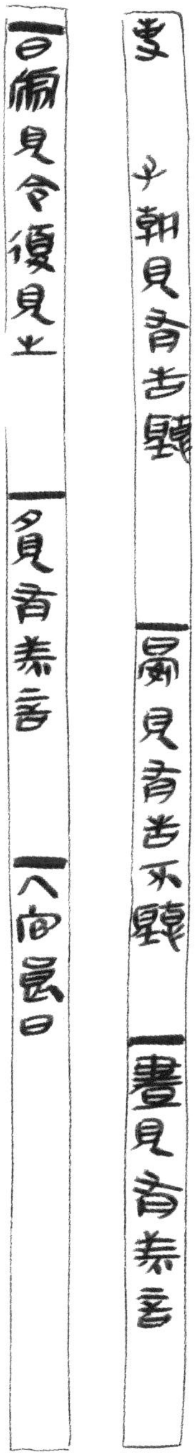

157

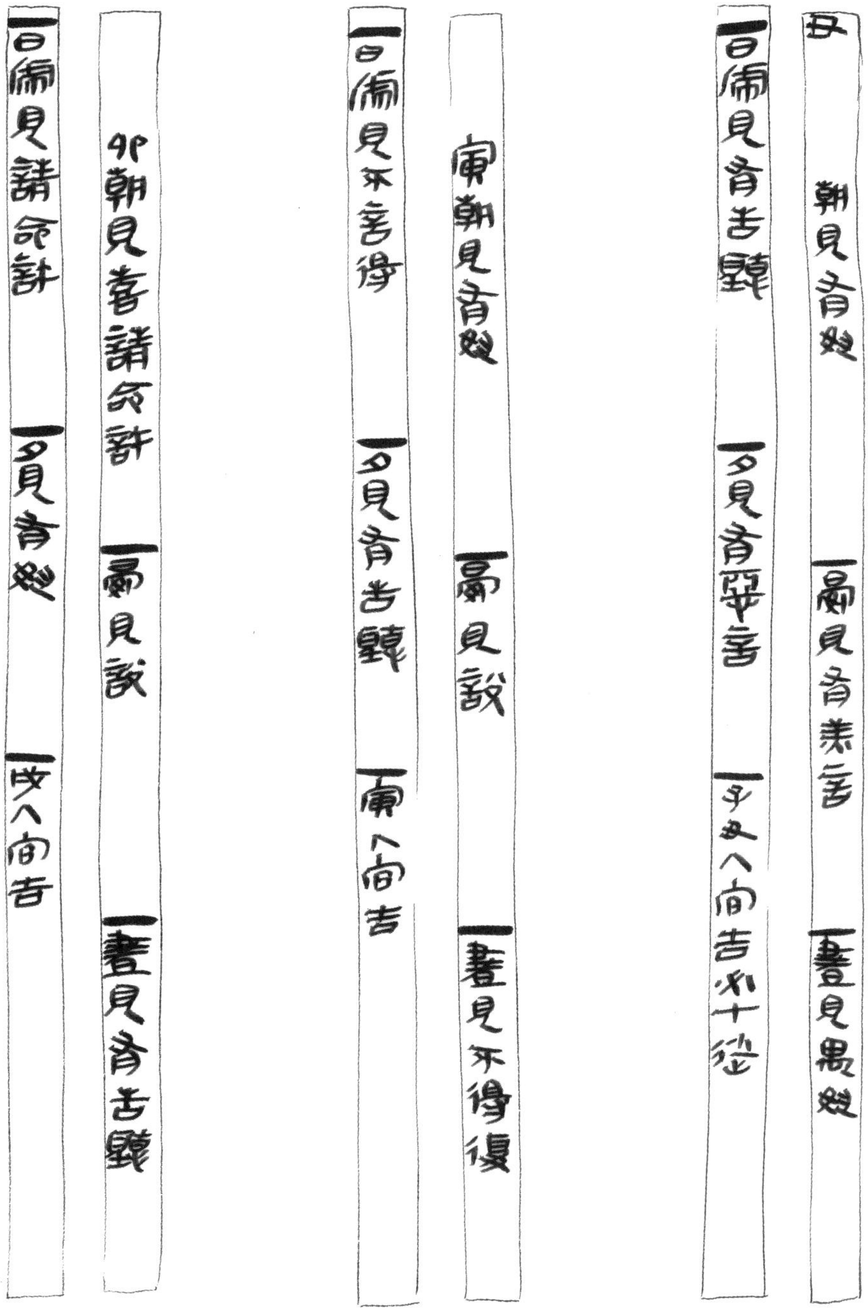

160　159　158

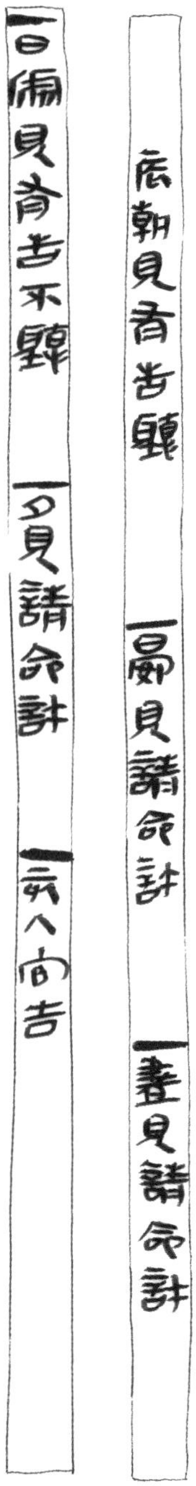

161

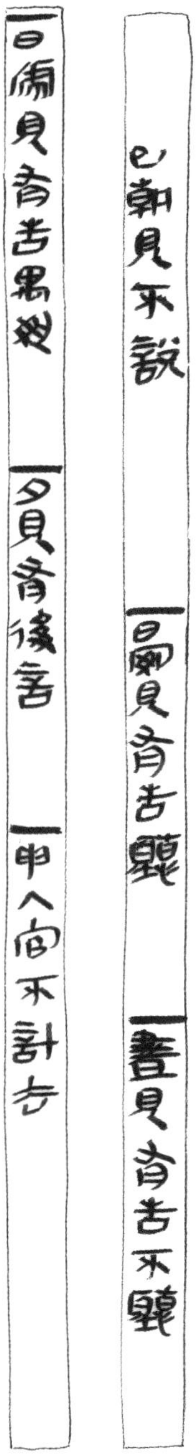

162

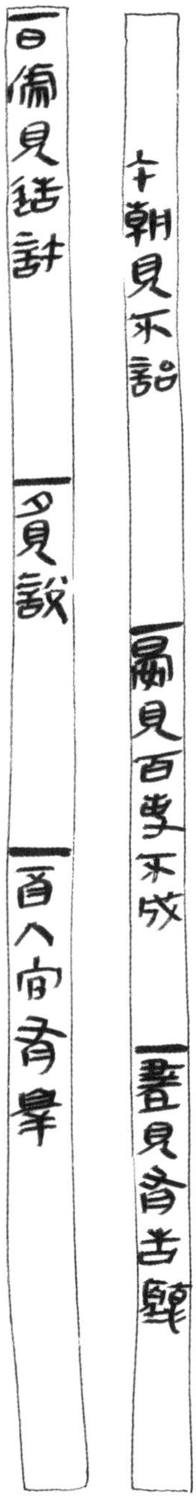

163

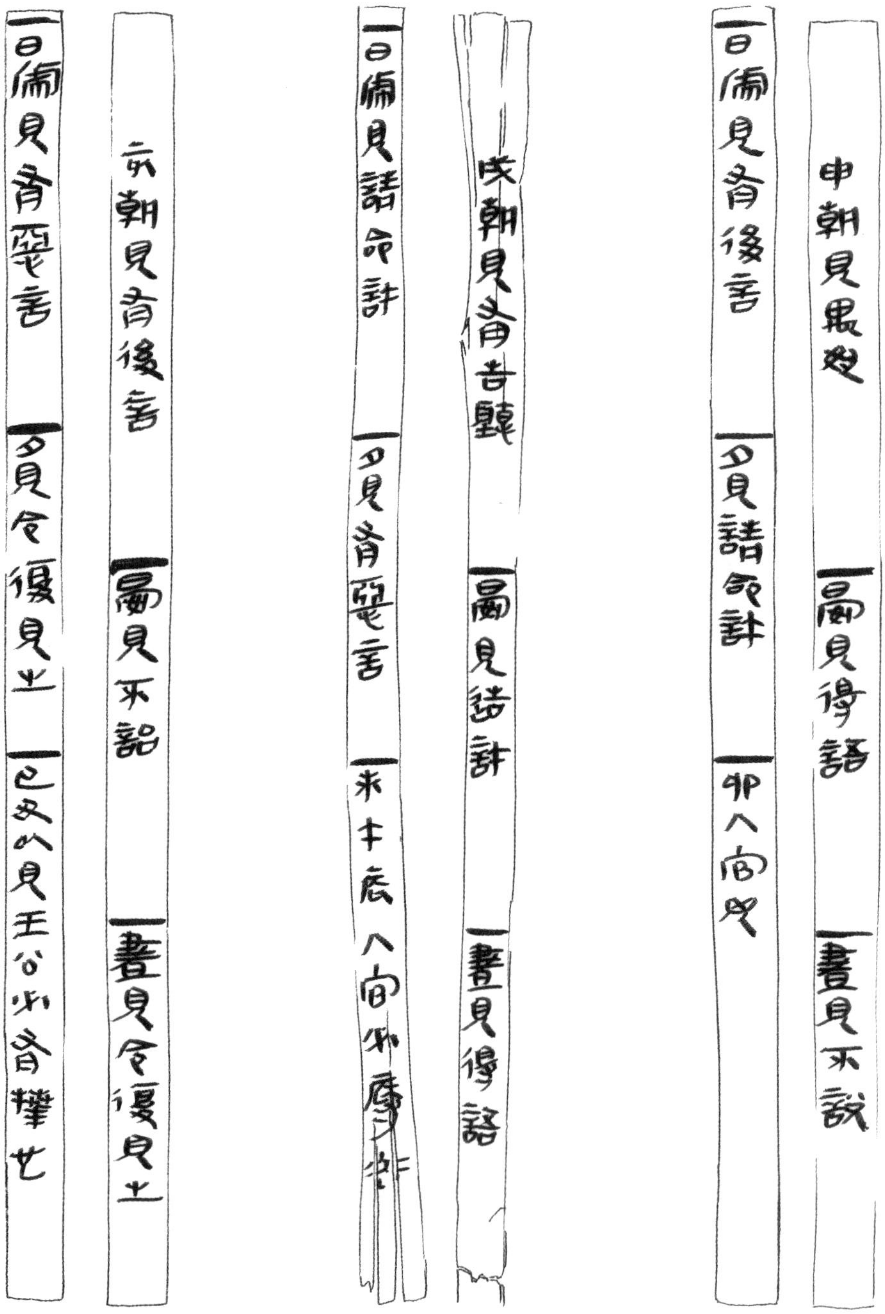

166　165　164

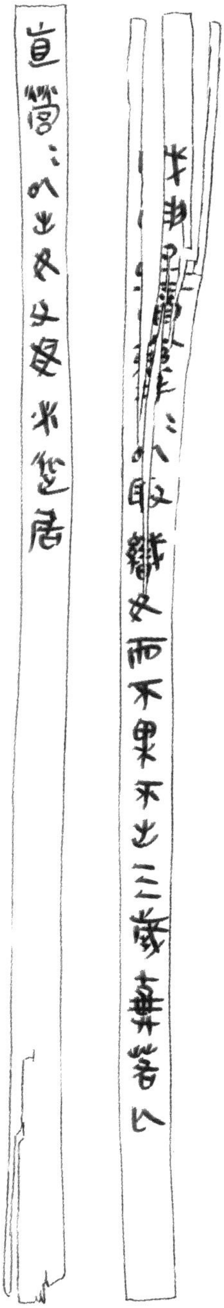

3背/164反

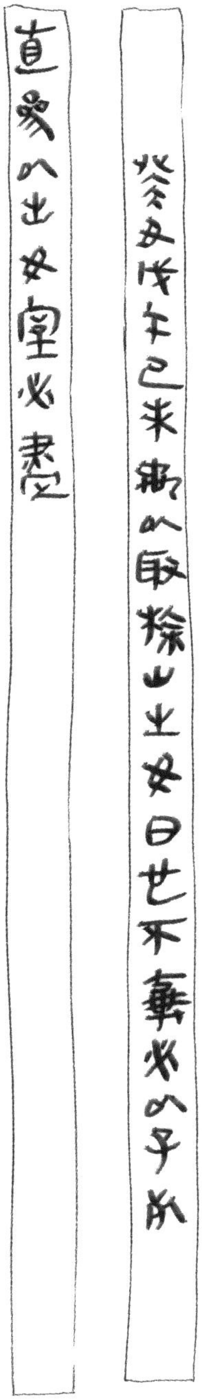

2背/165反

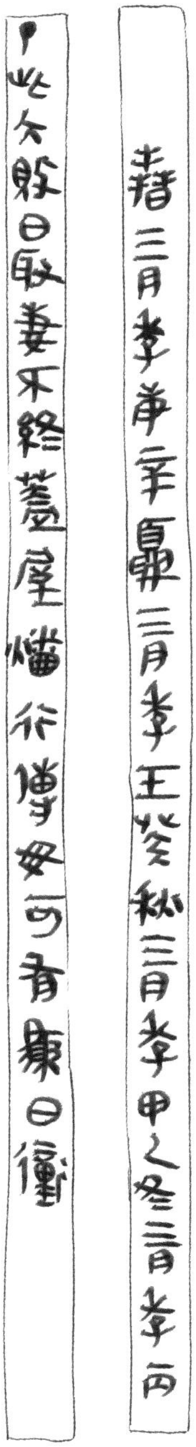

1背/166反

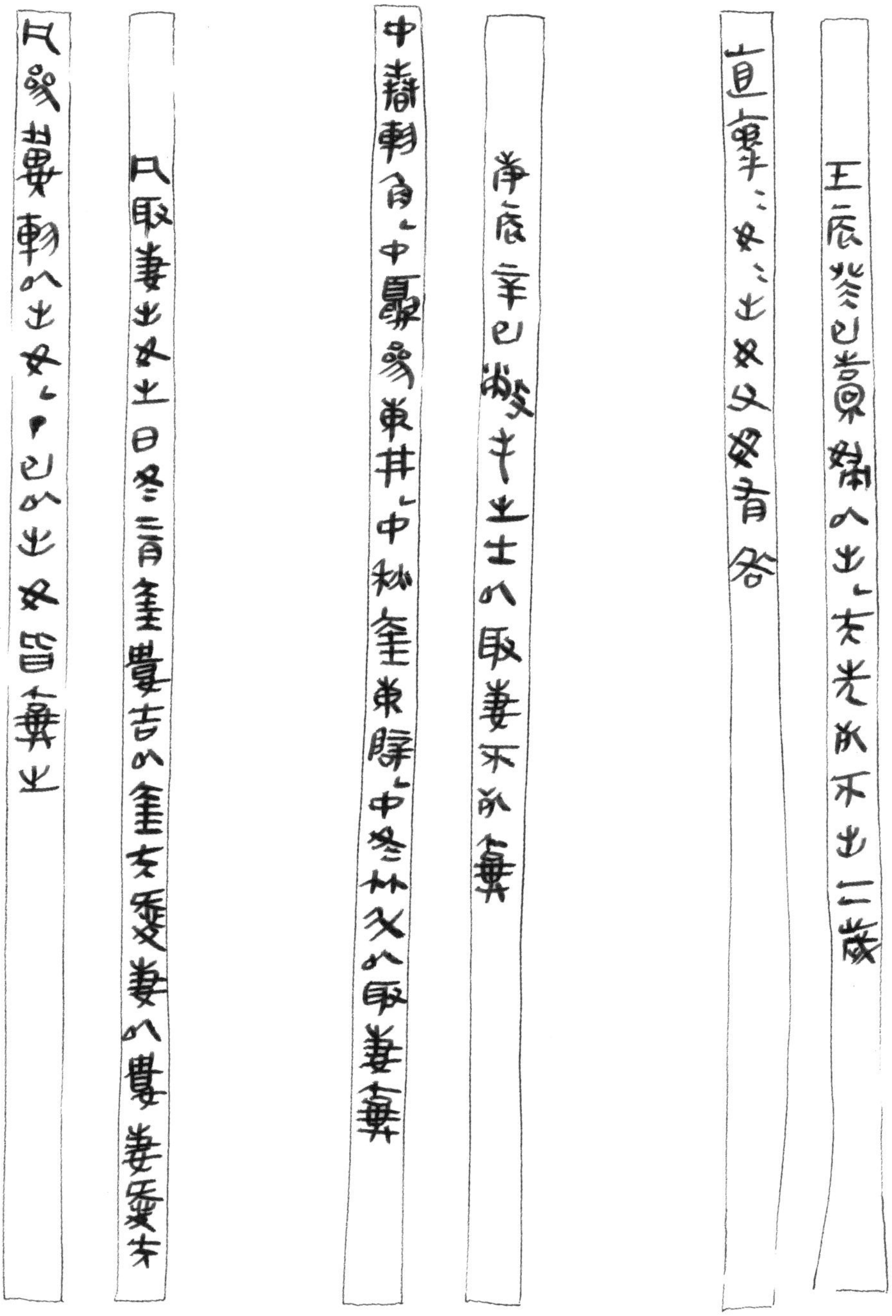

6背/161反　5背/162反　4背/163反

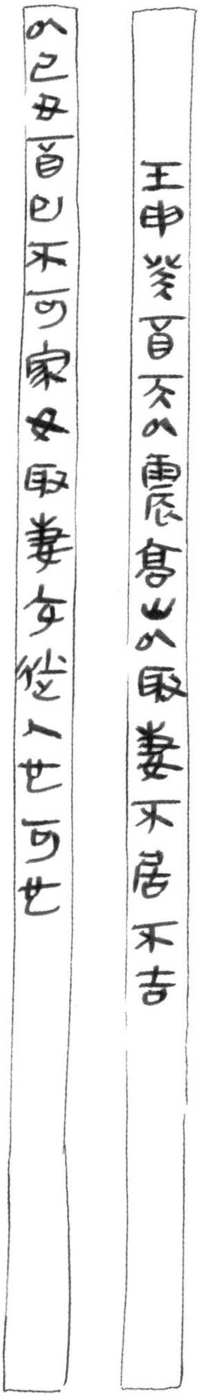

7背/160反

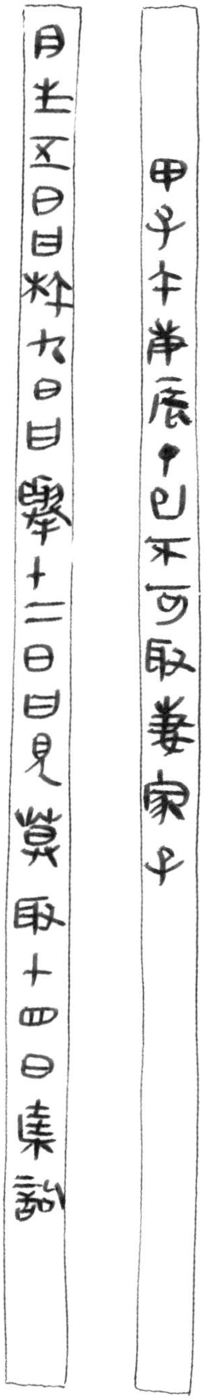

8背/159反

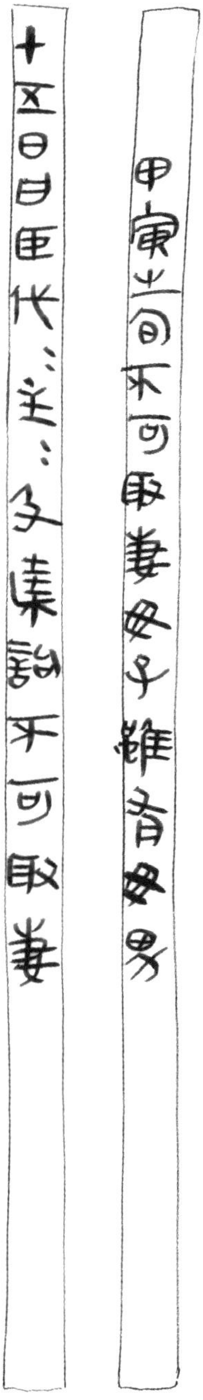

9背/158反

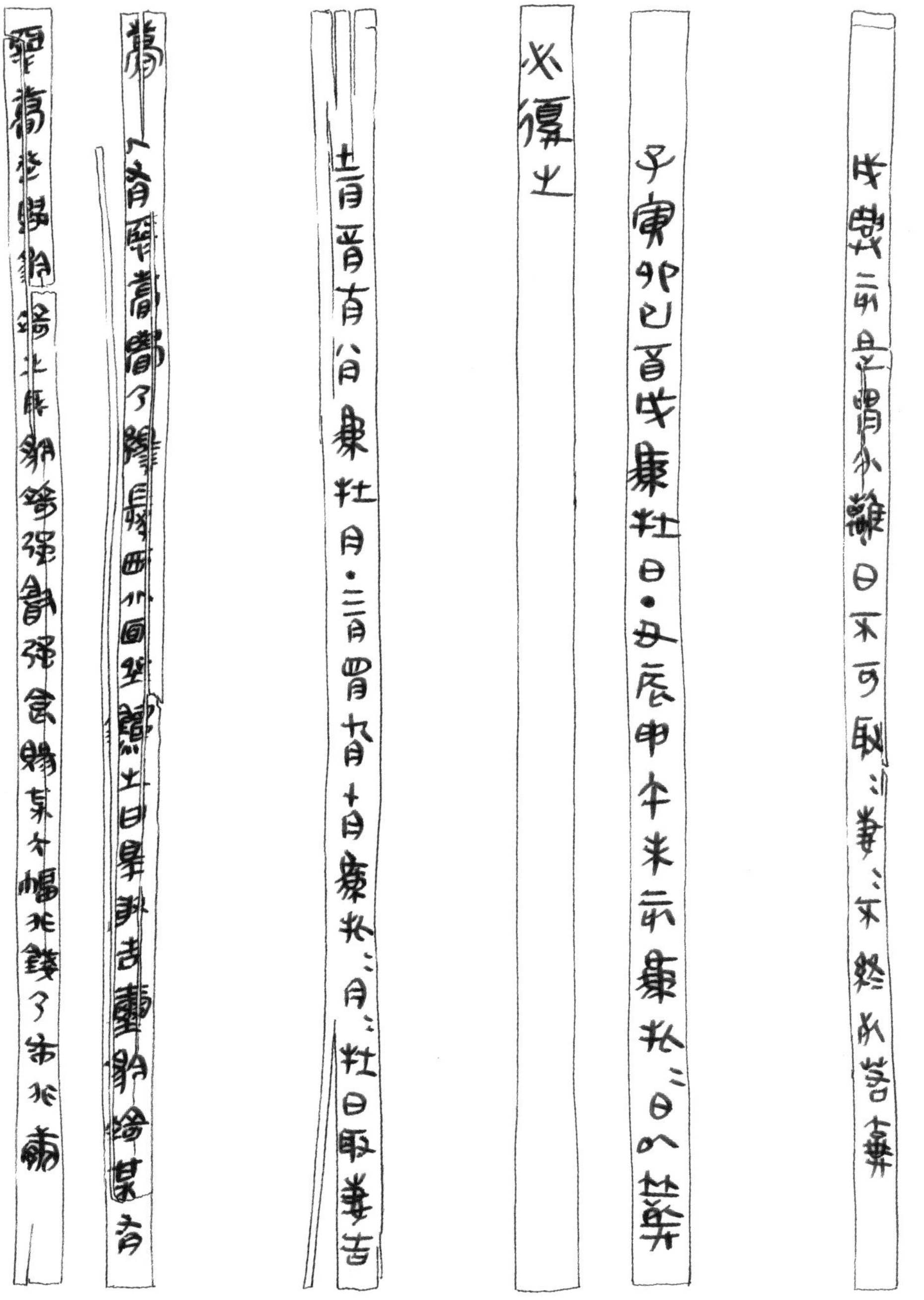

13背/154反　12背/155反　11背/156反　10背/157反

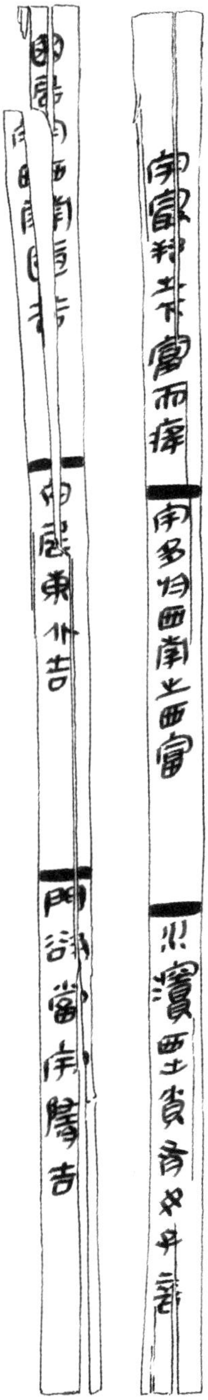

16背/151反

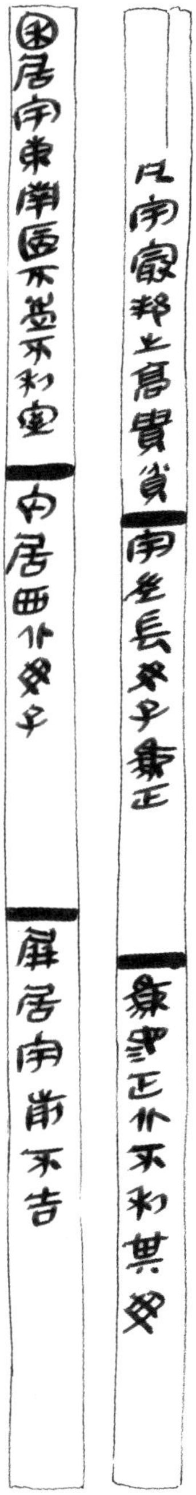

15背/152反

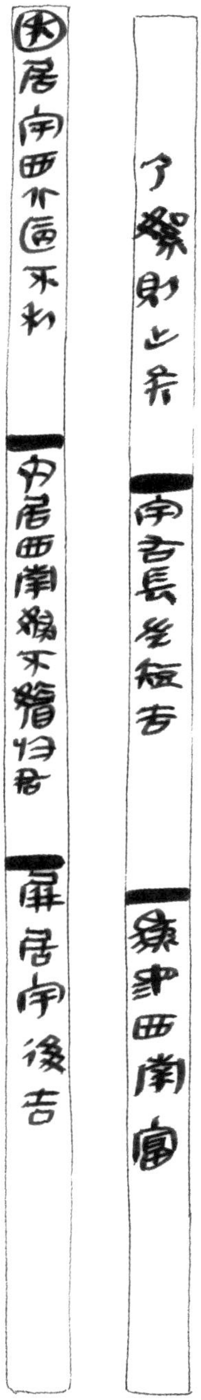

14背/153反

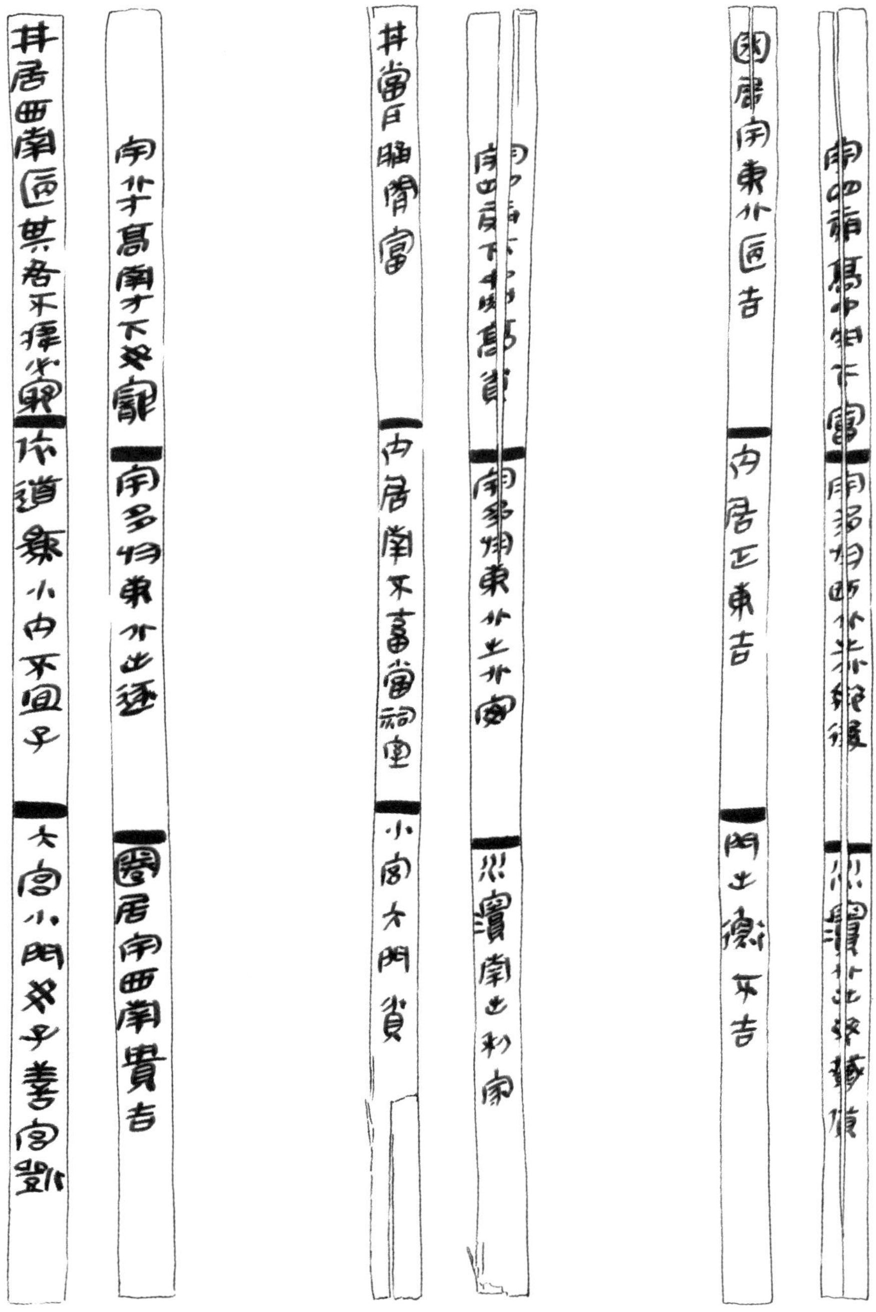

19背/148反　　18背/149反　　17背/150反

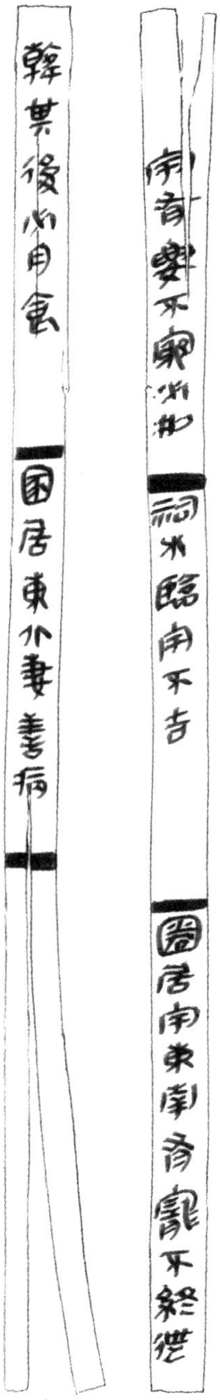

22背/145反

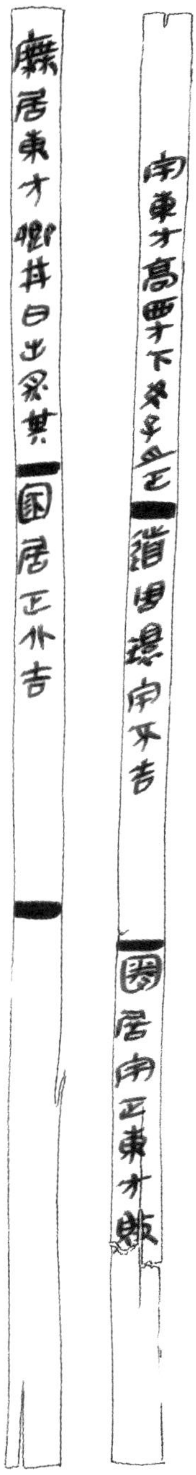

21背/146反

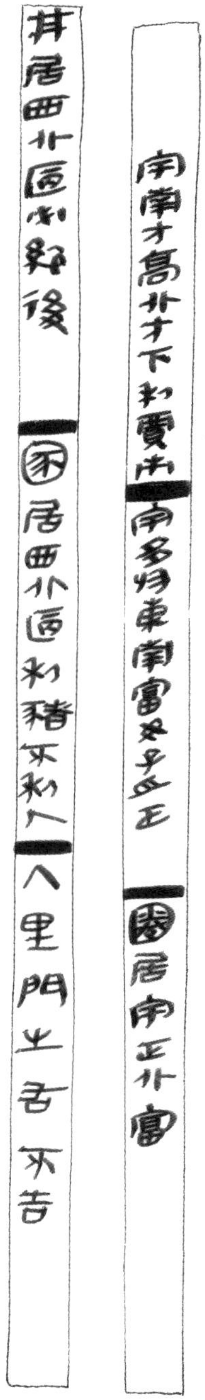

20背/147反

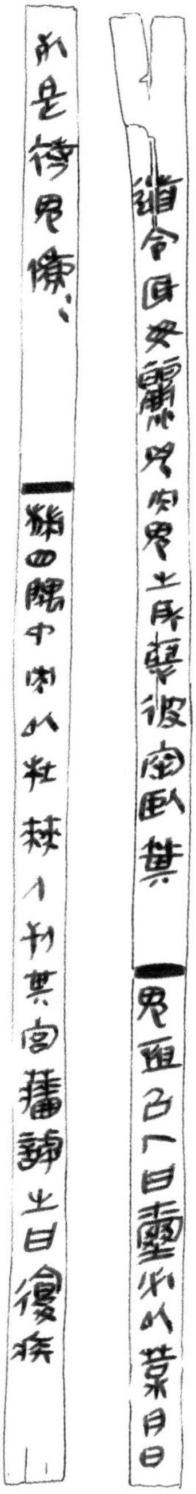

25背/142反

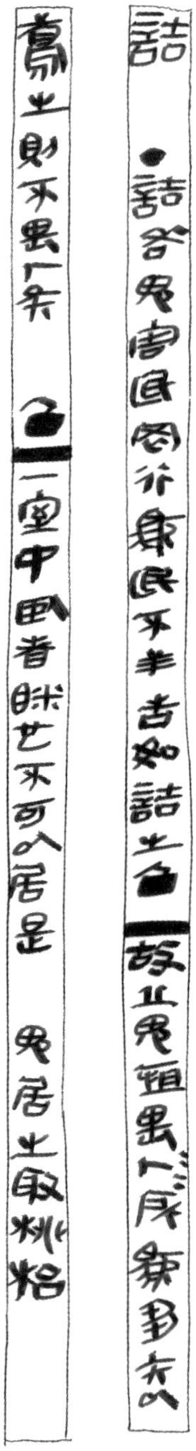

24背/143反

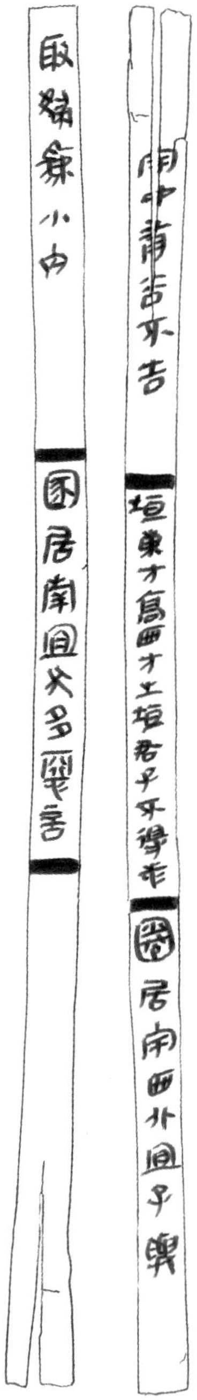

23背/144反

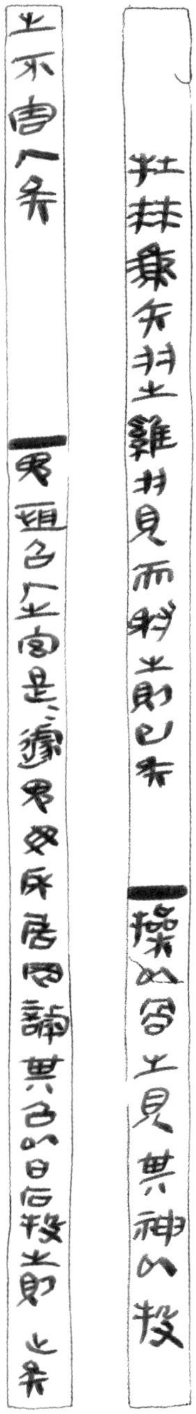

28背/139反

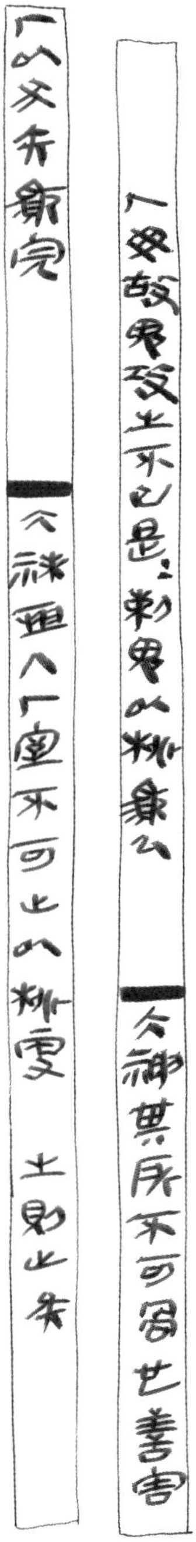

27背/140反

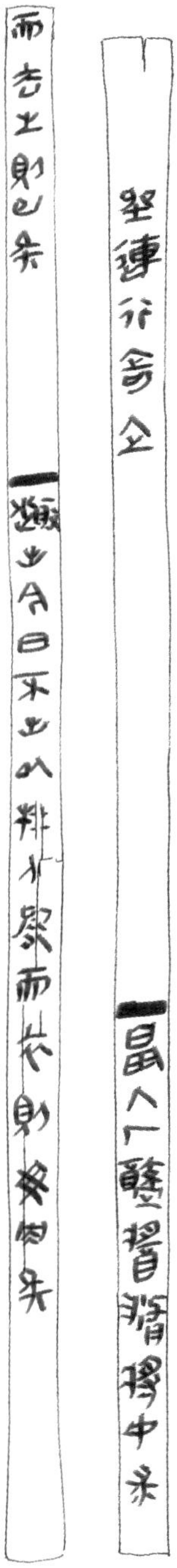

26背/141反

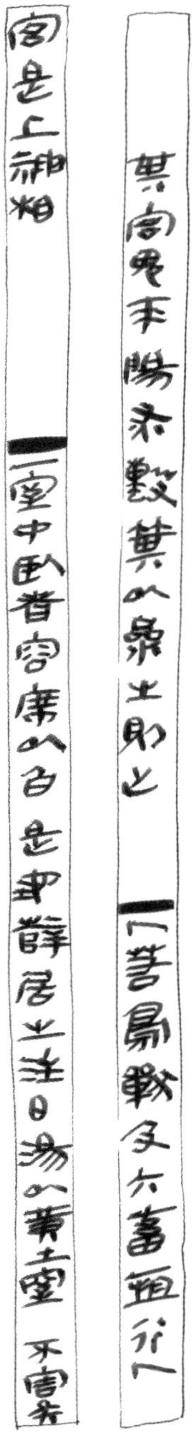

31背/136反

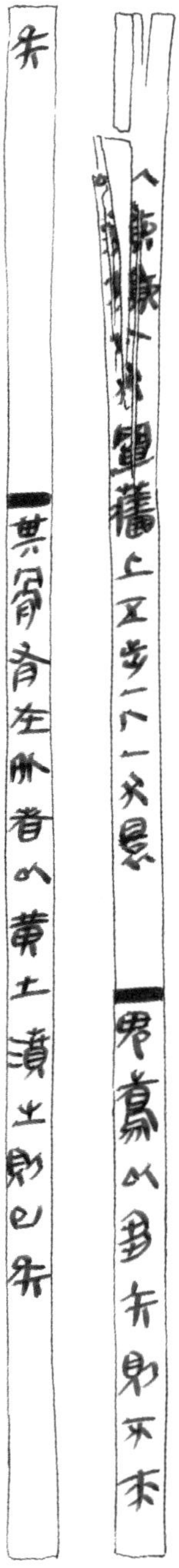

30背/137反

29背/138反

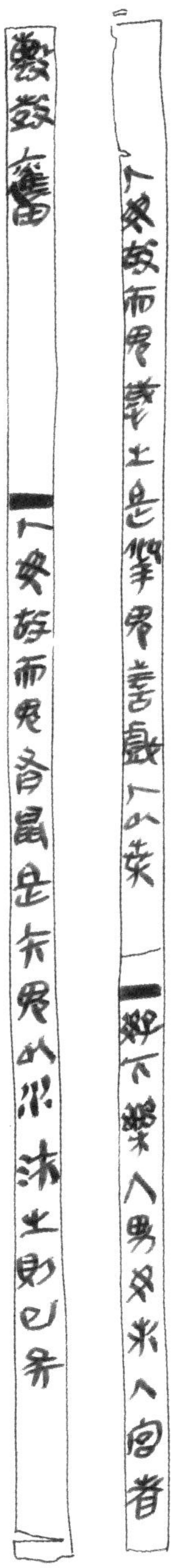

32背/135反

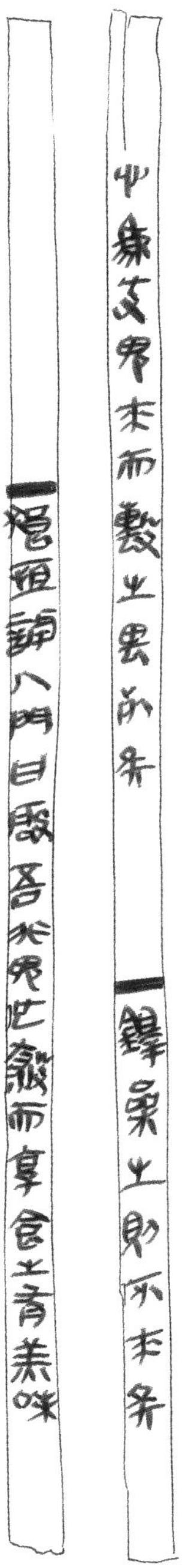

33背/134反

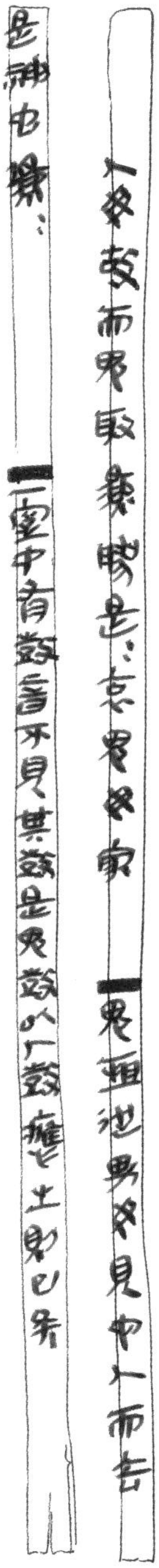

34背/133反

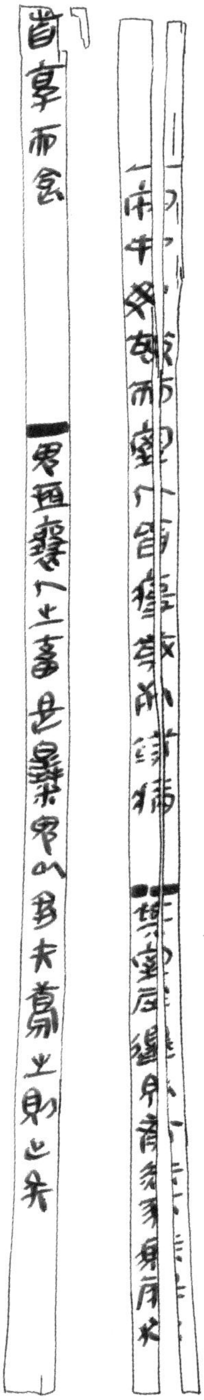

37背/130反

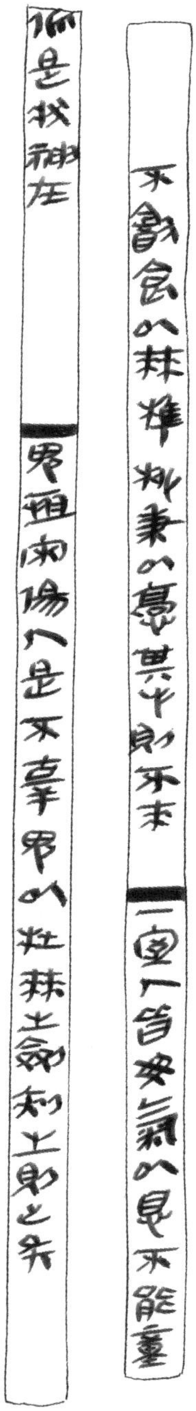

36背/131反

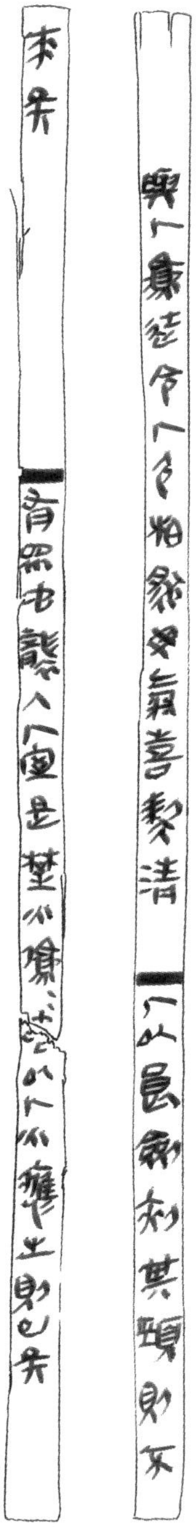

35背/132反

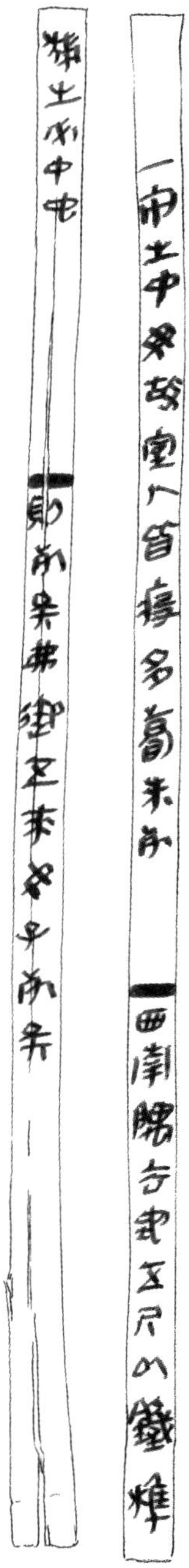

40背/127反

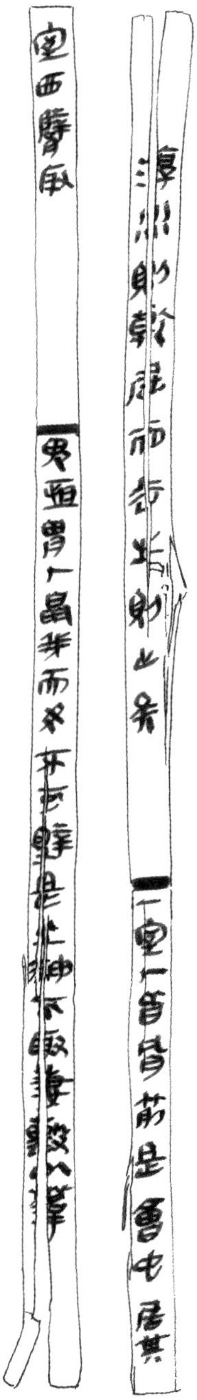

39背/128反

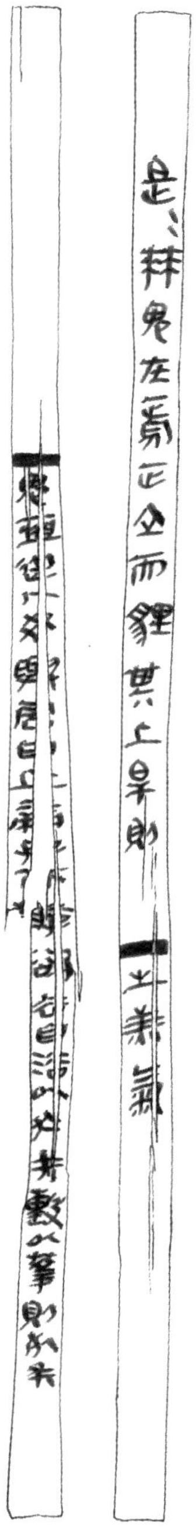

38背/129反

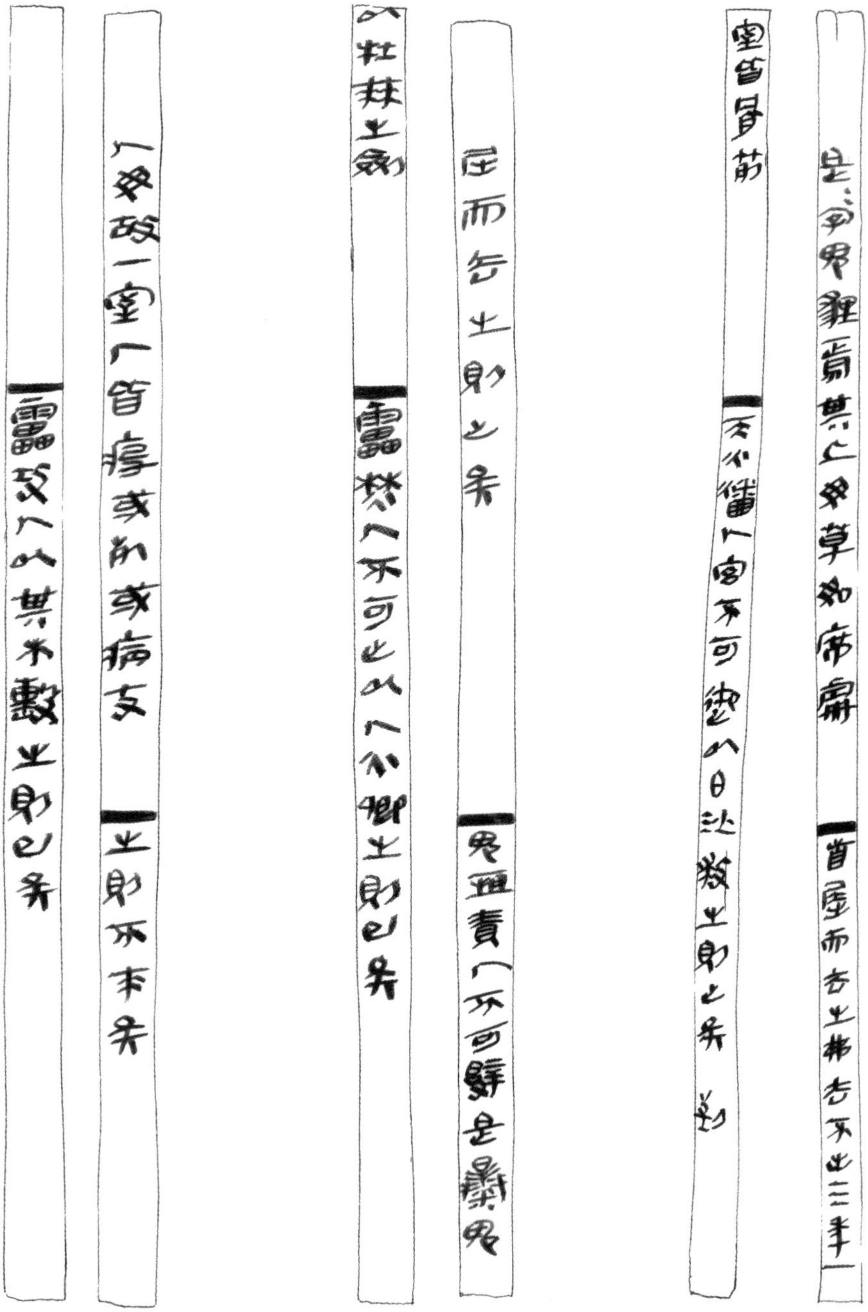

43背/124反　42背/125反　41背/126反

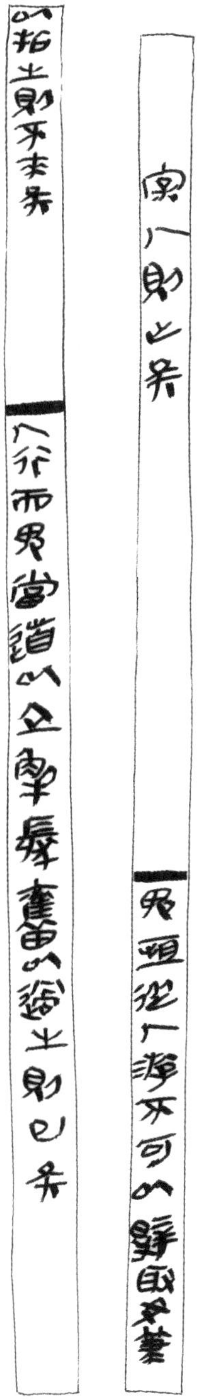

46背/121反

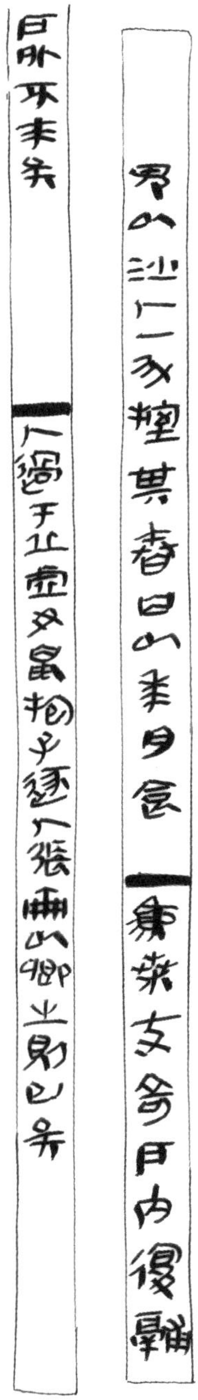

45背/122反

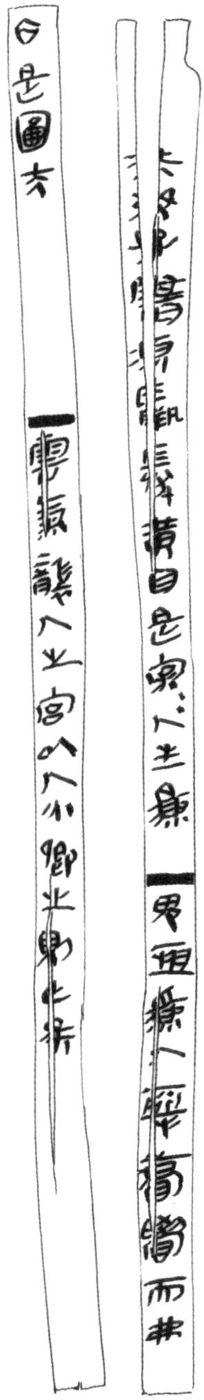

44背/123反

49背/118反

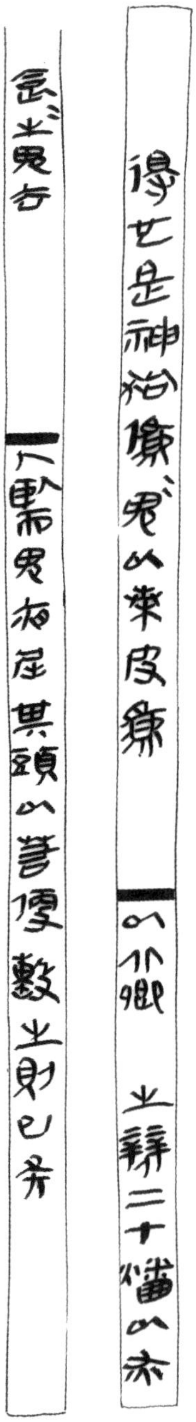

48背/119反

47背/120反

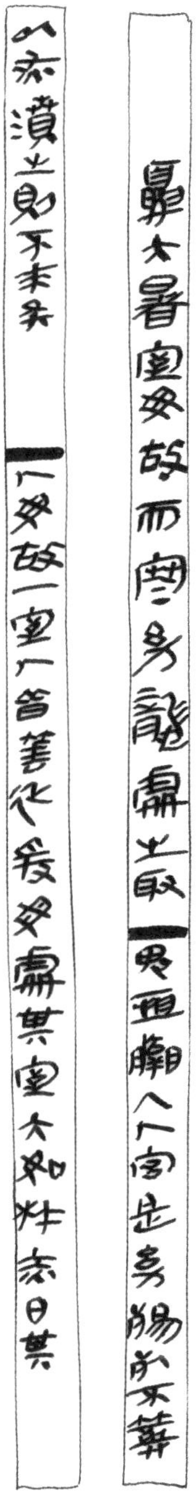

50背/117反

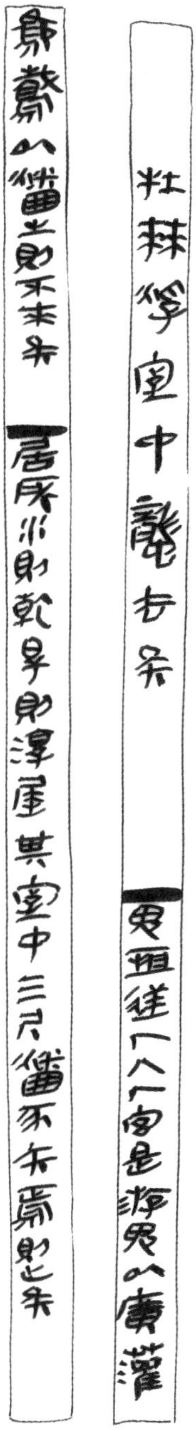

51背/116反

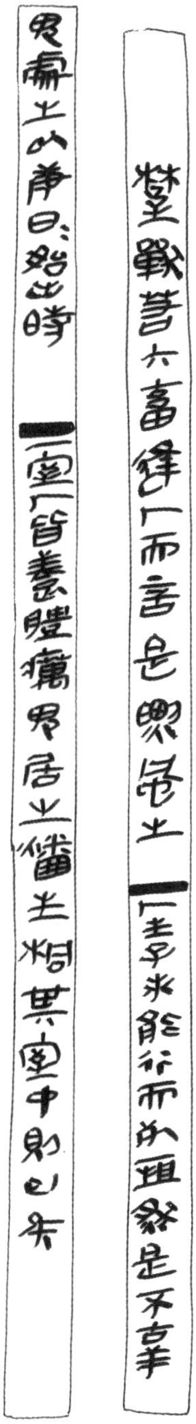

52背/115反

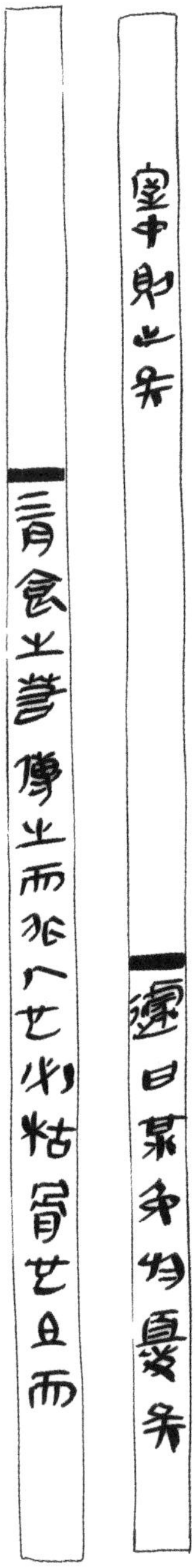

55背/112反

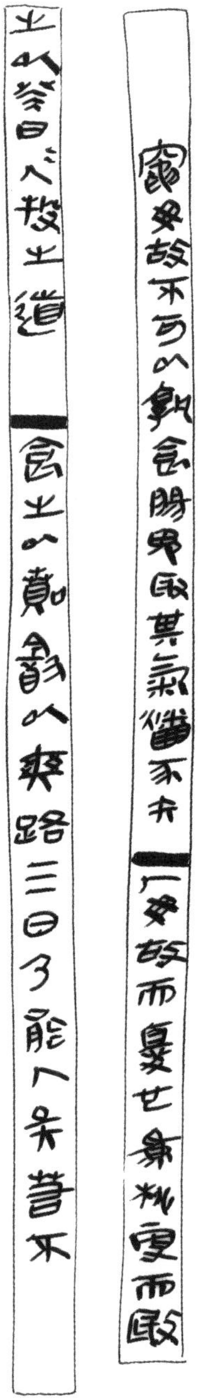

54背/113反

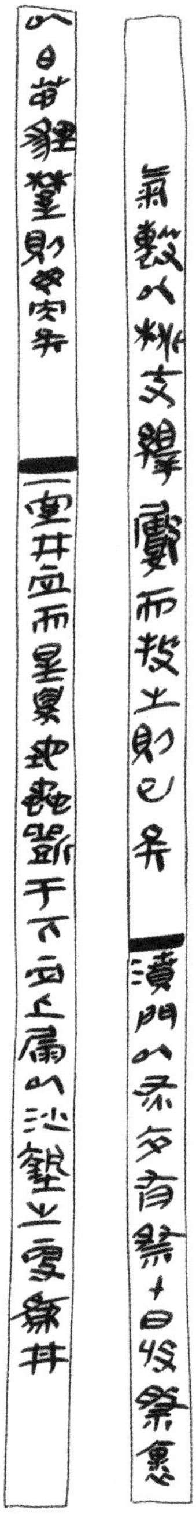

53背/114反

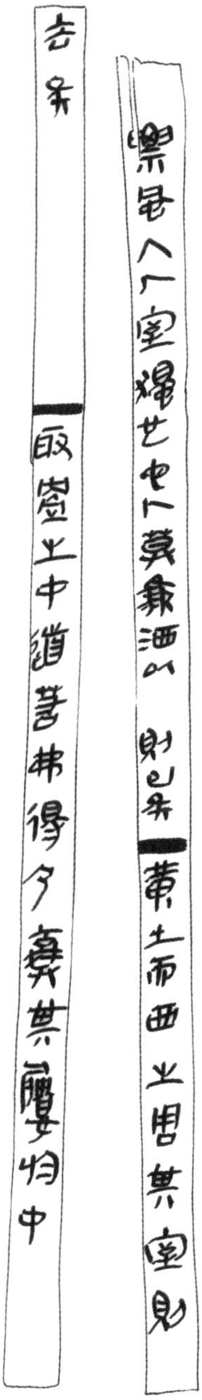

58背/109反

57背/110反

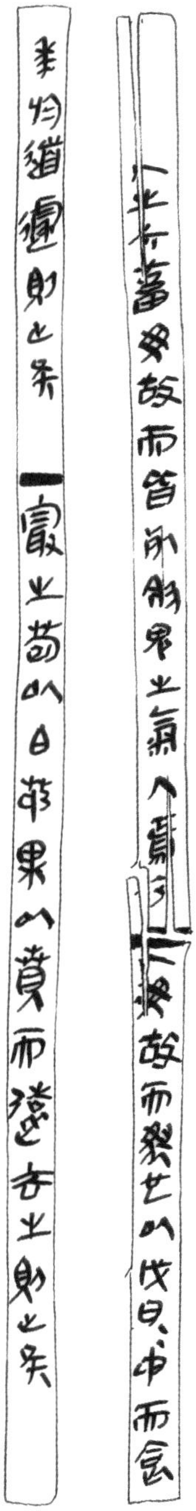

56背/111反

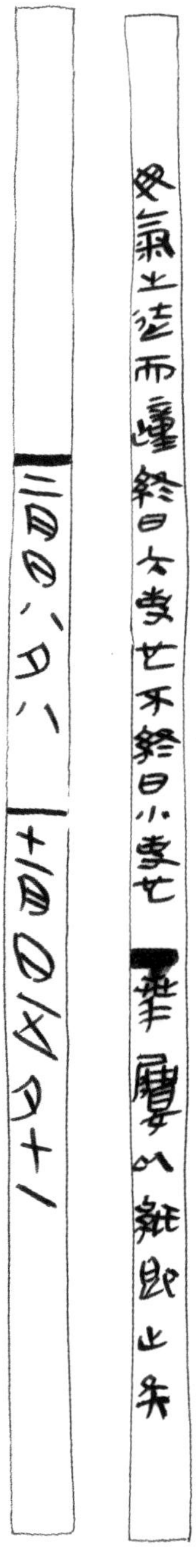

61背/106反

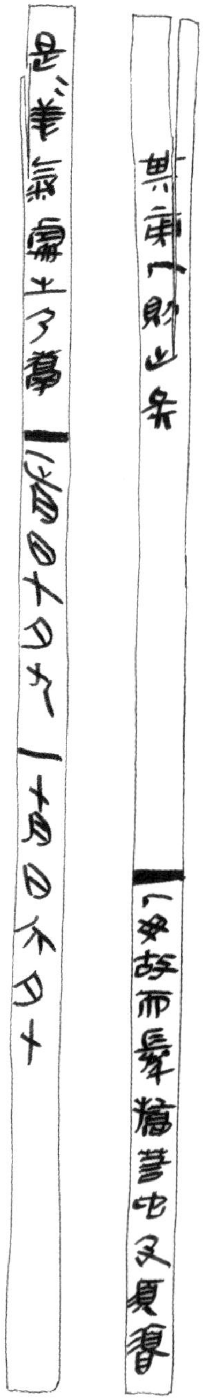

60背/107反

59背/108反

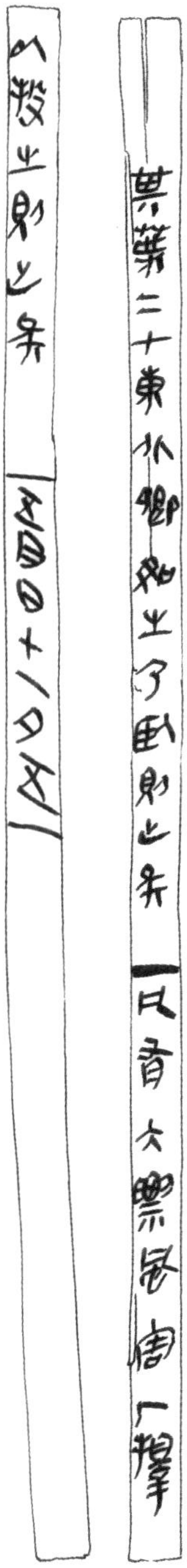

64背/103反

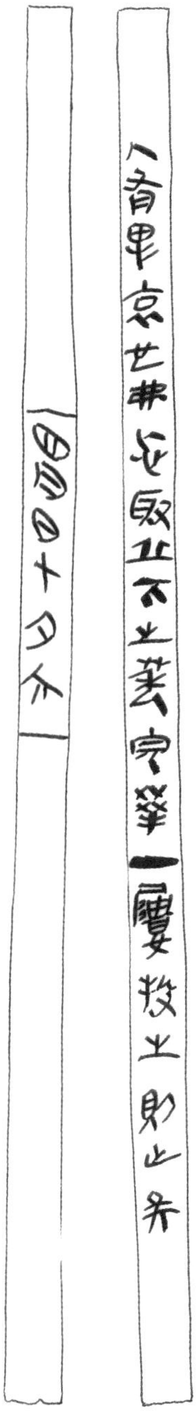

63背/104反

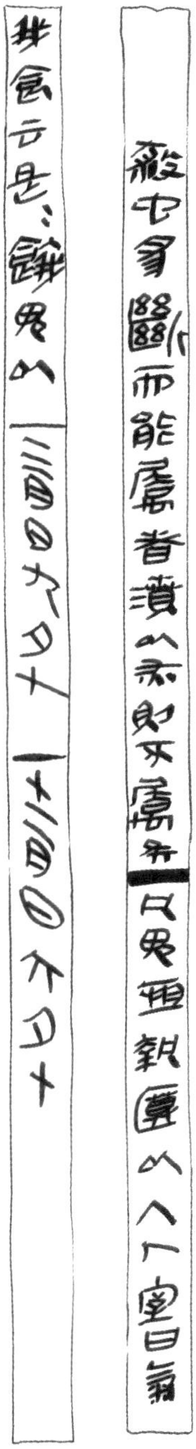

62背/105反

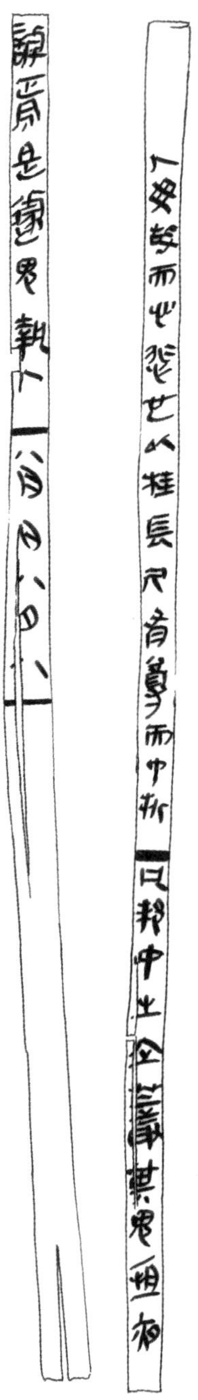

67背/100反

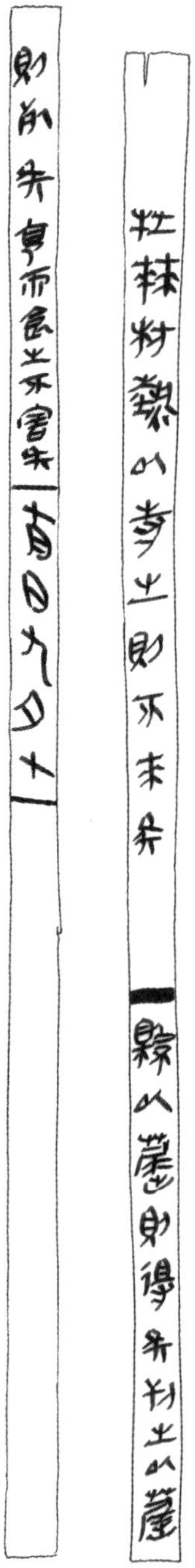

66背/101反

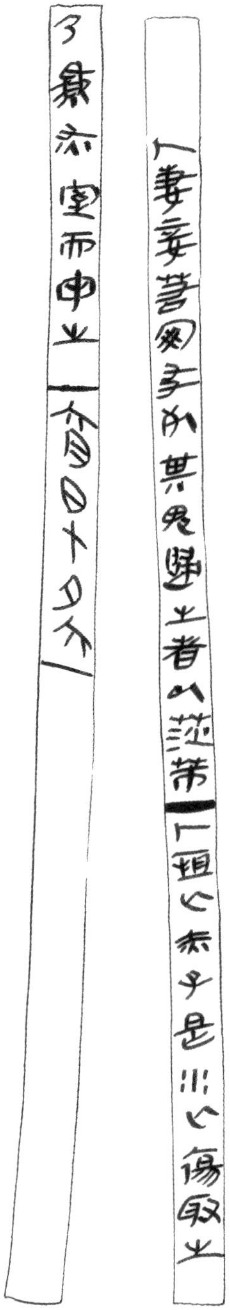

65背/102反

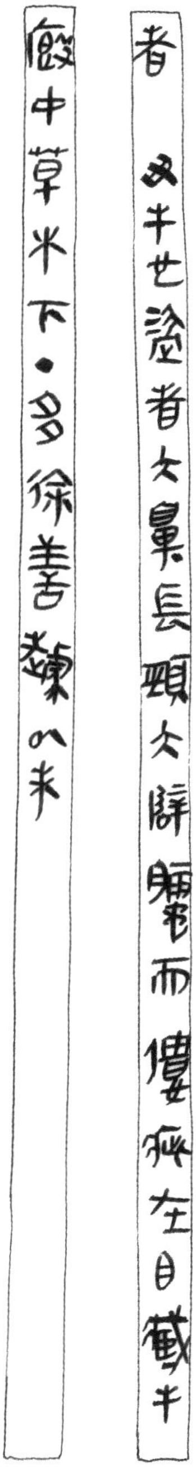

70背/97反

69背/98反

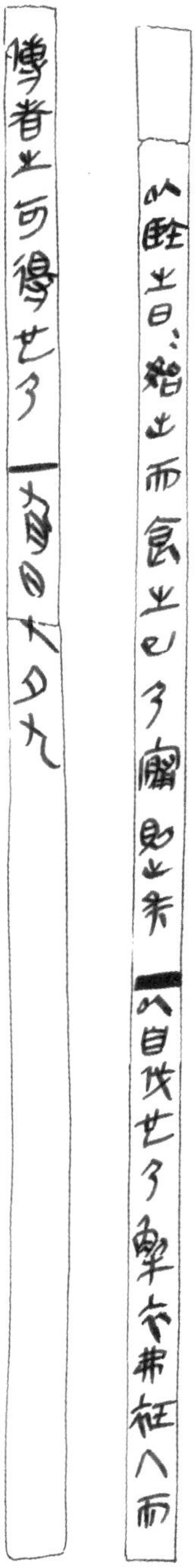

68背/99反

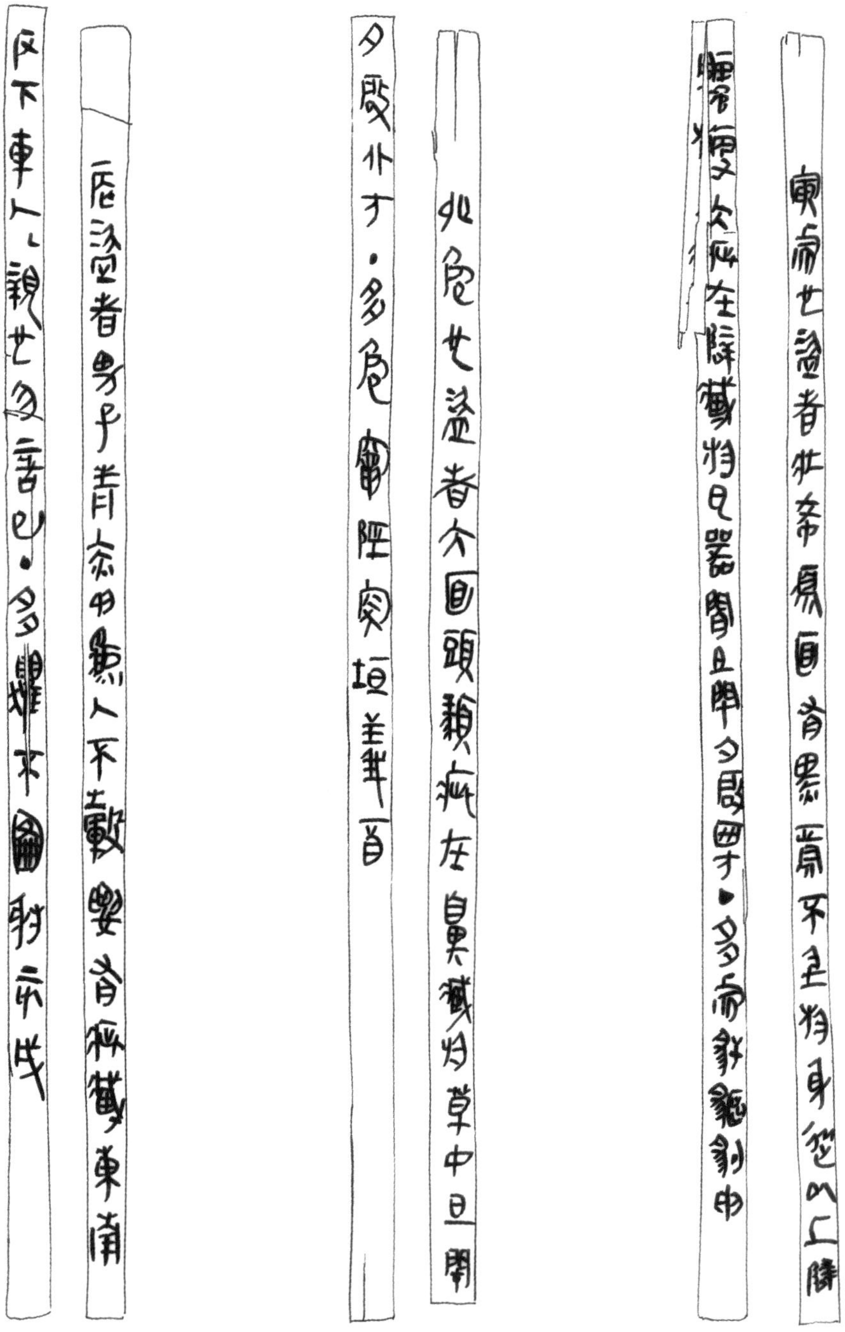

73背/94反　　72背/95反　　71背/96反

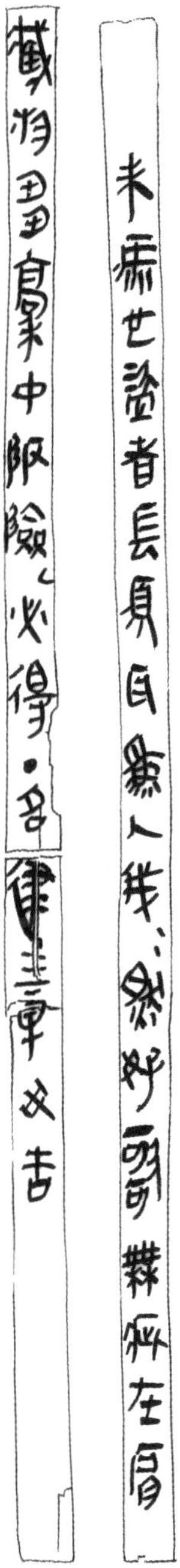

76背/91反

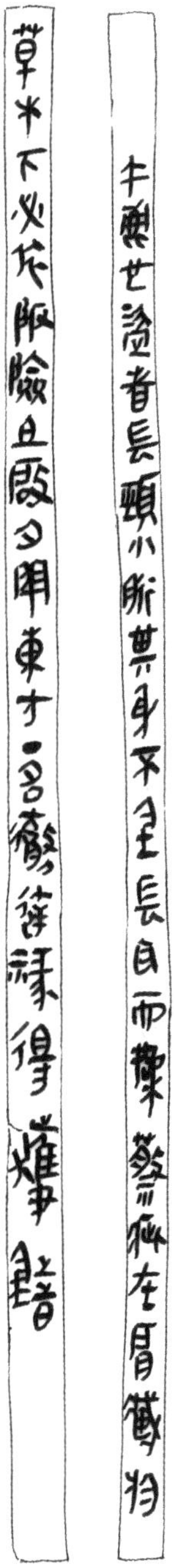

75背/92反

74背/93反

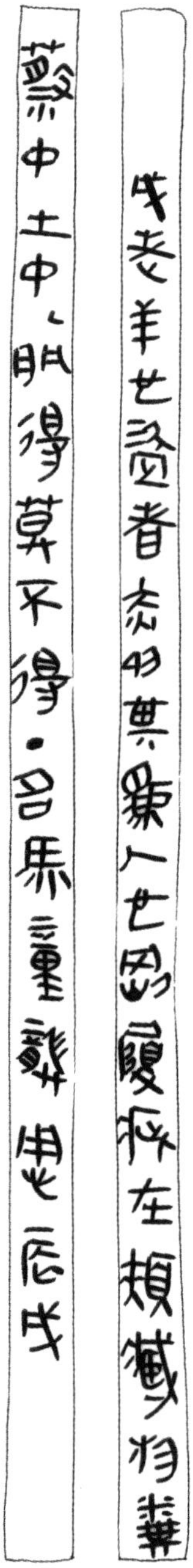

79背/88反

78背/89反

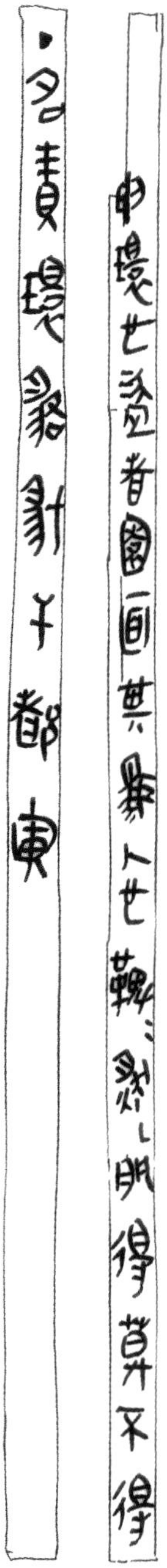

77背/90反

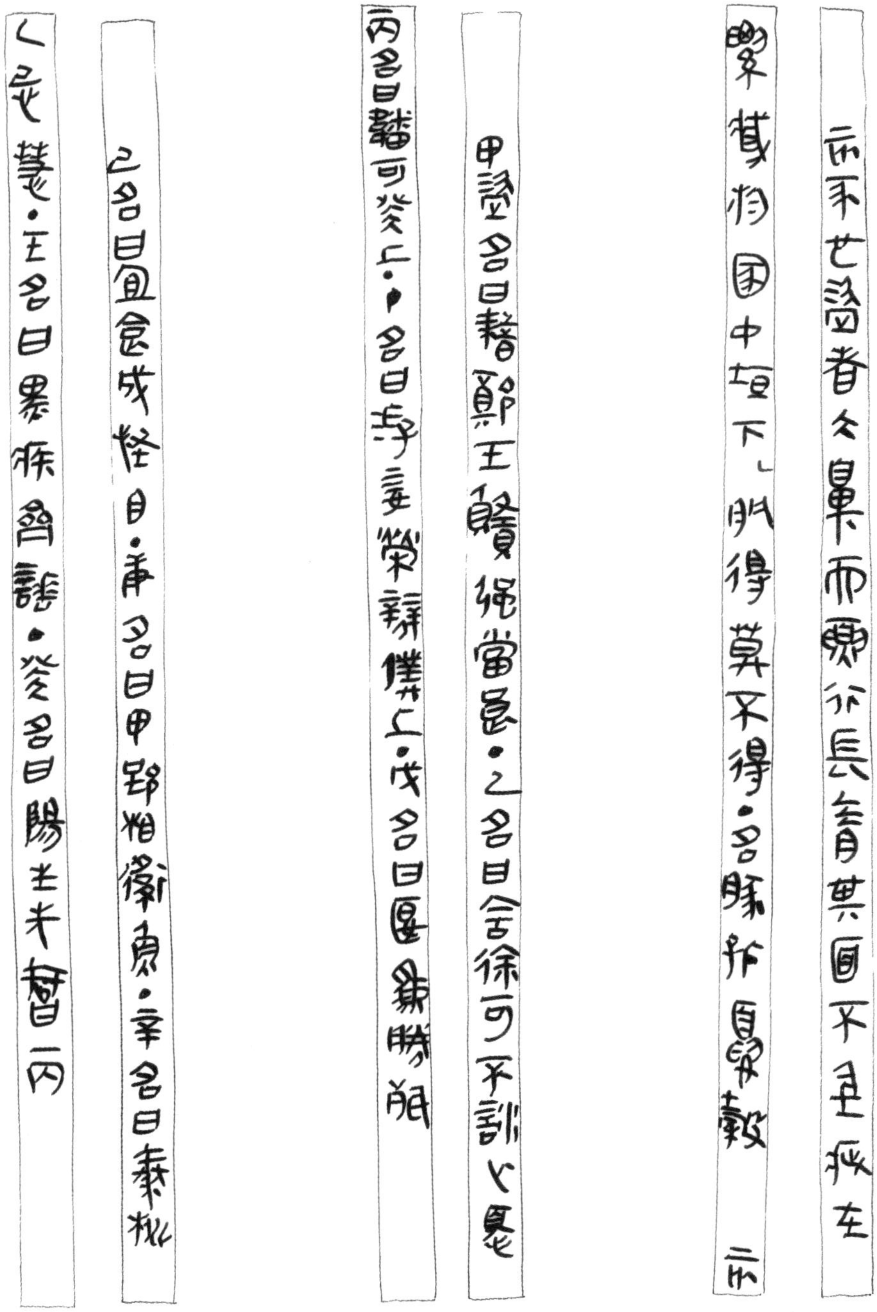

82背/85反　81背/86反　80背/87反

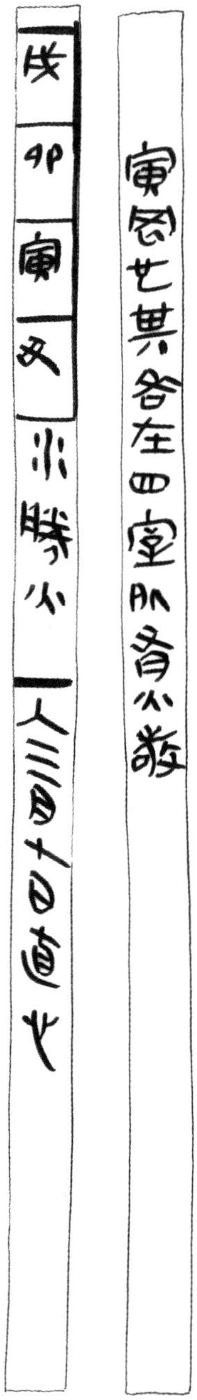

85背/82反

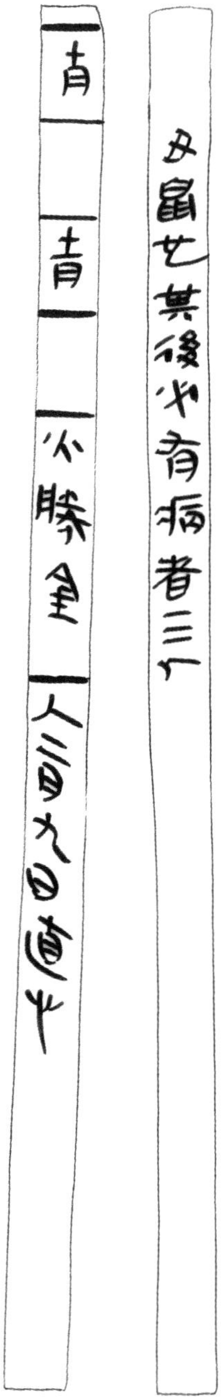

84背/83反

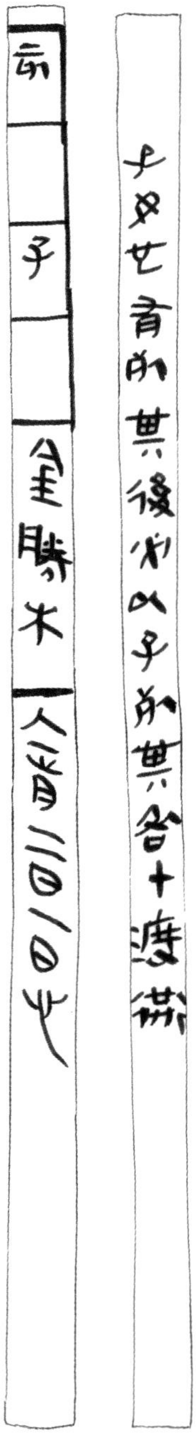

83背/84反

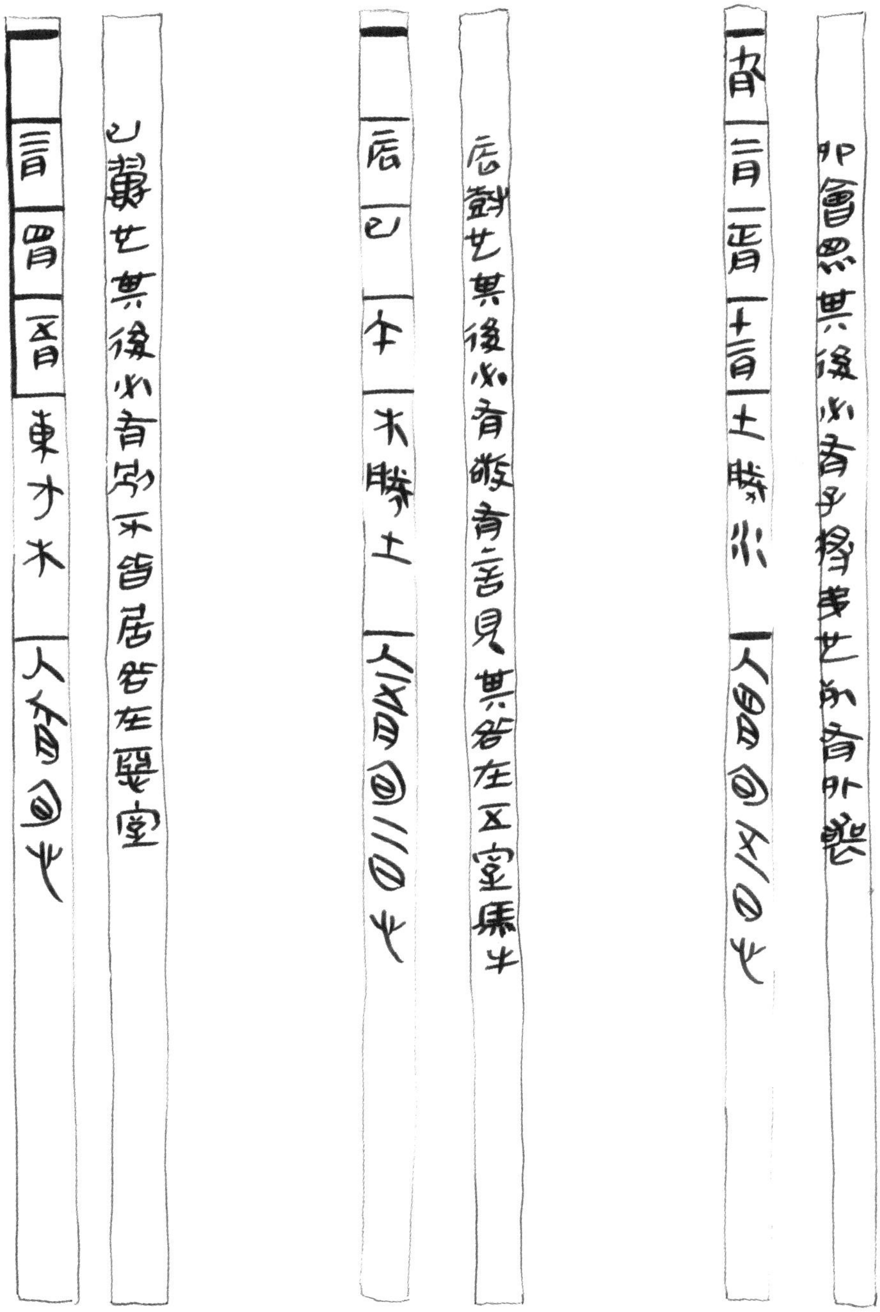

86背/81反

87背/80反

88背/79反

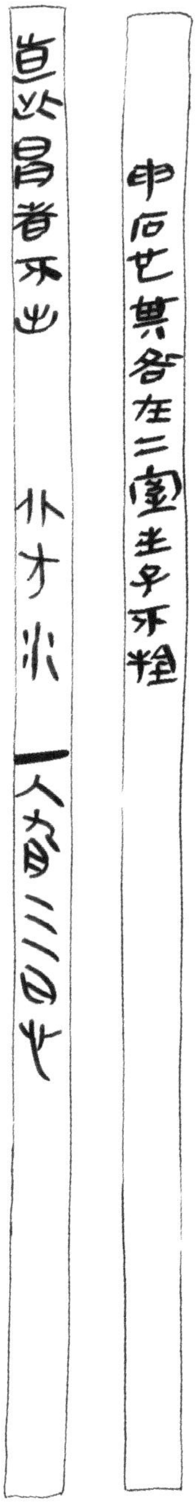

91背/76反

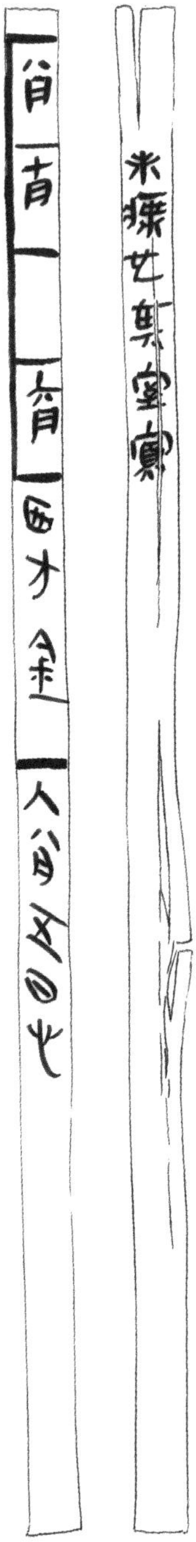

90背/77反

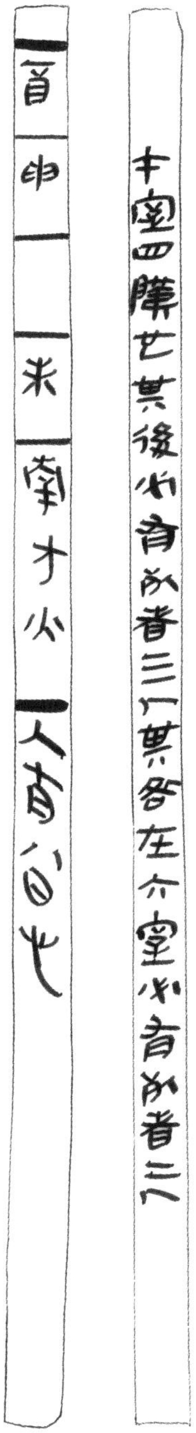

89背/78反

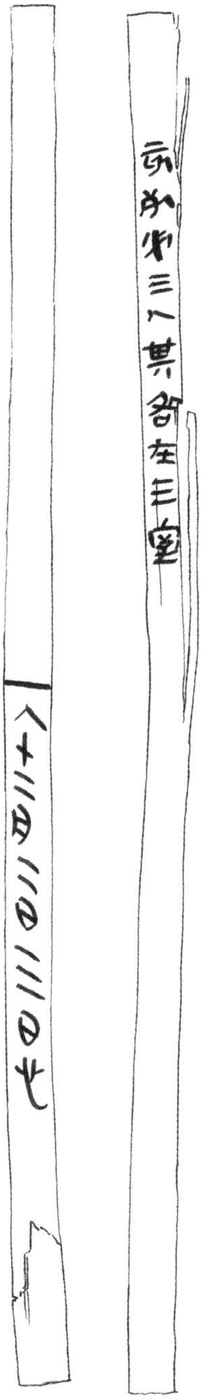

94背/73反

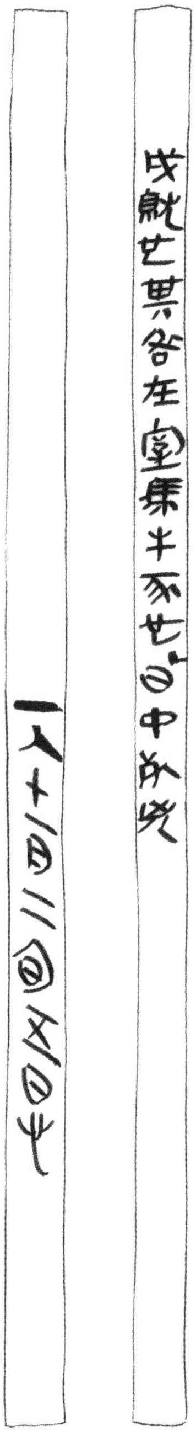

93背/74反

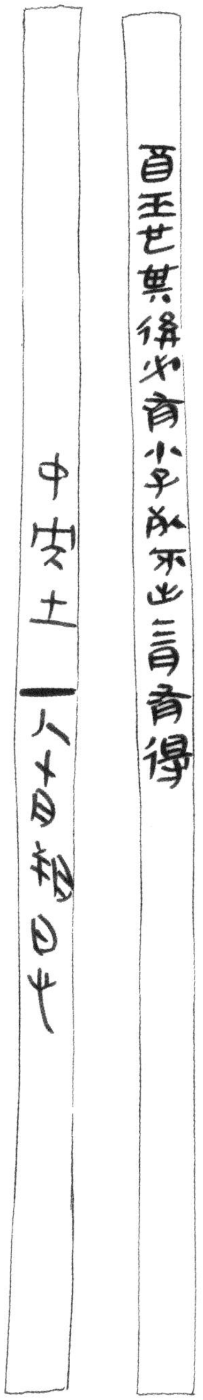

92背/75反

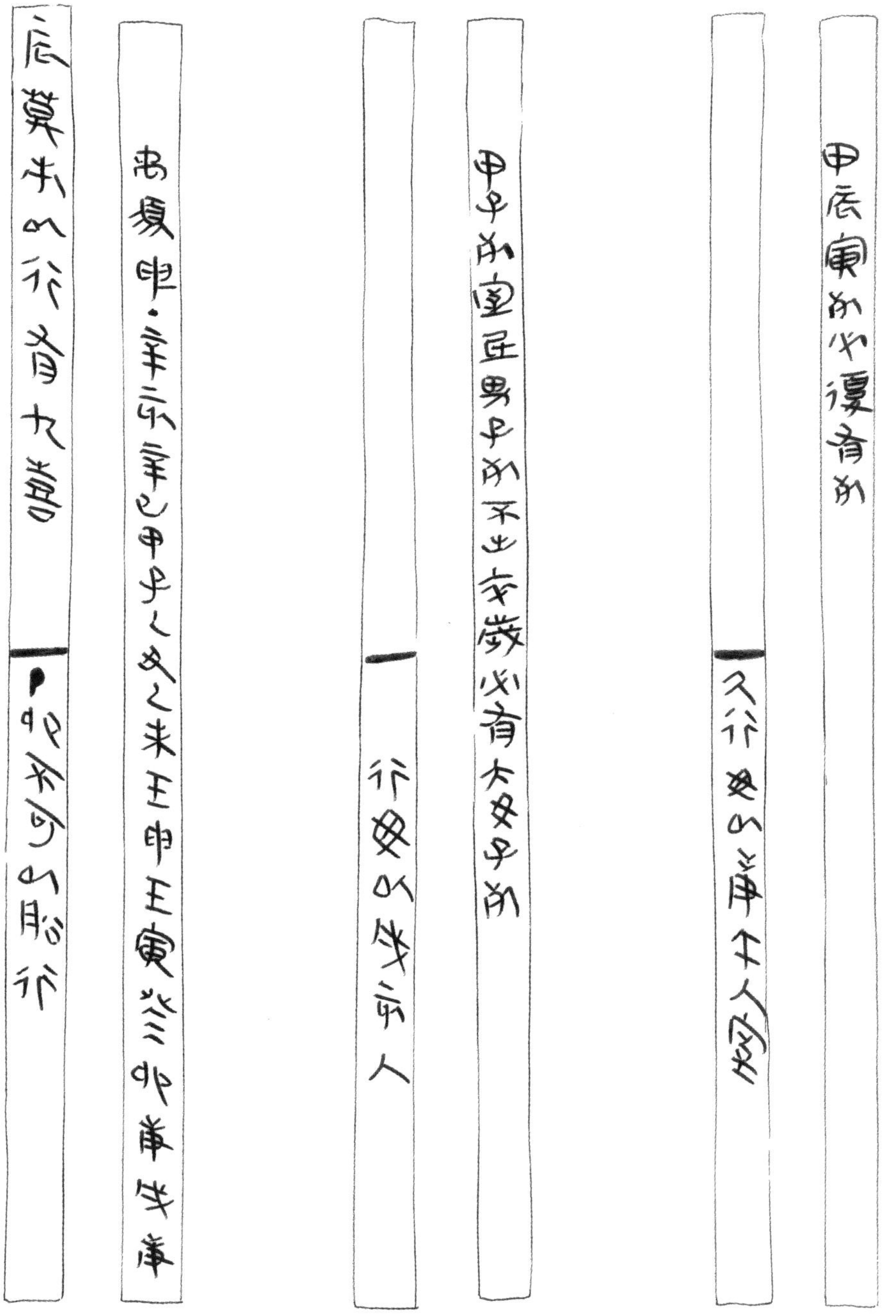

97背/70反　96背/71反　95背/72反

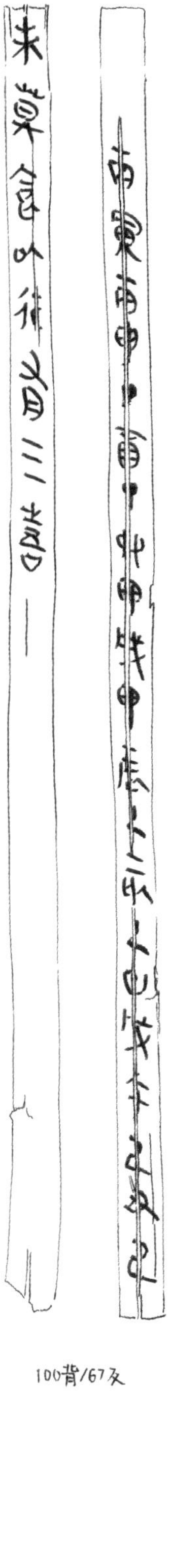

100背/67反

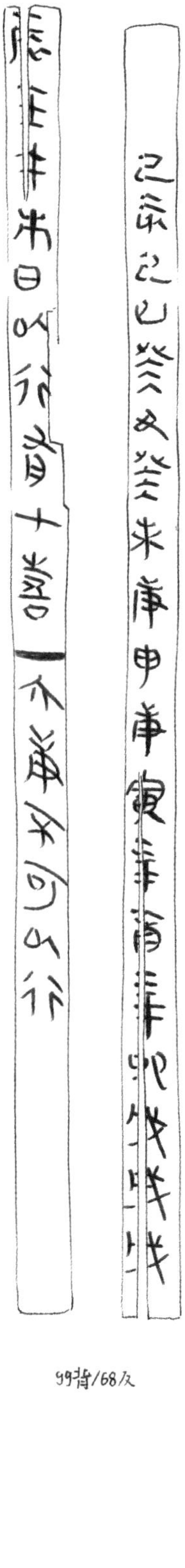

99背/68反

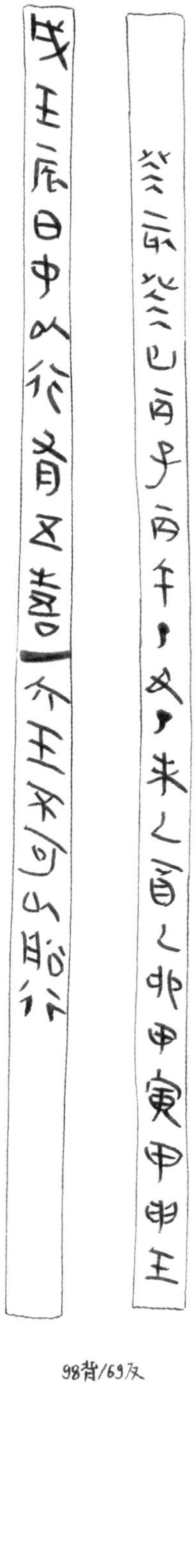

98背/69反

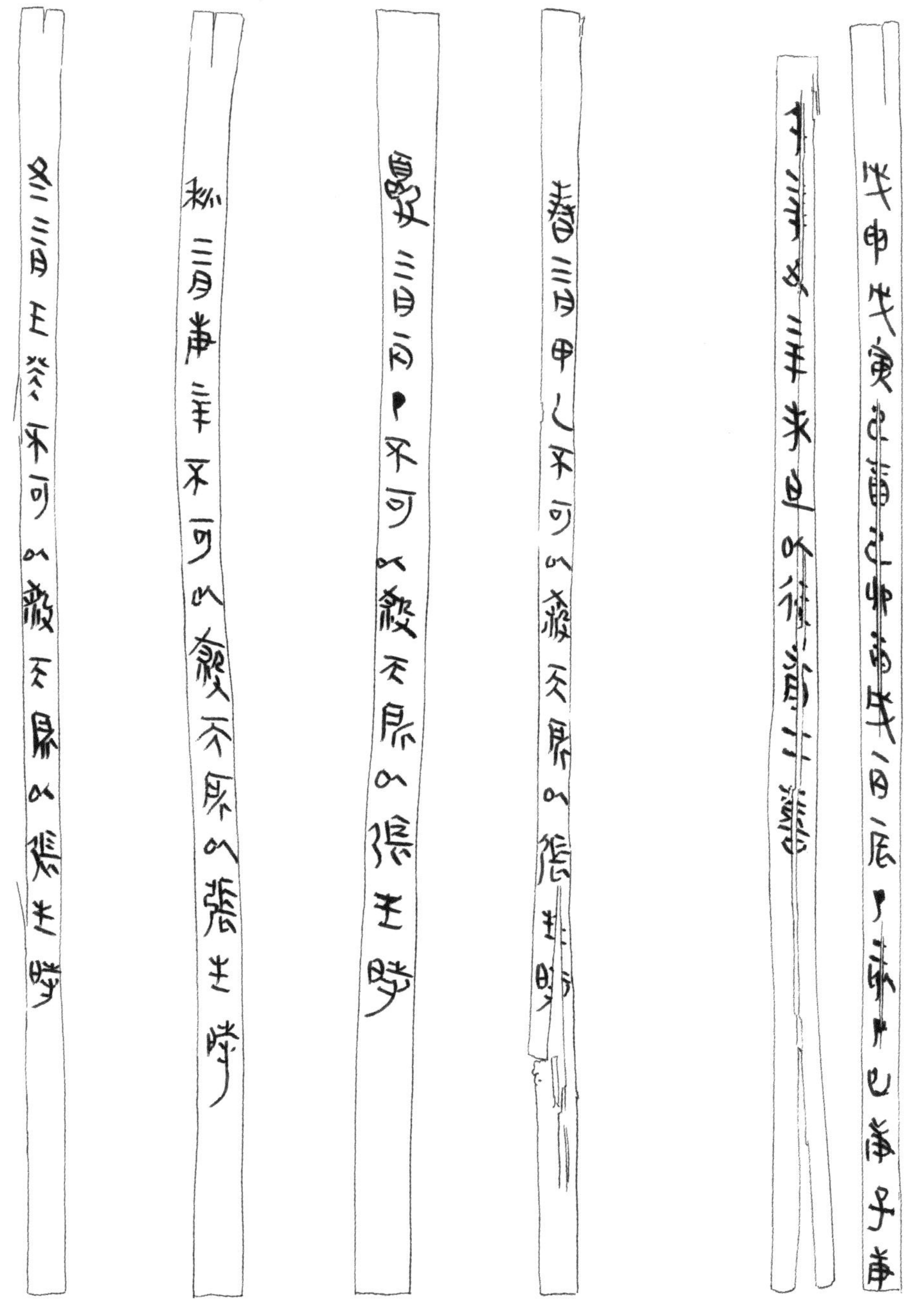

105背/62反　104背/63反　103背/64反　102背/65反　101背/66反

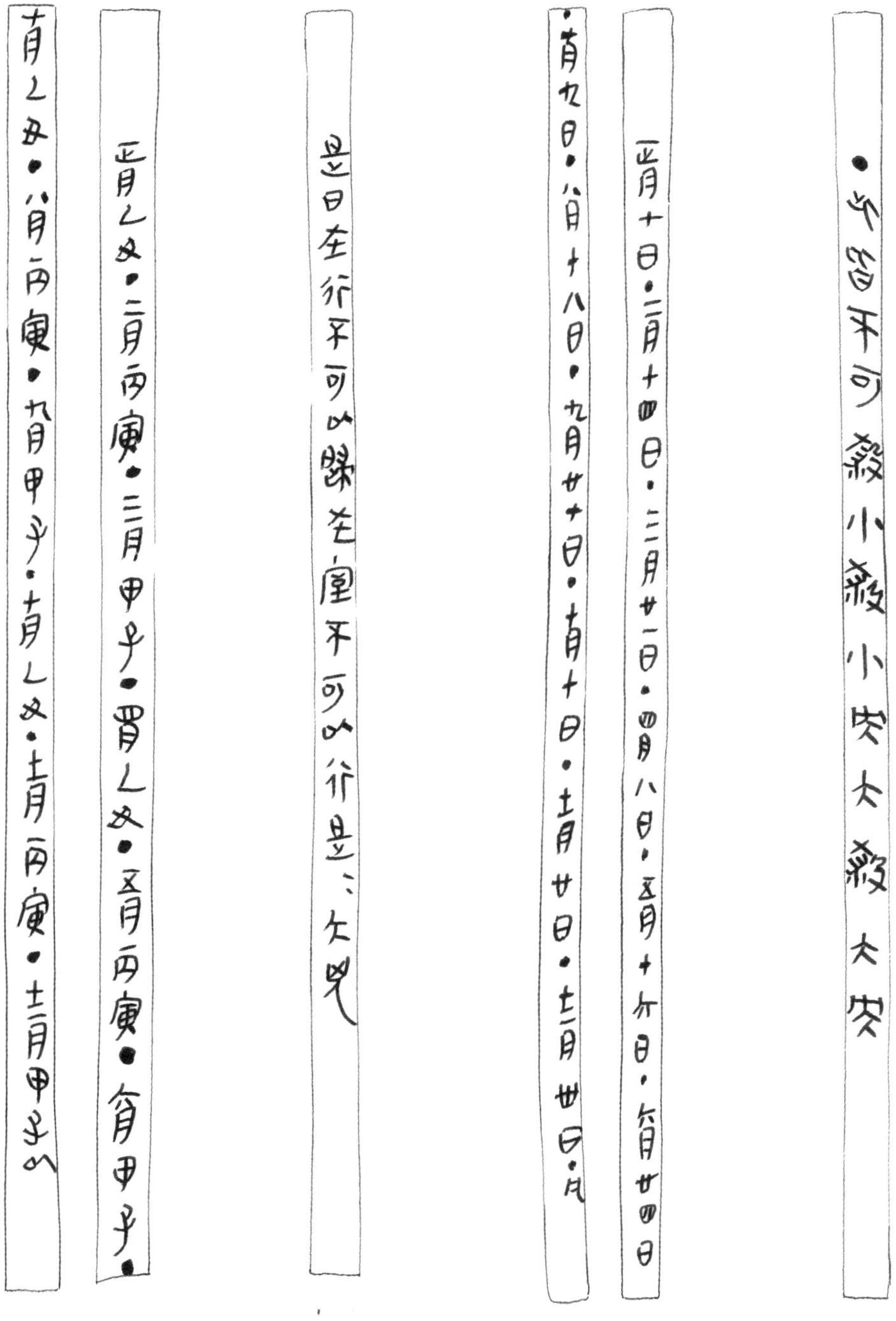

109背/58反　108背/59反　107背/60反　106背/61反

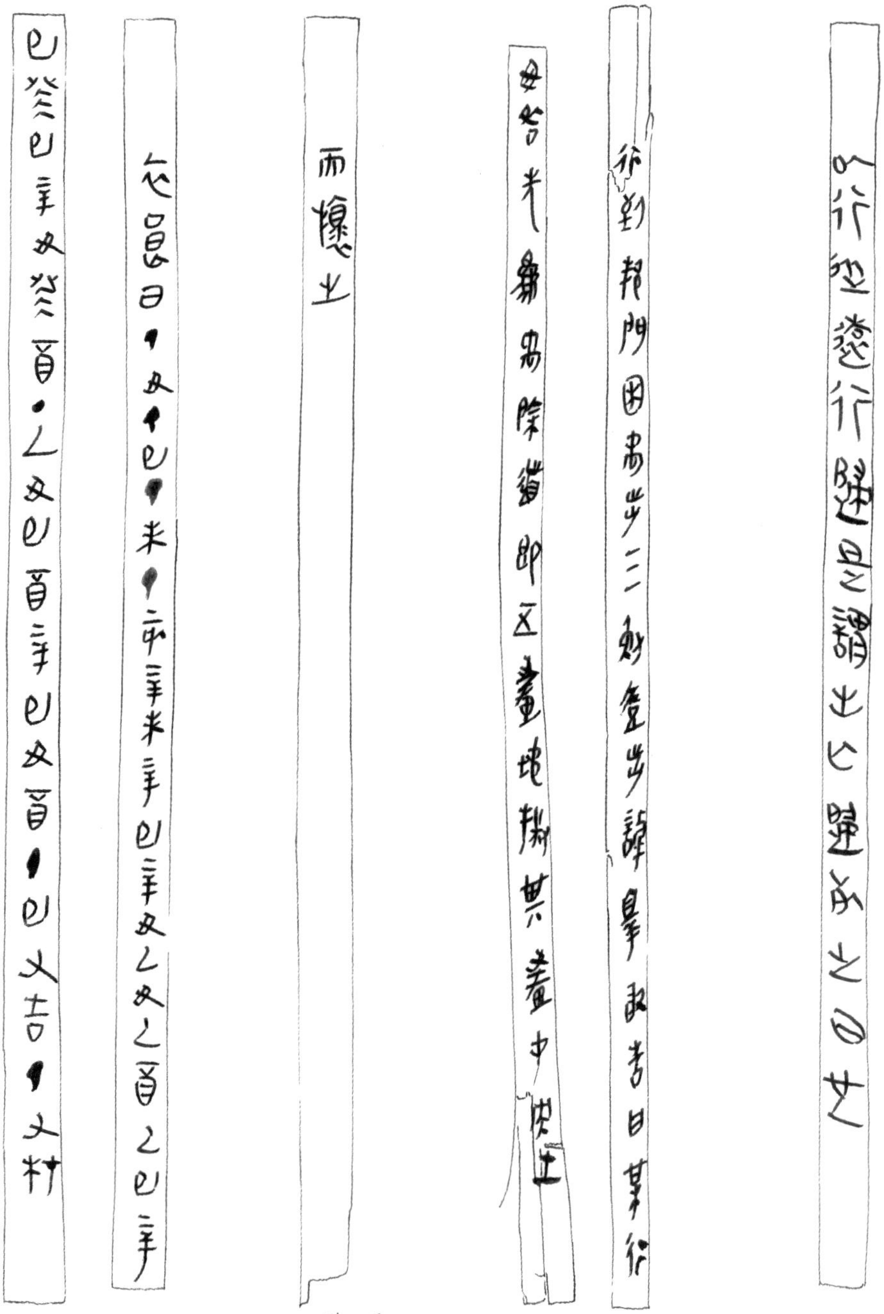

113背/54反　112背55反　111背/56反　110背/57反

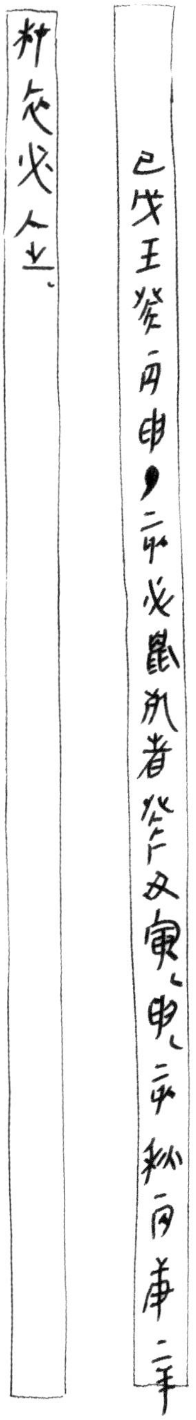

116背/51反

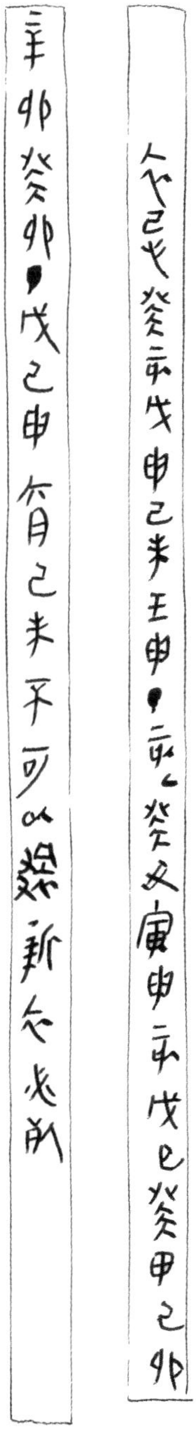

115背/52反

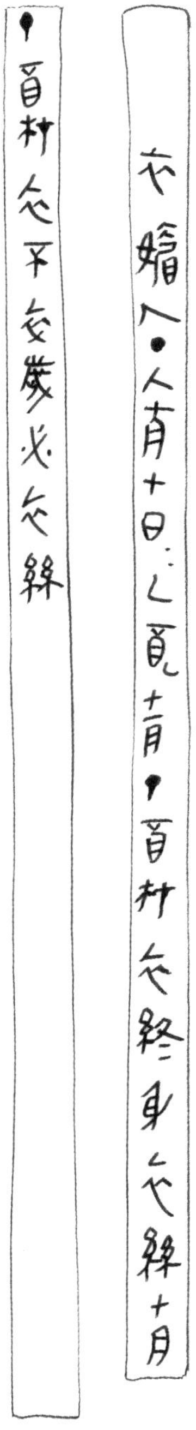

114背/53反

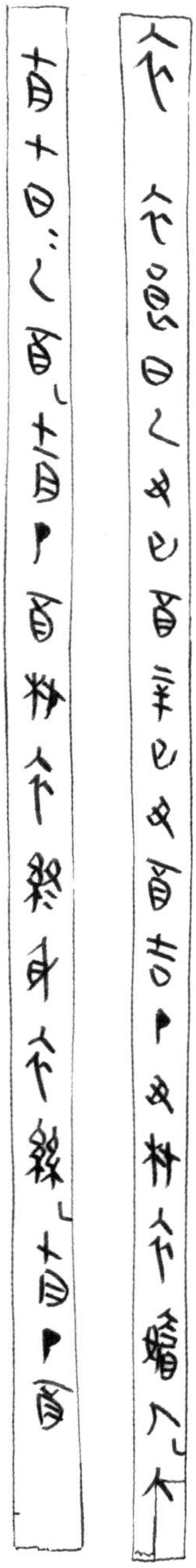

119背/48反

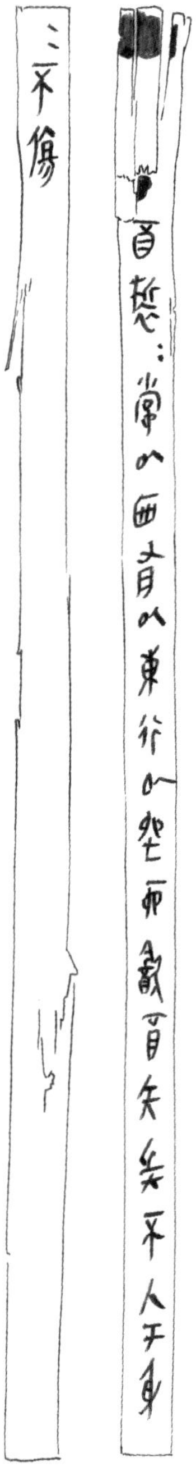

118背/49反

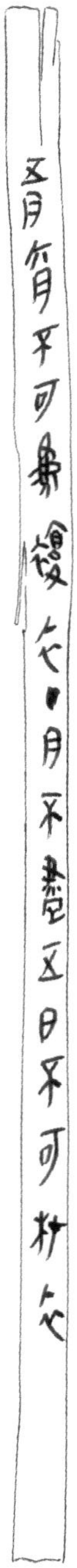

117背/50反

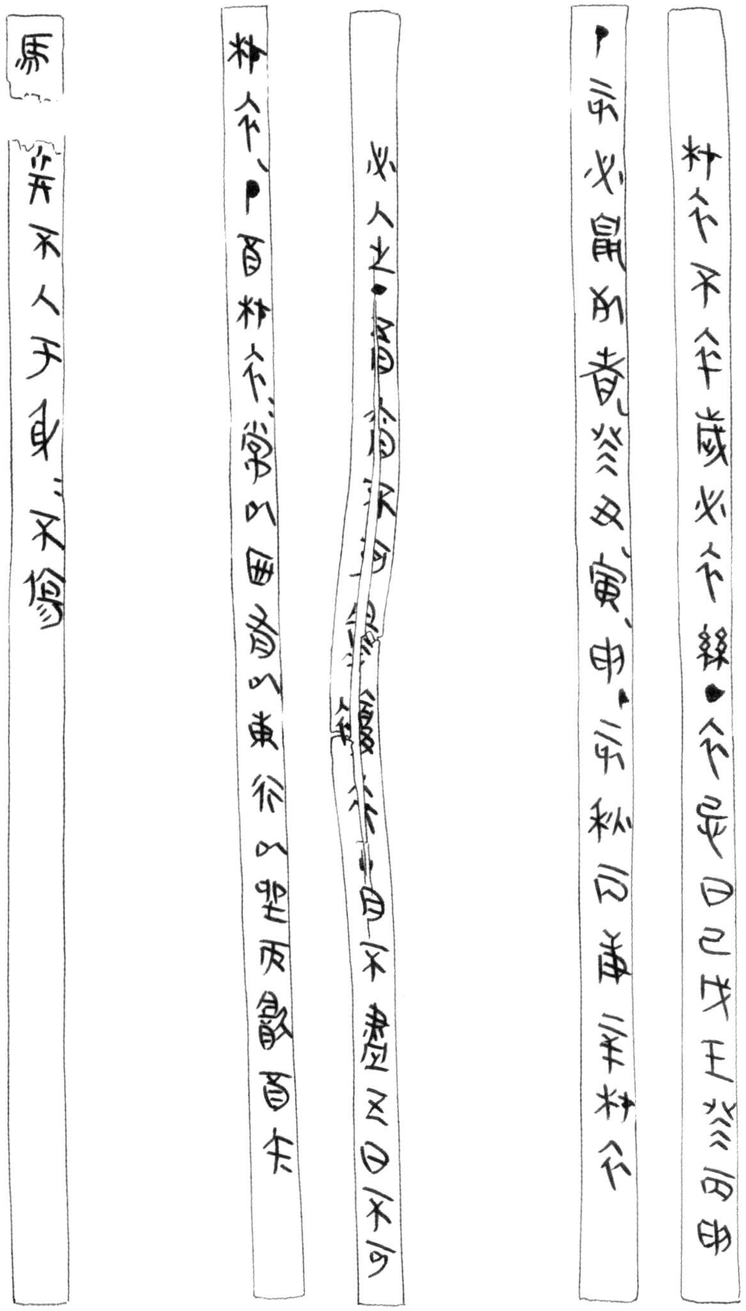

120背/47反

121背/46反

122背/45反

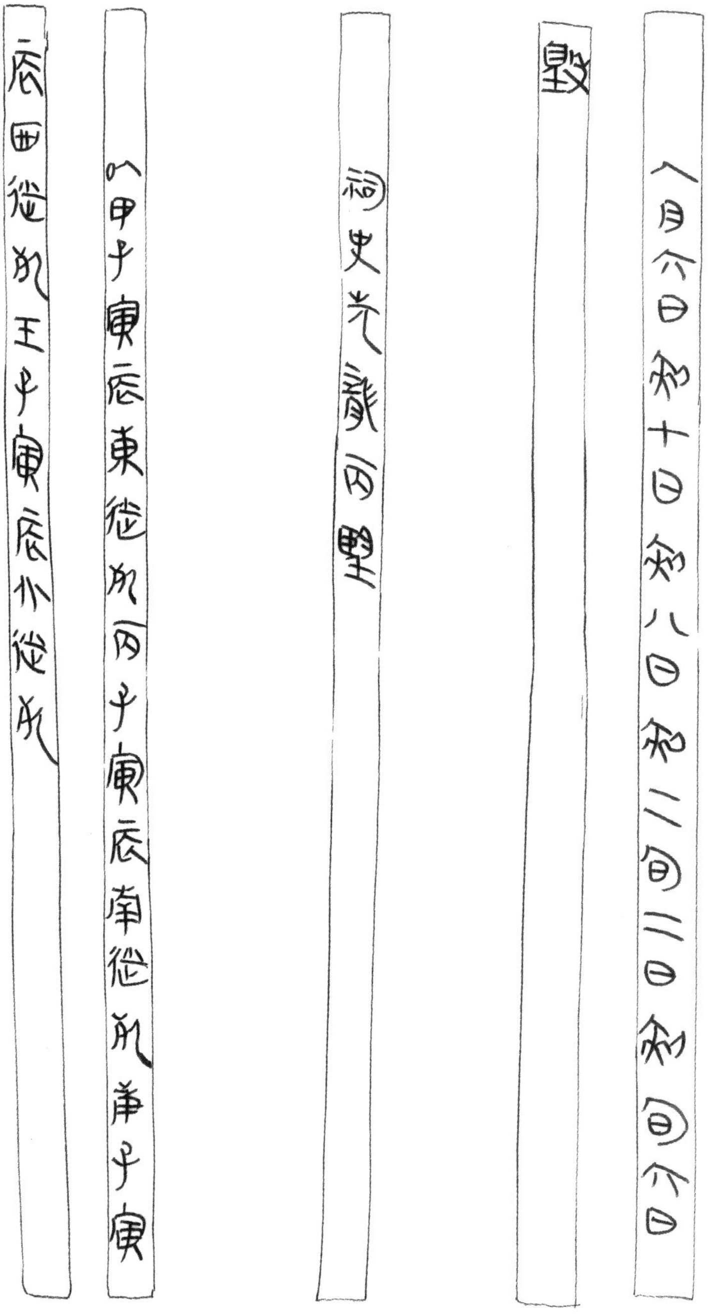

126背/41反　125背/42反　124背/43反

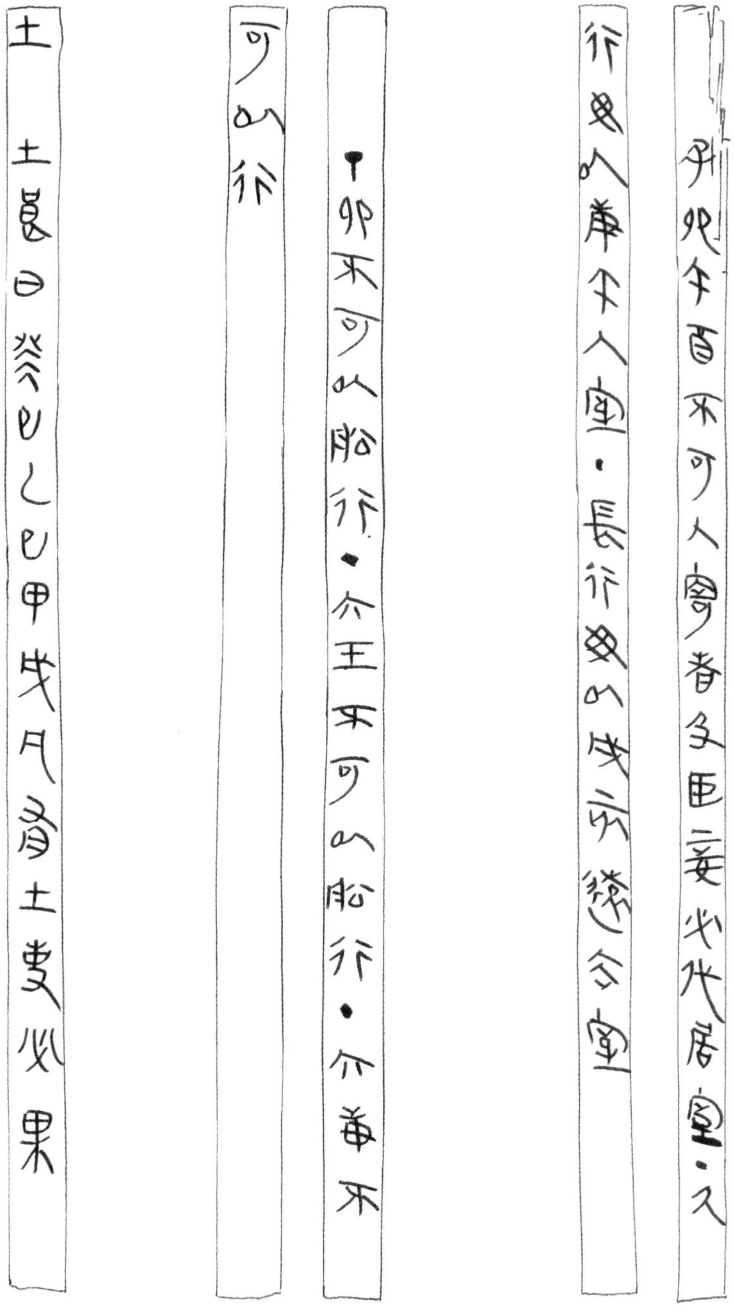

129背/38反　　128背/39反　　127背/40反

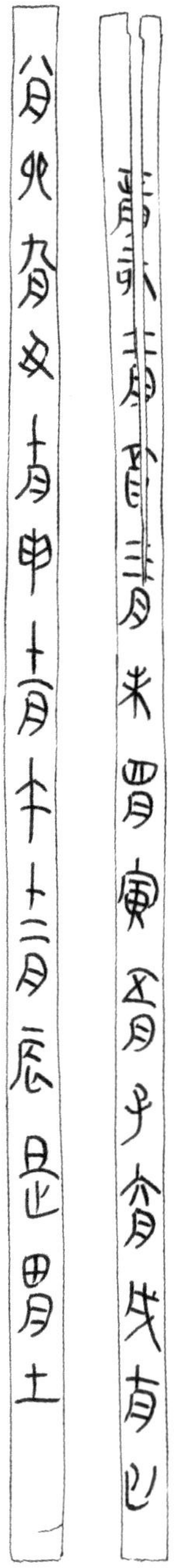

132背/35反

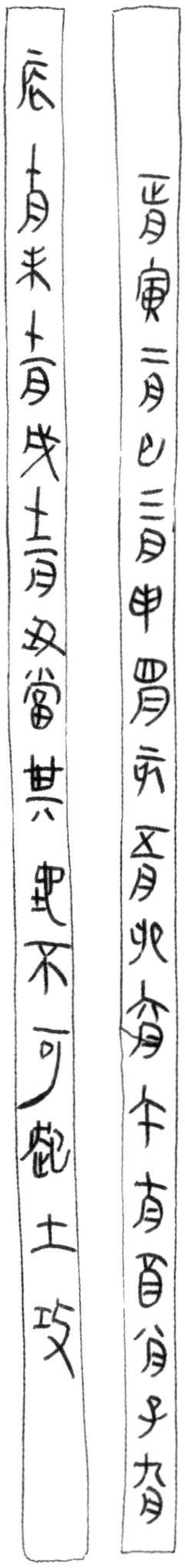

131背/36反

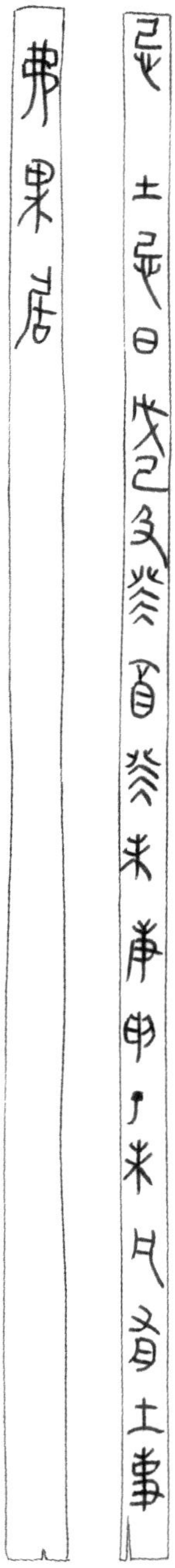

130背/37反

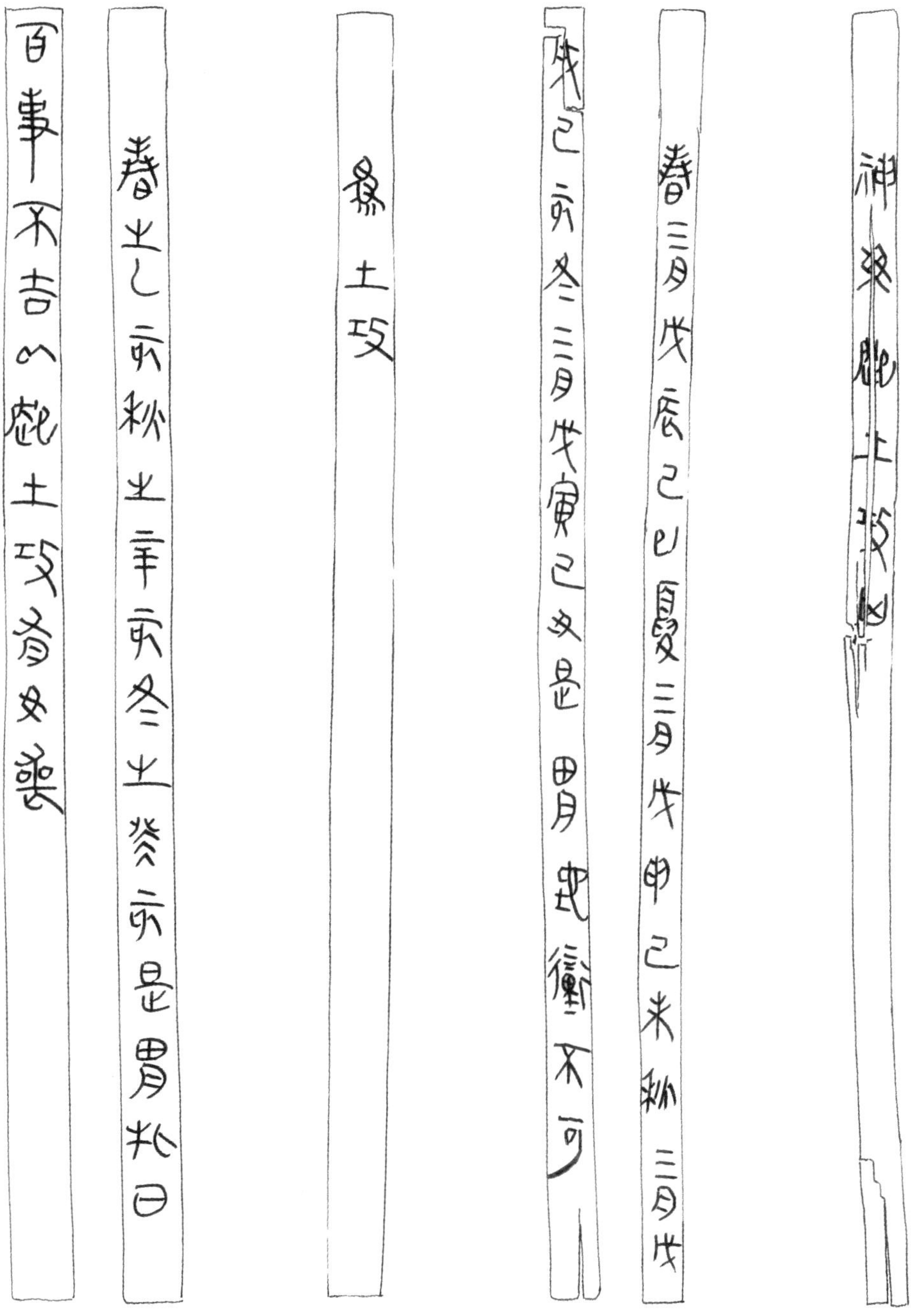

133背/34反　134背/33反　135背/32反　136背/31反

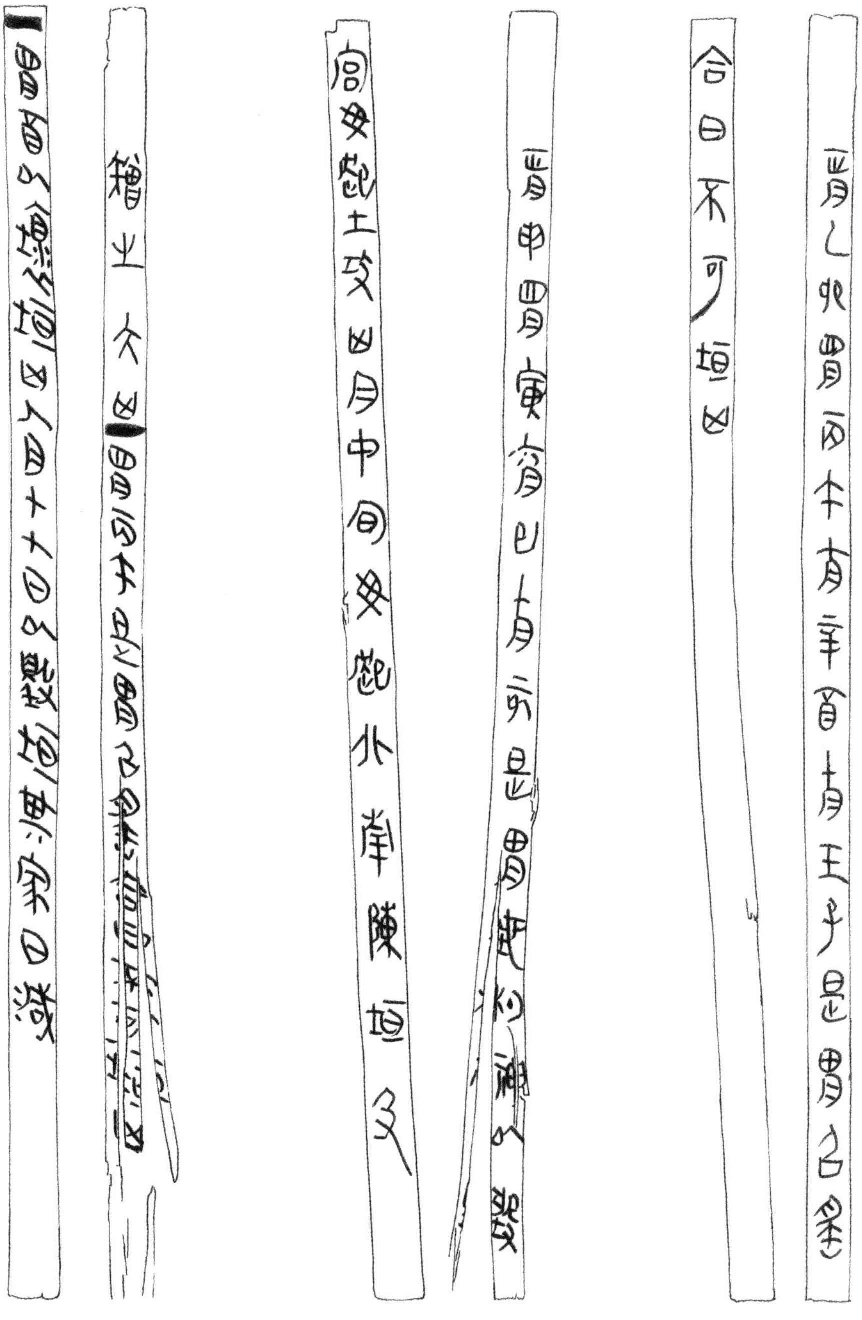

139背/28反　138背/29反　137背/30反

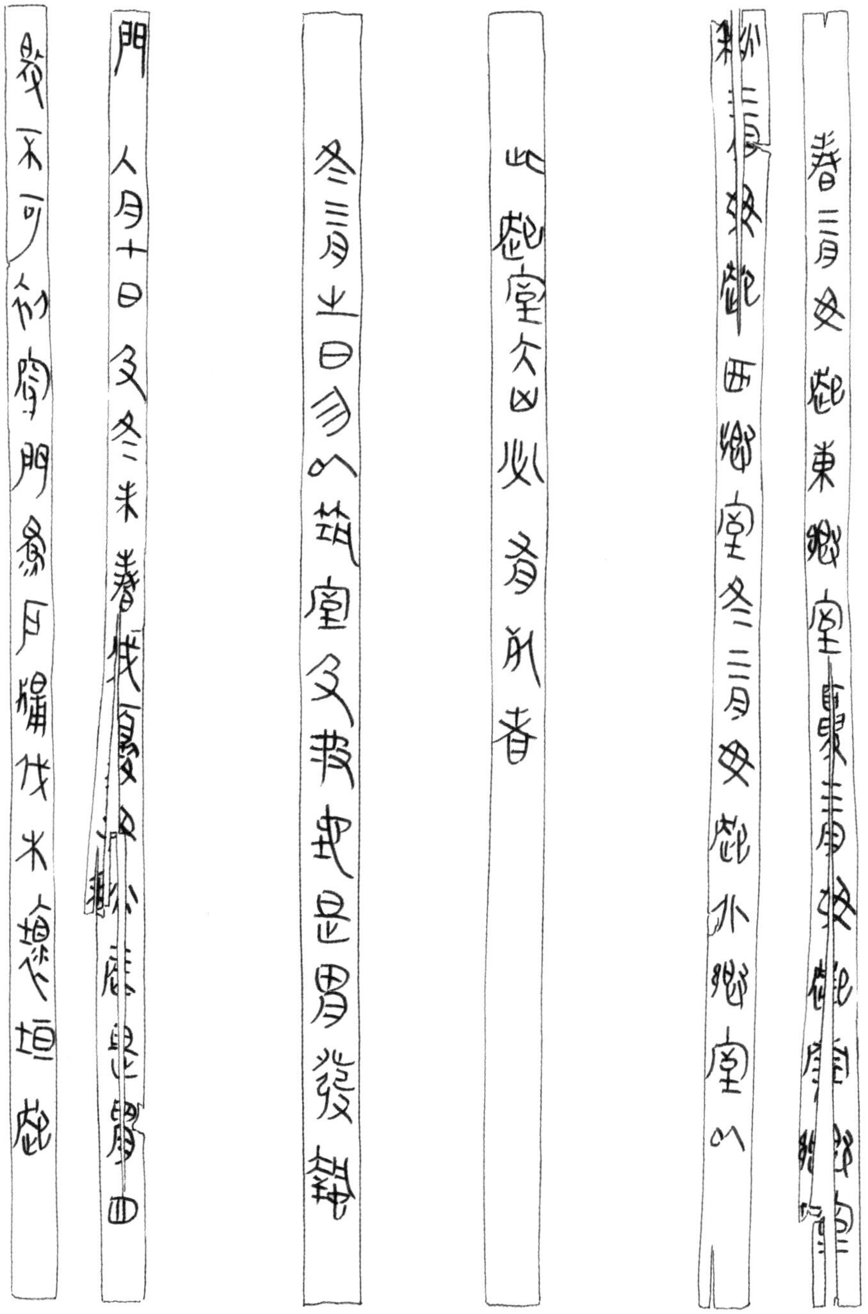

143背/24反　142背/25反　141背/26反　140背/27反

146背/21反

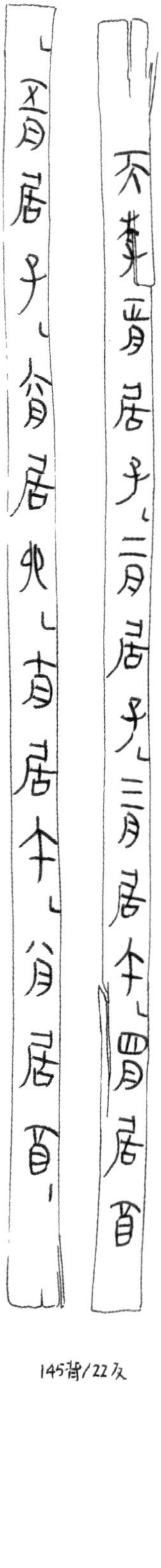

145背/22反

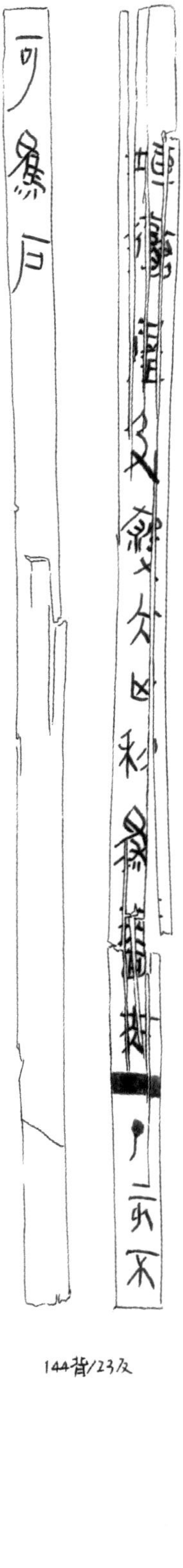

144背/23反

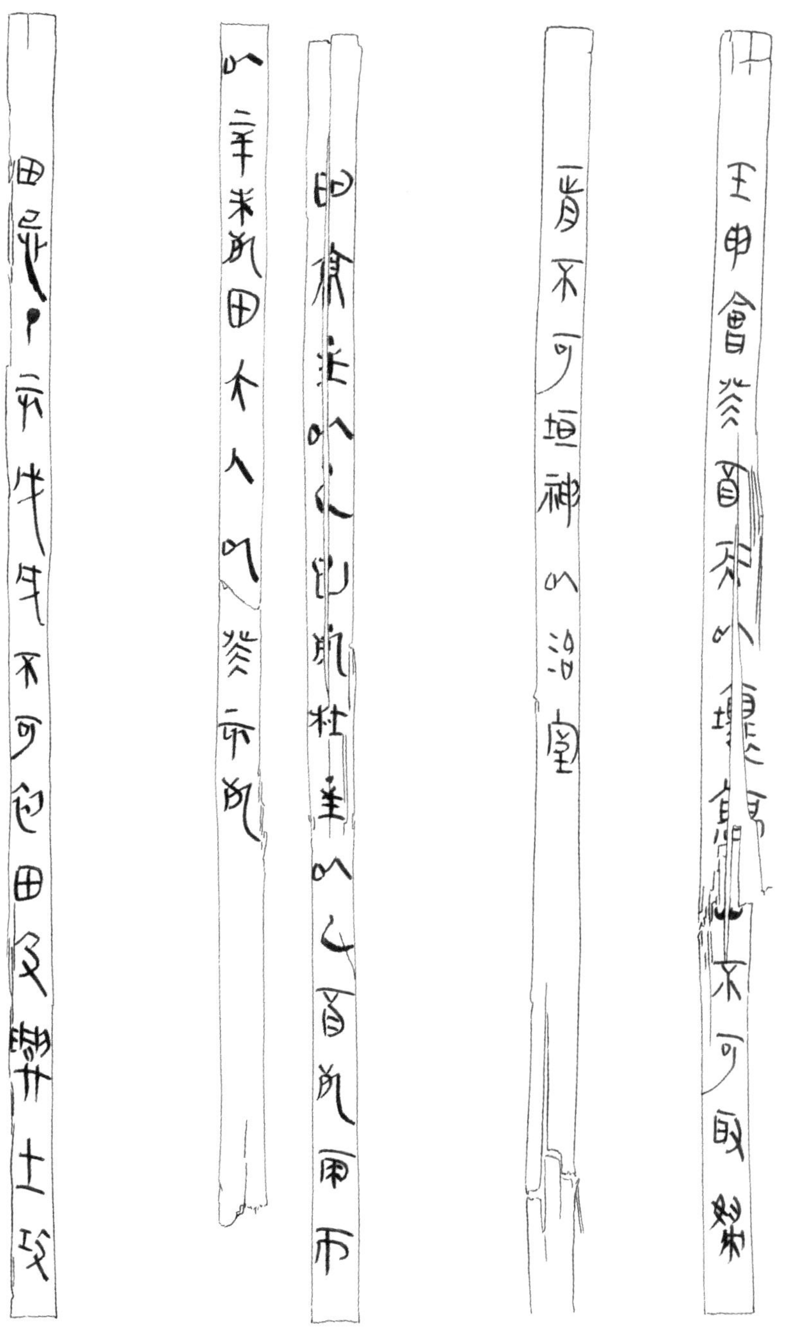

150背/17反　149背/18反　148背/19反　147背/20反

153背/14反　　152背/15反　　151背/16反

154背/13反

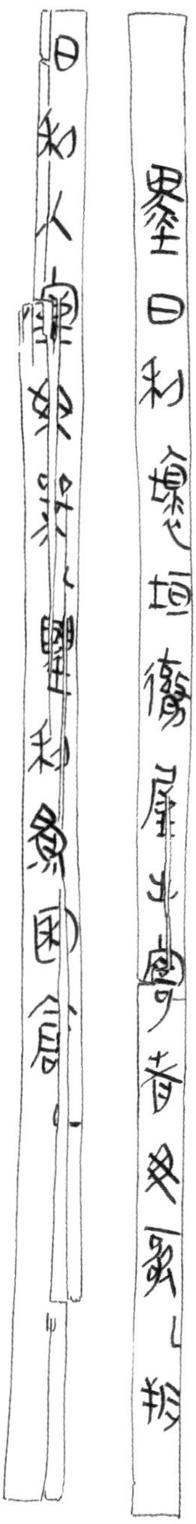

155背/12反

156背/11反

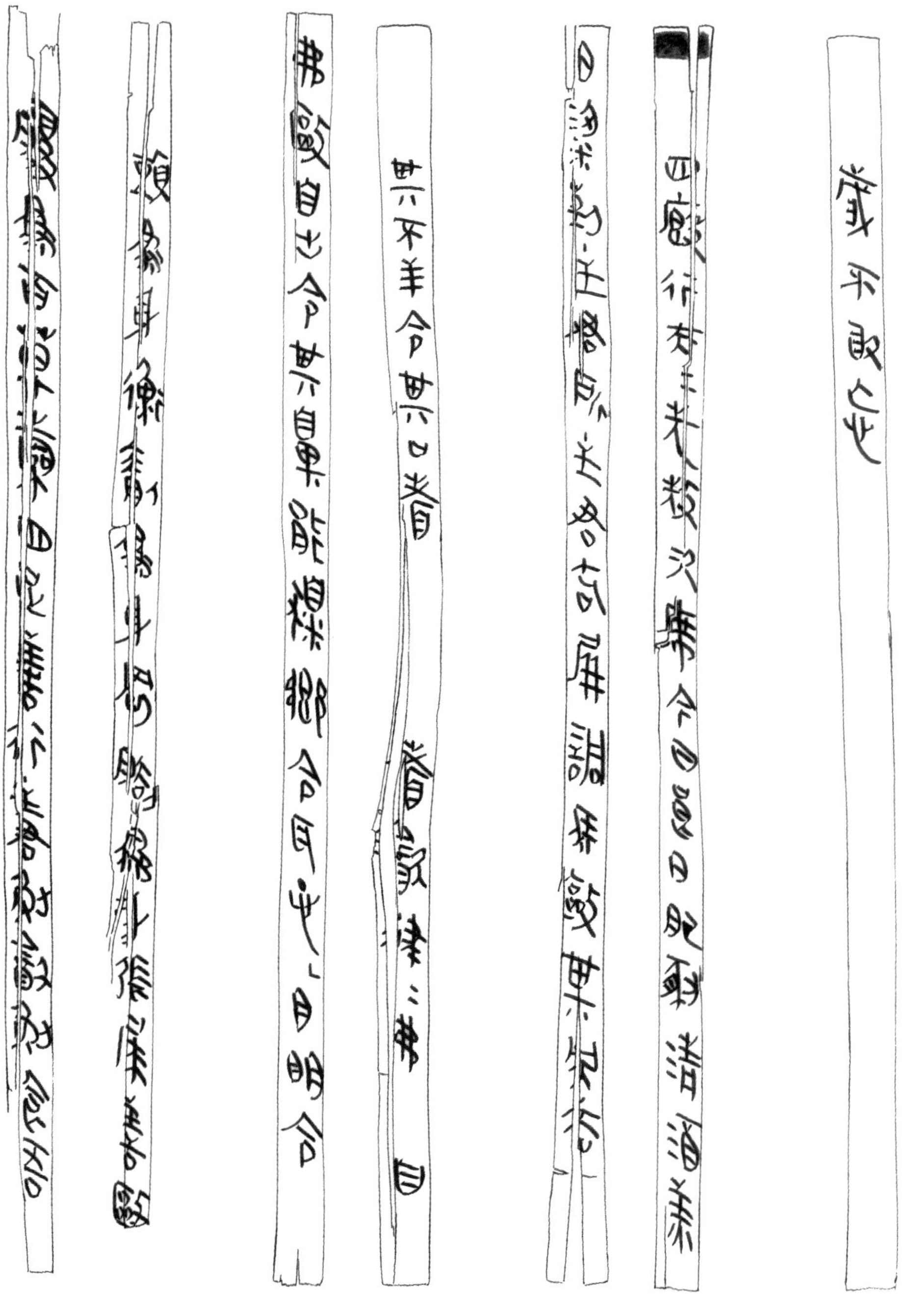

159背/8反　158背/9反　157背/10反　160背/7反

1

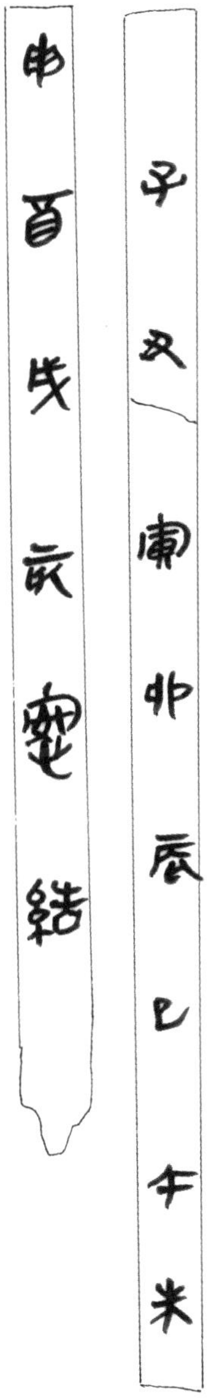

2

3

戌亥子

庚卯辰巳午未申

文

卯辰巳午未申酉戌

子丑寅庚酉羅

酉子丑寅卯亥酉

辰巳午未申酉戌亥

子丑寅卯北陰

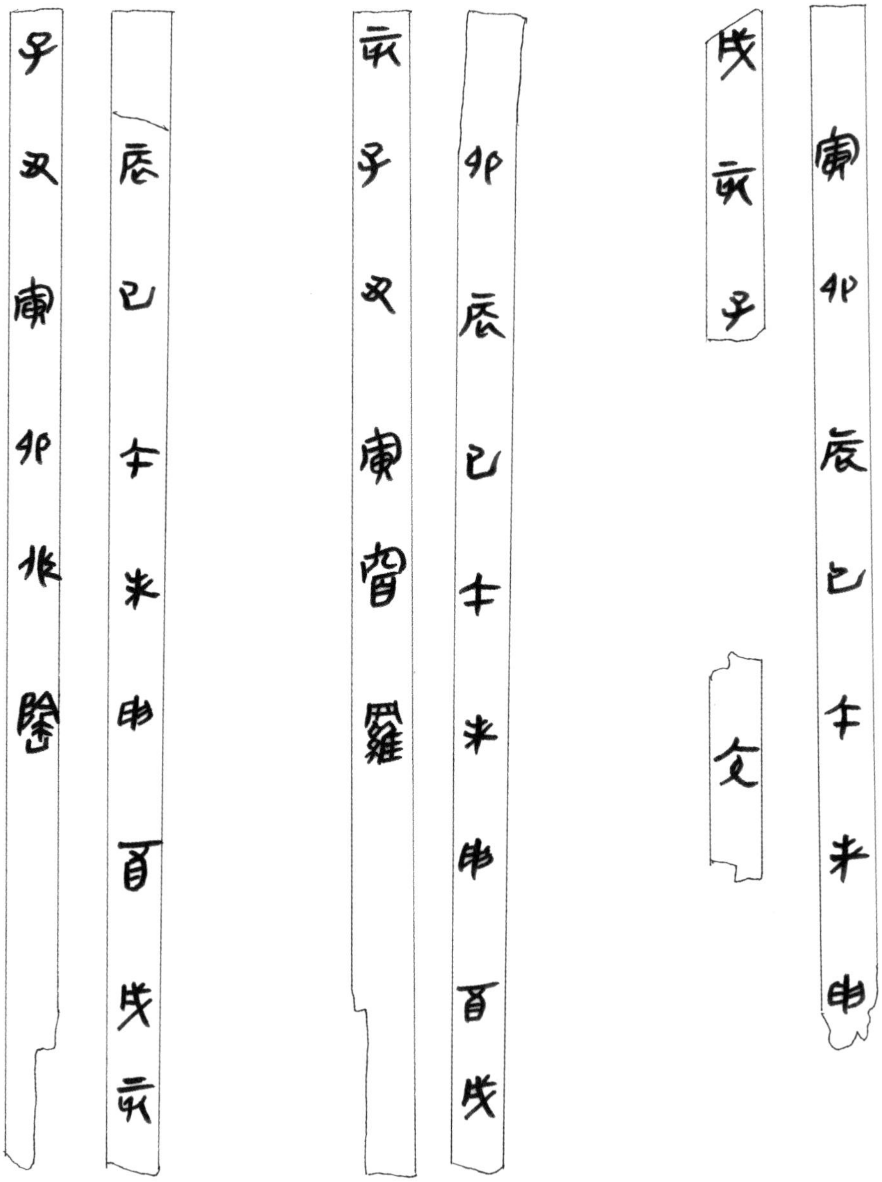

6　　　　　5　　　　　4

午未申酉戌亥子

巳午未申酉戌亥子

又寅卯辰廴逢

卯辰巳午申

米申酉戌

又寅

寅卯辰巳戌申

午未申酉戌亥子又

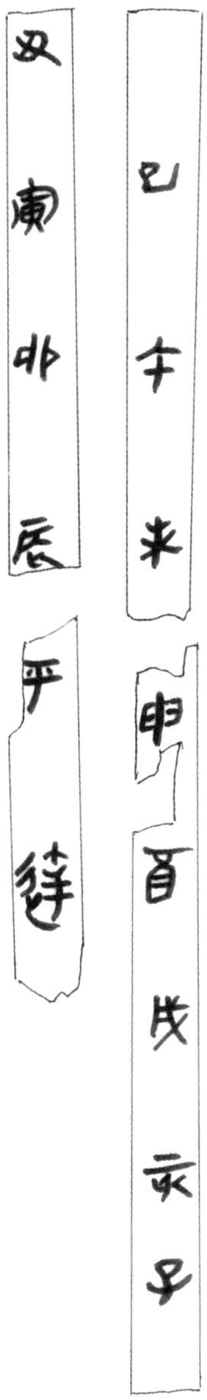

7

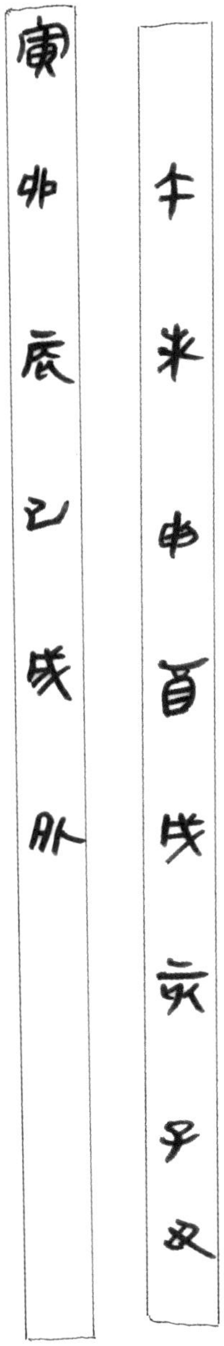

8

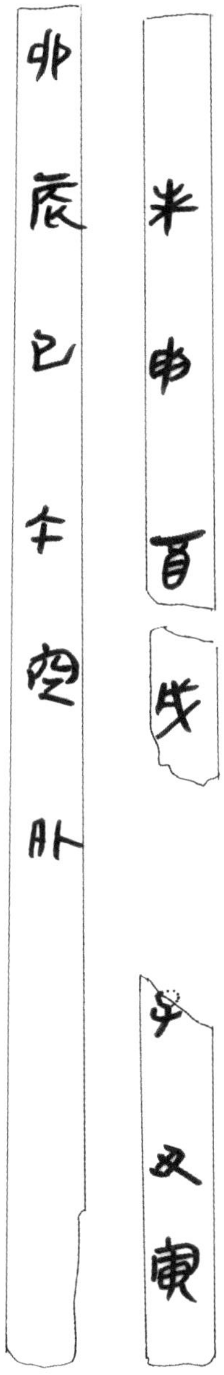

9

辰巳午未

一申酉戌亥子丑寅卯

巳午未申壼範

酉戌亥子丑寅卯辰

午未申酉戌沒

戌亥子丑寅卯辰巳

12　　　　11　　　　10

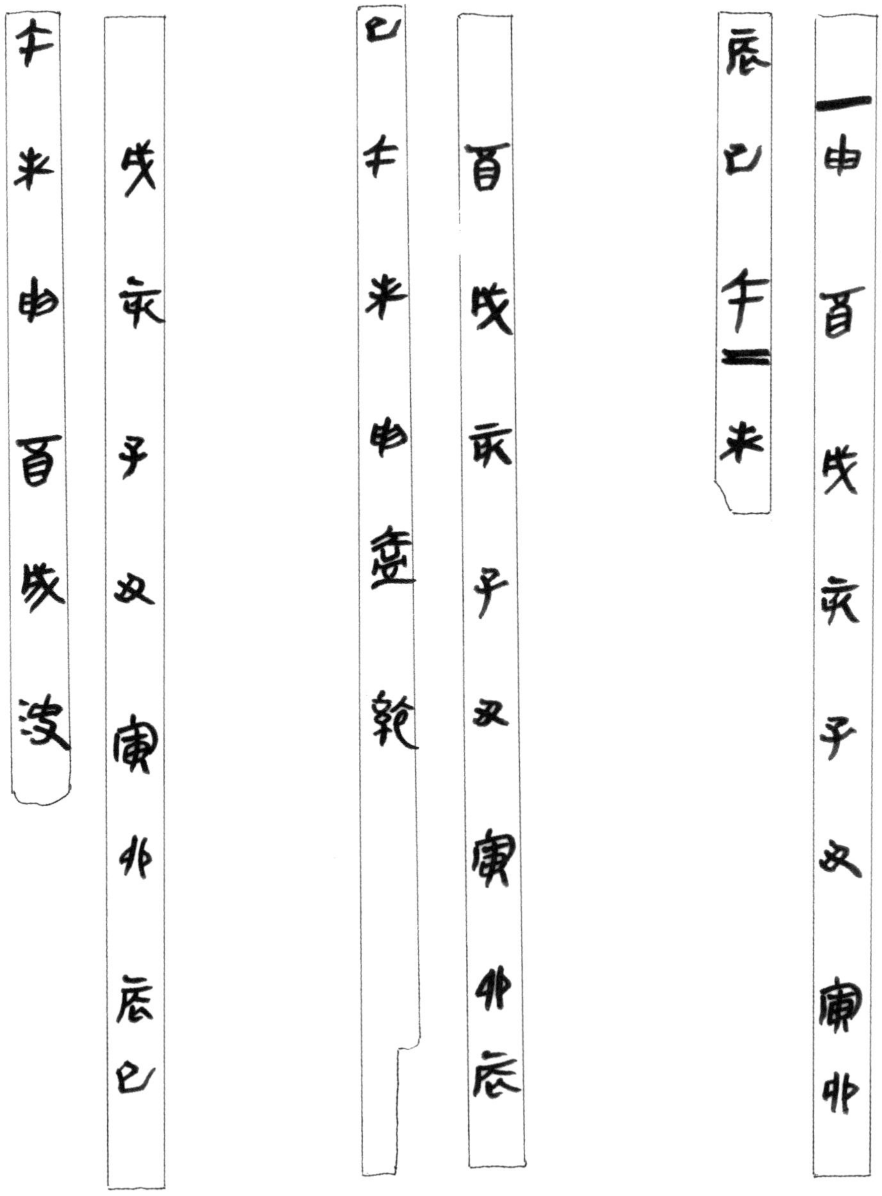

寂帶君子壹受

䆳陽土日利以見人禁㐱大受取妻吉朁

學書

寁結土日利以結䛐不可以㐱大受利以

半串百戌復我

武子又庚卯辰巳千

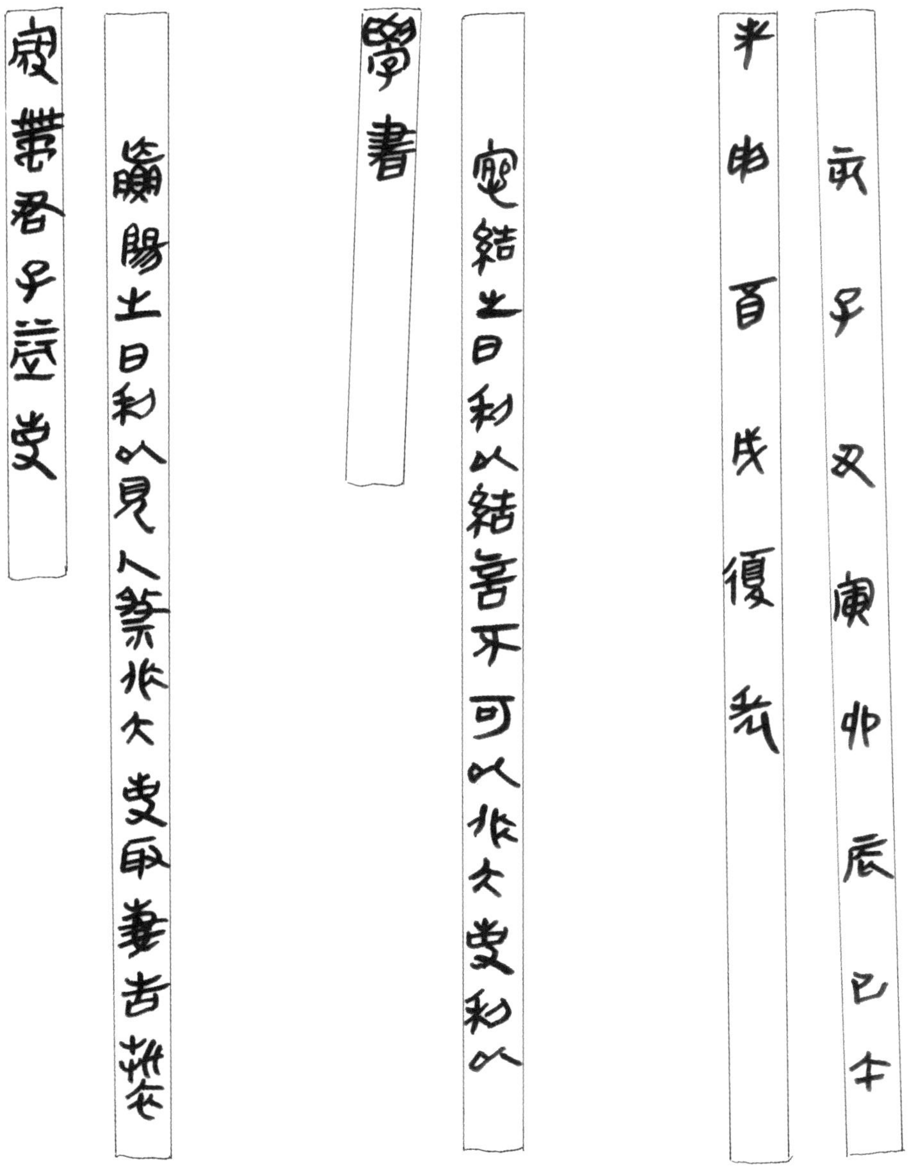

15　　　14　　　13

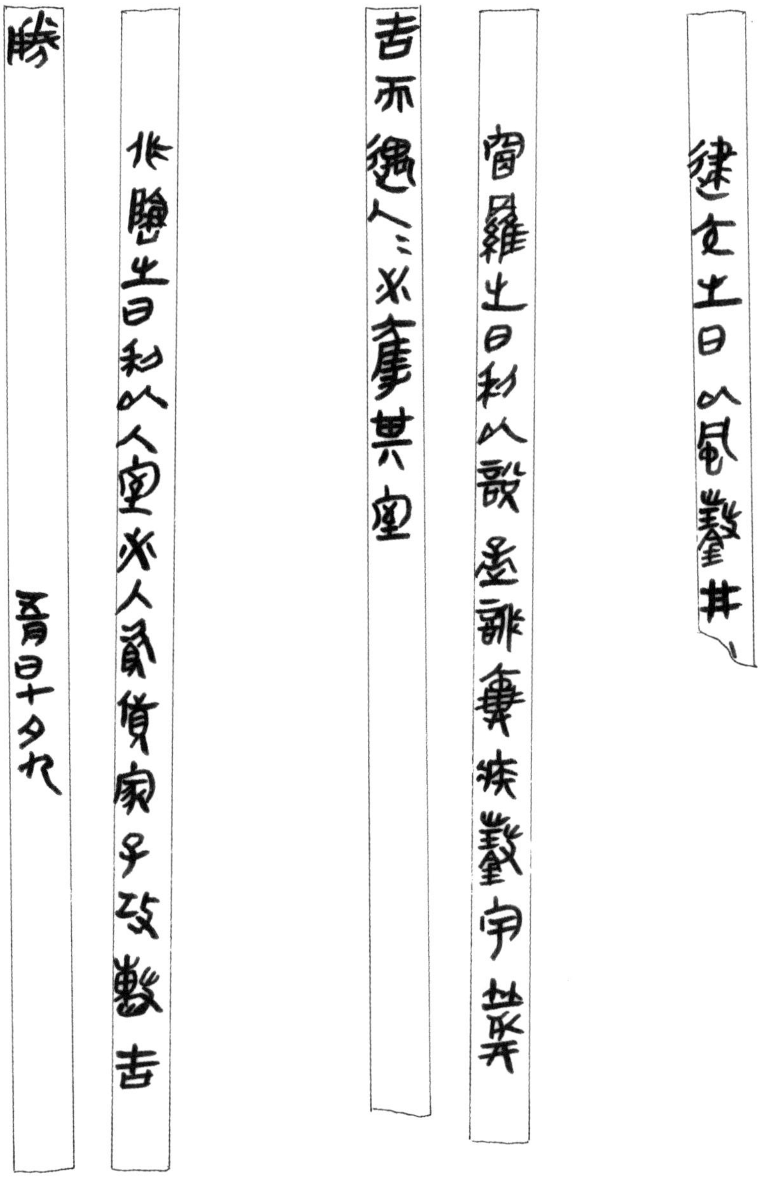

18　17　16A

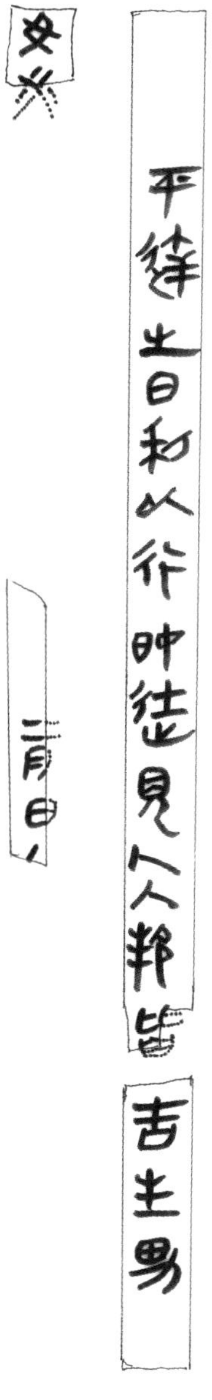

19A+15B+19C

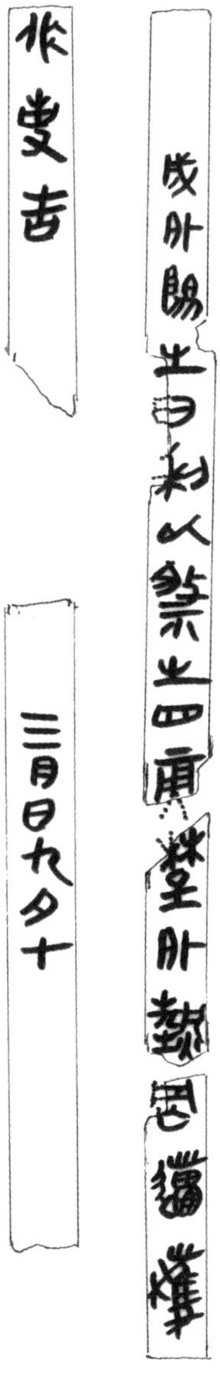

20A+19B+20B

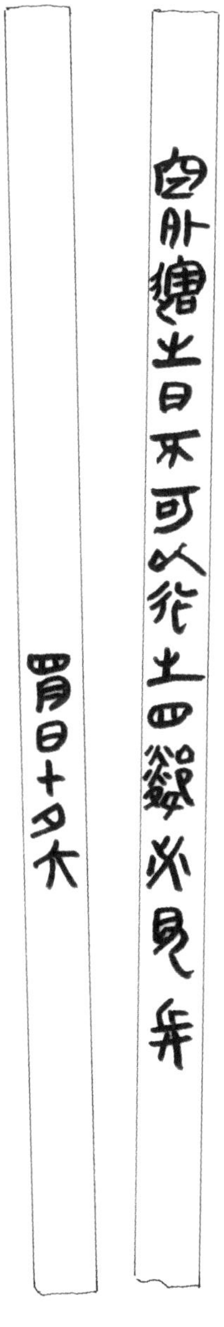

21

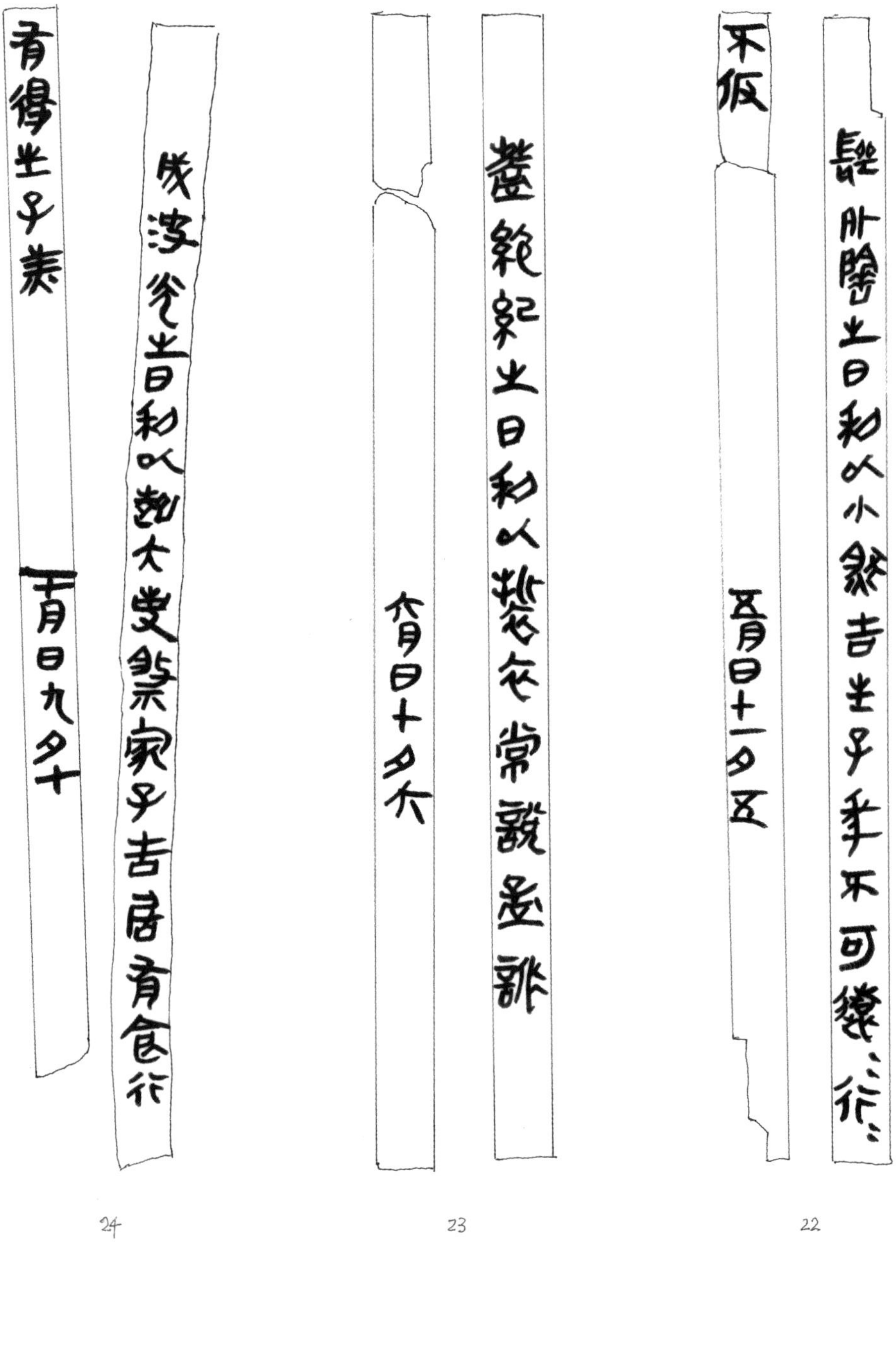

24　23　22

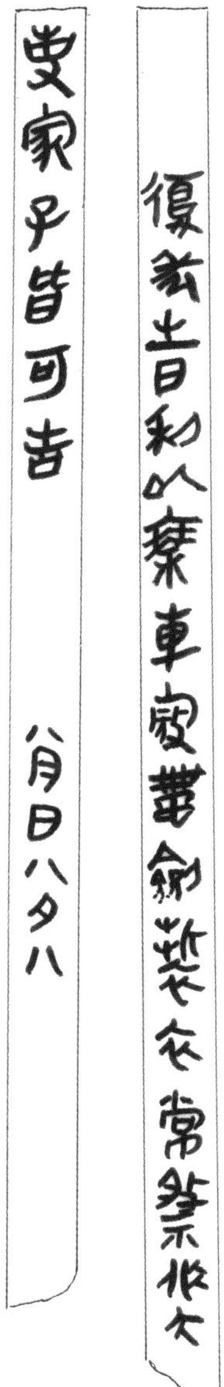

25

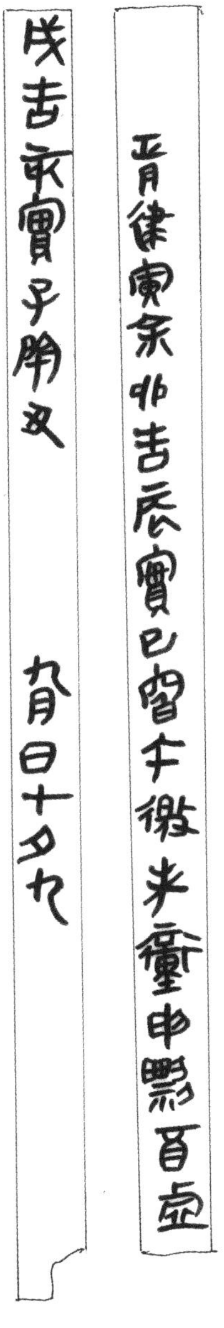

26

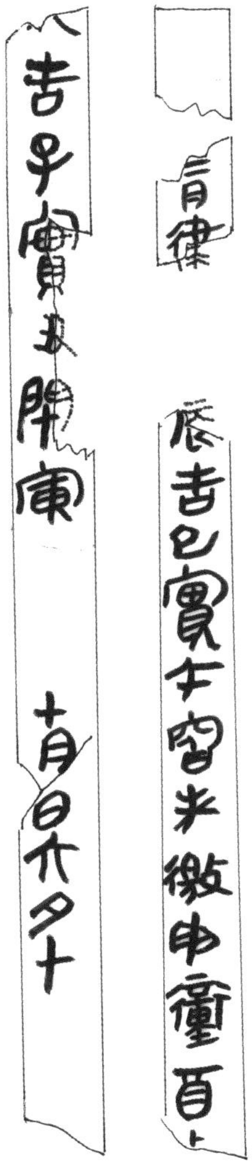

27

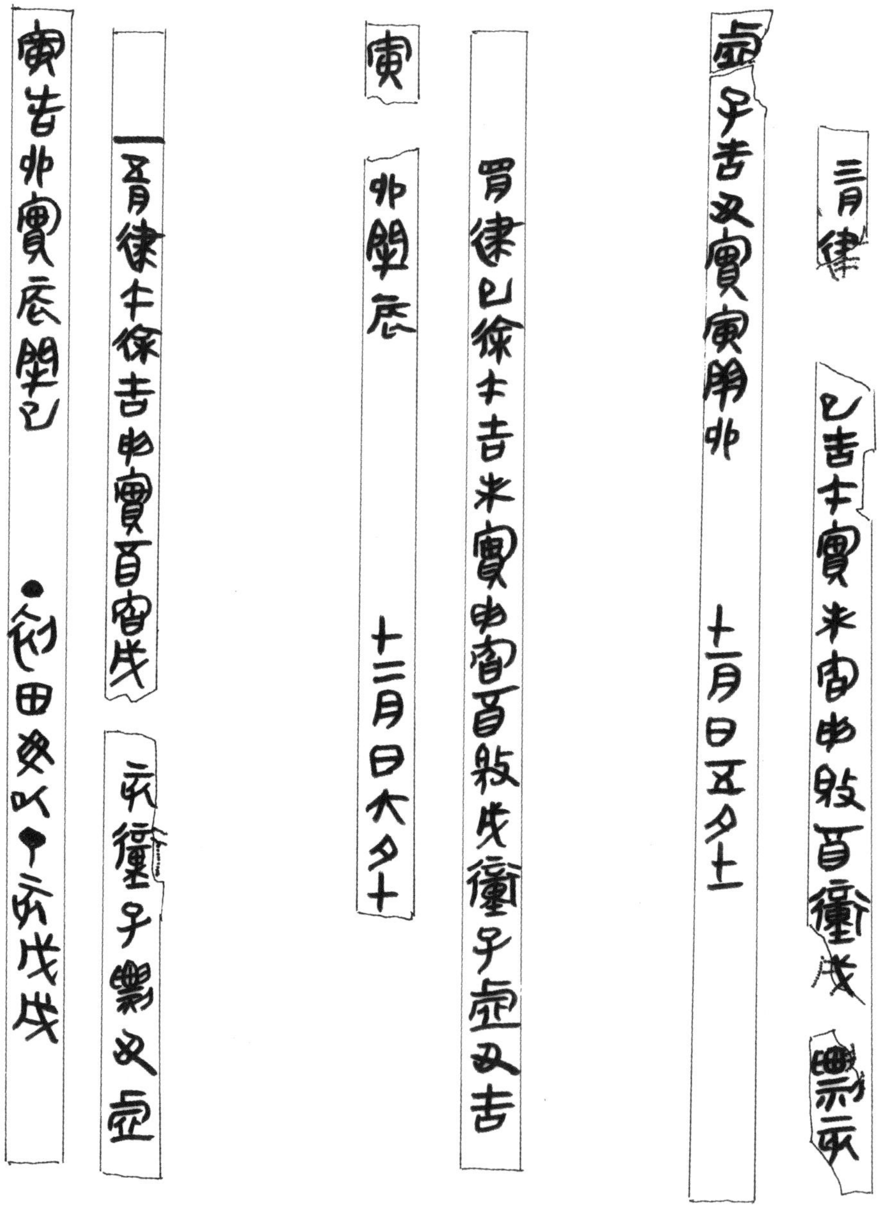

30　29　28

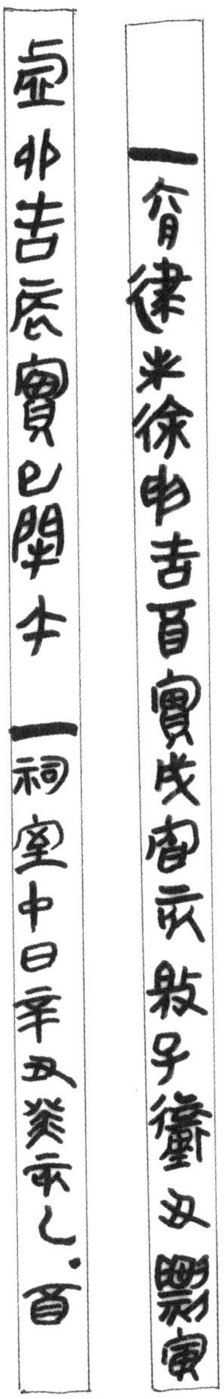

31

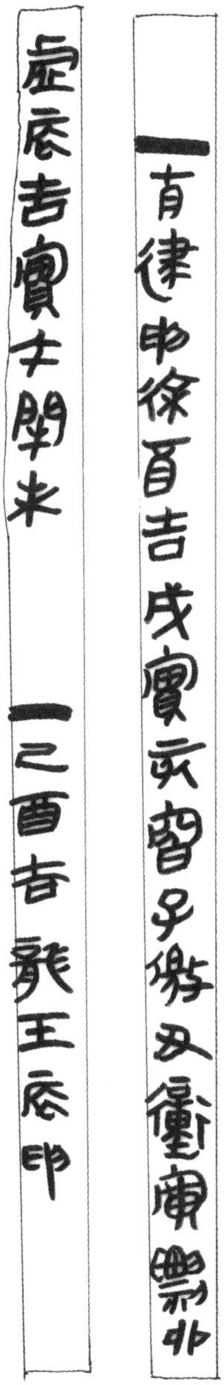

32

33

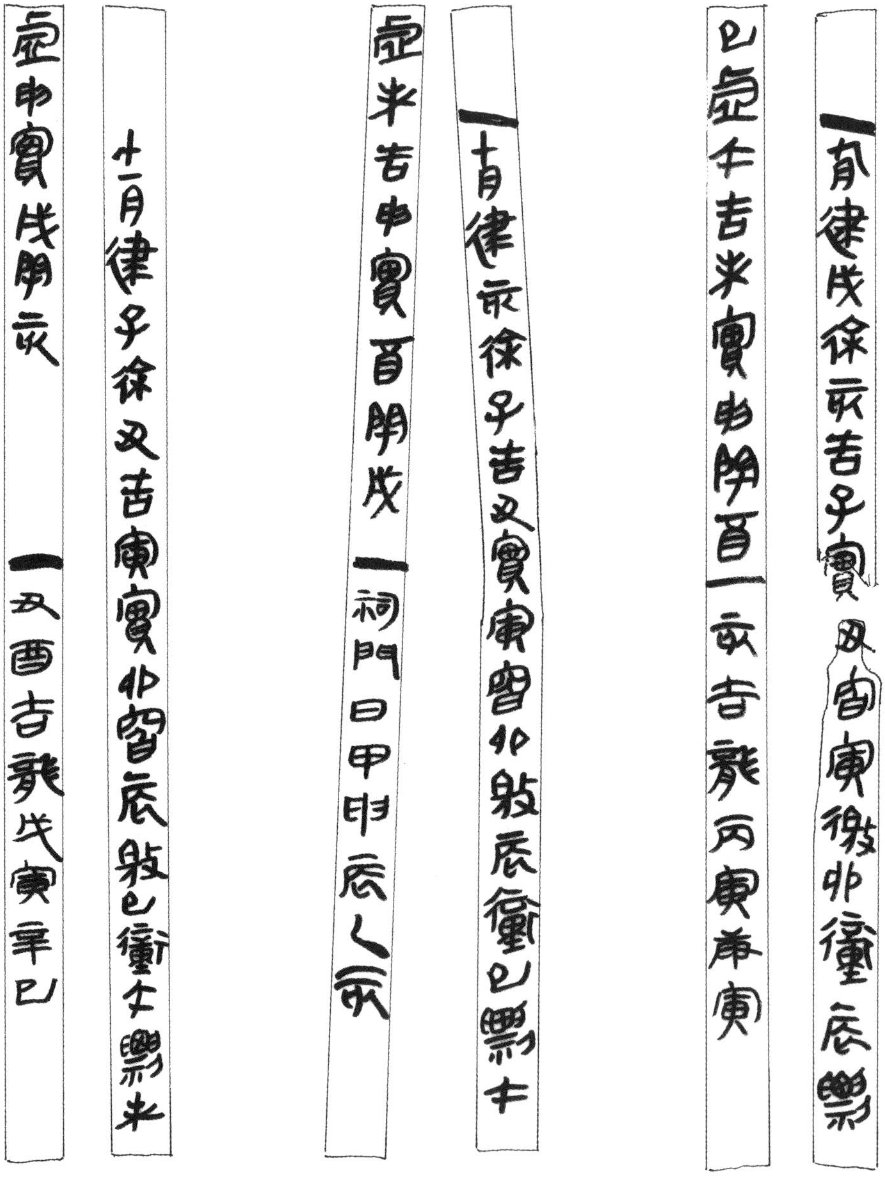

36　35　34

徐日可以講論言

日己亦辛丑乙亦十五吉戠辛

桑車可

律日利

一甲壬甲乙亦吉戠戈己

內寶護劍

中虚百吉亦開子 一一祠行日甲申丙申戊

十二月律及徐寅吉卯寅辰巳微千竈米

39　　　38　　　37

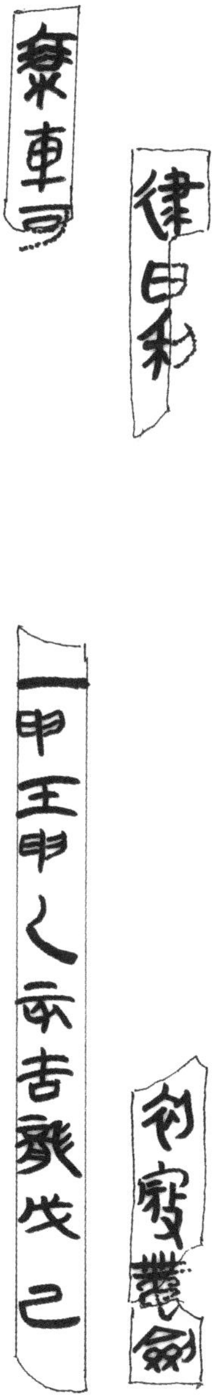

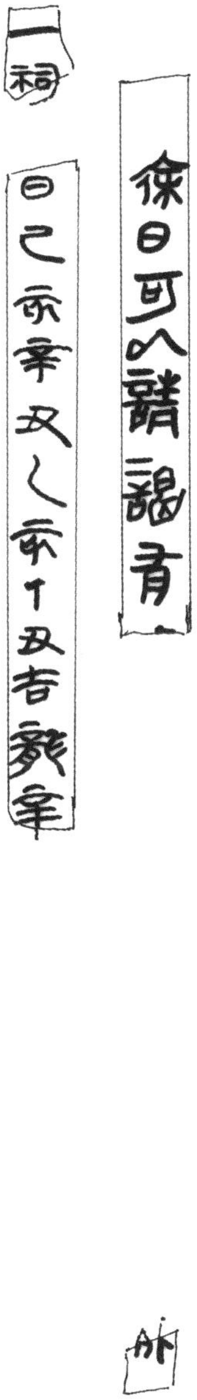

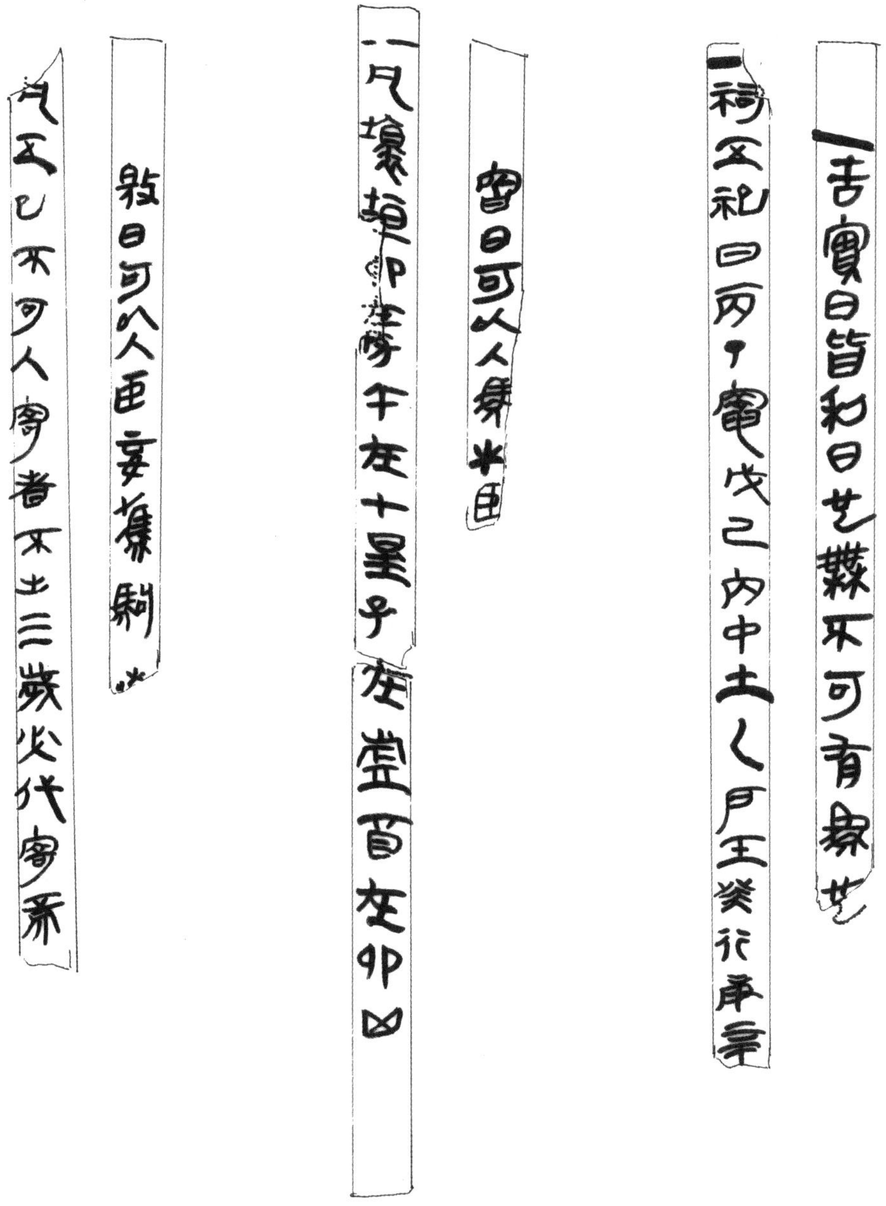

42　41　40

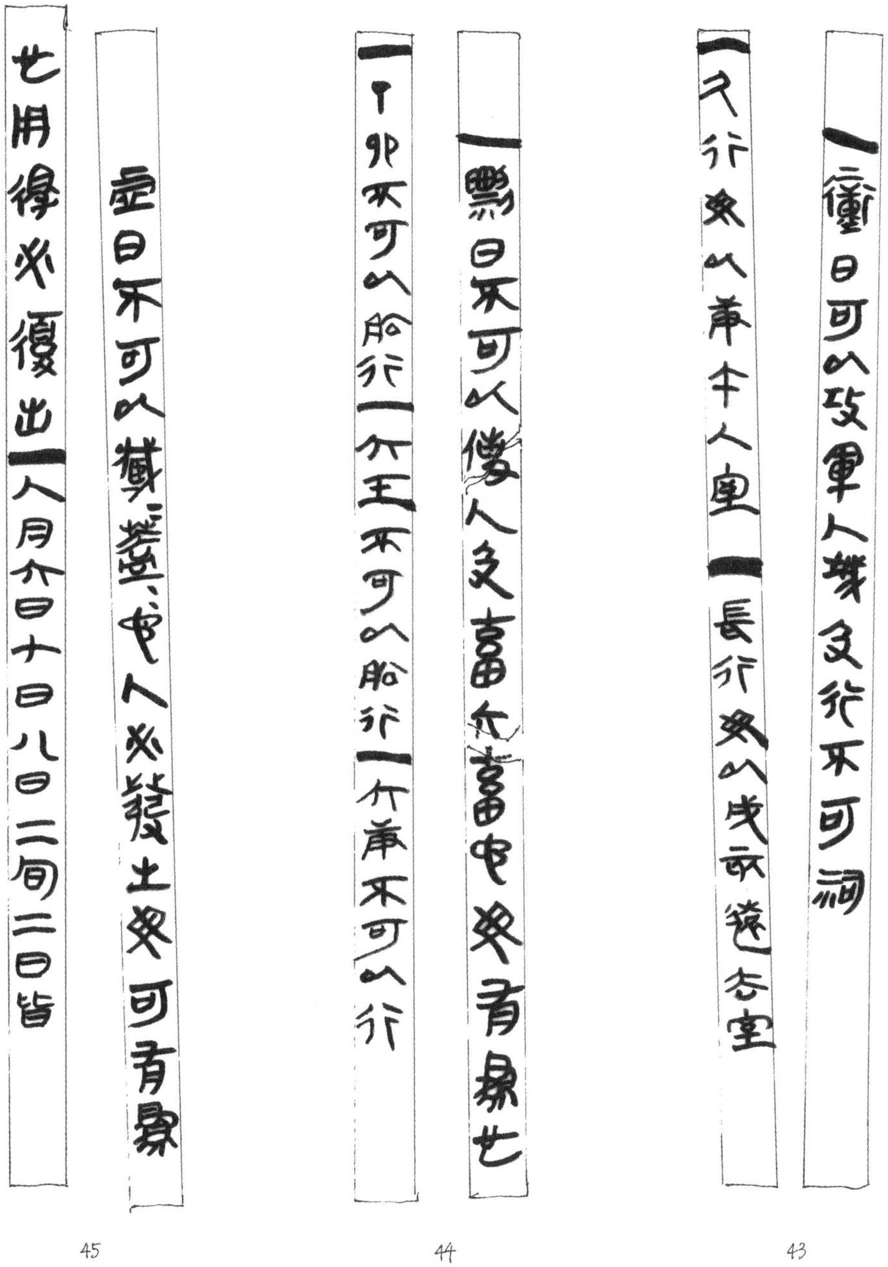
衝日可以攻軍入城及行不可祠
久行毋以庚午入室
長行毋以戌亥遠去室
43
剽日不可以使人及畜六畜它毋有冢也
丁卯不可以船行
六壬不可以船行
六庚不可以行
44
壹日不可以臧=蓋、它人必發土毋可有冢
也用得必復出
入月六日十日八日二旬二日皆
45

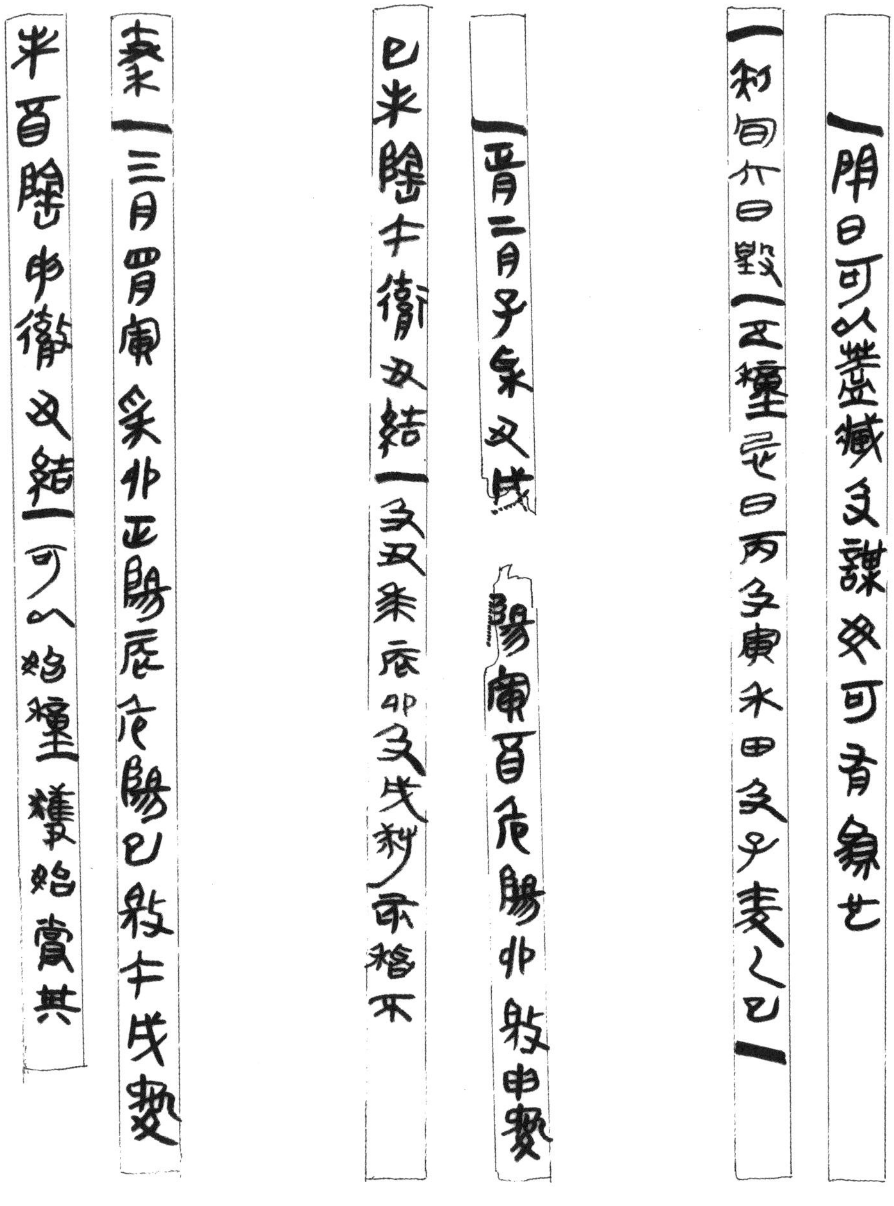

48　　47　　46

丑北陰寅徵未結　　國火从歲角

甫甫申枼

数亥丑陛子徵巳結　凡有人國火从歲後甫出

甫分午枭米辰正陽　米危陽百發戌寅

陽亥敦巳辰数

数百亥慶戌徵外結一歲戌弗食

一百分辰枭巳寅正陽午丑危陽米發甶子

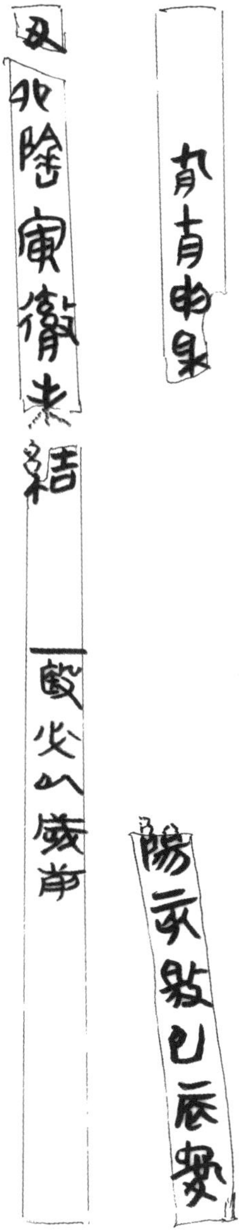

51　　　50　　　49

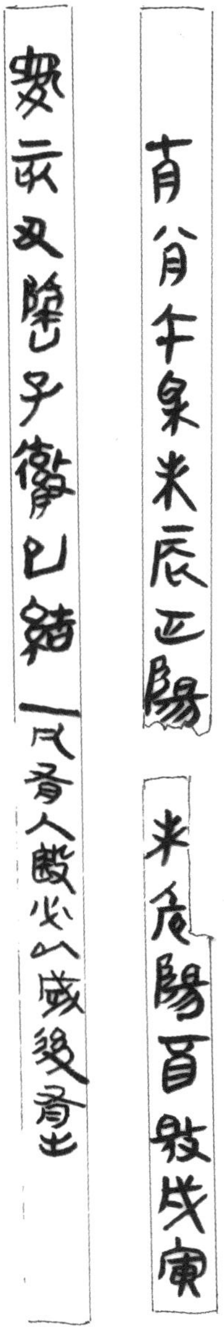

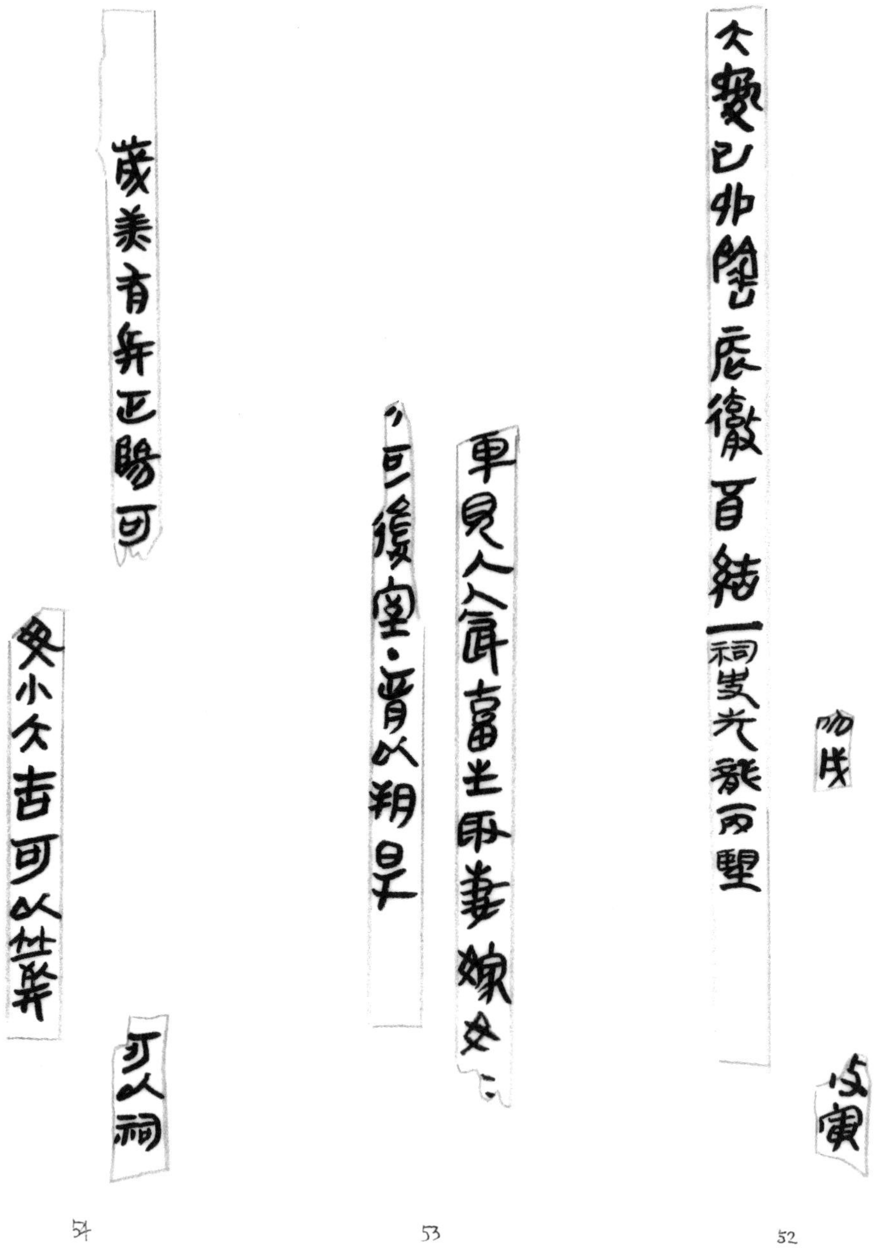

54　53　52

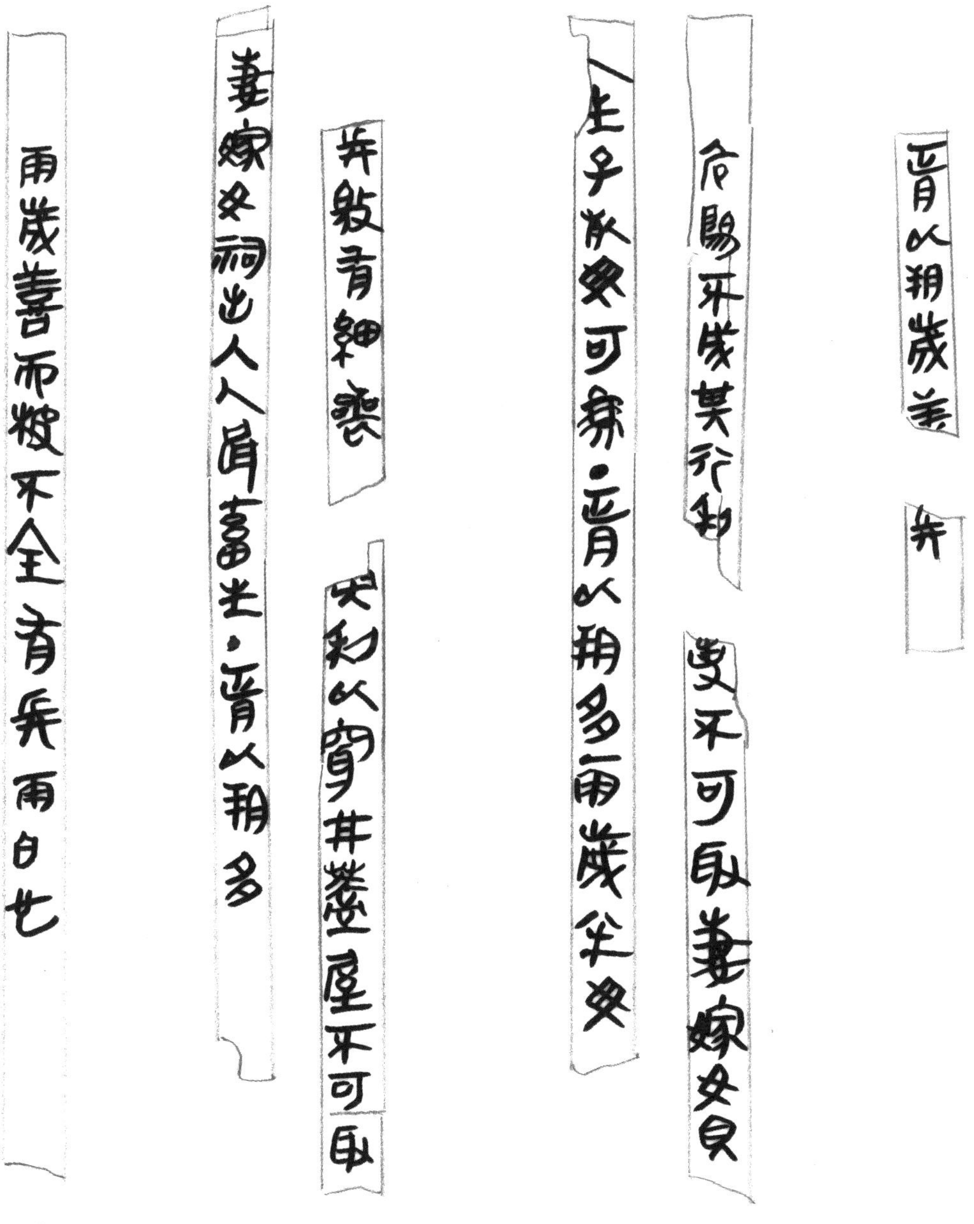

58　57　56　55

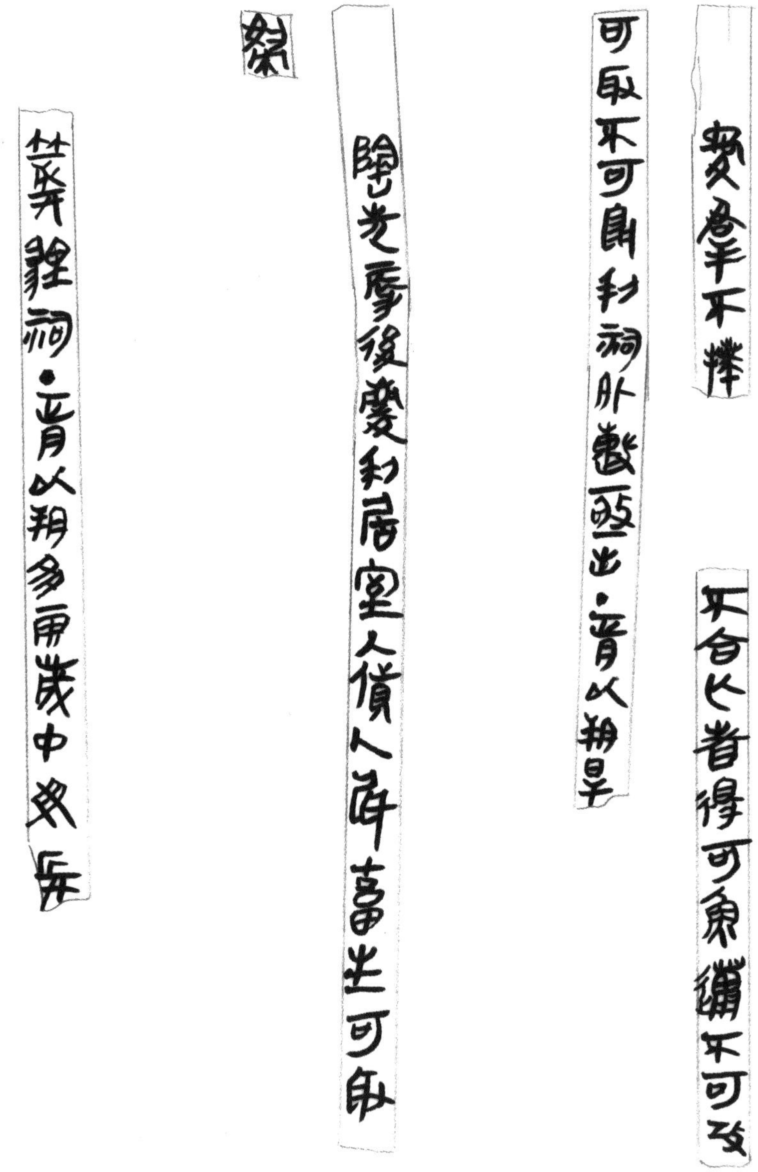

61　60　59

徵大徵和軍伐不可以見人取妻嫁女出入不可

畜生祠光鼌見出以生子不以者得以數人直以翔多一兩

戎善以弁

五歲屆日己

乙巳不可以屆子众弓以疸重

止二重又屆人王辰

62　　　63　　　64

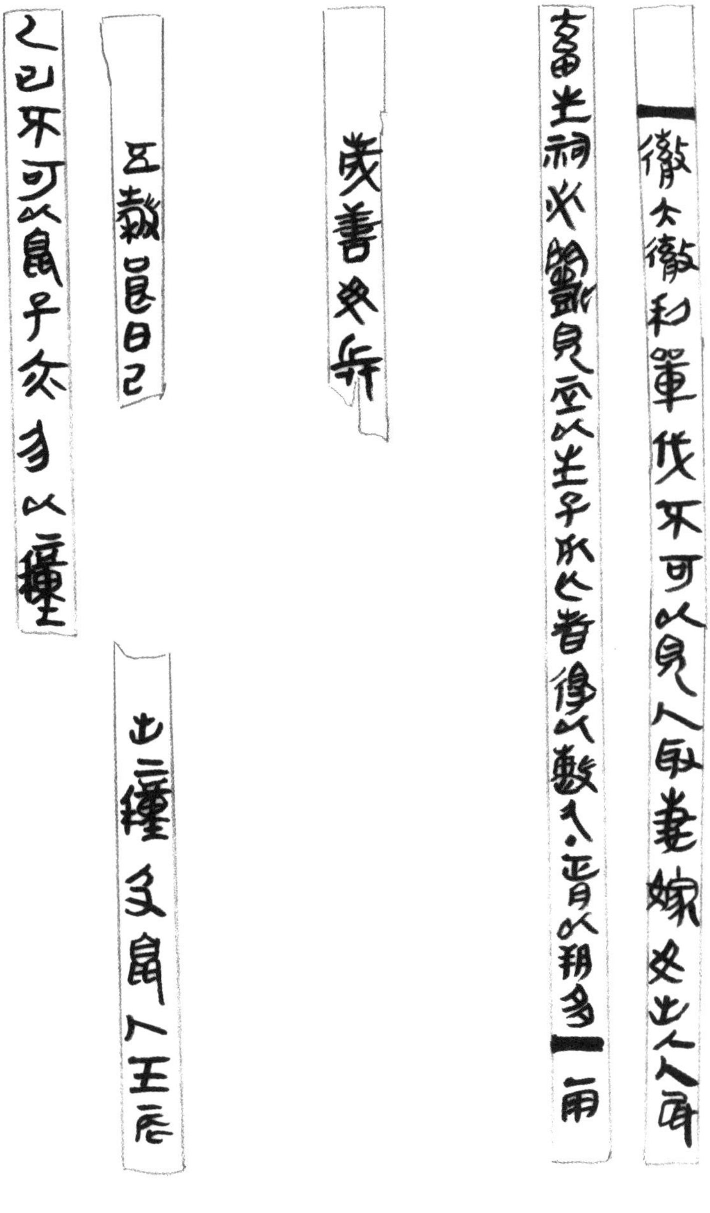

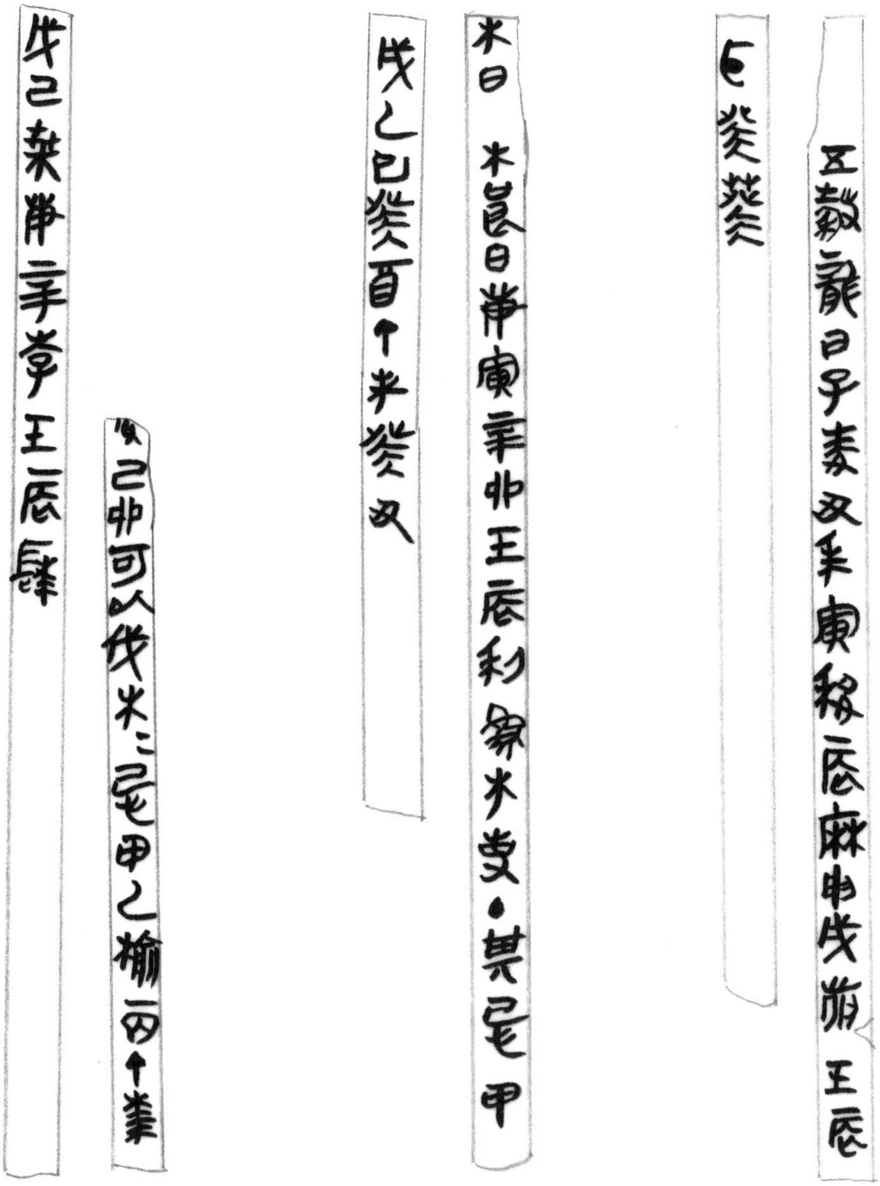

67 66 65

米戊

辰未信
長日

乗昆日甲申乙丑気己丑首亥未常辰申壬辰戊

棄土・其尨甲寅午丙辰巳

人　昆日甲子曲乙

戊子寅己亥常寅辰午辛丑

王辰癸未・其尨王午戊午戊

69　　　68　　　1st73B

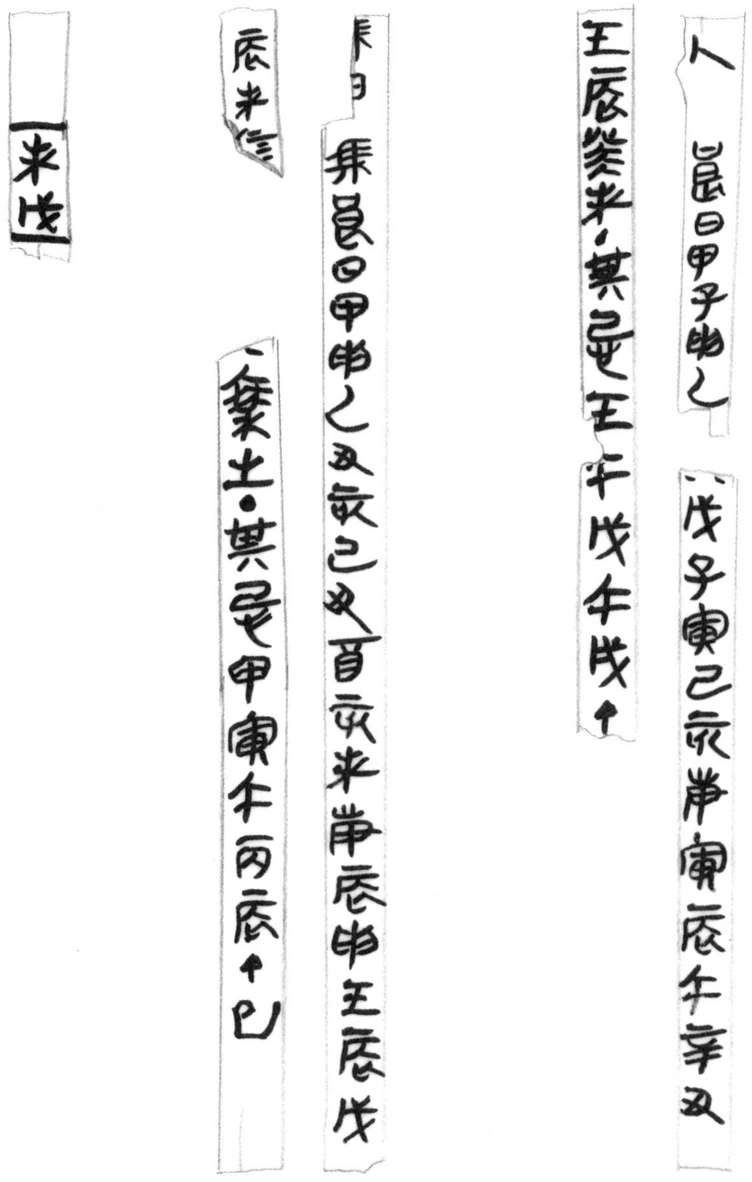

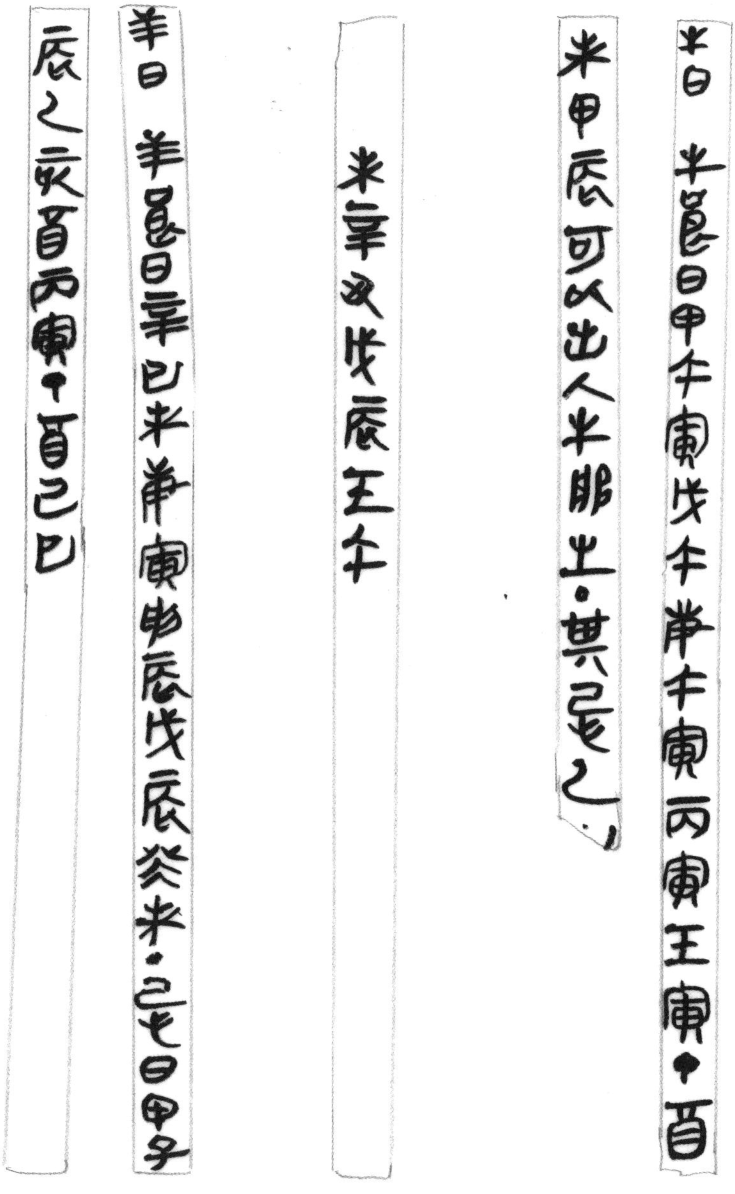

72　71　70

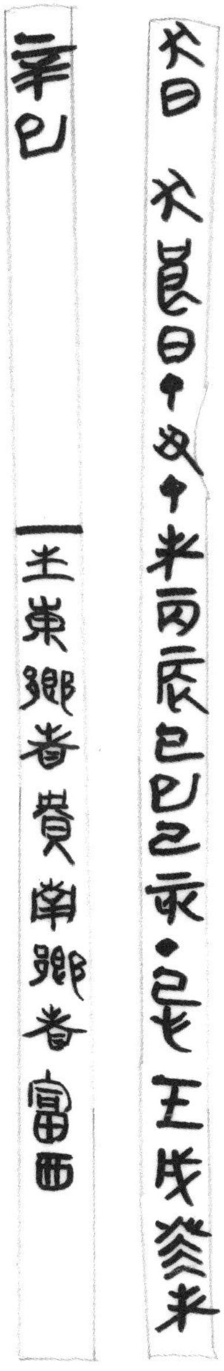

74

73A+75

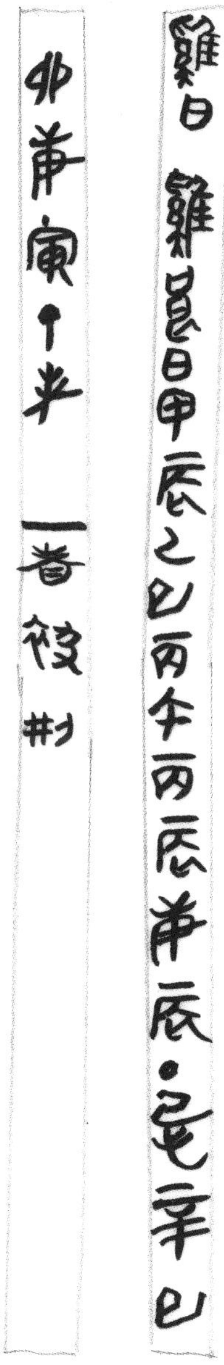

76

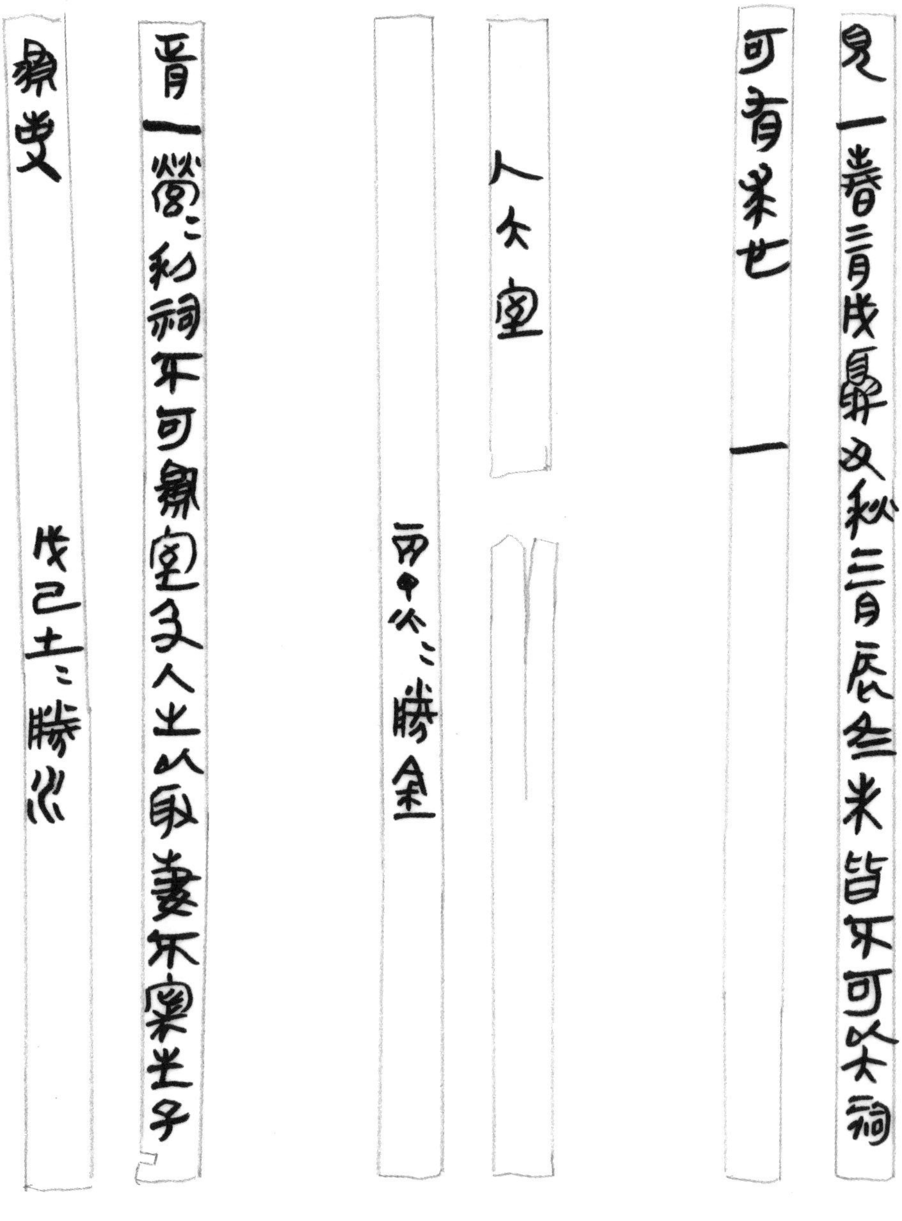

80　79　77

向一東爵不可行百眚又以先子不完不可敚也眚

芊辛金、勝木

【82】

奎祠彡行吉以取妻女子彖
□生眔眚

王癸水、勝火

【83】

一豊祠彡百眚吉以取妻男子妻□生生乎七眚人

丑巳金、勝水

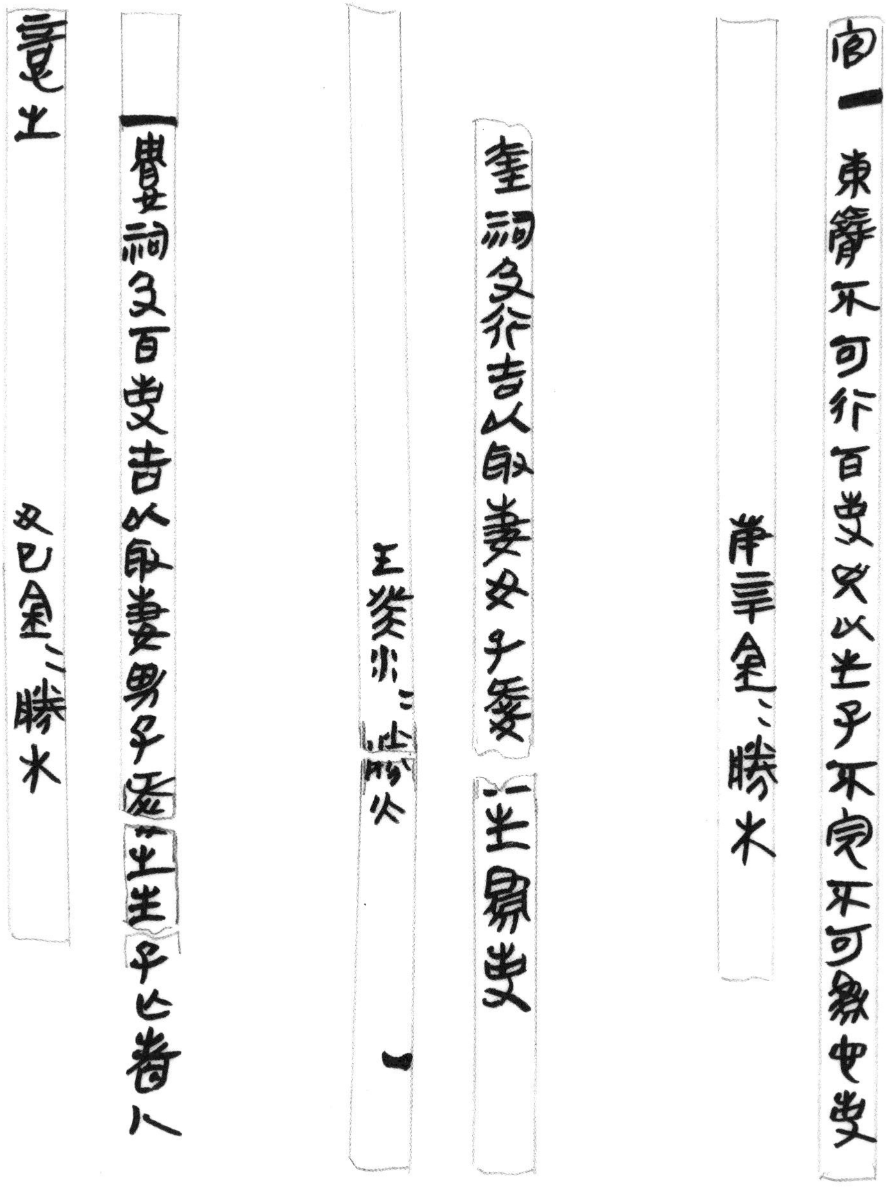

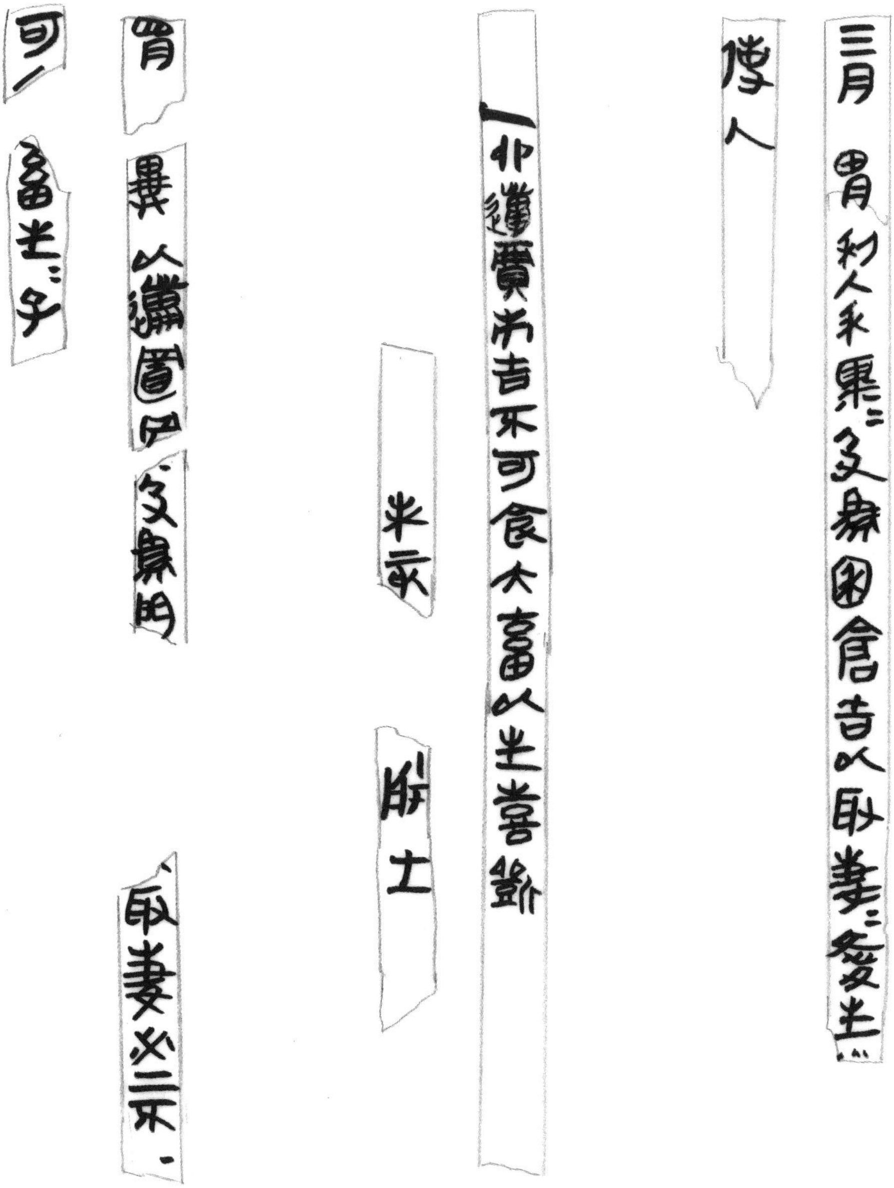

86　85　84

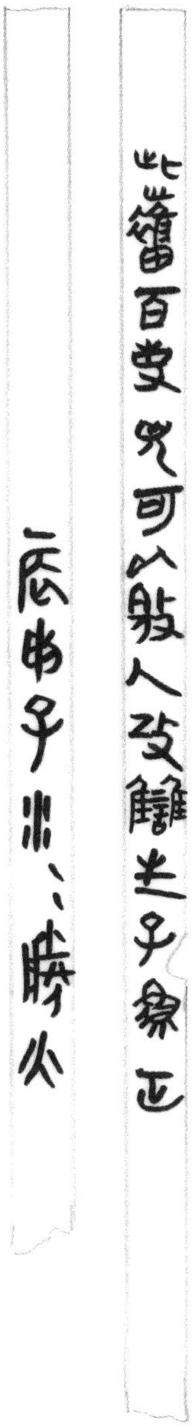

87

88

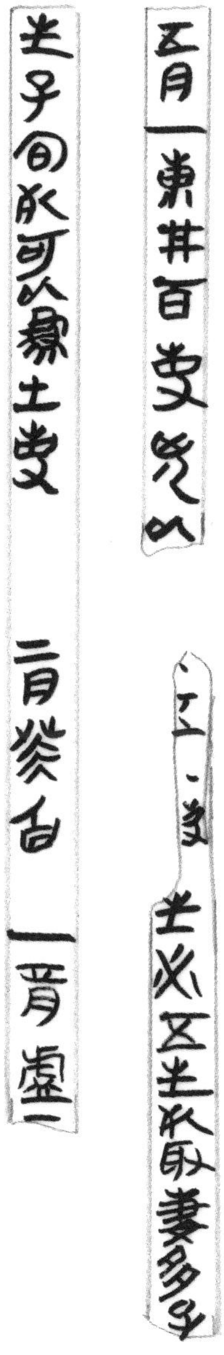

89

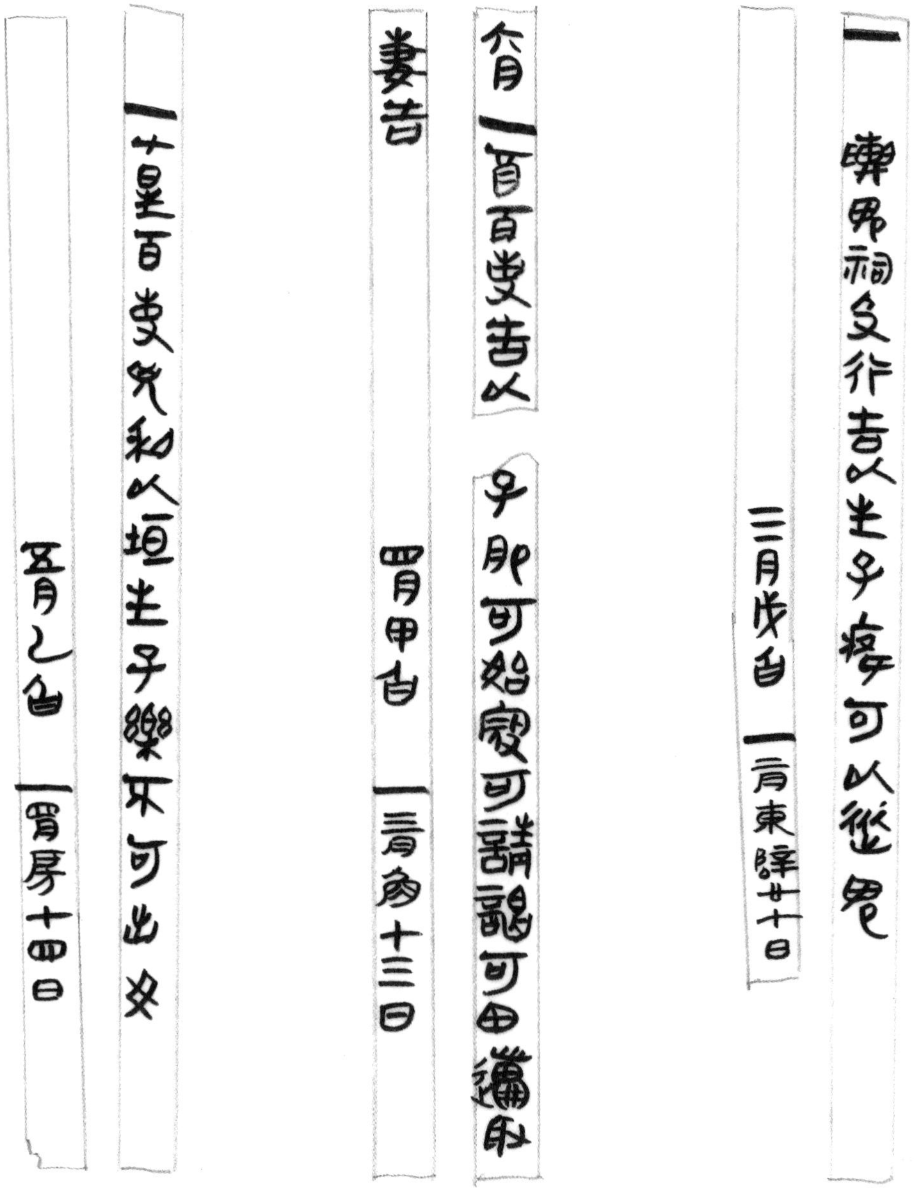

92　91　90

一張百矣吉取妻以毛子象色染
有
有戊百　育㺹十四日

一聶和行不可臧以祠必育公勉取妻必舜生子男
賨見女鼻玉
有丙百　貪東共廿日

一轑棄車厺常取妻吉生子必憒可人偵
人囚三百㠯　負十百　有十星共日

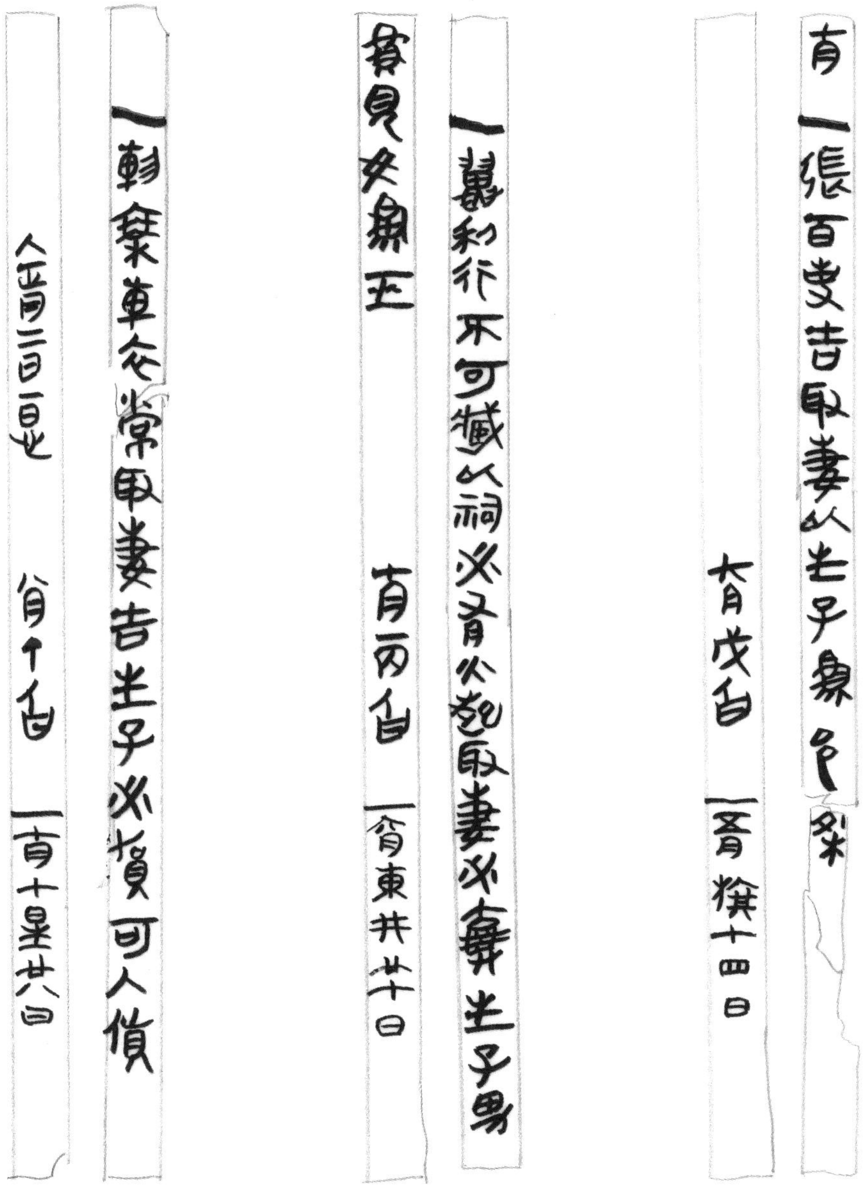

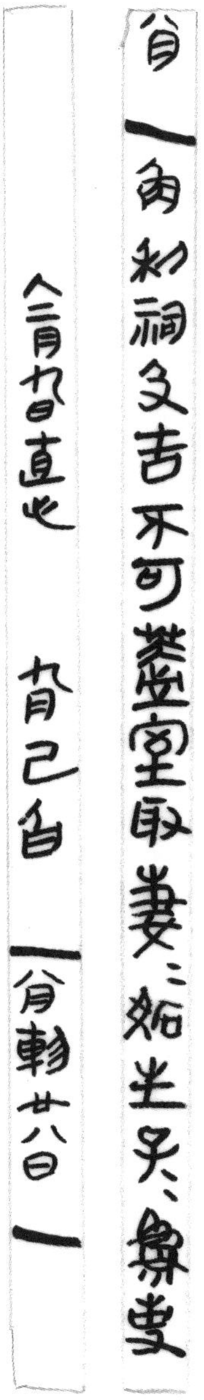

96

97

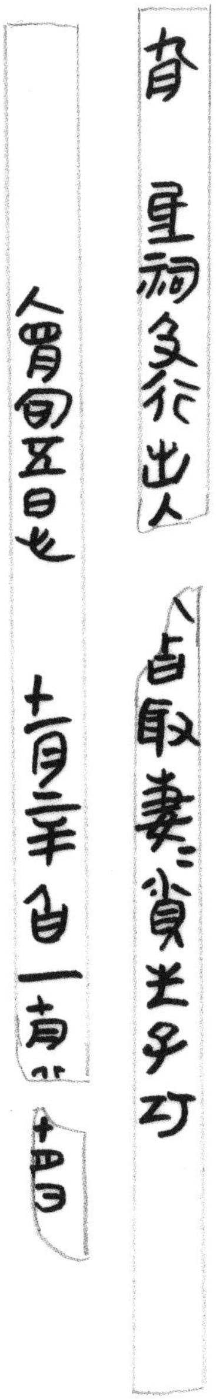

98

一才取豪家女出人債吉可以為室先子賓祠吉

人五月旬二百七 十二月己酉一青年廿

有
也不可祠多行先可以祭取妻掉先子人祭

人合旬七

土

一
青多廿一日

一房百變以祠先有敫不可取妻先子貞

人十月八日七

青人卯不白

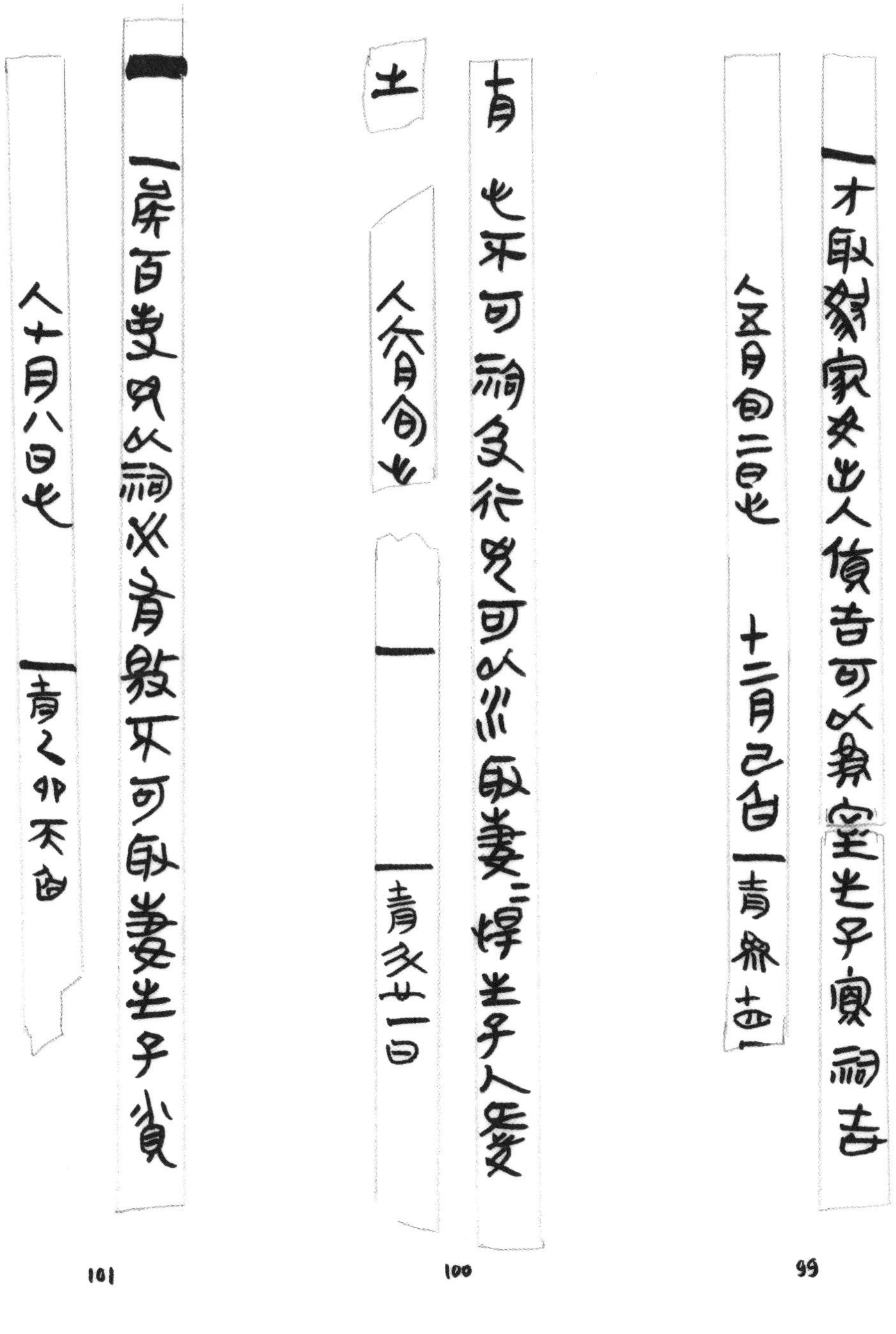

99　100　101

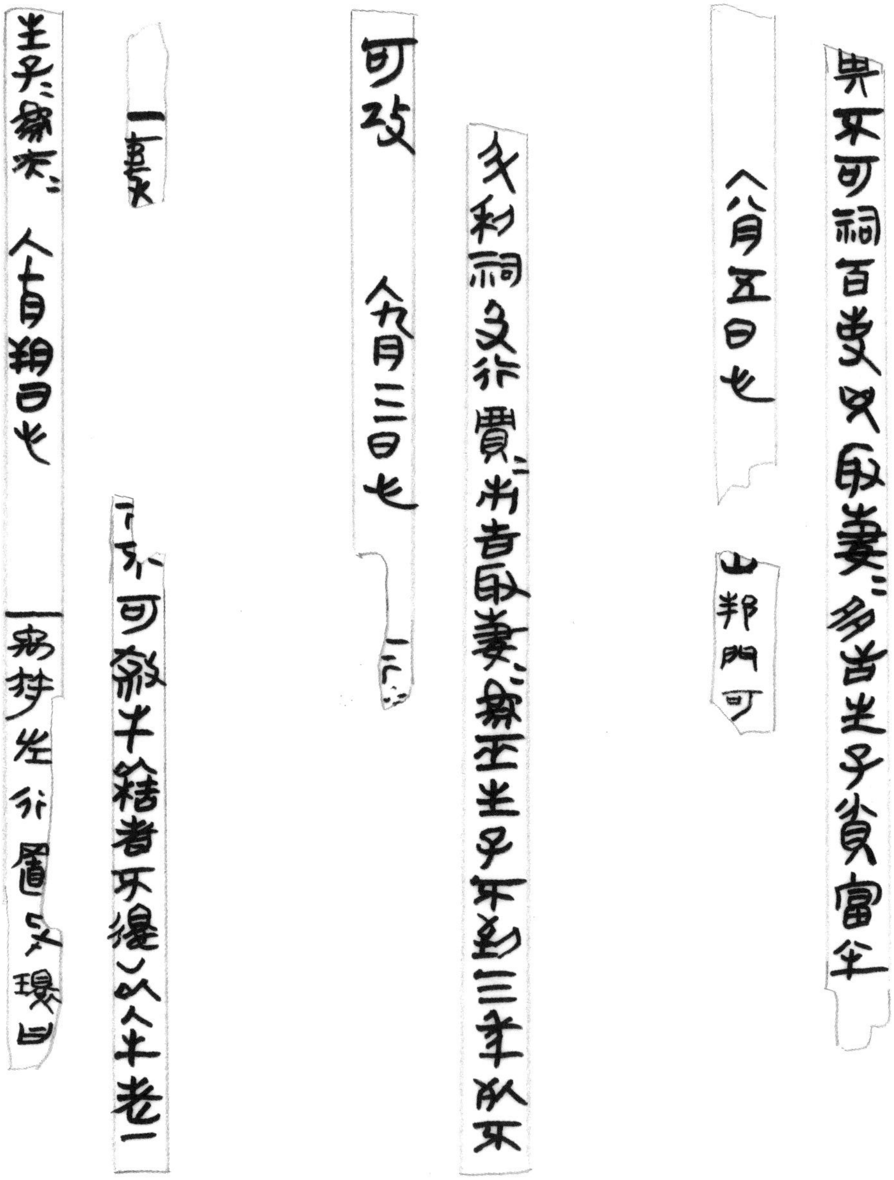

104　103　102

二月

戠祠貫出　卌妻吉生子三月永安長

人十二月二旬五日七

香墺日行柤

一坙百叟人結者易捍亡者不得取妻二矢敦人生子安

一令介投枋史寓少　三日舉

巳局生人十二旬三旬三日七

八百叟亡生子老象人治亡醫詭展雨

散當七上下

符上車

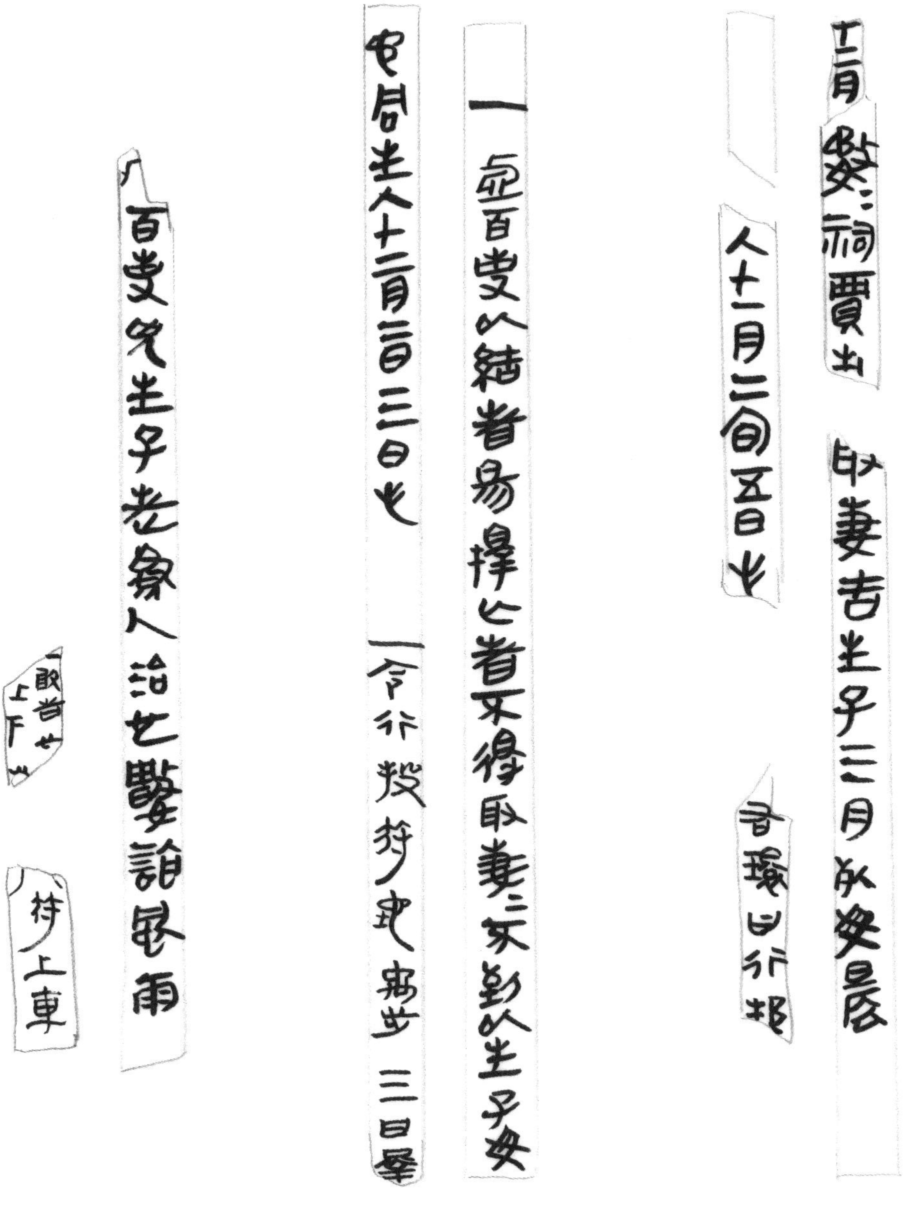

107　　　　　106　　　　　105

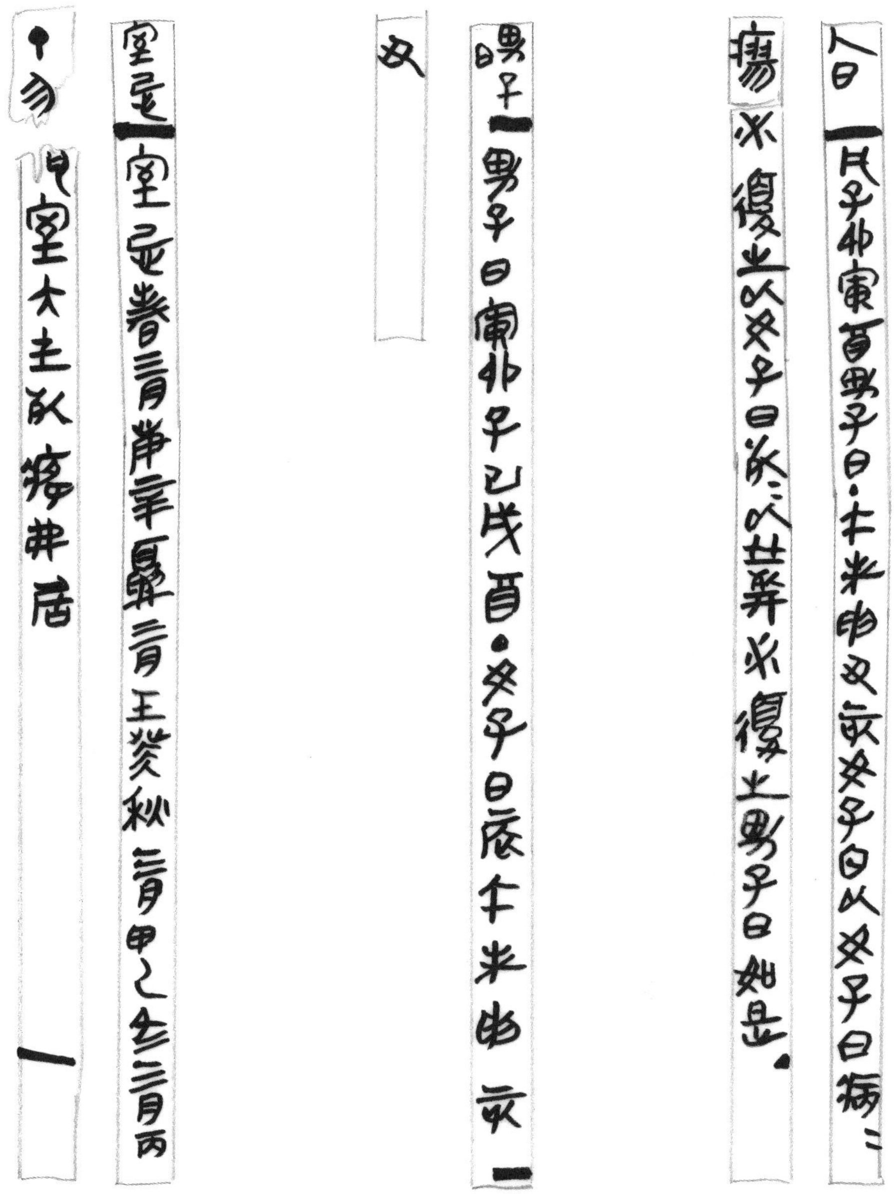

110　109　108

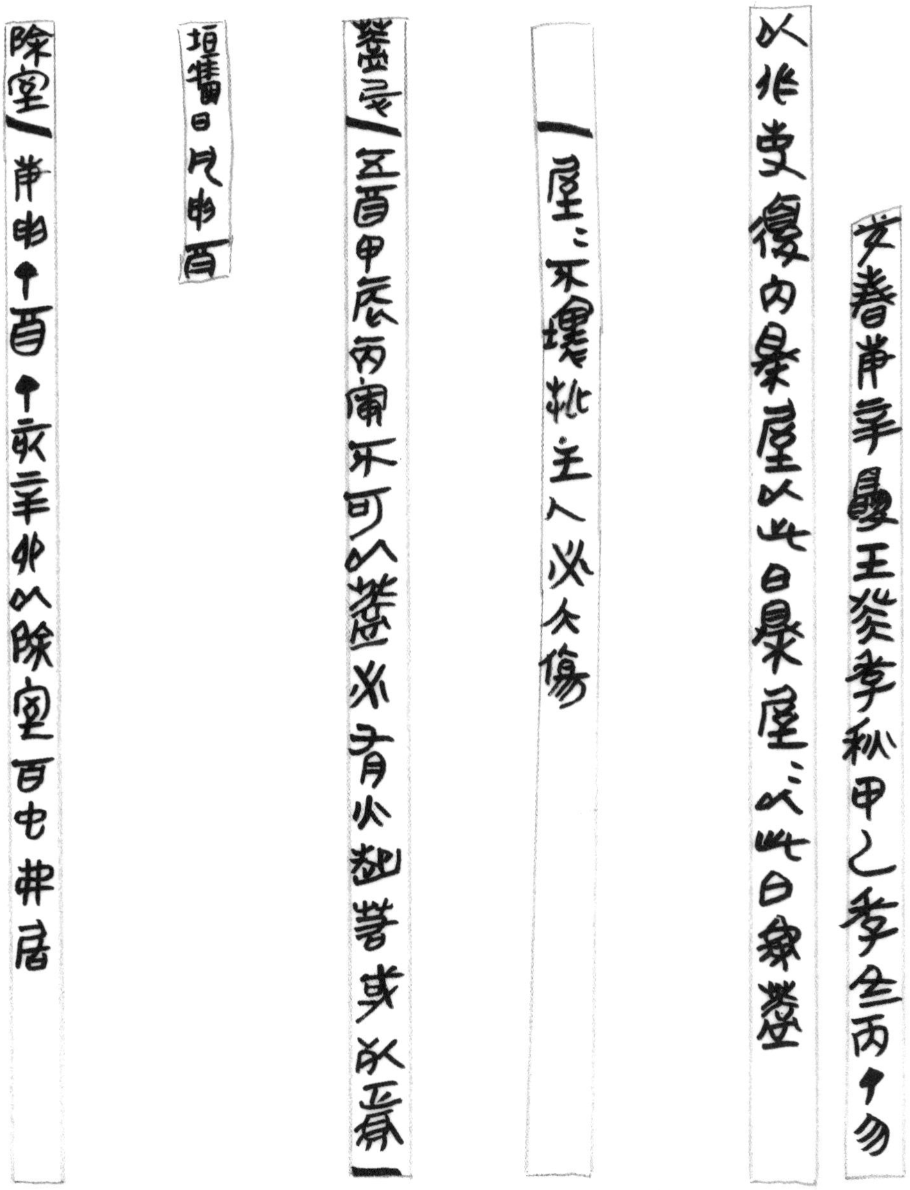

115 114 113 112 111

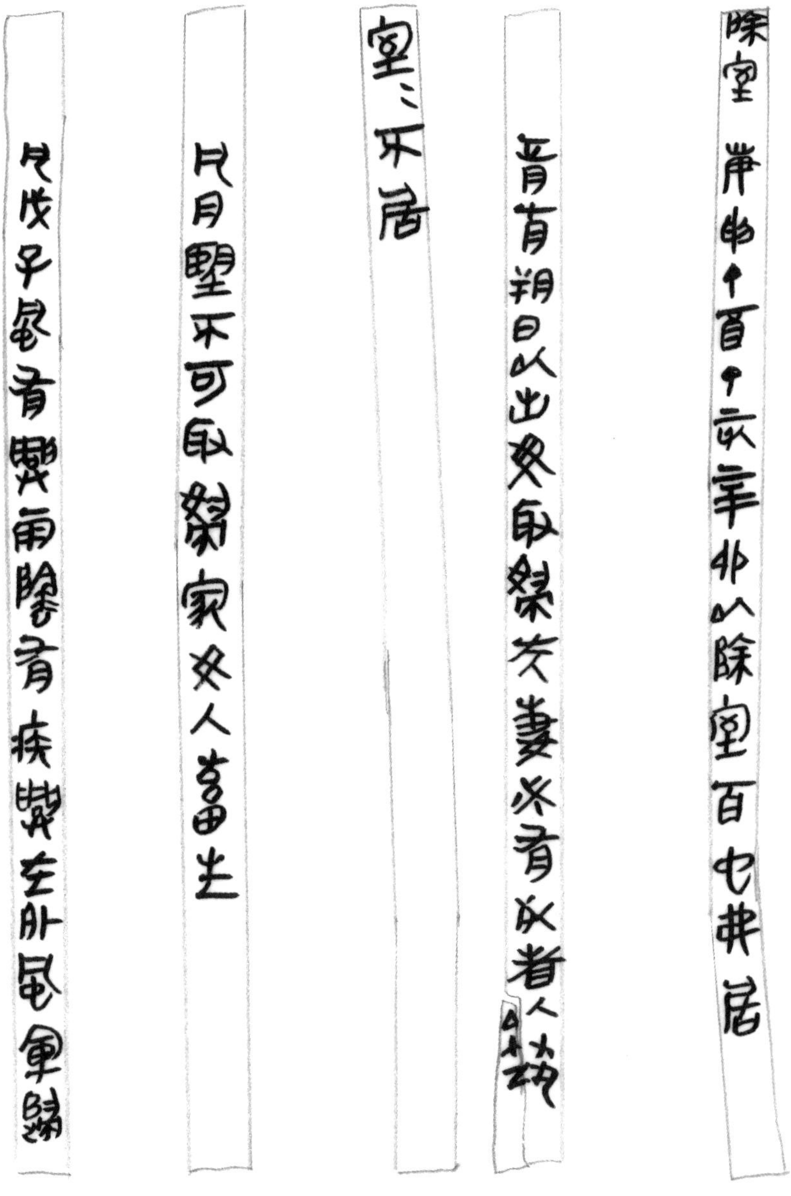

119　118　117　116

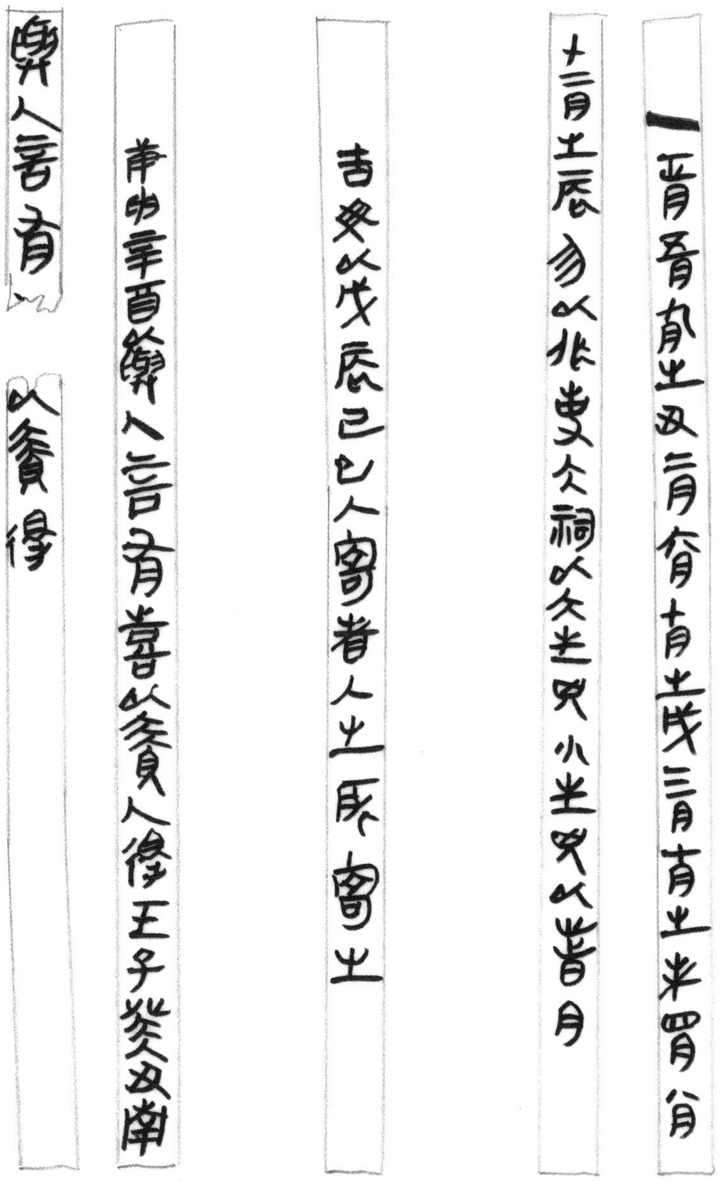

120 121 122

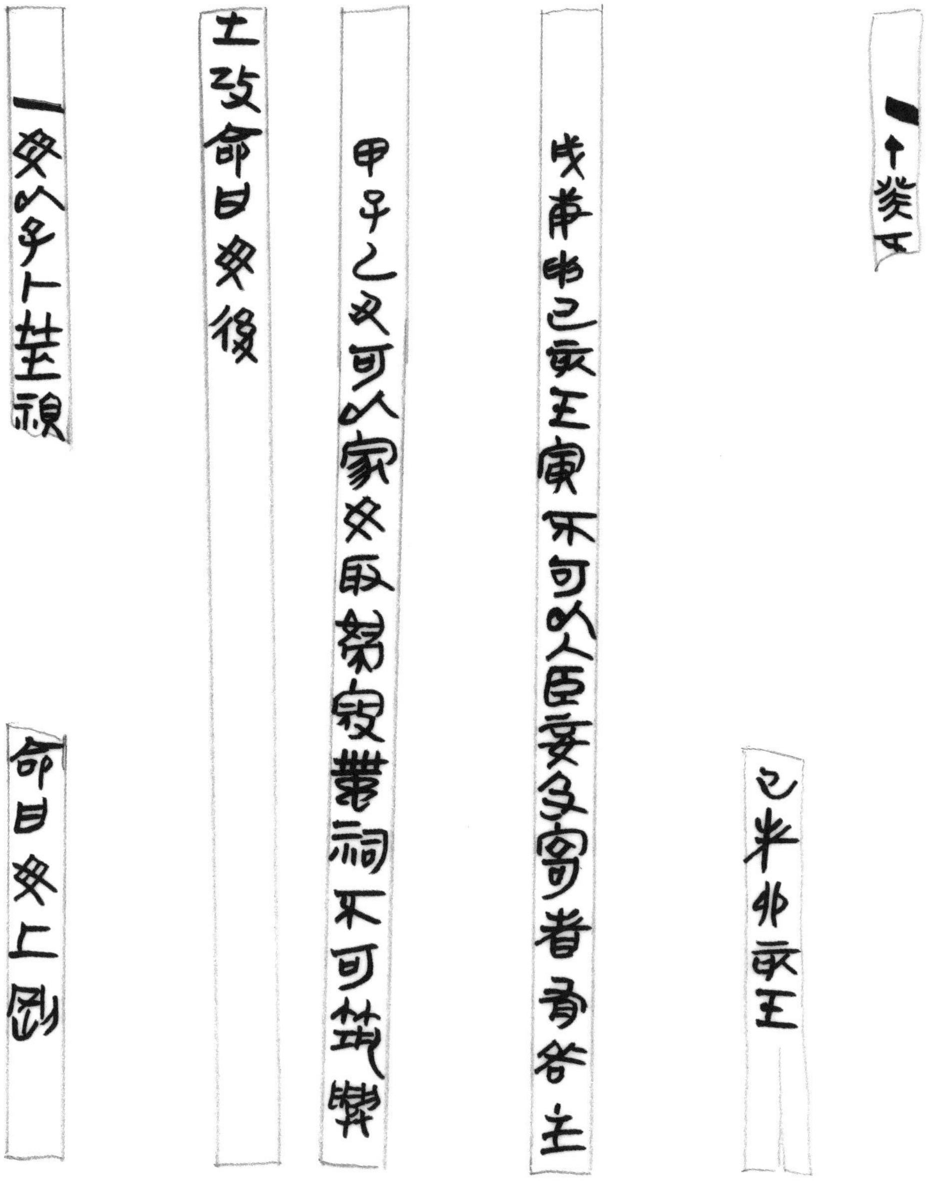

123　124　125　126

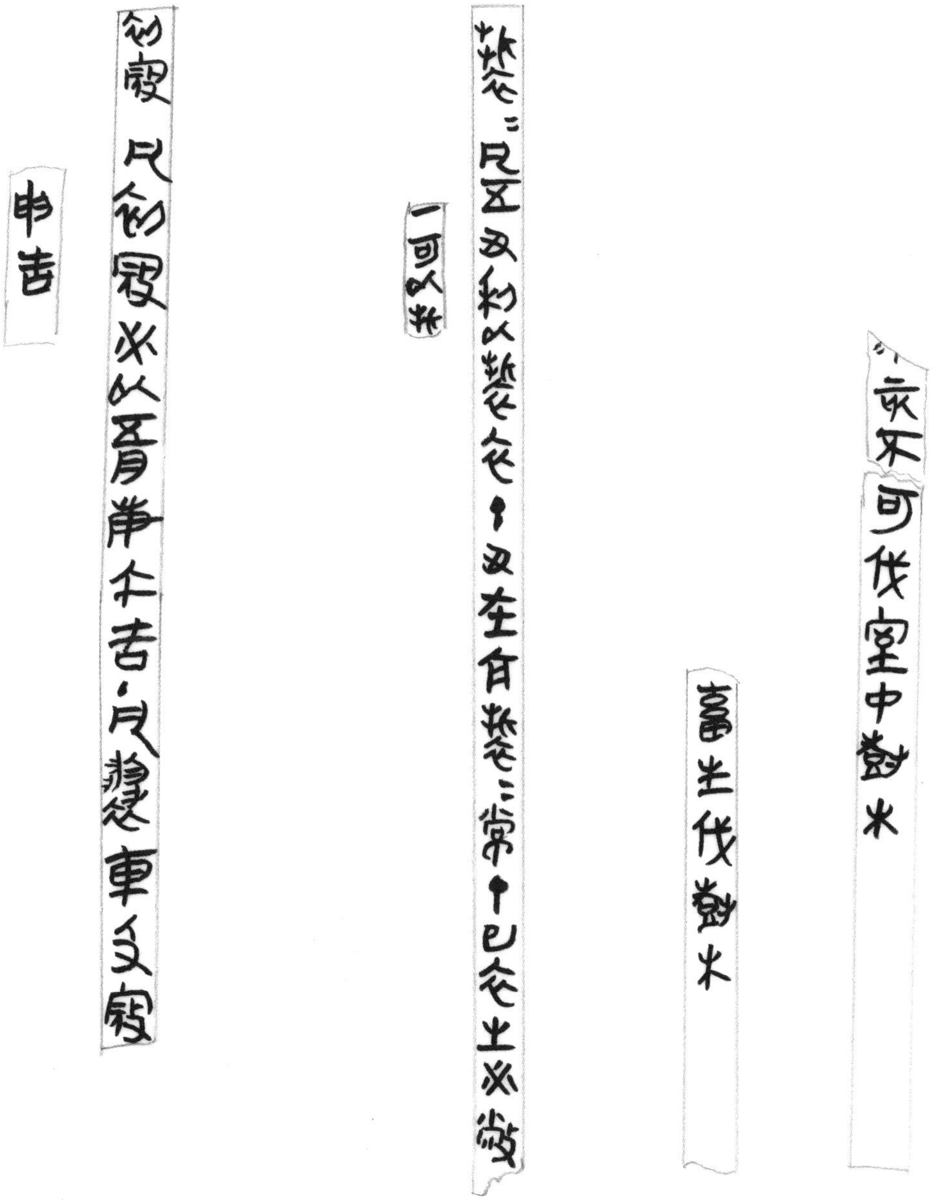

127 128 129 130

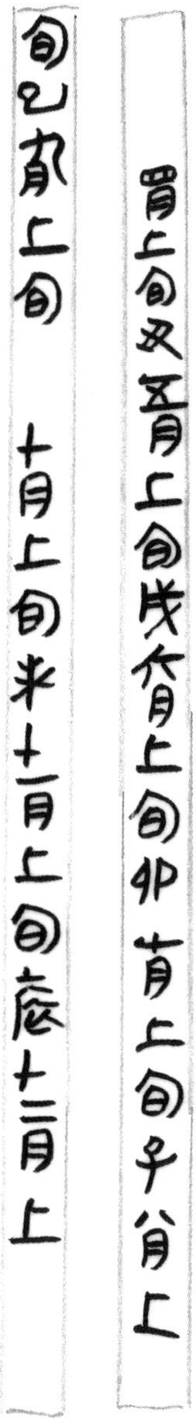

133

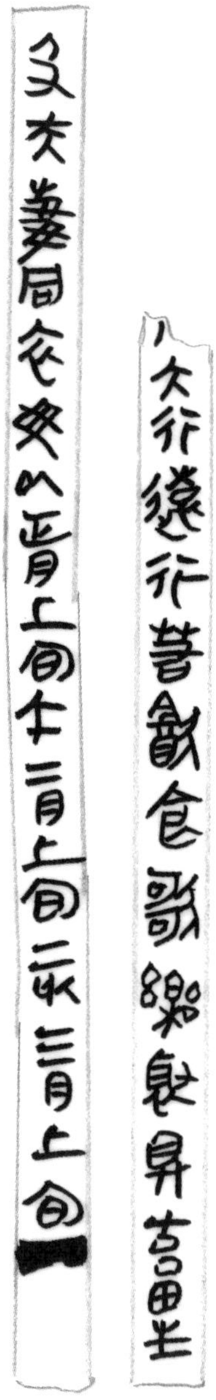

132

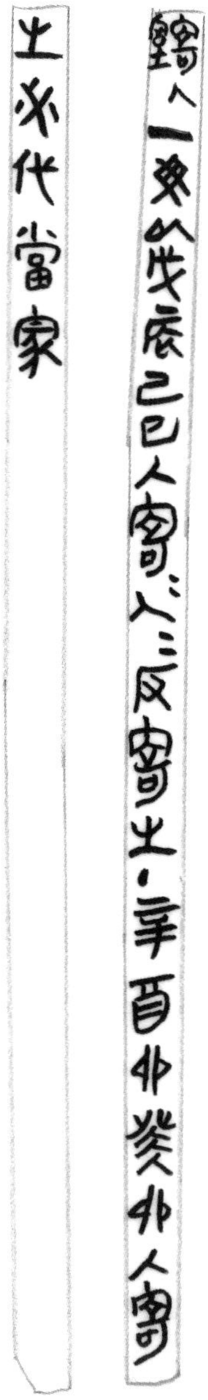

131

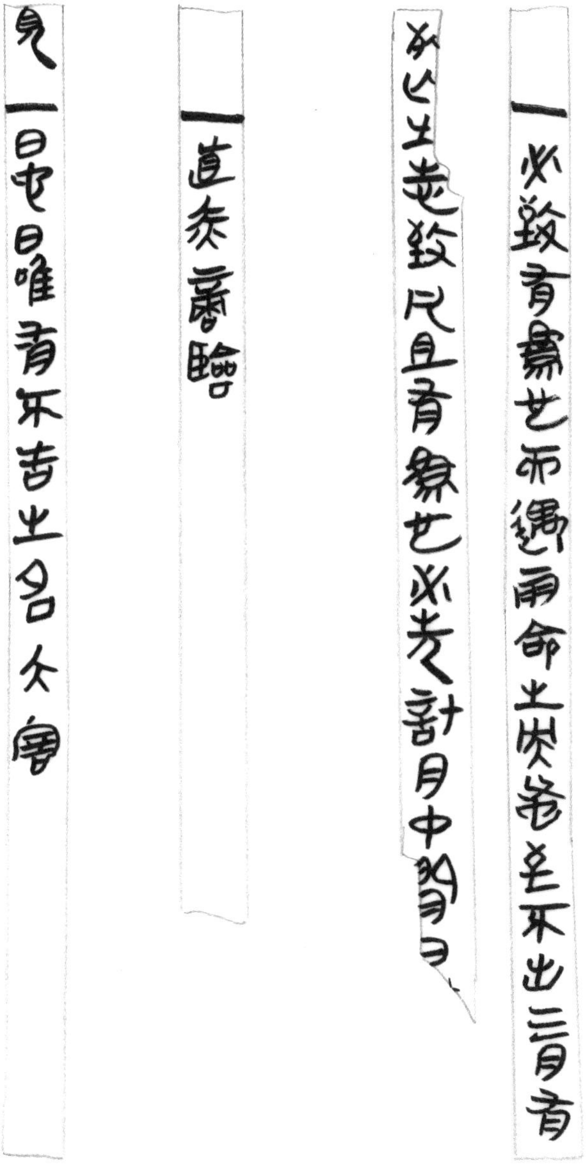

134 135 136 137

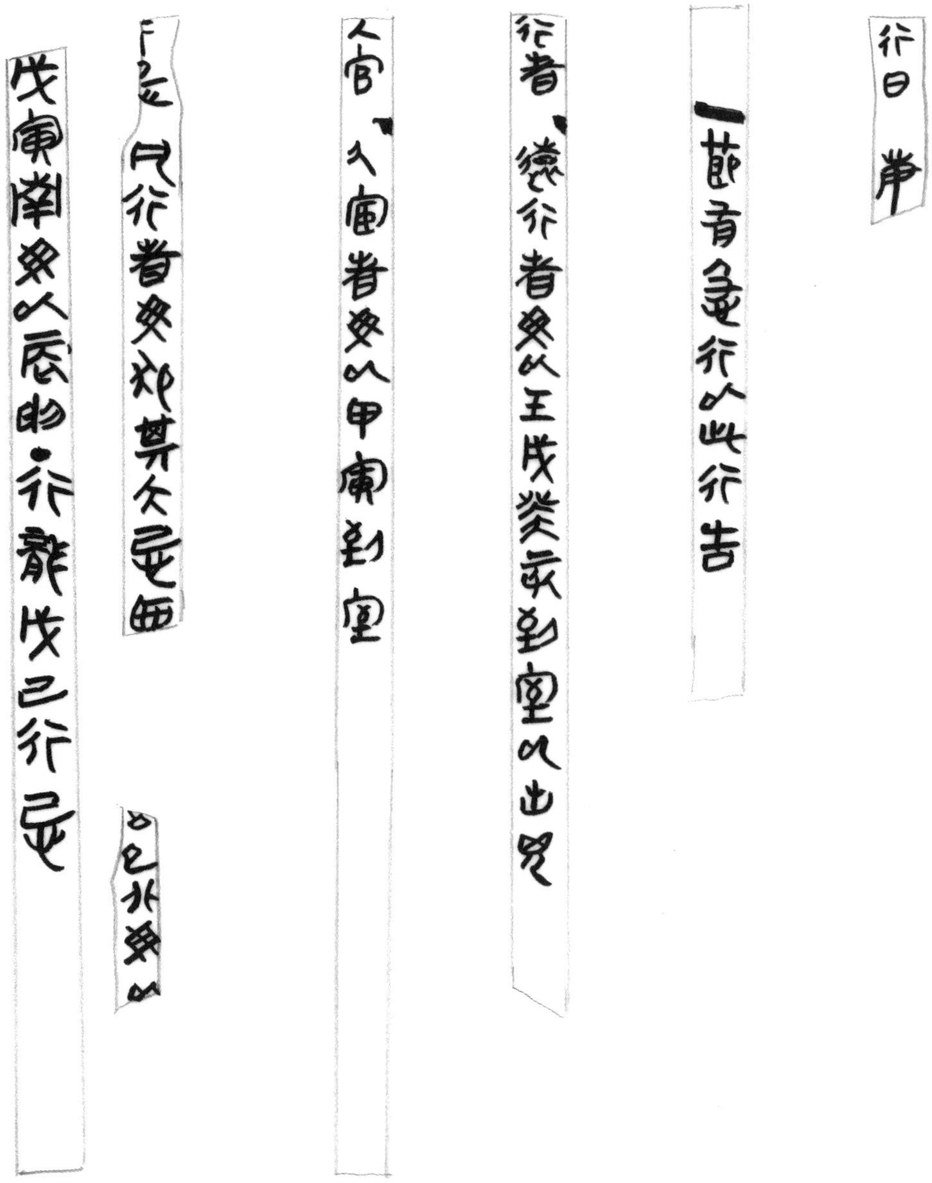

142　141　140　139　138

于行祠常行道吉丝

行祠｜祠常行甲辰甲申并物壬辰壬申吉﹒多以多千伐

王生

行祠｜行祠東行南祠遘在西水行祠遘吉其鵙日大常

行合三土皇而大象四席﹑於其後炎席三於其祝

145　144　143

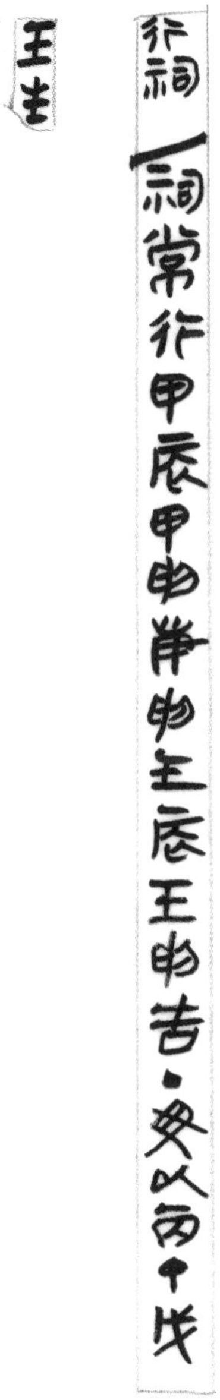

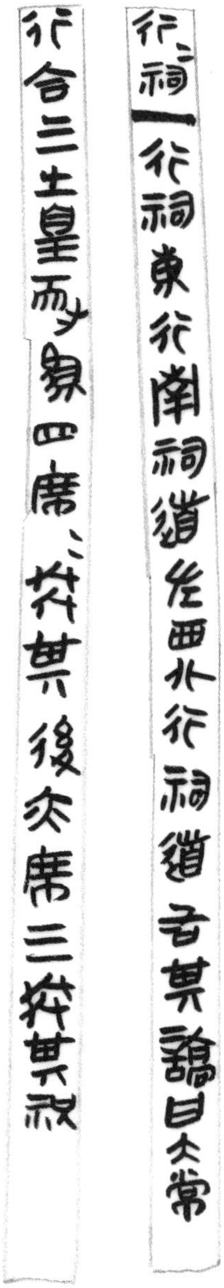

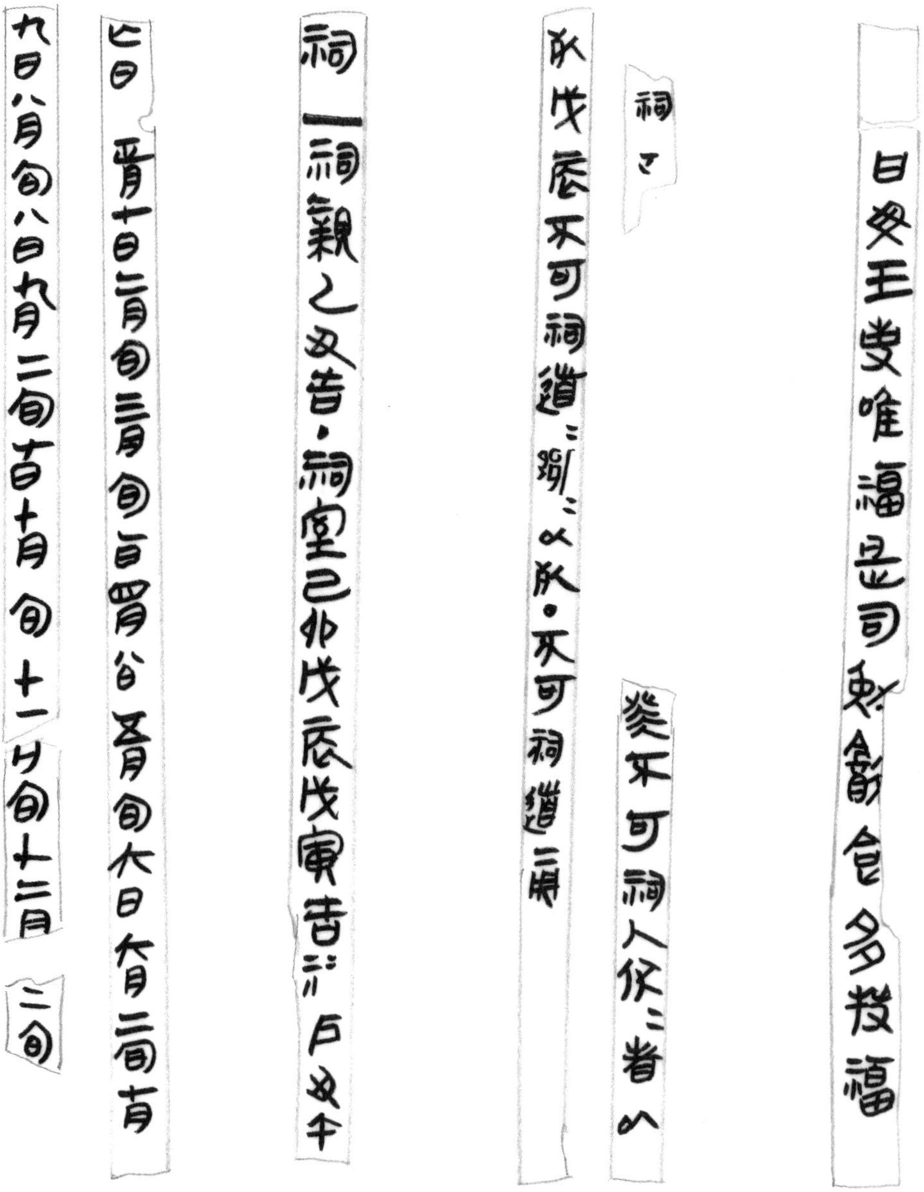

146 147 148 149

一 凡以此往亡必得不得必死

150

亡者 正月七日二月旬四日三月二日一日四月八日五月旬六日六月

二旬四日七月九日八月旬八日九月二旬七日

151

二旬凡是往亡……得必死

152

見人 正月甲午庚午甲戌三月己酉四月丙子五月甲午庚午

六月甲戌七月甲子八月庚辰九月辛卯十月壬午十二月

153

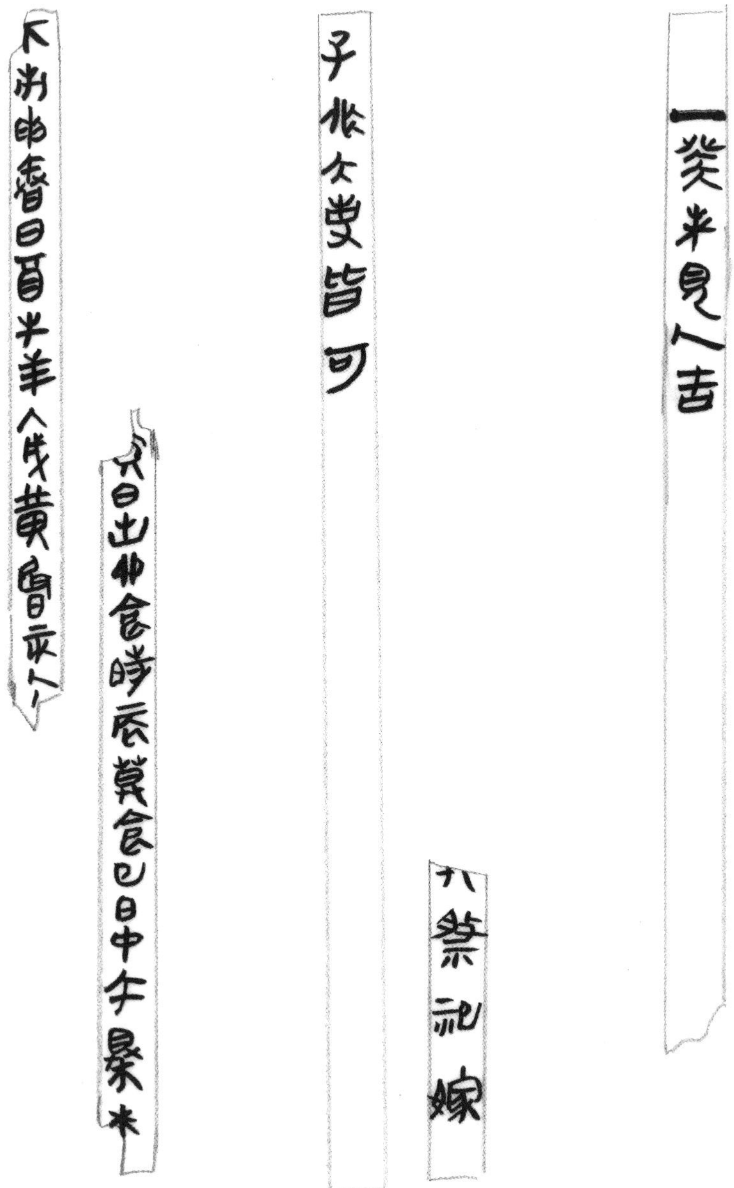

156 155 154

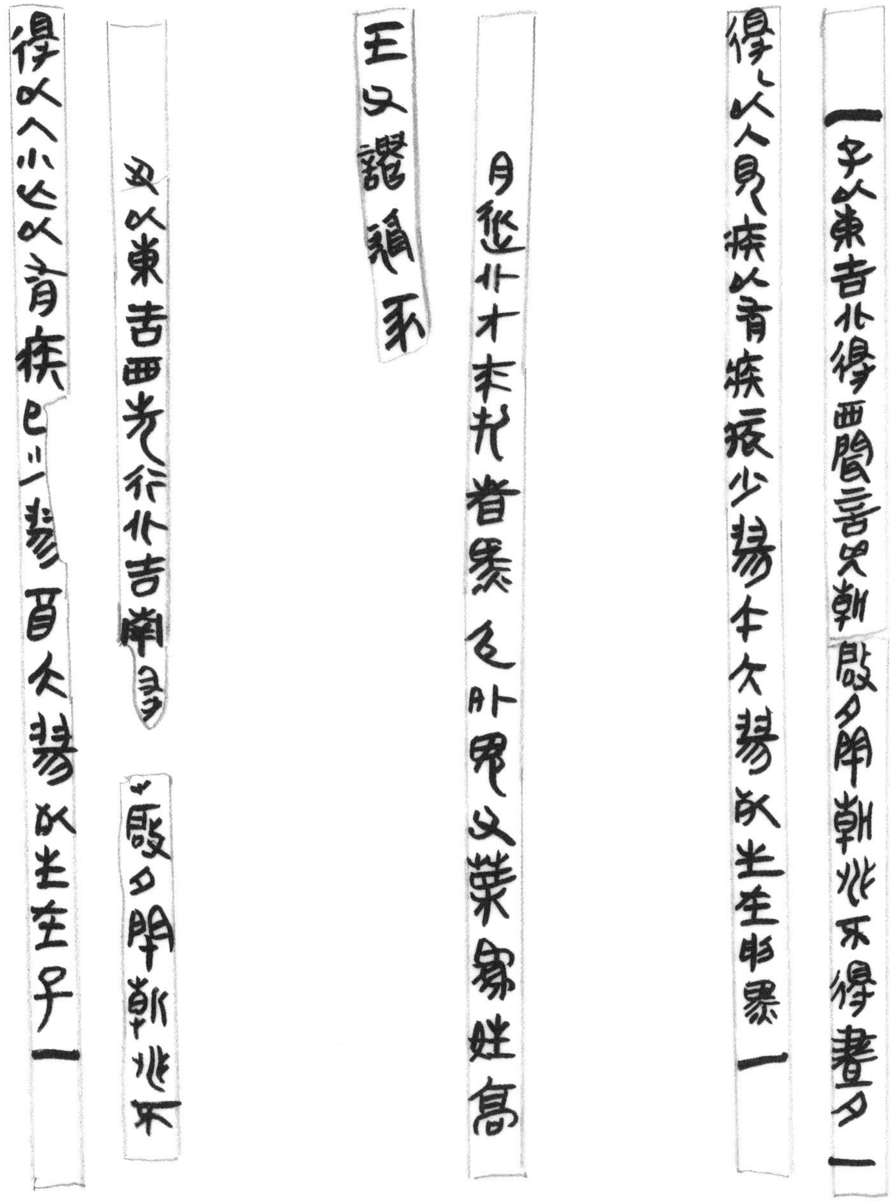

159AH79B 158 157

正身姓

牛市一

夕不得·以人吉以有疾全少昜出大昜永生

寅以東北吉西老行南得朝明夕殹朝北得晝

一晤月從東才未卜見身姓正灾身姓

162

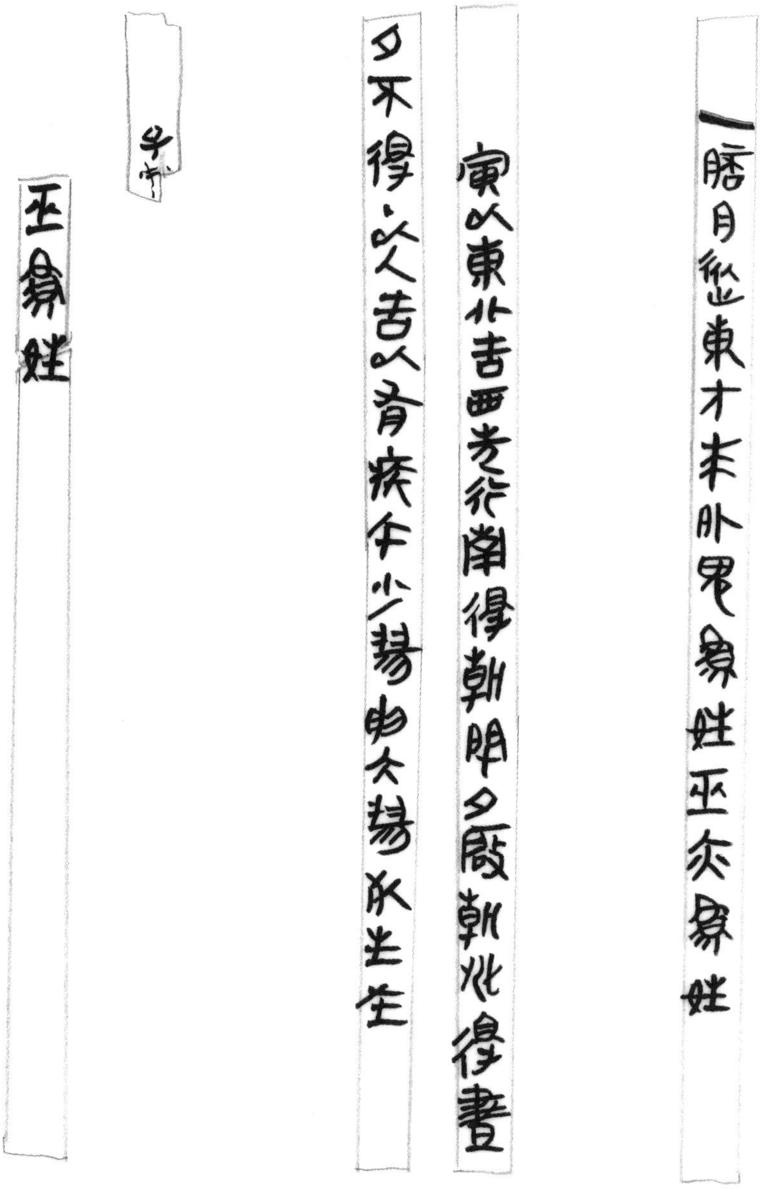

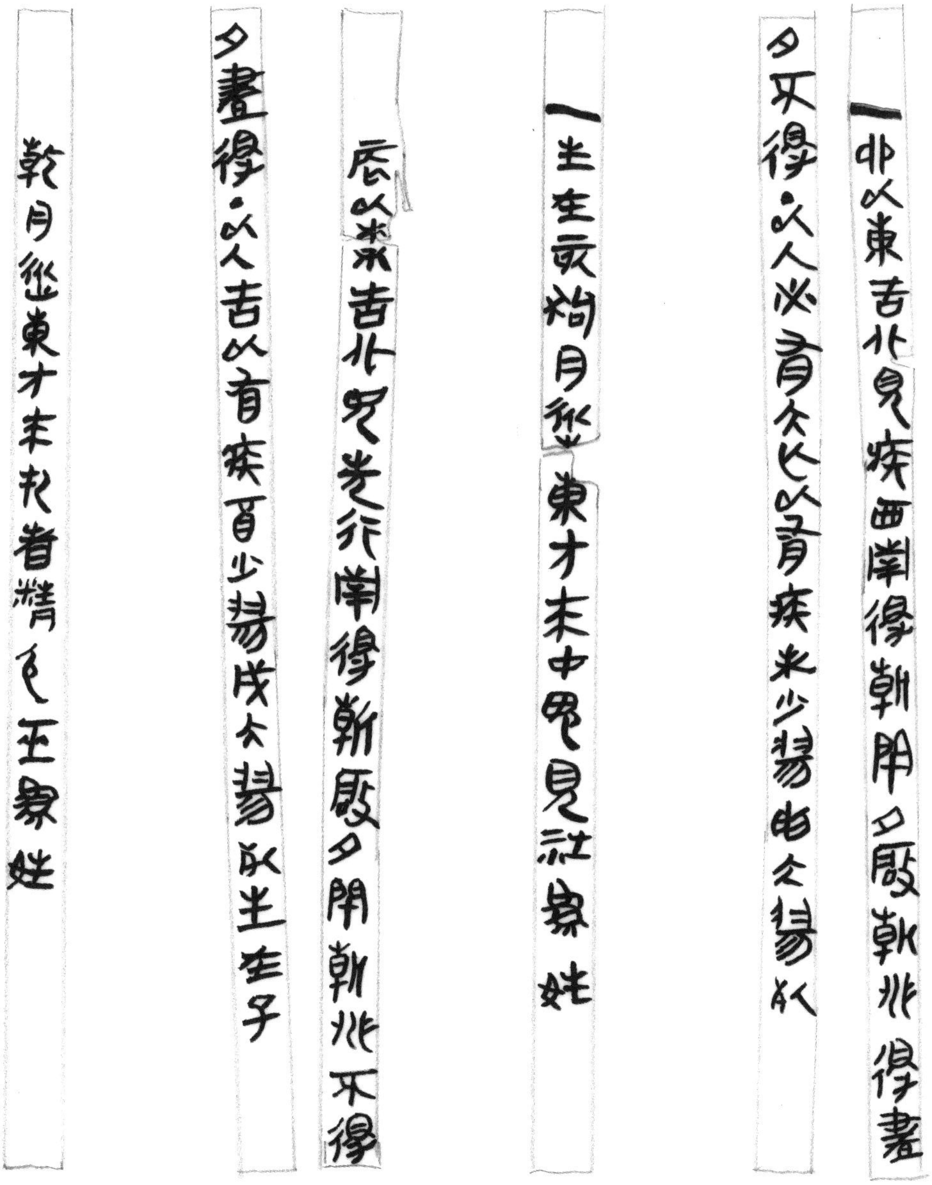

166　165　164　163

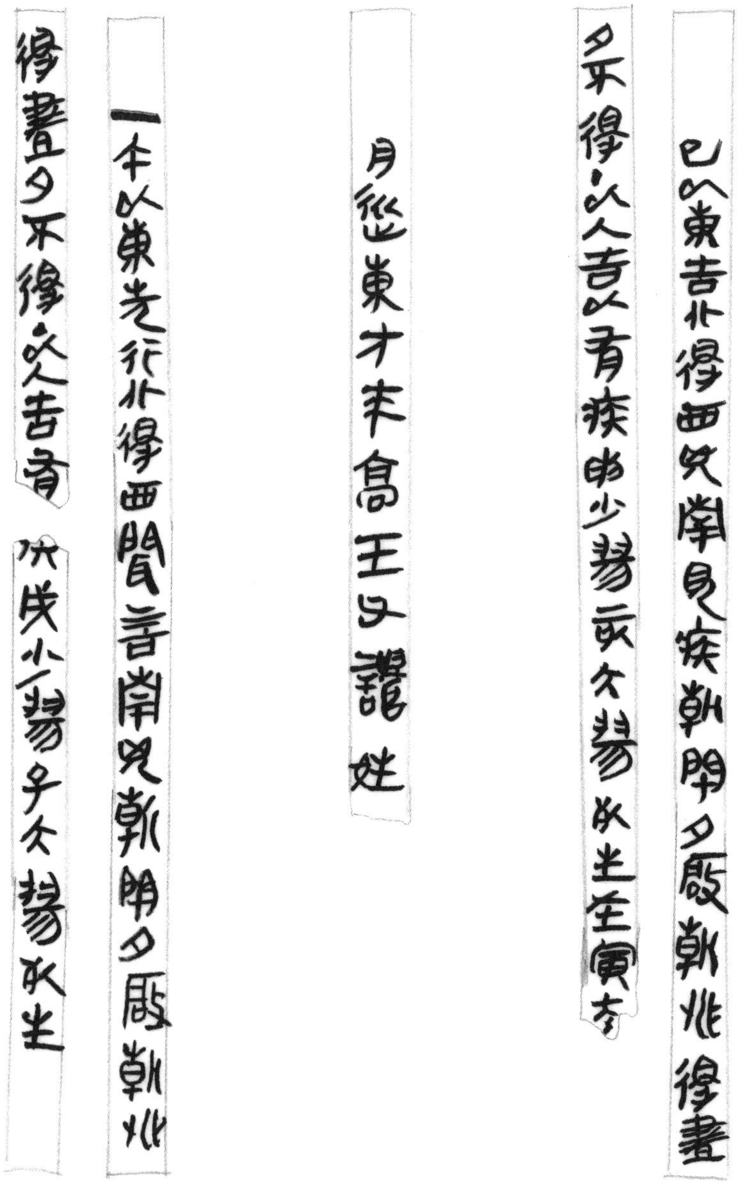

167　168　169A+175B

一烝闱才末光眷乇良業外厃祟姓

夕得公吉公育疾子少易邙久易

生左审

一米公東得水又西闱吉新殷多夕閅新水不得盡

姓

卒寅灸月烝闱才末光眷灸乇外鬼又某桑

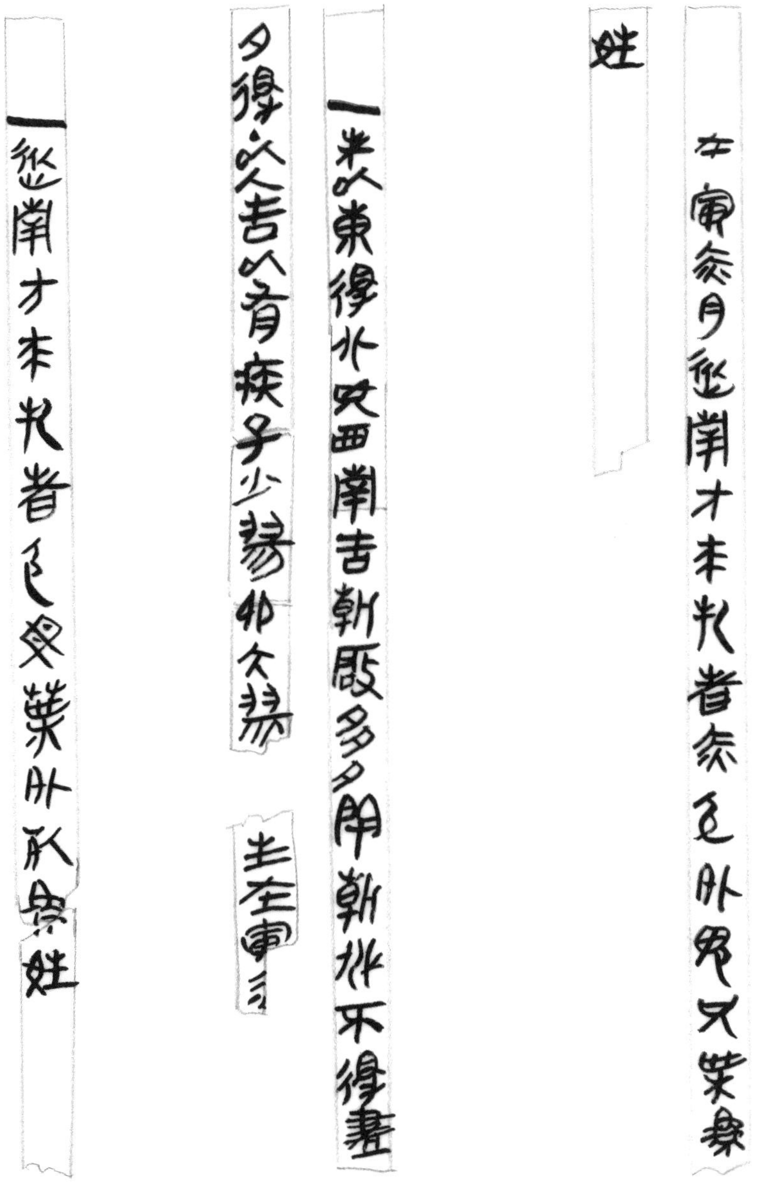

172　　171　　170

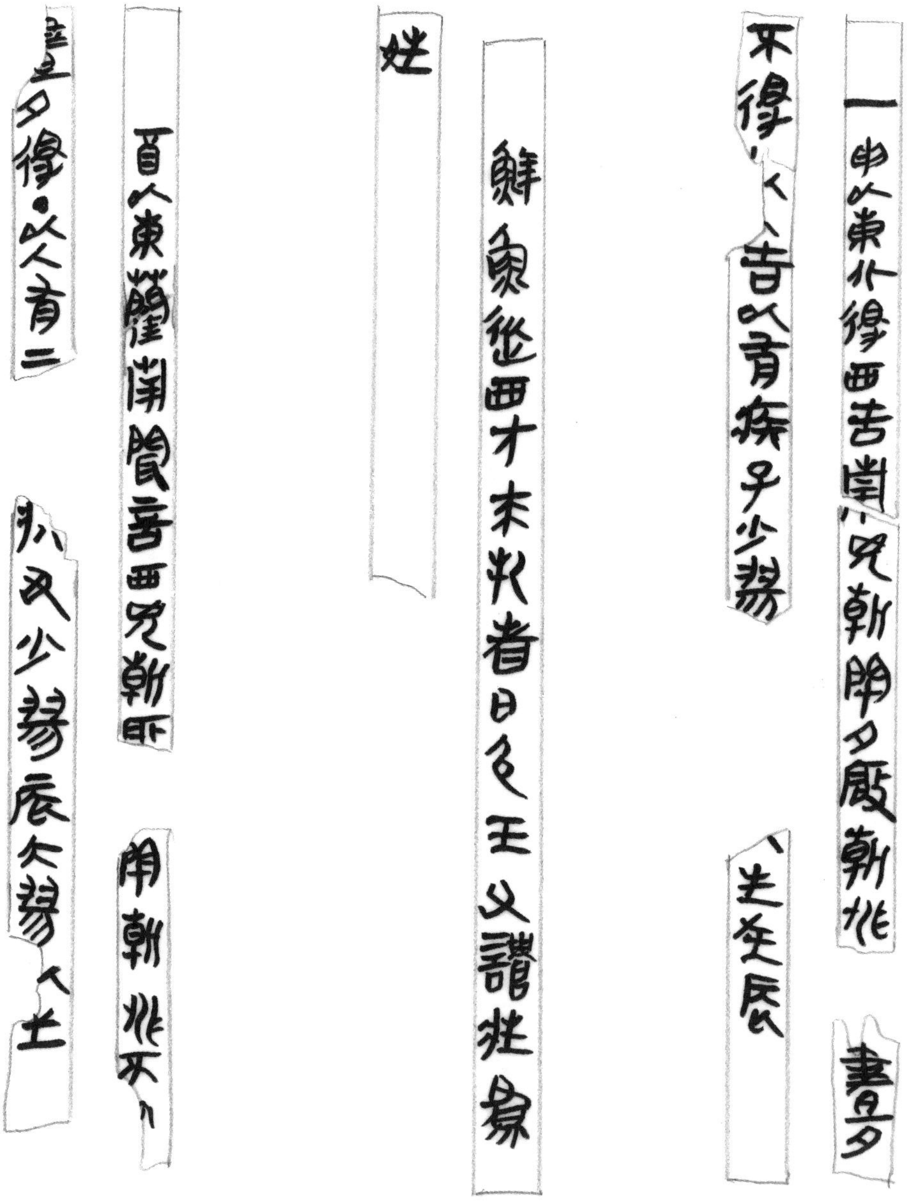

175A+169B　　174　　173

姓室鬼歗炖

一生半灸月卺北才末朴鬼又箕貝而歗正身

不得晝夕得人麗以青疾卍少易辰大易永

伐以東得西見兵全上吉南宄乾殴夕甲乾北

176　177

一生在百鮮兔歗田才末枋者日冬高王又

家姓垫仓象

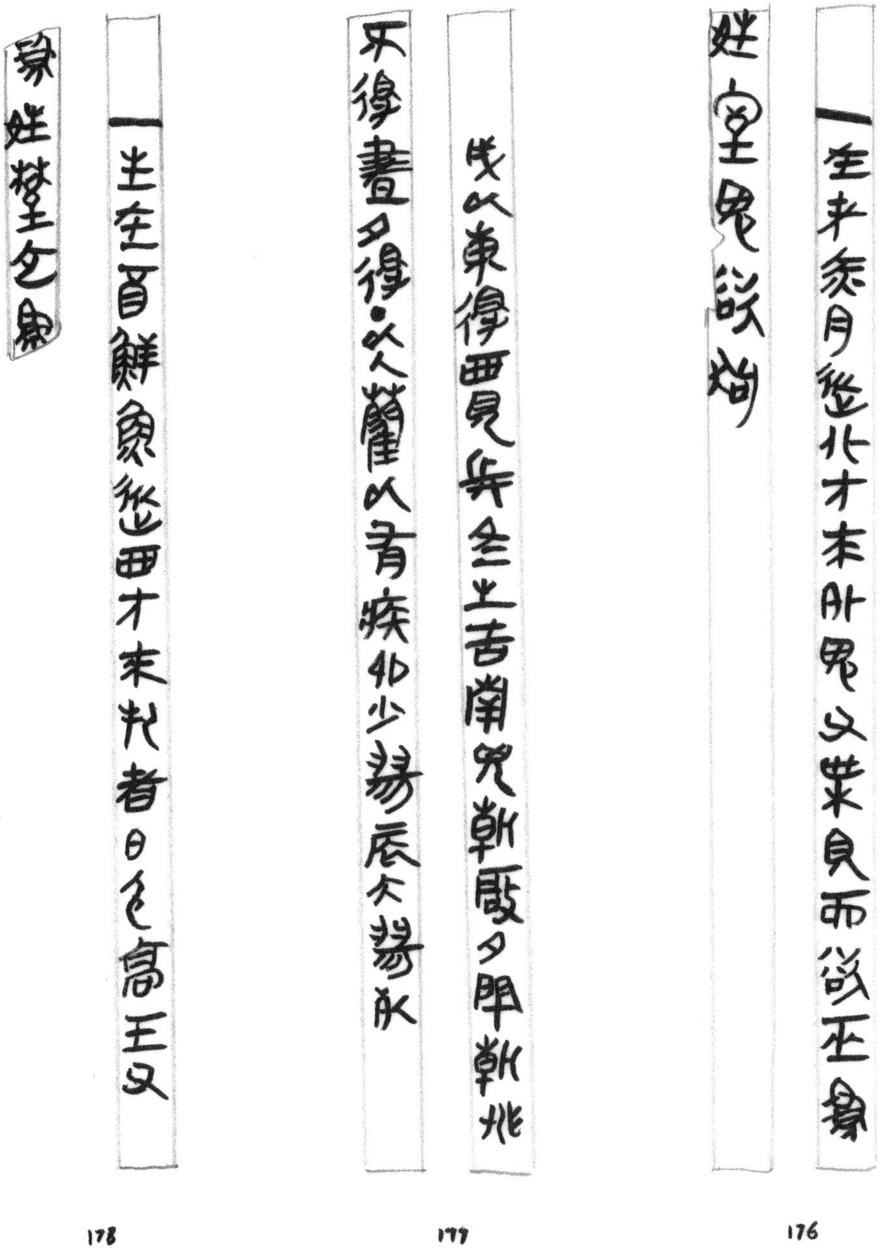

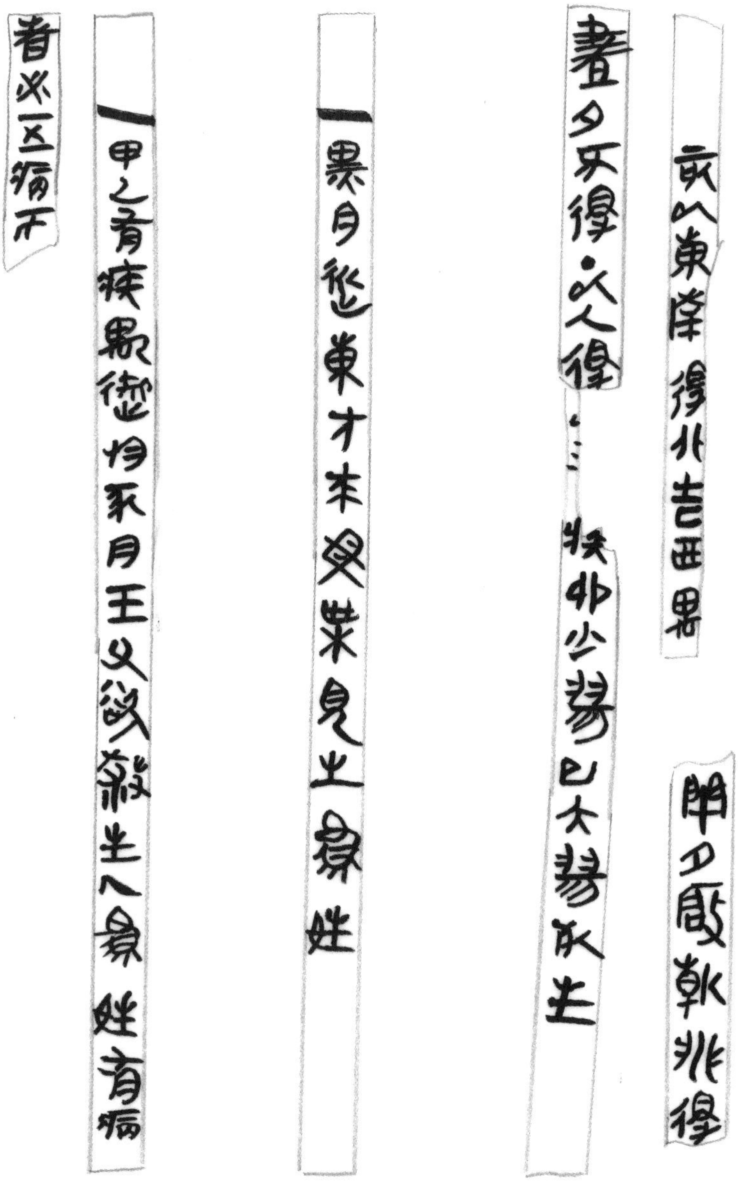

181　180　179A+159B

有閒不閒放煩一

七匕

有疾

丙午有疾王又鼻姓得枲月雚華肙冉羊丙王脅

斿乃日

閒之七匕

戉己有疾王又鼻姓

煑其鋻

娑酥煩乃歲皆生閑才其人枲乃

耿从日

雪中歲生西人黄乃放土日

184　　　　　　183　　　　　　182

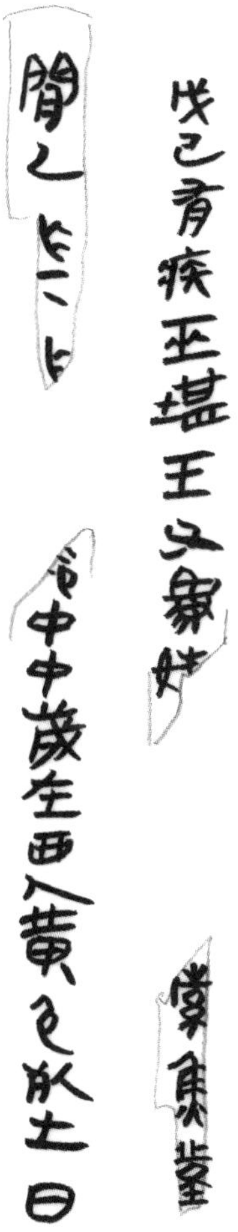

185 186 187

凡百千巳寅人間病者火代病

國宅曰己丑翕國庚長阤土人癸丑少者

人甲乙臂被暴塞危寂喜人巛中之谷

是亡此阤土其吉日戊寅戊辰戊戌戊申

臂丙丁臂

喜亡火金得也

人炎魚屏國火富

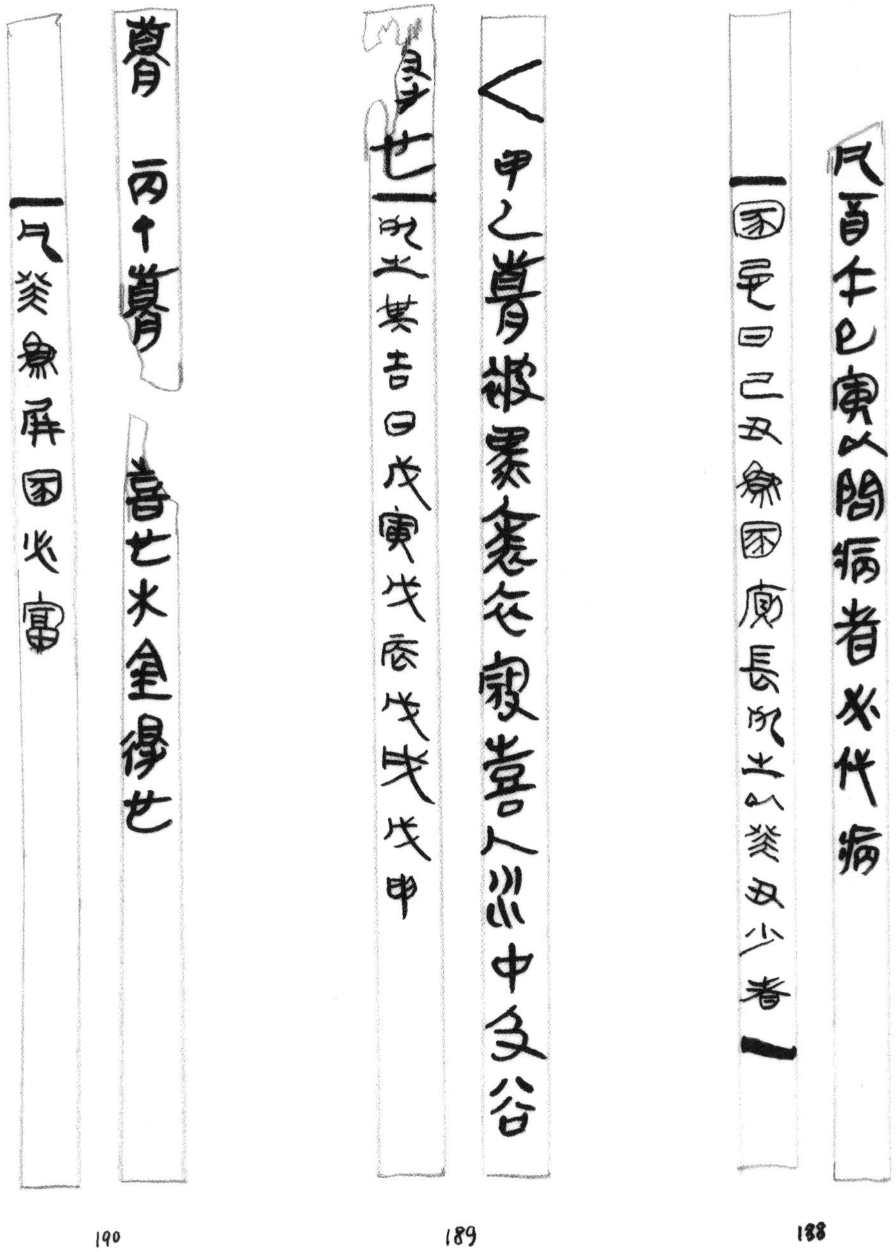

王炎貞曰喜亡金得也

一凡百巳寅辛未辛卯間病者代亡

辛卯壬午不可寧人反寧也

貞貞黑喜亡米泉得也

辰不可入柴穿棟豆貞二誰不可卜筆象屋

代之貞黑吉得喜也

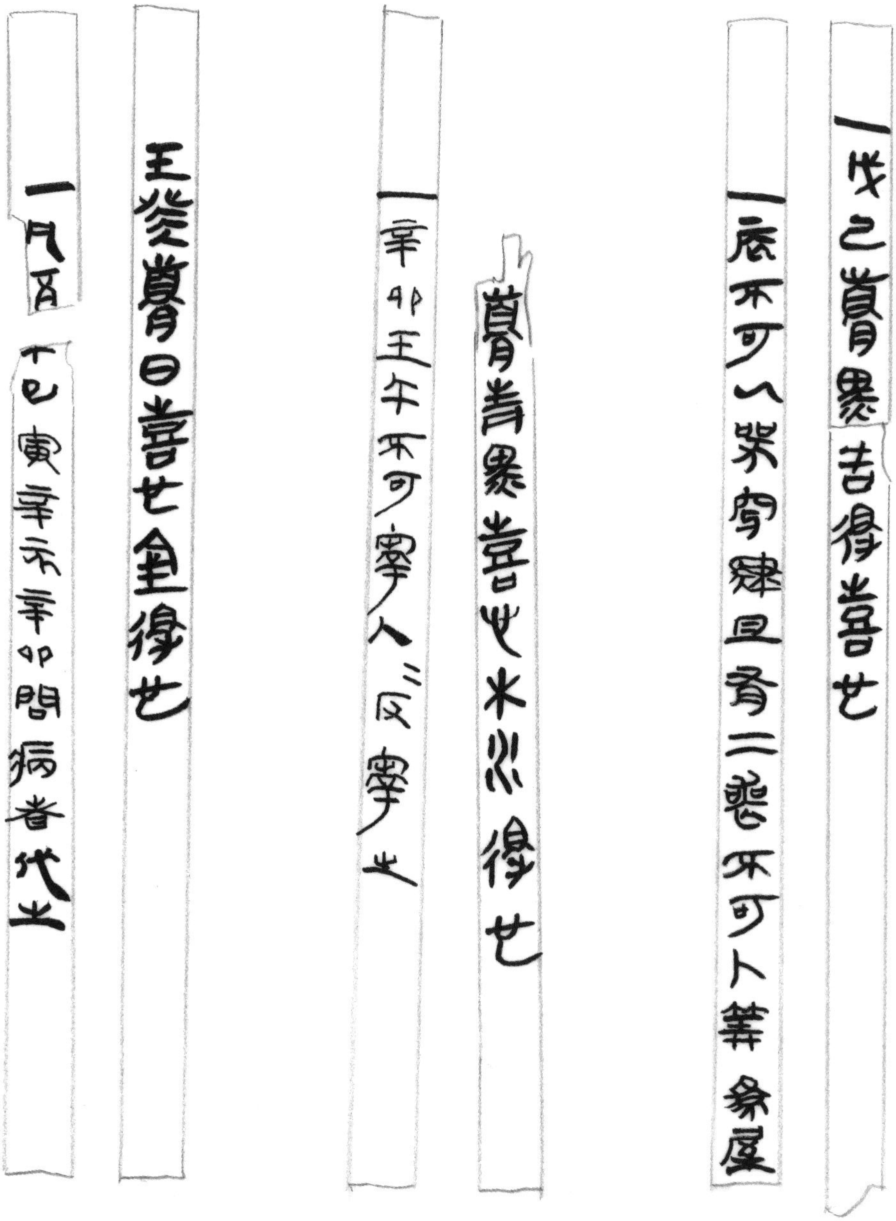

193 192 191

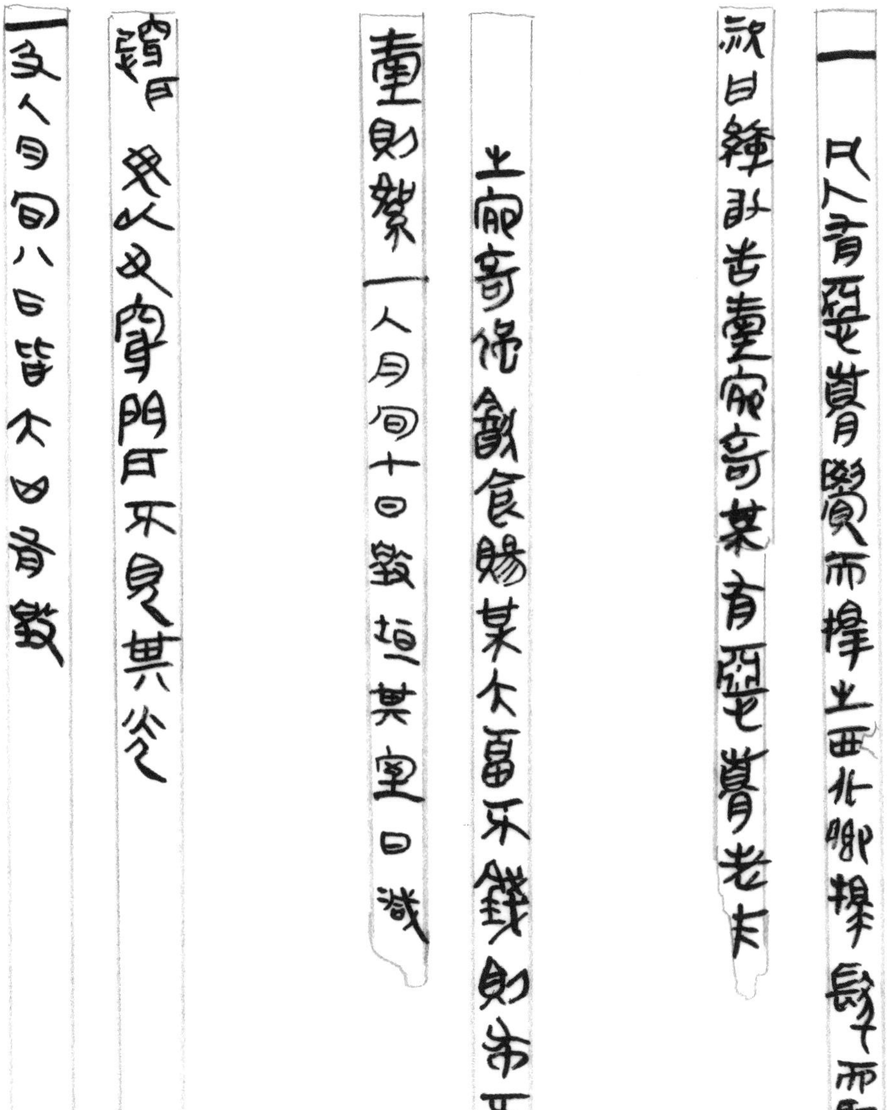

194 195 196

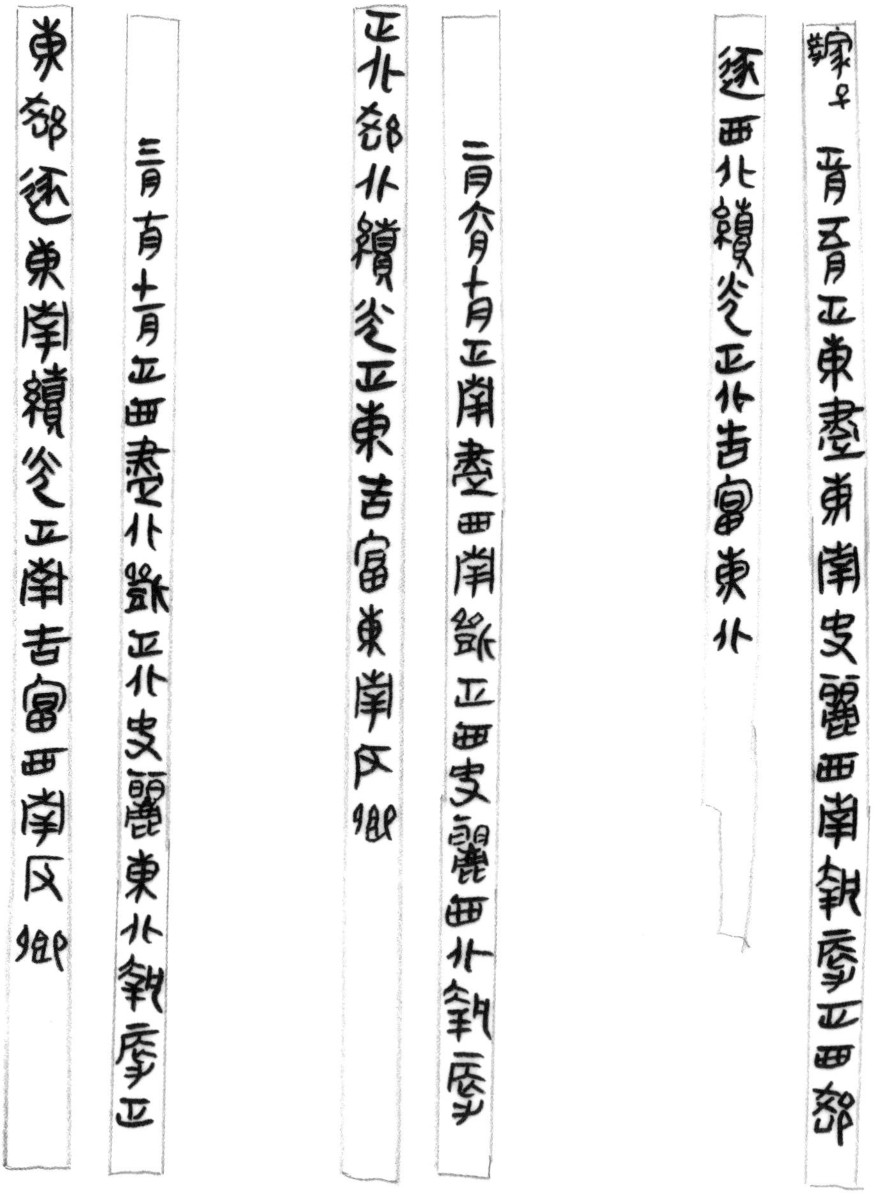

199　198　197

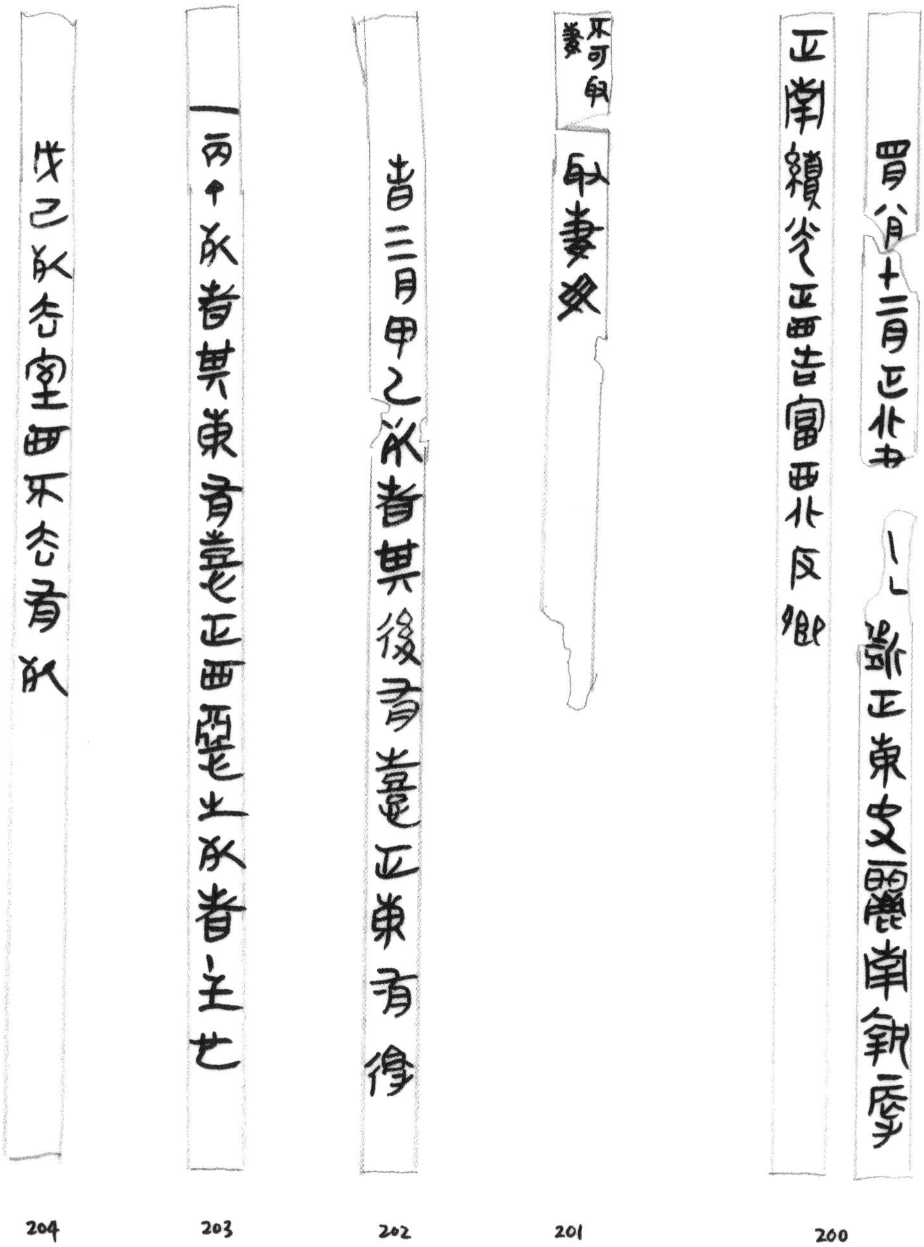
不可取妻
取妻多
吉二月甲乙死者其後有憙正東有得
204
203
202
201
200

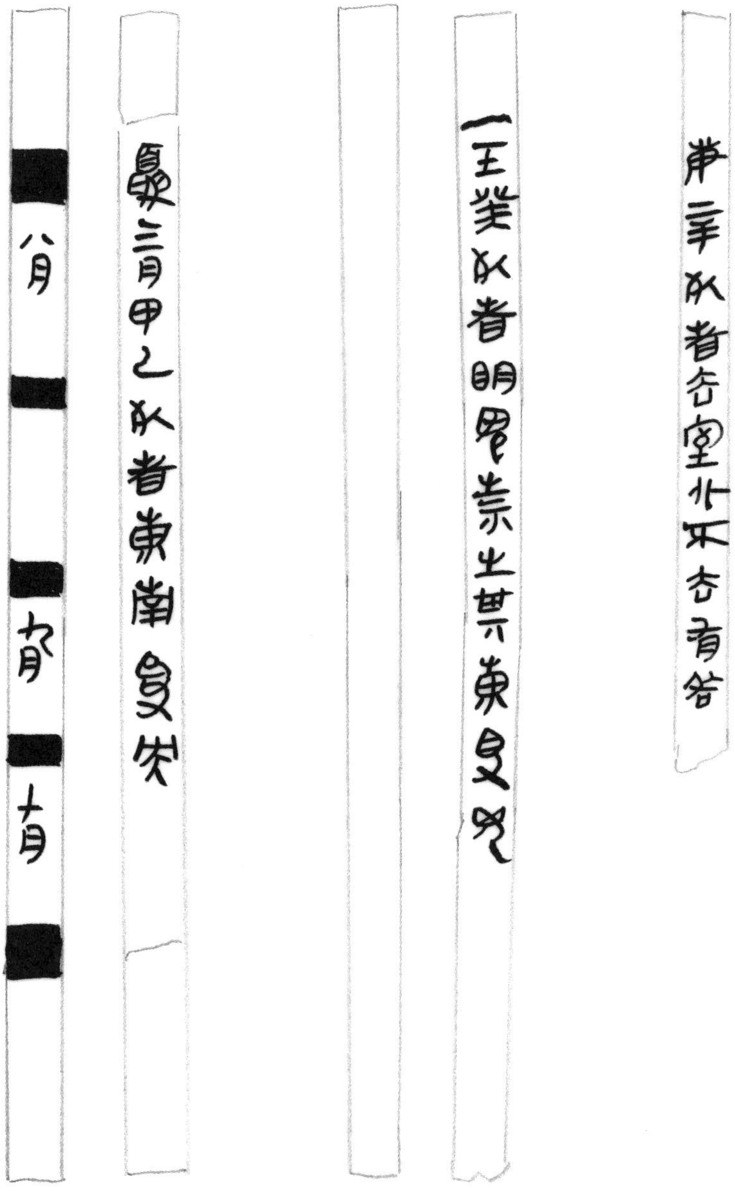

207 206 205

208

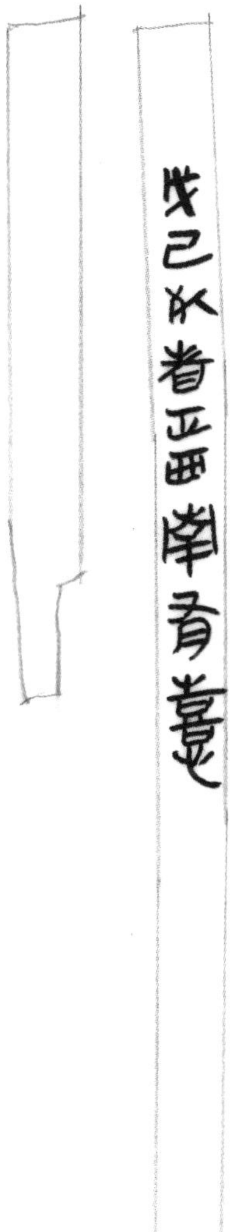

209

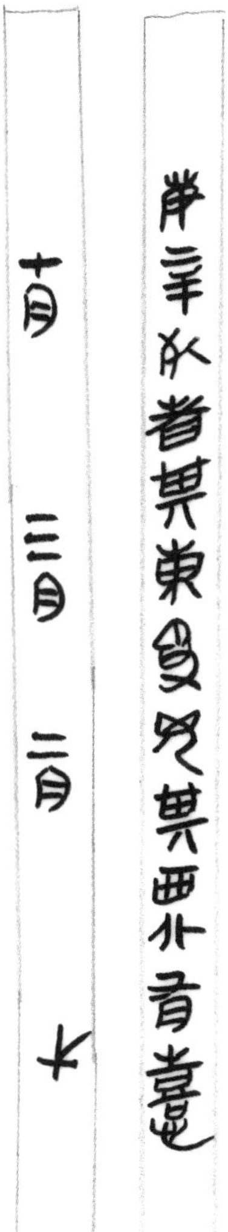

210

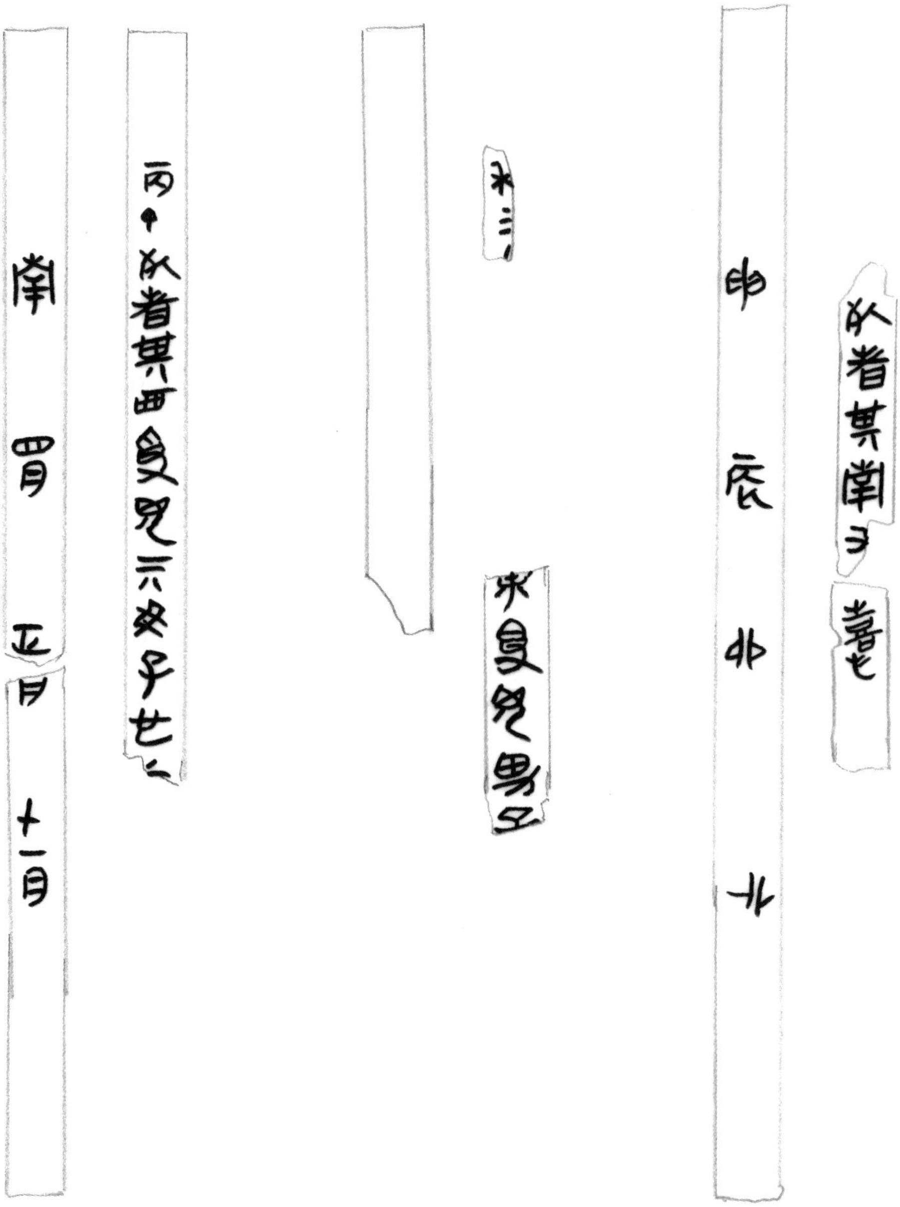

213　212　211

王癸卜者明鬼業土其東复兒

六月　五月　十　二月

帯辛卜者其東外复兒正外有壴

戊己卜者青

才　己　寅　子

216　　　215　　　214

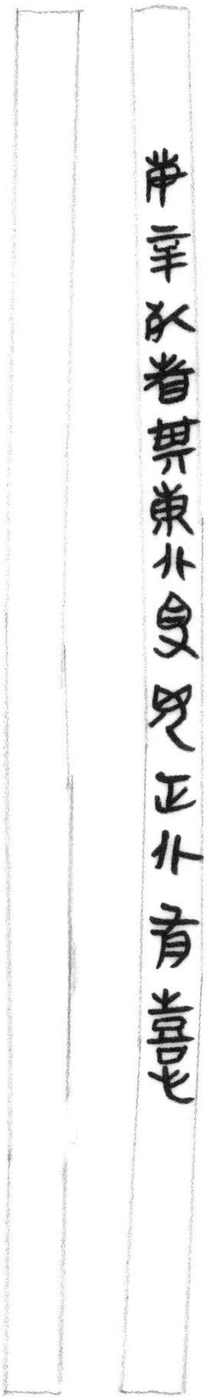

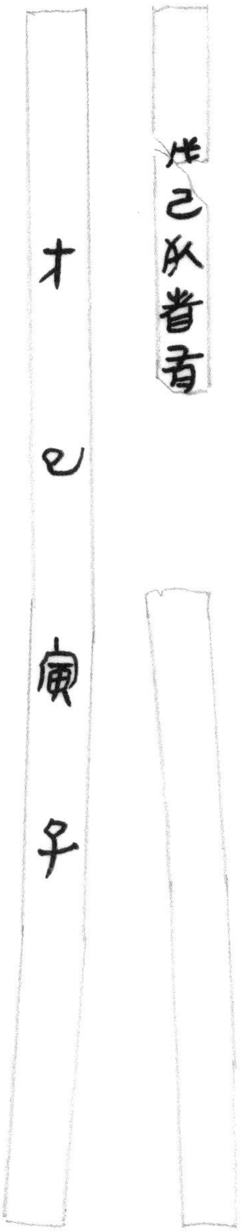

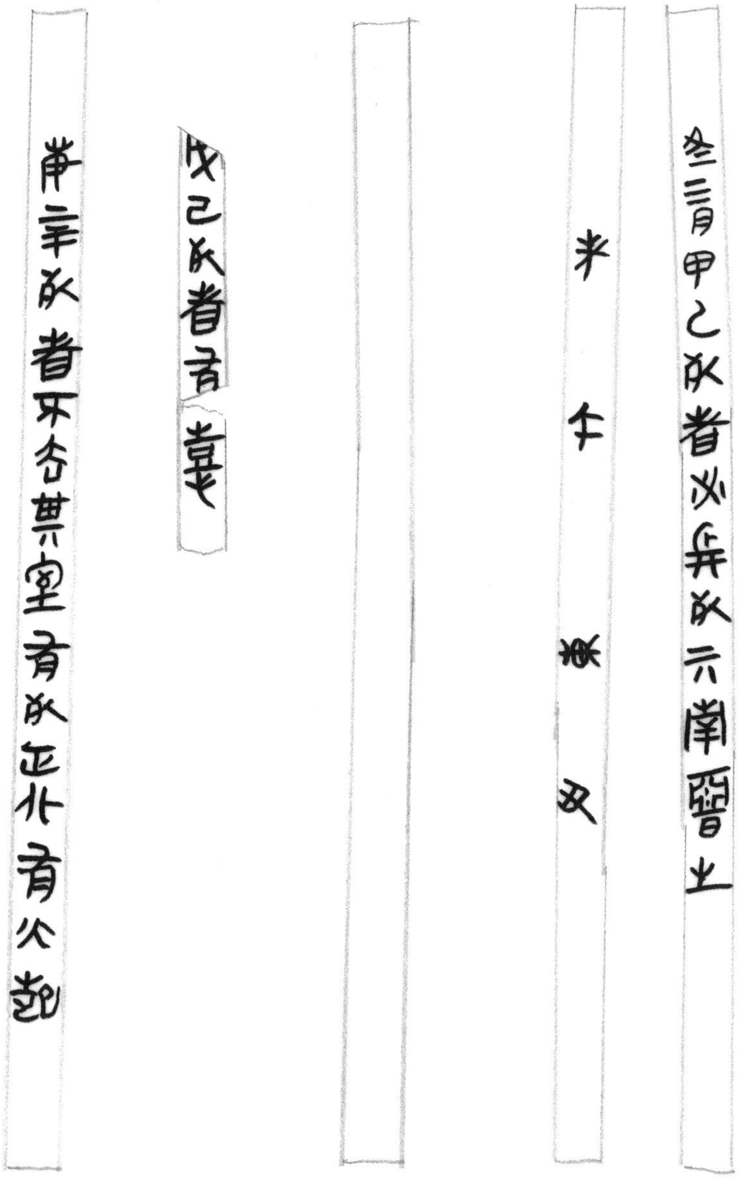

220 219 218 217

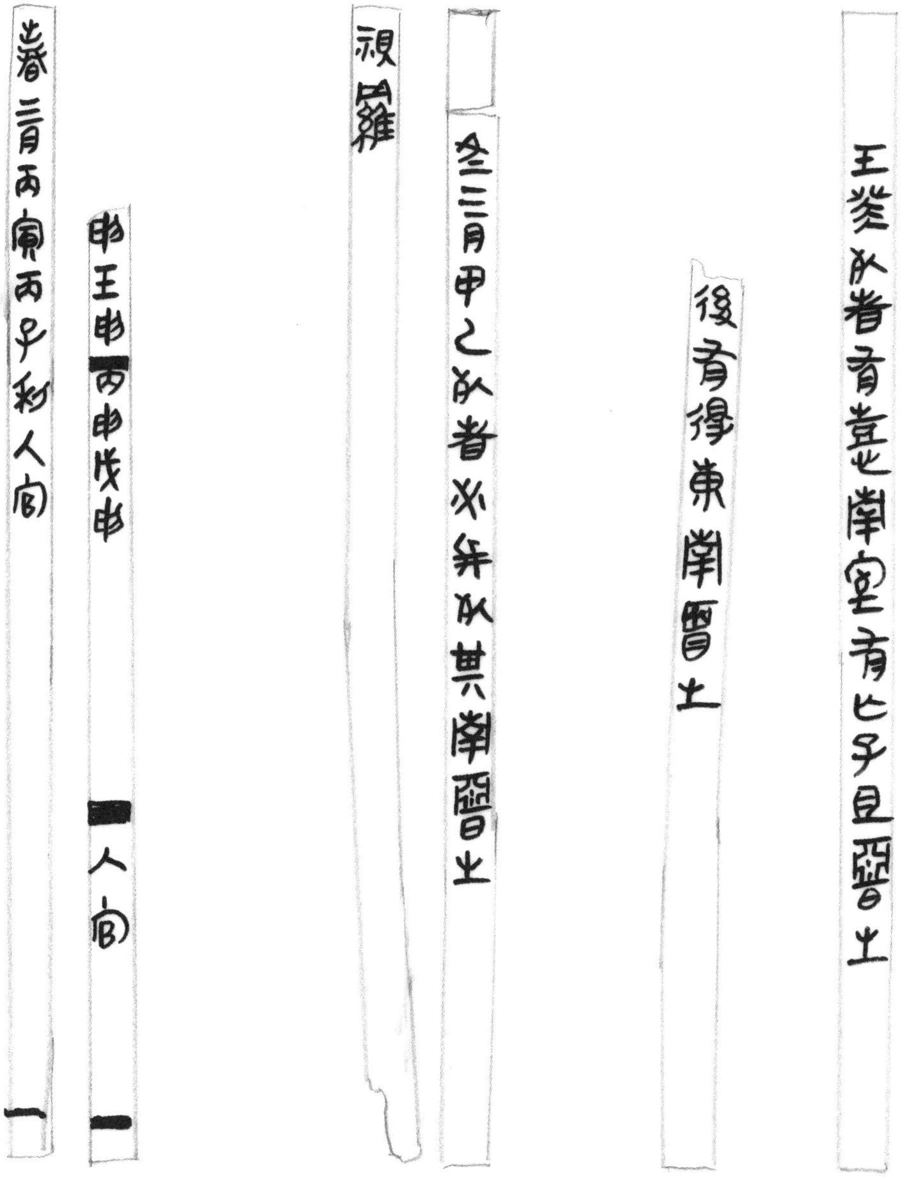

224　223　222　221

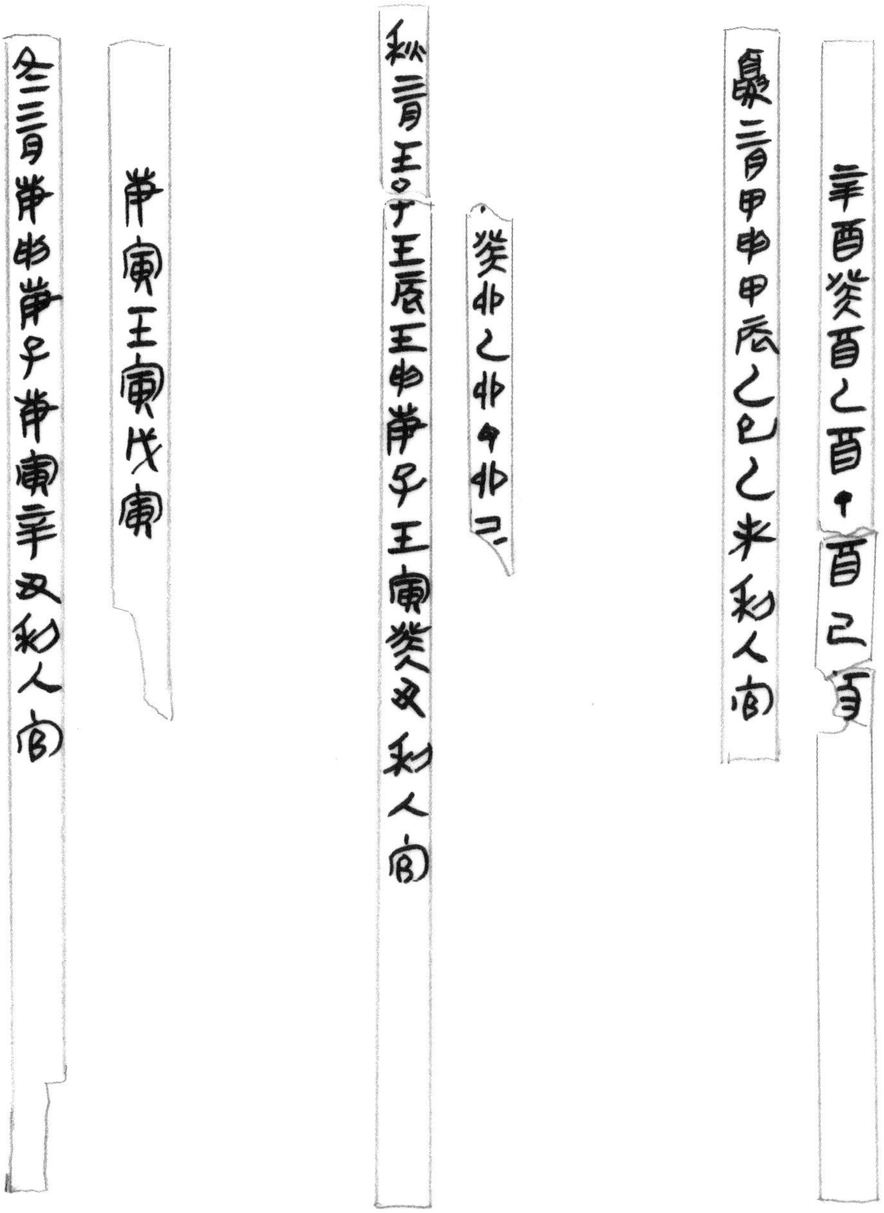

227　226　225

228

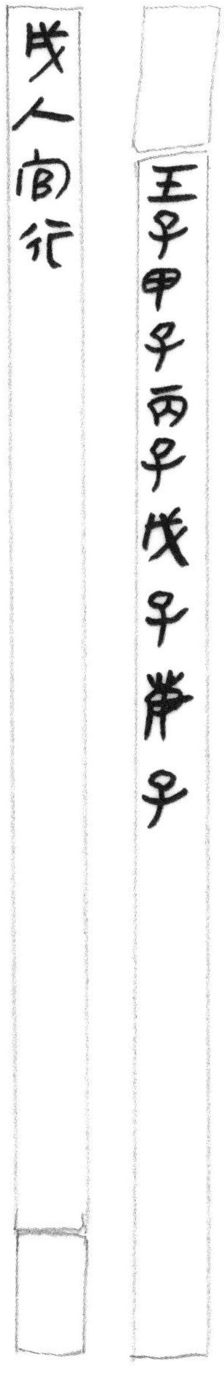

229

230

中人宙兒

清旦食時日貶莫夕

百人宙育皇

中人宙不嗣而徙

笑气之气羊气

233

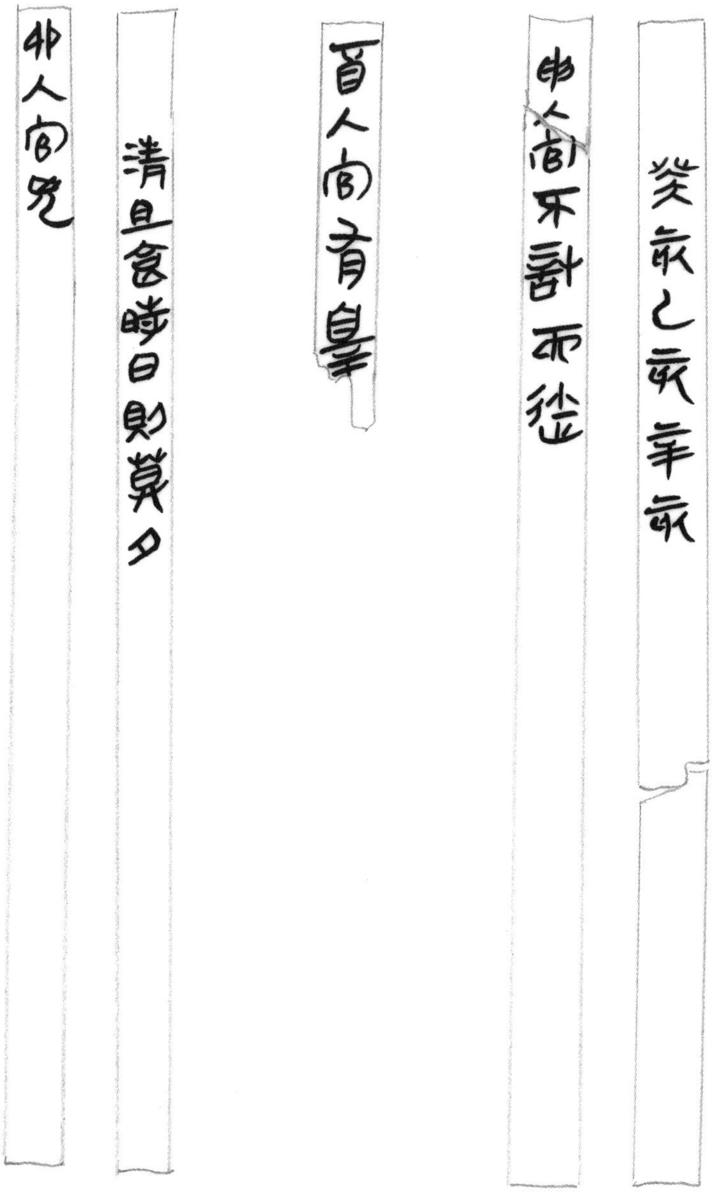

甲寅乙亥乙巳皆可見人•甲午乙亥是音也殄

戊戌庚戌壬戌甲戌丙戌

236

未辰午人向寡而合

癸未丁未己未辛未

235

寅巳人向吉

己辛巳癸巳乙巳丁巳

234

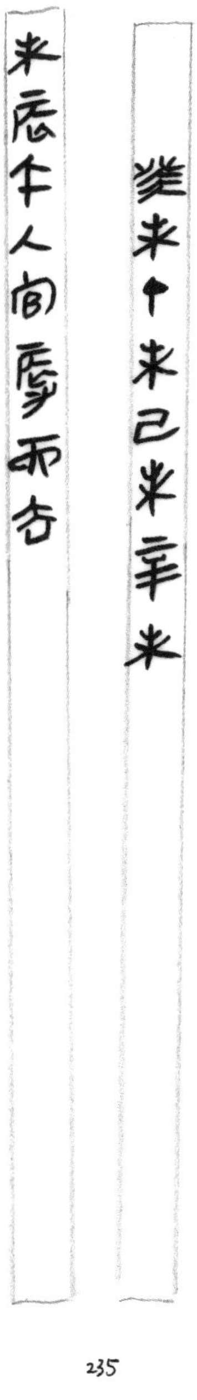

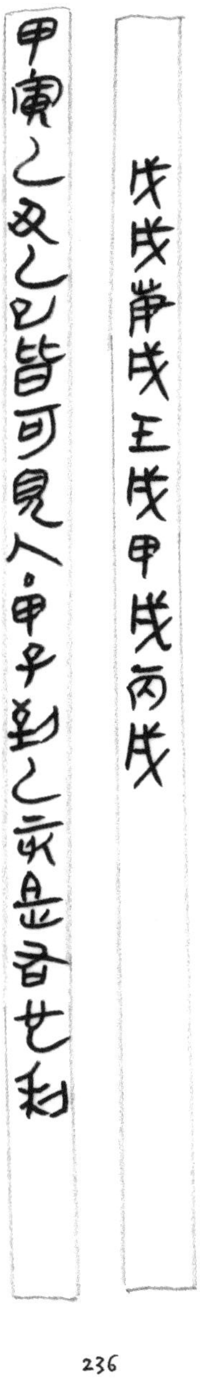

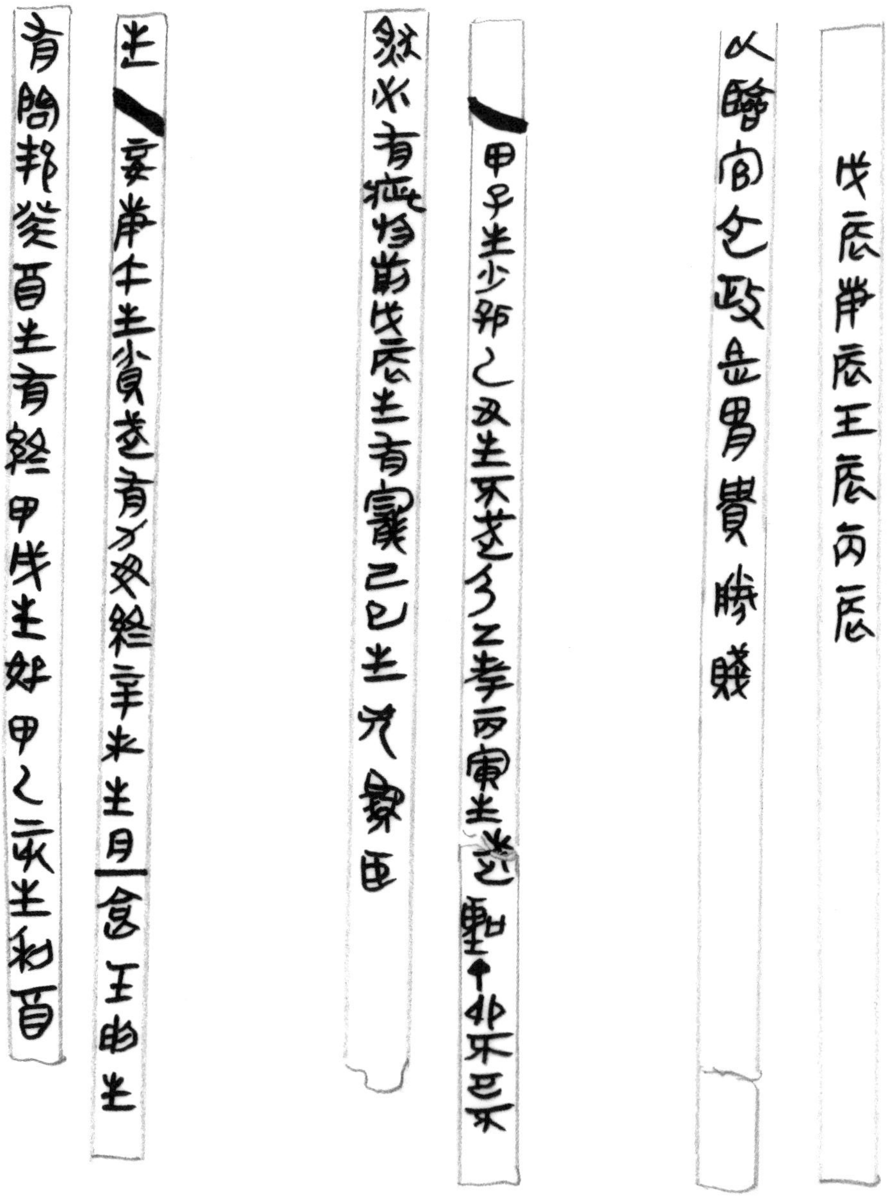

239　238　237

240

241

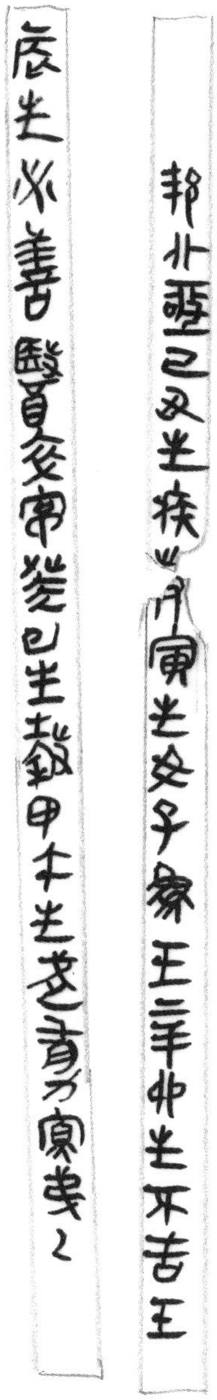

242

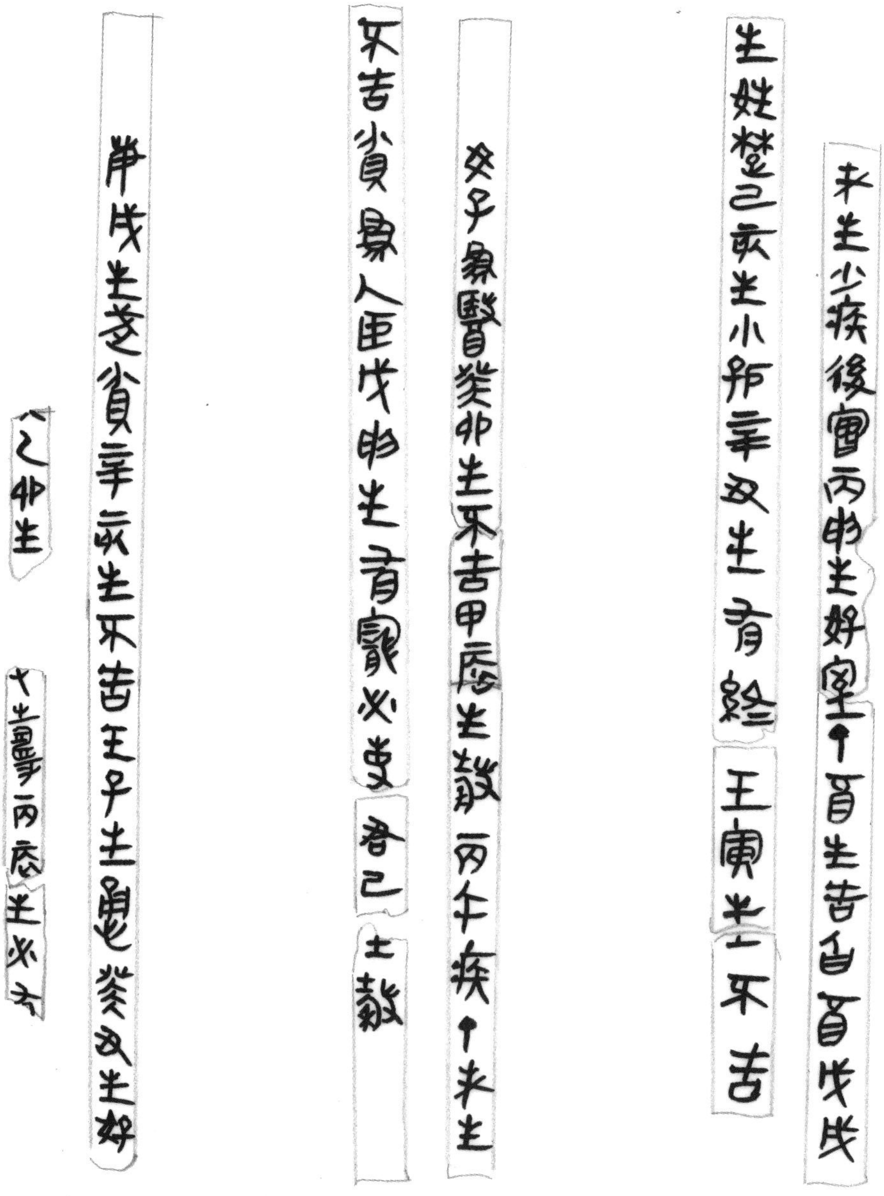

245 244 243

246

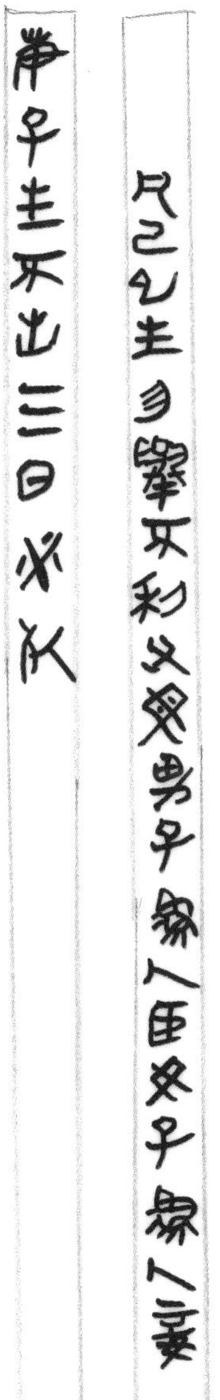

247

248

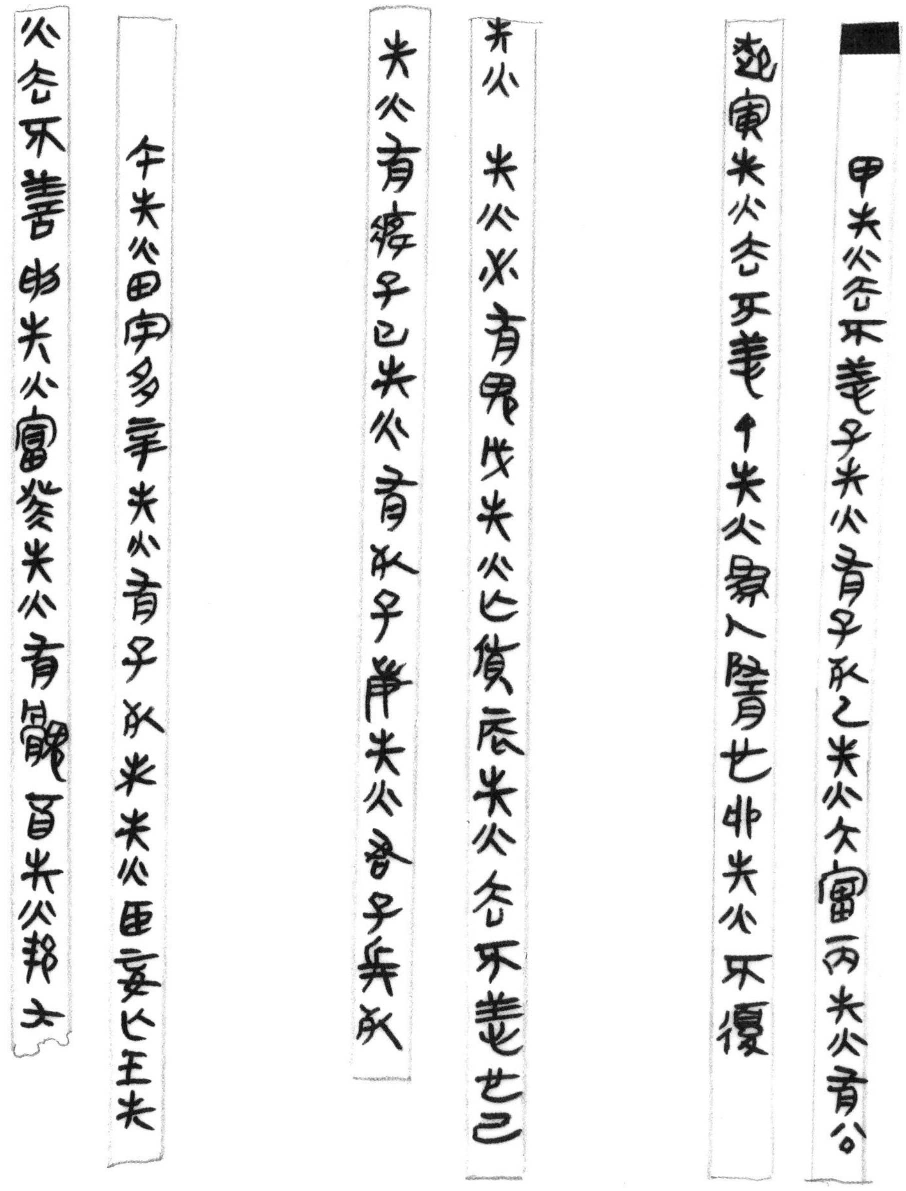

251　250　249

252

253

254

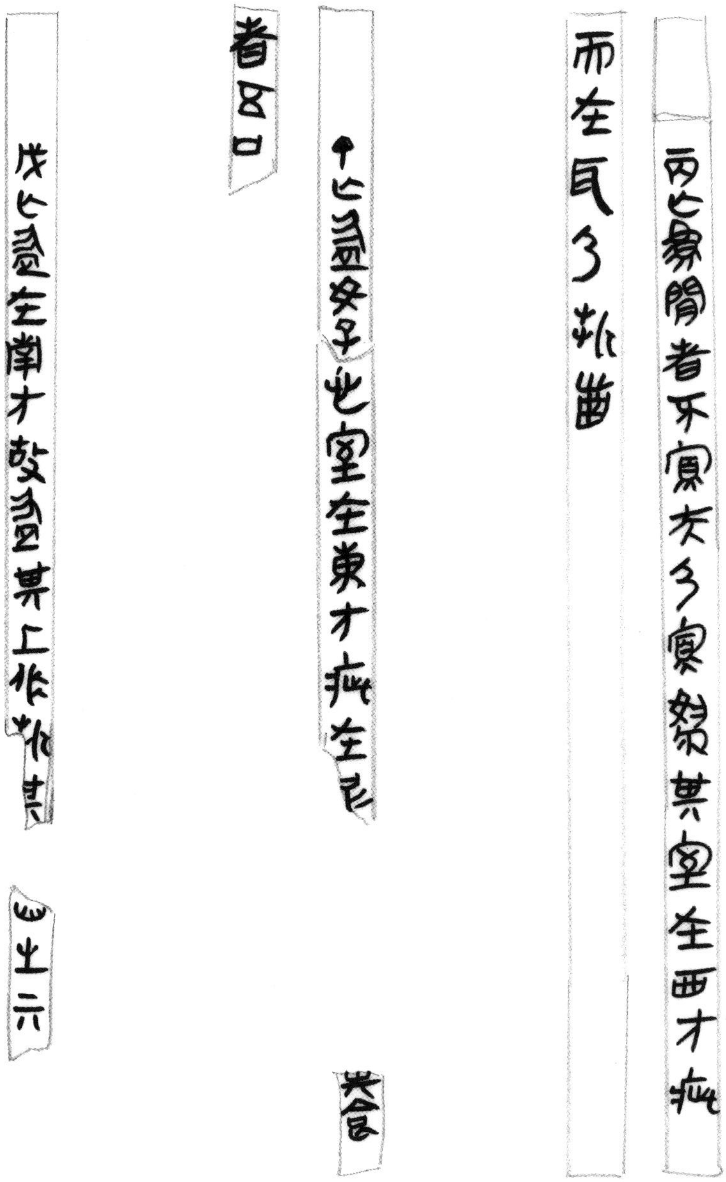

257　256　255

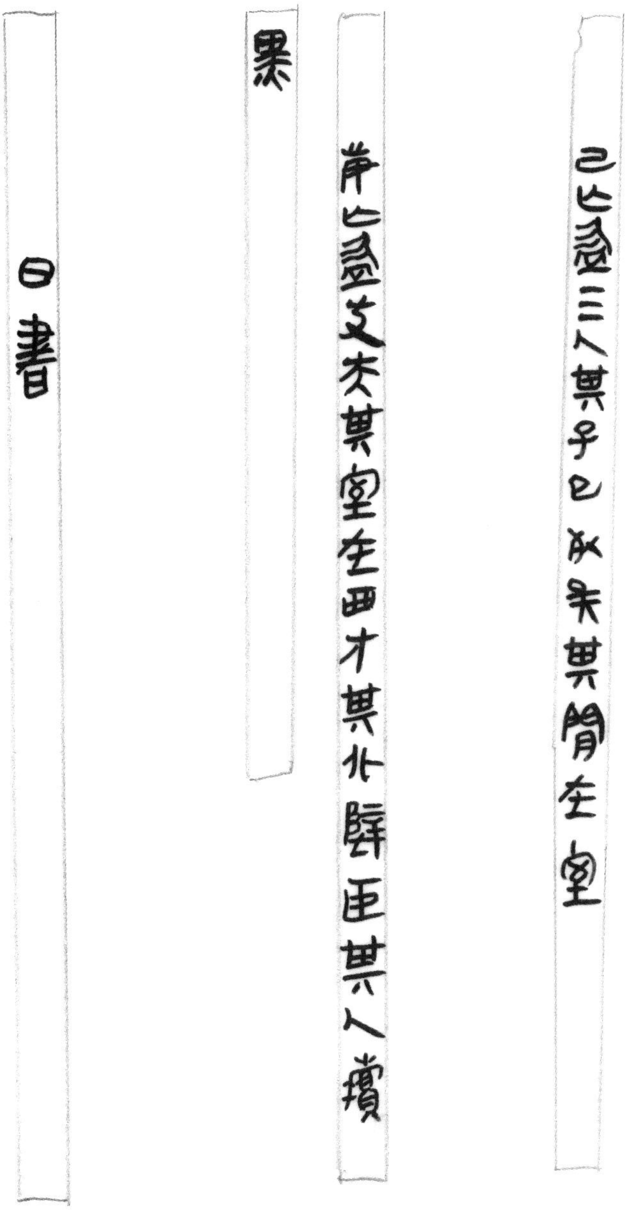

259反　259　258

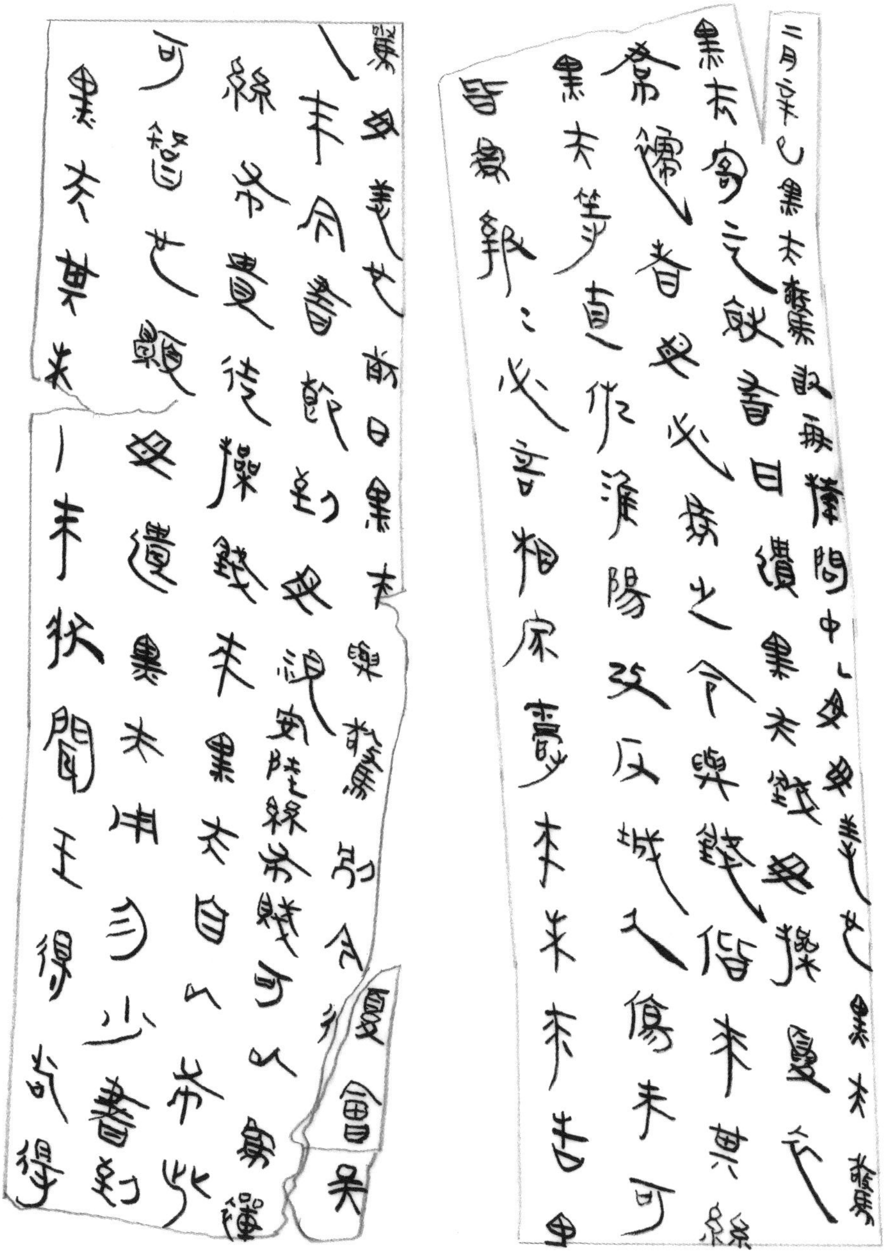

11

安善也 辟相家壹不也昔今之甫
鼻棗未莪馬多閉姑姊柬樂李賓故微長姑外
鼻棗未莪多閉柬賓夏爰古得安善也
鼻棗未莪多問嬰記李雙可如宙不宙
蓁多問新賓嬰得安善也 新賓彩方視瞻支入安樂

軍安
內 王得不也
安善也 安善也

善也
安嬰 線皆安善也安錢用今羊
亙柏未皆眛尚 新賓彩方走

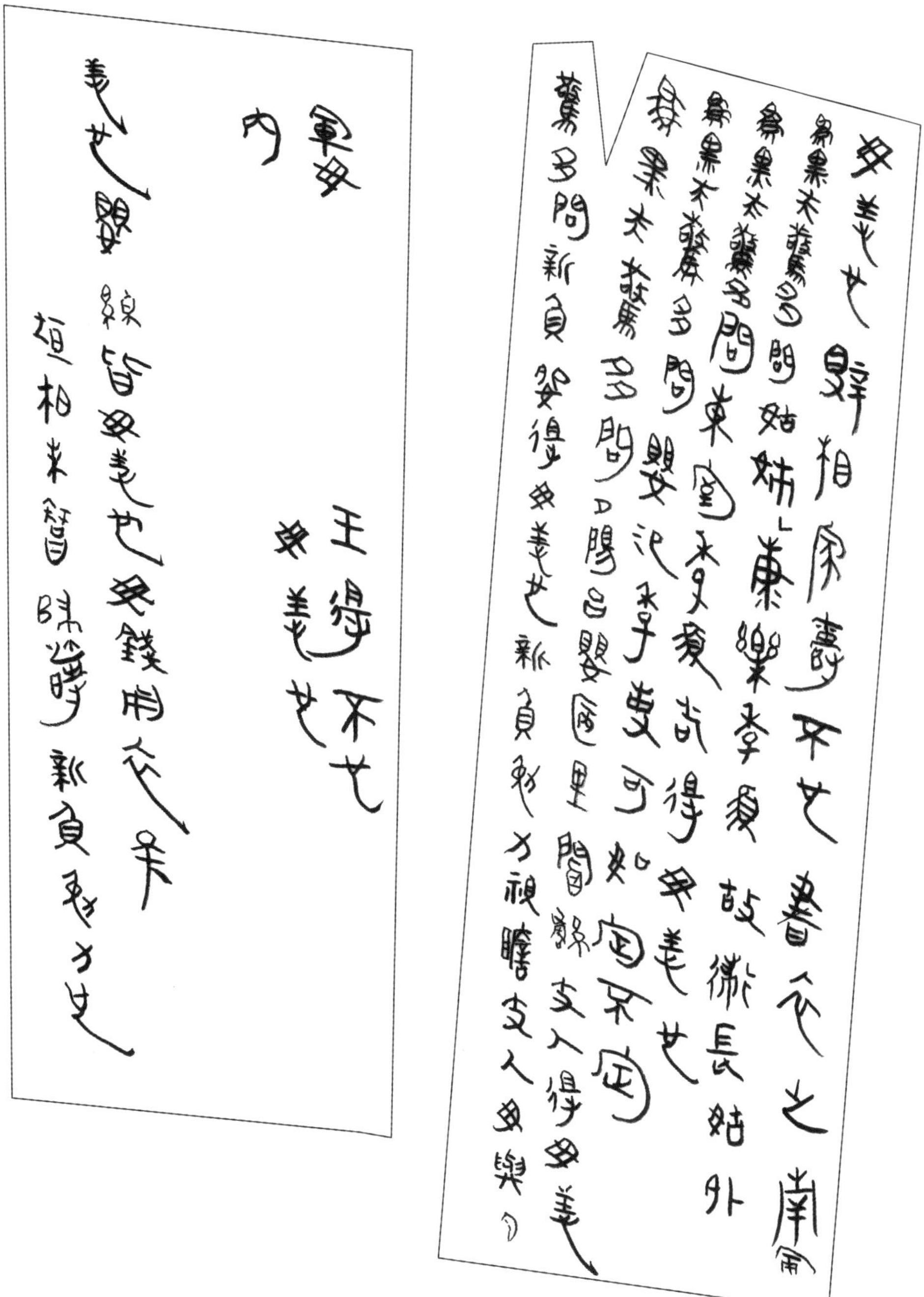

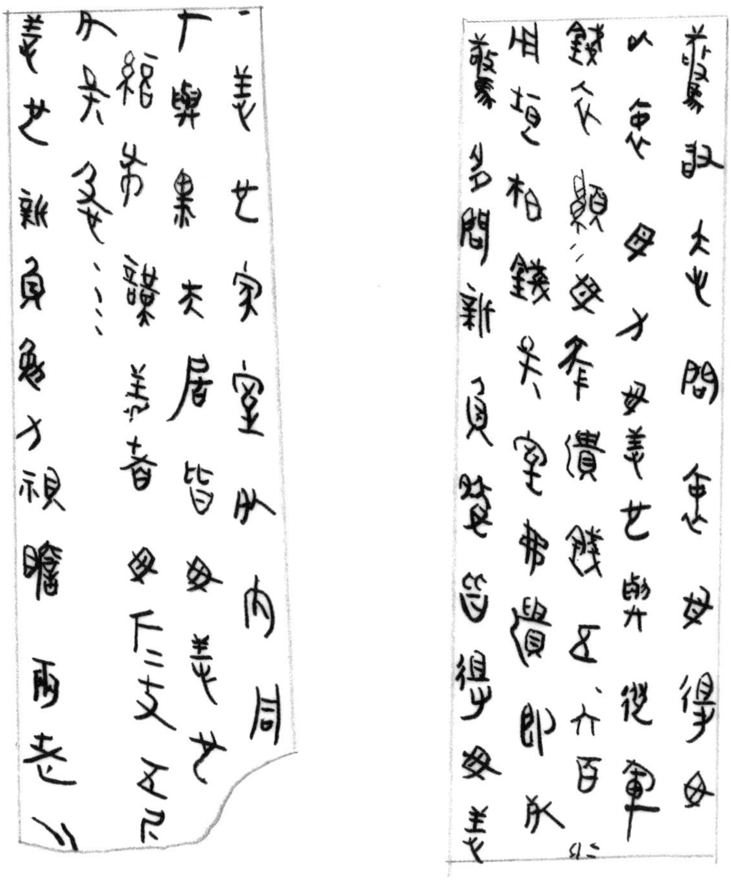

6

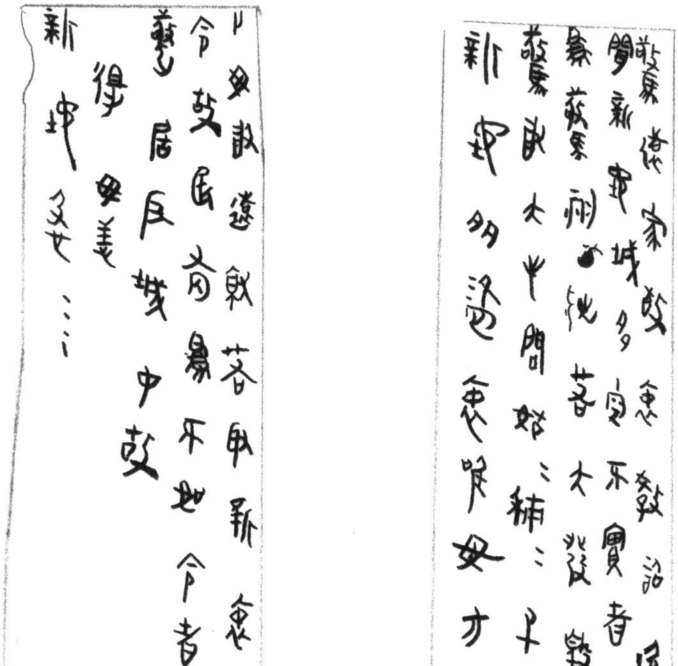

6反

參考文獻

A

艾永明　2012　《官員問責：秦律的規範及其評析》，《華東政法大學學報》第3期。

安忠義　2005　《從“平價”一詞的詞義看秦漢時期的平價制度：對〈從張家山漢簡看西漢初期的平價制度〉的幾點辨正》，《敦煌學輯刊》第2期。

安忠義　2010　《秦漢簡牘中的作刑》，《魯東大學學報》（哲學社會科學版）第6期。

安忠義　2012　《秦漢簡牘中的“致書”與“致籍”考辨》，《江漢考古》第1期。

安作璋、熊鐵基　1985　《秦漢官制史稿》（下冊），齊魯書社。

B

白壽彝　2004　《中國通史》，上海人民出版社。

白於藍　2010　《睡虎地秦簡〈爲吏之道〉校讀札記》，《江漢考古》第3期。

抱小（蔡偉）　2004　《簡帛拾遺》，國學論壇，2004年8月26日，http://bbs.guoxue.com/viewthread.php?tid=132587。

邊田鋼　2015　《“灋”“廢”二字在表“廢棄”義上的歷時替換》，《中國語文》第6期。

卜憲群　2006　《秦漢之際鄉里吏員雜考：以里耶秦簡爲中心的探討》，《南都學壇》第1期。

卜憲群　2009　《從簡牘看秦代鄉里的吏員設置與行政功能》，《里耶古城·秦簡與秦文化研究：中國里耶古城·秦簡與秦文化國際學術研討會論文集》，科學出版社。

C

蔡鏡浩　1988A　《〈睡虎地秦墓竹簡〉注釋補正（一）》，《文史》（第二十九輯），中華書局。

蔡鏡浩　1988B　《〈睡虎地秦墓竹簡〉注釋補正（二）》，《文史》（第二十九輯），中華書局。

蔡樞衡　2005　《中國刑法史》，中國法制出版社。

蔡萬進　1993　《秦國廥籍制度探略》，《中州學刊》第 4 期。

蔡萬進　1996　《秦國糧食經濟研究》，內蒙古人民出版社。

蔡偉　2011　《讀竹簡札記四則》，復旦大學出土文獻與古文字研究中心網站，2011 年 4 月 9 日，http：//www. gwz. fudan. edu. cn/SrcShow. asp? Src_ID =1457。

蔡先金、李佩瑤　2011　《睡虎地秦簡〈日書〉與牽牛織女神話》，《東嶽論叢》第 12 期。

蔡哲茂　1995　《讀〈睡虎地秦墓竹簡〉札記兩則》，第二屆中國訓詁學學術研討會論文，臺南師範學院語教系。

曹旅寧　2000　《從天水放馬灘秦簡看秦代的棄市》，《廣東社會科學》第 5 期。

曹旅寧　2001A　《釋秦律"拔其鬚眉"及"斬人髮結"兼論秦漢的髡刑》，《中國史研究》第 1 期。

曹旅寧　2001B　《秦律稟漆釋義》，《長沙電力學院學報》（社會科學版）第 2 期。

曹旅寧　2001C　《睡虎地秦簡所載魏律論考》，《廣東教育學院學報》第 3 期。

曹旅寧　2001D　《秦律中所見之貲甲盾問題》，《求索》第 6 期。

曹旅寧　2002　《秦律新探》，中國社會科學出版社。

曹旅寧　2003　《秦律〈廄苑律〉考》，《中國經濟史研究》第 3 期。

曹旅寧　2005　《張家山漢律研究》，中華書局。

曹旅寧　2006　《張家山漢律職官的幾個問題》，《南都學刊》第 3 期。

曹旅寧　2007A　《〈史律〉中有關踐更規定的再探討》，簡帛網，2007 年 5 月 12 日，http：//www. bsm. org. cn/show_article. php? id =565。

曹旅寧　2007B　《秦漢法律簡牘中的"庶人"身份及法律地位問題》，《咸陽師範學院學報》第 3 期。

曹旅寧　2008　《釋"徒隸"兼論秦刑徒的身份及刑期問題》，《上海師範大學學報》（哲學社會科學版）第 5 期。

曹旅寧　2010　《睡虎地秦簡〈編年記〉性質探測》，《史學月刊》第 2 期。

曹旅寧　2011　《睡虎地秦簡〈公車司馬獵律〉的律名問題》，《考古》第 5 期。

柴發邦　1989　《訴訟法大辭典》，四川人民出版社。

晁福林　1980　《"南郡備警"說質疑》，《江漢論壇》第 6 期。

陳長琦　2004　《〈睡虎地秦墓竹簡〉譯文商榷（二則）》，《史學月刊》第 11 期。

陳公柔　2005　《先秦兩漢考古學論叢》，文物出版社。

陳家寧　2006　《〈睡虎地秦墓竹簡〉日書甲種"詰"篇鬼名補證（一）》，《簡帛》第 1 輯，上海古籍出版社。

陳劍　2011A　《關於"營 ="與早期出土文獻中的"省代符"》，復旦大學出土文獻與古文字研究中心網站，2011 年 7 月 10 日，http：//www. gwz. fudan. edu. cn/ShowPost. asp? ThreadID =4809。

陳劍　2011B　《嶽麓簡〈占夢書〉校讀札記三則》，復旦大學出土文獻與古文字研究中心網站，2011 年 10 月 5 日，http：//www. gwz. fudan. edu. cn/SreShow. asp? Src_ID = 1677。

陳劍　2013　《關於〈奏讞書〉的“以彼治罪也”》，復旦大學出土文獻與古文字研究中心網站，2013 年 10 月 11 日，http：//www. gwz. fudan. edu. cn/Web/Show/2133。

陳君　2005　《從睡虎地秦簡〈遊士律〉說到漢初的遊士》，《簡帛研究二〇〇五》，廣西師範大學出版社。

陳抗生　1980　《“睡簡”雜辨》，《中國歷史文獻研究集刊》（第一集），湖南人民出版社。

陳力　1997　《試論秦國之“屬邦”與“臣邦”》，《民族研究》第 4 期。

陳連慶　1988　《秦代的奴隸問題》，《東北師大學報》（哲學社會科學版）第 5 期。

陳明光　1987　《秦朝傅籍標準蠡測》，《中國社會經濟史研究》第 1 期。

陳斯鵬　2000　《秦漢簡帛零箋》，《學術研究》第 7 期。

陳斯鵬　2007　《孔家坡漢簡補釋》，《中國歷史文物》第 6 期。

陳松長　2001　《香港中文大學文物館藏簡牘》，香港中文大學文物館。

陳松長　2004　《〈湘西里耶秦代簡牘選釋〉校讀（八則）》，《簡牘學研究》（第四輯），甘肅人民出版社。

陳松長　2009A　《嶽麓書院藏秦簡中的行書律令初論》，《中國史研究》第 3 期。

陳松長　2009B　《嶽麓書院所藏秦簡綜述》，《文物》第 3 期。

陳松長　2010A　《睡虎地秦簡“關市律”辨正》，《史學集刊》第 4 期。

陳松長　2010B　《嶽麓書院藏秦簡〈爲吏治官及黔首〉略說》，《出土文獻研究》（第九輯），中華書局。

陳松長　2012A　《睡虎地秦簡“將陽”小考》，《湖南大學學報》（社會科學版）第 5 期。

陳松長　2012B　《嶽麓書院藏秦簡中的〈繇律〉例說》，《出土文獻研究》（第十一輯），中西書局。

陳送文　2013　《戰國秦漢簡帛字詞補釋（五則）》，《寧夏大學學報》（人文社會科學版）第 1 期。

陳戍國　1993　《秦漢禮制研究》，湖南教育出版社。

陳濤　2011　《常用漢字淺釋》，新世界出版社。

陳偉　1998　《九店楚日書校讀及其相關問題》，《人文論叢》（1998 年卷），武漢大學出版社。

陳偉　2002　《睡虎地日書〈艮山〉試讀》，《中國出土資料研究》（第 6 號），（日本）中國出土資料學會。

陳偉　2003A　《讀沙市周家臺秦簡札記》,《楚文化研究論集》(第五集), 黃山書社。

陳偉　2003B　《秦蒼梧、洞庭二郡芻論》,《歷史研究》第5期。

陳偉　2007　《睡虎地秦簡〈語書〉的釋讀問題(四則)》,《湖南省博物館館刊》(第四輯), 嶽麓書社。

陳偉　2009A　《"奔警律"小考》, 簡帛網, 2009年4月22日, http://www.bsm.org.cn/show_article.php?id=1036。

陳偉　2009B　《楚地出土戰國簡冊研究[十四種]》, 經濟科學出版社。

陳偉　2009C　《嶽麓秦簡〈爲吏〉與〈說苑〉對讀》, 簡帛網, 2009年12月1日, http://www.bsm.org.cn/show_article.php?id=1186。

陳偉　2010　《雲夢睡虎地秦律"攻間"試說》, 簡帛網, 2010年8月3日, http://www.bsm.org.cn/show_alticle.php?id=1288。

陳偉　2011A　《嶽麓秦簡〈爲吏治官及黔首〉識小》, 簡帛網, 2011年4月8日, http://www.bsm.org.cn/show_article.php?id=1434。

陳偉　2011B　《放馬灘秦簡日書〈占病祟除〉與投擲式選擇》,《文物》第5期。

陳偉　2011C　《燕說集》, 商務印書館。

陳偉　2012A　《關於秦與漢初"入錢銗中"律的幾個問題》,《考古》第8期。

陳偉　2012B　《里耶秦簡牘校釋》(第一卷), 武漢大學出版社。

陳偉　2013A　《"柀事"與"柀治"》, 簡帛網, 2013年10月14日, http://www.bsm.org.cn/show_article.php?id=1933。

陳偉　2013B　《雲夢睡虎地秦簡〈秦律十八種〉校讀(五則)》,《簡帛》(第八輯), 上海古籍出版社。

陳偉　2014　《秦簡牘合集》, 武漢大學出版社。

陳偉　2016A　《關於秦遷陵縣"庫"的初步考察》,《簡帛》(第十二輯), 上海古籍出版社。

陳偉　2016B　《秦簡牘中的"辠"與"罪"》, 簡帛網, 2016年11月27日, http://www.bsm.org.cn/show_article.php?id=2673。

陳偉　2016C　《秦簡牘合集: 釋文注釋修訂本(壹至肆)》, 武漢大學出版社。

陳偉武　1996　《簡帛所見軍法輯證》,《簡帛研究》(第二輯), 法律出版社。

陳偉武　1998　《睡虎地秦簡核詁》,《中國語文》第2期。

陳偉武　1999　《出土戰國秦漢文獻中的縮略語》,《中國語言學報》(第九期), 商務印書館。

陳偉武　2007　《秦漢簡牘考釋拾遺》,《簡帛》(第二輯), 上海古籍出版社。

陳偉武　2009　《試論簡帛文獻中的格言資料》,《簡帛》(第四輯), 上海古籍出版社。

陳新宇　2015　《帝制中國的法源與適用: 以比附問題爲中心的展開》, 上海人民出版社。

陳炫瑋 2007 《孔家坡漢簡日書研究》，臺灣清華大學碩士學位論文。

陳雍 1989 《關於“丞相啟”和“相國昌平君”》，《文物》第11期。

陳玉璟 1980 《略論雲夢〈秦律〉的性質》，《江淮論壇》第1期。

陳玉璟 1982 《秦律中“隸臣妾”性質再探》，《阜陽師範學院學報》（社會科學版）第2期。

陳玉璟 1985 《秦簡詞語札記》，《安徽師大學報》（哲學社會科學版）第1期。

陳戰峰 2004 《從睡虎地秦簡〈爲吏之道〉看秦思想文化的發展》，《西安電子科技大學學報》（社會科學版）第2期。

陳振裕、劉信芳 1993 《睡虎地秦簡文字編》，湖北人民出版社。

陳振裕、李天虹 1996 《“㳑”與“㳑工”初探》，《于省吾教授百年誕辰紀念文集》，吉林大學出版社。

陳直 1977 《略論雲夢秦簡》，《西北大學學報》（哲學社會科學版）第1期。

陳直 1979 《漢書新證》，天津人民出版社。

陳直 1986 《居延漢簡研究》，天津古籍出版社。

陳直 2006 《史記新證》，中華書局。

陳治國 2007A 《從里耶秦簡看秦的公文制度》，《中國歷史文物》第1期。

陳治國 2007B 《睡虎地秦簡釋文商榷一則》，《中國歷史文物》第3期。

陳治國、于孟洲 2006 《睡虎地秦簡中“泛蘚”及公車司馬獵律新解》，《中國歷史文物》第5期。

陳治國、張立瑩 2010 《從新出簡牘再探秦漢的大內與少內》，《江漢考古》第3期。

陳治國、張衛星 2007 《秦工室考述》，《咸陽師範學院學報》第1期。

成家徹郎 1991 《睡虎地秦簡〈日書·玄戈〉》，《文博》第3期。

程樹德 1963 《九朝律考》，中華書局。

池田溫 1984 《中國古代籍帳研究》，中華書局。

池田知久 2004 《睡虎地秦簡〈語書〉與墨家思想》，《秦漢史論叢》（第九輯），三秦出版社。

崔殿堯 2010 《里耶秦簡中所見“縣嗇夫”新證》，《學理論》第5期。

D

大川俊隆、田村誠 2007 《張家山漢簡〈算術書〉“飲漆”考》，《文物》第4期。

大庭脩 1983 《漢代的嗇夫》，《簡牘研究譯叢》（第一輯），中國社會科學出版社。

大庭脩 1991 《秦漢法制史研究》，上海人民出版社。

大西克也　2001　《“殹”“也”之交替：六國統一前後書面語言的一個側面》，《簡帛研究二〇〇一》，廣西師範大學出版社。

代國璽　2018　《秦漢的糧食計量體系與居民口糧數量》，簡帛網，2018 年 4 月 14 日，http：//www. bsm. org. cn/show_article. php？ id＝3053。

戴世君　2008A　《雲夢秦律注譯商兑（五則）》，簡帛網，2008 年 2 月 16 日，http：//www. bsm. org. cn/show_article. php？ id＝791。

戴世君　2008B　《雲夢秦律注釋商兑（續）》，簡帛網，2008 年 4 月 22 日，http://www. bsm. org. cn/show_article. php？ id＝822。

戴世君　2008C　《雲夢秦律注譯商兑（續二）》，簡帛網，2008 年 5 月 27 日，http：//www. bsm. org. cn/show_article. php？ id＝833。

戴世君　2008D　《雲夢秦律注釋商兑（續三）》，簡帛網，2008 年 7 月 19 日，http：//www. bsm. org. cn/ show article. php？ id ＝854。

戴世君　2008E　《雲夢秦律新解（六則）》，《江漢考古》第 4 期。

戴世君　2010A　《秦司法文書“當騰騰”用語釋義》，《浙江社會科學》第 2 期。

戴世君　2010B　《睡虎地秦簡研讀札記》，簡帛網，2010 年 11 月 26 日，http://www. bsm. org. cn/show_article. php？ id＝1337。

戴世君　2012　《〈睡虎地雲夢竹簡〉注譯商榷六則》，《江漢考古》第 4 期。

鄧章應　2014　《學行堂語言文字論叢》（第四輯），四川大學出版社。

丁四新　2007　《楚地簡帛思想研究（三）》，湖北教育出版社。

丁毅華　1999　《湖北通史·秦漢卷》，華中師範大學出版社。

丁義娟　2012　《秦及漢初刑罰體系研究：以出土資料爲主要依據》，吉林大學碩士學位論文。

董珊　2004　《二年主父戈與王何立事戈考》，《文物》第 8 期。

董志翹、楊琳　2014　《古代漢語》（第二版），武漢大學出版社。

杜小鈺　2012　《秦職官考》，南京大學博士學位論文。

F

《法學辭典》編輯委員會　1984　《法學辭典》（增訂版），上海辭書出版社。

凡國棟　2011　《嶽麓秦簡〈爲吏治官及黔首〉與睡虎地秦簡〈爲吏之道〉編連互徵一例》，簡帛網，2011 年 4 月 8 日，http：//www. bsm. org. cn/show _ article. php？ id ＝1433。

范常喜　2006　《讀簡帛文字札記六則》，簡帛網，2006 年 11 月 13 日，http://www. bsm. org. cn/show_article. php？ id ＝462。

范常喜　2008　《孔家坡漢簡〈日書〉札記四則》，《東南文化》第 3 期。

方詩銘、王修齡　2005　《古本竹書紀年輯證》，上海古籍出版社。

方勇　2009A　《讀秦漢簡札記四則》，復旦大學出土文獻與古文字研究中心網站，2009 年 3 月 14 日，http：//www. gwz. fudan. edu. cn/SrcShow. asp? Src_ID =722。

方勇　2009B 《秦簡札記四則》，《長春師範學院學報》（人文社會科學版）第 3 期。

方勇　2009C 《讀秦簡札記三則》，復旦大學出土文獻與古文字研究中心網站，2009 年 8 月 25 日，http：//www. gwz. fudan. edu. cn/SrcShow. asp? Src_ID =877。

方勇　2009D 《讀睡虎地秦簡〈日書〉札記二則》，復旦大學出土文獻與古文字研究中心網站，2009 年 10 月 18 日，http：//www. gwz. fudan. edu. cn/SrcShow. asp? Src_ID =943。

方勇　2010 《秦簡牘文字彙編》，吉林大學博士學位論文。

方勇　2011A 《讀秦簡札記兩則》，《江漢考古》第 3 期。

方勇　2011B 《讀秦漢簡札記二則》，簡帛網，2011 年 10 月 28 日，http：//www. bsm. org. cn/show_article. php? id =1572。

方勇　2012 《秦簡牘文字編》，福建人民出版社。

方勇　2013A 《談睡虎地秦簡〈編年記〉中的地名“蒷（冥）山”》，簡帛網，2013 年 5 月 15 日，http：//www. bsm. org. cn/show_article. php? id =1850。

方勇　2013B 《讀北大漢簡札記》，《魯東大學學報》（哲學社會科學版）第 2 期。

方勇　2015 《睡虎地秦簡札記二則》，簡帛網，2015 年 11 月 25 日，http：//www. bsm. org. cn/show_article. php? id =2375。

方勇、侯娜　2009 《讀秦漢簡札記四則》，《古籍整理研究學刊》第 4 期。

馮春田　1983 《關於秦墓竹簡中有無“補充式”以及“疑問句疑問代詞賓語的位置”問題：與王鍈同志商榷》，《語言研究》第 1 期。

傅榮珂　1992 《睡虎地秦簡刑律研究》，商鼎文化出版社。

傅振倫　1978 《雲夢秦墓牒記考釋》，《社會科學戰綫》第 4 期。

冨谷至　2001 《秦漢二十等爵制和刑罰的減免》，《簡帛研究二〇〇一》（上冊），廣西師範大學出版社。

冨谷至　2006 《秦漢刑罰制度研究》，廣西師範大學出版社。

冨谷至　2007 《木簡竹簡述說的古代中國：書寫材料的文化史》，人民出版社。

冨谷至　2013 《文書行政的漢帝國》，江蘇人民出版社。

G

甘肅省文物考古研究所　2009 《天水放馬灘秦簡》，中華書局。

高大倫　1989 《釋簡牘文字的幾種符號》，《秦漢簡牘論文集》，甘肅人民出版社。

高恒　1977 《秦律中“隸臣妾”問題的探討》，《文物》第 7 期。

高恒　1980A 《“嗇夫”辨正：讀雲夢秦簡札記》，《法學研究》第 3 期。

高恒　1980B　《秦律中的徭、戍問題：讀雲夢秦簡札記》，《考古》第6期。

高恒　1981A　《秦簡中的私人奴婢問題》，《雲夢秦簡研究》，中華書局。

高恒　1981B　《漢律篇名新箋》，《法律史論叢（一）》，中國社會科學出版社。

高恒　1981C　《秦簡中與職官有關的幾個問題》，《雲夢秦簡研究》，中華書局。

高恒　1983　《秦律中的刑徒及其刑期問題》，《法學研究》第6期。

高恒　1993　《讀秦漢簡牘札記》，《簡帛研究》（第一輯），法律出版社。

高恒　1994　《秦漢法制論考》，廈門大學出版社。

高恒　1996　《漢簡中所見法律論考》，《簡帛研究》（第二輯），法律出版社。

高恒　2008　《秦漢簡牘中法制文書輯考》，社會科學文獻出版社。

高敏　1979A　《雲夢秦簡初探》，河南人民出版社。

高敏　1979B　《論〈秦律〉中的“嗇夫”一官》，《社會科學戰綫》第1期。

高敏　1979C　《“有秩”非“嗇夫”辨：讀雲夢秦簡札記兼與鄭實同志商榷》，《文物》第3期。

高敏　1981A　《雲夢秦簡初探》（增訂本），河南人民出版社。

高敏　1981B　《秦漢時期的亭》，《雲夢秦簡研究》，中華書局。

高敏　1982　《秦漢史論集》，中州書畫社。

高敏、劉漢東　1984　《秦簡“隸臣妾”確爲奴隸說：兼與林劍鳴先生商榷》，《學術月刊》第9期。

高敏　1985　《秦漢“都亭”考略》，《學術研究》第5期。

高敏　1987A　《秦漢的徭役制度》，《中國經濟史研究》第1期。

高敏　1987B　《釋“爰書”：讀秦、漢簡牘札記》，《益陽師專學報》（哲學社會科學版）第2期。

高敏　1987C　《秦漢的戶籍制度》，《求索》第1期。

高敏　1989A　《秦簡、漢簡與秦漢史研究》，《中國古代史研究入門》，河南人民出版社。

高敏　1989B　《簡牘研究入門》，廣西人民出版社。

高敏　1991　《評［日］堀毅著〈秦漢法制史論考〉》，《鄭州大學學報》（哲學社會科學版）第6期。

高敏　1998　《秦漢史探討》，中州古籍出版社。

高敏　2008　《“秦、楚二各有一個昌平君”說》，《史學月刊》第2期。

高橋庸一郎　2004　《睡虎地秦簡〈編年記〉〈語書〉釋文注釋》，（日本）朋友書店。

高一致　2011　《嶽麓書院藏秦簡〔壹〕集釋》，武漢大學碩士學位論文。

工藤元男　1992　《雲夢秦簡〈日書〉與秦史研究》，《秦漢史論叢》（第五輯），法律出版社。

工藤元男　1993　《雲夢秦簡〈日書〉所見法與習俗》，《考古與文物》第5期。

工藤元男　1995　《秦內史》，《日本中青年學者論中國史》（上古秦漢卷），上海古籍出版社。

工藤元男　1996　《雲夢睡虎地秦簡所見縣、道嗇夫和大嗇夫》，《簡帛研究譯叢》（第一輯），湖南出版社。

工藤元男　1998　《秦都官與封建制》，《睡虎地秦簡與秦代國家和社會》，東京創文社。

工藤元男　2010　《睡虎地秦簡所見秦代國家與社會》，上海古籍出版社。

宮長爲　1986　《秦代的糧倉管理》，《東北師範大學學報》（哲學社會科學版）第2期。

宮宅潔　2016　《中國古代刑制史研究》，廣西師範大學出版社。

龔延明　2006　《中國歷代職官別名大辭典》，上海辭書出版社。

廣瀨薰雄　2005A　《張家山漢簡所謂〈史律〉中有關踐更之規定的探討》，《人文論叢》（2004年卷），武漢大學出版社。

廣瀨薰雄　2005B　《〈二年律令・史律〉札記》，《楚地簡帛思想研究（二）》，湖北教育出版社。

廣瀨薰雄　2014　《秦漢時代律令辨》，《中國古代法律文獻研究》第1期。

桂馥　2013　《說文解字義證》，齊魯書社。

郭洪伯　2011　《秦漢“稗官”考：秦漢繼承機構的組織方式（其一）》，《述往而通古今，知史以明大道：北京大學史學論壇論文集》，北京大學歷史學系。

郭永秉　2010　《睡虎地秦簡字詞考釋兩篇》，《出土文獻與古文字研究》（第三輯），復旦大學出版社。

郭志坤　2013　《秦始皇大傳》，上海人民出版社。

郭子直　1986　《戰國秦封宗邑瓦書銘文新釋》，《古文字研究》（第十四輯），中華書局。

H

韓連琪　1981　《睡虎地秦簡〈編年記〉考證》，《中華文史論叢》（第一輯），上海古籍出版社。後收入韓連琪：《先秦兩漢史論叢》，齊魯書社，1986年。

韓樹峰　2003　《秦漢律令中的完刑》，《中國史研究》第4期。

韓樹峰　2005　《秦漢刑徒散論》，《歷史研究》第3期。

韓樹峰　2007　《耐刑、徒刑關係考》，《史學月刊》第2期。

韓樹峰　2011A　《漢唐戶主資格變遷》，《中國人民大學學報》第1期。

韓樹峰　2011B　《漢魏法律與社會：以簡牘、文書爲中心的考察》，社會科學文獻出版社。

韓昇　2015　《東亞世界形成史論》，中國方正出版社。

韓雪梅　2010　《中國傳統法律文化今讀》，甘肅文化出版社。

《漢語大字典》字形組　1985　《秦漢魏晉篆隸字形表》，四川辭書出版社。

何本方　2003　《中國古代生活辭典》，瀋陽出版社。

何浩　1984　《昌平君及其反秦的幾個問題》,《武漢師範學院學報》第4期。

何琳儀　1989　《戰國文字通論》，中華書局。

何琳儀　1995　《釋洀》,《華夏考古》第4期。

何琳儀　1998　《戰國古文字典：戰國文字聲系》，中華書局。

何琳儀　2003　《戰國文字通論（訂補）》，江蘇教育出版社。

何雙全　1989A　《天水放馬灘秦墓出土地圖初探》,《文物》第2期。

何雙全　1989B　《天水放馬灘秦簡甲種〈日書〉考述》,《秦漢簡牘論文集》，甘肅人民出版社。

何雙全　1989C　《天水放馬灘秦簡綜述》,《文物》第2期。

何四維　1985　Remnants of Ch'in law，E. J. Brill。

賀潤坤　1988　《從〈日書〉看秦國的穀物種植》,《文博》第3期。

賀潤坤　1989A　《中國古代最早的相馬經：雲夢秦簡〈日書・馬〉篇》,《西北農業大學學報》(自然科學版）第3期。

賀潤坤　1989B　《從雲夢秦簡〈日書〉看秦國的六畜飼養業》,《文博》第6期。

賀潤坤　1991　《雲夢秦簡〈日書〉"寓人""寄者""寄人"身份考》,《文博》第3期。

賀潤坤　1995A　《從雲夢秦簡〈日書〉的良、忌日看〈氾勝之書〉的五穀忌日》,《文博》第1期。

賀潤坤　1995B　《雲夢秦簡〈日書〉所反映的秦國社會階層》,《江漢考古》第1期。

賀潤坤　1996　《雲夢秦簡〈日書〉所反映秦人的衣食狀況》,《江漢考古》第4期。

洪燕梅　2006　《說文未收錄之秦文字研究：以睡虎地秦簡爲例》，文津出版社。

后德俊　1993　《涓及"涓工"初論》,《文物》第12期。

后曉榮　2009　《秦代政區地理》，社會科學文獻出版社。

后曉榮　2013　《戰國政區地理》，文物出版社。

胡波　2010　《秦簡副詞研究》，西南大學碩士學位論文。

胡大貴　1991　《關於秦代讁戍制的幾個問題》,《西南師範大學學報》(哲學社會科學版）第1期。

胡平生　1998　《木簡券書破別形式述略》,《簡牘學研究》第1期。

胡平生、張德芳　2001　《敦煌懸泉漢簡釋粹》，上海古籍出版社。

胡平生、李天虹　2004　《長江流域出土簡牘與研究》，湖北教育出版社。

胡偉　2005　《論秦簡中的"某"非第一人稱代詞》,《華南師範大學學報》(社會科學版）第2期。

胡文輝　1996　《釋"歲"：以睡虎地〈日書〉爲中心》,《文化與傳播》(第四輯)，海天出版社。

胡文輝　1997　《馬王堆〈太一出行圖〉與秦簡〈日書・出邦門〉》，《江漢考古》第 3 期。

胡文輝　1998　《秦簡〈日書・出邦門篇〉新證》，《文博》第 1 期。

胡文輝　2000　《中國早期方術與文獻叢考》，中山大學出版社。

胡正明　1988　《"丞相啟"即昌平君商榷》，《文物》第 3 期。

湖北省文物考古研究所、雲夢縣博物館　2008　《湖北雲夢睡虎地 M77 發掘簡報》，《文物》第 4 期。

湖北孝感地區第二期亦工亦農文物考古訓練班　1976　《湖北雲夢睡虎地十一座秦墓發掘簡報》，《文物》第 9 期。

湖南省文物考古研究所　2007　《里耶發掘報告》，嶽麓書社。

湖南省文物考古研究所　2012　《里耶秦簡〔壹〕》，文物出版社。

湖南省文物考古研究所、湘西土家苗族自治州文物處　2003　《湘西里耶秦代簡牘選釋》，《中國歷史文物》第 1 期。

華東政法學院《簡明法制史詞典》編寫組　1988　《簡明法制史詞典》，河南人民出版社。

懷效鋒　2015　《中國法制史》，中國政法大學出版社。

黄德寬　2007　《古漢字譜系疏證》，商務印書館。

黄今言　1979　《秦代租賦徭役制度研究》，《江西師範大學學報》(哲學社會科學版) 第 3 期。

黄今言　1988　《秦漢賦役制度研究》，江西教育出版社。

黄今言　2003　《論秦漢商品市場發育水平的幾個問題》，《中國經濟史研究》第 3 期。

黄留珠　1982A　《"史子""學室"與"喜揄史"：讀雲夢秦簡札記》，《人文雜誌》第 2 期。

黄留珠　1982B　《秦仕進制度考述》，《中國史研究》第 1 期。

黄留珠　1985　《秦漢仕進制度》，西北大學出版社。

黄留珠　1997A　《秦簡"敖童"解》，《歷史研究》第 5 期。

黄留珠　1997B　《秦簡〈中勞律〉釋義》，《文博》第 6 期。

黄留珠　1998　《秦漢任進制度》，西北大學出版社。

黄盛璋　1977　《雲夢秦簡〈編年記〉初步研究》，《考古學報》第 1 期。

黄盛璋　1979　《雲夢秦簡辯證》，《考古學報》第 1 期。

黄盛璋　1980　《雲夢秦墓兩封家信中有關歷史地理的問題》，《文物》第 8 期。

黄盛璋　1982A　《雲夢秦簡出土的兩封家信與歷史地理問題》，《歷史地理論集》，人民出版社。

黄盛璋　1982B　《青川新出秦田律木牘及相關問題》，《文物》第 9 期。

黄盛璋　1986　《戰國"江陵"璽與江陵之興起因沿考》，《江漢考古》第 1 期。

黃文傑　1992　《睡虎地秦簡疑難字試釋》，《江漢考古》第 4 期。

黃文傑　1996　《秦系簡牘文字譯釋商榷（三則）》，《中山大學學報》（社會科學版）第 3 期。

黃文傑　1998　《秦至漢初簡帛形近字辨析》，《簡帛研究》（第三輯），廣西教育出版社。

黃文傑　2008A　《秦至漢初簡帛文字研究》，商務印書館。

黃文傑　2008B　《睡虎地秦簡牘詞語考釋四則》，《古文字研究》（第二十七輯），中華書局。

黃賢全、鄒芙都　2015　《中國史全國博士生論壇論文集》，重慶出版社。

黃展嶽　1980A　《雲夢秦律簡論》，《考古學報》第 1 期。

黃展嶽　1980B　《關於秦漢人的食糧計量問題》，《考古學與文物》第 4 期。

黃展嶽　2009　《里耶秦簡"傳送委輸"者的身份》，《里耶古城·秦簡與秦文化研究：中國里耶古城·秦簡與秦文化國際學術研討會論文集》，科學出版社。

洪燕梅　2006　《〈説文〉未收錄之秦文字研究：以〈睡虎地秦簡〉爲例》，文津出版社。

J

吉林大學辦學分隊（吉林大學考古專業紀南城開門辦學分隊）　1976　《〈南郡首騰文書〉和秦的反復辟鬭爭》，《考古》第 5 期。

吉仕梅　1995　《"把"字句究竟出現於何時》，《樂山師專學報》（社會科學版）第 2 期。

吉仕梅　1996　《睡虎地秦墓竹簡量詞考察》，《樂山師專學報》（社會科學版）第 3 期。

吉仕梅　1998　《〈睡虎地秦墓竹簡〉介詞考察》，《西南民族學院學報》（哲學社會科學版）第 5 期。

吉仕梅　2003A　《〈睡虎地秦墓竹簡〉連詞考察》，《樂山師範學院學報》第 2 期。

吉仕梅　2003B　《〈睡虎地秦墓竹簡〉副詞考察》，《西南民族學院學報》（哲學社會科學版）第 5 期。

吉仕梅　2004　《秦漢簡帛語言研究》，巴蜀書社。

季勛　1976　《雲夢睡虎地秦簡概述》，《文物》第 5 期。

紀歡歡、雷海龍　2015　《小議睡虎地秦簡日書〈秦除〉中的"治責"》，簡帛網，2015 年 10 月 1 日，http：//www. bsm. org. cn/show_article. php? id =2320。

紀婷婷　2015　《睡虎地秦簡日書校議記》，稿本。

賈麗英　2009　《小議"隸"的身份》，《中國社會科學報》，2009 年 9 月 10 日第 5 版。

賈麗英　2006　《秦漢時期"悍罪"論説》，《石家莊學院學報》第 1 期。

翦伯贊　2006　《中國史綱要》（增訂本），北京大學出版社。

蔣非非　1995　《秦代謫戍、贅婿、閭左新考》，《北京大學學報》（哲學社會科學版）第5期。

蔣非非　1997　《漢代功次制度初探》，《中國史研究》第1期。

蔣非非　2004　《〈史記〉中“隱官徒刑”應爲“隱官、徒刑”及“隱官”原義辨》，《出土文獻研究》（第六輯），上海古籍出版社。

蔣禮鴻　1986　《商君書錐指》，中華書局。

蔣義斌　1981　《秦簡“爲吏之道”在思想史上的意義》，《簡牘學報》第10期，簡牘學會。

蔣英炬　1994　《讀〈說秦簡中“女筆”之“筆”〉的一點意見》，《中國文物報》，1994年12月25日第4版。

姜書閣　1990　《睡虎地秦墓竹簡中的一篇成相雜辭》，《中國韻文學刊》第2期。

角谷常子　2001　《秦漢時代的贖刑》，《簡帛研究二〇〇一》，廣西師範大學出版社。

金良年　1999　《“五種忌”研究：以雲夢秦簡〈日書〉爲中心》，《史林》第2期。

金岷彬　2007　《試讀睡虎地秦簡里的“紙”字》，北大中文論壇，2007年3月16日，http：//www. pkucn. com/viewthread. php? tid ＝194991。

金岷彬　2008　《有“紙”字的秦簡文轉寫討論：古代中國造紙術起源研究之八》，復旦大學出土文獻與古文字研究中心網站，2008年9月16日，http：//www. gwz. fudan. edu. cn/SrcShow. asp? Src_ID ＝506。

金燁　1994　《秦簡所見之非公室告與家罪》，《中國史研究》第1期。

金友博　2015　《枝丫集（上）》，山西人民出版社。

荆州地區博物館　1995　《江陵王家臺15號秦墓》，《文物》第1期。

K

康大鵬　1994　《雲夢簡中所見的秦國倉廩制度》，《北大史學》（第二輯），北京大學出版社。

孔慶明　1992　《秦漢法律史》，陝西人民出版社。

堀毅　1988　《秦漢法制史論考》，法律出版社。

L

來國龍　2016　《漢晉之間劾鬼術的嬗變和鬼神畫的源流》，《藝術史中的漢晉與唐宋之變》，北京大學出版社。

勞幹　1948　《居延漢簡考證》，《“中央研究院”歷史語言研究所專刊》之四十，“中央研究院”歷史語言研究所。

勞榦　1959　《居延漢簡考證之部》，《“中央研究院”歷史語言研究所集刊》第30本上册，“中央研究院”歷史語言研究所。

李超　2010　《秦代“貲刑”小議》，《秦漢研究》第1期。

李豐娟　2011　《秦簡字詞集釋》，西南大學博士學位論文。

李鳳蘭　2010　《〈爾雅〉同訓詞語釋讀及語義研究》，遼寧大學出版社。

李家浩　1989　《攻五王光韓劍與虘王光䞘戈》，《古文字研究》（第十七輯），中華書局。

李家浩　1999A　《睡虎地秦簡〈日書〉“楚除”的性質及其他》，《“中央研究院”歷史語言研究集刊》第70本第4分。

李家浩　1999B　《讀睡虎地秦簡〈日書〉“占盜疾等”札記三則》，《北京大學古文獻研究所集刊》（第一輯），北京燕山出版社。

李家浩　1999C　《秦漢簡帛文字詞語雜釋》，《訓詁論叢》（第四輯），文史哲出版社。

李家浩　2000　《九店楚簡》，中華書局。

李家浩　2012　《甲骨文北方神名“勹”與戰國文字从“勹”之字》，《文史》第3輯。

李解民　1981　《“開阡陌”辨證》，《文史》（第十一輯），中華書局。

李解民　1987　《睡虎地秦簡所載魏律研究》，《中華文史論叢》（第一期），上海古籍出版社。

李均明　1994　《漢代屯戍遺簡“葆”解》，《文史》（第三十八輯），中華書局。

李均明　1996　《簡牘符號考述》，《華學》（第二輯），中山大學出版社。

李均明　1997A　《漢簡所見車》，《簡牘學研究》第1期。

李均明　1997B　《簡牘文書稿本四則》，《簡帛研究》（第三輯），廣西教育出版社。

李均明　2003A　《張家山漢簡所見刑罰等序及相關問題》，《華學》（第六輯），紫禁城出版社。

李均明　2003B　《張家山漢簡與漢初貨幣》，《中國錢幣》第2期。

李均明　2009　《秦漢簡牘文書分類輯解》，文物出版社。

李均明、劉軍　1999　《簡牘文書學》，廣西教育出版社。

李開元　2010A　《末代楚王史跡鉤沉：補〈史記〉昌平君列傳》，《史學集刊》第1期。

李開元　2010B　《“十七年丞相啟狀戈”之“啟”爲昌平君熊啟說》，《秦漢研究》第1期。

李開元　2013　《楚父秦母昌平君》，《文史知識》第7期。

李開元　2015　《秦謎：重新發現秦始皇》，北京聯合出版社。

李力　1984　《亦談“隸臣妾”與秦代的刑罰制度》，《法學研究》第3期。

李力　1985　《秦律徒刑期辨正》，《史學月刊》第 3 期。

李力　1993　《秦簡“小隸臣妾”的身份與來源》，《法學研究》第 3 期。

李力　1999　《九刑、司寇考辨》，《法學研究》第 2 期。

李力　2007　《“隸臣妾”身份再研究》，中國法制出版社。

李力　2009　《張家山 247 號墓漢簡法律文獻研究及其述評》，（日本）東京外國語大學アジア・アフリカ言語文化研究所。

李立　2008　《雲夢秦簡“牛郎織女”簡文辨證》，《長江大學學報》（社會科學版）第 6 期。

李零　1993　《中國方術考》，人民中國出版社。

李零　1999　《讀九店楚簡》，《考古學報》第 2 期。

李零　2008A　《視日、日書和葉書：三種簡帛文獻的區別和命名》，《文物》第 12 期。

李零　2008B　《簡帛古書與學術源流》，生活・讀書・新知三聯書店。

李零　2011A　《蘭臺萬卷：讀〈漢書・藝文志〉》，生活・讀書・新知三聯書店。

李零　2011B　《北大漢簡中的數術書》，《文物》第 6 期。

李明曉　2003　《〈睡虎地秦墓竹簡〉法律用語研究》，西南師範大學碩士學位論文。

李圃　1999　《古文字詁林》，上海教育出版社。

李盛平　1989　《公務員百科辭典》，光明日報出版社。

李斯　2009　《里耶秦簡所見縣主官稱謂新考》，《內蒙古農業大學學報》（社會科學版）第 3 期。

李松　2015　《秦漢律所見都官考辨》，浙江大學碩士學位論文。

李天虹　2005　《孔家坡漢簡的“徙時”篇》，《簡帛研究二〇〇二、二〇〇三》，廣西師範大學出版社。

李天虹、劉國勝　2006　《隨州孔家坡漢墓簡牘》，文物出版社。

李天虹　2012　《秦漢時分紀時制綜論》，《考古學報》第 3 期。

李土生　2009　《土生說字》（第 22 卷），中央文獻出版社。

李巍巍　2008　《睡虎地秦簡中所見的農業經濟文書：膺籍》，《現代經濟信息》第 11 期。

李偉民　1998　《法學辭海》（第 2 卷），藍天出版社。

李偉民　2002　《法學辭源》，黑龍江人民出版社。

李曉東、黃曉芬　1987　《從〈日書〉看秦人鬼神觀及秦文化特徵》，《歷史研究》第 4 期。

李曉東、黃曉芬　1989　《秦人鬼神觀與殷周鬼神觀之比較》，《人文雜誌》第 5 期。

李孝林　1984　《從雲夢秦簡看秦國的會計管理》，《江漢考古》第 3 期。

李學勤　1981A　《秦簡與〈墨子〉城守各篇》，《雲夢秦簡研究》，中華書局。
李學勤　1981B　《秦簡的古文字學考察》，《雲夢秦簡研究》，中華書局。
李學勤　1985A　《睡虎地秦簡〈日書〉和楚、秦社會》，《江漢考古》第4期。
李學勤　1985B　《何四維〈秦律遺文〉評介》，《中國史研究》第4期。
李學勤　1987　《秦簡的古文字學考察》，《雲夢秦簡研究》，中華書局。
李學勤　1991　《睡虎地秦簡中的〈艮山圖〉》，《文物天地》第4期。
李學勤　1993　《睡虎地秦簡〈日書〉盜者章研究》，《慶祝饒宗頤教授七十五歲論文集》，香港中文大學中國文化研究所。
李學勤　1994　《簡帛佚籍與學術史》，時報文化出版企業有限公司。
李學勤　2002　《試説張家山漢簡〈史律〉》，《文物》第4期。
李學勤　2003　《初讀里耶秦簡》，《文物》第1期。
李學勤　2013　《字源》，天津古籍出版社、遼寧人民出版社。
李迎春　2015　《論卒史一職的性質、來源與級别》，《簡牘學研究》第1期。
李園　2017　《秦簡牘詞彙研究》，東北師範大學博士學位論文。
李昭君　2004　《兩漢縣令、縣長制度探微》，《中國史研究》第1期。
栗勁　1984　《〈睡虎地秦墓竹簡〉譯注斠補》，《吉林大學社會科學學報》第5期。
栗勁　1985　《秦律通論》，山東人民出版社。
栗勁、霍存服　1984　《試論秦的徒刑是無期刑：簡論漢初有期徒刑的改革》，《政法論壇》第3期。
連宏　2012　《秦漢髡、耐、完刑考》，《古代文明》第2期。
連劭名　2001　《睡虎地秦簡〈日書〉及〈詰〉篇補證》，《江漢考古》第1期。
連劭名　2002　《雲夢秦簡〈詰〉篇考述》，《考古學報》第1期。
連劭名　2008　《睡虎地秦簡〈爲吏之道〉與古代思想》，《江漢考古》第4期。
梁冬青　2002　《出土文獻“是是”句新解》，《中國語文》第2期。
梁文偉　1981　《雲夢秦簡編年記相關史事核斠：兼論編年記性質》，臺灣大學中國文學系研究所博士學位論文。
梁玉繩　1981　《史記志疑》，中華書局。
廖伯源　2005　《辨“真二千石”爲“二千石”之别稱》，《史學月刊》第1期。
林甘泉　1976　《秦律與秦朝的法家路綫：讀雲夢出土的秦簡》，《文物》第7期。
林劍鳴　1979　《從雲夢秦簡看秦代的法律制度》，《西北大學學報》（哲學社會科學版）第3期。
林劍鳴　1980A　《“隸臣妾”辨》，《中國史研究》第2期。
林劍鳴　1980B　《秦國封建社會各階級分析：讀〈睡虎地秦墓竹簡〉札記》，

《西北大學學報》（哲學社會科學版）第2期。
林劍鳴　1981　《秦史稿》，上海人民出版社。
林劍鳴　2003　《秦漢史》，上海人民出版社。
林劍鳴、吳永琪　2002　《秦漢文化史大辭典》，漢語大詞典出版社。
林清源　2002　《睡虎地秦簡標題格式析論》，《“中央研究院”歷史語言研究所集刊》第73本第4分，“中央研究院”歷史語言研究所。
林素清　2010　《秦簡〈爲吏之道〉相關問題研究》，中國人民大學國學院成立五周年暨馮其庸先生從教六十周年國際學術研討會論文。
林素清　2013　《秦簡〈爲吏之道〉與〈爲吏治官及黔首〉研究》，《簡帛》（第八輯），上海古籍出版社。
林益德　2006　《漢初的“行金”與“行錢”》，《中興史學》第12期。
劉冰清　2017　《說“毆”：以〈睡虎地秦墓竹簡・秦律十八種〉爲例》，《中國民族博覽》第2期。
劉次沅、馬莉萍　2006　《睡虎地秦簡〈日書・玄戈篇〉新探》，《秦文化論叢》（第十三輯），三秦出版社。
劉國勝　2000　《郭店楚簡國際學術研討會綜述》，《文史哲》第2期。
劉海年　1978　《秦漢“士伍”的身份與階級地位》，《文物》第2期。
劉海年　1981　《秦律刑罰考析》，《雲夢秦簡研究》，中華書局。
劉海年　1982A　《雲夢秦簡的發現與秦律研究》，《法學研究》第4卷。
劉海年　1982B　《秦代法吏體系考略》，《學習與探索》第2期。
劉海年　1983A　《秦律刑法的適用原則（上）》，《法學研究》第1期。
劉海年　1983B　《秦律刑法的適用原則（下）》，《法學研究》第2期。
劉海年　1984　《云夢秦簡〈語書〉探析：秦始皇時期頒行的一個地方性法規》，《學習與探索》第6期。
劉海年　1985A　《關於中國歲刑的起源：兼談秦刑徒的刑期及隸臣妾的身份（上）》，《法學研究》第5期。
劉海年　1985B　《關於中國歲刑的起源：兼談秦刑徒的刑期及隸臣妾的身份（下）》，《法學研究》第6期。
劉海年　1985C　《秦的訴訟制度（上）》，《中國法學》第1期。
劉海年　1985D　《秦的訴訟制度（連載）》，《中國法學》第3期。
劉海年　1985E　《秦的訴訟制度（連載）》，《中國法學》第4期。
劉海年　1986A　《秦的訴訟制度（連載）》，《中國法學》第3期。
劉海年　1986B　《秦的訴訟制度（連載）》，《中國法學》第6期。
劉海年　2006　《戰國秦漢法制管窺》，法制出版社。
劉華祝　2009　《說張家山〈二年律令・史律〉中小吏的“爲更”》，《中國古中世史研究》（第二十一輯），（韓國）中國古中世史學會。
劉桓　1998　《秦簡偶札》，《簡帛研究》（第三輯），廣西教育出版社。

劉嬌　2009　《西漢以前古籍中相同或類似內容重復出現現象的研究：以出土簡帛古籍爲中心》，復旦大學博士學位論文。

劉樂賢　1994　《睡虎地秦簡日書研究》，文津出版社。

劉樂賢　1996　《睡虎地秦簡〈日書〉中的“往亡”與歸忌》，《簡帛研究》（第二輯），法律出版社。

劉樂賢　1998　《九店楚篇〈日書〉補釋》，《簡帛研究》（第三輯），廣西教育出版社。

劉樂賢　2002　《睡虎地秦簡〈日書〉“龍”字試釋》，《揖芬集：張政烺先生九十華誕紀念文集》，社會科學文獻出版社。

劉樂賢　2003A　《簡帛數術文獻探論》，湖北教育出版社。

劉樂賢　2003B　《睡虎地秦簡〈日書〉釋讀札記》，《華學》（第六輯），紫禁城出版社。

劉樂賢　2006A　《談張家山漢簡〈蓋廬〉的“地檣”“日檣”和“日臽”》，《簡帛》（第一輯），上海古籍出版社。

劉樂賢　2006B　《楚秦選擇術的異同及影響：以出土文獻爲中心》，《歷史研究》第6期。

劉樂賢　2006C　《秦漢文獻中的“廼”與“乃者”》，《出土文獻與古文字研究》（第一輯），復旦大學出版社。

劉樂賢　2008　《印臺漢簡〈日書〉初探》，《文物》第10期。

劉樂賢　2009　《孔家坡漢簡〈日書〉“直室門”補釋》，《簡帛》（第四輯），上海古籍出版社。

劉慶柱、李毓芳　2001　《西安相家遺址秦封泥考略》，《考古學報》第4期。

劉瑞　1999　《秦“屬邦”“臣邦”與“典屬國”》，《民族研究》第4期。

劉森　1991　《秦“都官”考》，《人文雜誌》第5期。

劉書芬　2015　《漢字與數目》，暨南大學出版社。

劉天奇　1994　《黃老政治的初次實踐：從秦簡〈爲吏之道〉看秦國的黃老政治》，《唐都學刊》第5期。

劉向明　2004A　《試釋睡虎地秦簡〈編年記〉所載“喜□安陸□史”》，《江西社會科學》第3期。

劉向明　2004B　《從出土秦律看縣“令史”一職》，《齊魯學刊》第3期。

劉向明　2005　《睡虎地秦律“除佐必當壯以上”年齡規定辨析》，《南昌大學學報》（人文社會科學版）第5期。

劉向明　2006　《從出土簡牘看秦漢“隱官”的主要來源》，《嘉應學院學報》第5期。

劉欣寧　2012　《居延漢簡所見住居與里制：以“田舍”爲綫索》，《古文字與古代史》（第三輯），“中央研究院”歷史語言研究所。

劉信芳　1990A　《秦簡〈日書〉與〈楚辭〉類徵》，《江漢考古》第1期。

劉信芳　1990B　《〈天水放馬灘秦簡綜述〉質疑》,《文物》第 9 期。

劉信芳　1991A　《關於雲夢秦簡編年記的補書、續編和削改等問題》,《江漢考古》第 3 期。

劉信芳　1991B　《雲夢秦簡〈日書・馬篇〉試釋》,《文博》第 4 期。

劉信芳　1992　《秦簡中的楚國〈日書〉試析》,《文博》第 4 期。

劉信芳　1993　《〈日書〉四方四維與五行淺說》,《考古與文物》第 2 期。

劉信芳　1996　《〈日書〉驅鬼術發微》,《文博》第 4 期。

劉信芳　1997　《九店楚簡日書與秦簡日書比較研究》,《第三屆國際中國古文字研討會論文集》,香港中文大學中國文化研究所、中國語言文學系。

劉信芳　2014　《出土簡帛宗教神話文獻研究》,安徽大學出版社。

劉信芳、梁柱　1990　《雲夢龍崗秦簡綜述》,《江漢考古》第 3 期。

劉信芳、梁柱　1997　《雲夢龍崗秦簡》,科學出版社。

劉興林　2009　《先秦田廬(舍)辨析》,《北京師範大學學報》(社會科學版)第 6 期。

劉洋　2007　《再論秦漢律中的"三環"問題》,《社會科學》第 12 期。

劉銀昌　2016　《睡虎地秦簡〈日書〉"夢"篇考釋》,《延安大學學報》(社會科學版)第 4 期。

劉玉堂　1982　《秦漢之安陸並非新地城》,《文物》第 3 期。

劉玉堂　2005　《楚秦刑種比較研究》,《江漢論壇》第 3 期。

劉雲　2011　《〈爲吏之道〉與〈爲吏治官及黔首對讀札記〉》,復旦大學出土文獻與古文字研究中心網站,2011 年 4 月 15 日,http://www.gwz.fudan.edu.cn/SrcShow.asp?Src_ID=1470。

劉雲輝　1987　《簡論秦漢廄苑制度中的若干問題》,《文博》第 6 期。

劉增貴　2001　《秦簡〈日書〉中的出行禮俗與信仰》,《"中央研究院"歷史語言研究所集刊》第 72 本第 3 分,"中央研究院"歷史語言研究所。

劉增貴　2007　《睡虎地秦簡〈日書〉土忌篇數術考釋》,《"中央研究院"歷史語言研究所集刊》第 78 本第 4 分,"中央研究院"歷史語言研究所。

劉增貴　2008　《"左右""雌雄"與"反":孔家坡〈日書・反支〉考釋》,《簡帛》(第三輯),上海古籍出版社。

劉增貴　2011　《放馬灘秦簡〈日書・直室門〉及門戶宜忌簡試釋》,《簡帛》(第六輯),上海古籍出版社。

劉占成　1982　《秦俑坑出土的銅鈹》,《文物》第 3 期。

劉昭瑞　1991　《論"禹步"的起源及禹與巫、道的關係》,《梁釗韜與人類學》,中山大學出版社。

劉釗　1994　《說秦簡中"女筆"之"筆"》,《中國文物報》,1994 年 11 月 20 日第 4 版。

劉釗　1995　《談睡虎地秦簡中的"濆"字》,《古漢語研究》第 3 期。

劉釗　1996　《讀秦簡字詞札記》,《簡帛研究》(第二輯), 法律出版社。

劉釗　1997A　《談秦簡中的"鬼怪"》,《文物世界》第 2 期。

劉釗　1997B　《秦簡中的鬼怪》,《中國典籍與文化》第 3 期。

劉釗　2003　《江蘇高郵邵家溝漢代遺址出土木簡神名考釋》,《東南文化》第 1 期。

劉釗　2004　《睡虎地秦簡〈詰〉篇"詰咎"一詞別解》,《古文字研究》(第二十五輯), 中華書局。

劉釗　2006　《秦簡考釋一則》,《康樂集：曾憲通教授七十慶壽論文集》, 中山大學出版社。

龍仕平　2012　《睡虎地秦簡校詁》,《語言研究》第 1 期。

龍仕平、張顯成　2010　《〈睡虎地秦墓竹簡〉釋文校補》,《樂山師範學院學報》第 4 期。

盧南喬　1978　《"閭左"辯疑》,《歷史研究》第 11 期。

盧鷹　1989　《秦倉政研究》,《人文雜誌》第 2 期。

陸德富　2006　《關於西漢陵縣研究的幾個問題》,《徐州師範大學學報》(哲學社會科學版) 第 6 期。

陸德富　2008　《秦國題銘中的"更長"》, 復旦大學出土文獻與古文字研究中心網站, 2008 年 3 月 26 日, http://www.gwz.fudan.edu.cn/SrcShow.asp?Src_ID=386。

陸錫興　1990　《"勢悍窓暴"解》,《文史》(第三輯), 中華書局。

陸錫興　2004　《睡虎地秦簡合成詞研究》,《江西社會科學》第 10 期。

路得　2007　《說睡虎地秦簡〈爲吏之道〉的"事有幾時"》, 簡帛網, 2007 年 6 月 27 日, http://www.bsm.org.cn/show_article.php?id=586。

呂利　2010　《"庶人"考論》,《社會科學家》第 10 期。

呂名中　1982　《秦律貲罰制述論》,《中南民族學院學報》第 3 期。

呂名中　1983　《秦律中的"貲"與"貲贖"》,《秦漢史論叢》(第二輯), 陝西人民出版社。

呂亞虎　2010　《戰國秦漢簡帛文獻所見巫術研究》, 科學出版社。

羅開玉　1981A　《秦國"什伍""伍人"考》,《四川大學學報》(社會科學版) 第 2 期。

羅開玉　1981B　《秦國"少內"考》,《西北大學學報》(哲學社會科學版) 第 3 期。

羅開玉　1983　《秦國傅籍制考辨》,《中國歷史文獻研究集刊》(第三集), 嶽麓書社。

羅開玉　1986　《秦漢工室、工官初論》,《秦漢史論叢》, 巴蜀書社。

羅新　2009　《"真吏"新解》,《中華文史論叢》第 1 期。

羅竹鳳　1992　《漢語大詞典》, 漢語大詞典出版社。

M

馬非百　1978　《雲夢秦簡中所見的歷史新證舉例》,《鄭州大學學報》第 2 期。

馬非百　1981　《雲夢秦簡大事記集傳》,《中國歷史文獻研究集刊》(第二集),湖南人民出版社。

馬非百　1982　《秦集史》,中華書局。

馬繼興　1992　《馬王堆古醫書考釋》,湖南科學技術出版社。

馬怡　1995　《秦人傅籍標準試探》,《中國史研究》第 4 期。

馬怡　2007　《里耶秦簡選校》,《中國社會科學院歷史研究所學刊》(第四集),商務印書館。

馬怡　2008　《居延簡〈宣與幼孫少婦書〉:漢代邊地官吏的私人通信》,《中國古中世史研究》(第二十輯),(韓國)中國古中世史學會;後刊於《南都學刊》(人文社會科學學報)2010 年第 5 期。

馬怡　2013　《秦簡所見貲錢與贖錢:以里耶秦簡“陽陵卒”文書爲中心》,《簡帛》第 1 期。

馬雍　1981　《讀雲夢秦簡〈編年記〉書後》,《雲夢秦簡研究》,中華書局。

每文　2004　《也談秦漢律中“三環”問題》,《陝西歷史博物館館刊》(第十一輯),三秦出版社。

梅祖麟　1981　《古代楚方言中“夕(栾)”字的詞義和語源》,《方言》第 3 期。

門巋　1993　《二十六史精要辭典》,人民日報出版社。

墨菲　2013　《年輕人必知的 500 個文化常識》,中國華僑出版社。

明欣　2000　《中國古代“法治”形式的演進軌跡及特點》,《清華法制論衡》(第一輯),清華大學出版社。

N

籾山明　1983　《秦的隸書身份及其起源:關於隸臣妾》,《秦漢史研究譯文集》(第一辑),中國秦漢史研究會。

籾山明　1995　《秦代審判制度的復原》,《日本中青年學者論中國史》(上古秦漢卷),上海古籍出版社。

籾山明　1998　《刻齒簡牘初探:漢簡形態論》,《簡帛研究譯叢》(第二輯),湖南人民出版社。

籾山明　2007　《秦漢刑罰史的研究現狀》,《中國古代法律文獻研究》(第三輯),中國政法大學出版社。

籾山明　2009　《中國古代訴訟制度研究》,上海古籍出版社。

南玉泉　2012　《秦漢式的種類與性質》,《中國古代法律文獻研究》第 1 期。

P

彭邦炯　1987　《從出土秦簡再探秦內史與大內、少內和少府的關係與執掌》，《考古與文物》第5期。

彭勃、徐頌陶　1995　《中華人事行政法律大典》，中國人事出版社。

彭浩　1993　《秦〈戶律〉和〈具律〉考》，《簡帛研究》（第一輯），法律出版社。

彭浩　2001　《秦簡〈效律〉"飲水"釋義》，《文物》第12期。

彭浩　2002　《讀張家山漢簡〈行書律〉》，《文物》第9期。

彭浩　2006A　《睡虎地秦簡"王室祠"與〈齎律〉考辨》，《簡帛》（第一輯），上海古籍出版社。

彭浩　2006B　《睡虎地秦墓竹簡〈倉律〉校讀（一則）》，《考古學研究（六）》，科學出版社。

彭浩　2007A　《讀里耶"祠先農"簡》，《出土文獻研究》（第八輯），上海古籍出版社。

彭浩　2007B　《談〈二年律令〉中"鬼薪白粲"加罪的兩條律文》，《簡帛》（第二輯），上海古籍出版社。

彭浩　2009　《讀松柏出土的四枚西漢木牘》，《簡帛》（第四輯），上海古籍出版社。

彭浩　2010　《睡虎地秦墓竹簡〈傜律〉補說》，《簡帛》（第五輯），上海古籍出版社。

彭浩　2011　《談秦漢數書中的"輿田"及相關問題》，《簡帛》（第六輯），上海古籍出版社。

彭浩　2012A　《"將陽"與"將陽亡"》，簡帛網，2012年9月23日，http：//www. bsm. org. cn/ show_article. php? id =1737。

彭浩　2012B　《秦和西漢早期簡牘中的糧食計量》，《出土文獻研究》（第十一輯），中西書局。

彭浩、陳偉、工藤元男　2007　《二年律令與奏讞書：張家山二四七號漢墓出土法律文獻釋讀》，上海古籍出版社。

彭年　1990　《秦漢"同居"考辨》，《社會科學研究》第6期。

彭文芳　2015　《古代刑名詮考》，武漢大學出版社。

駢宇騫、段書安　2006　《二十世紀出土簡帛綜述》，文物出版社。

蒲堅　2001　《中國古代法制叢鈔》（第一卷），光明日報出版社。

蒲慕州　1993　《睡虎地秦簡〈日書〉的世界》，《"中央研究院"歷史語言研究所集刊》第62本第4分，"中央研究院"歷史語言研究所。

Q

齊衝　2006　《〈睡虎地秦墓竹簡〉中的複音結構詞彙化研究》，《簡帛語言文字研究：第七屆全國古代漢語學術研討會暨簡帛文獻語言研究國際學術研討會論文集》，巴蜀書社。

錢存訓　2002　《紙的起源新證：試論戰國秦簡中的紙字》，《文獻》第 1 期。

錢大群　1983　《談“隸臣妾”與秦代的刑罰制度》，《法學研究》第 5 期。

錢大群　1985　《再談隸臣妾與秦代的刑罰制度》，《法學研究》第 6 期。

錢大群　1988　《秦律“三環”論》，《南京大學學報》第 2 期。

錢大群　2003　《歷代法制考・戰國秦漢法制考》，《中國法制史考證》（甲編第二卷），中國社會科學出版社。

錢劍夫　1980　《秦漢嗇夫考》，《中國史研究》第 1 期。

錢劍夫　1988　《漢代“案比”制度的淵源及其演變》，《歷史研究》第 3 期。

錢玄　1987　《三禮名物通釋》，江蘇古籍出版社。

錢玉林、黃麗麗　2009　《中華傳統文化辭典》，上海大學出版社。

秦簡講讀會　1978　《〈睡虎地秦墓竹簡〉譯注初稿》，（日本）《中央大學大學院論究》第 10 卷第 1 號。

秦簡講讀會　1979　《〈睡虎地秦墓竹簡〉譯注初稿承前》，（日本）《中央大學大學院論究》第 11 卷第 1 號。

秦簡講讀會　1980　《〈睡虎地秦墓竹簡〉譯注初稿承前 3》，（日本）《中央大學大學院論究》第 12 卷第 1 號。

秦簡講讀會　1981　《〈睡虎地秦墓竹簡〉譯注初稿承前 4》，（日本）《中央大學大學院論究》第 13 卷第 1 號。

秦簡講讀會　1982　《〈睡虎地秦墓竹簡〉譯注初稿承前 5》，（日本）《中央大學大學院論究》第 14 卷第 1 號。

秦簡講讀會　1983　《〈睡虎地秦墓竹簡〉譯注初稿承前 6》，（日本）《中央大學大學院論究》第 15 卷第 1 號。

秦仙梅　2005　《秦人與馬》，《陝西歷史博物館館刊》（第十二輯），三秦出版社。

丘光明　1992　《中國歷代度量衡考》，科學出版社。

丘光明、邱隆、楊平　2001　《中國科學技術史》（度量衡卷），科學出版社。

邱亮、王煥林　2011　《睡虎地秦簡“紙”字新釋》，《現代語文》（語言研究版）第 8 期。

秋非　1989　《簡詁拾零》，《渭南師專學報》（綜合版）第 2 期。

裘錫圭　1979A　《新發現的居延漢簡的幾個問題》，《中國史研究》第 4 期。

裘錫圭　1979B　《談談古文字資料對古漢語研究的重要性》，《中國語文》第 6 期。

裘錫圭　1980　《考古發現的秦漢文字資料對於校讀古籍的重要性》，《中國社會科學》第 5 期。

裘錫圭　1981A　《嗇夫初探》，《雲夢秦簡研究》，中華書局。

裘錫圭　1981B　《漢簡零拾》，《文史》（第十二輯），中華書局。

裘錫圭　1981C　《談談地下材料在先秦秦漢古籍整理工作中的作用》，《古籍整理出版情況簡報》第 6 期；後收入氏著《古代文史研究新探》，江蘇古籍出版社，1992 年；又見《裘錫圭學術文集》（第 4 卷），復旦大學出版社，2012 年。

裘錫圭　1982A　《睡虎地秦墓竹簡注釋商榷（一）》，《文史》（第十三輯），中華書局。

裘錫圭　1982B　《睡虎地秦墓竹簡注釋商榷（二）》，《文史》（第十三輯），中華書局。

裘錫圭　1983　《釋萬》，《古文字學論集初編》，香港中文大學中國文化研究所、吳多泰中國語文研究中心。

裘錫圭　1988　《文字學概要》，商務印書館。

裘錫圭　1992A　《古代文史研究新探》，江蘇古籍出版社。

裘錫圭　1992B　《古文字論集》，中華書局。

裘錫圭　1993　《讀簡帛文字資料札記》，《簡帛研究》（第一輯），法律出版社。

裘錫圭　2000　《古代文史研究新探》，江蘇人民出版社。

裘錫圭　2002　《讀書札記四則》，《義守大學人文與社會學報》第 1 期，義守大學人文與社會學報編輯委員會。

裘錫圭　2003　《讀逨器銘文札記三則》，《文物》第 6 期。

裘錫圭、陳劍　2016　《説“徇”“讂”》，《漢語歷史語言學的傳承與發展》，復旦大學出版社。

R

饒宗頤　1982　《雲夢秦簡日書研究》，《雲夢秦簡日書研究》，香港中文大學出版社。

饒宗頤　1986　《秦簡中的五行説與納音説》，《古文字研究》（第十四輯），中華書局。

饒宗頤　1993　《雲夢秦簡日書賸義》，《楚地出土文獻三種研究》，中華書局。

饒宗頤、曾憲通　1982　《雲夢秦簡日書研究》，香港中文大學出版社。

任惠華　2015　《中國古代偵查小史》，中國長安出版社。

任仲爀　2008　《秦漢律的罰金刑》，《湖南大學學報》（社會科學版）第 3 期。

容庚、張振林　1985　《金文編》，中華書局。

汝凱　1998　《“丈人”辨》，《中國史研究》第 3 期。

S

山珊　2015　《睡虎地秦簡〈效律〉考釋一則》，《國學學刊》第 4 期。

單育辰　2007　《秦簡“柀”字釋義》，《江漢考古》第 4 期。

陝西省博物館　1964　《西安市銅石西郊高窑村出土秦高奴銅石權》，《文物》

第9期。

商慶夫　1980　《睡虎地秦簡〈編年記〉的作者及其思想傾向》,《文史哲》第4期。

商慶夫　1987　《再論秦簡〈編年記〉作者的思想傾向》,《文史哲》第6期。

上海小組(上海市重型機械製造公司工人歷史研究小組)　1976　《從雲夢秦簡〈大事記〉看秦統一六國和反復辟鬭爭》,《文物》第7期。

尚民傑　1997A　《雲夢〈日書〉與五行學說》,《文博》第2期。

尚民傑　1997B　《雲夢〈日書〉十二時名稱考辨》,《華夏考古》第3期。

尚民傑　2000A　《〈日書〉"男女日"與"生子"》,《文博》第1期。

尚民傑　2000B　《睡虎地秦簡〈日書〉中的"土神"與"土忌"》,《陝西歷史博物館館刊》(第七輯),三秦出版社。

沈剛　2015　《里耶秦簡所見戍役種類辨析》,《簡帛研究二〇一五》(秋冬卷),廣西師範大學出版社。

沈家本　1985　《歷代刑法考》,中華書局。

沈家本　1990　《沈寄簃先生遺書》,中國書店。

沈培　2001　《說郭店楚簡中的"肆"》,《語言》(第二卷),首都師範大學出版社。

沈曉敏　2015　《中國法制史》,廈門大學出版社。

沈祖春　2005　《從文化學角度試析"龍"何以有"禁忌"之意》,《重慶文理學院學報》第4期。

沈祖春　2006A　《秦簡〈日書〉"夫妻同衣"新解》,《重慶工學院學報》第6期。

沈祖春　2006B　《先秦簡牘〈日書〉詞語札記:〈漢語大字典〉〈漢語大詞典〉收詞釋義補正》,《重慶文理學院學報》(社會科學版)第6期。

施偉青　1984　《"隸臣妾"的身份復議》,《中國社會經濟史研究》第1期。

施偉青　1992　《關於運用秦簡材料研究土地制度的若干問題》,《廈門大學學報》(哲學社會科學版)第4期。

施偉青　1993　《論秦"士伍"的身份》,《中國社會經濟史研究》第1期。

施偉青　2003　《秦漢時期的私家奴婢新探》,《中國社會經濟史研究》第4期。

施偉青　2004　《中國古代史論叢》,嶽麓書社。

施謝捷　1998　《秦簡文字考釋札記》,《簡帛研究》(第三輯),廣西教育出版社。

施謝捷　2009　《董珊〈吳王者彶虘虘劍銘考〉評論》,復旦大學出土文獻與古文字研究中心網站,2009年10月2日,http://www.gwz.fudan.edu.cn/SrcShow.asp?Src_ID=928。

施謝捷　2011　《簡帛文字考釋札記(三續)》,甘肅省第二屆簡牘學國際學術研討會會議論文。

石峰　2000　《〈睡虎地秦墓竹簡〉的係詞“是”》，《古漢語研究》第3期。

石泉　1980　《古鄧國、鄧縣考》，《江漢論壇》第3期。

石子政　1984　《秦律貲罰甲盾與統一戰爭》，《中國史研究》第2期。

史黨社　2002　《秦簡與〈墨子・城守〉諸篇相關內容比較》，《簡牘學研究》（第三輯），甘肅人民出版社。

柿沼陽平　2010　《戰國及秦漢時代官方“受錢”制度和券書制度》，《簡帛》（第五輯），上海古籍出版社。

舒之梅　1981　《珍貴的雲夢秦簡》，《雲夢秦簡研究》，中華書局。

睡虎地秦簡研究班　1981　《睡虎地秦簡校注》，《簡牘學報》第10期，簡牘學會。

斯維至　1983　《釋“皂隸食職”並論奴隸制農奴制的問題》，《雲南社會科學》第6期。

宋國華、王芳　2012　《秦漢“自出”非“自告”說》，《南都學壇》（人文社會科學學報）第4期。

宋華強　2012　《釋戰國秦漢簡中表示禁忌義的“龍”》，《簡帛》（第七輯），上海古籍出版社。

宋敏　1980　《雲夢秦簡：奴隸社會的新證》，《東北師大學報》（哲學社會科學版）第4期。

宋艷萍　2004　《從〈二年律令〉中的“貲”看秦漢經濟處罰形式的轉變》，《出土文獻研究》（第六輯），上海古籍出版社。

蘇誠鑑　1982　《秦“隸臣妾”爲官奴隸說：兼論我國歷史上“歲刑”制的起源》，《江淮論壇》第1期。

蘇衛國　2006　《重新定位“縣嗇夫”的思考》，《史學月刊》第4期。

蘇衛國　2008　《小議簡牘文書中的“告”“謂”句式：秦漢官文書用語研究之一》，《簡帛研究二〇〇五》，廣西師範大學出版社。

孫機　2015　《仰觀集：古文物的欣賞與鑒別》（修訂本），文物出版社。

孫瑞　1998A　《從〈睡虎地秦墓竹簡〉看秦國家族大事記》，《檔案學通訊》第3期。

孫瑞　1998B　《從〈睡虎地秦墓竹簡〉看秦國憑證及憑證文書》，《吉林大學古籍整理研究所建所十五週年紀念文集》，吉林大學出版社。

孫瑞　2009　《金文簡牘帛書中文書研究》，吉林文史出版社。

孫聞博　2008　《秦漢簡牘中所見特殊類型奸罪研究》，《中國歷史文物》第3期。

孫聞博　2011　《簡牘所見秦漢法律訴訟中的鄉》，《中華文化論壇》第1期。

孫聞博　2015　《秦及漢初的司寇與徒隸》，《中國史研究》第3期。

孫曉春、陳維禮　1985　《〈睡虎地秦墓竹簡〉譯注商兑》，《史學集刊》第2期。

孫曉丹　2017 《秦及漢初刑徒社會身份問題探析》，《江蘇社會科學》第 4 期。

孫言誠　1985 《簡牘中所見秦之邊防》，《中國社會科學院研究生院碩士論文選》，中國社會科學出版社。

孫言誠　1987 《秦漢的屬邦和屬邦》，《史學月刊》第 2 期。

孫言誠　1988 《秦漢的戍卒》，《文史哲》第 5 期。

孫鼇　2006 《秦漢贖刑論考》，東北師範大學碩士學位論文。

孫英民　1982 《〈秦始皇陵西側趙背戶村秦刑徒墓〉質疑》，《文物》第 10 期。

孫英民　1986 《從雲夢秦簡看秦律“連坐”法》，《中原文物》第 2 期。

孫仲奎　1988 《“隸臣妾”與“公人”》，《文史哲》第 6 期。

T

太田幸男　1974 《共同體と奴隷制：アジア》，《現代歷史學の成果と課題》，青木書店。

太田幸男　2007 《中國古代國家形成史論》，汲古書院。

陶安　2010 《睡虎地秦簡〈法律答問〉108 簡“校補簡”小考》，簡帛網，2010 年 7 月 2 日，http：//www. bsm. org. cn/show_article. php? id = 1270。

陶安　2012 《秦漢律“庶人”概念辯證》，《簡帛》（第七輯），上海古籍出版社。

譚其驤　1982 《中國歷史地圖集》，中國地圖出版社。

湯餘惠　1983 《戰國文字考釋五則》，《古文字研究》（第十輯），中華書局。

湯餘惠　1993 《戰國銘文選》，吉林大學出版社。

湯志彪　2012 《秦簡文字札記兩則》，《甘肅省第二屆簡牘學國際學術研究會論文集》，上海古籍出版社。

湯志彪　2017 《略論里耶秦簡中令史的執掌與升遷》，《史學集刊》第 2 期。

湯志彪、孫德軍　2011 《秦簡文字瑣記（三則）》，《西華大學學報》（哲學社會科學版）第 1 期。

唐琬晴　2008 《簡析〈睡虎地秦墓竹簡〉中的“計”與“廥籍”》，《科教文匯》第 1 期（中旬刊）。

唐鈺明　1998 《戰國文字資料釋讀三題》，《容庚先生百年誕辰紀念文集》，廣東人民出版社。

唐贊功　1981 《雲夢秦簡所涉土地所有制形式問題初探》，《雲夢秦簡研究》，中華書局。

藤田高夫　2001 《秦漢罰金考》，《簡帛研究二〇〇一》，廣西師範大學出版社。

藤田勝久　1987 《〈史記〉戰國紀年の再檢討：睡虎地秦簡〈編年記〉を手がかりとして》，《愛媛大學教養部紀要》第 20 期；後收入《〈史記〉戰國史料研究》（曹峰、廣瀨薰雄譯），上海古籍出版社。

陶亮　2007 《“免隸臣妾”解》，《文化學刊》第 5 期。

田昌五　1976　《秦國法家路綫的凱歌：讀云夢出土秦簡札記》，《文物》第6期。

田鳳嶺、陳雍　1986　《新發現的“十七年丞相啟狀”戈》，《文物》第3期。

田人隆　1979　《“閭佐”試探》，《中國史研究》第2期。

田餘慶　1989　《説張楚：關於“亡秦必楚”問題的探討》，《歷史研究》第2期。

W

萬榮　2007　《秦、漢法律簡牘中的“自出”與“自告”辨析》，《楚地簡帛思想研究（三）》，湖北教育出版社。

萬榮　2013　《秦漢簡牘“自告”“自出”再辨析：兼論“自詣”“自首”》，《江漢論壇》第8期。

汪少華　2005　《“鞞”“紛”考辨：考古與訓詁雙重視野中的名物考證》，《漢語史學報》第1期。

王愛清　2006　《關於秦漢里與里吏的幾個問題》，《社會科學輯刊》第4期。

王光華、李秀茹　2006　《試析秦簡〈日書〉辰、戌、丑、未四季土》，《求索》第9期。

王桂鈞　1988　《〈日書〉所見早期秦俗發微：信仰、習尚、婚俗及貞節觀》，《文博》第4期。

王貴元　2001　《秦簡字詞考釋四則》，《中國語文》第4期。

王貴元　2004　《張家山漢簡與〈説文解字〉合證》，《古漢語研究》第2期。

王化平　2003　《秦簡〈爲吏之道〉及相關問題研究》，四川大學碩士學位論文。

王焕林　2006　《秦簡“當騰騰”音義商兑》，《吉首大學學報》（社會科學版）第3期。

王焕林　2007　《里耶秦簡校詁》，中國文聯出版社。

王輝　1993　《“都官”顔注申注》，《人文雜誌》第6期。

王輝　1998　《“都官”顔注申論》，《周秦文化研究》，陝西人民出版社。

王輝　2000　《秦出土文獻編年》，新文豐出版股份有限公司。

王輝　2012A　《試析“坐隸，隸不坐戶”》，《牡丹江師範學院學報》（哲學社會科學版）第1期。

王輝　2012B　《一粟居讀簡記（一）》，《清華簡研究第一輯：清華大學藏戰國竹簡（壹）國際學術研討會論文集》，中西書局。

王輝、陳昭容、王偉　2016　《秦文字通論》，中華書局。

王輝、王偉　2014　《秦出土文獻編年訂補》，三秦出版社。

王暉、王建科　2005　《出土文字資料與古代神話原型新探》，《北京師範大學學報》（社會科學版）第1期。

王惠　2009《秦簡律目銜微》，華東政法大學碩士學位論文。

王立鑫　2015《睡虎地木牘家書研究》，中央民族大學碩士學位論文。

王敏典　1992《秦代徒刑刑期辨》，《深圳大學學報》（人文社會科學版）第1期。

王明欽　2004《王家臺秦墓竹簡概述》，《新出簡帛研究》，文物出版社。

王三峽　2006《秦簡“久刻職物”相關文字解讀》，《江漢考古》第1期。

王三峽　2007《秦簡“久刻職物”相關文字的解讀》，《長江大學學報》（社會科學版）第2期。

王森　1986《秦漢律中髡、耐、完刑辨析》，《法學研究》第1期。

王偉　2005《〈秦律十八種·傜律〉應析出一條〈興律〉說》，《文物》第10期。

王魏總　2014《中國考古學大辭典》，上海辭書出版社。

王笑　2014《秦漢簡牘中的“冗”和“冗募”》，《出土文獻與法律史研究》（第三輯），上海人民出版社。

王笑　2016《秦漢傜律研究》，湖南大學碩士學位論文。

王彥輝　2012《〈里耶秦簡〉（壹）所見秦代縣鄉機構設置問題蠡測》，《古代文明》第4期。

王鍈　1982《雲夢秦簡竹簡所見某些語法現象》，《語言研究》第1期。

王澤強　2010《簡帛文獻與先秦兩漢文學研究》，中國社會科學出版社。

王占通　1991《秦代肉刑耐刑可作主刑辨》，《吉林大學社會科學學報》第3期。

王占通、栗勁　1984《“隸臣妾”是帶有奴隸殘餘屬性的刑徒》，《吉林大學社會科學學報》第2期。

王忠全　1988《秦漢時代“鍾”“斛”“石”新考》，《中國史研究》第1期。

王子今　1987《秦人屈肢葬仿象“窋臥”說》，《考古》第12期。

王子今　1993《睡虎地秦簡〈日書〉秦楚行忌比較》，《秦文化論叢》（第二輯），西北大學出版社。

王子今　1994《睡虎地秦簡〈日書〉所見行歸宜忌》，《江漢考古》第2期。

王子今　1998《秦代民間簡字舉例》，《秦文化論叢》（第六輯），西北大學出版社。

王子今　2000《睡虎地秦簡〈日書〉甲種“以見君上數達”解》，《峽西歷史博物館館刊》（第七輯），三秦出版社。

王子今　2001A《秦法“刑棄灰於道者”試解：兼說睡虎地秦簡〈日書〉“鬼來陽（揚）灰”之術》，《陝西歷史博物館館刊》（第八輯），三秦出版社。

王子今　2001B《睡虎地〈日書〉甲種〈稷辰〉疏證》，《簡帛研究二〇〇一》，廣西師範大學出版社。

王子今　2003A《睡虎地秦簡〈日書〉甲種疏證》，湖北教育出版社。

王子今　2003B　《睡虎地秦簡〈日書〉甲種〈病〉篇釋讀》，《秦文化論叢》（第十輯），三秦出版社。

王子今　2003C　《讀劉樂賢著〈簡帛數術文獻探論〉》，《中國史研究動態》第8期。

王子今　2004　《秦漢民間信仰體系中的“樹神”和“木妖”》，《周秦漢唐文化研究》（第三輯），三秦出版社。

王子今　2007　《説“上郡地惡”》，《張家山漢簡〈二年律令〉研究文集》，廣西師範大學出版社。

王子今　2010　《説秦漢“嬰兒”稱謂》，《南都學刊》第2期。

王子今　2012A　《睡虎地秦簡〈日書〉甲種疏證》（增訂本），中國人民大學出版社。

王子今　2012B　《秦漢民間意識中的“小兒鬼”》，《秦漢研究》（第六輯），陝西人民出版社。

王子今　2014　《河西漢簡所見“馬禖祝”禮俗與“馬醫”“馬下卒”職任》，《秦漢研究》（第八輯），陝西人民出版社。

魏德勝　1997　《〈睡虎地秦墓竹簡〉雜考》，《中國文化研究》第4期。

魏德勝　1999　《〈睡虎地秦墓竹簡〉複音詞簡論》，《中華文化論叢》（第二輯），商務印書館。

魏德勝　2000　《〈睡虎地秦墓竹簡〉語法研究》，首都師範大學出版社。

魏德勝　2001A　《以秦墓竹簡印證〈説文〉説解》，《中國語文》第4期。

魏德勝　2001B　《〈睡虎地秦墓竹簡〉宜忌詞語考釋》，第二届漢語史學術研討會論文。

魏德勝　2002　《雲夢秦簡與〈説文〉的用字》，《簡帛語言文字研究》（第一輯），巴蜀書社。

魏德勝　2003　《〈睡虎地秦墓竹簡〉詞彙研究》，華夏出版社。

魏德勝　2005　《雲夢秦簡中的官職名》，《中國文化研究》第2期。

魏德勝　2006　《讀書札記三則》，《中國文化研究》第2期。

魏啟鵬　2000　《文子學派與秦簡〈爲吏之道〉》，《道家文化研究》（第十八輯），生活·讀書·新知三聯書店。

魏天安　1989　《“阡陌”與“頃畔”釋義辨析》，《河南大學學報》（哲學社會科學版）第4期。

魏宜輝　2008　《再論馬王堆帛書中的“是”句》，《東南文化》第4期。

魏宜輝　2014　《説“盜”》，《語言研究》第1期。

溫樂平、程宇昌　2003　《從張家山漢簡看西漢初期平價制度》，《江西師範大學學報》（哲學社會科學版）第6期。

文霞　2007　《秦漢奴婢法律地位及其比較研究》，首都師範大學博士學位論文。

巫鴻　1979　《秦權研究》，《故宮博物院院刊》第4期。

吳福助　1981　《秦簡語書研究》，《簡牘學報》第10期。

吳福助　1994　《睡虎地秦簡論考》，臺北文津出版社。

吳昊　2006　《睡虎地秦簡法律文化研究》，華東師範大學博士學位論文。

吳榮曾　1977　《輪秦律的階級本質：讀雲夢秦律札記》，《歷史研究》第5期。

吳榮曾　1980　《胥靡試探》，《中國史研究》第3期。

吳榮曾　1981A　《秦的官府手工業》，《雲夢秦簡研究》，中華書局。

吳榮曾　1981B　《監門考》，《中華文史論叢》第3期。

吳榮曾　1995　《先秦兩漢史研究》，中華書局。

吳榮曾　2003　《秦漢時的行錢》，《中國錢幣》第3期。

吳榮曾　2006　《出土資料與隸臣妾制度》，《中國社會科學院院報》，2006年11月2日第3版。

吳樹平　1981　《雲夢秦簡所反映的秦代社會階級狀況》，《雲夢秦簡研究》，中華書局。

吳樹平　1988　《秦漢文獻研究》，齊魯書社。

吳曉懿　2010　《秦封泥所見秦廄官名初探》，《中國歷史文物》第3期。

吳小強　1990　《〈日書〉與秦社會風俗》，《文博》第2期。

吳小強　1992A　《論秦人宗教思維特徵：雲夢秦簡〈日書〉的宗教學研究》，《江漢考古》第1期。

吳小強　1992B　《論秦人的多神崇拜特點：雲夢秦簡〈日書〉的宗教學研究》，《文博》第4期。

吳小強　2000　《秦簡日書集釋》，嶽麓書社。

吳小強　2010　《睡虎地秦簡〈日書〉占卜用語習慣與規律分析》，《古籍整理研究學刊》第4期。

吳益中　1987　《關於雲夢秦簡中“男子”一稱》，《江漢考古》第1期。

吳益中　1988　《秦什伍連坐制度初探》，《北京師院學報》（社會科學版）第2期。

吳永章　1983　《從雲夢秦簡看秦的民族政策》，《江漢考古》第2期。

吳玉梅　2005　《秦漢簡牘札記》，《樂山師範學院學報》第4期。

吳振武　1994　《古璽和秦簡中的“穆”字》，《文史》（第三十八輯），中華書局。

武鳳徵　2016　《睡虎地秦簡職官匯考》，集美大學碩士學位論文。

武漢大學簡帛研究中心　2006　《簡帛》（第一輯），上海古籍出版社。

武樹臣　1994　《中國傳統法律文化》，北京大學出版社。

X

夏德安（DONALD HARPER）　1985　A Chinese demonography of the third century B. C.，Harvard journal of asiatic studies.，Vol. 45，No. 2（Dec. 1985）.

夏利亞　2010　《〈睡虎地秦墓竹簡〉注釋商榷五則》，復旦大學出土文獻與古文字研究中心網站，2010 年 8 月 26 日，http：//www. gwz. fudan. edu. cn/SrcShow. asp? Src_ID =1241。

夏利亞　2011　《秦簡文字集釋》，華東師範大學博士學位論文。

夏利亞　2013　《三十六年來睡虎地秦墓竹簡研究綜述》，《古籍整理研究學刊》第 4 期。

夏利亞　2019　《睡虎地秦簡文字集釋》，上海交通大学出版社。

孝感地區第二期亦工亦農文物考古訓練班　1976　《湖北雲夢睡虎地十一號秦墓發掘簡報》，《文物》第 6 期。

肖常綸、應新龍　1984　《謀遣·教令·教唆·造意》，《法學》第 3 期。

肖永明　2009　《讀嶽麓書院藏秦簡〈爲吏治官及黔首〉札記》，《中國史研究》第 3 期。

蕭聖中、蔡丹　2007　《書寫歷史：戰國秦漢簡牘》，文物出版社。

謝瑞東　2015　《張家山漢簡法律文獻與漢初社會控制》，社會科學文獻出版社。

謝巍　1983　《睡虎地秦簡〈編年記〉爲年譜說》，《江漢論壇》第 5 期。

辛德勇　1996　《閭左臆解》，《中國史研究》第 4 期。

辛德勇　2006　《秦始皇三十六郡新考（上）》，《文史》第 1 期。

邢義田　1982　《中國皇帝制度的建立與發展》，《中國文化新論·制度篇》，聯經出版事業股份有限公司。

邢義田　1987　《秦漢的律令學：兼論曹魏律博士的出現》，《秦漢史論稿》，東大圖書股份有限公司。

邢義田　1988　《秦漢皇帝與聖人》，《國史概論：陶希聖先生九秩榮慶祝壽論文集》，臺北食貨出版社。

邢義田　1998　《從簡牘看漢代的行書範本——“式”》，《簡帛研究》（第三輯），廣西教育出版社。

邢義田　2003A　《張家山漢簡〈二年律令〉讀記》，《燕京學報》第 15 期。

邢義田　2003B　《從張家山漢簡〈二年律令〉論秦漢的刑期問題》，《臺大歷史學報》第 31 期。

邢義田　2006　《湖南龍山里耶 J1（8）157 和 J1（9）1－12 號秦牘的文書構成、筆跡和原檔存放形式》，《簡帛》（第一輯），上海古籍出版社。

邢義田　2007　《從張家山漢簡〈二年律令〉重論秦漢的刑期問題》，《中國古代法律文獻研究》（第三輯），中國政法大學出版社。

邢義田　2008　《秦或西漢初和奸案中所見的親屬倫理關係：江陵張家山二四七號墓〈奏讞書〉簡 180－196 考論》，《傳統中國法律的理念與實踐》，“中央研究院”歷史語言研究所。

熊克　1979　《“吏誰從軍”：讀雲夢秦簡札記》，《中國史研究》第 3 期。

熊鐵基　1979A　《秦代的郵傳制度》，《學術研究》第 3 期。

熊鐵基　1979B　《釋〈南郡守文書〉：讀云夢秦簡札記》，《中國史研究》第 3 期。

熊鐵基　1990　《秦漢軍事制度史》，廣西人民出版社。

熊鐵基　2012　《熊鐵基學術論著選》，華中師範大學出版社。

熊鐵基、王瑞明　1981　《秦代的封建土地所有制》，《雲夢秦簡研究》，中華書局。

徐富昌　1993　《睡虎地秦簡研究》，文史哲出版社。

徐富昌　1999　《睡虎地秦簡〈日書〉中的鬼神信仰》，《張以仁先生七秩壽慶論文集》，臺灣學生書局。

徐鴻修　1984　《從古代罪人收奴刑的變遷看“隸臣妾”“城旦舂”的身份》，《文史哲》第 5 期。

徐鴻修　2002　《先秦史研究》，山東大學出版社。

徐世虹　1999　《中國法制通史·第 2 卷·戰國秦漢》，法律出版社。

徐世虹　2003　《張家山二年律令簡中的損害賠償之規定》，《華學》（第六輯），紫禁城出版社。

徐世虹　2004　《“三環之”“刑復城旦舂”“繫城旦舂某歲”解》，《出土文獻研究》（第六輯），上海古籍出版社。

徐世虹　2005　《九章律再認識》，《沈家本與中國法律文化國際學術研討會》，中國法制出版社。

徐世虹　2007　《秦及漢初律中的城旦刑》，《中華法系國際學術研討會文集》，中國政法大學出版社。

徐世虹　2014A　《〈秦律十八種〉中的“有罪”蠡測》，《中國古代法律文獻研究》（第七輯），社會科學文獻出版社。

徐世虹　2014B　《睡虎地秦簡法律文書集釋（二）：〈秦律十八種〉（〈田律〉〈廄苑律〉）》，《中國古代法律文獻研究》（第七輯），社會科學文獻出版社。

徐世虹　2015　《睡虎地秦簡法律文書集釋（三）：〈秦律十八種〉（〈倉律〉）》，《中國古代法律文獻研究》（第八輯），社會科學文獻出版社。

徐世虹　2016　《睡虎地秦簡法律文書集釋（四）：〈秦律十八種〉（〈金布律〉—〈置吏律〉）》，《中國古代法律文獻研究》（第九輯），社會科學文獻出版社。

許道勝　2013　《嶽麓秦簡〈爲吏治官及黔首〉與〈數〉校釋》，武漢大學博士學位論文。

許道勝、李薇　2010　《嶽麓書院所藏秦簡〈數〉釋文校補》，《江漢考古》第 4 期。

許惟賢　2000　《古漢語小字典》，上海辭書出版社。

許信昌　1993　《秦簡日書數術的探討》，臺灣大學碩士學位論文。

薛英群　1991　《居延漢簡通論》，甘肅教育出版社。

Y

閻愛民　2005　《漢晉家族研究》，上海人民出版社。

閻步克　2000　《從稍食到月俸：戰國秦漢祿秩登記制新探》，《學術界》第2期。

閻步克　2003　《論張家山漢簡〈二年律令〉中的“宦皇帝”》，《中國史研究》第3期。

閻步克　2009　《從爵本位到官本位：秦漢官僚品位結構研究》，生活·讀書·新知三聯書店。

閆曉君　2003　《秦漢時期的法醫檢驗》，《國學研究》（第十一卷），北京大學出版社。

閆曉君　2012　《秦漢法律研究》，法律出版社。

嚴賓　1990　《“隱宮”“隱官”辨析》，《人文雜誌》第3期。

嚴耕望　2007　《中國地方行政制度史》（上編卷上），上海古籍出版社。

嚴國慶　1999　《秦簡“佃人”考辨：兼論〈法律答問〉中律文的成文時代》，《文教資料》第5期。

晏昌貴　2002　《〈日書〉札記十則》，《楚地出土簡帛文獻思想研究（一）》，湖北人民出版社。

晏昌貴　2003　《簡帛〈日書〉歲篇合證》，《湖北大學學報》（哲學社會科學版）第1期。

晏昌貴　2008　《對〈日書〉“艮山”圖的一個簡單解讀》，簡帛網，2008年3月25日，http://www.bsm.org.cn/show_article.php?id=808。

晏昌貴　2010　《簡帛數術與歷史地理論集》，商務印書館。

晏昌貴　2012　《增補漢簡所見縣名與里名》，《歷史地理》（第二十六輯），上海人民出版社。

晏昌貴、梅莉　2002　《楚秦〈日書〉所見的居住習俗》，《民俗研究》第2期。

楊芬　2010　《出土秦漢書信匯校集注》，武漢大學博士學位論文。

楊廣成、李軍　2011　《睡虎地秦簡“更隸妾”蠡測》，復旦大學出土文獻與古文字研究中心網站，2011年5月25日，http://www.gwz.fudan.edu.cn/SrcShow.asp?Src_ID=1505。

楊廣偉　1986　《“完刑”即“髡”刑考》，《復旦學報》第2期。

楊禾丁　1983　《“叚門”與“監門”》，《中華文史論叢》第3期。

楊禾丁　1993　《論秦簡所載魏律“叚門逆旅”》，《四川大學學報》（哲學社會科學版）第1期。

楊洪　2008　《睡虎地秦墓竹簡詞彙研究》，華東師範大學碩士學位論文。

楊華　2010　《睡虎地秦簡〈法律答問〉第25～28號補說》，《古文字研究》（第二十八輯），中華書局。

楊劍虹　1983　《“隸臣妾”簡論》，《考古與文物》第2期。

楊劍虹　1984　《睡虎地秦簡〈編年記〉作者及其政治態度：兼與陳宜、商慶夫同志商榷》，《江漢考古》第4期。

楊劍虹　1989　《從雲夢秦簡看秦代手工業和商業的若干問題》，《江漢考古》第2期。

楊劍虹　1992　《秦簡〈語書〉窺測：兼論〈編年記〉作者不是楚人》，《江漢考古》第4期。

楊劍虹　1996　《從簡牘看秦漢時期的鄉與里組織》，《陝西歷史博物館刊》（第三輯），西北大學出版社。

楊劍虹　2013　《秦漢簡牘研究存稿》，廈門大學出版社。

楊巨中　1988　《〈日書·星〉釋議》，《文博》第4期。

楊寬　1981　《從“少府”職掌看秦漢封建統治者的經濟特權》，《秦漢史論叢》（第一輯），陝西人民出版社。

楊寬　1998　《戰國史》（增訂本），上海人民出版社。

楊寬　1999　《西周史》，上海人民出版社。

楊寬　2001　《戰國史料編年輯證》，上海人民出版社。

楊升南　1987　《雲夢秦簡中“隸臣妾”的身份和戰國時秦國的社會性質》，《鄭州大學學報》（哲學社會科學版）第2期。

楊錫全　2009　《出土文獻“是＝”句淺析》，復旦大學出土文獻與古文字研究中心網站，2009年11月3日，http://www.gwz.fudan.edu.cn/SrcShow.asp?Src_ID=958。

楊越　2014　《秦漢遷刑考論》，東北師範大學碩士學位論文。

楊振紅　2006　《龍崗秦簡“田”“租”釋義補正》，《簡帛研究二〇〇四》，廣西師範大學出版社。

楊振紅　2007　《漢代算車、船、緡錢制度新考：以〈史記·平準書〉爲中心》，《文史》第4期。

楊振紅　2008　《秦漢簡中的“冗”“更”與供役方式》，《簡帛研究二〇〇六》，廣西師範大學出版社。

楊振紅　2012　《從出土簡牘看秦漢時期的芻稾稅》，《簡牘與古代史研究》，北京大學出版社。

楊振紅　2013A　《秦漢時期的“尉”“尉律”與“置吏”“除吏”：兼論“吏”的屬性》，《簡帛》（第八輯），上海古籍出版社。

楊振紅　2013B　《從秦“邦內史”的演變看戰國秦漢時期郡縣制的發展》，《中國史研究》第4期。

楊振紅　2015　《出土簡牘與秦漢社會（續編）》，廣西師範大學出版社。

楊宗兵　2004　《里耶秦簡縣“守”“丞”“守丞”同義說》，《北方論叢》第6期。

姚小鷗　2000　《〈睡虎地秦簡成相篇〉研究》，《文學前沿》第1期。

伊強　2009　《睡虎地秦簡〈爲吏之道〉補說》，簡帛網，2009年12月28日，http：//www. bsm. org. cn/show_article. php? id = 1197。

衣撫生　2016　《〈睡虎地秦墓竹簡〉注譯商榷三則》，《牡丹江大學學報》第9期。

易桂花、劉俊男　2009　《從出土簡牘看秦漢時期的行書制度》，《中國歷史文物》第4期。

尹偉琴、戴世君　2007　《秦律三種辨正》，《浙江社會科學》第2期。

尹在碩　1995　《睡虎地秦簡〈日書〉所見"室"的結構與戰國末期秦的家族類型》，《中國史研究》第3期。

尹在碩　2010　《睡虎地秦墓竹簡譯注》，（韓國）昭明出版社。

永田英正　1987　《居延漢簡集成之二》，《簡帛研究譯叢》（第二輯），湖南人民出版社。

游逸飛　2013　《守府、尉府、監府：里耶秦簡所見郡級行政的基礎研究之一》，《簡帛》（第八輯），上海古籍出版社。

于豪亮　1980A　《秦簡所見職官述略》，《文史》（第八輯），中華書局。

于豪亮　1980B　《秦律叢考》，《文物集刊（2）》，文物出版社。

于豪亮　1981A　《秦王朝關於少數民族的法律及其歷史作用》，《雲夢秦簡研究》，中華書局。

于豪亮　1981B　《秦簡中的奴隸》，《雲夢秦簡研究》，中華書局。

于豪亮　1981C　《秦簡〈日書〉記時記月諸問題》，《雲夢秦簡研究》，中華書局。

于豪亮　1982A　《釋青川秦墓木牘》，《文物》第1期。

于豪亮　1982B　《西漢適齡男子戍邊三日說質疑》，《考古》第4期。

于豪亮　1982C　《西漢對法律的改革》，《中國史研究》第2期。

于豪亮　1985　《于豪亮學術文存》，中華書局。

于豪亮　2015　《于豪亮學術論集》，上海古籍出版社。

于豪亮、李均明　1981　《秦簡所反映的軍事制度》，《雲夢秦簡研究》，中華書局。

于洪濤　2012　《睡虎地秦簡中的"稟衣"範圍再考析》，《魯東大學學報》（社會科學版）第4期。

于琨奇　1999　《秦漢粟價與更賦考》，《揚州教育學院學報》第3期。

于振波　1995　《漢簡"中勞""中功"考》，《北京大學學報》（哲學社會科學版）第6期。

于振波　2004　《簡牘所見秦名田制蠡測》，《湖南大學學報》（社會科學版）第2期。

于振波　2005A　《從"公室告"與"家罪"看秦律的立法精神》，《湖南大學學報》（社會科學版）第5期。

于振波　2005B　《漢代的都官與離官》，《簡帛研究二〇〇二、二〇〇三》，廣西師範大學出版社。

于振波　2007　《“參食”考辨》，《出土文獻研究》（第八輯），上海古籍出版社。

于振波　2010　《秦律中的甲盾比價及相關問題》，《史學集刊》第5期。

于振波　2012　《簡牘與秦漢社會》，湖南大學出版社。

余英時　2005　《漢代循吏與文化傳播》，《政治與權力》，中國大百科全書出版社。

余宗發　1992　《〈雲夢秦簡〉中思想與制度鉤摭》，文津出版社。

俞偉超　1978　《略釋漢代獄辭文例：一份治獄材料初探》，《文物》第1期。

俞偉超　1985　《先秦兩漢考古學論集》，文物出版社。

俞志慧　2007　《秦簡〈爲吏之道〉的思想史意義：從其集錦特色談起》，《浙江社會科學》第6期。

袁寶華　1992　《中國改革大辭典》，海南出版社。

袁林　1983　《戰國授田制試論》，《社會科學》第6期。

袁慶述　1989　《說“久”》，《古漢語研究》第3期。

袁仲一　1990　《秦始皇陵兵馬俑研究》，文物出版社。

Z

早稻田大學秦簡研究會　1988　《云夢睡虎地秦墓竹簡〈爲吏之道〉譯注初稿（一）》，《史滴》第9號，早稻田大學東洋史懇話會。

早稻田大學秦簡研究會　1989　《云夢睡虎地秦墓竹簡〈爲吏之道〉譯注初稿（二）》，《史滴》第10號，早稻田大學東洋史懇話會。

早稻田大學秦簡研究會　1990　《云夢睡虎地秦墓竹簡〈語書〉譯注初稿（一）》，《史滴》第11號，早稻田大學東洋史懇話會。

早稻田大學秦簡研究會　1991　《云夢睡虎地秦墓竹簡〈語書〉譯注初稿（二）》，《史滴》第12號，早稻田大學東洋史懇話會。

早稻田大學秦簡研究會　1992　《云夢睡虎地秦墓竹簡〈封診式〉譯注初稿（一）》，《史滴》第13號，早稻田大學東洋史懇話會。

早稻田大學秦簡研究會　1993　《云夢睡虎地秦墓竹簡〈封診式〉譯注初稿（二）》，《史滴》第14號，早稻田大學東洋史懇話會。

早稻田大學秦簡研究會　1994A　《云夢睡虎地秦墓竹簡〈封診式〉譯注初稿（三）》，《史滴》第15號，早稻田大學東洋史懇話會。

早稻田大學秦簡研究會　1994B　《云夢睡虎地秦墓竹簡〈封診式〉譯注初稿（四）》，《史滴》第16號，早稻田大學東洋史懇話會。

早稻田大學秦簡研究會　1995　《云夢睡虎地秦墓竹簡〈封診式〉譯注初稿（五）》，《史滴》第17號，早稻田大學東洋史懇話會。

早稻田大學秦簡研究會　1996　《云夢睡虎地秦墓竹簡〈封診式〉譯注初稿（六）》，《史滴》第18號，早稻田大學東洋史懇話會。

早稻田大學秦簡研究會　1998　《云夢睡虎地秦墓竹簡〈法律答問〉譯注初稿（一）》，《史滴》第20號，早稻田大學東洋史懇話會。

早稻田大學秦簡研究會　1999　《云夢睡虎地秦墓竹簡〈法律答問〉譯注初稿（二）》，《史滴》第21號，早稻田大學東洋史懇話會。

臧知非　1984　《"謫戍制"考析》，《徐州師範學院學報》（哲學社會科學版）第3期。

臧知非　1997　《"叚門逆旅"新探》，《中國史研究》第4期。

臧知非　2005　《秦漢里制與基層社會結構》，《東嶽論叢》第6期。

臧知非　2006　《貲刑變遷與秦漢政治轉折》，《文史哲》第4期。

臧知非　2014　《土地、賦役及秦漢農民命運》，蘇州大學出版社。

曾憲通　1982A　《秦簡日書歲篇講疏》，《雲夢秦簡日書研究》，香港中文大學出版社。

曾憲通　1982B　《說䟫䠷及其它》，《江漢考古》第2期。

詹越　1978　《斥"四人幫"在秦代史上的反動謬論》，《考古》第3期。

張伯元　2003　《〈漢律摭遺〉與〈二年律令〉比勘記（上）》，《沈家本與中國法律文化國際學術研討會論文集》（下冊），中國法制出版社。

張伯元　2011　《讀簡札記（二則）》，簡帛研究網，2011年1月19日，http://www.jianbo.org/admin3/2011/zhangboyuan001.htm。

張伯元　2013　《出土法律文獻叢考》，上海人民出版社。

張昌倬　1985　《"小城旦、隸臣作者"辨誤》，《史學月刊》第4期。

張傳漢　1985　《略論秦代隸臣妾的身份問題》，《遼寧大學學報》第4期。

張春龍　2007　《里耶秦簡祠先農、祠𡨦和祠隄校券》，《簡帛》（第二輯），上海古籍出版社。

張春梅　2005　《〈日書〉與中國古代建築風水》，浙江大學碩士學位論文。

張琮軍　2013　《秦漢刑事證據制度研究》，中國政法大學出版社。

張富春　2005　《先秦民間祈財信仰研究：以睡虎地秦簡〈日書〉爲中心》，《四川大學學報》（哲學社會科學版）第6期。

張光博　1991　《簡明法學大詞典》，吉林人民出版社。

張國安　2011　《中國法制史》，知識產權出版社。

張國艷　2017　《睡虎地秦簡〈日書〉詞語補釋》，《殷商學刊》第2期。

張建國　1995　《盜徙封罪侵犯的是土地私有權嗎?》，《北京大學學報》（哲學社會科學版）第1期。

張建國　1996　《秦漢棄市非斬刑辨》，《北京大學學報》第5期。

張建國　1997　《關於張家山漢簡〈奏讞書〉的幾點研究及其他》，《國學研究》（第四卷），北京大學出版社。

張建國　1998　《秦令與睡虎地秦墓竹簡相關問題略析》,《中外法學》第6期。

張建國　2002　《論西漢初期的贖》,《政法論壇（中國政法大學學報）》第5期。

張家山二四七號漢墓竹簡整理小組　2001　《張家山漢墓竹簡〔二四七號墓〕》,文物出版社。

張金光　1983A　《秦自商鞅變法後的租賦繇役制度》,《文史哲》第1期。

張金光　1983B　《秦自商鞅變法後的土地制度》,《中國史研究》第2期。

張金光　1984　《論秦漢的學吏制度》,《文史哲》第1期。

張金光　1985　《關於秦刑徒的幾個問題》,《中華文史論叢》（第一輯）,上海古籍出版社。

張金光　1988A　《論出土秦律中的“居貲贖債”制度》,《中國歷史文獻研究（二）》,華中師範大學出版社。

張金光　1988B　《關於秦的父權、家長權、夫權與婦女地位》,《山東大學學報》（哲學社會科學版）第3期。

張金光　1988C　《商鞅變法後秦的家庭制度》,《歷史研究》第6期。

張金光　1990　《論秦自商鞅變法後的農村公社殘餘問題》,《文史哲》第1期。

張金光　1992　《秦角度所見内史非郡辨》,《史學集刊》第4期。

張金光　1997　《秦鄉官制度及鄉、亭、里關係》,《歷史研究》第6期。

張金光　2003　《論秦漢的學吏教材：睡虎地秦簡爲訓吏教材說》,《文史哲》第6期。

張金光　2004　《秦制研究》,上海古籍出版社。

張金光　2008　《秦官社經濟體制模式典型舉例》,《西安財經學院學報》第5期。

張晉藩　1999A　《中國法制通史》（第二卷）,法律出版社。

張晉藩　1999B　《中華法學大辭典》（法律史學卷）,中國檢察出版社。

張晉藩　2003　《中國民法通史》,福建人民出版社。

張銘洽　1988　《雲夢秦簡〈日書〉占卜術初探》,《文博》第3期。

張銘洽　1989　《秦簡日書玄戈篇解析》,《秦漢史論叢》（第四輯）,西北大學出版社。

張銘洽　2000　《秦簡〈日書〉之“建除法”試析》,《陝西歷史博物館館刊》（第七輯）,三秦出版社。

張銘洽、王育龍　2002　《西安杜陵漢牘〈日書〉“農事篇”考辨》,《陝西歷史博物館館刊》（第九輯）,三秦出版社。

張銘新　1981　《關於〈秦律〉中的“居”:〈睡虎地秦墓竹簡〉注釋質疑》,《考古》第1期。

張銘新　1982　《〈秦律〉中的經濟制裁：兼談秦的贖刑》,《武漢大學學報》（社會科學版）第4期。

張銘新　1983　《秦代奴隸的法律地位》，《法學評論》第3期。

張平轍　1985　《讀秦簡牘發微》，《蘭州大學學報》（社會科學版）第2期。

張全民　1998　《秦律的責任年齡辨析》，《吉林大學社會科學學報》第1期。

張全民　2001　《髡、耐、完刑關係考辨》，《湘潭大學社會科學學報》第5期。

張世超　1988　《“頭會箕賦”辨及其他：兼論秦之賦稅制度》，《古籍整理研究學刊》第2期。

張世超　1989A　《秦簡中的“同居”與有關法律》，《東北師大學報》（哲學社會科學版）第3期。

張世超　1989B　《釋“銅”》，《古籍整理研究學刊》第2期。

張世超　2001　《容量“石”的產生及相關問題》，《古文字研究》（第二十一輯），中華書局。

張世超、張玉春　1985A　《釋閒：秦簡整理札記之一》，《古籍整理研究學刊》第3期。

張世超、張玉春　1985B　《〈睡虎地秦墓竹簡〉校注簡記》，《古籍整理者研究學刊》第4期。

張世超、張玉春　1986　《“通錢”解：秦簡整理札記之二》，《古籍整理研究學刊》第4期。

張世超、張玉春　1988　《釋“坐”“論”：秦簡整理札記之三》，《古籍整理研究學刊》第3期。

張守中　1994　《睡虎地秦簡文字編》，文物出版社。

張衛星、馬宇　2004　《秦甲胄研究》，陝西人民出版社。

張聞玉　1987　《雲夢秦簡〈日書〉初探》，《江漢論壇》第4期。

張新超　2018　《試論秦漢刑法中的司寇刑》，《西南大學學報》（社會科學版）第1期。

張信通　2017　《秦國的亭部吏和亭的軍事職能》，《延安大學學報》（社會科學版）第4期。

張雪明　1983　《談談“久”字的本義》，《辭書研究》第3期。

張亞藩　1992　《中國古代法律制度》，中國廣播電視出版社。

張永成　1981A　《秦簡〈爲吏之道〉篇的版式及其正附文問題》，《簡牘學報》第10期。

張永成　1981B　《睡虎地秦簡隨筆二則》，《簡牘學報》第10期。

張玉金　2011　《出土戰國文獻中的語氣詞“殹”》，《殷都學刊》第3期。

張玉金　2016　《出土先秦文獻虚詞發展研究》，暨南大學出版社。

張媛媛　2014　《“同居”詞義範圍考辨》，《文教資料》第11期。

張再興　2012　《兩周出土文獻語義詞典》（睡虎地秦簡卷），中國人民大學出版社。

張兆凱　1996　《任子制新探》，《中國史研究》第1期。

張振林　1982　《先秦古文字材料中的語氣詞》，《古文字研究》（第七輯），中華書局。

張政烺　1980　《秦律“葆子”釋義》，《文史》（第九輯），中華書局。

張政烺　1981　《秦律“集人”音義》，《雲夢秦簡研究》，中華書局。

張政烺　1990　《中國古代職官大辭典》，河南人民出版社。

張政烺、日知　1990A　《雲夢竹簡Ⅰ》，吉林文史出版社。

張政烺、日知　1990B　《雲夢竹簡Ⅱ》，吉林文史出版社。

張政烺、日知　1994　《雲夢竹簡Ⅲ》，東北師範大學出版社。

張中秋　1987　《“耐刑”“完刑”考辨》，《遼寧大學學報》第1期。

章穎　2007　《中國法制史》，中國經濟出版社。

趙伯雄　2000　《〈周禮〉胥徒考》，《中國史研究》第4期。

趙超　2005　《簡牘帛書發現與研究》，福建人民出版社。

趙德馨、周秀鸞　1980　《關於布幣的三個問題：讀雲夢出土秦簡〈金布律〉札記》，《社會科學戰綫》第4期。

趙久湘　2011　《秦漢簡牘法律用語研究》，西南大學博士學位論文。

趙久湘　2015　《秦漢簡牘法律用語中的省稱》，《長江師範學報》第2期。

趙久湘、張顯成　2011　《也說〈睡虎地秦墓竹簡〉“夜草爲灰”的“夜”字》，《古籍整理研究學刊》第2期。

趙立偉　2002　《〈睡虎地秦墓竹簡〉通假字研究》，《簡帛語言文字研究》（第一輯），巴蜀書社。

趙平安　1997　《睡虎地秦簡“伊”“旅札”新詮》，《中文自學指導》第1期。

趙平安　2007　《河南淅川和尚嶺所出鎮墓獸銘文和秦漢簡中的“宛奇”》，《中國歷史文物》第2期。

趙平安　2013　《釋睡虎地秦簡中一種古文寫法的“乳”字》，紀念何琳儀先生誕辰七十周年暨古文字學國際學術研討會論文。

趙瑞民　2006　《關於堪輿術的比較：睡虎地秦簡〈日書〉甲種“宅居”、敦煌本〈宅經〉、今本〈宅經〉》，《中國古代文明研究與學術史：李學勤教授伉儷七十壽慶論文集》，河北大學出版社。

趙書生　2007　《上博簡〈從政〉與睡虎地秦簡〈爲吏之道〉合論》，《楚地簡帛思想研究（三）》，湖北教育出版社。

趙孝龍　2010　《秦職官研究》，安徽大學碩士學位論文。

趙孝龍、胡香蓮　2010　《秦工官考》，《黑龍江史志》第1期。

趙岩、張世超　2010　《論秦漢簡牘中的“稗官”》，《古籍整理研究學刊》第3期。

趙浴沛　2005　《從秦家〈日書〉看秦代婚姻和家庭人際關係》，《河北師範大學學報》（社會科學版）第2期。

趙志強　2016　《關於秦漢內史的幾個問題》，《出土文獻》第1期。

整理者（雲夢秦墓竹簡整理小組） 1976A 《雲夢秦簡釋文（一）》，《文物》第 6 期。

整理者（雲夢秦墓竹簡整理小組） 1976B 《雲夢秦簡釋文（三）》，《文物》第 8 期。

整理者（睡虎地秦墓竹簡整理小組） 1977 《睡虎地秦墓竹簡》（第一至七冊）（綫裝本），文物出版社。

整理者（睡虎地秦墓竹簡整理小組） 1978 《睡虎地秦墓竹簡》（平裝本），文物出版社。

整理者（雲夢睡虎地秦墓編寫組） 1981 《雲夢睡虎地秦墓》，文物出版社。

整理者（睡虎地秦墓竹簡整理小組） 1990 《睡虎地秦墓竹簡》（精裝本），文物出版社。

鄭剛 1993 《論睡虎地秦簡日書的結構特徵》，《中山大學學報》第 3 期。

鄭良樹 1982 《論雲夢〈大事記〉之史料價值》《讀雲夢〈大事記〉札記》，《竹簡帛書論文集》，中華書局。

鄭實 1978 《嗇夫考：讀雲夢秦簡札記》，《文物》第 2 期。

鄭天挺、譚其驤 2010 《中國歷史大辭典（壹）》，上海辭書出版社。

鄭有國 1991 《秦簡士伍的身份及特徵》，《福建論壇》第 6 期。

《中國古代史論叢》編委會 1983 《中國古代史論叢》（第七輯），福建人民出版社。

中國簡牘集成編輯委員會 2001 《中國簡牘集成》（標注本），敦煌文藝出版社。

中國文物研究所、湖北省文物考古研究所 2001 《龍崗秦簡》，中華書局。

中國政法大學中國法制史基礎史料研究會 2012 《睡虎地秦簡法律文書集釋（一）：語書（上）》，《中國古代法律文獻研究》（第六輯），社會科學文獻出版社。

中國政法大學中國法制史基礎史料研究會 2013A 《睡虎地秦簡法律文書集釋（一）：語書（下）》，《中國古代法律文獻研究》（第七輯），社會科學文獻出版社。

中國政法大學中國法制史基礎史料研究會 2013B 《睡虎地秦簡法律文書集釋（一）：〈秦律十八種〉（田律、廄苑律）》，《中國古代法律文獻研究》（第七輯），社會科學文獻出版社。

鍾如雄 2002 《秦簡〈日書〉中的判斷詞“是”》，《西南民族學院學報》（哲學社會科學版）第 2 期。

周波 2010 《秦漢簡〈日書〉校讀札記》，《出土文獻與傳世文獻的詮釋》，上海古籍出版社。

周厚強 1991 《秦士伍的身份及其階級屬性辨析》，《求索》第 4 期。

周群 2008 《“尉計”“苑計”非官名辨》，《史學集刊》第 3 期。

周群、陳長琦 2007 《秦簡〈秦律雜抄〉譯文商榷》，《史學月刊》第 1 期。

周生春、韋光燕 2005 《雲夢秦簡行政文獻新論》，《浙江大學學報》（人文社會科學版）第 1 期。

周守晉　2005　《出土戰國文獻語法研究》，北京大學出版社。

周曉瑜　1998A　《秦代“隱宮”制度探微》，《山東大學學報》（哲學社會科學版）第 4 期。

周曉瑜　1998B　《秦代“隱宮”“隱官”“宮某”考辨》，《文獻》第 4 期。

周艷濤　2013　《秦簡所記“都官”性質新議》，《中華文化論壇》第 12 期。

周一謀　1988　《馬王堆醫書與房中養生》，《長壽》第 2 期。

朱大昀　1983　《有關“嗇夫”的一些問題》，《秦漢史論叢》（第二輯），陝西人民出版社。

朱德熙、裘錫圭　1995　《望山楚簡》，中華書局。

朱漢民、陳松長　2010　《嶽麓書院藏秦簡〔壹〕》，上海辭書出版社。

朱漢民、陳松長　2011　《嶽麓書院藏秦簡〔貳〕》，上海辭書出版社。

朱漢民、陳松長　2013　《嶽麓書院藏秦簡〔叁〕》，上海辭書出版社。

朱紅林　2005　《張家山漢簡〈二年律令〉集釋》，社會科學文獻出版社。

朱紅林　2008　《張家山漢簡〈二年律令〉研究》，黑龍江人民出版社。

朱紅林　2010　《再論睡虎地秦簡中的“齎律”》，《中國法律傳統與法律精神：中國法律史學會成立 30 周年紀念大會暨 2009 年會論文集》，山東人民出版社。

朱玲、楊峰　2007　《睡虎地秦簡〈日書〉醫療疾病史料淺析》，《中國中醫基礎醫學雜誌》第 5 期。

朱紹侯　1979　《秦軍功爵制簡論》，《河南師大學報》（社會科學版）第 6 期。

朱紹侯　1988　《雛飛集》，河南大學出版社。

朱紹侯　1990　《軍功爵制研究》，上海人民出版社。

朱紹侯、孫英民　1982　《“居貲”非刑名辨：兼論秦簡中的幾個問題》，《許昌師專學報》第 2 期。

朱紹侯、孫英民　2003　《居“貲”非刑名辨》，《中國法制史考證》（甲編第二卷），中國社會科學出版社。

朱紹侯　2008　《軍功爵制考論》，商務印書館。

朱師轍　1956　《商君書校詁定本》，古籍出版社。

朱湘蓉　2004　《從〈敦煌懸泉漢簡〉看〈睡虎地秦墓竹簡〉“荔”字通假問題》，《敦煌學》輯刊第 2 期。

朱湘蓉　2006　《〈睡虎地秦簡〉詞語札記十則》，《古籍整理研究學刊》第 5 期。

朱湘蓉　2008　《〈睡虎地秦墓竹簡〉通假辨析九則》，《語言科學》第 2 期。

朱湘蓉　2012　《秦簡詞彙初探》，中國社會科學出版社。

祝瑞開　1980　《漢代的公田和假稅》，《西北大學學報》（哲學社會科學版）第 2 期。

滋賀秀三　2003　《中國法制史論集》，創文社。

宗福邦　2004　《故訓匯纂》，商務印書館。

鄒大海　2003　《從〈算數書〉和秦簡看上古糧米的比率》，《自然科學史研究》第 4 期。

鄒大海　2009　《關於〈算數書〉、秦律和上古糧米計量單位的幾個問題》，《內蒙古師範大學學報》（自然科學漢文版）第 5 期。

鄒水傑　2006　《秦代縣行政主管稱謂考》，《湖南師範大學社會科學報》第 2 期。

鄒水傑　2008　《兩漢縣行政研究》，湖南人民出版社。

鄒水傑　2014　《再論秦簡中的田嗇夫及其屬吏》，《中南大學學報》（社會科學版）第 5 期。

鄒水傑　2017　《秦簡"有秩"新證》，《中國史研究》第 3 期。

鄒水傑、李斯、陳克標　2014　《國家與社會視角下的秦漢鄉里秩序》，湖南師範大學出版社。

鄒瑜、顧明　1991　《法學大辭典》，中國政法大學出版社。

佐佐木研太　2004　《出土秦律書寫形態之異同》，《清華大學學報》（哲學社會科學版）第 4 期。

後　記

2017 年，我獲批了國家社會科學基金重點項目“出土戰國文獻匯釋今譯暨資料庫建設”（批准號：17AYY014），本書是該項目的研究成果之一。

本書的初稿是由我的七個學生完成的，他們是池灝、洪智嘉、梁潔靜、潘鐸方、王麗娜、許曉晴、左香瓊（按音序排列）。

他們每個人承擔一部分，按照統一的體例進行。每個人所承擔的研究任務，同時也是其畢業論文的選題。他們十分認真地對待本項目的研究，除了使用我所給的研究資料外，還廣泛地收集有關資料。他們在我的全面指導下進行寫作，還經常相互研討。在完成畢業論文的答辯後，他們又根據答辯老師的意見進行認真的修改，寫出本書的初稿。

初稿完成後，由我把各部分彙集在一起，在體例方面進行統一，又對全部書稿進行修改、完善、補充，歷時一年多的時間。在跟暨南大學出版社簽訂出版合同之後，我们又按照出版社的要求進一步作了修改。

本書的摹本是由金斌、張玉金、潘鐸方完成的。

本書的出版獲得了 2020 年度國家出版基金的資助。

我退休前的工作單位——華南師範大學和華南師範大學文學院爲我的研究提供了良好的條件，華南師範大學文學院院長段吉方教授對教師的科研工作十分支持。

2023 年 10 月，我從華南師範大學退休，同時獲聘任遼寧師範大學特聘教授。本項目的研究也得到了遼寧師範大學和遼寧師範大學文學院的鼓勵，遼寧師範大學文學院院長洪飏教授對我的科研工作也非常支持。

2022 年 10 月，我獲聘任復旦大學出土文獻與古文字研究中心特聘研究員，本書的寫作也得了中心主任劉釗教授的熱情鼓勵。

本書的出版是在暨南大學出版社編輯們的辛苦努力下完成的，特别是杜小陸副社長、黄志波編輯，始終重視本書的出版。由於本書的難字較多，編校出版十分困難，因此歷時較長。

在本書即將出版之際，謹向以上單位和個人表示衷心的感謝！

張玉金

2023 年 11 月 29 日